諸　子　集　成

（第七冊）

新　　語
淮　南　子
鹽　鐵　論
揚子法言
論　　衡

中　華　書　局

新　　語

陸　賈　著

新刊新語序

漢班固論列劉向父子所校書爲藝文志。又即歆所奏七略中序六藝爲九種。首之以儒家者流。稱其出於司徒之官。游文於六經之中。留意於仁義之際。宗師仲尼以重其言。雖未必盡然。要亦有近似者矣。書凡五十三家。而陸賈新語十二篇實存焉。予讀其書。信固之知言。又嘆司馬遷之雄於文也。遷傳賈拜大中大夫。時時前說稱詩書。高帝罵之曰。乃公居馬上得之。安事詩書。賈曰。馬上得之。寧可以馬上治乎。湯武逆取而以順守之。文武並用。長久之術也。昔者吳王夫差智伯極武而亡。秦任刑法不變。卒滅趙氏。鄉使秦以并天下。行仁義。法先聖。陛下安得而有之。帝有慙色。謂賈曰。試爲我著秦所以失天下。吾所以得之者。及古成敗之國。賈凡著十二篇。今其書不下數千言。而其要旨不越遷數言。於是乎知遷之雄於文。序事覈而明可指也。然遷尙豪俠。喜縱橫。而稱其固辨士。固稍知重儒術。既列其書於儒。又贊其身名俱榮。爲優於酈婁建通輩。賈亦有以自致之哉。故知人不可以無所見。有所見。必不能掩矣。先儒譏其逆取順守之說。及秦雖行仁義。不可及者。秦漢辨士。豈足及此。要之亦爲高帝既定天下而言之耳。其書亦不復見此論。豈遷以己見文飾其說而致然歟。若其兩使南粵。調和平勃以平諸呂。自爲大有功於漢。其識見議論。非惟椎埋屠狗之輩所不及。而一時射利賈友採芝綿蕞之徒。亦豈可企哉。其書所論亦正。且多崇儉尚靜等語。似亦有啓文景蕭曹之治者。但無段落條理。如先儒所論賈誼之失。自是當時急於論事。動人主聽。不暇精擇渾融。觀遷謂其每奏一篇。帝輒稱善。其稱新語。又出於他人。可見其隨時論奏。非若後世之著述。次第成一家言也。其所分篇目。則固所稱向輒條其篇目。撮其旨意奏之者。必非其所自定。然其言既與遷傳合。而篇次至于今不訛。且雄偉粗壯。漢中葉以來所不及。其爲眞本無疑。秦漢之書。傳至于今無訛妄如此者。良亦鮮哉。方今承平既久。文章熾興。有識者或病其過於細而弱也。故往往搜秦漢之佚書而梓之。然辨鑒未精。以僞爲眞。則害道壞教。亦有之矣。予竊病焉。適過桐鄉。訪宗合族而得其令莆陽李君梓是書見眎。予素聞李君學博意誠。履樸守謙而敏於政事。今觀是。益可見其見之明而擇之精也。樂書諸其首。君名廷梧。字仲陽。以己未進士來已一年。此又仕優而學之一端云。

皇明弘治壬戌歲日長至翰林國史脩撰儒林郎華亭錢福序。

新語目次

新語

漢中大夫陸　賈撰

道基第一

傳曰。天生萬物。以地養之。聖人成之。功德參合而道術生焉。故曰張日月。列星辰。序四時。調陰陽。布氣治性。次置五行。春生夏長。秋收冬藏。陽生雷電。陰成雪霜。養育群生。一茂一亡。潤之以風雨。曝之以日光。溫之以節氣。降之以殞霜。位之以衆星。制之以斗衡。苞之以六合。羅之以紀綱。改之以災變。告之以禎祥。動之以生殺。悟之以文章。故在天者可見。在地者可量。在物者可紀。在人者可相。故地封五嶽。畫四瀆。規洿澤。通水泉。樹物養類。苞殖萬根。暴形養精。以立群生。不違天時。不奪物性。不藏其情。不匿其詐。故知天者仰觀天文。知地者俯察地理。跂行喘息。蜎飛蠕動之類。水生陸行。根著葉長之屬。爲寧其心而安其性。蓋天地相承。氣感相應而成者也。於是先聖乃仰觀天文。俯察地理。圖畫乾坤。以定人道。民始開悟。知有父子之親。君臣之義。夫婦之道。長幼之序。於是百官立。王道乃生。民人食肉飲血。衣皮毛。至於神農。以爲行蟲走獸。難以養民。乃求可食之物。嘗百草之實。察酸苦之味。教民食五穀。天下人民。野居穴處。未有室屋。則與禽獸同域。於是黃帝乃伐木構材。築作宮室。上棟下宇。以避風雨。民知室居食穀而未知功力。於是后稷乃列封疆。畫畔界。以分土地之所宜。闢土殖穀以用養民。種桑麻。致絲枲。以蔽形體。當斯之時。四瀆未通。洪水爲害。禹乃決江疏河。通之四瀆。致之於海。大小相引。高下相受。百川順流。各歸其所。然後人民得去高險。處平土。川谷交錯。風化未通。九州絕隔。未有舟車之用。以濟深致遠。於是奚仲乃橈曲爲輪。因直爲轅。駕馬服牛。浮舟杖檝。以代人力。鑠金鏤木。分苞燒殖。以備器械。於是民知輕重。好利惡難。避勞就逸。於是皋陶乃立獄制罪。懸賞設罰。異是非。明好惡。檢奸邪。消佚亂。民知畏法而無禮義。於是中聖乃設辟雍庠序之教。以正上下之儀。明父子之禮。君臣之義。使強不凌弱。衆不暴寡。棄貪鄙之心。興清潔之行。禮義獨行。綱紀不立。後世衰廢。於是後聖乃定五經。明六藝。承天統地。窮事缺一字微。原情立本。以緒人倫。宗諸天地。缺一字脩篇章。垂諸來世。被諸鳥獸。以匡衰亂。天人合策。原道悉備。智者達其心。百工窮其巧。乃調之以管絃絲竹之音。設鐘鼓歌舞之樂。以節奢侈。正風俗。通文雅。後世淫邪。增之以鄭衞之音。民棄本趨末。伎巧橫出。用意各殊。則加雕文刻鏤。傅致膠漆丹青玄黃琦瑋之色。以窮耳目之好。極工匠之巧。夫驢騾駱駝。犀象瑇瑁。琥珀珊瑚。翠羽珠玉。山生水藏。擇地而居。潔清明朗。潤澤而濡。磨而不磷。涅而不淄。天氣所生。神靈所治。幽閒清淨。與神浮沉。莫之效力爲用。盡情爲器。故曰聖人成之。所以能統物通變。治情性。顯仁義也。夫人者。寬博浩大。恢廓密微。附遠寧近。懷來萬邦。故聖人懷仁仗義。分明纖微。忖度天地。危而不傾。佚而不亂者。仁義之所治也。行之於親近而疎遠悅。脩之於閨門之內。而名譽馳於外。故仁無隱而不著。無幽而不彰者。虞舜蒸蒸於父母。光耀於天地。伯夷叔齊餓於首陽。功美垂於萬代。太公自布衣昇三公之位。累世享千乘之爵。知伯仗威任力。兼三晉而亡。是以君子握道而治。缺一字德而行。席仁而坐。杖義而彊。虛無寂寞。通動無量。故制事因短而動益長。以圓制規。以矩立方。聖人王世。賢者建功。湯舉伊尹。周任呂望。行合天地。德配陰陽。承天誅惡。尅暴除殃。將氣養物。明缺一字設光。耳聽八極。目覩四方。忠進讒退。直立邪亡。道行姦止。不得兩張。缺一字本理杜漸消萌。夫謀事不並仁義者後必敗。殖不固本而立高基者後必崩。故聖人防亂以經藝。工正曲以準繩。德盛者威廣。力盛者驕衆。齊桓公尚德以霸。秦二世尚刑而亡。故虐行則怨積。德布則功興。百姓以德附。骨肉以仁親。夫婦以義合。朋友以義信。君臣以義序。百官以義承。曾閔以仁成大孝。伯姬以義建至貞。守國者以仁堅固。佐君者以義不傾。君以仁治。臣以義平。鄉黨以仁恂恂。朝廷以義便便。美女以貞顯其行。烈士以義彰其名。陽氣以仁生。陰節以義降。鹿鳴以仁求其群。關雎以義鳴其雄。春秋以仁義貶絕。詩以仁義存亡。乾坤以仁和合。八卦以義相承。書以仁敘九族。君臣以義制忠。禮以仁盡節。樂以禮升降。仁者道之紀。義者聖之學。學之者明。失之者昏。背之者亡。陳力就列。以義建功。師旅行陣。德仁爲固。仗義而彊。調氣養性。仁者壽長。美才次德。義者行方。君子以義相褒。小人以利相欺。愚者以力相亂。賢者以義相治。穀梁傳曰。仁者以治親。義者以利尊。萬世不亂。仁義之所治也。

術事第二

善言古者。合之於今。能術遠者。考之於近。故說事者上陳五帝之功。而思之于身。下列桀紂之敗。而戒之于己。則德可以配日月。行可以合神靈。登高及遠。達幽洞冥。聽之無聲。視之無形。世人莫覩其兆。莫知其情。校脩五經之本末。道德之眞僞。既缺一字其意而不見其人。世俗以爲自古而傳之者爲重。以今之作者爲輕。淡於所見。甘於所聞。惑於外貌。失於中情。聖人貴寬而世人賤衆。五穀養性而棄之於地。珠玉無用而寶之於身。故舜弃黃金於嶄嵓之山。禹捐珠玉於五湖之淵。將以杜淫邪之欲。絕琦瑋之情。道近不必出於久遠。取其至要而有成。春秋上不及五帝。下不至三王。述齊桓晉文之小善。魯之十二公至今之爲政。足以知成敗之效。何必於三王。故古人之所行者。亦與今世同。立事者不離道德。調絃者不失宮商。天道調四時。人道治五常。周公與堯舜合符瑞。二世與桀紂同禍殃。文王生於東夷。大禹出於西羌。世殊而地絕。法合而度同。故聖賢與道合。愚者與禍同。懷德者應以福。挾惡者報以凶。德薄者位危。去道者身亡。萬世不易法。古今同紀綱。故良馬非獨騏驥。利劍非唯干將。美女非獨西施。忠臣非獨呂望。今有馬而無王良之御。有劍而無砥礪之功。有女而無芳澤之飾。有士而不遭文王。道術蓄積而不舒。美玉韞匵而深藏。故懷道者須世。抱樸者待工。道爲智者設。馬爲御者良。賢爲聖者用。辯爲智者通。書爲曉者傳。事爲見者明。故制事者因其則。服藥者因其良。書不必起仲尼之門。藥不必出扁鵲之方。合之者善可以爲法。因世而權行。故性藏於人。則氣達於天。纖微浩大。下學上達。事以類相從。聲以音相應。道唱而德和。仁立而義興。王者行之於朝。疋夫行之於田。治末者調其本。端影者正其形。養其根者則枝葉茂。志氣調者卽道冲。故求遠者不可失於近。治影者不可忘其容。上明而下淸。君聖而臣忠。或圖遠而失近。或道塞而路窮。季孫貪顓臾之地。而變起於蕭牆之內。夫進取者不可不顧難。謀事者不可不盡忠。故形立則德散。佞用則忠亡。詩云。式訛爾心。以蓄萬邦。言一心化天下而缺二字國治。此之謂也。

輔政第三

夫居高者。自處不可以不安。履危者。任杖不可以不固。自處不安則墜。任杖不固則仆。是以聖人居高處上。則以仁義爲巢。乘危履傾。則以賢聖爲杖。故高而不墜。危而不仆者。堯以仁義爲巢。舜以禹稷契爲杖。故高而益安。動而益固。然處高之安。乘克讓之敬。德配天地。光被四表。功垂於無窮。名傳於不朽。蓋自處得其巢。任杖得其材也。秦以刑罰爲巢。故有覆巢破卵之患。以趙高李斯爲杖。故有傾仆跌傷之禍。何哉。所任非也。故杖聖者帝。杖賢者王。杖仁者霸。杖義者強。杖讒者滅。杖賊者亡。故懷剛者久而缺。持柔者久而長。躁疾者爲厥速。遲重者爲常存。尙勇者爲悔近。溫厚者行寬舒。懷促急者必有所虧。柔懦者制剛強。小慧者不可以禦大。小辯者不可以說衆。商賈巧爲販賣之利。而屈爲貞良。邪臣好爲詐僞。自媚飾非。而不能爲公方。藏其端巧。逃其事功。故智者之所短。不如愚者之所長。文公種米。曾子駕羊。相士不熟。信邪失方。察察者有所不見。恢恢者何所不容。朴直質者近忠。便巧者近亡。君子遠熒熒之色。放錚錚之聲。絕恬美之味。疏嗌嘔之情。天道以大制小。以重顚輕。以小治大。亂度干貞。讒夫似賢。美言似信。聽之者惑。觀之者冥。故蘇秦尊於諸侯。商鞅顯於西秦。世無賢智之君。孰能別其形。故堯放驩兜。仲尼誅少正卯。甘言之所嘉（缺一字）不爲之傾。惟堯知其實。仲尼見其情。故干聖王者誅。遏賢君者刑。遭凡王者貴。觸亂世者榮。鄭儋亡齊而歸魯。齊有九合之名。而魯有乾時之恥。夫據千乘之國。而信讒佞之計。未有不亡者也。故詩云。讒人罔極。交亂四國。衆邪合黨。以回人君。邦危民亡。不亦宜乎。

無爲第四

夫道莫大於無爲。行莫大於謹敬。何以言之。昔虞舜治天下。彈五絃之琴。歌南風之詩。寂若無治國之意。漠若無憂民之心。然天下治。周公制作禮樂。郊天地。望山川。師旅不設。刑格法懸。而四海之內。奉供來臻。越裳之君。重譯來朝。故無爲也。（有誤）乃無爲也。秦始皇帝設爲車裂之誅。以斂姦邪。築長城於戎境。以備胡越。征大吞小。威震天下。將帥橫行。以服外國。蒙恬討亂於外。李斯治法於內。事逾煩。天下逾亂。法逾滋。而姦逾熾。兵馬益設而敵人逾多。秦非不欲爲治。然失之者。乃舉措暴衆而用刑太極故也。是以君子尚寬舒以苞身。行中和以統遠。民畏其威而從其化。懷其德而歸其境。美其治而不敢違其政。民不罰而畏罪。不賞而歡悅。漸漬於道德。被服於中和之所致也。夫法令者所以誅惡。非所以勸善。故曾閔之孝。夷齊之廉。豈畏死而爲之哉。教化之所致也。故曰堯舜之民。可比屋而封。桀紂之民。可比屋而誅者。教化使然也。故近河之地濕。近山之土燥。以類相及也。故山川出雲雨。丘阜生（缺一字）氣。四瀆東流。百川無不從。小者從大。少者從多。夫王者之都。南面之君。臣姓之所取法。（缺二字）舉措動作。不可失法則也。昔者周襄王不能事後母。出居於鄭。而下多叛其親。秦始王驕奢靡麗。好作高臺榭。廣宮室。則天下豪富制屋宅者。莫不倣之。設房闥。備廐庫。繕雕琢刻畫之好。傅玄黃琦瑋之色。以亂制度。齊桓公好婦人之色。妻姑姊妹。而國中多淫於骨肉。楚平王奢侈縱恣。不能制下。檢民以德。增駕百馬而行。欲令天下人饒。財富利明不可及。於是楚國逾奢。君臣無別。故上之化下。猶風之靡草也。王者尚武於朝。（缺一字）農夫繕甲於田。故君之御下民。奢侈者則應之以儉。驕淫者則統之以理。未有上仁而下殘。上義而下爭者也。孔子曰。移風易俗。豈家至之哉。先之於身而已矣。

辨惑第五

夫舉事者或爲善而不稱善。或不善而稱善者何。視之者謬。而論之者誤也。故行或合於世。或順於耳。斯乃阿上之意。從上之旨。操直而乖方。懷曲而合邪。因其剛柔之勢。爲作縱横之術。故無忤逆之言。無不合之義者。昔哀公問於有若曰。年饑用不足。如之何。有若對曰。盍徹乎。蓋損上而歸之於下。則忤於耳而不合於意。遂逆而不用也。此所謂正其行而不苟合於世也。有若豈不知阿哀公之意爲益國之義哉。夫君子直道而行。知必屈辱而不避也。故行不敢苟合。言不爲苟容。雖無功於世而名足稱也。雖言不用於國家。而舉措之言可法也。故殊於世俗。則身孤於士衆。夫邪曲之相銜。枉橈之相借。缺一字直故不得容其間。諂佞之相扶。讒口之相譽。無高而不可上。無深而不可往者。何以當背衆多而辭語諧合。夫衆口之毁譽。浮石沉木。群邪所抑。以直爲曲。視之不察。以白爲黑。夫曲直之異形。白黑之異色。乃天下之易見也。然自謬也。或不能分明其是非者。衆邪誤之矣。至如秦二世之時。趙高駕鹿而從行。王曰。丞相何爲駕鹿。高曰。馬也。王曰。丞相誤也。以鹿爲馬。高曰。陛下以臣言不然。願問群臣。臣半言鹿。半言馬。當此之時。秦王不能自信其自而從邪臣之說。夫馬鹿之異形。衆人所知也。然不能分别是非也。況於闇昧之事乎。易曰。二人同心。其義斷金。群黨合意。以傾一君。孰不移哉。昔人有與曾子同姓亦名參。有人告其母。參殺人。母織如故。有人復來告。如是者三。曾子母乃投杼踰垣而去。曾子之母。非不知子不殺人也。言之者衆。夫流言之並至。雖眞聖不敢自安。況凡人乎。魯定公之時。與齊侯會於夾谷。孔子行相事。兩君升壇。兩相處下而相欲揖。君臣之禮。濟濟備焉。齊人鼓譟而起。欲執魯公。孔子歷階而止。不盡一等而立。謂齊侯曰。兩君合好。以禮相率。以樂相化。臣聞嘉樂不野合。犧象之薦不下堂。夷狄之民何求爲。命司馬請止之。定公曰諾。齊侯逡巡而避席曰。寡人之過。退而自責大夫。罷會。齊人使優旃舞於魯公之幕下。傲戲。欲候魯君之隙。以執定公。孔子嘆曰。君辱臣當死。使司馬行法斬焉。首足異河而出。於是齊人懼然而恐。君臣易操。不安其故行。乃歸魯四邑之侵地。終無乘魯之心。鄰缺一字振動。人懷嚮魯之意。強國驕君。莫不恐懼。邪臣佞人。變行易慮。天下之政缺二字而折中。而定公拘於三家。陷於衆口。不能卒用孔子者。內無獨見之明。外惑邪臣之黨。以弱其國而亡其身。權歸於三家。邑土單於彊。無以制其剛。詩云。有斧有柯。言何以治之也。

愼微第六

夫建大功於天下者。必先脩於閨門之內。垂大名於萬世者。必先行之於纖微之事。是以伊尹負鼎。屈於有莘之野。修達德於草廬之下。躬執農夫之作。意懷帝王之道。身在衡門之裏。志圖八極之表。故釋負鼎之志。爲天子之佐。剋夏立商。誅逆征暴。除天下之患。辟殘賊之類。然後海內治。百姓寧。曾子孝於父母。昏定晨省。調寒溫。適輕重。勉之於糜粥之間。行之於衽席之上。而德美重於後世。此二者。修之於內。著之於外。行之於小。顯之於大。顏回一簞食。一瓢飲。在陋巷之中。人不堪其憂。齊夫用人若彼。失人若此。然定公不覺悟。信季孫之計。背貞臣之策。以獲拘弱之名。而喪丘山之功。不亦惑乎。故邪臣之蔽賢。猶浮雲之鄣日月也。非得神靈之化。罷雲霽翳。令歸山海。然後乃得覩其光明。暴天下之濡濕。照四方之晦冥。今上無明王聖主。下無貞正諸侯。誅鋤姦臣賊子之黨。解釋疑滯紕繆之結。然後忠良方直之人。則得容於世而施於政。故孔子遭君暗臣亂。衆邪在位。政道隔於王家。仁義閉於公門。故作公陵之歌。傷無權力於世。大化絕而不通。道德施而不用。故曰無如之何者。吾末如之何也已矣。夫言道因權而立。德因勢而行。不在其位者。則無以齊其政。不操其柄者。則回也不改其樂。禮以行之。遜以出之。夫力學而誦詩書。凡人所能爲也。若欲移江河。動太山。故人力所不能也。如調心在己。背惡向善。不貪於財。不苟於利。分財取寡。服事取勞。此天下易知之道。易行之事也。豈有難哉。若造父之御馬。羿之用弩。則所謂難也。君以不以其難爲之也。故不知以爲善也。絕氣力尙德也。夫目不能別黑白。耳不能別清濁。口不能言善惡。則所謂不能也。故設道者易見曉。所以通凡人之心。而達不能之行。道者人之所行也。夫大道履之而行。則無不能。故謂之道。孔子曰。道之不行也。言人不能行之。故謂顏淵曰。用之則行。舍之則藏。唯我與爾有是夫。言顏淵道施於世而莫之用。猶人不能懷仁行義。分別纖微。忖度天地。乃苦身勞形。入深山。求神仙。弃二親。捐骨肉。絕五谷。廢詩書。背天地之寶。求不死之道。非所以通世防非者也。若湯武之君。伊呂之臣。因天時而行罰。順陰陽而運動。上瞻天文。下察人心。以寡服衆。以弱制強。革車三百。甲卒三千。征敵破衆。以報大讐。討逆亂之君。絕煩濁之原。天下和平。家給人足。疋夫行仁。商賈行信。齊天地。致鬼神。河出圖。洛出書。因是之道。寄之天地之閒。豈非古之所謂得道者哉。夫播布草。亂毛髮。登高山。食木實。視之無優游之容。聽之無仁義之辭。忽忽若狂痴。推之不往。引之不來。當世不蒙其功。後代不見其才。君傾而不扶。國危而不持。寂寞而無鄰。寥廓而獨寐。可謂避世。非謂懷道者也。故殺身以避難。則非計也。懷道而避世。則不忠也。是以君子居亂世則合道德。採微善。絕纖惡。脩父子之禮。以及君臣之序。乃天地之通道。聖人之所不失也。故隱之則為道。布之則為文。詩在心為志。出口為辭。矯以雅僻。砥礪鈍才。雕琢文邪。抑定狐疑。通塞理順。分別然否。而情得以利。而性得以治。綿綿漠漠。以道制之。察之無兆。遁之恢恢。不見其行。不覩其仁。湛然未悟。久之乃殊。論思天地。動應樞機。俯仰進退。與道缺二字藏之於身。優游待時。故道無廢而不興。器無毀而不治。孔子曰。有至德要道以順天下。言德行而其下順之矣。

資質第七

質美者以通為貴。才良者以顯為能。何以言之。夫楩柟豫章。天下之名木。生於深山之中。產於溪谷之傍。立則為太山衆木之宗。仆則為萬世之用。

浮於山水之流。出於冥冥之野。因江河之道。而達於京師之下。因於斧斤之功。舒其文彩之好。精捍直理。密緻博通。虫蝎不能穿。水濕不能傷。在高柔軟。入地堅彊。無膏澤而光潤生。不剋畫而文章成。上爲帝王之御物。下則賜公卿庶賤。不得以備器械。閉絕以關梁。及隘於山阪之阻。隔於九阬之隄。仆於嵬崔之山。頓於窅冥之溪。樹蒙蘢蔓延而無間。石崔嵬嶄岩而不開。廣者無舟車之通。狹者無步檐之蹊。商賈所不至。工匠所不窺。知者所不見。見者所不知。功弃而德亡。腐朽而枯傷。轉於百仞之壑。惕然而獨僵。當斯之時。不如道傍之枯楊。累累詰屈。委曲不同。然生於大都之廣地。近於大匠之名工。則材器制斷。規矩度量。堅者補朽。短者續長。大者治罇。小者治觴。飾以丹漆。斁以明光。上備太牢。春秋禮庠。褒以文彩。立禮矜莊。冠帶正容。對酒行觴。卿士列位。布陳宮堂。望之者目眩。近之者鼻芳。故事閉之則絕。次之則通。抑之則沉。興之則揚。處地楩梓。賤於枯楊。德美非不相絕也。才力非不相懸也。彼則槁枯而遠弃。此則爲宗廟之器者。通與不通。亦如是也。夫窮澤之民。據犂嚼鉏之士。或懷不羈之才。身有堯舜皐陶之美。綱紀存乎身。萬世之術藏於心。然身不用於世者。缺二字之通故也。夫公卿之子弟。貴戚之黨友。雖無過人之才。然在尊重之位者。輔助者强。飾之者巧。靡不達也。昔扁鵲居宋。得罪於宋君。出亡之衞。衞人有病將死者。扁鵲至其家。欲爲治之。病者之父謂扁鵲曰。吾子病甚篤。將爲迎良醫治。非子所能治也。退而不用。乃使靈巫求福請命。對扁鵲而呪。病者卒死。靈巫不能治也。夫扁鵲天下之良醫。而不能與靈巫爭用者。知與不知也。故事求遠而失近。廣藏而狹棄。斯之謂也。昔宮之奇爲虞公畫計。欲辭晉獻公璧馬之賂。而不假之夏陽之道。豈非金石之計哉。然虞公不聽者。惑於珍怪之寶也。鮑丘之德行。非不高於李斯趙高也。然伏隱於蒿廬之下。而不錄於世。利口之臣害之也。凡人莫不知善之爲善。惡之爲惡。莫不知學問之有益於己。怠戲之無益於事也。然而爲之者。情欲放溢。而人不能勝其志也。人君莫不知求賢以自助。近賢以自輔。然賢聖或隱於田里而不預國家之事者。乃觀聽之臣。不明於下。則閉塞之譏歸於君。閉塞之譏歸於君。則忠賢之士弃於野。忠賢之士弃於野。則佞臣之黨存於朝。佞臣之黨存於朝。則下不忠於君。下不忠於君。則上不明於下。上不明於下。是故天下所以傾覆也。

至德第八

夫欲建國彊威。辟地服遠者。必得之於民。欲立功興譽。垂名流光。顯榮華者。必取之於身。故據萬乘之國。持百姓之命。苞山澤之饒。主士衆之力。而功不在於身。名不顯於世者。乃統理之非也。天地之性。萬物之類。懷道者衆歸之。恃刑者民畏之。歸之則附其側。畏之則去其域。故設刑者不厭輕。爲德者不厭重。行罰者不患薄。布賞者不患厚。所以親近而致疏遠也。夫形重者則身勞。事衆者則心煩。心煩者則刑罰縱横而無所立。身勞者。則百端迴邪而無所就。是以君子之爲治也。塊然若無事。寂然若無聲。官府若無吏。亭落若無民。閭里不訟於巷。老幼不愁於庭。近者無所議。遠者無所聽。郵驛無夜行之吏。鄉閭無夜名之征。犬不夜吠。烏不夜鳴。老者息於堂。丁壯者耕耘於田。在朝者忠於君。在家者孝於親。於是賞善罰惡而潤色之。興辟雍庠序而教誨之。然後賢愚異議。廉鄙異科。長幼異節。上下有差。強弱相扶。小大相懷。尊卑相承。鴈行相隨。不言而信。不怒而威。豈恃堅甲利兵。深刑刻法。朝夕切切而後行哉。昔晉厲。齊莊。楚靈。宋襄。秉大國之權。杖衆民之威。軍師橫出。陵轢諸侯。外驕敵國。內克百姓。隣國之讎結於外。臣下之怨積於內。而欲建金石之功。終傳不絕之世。豈不難哉。故宋襄死於泓水之戰。三君弑於臣子之手。皆輕用師而尙威力。以至於斯。故春秋重而書之。嗟嘆而傷之。是三君皆強其盛而失國。急其刑而自賊。斯乃去事之戒。來事之師也。魯莊公一年之中。以三時興築作之役。規固山林草澤之利。與民爭田漁薪菜之饒。刻桷丹楹。眩曜靡麗。收十二之稅。不足以供回邪之欲。繕不用之好。以缺一字婦人之目。財盡於驕淫。人力罷於不急。上困於用。下飢於食。乃遣臧孫辰請缺二字於齊。倉廩空匱。外人知之。於是爲宋陳衞所伐。賢臣出。叛臣亂。子般殺而魯缺二字公子牙慶父之屬。敗上下之序。亂男女之別。繼位者無所定。逆亂者無所懼。於是齊桓公遣大夫高子立僖公而誅夫人。逐慶父而還季子。然後社稷復存。子孫反業。豈不謂微弱者哉。故謂威不強還自亡。立法不明還自傷。魯莊公之謂也。故

春秋穀缺

懷慮第九

缺二字慮者不可以立計。持兩端者不可以定威。故治外者必調內。平遠者必正近。綱缺一字天下。勞神八極者。則憂不存於家。養氣治性。思通精神。延壽命者。則志不缺一字於外。據土子民。治國治衆者。不可以圖利。治產業則教化不行。而政令不從。蘇秦張儀。身尊於位。名顯於世。相六國。事六君。威振山東。橫說諸侯。國異辭。人異意。欲合弱而制彊。持橫而御縱。內無堅計。身無定名。功業不平。中道而廢。身死於凡人之手。為天下所笑者。乃由辭語不一。而情欲放佚故也。故管仲相桓公。詘節事君。專心一意。身無境外之交。心無欹斜之慮。正其國如制天下。尊其君而屈諸侯。權行於海內。化流於諸夏。失道者誅。秉義者顯。舉一事而天下從。出一政而諸侯靡。故聖人執一政以繩百姓。持一槩以等萬民。所以同一治而明一統也。故天一以大成數。人一以缺一字成倫。楚靈王居千里之地。享百邑之國。不先仁義而尚道德。懷奇伎缺四字陰陽合物怪。作乾谿之臺。立百仞之高。欲登浮雲窺天文。然身死於棄缺二字魯莊公據中土之地。承聖人之後。不脩周公之業。繼先人之體。尚權杖威。有萬人之力。懷兼人之強。不能存立子糾。國侵地奪。以洙泗為境。夫世人不學詩書。行仁義缺一字聖人之道。極經藝之深。乃論不驗之語。學不然之事。圖天地之形。說災變之異。缺二字王之法。異聖人之意惑學者之心。移衆人之志。指天畫地。是非世事。動人以邪變。驚人以奇怪。聽之者若神。視之者如異。然猶不可以濟於厄而度其身。或觸罪缺二字法不免於辜戮。故事不生於法度。道不本於天地。可言而不可行也。可聽而不可傳也。可缺一字翫而不可大用也。故物之所可。非道之所宜。道之所宜。非物之所可。是以制事者不可缺一字設道者不可通。目以精明。耳以主聽。口以別味。鼻以聞芳。手以之持。足以之行。各受一性。不得兩兼。兼則心惑。二路者行窮。正心一堅。久而不忘。在上不逸。爲下不傷。執一統物。雖寡必衆。心佚情散。雖高必崩。氣泄生疾。壽命不長。顛倒無端。失道不行。故氣感之符。清潔明光。情素之表。恬暢和良。調密者固。安靜者祥。志定心平。血脉乃彊。秉政圖缺一字兩失其中。方戰士不耕。朝士不商。邪不奸直。圓不亂方。違戾相錯。撥刺難匡。故欲理之君。閉利門。積德之家。必無災殃。利絕而道著。武讓而德興。斯乃持久之道。常行之法也。

本行第十

缺三字德爲上。行以仁義爲本。故尊於位而無德者黜。富於財而無義者刑。賤而好德者尊。貧而有義者榮。段干木徒步之士。脩道行德。魏文侯過其閭而軾之。夫子陳蔡之厄。豆飯菜羹。不足以接餒。二三子布弊缊袍。不足以避寒。倥傯屈厄。自處甚矣。然而夫子當於道。二三子近於義。自布衣之士。上缺一字天子。下齊庶民。而累其身而匡上也。及閔周室之衰微。禮義之不行也。厄挫頓仆。歷說諸侯。欲匡帝王之道。反天下之政。身無其立而世無其主。周流天下。無所合意。大道隱而不舒。羽翼摧而不申。自缺二字深授其化。以厚終始。追治去事。以正來世。案紀圖錄。以知性命。表定六藝。以缺三字 善惡不相干。貴賤不相侮。強弱不相凌。賢與不肖不得相踰。科第相序。爲萬缺三字而不絕。功傳而不衰。詩書禮樂。爲得其所。乃天道之所立。大義之所行也。豈以缺二字威耶。夫人之好色。非脂粉所能飾。大怒之威。非氣力所能行也。聖人乘天威。合天氣。承天功。象天容。而不與爲功。豈不難哉。夫酒池可以泛舟。糟丘可以望遠。豈貧於財哉。統四海之權。主九州之衆。豈弱於力哉。然功不能自存。威不能自守。非爲貧弱。乃道德不存乎身。仁義不加於天下也。故察於財而昏於道者。衆之所謀也。果於力而寡於義者。兵之所圖也。故君子篤於義而薄於利。敏於事而慎於言。所缺三字功德也。故曰。不義而富且貴。於我如浮雲。夫身帶璧玉。庸環佩服。府藏珍缺四字酌金銀刻鏤。可以夸小人。非所以厚於己而濟於事也。高臺百仞。金缺四字簾雕飾。所以疲百姓之力。非所以扶弱存亡者也。故聖人卑宮室而高道德。缺二字服而謹仁義。不損其行以增其容。不虧其德以飾其身。國不興無事之功。家不藏無用之器。所以稀力役而省貢獻也。璧玉珠璣。不御於上。則翫好之物弃於下。雕刻綺畫。不納於君。則淫伎曲巧絕於民。夫釋農桑之事。入山海。採珠璣。求瑤琨。探沙谷。捕翡翠。缺一字瑇瑁。搏犀象。消筋力。散布泉以極耳目之好。以快淫邪之心。豈不謬哉。未見先道而後利。近德而遠色者也。

明誠第十一

君（缺二字）政可以及遠。臣篤於信。可以致大。何以言之。湯以七十里之封而升帝王之位。周公以（缺四字）比德於五帝。斯乃口出善言身行善道之所致也。安危之効。吉凶之（缺一字）一出於身。（缺二字）之道。成敗之驗。一起於行。堯舜不易日月而興。桀紂不易星辰而亡。天道不改而人道易也。夫持天地之政。操四海之綱。（缺二字）不可以失度。動作不可以離道。謬語出於口則亂及萬里之外。況刑及無罪於獄而殺及無辜於市乎。故世衰道亡。非天之所爲也。乃國君者。有所取之也。惡政生於惡氣。惡氣生於災異。蝮虫之類。隨氣而生。虹蜺之屬。因政而見。治道失於下。則天文度於上。惡政流於民則虫災生於地。賢君智則知隨變而改。緣類而試。思之於（缺二字）變。聖人之理。恩及昆虫。澤及草木。乘天氣而生。隨寒暑而動者。莫不延（缺四字）傾耳而聽化。聖人察物。無所遺失。上及日月星辰。下至鳥獸草木昆虫。（缺二字）鷁之退飛。治五石之所隕。所以不失纖微。至於鴝鵒來。冬多麋。言鳥獸之類（缺二字）也。十有二月李梅實。十月殞霜不煞菽。言寒暑之氣失其節也。鳥獸草木。尙欲各得其所。綱之以法。紀之以數。而況於人乎。聖人承天之明。正日月之行。錄星辰之度。因天地之利。等高下之宜。設山川之便。平四海。分九州同好惡。一風俗。易曰。天垂象見吉凶。聖人則之。天出善道。聖人得之。言御占圖曆之變。下衰風化之失。以匡衰盛。紀物定世。後無不可行之政。無不可治之民。故曰。則天之明。因地之利。觀天之化。推演萬事之類。散之於缺二字之間。調之以寒暑之節。養之以四時之氣。同之以風雨之化。故絕國異俗。莫不知缺三字樂則歌。哀則哭。蓋聖人之教。所齊一也。夫善道存於身。無遠而不至。惡行著於缺三字而不去。周公躬行禮義。郊祀后稷。越裳奉貢。重譯而臻。麟鳳草木。緣化而應。殷紂缺二字微子弃骨肉而亡。行善則鳥獸悅。行惡則臣子恐。是以明者可以致遠。鄙者可以缺一字近。故春秋書衞侯之弟鱄出奔晉。書鱄絕骨肉之親。弃大夫之位。越先人之境。附他人之域。窮涉寒飢。織履而食。不明之效也。

思務第十二

夫長於變者。不可窮以詐。通於道者。不可驚以怪。審於辭者。不可惑以言。遠於義者。不可動以缺一字是以君子廣思而博聽。進退循法。動作合度。聞見欲衆而采擇欲謹。學問欲缺四字欲敦。見邪乃知其直。觀花乃知其實。目不淫炫燿之色。耳不亂阿缺六字之以晉楚之富而志不回。談之以喬松之壽而行不易。然後能一其道而定其操。缺六字功。凡人則不然。目放於富貴之榮。耳亂於不死之道。故多弃其所長而求其所短。得其所亡而失其所有。是以吳王夫差。知度艾陵之可勝。而不悟勾踐將以破凶也。故缺二字或見一利而喪萬機。求一福而致萬禍。夫學者通於神靈之變化。曉於天地之開闔。缺三字弛張性命之短長。富貴之所在。貧賤之所亡。則手足不勞而耳目不亂。思慮不缺一字計策不誤。上決是非於天文。其次定狐疑於世務。與有所據。轉移有所守。故道缺五字事可法也。昔舜禹因盛而治世。孔子承衰而作功。聖人不空出。賢者不虛生。缺六字而歸於善。斯乃天地之法而制其事。則世之便而設其義。故聖人不必同道缺六字好者不必同色而皆美。醜者不必同狀而皆惡。天地之數。斯命之象也。日缺八字八宿並列。各有所主。萬端異路。千法異形。聖人因其勢而調之。使小大不得相缺一字方圓不得相干。分之以度。紀之以節。星不晝見。日不夜照。雷不冬發。霜不夏降。臣不凌君。則陰不侵陽。盛夏不暑。隆冬不霜。黑氣苞日。彗星揚光。虹蜺冬見。蟄虫夏藏。熒惑亂宿。衆星失行。聖人因天變而正其失。理其端而正其本。堯承蚩尤之失而思欽缺二字君子見惡於外。則知變於內。桀紂不缺一字則湯武不仁。才惑於衆非者而改之。於缺七字亂之於朝廷。而匹夫治之於閨門。是以接輿老萊所以避世於窮缺五字而遠其尊也。君子行之於幽閒。小人厲之於士衆。老子曰。上德不德。缺六字虛也。夫口誦聖人之言。身學賢者之行。久而不弊。勞而不廢。雖未爲君缺六字已。孔子曰。行夏之時。乘殷之輅。服周之冕。樂則韶舞。放鄭聲。遠佞人。缺二字道而行之於世。雖非堯舜之君。則亦堯舜也。今之爲君者則不然。治不法缺二字而曰。今之世。不可以道德治也。爲臣者不師稷契周公之政。則曰。今之民。不可以缺四字爲子者。不執曾閔之賢。朝夕不休。盡節不倦。則曰。家人不敎也。學者無缺四字晝夜不懈。

循禮而動。則曰。世所不行也。自人君至于庶人。未有法聖人缺五字爲善者寡。爲惡者衆。易曰。豐其屋。蔀其家。闚其戶。闃其無人。缺四字治之耳。故仁者在位而仁人來。義士在朝而義士至。是以墨子之門多缺四字之門多道德。文武之朝多賢良。秦王之庭多不祥。故善者必有所缺三字惡者必有所因而來。善惡不空出。禍福不妄作。唯心之所向。志之所行而已。

新語三卷。凡十二篇。漢大中大夫楚人陸賈譔。賈以客從高帝定天下。名有口辨。其論秦漢之失得。古今之成敗。尤爲明備。高帝雖輕士善罵。不事詩書。而獨於賈之語。每奏稱善。蓋前此固帝之所未聞也。惜其書歲久殘闕。人間少有藏者。予同年李君仲陽宰淛之桐鄉。嘗得其本。鋟之於木。昔人謂文章與時高下。質而不俚。必曰先秦西漢。此書殆其一也。然則李君之行之者。豈直取其文辭之古。而其失得成敗之論。固有國有家者之當鑒也。弘治壬戌九月十有一日。前進士吳郡都穆記。

淮　南　子

高　誘注

事之類。無所不載。然其大較歸之於道。號曰鴻烈。鴻大也。烈明也。以為大明道之言也。故夫學者不論淮南。則不知大道之深也。是以先賢通儒述作之士。莫不援采以驗經傳。以父諱長。故其所著諸長字皆曰脩。光祿大夫劉向校定撰具名之淮南。又有十九篇者。謂之淮南外篇。自誘之少。從故侍中同縣盧君受其句讀誦舉大義。會遭兵災。天下棋峙。亡失書傳。廢不尋脩。二十餘載。建安十年。辟司空掾。除東郡濮陽令。覩時人少為淮南者。懼遂凌遲。於是以朝餔事畢之間。乃深思先師之訓。參以經傳道家之言。比方其事。為之注解。悉載本文。并舉音讀。典農中郎將弁揖。借八卷刺之。（達吉按弁古卞字人姓名）會揖身喪。遂亡不得。至十七年。遷監河東。復更補足。淺學寡見。未能備悉。其所不達。注以未聞。唯博物君子。覽而詳之。以勸後學者云爾。

敘

清武進莊逵吉撰

歲甲辰，逵吉讀道藏於南山之說經臺，覽淮南內篇之注，病其爲後人所刪改。質之錢別駕坫。別駕曰，道書中亦非全本。然較之流俗所行者。多十之五六。爰擂其篋笥以示逵吉。逵吉因是校其同異。正其譌舛。樂得而刻之。幷爲之敘曰。漢書淮南王傳。稱安招致賓客方術之士數千人。作爲內書二十一篇。外書甚衆。又有中篇八卷。言神仙黃白之術。亦二十餘萬言。安入朝。獻所作內篇新出。上愛祕之。而藝文志雜家者流。有淮南內二十一篇。淮南外三十三篇。天文有淮南雜子星十九卷。傳不及雜子星。而志不載神仙黃白之作。然後代往往傳萬畢術云云，大槩多黃白變幻之事。即所謂中篇遺蹟歟。西京雜記。安著鴻烈二十一篇。鴻。大也。烈。明也。言大明禮教。鴻烈之義。一見于本書要略。而高誘敘中。亦言講論道德。總統仁義。而著此書。號曰鴻烈。是內篇一名鴻烈也。誘又曰。光祿大夫劉向校定撰具。名之淮南。藝文志本向歆所述。是淮南內淮南外之稱。爲劉向之所定。然只題淮南。不必稱子。志論次儒家至小說。名曰諸子十家。後遂緣之而加子字矣。隋書經籍志淮南子二十一卷。許慎注。又有高誘注亦二十一篇。唐書經籍志淮南子注解二十一卷。高誘撰。又有淮南鴻烈音二卷。何誘撰。新唐書藝文志鴻烈音。亦題高誘撰。而高許兩家注並列。同隋志。宋史藝文志則云。許注二十一卷。高注十三卷。似當時兩本原別。然劉煦無許注。而元脩宋志。乃以高書爲十三卷者。殆晁公武讀書志。據崇文總目云。亡其三篇。李淑邯鄲圖志云。亡二篇。或因刪併訛脫而爲此說歟。淮南本二十篇。要略一篇。則敘目也。其例與揚子法言王符潛夫等書正同。故高似孫直指爲淮南二十篇。說者又以似孫之言。互證晁李。斯更誣矣。高時無切音之學。鴻烈音應如劉煦云何誘。不得改稱高誘。歐陽不精攷古。以名字相涉而亂之。如徐堅初學記。李善文選注。李昉太平御覽。引淮南或並有翻語。卽其書也。高則已自言爲之注解。幷舉音讀矣。寧得于本注之外。別有撰作哉。公武謂許注題記上。陳振孫謂今本皆云許注。而詳敍文。卽是高誘。逵吉以爲此乃後人誤合兩家爲一。故溷而不分也。如墬形訓大汾。誘注云在晉。呂覽則云未聞。同爲一人語釋。未必聞于此而不聞于彼也。俶真訓剞劂。注云。剞。巧工鉤刀。劂者。規度刺畫墨邊箋。所以刻鏤之具也。本經訓則云。剞。巧刺畫盡頭黑邊箋也。劂。鑿刀。同爲一書語釋。未必前後惑亂如是也。此亦兩家不分之明驗矣。又文選注引許注三光云。日月星。明月珠云。夜光之珠。有似明月。歐陽詢藝文類聚引許注柳下惠云。展禽樹柳行惠。釋玄應一切經音義引許注奇屈之服云。屈短奇長。太平御覽引許注畫隨灰而月暈闕云。有軍事相圍守。土龍致雨云。以象雲龍。皆卽高注。殷敬順列子釋文引許注策錣云。馬策端有利鋒。所以刺不前。太平御覽引許注方諸見月云。諸。珠也。方。石也。以銅盤受之。下水數升。皆與高異。文選注引許注莫鑒于流潦而鑒于澂水云。楚人謂水暴溢爲潦。鷄棲井榦云。皆屋構飾也。太平御覽引許注麒麟門而日月食鯨魚死而彗星出云。麒麟。大角獸。故與日月符。鯨魚。海中魚之王也。一墣塞江云。墣。塊也。皆高之所無。又文選注引綄之候風許注云。綄候風者。楚人謂之五兩。今高注則綄作俔。云世謂之五兩。自西南至東南有裸人國。黑齒民。許注云。其民不衣。其人黑齒。今高注則裸國在東南。黑齒在東北。但有其人黑齒注語。而無其民不衣云云。更可見本之故多殊異。注之互有脫譌矣。故鈞射鷫鸘。太平御覽引作鈞射瀟湘。是足證其殊異。牛蹏之涔。無尺之鯉。塊阜之山。無丈之材。皆其營宇狹小。而不能容巨大。太平御覽引作牛蹏之涔。無經尺之鯉。魁父之山。無營宇之材。皆其狹小而不能容巨大。是足證其脫譌。蓋唐宋以前。古本尙存。皆得展轉引據。今亡之。又爲庸夫散亂。雖言攷正耳。別駕校訂是書。既精且博。逵吉亦抒一得之愚。爲之疏通旁證。舉以示歙程文學敦。陽湖孫編修星衍。皆以爲宜付削刀。時侍家君咸寧官舍。謹刊而布之。略攷淮南作書之始末及高許注書之端緒。刺于敘目之後。蓋卽別駕所校道書中本也。若此書不亡于天下。而逵吉亦附名以傳。斯爲厚幸云爾。乾隆戊申五十有三年三月。武進莊逵吉撰。

淮南子目次

淮南子卷一

漢涿郡高誘注

原道訓（原本也本道根眞包裹天地以歷萬物故曰原道因以題篇）

夫道者。覆天載地。（道無形而大也）廓四方。柝八極。（廓張也柝開也八極八方之極也言其遠柝讀重門擊柝之柝也）高不可際。深不可測。（際至也度深曰測一曰盡也）包裹天地。稟授無形。（稟給也授予也無形萬物之未形者皆生於道故曰稟授無形也）原流泉浡。沖而徐盈。混混滑滑。濁而徐清。（原泉之所自出也浡涌也沖虛也始出虛徐流不止能漸盈滿以喻於道亦然也滑讀曰骨也）故植之而塞于天地。橫之而彌于四海。施之無窮。而無所朝夕。（植立也塞滿也彌絡也施用也用之無窮竭也無所朝夕盛衰）舒之幎於六合。卷之不盈於一握。（舒散也幎覆也孟春與孟秋爲合仲春與仲秋爲合季春與季秋爲合孟夏與孟冬爲合仲夏與仲冬爲合季夏與季冬爲合故曰六合言滿天地間也一曰四方上下爲六合不盈一握言微妙也）約而能張。幽而能明。（言道能小能大能昧能明）弱而能強。柔而能剛。（道之性也）橫四維而含陰陽。（橫讀桄車之桄）紘宇宙而章三光。（紘綱也若小車蓋四維謂之紘繩之類也四方上下曰宇古往今來曰宙以喻天地章明也三光日月星　逵吉按三光日月星李善文選注作許愼注說文解字維車蓋維也鄭康成注雜記云冠有笄者爲紘紘在纓處兩端上屬下不結紘非正義故誘讀從之）甚淖而㴁。甚纖而微。（㴁亦淖也夫饘粥多瀋者謂㴁㴁讀歌謳之歌　逵吉按說文解字㴁多汁也讀若哥古哥歌同字）山以之高。淵以之深。獸以之走。鳥以之飛。日月以之明。星曆以之行。麟以之游。鳳以之翔。（以用也游出也大飛不動曰翔）泰古二皇。得道之柄。立於中央。（二皇伏羲神農也指說陰陽故不言三也）神與化游。以撫四方。（撫安也四方謂之天下也）是故能天運地滯。輪轉而無廢。（運行也滯止也廢休也　逵吉按古滯廛聲相轉故周禮賢人珍異之有滯者注故書滯或作廛廛之言纏故廛有止訓滯之音義皆從之）水流而不止。與萬物終始。風興雲蒸。事無不應。（應當也）雷聲雨降。竝應無窮。（窮已也）鬼出電入。龍興鸞集。（鬼出言無蹤迹也電入言其疾也）鈞旋轂轉。周而復帀。（鈞陶人作瓦器法下轉旋者一曰天也）已彫已琢。還反於樸。無為為之而合于道。無為言之而通乎德。（言二三之化無為為之也而自合于道也無所為言之而通自通于德也）恬愉無矜而得於和。（恬愉無所好憎也無矜不自大也）有萬不同而便於性。（萬事不同能于便性者不欲也）神託於秋豪之末。（言微眇也）而大宇宙之總。（宇宙喻天地總合也）其德優天地而和陰陽。（優柔也和調也）節四時而調五行。（五行金木水火土也）呴諭覆育。萬物羣生。（呴諭溫恤也育長也）潤於草木。浸於金石。禽獸碩大。豪毛潤澤。羽翼奮也。（奮壯也）角觡生也。（角鹿角也觡麋角也觡讀曰格）獸胎不贕。鳥卵不毈。（胎不成獸曰贕卵不成鳥曰毈言不者明其成逵吉按說文解字毈卵不孚也又天文訓云戊子干甲子胎夭卵毈）父無喪子之憂。兄無弟之哀。（言無夭死）童子不孤。婦人不孀。（無父曰孤寡婦曰孀也）虹蜺不出。賊星不行。（賊星妖星也）含德之所致也。（含懷也）夫太上之道。生萬物而不有。（不以為己有者也）成化像而弗宰。（宰主也）跂行喙息。蠉飛蝡動。待而後生。莫之知德。（不因德之）待之後死。莫之能怨。（不怨虐之）得以利者不能譽。用而敗者不能非。收聚畜積而不加富。（收聚畜積圖有常賦也不加富者為百姓不以為己有也）布施稟授而不益貧。（布施稟授匡困乏予不足也以公家之賓故不益貧也）旋縣而不可究。纖微而不可勤。累之而不高。墮之而不下。益之而不衆。損之而不寡。斲之而不薄。殺之而不殘。鑿之而不深。填之而不淺。忽兮怳兮。不可為象兮。怳兮忽兮。用不屈兮。（忽怳無形貌也故曰不可為象也屈竭也怳讀人空頭扣之怳屈讀秋雞無尾屈之屈也）幽兮冥兮。應無形兮。遂兮洞兮。不虛動兮。（洞達也道動有所應故曰不虛動也）與剛柔卷舒兮。與陰陽俛仰兮。（卷舒猶屈伸也俛仰猶升降也）昔者馮夷大丙之御也。（夷或作鐙丙或作白皆古之得道能御陰陽者也　達吉按詩周道倭遲韓詩作郁夷故夷或爲鐙丙白字形相近也 乘雲車。入雲蜺。游微霧。以雲蜺爲其屬也游行也微霧天之微氣也 驚怳忽。歷遠彌高以極往。騖馳也怳忽無之象也往行也 經霜雪而無迹。照日光而無景。行霜雪中無有迹爲日所照無景柱也 扶搖抮抱羊角而上。扶攀也搖動也抮抱引戾也扶搖直如羊角轉如曲縈行而上也抮讀與左傳憾而能昣者同也抱讀詩克岐克嶷之嶷也 經紀山川。蹈騰昆侖。排閶闔。淪天門。經行也紀經也蹈躡也騰上也昆侖山名也在西北其高萬九千里河之所出排猶斥也淪入也閶闔始升天之門也天門上帝所居紫微宮門也馮夷大丙之御其圖如此 末世之御。雖有輕車良馬。勁策利鍛。不能與之爭先。勁強也策箠也末世之御言不能與馮夷大丙爭在前也鍛讀炳燭之炳 是故大丈夫恬然無思。澹然無慮。以天爲蓋。以地爲輿。四時爲馬。陰陽爲御。闢御 乘雲陵霄。與造化者俱。大丈夫喻體道者也造化天地一日道也霄讀綃息之綃 縱志舒節。以馳大區。區宅也宅謂天也 可以步而步。可以驟而驟。令雨師灑道。使風伯掃塵。雨師畢星也詩云月離于畢俾滂沱矣風伯箕星月離于箕風揚沙 電以爲鞭策。電激氣也故以爲鞭策 雷以爲車輪。雷轉氣也故以爲車輪 上游於霄雿之野。下出於無垠之門。霄雿高峻貌也無垠無形狀之貌霄讀紺綃霓讀翟氏之翟 劉覽偏照。復守以全。劉覽回觀也劉讀留連之留非劉氏之劉也　達吉按詩彼留之子鄭康成以爲卽劉字故劉讀爲留 經營四隅。還反於樞。隅猶方也樞本也 故以天爲蓋。則無不覆也。以地爲輿。則無不載也。四時爲馬。則無不使也。陰陽爲御。則無不備也。陰陽次敍以成萬物無所缺也故曰無不備 是故疾而不搖。遠而不勞。四支不動。聰明不損。損減也 而知八紘九野之形埒者何也。八紘天之八維也九野八方中央也 執道要之柄。而游於無窮之地。是故天下之事不可爲也。爲治也 因其自然而推之。推求也舉也 萬物之變不可究也。秉其要歸之趣。趣亦歸也 夫鏡水之與形接也。不設智故。而方圓曲直弗能逃也。智故巧飾也鏡水不施巧飾之形人之形好醜以實應之故曰方圓曲直不能逃也 是故響不肆應。而景不一設。逹吉按古無影字故用景 呼叫仿佛。默然自得。得叫呼仿佛之聲狀也 人生而靜。天之性也。感而後動、性之害也。物至而神應。知之動也。物事也 知與物接。而好憎生焉。接交也情欲也 好憎成形。而知誘於外。不能反己。而天理滅矣。形見也誘感也不能反已本所受天清淨之性故曰天理滅也猶衰也 故逹於道者。不以人易天。天性也不以人事易其天性也一說曰天身也不以人間利欲之事易其身也 外與物化。而內不失其情。言得道之人雖外貌與物化內不失其無欲之本情也 至無而供其求。時騁而要其宿。言天時自騁道要其宿會也 小大脩短。各有其具。具猶備也 萬物之至騰踴肴亂。而不失其數。不失其數各應其度 是以處上而民弗重。居前而衆弗害。言民戴仰而愛之也 天下歸之。姦邪畏之。以其無爭於萬物也。故莫敢與之爭。夫臨江而釣。曠日而不能盈羅。雖有鉤箴芒距。距爪也讀距守之距也 微綸芳餌。加之以詹何娟嬛之數。猶不能與網罟爭得也。詹何娟嬛古善釣人名數術也 射者扞烏號之弓。彎棊衞之箭。扞張也彎引也棊美箭所出地名也衞利也烏號桑柘其材堅勁烏峙其上及其將飛枝必橈下勁能復巢烏隨之烏不敢飛號呼其上伐其枝以爲弓因曰烏號之弓也一說黃帝鑄鼎於荊山鼎湖得道而仙乘龍而上其臣援弓射龍欲下黃帝不能也烏於也號呼也於是抱弓而號、因名其弓爲烏號之弓也　逹吉按司馬相如子虛賦注應劭說烏號與誘前一說同 重之羿逢蒙子之巧。以要飛鳥。猶不能與羅者競多。羿古諸侯有窮之君也逢蒙羿弟子皆攻射而百發百中故曰之巧要取也競逐也 何則。以所持之小也。張天下以爲之籠。因江海以爲罟。又何亡魚失鳥之有乎。罟魚網也 故矢不若繳。繳不若無形之像。言其大也 夫釋大道而任小數。無以異於使蟹捕鼠。蟾蠩捕蚤。不足以禁姦塞邪。亂乃逾滋。以艾灼蟹匡上內置穴中乃熱走窮穴猶能禽一鼠也蟾蠩蝦蟆也跳行伺蚤搐

（盜亦不能悉得故曰不足以禁姦也逾滋益甚也）昔者夏鯀作三仞之城。諸侯背之。海外有狡心。（鯀帝顓頊五世孫禹之父也八尺曰仞鯀作城郭以其役勞故諸侯背之四海之外皆有狡猾之心也）禹知天下之叛也。乃壞城平池。散財物。焚甲兵。施之以德。海外賓伏。四夷納職。（四夷海外也職貢也逵吉按太平御覽作中外賓服）合諸侯于塗山。執玉帛者萬國。（塗山在九江當塗縣玉圭帛玄纁也）故機械之心藏于胷中。則純白不粹。神德不全。（機械巧詐也藏之于胷臆之內故純白之道不粹精神專一之德不全也粹讀禍祟之祟）在身者不知。何遠之所能懷。（懷來也）是故革堅則兵利。城成則衝生。（言攻戰之備于此生也）若以湯沃沸。亂乃逾甚。是故鞭噬狗。策蹏馬。而欲教之。雖伊尹造父弗能化。（伊尹名摯鄭湯之賢相也造父周穆王之臣也而善御雖此二人不能化之）欲害之心亡於中。則飢虎可尾。何況狗馬之類乎。故體道者逸而不窮。任數者勞而無功。夫峭法刻誅者。非霸王之業也。箠策繁用者。非致遠之術也。（繁數也）離朱之明。察箴末於百步之外。（離朱者黃帝臣明目人也）不能見淵中之魚。師曠之聰。合八風之調。（師曠晉平公樂師子野也八風八卦之風聲也）而不能聽十里之外。故任一人之能。不足以治三畝之宅也。脩道理之數。因天地之自然。則六合不足均也。（均平也）是故禹之決瀆也。因水以爲師。神農之播穀也。因苗以爲教。（禹鯀之子名文命受禪成功曰禹因以水性自下決使東流以爲後世師法也神農少典之子炎帝也農植嘉穀神而化之故號曰神農也播布也布種百穀因苗之生而長育之以爲後世之常教也）夫萍樹根於水。（萍大蘋也）木樹根於土。鳥排虛而飛。獸蹠實而走。（蹠足也實地也蹠讀捃摭之摭）蛟龍水居。虎豹山處。天地之性也。（蛟水蛟其皮有珠世人以爲刀劍之口是也蛟讀人情性交易之交緩氣言乃得耳）兩木相摩而然。金火相守而流。（流釋也）員者常轉。窾者主浮。自然之勢也。

員輪丸之屬也竅空也舟船之屬也故曰自然之勢也竅讀科條之科也是故春風至則甘雨降。生育萬物。明堂月令曰淸風至則穀雨是也育長也風或作分合羽者嫗伏。毛者孕育。嫗伏以氣剖卵也孕者懷胎育生也草木榮華。鳥獸卵胎。莫見其爲者。而功既成矣。既已也秋風下霜。倒生挫傷。草木首地而生故曰倒生挫傷者彫落也鷹鵰搏鷙。昆蟲蟄藏。蟄讀什伍之什草木注根。魚鼈湊淵。莫見其爲者。滅而無形。滅沒也形見也木處榛巢。水居窟穴。聚木曰榛　逵吉按說文解字榛蔟也蔟蓐也蓐陳草復生也一曰蔟也皆轉相訓注蔟音側鳩切古蔟聚同聲聚木卽蔟木也禽獸有芄。芄蓐也人民有室。陸處宜牛馬。舟行宜多水。匈奴出穢裘。匈奴獫狁北胡也于越生葛絺。于吳也絺細葛也各生所急。以備燥溼。各因所處。以禦寒暑。並得其宜。物便其所。由此觀之。萬物固以自然。聖人又何事焉。事治也九疑之南。陸事寡而水事衆。九疑山名也在蒼梧虞舜所葬也於是民人被髮文身。以像鱗蟲。被翦也文身刻畫其體內默其中爲蛟龍之狀以入水蛟龍不害也故曰以象鱗蟲也短綣不絝。以便涉游。短袂攘卷。以便刺舟。因之也。卷卷臂也因之因水之宜也鴈門之北。狄不穀食。賤長貴壯。俗尙氣力。人不弛弓。馬不解勒。便之也。不穀食肉酪而已北狄鮮卑也弛舍也便習也故禹之裸國。解衣而入。衣帶而出。因之也。裸國在南方聖人治禮不求變俗故曰因之也今夫徙樹者。失其陰陽之性。則莫不枯槁。失猶易也故橘樹之江北。則化而爲枳。鴝鵒不過濟。見于周禮故春秋傳曰鴝鵒來巢言非中國之禽所以爲魯昭公七異也貈渡汶而死。形性不可易。勢居不可移也。是故達於道者。反於清淨。反本也天本授人淸淨之性故曰反也究於物者。終於無爲。無爲者不爲物爲也以恬養性。以漠處神。則入于天門。所謂天者。純粹樸素。質直皓白。未始有與雜糅者也。所謂人者。偶䁲智故。

曲巧僞詐。所以俛仰於世人。而與俗交者也。故牛岐蹏而戴角。馬被髦而全足者。天也。絡馬之口。穿牛之鼻者。人也。循天者。與道游者也。（循隨也游行也）隨人者。與俗交者也。夫井魚不可與語大。拘於隘也。夏蟲不可與語寒。（言蟬蜩不知寒雪也）篤於時也。曲士不可與語至道。拘於俗。束於教也。故聖人不以人滑天。不以欲亂情。（天身也不以人事滑亂其身也不以欲亂其清淨之性者也　逵吉按天竺即身毒故天有身義）不謀而當。不言而信。不慮而得。不爲而成。（詩云不識不知順帝之則故曰不謀而當不慮而得也）精通于靈府。與造化者爲人。（爲治也）夫善游者溺。善騎者墮。各以其所好。反自爲禍。（禍害也）是故好事者未嘗不中。（中傷也好爲情欲之事者未嘗不自傷也）爭利者未嘗不窮也。昔共工之力。觸不周之山。使地東南傾。（共工以水行霸於伏羲神農間者也非堯時共工也不周山昆侖西北傾猶下也天文言天傾西北地傾東南先言傾高也此言東南後言傾明其下也）與高辛爭爲帝。（高辛帝嚳有天下之號也嚳黄帝之曾孫）遂潛于淵。宗族殘滅。繼嗣絶祀。（謂共工也）越王翳逃山穴。越人熏而出之。遂不得已。（已止也翳越太子也賢不欲爲王逃於山穴之中越人以火熏出而立之故曰遂不得已在春秋後故不書于經也）由此觀之。得在時。不在爭。治在道。不在聖。（治爲也雖聖不得爲故曰在道孔子是也）土處下。不在高。故安而不危。水下流。不爭先。故疾而不遲。昔舜耕於歷山。朞年而田者爭處墝埆。以封壤肥饒相讓。（歷山在沛陰城陽也一曰沛南歷城山也墝埆讀人相墝椽之墝）釣於河濱。朞年而漁者爭處湍瀨。以曲隈深潭相予。（漁讀告語湍瀨水淺流急少魚之處也曲隈崖岸委曲深潭洄流饒魚之處潭讀葛覃之覃）當此之時。口不設言。手不指麾。（口不設不信之言也手不指麾不妄有所規儗也）執玄德於心。而化馳若神。（玄天也馳行也若神若有神化之也）使舜無其志。雖口辯而戶說之。不能化一人。志王天下之志也一曰人心之志也是故不道之道。莽乎大哉。道不可道故曰不道之道夫能理三苗。朝羽民。三苗堯時所放彈敦窮奇叨飻之等理治也羽民南方羽國之民使之朝者德以懷遠也徙裸國。納肅愼。未發號施令。而移風易俗者。其唯心行者乎。徙化也裸國在南方禹所入也肅愼在北方遠也傳曰肅愼燕亳吾北土也惟神化爲能然也法度刑罰。何足以致之也。言不足以致之也明不如仁心化之爲大是故聖人內脩其本。而不外飾其末。保其精神。偃其智故。漠然無爲而無不爲也。能無爲故物無不爲之化澹然無治也而無不治也。所謂無爲者。不先物爲也。所謂無不爲者。因物之所爲。順物之性也所謂無治者。不易自然也。所謂無不治者。因物之相然也。然猶宜也萬物有所生。而獨知守其根。根本也百事有所出。而獨知守其門。門禁要也故窮無窮。極無極。照物而不眩。響應而不乏。此之謂天解。眩惑也天解天之解故也言能明天意也逵吉按解故卽詁字說文解字云詁訓故言也是故與詁通故得道者。志弱而事強。弱柔也強無不勝也心虛而應當。當合也所謂志弱而事強者。柔毳安靜。藏於不敢。行於不能。恬然無慮。動不失時。與萬物回周旋轉。不爲先唱。感而應之。感動應和是故貴者必以賤爲號。貴者謂公王侯伯稱孤寡不穀故曰以賤爲號而高者必以下爲基。基始也夫築京臺先從下起也託小以包大。在中以制外。行柔而剛。用弱而強。轉化推移。得一之道。而以少正多。而能也能以寡統衆逵吉按古能字爲耐耐與而通故訓而爲能易眇能視跛能履虞仲翔本皆作而所謂其事強者。遭變應卒。排患扞難。力無不勝。敵無不凌。應化揆時。莫能害之。是故欲剛者。必以柔守之。欲強者。必以弱保之。積於柔則剛。積於弱則強。觀其所積。以知禍福之鄉。鄉方也強勝不若己

者。至於若己者而同。夫強者能勝不如己者同等也至于如己者則等不能勝也言強之爲小也道家所不貴也 柔勝出於己者。其力
不可量。夫能弱柔勝己者其力不能訾也言柔之爲大也道家所貴 故兵強則滅。木強則折。革固則裂。齒堅於舌
而先之敝。兵猶火也強則盛盛則衰故曰則滅以火諭也木強則折不能徐詘也革堅則裂鼓是也敝盡齒堅于舌而先舌盡驗質也 是故柔弱者。生之榦也。
而堅強者。死之徒也。徒衆也 先唱者。窮之路也。後動者。達之原也。先者隤陷故曰窮也後者以謀故曰達也
何以知其然也。凡人中壽七十歲。然而趨舍指湊。指所之也湊所合也指湊猶言行止也 日以
月悔也。積日至月則悔前之非 以至於死。故蘧伯玉年五十。而有四十九年非。伯玉衛大夫蘧瑗也今年所行是也則還顧知去年之所行非也歲歲悔之以至于死故有四十九年非所謂月悔朔日悔昨也
何者。先者難爲知。而後者易爲攻也。先
者上高。則後者攀之。先者踰下。則後者蹷之。先者隤陷。則後者以謀。先者
敗績。則後者違之。蹷履也音展非展也楚人讀躓爲隤隤者車承或言跋躓之躓也 由此觀之。先者則後者之弓矢
質的也。質的射者之準埶也 逵吉按準古作埻說文解字埻射臬讀若準 猶錞之與刃。刃犯難而錞無患者何也。以
其託於後位也。錞矛戈之錞也讀若頓刃矛戈之刃也刃在前故犯難錞在後故以無患故曰其託于後位也 逵吉按曲禮曰進戈者前其鐏進矛戟者前其鐓注鋭底曰鐏平底曰鐓方言鐏謂之釬郭璞注鐏或名爲鐓說文解字鐏柲下銅也鐓柲下銅鐏也知鐏卽錞蓋刃鋭而錞頓故讀若頓然則錞應爲鐓
此俗世庸民之所公見也。而賢知
者弗能避也。庸衆也公詳也衆民詳所見賢知者不能避爲鋒刃也以喻利欲也故曰有所屏蔽也 所謂後者。非謂其底滯而不發。
凝結而不流。底讀曰紙發動也凝如脂凝也流行 貴其周於數而合於時也。周調也數術也合于時時行則行時止則止也 夫執
道理以耦變。先亦制後。後亦制先。道當勝事爲變不必待于先人事當在後趨時當居先也 是何則。不失其所以
制人。人不能制也。時之反側。間不容息。言時反側之間不容氣息促之甚也 先之則太過。後之則

不逮。夫日回而月周。時不與人游。故聖人不貴尺之璧而重寸之陰。時難得而易失也。禹之趨時也。履遺而弗取。冠挂而弗顧。非爭其先也。而爭其得時也。是故聖人守淸道而抱雌節。淸和淨也雌柔弱也 因循應變。常後而不先。柔弱以靜。舒安以定。舒詳也 攻大礱堅。莫能與之爭。攻大礱堅喻難也無與聖人之爭也 天下之物。莫柔弱於水。然而大不可極。深不可測。與盡也 脩極於無窮。遠淪於無涯。息耗減益。通於不訾。嘗量也 上天則爲雨露。下地則爲潤澤。萬物弗得不生。百事不得不成。大包羣生而無好憎。澤及跂蟯。跂跂行也蟯微小之蟲也 而不求報。施而不有也 富贍天下而不既。贍足也既盡也 德施百姓而不費。德澤加于百姓不以爲己財費也 行而不可得窮極也。流竇不止也 微而不可得把握也。擊之無創。刺之不傷。斬之不斷。焚之不然。水之性也 淖溺流遁。錯繆相紛而不可靡散。遁逸也錯繆相紛彼此相糾也 利貫金石。强濟天下。水流缺石是其利也舟船所載無有重是其强也濟通也 動溶無形之域。而翺翔忽區之上。邅回川谷之間。而滔騰大荒之野。忽怳之區上也言其飛爲雲雨無所不上也邅回猶委曲也逵吉按本無雨字依太平御覽加 有餘不足。與天地取與。授萬物而無所前後。前後皆與之 是故無所私而無所公。公私一也 靡濫振蕩。與天地鴻洞。鴻大也洞通也讀同異之同 無所左而無所右。蟠委錯紾。紾轉也 與萬物始終。是謂至德。言水之爲德最大故曰至德也 夫水所以能成其至德於天下者。以其淖溺潤滑也。故老聃之言曰。天下至柔。馳騁天下之至堅。出於無有。入於無閒。水是也 吾是以知無爲之有益。有益于生 夫無形者。物之大祖也。無音者。聲之大宗也。無形生有形故爲物大祖也無音生有音故爲聲大宗祖宗皆本也 其子爲光。其孫爲水。皆生於無形乎。光無形道所貴也觀之故子爲光也水形而不可毀差之故孫爲水也 夫光可見而不可握。水可循而不可毀。故有像之類。莫尊於水。出生入死。自無蹠有。自有蹠無。而以衰賤矣。出生出生道謂去情辭也入死入死道謂匿情欲也蹠適也自無形適有形離其本也自有形適無形不能復得道家所棄故日而以衰賤也 是故清靜者。德之至也。而柔弱者。道之要也。要約也 虛無恬愉者。萬物之用也。萬物由之得爲人用 肅然應感。殷然反本。逵吉按殷然太平御覽作毅然 則淪於無形矣。所謂無形者。一之謂也。一者道之本 所謂一者。無匹合於天下者也。卓然獨立。塊然獨處。上通九天。下貫九野。九天八方中央也九野亦如之 員不中規。方不中矩。大渾而爲一。葉累而無根。無根言微妙也 懷囊天地。爲道關門。門道之門 穆忞隱閔。穆忞隱閔皆無形之類也純不雜糅也 純德獨存。布施而不既。用之而不勤。既盡也勤勞也 是故視之不見其形。聽之不聞其聲。循之不得其身。無形而有形生焉。無形道也有形萬物也 無聲而五音鳴焉。音生于無聲也 無味而五味形焉。形或作和也 無色而五色成焉。是故有生於無。實出於虛。有形生于無形人也實財也 天下爲之圈。則名實同居。圈陬也名爵號之名也實幣之屬也一日仁義之功賞也 音之數不過五。宮商角徵羽也 而五音之變。不可勝聽也。變更相生也 味之和不過五。甘酸鹹辛苦也 而五味之化。不可勝嘗也。化亦變也 色之數不過五。青赤白黑黃也 而五色之變。不可勝觀也。常事日視非常日觀春秋魯隱公觀漁于棠是也 逵吉按易觀盥而不觀薦非常視也故夫子日禘自既灌不欲觀說文解字解諦視也古字古義自有一定誘解得之矣 故音者。宮立而五音形矣。宮在中央聲之主也形正也 味者。甘立而五味亭矣。亭平也甘中央味也 色者。白立而五色成矣。（白者所在以染之故五色可成也）道者。一立而萬物生矣。是故一之理。（理道也）施四海。一之解。際天地。（解達也際機也解讀解故之解也）其全也。純兮若樸。（樸若玉樸也在石而未剖）其散也。混兮若濁。濁而徐清。沖而徐盈。澹兮其若深淵。（沖虛也盈滿也澹定不動之貌）汎兮其若浮雲。若無而有。若亡而存。萬物之總。皆閱一孔。（總衆聚也）百事之根。皆出一門。（道之門也）其動無形。變化若神。其行無迹。常後而先。（道之先也）是故至人之治也。（至道之人）掩其聰明。滅其文章。依道廢智。與民同出于公。（公正）約其所守。寡其所求。去其誘慕。除其嗜欲。（誘慕喻貪榮勢也故去之也嗜欲情欲也故除之也）損其思慮。（常恬淡也）約其所守則察。（不煩擾也）寡其所求則得。（易供故得）夫任耳目以聽視者。勞形而不明。以知慮爲治者。苦心而無功。是故聖人一度循軌。（一齊也軌法也）不變其宜。不易其常。故準循繩。曲因其當。夫喜怒者。道之邪也。（道貴平和故喜怒爲邪也）憂悲者。德之失也。（德尙恬和故憂悲爲失論語曰其德坦蕩是也）好憎者。心之過也。嗜欲者。性之累也。（心當專一中扃外閉反有所好憎故曰過性當清靜以奉天素而反嗜欲故爲之累也）人大怒破陰。大喜墜陽。（怒者陰氣也陰爲堅冰積陰相薄故破陰喜者陽氣陽氣升于上積陽相薄故曰墜陽也）薄氣發瘖。驚怖爲狂。憂悲多恚。病乃成積。好憎繁多。禍乃相隨。故心不憂樂。德之至也。通而不變。靜之至也。（變更也）嗜欲不載。虛之至也。（不載于性）無所好憎。平之至也。不與物散。粹之至也。（散亂粹純）能此五者。則通於神明。通於神明者。得其內者也。是故以中制外。百事不廢。（中心也外情欲）中能得之。則外能收之。（收養也）中之得則五藏寧。思慮平。（五藏寧者各得其所思慮平者不妄喜怒）筋力勁強。耳目聰明。疏達而不悖。

悖謬也 堅強而不鞼。鞼折 無所大過而無所不逮。處小而不逼。處大而不窕。在小能小在大能大 其魂不躁。其神不嬈。躁狡嬈煩嬈也言精神定矣 淑漻寂寞。爲天下梟。淑漻清靜也寂寞恬淡也梟雄也 大道坦坦。去身不遠。求之近者。往而復反。近謂身也 迫則能應。感則能動。物穆無窮。穆美逵吉按物穆疑當作沕穆 變無形像。言能化也 優游委縱。如響之與景。響應聲景應形 登高臨下。無失所秉。履危行險。無忘玄伏。玄伏道也 能存之此。其德不虧。萬物紛糅。與之轉化。以聽天下。若背風而馳。疾而易也 是謂至德。至德則樂矣。古之人有居巖穴而神不遺者。遺失也

末世有勢爲萬乘而日憂悲者。由此觀之。聖亡乎治人。而在于得道。樂亡乎富貴。而在于德和。知大己而小天下。則幾於道矣。幾近也許由務光是 所謂樂者。豈必處京臺章華。京臺章華皆楚之大臺 游雲夢沙丘。雲夢楚澤在南郡華容也沙丘紂臺名也在鉅鹿也 耳聽九韶六瑩。九韶舜樂也六瑩顓頊樂也 口味煎熬芬芳。馳騁夷道。夷平也 釣射鷫鷞之謂樂乎。鷫鷞鳥名也長頸綠身其形似雁一曰鳳皇之別名也 逵吉按太平御覽引作釣射鷫湘當是異本馬融注左傳鷫鷞雁也其羽如練高首而脩頸說文解字云五方神鳥西方曰鷫鷞中央曰鳳皇故一曰鳳皇別名也 吾所謂樂者。人得其得者也。夫得其得者。不以奢爲樂。不以廉爲悲。廉猶儉也 與陰俱閉。與陽俱開。故子夏心戰而臞。得道而肥。子夏名商孔子弟子也入學見先王之道而說之又出見富貴之樂而欲之二者交爭故戰而臞也先王之道勝無所復思故肥也 聖人不以身役物。不以欲滑和。不以身爲物役不以情欲亂中和之道也 是故其爲懽不忻忻。忻忻爲懽制也 其爲悲不惙惙。惙惙爲傷性也 萬方百變。消搖而無所定。吾獨慷慨。遺物而與道同出。是故有以自得之也。自得其天性也 喬木之下。空穴之中。足以適情。喬木上竦少陰之木也空穴巖

穴也唯處此中夫自得者足以適其情性無以自得也。雖以天下爲家。萬民爲臣妾。不足以養生也。言無以自得之人猶以此爲不足也能至于無樂者。則無不樂。無不樂則至極樂矣。至樂至德之樂極亦至也夫建鍾鼓。列管弦。管籥也弦琴瑟也席旃茵。傅旄象。傅著也旄旌也象以象牙爲飾也耳聽朝歌北鄙靡靡之樂。朝歌紂都鄙邑紂使師涓作鄙邑靡靡之樂也故師延爲晉平公歌之師曠知之曰亡國之音也齊靡曼之色。齊列也靡曼美色也陳酒行觴。夜以繼日。樂不輟也強弩弋高鳥。走犬逐狡兔。此其爲樂也。炎炎赫赫。怵然若有所誘慕。誘進也慕有所思怵然猶惕然解車休馬。罷酒徹樂。而心忽然若有所喪。悵然若有所亡也。是何則。不以內樂外。而以外樂內。樂作而喜。曲終而悲。悲喜轉而相生。精神亂營。不得須臾平。營惑察其所以不得其形。不得樂之形也而日以傷生。失其得者也。是故內不得於中。稟授於外而以自飾也。不浸於肌膚。不浹於骨髓。浸潤也浹通也不留於心志。不滯於五藏。故從外入者。無主於中不止。從中出者。無應於外不行。故聽善言便計。雖愚者知說之。稱至德高行。雖不肖者知慕之。說之者衆。而用之者鮮。慕之者多。而行之者寡。所以然者何也。不能反諸性也。夫內不開於中而強學問者。不入於耳。而不著於心。此何以異於聾者之歌也。效人爲之。而無以自樂也。聲出於口。則越而散矣。散去耳不聞也夫心者。五藏之主也。所以制使四支。流行血氣。馳騁于是非之境。而出入于百事之門戶者也。是故不得於心。而有經天下之氣。經理也是猶無耳而欲調鍾鼓。無目而欲喜文章也。亦必不勝其任矣。故天下神器。不可爲也。（器物用也爲治也）爲者敗之。執者失之。夫許由小天下而不以己易堯者。志遺於天下也。（許由陽城人也箕山之隱士也堯以其賢聘之欲禪天下爲不肯就故曰志遺于天下也）所以然者何也。因天下而爲天下也。天下之要。不在於彼而在於我。（彼謂堯也我謂許由）不在於人而在於我身。身得則萬物備矣。徹於心術之論。則嗜欲好憎外矣。（外不在心）是故無所喜而無所怒。無所樂而無所苦。萬物玄同也。（玄天也）無非無是。化育玄燿。生而如死。（玄天也燿明也生而如死言無所欲）夫天下者亦吾有也。吾亦天下之有也。天下之與我。豈有閒哉。（言相比也）夫有天下者。豈必攝權持勢。操殺生之柄。而以行其號令邪。吾所謂有天下者。非謂此也。自得而已。（自得其天性也一曰不失其身也）自得則天下亦得我矣。吾與天下相得。則常相有已。又焉有不得容其閒者乎。所謂自得者。全其身者也。全其身則與道爲一矣。故雖游於江潯海裔。（潯厓也裔邊也潯讀葛覃之覃也）馳要褭。建翠蓋。（要褭馬名日行萬里褭橈弱之弱翠蓋以翠鳥羽飾蓋也）目觀掉羽武象之樂。（掉羽羽舞武象周武王之樂）耳聽滔朗奇麗激抮之音。（激揚抮轉皆曲名也）揚鄭衛之浩樂。結激楚之遺風。（鄭聲鄭會晉平公說新聲使師延爲桑閒濮上之樂濮在衞地故鄭衞之浩樂也必爲鄭衞之俗樂夫結激楚以娛樂也遺風猶餘聲也）射沼濱之高鳥。逐苑囿之走獸。此齊民之所以淫泆流湎。（齊於凡民故曰齊民沼沱也濱水厓也）聖人處之。不足以營其精神。亂其氣志。（營惑也）使心怵然失其情性。處窮僻之鄉。側谿谷之閒。（側伏也）隱于榛薄之中。（藂木曰榛深草曰薄）環堵之室。茨之以生茅。蓬戶甕牖。揉桑爲樞。（堵長一丈）

高一丈面環一堵爲方一丈故曰環堵言其小也編蓬爲戶以破瓮蔽牖掾桑條以爲戶樞 上漏下溼。潤浸北房。浸積也北房陰堂也 雪霜滾灖。浸潭苽蔣。滾灖雪霜之貌也浸潭之潤以生苽蔣實苽者蔣實也其米曰彫胡滾讀維繩之維灖讀抆滅之抆苽讀觚哉之觚也蔣讀水漿之漿也　逵吉按藏本灖讀抆滅之抆作讀校滅之校盧詹事文弨云或當作抆滅之抆因抆灖聲相近也故據莊子語改之孫編脩星衍云當作校滅之滅因滅灖聲相近也當以盧君之言爲是今依改之 逍遙于廣澤之中。而仿洋于山峽之旁。兩山之間爲峽 此齊民之所爲形植黎累。憂悲而不得志也。聖人處之。不爲愁悴怨懟。懟病也 而不失其所以自樂也。是何也。則內有以通于天機。機發也 而不以貴賤貧富勞逸失其志德者也。故夫烏之啞啞。鵲之唶唶。豈嘗爲寒暑燥溼變其聲哉。言體道者不爲貴賤貧富勞逸易其志如烏鵲之不爲寒暑易其聲 是故夫得道已定。而不待萬物之推移也。非以一時之變化而定吾所以自得也。吾所謂得者。性命之情。處其所安也。夫性命者。與形俱出其宗。宗本 形備而性命成。性命成而好憎生矣。故士有一定之論。女有不易之行。士有同志同志德也至其交接有一會而交定故曰有一定之論也貞女專一亦無二心雖有偏喪不復更醮故曰有不易之行也 規矩不能方圓。鉤繩不能曲直。雖規矩鉤繩無以施於此 天地之永。登邱不可爲脩。居卑不可爲短。是故得道者。窮而不懾。達而不榮。雖窮賤不以爲懾懼也雖顯達不以爲榮幸也 處高而不機。機危也 持盈而不傾。傾覆也 新而不朗。久而不渝。朗明也渝變也朗讀汝南朗陵之朗 入火不焦。入水不濡。是故不待勢而尊。不待財而富。不待力而強。平虛下流。與化翱翔。翱翔猶傾仰也 若然者。藏金於山。藏珠於淵。舜藏金于嶄巖之山藏珠于五湖之淵以塞貪淫之欲也 不利貨財。不貪勢名。勢位爵號之名也 是故不以康爲樂。康安也 不以慊爲悲。慊約也慊讀供向慊之慊 不以貴爲安。不以賤爲危。形神氣志各居其宜以隨天地之所爲。夫形者生之舍也。氣者生之充也。神者生之制也。一失位則三者傷矣。是故聖人使人各處其位。守其職。而不得相干也。故夫形者。非其所安也而處之則廢。氣不當其所充。而用之則泄。神非其所宜。而行之則昧。昧不明也 此三者。不可不愼守也。夫舉天下萬物。蚑蟯貞蟲。蚑行蟯動之蟲也蟯讀饒貞蟲細腰之屬也 蝡動蚑作。蚑讀鳥跂步之跂也 皆知其所喜憎利害者何也。以其性之在焉而不離也。忽去之則骨肉無倫矣。去之去道也則骨肉靡滅無倫匹也 今人之所以眭然能視。眭讀曰桂 營然能聽。營讀疾營之營 形體能抗。抗讀扣耳之扣 而百節可屈伸。察能分白黑。視醜美。而知能別同異。明是非者何也。氣爲之充。而神爲之使也。何以知其然也。凡人之志各有所在。而神有所繫者。其行也。足蹪趎埳。頭抵植木。而不自知也。蹪躓也楚人讀躓爲蹪知猶覺也 招之而不能見也。呼之而不能聞也。不能見招之者不能聞呼之者 耳目非去之也。然而不能應者何也。神失其守也。精神失其所守 故在於小則忘於大。在於中則忘於外。在於上則忘於下。在於左則忘於右。若楚白公勝將欲慮亂立于朝倒杖策上貫其頭血流至地而不覺此之類也 無所不充。則無所不在。精神無所不充在存也 是故貴虛者。以豪末爲宅也。虛者情無所念慮也以豪末爲宅者言精微也 今夫狂者之不能避水火之難。而越溝瀆之險者。豈無形神氣志哉。然而用之異也。與人異也 失其所守之位。而離其外內之舍。是故舉錯不能當。動靜不能中。當合也中適也 終身運枯形于連嶁列埒之門。運行也枯猶病也形體也連嶁猶離嶁也委曲之類列埒不平均也連讀陵聾魯州陵陵連之連嶁讀峼嶁無松柏之嶁　逹吉按古無嶁字連嶁卽連遱也所謂離嶁亦卽麗廔也遱廔葢正字　而蹪蹈于污壑穽陷之中。汚壑大壑壑讀赫赫明明之赫　雖生俱與人鈞。然而不免爲人戮笑者何也。形神相失也。故以神爲主者。形從而利。以形爲制者。神從而害。神淸靜故利形有情欲故害也　貪饕多欲之人。漠睧於勢利。誘慕於名位。漠睧猶鈍睧不知足貌誘進也慕貪漠睧之漠睧讀纖絹緻密睧無閑孔之睧也　冀以過人之智。植于高世。則精神日以耗而彌遠。久淫而不還。淫過還復　形閉中距。則神無由入矣。神精神也淸靜之性無從還入也　是以天下時有盲妄自失之患。此膏燭之類也。火逾然而消逾亟。逾益也亟疾也　夫精神氣志者。靜而日充者以壯。躁而日耗者以老。是故聖人將養其神。和弱其氣。平夷其形。而與道沈浮俛仰。沈浮猶盛衰俛仰猶升降　恬然則縱之。迫則用之。其縱之也若委衣。其用之也若發機。機弩機關言其疾也　如是。則萬物之化無不遇。而百事之變無不應。應當之也

淮南子卷二

俶眞訓 俶始也眞實也道之實始於無有化育于有故曰俶眞因以名篇

有始者。天地開闢之始也 有未始有有始者。言萬物萌兆未始有始者始成形也 有未始有夫未始有有始者。言天地合氣寂寞瀟條未始有也夫未始有始仿佛也 有有者。言萬物始有形兆也 有無者。言天地浩大無可名也 有未始有有無者。有未始有夫未始有有無者。所謂有始者。繁憤未發。萌兆牙櫱。未有形埒垠堮。無無蠕蠕。將欲生興而未成物類。繁憤衆積之貌發憤也 有未始有有始者。天氣始下。地氣始上。陰陽錯合。相與優游競暢于宇宙之閒。被德含和。繽紛蘢蓯。欲與物接而未成兆朕。競逐也暢達也和氣也繽紛雜糅也蘢蓯聚會也兆朕形怪也 有未始有夫未始有有始者。天含和而未降。地懷氣而未揚。虛無寂寞。蕭條霄霓。無有仿佛。氣遂而大通冥冥者也。霄讀紺綃之綃霓翟氏之翟也 有有者。言萬物摻落。根莖枝葉。青蔥苓蘢。萑蔰炫煌。蠉飛蝡動。蚑行噲息。可切循把握而有數量。摻讀參星之參萑蔰炫煌采色貌也蚑讀車蚑轊之蚑噲讀不悅懌外之噲切摩也循順也萑讀曰唯也蔰讀曰扈 逵吉按噲息各本皆作喙息唯藏本作噲攷方言喙息也自關而西秦晉之閒曰喙說文解字噲咽也一曰嘰噲也嘰一曰喙也嘰有喙訓噲亦從之是噲亦有息義矣後人但知喙息而改噲爲喙者非是

有無者。視之不見其形。聽之不聞其聲。捫之不可得也。望之不可極也。儲與扈冶。儲與扈冶褒大意也 浩浩瀚瀚。不可隱儀揆度而通光耀者。浩浩瀚瀚廣大貌也光耀無形 有未始有有無者。包裹天地。陶冶萬物。大通混冥。深閎廣大。不可爲外。析豪剖

芒。不可爲內。無環堵之宇。而生有無之根。 混冥大冥之中謂道也 有未始有夫未始有有無者。天地未剖。陰陽未判。 剖判混分 四時未分。萬物未生。汪然平靜。寂然清澄。莫見其形。 汪讀傳矢諸周氏之汪同 若光燿之閒於無有。退而自失也。 自失毀不見也 曰予能有無。而未能無無也。 能有無爲也未能本性自無爲也故曰未能無無也 及其爲無無。至妙何從及此哉。夫大塊載我以形。勞我以生。 大塊天地之閒也 逸我以老。休我以死。 莊子曰生乃徭役死乃休息也故曰休我以死 善我生者。乃所以善我死也。 善我生之樂乃欲善我死之樂也明死變化有知欲鑄人同死生也 夫藏舟於壑。藏山於澤。人謂之固矣。雖然。夜半有力者負而趨。 趨走 寐者不知。猶有所遁。 夜半有力者負舟與山走故寐者不知也 若藏天下於天下。則無所遁其形矣。 大丈夫以天下爲室以藏萬物 物豈可謂無大揚攉乎。 揚攉無慮大數名也攉讀鎬京之鎬 一範人之形而猶喜。 範猶遇也遭也一說範法也言物一法效人形而猶喜也 若人者。千變萬化而未始有極也。 言死生變化而夢故曰未始有極也 弊而復新。其爲樂也可勝計邪。譬若夢爲鳥而飛於天。夢爲魚而沒於淵。方其夢也。不知其夢也。覺而後知其夢也。今將有大覺。然後知今此之爲大夢也。始吾未生之時。焉知生之樂也。今吾未死。又焉知死之不樂也。昔公牛哀轉病也。七日化爲虎。 轉病易病也江淮之閒公牛氏有易病化爲虎若中國有狂疾者發作有時也其爲虎者便還食人食人者因作眞虎不食人者更復化爲人公牛氏韓人淮南之人固牛食芻謂之芻豢有驗于此 其兄掩戶而入覘之。則虎搏而殺之。 殺其兄掩讀曰奄覘視也 是故文章成獸。爪牙移易。 移易人爪牙爲虎爪牙也 志與心變。神與形化。 志心皆變神形皆化 方其爲虎也。不知其嘗爲人也。方其爲人。不知其且爲虎也。二者代謝舛馳。

名樂其成形。代更也謝敍也舛互也形謂成虎形人舛讀舛賣之舛 狡猾鈍惛。是非無端。孰知其所萌。萌生也 夫水嚮冬則凝而爲冰。冰迎春則泮而爲水。冰水移易于前後。若周員而趨。孰暇知其所苦樂乎。泮釋也趨歸也 是故形傷于寒暑燥溼之虐者。形苑而神壯。苑枯病也壯傷也苑讀南陽苑逵吉按南陽苑即宛縣字也古苑與宛同 神傷乎喜怒思慮之患者。神盡而形有餘。故罷馬之死也。剝之若槁。罷老氣力竭盡故若槁也 狡狗之死也。割之猶濡。狡少也濡濡溼氣力未盡 是故傷死者其鬼嬈。嬈煩嬈善行病祟人 時既者其神漠。既盡也時既當老者則神寂漠漠定也 是皆不得形神俱沒也。道家養形養神皆以壽終形神俱沒不但漠而已也老子曰以道蒞天下其鬼不神此謂俱沒也 夫聖人用心杖性依神相扶而得終始。是故其寐不夢。其覺不憂。精神無所思慮故不夢志存仁義患不得至故不憂 古之人有處混冥之中。神氣不蕩于外。萬物恬漠以愉靜。欃槍衡杓之氣。莫不彌靡。欃槍彗孛也杓北斗柄第七星 而不能爲害。當此之時。萬民猖狂。不知東西。含哺而游。鼓腹而熙。鼓擊也熙戲也 交被天和。食于地德。交俱也和氣也地德五穀 不以曲故是非相尤。茫茫沈沈。是謂大治。曲故曲巧也尤過也茫茫沈沈盛貌茫讀王莽之莽沈讀水出沈沈正白之沈 於是在上位者。左右而使之。毋淫其性。鎭撫而有之。毋遷其德。是故仁義不布。而萬物蕃殖。古者抱盛德上質樸不待仁義而萬物蕃殖也 賞罰不施。而天下賓服。昭其德也 其道可以大美興。而難以算計舉也。言天地萬物但可以大美興而育之難以算計具也 是故日計之不足。而歲計之有餘。以限計之故有餘也辟若梅矣百梅足以爲百人酸一梅不足爲百人酸也 夫魚相忘於江湖。人相忘於道術。言各得其忘故相忘也 古之眞人。立於天地之本。中至優游。抱德煬和。而萬物雜累焉。煬炙也抱其志德而炙於和氣故萬物雜累言成熟也煬讀供養之養孰肯解構人閒之事。以物煩其性命乎。解構猶合會也煩辱也夫道有經紀條貫。得一之道。連千枝萬葉。一者道本得其本故能連理千枝萬葉以少正多也是故貴有以行令。賤有以忘卑。貧有以樂業。困有以處危。夫大寒至。霜雪降。然後知松柏之茂也。據難履危。利害陳于前。陳列也然後知聖人之不失道也。是故能戴大員者履大方。言能戴天履地之道鏡太清者視大明。立太平者處大堂。太平天下之平也大堂明堂所以告朔行令也能游冥冥者。與日月同光。光明也論德道者能與日月同明也是故以道爲竿。以德爲綸。禮樂爲鉤。仁義爲餌。投之於江。浮之於海。萬物紛紛。孰非其有。夫挾依於跂躍之術。跂躍猶𨇾躧不正之道也提挈人閒之際。撢掞挻挏世之風俗。撢引掞利也挻挏猶上下也以求利便也逵吉按挻各本皆作挺攷說文解字挻拔也挻長也挻挏雙聲應從藏本作挻爲是以摸蘇牽連物之微妙。摸蘇猶摸索微妙猶細小也猶得肆其志。充其欲。何况懷瓌瑋之道。忘肝膽。遺耳目。獨浮游無方之外。不與物相弊摋。弊摋猶雜糅弊音跋涉之跋摋讀楚人言殺中徙倚無形之域。而和以天地者乎。若然者。偃其聰明。而抱其太素。素朴性也以利害爲塵垢。塵垢喻輕也以死生爲晝夜。是故目觀玉輅琬象之狀。耳聽白雪清角之聲。不能以亂其神。玉輅王者所乘有琬琰象牙之飾白雪師曠所奏太一五弦之琴樂曲神物爲下降者清角商聲也登千仞之谿。臨蝯眩之岸。不足以滑其和。蝯臨其岸而目眩也滑亂和適也譬若鍾山之玉。鍾山昆侖也炊以鑪炭。三日三夜而色澤不變。則至德天地之精也。是故生不足以使之。利何足以動之。死不足以禁之。害何足以恐之。明於死生之分。達於利害之變。雖以天下之大，易骭之一毛，無所概於志也。骭自膝以下脛以上也骭讀閈收之閈也夫貴賤之於身也，猶條風之時麗也。條風鳴條言其迅也麗過也毀譽之於己，猶蚊䖟之一過也。夫秉皓白而不黑，行純粹而不糅，處玄冥而不闇，休于天鈞而不碍。碍敗也天鈞北極之地積寒之野休之[illegible]敗唯體道能不敗也孟門終隆之山不能禁。孟門山名太行之隘也終隆則終南山在扶風皆險塞也逵吉按古讀隆爲臨故詩與爾臨衝韓詩作隆衝又後漢殤帝諱隆改隆慮縣爲臨慮縣亦是南臨同聲因之又以終南爲終隆也唯體道能不敗。湍瀨旋淵呂梁之深，不能留也。湍瀨急流旋淵深淵也呂梁水名也在彭城皆水險留滯也太行石澗飛狐句望之險，不能難也。太行在野王北上黨關也石澗深谿飛狐在代郡句望在鴈門皆隘險也逵吉按句望今漢書地理志作句注以義攷之注應即汪字也古汪望同聲凡古字通者皆以聲同相通若汪與注乃字之誤耳古汪字作洼注字作泩後人但識注不識古字汪因之傳訛矣是故身處江海之上，而神游魏闕之下。魏闕王者門外闕所以縣教象之書於象魏也巍巍高大故曰魏闕言眞人雖在遠方心存王也一曰心下巨闕神內守也非得一原，孰能至於此哉。一原道之原也是故與至人居，使家忘貧，使王公簡其富貴而樂卑賤，勇者衰其氣，貪者消其欲，坐而不教，立而不議，虛而往者實而歸，故不言而能飲人以和。論道如川不言而能飲人以和適也是故至道無爲，一龍一蛇。龍能化蛇能解脫故道以爲譬盈縮卷舒，與時變化，外從其風，內守其性，耳目不燿，思慮不營。營惑也其所居神者，臺簡以游太清。臺猶特也簡大也逵吉按臺簡注云臺持也錢別駕坫云臺當作握說文解字握古文作𡐦𡐦與臺形近致訛耳但藏本及各本皆作臺字而本書用古文𡐦不用篆文握故仍存原文不敢擅改引楯萬物，羣美萌生。引楯拔擢也楯讀允恭之允逵吉按引楯當作揗從手旁是故事其神者神去之，事治也休其神者神居之。不動擾道出一原，通九門，九門天之門散六衢，散布于六合之衢也設於無垓坫之宇。設施也垓坫垠堮也垓讀人飲食太多以思下垓坫讀爲筦氏有反坫之坫寂漠以虛無，非有爲於物也。物以有爲於己也。非有爲于物者不爲爲也物以有爲于己者物已爲也 是故舉事而順于道者。非道之所爲也。道之所施也。夫天之所覆。地之所載。六合所包。陰陽所呴。雨露所濡。道德所扶。此皆生一父母而閱一和也。父母天地閱總也和氣也道所貫也呴讀以口相吁之吁 是故槐榆與橘柚合而爲兄弟。言道能化同異物也 有苗與三危通爲一家。有苗國在南方彭蠡舜時不服者三危西極山名在辰州通爲一家道所化也　逵吉按辰州疑當作益州 夫目視鴻鵠之飛。耳聽琴瑟之聲。而心在鴈門之閒。一身之中。神之分離剖判。六合之內。一舉而千萬里。是故自其異者視之。肝膽胡越。肝膽喻近胡越喻遠 自其同者視之。萬物一圈也。圈陬也 百家異說。各有所出。若夫墨楊申商之於治道。墨墨翟也其術兼愛非樂摩頂放踵而利國者爲之楊楊朱其術全性保眞雖拔骭一毛而利天下弗爲也申申不害也韓昭侯相著三符之命而尙刻削商者魏公孫鞅也爲秦孝公制相坐之法嚴猛聞故封之爲商君也因謂之商鞅 猶蓋之無一橑。而輪之無一輻。有之可以備數。無之未有害於用也。已自以爲獨擅之。不通之于天地之情也。今夫冶工之鑄器。鑄讀如唾祝之祝也 金踊躍于鑪中。必有波溢而播棄者。其中地而凝滯。亦有以象於物者矣。其形雖有所小用哉。然未可以保於周室之九鼎也。又況比於規形者乎。其與道相去亦遠矣。今夫萬物之疏躍枝舉。百事之莖葉條梓。疏躍布散也梓讀詩頌苞有三蘖同　逵吉按梓古文櫱字也亦作蘖俗寫蘖字爲蘖又劉德引詩苞有三梓說文解字櫱伐木餘也方言梓餘也陳鄭之閒曰梓是梓櫱亦同字 皆本於一根。而條循千萬也。若此則有所受之矣。而非所授者。所受者無授也。而無不受也。無不受也者。譬若周雲之蘢蓯。遼巢彭濞而爲雨。周雲密雨雲也蘢蓯聚合也遼巢彭濞蘊積貌也濞檢莢之濞逵吉按太平御覽引作猝揲彭薄薄與瀕聲近也況贏萬物。而不與爲經焉。不與萬物俱經今夫善射者。有儀表之度。如工匠有規矩之數。此皆所得以至於妙。有所得儀表規矩之巧也然而奚仲不能爲逢蒙。造父不能爲伯樂者。是曰諭於一曲。而不通于萬方之際也。今以涅染緇。則黑於涅。以藍染青。則青於藍。涅非緇也。青非藍也。茲雖遇其母。而無能復化已。涅礬石也母本也是何則。以諭其轉而益薄也。何況夫未始有涅藍造化之者乎。其爲化也。雖鏤金石。書竹帛。何足以舉其數。鏤讀婁數之婁由此觀之。物莫不生於有也。有猶往也小大優游矣。言饒多也夫秋豪之末。淪於無閒。而復歸於大矣。秋豪微妙故能入于無閒閒孔言道無形以豪末比道猶復爲大也蘆苻之厚。通於無㙾。而復反於敦龐。厚猶薄蘆葦也苻蘆之中白苻言其薄柯則歸於葦故曰反於敦龐矣苻讀麩䴸之䴸也若夫無秋豪之微。蘆苻之厚。四達無境。通于無圻。道無形秋豪蘆苻已有形故曰無秋豪之微蘆苻之厚而四達無境通於無圻圻垠字也逵吉按說文解字垠或從斤作圻而莫之要御夭遏者。其襲微重妙。挻挏萬物。揣丸變化。道之所能天地之閒。何足以論之。言道所化者大夫疾風敦木。而不能拔毛髮。雲臺之高。墮者折脊碎腦。而蟁蝱適足以翱翔。敦亦拔也臺高際於雲故曰雲臺蟁蝱微細故翱翔而無傷毀之患道所貴也夫與蚑蟯同乘天機。蚑行蟯動諭微細也天機神馬夫受形於一圈。飛輕微細者。猶足以脫其命。又況未有類也。類形象也未有形象道所尙也由此觀之。無形而生有形。亦明矣。是故聖人託其神於靈府。而歸於萬物之初。視於冥冥。聽於無聲。冥冥之中。獨見曉焉。曉明也寂漠之中。獨有照焉。其用之也以不用。其不用也而後能用之。其知也乃不知。其不知也而後能知之也。夫天不定。日月無所載。載行也 地不定。草木無所植。植立也 所立於身者不寧。是非無所形。形見也 是故有眞人然後有眞知。知不詐故曰眞也 其所持者不明。庸詎知吾所謂知之非不知歟。今夫積惠重厚。累愛襲恩。以聲華嘔苻。嫗掩萬民百姓。使知之訢訢然人樂其性者。仁也。舉大功。立顯名。體君臣。正上下。明親疏。等貴賤、存危國、繼絕世。決挐治煩。興毀宗。立無後者。義也。閉九竅。藏心志。棄聰明。反無識。芒然仿佯于塵埃之外。而消搖于無事之業。含陰吐陽。而萬物和同者。德也。是故道散而爲德。德溢而爲仁義。仁義立而道德廢矣。百圍之木。斬而爲犧尊。犧讀曰希猶疏鏤之尊 鏤之以剞劂。雜之以靑黃。華藻鎛鮮。龍蛇虎豹。曲成文章。刻鏤之具也靑黃彩色之飾剞讀技之技劂讀詩攣角之攣也華藻華文也鎛今之金尊也鮮明好也龍蛇虎豹者刻畫尊彝爲蟠螭伏虎之狀故曰曲成文章 然其斷在溝中。壹比犧尊。溝中之斷。則醜美有閒矣。剞巧工鉤刀也劂者規度刺畫墨邊箋也所以 閒遠也方其好醜相去遠也 然而失木性鈞也。鈞等 是故神越者其言華。越散也言不守也故華而不實 德蕩者其行僞。蕩逸僞不誠也 至精亡於中。而言行觀於外。此不免以身役物矣。與物爲役 夫趨舍行僞者。爲精求于外也。精有湫盡。而行無窮極。則滑心濁神而惑亂其本矣。其所守者不定。而外淫於世俗之風。風化也 所斷差跌者。而內以濁其清明。是故躊躇以終。而不得須臾恬澹矣。是故聖人內修道術。而不外飾仁義。不知耳目之宣。而游于精神之和。若然者。下揆三泉上尋九天。橫廓六合。揲貫萬物。此聖人之游也。若夫眞人。則動溶于至虛。而游于滅亡之野。騎蜚廉而從敦圄。蜚廉獸名長毛有翼敦圄似虎而小一曰仙人名也 馳於方外。休乎宇內。燭十日而使風雨。臣雷公。役夸父。夸父仙人棄其杖而爲鄧林也 妾宓妃。妻織女。天地之閒何足以留其志。是故虛無者道之舍。平易者道之素。素性也 夫人之事其神而嬈其精。營慧然而有求於外。此皆失其神明而離其宅也。事治也嬈煩也營慧求索名利者也宅辭精神之宅也 是故凍者假兼衣于春。而暍者望冷風于秋。夫有病於內者。必有色於外矣。夫梣木色青翳。而蠃瘉蝸睆。梣木苦歷木名也生於山剝取其皮以水浸之正青用洗眼瘉人目中膚翳故曰色青翳青色象也蠃蠡薄蠃蝸睆目疾也 此皆治目之藥也。人無故求此物者。必有蔽其明者。聖人之所以駭天下者。眞人未嘗過焉。賢人之所以矯世俗者。聖人未嘗觀焉。矯拂也 夫牛蹏之涔。無尺之鯉。涔潦水也涔讀延祜曷問急氣閉口言也 塊阜之山。無丈之材。小山也在陳留 所以然者何也。皆其營宇狹小。而不能容巨大也。逵吉按太平御覽引作牛蹏之涔無徑尺之鯉魁父之山無營宇之材無下營宇二字 又況乎以無裹之者邪。無裹無形 此其爲山淵之勢亦遠矣。此無有譎長大夫人之拘於世也。必形繫而神泄。故不免於虛。形繫者身形疾而精神越泄不虛其守故曰不免于虛疾 使我可係羈者。必其有命在於外也。至德之世。甘瞑于溷澖之域。而徙倚于汗漫之宇。澖讀閑放之閑言無垠虛之貌徙倚猶汗漫無生形形生元氣之本神也故盧敖見若士者言曰吾與汗漫期于九垓之上是也宇居也 提挈天地而委萬物。以鴻濛爲景柱。而浮揚乎無畛崖之際。一手曰提挈舉委棄也言不以身役物鴻濛東方之野日所出故以爲景柱浮揚猶遨翔也無畛崖畔界因以爲名也 是故聖人呼吸陰陽之氣。而羣生莫不顒顒然仰其德以和順。當此之時。莫之領理決離隱密而自成。渾渾蒼蒼。純樸未散。旁薄爲一。而萬物大優。渾渾蒼蒼混沌大貌故曰純樸未散也優饒也 是故雖有羿之知而無所用之 是說上古之時也但甘風治化自行故曰雖有羿之知其無所用之是堯時羿善射能一日落九烏繳大風殺窫窳斬九嬰射河伯之知巧也非有窮后羿也 及世之衰也。至伏羲氏。其道昧昧芒芒然。吟德懷和。伏羲氏以木德王天下號曰太昊昧昧純厚也芒芒廣大貌也吟咏其德含懷其和氣未大宣布也 被施頗烈。被讀光被四表之被也被其德澤頗烈施於民 而知乃始。昧昧晽晽。皆欲離其童蒙之心。昧昧欲明而未也晽晽欲所知之貌也離去也 而覺視於天地之閒。是故其德煩而不能一。煩多也一齊也 乃至神農黃帝。剖判大宗。竅領天地。襲九窾。重九㙛。竅通也領理也襲因也窾法也㙛形也言因九天九地之形法以通理也 提挈陰陽。嫥捖剛柔。枝解葉貫。萬物百族。嫥捖和調也族類也 使各有經紀條貫。貫位也 於此。萬民睢睢盱盱然。莫不竦身而載聽視。睢睢盱盱聽視之貌也 是故治而不能和下。和協也 棲遲至於昆吾夏后之世。昆吾夏伯桀世也 嗜欲連於物。聰明誘於外。而性命失其得。性命之本 施及周室之衰。澆淳散樸。澆讀難易之易也 雜道以僞。儉德以行。雜紐 而巧故萌生。巧言僞詐 周室衰而王道廢。儒墨乃始列道而議。分徒而訟。儒孔子道也墨墨翟術也徒黨也訟爭是非也 於是博學以疑聖。華誣以脅衆。博學楊墨之道以疑孔子之術設虛華之言以誣聖人劫脅徒衆也 弦歌鼓舞。緣飾詩書。以買名譽於天下。爲以求之 繁登降之禮。飾紱冕之服。聚衆不足以極其變。積財不足以贍其費。於是萬民乃始慲觟離跂。慲讀籥籥無逢際之慲觟傒徑之傒也 各欲行其知僞。以求鑿枘於世。而錯擇名利。錯施也擇取也求索也言施其巧僞索榮顯之名利也故下言曼衍於淫荒之陂也 是故百雖曼衍於淫荒之陂、而失其大宗之本。陂或作野 夫世之所以喪性命、有衰漸以然。所由來者久矣。是故聖人之學也。欲以返性於初。而游心於虛也。人受天地之中以生孟子曰性無不善而情欲害之故聖人能返其性於初也游心於虛言無欲也 達人之學也。欲以通性於遼廓。而覺於寂漠也。若夫俗世之學也則不然、擢德攓性、內愁五藏。外勞耳目。擢取也攓縮也皆不循其理故愁其思慮也耳妄聽目安視淫故勞也 乃始招蟯振繾物之毫芒。搖消掉捎仁義禮樂、暴行越智於天下、以招號名聲於世。搖消掉捎仁義禮樂未之能行也越揚也暴卒也越揚其詐譎之智以取聲名也 此我所羞而不爲也。是故與其有天下也。不若有說也。說樂也不若有人說樂之也 與其有說也。不若尙羊物之終始也。而條達有無之際。是故舉世而譽之不加勸。舉世而非之不加沮。定于死生之境。而通于榮辱之理。雖有炎火洪水彌靡於天下。神無虧缺於胸臆之中矣。若然者。視天下之閒。猶飛羽浮芥也。芥中也 逵吉按中字疑當作艸 孰肯分分然以物爲事也。分猶意念之貌 水之性眞清。而土汩之。人性安靜。而嗜欲亂之、夫人之所受於天者。耳目之於聲色也。口鼻之於芳臭也。肌膚之於寒燠。其情一也。或通於神明。或不免於癡狂者。何也。其所爲制者異也。是故神者智之淵也。淵清者智明矣。智者心之府也。智公則心平矣。人莫鑑於流沫。而鑑於止水者。以其靜也。沫雨潦上沫起覆甌也言其濁擾不見人形也 莫窺形於生鐵。而窺於明鏡者。以覩其易也。易讀河閒易縣之易 夫唯易且靜。形物之性也。形見 由此觀之。用也必假之於弗用也。是故虛室生白，吉祥止也。虛心也室身也白道也能虛其心以生于道道性無欲吉祥來止舍也 夫鑑明者，塵垢弗能薶。薶汚也薶讀倭語之倭 神清者，嗜欲弗能亂。神清者精神內守也情之嗜欲不能干亂 精神已越於外，而事復返之。越散也事治也 是失之於本，而求之於末也。外內無符，而欲與物接，弊其元光，而求知之于耳目。元光內明也一曰元天也 是釋其炤炤，而道其冥冥也，是之謂失道。心有所至，而神喟然在之，反之於虛，則消鑠滅息，此聖人之游也。反之於虛則情欲之性消鑠滅息故曰聖人之游游行也 故古之治天下也，必達乎性命之情。其舉錯未必同也，其合於道一也。夫夏日之不被裘者，非愛之也，燠有餘於身也。冬日之不用翣者，非簡之也，清有餘於適也。翣扇也翣讀鷩鷟之鷟食唼喋之唼餓賤也 夫聖人量腹而食，度形而衣，節於己而已，貪污之心，奚由生哉！故能有天下者，必無以天下爲也；能有名譽者，必無以趨行求者也。以用也 聖人有所于達，達則嗜欲之心外矣。外棄也 孔墨之弟子，皆以仁義之術教導於世，然而不免於偶身，猶不能行也，又況所教乎？偶身身不見用偶偶然也偶讀雷同之雷偶相敗也讀若雷道德經偶偶兮若無所歸本或作乘乘者是 達吉按說文解字 是何則？其道外也。夫以末求返於本，許由不能行也，又況齊民乎？齊民凡民齊于民也 誠達于性命之情，而仁義固附矣，趨舍何足以滑心！若夫神無所掩，心無所載，通洞條達，恬漠無事，無所凝滯，虛寂以待，勢利不能誘也，誘惑也進也 辯者不能說也，說釋也 聲色不能淫也，美者不能濫也，濫覦也或作監不能使之過濫 智者不能動也，勇者不能恐也，此眞人之道也。若

然者。陶冶萬物。與造化者爲人。爲治也天地之間。宇宙之內。莫能夭遏。閒上下之閒也內四
方之內也夫化生者不死。而化物者不化。化生者天也化物者德也神經於驪山太行而不能難。
驪山今在京兆新豐縣南也太行今在河內野王縣北也入於四海九江而不能濡。四海四方之海也九江江分爲九也處小隘而不塞。
橫扃天地之間而不窕。扃猶閉也不通此者。雖目數千羊之羣。耳分八風之調。目視
耳聽也八風八卦之風調和也足蹀陽阿之舞。而手會綠水之趨。陽阿古之名倡也綠水舞曲也一曰綠水古詩也趨投節也智終天
地。明照日月。辯解連環。澤潤玉石。猶無益於治天下也。靜漠恬澹。所以養
性也。和愉虛無。所以養德也。外不滑內。則性得其宜。性不動和。則德安其
位。養生以經世。抱德以終年。可謂能體道矣。若然者。血脈無鬱滯。五藏無
蔚氣。蔚病也禍福弗能撓滑。非譽弗能塵垢。故能致其極。極至非有其世。孰能濟
焉。有其人不遇其時。身猶不能脫。又況無道乎。道不得行且人之情。耳目應感動。
心志知憂樂。手足之攢疾蟁。辟寒暑。所以與物接也。蜂蠆螫指而神不能
憺。憺讀解釋之釋憺定也蚉䖟噆膚而知不能平。噆嗞猶穿夫憂患之來攖人心也。攖迫也非直蜂
蠆之螫毒。而蚉䖟之慘怛也。而欲靜漠虛無。柰之何哉。夫目察秋豪之末。
耳不聞雷霆之聲。耳調玉石之聲。目不見太山之高。何則。小有所志而大
有所忘也。今萬物之來擢拔吾性。攓取吾情。有若泉源。雖欲勿稟。其可得
邪。稟猶動用也今夫樹木者。灌以瀿水。逵吉按孫編修星衍云文選注引許叡淮南子注有楚人謂水暴溢爲瀿云云當是此下原文而各本有瀿波暴溢也五字藏

本皆無之附錄以俟考 疇以肥壤。疇雍壤或作嘹 一人養之。十人拔之。則必無餘梓。梓葉 又况與一國同伐之哉。雖欲久生。豈可得乎。今盆水在庭。清之終日。未能見眉睫。濁之不過一撓。而不能察方員。察見 人神易濁而難清。猶盆水之類也。况一世而撓滑之。曷得須臾平乎。古者至德之世。賈便其肆。農樂其業。大夫安其職。職事 而處士脩其道。道先王之道也 逵吉按脩太平御覽作循 當此之時。風雨不毁折。草木不夭。九鼎重味。珠玉潤澤。九鼎九州貢金所鑄也一曰象九德故曰九鼎也重厚也潤澤有光也 逵吉按太平御覽作草木不夭死九鼎重無味字下有注云王者之德休明則鼎重姦回則鼎輕 洛出丹書。河出綠圖。故許由、方回、善卷、披衣得達其道。許由陽城人也堯所聘而不到也方回善卷披衣皆堯時隱士姓名不可得知其人方直回旋因曰方回見其善卷披衣而行因曰披衣得達樂其所修先王之道也 何則。世之主有欲利天下之心。是以人得自樂其閒。自樂其道于天地之閒也或作文德自樂其閒先王之道也 四子之才。非能盡善蓋今之世也。然莫能與之同光者。遇唐虞之時。光譽 逮至夏桀殷紂。燔生人。辜諫者。爲炮烙。鑄金柱。鑄金柱然火其下以人置其上墜墮火中而對之笑也 剖賢人之心。析才士之脛。賢人比干也析解也剝解有才士脚觀其有奇異脛脚也 醢鬼侯之女。菹梅伯之骸。鬼侯梅伯紂時諸侯梅伯說鬼侯之女美好令紂妻之女至紂以爲不好故醢鬼侯之女菹梅伯之骸也一曰紂爲無道梅伯數諫故菹其骸也 當此之時。嶢山崩。三川涸。嶢山蓋在南陽三川涇渭汧也涸竭也傳曰山崩川竭亡國徵也 飛鳥鎩翼。走獸擠腳。紂田獵禽荒無休止時故飛鳥折翼走獸毁腳無不被害也 當此之時。豈獨無聖人哉。然而不能通其道者。不遇其世。言聖人不能通其道行其仇者不遭世也 夫鳥飛千仞之上。獸走叢薄之中。禍猶及之。又况編戶齊民乎。聚木曰叢深草曰薄猶及之田獵不時也 由此觀之。體道者不專在于我。亦有繫于世矣。夫歷陽之都。一夕反而爲湖。逵吉按反太平御覽作化勇力聖知與罷怯不肖者同命。歷陽淮南國之縣名今屬江都昔有老嫗常行仁義有二諸生過之謂曰此國當沒爲湖謂嫗視東城門閫有血便走上北山勿顧也自此嫗便往視門閫閽者問之嫗對曰如是其暮門吏故殺雞血塗門閫明旦老嫗早往視門見血便上北山國沒爲湖與門吏言其事適一宿耳一夕旦而爲湖也勇怯同命無遺脫也巫山之上。順風縱火。膏夏紫芝。與蕭艾俱死。巫山在南郡膏夏大木也其理密白如膏故曰膏夏紫芝皆喻賢智也蕭艾賤草皆喻不肖故河魚不得明目。穉稼不得育時。其所生者然也。河水濁故不得明目穉稼爲霜所凋故不得待其自熟時故曰其所生者然也故世治則愚者不能獨亂。世亂則智者不能獨治。身蹈于濁世之中。而責道之不行也。是猶兩絆騏驥。而求其致千里也。兩者雙也置猨檻中。則與豚同。非不巧捷也。無所肆其能也。肆極舜之耕陶也。不能利其里。所居之里南面王。則德施乎四海。四海天下仁非能益也。處便而勢利也。古之聖人。其和愉寧靜。性也。其志得道行。命也。命天命也是故性遭命而後能行。命得性而後能明。得其本情靜之性故能明烏號之弓。谿子之弩。不能無弦而射。烏號柘桑也谿子爲弩所出國名也或曰谿蠻夷也以柘桑爲弩因曰谿子之弩也一曰谿子陽鄭國善爲弩匠因以名也越舲蜀艇。不能無水而浮。舲小船也蜀艇一版之舟若今豫章是也雖越人所便習若無其水不能獨浮也今矰繳機而在上。罔罟張而在下。雖欲翺翔。其勢焉得。矰弋射身短矢也機發也翺翔鳥之高飛翼上下曰翺直刺不動曰翔故詩云。采采卷耳。不盈傾筐。嗟我懷人。寘彼周行。以言慕遠世也。詩周南卷耳篇也言采采易得之菜不滿易盈之器以言君子爲國執心不精不能以成其道采易得之菜不能盈易滿之器也嗟我懷人寘彼周行言我思古君子官賢人置之列位也誠古之賢人各得其行列故曰慕遠也

淮南子卷三

天文訓 文者象也天先垂文象日月五星及彗孛皆謂以譴告一人故曰天文因以題篇

天墬未形。馮馮翼翼。洞洞灟灟。故曰太昭。馮翼洞灟無形之貌洞讀挺挏之挏灟讀以鐵頭斫地之钃也 道始于虛霩。虛霩生宇宙。宇宙生氣。氣有涯垠。宇四方上下也宙往古來今也將成天地之貌也涯垠重安之貌也 逵吉按太平御覽作宇宙生元氣涯俗本作漢譔 清陽者薄靡而爲天。薄靡者若塵埃飛揚之貌 重濁者凝滯而爲地。清妙之合專易。一作專 重濁之凝竭難。故天先成而地後定。天地之襲精爲陰陽。襲合也精氣也 陰陽之專精爲四時。四時之散精爲萬物。積陽之熱氣生火。火氣之精者爲日。積陰之寒氣爲水。水氣之精者爲月。日月之淫爲精者爲星辰。天受日月星辰。地受水潦塵埃。昔者共工與顓頊爭爲帝。怒而觸不周之山。共工官名伯于虙羲神農之閒其後子孫任智刑以強故與顓頊黃帝之孫爭位不周山在西北也 天柱折。地維絕。天傾西北。故日月星辰移焉。傾高也原道言地東南傾傾下也此先言傾西北明其高也 地不滿東南。故水潦塵埃歸焉。天道曰圓。地道曰方。方者主幽。圓者主明。明者吐氣者也。是故火曰外景。幽者含氣者也。是故水曰內景。吐氣者施。含氣者化。是故陽施陰化。天之偏氣。怒者爲風。地之含氣。和者爲雨。陰陽相薄。感而爲雷。薄迫也感動也 激而爲霆。亂而爲霧。陽氣勝則散而爲雨露。散霧散也 陰氣勝則凝而爲霜雪。毛羽者。飛行之類也。故屬於陽。介鱗者。蟄伏之類也。故屬於陰。日者陽之主也。是故春夏則羣獸除。（除，冬毛微墮也）日至而麋鹿解。（日冬至麋角解，日夏至鹿角解）月者陰之宗也。是以月虛而魚腦減，月死而蠃蛖膲。（宗，本也。減，少也。膲，肉不滿。言應陰氣也。膲讀若物醮炒之醮也）火上蕁，（蕁讀葛覃之覃）水下流。故鳥飛而高，魚動而下。物類相動，本標相應。（標讀刀末之標）故陽燧見日則燃而爲火，方諸見月則津而爲水。（陽燧，金也。取金杯無緣者，熟摩令熱，日中時以當日下，以艾承之，則燃得火也。方諸，陰燧，大蛤也。熟摩令熱，月盛時以向月下，則水生，以銅盤受之，下水數滴。先師說然也。逵吉按：太平御覽引許昚注云：諸，珠也。方，石也。以銅盤受之，下水數升。又引高誘注同此。知高、許二家注本原別矣）虎嘯而谷風至，龍舉而景雲屬。（虎，土物也。風，木風也。木生于土，故虎嘯而谷風至。龍，水物也。雲生水，故龍舉而景雲屬。屬，會也。逵吉按：虎，土物也，太平御覽作陽獸也）麒麟鬭而日月食。（逵吉按：太平御覽此下有許昚注云：麒麟，大角獸，故與日月同符）鯨魚死而彗星出。蠶珥絲而商弦絕。（蠶老絲成，自中徹外，視之如金精，珥表裏見，故曰珥絲。一曰弄絲於口。商音清，弦細而急，故先絕也）賁星墜而勃海決。（賁星，客星也，又作孛。星墜，隕也。勃，大也。決，溢也）人主之情，上通于天。（逵吉按：太平御覽引作人主之精通于天）故誅暴則多飄風，（暴，虐也。飄風，迅也）枉法令則多蟲螟，（食心曰螟，穀之災也）殺不辜則國赤地，（赤地，旱也）令不收則多淫雨。（干時之令，不收納，則久雨爲災）四時者，天之吏也。日月者，天之使也。星辰者，天之期也。虹蜺彗星者，天之忌也。（期，會也。雄爲虹，雌爲蜺也。虹者，雜色也。忌，禁也）天有九野，九千九百九十九隅，去地五億萬里。（九野，九天之野也。一野千一百一十一隅也）五星、八風、二十八宿、（五星，歲星、熒惑、鎮星、太白、辰星也。八風，八卦之風也。二十八宿，東方角亢氐房心尾箕，北方斗牛女虛危室壁，西方奎婁胃昴畢觜參，南方井鬼柳星張翼軫也）五官、六府、（五官，五行之官。六府加以穀）紫宮、太微、軒轅、咸池、四守、天阿。（皆星名，下自解）何謂九野？中央曰鈞天，其星角亢氐。（韓鄭之分野也）東方曰蒼天，其星房心尾。東北曰變天，其星箕斗牽牛。（尾箕一名析木，燕之分野。斗，吳之分野。牽牛一名星紀，越之分野。陽氣始作，萬物萌芽，故曰變天）北方曰玄天，其星須女虛危營室。虛危一名玄枵齊之分野 西北方曰幽天。其星東壁奎婁。幽陰也西方季秋將即於陰故曰幽天營室東壁一名承委衞之分野奎婁一名降婁魯之分野 西方曰顥天。顥白也西方金色白故曰顥天或作昊字逵吉按俗本此字皆作昊惟藏本作顥 其星胃昴畢。昴畢一名大梁趙之分野 西南方曰朱天。其星觜巂參東井。觜巂參一名實沈晉之分野朱陽也西南爲少陽故曰朱天 南方曰炎天。其星輿鬼柳七星。柳七星周之分野一名鶉火 東南方曰陽天。其星張翼軫。東南純乾用事故曰陽天翼軫一名鶉尾楚之分野 何謂五星。東方木也。其帝太皞。太皞伏羲氏有天下號也死託祀於東方之帝也 其佐句芒。執規而治春。其神爲歲星。其獸蒼龍。其音角。其日甲乙。木色蒼龍順其色也角木也甲乙皆木也 南方火也。其帝炎帝。炎帝少典之子也以火德王天下號曰神農外託祀於南方之帝 其佐朱明。舊說云祝融 執衡而治夏。其神爲熒惑。熒惑五星之一也 其獸朱鳥。朱鳥朱雀也 其音徵。其日丙丁。徵火也丙丁皆火也 中央土也。其帝黃帝。黃帝少典之子也以土德王天下號曰軒轅氏死託祀於中央之帝 其佐后土。執繩而制四方。其神爲鎭星。其獸黃龍。土色黃也 其音宮。其日戊己。宮土也戊己土也 西方金也。其帝少昊。少昊黃帝之子青陽也以金德王號曰金天氏死託祀於西方之帝 其佐蓐收。執矩而治秋。其神爲太白。其獸白虎。其音商。其日庚辛。商金也庚辛皆金也 北方水也。其帝顓頊。顓頊黃帝之孫以水德王天下號曰高陽氏死託祀於北方之帝 其佐玄冥。執權而治冬。其神爲辰星。其獸玄武。其音羽。其日壬癸。羽水也壬癸皆水也 太陰在四仲。則歲星行三宿。仲中也四中謂太陰在卯酉子午四面之中也 太陰在四鉤。則歲星行二宿。丑鉤辰申鉤巳寅鉤亥未鉤戌謂太陰在四角 二八十六。三四十二。故十二歲而行二十八宿。日行十二分度之一。歲行三十度十六分度之七。十二歲而周。周徧 熒惑常以十月入太微。受制而出行列宿。司無道之國。爲亂爲賊。爲疾。爲喪。爲饑。爲兵。出入無常。辯變其色。時見時匿。此皆所以譴告人君鎭星以甲寅元始建斗。歲鎭行一宿。當居而弗居。其國亡土。未當居而居之。其國益地。歲熟。日行二十八分度之一。歲行十三度百一十二分度之五。二十八歲而周。鎭星一徧太白元始以正月建寅。與熒惑晨出東方。二百四十日而入。入百二十日而夕出西方。二百四十日而入。入三十五日而復出東方。出以辰戌。入以丑未。當出而不出。未當入而入。天下偃兵。當入而不入。當出而不出。天下興兵。辰星正四時。常以二月春分效奎婁。以五月下。以五月夏至效東井輿鬼。以八月秋分效角亢。以十一月冬至效斗牽牛。效見出以辰戌。入以丑未。出二旬而入。晨候之東方。夕候之西方。一時不出。其時不和。四時不出。天下大飢。穀不熟爲飢也　逵吉按飢依高義應作饑本或作饑飢餓也饑穀不熟也兩字訓異何謂八風。距日冬至四十五日。條風至。艮卦之風一名融爲笙也條風至四十五日。明庶風至。震卦之風也爲管也明庶風至四十五日。清明風至。巽卦之風也爲柷也清明風至四十五日。景風至。離卦之風也爲弦也景風至四十五日。涼風至。坤卦之風也爲塤也涼風至四十五日。閶闔風至。兌卦之風也爲鐘也閶闔風至四十五日。不周風至。乾卦之風也爲磬也不周風至四十五日。廣莫風至。坎卦之風也爲鼓也條風至。則出輕繫。去稽留。立春故出輕繫明庶風至。則正封疆。修田疇。春分播穀故正疆界治田疇也清明風至。則出幣帛。使諸侯。立夏長養布恩惠故幣帛聘問諸侯也景風至。則爵有位。賞有功。夏至陰氣在下陽盛於上象陽布施故賞有功封建侯也涼風至。則報地德。祀四郊。立秋節農乃登穀嘗祭故報地德祀四方神也閶闔風至。則收縣垂。琴瑟不張。秋分殺氣國君憯愴故去鐘磬縣垂之樂也不周風至。則修宮室。繕邊城。立冬節土工其始故治宮室繕修邊城備寇難也廣莫風至。則閉關梁。決刑罰。象冬閉藏不通關梁也罰刑疑者于是順時而決之何謂五官。東方爲田。南方爲司馬。西方爲理。北方爲司空。中央爲都。田主農司馬主兵理主獄司空主土都爲四方最也何謂六府。子午、丑未、寅申、卯酉、辰戌、巳亥是也。太微者。太一之庭也。太微星名也太一天神也紫宮者。太一之居也。軒轅者。帝妃之舍也。咸池者。水魚之囿也。咸池星名水魚天神天阿者。羣神之闕也。闕猶門也四宮者。所以守司賞罰。四宮紫宮軒轅咸池天阿太微者。主朱雀。主猶典也紫宮執斗而左旋。日行一度。以周於天。日冬至峻狼之山。南極之山日移一度。凡行百八十二度八分度之五。而夏至牛首之山。牛首北極之山反覆三百六十五度四分度之一而成一歲。天一元始。正月建寅。日月俱入營室五度。天一以始建七十六歲。日月復以正月入營室五度。無餘分。名曰一紀。凡二十紀。一千五百二十歲大終。日月星辰復始甲寅元。日行一度。而歲有奇四分度之一。故四歲而積千四百六十一日而復合。故舍八十歲而復。故曰子午卯酉爲二繩。繩直也丑寅辰巳未申戌亥爲四鉤。東北爲報德之維也。報復也陰氣極於北方陽氣發於東方自陰復陽故曰報德之維四角爲維也西南爲背陽之維。西南巳過陽將復陰故曰背陽之維東南爲常羊之維。常羊不進不退之貌純陽用事不盛不衰常如此故曰常羊之維　逵吉按常羊即相羊亦即倘佯漢書吳王濞傳又作方洋司馬相如上林賦又作襄羊皆是也亦古字通用西北爲蹏通之維。西北純陰陽氣閉結陽氣將萌蹏始通之故曰蹏通之維　逵吉按蹏各本皆作號疑藏本誤日冬至則斗北中繩。陰氣極。陽氣萌。故曰冬至爲德。德始生也日夏至則斗南中繩。陽氣極。陰氣萌。故曰夏至爲刑。刑始殺也陰氣極則北至北極。下至黃泉。故不可以鑿地穿井。萬物閉藏。蟄蟲首穴。故曰德在室。陽氣極則南至南極。上至朱天。故不可以夷邱上屋。萬物蕃息。五穀兆長。故曰德在野。日冬至則水從之。日夏至則火從之。故五月火正而水漏。火正火王也故水滲漏一說火星正中地漏溼也一十一月水正而陰勝。水正水王也故陰勝也一說營室正中于南方陽氣爲火。陰氣爲水。水勝。故夏至溼。火勝。故冬至燥。燥故炭輕。溼故炭重。日冬至井水盛。盆水溢。羊脫毛。麋角解。鵲始巢。八尺之脩。日中而景丈三尺。日夏至而流黃澤。石精出。流黃土之精也陰氣作於下故流澤而出也石精五色之精也蟬始鳴。半夏生。半夏藥草蟁䖟不食駒犢。鷙鳥不搏黃口。五月微陰在下駒犢黃口肌血脆弱未成故蟁䖟鷙鳥應陰不食不搏也八尺之景。脩徑尺五寸。景脩則陰氣勝。景短則陽氣勝。陰氣勝則爲水。陽氣勝則爲旱。陰陽刑德有七舍。何謂七舍。室、堂、庭、門、巷、術、野。十二月德居室三十日。先日至十五日。後日至十五日。而徙所居各三十日。德在室則刑在野。德在堂則刑在術。德在庭則刑在巷。陰陽相德。則刑德合門。八月二月。陰陽氣均。日夜分平。故曰刑德合門。德南則生。刑南則殺。故曰二月會而萬物生。八月會而草木死。兩維之閒。九十一度十六分度之五而升。自東北至東南爲兩維而四維三百六十五度四分度之一一度者二千九百三十二里千四百六十一分里之三百四十八日行一度。十五日為一節。以生二十四時之變。斗指子則冬至。音比黃鐘。（黃鐘十一月也鐘者聚也陽氣聚於黃泉之下也）加十五日指癸則小寒。音比應鐘。（應鐘十月也陰應於陽轉成其功萬物應時聚藏故曰應鐘）加十五日指丑則大寒。音比無射。（無射九月也陰氣上升陽氣下降萬物隨陽而藏無有射出見也故曰無射）加十五日指報德之維。則越陰在地。故曰距日冬至四十六日而立春。陽氣凍解。音比南呂。（南呂八月也南任也言陽氣內藏陰侶於陽任成其功故曰南呂也）加十五日指寅則雨水。音比夷則。（夷則七月也夷傷則法也陽衰陰發萬物彫傷應法成性故曰夷則也）加十五日指甲則雷驚蟄。音比林鐘。（林鐘六月也林衆鐘聚也陽極陰生萬物衆聚而盛故曰林鐘）加十五日指卯中繩。故曰春分則雷行。音比蕤賓。（蕤賓五月也陰氣萎蕤在下似主人陽在上似賓客故曰蕤賓也）加十五日指乙則清明風至。音比仲呂（仲呂四月也陽在外陰在中所以呂中於陽助成功也故曰仲呂也）加十五日指辰則穀雨。音比姑洗。（姑洗三月也姑故也洗新也陽氣養生去故就新故曰姑洗也）加十五日指常羊之維。則春分盡。故曰有四十五日而立夏。大風濟。（濟止）音比夾鐘。（夾鐘二月也夾夾也萬物去陰夾陽地而生故曰夾鐘也）加十五日指巳則小滿。音比太蔟。（太蔟正月也蔟蔟也陰衰陽發萬物蔟地而生故曰太蔟）加十五日指丙則芒種。音比大呂。（大呂十二月也呂侶也萬物萌動於下未能達見故曰大呂所以配黃鐘助陽宣功也）加十五日指午則陽氣極。故曰有四十六日而夏至。音比黃鐘。加十五日指丁則小暑。音比大呂。加十五日指未則大暑。音比太蔟。加十五日指背陽之維。則夏分盡。故曰有四十六日而立秋。涼風至。音比夾鐘。加十五日指申則處暑。音比姑洗。加十五日指庚則白露降。音比仲呂。加十五日指酉中繩。故曰秋分。雷戒蟄蟲北鄉。音比蕤賓。加十五日指辛。則寒露。音比林鐘。加十五日指戌。則霜降。音比夷則。加十五日指蹏通之維。則秋分盡。故曰有四十六日而立冬。草木畢死。音比南呂。加十五日指亥。則小雪。音比無射。加十五日指壬。則大雪。音比應鐘。加十五日指子。故曰陽生於子。陰生於午。陽生於子。故十一月日冬至。鵲始加巢。人氣鍾首。陰生於午。故五月爲小刑。薺麥亭歷枯。冬生草木必死。斗杓爲小歲。斗第一星至第四爲魁第五至第七爲杓正月建寅。月從左行十二辰。咸池爲太歲。二月建卯。月從右行四仲。終而復始。太歲迎者辱。背者強。左者衰。右者昌。小歲東南則生。西北則殺。不可迎也。而可背也。不可左也。而可右也。其此之謂也。大時者。咸池也。小時者。月建也。天維建元。常以寅始起右徙。一歲而移。十二歲而大周天。終而復始。淮南元年冬。太一在丙子。冬至甲午。立春丙子。淮南王作書之元年也一日淮南王長孝文皇帝異母弟也僭號自稱東帝以徙蜀道道死于雝其四子皆爲列侯時人歌之曰一尺繒好童童一斗粟飽蓬蓬兄弟二人不能相容文帝聞之曰以我爲利其土耶皆召四侯而王之是則淮南王安卽位之元年以紀時也二陰一陽成氣二。二陽一陰成氣三。陰蠱牰故得氣少陽精微故得氣多一說上得二下得三合爲五故曰合氣而爲音音數五也合氣而爲音。合陰而爲陽。合陽而爲律。故曰五音六律。音自倍而爲日。律自倍而爲辰。故日十而辰十二。月日行十三度七十六分度之二十六。六或作八二十九日九百四十分日之四百九十九而爲月。而以十二月爲歲。歲有餘十日九百四十分日之八百二十七。故十九歲而七閏。日冬至子午。夏

至卯酉。冬至加三日。則夏至之日也。冬至後三日則明年夏至之日歲遷六日。終而復始。遷六日今年以火
子冬至後年以午冬至也壬午冬至。甲子受制。木用事。火煙青。木色青也東方七十二日。丙子受制。火
用事。火煙赤。火色赤也南方七十二日。戊子受制。土用事。火煙黃。土中央其色黃七十二日。庚
子受制。金用事。火煙白。西方金其色白七十二日。壬子受制。水用事。火煙黑。北方水其色黑七
十二日而歲終。庚子受制。歲遷六日。以數推之。七十歲而復至甲子。甲子
受制。則行柔惠。挺羣禁。開闔扇。通障塞。毋伐木。甲木也木王東方故施柔惠蟄伏之類出由戶故開闔扇通障塞春木王故毋
伐木也丙子受制。則舉賢良。賞有功。立封侯。出貨財。火用事象陽明識功勞故封建侯出貨財戊子受制。
則養老鰥寡。行粰鬻。施恩澤。土用事象土長養故施恩澤也庚子受制。則繕牆垣。修城郭。審羣
禁。飾兵甲。儆百官。誅不法。金用事象金斷割故誅不如法度也壬子受制。則閉門閭。大搜客。禁搜客出新客
斷刑罰。殺當罪。息關梁。禁外徙。水用事象冬閉固故禁外徙也甲子氣燥濁。丙子氣燥陽。戊子
氣溼濁。庚子氣燥寒。壬子氣清寒。丙子干甲子。蟄蟲早出。木氣溫故早出故雷早行。
戊子干甲子。胎夭卵毈。鳥蟲多傷。庚子干甲子。有兵。壬子干甲子。春有霜。
戊子干丙子。霆。庚子干丙子。夷。夷傷也夷或爲電壬子干丙子。雹。甲子干丙子。地動。
庚子干戊子。五穀有殃。壬子干戊子。夏寒雨霜。甲子干戊子。介蟲不爲。不成爲介
蟲也逵吉按爲讀如譌書平秩南譌譌化也亦古字通用高義未晰丙子干戊子。大旱。苽封熯。苽蔣草也生水上相連特大如薄者也名曰封旱燥故熯也壬
子干庚子。大剛。魚不爲。不成爲魚甲子干庚子。草木再死再生。丙子干庚子。草木

復榮。今八月九月時李柰復榮生實是也 戊子干庚子。歲或存或亡。甲子干壬子。冬乃不藏。地氣發也 丙子干壬子。星隊。隊隕 戊子干壬子。蟄蟲冬出其鄉。庚子干壬子。冬雷其鄉。季春三月。豐隆乃出。以將其雨。豐隆雷也 至秋三月。季秋之月 地氣不藏。乃收其殺。百蟲蟄伏。靜居閉戶。殺氣 青女乃出。以降霜雪。青女天神青霄玉女主霜雪也 行十二時之氣。以至于仲春二月之夕。乃收其藏而閉其寒。收斂其所藏而閉之 女夷鼓歌。以司天和。以長百穀禽鳥草木。女夷主春夏長養之神也 孟夏之月。以熟穀禾。雄鳩長鳴。爲帝候歲。雄鳩布穀也 是故天不發其陰。則萬物不生。地不發其陽。則萬物不成。天圓地方。道在中央。日爲德。月爲刑。月歸而萬物死。日至而萬物生。遠山則山氣藏。遠水則水蟲蟄。遠木則木葉槁。日五日不見。失其位也。聖人不與也。與猶說也 日出于暘谷。浴于咸池。拂于扶桑。是謂晨明。拂猶過一日至 逵吉按太平御覽有注云扶桑東方之野 登于扶桑。爰始將行。是謂朏明。朏明將明也朏讀若朏諾皋之朏也 至于曲阿。逵吉按太平御覽有注云曲阿山名 是謂旦明。平旦 至于曾泉。是謂蚤食。逵吉按太平御覽有注云曾重也早食時在東方多水之地故曰曾泉 至于桑野。逵吉按太平御覽作次于桑野 是謂晏食。至于衡陽。逵吉按太平御覽作臻于衡陽 是謂隅中。至于昆吾。逵吉按太平御覽作對于昆吾 是謂正中。昆吾邱在南方 至于鳥次。是謂小還。鳥次西南之山名也鳥所宿止逵吉按太平御覽作靡于鳥次還作遷 至于悲谷。是謂餔時。悲谷西南方之大壑言其傑峻臨其上令人悲思故曰悲谷 至于女紀。是謂大還。女紀西北陰地 逵吉按太平御覽作廻于女紀還亦作遷 至于淵虞。是謂高春。淵虞地名高春時加戌民碓春時也 逵吉按太平御覽作經于淵泉 至于連石。是謂下春。連石西北山言將欲冥下象息春故曰下春連讀腐爛之爛 逵吉按太平御覽作頓于連石 至于悲泉。

爰止其女。爰息其馬。是謂縣車。逵吉按太平御覽此四句引作爰止羲和爰息之螭是謂縣車 至于虞淵。逵吉按太平御覽作薄于虞淵 是謂黃昏。至于蒙谷。是謂定昏。蒙谷北方之山名也盧敖所見若士之所也 逵吉按太平御覽作綸于蒙谷蒙谷卽尚書昧谷蒙昧聲相通 日入于虞淵之汜。曙于蒙谷之浦。曙明浦涯 逵吉按太平御覽此二句引作日入崦嵫經細柳入虞泉之地曙于蒙谷之浦有注云崦嵫落當山口細柳西方之野蒙谷蒙汜之水又有日西垂景在樹端謂之桑虞九字注云言其光在桑榆樹上 行九州七舍。有五億萬七千三百九里。自陽谷至虞淵凡十六所爲九州七舍也 禹以爲朝晝昏夜。夏日至則陰乘陽。是以萬物就而死。冬日至則陽乘陰。是以萬物仰而生。晝者陽之分。夜者陰之分。是以陽氣勝則日脩而夜短。陰氣勝則日短而夜脩。帝張四維。逵吉按太平御覽有注云帝天帝也 運之以斗。運旋也 月徙一辰。復反其所。正月指寅。十二月指丑。逵吉按太平御覽作十一月指子 一歲而匝。終而復始。指寅則萬物螾螾也。動生貌 逵吉按本皆作萬物螾藏本同惟太平御覽作螾螾也依義御覽是今從之 律受太蔟。太蔟者。蔟而未出也。逵吉按太平御覽作湊而未出也下有注云太蔟正月律 指卯。卯則茂茂然。律受夾鐘。夾鐘者。種始莢也。逵吉按太平御覽下有注云夾鐘二月律 指辰。辰則振之也。律受姑洗。姑洗者。陳去而新來也。逵吉按太平御覽下有注云姑洗三月律 指巳。巳則生已定也。律受仲呂。仲呂者。中充大也。逵吉按太平御覽下有注云仲呂四月律也 指午。午者忤也。律受蕤賓。蕤賓者。安而服也。逵吉按太平御覽下有注云蕤賓五月律 指未。未昧也。律受林鐘。林鐘者。引而止也。逵吉按太平御覽下有注云林鐘六月律昧作味 指申。申者呻之也。律受夷則。夷則者。易其則也。德以去矣。逵吉按太平御覽下有注云夷則七月律德以去生氣盡也 指酉。酉者飽也。律受南呂。南呂者。任包大也。逵吉按太平御覽下有注云南呂八月律 指戌。戌者滅也。律受無射。無射。入無厭也。

逵吉按太平御覽作入之無厭也下有注云無射九月律指亥。亥者閡也。律受應鐘。應鐘者。應其鐘也。逵吉按太平御覽下有注云應鐘十月律指子。子者茲也。律受黃鐘。黃鐘者。鐘已黃也。逵吉按太平御覽下有注云黃鐘十一月律指丑。丑者紐也。律受大呂。大呂者。旅旅而去也。逵吉按太平御覽下有注云大呂十二月律其加卯酉。則陰陽分。日夜平矣。故曰規生矩殺。衡長權藏。繩居中央。爲四時根。道曰規始於一。一而不生。故分而爲陰陽。陰陽合和而萬物生。故曰。一生二。二生三。三生萬物。天地三月而爲一時。故祭祀三飯以爲禮。喪紀三踊以爲節。兵重三罕以爲制。以三參物。三三如九。故黃鐘之律。九寸而宮音調。調和也因而九之。九九八十一。故黃鐘之數立焉。黃者土德之色。鐘者氣之所種也。日冬至德氣爲土。土色黃。故曰黃鐘。律之數六。分爲雌雄。故曰十二鐘。以副十二月。十二各以三成。故置一而十一。三之爲積。分十七萬七千一百四十七。黃鐘大數立焉。凡十二律。黃鐘爲宮。太蔟爲商。姑洗爲角。林鐘爲徵。南呂爲羽。物以三成。音以五立。三與五如八。故卵生者八竅。律之初生也。寫鳳之音。故音以八生。黃鐘爲宮。宮者音之君也。故黃鐘位子。其數八十一。主十一月。下生林鐘。林鐘之數五十四。主六月。上生太蔟。太蔟之數七十二。主正月。下生南呂。南呂之數四十八。主八月。上生姑洗。姑洗之數六十四。主三月。下生應鐘。應鐘之數四十二。主十月。上生蕤賓。蕤賓之數五十七。

主五月。上生大呂。大呂之數七十六。主十二月。下生夷則。夷則之數五十一。主七月。上生夾鐘。夾鐘之數六十八。主二月。下生無射。無射之數四十五。主九月。上生仲呂。仲呂之數六十。主四月。極不生。徵生宮。宮生商。商生羽。羽生角。角生姑洗。姑洗生應鐘。比于正音。故爲和。（應鐘十月也與正音比故爲和和從聲也一日和也）應鐘生蕤賓。不比正音。故爲繆。日冬至音比林鐘。浸以濁。日夏至音比黃鐘。浸以清。以十二律應二十四時之變。甲子。仲呂之徵也。丙子。夾鐘之羽也。戊子。黃鐘之宮也。庚子。無射之商也。壬子。夷則之角也。古之爲度量輕重。生乎天道。黃鐘之律脩九寸。物以三生。三九二十七。故幅廣二尺七寸。（古者幅比皆然也）音以八相生。故人脩八尺。尋自倍。故八尺而爲尋。有形則有聲。音之數五。以五乘八。五八四十。故四丈而爲匹。匹者。中人之度也。一匹而爲制。秋分蔈定。蔈定而禾熟。（蔈禾穗粟孚甲之芒也定者成也故禾熟蔈讀如詩有貓有虎之貓古文作秒也　逵吉按說文解字秒禾芒也蔈正字應作秒此借白花蔈之蔈當之以通用）律之數十二。故十二蔈而當一粟。十二粟而當一寸。律以當辰。音以當日。日之數十。（十從甲至癸日）故十寸而爲尺。十尺而爲丈。其以爲量。十二粟而當一分。（分言其輕重分銖也）十二分而當一銖。十二銖而當半兩。衡有左右。因倍之。故二十四銖爲一兩。天有四時。以成一歲。因而四之。四四十六。故十六兩而爲一觔。三月而爲一時。三十日爲一月。故三十觔爲一鈞。四時而爲一歲。故四鈞爲一石。其以爲音也。一律而生五音。十二律而爲六十音。因而六之。六六三十六。故三百六十音。以當一歲之日。故律曆之數。天地之道也。下生者倍。以三除之。上生者四。以三除之。（鐘律上下相生誘不敏也）太陰元始。建于甲寅。一終而建甲戌。二終而建甲午。三終而復得甲寅之元。歲徙一辰。立春之後。得其辰而遷其所順。前三後五。百事可舉。（前後太陰之前後也）太陰所建。蟄蟲首定而處。鵲巢鄉而爲戶。太陰在寅。朱鳥在卯。句陳在子。玄武在戌。白虎在酉。蒼龍在辰。寅爲建。卯爲除。辰爲滿。巳爲平。主生。午爲定。未爲執。主陷。申爲破。主衡。酉爲危。主杓。戌爲成。主少德。亥爲收。主大德。子爲開。主太歲。丑爲閉。主太陰。太陰在寅。歲名曰攝提格。其雄爲歲星。舍斗牽牛。以十一月與之晨出東方。東井輿鬼爲對。太陰在卯。歲名曰單閼。（單讀明揚之明）歲星舍須女虛危。以十二月與之晨出東方。柳七星張爲對。太陰在辰。歲名曰執徐。歲星舍營室東壁。以正月與之晨出東方。翼軫爲對。太陰在巳。歲名曰大荒落。歲星舍奎婁。以二月與之晨出東方。角亢爲對。太陰在午。歲名曰敦牂。歲星舍胃昴畢。以三月與之晨出東方。氐房心爲對。太陰在未。歲名曰協洽。歲星舍觜巂參。以四月與之晨出東方。尾箕爲對。太陰在申。歲名曰涒灘。歲星舍東井輿鬼。以五月與之晨出東方。斗牽牛爲對。太陰在酉。歲名曰作（作讀昨）鄂。

歲星舍柳七星張。以六月與之晨出東方。須女虛危爲對。太陰在戌。歲名曰閹茂。歲星舍翼軫。以七月與之晨出東方。營室東壁爲對。太陰在亥。歲名曰大淵獻。歲星舍角亢。以八月與之晨出東方。奎婁爲對。太陰在子。歲名曰困敦。（困讀羣）歲星舍氐房心。以九月與之晨出東方。胃昴畢爲對。太陰在丑。歲名曰赤奮若。歲星舍尾箕。以十月與之晨出東方。觜巂參爲對。太陰在甲子。刑德合東宮。常徙所不勝。合四歲而離。離十六歲而復合。所以離者。刑不得入中宮而徙於木。太陰所居曰德。辰爲刑。德綱曰日倍因。柔曰徙所不勝。刑水辰之木。木辰之水。金火立其處。凡徙諸神。朱鳥在太陰前一。鉤陳在後三。玄武在前五。白虎在後六。虛星乘鉤陳而天地襲矣。（襲和也）凡日。甲剛乙柔。丙剛丁柔。以至于癸。木生于亥。壯于卯。死于未。三辰皆木也。火生于寅。壯于午。死于戌。三辰皆火也。土生于午。壯于戌。死于寅。三辰皆土也。金生于巳。壯于酉。死于丑。三辰皆金也。水生于申。壯于子。死于辰。三辰皆水也。故五勝生一。壯五。終九。五九四十五。故神四十五日而一徙。以三應五。故八徙而歲終。凡用太陰。左前刑。右背德。擊鉤陳之衝辰。以戰必勝。以攻必剋。欲知天道。以日爲主。六月當心。左周而行。分而爲十二月。與日相當。天地重襲。後必無殃。星。正月建營室。二月建奎婁。三月建胃。（星宜言日）

（明堂月令孟春之月日在營室仲春之月在奎婁季春之月在胃此言星正月建營室字之誤也）四月建畢。五月建東井。六月建張。七月建翼。八月建亢。九月建房。十月建尾。十一月建牽牛。十二月建虛。星分度角十二。亢九。氐十五。房五。心五。尾十八。箕十一四分一。斗二十六。牽牛八。須女十二。虛十。危十七。營室十六。東壁九。奎十六。婁十二。胃十四。昴十一。畢十六。觜巂二。參九。東井三十三。（逵吉按三十三藏本作三十葉近山本作三十四四字非今以漢書改正）輿鬼四。柳十五。星七。張翼各十八。軫十七。凡二十八宿也。星部地名。角亢鄭。氐房心宋。尾箕燕。斗牽牛越。須女吳。虛危齊。營室東壁衞。奎婁魯。胃昴畢魏。觜巂參趙。東井輿鬼秦。柳七星張周。翼軫楚。歲星之所居。五穀豐昌。其對爲衝。歲乃有殃。當居而不居。越而之他處。主死國亡。太陰治春。則欲行柔惠溫涼。（木德仁故柔涼也）太陰治夏。則欲布施宣明。（火德陽故布施宣明也）太陰治秋。則欲脩備繕兵。（金德斷割故脩兵也）太陰治冬。則欲猛毅剛彊。（純陰閉固水凝冰凍故剛彊也逵吉按太平御覽剛作堅注同）三歲而改節。六歲而易常。故三歲而一饑。六歲而一衰。（逵吉按太平御覽下有注云衰疾也）十二歲一康。（康盛也逵吉按太平御覽康作荒下有注云蔬不孰爲荒也疑是許育注故義異）甲齊。乙東夷。丙楚。丁南夷。戊魏。己韓。庚秦。辛西夷。壬衞。癸越。子周。丑翟。寅楚。卯鄭。辰晉。巳衞。午秦。未宋。申齊。酉魯。戌趙。亥燕。甲乙寅卯。木也。丙丁巳午。火也。戊己四季。土也。庚辛申酉。金也。壬癸亥子。水也。水生木。木生火。火生土。土生金。金生水。子生母曰義。母生子曰保。子母相得曰專。

毋勝子曰制。子勝毋曰困。以勝擊殺。勝而無報。以專從事而有功。以義行理。名立而不墮。以保畜養。萬物蕃昌。以困舉事。破滅死亡。北斗之神有雌雄。十一月始建於子。月從一辰。雄左行。雌右行。五月合午謀刑。十一月合子謀德。太陰所居辰爲厭日。厭日不可以舉百事。堪輿徐行。雄以音知雌。故爲奇辰。數從甲子始。子母相求。所合之處爲合。十日十二辰。周六十日。凡八合。合於歲前則死亡。合於歲後則無殃。甲戌燕也。乙酉齊也。丙午越也。丁巳楚也。庚申秦也。辛卯戎也。壬子代也。（逵吉按代諸本皆作趙惟藏本作代）癸亥胡也。戊戌己亥韓也。己酉己卯魏也。戊午戊子。八合天下也。太陰小歲星日辰。五神皆合。其日有雲氣風雨。國君當之。天神之貴者。莫貴於青龍。或曰天一。或曰太陰。太陰所居。不可背而可鄉。北斗所擊。不可與敵。天地以設。分而爲陰陽。陽生於陰。陰生於陽。陰陽相錯。四維乃通。或死或生。萬物乃成。蚑行喙息。莫貴於人。孔竅肢體。皆通於天。天有九重。人亦有九竅。天有四時以制十二月。人亦有四肢以使十二節。天有十二月以制三百六十日。人亦有十二肢以使三百六十節。故舉事而不順天者。逆其生者也。以日冬至。數來歲正月朔日。五十日者。民食足。不滿五十日。日減一斗。有餘日。日益一升。有其歲司也。

方位				宿
甲寅火生土老	卯木壯	辰水老		角亢　氐房心　尾箕
丙巳金生	午火壯土生	丁未木老		東井輿鬼　柳七星張　翼軫
庚申水生	酉金壯	辛戌火老土壯		奎婁　胃昴畢　觜巂參
亥木生	子水壯	丑金老		壁室危　虛須女　牽牛斗

攝提格之歲。（格起言萬物承陽而起也）歲早水。晚旱。稻疾。蠶不登。（登成也）菽麥昌。民食四升。寅在甲曰閼蓬。（言萬物鋒芒欲出擁遏未通故曰閼蓬也）單閼之歲。（單盡閼止也陽氣推萬物而起陰氣盡止也）歲和。稻菽麥蠶昌。民食五升。卯在乙曰旃蒙。（在乙言萬物遏蒙甲而出故曰旃蒙也）執徐之歲。（執蟄徐舒也伏蟄之物皆散舒而出也）歲早旱。晚

水。小饑。蠶閉。麥熟。民食三升。辰在丙曰柔兆。在丙言萬物皆生枝布葉故曰柔兆也 大荒落之歲。荒大也方萬物熾盛而大出霍然落落大布散 歲有小兵。蠶小登。麥昌。菽疾。民食二升。巳在丁曰強圉。在丁言萬物剛盛故曰強圉也 敦牂之歲。敦牂敦盛牂壯也言萬物皆盛壯也 歲大旱。蠶登。稻疾。菽麥昌。禾不爲。民食二升。午在戊曰著雝。在戊言位在中央萬物繁養四方故曰著雝也 協洽之歲。協和洽合也言陰欲化萬物和合 歲有小兵。蠶登。稻昌。菽麥不爲。民食三升。未在己曰屠維。在己言萬物各成其性故曰屠維屠別維離也 涒灘之歲。涒大灘脩也言萬物皆脩其精氣也 歲和。小雨行。蠶登。菽麥昌。民食三升。申在庚曰上章。在庚言陰氣上升萬物畢生故曰上章也 作鄂之歲。作鄂零落也萬物皆陊落 歲有大兵。民疾。蠶不登。菽麥不爲。禾蟲。民食五升。酉在辛曰重光。在辛言萬物就成熟其煌煌故曰重光也 掩茂之歲。掩蔽茂冒也言萬物皆蔽冒 歲小饑。有兵。蠶不登。麥不爲。菽昌。民食七升。戌在壬曰元黓。在壬言歲終包任萬物故曰元黓也 大淵獻之歲。淵藏獻迎也言萬物終于亥大小深藏窟伏以迎陽 歲有大兵。大饑。蠶開。菽麥不爲。禾蟲。民食三升。困敦之歲。困混敦沌也言陽氣皆混沌萬物牙蘖也 歲大霧起。大水出。蠶稻麥昌。民食三斗。子在癸曰昭陽。在癸言陽氣始萌萬物合生故曰昭陽 赤奮若之歲。奮起也若順也言陽奮物而起之無不順其性也赤陽色 歲有小兵。早水。蠶不出。稻疾。菽不爲。麥昌。民食一升。

正朝夕。先樹一表東方。操一表卻去前表十步。以參望日始出北廉。日直入。又樹一表於東方。因西方之表。以參望日方入北廉。則定東方。兩表之中與西方之表。則東西之正也。日冬至。日出東南維。入西南維。至春秋分。日出東中。入西中。夏至。出東北維。入西北維。至則正南。欲知東西南北廣袤之數者。立四表以爲方一里歫。先春分若秋分十餘日。從歫北表參望日始出。及旦。以候相應。相應則此與日直也。輒以南表參望之。以入前表數爲法。除舉廣。除立表袤。以知從此東西之數也。假使視日出。入前表中一寸。是寸得一里也。一里積萬八千寸。得從此東萬八千里。視日方入。入前表半寸。則半寸得一里。半寸而除一里。積寸得三萬六千里。除。則從此西里數也。并之。東西里數也。則極徑也。未春分而直。已秋分而不直。此處南也。未秋分而直。已春分而不直。此處北也。分至而直。此處南北中也。從中處欲知中南也。未秋分而不直。此處南北中也。從中處欲知南北極遠近。從西南表參望日。日夏至始出。與北表參。則是東與東北表等也。正東萬八千里。則從中北亦萬八千里也。倍之。南北之里數也。其不從中之數也。以出入前表之數益損之。表入一寸。寸減日近一里。表出一寸。寸益遠一里。欲知天之高。樹表高一丈。正南北相去千里。同日度其陰。北表一尺。南表尺九寸。是南千里陰短寸。南二萬里則無景。是直日下也。陰二尺而得高一丈者。南一而高五也。則置從此南至日下里數。因而五之。爲十萬里。則天高也。若使景與表等。則高與遠等也。

淮南子卷四

墬形訓紀東西南北山川藪澤地之所載萬物形兆所化育也故曰地形因以題篇

墬形之所載，六合之閒。四極之內。四極四方之極無復有外故謂之內也照之以日月。經之以星辰。紀之以四時。要之以太歲。要正也以太歲所在正天時也天地之閒。九州八極。八極八方之極也土有九山。山有九塞。澤有九藪。風有八等。水有六品。何謂九州。東南神州曰農土。東南辰爲農祥后稷之所經緯也故曰農土正南次州曰沃土。沃盛也五月建午稼穡盛張故曰沃土也西南戎州曰滔土。滔大也七月建申五穀成大故曰滔土也正西弇州曰并土。并猶成也八月建酉百穀成熟故曰并土也正中冀州曰中土。冀大也四方之主故曰中土也西北台州曰肥土。正北泲州曰成土。未聞東北薄州曰隱土。薄猶平也氣所隱藏故曰隱土也正東陽州曰申土。申復也陰氣盡於北陽氣復起東北故曰申土何謂九山。會稽、泰山、王屋、首山、太華、岐山、太行、羊腸、孟門。會稽山在會稽郡泰山今在泰山郡是爲東嶽王屋山在今河東垣縣東北沇水所出也首山在蒲坂縣南河曲之中伯夷所隱太華今宏農華陰山也是爲西嶽岐山今扶風美陽縣北周家所邑也太行在今上黨太行關直河內野王縣是也羊腸山名也說苑曰桀之居左河泲右太華伊闕在其南羊腸在其北今太原晉陽西北九十里通河西上郡關曰羊腸坂是孟門太行之限也何謂九塞。曰太汾、澠阸、荊阮、方城、殽阪、井陘、令疵、句注、居庸。太汾在晉澠阸今宏農澠池是也荊阮方城皆在楚殽阪宏農郡澠池殽欽吟是也井陘在常山通太原關是也令疵在遼西句注在鴈門陰館句注是也居庸在上谷沮陽之東通軍都關是也何謂九藪。藪澤也曰越之具區。具區在吳越之閒也楚之雲夢。雲夢在南郡華容也秦之陽紆。陽紆蓋在馮翊池陽一名具圃逵吉按具圃左傳作具囿疑字誤晉之大陸。大陸魏獻子所游焚焉而死者是也鄭之圃田。圃田在今河南中牟傳曰鄭有原圃猶秦之具圃也吾子取其麋鹿以閒敝邑是也宋之孟諸。孟諸在今梁國睢陽東北澤是也齊之海隅。海隅猶崖蓋近海濱是也 趙之鉅鹿。今鉅鹿黃阿澤是也逵吉按黃阿澤卽廣阿古字黃廣通用 燕之昭余。昭余今太原郡是古者屬燕也 何謂八風。東北曰炎風。艮氣所生一曰融風也 東方曰條風。震氣所生也一曰明庶風 東南曰景風。巽氣所生也一曰清明風 南方曰巨風。離氣所生也一曰愷風 西南曰涼風。坤氣所生也 西北曰飂風。兌氣所生也 西北曰麗風。乾氣所生也一曰閶闔風 北方曰寒風、坎氣所生也一曰廣莫風 何謂六水。曰河水、赤水、遼水、黑水、江水、淮水。河水出昆侖東北陬赤水出其東南陬遼水出碣石山自塞北東流直遼東之西南入海黑水在雝州江水出岷山在蜀西徼外淮水出桐柏山南陽平氏也 闔四海之內。東西二萬八千里。南北二萬六千里。子午爲經卯酉爲緯言經短緯長也 水道八千里。通谷。其名川六百。陸徑三千里。陸徑衺徑也陸地也 禹乃使太章步自東極。至于西極。二億三萬三千五百里七十五步。使豎亥步自北極。至于南極。二億三萬三千五百里七十五步。太章豎亥善行人皆禹臣也海內東西長南北短極內等也 凡鴻水淵藪。自三百仞以上。二億三萬三千五百五十里。有九淵。禹乃以息土塡洪水。以爲名山。息土不耗減掘之益多故以塡洪水名山大山也 掘昆侖虛以下地。掘猶平也地或作池 中有增城九重。其高萬一千里百一十四步二尺六寸。中昆侖虛中也增重也有五城十二樓見括地象此乃誕實未聞也 上有木禾。其脩五尋。上昆侖虛上也五尋長三十五尺 珠樹、玉樹、琁樹、不死樹、在其西。在木禾之西也 沙棠琅玕在其東。皆玉名也在木禾之東也一說沙棠木名也呂氏春秋曰果之美者沙棠之實也 絳樹在其南。絳赤色 碧樹瑤樹在其北。碧青玉也木禾之北 旁有四百四十門。門間四里。里間九純。純丈五尺。純量名也 旁有九井。玉橫維其西北之隅。橫猶光也橫或作彭彭受不死藥器也 北門開以內不周之風。傾宮、旋室、傾宮宮滿一頃旋室以旋玉飾室也一說室旋機關可轉旋故曰旋室 縣圃、涼風、樊桐、在昆侖閶闔之中。閶闔昆侖虛門名也縣圃涼風樊桐皆昆侖之山名也樊讀如麥飯之飯 是其疏圃。疏圃之池。浸之黃水。黃水三周復其原。原本也 是謂丹水。飲之不死。河水出昆侖東北陬。貫渤海。入禹所導積石山。渤海大海也河水自昆侖由地中行禹導而通之至積石山書曰道河積石入猶出也 赤水出其東南陬。西南注南海丹澤之東。赤水之東。弱水出自窮石。窮石山名也在張掖北塞水也 至于合黎。餘波入于流沙。絕流沙南至南海。絕猶過也流沙流行也 洋水出其西北陬。入于南海羽民之南。洋水經隴西氐道東至武都爲漢陽或作養水也逵吉按洋或作養養應作瀁亦作漾即漢水也東至武都爲漢陽字疑衍 凡四水者。帝之神泉。以和百藥。以潤萬物。昆侖之邱。或上倍之。假令高萬里倍之二萬里 是謂涼風之山。登之而不死。或上倍之。是謂懸圃。登之乃靈。能使風雨。或上倍之。乃維上天。登之乃神。是謂太帝之居。太帝天帝 扶木在陽州。日之所曊。扶木扶桑也在湯谷之南曊猶照也陽州東方也曊讀無枝擴之擴也 建木在都廣。建木其狀如牛引之有皮若瓔黃蛇葉若羅都廣南方山名也 衆帝所自上下。日中無景。呼而無響。蓋天地之中也。衆帝之從都廣山上天還下故曰上下日中時日直人上無景晷故曰蓋天地之中 若木在建木西。逵吉按太平御覽引作弱水在東建木在西 末有十日。其華照下地。末端也若木端有十日狀如蓮華華猶光也光照其下也逵吉按蓮華太平御覽作連珠 九州之大。純方千里。純緣也亦曰量名也 九州之外。乃有八殥。亦方千里。殥猶遠也殥讀允餇之允 自東北方曰大澤。曰無通。大澤無通皆藪名也 東方曰大渚。曰少海。水中可居者曰渚東方多水故曰少海亦澤名也 東南方曰具區。曰元澤。元讀常山人謂伯爲穴之穴也 逵吉按古讀元爲兀故說文解字元從一從兀爲聲又髡一作髡其從兀從元皆爲聲是此讀元爲穴之證古聲兀穴相同也 南方曰大夢。曰浩澤。夢雲夢也浩亦大也 西南方曰渚資。曰丹澤。蓋近丹水因其名故曰丹澤也 西方曰九區。曰泉澤。西北方曰大夏。曰海澤。北方曰大冥。曰寒澤。北方多寒水故曰寒澤也凡八殥。八澤之雲。是雨九州。八殥之外。而有八紘。紘維也維落天地而爲之表故曰紘也亦方千里。自東北方曰和邱。曰荒土。鳳所自歌鸞所自舞名曰和邱曰荒土也逵吉按鳳所自歌鸞所自舞八字出山海經東方曰棘林。曰桑野。東南方曰大窮。曰衆女。逵吉按太平御覽下有注云民少男多女南方曰都廣。曰反戶。都廣國名也山在此國因復曰都廣山言其在鄉日之南皆爲北鄉戶故反其戶也西南方曰焦僥。曰炎土。焦僥短人之國也長不滿三尺逵吉按太平御覽注作焦僥人長三尺衣冠帶劍西方曰金邱。曰沃野。西方金位也因爲金邱沃猶白也西方白故曰沃野西北方曰一目。曰沙所。國人一目在面中央沙所蓋流沙所出也一曰澤名也北方曰積冰。曰委羽。北方寒冰所積因以爲名委羽山名在北極之陰不見日也凡八紘之氣。是出寒暑。以合八正。必以風雨。八正八風之正也以風雨八紘之內八紘之外。乃有八極。自東北方曰方土之山。曰蒼門。東北木將用事青之始也故曰蒼門東方曰東極之山。曰開明之門。明者陽也日之所出也故曰開明之門東南方曰波母之山。曰陽門。東南月建在巳純陽用事故曰陽門據天下諸城東南角門皆陽門是其類也南方曰南極之山。曰暑門。南方盛陽積溫所在故曰暑門西南方曰編駒之山。曰白門。西南月建在申金氣之始也金氣白故曰白門西方曰西極之山。曰閶闔之門。西方八月建酉萬物成濟將可及收斂闔大也闔閉也大聚萬物而閉之故曰閶闔之門也西北方曰不周之山。曰幽都之門。幽闇也都聚也玄冥將始用事順陰而聚故曰幽都之門北方曰北極之山。曰寒門。積寒所在故曰寒門凡八極之雲。是雨天下。八門之風。是節寒暑。八紘八殥八澤之雲。以雨九州而和中土。中土冀州東方之美者。有醫毋閭之珣玗琪焉。醫毋閭山名在遼東屬國珣玗琪玉名也東南方之美者。有會稽之竹箭焉。會稽山在今會稽山陰縣之南禹所葬竹箭今會稽郡出好竹箭是也南方之美者。有梁山之犀象焉。梁山在會稽長沙湘南有犀角象牙皆物之珍也西南方之美者。有華山之金石焉。金美金也石含玉之石也華山今宏農華陰南山是也西方之美者。有霍山之珠玉焉。出夜光之珠五色之玉也今河東永安縣也西北方之美者。有昆侖之球琳琅玕焉。球琳琅玕皆美玉也北方之美者。有幽都之筋角焉。古之幽都在雁門以北其畜宜牛羊馬出好筋角可以為弓弩東北方之美者。有斥山之文皮焉。斥讀斥邱之斥文皮虎豹之皮也傳曰無終子使孟樂因魏莊子納虎豹之皮也請和諸戎是也中央之美者。有岱嶽以生五穀桑麻。魚鹽出焉。岱嶽泰山也王者禪代所祠因曰岱嶽也五穀桑麻魚鹽所養人者出猶生也凡地形。東西為緯。南北為經。山為積德。川為積刑。山仁萬物生焉故為積德川水智智制斷故為積刑也論語曰仁者樂山知者樂水是也高者為生。下者為死。高者陽主生下者陰主死邱陵為牡。谿谷為牝。邱陵高敞陽也故為牡谿谷洿下陰也故為牝水圓折者有珠。方折者有玉。圓折者陽也珠陰中之陽方折者陰也玉陽中之陰也皆以其類也清水有黃金。龍淵有玉英。清水徵故黃金出焉龍淵龍所出游淵也玉英轉化有精光也土地各以其類生。是故山氣多男。澤氣多女。障氣多喑。風氣多聾。林氣多癃。木氣多傴。自此上至山氣多男皆生子多有此病也岸下氣多腫。逵吉按太平御覽腫作尰有注云岸下下溼腫足曰尰石氣多力。象石堅也險阻氣多癭。上下險阻氣衝喉而結多癭咽也暑氣多夭。夭折不終也寒氣多壽。谷氣多痺。邱氣多狂。衍氣多仁。下而洿者為衍也逵吉按太平御覽衍作廣注云下而平者為廣也陵氣多貪。輕土多利。重土多遲。利疾也清水音小。濁水音大。音聲也湍水人輕。遲水人重。湍急流悍水也中土多聖人。皆象其氣。皆應其類。故南方有不死之草。北方有不釋之冰。南方溫故草有不死者北方寒故冰有不泮釋者東方有君子之國。東方木德仁故有君子之國其人衣冠帶劍食獸使二文虎也逵吉按說文解字曰東夷從大大人也夷俗仁仁者壽有君子不死之國郎與此解同西方有形殘之尸。寢居直夢。人死為鬼。西方金金斷割攻戰之事有形殘之尸也寢寐也居處也金氣方剛故其寢寐處夢悟如其夢故曰直夢不終其命死而為鬼能為祅怪病人也一說曰形殘之尸于是以兩乳為目腹臍為口操干戚以舞天神斷其手後天帝斷其首也以無夢故曰寢居直夢逵吉按一說卽山海經之形天也古聲天殘相近磁石上飛。雲母來水。土龍致雨。燕雁代飛。湯遭旱作土龍以象龍雲從龍故致雨也燕玄鳥也春分而來雁春分而北詣漢中也燕秋分而去雁秋分而南詣彭蠡也故曰代飛代更也　逵吉按太平御覽引許眘注湯遭旱作土龍以象雲龍卽此注而小異　蛤蟹珠龜與月盛衰。與猶隨也　是故堅土人剛。弱土人肥。壚土人大。沙土人細。壚讀纑繩之纑細小也　息土人美。秏土人醜。食水者善游能寒。魚鼈鶩鷺之屬是也　食土者無心而慧。蚯蚓之屬是也　食木者多力而奰。熊羆之屬是也奰煩腸黃理也奰讀內奰於中國之奰近鼻也　食草者善走而愚。麋鹿之屬是也　食葉者有絲而蛾。蠶是也　食肉者勇敢而悍。虎豹鷹鸇之屬是也　食氣者神明而壽。仙人松喬之屬是也　食穀者知慧而夭。逵吉按唐馬總意林引此云食水者善浮而耐寒魚屬也食土者無心而惠蚯蚓是也食木者多力而愚麋鹿是也食桑者有絲而蛾蠶屬也食肉者勇敢而悍虎豹是也食氣者神明而壽魚蛇之類王喬赤松是也食穀者知慧而夭人是也與本文不同蓋所見之本異又幷注語相亂故耳浮卽游耐古能字惠與慧字通用食木者多力而愚幷兩語爲一其謬甚矣總所案引諸子書多以意刪改無所依據不足取信者也　不食者不死而神。凡人民禽獸萬物貞蟲。各有以生。貞蟲諸細要之屬也　或奇或偶。或飛或走。莫知其情。唯知通道者。能原本之。天一地二人三。一陽二陰也人生於天地故曰三也　三三而九。九九八十一。一主日。日數十。十從甲至癸也　日主人。人故十月而生。八九七十二。二主偶。偶以承奇。奇主辰。辰主月。月主馬。馬故十二月而生。七九六十三。三主斗。斗主犬。犬故三月而生。六九五十四。四主時。時主彘。彘故四月而生。五九四十五。五主音。音主猿。猿故五月而生。四九三十六。六主律。律主麋鹿。逵吉按大戴禮記作禽鹿　麋鹿故六月而生。三九二十七。七主星。星主虎。虎故七月而生。二九十八。八主風。風主蟲。蟲故八月而化。鳥魚皆生於陰。陰屬於陽。故鳥魚皆卵生。魚游於水。

鳥飛於雲。故立冬燕雀入海化爲蛤。逵吉按大戴禮記蛤作蚧萬物之生而各異類。蠶食而不飲。蟬飲而不食。蜉蝣不飲不食。逵吉按盧辯注大戴禮記引本書云蠶食而不飲三十二日而化蟬飲而不食二十日而死蜉蝣不飲不食三日而終介鱗者夏食而冬蟄。介甲龜鼈之屬也鱗魚龍之屬齕吞者八竅而卵生。鳥魚之屬嚼咽者九竅而胎生。四足者無羽翼。戴角者無上齒。無角者膏而無前。膏豕也熊猿之屬無前肥從前起也有角者指而無後。指牛羊麋之屬無後肥從後起也　逵吉按指應作脂見周禮注所謂戴角者脂無角者膏是也又王肅家語注引本書正作脂晝生者類父。夜生者似母。至陰生牝。至陽生牡。夫熊羆蟄藏。飛鳥時移。是故白水宜玉。黑水宜砥。砥者阜石也青水宜碧。赤水宜丹。黃水宜金。清水宜龜。汾水濛濁而宜麻。泲水通和而宜麥。河水中濁而宜菽。雒水輕利而宜禾。渭水多力而宜黍。漢水重安而宜竹。江水肥仁而宜稻。平土之人慧而宜五穀。東方川谷之所注。日月之所出。其人兌形小頭。隆鼻大口。鳶肩企行。竅通於目。筋氣屬焉。蒼色主肝。長大早知而不壽。其地宜麥。多虎豹。南方陽氣之所積。暑濕居之。其人脩形兌上。大口決眦。竅通於耳。血脈屬焉。赤色主心。早壯而夭。其地宜稻。多兕象。西方高土。川谷出焉。日月入焉。其人面末僂。脩頸卬行。竅通於鼻。末猶脊也皮革屬焉。白色主肺。勇敢不仁。其地宜黍。多旄犀。旄讀近綢繆之繆急氣言乃得之逵吉按何休注公羊傳劉熙釋名並有急氣籠口讀字之說蓋當時有其法卽開魏音反語周沈切韻之漸矣北方幽晦不明。天之所閉也。寒冰之所積也。蟄蟲之所伏也。其人翕形翕讀翕鯩之翕短頸。大肩下尻。竅通於陰。骨幹屬焉。黑色主腎。其人惷愚。（惷讀人謂惷然無知之惷也籠口言乃得）禽獸而壽。其地宜菽。（菽豆也）多犬馬。（傳曰冀之北土馬之所生言燕代出馬也）中央四達。風氣之所通。雨露之所會也。其人大面短頤。美須惡肥。竅通於口。膚肉屬焉。黃色主胃。慧聖而好治。其地宜禾。多牛羊及六畜。

木勝土。土勝水。水勝火。火勝金。金勝木。故禾春生秋死。（禾者木春木王而生秋金王而死）菽夏生冬死。（豆火也夏火王而生冬水王而死）麥秋生夏死。（麥金也金王而生火王而死也）薺冬生中夏死。（薺水也水王而生土王而死也）木壯。水老。火生。金囚。土死。火壯。木老。土生。水囚。金死。土壯。火老。金生。木囚。水死。金壯。土老。水生。火囚。木死。水壯。金老。木生。土囚。火死。音有五聲。宮其主也。（五聲宮商角徵羽也在中央故爲主）色有五章。黃其主也。味有五變。甘其主也。位有五材。土其主也。是故鍊土生木。鍊木生火。鍊火生雲。（雲金氣所生也）鍊雲生水。鍊水反土。鍊甘生酸。鍊酸生辛。鍊辛生苦。鍊苦生鹹。鍊鹹反甘。（鍊猶治也）變宮生徵。變徵生商。變商生羽。變羽生角。變角生宮。（變猶化也）是故以水和土。以土和火。以火化金。以金治木。木復反土。五行相治。所以成器用。（土本也故曰五行相生以成器用）

凡海外三十六國。自西北至西南方。有脩股民、天民、肅慎民、（脩長也股腳也天民肅慎皆有國名也傳曰肅慎燕亳吾北土是云西方黨獨西方之國自復有之耶一曰肅敬也慎畏也）白民、沃民、女子民、丈夫民、（白民白身民被髮髮亦白女子民其貌無有須皆如女子也丈夫民其狀皆如丈夫衣黃衣冠帶劍皆西方之國也）奇股民、一臂民、三身民。（奇隻也股腳也言其人一臂一手一鼻孔也三身民蓋一頭有三身皆西方之國也）自西南至東南方。結胷民、羽民、讙頭國民、裸國民、三苗民、交股民、不死民、穿胷民、反舌民、（三苗國名也在豫章之彭

蠡交股民腳相交切不死民不食也穿胷胷前穿孔達背反舌民語不可知而自相曉一說舌本在前反向喉故曰反舌也南方之國名也

豕喙民、鑿齒民、三頭民、脩臂民。豕喙民其喙如豕鑿齒民吐一齒出口下長三尺也三頭民身有三頭也脩臂民一國民皆長臂臂長於身皆南方之國也 自東南至東北方。有大人國、君子國、東南墟土故大人也君子國已說在上 黑齒民、玄股民、其人黑齒食稻噉蛇在湯谷上玄股民其股黑兩鳥夾之見山海經也 毛民、勞民、其人體半生毛若矢鏃也勞民正理躁擾不定也皆東方國也 自東北至西北方。有跂踵民、句嬰民、跂踵民踵不至地以五指行也句嬰讀為九嬰北方之國也 逵吉按古句九同聲齊桓公九合卽糾合此讀句為九之證 深目民、無腸民、柔利民、皆北方之國也 一目民、無繼民。一目民目在面中央無繼民其人蓋無嗣也北方之國也 逵吉按無繼卽無臂臂與繼通用字 雒棠、武人在西北陬。皆日所入之山名也 硥魚在其南。硥魚如鯉魚也有神聖者乘行九野在無繼民之南硥讀如蚌也 有神二人。連臂為帝候夜。在其西南方。連臂大呼夜行 三珠樹在其東北方。有玉樹在赤水之上。昆侖華丘在其東南方。在無繼民之東南也 爰有遺玉。逵吉按遺玉說文解字作璣玉 青馬、視肉。其人不知言也 楊桃、甘樝、甘華。百果所生。皆異物也在木曰果在地曰蓏 和丘在其東北陬。四方而高曰丘鸞所自歌鳳所自舞故曰和丘在無繼民東北陬也 三桑無枝在其西。夸父耽耳在其北方。耽耳耳垂在肩上耽讀褶衣之褶或作攝以兩手攝耳居海中 夸父棄其策。是為鄧林。夸父神獸也飲河渭不足將飲西海未至道渴死見山海經策杖也其杖生木而成林鄧猶木也一曰仙人也 昆吾丘在南方。昆吾楚之祖祝融之孫陸終之子為夏伯也詩云昆吾夏桀也 軒轅丘在西方。軒轅黃帝有天下之號也 巫咸在其北方。巫咸知天道明吉凶 立登保之山。暘谷榑桑在東方。暘谷日之所出也榑桑在登保之山東北方也 有娀在不周之北。長女簡翟。少女建疵。有娀國名也不周山名也娀讀如嵩高之嵩簡翟建疵姊妹二人在瑤臺帝嚳之妃也天使玄鳥降卵簡翟吞之以生契是為玄王殷之祖詩云天命玄鳥降而生商也 西王母在流沙之瀕。地理志曰西王母石室在金城臨羌西北塞外 樂民拏閭。在昆侖弱水之洲。水中可居曰洲 三危在樂民西。三危西極之山名也 宵明燭光在河洲。所照方千里。洲水中所居者燭光所照者方千里龍門在河淵。湍池在昆侖。龍門在河中湍池夏陽界玄燿、不周、玄燿水名一曰山名申池在海隅。海隅藪也孟諸在沛。孟諸宋澤也在睢陽東北少室太室在冀州。少室太室在陽城嵩高山之別名冀堯都冀州冀爲天下之號也燭龍在雁門北。蔽于委羽之山。不見日。其神人面龍身而無足。蔽至也委羽北方山名也龍銜燭以照太陰蓋長千里視爲晝瞑爲夜吹爲冬呼爲夏后稷壠在建木西。建木在都廣都廣南方澤名說其山說其澤壠冢也其人死復蘇其半魚在其閒。南方人死復生或化爲魚在都廣建木閒流黃沃民在其北方三百里。狗國在其東。雷澤有神。龍身人頭。鼓其腹而熙。雷澤大澤也鼓擊也熙戲也地理志曰禹貢雷澤在濟陰城陽西北城陽有堯冢江出岷山。東流絕漢入海。左還北流。至于開母之北。右還東流。至于東極。岷山在蜀西徼外絕徼邊也開母山名在東海中河出積石。睢出荊山。河原出昆侖伏流地中方三千里禹導而通之故出積石積石山在金城郡河關縣西南荊山在左馮翊懷德縣之南下有荊漂原雝州浸也　逵吉按睢出荊山睢字譌當爲洛古字作雒故譌爲睢也荊漂原當即彊梁原古字荊彊相通漂梁則字之誤也孫編修謂梁古文作漆形與漂近後人多見漂少見漆因之而亂耳淮出桐柏山。睢出羽山。桐柏山在南陽清漳出揭戾。濁漳出發包。揭戾山在上黨沾發包山一名鹿甚山亦在上黨長子二漳合流經魏郡入清河　逵吉按錢別駕云鹿甚地理志作鹿谷甚字譌應作谷清漳說文解字以爲出沾山大要谷地理志以爲出大黽谷要黽亦形近亂也山海經云謁戾之山沁水出焉水經同蓋沁漳下流互受故以沁水所出之山爲清漳所出耳發包水經作發鳩古字鳩或爲勼勼與包形近亦聲同因字因聲故亦通用楬戾亦同濟出王屋。時、泗、沂出臺台、術。王屋山在河東垣縣東北時泗沂皆水名臺台術皆山名處則未聞也洛出獵山。獵山在北地西北夷中洛東南流入渭詩瞻彼洛矣維水泱泱是也汶出弗其。流合於濟。弗其山在北海朱虛縣東　逵吉按弗其地理志作不其弗不通用漢出嶓冢。涇出薄落之山。嶓冢山漢陽縣西界漢水所出南入廣漢東南至雝州入江薄落之山一名笄頭山安定臨涇縣西禹貢涇水所出東南至陽陵入渭渭出鳥鼠同穴。伊出上魏。鳥鼠同穴山在隴西首陽西南渭水所出東會於澧又入河雝州川也上魏山名處則未聞　逵吉按渭水諸書皆作雍州浸唯此書與周書作川雒出熊耳。熊耳山在京師上雒西北也浚出華竅。維出覆舟。汾出燕京。燕京山名也在太原汾陽汾水所出西南至汾陽冀州浸　逵吉按山海經水經皆云汾出管涔山古字燕管京涔聲近通用衽出濆熊。淄出目飴。目飴山名丹水出高褚。高褚一名家嶺山在京兆上雒丹水所出東至均入沔也股出嶕山。鎬出鮮于。涼出茅盧石梁。鮮于茅盧石梁皆山名也　逵吉按郭璞山海經注引此作薄出鮮于汝出猛山。淇出大號。猛山一名高陵山在汝南定陵縣汝水所出東南至新蔡入淮大號山在河內共縣北或日在臨慮西　逵吉按河內共縣諸本及藏本皆作卬致河內無卬縣當作共故改之晉出龍山。結給合出封羊。結給合一名也龍山在晉陽之西北晉水所出東入汾封羊山名遼出砥石。釜出景。砥石山名在塞外遼水所出南入海景山在邯鄲西南釜水所出南澤入漳其原湧沸滂正勢如釜中鬵故日釜今謂之釜口岐出石橋。呼沱出魯平。魯平山名呼沱并州之浸也今中山漢昌呼沱河是　逵吉按孫編修云魯平疑當作魯乎此山亦名武夫古聲武魯夫乎相近又致山海經名之爲泰戲戲聲亦與乎夫近皆通用字泥塗淵出樠山。樠讀人姓樠氏之樠維濕北流出於燕。流於北燕北塞外也　逵吉按錢別駕云維濕濕字當作漯漯水出右北平浚靡縣東南至無終入庚庚水至雍奴入海出地理志卽經流燕京之水也若濕出平原高唐與此不涉非是諸稽攝提條風之所生也。諸稽攝提天神之名也艮爲條風通視明庶風之所生也。通視天神也明庶風震卦之所生也赤奮若。清明風之所生也。赤奮若天神也巽爲清明風也共工。景風之所生也。共工天神也人面蛇身離爲景風諸比。涼風之所生也。諸比天神也坤爲涼風皋稽。閶闔風之所生也。皋稽天神也兌爲閶闔風隅強。不周風之所生也。隅強天神也乾爲不周風窮奇。廣莫風之所生也。窮奇天神也在北方道足乘兩龍其形如虎坎爲廣莫風㝧生海人。㝧人之先人海人生若菌。菌讀羣下之羣若菌生聖人。聖人生庶人。凡㝧逵吉按此字藏本作容恐非是故從各本仍作㝧者生於庶人。羽嘉生飛龍。飛龍羽嘉飛蟲之先飛龍有翼飛龍生鳳皇。鳳皇生鸞鳥。鸞鳥生庶鳥。凡羽者生於庶鳥。毛犢生應龍。應龍生建馬。建馬生麒麟。麒麟生庶獸。凡毛者生於庶獸。介鱗生蛟龍。介鱗鱗蟲之先蛟龍有鱗甲之龍也蛟龍生鯤鯁。鯤鯁生建邪。建邪生庶魚。凡鱗者生於庶魚。介潭生先龍。介國也龜之先潭讀譚國之譚先龍生玄黿。玄黿生靈龜。靈龜生庶龜。凡介者生於庶龜。煖濕生容。煖一讀暵當風乾燥之貌也煖濕生於毛風。毛風生於濕玄。濕玄生羽風。羽風生㸐介。㸐介生鱗薄。鱗薄生煖介。五類雜種與乎外。肖形而蕃。肖像也言相代象而蕃多也日馮生陽閼。日馮木之先也陽閼生喬如。喬如生榦木。榦木生庶木。凡根拔木者生於庶木。根拔生程若。根拔根生之草先也程若生玄玉。玄玉生醴泉。醴泉生皇辜。皇辜生庶草。凡根茇草者生於庶草。海閭生屈龍。海閭浮草之先也屈龍游龍鴻也詩云隰有游龍言屈字之誤屈龍生容華。容華芙蓉草花容華生蔈。蔈流也無根水中草蔈生萍藻。萍藻生浮草。凡浮生不根茇者生於萍藻。正土之氣也。御乎埃天。逵吉按太平御覽御作仰下同下有注云正土中土也其氣上日埃央中天也埃天五百歲生鈌。逵吉按太平御覽作砄注云砄石名也中央數五故五百歲而一化似與黃金下注語相亂鈌五百歲生黃埃。黃埃五百歲生黃澒。黃澒五百歲生黃金。黃金石名也中央數五故五百歲而一化澒水銀也黃金千歲生黃龍。黃龍入藏生黃泉。逵吉按太平御覽下有注云黃泉黃龍之灼也黃泉之埃上爲黃雲。陰陽相薄爲雷。激揚爲電。上者就下。流水就通而合于黃海。黃海中央之海偏土之氣御乎清天。逵吉按太平御覽下有注云偏土方土也清天八百歲生青曾。逵吉按太平御覽下有注云青曾青石也東方數八故八百歲而一化亦與下注語相亂青曾八百歲生青澒。青澒八百歲生青金。青金八百歲生青龍。東方木色青其數八故八百歲而一化青龍入藏生青泉。青泉之埃上爲青雲。陰陽相薄爲雷。激揚爲電。上者就下。流水就通而合于青海。東方之海壯土之氣御于赤天。逵吉按太平御覽引此下有注云壯土南方之土赤天七百歲生赤丹。逵吉按太平御覽注云赤丹砂也南方數七故七百歲而一化赤丹七百歲生赤澒。赤澒七百歲生赤金。南方火其色赤

[其數七故七百歲而一化　逵吉按太平御覽此下注云丹砂不化爲白而可以爲金故曰赤澒也當有誤字而無攷]赤金千歲生赤龍。赤龍入藏生赤泉。赤泉之埃上爲赤雲。陰陽相薄爲雷。激揚爲電。上者就下。流水就通而合于赤海。[南方之海]弱土之氣。御于白天。[逵吉按太平御覽下有注云弱土西方土也]白天九百歲生白礜。白礜九百歲生白澒。白澒九百歲生白金。[白礜礜石也白澒水銀也西方金色白其數九故九百歲而一化]白金千歲生白龍。白龍入藏生白泉。白泉之埃上爲白雲。陰陽相薄爲雷。激揚爲電。上者就下。流水就通而合于白海。[西方之海]牝土之氣。御于玄天。[逵吉按太平御覽下有注云牝土北方土也]玄天六百歲生玄砥。[玄砥黑石也]玄砥六百歲生玄澒。玄澒六百歲生玄金。[北方水其色黑其數六故六百歲而一化]玄金千歲生玄龍。玄龍入藏生玄泉。玄泉之埃上爲玄雲。陰陽相薄爲雷。激揚爲電。上者就下。流水就通而合于玄海。[北方之海上者就下天氣復從天流下也其通流之水皆入于海也]

淮南子卷五

時則訓 則法也四時寒暑十二月之常法也故曰時則因以題篇

孟春之月。招搖指寅。招搖斗建 昏參中旦尾中。參西方白虎之宿也是月昏時中於南方尾東方蒼龍之宿也是月將旦時中於南方 其位東方。其日甲乙。盛德在木。太皞之神治東方也甲乙木日也盛德在木木王東方也逵吉按太皞之神治東方也八字藏本無之明葉近山本有據下孟夏孟秋孟冬注語則有者是也因從之 其蟲鱗。其音角。東方少陽物去太陰甲散散爲鱗鱗蟲龍爲之長角木也位在東方也 律中太蔟。其數八。律管音也陰衰陽發萬物太蔟地而生故曰太蔟其數八五行數五木第三故曰八也 其味酸。其臭羶。木味酸酸之言鑽也萬物鑽地而生羶木香羶 其祀戶。祭先脾。蟄伏之類始動生出由戶故祀戶也脾屬土陳設俎豆脾在前也春木勝土言常食所勝也一曰脾屬木自用其藏也逵吉按錢別駕云說文解字肉部曰腎水藏也肺金藏也脾土藏也肝木藏也皆無異義唯心部曰人心土藏在心之中博士說以爲火藏孜五經異義曰今尚書歐陽說肝木也心火也脾土也肺金也腎水也古尚書說脾木也肺火也心土也肝金也腎水也案月令春祭脾夏祭肺季夏祭心秋祭肝冬祭腎與古尚書說同鄭康成駁之曰月令祭四時之位與五藏上下之次冬位在後而腎在下夏位在前而肺在上春位小前故祭先脾秋位小却故祭先肝腎也脾也俱在鬲下肺也心也肝也俱在鬲上祭者必三故有先後焉不與五行之氣同也今醫病之法以肝爲木心爲火脾爲土肺爲金則有瘳也若反其說不死爲劇鄭說與素問合與古尚書異說文解字既以心爲土藏而與肉部不侔者疑後人以博士說改之博士者漢之醫官也誘注此訓一說卽許君之義也知未必是許注矣 東風解凍。蟄蟲始振蘇。東方木火母也氣溫故東風解冰凍振動蘇生也 魚上負冰。獺祭魚。是月之時魚應陽而動上負冰也獺獱也是月之時獺祭鯉魚於水邊四面陳之謂之祭魚也 候鴈北。是月時候之應鴈從彭蠡來北過周洛至漢中孕卵鷇也 天子衣青衣。乘蒼龍。周禮馬八尺已上曰龍也 服蒼玉。建青旗。服佩也熊虎曰旗 食麥與羊。麥金穀也羊土畜也是月金土以老食所勝先食麥以麥爲主也 服八風水。爨其燧火。取銅槃中露水服之八方風所吹也取其木燧之火炊之其讀該備之該也逵吉按易箕子之明夷劉向曰今易箕子所荄茲是箕有荄音因之其亦有該音耳 東宮御女青色。衣青采。鼓琴瑟。春王東方故處東宮也琴瑟木也春木王故鼓之也 其兵矛。矛有鋒銳似萬物鑽地生 其畜羊。羊土木之母故畜之 朝于青陽左个。以出春令。 是月之朔天子朝日于青陽左个東向堂故曰青陽北頭室故曰左个个猶隔也春令寬和之令也　逵吉按各本此下雜用呂氏春秋注語唯藏本如是知藏本爲準 布德施惠。行慶賞。省徭賦。 布陽德施柔惠也慶善賞賜予也省減徭役之勞輕其賦斂也 立春之日。天子親率三公九卿大夫以迎歲于東郊。 率使也迎歲迎春也東郊郭外八里之郊也 修除祠位。幣禱鬼神。犧牲用牡。 祠位壇場屏攝之位也幣圭璧也禱鬼神求福祥也人神曰鬼天神曰神犧牲用牡尙蠲潔也 禁伐木。 春木王當長養故禁之也 毋覆巢。殺胎夭。毋麛毋卵。 胎獸胎懷姙未育者也麛子曰夭鹿子曰麛卵未㲉者皆禁民不得取蕃庶物也 毋聚衆。置城郭。掩骼薶骴。 毋聚合大衆建置城郭以妨害農功也骼骨有肉掩覆薶藏之愼生氣也 孟春行夏令。則風雨不時。草木早落。國乃有恐。 孟春木德用事法當寬仁而用火氣動于上故草木旱落國惶恐也 行秋令。則其民大疫。飄風暴雨總至。黎莠蓬蒿並興。 孟春寬仁而秋正金鐵之令氣不和故民疫疾風雨猥至故黎莠蓬蒿蔬蕘之草並與盛也 行冬令。則水潦爲敗。雨霜大雹。首稼不入。 冬陰也水泉湧起而春行之故爲敗氣不和故雨霜大雹植稼不熟也 正月官司空。其樹楊。 司空主土春土受嘉穡故官司空也爾疋曰楊蒲柳也楊木春光故其樹楊也 仲春之月。招搖指卯。昏弧中。旦建星中。 弧星在輿鬼南是月昏時中于南方建星在斗上是月平旦時中于南方也 其位東方。其日甲乙。其蟲鱗。其音角。律中夾鍾。 是月萬物去陰夾陽聚地而生故曰夾鍾也 其數八。其味酸。其臭羶。其祀戶。祭先脾。始雨水。桃李始華。 自冬冰雪至此春分穀雨故曰始雨水桃李于是皆秀華也 蒼庚鳴。鷹化爲鳩。 蒼庚爾疋曰商庚黎黃楚雀也齊人謂之摶黍秦人謂之黃流離幽冀謂之黃鳥一說斲木也至此月而鳴鷹化爲鳩喙正直不鷙搏也鳩謂布穀也 天子衣青衣。乘蒼龍。服蒼玉。建青旗。食麥與羊。服八風水。爨萁燧火。東宮御女青色。衣青采。鼓琴瑟。其兵矛。其畜羊。朝于青陽太廟。 太廟東向堂中央室 命有司省囹圄。去桎梏。毋笞掠。止獄訟。 囹圄法室也省之赦輕微也在足曰桎在手曰梏毋笞掠言不用也止猶禁也 養幼小。存孤獨。以通句萌。 順春陽長養幼小使繁茂也無父曰孤無子曰獨皆存之所以愼陽氣也故草木不句萌者以通達也擇元日。令民社。元者善之長也日從甲至癸也社所以爲民祈穀擇日不吉故言擇元也是月也。日夜分。雷始發聲。蟄蟲咸動蘇。分等也冬陰閉固雷伏不發是月陽升雷始發聲也咸皆動蘇生也先雷三日。振鐸以令於兆民曰。雷且發聲。鐸木鈴也金口木舌爲鐸所以振告萬民也兆大數且猶將也有不戒其容止者。生子不備。必有凶災。以雷電合房室者生子必有瘖聾通精癡狂之疾故曰不備必有凶災也令官市同度量。鈞衡石。角斗稱。度丈尺也量釜鍾也鈞等也衡石稱也百二十斤爲石角平也斗稱量器也端權槩。端正也稱錘曰權槩平斗斛者毋竭川澤。毋漉陂池。毋焚山林。毋作大事以妨農功。大事戎旅征伐之事妨害農民之功也祭不用犧牲。用圭璧。更皮幣。是月向生育故不用犧牲也更代也以圭璧皮幣代犧牲也皮謂鹿皮也幣謂玄纁束帛也禮記曰幣帛圭皮告于祖禰者也仲春行秋令。則其國大水。寒氣總至。寇戎來征。仲春陽中也陽氣長養而行秋節殺戮之令故寒氣猥至寇兵來征伐其國也行冬令。則陽氣不勝。麥乃不熟。民多相殘。仲春行冬陰之令陰氣勝陽故陽不勝則麥不升熟民相殘賊也行夏令。則其國大旱。煖氣早來。蟲螟爲害。仲春行夏太陽之令故大旱陽氣熱故煖極陽生陰故蟲螟作害也食心曰螟

二月官倉。其樹杏。二月興農播穀故官倉也杏有竅在中竅在中象陰布散在上故其樹杏達吉按太平御覽注云杏有核在中象陰在內陽在外也故其樹杏此稍異

季春之月。招搖指辰。昏七星中。旦牽牛中。七星南方朱鳥之宿是月昏時中于南方牽牛北方玄武之宿是月平旦時中于南方也其位東方。其日甲乙。其蟲鱗。其音角。律中姑洗。姑故也洗新也是月陽氣養生去故就新故曰姑洗其數八。其味酸。其臭羶。其祀戶。祭先脾。桐始華。田鼠化爲鴽。桐梧桐也是月生華田鼠鼸鼠也鴽鶉也青徐謂之鴾幽冀謂之鶉虹始見。萍始生。虹螮蝀也詩云螮蝀在東莫之敢指萍水藻也是月始生也天子衣青衣。乘蒼龍。服蒼玉。建青旗。食麥與羊。服八風水。爨其燧火。東宮御女青色。衣青采。鼓琴瑟。其兵矛。其畜羊。朝于青陽右个。東向堂南頭室故曰右个舟牧覆舟。五覆五反。乃言具于天子。舟牧主舟之官也是月天子將乘舟而漁故反

覆而視之恐有穿漏也五覆五反愼之至也 天子烏始乘舟。薦鮪於寢廟。乃爲麥祈實。烏猶安也自冬至此而安乘舟故曰始乘也薦進也鮪魚似鯉而大進此魚於寢廟祈於宗祖求麥實前曰廟後曰寢詩云寢廟奕奕言相連　逵吉按烏始乘舟各本烏皆作焉注烏猶安也各本皆作焉猶於也 是月也。生氣方盛。陽氣發泄。發泄猶布散也 句者畢出。萌者盡達。不可以內。天子命有司發囷倉。助貧窮。振乏絕。無財曰貧鰥寡孤獨曰窮振救也 開府庫。出幣帛。使諸侯。府庫幣帛之藏也使人聘問諸侯 聘名士。禮賢者。有名德之士大賢之人聘問禮之將與爲治也 命司空。時雨將降。下水上騰。循行國邑。周視原野。司空主水土之官也是月下水上騰有恐浸瀆傷害五穀故循行徧視之也廣平曰原郊外曰野 修利隄防。導通溝瀆。達路除道。從國始。至境止。田獵畢弋罝罘羅罔。餧毒之藥。毋出九門。畢掩罔也弋繳射也詩曰弋鳧與鴈罝兔罟也詩曰肅肅兔罝畢羅鳥罟也詩曰鴛鴦于飛畢之羅之罘麋鹿罟罔其總名也天子城門十二東方三門王氣所在餧獸之毒藥所不得出尙生育也嫌餘九門得出故特解之如其毋出 乃禁野虞。毋伐桑柘。桑柘皆可養蠶故禁民伐之也 鳴鳩奮其羽。戴鵀降于桑。鳴鳩奮迅其羽直刺上飛入雲中者是也戴鵀戴勝鳥也詩曰鳴鳩在桑其子在梅是也 具撲曲筥筐。撲持也三轉謂之撲撲讀南陽人言山陵同曲簿也青徐謂之曲員底曰筥方底曰筐皆受桑器　逵吉按三轉謂之撲錢別駕云當作三輔謂之撲孫緺修云撲卽曲簿說文解字曰專六寸簿也三轉或當作三專三專者一尺有八寸兩說無可定從姑附之俟攷 后妃齋戒。東鄉親桑。省婦使。勸蠶事。命五庫。令百工。審金鐵皮革筋角箭幹脂膠丹漆。無有不良。擇下旬吉日。大合樂。致歡欣。樂所以移風易俗也故擇吉日大合之以致歡和 乃合累牛騰馬。游牝于牧。累牛特牛也騰馬騰駒跳躍善將羣者也游從牝於所牧之地風合之累讀葛藟之藟 令國儺。九門磔攘。以畢春氣。儺散宮室中區隅幽闇之處擊鼓大呼以逐不祥之氣如今驅疫逐除是也九門三方九門也磔大陽氣盡之故曰畢春之氣也 行是月令。甘雨至三旬。季春行冬令。則寒氣時發。草木皆肅。國有大恐。季春行冬寒殺之氣也故寒氣時起草木上竦曰竊也 行夏令。則民多疾疫。時雨不降。山陵不登。季春行夏亢陽之令氣不和故民疾疫雨澤不降故草木不登成也 行秋令，則天多沈陰，淫雨早降，兵革竝起。秋金氣用事，水之母也，季春行之，故多沈陰爲雨也。金爲兵革，故竝起也。三月官鄉，其樹李。三月科民戶口，故官鄉也。李亦有核，說與杏同，李後杏熟，故三月李也。

孟夏之月，招搖指巳，昏翼中，旦婺女中。翼，南方朱鳥之宿，是月昏時中于南方。婺女一曰須女，北方玄武之宿，是月平旦中于南方。其位南方，其日丙丁，盛德在火，炎帝之神治南方也。丙丁，火日也。盛德在火，火王南方也。其蟲羽，其音徵，盛陽用事，鱗散羽羽，蟲鳳爲長。徵，火也。律中仲呂，其數七。是月陽散在外，陰實在中，所以旅陽成功，故曰中呂。其數七，五行數五，火第二，故曰七也。其味苦，其臭焦。火味苦也。焦，火香焦。其祀竈，祭先肺。祝融吳回爲高辛氏火正，死爲火神，託祀於竈。是月火王，故祀竈。肺，金也，祭祀之肉先用所勝也。一曰肺，火自用其藏也。螻蟈鳴，邱螾出。螻，螻蛄；蟈，蝦蟇也。四月陰氣始動於下，故鳴。王瓜生，苦菜秀。王瓜，栝樓也。爾疋曰：不榮而實曰秀。苦菜宜言榮也。天子衣赤衣，乘赤騮，服赤玉，建赤旗，順火色也。食菽與雞，菽，豆連皮也。雞，豆皆屬火之所養也。服八風水，爨柘燧火，南宮御女赤色，衣赤采，吹竽笙。火王南方，故處南宮也。竽笙空中，像陽，故吹之。其兵戟，戟有枝榦，象陽布散也。戟或作弩也。其畜雞，朝于明堂左个，以出夏令。南向堂當盛陽，故曰明堂。東頭室，故曰左个。居是室，行是月之令也。雞，羽蟲，陽也，故畜之。立夏之日，天子親率三公九卿大夫以迎歲於南郊。迎歲，迎夏也。南郊，七里之郊也。還乃賞賜，封諸侯，脩禮樂，饗左右。還，從南郊還也。賞賜有功，割土封爵。傳曰：賞以春夏，刑以秋冬也。脩治禮樂，所以安上治民，移風易俗。左右，近臣也。命太尉贊傑俊，選賢良，舉孝悌，太尉，卿官也。命，使也。贊，白也。才過于人爲傑。選擇賢良孝弟，舉而用之。蓋非太尉之職，故特命之也。行爵出祿，佐天長養，繼脩增高，無有隳壞，毋興土功，毋伐大樹，令野虞行田原，勸農事，驅獸畜，勿令害穀。天子以彘嘗麥，先薦寢廟。是月麥始升，故以豕嘗豕。豕，水畜，宜先薦寢廟，孝之至也。聚畜百藥，靡草死。是月陽氣極，藥草成，故聚積之也。靡草，則葶藶之屬。麥秋至，決小罪，斷薄刑。四月陽氣盛於上，及五月陰氣作於下，故曰麥秋至。決小罪，斷薄刑，順殺氣也。孟夏行秋令，則苦雨數來，五穀不滋，四鄙入保。孟夏盛陽，當助長養，而行金氣殺戮之令，故苦雨殺穀，不得滋長也。四方之民來入城郭自保守也行冬令。則草木早枯。後乃大水。敗壞城郭。行冬寒閉固之令故草木早枯大水敗壞其城郭奸時違行之應也行春令。則螽蝗爲敗。暴風來格。秀草不實。孟夏當繼脩增高助陽長養而行春時啓蟄之令故致螽蝗之敗春木氣多風故言暴風來至使當秀之草不長茂

四月官田。其樹桃。四月勉農事故官田也桃說與杏同後李熟故四月桃也

仲夏之月。招搖指午。昏亢中。旦危中。亢東方蒼龍之宿是月昏時中於南方危北方玄武之宿是月平旦時中於南方也其位南方。其日丙丁。其蟲羽。其音徵。律中蕤賓。是月陰氣萎蕤在下象主人也陽氣在上象賓客也故曰蕤賓其數七。其味苦。其臭焦。其祀竈。祭先肺。小暑至。螳蜋生。螳蜋世謂之天馬一名齒肬沇豫謂之巨斧也鵙始鳴。反舌無聲。鵙伯勞鳥也五月陰氣生於下伯勞夏至應陰而鳴殺蛇於木傳曰伯趙氏司至者反舌百舌鳥也能辨變其舌反易其聲以效百鳥之鳴故謂百舌無聲者五月陽氣極於上微陰起於下百舌無陰故無聲也天子衣赤衣。乘赤騮。服赤玉。載赤旗。食菽與雞。服八風水。爨柘燧火。南宮御女赤色。衣赤采。吹竽笙。其兵戟。其畜雞。朝于明堂太廟。廟南向堂中央室也命樂師脩鞀鞞琴瑟管簫。調竽篪。飾鐘磬。管一孔似箇籥今之歌籥是也篪讀池澤之池執干戚戈羽。干盾也戚斧也戈戟屬也羽舞者所持翿也命有司爲民祈祀山川百源大雩帝。用盛樂。國之山川百源能興雲雨者皆祈祀之也雩旱祭也帝上帝也爲民祈雨故用盛樂盛樂六代之樂也天子以雛嘗黍。雛新雞也不言嘗雞而言嘗黍者以穀爲主也羞以含桃。先薦寢廟。羞進也含桃鸎所含食故言含桃是月而熟故進之禁民無刈藍以染。爲藍青未成故毋燒灰。是月草木未成不夭物也毋暴布。火盛日猛暴布則脆傷也門閭無閉。關市無索。門城門也閭里門也民順陽氣散布在外當出入故不閉也關要塞也市人聚也無索不征稅也挺重囚。益其食。挺緩也存鰥寡。振死事。老無妻曰鰥老無夫曰寡也皆存之有先人爲死難振起其子孫也游牝別其羣。執騰駒。班馬政。是月牝馬懷胎已定故別其羣不欲騰駒蹶傷其胎育故執之班告也馬政掌馬官也騰駒騰馬也馬五尺以下曰駒也日長至。陰陽爭。死生分。君子齋戒。愼身無躁。節聲色。薄滋味。百官靜事無徑。以定晏

陰之所成。事無徑當先請詳而後行也晏陰微陰也鹿角解。蟬始鳴。夏至鹿角解墮也蟬鼓翼始鳴也半夏生。木堇榮。半夏藥草也木
槿朝榮其落樹高五六尺其葉與安石榴相似也是月生榮華可用作蒸也雜家謂之朝生一名舜詩云顏如舜華也禁民無發火。發起也可以居高明遠
眺望登邱陵處臺榭。積土四方而高曰臺也臺有屋曰榭也順陽宣明也一曰望雲物占氛祥也仲夏行冬令。則雹霰傷穀。
道路不通。暴兵來至。冬水凍故雹霰傷害五穀也冬氣閉藏又多用水故道陷壞不通利暴害之兵橫來至也行春令。則五穀不孰。百
螣時起。其國乃饑。行春木王好生育之令故五穀晚熟百螣動股蝗屬也時起害穀故國饑也行秋令。則草木零落。果實蚤
成。民殃於疫。有核曰果無核曰蓏仲夏行秋成熟之令故草木零落果實蚤成非其時氣故民有疾疫也五月官相。其樹榆。是月陽氣長養故官相相佐也
榆說未聞也　逵吉按太平御覽引作陰氣長養季夏之月。招搖指未。昏心中。旦奎中。心東方蒼龍之宿是月昏時中於南方奎西方白虎之宿
是月平旦時中於南方也其位中央。其日戊己。盛德在土。黃帝之神治中央也戊己土日也盛德在土土王中央其蟲蠃。其音
宮。羽落而爲蠃蠃蟲麟爲之長宮土也位中央五音之主也律中百鍾。其數五。百鍾林鍾也是月陽盛陰起生養萬物故曰百鍾其數五五行數土第五也其味甘。
其臭香。土味甘也土臭香也其祀中霤。祭先心。土用事故祀中霤中霤室中之祭祀后土也心火也用所勝也一曰心土也自用其藏也涼風始至。
蟋蟀居奧。蟋蟀蜻蛚趣織也詩曰七月在野此曰居奧不與經合奧或作壁也鷹乃學習。腐草化爲蚈。秋節將至鷹自習擊也蚈馬蚿也幽冀謂之秦渠蚈
讀奚徑之徑也天子衣黃衣。乘黃騮。服黃玉。建黃旗。黃順土色也黃謂登駘之登也食稷與牛。稷牛皆屬土也服八
風水。爨柘燧火。中宮御女黃色。衣黃采。其兵劍。季夏中央也劍有兩刃喻無所生也一曰喻無所主皆主之也　逵吉按太平
御覽引作無所不主其畜牛。朝于中宮。是月天子朝于中宮乃命漁人伐蛟取鼉。登龜取黿。漁人掌漁官漁讀相語之語也
蛟鼉龍皆魚屬也鼉可作鼓詩云鼉鼓弅弅黿可作羹傳曰楚人獻黿於鄭靈公靈公不與公子宋黿羹公子怒染指於鼎嘗之而出是也皆不害人易得故言取蛟有鱗甲能害人難得故言伐龜神可決吉凶入宗廟尊之故
言登　逵吉按鼉鼓弅弅詩異本也古登有升義三字疏解爲精令滂人入材葦。滂人掌池澤官也入材葦供國用也命四監大夫。令百縣之

秩芻以養犧牲。周制天子地方千里分爲百縣縣有四郡故春秋傳言上大夫受縣下大夫受郡秦初置三十六郡以監縣耳此云百縣者謂周制畿內之縣也四監監四郡大夫也秩常也常所當出芻聚之以養犧牲也以供皇天上帝名山大川四方之神宗廟社稷爲民祈福行惠令弔死問疾存視長老行稃鬻厚席蓐。逵吉按說文解字葬字從死在茻中一其中所以薦之此云厚席蓐者蓋言葬義故下云以送萬物歸也以送萬物歸也命婦官染采黼黻文章青黃白黑莫不質良。婦人能別五色故染采白與黑爲黼青與黑爲黻黑與赤爲文赤與白爲章質美也良善也以給宗廟之服必宜以明。宜偏也明鮮明也是月也樹木方盛勿敢斬伐不可以合諸侯起土功動衆興兵必有天殃。殃罰土潤溽暑大雨時行。利以殺草糞田疇以肥土疆。是月大暑土潤溽暑溼重也又有時雨可以殺草爲糞美土疆土分畔者也季夏行春令則穀實解落多風欬民乃遷徙。春木王木性墮落陽發多風而行其令故穀實解落民疾病風欬嗽上氣象春陽布散民遷徙者也行秋令則丘隰水潦稼穡不孰乃多女災。丘高也隰卑也言高下皆有水潦故殺稼令不孰也陰氣過差故多女災女災生子不育也逵吉按女災鄭康成以爲敗任是即生子不育之義也行冬令則風寒不時鷹隼蚤摯四鄙入保。冬陰肅殺而行其令故寒風不節鷹隼蚤摯四界之民皆入城郭保聚也六月官少內其樹梓。六月植稼成熟故官少內也梓說未聞也孟秋之月招搖指申昏斗中旦畢中。斗北方玄武之宿是月昏時中於南方畢西方白虎之宿是月平旦時中於南方也其位西方其日庚辛盛德在金。少昊之神治西方也庚辛金也盛德在金金王西方也其蟲毛其音商。金氣寒傈者衣毛毛蟲虎爲之長商金也位在西方律中夷則其數九。夷傷也則法也是月陽衰陰盛萬物凋傷應法成性故曰夷則也其數九五行數五金第四故曰九也其味辛其臭腥。金味辛也金臭腥也其祀門祭先肝。孟秋始內入由門故祀門也肝木也祭先之用所勝也一曰肝沈金自用其藏也涼風至白露降寒蟬鳴鷹乃祭鳥用始行戮。是月鷹摶鷙殺鳥於大澤之中四面陳之世謂之祭鳥用是時乃始行殺戮刑罰順秋氣也天子衣白衣乘白駱服白玉建白旗。白順金色也白馬黑毛曰駱逵吉按黑毛之毛讀曰旄謂尾及鬣也爾

雒曰白馬黑鬣駱 食麻與犬。服八風水。爨柘燧火。西宮御女白色。衣白采。撞白鐘。金王西故處西宮也 其兵戈。逵吉按太平御覽引作其兵鉞 其畜狗。朝于總章左个。以出秋令。總章西向堂也西方總成萬物而章明之故曰總章左个南頭室也居是室行是月之令狗金畜也 求不孝不悌。戮暴傲悍。而罰之。以助損氣。損氣陰氣 立秋之日。天子親率三公九卿大夫以迎秋于西郊。西郊九里之外郊也 還乃賞軍率武人於朝。軍率軍將也武勇者功名也 命將率選卒厲兵。簡練桀俊。專任有功。以征不義。詰誅暴慢。順彼四方。順循也四方天下也 命有司。脩法制。繕囹圄。禁姦塞邪。審決獄。平詞訟。決斷也平治也 天地始肅。不可以贏。肅殺也殺氣始行也贏盛也故曰不可也 是月農始升穀。天子嘗新。先薦寢廟。升成薦進也 命百官始收斂。孟秋始內也 完隄防。謹障塞。以備水潦。脩城郭。繕宮室。是月月麗于畢俾滂沱矣故備水潦也 毋以封侯。立大官。行重幣。出大使。行是月令。涼風至三旬。封侯列士封邑也大官九命之爵也重幣金帛之幣也大使命卿使之金氣收斂皆所不宜行也 孟秋行冬令。則陰氣大勝。介蟲敗穀。戎兵乃來。孟秋陰也復行冬水王之令故陰氣勝也其介蟲敗穀也陰氣弁故戎兵來也 行春令。則其國乃旱。陽氣復還。五穀無實。春陽亢燥而行其令故旱也陽氣還者此月涼風而反行溫風之令故敗穀令無實也 行夏令。則冬多火災。寒暑不節。民多瘧疾。夏火王而行其令故多火災寒暑相干故不節多瘧疾瘧疾寒暑所生也 七月官庫。其樹楝。庫兵府也秋節整兵故官庫也其樹楝楝實鳳皇所食今雒城旁有樹楝實秋熟故其樹楝也楝讀練染之練也 仲秋之月。招搖指酉。昏牽牛中。旦觜巂中。牽牛北方玄武之宿是月昏時中於南方觜巂西方白虎之宿是月平旦時中於南方也 其位西方。其日庚辛。其蟲毛。其音商。律中南呂。其數九。南任也言陽氣呂旅而志助陰任成萬物也 其味辛。其臭腥。其祀門。祭先肝。涼風至。候鴈來。玄鳥歸。羣鳥翔。候時之鴈從北漠中來過周雒南至彭蠡也玄鳥歸秋分後歸蟄所也羣鳥翔寒氣至羣鳥肥盛試其羽翼而高翔翔者六翮不動也或作養養育其羽毛也逵吉按諸家舞翔皆曰同飛唯高氏以爲大飛不動亦曰六翮不動又曰翼一上一下曰翔義更精　天子衣白衣。乘白駱。服白玉。建白旗。食麻與犬。服八風水。爨柘燧火。西宮御女白色。衣白采。撞白鐘。其兵戈。其畜犬。朝于總章太廟。總章西向堂也太廟中央室也　命有司。申嚴百刑。斬殺必當。無或枉撓。枉曲也撓弱也言平直也　決獄不當。反受其殃。反還　是月也。養長老。授几杖。行稃鬻飲食。乃命宰祝。行犧牲。案芻豢。草養曰芻穀養曰豢案其簿書閱相之豢讀宦學之宦　視肥臞全粹。全無虧缺也粹毛色純也粹讀禍祟之祟　察物色。課比類。量小大。視少長。莫不中度。天子乃儺。以御秋氣。儺猶除也御止也止秋氣不使爲害儺讀躁難之難氣或作兵　以犬嘗麻。先薦寢廟。是月可以築城郭。建都邑。國有先君之宗廟曰都無曰邑都曰城邑曰築　穿竇窖。脩囷倉。穿竇所以通水不欲地溼也穿窖所以盛穀也窖讀窖藏人物之窖　乃命有司。趣民收斂。畜采多積聚。勸種宿麥。若或失時。行罪無疑。是月也。雷乃始收。蟄蟲倍戶。殺氣浸盛。陽氣日衰。水始涸。涸凝竭涸或作盛盛言陰勝也　日夜分。一度量。平權衡。正鈞石。角斗稱。理關市。來商旅。理通也　入貨財。以便民事。四方來集。遠方皆至。財物不匱。上無乏之用。百事乃遂。遂成也　仲秋行春令。則秋雨不降。草木生榮。國有大恐。春陽氣而行其令故雨不降又溫煦之仁故草木生榮華也氣相干必有災咎故國大惶恐　行夏令。則其國乃旱。蟄蟲不藏。五穀皆復生。行炎陽之令故旱涸氣熱故蟄蟲不藏使五穀復生　行冬令。則風災數起。收雷先行。草木蚤死。行冬寒氣激之令故有風災又冬閉藏故收雷先行草木蚤死也　八月官尉。其樹柘。尉戎官是月治兵故官尉傳曰牟舌大夫爲中軍尉柘說未聞也　季秋之月。招搖指戌。昏虛中。旦柳中。虛北方玄武之宿是月昏時中於南方柳南方朱雀之宿是月平旦中於南方也　其位西方。其日庚辛。其蟲毛。

其音商。律中無射。陰氣上升陽氣下降萬物隨陽而藏無射出見也 其數九。其味辛。其臭腥。其祀門。祭先
肝。候鴈來賓。雀入大水爲蛤。是月時候之鴈從北漠中來南之彭蠡蓋以爲八月來者其父母也是月來者蓋其子也羽翼穉弱故在後爾賓雀者老雀也栖宿人堂
宇之閒如賓客者也故謂之賓大水海水也傳曰雀入海爲蛤也 菊有黃華。豺乃祭獸戮禽。豺似狗而長尾其色黃是月時豺殺獸四面陳之世謂之祭獸戮猶殺也
天子衣白衣。乘白駱。服白玉。建白旗。食麻與犬。服八風水。爨柘燧火。西宮
御女白色。衣白采。撞白鐘。其兵戈。其畜犬。朝于總章右个。西向堂北頭室故謂右个也 命有
司。申嚴號令。百官貴賤無不務入。以會天地之藏。無有宣出。乃命冢宰。農
事備收。舉五穀之要。冢大也宰治也卿官也要簿書也 藏帝籍之收於神倉。天子籍田千畝故曰帝籍之收籍田所收之穀也神倉倉
也 是月也。霜始降。百工休。霜降天寒朱漆難成故百工休止不復作器也 乃命有司曰。寒氣總至。民力不
堪。其皆入室。詩曰入此室處是也 上丁。入學習吹。大饗帝。嘗犧牲。合諸侯。制百縣。是月上旬丁日入學
宮吹笙竽習禮樂饗上帝用犧牲合諸侯之制度車服之差各以其命數也百縣圻內之縣言百舉全數爾五家爲隣五隣爲里四里爲酇五酇爲鄙五鄙爲縣縣則縣二千五百家也 達吉按注學宮本或作學官 爲
來歲受朔日。與諸侯所稅於民輕重之法。貢歲之數。以遠近土地所宜爲
度。來歲明年受朔日如今計吏朝賀豫明年之曆日也度者職貢多少有常也 乃教於田獵。以習五戎。戎兵也刀劍矛戟矢曰五戎 命太僕及
七騶咸駕。戴旌。授車以級。皆正設于屏外。級等也授當車者以高下各隨其等級正立設陳也天子外屏屏樹垣也爾疋曰門內之垣謂
之樹垣者也 司徒搢扑。北嚮以贊之。搢插也扑以教導也插置帶閒贊相威儀也司徒主衆教導之也 天子乃厲服廣飾。執
弓操矢以獵。是月天子向武乃服猛厲之服廣其所佩之飾以取禽 命主祠。祭禽四方。命教也主祠典祀之官也祭禽四方祀始設禽獸者於四方報其功
不知其神所在故博求之於四方也 是月草木黃落。乃伐薪爲炭。蟄蟲咸俛。乃趣獄刑。毋留有罪。

俛伏也青州謂伏爲俛無留言當斷也收祿秩之不當。供養之不宜者。不當謂無德受祿也不宜謂不孝也一日所養者無勳於國其先人又無賢德所不宜養故收也通路除道。從境始。至國而后已。是月天子乃以犬嘗麻。先薦寢廟。孝之至也

季秋行夏令。則其國大水。冬藏殃敗。民多鼽窒。季秋陰氣而行夏月霖雨之令故大水火氣熱故冬藏殃敗也火金相干故民鼽窒鼻不通利也鼽讀怨仇之仇行冬令。則國多盜賊。邊竟不寧。土地分裂。冬水純陰奸謀所生故多盜賊使邊竟之民不安寧也則土地見侵削爲隣國所分裂也行春令。則煖風來至。民氣解惰。師旅竝興。春氣陽溫故煖風至民氣解隋也木干金故師旅竝興也二千五百人爲師五百人爲旅也九月官候。其樹槐。候望也是月繕修守備故曰官候也槐懷也可以懷來遠人也

孟冬之月。招搖指亥。昏危中。旦七星中。危北方玄武之宿是月昏時中於南方七星南方朱雀之宿是月平旦時中於南方其位北方。其日壬癸。盛德在水。顓頊之神治北方也壬癸水日也盛德在水水王北方也其蟲介。其音羽。介甲也象冬閉固皮漫胡也甲蟲龜爲之長羽屬水也律中應鐘。其數六。陰應於陽轉成其功萬物聚成故曰應鐘其數六五行數五水第一故曰六也其味鹹。其臭腐。水味鹹也水臭腐也其祀井。祭先腎。井水給人故祀也井或作行行門內地冬守在內故祀也腎水自用其藏也水始冰。地始凍。雉入大水爲蜃。虹藏不見。蜃蛤也大水淮也傳日雉入於淮爲蜃虹陰中之陽也是月陰盛故不見天子衣黑衣。乘玄驪。服玄玉。建玄旗。順水德也熊與虎曰旗食黍與彘。服八風水。爨松燧火。北宮御女黑色。衣黑采。擊磬石。水王北方故處北宮其兵鎩。其畜彘。鎩者却內象陰閉彘水畜朝于玄堂左个。以出冬令。北向堂西頭室故曰左个居是室行此月令也命有司脩羣禁。順陰閉諸所當禁皆使有司禁也禁外徙。閉門閭。大搜客。傳曰禁舊客爲露情也有新客搜出之爲觀釁也門城門也閭里門也嚴閉之守備也斷罰刑。殺當罪。諸罰刑當決也當罰正罪故殺之也阿上亂法者誅。阿意曲從取容於上以亂法度也誅治也立冬之日。天子親率三公九卿大夫以迎歲于北郊。還乃賞死事。存孤寡。有忠節蹈義死王事者賞其子孫也幼無父曰孤無夫曰寡皆存慰矜恤之是月

命太祝。禱祀神位。占龜策。審卦兆。以察吉凶。於是天子始裘。命百官謹蓋藏。命司徒。行積聚。脩城郭。警門閭。脩楗閉。愼管籥。固封璽。封璽印封也 脩邊境。完要塞。絕蹊徑。飾喪紀。審棺槨衣衾之薄厚。飾治也紀數也二十五月之數也棺槨衣衾薄厚各有差等故審之 營邱壠之小大高庳。使貴賤卑尊。各有等級。營度也邱壠冢也小大高下各有度量也 是月也。工師效功。陳祭器。案度程。堅致爲上。案視也度法也堅致功牢也爲故也上盛也　逵吉按堅致禮記作功致故注云功牢也致即密緻之緻古無緻字 工事苦慢。作爲淫巧。必行其罪。苦惡也慢不牢也淫巧非常之巧也故行其罪苦讀鹽會之鹽 是月也。大飲蒸。天子祈來年於天宗。蒸冬祭也於是時大飲酒而祭求明年之福祥也凡屬天上之神日月星辰皆爲天宗也 大禱祭于公社。畢饗先祖。禱求也公社后土之祭也生爲上公死爲貴神故曰公也畢饗先祖先公後私之義 勞農夫以休息之。命將率講武。肄射御。角力勁。肄習也勁強貌 乃命水虞漁師。收水泉池澤之賦。虞掌水官也師長也賦稅也 毋或侵牟。牟多 孟冬行春令。則凍閉不密。地氣發泄。民多流亡。春陽氣散越故凍閉不密地氣發泄也民多流亡象陽氣布散 行夏令。則多暴風。方冬不寒。蟄蟲復出。冬當閉藏反行夏盛陽之令故多暴疾陽氣溫故盛冬不寒令蟄伏之蟲復出也 行秋令。則雪霜不時。小兵時起。土地侵削。秋氣干冬大寒不當雪而雪不當霜而霜故日不時也小兵數起隣國來伐侵削其土地 十月官司馬。其樹檀。冬閉講武故官司馬也檀陰木也

仲冬之月。招搖指子。昏壁中。旦軫中。東壁北方玄武之宿是月昏時中於南方軫南方朱鳥之宿是月平旦時中於南方也 其位北方。其日壬癸。其蟲介。其音羽。律中黃鐘。其數六。黃鐘者陽氣聚於下陰氣盛於上萬物黃萌於地中故曰黃鐘也 其味鹹。其臭腐。其祀井。祭先腎。冰益壯。地始坼。鳱鴠不鳴。虎始交。鳱鴠山鳥是月陰盛故不鳴也虎陽中之陰也陰氣盛以類發也交讀將校之校 天子衣黑衣。乘鐵驪。服玄玉。建玄旗。食黍與彘。服八風水。爨

松燧火。北宮御女黑色。衣黑采。擊磬石。其兵鎩。其畜彘。朝于玄堂太廟。北向堂中央室故日太廟 命有司曰。土事無作。無發室居及起大衆。是謂發天地之藏。諸蟄則死。民必疾疫。有隨以喪。逵吉按有諸本皆作又 命曰暢月。陰氣在上民人空閒故命曰暢月 命奄尹申宮令。奄官也尹正也申宮令重戒敕也 審門閭。謹房室。必重閉。助陰氣也 省婦事。乃命大酋。秫稻必齊。麴蘖必時。酋主醞酒官也醞釀米麴使化熟故謂之酋酋讀酋豪之酋齊讀齊和之齊也作麴蘖當得其時不時則不成也 湛熺必潔。水泉必香。湛漬也熺炊必令圭潔也水泉香則酒釜也湛讀審釜之審熺炊熾火之熾也 陶器必良。火齊必得。無有差忒。陶器瓦器也炊亨必得其適故曰無有差忒也 天子乃命有司。祀四海大川名澤。能興雲雨故祀之 是月也。農有不收藏積聚。牛馬畜獸有放失者。取之不詰。詰呵問也 山林藪澤。有能取疏食田獵禽獸者。野虞教導之。其有相侵奪。罪之不赦。大加刑也 是月也。日短至。陰陽爭。君子齋戒。處必掩。身欲靜。去聲色。禁嗜欲。聲絲竹金石之聲也色美色也有貪欲濫求者禁之 寧身體。安形性。閉情欲也 是月也。荔挺出。芸始生。邱蚓結。麋角解。荔馬荔草也芸芸蒿菜名邱蚓蟲也結屈結也麋角解墮皆應微陽氣也 水泉動。則伐樹木。取竹箭。罷官之無事。器之無用者。罷省 涂闕庭門閭。築囹圄。所以助天地之閉。仲冬行夏令。則其國乃旱。氛霧冥冥。雷乃發聲。夏氣炎陽故其國旱也清濁相干故氛霧冥冥也十一月雷發聲非其時故言乃也 行秋令。則其時雨水。瓜瓠不成。國有大兵。秋金氣水之母也故雨水水金用事故有大兵也 行春令。則蟲螟爲敗。水泉咸竭。民多疾癘。春陽氣蟄伏生故蟲螟敗穀水泉竭也陽干陰氣不和故多疾癘也 十一月官都尉。其樹棗。冬成軍師故官都尉棗取其赤心 季冬之月。招搖指丑。昏婁中。旦氐中。婁西方白

（虎之宿是月昏時中於南方氐東方蒼龍之宿是月平旦時中於南方也）其位北方。其日壬癸。其蟲介。其音羽。律中大呂。（呂旅也萬物萌動於黃泉未能達見所以旅旅去陰即陽助其成功故曰大呂）其數六。其味鹹。其臭腐。其祀井。祭先腎。鴈北鄉。鵲加巢。（鴈在彭蠡之水皆北向將至北漠中也鵲感陽而動上加巢也）雉雊。雞呼卵。（詩云雉之朝雊尚求其雌是也雞呼鳴求卵也）天子衣黑衣。乘鐵驪。服玄玉。建玄旗。食麥與彘。服八風水。爨松燧火。北宮御女黑色。衣黑采。擊磬石。其兵鎩。其畜彘。朝于玄堂右个。（右个東頭室也）命有司大儺。旁磔。出土牛。（大儺今之逐陰驅疫爲陽導也旁磔四面皆磔犬羊以禳四方之疾疫也出土牛今鄉縣出勸農耕之土牛於外是也）命漁師始漁。（是月將捕魚故命其長也漁讀論語之語）天子親往射漁。先薦寢廟。令民出五種。令農計耦耕事。脩耒耜。具田器。（耦合）命樂師大合吹而罷。乃命四監收秩薪。以供寢廟及百祀之薪燎。是月也。日窮于次。月窮于紀。星周于天。歲將更始。（十二次窮於牽牛中也紀道窮於故宿也星周於天者謂二十八舍更見南方至是月周匝也）令靜農民。無有所使。天子乃與公卿大夫飭國典。論時令。以待嗣歲之宜。乃命太史次諸侯之列。賦之犧牲。（賦布）以供皇天上帝社稷之享。乃命同姓之國。供寢廟之芻豢。卿士大夫至于庶民。供山林名川之祀。季冬行秋令。則白露蚤降。介蟲爲祆。四鄙入保。（秋節白露故白露蚤降介甲之蟲爲祆災金氣爲兵故四竟之民入城郭自保守也）行春令。則胎夭傷。國多痼疾。命之曰逆。（季冬大寒而行春溫之令氣不和故胎殰夭傷國多篤疾逆風氣之由也故命之曰逆也）行夏令。則水潦敗國。時雪不降。冰凍消釋。（夏氣炎陽又多霖雨故水潦敗國也時雪當降而不降冰凍不當消釋而消釋皆干時之徵也）十二月官獄。其樹櫟。（十二月歲盡刑斷故獄官也櫟可以爲車轂木不出火惟櫟爲然亦應除氣也）五位。東方之極。自碣石山過朝鮮。貫大人之國。（碣石在遼西界海水西畔朝鮮樂浪之縣也貫匈也大人國在其東　逵吉按太平御覽引無山字注云碣石在東北海中朝鮮東夷東方有大人之國也　東至日出之次。榑木之地青土樹木之野。榑木榑桑　逵吉按太平御覽此下有注云皆日所出之地也　太皞句芒之所司者。萬二千里。太皞伏羲氏東方木德之帝也句芒木神司主也　其令曰。挺羣禁。開閉闔。通窮窒。達障塞。行優游。棄怨惡。解役罪。免憂患。休罰刑。開關梁。宣出財。和外怨。撫四方。行柔惠。止剛強。剛強侵陵人不循軌度者禁止之也　南方之極。自北戶孫之外。北戶孫國名也日在其北皆爲北向戶故曰北戶孫　逵吉按太平御覽作北戶爲孫注云北戶日在其北向以爲戶　貫顓頊之國。南至委火炎風之野。赤帝祝融之所司者。萬二千里。赤帝炎帝少典之子號爲神農南方火德之帝也祝融顓頊之孫老童之子吳回也一名黎爲高辛氏火正號爲祝融死爲火神也　逵吉按太平御覽此下有注云赤帝著明審諟也祝屬融工也萬物盛長屬而工也程文學云此亦古注宜存然未定卽是高許二家耳　其令曰。爵有德。賞有功。惠賢良。救飢渴。舉力農。振貧窮。惠孤寡。憂罷疾。出大祿。行大賞。起毀宗。立無後。封建侯。立賢輔。應陽施也　中央之極。自昆侖東絕兩恒山。自從也絕猶過也恒山常山言兩未聞也　逵吉按太平御覽無兩字注云恒山北岳　日月之所道。江漢之所出。日月照其所經過之道江出臨山漾出番冢也　衆民之野。五穀之所宜。龍門河濟相貫。以息壤堙洪水之州。逵吉按太平御覽此下有注云禹以息土堙洪水以爲中國九州州水中可居也　東至於碣石。黃帝后土之所司者。萬二千里。黃帝少典之子以土德王天下號爲軒轅氏死爲中央土德之帝后土者句龍氏之子名曰后土能平九土死祀爲土神也　逵吉按太平御覽此注有云黃中色地道載物故稱名也　其令曰。平而不阿。明而不苛。包裹覆露。露潤　無不囊懷。溥氾無私。正靜以和。行稃鬻。養老衰。弔死問疾。以送萬物之歸。土四方之主也故曰萬物之歸　西方之極。自昆侖絕流沙沈羽。西至三危之國。流沙蓋在昆侖之西南爾　逵吉按太平御覽此注有云沈羽弱水弱沈羽毛也　石城金室。飲氣之民。不死之野。少皞蓐收之所司者。萬二千里。 少皞黃帝之子青陽也名摯以金德王天下號爲金天氏死爲西方金德之帝也蓐收金天氏之裔子曰脩死祀爲金神也 逵吉按太平御覽此注有云少皞白帝之號少皞用物浩成也 其令曰。審用法。誅必辜。備盜賊。禁姦邪。飾羣牧。謹著聚。脩城郭。補決竇。塞蹊徑。遏溝瀆。止流水。雝谿谷。守門閭。陳兵甲。選百官。誅不法。 應金斷也 北方之極。自九澤窮夏晦之極。北至令正之谷。 九澤北方之澤夏大也晦暝也 逵吉按太平御覽令正作令止注云令止丁令北海胡地 有凍寒積冰、雪雹霜霰、漂潤羣水之野。顓頊玄冥之所司者。萬二千里。 顓頊黃帝之孫也以水德王天下號高陽氏死爲北方水德之帝也其神玄冥者金天氏有裔子曰昧爲玄冥師死而祀爲主水之神也 逵吉按太平御覽此下有注云顓頊黑帝號項大言陰用事振翕而寒也陰閉不視故神爲玄冥也 其令曰。申羣禁。固閉藏。脩障塞。繕關梁。禁外徙。斷罰刑。殺當罪。閉關閭。大搜客。止交游。禁夜樂。蚤閉晏開。以塞姦人。 逵吉按太平御覽塞作索 已得執之必固。天節已幾。 逵吉按太平御覽此下注云幾終也 刑殺無赦。雖有盛尊之親。斷以法度。毋行水。毋發藏。毋釋罪。 應陰殺也 逵吉按太平御覽作毋釋刑罪 六合。孟春與孟秋爲合。仲春與仲秋爲合。季春與季秋爲合。孟夏與孟冬爲合。仲夏與仲冬爲合。季夏與季冬爲合。孟春始嬴。孟秋始縮。 嬴長也縮短也 仲春始出。仲秋始內。 出二月播種內八月收斂 逵吉按太平御覽引作二月播植 季春大出。季秋大內。孟夏始緩。孟冬始急。 緩四月陽安急十月寒肅 逵吉按太平御覽引作四月陰始 仲夏至脩。仲冬至短。 夏至北極冬至南極短脩皆在至前也 季夏德畢。季冬刑畢。 德畢陽施結刑畢刑獄盡 逵吉按太平御覽引作德畢陽始窮也刑畢陰殺盡也 故正月失政。七月涼風不至。二月失政。八月雷不藏。三月失政。九月不下霜。四月失政。十月不凍。五月失政。十一月蟄蟲冬出其鄉。六月失政。十二月草木不脫。（不脫葉槁著樹不零落也）七月失政。正月大寒不解。（東風不解凍也）八月失政。二月雷不發。（不發聲也）九月失政。三月春風不濟。（濟止）十月失政。四月草木不實。（實長）十一月失政。五月下雹霜。十二月失政。六月五穀疾狂。（疾狂不華而實也）春行夏令泄。（象盛陽發泄也）行秋令水。（水生於申故水也）行冬令肅。（象氣肅急）夏行春令風。（象春木氣多也）行秋令蕪。（象秋氣蕪穢生）行冬令格。（格玆也象冬斷刑恩澤致格不流下）秋行夏令華。（象夏氣樹華茂）行春令榮。（象春氣生榮華）行冬令耗。（耗零落也）冬行春令泄。（象春氣布散發泄也）行夏令旱。（旱象炎陽）行秋令霧。（秋氣陰亂故霧）制度陰陽。大制有六度。天爲繩。地爲準。春爲規。夏爲衡。秋爲矩。冬爲權。繩者所以繩萬物也。（繩正）準者所以準萬物也。規者所以員萬物也。衡者所以平萬物也。矩者所以方萬物也。權者所以權萬物也。繩之爲度也。直而不爭。脩而不窮。久而不弊。遠而不忘。與天合德。與神合明。所欲則得。所惡則亡。自古及今。不可移匡。厥德孔密。廣大以容。（逵吉按廣大以容明本作廣下以容衆非）是故上帝以爲物宗。（宗本）準之爲度也。平而不險。均而不阿。廣大以容。寬裕以和。柔而不剛。銳而不挫。（銳利也挫折也）流而不滯。（流行也滯止也）易而不穢。發通而有紀。（紀道也）周密而不泄。準平而不失。萬物皆平。民無險謀。怨惡不生。是故上帝以爲物平。（平正讀評議之評）規之爲度也。轉而不復。員而不垸。（復還也垸轉也）優而不縱。廣大以寬。感動有理。發通有紀。優優簡簡。百怨不起。（優簡寬舒之貌）規度不失。生氣乃理。（氣類理達）衡之爲度也。緩而不後。平而不怨。施而不德。弔而不責。

達吉按太平御覽引作匠而不寶

當平民祿。以繼不足。敦敦陽陽。唯德是行。養長化育。萬物蕃昌。以成五穀。以實封疆。其政不失。天地乃明。明理

矩之爲度也。肅而不悖。剛而不憒。取而無怨。內而無害。威厲而不懾。令行而不廢。殺伐既得。仇敵乃克。矩正不失。百誅乃服。權之爲度也。急而不贏。殺而不割。充滿以實。周密而不泄。敗物而弗取。罪殺而不赦。誠信以必。堅慤以固。糞除苛慝。不可以曲。故冬正將行。必弱以強。必柔以剛。權正而不失。萬物乃藏。明堂之制。靜而法準。動而法繩。春治以規。秋治以矩。冬治以權。夏治以衡。是故燥溼寒暑以節至。甘雨膏露以時降。

淮南子卷六

覽冥訓 覽觀幽冥變化之端至精感天通達無極故曰覽冥因以題篇

昔者師曠奏白雪之音。而神物爲之下降。風雨暴至。平公癃病。晉國赤地。白雪太乙五十弦琴瑟樂名也神物卽神化之物謂玄鶴之屬來至無頭鬼類操戈以舞也平公晉悼公之子彪也癃病篤疾赤地旱也唯聖君能御此異使無災耳平公德薄不能堪故篤病而大旱 庶女叫天。雷電下擊。景公臺隕。支體傷折。海水大出。庶賤之女齊之寡婦無子不嫁事姑謹敬姑無男有女女利母財令母嫁婦婦益不肯女殺母以誣寡婦婦不能自明寃結叫天天爲作雷電下擊景公之臺隕壞也毁景公之支體海水爲之大溢出也 夫瞽師庶女。位賤尚葈。權輕飛羽。尚主也葈者葈耳菜名也幽冀謂之檀菜雒下謂之胡葈主是官者至微賤也瞽師庶女復賤於主枲之官故曰權輕飛羽也 然而專精厲意。委務積神。上通九天。激厲至精。九天八方中央也以精誠感之 由此觀之。上天之誅也。雖在壙虛幽閒。遼遠隱匿。重襲石室。界障險阻。其無所逃之亦明矣。上天上帝也上帝神明言人有罪惡雖自隱蔽竄藏猶見誅害也 武王伐紂。渡于孟津。陽侯之波。逆流而擊。疾風晦冥。人馬不相見。陽侯陵陽國侯也其國近水沵水而死其神能爲大波有所傷害因謂之陽侯之波 於是武王左操黃鉞。右秉白旄。瞋目而撝之曰。余任天下。誰敢害吾意者。於是風濟而波罷。魯陽公與韓搆難。戰酣日暮。援戈而撝之。日爲之反三舍。魯陽楚之縣公楚平王之孫司馬子期之子國語所稱魯陽文子也楚僭號稱王其守縣大夫皆稱公故曰魯陽公今南陽魯陽是也酣對戰合樂時也撝日令反却行三舍舍次宿也 夫全性保眞。不虧其身。遭急迫難。精通于天。若乃未始出其宗者。何爲而不成。精通于天者謂聖人質成上通爲天所助宗者道之本也謂性不外逸生與道同也 夫死生同域。不可脅陵。勇武一人。爲三軍雄。武士也江淮閒謂士爲武 逵吉按意林引作勇士一人是竟改武爲士非異本也 彼直求名耳。而能自要者尚猶若此。

又況夫宮天地。懷萬物。以天地爲宮室懷猶囊也而友造化。造化陰陽也與之相朋友含至和。直偶于人形。外直偶與人同形而內有大道也觀九鑽一。知之所不知。九謂九天一龜也觀九天之變鑽龜占兆所不知事亦云然也而心未嘗死者乎。心未嘗死者謂心生與道同者也不與觀九鑽一等也昔雍門子以哭見於孟嘗君。雍門子名周善彈琴又善哭雍門齊西門也居近之因以爲氏哭猶歌也見猶感也孟嘗君齊相田文已而陳辭通意。撫心發聲。孟嘗君爲之增欷歍唈。流涕狼戾不可止。增重也欷唈失聲也狼戾猶交橫也欷讀鷰養之鷰也唈讀左傳嬖人婤姶之姶精神形於內而外諭哀於人心。此不傳之道。言能以精神哀悲感傷人心不可學而得之故曰不傳之道也使俗人不得其君形者而效其容。必爲人笑。君形者言至精爲形也故蒲且子之連鳥於百仞之上。蒲且子楚人善弋射者七尺曰仞而詹何之騖魚於大淵之中。此皆得清淨之道。太浩之和也。詹何楚人知道術者也言其善釣令魚馳騖來趨鉤餌故曰騖魚得其精微故曰太浩之和也夫物類之相應。玄妙深微。知不能論。辯不能解。故東風至而酒湛溢。東風木風也酒湛清酒也米物下湛故曰湛木味酸酸風入酒故酒酢而湛者沸溢物類相感也蠶咡絲而商弦絕。或感之也。老蠶上下絲於口故曰咡絲新絲出故絲脆商於五音最細而急故絕也咡或作珥蠶老時絲在身中正黃達見於外如珥也商西方金音也蠶午火也火壯金困應商而已或有新故相感者也畫隨灰而月運闕。鯨魚死而彗星出。或動之也。運讀運圍之圍也運者軍也將有軍事相圍守則月運出也以蘆草灰隨牖下月光中令圖畫缺其一面則月運亦缺於上也鯨魚大魚長數里死於海邊魚之身賤也彗星爲變異人之害也類相動也　逵吉按太平御覽引許昚注云有軍事相圍守則月暈以蘆灰環闕其一面則月暈亦闕於上故聖人在位。懷道而不言。澤及萬民。聖人行自然無爲之道故澤及萬民也君臣乖心。則背譎見於天。神氣相應徵矣。日旁五色氣在兩邊外出爲背外向爲譎內向爲珥在上外出爲冠故山雲草莽。水雲魚鱗。山中氣出雲似草莽水氣出雲似魚鱗旱雲煙火。涔雲波水。各象其形類所以感之。旱雲亢陽氣似煙火涔大潦水也雲出於涔似波水也夫陽燧取火於日。方諸取露於月。

夫讀大夫之夫已說在上一說水火從太極來在人手中非所能說知也天地之閒。巧曆不能舉其數。巧工也天地之閒物類相感者衆多雖工爲曆術者不能悉舉其數也手徵忽怳。不能覽其光。言手雖覽得微物不能得其光一說天道廣大手雖能徵其忽怳無形者不能覽得日月之光也然以掌握之中。引類於太極之上。太極天地始形之時也上猶初也而水火可立致者。陰陽同氣相動也。動猶化也故此傅說之所以騎辰尾也。言殷王武丁夢得賢人使工寫其象旁求之得傅說於傅巖遂以爲相爲高宗成八十一符致中興也死託精於辰尾星一名天策故至陰飂飂。至陽赫赫。兩者交接成和而萬物生焉。衆雄而無雌。又何化之所能造乎。所謂不言之辯。不道之道也。故召遠者使無爲焉。遠者四夷也欲致化四夷者當以無爲無爲則夷荒自至也親近者使無事焉。近者諸夏也欲親近者當以無事無事則近人自親附之惟夜行者爲能有之。夜行喻陰行也陰行神化故能有天下也一說言入道者如夜行幽冥之中爲能有召遠親近之道也故卻走馬以糞。而車軌不接於遠方之外。卻走馬以糞老子詞也止馬不以走但以糞糞田也行至德之效也一說國君無道則戎馬生於郊無事止走馬以糞田也故兵車之軌不接遠方之外兩輪之閒爲軌是謂坐馳陸沈。晝冥宵明。言坐行神化疾於馳傳沈浮冥明與道合也以冬鑠膠。以夏造冰。夫道者。無私就也。無私去也。能者有餘。拙者不足。言以非時鑠膠造冰難成之也天道無私就去能行道功有餘也順之者利。逆之者凶。譬如隋侯之珠。和氏之璧。得之者富。失之者貧。隋侯漢東之國姬姓諸侯也隋侯見大蛇傷斷以藥傅之後蛇於江中銜大珠以報之因曰隋侯之珠蓋明月珠也楚人卞和得美玉璞於荊山之下以獻武王王以示玉人玉人以爲石刖其左足文王卽位復獻之以爲石刖其右足抱璞不釋而泣血及成王卽位又獻之成王曰先君輕刖而重剖石遂剖視之果得美玉以爲璧蓋純白夜光文王在春秋前成王不以告故不書也　達吉按文王至不書十四字葉近山茅一桂二本皆有藏本無今增入得失之度。深微窮冥。難以知論。不可以辯說也。何以知其然。今夫地黃主屬骨。而甘草主生肉之藥也。以其屬骨。責其生肉。以其生肉。論其屬骨。是猶王孫綽之欲倍偏枯之藥。而欲以生殊死之人。亦可謂失論矣。王孫綽蓋周人也一日衞人王孫賈之後也言一劑藥愈偏枯之病欲倍其劑以生已死之人 若夫以火能焦木也。因使銷金。則道行矣。若以慈石之能連鐵也。而求其引瓦。則難矣。物固不可以輕重論也。夫燧之取火於日。慈石之引鐵。蟹之敗漆。以蟹置漆中則敗壞不燥 葵之鄉日。雖有明智。弗能然也。然猶明也 故耳目之察。不足以分物理。心意之論。不足以定是非。故以智爲治者。難以持國。唯通于太和。而持自然之應者。爲能有之。能有持國之術 故嶢山崩而薄落之水涸。嶢山在雍州也薄落水在馮翊臨晉山窮相通也一日薄落涇水也 區冶生而淳鈎之劍成。區讀歌謳之謳區越人善治劍工也淳鈎古大銳劍也 紂爲無道。左強在側。左強紂之諛臣也教紂無道勸以貪淫也 太公竝世。故武王之功立。立成 由是觀之。利害之路。禍福之門。不可求而得也。言其門戶不可豫求而得知也忽然來至無形兆也 夫道之與德。若韋之與革。遠之則邇。近之則遠。革之質象道韋之質象德欲去遠之道反在人側欲以事求之去人已遠也無事者近人有事者遠人 不得其道。若觀鯈魚。鯈魚小魚也在水中可觀見見而不可得道亦如之 故聖若鏡。不將不迎。將送也 應而不藏。應猶隨也謂鏡隨人形好醜不自藏匿者也 逵吉按意林作聖人若鏡 故萬化而無傷。其得之。乃失之。其失之。非乃得之也。自謂得乃失道者也自謂失道未必不得道也 今失調弦者。叩宮宮應。彈角角動。此同聲相和者也。叩大宮則少宮應彈大角則少角動故曰同音相和 夫有改調一弦。其於五音無所比。鼓之而二十五弦皆應。此未始異於聲。而音之君已形也。一弦宮音也音之君也故二十五弦皆和也一說改調一弦不比五音謂一聲宮音也故曰未始異於聲也五主於一聲故曰音之君已形君主形見也 故通於太和者。惛若純醉。而甘臥以游其中。而不知其所由至也。太和謂等死生之和齊窮達之端其中道之中也不自知所至此也 純溫以淪。鈍悶以終。若未始出其宗。純一也溫和也淪沒也喻潛伏也鈍閔無情也欲終始於道宗本也若未有其形 是謂大通。今夫赤螭青虯之游冀州也。赤螭青虯皆龍屬 天淸地定。毒獸不作。飛鳥不駭人。榛薄食薦梅。薦梅草實也狀如桑椹其色赤生紅濱 噆味含甘。步不出頃畝之區。而蛇鱓輕之。以爲不能與之爭於江海之中。噆味長美也蛇鱓自以爲能勝赤螭青虯 若乃至於玄雲之素朝。玄黑素白也黑雲升合於明朝也 陰陽交爭。降扶風。雜凍雨。扶搖而登之。降下也扶風疾風也凍雨暴雨也扶搖發動也登上也上風雨而去 威動天地。聲震海內。四海之內悉畏之也 蛇鱓著泥百仞之中。百仞七百尺也度深曰仞傳曰仞溝洫也 熊羆匍匐邱山磛巖。虎豹襲穴而不敢咆。嚶人咆嘷 猨狖顚蹶而失木枝。狖讀中山人相遺物之遺狖猨屬長尾而卬鼻 又況直蛇鱓之類乎。鳳皇之翔至德也。雄曰鳳雌曰皇爲至德之君而來翔也 雷霆不作。風雨不興。川谷不澹。澹溢 草木不搖。而燕雀佼之。以爲不能與之爭於宇宙之閒。燕雀自以爲能佼健於鳳皇也佼或作設宇屋簷也宙棟梁也易曰上棟下宇 逵吉按說文解字宇屋邊也義與此同 還至其曾逝萬仞之上。翺翔四海之外。會猶高也逝猶飛也一曰回也翼一上一下曰翺不搖曰翔外猶表也 逵吉按古會與層通此曾卽層字 過昆侖之疏圃。飲砥柱之湍瀨。疏圃在昆侖之上過猶歷也砥柱河之隘也在河東大陽之東湍湍水至疾瀨淺皆激湍急流 邅回蒙汜之渚。邅回猶倘佯也蒙汜日所出之地汜決復入爲渚渚小洲也 尚佯冀州之際。徑躡都廣。入日抑節。躡至也都廣東南之山名衆帝所自上下也言鳳皇過都廣之野送日入於抑節之地言其翔之廣也躡或作絕徑過絕歷也 羽翼弱水。暮宿風穴。濯羽翼于弱水之上風穴北方寒風從地出也 當此之時。鴻鵠鶬鶴。莫不憚驚伏竄。注喙江裔。注喙喙注地不敢動也裔邊也 又況直燕雀之類乎。此明於小動之迹。而不知大節之所由者也。昔者王良造父之御也。王良晉大夫郵無恤子良也所謂御良也一名孫無政爲趙簡子御死而託精於天駟星天文有王良星是也造父嬴姓伯翳之後飛廉之子爲周穆王御 上車攝轡。馬爲整齊而斂諧。（整齊不差也斂諧馬容體足調諧也）投足調均。勞逸若一。（一同也）心怡氣和。體便輕畢。（畢疾也）安勞樂進。馳騖若滅。（滅沒也言疾也）左右若鞭。周旋若環。（左右謂騑驂也步趨之力若被鞭矣一說言掉鞭敎諭其易也周旋若環如人志也）世皆以爲巧。然未見其貴者也。若夫鉗且大丙之御。（此二人太乙之御也一說古得道之人以神氣御陰陽也）除轡銜。去鞭棄策。車莫動而自舉。馬莫使而自走也。（但以車馬爲主爾神氣扶之也）日行月動。星燿而玄運。（燿有玄天也運行也）電奔而鬼騰。進退屈伸。不見朕垠。（朕兆朕也垠形狀也）故不招指。不咄叱。過歸鴈於碣石。（御疾到自息止乃使北歸於碣石之山而中之鴈得之過去也過讀責過之過）軼鶤雞於姑餘。（自後過前曰軼姑餘山名在吳鶤雞鳳皇之別名言其御疾自碣石過歸雁便復東南軼過鶤雞於姑餘山也）騁若飛。騖若絕。縱矢躡風。追猋歸忽。（縱履也足疾及箭矢躡蹈也一說矢在後不能及故言縱其行疾能及矢言躡追猋及之猋光中有影者忽然便歸皆極言疾也）朝發榑桑。日入落棠。（榑桑日所出也落棠山名日所入也）此假弗用而能以成其用者也。（弗用無爲）非慮思之察。手爪之巧也。嗜欲形於胷中。而精神踰於六馬。此以弗御御之者也。（言藏嗜欲之形於胷臆之中喻和也以弗御御之以道術御也）昔者黃帝治天下而力牧太山稽輔之。（力牧太山稽黃帝師孟子曰王者師臣也）以治日月之行律。（律度也）治陰陽之氣。節四時之度。正律曆之數。別男女。異雌雄。明上下。等貴賤。使彊不掩弱。衆不暴寡。人民保命而不夭。（安其性命不夭折也）歲時孰而不凶。（不凶無災害也）百官正而無私。（皆在公也）上下調而無尤。（君臣調和無尤過也）法令明而不闇。輔佐公而不阿。（卿士公正不立私曲從也）田者不侵畔。漁者不爭隈。（隈曲深處魚所聚也）道不拾遺。市不豫賈。城郭不關。（關閉也）邑無盜賊。鄙旅之人相讓以財。（言所有餘）狗彘吐菽粟於路。而無忿爭之心。於是日月精明。星辰不失其行。風雨時節。五穀登孰。虎狼不妄噬。鷙鳥不妄搏。鳳皇翔於庭。翔猶止也 麒麟游於郊。游行也郊邑外也 青龍進駕。飛黃伏皁。飛黃乘黃也出西方狀如狐背上有角壽千歲皁櫪也 諸北儋耳之國。莫不獻其貢職。皆北極夷國也 然猶未及虙戲氏之道也。往古之時。四極廢。九州裂。廢頓也裂分也 天不兼覆。地不周載。火爁炎而不滅。水浩洋而不息。息消 猛獸食顓民。顓善 鷙鳥攫老弱。攫摣 於是女媧鍊五色石以補蒼天。女媧陰帝佐虙戲治者也三皇時天不足西北故補之師說如是 斷鼇足以立四極。鼇大龜天廢頓以鼇足柱之楚辭曰鼇載山下其何以安之是也 殺黑龍以濟冀州。黑龍水精也力牧太稽殺之以止用濟朝也冀九州中謂今四海之內 積蘆灰以止淫水。蘆葦也生於水故積聚其灰以止淫水平地出水爲淫水 蒼天補。四極正。淫水涸。冀州平。狡蟲死。蟲狩也 顓民生。背方州。抱圓天。方州地也 和春陽夏。殺秋約冬。枕方寢繩。方榘四寸也寢繩直身而臥也 陰陽之所壅沈不通者。竅理之。逆氣戾物。傷民厚積者。絕止之。逆氣亂氣也傷害民物之積財故絕止之 當此之時。臥倨倨。興眄眄。倨倨臥無思慮也倨讀虛田之虛眄眄然視無智巧貌也 一自以爲馬。一自以爲牛。其行蹎蹎。其視瞑瞑。蹎讀塡寘之塡 侗然皆得其和。莫知所由生。浮游不知所求。魍魎不知所往。當此之時。禽獸蝮蛇。無不匿其爪牙。藏其螫毒。無有攫噬之心。考其功烈。上際九天。下契黃壚。上與九天交接下契至黃壚黃泉下壚土也壚讀繩纑之纑 名聲被後世。光暉重萬物。使萬物有交暉也 乘雷車。服駕應龍。驂青虯。駕應德之龍在中爲服在旁爲驂有角爲龍無角爲虯一說應龍有翼之龍也 援絕瑞。席蘿圖。殊絕之瑞應援而致之也羅列圖籍以爲席蓐一說羅圖車上席也 黃雲絡。前白螭。後奔蛇。絡讀道路之路謂車之垂絡也黃雲之氣絡其車白螭導在於前奔蛇騰蛇也從在於後皆瑞應也 浮游消搖。道鬼神。登九天。九天八方中央 朝帝於靈門。在朝於上帝靈門也窔穆休于太祖之下。窔寧穆和休息也太祖道之太宗也然而不彰其功。不揚其聲。彰揚皆明也隱眞人之道。以從天地之固然。隱藏也眞人眞德之人固自然也何則。道德上通。而智故消滅也。智故巧詐逮至夏桀之時。主闇晦而不明。道瀾漫而不脩。仁義道不復脩飾之故曰瀾漫棄捐五帝之恩刑。推蹶三王之法籍。是以至德滅而不揚。帝道掩而不興。興舉也舉事戾蒼天。發號逆四時。戾反也春秋縮其和。天地除其德。縮藏也言和氣不復行也言其所施日惡不自知也故曰除其德也仁君處位而不安。大夫隱道而不言。不爲民所安隱仁義之道不正諫直言也論語曰國無道危行言遜也羣臣準上意而懷當。準望懷思當合也取合主意不復以道正諫也疏骨肉而自容。邪人參耦比周而陰謀。陰謀私謀也居君臣父子之閒。而競載驕主而像其意。像猶隨也亂人以成其事。是故君臣乖而不親。骨肉疏而不附。植社槁而墆裂。言不禋於神也容臺振而掩覆。容臺行禮容之臺言不能行禮故天文振動而敗也犬羣嗥而入淵。言將滅壞犬失其主故嗥而入淵也一說言犬禍也豕銜蓐而席澳。豕銜其蓐席入之澳言豕禍也一說銜蓐自藏美人挐首墨面而不容。挐首亂頭也草與髮弁編爲挐首不脩容飾也曼聲吞炭內閉而不歌。曼聲善歌也見世亂衰將滅故吞炭自敗音聲閉氣不復動也喪不盡其哀。獵不聽其樂。言時亂禮壞不盡在哀樂崩故不復聽田獵之樂西老折勝。黃神嘯吟。西王母折其頭上所戴勝爲時無法度黃帝之神傷道之衰故嘯吟而長歎也飛鳥鎩翼。走獸廢腳。鎩翼縱翼也廢腳跛蹇也言桀無道田獵煩數鳥獸悉被創夷也山無峻榦。澤無注水。峻榦美材也注水淳水言山澤不以時故也狐狸首穴。馬牛放失。田無立禾。路無莎薠。莎草名也莎薠讀猨猴蹯蹂之蹯狀如葴蔵如葭也金積折廉。璧襲無理。金氣積聚折其鋒廉也璧文襲重言用之煩數皆鈍無復文理也璧讀辟也磬龜無腹。磬空也象磬數鑽以卜故空盡無腹也言桀爲無道不脩仁德但數占龜莫得吉兆也詩曰握粟出卜自何能穀又曰我龜既厭不我告猶是也蓍策日施。易曰再三瀆瀆則不告也晚世之時。七國異族。諸侯制法。各殊習俗。（晚世春秋之後戰國之末七國齊楚燕趙韓魏秦也齊姓田楚姓芈燕姓姚趙姓趙韓姓韓魏姓魏秦姓嬴故異族也）縱横閒之。舉兵而相角。（蘇秦約縱張儀連横南與北合爲縱西與東合爲横故曰縱成則楚王横成則秦帝也）攻城濫殺。覆高危安。掘墳墓。揚人骸。大衝車。高重京。（衝車大鐵著其轅端馬披甲車被兵所以衝於敵城也古者伐不殺取其鯨鯢收其骸尸聚土而壍之以爲京觀故曰高重疊京觀也）除戰道。便死路。犯嚴敵。殘不義。百往一反。名聲苟盛也。（言百人行戰皆死一人得還反也一說百人行伐一反得勝爾）是故質壯輕足者。爲甲卒（甲鎧也在車曰士步曰卒）千里之外。家老羸弱。悽愴於內。廝徒馬圉。軵車奉饟。（廝役徒衆也牛曰牧馬曰圉軵推也饟資糧也軵讀楫拊之拊也）道路遼遠。霜雪亟集。短褐不完。（短褐處器物之人也褐毛布如今之馬衣也不完言民窮也）人羸車獘。泥塗至膝。相攜於道。奮首於路。（攜引也奮首民疲於役頓仆於路僅能搖頭耳言疲困也故曰奮首）身枕格而死。（格捔牀也言收民役賦不畢者捔之於格上不得下枕格而死）所謂兼國有地者。伏尸數十萬。破車以千百數。傷弓弩矛戟矢石之創者。扶舉於路。故世至於枕人頭。食人肉。菹人肝。飲人血。甘之于芻豢。（甘猶耆也）故自三代以後者。天下未嘗得安其情性。而樂其習俗。保其脩命。天而不夭於人虐也。（虐害）所以然者何也。諸侯力征。天下合而爲一家。逮至當今之時。天子在上位。（天子漢孝武皇帝）持以道德。輔以仁義。近者獻其智。遠者懷其德。拱揖指麾。而四海賓服。春秋冬夏。皆獻其貢職。天下混而爲一。（混同）子孫相代。此五帝之所以迎天德也。夫聖人者。不能生時。時至而弗失也。輔佐有能。黜讒佞之端。息巧辯之說。除刻削之法。去煩苛之事。屏流言之迹。塞朋黨之門。消知能。（消除知巧之能）脩太常。隳肢體。絀聰明。（去其小聰）

（明弁大利欲者也）大通混冥。解意釋神。漠然若無魂魄。使萬物各復歸其根。則是所脩伏犧氏之迹。而反五帝之道也。（反復）夫鉗且大丙。不施轡銜。而以善御聞於天下。伏戲女媧。不設法度。而以至德遺於後世。何則。至虛無純一。而不嘤喋苛事也。（嘤喋猶深算也言不采取煩苛之事）周書曰。掩雉不得。更順其風。（言掩雉雖不得當更從其上風順其道理也言可行與不猶當以道德爲本喻申韓之法失之也）今若夫申韓商鞅之爲治也。（申申不害也韓韓非也商鞅公孫鞅三子之術皆爲刻削之法也）捽拔其根。蕪棄其本。而不窮究其所由生。何以至此也。鑿五刑。爲刻削。乃背道德之本。而爭於錐刀之末。（錐刀之末謂小利言盡爭之也）斬艾百姓。殫盡太半。（斬艾百姓以草木喻也不養之也殫病也太半過半也　逵吉按凡數三分有二爲太半有一爲少半韋昭說也）而忻忻然常自以爲治。（忻忻猶自喜得意之貌也）是猶抱薪而救火。鑿竇而出水。夫井植生梓而不容甕。溝植生條而不容舟。不過三月必死。（植謂材也橡杙於溝瀆因生爲條木也以喻申韓商鞅之所爲法比於梓條也）所以然者何也。皆狂生而無其本者也。河九折注於海。而流不絕者。昆侖之輸也。（折曲）潦水不泄。瀇瀁極望。旬月不雨。則涸而枯。澤受瀷而無源者。（瀷雨瀵疾流者故曰無源瀷讀燕人強春言敕同也　逵吉按強春疑當作強秦）譬若羿請不死之藥於西王母。姮娥竊以奔月。（姮娥羿妻羿請不死之藥於西王母未及服之姮娥盜食之得仙奔入月中爲月精奔月或作坌肉藥坌肉以爲死畜之藥復可生也　逵吉按姮娥諸本皆作恆唯意林作姮文選注引此作常淮南王當諱恆不應作恆疑意林是也）悵然有喪。無以續之。（言羿悵然失志若有所喪亡不能復得不死藥以續之）何則。不知不死之藥所由生也。（羿不知不死之藥所由生也申韓商鞅之等不知治之根本如乞藥矣一說羿謂命在藥不知命自在天也故或欲得知不死藥之所由出生也）是故乞火不若取燧。寄汲不若鑿井。

淮南子卷七

精神訓 精者人之氣神者人之守也本其原說其意故曰精神因以題篇

古未有天地之時。惟像無形。惟思也念天地未成形之時無有形生有形故天地成焉 窈窈冥冥。芒芠漠閔。澒濛鴻洞。莫知其門。皆未成形之氣也芒讀王莽之莽芠讀枝滅之枝閔讀閔子騫之閔澒讀項羽之項鴻讀子贛之贛洞讀同游之同也皆無形之象故曰莫知其門也 有二神混生。經天營地。二神陰陽之神也混生俱生也 孔乎莫知其所終極。滔乎莫知其所止息。孔深貌滔大貌 於是乃別爲陰陽。離爲八極。剛柔相成。萬物乃形。離散也八極八方之極剛柔陰陽也 煩氣爲蟲。煩亂也 精氣爲人。是故精神。天之有也。而骨骸者。地之有也。精神入其門。而骨骸反其根。我尚何存。精神無形故能入天門骨骸有形故反其根歸土也言人死各有所歸我何猶尙存 是故聖人法天順情。不拘於俗。不誘於人。誘猶惑也 以天爲父。以地爲母。陰陽爲綱。四時爲紀。天靜以清。地定以寧。萬物失之者死。法之者生。夫靜漠者。神明之定也。虛無者。道之所居也。是故或求之於外者。失之於內。有守之於內者。失之於外。譬猶本與末也。從本引之。千枝萬葉。莫不隨也。夫精神者。所受於天也。而形體者。所稟於地也。故曰。一生二。二生三。三生萬物。一謂道也二曰神明也三曰和氣也或說一者元氣也生二者乾坤也二生三三生萬物天地設位陰陽通流萬物乃生 萬物背陰而抱陽。沖氣以爲和。萬物以背爲陰以腹爲陽身中空虛和氣所行爲陰故腎雙爲陽故心特陰陽與和共生物形君臣以和致太平也 故曰一月而膏。始育如膏也 二月而胅。三月而胎。四月而肌。五月而筋。六月而骨。七月而成。八月而動。九月而躁。十月而生。形體以成。五藏乃形。是故肺主目。（肺象朱雀朱雀火也火外景故主目）腎主鼻。（腎象龜龜水也水所以通竅鼻所以通氣故主鼻）膽主口。（膽勇者決所以處故主口）肝主耳。（肝金也金內景故主耳）外爲表而內爲裏。開閉張歙。各有經紀。（歙讀脅也）故頭之圓也象天。足之方也象地。天有四時五行九解（四時春夏秋冬五行金木水火土也九解謂九十爲一解一說九解六一之所解合也一說八方中央故曰九解）三百六十六日。人亦有四支五藏九竅三百六十六節。天有風雨寒暑。人亦有取與喜怒。故膽爲雲。（膽金也金石雲之所出故爲雲）肺爲氣。（肺火也故爲氣）肝爲風。（肝木也木爲風生故爲風）腎爲雨。（腎水也因水故雨雨或作電腎水也水爲光故爲電）脾爲雷。以與天地相參也。而心爲之主。（心土也故爲四行之主）是故耳目者。日月也。血氣者。風雨也。日中有踆烏。（踆猶蹲也謂三足烏踆讀踆巍之踆）而月中有蟾蜍。（蟾蜍蝦蟆）日月失其行。薄蝕無光。（薄者迫也薄讀享薄之薄　逵吉按享薄太平御覽作厚薄古字厚與享形近而誤）風雨非其時。毀折生災。五星失其行。州國受殃。（五星熒惑太白歲星辰星鎭星也今熒犯角亢則州國受其殃也餘準此）夫天地之道。至紘以大。尙猶節其章光。愛其神明。人之耳目曷能久熏勞而不息乎。（息止）精神何能久馳騁而不旣乎。（旣盡）是故血氣者。人之華也。而五藏者。人之精也。夫血氣能專於五藏（專一）而不外越。則胷腹充而嗜欲省矣。胷腹充而嗜欲省。則耳目清。聽視達矣。耳目清。聽視達。謂之明。五藏能屬於心而無乖。則敦志勝而行不僻矣。（敦志勝言己之敦志也僻邪也勝或作遜）敦志勝而行之不僻。則精神盛而氣不散矣。精神盛而氣不散則理。理則均。均則通。通則神。神則以視無不見。以聽無不聞也。以爲無不成也。是故憂患不能入也。而邪氣不能襲。襲猶因也亦入 故事有求之於四海之外而不能遇。遇得 或守之於形骸之內。心無欲也 而不見也。故所求多者所得少。所見大者所知小。夫孔竅者。精神之戶牖也。而氣志者。五藏之使候也。耳目淫於聲色之樂。則五藏搖動而不定矣。逵吉按不定本亦作不寧下同 五藏搖動而不定。則血氣滔蕩而不休矣。血氣滔蕩而不休。則精神馳騁於外而不守矣。多情欲故神不內守 精神馳騁於外而不守。則禍福之至。雖如邱山。無由識之矣。邱山喻大識知也 使耳目精明玄達而無誘慕。氣志虛靜恬愉而省嗜欲。五藏定寧充盈而不泄。精神內守形骸而不外越。則望於往世之前。而視於來事之後。猶未足爲也。猶尙也爲治也 豈直禍福之閒哉。故曰其出彌遠者。其知彌少。言雖知道故少 以言夫精神之不可使外淫也。是故五色亂目。使目不明。不明視而昏也 五聲譁耳。使耳不聰。不聰聽無聞也 五味亂口。使口爽傷。爽病病傷滋味也 趣舍滑心。使行飛揚。滑亂也飛揚不從軌度也 此四者。天下之所養性也。性生也 然皆人累也。故曰嗜欲者。使人之氣越。而好憎者。使人之心勞。弗疾去。則志氣日耗。越失勞病耗猶亂也 夫人之所以不能終其壽命。而中道夭於刑戮者。何也。以其生生之厚。夫惟能無以生爲者。則所以脩得生也。言生生之厚者何必極嗜欲淫濫無厭以傷耳目情性故不終其壽命中道天殞以刑辟之戮也無以生爲者輕利害之鄉除情性之欲則長得生矣 夫天地運而相通。萬物總而爲一。總合一同也萬物合同統於一道 能知一。則無一之不知也。不能知一。

則無一之能知也。上一道也下一物也 譬吾處於天下也。亦爲一物矣。不識天下之以我備其物與。與邪詞也 且惟無我而物無不備者乎。然則我亦物也。物亦物也。物之與物也。又何以相物也。物亦物也何相名爲物也 雖然。其生我也。將以何益。言生我自然之道亦當以何益乎 其殺我也。將以何損。損減 夫造化者既以我爲坯矣。將無所違之矣。言既以我爲人無所離之喻不求亦不避也 吾安知夫刺灸而欲生者之非惑也。又安知夫絞經而求死者之非福也。或者生乃徭役也。而死乃休息也。天下茫茫。孰知之哉。其生我也。不彊求已。已止也言不惡生也 其殺我也。不彊求止。言不畏死 欲生而不事。事治 憎死而不辭。唯義所在故不辭也 賤之而弗憎。貴之而弗喜。人有惡賤已者已不憎也人有尊已者已不喜也 隨其天資而安之不極。資時也一曰性也極急也喻道人不急求生也 吾生也有七尺之形。吾死也有一棺之土。吾生之比於有形之類。猶吾死之淪於無形之中也。然則吾生也物不以益衆。吾死也土不以加厚。吾又安知所喜憎利害其間者乎。不知喜生之利不知惡死之害守其正性也 夫造化者之攫援物也。攫攝也援引也 譬猶陶人之埏埴也。其取之地而已爲盆盎也。與其未離於地也無以異。其已成器而破碎漫瀾。而復歸其故也。陶人作瓦器之官也頓泥坯取之於地以爲器無以異於土也明人不當惡死死復歸其未生之故耳譬猶瓦器之破而復反於土也 與其爲盆盎。亦無以異矣。夫臨江之鄉。居人汲水以浸其園。江水弗憎也。苦洿之家。決洿而注之江。洿水弗樂也。是故其在江也。無以異其浸園也。其在洿也。亦無以異其在江也。道尙空虛貴無形江水大去不可消就易故不增也洿水小去易小消就不消故不樂也脬水猶澹水也若猶疾也一說言各自安其處也及其轉易亦無憎樂也是故聖人因時以安其位，當世而樂其業。業事也夫悲樂者，德之邪也；而喜怒者，道之過也；好憎者，心之暴也。故曰：其生也天行，似天氣也其死也物化。知物之變化也靜則與陰俱閉，動則與陽俱開，精神澹然無極，不與物散，而天下自服。極盡也散雜亂貌自服服於德也故心者，形之主也；而神者，心之寶也。形勞而不休則蹶，蹶顛精用而不已則竭。是故聖人貴而尊之，不敢越也。夫有夏后氏之璜者，匣匱而藏之，寶之至也。半璧曰璜珍玉也夫精神之可寶也，非直夏后氏之璜也。直猶但也是故聖人以無應有，必究其理；以虛受實，必窮其節；恬愉虛靜，以終其命。是故無所甚疏，而無所甚親，抱德煬和，以順于天。煬炙也向火中炙和氣以順天道也煬讀供養之養與道爲際，與德爲鄰。際合也鄰比也不爲福始，不爲禍先，魂魄處其宅，而精神守其根，死生無變於己，故曰至神。變動所謂眞人者，性合于道也。眞人者伏羲黃帝老聃是也故有而若無，實而若虛，處其一，不知其二，治其內，不識其外。治其內守精神也不識其外不好憎也明白太素，無爲復樸，體本抱神，以游于天地之樊。樊崖也樊讀麥飯之飯芒然仿佯于塵垢之外，芒讀王莽之莽而消搖于無事之業，浩浩蕩蕩乎，機械之巧弗載於心。是故死生亦大矣，而不爲變。不爲變者同死生也雖天地覆育，亦不與之抮抱矣。抮抱猶持著也言不以天地養育萬物故强與持著守其純粹也審乎無瑕，而不與物糅。瑕猶釁也其見利欲之來也能審順之故不與物相雜糅見事之亂，而能守其宗。見事亂者止之亂不能眩惑故能守其宗宗本也若然者，正肝膽，遺耳目，言精神內守也心志專于內，通達耦于一。一者道也 居不知所為，行不知所之。言志意無所繫 渾然而往，逯然而來。渾轉行貌逯謂無所為忽然往來也逯讀詩綠衣之綠渾讀大珠揮揮之揮 逵吉按說文解字逯行謹逯逯也與此義近別本或誤作逵非是 形若槁木，心若死灰。槁木無氣死灰無熱喻無為也 忘其五藏，損其形骸。不學而知，不視而見，不為而成，不治而辯。感而應，迫而動。迫切不得不動然後乃動也 不得已而往。如光之燿，如景之放。以道為紃。有待而然。紃者法也以道待萬物故曰有待而然默默如是 抱其太清之本，而無所容與。無所容與於情欲也 而物無能營。營惑也一曰亂 廓惝而虛，清靖而無思慮。不勞精神 大澤焚而不能熱，河漢涸而不能寒也。大雷毀山而不能驚也，大風晦日而不能傷也。言體道之人閉情守虛雖此四者之大不能感也 是故視珍寶珠玉猶石礫也，視至尊窮寵猶行客也，視毛嬙西施猶䫏醜也。至尊謂帝王也故曰窮寵也行客猶行路過客毛嬙西施皆古之美人䫏頭也方相氏黃金四目衣䫏稀世之䫏貌非生人也但其像耳目䫏醜言極醜也 逵吉按䫏頭見周禮說文解字有䫏云醜也又有娸杜林亦以為醜 以死生為一化，以萬物為一方。方類也 同精於太清之本，而游於忽區之旁。忽區忽恍無形之區旁也 有精而不使，有神而不行。不獨其精不勞其神此之謂也 契大渾之樸，而立至清之中。樸猶質也渾不散之貌渾讀揮章之揮 是故其寢不夢，其智不萌，其魄不抑，其魂不騰。其寢不夢神內守也其智不萌無思念也魄陰神魂陽神陰不沈抑陽不飛騰各守其宅也 反覆終始，不知其端緒，甘暝太宵之宅，而覺視于昭昭之宇。休息于無委曲之隅，而游敖于無形埒之野。太宵長夜之中也言其直暝於大道之處冥視昭昭矣無委曲之隅無形埒之野冥冥無形象之貌也 居而無容，處而無所。言其人居無形容可得見也處無常所 其動無形，其靜無體。無形無體道之容也 存而若亡，生而若死。出入無閒，役使鬼神。言耐化也人不與鬼同形而耐使之者道也天神曰神人神曰鬼也 淪於不測。入於無閒以不同形相嬗也。嬗傳也萬物之形不同道以相傳生也 終始若環。莫得其倫。倫理也道也人莫能得竭 此精神之所以能登假於道也。假至也上至於道也或作蝦蟇雲氣 是故眞人之所游。若吹呴呼吸。吐故內新。熊經鳥伸。鳧浴蝯躩。鴟視虎顧。是養形之人也。不以滑心。游行也經動搖也伸頻伸也若此養形之人導引其神屈伸跳踉是非眞人之道也滑亂也言此養形者耳不足以亂眞人之心也 使神滔蕩而不失其充。日夜無傷而與物爲春。充實也體道人同日夜喻賊害也無傷無所賊害也與物爲春言養物也 則是合而生時于心也。若是者合於道生四時化其心也言不干時害物也 且人有戒形而無損於心。戒備也人形體備具戒或作革革改也言人形骸有改更而作化也心喻神神不損傷也 有綴宅而無秏精。綴宅身也精神居其宅則生離其宅則死言人雖死精神終不秏滅故曰無秏精也 夫癩者趨不變。狂者形不虧。神將有所遠徙。孰暇知其所爲。言病癩者形生神在故趨不變也或作介介被甲者禮介者不拜而能趨於步故曰不變也狂體具存故曰不虧但精神散越耳故曰神有所遠徙也 達吉

按錢別駕云癩或作介者介即兀字莊子有兀者王駘或作介是也雖於高注之外闢一解與本文義更覺切近

故形有靡而神未嘗化者。以不化應化。千變萬紾。而未始有極。靡滅猶死也神變歸於無形故曰未嘗化化猶死也不化者精神化者形骸死者形爲灰土爲日化也 化者復歸於無形也。不化者與天地俱生也。夫木之死也。青青去之也。夫使木生者豈木也。使木生者天地故曰豈木也 猶充形者之非形也。充形者氣也故曰非形也 故生生者未嘗死也。其所生則死矣。生生者道喻道之人若天氣未嘗死也下所生者萬物矣 化物者未嘗化也。其所化則化矣。化物者道也道不化故未嘗化也所化者萬物也萬物有變故曰則化 輕天下則神無累矣。輕薄天下寵勢之權者許由是也故其精神無留累于物也 細萬物則心不惑矣。以萬物爲小事而弗欲故心不惑物也 齊死生則志不懾矣。齊等也不畏義死不樂不義生其志意無所懾懼故曰等也 同變化則明不眩矣。眩惑 衆人以爲虛言。吾將舉類而實之。實明 人之所以樂爲人主者。以其窮

耳目之欲。而適躬體之便也今高臺層榭。人之所麗也。四方而高曰臺加木曰榭麗美也 而堯樸桷不斲。素題不枅。樸采也桷椽也不斲削加密石之素題者不加采飾不枅者不施欂櫨枅讀雞枅或作刮也 珍怪奇異。逵吉按奇異本皆作奇味唯藏本作異 人之所美也。而堯糲粢之飯。藜藿之羹。糲粗也粢稷也糲讀賴特之賴粢讀齊衰之齊 文繡狐白。人之所好也。而堯布衣揜形。鹿裘御寒。養性之具不加厚。而增之以任重之憂。任讀任俠之任 故舉天下而傳之於舜。傳禪 若解重負然。非直辭讓。誠無以爲也。此輕天下之具也。禹南省方濟于江。巡守爲省省視四方也濟渡也 黃龍負舟。舟中之人五色無主。禹乃熙笑而稱曰。我受命于天。竭力而勞萬民。勞憂也 生寄也。死歸也。何足以滑和。視龍猶蝘蜓。人壽蓋不過百年故曰寄死滅毀化不見故曰歸滑亂也和適也蝘蜓蜥蜴也或曰守宮東方朔射覆對武帝曰謂爲龍無有角謂爲蛇而有足跂跂脈脈喜緣壁非守宮即蜥蜴是也 顏色不變。龍乃弭耳掉尾而逃。逃去 禹之視物亦細矣。鄭之神巫相壺子林。見其徵。神在男曰覡在女曰巫巫能占骨法吉凶之氣故見其兆徵徵應也 告列子。列子行泣報壺子。列子鄭之隱士壺子弟子也報白也 壺子持以天壤。言精神天之有也形骸地之有也死自歸其本故曰持天壤矣 名實不入。機發於踵。名爵號之名實幣帛貨財之實不入者心不恤也機喻疾也謂命危殆不旋踵而至猶不恐懼 壺子之視死生亦齊矣。齊等 子求行年五十有四。而病傴僂。脊管高于頂。腸下迫頤。兩脾在上。燭營指天。子求楚人也傴僂脊管下竅也高於頂出頭上也腸肝胷也迫薄至於頤也兩脾下在上軀正員也腸讀精神歇越無之歇也燭陰華也營其竅也上指天也燭營讀曰括撮也 匍匐自闚於井曰。偉哉。造化者其以我爲此拘拘邪。偉哉猶美哉也造化謂天也拘拘好貌 此其視變化亦同矣。故覩堯之道。乃知天下之輕也。以其禪發 觀禹之志。乃知天下之細矣。以其視龍猶蝘蜓也 原壺子之論。乃知死生之齊也。論持以天

漫也見子求之行。乃知變化之同也。行偭偭窺于井此之謂也 夫至人倚不拔之柱。行不關之
塗。倚于不可拔搖之柱行于不可關閉之塗言無不通 稟不竭之府。學不死之師。無往而不遂。往而遂也 無至而不
通。至而通也 生不足以挂志。死不足以幽神。屈伸俛仰。抱命而婉轉。抱天命而婉轉不離違也 禍
福利害。千變萬紾。紾轉 孰足以患心。若此人者。抱素守精。蟬蛻蛇解。游於太
清。輕舉獨往。忽然入冥。鳳凰不能與之儷。而況斥鷃乎。儷偕也斥澤之鷃雀飛不出頃畮喻弱也 勢位
爵祿。何足以槩志也。不足以槩至人之志 晏子與崔杼盟。臨死地而不易其義。晏子名嬰字平仲齊大夫
也崔杼殺齊莊公盟諸侯曰不唯崔慶是從者如此盟晏子曰嬰所不唯忠於君而利社稷者是從亦如之故曰臨死地而不易其義者也 殖華將戰而死。莒君厚賂
而止之。不改其行。殖杞梁華華周皆齊士爲君伐莒莒人圍之壯其勇力厚賂而止之不可遂戰而死故曰不改其行也 故晏子可迫以仁。而
不可劫以兵。晏子不從崔杼之盟將見殺晏子曰句戟何不句直矛何不摧不撓不義故曰不可劫以兵也 殖華可止以義。而不可縣以
利。縣視也言不爲利動也 君子義死而不可以富貴留也。義爲而不可以死亡恐也。彼則
直爲義耳。而尚猶不拘於物。又況無爲者矣。堯不以有天下爲貴。故授舜。
公子札不以有國爲尊。故讓位。札吳壽夢之少子延州來季子也讓位不受兄國春秋賢之諸侯之子稱公子也 子罕不以玉
爲富。故不受寶。子罕宋戴公六世之孫西卿士之子司城樂喜也宋人或得玉以獻子罕子罕不受獻玉者曰以示玉人玉人以爲寶故敢獻之子罕曰我以不貪爲寶子以玉爲寶若與我是皆喪寶也不如人有其寶稽首告曰小人懷寶不可以越鄉納此以請死子罕置諸其里使玉人爲之攻之富而後使復其所 務光不以生害義。故自投於
淵。務光湯時隱士也湯伐桀讓天下於務光人謂務光曰湯殺其君將歸不義之名於子務光因抱石自投於深淵而死 由此觀之。至貴不待爵。以至德見貴許由務光是也故曰不待爵也
至富不待財。以至德見富楚狂接輿是也王聞其賢使使者齎金百鎰聘之欲以爲相而不受故曰至富不待財也 天下至大矣。而

以與佗人。堯是也身至親矣。而棄之淵。務光是也外此其餘無足利矣。外猶除也利猶貪利或作私私獨受也此之謂無累之人。無累之人。不以天下爲貴矣。上觀至人之論。深原道德之意。以下考世俗之行。乃足羞也。考觀故通許由之意。金縢豹韜廢矣。金縢豹韜周公太公陰謀圖王之書許由輕天下不受焉用此書故曰廢矣延陵季子不受吳國。而訟閒田者慙矣。訟閒田者虞芮及欒桓公蘇信公是也子罕不利寶玉。而爭券契者媿矣。務光不污於世。而貪利偷生者悶矣。故不觀大義者。不知生之不足貪也。不聞大言者。不知天下之不足利也。大義死君親之難也大言體道無欲之言今夫窮鄙之社也。叩盆拊瓴。相和而歌。自以爲樂矣。窮鄙之社窮巷之小社也盆瓴器叩之有音聲故曰自以爲樂也嘗試爲之擊建鼓。撞巨鐘。乃性仍仍然。知其盆瓴之足羞也。仍仍不得志之貌仍仍或作聆聆猶聞也逵吉按乃性仍仍然性本皆作始藏詩書。脩文學。而不知至論之旨。則拊盆叩瓴之徒也。夫以天下爲者。學之建鼓矣。建鼓樂之大者尊勢厚利。人之所貪也。尊勢窮位厚利重祿使之左據天下圖。而右手刎其喉。愚夫不爲。由此觀之。生尊于天下也。天下至大非手所據故不言手也使得據天下之圖籍行其權勢而刎喉殺身雖愚者不肯爲也故曰生貴於天下矣聖人食足以接氣。衣足以蓋形。適情不求餘。接續也蓋覆也餘饒也無天下不虧其性。有天下不羨其和。虧損羨過和適也有天下無天下一實也。實等今贛人敖倉。予人河水。贛賜也敖地名倉者以立常滿倉也在今滎陽縣北飢而餐之。渴而飲之。其入腹者。不過簞食瓢漿。則身飽而敖倉不爲之減也。減少腹滿而河水不爲之竭也。竭盡有之不加飽。無之不爲之飢。與守其篅笔有其井。一實也。篅笔受穀器井家人之井水也篰讀顳項之顳　逵吉按說文解字篼篰也篰以判竹圜以盛穀也急就篇所云篼篰籅笞簞箄是也與注義合　人大怒破陰。大喜墜陽。已說在原道訓　大憂內崩。大怖生狂。除穢去累。莫若未始出其宗。乃爲大通。清目而不以視精明　靜耳而不以聽。鉗口而不以言。委心而不以慮。棄聰明而反太素。休精神而棄知。故覺而若眯。以生而若死。眯暗也厭也楚人謂厭爲眯喻無知也　終則反本未生之時。而與化爲一體。言人之未生時欲同死生也故曰與化爲一體也　死之與生一體也。今夫繇者揭钁臿負籠土。繇役也今河東謂治道爲繇道揭舉也钁斫也臿鏵也青州謂之鏵有刃也三輔謂之鍤也籠受土籠也　逵吉按鏵說文解字作苿鍤即䤨字解字又曰䤨梠屬讀若嫣蓋因讀䤨爲嫣因之誤爲鍤也　鹽汗交流。喘息薄喉。自汗鹹如鹽故曰鹽汗薄迫也氣衝喉也　當此之時。得茠越下。則脫然而喜矣。茠蔭也三輔人謂休華樹下爲茠也楚人樹上大本小如車蓋狀爲越言多蔭也脫舒也言繇人之得小休息則氣得舒故喜也越讀經無重越之越也　巖穴之閒。非直越下之休也。病疵瘕者。捧心抑腹。膝上叩頭。抑按也叩或作跔跔讀車軥之軥　踡跼而諦。通夕不寐。當此之時。噲然得臥。則親戚兄弟歡然而喜。夫脩夜之寧。非直一噲之樂也。謂得安臥極夜者樂於一噲之樂然不得比長夜之樂也　故知宇宙之大。則不可劫以死生。劫迫　知養生之和。則不可縣以天下。養生之和謂正道也以脩正道不惑故不可示以天下之窮勢而移也　知未生之樂。則不可畏以死。樂其不生之時雖懼之以死不能使之畏死言不畏死　知許由之貴於舜。則不貪物。不貪利欲之物也　牆之立不若其偃也。又況不爲牆乎。冰之凝不若其釋也。又況不爲冰乎。不知未爲牆冰之時偃凝能變也　自無蹠有。自有蹠無。自無蹠有從無形至有形也自有蹠無從有形至無形也至無形謂死生變化也　終始無端。莫知其所萌。非通于外內。孰能無好憎。好憎情欲　無外之外。至大也。無內之內。至貴也。言天無有垠外而能爲之外喻極大也無內言其小小無內而能爲之內道當微妙故曰至貴也能知大貴。何往而不遂。大貴謂無內之內也言道至微能出入於無閒故曰何往而不遂遂通也衰世湊學。不知原心反本。湊趨也趨其末不脩稽古之典苟微名號耳故曰不知原心反本也直雕琢其性。矯拂其情。以與世交。直猶但也雕琢其天性拂戾其本情以合流俗與世人交接也故目雖欲之。禁之以度。心雖樂之。節之以禮。趨翔周旋。詘節卑拜。肉凝而不食。酒澄而不飲。外束其形。內總其德。鉗陰陽之和。而迫性命之情。故終身為悲人。悲哀也謂衰世之學達至道者則不然。理情性。治心術。養以和。持以適。樂道而忘賤。安德而忘貧。性有不欲。無欲而不得。言其守虛執持不欲之情性則無有所欲而不得也心有不樂。無樂而不為。言其志正不樂邪淫之樂則無有正樂而不為樂言皆為之樂也無益情者不以累德。而便性者不以滑和。滑亂達吉按諸本作無益於情者不以累德不便於性者不以滑和故縱體肆意。而度制可以為天下儀。縱放也肆緩也儀法也今夫儒者不本其所以欲。而禁其所欲。本所以欲謂正性恬漠也所欲謂情欲驕奢權勢也不原其所以樂。而閉其所樂。是猶決江河之源。而障之以手也。障蔽也言不能掩也夫牧民者。猶畜禽獸也。不塞其囿垣。使有野心。系絆其足。以禁其動。而欲脩生壽終。豈可得乎。夫顏回、季路、子夏、冉伯牛。孔子之通學也。然顏淵夭死。季路葅於衞。顏淵十八而卒孔子曰回不幸短命死矣故曰夭也季路仕於衞衞君父子爭國季路死孔子曰若由不得其死然言不得以壽命終也故曰然衞人醢之以為醬故曰葅子夏失明。冉伯牛為厲。子夏學於西河喪其子而失明曾子哭之伯牛有疾孔子自牖執其手曰斯人也而有斯疾也此皆迫性拂情。而不得其和也。故子夏見曾子。一臞一肥。曾子問其故。曰。出見富貴之樂而欲之。入見先王之道又說之。兩者心戰。故臞。先王之道勝。故肥。道勝不惑縣於富貴精神內守無思慮故肥也推其志。非能貪富貴之位。不便侈靡之樂。此志子夏之志 直宜迫性閉欲。以義自防也。直猶但也雖情心鬱殪。形性屈竭。猶不得已自強也。故莫能終其天年。義以自防故情心鬱殪不得形性屈竭也以不得止而自勉強故無能終其天年之命 若夫至人。量腹而食。度形而衣。容身而游。適情而行。餘天下而不貪。委萬物而不利。委棄也不以萬物爲利矣 處大廓之宇。游無極之野。廓虛也極盡也 登太皇。馮太一。玩天地於掌握之中。太皇天也馮依也太一天之形神也玩弄也 夫豈爲貧富肥臞哉。故儒者非能使人弗欲。而能止之。言不能使人無情欲也已雖欲之能以義自已也 非能使人勿樂。而能禁之。言不能使人無樂富貴能以禮自禁止之論語曰不義而富且貴於我如浮雲也 夫使天下畏刑而不敢盜。豈若能使無有盜心哉。越人得髯蛇。以爲上肴。中國得而棄之無用。髯蛇大蛇也其長數丈俗以爲上肴 故知其無所用。貪者能辭之。不知其無所用。廉者不能讓也。夫人主之所以殘亡其國家。損棄其社稷。身死於人手。爲天下笑。未嘗非爲非欲也。夫仇由貪大鐘之賂。而亡其國。仇由近晉之狄國晉智襄子欲伐之先賂以大鐘仇由之君貪開道來受鐘爲和親智伯因是以兵滅取其國也仇讀仇餘之仇 虞君利垂棘之璧。而禽其身。晉大夫荀息謀於獻公以屈產之馬垂棘之璧假道於虞以伐虢虞公貪璧馬假晉道既滅虢還館於虞遂襲虞滅之君死位曰滅故曰禽其身也 獻公豔驪姬之美。而亂四世。晉獻公伐驪戎得驪姬及其娣好色曰美好體曰豔豔其色而嬖之生奚齊其娣生卓子遂爲殺太子申生而立奚齊殺嫡立庶故曰亂四世者奚齊卓子惠公夷吾懷公圉也 桓公甘易牙之和。而不以時葬。齊桓好味易牙蒸其首子而進之遂見信用專任國政亂嫡庶桓公卒五公子爭立六十日而殯蟲流出戶五月不葬故曰不以時葬也 胡王淫女樂之娛。而亡上地。胡西戎之君也秦穆公欲伐之先遺女樂以淫其志其臣由余諫不從去戎來適秦秦伐戎得其上地上地美地也 使此五君者。適情辭餘。以己爲度。不隨物而動。豈有此大患哉。五君仇由虞公晉獻齊桓胡王也適猶節也動猶惑也　故射者非矢不中也。學射者不治矢也。不治矢言不爲而得用之然則爲者不得用之御者非轡不行。學御者不爲轡也。知冬日之箑。夏日之裘。無用於己。則萬物之變爲塵埃矣。箑扇也楚人謂扇爲箑　故以湯止沸。沸乃不止。誠知其本。則去火而已矣。已止也

淮南子卷八

本經訓 本始也經常也本經造化出于道治亂之由得失有常故曰本經因以題篇

太清之始也。和順以寂漠。清淨也太清無爲之始者謂三皇之時和順不逆天暴物也寂漠不擾民 質眞而素樸。閑靜而不躁。推而無故。質性也眞不變也素樸精不散也閑靜言無欲也不躁擾故常也 在內而合乎道。出外而調于義。在內者志在心平欲故能合于道出于外者身所履行也行不越規矩故能調義義或作德也 發動而成於文。行快而便於物。發作也動行也文文章也便利也物事也 其言略而循理。其行侻而順情。略約要也侻簡易也侻讀射侻取不覺之侻達吉按侻取不覺義當是敓字敓今之奪字也 其心愉而不僞。其事素而不飾。愉和也僞虛詐也素樸也飾巧也 是以不擇時日。不占卦兆。擇選也卦八卦也兆契龜之兆也世所以占吉凶也 不謀所始。不議所終。安則止。激則行。通體于天地。同精於陰陽。一和于四時。一同也 明照于日月。與造化者相雌雄。造化天地也雌雄猶和適也 是以天覆以德。地載以樂。樂生也 四時不失其叙。風雨不降其虐。日月淑清而揚光。光明也 五星循軌而不失其行。五星熒惑太白塡辰歲星也軌道也循順也 當此之時。玄玄至碭而運照。玄天也元氣也碭大也盛德之君恩仁廣大徧照四海也 鳳麟至。著龜兆。鳳麟聖德之世至于門庭著四十九策兆信也著言臧否也 甘露下。竹實滿。流黃出。而朱草生。滿成也流黃玉也朱草生于庭皆瑞應也 機械詐僞。莫藏於心。莫無也 逮至衰世。鐫山石。鐫猶鑿也求金玉也 鍥金玉。擿蚌蜃。鍥刻金玉以爲器也擿猶開也開以求珠也 消銅鐵。而萬物不滋。不滋長也言盡物類也 刳胎殺夭。麒麟不游。胎獸胎也夭麋子也爲類見害故不來游 覆巢毀卵。鳳凰不翔。鳥未㲉曰卵也 鑽燧取火。構木爲臺。焚林而田。竭澤而

漁。田獵也竭澤漏池也人械不足。畜藏有餘。械器用也畜藏餘府庫實也而萬物不繁兆萌牙卵胎而不
成者。處之太半矣。積壤而邱處。糞田而種穀。掘地而井飲。疏川而爲利。疏通
築城而爲固。拘獸以爲畜。則陰陽繆戾。四時失敍。雷霆毀折。雹霰降虐。氛
霧霜雪不霽。霽止也而萬物燋夭。霜雪之害不止則萬物燋夭不繁茂也菑榛穢。聚埒畝。茂草曰菑木聚曰榛穢之於疆畝芟
野菼。長苗秀。芟殺也菼草也苗稼也不榮而實曰秀也草木之句萌銜華戴實而死者。不可勝數。乃至
夏屋宮駕。縣聯房植。夏屋大屋也縣聯聯受雀頭著桷者一日辟帶也房室也植戶植也　逵吉按縣聯縣即櫺字辟帶之義見楚辭九歌橑檐榱題。橑椽
榱也檐屋垂也榱桷也題頭也雕琢刻鏤。喬枝菱阿。夫容芰荷。阿曲屋夫容蓮華也芰菱角交著也荷夫渠也五采爭勝。流漫
陸離。流漫采色相參和也陸離美好貌脩掞曲挍。夭矯曾橈。芒繁紛挐。皆屋飾也芒讀寥芒之芒挐讀上谷茹縣之茹以相交
持。公輸王爾。無所錯其剞劂削鋸。公輸巧者一日魯班之號也王爾古之巧匠也剞巧刺書畫頭黑邊箋也劂鋸尺削兩刃句刀也剞讀技尺之技劂讀詩
斲角之斲削讀綃頭之綃也　逵吉按原道訓注云剞巧工鉤刀也劂者規度刺墨邊箋也所以刻鏤之具也與此注異錢別駕云剞劂二字古無定解說文解字以剞劂爲曲刀應劭曰剞曲刀劂曲鑿又與許君不同淮南
書高許二家注本相溷故多前後互異歟然猶未能澹人主之欲也。是以松柏箘露夏槁。松柏根茂箘露竹箟皆冬生難殺之
木當是時夏竊死也刺君作事不特陰陽失序箘讀似綸路讀南陽人言道路之路　逵吉按箘露之露當作路江河三川。絕而不流。三川涇渭汧也出于岐山絕竭也故曰不
流國語曰河竭而商亡也夷羊在牧。夷羊土神殷之將亡見於商郊牧野之地飛蛩滿野。蛩蟬蠛蠓之屬也一日蝗也兖州謂之螣螣讀近殆緩氣言之蛩讀詩小珙之珙天
旱地坼。坼燥裂也鳳皇不下。句爪居牙戴角出距之獸。於是鷙矣。句爪鷹鸇之屬也居牙熊虎之屬也距讀
拒守之拒民之專室蓬廬。無所歸宿。專特小室也蓬廬籧篨覆也言小有賓客歸之無所凍餓飢寒。死者相枕席也。
言其衆也及至分山川谿谷。使有壤界。計人多少衆寡。使有分數。築城掘池。設機

械險阻以爲備。飾職事。制服等。（等差也）異貴賤。差賢不肖。經誹譽。行賞罰。（經書也誹惡譽善賞可賞罰可罰也）則兵革興而分爭生。民之滅抑夭隱。虐殺不辜。而刑誅無罪。於是生矣。（抑沒也言民有滅沒夭折之痛）天地之合和。陰陽之陶化萬物。皆乘人氣者也。（天地合和其氣故生陰陽陶化萬物逵吉按乘人氣本作乘一氣唯藏本作人）是故上下離心。氣乃上蒸。（離者不和也）君臣不和。五穀不爲。（不爲不成也）距日冬至四十六日。天含和而未降。地懷氣而未揚。（自立冬到冬至皆未動也）陰陽儲與。呼吸浸潭。包裹風俗。（儲與猶尚羊無所主之貌一曰褱大貌浸潭廣衍也故曰包裹風俗）斟酌萬殊。旁薄衆宜。（旁竝薄衍也衆物宜適也）以相嘔咐醞釀。而成育羣生。（醞釀猶和調也）是故春肅秋榮。冬雷夏霜。皆賊氣之所生。由此觀之。天地宇宙。一人之身也。六合之內。一人之制也。是故明於性者。天地不能脅也。（脅恐也）審於符者。怪物不能惑也。（審明也符驗也怪物非常人所疑惑也）故聖人者。由近知遠。而萬殊爲一。（殊異也一同也）古之人同氣于天地。與一世而優游。（優游猶委從也）當此之時。無慶賀之利。刑罰之威。禮義廉恥不設。毀譽仁鄙不立。而萬民莫相侵欺暴虐。猶在于混冥之中。（混大也大冥之中謂道也）逮至衰世。人衆財寡。事力勞而養不足。於是忿爭生。是以貴仁。仁鄙不齊。比周朋黨。設詐諝。懷機械巧故之心。而性失矣。（諝謀也性失失其純樸之性也）是以貴義。陰陽之情。莫不有血氣之感。男女羣居雜處而無別。是以貴禮。（禮以別也）性命之情。淫而相脅。（脅迫）以不得已。則不和。是以貴樂。（樂以和之）是故仁義禮樂者。可以救敗。而非通治之至也。夫仁者。所以救爭也。義者。所以救失也。禮者。所以救淫也。樂者。所以救憂也。神明定於天下。而心反其初。心反其初。而民性善。（初者始也未有情也未有情欲故性善也）民性善而天地陰陽從而包之。則財足而人澹矣。貪鄙忿爭不得生焉。由此觀之。則仁義不用矣。道德定於天下而民純樸。則目不營於色。（營惑）耳不淫於聲。坐俳而歌謠。被髮而浮游。雖有毛嬙西施之色。不知說也。（言倫德也）掉羽武象不知樂也。（掉羽羽舞也武象周武王樂也）淫泆無別不得生焉。由此觀之。禮樂不用也。是故德衰然後仁生。行沮然後義立。（沮敗也）和失然後聲調。禮淫然後容飾。是故知神明。然後知道德之不足爲也。知道德。然後知仁義之不足行也。（道德本仁義末）知仁義。然後知禮樂之不足脩也。（仁義大禮樂小也）今背其本而求其末。釋其要而索之于詳。未可與言至也。（至至德之道也）天地之大。可以矩表識也。（矩度也表影表識知也）星月之行。可以曆推得也。（曆術也推求也）雷震之聲。可以鼓鍾寫也。（寫猶放斅也）風雨之變。可以音律知也。（律知陰陽）是故大可覩者。可得而量也。明可見者。可得而蔽也。（蔽或作察）聲可聞者。可得而調也。色可察者。可得而別也。夫至大。天地弗能含也。至微。神明弗能領也。（領理也）及至建律曆。別五色。異清濁。（清商濁宮）味甘苦。則樸散而爲器矣。立仁義。脩禮樂。則德遷而爲僞矣。（僞設也遷移也）及僞之生也。飾智以驚愚。設詐以巧上。（巧欺上也）天下有能持之者。有能治之者也。（有能持之者桀紂之民有能治之者湯武之君也）昔者蒼頡作書。而天雨粟。鬼夜哭。（蒼頡始視鳥迹之文造書）

契則詐僞萌生詐僞萌生則去本趨末棄耕作之業而務錐刀之利天知其將餓故爲用粟鬼恐爲書文所劾故夜哭也鬼或作兔兔恐見取豪作筆害及其軀故夜哭 伯益作井。而龍登玄雲。神棲昆侖。伯益佐舜初作井鑿地而求水龍知將決川谷漉陂池恐見害故登雲而去棲其神于昆侖之山 能愈多而德愈薄矣。愈益也 故周鼎著倕。使銜其指。以明大巧之不可爲也。倕堯之巧工也周鑄鼎著倕像於鼎使銜其指假令倕在見之伎巧不能復踰但當銜齧其指以明巧之不可爲也一說周人鑄鼎畫象鐫倕身于鼎使自銜其指以戒後世明不當大巧爲也 故至人之治也。心與神處。形與性調。靜而體德。動而理通。隨自然之性。而緣不得已之化。洞然無爲。而天下自和。憺然無欲。而民自樸。無機祥而民不夭。不忿爭而養足。兼包海內。澤及後世。不知爲之者誰何。道無娒名自當然也故曰不知誰何也 是故生無號。死無謚。實不聚而名不立。實財也道不名故名不立 施者不德。受者不讓。施者不以爲恩德振不足而已受者不讓之則受之不飾辭讓也 德交歸焉。而莫之充忍也。忍不忍也 故德之所總。道弗能害也。總一也 智之所不知。辯弗能解也。有智謀者尙不能知但口辯者何能解也 不言之辯。不道之道。若或通焉。謂之天府。或有也有能通不言之辯不道之道者入天之府藏 取焉而不損。損減 酌焉而不竭。酌猶寻竭盡也 莫知其所由出。是言瑤光。瑤光者。資糧萬物者也。瑤光謂北斗杓第七星也居中而運歷指十二辰擿起陰陽以殺生萬物也一說瑤光和氣之見者也 振困窮。補不足。則名生。名仁名也 與利除害。伐亂禁暴。則功成。功武功也 世無災害。雖神無所施其德。上下和輯。雖賢無所立其功。昔容成氏之時。道路鴈行列處。容成黃帝時造曆術者鴈行長幼有差也 託嬰兒於巢上。置餘糧於晦首。虎豹可尾。虺蛇可蹍。而不知其所由然。虎豹攫人無害人之心故可牽尾虺蛇不螫毒故可蹍履也時人謂自當然耳故曰不知其所由然逵吉按攫人之攫當作擭古彔字也 逮至堯之時。十日並出。焦禾稼。殺草木。而民無所食。猰貐、鑿齒、九嬰、大風、封豨、脩蛇、皆爲民害。猰讀車軋履人之軋貐讀疾除瘉之瘉猰貐獸名也狀若龍首或曰似貍善走而食人在西方也鑿齒獸名齒長三尺其狀如鑿下徹頷下而持戈盾九嬰水火之怪爲人害大風風伯也能壞人屋舍封豨大豕楚人謂豕爲豨也脩蛇大蛇吞象三年而出其骨之類 堯乃使羿誅鑿齒於疇華之野。羿善射堯使羿射殺之疇華南方澤名 殺九嬰於凶水之上。北狄之地有凶水 繳大風於青邱之澤。羿于青邱之澤繳遮使不爲害也一曰以繳繫矢射殺之青邱東方之澤名也 上射十日而下殺猰貐。十日並出羿射去九 斷脩蛇於洞庭。禽封豨於桑林。洞庭南方澤名桑林湯所禱旱桑山之林 萬民皆喜。置堯以爲天子。於是天下廣狹險易遠近。始有道里。舜之時。共工振滔洪水。以薄空桑。共工水官名也柏有之後振動也滔蕩也欲壅防百川滔高堙庳以害天下者薄迫也空桑地名在魯也 龍門未開。呂梁未發。江淮通流。四海溟涬。民皆上邱陵。赴樹木。龍門河之隘也在左馮翊夏陽北禹所鑿也呂梁在彭城呂縣石生水中禹決而通之、民所由得度也故曰呂梁也未發之時水道不通江淮合流四海溟涬無岸畔也　達吉按呂梁有兩說一說在西河司馬彪曰呂梁在離石縣西是也水經注云河水左合一水出善無縣故城西南八十里其水西流歷于呂梁之山而爲呂梁洪昔呂梁未闢河出孟門之上蓋大禹所闢以通河也今離石縣西歷山尋河並無過峘至是乃爲巨險即呂梁矣在離石北以東百有餘里道元雖駁正郡國志然亦主西河之說矣一說在彭城即注是也云石在水中者說文解字砅履石渡水也引詩在彼淇梁在彼淇厲以例推之厲亦即砅字梁砅俱置石水中以渡行旅之義段國沙州記云吐谷渾于河上作橋謂之河砅亦其事矣毛鄭注詩恐未得其解 舜乃使禹疏三江五湖。闢伊闕。導廛澗。伊闕山名也禹所開以通伊水故曰闢伊闕在洛陽西南九十里廛澗兩水名廛讀裹纏之纏 平通溝陸。流注東海。鴻水漏。九州乾。萬民皆寧其性。是以稱堯舜以爲聖、晚世之時。帝有桀紂。爲琁室瑤臺象廊玉牀。琁瑤石之似玉以飾室臺也用象牙飾廊殿以玉爲牀言侈役也琁或作旋瑤或作搖言室施機關可轉旋也臺可搖動極土木之巧也 紂爲肉圃酒池、紂積肉以爲圃積酒以爲淵池今河內朝歌紂所都也城西有糟邱酒池處是也 燎焚天下之財。罷苦萬民之力。刳諫者。剔孕婦。王子比干紂之諸父也數諫紂之無道紂剖其心而觀之故曰刳諫者孕婦姙身將就草之婦也紂解剔觀其胞裹故曰剔孕婦也 攘天下。虐百姓。於是湯乃以革車三百乘。伐桀於南巢。放之夏臺。革車兵車也南巢今廬江巢縣是也夏臺大臺故作宮也 武王甲卒三千。破紂牧野。殺之于宣室。武王周文王之子發也在車曰士步曰卒牧野南郊地名在朝歌城外宣室殷宮名一日宣室獄也 天下寧定。百姓和集。是以稱湯武之賢。由此觀之。有賢聖之名者。必遭亂世之患也。今至人生亂世之中。含德懷道。拘無窮之智。鉗口寢說。遂不言而死者衆矣。至人至德之人 然天下莫知貴其不言也。無有貴鉗口不言而死也 故道可道。非常道。至道可名不可道故曰可道者非常道也 名可名。非常名。眞人之名不可得名 著於竹帛。鏤於金石。可傳於人者。其粗也。五帝三王。殊事而同指。異路而同歸。五帝黃帝顓頊帝嚳帝堯帝舜三王夏禹商湯周文王同歸同歸脩仁義也 晚世學者。不知道之所一體。德之所總要。總凡也要約也 取成之迹。相與危坐而說之。鼓歌而舞之。故博學多聞而不免於惑。詩云不敢暴虎。不敢馮河。人知其一。莫知其佗。此之謂也。無兵搏虎曰暴虎無舟檝而渡曰馮河言小人而爲政不可不敬不敬則危猶暴虎馮河之必死人皆知暴虎馮河立至害也故曰知其一而不知當畏脊小人危亡也故曰莫知其佗此不免于惑此之謂也 帝者體太一。體法也太一天之刑神也 王者法陰陽。霸者則四時。君者用六律。秉太一者。牢籠天地。彈壓山川。牢讀屋霤楚人謂牢爲霤彈山川令出雲雨復能壓止之也 含吐陰陽。伸曳四時。伸曳猶伸引和調之也 紀綱八極。經緯六合。覆露照導。普氾無私。普太也氾衆也無私愛憎言皆公也 蠉飛蝡動。莫不仰德而生。陰陽者。承天地之和。形萬殊之體。含氣化物。以成埒類。埒形也 贏縮卷舒。淪於不測。贏長也縮短也卷屈也舒散也淪入也測深也入于不可測盡之深 終始虛滿。轉於無原。轉化歸於無窮之原本也 四時者。春生夏長。秋收冬藏。取予有節。出入有時。開闔張歙。不失其敘。歙讀曰脅敘次也 喜怒剛柔。不離其理。（理道也）六律者。生之與殺也。賞之與罰也。予之與奪也。（予布施也奪取收也）非此無道也。（則四時用六律之君非用此上事其餘無他道也）故謹於權衡準繩。審乎輕重。足以治其境內矣。（權衡平也準法也繩直也）是故體太一者。明於天地之情。通於道德之倫。聰明燿於日月。精神通於萬物。動靜調於陰陽。喜怒和於四時。德澤施於方外。（施延延于遠方之外）名聲傳于後世。（後世傳聞之也）法陰陽者。德與天地參。明與日月竝。（竝併也）精與鬼神總。（總合也）戴圓履方。抱表懷繩。（圓天也方地也表正也繩直也）內能治身。外能得人。（能得人之歡心）發號施令。天下莫不從風。（風化也）則四時者。柔而不脆。剛而不鞼。（鞼折也）寬而不肆。（肆緩雖寬不緩過齊非也）肅而不悖。（肅急也雖急不促悖）優柔委從。以養羣類。（類物類也）其德含愚而容不肖。無所私愛。（私邪也）用六律者。伐亂禁暴。進賢而退不肖。扶撥以爲正。（撥任也扶治也）壞險以爲平。矯枉以爲直。（矯正也枉曲也）明於禁舍開閉之道。乘時因勢。以服役人心也。（役使也）帝者體陰陽則侵。（爲諸夏所侵陵）王者法四時則削。（爲諸夏所侵削傳曰諸侯侵犯王略也）霸者節六律則辱。（爲鄰國所侮辱）君者失準繩則廢。（爲臣所廢絀更立賢君）故小而行大。則滔窕而不親。（滔窕不滿密也不爲下所親附也）大而行小。則陿隘而不容。（行小則政陿隘而不容包臣下）貴賤不失其體。而天下治矣。（不失其體大行大小行小也）天愛其精。地愛其平。（精光明也平正也）人愛其情。（情性也）天之精。日月星辰雷電風雨也。地之平。水火金木土也。人之情。思慮聰明喜怒也。故閉四關。止五遁。則與道淪。（四關耳目心口遁逸也淪入也）是故神明藏於無形。精神反於至眞。（眞身也）則目明而不以視。耳聰而不以聽。

心條達而不以思慮。委而弗爲。和而弗矜。矜自大也 冥性命之情。而智故不得雜焉。雜糅也 精泄於目。則其視明。泄猶通也 在於耳。則其聽聰。留於口。則其言當。當合也 集於心。則其慮通。故閉四關則身無患。百節莫苑。苑病也苑讀南陽之宛也 莫死莫生。莫虛莫盈。是謂眞人。言守其常 凡亂之所由生者。皆在流遁。流遁之所生者五。流放也遁逸也 大構駕。興宮室。構連也駕材木相乘駕也 逵吉按文選注駕作架 延樓棧道。雞棲井榦。延樓高樓也棧道飛閣複道相通雞棲井榦復屋燓井也刻花置其中也 標株欂櫨。標株柱類欂枅也櫨柱上枅即梁上短柱也 以相支持。木巧之飾。盤紆刻儼。盤盤龍也紆曲屈刻儼浮首虎頭之屬皆屋飾也儼讀儼然之儼也 蠃鏤雕琢。詭文回波。蠃鏤文章鏤雕畫也玉曰琢皆巧飾也詭文奇異之文也回波若水波也 淌游瀷淢。菱杼紾抱。淌游瀷淢皆文畫擬象水勢之貌菱芰杼采實紾戾也抱轉也皆壯采相銜持貌也淌讀平敞之敞瀷讀燕人強春言敕之敕淢讀郁乎文哉之郁杼讀楚言杼紾讀紾結之紾抱讀岐嶷之嶷 芒繁亂澤。巧僞紛挐。以相摧錯。此遁於木也。皆采色形象文章貌挐讀人性紛挐不解之挐 鑿汙池之深。肆畛崖之遠。肆極也崖垠也 來谿谷之流。飾曲岸之際。積牒旋石。以純脩碕。飾治也牒累純緣也以玉石致之水邊爲脩碕或作旋石旋石切以牒累流水邊爲脩碕脩碕曲中水所當處也 抑淢怒瀨。以揚激波。抑止也淢怒水也瀨急流也而抑止故激揚之波起也 曲拂邅迴。以像湡浯。拂戾也邅迴轉流也湡番隅浯蒼梧之二國多水江湖環之故多象渠池以自邅迴故法而象之也湡讀愚戆之愚也 逵吉按錢別駕云浯靈門水名湡邪國水名亦通 益樹蓮菱。以食鼈魚。樹種也蓮藕實也菱芰也皆可以養魚鼈蓮讀蓮羊魚之蓮也 鴻鵠鷫鸘。稻粱饒餘。龍舟鷁首。浮吹以娛。此遁於水也。鷫鷞雁類一曰鳳之別類龍舟大舟也刻爲龍文鷁大鳥也畫其像著船頭故曰鷁首舟中吹籟與竽以爲樂故曰浮吹以娛 高築城郭。設樹險阻。崇臺榭之隆。設施也樹立也一說種樹木以爲險阻令難攻易守也積土高丈曰臺加木曰榭也 侈苑囿之大。以窮要妙之望。侈廣也有牆曰苑無牆曰囿所以畜禽獸也盡極要之觀望也 魏闕之高。上際青雲。大廈曾加。擬於昆侖。門闕高崇嵬嵬然故曰魏闕大廈大屋也會重架材木相乘架也其高與昆侖山相擬象 脩爲牆垣，甬道相連。甬道飛閣複道也甬讀踊躍之踊道讀道布之道也 殘高增下，積土爲山。殘墮也增益也 接徑歷遠，直道夷險。接疾也徑行也道之阨者正直之夷平也 終日馳騖而無蹟蹈之患。此遁於土也。大鐘鼎，美重器。鐘音之君也重器大器蓋鐘鼎也 華蟲疏鏤，以相繆紾。書曰山龍華蟲藻火粉米繆紾相纏結也 寢兕伏虎，蟠龍連組。兕獸名寢伏各有形也蟠龍詰屈相連文錯如織組文也 焜昱錯眩，照耀煇煌。錯雜也眩惑也照耀煇煌煇光澤色貌 偃蹇寥糾，曲成文章。雕琢之飾，鍛錫文鐃，乍晦乍明。雕畫也緣錯錫鐃文如脂膩不可刷如連珠不可掇故曰乍晦乍明也逵吉按鐃說文解字作鐃鐵也 抑微滅瑕，霜文沈居，若簟籧篨。言劍理之美沒滅其瑕文鐃如霜皆沒身中故曰沈居簟竹席籧篨葦席取其邪文次敘劍鐃若此也 纏錦經冘，似數而疏。劍文相句連纏如綺經冘如錦似數如疏文鐃美眩人目 此遁於金也。煎熬焚炙，調齊和之適，以窮荆吳甘酸之變。荆楚言二國善酸醎之和而窮盡之 焚林而獵，燒燎大木。鼓橐吹埵，以銷銅鐵。鼓擊也橐冶鑪排橐也埵銅橐口鐵筒埵入火中吹火也故曰吹埵銷鑠 靡流堅鍛，無猒足目。逵吉按盧詹事云無猒足目別本作足日 山無峻幹，林無柘梓。峻幹長枝也柘桑梓茲生也 燎木以爲炭，燔草而爲灰，野莽白素，不得其時。莽草也白素也 上掩天光，下殄地財。此遁於火也。殄盡也殄讀曰典也 此五者，一足以亡天下矣。五者之中有一則足以滅亡也 是故古者明堂之制，下之潤溼弗能及，上之霧露弗能入，四方之風弗能襲。明堂王者布政之堂上圓下方堂四出各有左右房謂之个凡十二所王者月居其房告朔朝歷頒宜其令謂之明堂其中可以序昭穆謂之太廟其上可以望氛祥書雲物謂之靈臺其外圓似辟雍諸侯之制半天子謂之宮 土事不文，文貿也 木工不斲。樸而已斲或作琢不雕畫也 金器不鏤。不錯鏤舒文飾也鏤讀婁之婁逵吉按婁之者字從毋中女即婁處子義也此讀從之孔戶部繼函疑句有脫字恐未必然 衣無隅差之削。隅角也差邪也古者質皆全幅爲衣裳無有邪角邪角削殺也 冠無觚贏之理。觚贏之理謂若馬目籠相連干也言無者冠文取平直而已也贏讀指端贏文之贏 堂大足以周旋理文。堂明堂所以升降揖讓脩禮容故曰周旋理文理政事文書也靜潔足以享上帝禮鬼神以示民知儉節。孝經曰宗祀文王于明堂以配上帝也夫聲色五味遠國珍怪瓌異奇物足以變心易志搖蕩精神感動血氣者不可勝計也。夫天地之生財也本不過五。不過五行之數聖人節五行則治不荒。五行金木水火土也水爲陰行火爲陽行木爲燠行金爲寒行土爲風行五氣常行故曰五行凡人之性心和欲得則樂。心和不喜不怒欲得無違耳樂斯動動斯蹈蹈斯蕩蕩斯歌歌斯舞歌舞節則禽獸跳矣。人之性心有憂喪則悲悲則哀。有憂艱難也喪亡也亡失所愛則悲悲則傷哀斯憤憤斯怒怒斯動動則手足不靜。靜寧也踴躍哭泣哀以發之也人之性有侵犯則怒怒則血充。人性有侵犯則怒盛氣血充盈以成其勢血充則氣激氣激則發怒發怒則有所釋憾矣。釋解也憾恨也故鐘鼓管簫干鏚羽旄所以飾喜也衰絰苴杖。苴麻之有實者衰讀曰崔杼之崔也哭踊有節所以飾哀也。爲哀所容故曰飾也兵革羽旄金鼓斧鉞所以飾怒也必有其質乃爲之文古者聖人在上政教平仁愛洽上下同心君臣輯睦衣食有餘家給人足父慈慈愛子孝兄良弟順生者不怨死者不恨。有道之世人得其志故生者不怨也昏終其天命故死者不恨天下和洽人得其願夫人相樂無所發貺故聖人爲之作樂以和節之。夫人樂人也但中心相樂無以發其恩賜也故聖人爲之作樂以節之猶量制也末世之政田漁重稅關市急征澤梁畢禁網罟無所布耒耜無以設民力竭於徭役財用殫於會賦。會計計人口數責其稅斂也居者無食行者無糧老者不養死者不葬贅妻鬻子以給上求猶弗能澹。贅從嫁也或作貿妻愚夫惷婦皆有流連之心悽愴之志。流連猶㒩慢失其職業也悽愴傷悼之貌惷讀近貯益之貯戇鷙口言之也乃使始爲之撞大鐘。擊鳴鼓。吹竽笙。彈琴瑟。失樂之本矣。古者上求薄而民用給。給足君施其德。臣盡其忠。父行其慈。子竭其孝。竭盡也善事父母曰孝也各致其愛而無憾恨其間。無憾恨各得其願也夫三年之喪。非強而致之。非強行致孝子之情也情自發于中聽樂不樂。食旨不甘。思慕之心未能絕也。三年之思思慕之心未能自絕于哀戚也晚世風流俗敗。嗜慾多。禮義廢。君臣相欺。父子相疑。怨尤充胸。思心盡亡。盡喪其忠孝思慕之心也被衰戴絰。戲笑其中。雖致之三年。失喪之本也。本在哀戚古者天子一畿。諸侯一同。方千里爲畿方百里爲同各守其分。不得相侵。分猶界也有不行王道者。暴虐萬民。爭地侵壤。亂政犯禁。召之不至。令之不行。言不行上令者行讀行馬之行禁之不止。誨之不變。誨教也變更也乃舉兵而伐之。戮其君。易其黨。封其墓。類其社。有賢者受惡君之誅則封殖其墓若武王伐紂封比干之墓是也祭社曰類以事類祭之也詩云是類是禡也卜其子孫以代之。卜擇立其子孫之賢也天子不滅國諸侯不滅姓古之政也晚世務廣地侵壤。并兼無已。舉不義之兵。伐無罪之國。殺不辜之民。絕先聖之後。辜罪也民皆帝王之後故曰絕先聖之後大國出攻。小國城守。驅人之牛馬。傒人之子女。傒繫囚之繫讀若雞毀人之宗廟。遷人之重寶。血流千里。暴骸滿野。以澹貪主之欲。非兵之所爲生也。言兵爲禁暴整亂設不爲作亂生也故兵者所以討暴。非所以爲暴也。言兵討人之暴亂非所以自爲暴亂也樂者所以致和。非所以爲淫也。樂蕩人之邪志存人之正性致其中和而已非所爲自淫過也喪者所以盡哀。非所以爲僞也。哀踊哭泣所以盡孝子之哀情也非所以爲詐僞佯哀戚而已也故事親有道矣。而愛爲務。道孝道務在愛敬其親朝廷有容矣。而敬爲上。朝廷之容濟濟也父子主愛君臣主敬故以敬爲上也處喪有禮矣。而哀爲主。處居也喪禮三年之禮也論語曰喪與其易也寧戚故曰以哀爲主也用兵有術矣。而義爲本。術數也陰陽天生虛實之數也傳曰天生五材民竝用之廢一不可誰能去兵兵之所來久矣聖人以與亂人以亡廢與存亡昏明之術也故曰以義爲本本立而道行。本傷而道廢。本立義立也本傷義喪也故曰道廢

淮南子卷九

主術訓 主君也術道也君之宰國統御臣下五帝三王以來無不用道而興故曰主術也因以題篇

人主之術。處無爲之事。而行不言之敎。敎令也謂不言而事辦也 清靜而不動。一度而不搖。因循而任下。責成而不勞。成辦而不自勞 是故心知規而師傅諭導。規謀也師者所從取法則者也傅相也諭導以正道也 口能言而行人稱辭。足能行而相者先導。相儀也 耳能聽而執正進諫。諫或作謀也 是故慮無失策。謀無過事。過猶誤也 言爲文章。行爲儀表於天下。爲天下人所法則也 進退應時。動靜循理。不爲醜美好憎。不爲賞罰喜怒。名各自名。類各自類。事猶自然。莫出於己。故古之王者。冕而前旒。所以蔽明也。冕王者冠也前旒前後垂珠飾纓綖也下自目故曰蔽明也天子玉縣十二公侯挂柰九卿點珠六伯子各應隨其命數也 黈纊塞耳。所以掩聰。不欲其妄聞也黈讀而買黈蓋之黈也 天子外屛。所以自障。屛樹垣也門內之垣謂之樹論語曰國君樹塞門諸侯在內天子在外故曰所以自障也 故所理者遠。則所在者邇。所治者大。則所守者小。夫目妄視則淫。耳妄聽則惑。口妄言則亂。夫三關者。不可不愼守也。若欲規之。乃是離之。言嗜欲有所規合乃是離散也 若欲飾之。乃是賊之。飾好也賊敗也 天氣爲魂。地氣爲魄。反之玄房。各處其宅。守而勿失。上通太一。太一之精。通於天道。天道玄默。無容無則。大不可極。深不可測。測盡 尙與人化。知不能得。天道至大非人智慮所能得也 昔者神農之治天下也。神不馳於胸中。言釋神安靜不躁動也 智不出於四域。信身在中 懷其仁誠之心。（懷思）甘雨時降。五穀蕃植。（蕃茂植長）春生夏長。秋收冬藏。月省時考。歲終獻功。以時嘗穀。（穀新穀也薦之明堂嘗之也）祀於明堂。明堂之制。有蓋而無四方。風雨不能襲。寒暑不能傷。遷延而入之。養民以公。（遷延猶偆佯也已說在本經也）其民樸重端慤。（端直也慤誠也）不忿爭而財足。不勞形而功成。因天地之資而與之和同。是故威厲而不殺。刑錯而不用。法省而不煩。（省約也煩多也）故其化如神。其地南至交阯。北至幽都。（幽冥之都）東至暘谷。（暘谷日所出也）西至三危。（三危西極之山）莫不聽從。當此之時。法寬刑緩。囹圄空虛。而天下一俗。（一同其俗）莫懷姦心。末世之政則不然。上好取而無量。下貪很而無讓。民貧苦而忿爭。事力勞而無功。智詐萌興。盜賊滋彰。上下相怨。號令不行。執政有司不務反道。矯拂其本而事脩其末。（事治）削薄其德。曾累其刑。而欲以爲治。無以異於執彈而來鳥。揮梲而狎犬也。亂乃逾甚。（逾益　逵吉按梲說文解字云木杖也攷禰衡執梲以罵曹操亦是杖此揮梲義當從之）夫水濁則魚噞。（魚短氣出口於水喘息之喻也）政苛則民亂。（言無聊也　逵吉按說文解字喁魚口上見論語素王受命讖曰莫不喁喁延頸歸德蓋亦衆口上向之義水濁則魚喁政苛則民亂十字出韓詩外傳淮南之文博采逸人信而有證此乃改喁爲噞噞喁古音相近古字無即異文與）故夫養虎豹犀象者。爲之圈檻。供其嗜欲。適其饑飽。違其怒恚。然而不能終其天年者。形有所劫也。是以上多故則下多詐。（故詐）上多事則下多態。上煩擾則下不定。（不定不知所從也）上多求則下交爭。不直之於本。而事之於末。譬猶揚堁而弭塵。抱薪以救火也。（堁塵壁也楚人謂之堁堁動塵之貌弭止也）故聖人事省而易治。求寡而易澹。（澹給）不施而亡。不言而信。不求而得。不爲而成。塊然保眞。抱德推誠。誠實 天下從之。如響之應聲。景之像形。其所脩者本也。詹何曰未聞身治而國亂故曰其所脩者本也 刑罰不足以移風。殺戮不足以禁姦。唯神化爲貴。至精爲神。夫疾呼不過聞百步。志之所在。踰於千里。踰猶過也 冬日之陽。夏日之陰。萬物歸之而莫使之然。冬日仁物歸陽夏日猛物歸陰莫使之自然如是也 故至精之像。弗招而自來。不麾而自往。窈窈冥冥。不知爲之者誰。而功自成。智者弗能誦。辯者弗能形。昔孫叔敖恬臥。而郢人無所害其鋒。郢楚國都也孫叔敖楚大夫也蓋乘馬三年不知其牝牡言其賢也但恬臥養德折衝千里之外敵國不敢犯害故郢人不舉兵出伐無所害其鋒于四方也 市南宜遼弄丸。而兩家之難無所關其辭。宜遼姓也名熊勇士居楚市南楚平王太子建爲費無忌所逐奔鄭鄭人殺之其子勝在吳令尹子西召之以爲白公請伐鄭以報讎子西許之而未出師晉人伐鄭子西救之勝怒曰鄭人在此讎不遠矣欲殺子西其臣石乞曰市南熊宜遼得之可以當五百人乃往視之告其故不從舉之以劍而不動而弄丸不輟心志不懼曰不能從子爲亂亦不泄子之事白公遂殺子西故兩家雖有難不怨宜遼故曰無所關其辭也 逵吉按應云宜遼名也姓熊 鞅鞈鐵鎧。瞋目扼掔。逵吉按掔卽捥字本或作擥者非 其於以御兵刃縣矣。縣遠也比於德不及之遠 券契束帛。刑罰斧鉞。其於以解難薄矣。薄於德也 待目而照見。待言而使令。其於爲治難矣。蘧伯玉爲相。子貢往觀之。曰。何以治國。曰。以弗治治之。蘧伯玉衛大夫蘧瑗也子貢衛人也姓端木名賜孔子弟子也 簡子欲伐衞。使史黯往覿焉。簡子晉卿趙鞅也史黯史墨也覿觀之也 還報曰。蘧伯玉爲相。未可以加兵。以其賢也 固塞險阻。何足以致之。致猶勝也 故皋陶瘖而爲大理。天下無虐刑。有貴於言者也。雖瘖平獄理訟能得人之情故貴於多言者也 師曠瞽而爲太宰。晉無亂政。有貴於見者也。雖盲而大治晉國使無有亂政故貴於有所見 故不言之令。不視之見。不言之令皋陶瘖也不視之見師曠瞽也 此伏犧神農之所以爲師也。故民之化也，不從其所言而從所行。故齊莊公好勇，不使鬭爭，而國家多難，其漸至於崔杼之亂。（莊公齊靈公之子光崔杼齊大夫也亂殺莊公也）頃襄好色，不使風議，而民多昏亂，其積至昭奇之難。（楚頃襄王昭奇楚大夫也）故至精之所動，若春氣之生，秋氣之殺也。雖馳傳騖置，不若此其亟。（亟疾）故君人者，其猶射者乎，於此豪末，於彼尋常矣。故慎所以感之也。夫榮啓期一彈，而孔子三日樂，感於和；鄒忌一徽，而威王終夕悲，感於憂。（徽鶩彈也威王齊宣王之父也在春秋後徽讀紛麻繚車之繚也）動諸琴瑟，形諸音聲，而能使人爲之哀樂。（哀威王也樂孔子也）縣法設賞而不能移風易俗者，其誠心弗施也。甯戚商歌車下，桓公喟然而寤，（甯戚飯牛車下叩角商歌齊桓公悟之用以爲相）至精入人深矣。故曰樂聽其音，則知其俗；見其俗，則知其化。孔子學鼓琴於師襄，（師襄魯樂太師也）而諭文王之志，見微以知明矣。（諭教教之鼓文王操也）延陵季子聽魯樂而知殷夏之風，論近以識遠也。作之上古，施及千歲，而文不滅，況於竝世化民乎。湯之時，七年旱，以身禱於桑林之際，而四海之雲湊，千里之雨至。（湊會也或作蒸蒸升也）抱質效誠，感動天地，神諭方外，令行禁止，豈足爲哉。古聖王至精形於內，而好憎忘於外，（形見好憎情欲以充）出言以副情，發號以明旨，陳之以禮樂，風之以歌謠，業貫萬世而不壅，（貫通壅塞也）橫扃四方而不窮，禽獸昆蟲與之陶化，（化從昆蟲或作鬼神）又況於執法施令乎。故太上神化，其次使不得爲非，其次賞賢而罰暴。（暴虐亂也）

衡之於左右。無私輕重。故可以爲平。衡銓衡也繩之於內外。無私曲直。故可以爲正。人主之於用法。無私好憎。故可以爲命。夫權輕重。不差蟁首。蟁首猶微細也扶撥枉橈。不失鍼鋒。直施矯邪。不私辟險。姦不能枉。讒不能亂。德無所立。立見怨無所藏。是任術而釋人心者也。故爲治者不與焉。治在道不在智故曰不與夫舟浮於水。車轉於陸。此勢之自然也。木擊折轊。水戾破舟。不怨木石而罪巧拙者。罪御者刺舟者之巧拙也知故不載焉。言木石無巧詐故不怨也是故道有智則惑。言道智則惑也德有心則險。心有目則眩。眩於物也兵莫憯於志。而莫邪爲下。寇莫大於陰陽。而枹鼓爲小。小細憯猶利也以智意精誠伐人爲利老子曰重積德則無不克故以莫邪爲下也寇亦兵也推陰陽虛實之道爲大故以枹鼓爲小也今夫權衡規矩。一定而不易。不爲秦楚變節。不爲胡越改容。常一而不邪。方行而不流。一日刑之。萬世傳之。而以無爲爲之。言無所爲爲之爲自爲之故國有亡主。而世無廢道。亡主桀紂是也湯武以其民王故曰無廢道也人有困窮。而理無不通。理道由此觀之。無爲者。道之宗。宗本故得道之宗。應物無窮。任人之才。難以至治。才智也湯武。聖主也。而不能與越人乘幹舟而浮於江湖。幹舟小船也危險越人習水自能乘之故湯武不能也一曰大舟也伊尹賢相也。而不能與胡人騎騵馬而服騊駼。黄馬白腹曰騵詩云駟騵彭彭騊駼野馬也胡人所習伊尹雖賢不能與服也孔墨博通。而不能與山居者入榛薄險阻也。孔孔子也墨墨翟也聚木爲榛深草爲薄山居者所習故孔墨者不能也阻或作險由此觀之。則人知之於物也淺矣。而欲以徧照海內。存萬方。不因道之數。而專己之能。則其窮不達矣。故智不足以治天下也。桀之力。制絡伸鉤。索鐵歙金。椎移大犧。水殺黿鼉。陸捕熊羆。絡角也索絞也歙讀協　逵吉按太平御覽引絡作路注云舟般椎作推犧作戲　然湯革車三百乘。困之鳴條。禽之焦門。焦或作巢　逵吉按焦與巢古字通　由此觀之。勇力不足以持天下矣。智不足以為治。勇不足以為強。則人材不足任。明也。而君人者不下廟堂之上。而知四海之外者。因物以識物。因人以知人也。故積力之所舉。則無不勝也。衆智之所為。則無不成也。埳井之無黿鼉。隘也。園中之無脩木。小也。夫舉重鼎者。力少而不能勝也。及至其移徙之。不待其多力者。故千人之羣無絕梁。萬人之聚無廢功。夫華騮綠耳。一日而至千里。然其使之搏兔。不如豺狼。伎能殊也。殊異　鴟夜撮蚤蚊。察分秋豪。晝日顛越。不能見丘山。形性詭也。鴟鵂鶹也謂之老菟夜鳴人屋上也夜則目明合聚人爪以著其巢中故曰察分秋豪晝則無所見故曰形性詭也　夫螣蛇游霧而動。應龍乘雲而舉。猨得木而捷。魚得水而騖。騖疾也　故古之為車也。漆者不畫。鑿者不斲。工無二伎。士不兼官。各守其職。不得相姦。姦亂也　人得其宜。物得其安。是以器械不苦。而職事不嫚。苦讀盬嫚捕器嫚讀慢緩之慢　夫責少者易償。職寡者易守。寡少也　任輕者易權。權謀也　上操約省之分。下效易為之功。是以君臣彌久而不相猒。猒欺也　君人之道。其猶零星之尸也。尸祭主也尸食飽以知神之食亦飽詩曰公尸燕飲在宗載考　儼然玄默。而吉祥受福。尸不言語故曰玄默　是故得道者不為醜飾。不為偽善。不飾為美亦不枉為善也　一人被之而不褒。褒大也　萬人蒙之而不褊。蒙冒褊小也　是故重為惠。若重為暴。則治道通矣。

（遁猶順也）爲惠者。尚布施也。無功而厚賞、無勞而高爵、則守職者懈於官、而游居者亟於進矣。爲暴者。妄誅也。無罪者而死亡。行直而被刑。則脩身者不勸善。而爲邪者輕犯上矣。（言不可不慎也）故爲惠者生姦。而爲暴者生亂。姦亂之俗。亡國之風。（風化）是故明主之治。國有誅者而主無怒焉。（因法而行故不怒也）朝有賞者而君無與焉。（因功而行故不與也）誅者不怨君。罪之所當也。賞者不德上。功之所致也。民知誅賞之來。皆在於身也。故務功脩業。不受贛於君。（贛物也）是故朝廷蕪而無迹、田野辟而無草。故太上下知有之。（言太上之世下知之人皆能有此術）橋直植立而不動、俛仰取制焉。（橋桔皋上衡也植柱權衡者行之俛仰取制於柱也以喻君也）人主靜漠而不躁。（躁動也）百官得脩焉。譬如軍之持麾者。妄指則亂矣。慧不足以大寧。智不足以安危、與其譽堯而毀桀也。不如掩聰明而反脩其道也。（不足以大寧者小惠也不足以安危者小智也如此人者欲譽堯而毀桀以成善善惡惡之名人猶有強知之人爾不如掩聰明而本脩大道成名之速也人君之道亦如此也）清靜無爲。則天與之時。廉儉守節。則地生之財。（人君德行如此故天與之時地生之財天與之時湯武是也地生之財神農后稷也）處愚稱德。則聖人爲之謀。（若伊尹爲湯謀傅說爲高宗謀是孟子曰伊尹聖之任國語曰武丁以象旁求聖人得傅說于傅巖也）是故下者萬物歸之。虛者天下遺之。（遺與也）夫人主之聽治也。清明而不闇、虛心而弱志、是故羣臣輻湊竝進、無愚智賢不肖、莫不盡其能。於是乃始陳其禮。建以爲基。（建立也基業也）是乘衆勢以爲車、御衆智以爲馬、雖幽野險塗、則無由惑矣。（幽深險猶遠也）人主深居隱處以避燥溼、閨門重襲以避姦賊、內不知閭里之情。外不知山澤之形。帷幕之外。目不能見十里之前。耳不能聞百步之外天下之物。無不徧者。（徧知）其灌輸之者大。而斟酌之者衆也。是故不出戶而知天下。不窺牖而知天道。乘衆人之智。則天下之不足有也。專用其心。則獨身不能保也。（保猶守也）是故人主覆之以德。不行其智。而因萬人之所利。夫舉踵天下而得所利。故百姓載之上。弗重也。錯之前。弗害也。舉之而弗高也。推之而弗厭。（負重舉之不自覺高也推求也奉也）主道員者。運轉而無端。（端厓也）化育如神。虛無因循。常後而不先也。臣道員者。運轉而無方。論是而處當。爲事先倡。守職分明以立成功也。是故君臣異道則治。（不易奪言相和）同道則亂。（君所謂可臣亦曰可君所謂否臣亦曰否是同也莫相匡弼故曰亂也）各得其宜。處其當。則上下有以相使也。（君得君道臣得臣道故曰得其宜也）夫人主之聽治也。虛心而弱志。清明而不闇。是故羣臣輻湊並進。無愚智賢不肖。莫不盡其能者。則君得所以制臣。臣得所以事君。治國之道明矣。文王智而好問。故聖。（好問欲與人同其功）武王勇而好問。故勝。（勝殷也）夫乘衆人之智。則無不任也。用衆人之力。則無不勝也。千鈞之重。烏獲不能舉也。（千鈞三萬斤也烏獲秦武王之力士也武王試其力使舉大鼎臏脫而不任故曰不能舉也）衆人相一。則百人有餘力矣。是故任一人之力者。則烏獲不足恃。（不能勝故不足恃也）乘衆人之制者。則天下不足有也。（人衆力強以天下爲小故曰不足有也）禹決江疏河。以爲天下興利。而不能使水西流。稷辟土墾草。以爲百姓力農。然不能使禾冬生。豈其人事不至哉。其勢不可也。夫推而不可爲之勢。而不脩道理之數。推行 雖神聖人不能以成其功。而況當世之主乎。夫載重而馬羸。雖造父不能以致遠。造父周穆王之善御臣也 車輕馬良。雖中工可使追速。是故聖人舉事也。豈能拂道理之數。詭自然之性。拂戾也詭違也 以曲爲直。以屈爲伸哉。未嘗不因其資而用之也。是以積力之所舉。無不勝也。而衆智之所爲。無不成也。聾者可令嗺筋。而不可使有聞也。瘖者可使守圉。而不可使言也。形有所不周。而能有所不容也。是故有一形者處一位。有一能者服一事。力勝其任。則舉之者不重也。能稱其事。則爲之者不難也。毋小大脩短。各得其宜。則天下一齊。無以相過也。聖人兼而用之。故無棄才。人主貴正而尙忠。忠正在上位。執正營事。營典 則讒佞姦邪無由進矣。譬猶方員之不相蓋。而曲直之不相入。入中 夫鳥獸之不可同羣者。其類異也。虎鹿之不同遊者。力不敵也。是故聖人得志而在上位。讒佞姦邪而欲犯主者。譬猶雀之見鸇。而鼠之遇狸也。亦必無餘命矣。是故人主之一舉也。不可不愼也。所任者得其人。則國家治。上下和。羣臣親。百姓附。附從 所任非其人。則國家危。上下乖。羣臣怨。百姓亂。故一舉而不當。終身傷。傷病也亦敗也 得失之道。權要在主。是繩正於上。木直於下。非有事焉。舉治也非治之使宜 所緣以脩者然也。故人主誠正。則直士任事。而姦人伏匿矣。人主不正。則邪人得志。忠者隱蔽矣。夫人主之所以莫抓玉石而抓瓜瓠者何也。[玉石堅抓不耐入故不抓]無得於玉石弗犯也。使人主執正持平。如從繩準高下。則羣臣以邪來者。猶以卵投石。以火投水。故靈王好細要。而民有殺食自飢也。[靈王楚靈王殺食省食也]越王好勇。而民皆處危爭死。[越王句踐]由此觀之。權勢之柄。其以移風易俗矣。堯為匹夫。不能仁化一里。桀在上位。令行禁止。由此觀之。賢不足以為治。而勢可以易俗明矣。書曰。一人有慶。萬民賴之。此之謂也。天下多眩於名聲。而寡察其實。[寡少也察明也實眞僞之實]是故處人以譽尊。[處人隱居也以名譽見尊也]而游者以辯顯。[游行之人以辯辭自顯達]察其所尊顯。無它故焉。人主不明分數利害之地。而賢衆口之辯也。治國則不然。[然如是也]言事者必究於法。而為行者必治於官。上操其名。以責其實。臣守其業。[業事]以效其功。[效致]言不得過其實。行不得踰其法。羣臣輻湊。莫敢專君。[專制]事不在法律中。而可以便國佐治。必參五行之陰。考以觀其歸。並用周聽。以察其化。不偏一曲。不黨一事。是以中立而偏運照海內。[中正]羣臣公正。莫敢為邪。[公方正直]百官述職。務致其公迹也。主精明於上。官勸力於下。姦邪滅迹。庶功日進。[庶衆]是以勇者盡於軍。[盡力於軍功也]亂國則不然。有衆咸譽者。無功而賞。守職者無罪而誅。主上闇而不明。羣臣黨而不忠。說談者游於辯。脩行者競於任。[任自益也]主上出令。則非之以與。法令所禁。則犯之以邪。

（與黨與也以黨與非謗上令邪姦也）爲智者務於巧詐。爲勇者務於鬬爭。大臣專權。下吏持勢。朋黨周比以弄其上。國雖若存。古之人曰亡矣。且夫不治官職而被甲兵。不隨南畝而有賢聖之聲者。非所以都於國也。騏驥騄駬。天下之疾馬也。驅之不前。引之不止。雖愚者不加體焉。（加猶止也）今治亂之機。轍迹可見也。而世主莫之能察。此治道之所以塞。（塞猶閉也）權勢者。人主之車輿。爵祿者。人臣之轡銜也。是故人主處權勢之要。而持爵祿之柄。審緩急之度。而適取予之節。是以天下盡力而不倦。夫臣主之相與也。非有父子之厚。骨肉之親也。而竭力殊死。不辭其軀者何也。勢有使之然也。昔者豫讓中行文子之臣。（文子晉大夫中行穆子之子荀寅也）智伯伐中行氏。并吞其地。豫讓背其主而臣智伯。智伯與趙襄子戰於晉陽之下。身死爲戮。國分爲三。（韓魏趙三分而有之）豫讓欲報趙襄子。（欲爲智伯報仇殺趙襄子）漆身爲厲。吞炭變音。擿齒易貌。夫以一人之心而事兩主。或背而去。或欲身徇之。豈其趨舍厚薄之勢異哉。人之恩澤使之然也。紂兼天下。朝諸侯。人迹所及。舟檝所通。莫不賓服。然而武王甲卒三千人。禽之於牧野。豈周民死節而殷民背叛哉。其主之義德厚而號令行也。夫疾風而波興。木茂而鳥集。相生之氣也。是故臣不得其所欲於君者。君亦不能得其所求於臣也。君臣之施者。相報之勢也。是故臣盡力死節以與君。君計功垂爵以與臣。是故君不能賞無功之臣。臣亦不能死無德之君。君德不下流於民。而欲用之。如鞭蹏馬矣。是猶不待雨而求熟稼。必不可之數也。數術也 君人之道。處靜以脩身。儉約以率下。靜則下不擾矣。儉則民不怨矣。下擾則政亂。民怨則德薄。政亂則賢者不爲謀。德薄則勇者不爲死。是故人主好鷙鳥猛獸。珍怪奇物。金玉爲珍詭異爲怪非常爲奇 狡躁康荒。康安荒亂也 不愛民力。馳騁田獵。出入不時。如此。則百官務亂。事勤財匱。勤勞匱乏也 萬民愁苦。生業不脩矣。人主好高臺深池。雕琢刻鏤。黼黻文章。絺綌綺繡。寶玩珠玉。白與黑爲黼青與赤爲黻絺綌葛也精曰絺麤曰綌五采具曰繡也 則賦斂無度。而萬民力竭矣。堯之有天下也。非貪萬民之富而安人主之位也。以爲百姓力征。強淩弱。衆暴寡。逵吉按太平御覽引作百姓力屈強弱相乘衆寡相暴 於是堯乃身服節儉之行。而明相愛之仁。以和輯之。是故茅茨不翦。采椽不斲。大路不畫。大路上路四馬車也天子駕六馬不畫不文飾也 逵吉按太平御覽引翦作剗是古字 越席不緣。越結蒲爲席也 太羹不和。不致五味 粢食不毇。毇細也 逵吉按太平御覽引作粢飯不鑿 巡狩行教。勤勞天下。周流五嶽。豈其奉養不足樂哉。舉天下而以爲社稷。非有利焉。年衰志憫。衰老也憫憂也 舉天下而傳之舜。猶卻行而脫蹝也。言甚易也 逵吉按文選作許眘注甚作其 衰世則不然。一日而有天下之富。處人主之勢。則竭百姓之力。以奉耳目之欲。志專在於宮室臺榭。陂池苑囿。猛獸熊羆。玩好珍怪。是故貧民糟糠不接於口。而虎狼熊羆猒芻豢。百姓短褐不完。而宮室衣錦繡。人主急茲無用之功。百姓黎民。黎齊顦顇於天下。是故使天下不安其性。不得安其正性詐僞生也人主之居也。如日月之明也。天下之所同側目而視。側耳而聽。延頸舉踵而望也。是故非澹薄無以明德。非寧靜無以致遠。非寬大無以兼覆。非慈厚無以懷衆。非平正無以制斷。是故賢主之用人也。猶巧工之制木也。制裁也大者以爲舟航柱梁。舟船也方兩小船竝與共濟爲航小者以爲楫楔。脩者以爲櫚榱。櫚屋垂榱麗也短者以爲朱儒枅櫨。朱儒梁上戴蹲跪人也枅讀曰雞也無小大脩短。各得其所宜。規矩方圓。各有所施。天下之物。莫凶於雞毒。雞毒烏頭也然而良醫橐而藏之。有所用也。是故林莽之材。猶無可棄者。而況人乎。今夫朝廷之所不舉。鄉曲之所不譽。非其人不肖也。其所以官之者非其職也。鹿之上山。獐不能跂也。及其下。牧豎能追之。才有所脩短也。是故有大略者。不可責以捷巧。略行道也有小智者。不可任以大功。人有其才。物有其形。有任一而太重。或任百而尚輕。是故審豪釐之計者。必遺天下之大數。遺失不失小物之選者。惑於大數之舉。譬猶狸之不可使搏牛。虎之不可使搏鼠也。今人之才。或欲平九州。并方外。存危國。繼絕世。志在直道正邪。決煩理拏。而乃責之以閨閤之禮。奧窔之閒。或佞巧小具。諂進愉說。隨鄉曲之俗。卑下衆人之耳目。而乃任之以天下之權。治亂之機。機理是猶以斧劗毛。以刃抵木也。劗翦也劗讀驚攢之攢皆失其宜矣。宜適人主者。以天下之目視。以天下之耳聽。以天下之智慮。以天下之力爭。是故號令能下究。而臣情得上聞。聞猶達也百官脩同。羣臣輻湊。羣臣歸君若輻之湊轂故曰輻湊喜不以賞賜。怒不以罪誅。懼失當也是故威立而不廢。逵吉按本皆作威厲立而不廢聰明先而不蔽。蔽闇也法令察而不苛。察明也苛煩也耳目達而不闇。善否之情日陳於前而無所逆。是故賢者盡其智。而不肖者竭其力。德澤兼覆而不偏。羣臣勸務而不怠。怠解也近者安其性。遠者懷其德。性生也懷歸也所以然者何也。得用人之道。而不任己之才者也。故假輿馬者。足不勞而致千里。假或作駕乘舟檝者。不能游而絕江海。絕猶過也夫人主之情。莫不欲總海內之智。盡衆人之力。然而羣臣志達效忠者。希不困其身。困猶危也使言之而是。雖在褐夫芻蕘。猶不可棄也。言雖賤當也故曰不可棄也使言之而非也。雖在卿相人君。揄策于廟堂之上。未必可用。人君謂國君也揄出策謀也言之而非雖貴罰也是非之所在。不可以貴賤尊卑論也。是明主之聽於羣臣。其計乃可用。不羞其位。不羞其位卑而不用其言可行而不責其辯。不責其辯口美辭也闇主則不然。所愛習親近者。雖邪枉不正。不見能也。疏遠卑賤者。竭力盡忠。不能知也。有言者窮之以辭。有諫者誅之以罪。如此而欲照海內。存萬方。是猶塞耳而聽淸濁。商音淸宮音濁掩目而視靑黃也。其離聰明則亦遠矣。法者天下之度量。而人主之準繩也。縣法者。法不法也。設賞者。賞當賞也。法定之後。中程者賞。缺繩者誅。尊貴者不輕其罰。而卑賤者不重其刑。（言平也）犯法者雖賢必誅。中度者雖不肖必無罪。是故公道通而私道塞矣。（公正也私邪也塞閉也）古之置有司也。（有司蓋有理官士也）所以禁民使不得自恣也。（恣放恣也）其立君也。所以剬有司使無專行也。（專擅）法籍禮義者。所以禁君。使無擅斷也。人莫得自恣。則道勝。道勝而理達矣。故反於無爲。無爲者。非謂其凝滯而不動也。以其言莫從己出也。夫寸生於䅧。䅧生於日。日生於形。形生於景。此度之本也。（䅧禾穗䅧孚榆頭芒也十䅧爲一分十分爲一寸十寸爲一尺十尺爲一丈政謂之本也逵吉按䅧古粟字）樂生於音。音生於律。律生於風。此聲之宗也。（宗亦本也）法生於義。義生於衆適。衆適合於人心。此治之要也。（要約也）故通於本者不亂於末。覩於要者不惑於詳。（惑眩）法者。非天墮。非地生。發於人閒。而反以自正。（反還）是故有諸己不非諸人。（有諸己己有聰明也不非諸人恕人行也）無諸己不求諸人。（言己雖無獨見之明不求加罪於人也）所立於下者。不廢於上。（人主所立法禁於民亦自脩之不廢於上言以法也）所禁於民者。不行於身。（不正之事不獨行之於身言其正己以正人也）所謂亡國。非無君也。無法也。變法者。非無法也。有法者而不用。與無法等。（等同）是故人主之立法。先自爲檢式儀表。（表正）故令行於天下。孔子曰。其身正。不令而行。其身不正。雖令不從。故禁勝於身。則令行於民矣。（禁勝於身不敢自犯禁也故耐令行於民也）聖主之治也。其猶造父之御。齊輯之於轡銜之際。而急緩之於脣吻之和。正度於胸臆之中。而執節於掌握之閒。（節策也）內得於心中。外合於馬志。是故能進退履繩。（繩直正也）而旋曲中規。（曲屈規圓）取道致遠。而氣力有餘。誠得其術也。是故權勢者．人主之車輿也．大臣者．人主之駟馬也。體離車輿之安。而手失駟馬之心。而能不危者．古今未有也。是故輿馬不調。王良不足以取道。君臣不和。唐虞不能以爲治．執術而御之。則管晏之智盡矣。明分以示之。則蹠蹻之姦止矣。（盜蹠孔子時人蹻莊蹻楚威王之將軍能大爲盜也）夫據榦而窺井底。雖達視猶不能見其睛。（睛目瞳子也）借明於鑑以照之．則寸分可得而察也。（鑑鏡也分毛也一曰疵）是故明主之耳目不勞。精神不竭。物至而觀其象。事來而應其化。近者不亂。遠者治也。是故不用適然之數。而行必然之道。故萬舉而無遺策矣。今夫御者。馬體調於車。御心和於馬。則歷險致遠。進退周游。莫不如志。雖有騏驥騄駬之良。臧獲御之。則馬反自恣。而人弗能制矣。（臧獲古之不能御者魯人也）故治者不貴其自是。而貴其不得爲非也。故曰。勿使可欲。毋曰弗求。勿使可奪。毋曰不爭。如此則人材釋而公道行矣。美者正於度。而不足者建於用。故海內可一也。夫釋職事而聽非譽。棄公勞而用朋黨。（公正）則奇材佻長而干次。（奇材非常之材佻長卒非純賢也故曰干次也）守官者雍遏而不進。如此。則民俗亂於國。而功臣爭於朝。（奇材佻長之人干超其次功勞之臣反不顯烈故爭於朝）故法律度量者。人主之所以執下。（執制）釋之而不用。（不用法律度量也）是猶無轡銜而馳也。羣臣百姓。反弄其上．是故有術則制人。無術則制於人。（爲人所禽制也）吞舟之魚。蕩而失水。則制於螻蟻。離其居也。（魚能吞舟言其大也）猨狖失木。而禽於狐狸。非其處也。（其處茂木）君人者釋所守而與臣下爭。則有司以無爲持位。（無所爲以持其位也）守職者以從君取容。（隨君之欲以取容媚）是以人臣藏智而弗用。（不用智謀以佐其上也）反以事轉任其上矣。（賢臣見其不肯爲謀故轉任其上令自制之詩云仲山甫既明且哲以保其身）夫富貴者之於勞也。達事者之於察也。驕恣者之於恭也。勢不及君。君人者不任能而好自爲之。（不任用臣智能也）則智日困而自負其責也。數窮於下。則不能伸理。行墮於國。則不能專制。智不足以爲治。威不足以行誅。則無以與天下交也。喜怒形於心者。欲見於外。則守職者離正而阿上。有司枉法而從風。賞不當功。誅不應罪。上下離心。而君臣相怨也。是以執政阿主。（阿曲從也）而有過。則無以責之。有罪而不誅。則百官煩亂。智弗能解也。毀譽萌生。而明不能照也。不正本而反自然。則人主逾勞。人臣逾逸。是猶代庖宰剝牲。而爲大匠斲也。與馬競走。筋絕而弗能及。上車執轡。則馬死於衡下。故伯樂相之。王良御之。明主乘之。無御相之勞而致千里者。乘於人資以爲羽翼也。（資才也）是故君人者。無爲而有守也。有爲而無好也。（無所私好）有爲則讒生。有好則諛起。（讒諛之人乘志而起）昔者齊桓公好味。而易牙烹其首子而餌之。（桓公襄公諸兒之子小白）虞君好寶。而晉獻以璧馬釣之。（釣取）胡王好音。而秦穆公以女樂誘之。（誘惑）是皆以利見制於人也。（制猶禽也）故善建者不拔。（言建之無形也）夫火熱而水滅之。金剛而火銷之。

木強而斧伐之。水流而土遏之。唯造化者。物莫能勝也。故中欲不出謂之扃。外邪不入謂之塞。逵吉按呂覽作外欲不入謂之閉據下中扃外閉云云則此句疑當如呂覽 中扃外閉。何事之不節。外閉中扃。何事之不成。弗用而後能用之。弗爲而後能爲之。精神勞則越。越散 耳目淫則竭。竭減 故有道之主。滅想去意。清虛以待。不伐之言。不奪之事。循名責實。使有司任而弗詔。責而弗教。以不知爲道。道當未知 以奈何爲寶。猶貴無形無形不可奈何道之所以爲貴也 如此。則百官之事。各有所守矣。有所守言不躐扃也 攝權勢之柄。其於化民易矣。衞君役子路。權重也。衞君出公輒也 景桓公臣管晏。位尊也。管仲輔相桓公晏嬰相景公二君位尊故也 怯服勇而愚制智。其所託勢者勝也。故枝不得大於榦。末不得強於本。則輕重大小。有以相制也。若五指之屬於臂。搏援攫捷。莫不如志。言以小屬於大也。是故得勢之利者。所持甚小。其存甚大。所守甚約。約要也少也 所制甚廣。是故十圍之木。持千鈞之屋。五寸之鍵。制開闔之門。豈其材之巨小足哉。所居要也。孔丘墨翟。脩先聖之術。通六藝之論。口道其言。身行其志。慕義從風。風化 而爲之服役者不過數十人。役事 使居天子之位。則天下徧爲儒墨矣。徧猶盡也 楚莊王傷文無畏之死於宋也。奮袂而起。衣冠相連於道。遂成軍宋城之下。權柄重也。莊王楚穆王商臣之子旅也使申舟聘於齊不假道於宋無畏曰宋必襲殺我王曰殺汝伐宋見犀而行不假道於宋華元曰過我而不假道鄙我也鄙我亡也以兵殺其使者亦亡也遂殺之莊王聞之怒故投袂而起成軍亡宋城故曰權柄重也 楚文王好服獬冠。楚國效之。文王楚武王熊達之子熊庇也獬豸之冠如今御史冠 趙武靈王貝帶鵔鸃而朝。趙國化之。（趙武靈王出春秋後以大貝飾帶胡服鵔鸃讀曰私鈚頭二字三音也曰郭洛帶位銚鎬也　逵吉按藏本如是本或作曰郭洛帶係銚鎬也文義皆難通疑有誤字）使在匹夫布衣。雖冠獬冠。帶貝帶鵔鸃而朝。則不免爲人笑也。夫民之好善樂正。不待禁誅。而自中法度者。萬無一也。下必行之令。從之者利。逆之者凶。日陰未移。而海內莫不被繩矣。（繩正也）故握劍鋒以離北宮子。司馬蒯蕢不使應敵。（北宮子齊人孟子所謂北宮黝也司馬蒯蕢其先程伯休父宣王命以爲司馬因爲司馬氏蒯蕢其後也周衰適他國蒯蕢在趙以善擊劍聞應猶擊）操其觚。招其末。則庸人能以制勝。（觚劍拊招舉也）今使烏獲藉蕃從後牽牛尾。尾絕而不從者。逆也。（烏獲藉蕃皆多力人）若指之桑條。以貫其鼻。則五尺童子牽而周四海者。順也。夫七尺之橈。而制船之左右者。以水爲資。（橈刺船檝也資用也橈讀煩嬈之嬈也）天子發號。令行禁止。以衆爲勢也。夫防民之所害。開民之所利。威行也。若發堿決唐（堿水堿也唐隄也皆所以畜水　逵吉按唐古塘字）故循流而下易以至。背風而馳易以遠。（因其勢也）桓公立政。去食肉之獸。食粟之鳥。係罝之網。三舉而百姓說。（桓齊桓公）紂殺王子比干而骨肉怨。斮朝涉者之脛而萬民叛。再舉而天下失矣。故義者。非能徧利天下之民也。利一人而天下從風。暴者非盡害海內之衆也。害一人而天下離叛。故桓公三舉而九合諸侯。紂再舉而不得爲匹夫。故舉錯不可不審。（三舉去食肉之獸食粟之鳥係罝之網再舉殺比干斮朝涉之脛也）人主租斂於民也。必先計歲收。量民積聚。知饑饉有餘不足之數。然後取車輿衣食供養其欲。高臺層榭。接屋連閣。非不麗也。然民有掘穴狹廬所以託身者。明主弗樂也。不樂其大麗也肥醲甘脆非不美也。然民有糟糠菽粟不接於口者。則明主弗甘也。不甘其肥醲也匡牀蒻席非不寧也。匡安也蒻細也然民有處邊城犯危難。澤死暴骸者。明主弗安也。不安其匡牀蒻席也故古之君人者。其慘怛於民也。國有饑者食不重味。民有寒者而冬不被裘。與同饑寒歲登民豐。乃始縣鐘鼓陳干戚。登成也年穀豐熟也君臣上下同心而樂之。國無哀人。言皆樂也故古之爲金石管絃者。所以宣樂也。金鐘石磬管簫也絃琴瑟也兵革斧鉞者。所以飾怒也。觴酌俎豆酬酢之禮。所以效善也。效致衰絰菅屨辟踊哭泣。所以諭哀也。諭明此皆有充於內而成像於外。充實及至亂主取民則不裁其力。裁度求於下則不量其積。男女不得事耕織之業以供上之求。事治業事力勤財匱。君臣相疾也。故民至於焦脣沸肝。有今無儲。有今日之食而無明日之儲也而乃始撞大鐘。擊鳴鼓。吹竽笙。彈琴瑟。是猶貫甲胄而入宗廟。被羅紈而從軍旅。失樂之所由生矣。夫民之爲生也。一人蹠耒而耕。不過十畝。蹠蹈中田之獲。卒歲之收。不過畝四石。妻子老弱。仰而食之。時有涔旱災害之患。涔久而水潦也無以給上之徵賦車馬兵革之費。由此觀之。則人之生憫矣。憫憂無樂夫天地之大計。三年耕而餘一年之食。率九年而有三年之畜。十八年而有六年之積。積委也二十七年而有九年之儲。雖涔旱災害之殃。民莫困窮流亡也。故國無九年之畜。謂之不足。無六年之積。謂之憫急。（憫憂急病也）無三年之畜，謂之窮乏。故有仁君明王，其取下有節，自養有度，則得承受於天地，而不離饑寒之患矣。若貪主暴君，撓於其下，侵漁其民，以適無窮之欲，則百姓無以被天和而履地德矣。（天和氣也地德所生植也）食者民之本也，民者國之本也，國者君之本也。是故人君者，上因天時，下盡地財，中用人力，是以群生遂長，五穀蕃殖，教民養育六畜，以時種樹，務脩田疇，滋植桑麻，肥墝高下，各因其宜，丘陵阪險不生五穀者，以樹竹木，春伐枯槁，夏取果蓏，（有核曰果無核曰蓏）秋畜疏食，（菜蔬曰疏穀食曰食）冬伐薪蒸，（大者曰薪小者曰蒸）以爲民資。（資用）是故生無乏用，死無轉尸。（轉棄也）故先王之法，畋不掩羣，（掩猶盡也）不取麛夭，（鹿子曰麛麋子曰夭）不涸澤而漁，（涸澤漉池也）不焚林而獵。（爲盡物也）豺未祭獸，罝罦不得布於野，（十月之時豺殺獸四面陳之世謂之祭獸也未祭獸罝罦不得施也）獺未祭魚，網罟不得入於水，（獺猵也明堂月令孟春之月獺祭魚取鯉四面陳之水邊也世謂之祭魚未祭不得捕也）鷹隼未摯，羅網不得張於谿谷，（立秋鷹摯矣未立秋不得施也鷹或作雁）草木未落，斤斧不得入山林，（九月草木節解未解不得伐山林也）昆蟲未蟄，不得以火燒田，（十月蟄蟲備藏未蟄不得用燒田也）孕育不得殺，鷇卵不得探，魚不長尺不得取，彘不期年不得食，（皆爲盡物）是故草木之發若蒸氣，（發生）禽獸之歸若流泉，飛鳥之歸若煙雲，有所以致之也。故先王之政，四海之雲至而脩封疆，（立春之後四海出雲）蝦蟇鳴，燕降，而達路除道，（三月之時）陰降百泉，則脩橋梁，（十月之時）昏張中，則務種穀，（三月昏張星中于南方張南方朱鳥之宿也）大火中，則種黍菽，（大火東方蒼龍之宿在四月建巳中南方菽豆也）虛中，則種宿麥。

（虛北方玄武之宿八月建酉中于南方也）昴中。則收斂畜積。伐薪木。（昴星西方白虎宿也季秋之月收斂畜積也）上告於天。下布之民。先王之所以應時脩備。富國利民。實曠來遠者。其道備矣。（實滿也曠空也）非能目見而足行之也。欲利之也。欲利之也。不忘於心。則官自備矣。心之於九竅四支也。不能一事焉。然而動靜聽視。皆以爲主者。不忘於欲利之也。故堯爲善而衆善至矣。桀爲非而衆非來矣。善積則功成。非積則禍極。（極至）凡人之論。心欲小而志欲大。智欲員而行欲方。能欲多而事欲鮮。所以心欲小者。慮患未生。備禍未發。戒過愼微。不敢縱其欲也。（詩云惟此文王小心翼翼昭事上帝聿懷多福此之謂也）志欲大者。兼包萬國。一齊殊俗。并覆百姓。若合一族。是非輻湊而爲之轂。（轂以喻王達）（吉按不轂之訓古皆云轂善錢別駕云道德經侯王自稱孤寡不轂河上本作轂注云不轂不爲輻所湊也又別一解與此轂以喻王之注正同知古兩義竝有後人但識轂善而不知有輻轂之訓矣）智欲員者。環復轉運。終始無端。（若順連環故曰無端）旁流四達。淵泉而不竭。萬物竝與。莫不嚮應也。（應和）行欲方者。直立而不撓。（撓弱曲也）素白而不污。窮不易操。通不肆志。（肆放）能欲多者。文武備具。動靜中儀。舉動廢置。曲得其宜。無所擊戾。（擊掌也戾破也）無不畢宜也。事欲鮮者。執柄持術。得要以應衆。執約以治廣。處靜持中。運於璇樞。以一合萬。若合符者也。（符約也）故心小者。禁於微也。志大者。無不懷也。（多所容也）智員者。無不知也。行方者。有不爲也。（非正道不爲也）能多者。無不治也。（治猶作也）事鮮者。約所持也。（要約也）古者天子聽朝。公卿正諫。博士誦詩。瞽箴師誦。庶人傳語。史書其過。宰徹其膳。猶以爲未足也。故堯置敢諫之鼓。（欲諫者擊其鼓）舜立誹謗之木。（書其善否於表木也）湯有司直之人。（司直官名不曲也）武王立戒愼之鞀。（欲戒君令愼疑者搖鞀鼓）過若豪氂。而既已備之也。（備具也）夫聖人之於善也。無小而不舉。（舉用）其於過也。無微而不改。（改更）堯舜禹湯文武。皆坦然天下而南面焉。（背扆而朝諸侯）當此之時。鼛鼓而食。（鼛鼓王者之食樂也詩云鼓鐘伐鼛）奏雍而徹。（雍已食之樂也）已飯而祭竈。行不用巫祝。（言其率德蹈政無求於神）鬼神弗敢祟。山川弗敢禍。可謂至貴矣。（至德之可貴也）然而戰戰慄慄。日愼一日。由此觀之。則聖人之心小矣。詩云。惟此文王。小心翼翼。昭事上帝。聿懷多福。其斯之謂歟。武王伐紂。發鉅橋之粟。散鹿臺之錢。（鉅橋紂倉名也一說鉅鹿漕運之橋鹿臺紂錢藏府所積也武王發散以振疲民）封比干之墓。（比干紂諸父也諫紂之非紂殺之故武王封崇其墓以旌仁也）表商容之閭。（商容殷之賢人老子師故表顯其里繆稱篇又云老子業于商容見舌而知守柔矣是也）朝成湯之廟。（成湯殷受命之王言聖人以類相宗）解箕子之囚。（箕子紂之庶兄論語云箕子爲之奴武王伐紂赦其囚執問以洪範封之于朝鮮也）使各處其宅。田其田。無故無新。惟賢是親。用非其有。使非其人。晏然若故有之。由此觀之。則聖人之志大也。文王周公。觀得失。徧覽是非。堯舜所以昌。桀紂所以亡者。皆著於明堂。（著猶圖也）於是略智博問。以應無方。由此觀之。則聖人之智員矣。成康繼文武之業。守明堂之制。觀存亡之迹。見成敗之變。非道不言。（非聖人之意不敢言）非義不行。（非仁義不敢履行也）言不苟出。行不苟爲。擇善而後從事焉。由此觀之。則聖人之行方矣。孔子之通。智過於萇宏。勇服於孟賁。足躡郊菟。力招城關。能亦多矣。 萇宏周大夫敬王臣也號知大道孟賁勇士也孔子皆能招舉也以一手招城門關端能舉之故曰亦能多也 然而勇力不聞。 人不聞其爲勇力也 伎巧不知。 人不知其有伎巧也 專行教道，以成素王，事亦鮮矣。春秋二百四十二年。亡國五十二。弑君三十六。采善鉏醜。以成王道。論亦博矣。然而圍於匡。顏色不變。絃歌不輟。 匡宋邑也今陳留襄邑西匡亭是也孔子曰天生德于予匡人其如予何故顏色不變絃歌不止也 臨死亡之地。犯患難之危。據義行理而志不懾。分亦明矣。 犯猶遭也懾猶懼也 然爲魯司寇。聽獄必爲斷。 爲魯定公司寇 作爲春秋。不道鬼神。不敢專己。夫聖人之智。固已多矣。其所守者約。故舉而必榮。愚人之智。固已少矣。其所事者多。故動而必窮矣。吳起張儀。智不若孔墨。而爭萬乘之君。此其所以車裂支解也。夫以正教化者。易而必成。以邪巧世者。難而必敗。凡將設行立趣於天下。舍其易成者。而從事難而必敗者。愚惑之所致也。凡此六反者。不可不察也。 六反謂孔墨萇宏孟賁吳起張儀也其行相反故曰六反 偏知萬物而不知人道。不可謂智。偏愛羣生而不愛人類。不可謂仁。仁者愛其類也。智者不可惑也。仁者雖在斷割之中。其所不忍之色可見也。 不忍于斷割之色見于顏色也 智者雖煩難之事。其不闇之效可見也。內恕反情。心之所欲。其不加諸人。由近知遠。由己知人。此仁智之所合而行也。小有教而大有存也。小有誅而大有寧也。 小教之以正故大有存也小責之以義故大有寧也非正則不存非義則不寧 唯惻隱推而行之。此智者之所獨斷也。故仁智錯。有時合。合者爲正。錯者爲權。其義一也。府吏守法。君子制義。法而無義。亦府吏也。不足以爲政。耕之爲事也勞。織之爲事也擾。擾勞之事而民不舍者。知其可以衣食也。人之情不能無衣食。衣食之道。必始於耕織。萬民之所公見也。物之若耕織者。始初甚勞。終必利也。衆愚人之所見者寡。事可權者多。愚之所權者少。此愚者之所多患也。物之可備者。智者盡備之。可權者。盡權之。此智者所以寡患也。故智者先忤（忤逆）而後合。愚者始於樂而終於哀。今日何爲而榮乎。旦日何爲而義乎。此易言也。今日何爲而義。旦日何爲而榮。此難知也。問瞽師曰。白素何如。曰。縞然。曰黑何若。曰黮然。援白黑而示之。則不處焉。人之視白黑以目。言白黑以口。瞽師有以言白黑。無以知白黑。故言白黑與人同。其別白黑與人異。入孝於親。出忠於君。無愚智賢不肖皆知其爲義也。使陳忠孝行而知所出者。鮮矣。凡人思慮。莫不先以爲可而後行之。其是或非。此愚智之所以異。凡人之性。莫貴於仁。莫急於智。仁以爲質。智以行之。兩者爲本。而加之以勇力辯慧。捷疾。劬錄。巧敏。遲利。聰明。審察。盡衆益也。身材未脩。伎藝曲備。而無仁智以爲表幹。而加之以衆美。則益其損。故不仁而有勇力果敢。則狂而操利劍。（狂猶亂也）不智而辯慧懷給。則棄驥而不式。（不智之人辯慧懷給不知所裁之猶棄驥而惑不知所詣也懷佞也）雖有材能。其施之不當。其處之不宜。適足以輔僞飾非。伎藝之衆。不如其寡也。故有野心者。不可借便勢。野外有愚質者。不可與利器。老子曰國之利器不可以假人魚得水而游焉則樂。唐決水涸。則爲螻蟻所食。有掌脩其隄防。補其缺漏。則魚得而利之。掌主國有以存。人有以生。國有人存若魚得水也國厚故人道生也國之所以存者。仁義是也。人之所以生者。行善是也。國無義。雖大必亡。桀紂是也人無善志。雖勇必傷。論語曰勇而無禮則亂亂則傷也治國。上使不得與焉。使不得與亡傷之危是上術也孝於父母。弟於兄嫂。信於朋友。不得上令而可得爲也。釋已之所得爲。而責於其所不得制。悖矣。士處卑隱。欲上達。必先反諸已。上達有道。名譽不起。而不能上達矣。取譽有道。不信於友。不能得譽。信於友有道。事親不說。不信於友。不能說親朋友不信之也說親有道。脩身不誠。不能事親矣。誠身有道。心不專一。不能專誠。道在易而求之難。易謂反已先脩其本也不脩其本而欲得說親誠身之名皆難也故曰道在易而求之難驗在近而求之遠。故弗得也。驗效也近謂本遠謂末也故不能得之也

淮南子卷十

繆稱訓 繆異之論稱物假類同之神明以知所貴故曰繆稱　逵吉按此下三篇標目下皆無因以題篇四字注又簡略蓋亦不全者也但各本皆同缺無據證竝仍其舊不敢妄有增加也

道至高無上。至深無下。平乎準。直乎繩。圓乎規。方乎矩。包裹宇宙而無表裏。洞同覆載而無所礙。礙，挂也　是故體道者。不哀不樂。不喜不怒。其坐無慮。其寢無夢。物來而名。事來而應。主者國之心。心治則百節皆安。心擾則百節皆亂。故其心治者。支體相遺也。其國治者。君臣相忘也。黃帝曰。芒芒昧昧。從天之道。與玄同氣。故至德者。言同略。事同指。上下一心。無岐道旁見者。遏障之於邪。開道之於善。而民鄉方矣。故易曰。同人於野。利涉大川。言能同人道至于野則可以濟大川大川大難也　道者物之所導也。德者性之所扶也。仁者積恩之見證也。義者比於人心而合於衆適者也。故道滅而德用。德衰而仁義生。故上世體道而不德。中世守德而弗壞也。末世繩繩乎唯恐失仁義。君子非仁義無以生。失仁義。則失其所以生。小人非嗜欲無以活。失嗜欲。則失其所以活。故君子懼失仁義。小人懼失利。觀其所懼。知各殊矣。易曰。即鹿無虞。惟入於林中。君子幾。不如舍。往吝。即就也鹿以諭民虞欺也幾終也就民欺之即入林中幾終不如舍之使之不終如其吝也　其施厚者其報美。其怨大者其禍深。薄施而厚望。畜怨而無患者。古今未之有也。是故聖人察其所以往。則知其所以來者。聖人之道。猶中衢而致尊邪。（道六通謂之衢尊酒器也　達吉按六通應作四通字之誤也）過者斟酌。多少不同。各得其所宜。是故得一人。所以得百人也。（一人來得其心百人來亦得其心）人以其所願於上。以交其下。誰弗戴。以其所欲於下。以事其上。誰弗喜。詩云。媚茲一人。應侯慎德。慎德大矣。一人小矣。能善小。斯能善大矣。君子見過忘罰。故能諫。見賢忘賤。故能讓。見不足忘貧。故能施。情繫於中。行形於外。凡行戴情。雖過無怨。不戴其情。雖忠來惡。（戴心所感也情誠也）后稷廣利天下。猶不自矜。禹無廢功。無廢財。自視猶觖如也。（觖不滿也）滿如陷。（陷少也）實如虛。盡之者也。凡人各賢其所說。而說其所快。世莫不舉賢。或以治。或以亂。非自遁。（遁欺）求同乎己者也。己未必得賢。而求與己同者。而欲得賢。亦不幾矣。使堯度舜則可。使桀度堯。是猶以升量石也。今謂狐狸。則必不知狐。又不知狸。（俱不知此二獸）非未嘗見狐者。必未嘗見狸也。狐狸非異。同類也。而謂狐狸。則不知狐狸。是故謂不肖者賢。則必不知賢。謂賢者不肖。則必不知不肖者矣。聖人在上。則民樂其治。在下。則民慕其意。小人在上位。如寢關曝纊。（寢謂臥關上之不安纊蟎也曝蟎蜎動搖不休死乃止也）不得須臾寧。故易曰。乘馬班如。泣血漣如。（諭乘馬班如難也故有泣血之憂）言小人處非其位。不可長也。物莫無所不用。天雄烏喙。藥之凶毒也。良醫以活人。侏儒瞽師。人之困慰者也。（慰可慰也一曰慰極　達吉按困慰本或作困懟注並同疑作懟者是）人主以備樂。

是故聖人制其剟材。無所不用矣。剟，疏殺也 勇士一呼。三軍皆辟。其出之也誠。故倡而不和。意而不戴。意恚聲戴嗟也 中心必有不合者也。故舜不降席而王天下者。求諸己也。故上多故則民多詐矣。身曲而景直者。未之聞也。說之所不至者。容貌至焉。說之粗不如容貌精微入人深也 容貌之所不至者。感或至焉。感乎心。明乎智。發而成形。精之至也。可以形勢接。而不可以昭誋。戎翟之馬。皆可以馳驅。或近或遠。唯造父能盡其力。三苗之民。皆可使忠信。或賢或不肖。唯唐虞能齊其美。必有不傳者。心教之微眇不可傳也 中行繆伯手搏虎。中行繆伯晉臣也力能搏生虎 而不能生也。力能殺虎而德不能服之 蓋力優而克不能及也。克猶能也 用百人之所能。則得百人之力。舉千人之所愛。則得千人之心。辟若伐樹而引其本。千枝萬葉。則莫得弗從也。慈父之愛子。非爲報也。不可內解於心。聖人之養民。非求用也。性不能已。若火之自熱。冰之自寒。夫有何脩焉。及恃其力。賴其功者。若失火舟中。言舟中之人同心救火不相爲賜也 故君子見始。斯知終矣。媒妁譽人。而莫之德也。取庸而強飯之。莫之愛也。雖親父慈母。不加於此。有以爲則恩不接矣。故送往者。非所以迎來也。施死者。非專爲生也。誠出於己。則所動者遠矣。錦繡登廟。貴文也。登猶入也 圭璋在前。尙質也。以玉祭之者質也 文不勝質之謂君子。故終年爲車。無三寸之鎋。不可以驅馳。匠人斲戶。無一尺之楗。不可以閉藏。故君子行思乎其所結。

綸要終也 心之精者。可以神化。而不可以導人。導敎也 目之精者。可以消澤。而不可以昭誋。昭道誋誡也不可以敎導戒人 在混冥之中。不可諭於人。混冥人心中也 故舜不降席而天下治。桀不下陛而天下亂。蓋情甚乎叫呼也。言雖叫呼大語不如心行眞直也 無諸己。求諸人。古今未之聞也。同言而民信。信在言前也。同令而民化。誠在令外也。聖人在上。民遷而化。情以先之也。動於上不應於下者。情與令殊也。故易曰。亢龍有悔。仁君動極在上故有悔也 三月嬰兒。未知利害也。而慈母之愛諭焉者。情也。故言之用者。昭昭乎小哉。不言之用者。曠曠乎大哉。身君子之言。信也。身君子之言體行君子之言也 中君子之意。忠也。忠信形於內。感動應於外。故禹執干戚。舞於兩階之閒。而三苗服。三苗畔禹禹風以禮樂而服之 鷹翔川。魚鼈沈。禹以德服三苗猶鷹翔川上魚鼈恐皆潛 飛鳥揚。鳥見鷹而揚去 必遠害也。鷹懷欲害之心故鳥魚知其情實必遠之 子之死父也。臣之死君也。世有行之者矣。非出死以要名也。恩心之藏於中。而不能違其難也。故人之甘甘。非正爲蹠也。人之甘甘猶樂樂而爲之臣之死君子之死父非以求蹠蹠也 而蹠焉往。言蹠乃往至也 君子之慘怛。非正爲僞形也。諭乎人心。非從外入。自中出者也。義正乎君。仁親乎父。故君之於臣也。能死生之。不能使爲苟簡易。君不能使臣爲苟合易行之義 父之於子也。能發起之。不能使無憂尋。憂尋憂長也仁念也仁念父母不樂子之如此然不能止 故義勝君。仁勝父。則君尊而臣忠。父慈而子孝。聖人在上。化育如神。太上曰。我其性與。太上皇德之君也我性自然也 其次曰。微彼其如此乎。其次五帝時也其民如此故我治之如彼 故詩曰。執轡如組。易曰。含章可貞。動於近。成文於遠。夫察所夜行。周公慙乎景。故君子愼其獨也。釋近斯遠塞矣。聞善易。以正身難。夫子見禾之三變也。夫子孔子也三變始於粟粟生於苗苗成於穗也 滔滔然曰。狐鄉邱而死。我其首禾乎。禾穗垂而向根君子不忘本也 故君子見善則痛其身焉。痛已身善惡自在也 身苟正。懷遠易矣。懷來 故詩曰。弗躬弗親。庶民弗信。小人之從事也曰苟得。君子曰苟義。所求者同。所期者異乎。擊舟水中。魚沈而鳥揚。同聞而殊事。其情一也。僖負羈以壺餐表其閭。釐負羈曹臣晉重耳出過曹負羈遺以壺餐重耳反晉伐曹令兵不入其閭 趙宣孟以束脯免其軀。趙宣孟晉卿以束脯活靈輒後免其難也 禮不隆 隆多也 而德有餘。仁心之感恩接而憯怛生。故其入人深。俱之叫呼也。在家老則爲恩厚。其在責人則生爭鬬。故曰。兵莫憯於意志。莫邪爲下。寇莫大於陰陽。枹鼓爲小。聖人爲善。非以求名。而名從之。名不與利期。而利歸之。故人之憂喜。非爲蹗蹗焉往生也。言非爲冀幸往生利意也 故至人不容。至道之人不飾容也 故若眯而撫。眯芥入目也撫捫之從中發非爲觀容也 若跌而據。跌仆也 聖人之爲治。漠然不見賢焉。終而後知其可大也。若日之行。騏驥不能與之爭遠。今夫夜有求。與瞽師併。東方開。斯照矣。言人見照用瞽者猶闇而無爲人而以治事用思也 動而有益。則損隨之。益所以爲損也 故易曰。剝之不可遂盡也。故受之以復。言物剝落而復生也 積薄爲厚。積卑爲高。故君子日孳孳以成煇。小人日快快以至辱。其消息也。離朱弗能見也。文王聞善如不及。宿不善如不祥。非爲日不足也。其憂尋推之也。憂尋憂傺也故詩曰。周雖舊邦。其命維新。新國者也懷情抱質。天弗能殺。地弗能薶也。聲揚天地之閒。配日月之光。甘樂之者也。苟鄉善。雖過無怨。苟不鄉善。雖忠來患。故怨人不如自怨。求諸人不如求諸己得也。聲自召也。貌自示也。名自命也。文自官也。無非己者。操銳以刺。操刃以擊。何怨乎人。故筦子文錦也。雖醜登廟。筦仲相齊明法度審國刑猶文錦雖惡宜以升廟也子產練染也。美而不尊。子產相鄭先恩而後法猶練染爲衣溫厚而非宗廟服也虛而能滿。淡而有味。被褐懷玉者。故兩心不可以得一人。一心可以得百人。男子樹蘭。美而不芳。蘭芳草艾之美芳也男子樹之蓋不芳繼子得食。肥而不澤。繼子有情假母也不相與往來也。生所假也。死所歸也。故宏演直仁而立死。宏演衛懿公臣狄人攻衛食懿公其肝在宏演剖腹以盛之王子閭張掖而受刃。楚白公欲立王子閭爲王不可刺之以兵子閭不受不以所託害所歸也。故世治則以義衛身。世亂則以身衛義。死之日。行之終也。故君子慎一用之。無易者。非先懾也。難至而失其守也。貪婪者。非先欲也。見利而忘其害也。虞公見垂棘之璧。而不知虢禍之及己也。故至道之人。不可遏奪也。言至道之人其心先定不可臨以利奪其志也人之欲榮也。以爲己也。於彼何益。聖人之行義也。其憂尋出乎中也。於己何以利。故帝王者多矣。而三王獨稱。貧賤者多矣。而伯夷獨舉。以貴爲聖乎。則聖者衆矣。以賤爲仁乎。則賤者多矣。何聖仁之寡也。獨專之意。樂哉忽乎。日滔滔以自新。忘老之及己也。始乎叔季。歸乎伯孟。必此積也。

言自少而至長不身遁。斯亦不遁人。遁隱也已不自隱身之行亦不隱之於人故也故若行獨梁。不為無人。不兢其容。獨梁一木之水橋也行其上常兢兢恐陷也故使人信已者易。而蒙衣自信者難。及身不信故難情先動。動無不得。無不得則無著。發著而後快。言人君以情動導民也動盡得人心也無著結發動也雖著結快民心　逵吉按著本或作窨故唐虞之舉錯也。非以偕情也。快已而天下治。桀紂非正賊之也。快已而百事廢。喜憎議而治亂分矣。下有喜議而國治有憎議而國亂也聖人之行。無所合。無所離。譬若鼓無所與調。無所不比。絲筦金石。小大脩短有叙。異聲而和。君臣上下。官職有差。殊事而調。夫織者日以進。織帛者進耕者日以卻。卻謂耕者卻行事相反。成功一也。申喜聞乞人之歌而悲。出而視之。其母也。申喜亡其母母乞食於道艾陵之戰也。夫差曰。夷聲陽。句吳其庶乎。艾陵之戰吳王夫差與齊戰於艾陵也夷謂吳陽吉也句吳夷語不正言吳加以句也庶幾也　逵吉按陽吉也本或誤作告也攷易陽爲吉陰爲凶故訓陽爲吉作告非是同是聲而取信焉異。有諸情也。故心哀而歌不樂。心樂而哭不哀。夫子曰。弦則是也。其聲非也。閔子騫三年之喪畢援琴而彈其弦是也其聲切切而哀文者所以接物也。情繫於中。而欲發外者也。以文滅情。則失情。以情滅文。則失文。文情理通。則鳳麟極矣。言至德之懷遠也。輸子陽謂其子曰。良工漸乎矩鑿之中。漸習也矩鑿之中。固無物而不周。聖王以治民。造父以治馬。醫駱以治病。醫駱越醫同材而各自取焉。自從也矩鑿之中各取法度或以治民或以治馬或以治病同材而各往從取治法之也上意而民載。誠中者也。上有意而未言則民皆載而行之志或發中之於大未言而信。弗召而至。或先之也。忣於不已知者。不自知也。忣急也　逵吉按急字從及下心此作心旁及字本同耳矜怚生於不足。恒驕也不足知不足也 華誕生於矜。誠中之人。樂而不恔。如鴞好聲。忠信之人自樂爲之非恔恔也 如鴞自好爲聲耳 熊之好經。經動導引 夫有誰爲矜。各任自性非徒矜也 春女思。秋士悲。春女感陽則思秋士見陰而悲 而知物化矣。號而哭。嘰而哀。而知聲動矣。容貌顏色。理詘伸倨佝。知情僞矣。故聖人栗栗乎其內。而至乎至極矣。功名遂成。天也。循理受順。人也。太公望。周公旦。天非爲武王造之也。崇侯惡來。天非爲紂生之也。崇侯紂時諸侯也惡來紂之臣秦之先也 有其世。有其人也。教本乎君子。小人被其澤。利本乎小人。君子享其功。昔東戶季子之世。東戶季子古之人君 道路不拾遺。耒耜餘糧宿諸晦首。使君子小人各得其宜也。故一人有慶。兆民賴之。凡高者貴其左。天道左旋 故下之於上曰左之。臣辭也。臣道左君 下者貴其右。故上之於下曰右之。君讓也。君謙讓佑助臣 故上左遷則失其所尊也。左臣詞也君以再還故失其尊也 臣右還則失其所貴矣。右君詞也而臣以再還故失其貴也 小快害道。斯須害儀。斯須近也 子產騰辭。騰傳也子產作刑書有人傳詞詰之 獄繁而無邪。繁多也獄雖益多而下無邪也 失諸情者。則塞於辭矣。失事之情則爲世人辭所窮塞也 成國之道。工無僞事。農無遺力。士無隱行。官無失法。譬若設網者。引其綱而萬目開矣。舜禹不再受命。受命于人不受于天 堯舜傳大焉。先形乎小也。形見也先見微小以知大 刑於寡妻。至於兄弟。禪於家國。而天下從風。禪傳也言堯舜禹相傳天下服之也 故戎兵以大知小。若湯武以義伐不義從大伐小 人以小知大。人謂天下從風者也堯舜之民以小知堯大也 君子之道。近而不可以至。卑而不可以登。無載焉而不勝。萬物載之皆勝其任 大而章。遠而隆。知此之道。

不可求於人。斯得諸己也。釋己而求諸人。去之遠矣。君子者。樂有餘而名不足。小人樂不足而名有餘。觀於有餘不足之相去。昭然遠矣。含而弗吐。在情而不萌者。未之聞也。（言懷其情而必萌見也）君子思義而不慮利。小人貪利而不顧義。子曰。鈞之哭也。（孔子鈞等也）曰子予奈何兮乘我何。其哀則同。其所以哀則異。故哀樂之襲人情也深矣。鑿地漂池。（人或有鑿穿或有塡也言用心異也）非止以勞苦民也。各從其蹠而亂生焉。（蹠願也）其載情一也。施人則異矣。（施于人有善惡）故唐虞日孳孳以致於王。桀紂日快快以致於死。不知後世之譏己也。凡人情說其所苦卽樂。失其所樂則哀。故知生之樂。必知死之哀。有義者不可欺以利。有勇者不可劫以懼。如飢渴者不可欺以虛器也。人多欲虧義。（欲則貪貪損義）多憂害智。（貪憂閉塞故害智也）多懼害勇。嫚生乎小人。（嫚倨也）蠻夷皆能之。（嫚蠻夷之行也）善生乎君子。誘然與日月爭光。（誘美稱也）天下弗能遏奪。故治國樂其所以存。亡國亦樂其所以亡也。金錫不消釋則不流刑。（刑法）上憂尋不誠。則不法民。憂尋不在民。則是絕民之繫也。（繫所以拘維民）君反本而民繫固也。至德小節備。大節舉。齊桓舉而不密。（齊桓有大節小節疏也）晉文密而不舉。（晉文有小節大節廢也）晉文得之乎閨內。失之乎境外。（閨內脩而境外亂也）齊桓失之乎閨內。而得之本朝。（閨內亂而朝廷治也）水下流而廣大。君下臣而聰明。君不與臣爭功。而治道通矣。管夷吾百里奚。經而成之。（百里奚虞人秦相也）齊桓秦穆受而聽之。（聽用二臣之謀）

照惑者。以東爲西。惑也。照曉 見日而寤矣。衞武侯謂其臣曰。小子無謂我老而羸我。武侯蓋年九十五矣 羸劣也 有過必謁之。是武侯如弗羸之。必得羸。故老而弗舍。通乎存亡之論者也。人無能作也。有能爲也。而無能成也。人之爲。天成之。終身爲善。非天不行。終身爲不善。非天不亡。故善否我也。禍福非我也。非我也天所爲也 故君子順其在己者而已矣。性者所受於天也。命者所遭於時也。有其材不遇其世。天也。太公何力。比干何罪。循性而行止。或害或利。求之有道。得之在命。故君子能爲善。而不能必其得福。不忍爲非。而未能必免其禍。君根本也。臣枝葉也。根本不美。枝葉茂者。未之聞也。有道之世。以人與國。若堯以天下與舜也 無道之世。以國與人。逵吉按太平御覽此下有注云以賢人而與之國堯舜是也以國與人桀紂與湯武是也 堯王天下而憂不解。授舜而憂釋。憂而守之。而樂與賢。終不私其利矣。凡萬物有所施之。無小不可爲。無所用之。不知其所用也 碧瑜糞土也。瑜玉也不知用之則爲糞土也 人之情。於害之中爭取小焉。於利之中爭取大焉。故同味而嗜厚膊者。厚膊厚切肉也 必其甘之者也。同師而超羣者。必其樂之者也。弗甘弗樂而能爲表者。未之聞也。表立見也 君子時則進。得之以義。何幸之有。不時則退。讓之以義。何不幸之有。故伯夷餓死首陽之下。伯夷孤竹君之子讓國與弟不食周粟故餓也 猶不自悔。棄其所賤。得其所貴也。求仁而得仁也 福之萌也緜緜。禍之生也分分。禍福之始萌微。故民嫚之。唯聖人見其始而知其終。故傳曰。魯酒薄而邯鄲圍。(魯與趙俱朝楚獻酒於楚魯酒薄而趙酒厚楚之主酒吏求酒於趙不與楚吏怒以趙所獻酒易魯薄酒楚王以爲趙酒薄而圍邯鄲一曰趙魯獻之于周也事見莊子)羊羹不斟而宋國危。(宋將華元與鄭戰殺羊食士不及其御及戰御驅馬入鄭軍華元以獲也)明主之賞罰。非以爲已也。以爲國也。適於已而無功於國者。不施賞焉。逆於已便於國者。不加罰焉。故楚莊謂共雍曰。(共雍楚臣)有德者受吾爵祿。有功者受吾田宅。是二者女無一焉。吾無以與女。可謂不踰於理乎。(踰越)其謝之也。猶未之莫與。(謝謂遣共雍也莫勉之也)周政至。(至于道也)殷政善。(善施教未至于道也)夏政行。(行尙寬也)行政善。善未必至也。至至之人。不慕乎行。不慚乎善。含德履道。而上下相樂也。不知其所由然。有國者多矣。而齊桓晉文獨名。泰山之上有七十壇焉。(封乎泰山蓋七十二君也)而三王獨道。君不求諸臣。臣不假之君。脩近彌遠。而後世稱其大。不越鄰而成章。而莫能至焉。故孝己之禮可爲也。而莫能奪之名也。必不得其所懷也。(孝己殷高宗之子也蓋放逐而不失禮人不能與孝己爭名者不得孝己之所懷也)義載乎宜之謂君子。宜遺乎義之謂小人。通智得而不勞。(通智達道之人)其次勞而不病。其下病而不勞。古人味而弗貪也。(古人知其味而不貪其食)今人貪而弗味。(孔子魯人之舉也飲之而已莫之能味也)歌之脩其音也。(此言樂所以移風易俗歌長其音)音之不足於其美者也。(此音不足以致美化也)金石絲竹。助而奏之。猶未足以至於極也。(極治化之至也)人能尊道行義。喜怒取予。(如此即其化民逾于樂也)欲如草之從風。(草上之風必偃)召公以桑蠶耕種之時。弛獄出拘。(召公周太保也)使百姓皆得反業脩職。文王辭千里之地。而請去炮烙之刑。

（紂拘文王文王獻寶於紂紂賞以千里之地文王不受願去炮烙之刑）故聖人之舉事也。進退不失時。若夏就絺綌。上車授綏之謂也。老子學商容。見舌而知守柔矣。（商容神人也商容吐舌示老子老子知舌柔齒剛）列子學壺子。觀景柱而知持後矣。（先有形而後有影形可亡而影不可傷）故聖人不爲物先。而常制之其類。若積薪樵。後者在上。人以義愛。以黨羣。以羣強。是故德之所施者博。則威之所行者遠。義之所加者淺。則武之制者小矣。鐸以聲自毀。（鐸大鈴出於吳）膏燭以明自鑠。虎豹之文來射。猨狖之捷來措。（措刺也）故子路以勇死。（死衛侯輒之難）萇宏以智困。能以智知。而未能以智不知也。故行險者不得履繩。出林者不得直道。夜行瞑目而前其手。事有所至。而明有所害。人能貫冥冥入於昭昭。可與言至矣。鵲巢知風之所起。（歲多風則鵲作巢卑）獺穴知水之高下。（水之所及則獺避而爲穴）暉目知晏。（暉目鴆鳥也晏無雲也天將晏靜暉目先鳴　逵吉按暉目疑當作暉日說文解字鴆運日也廣雅雄曰運日雌曰陰諧晏無雲也當是藝字封禪書作驩並同）陰諧知雨。（陰諧暉目雌也天將陰雨則鳴）爲是謂人智不如鳥獸。則不然。故通於一伎。察於一辭。可與曲說。未可與廣應也。甯戚擊牛角而歌。桓公舉以大政。雍門子以哭見孟嘗君。涕流沾纓。歌哭。衆人之所能爲也。一發聲。入人耳。感人心。情之至者也。故唐虞之法可效也。其諭人心不可及也。簡公以懦殺。（簡公齊君也以柔懦田成子殺之）子陽以猛劫。（子陽鄭相也偷刑而刦死）皆不得其道者也。故歌而不比於律者。其清濁一也。（雖清濁失和故不中律全）繩之外與繩之內。皆失直者也。紂爲象箸而箕子嘰。（嘰唬也知象箸必有玉杯爲杯必極滋味）魯以偶人葬而孔子歎。偶人相人也歎其象人而用之 見所始則知所終。故水出於山。入於海。稼生乎野。而藏乎倉。聖人見其所生。則知其所歸矣。水濁者魚噞。令苛者民亂。城峭者必崩。岸崝者必陀。崝峭也陀落也 故商鞅立法而支解。商鞅爲秦孝公立治法百姓怨之以罪支解 吳起刻削而車裂。吳起相楚設貴臣相坐之法卒車裂也 治國譬若張瑟。大絃組。組急也 則小絃絕矣。故急轡數策者。非千里之御也。有聲之聲。不過百里。無聲之聲。施於四海。是故祿過其功者損。名過其實者蔽。情行合而名副之。禍福不虛至矣。身有醜夢。不勝正行。國有妖祥。不勝善政。是故前有軒冕之賞。不可以無功取也。後有斧鉞之禁。不可以無罪蒙也。素脩正者。弗離道也。君子不謂小善不足爲也而舍之。小善積而爲大善。不謂小不善爲無傷也而爲之。小不善積而爲大不善。是故積羽沈舟。羣輕折軸。故君子禁於微。壹快不足以成善。積快而爲德。壹恨不足以成非。積恨而成怨。故三代之稱。千歲之積譽也。桀紂之謗。千歲之積毀也。天有四時。人有四用。何謂四用。視而形之。莫明於目。聽而精之。莫聰於耳。重而閉之。莫固於口。含而藏之。莫深於心。目見其形。耳聽其聲。口言其誠。而心致之精。則萬物之化咸有極矣。地以德廣。人君以德廣益其土地也 君以德尊。上也。地以義廣。君以義尊。次也。地以強廣。君以強尊。下也。故粹者王。駁者霸。無一焉者亡。昔二皇鳳皇至於庭。三代至乎門。周室至乎澤。德彌麤。所至彌遠。德彌精。所至彌近。君子誠仁。施亦仁。不施亦仁。（道無爲而民蒙純此所謂不施而仁）小人誠不仁。施亦不仁。不施亦不仁。善之由我。與其由人。若仁德之盛者也。故情勝欲者昌。欲勝情者亡。欲知天道察其數。（謂律曆之數也）欲知地道物其樹。（五土之宜各有所種生之木）欲知人道從其欲。（君子欲于道小人欲于利）勿驚勿駭。萬物將自理。勿撓勿攖。（攖纓）萬物將自清。（言治天下各順其情）察一曲者。不可與言化。（一曲一事也）審一時者。不可與言大。（猶蟬不知寒也）日不知夜。月不知晝。日月爲明而弗能兼也。唯天地能函之。能包天地。曰唯無形者也。驕溢之君無忠臣。口慧之人無必信。交拱之木。無把之枝。（拱抱也把握也）尋常之溝。無吞舟之魚。根淺則末短。本傷則枝枯。福生於無爲。患生於多欲。害生於弗備。穢生於弗耨。聖人爲善若恐不及。備禍若恐不免。蒙塵而欲毋眯。涉水而欲無濡。不可得也。是故知已者不怨人。知命者不怨天。福由已發。禍由已生。聖人不求譽。不辟誹。正身直行。衆邪自息。今釋正而追曲。倍是而從衆。是與俗儷走。而內行無繩。（繩所以彈曲者也）故聖人反已而弗由也。道之有篇章形埒者。（形埒兆朕也）非至者也。嘗之而無味。視之而無形。不可傳於人。大戟去水。亭歷愈張。用之不節。乃反爲病。物多類之而非。唯聖人知其微。善御者不忘其馬。善射者不忘其弩。善爲人上者。不忘其下。誠能愛而利之。天下可從也。弗愛弗利。親子叛父。天下有至貴而非勢位也。有至富而非金玉也。有至壽而非千歲也。原心反性。則貴矣。適情知足。則富矣。明死生之分。則壽矣。言無常是。行無常宜者。小人也。察於一事。通於一伎者。中人也。兼覆蓋而并有之。度伎能而裁使之者。聖人也。裁制也度其伎能而裁制使之 逵吉按太平御覽引作兼覆而并有之無蓋字

淮南子卷十一

齊俗訓（齊一也四宇之風世之衆理皆混其俗令爲一道也故曰齊俗）

率性而行謂之道。得其天性謂之德。性失然後貴仁。道失然後貴義。是故仁義立而道德遷矣。禮樂飾則純樸散矣。是非形則百姓眩矣。珠玉尊則天下爭矣。凡此四者。衰世之造也。末世之用也。夫禮者所以別尊卑。異貴賤。義者所以合君臣父子兄弟夫妻朋友之際也。今世之爲禮者。恭敬而忮。（忮害也）爲義者。布施而德。君臣以相非。骨肉以生怨。則失禮義之本也。故搆而多責。（謂以權相交權盡而交疏搆搆然也）夫水積則生相食之魚。土積則生自宄之獸。（逵吉按太平御覽自宄作食肉疑非）禮義飾則生僞匿之本。夫吹灰而欲無眯。涉水而欲無濡。不可得也。古者民童蒙不知東西。貌不羨乎情。而言不溢乎行。其衣致煖而無文。其兵戈銖而無刃。（楚人謂刃頓爲銖　逵吉按頓即鈍字故頑頓即頑鈍是）其歌樂而無轉。其哭哀而無聲。鑿井而飲。耕田而食。無所施其美。亦不求得。親戚不相毀譽。朋友不相怨德。及至禮義之生。貨財之貴。而詐僞萌興。非譽相紛。怨德並行。於是乃有曾參孝已之美。而生盜跖莊蹻之邪。故有大路龍旂。羽蓋垂緌。（大路天子車也交龍爲旂）結駟連騎。則必有穿窬拊楗。抽箕踰備之姦。（抽握也備後垣也）有詭文繁繡。弱緆羅紈。（弱緆細布也羅縠紈素也）必有菅屩跐踦。短褐不完者。（菅茅也跐偶也踦適也楚人謂袍爲短褐大布）故高下之相傾也。短脩之相形也。亦明矣。夫蝦蟆爲鶉。（鶉鵪也）水蠆爲蟌䖬。（蜻蛉也）皆生非其類。唯聖人知其化。（其化視陰入陽從陽入陰）夫胡人見黂。（黂麻子也）不知其可以爲布也。越人見毳。不知其可以爲旃也。故不通於物者。難與言化。昔太公望周公旦受封而相見。太公問周公曰。何以治魯。周公曰。尊尊親親。太公曰。魯從此弱矣。（尊尊親親仁者弱也）周公問太公曰。何以治齊。太公曰。舉賢而上功。周公曰。後世必有劫殺之君。（舉賢上功則民競故劫殺）其後齊日以大。至於霸。二十四世而田氏代之。（齊臣田氏奪其君位代之）魯日以削。至三十二世而亡。（魯祿去公室至楚孝烈王滅之）故易曰。履霜堅冰至。聖人之見終始微言。故糟邱生乎象櫡。（紂爲長夜之飲積糟成邱者起于象櫡）炮烙生乎熱斗。（庖人進羹于紂熱以爲惡以熱斗殺之趙國斗可以殺人故起炮烙）子路撜溺而受牛謝。（撜舉也拯出溺人主謝以牛也）孔子曰。魯國必好救人於患。子贛贖人而不受金於府。（魯國之法贖人於它國者受金於府）孔子曰。魯國不復贖人矣。子路受而勸德。子贛讓而止善。孔子之明。以小知大。以近知遠。通於論者也。由此觀之。廉有所在。而不可公行也。故行齊於俗。可隨也。事周於能。易爲也。矜僞以惑世。伉行以違衆。聖人不以爲民俗。廣廈闊屋。連闥通房。人之所安也。鳥入之而憂。高山險阻。深林叢薄。虎豹之所樂也。人入之而畏。川谷通原。積水重泉。黿鼉之所便也。人入之而死。咸池承雲。（皆黃帝樂）九韶。（舜樂）六英。（帝顓頊樂）人之所樂也。鳥獸聞之而驚。深谿峭岸。峻木尋枝。猨狖之所樂也。人上之而慄。形殊性詭。所以為樂者。乃所以為哀。所以為安者。乃所以為危也。乃至天地之所覆載。日月之所照認。使各便其性。安其居。處其宜。為其能。故愚者有所脩。智者有所不足。柱不可以摘齒。逵吉按太平御覽引摘作剌 筐不可以持屋。筐小簪也 逵吉按太平御覽引筐作筳 馬不可以服重。牛不可以追速。鉛不可以為刀。銅不可以為弩。鐵不可以為舟。木不可以為釜。各用之於其所適。施之於其所宜。即萬物一齊。而無由相過。夫明鏡便於照形。其於以函食不如簞。犧牛粹毛。宜於廟牲。其於以致雨。不若黑蜧。黑蜧神蛇也潛於神淵能興雲雨 由此觀之。物無貴賤。因其所貴而貴之。物無不貴也。因其所賤而賤之。物無不賤也。夫玉璞不厭厚。角鯔不厭薄。角鯔刀劍刃閒之覆角也 漆不厭黑。粉不厭白。此四者相反也。所急則均。其用一也。今之裘與蓑孰急。見雨則裘不用。升堂則蓑不御。此代為常者也。譬若舟車楯肆窮廬。故有所宜也。水宜舟陸地宜車沙地宜肆泥地宜楯草野宜窮廬 逵吉按錢別駕云大禹四載本皆異說文解字水行乘舟陸行乘車山行乘欙澤行乘輴史記山行乘欙水行乘船陸行乘車澤行乘橇漢書溝洫志山行乘梮水行乘舟陸行乘車澤行乘毳徐廣史記注又作山行乘橋水行乘船陸行乘車澤行乘蕝呂不韋書山用樏水用舟陸用車塗用楯又有沙用鳩本書脩務訓又云山行乘蔂水行乘舟沙行乘鳩澤行乘楯與此而七其字各殊攷之纍為正字蔂樏皆欙字之別也肆字音與欙相近通用欙梮亦同聲橋又欙字之轉聲欙乃駕馬大車橋即俗轎字也鳩車聲相轉然古別有一種車名鳩蓋小車輴䡅楯三字同類橇毳蕝三字同類周禮曰孤乘夏䡅又下棺車亦曰輴古字無䡅楯乃以闌楯借用耳僞孔傳尚書本不足據其見于諸書者因以別駕所肆攷而附詳之 故老子曰。不上賢者。言不致魚於水。鳥沈於淵。物各因其宜故不須用賢 故堯之治天下也。舜為司徒。契為司馬。禹為司空。后稷爲大田師。奚仲爲工。其導萬民也。水處者漁。山處者木。谷處者牧。陸處者農。地宜其事。事宜其械。械宜其用。用宜其人。澤臯織網。陵阪耕田。得以所有易所無。以所工易所拙。是故離叛者寡。而聽從者衆。譬若播棊丸於地。員者走澤。方者處高。各從其所安。夫有何上下焉。若風之遇簫。（簫籟也）忽然感之。各以清濁應矣。夫猨狖得茂木。不舍而穴。狟狢得埵防。弗去而緣。（狟狟豚也埵水防隄埒也也）物莫避其所利。而就其所害。是故鄰國相望。雞狗之音相聞。而足迹不接諸侯之境。車軌不結千里之外者。皆各得其所安。故亂國若盛。治國若虛。亡國若不足。存國若有餘。虛者。非無人也。皆守其職也。盛者。非多人也。皆徼於末也。有餘者。非多財也。欲節事寡也。不足者。非無貨也。民躁而費多也。故先王之法籍。非所作也。其所因也。其禁誅。非所爲也。其所守也。

凡以物治物者。不以物以睦。治睦者不以睦以人。治人者不以人以君。治君者不以君以欲。治欲者不以欲以性。治性者不於性以德。治德者不以德以道。原人之性。蕪濊而不得清明者。物或堁之也。（堁坋塵也）羌氏僰翟。嬰兒生皆同聲。（羌東戎氐南夷僰西夷翟北胡）及其長也。雖重象狄騠。（象狄騠譯也象傳狄騠之語也）不能通其言。教俗殊也。今三月嬰兒生而徙國。則不能知其故俗。由此觀之。衣服禮俗者。非人之性也。所受於外也。夫竹之性浮。殘以爲牒。束而投之水則沈。失其體也。

金之性沈。託之於舟上則浮。勢有所支也。夫素之質白。染之以涅則黑。縑之性黃。染之以丹則赤。人之性無邪。久湛於俗則易。易而忘本。合於若性。（若性合於它性自若本性也）故日月欲明。浮雲蓋之。河水欲清。沙石濊之。（逵吉按太平御覽作沙壤穢之）人性欲平。嗜欲害之。惟聖人能遺物而反己。夫乘舟而惑者。不知東西。見斗極則寤矣。夫性亦人之斗極也。有以自見也。則不失物之情。無以自見。則動而惑營。譬若隴西之游。愈躁愈沈。孔子謂顏回曰。吾服汝也忘。（孔子謙自謂無知而服回此忘行也）而汝服於我也亦忘。雖然。汝雖忘乎吾。猶有不忘者存。孔子知其本也。夫縱欲而失性。動未嘗正也。以治身則危。以治國則亂。以入軍則破。是故不聞道者。無以反性。故古之聖王。能得諸己。故令行禁止。名傳後世。德施四海。是故凡將舉事。必先平意清神。神清意平。物乃可正。若璽之抑埴。（璽印也埴泥也）正與之正。（印正而封亦正）傾與之傾。故堯之舉舜也。決之於目。桓公之取甯戚也。斷之於耳而已矣。爲是釋術數而任耳目。其亂必甚矣。夫耳目之可以斷也。反情性也。聽失於誹譽。而目淫於采色。而欲得事正。則難矣。夫載哀者聞歌聲而泣。載樂者見哭者而笑。哀可樂者。笑可哀者。載使然也。是故貴虛。（虛者心無所載於哀樂也）故水激則波興。氣亂則智昏。智昏不可以爲政。波水不可以爲平。故聖王執一而勿失。萬物之情既矣。四夷九州服矣。夫一者至貴。無適於天下。聖人託於無適。故民命繫矣。為仁者必以哀樂論之。為義者必以取予明之。目所見不過十里。而欲徧照海內之民。哀樂弗能給也。無天下之委財。而欲徧贍萬民。利不能足也。且喜怒哀樂。有感而自然者也。故哭之發於口。涕之出於目。（逵吉按太平御覽引目作鼻疑是）此皆憤於中而形於外者也。譬若水之下流。烟之上尋也。夫有孰推之者。故強哭者。雖病不哀。強親者。雖笑不和。情發於中而聲應於外。故釐負羈之壺餐。愈於晉獻公之垂棘。（獻公以垂棘滅虞虢）趙宣孟之束脯。賢於智伯之大鐘。（智伯以大鐘滅仇由）故禮豐不足以效愛。而誠心可以懷遠。故公西華之養親也。若與朋友處。曾參之養親也。若事嚴主烈君。其於養一也。（公西華孔子弟子也與朋友處睦而少敬烈酷也曾參事親其敬多）故胡人彈骨。越人契臂。中國歃血也。所由各異。其於信一也。（胡人之盟約置酒人頭骨中飲以相詛刻臂出血殺牲歃血相與為信逵吉按太平御覽引契作齧列子釋文仍作契引許昚注云契刻臂出血也歃御覽引作啑啑歃之別字也）三苗髽首。羌人括領。中國冠笄。越人劗鬋。其於服一也。（三苗之國在彭蠡洞庭之野髽以枲束髮也括結笄簪鬋斷也）帝顓頊之法。婦人不辟男子於路者。拂於四達之衢。（拂放也逵吉按太平御覽引拂作祓有注云除其不祥）今之國都。男女切踦。（踦足也）肩摩於道。其於俗一也。故四夷之禮不同。皆尊其主而愛其親。敬其兄。獫狁之俗相反。（獫狁北胡也其俗物與中國相反也）皆慈其子而嚴其上。夫鳥飛成行。獸處成羣。有孰教之。故魯國服儒者之禮。行孔子之術。地削名卑。不能親近來遠。越王句踐。劗髮文身。無皮弁搢笏之服。（皮弁以為鷩冠也搢佩紟笏佩玉也長三尺抒上終葵首拘罷拒折之容。拘罷圜也拒折方也然而勝夫差於五湖。南面而霸天下。泗上十二諸侯皆率九夷以朝。胡貉匈奴之國。縱體拖髮。拖縱也箕倨反言。而國不亡者。未必無禮也。楚莊王裾衣博袍。裾衷也衣裾也令行乎天下。遂霸諸侯。晉文君大布之衣。大布粗布也牂羊之裘。韋以帶劍。威立於海內。豈必鄒魯之禮之謂禮乎。鄒孟軻邑魯孔子邑是故入其國者從其俗。入其家者避其諱。不犯禁而入。不忤逆而進。雖之夷狄徒倮之國。徒倮不衣也結軌乎遠方之外。而無所困矣。禮者實之文也。仁者恩之效也。故禮因人情而爲之節文。而仁發併以見容。併色也禮不過實。仁不溢恩也。治世之道也。夫三年之喪。是強人所不及也。而以僞輔情也。三月之服。是絕哀而迫切之性也。三月之服夏后氏之禮夫儒墨不原人情之終始。而務以行相反之制。五縗之服。五縗謂三年朞年九月五月三月服也悲哀抱於情。葬薶稱於養。不強人之所不能爲。不絕人之所能已。度量不失於適。誹譽無所由生。古者非不知繁升降槃還之禮也。蹀采齊肆夏之容也。采齊肆夏皆樂名也以爲曠日煩民而無所用。故制禮足以佐實喻意而已矣。古者非不能陳鐘鼓。盛筦簫。揚干戚。奮羽旄。以爲費財亂政。制樂足以合歡宣意而已。喜不羨於音。非不能竭國麋民。虛府殫財。含珠鱗施。綸組節束。鱗施玉紐也綸絮也束縛也追送死也。以爲窮民絕業而無益於槁骨腐肉也。故葬薶足以收斂蓋藏而已。昔舜葬蒼梧。市不變其肆。（舜南巡狩死蒼梧葬於道九疑山不煩市井之所廢）禹葬會稽之山。農不易其畝。（禹會羣臣于會稽葬山陰之陽不煩農人之田畝）明乎生死之分。通乎侈儉之適者也。亂國則不然。言與行相悖。情與貌相反。禮飾以煩。樂優以淫。崇死以害生。久喪以招行。是以風俗濁於世。而誹譽萌於朝。是故聖人廢而不用也。義者循理而行宜也。禮者體情制文者也。義者宜也。禮者體也。昔有扈氏爲義而亡。（有扈夏啓之庶兄也以堯舜舉賢禹獨與子故伐啓啓亡之）知義而不知宜也。魯治禮而削。知禮而不知體也。有虞氏之祀。其社用土。（封土爲社）祀中霤。葬成畝。（田畝而葬）其樂咸池承雲九韶。（舜兼用黃帝樂九韶舜所作也）其服尚黃。（舜土德也）夏后氏其社用松。（所樹之木皆所生地之所宜也）祀戶。（春祭先戶夏木德也）葬牆置翣。（翣棺衣飾也）其樂夏籥九成六佾六列六英。（九成變也六列六六爲行列也六英爲兼用顓頊之樂也）其服尚青。（木德故尚青也）殷人之禮。其社用石。（以石爲社主也）祀門。（秋祭先門殷金德也）葬樹松。其樂大濩晨露。（大濩晨露湯所作樂）其服尚白。（金德故尚白也）周人之禮。其社用栗。祀竈。（夏祭先竈周火德也鄒子曰五德之次從所不勝故虞土夏木）葬樹柏。其樂大武三象棘下。（三象棘下武象樂也）其服尚赤。（火德故尚赤也）禮樂相詭。服制相反。然而皆不失親疏之恩。上下之倫。今握一君之法籍。以非傳代之俗。譬由膠柱而調瑟也。故明王制禮義而爲衣。分節行而爲帶。衣足以覆形。從典墳。虛循撓。便身體。適行步。不務於奇麗之容。隅眥之削。帶足以結紐收衽。束牢連固。不亟於爲文句疏短之鞵。故制禮義。行至德。而不拘於儒墨。所謂明者。非謂其見彼也。自見而已。所謂聽者。非謂聞彼也。自聞而已。所謂達者。非謂知彼也。自知而已。是故身者道之所託。身得則道得矣。道之得也。以視則明。以聽則聰。以言則公。以行則從。故聖人財制物也。猶工匠之斲削鑿枘也。宰庖之切割分別也。曲得其宜而不折傷。拙工則不然。大則塞而不入。小則窕而不周。動於心。枝於手而愈醜。夫聖人之斲削物也。剖之判之。離之散之。已淫已失。復揆以一。既出其根。復歸其門。已雕已琢。還反於樸。合而爲道德。離而爲儀表。其轉入玄冥。其散應無形。禮義節行。又何以窮至治之本哉。世之明事者。多離道德之本。曰。禮義足以治天下。此未可與言術也。所謂禮義者。五帝三王之法籍。風俗一世之迹也。譬若芻狗土龍之始成。芻狗束芻爲狗以謝過求福土龍以請雨 文以青黃。絹以綺繡。逵吉按太平御覽絹作飾 纏以朱絲。尸祝袀袨。袀純服袨墨齋衣也 大夫端冕。端冕冠也 以送迎之。及其已用之後。則壤土草蒯而已。逵吉按太平御覽蒯作芥芥正字蒯奇字 夫有孰貴之。言弃之不貴也逵吉按太平御覽作誰貴之哉 故當舜之時。有苗不服。於是舜脩政偃兵。執干戚而舞之。禹之時。天下大雨。禹令民聚土積薪。擇丘陵而處之。武王伐紂。載尸而行。武王伐紂伯夷曰父死未葬爰及干戈可謂孝乎 海內未定。故不爲三年之喪始。言始廢于武王也 禹遭洪水之患。陂塘之事。故朝死而暮葬。此皆聖人之所以應時耦變。見形而施宜者也。今之脩干戚而笑钁插。钁斫屬 知三年非一日。是從牛非馬。以徵笑羽也。以此應化。無以異於彈一弦而會棘下。棘下樂名一弦會之不可成也夫以一世之變。欲以耦化應時。譬猶冬被葛而夏被裘。夫一儀不可以百發。儀弩招頭也射百發遠近不可皆以一儀也一衣不可以出歲。儀必應乎高下。衣必適乎寒暑。是故世異則事變。時移則俗易。故聖人論世而立法。隨時而舉事。尚古之王。封於泰山。禪於梁父。七十餘聖。法度不同。非務相反也。時世異也。是故不法其已成之法。而法其所以爲法。所以爲法者。與化推移者也。夫能與化推移爲人者。至貴在焉爾。故狐梁之歌可隨也。其所以歌者。不可爲也。聖人之法可觀也。其所以作法。不可原也。辯士言可聽也。其所以言。不可形也。淳均之劍不可愛也。而歐冶之巧可貴也。今夫王喬赤誦子。吹嘔呼吸。吐故內新。遺形去智。抱素反真。以游玄眇。上通雲天。今欲學其道。不得其養氣處神。而放其一吐一吸。時詘時伸。其不能乘雲升假。亦明矣。王喬蜀武陽人也爲柏人令得道而仙赤誦子上谷人也病癘入山導引輕舉假上也　逵吉按俗本赤誦作赤松蓋誤改之古字誦與松同聲通用五帝三王。輕天下。細萬物。齊死生。同變化。抱大聖之心。以鏡萬物之情。上與神明爲友。下與造化爲人。今欲學其道。不得其清明玄聖。而守其法籍憲令。不能爲治亦明矣。故曰。得十利劍。不若得歐冶之巧。得百走馬。不若得伯樂之數。樸至大者無形狀。道至眇者無度量。故天之圓也不得規。地之方也不得矩。往古來今謂之宙。四方上下謂之宇。道在其閒而莫知其所。

故其見不遠者。不可與語大。其智不閎者。不可與論至。昔者馮夷得道。以潛大川。 馮夷河伯也華陰潼鄉隄首里人服八石得水仙 鉗且得道。以處昆侖。 鉗且得仙道升居昆侖山　逵吉按莊子大宗師篇堪坏襲昆侖陸德明釋文云堪坏神人人面獸形淮南作欽負是唐本鉗且作欽負也字形近故誤耳程文學據山海經云是與欽䲹殺祖江于昆侖之陽後漢書注引作欽駓古駓䲹本一字錢別駕云古丕與負通故尚書丕子之責史記作負子丕與負通因之從丕之字亦與負通也堪欽亦同聲 扁鵲以治病。 扁鵲盧人姓秦名越人趙簡子時人 造父以御馬。羿以之射。倕以之斲。 倕堯時巧工也 所爲者各異。而所道者一也。夫稟道以通物者。無以相非也。譬若同陂而溉田。其受水均也。今屠牛而烹其肉。或以爲酸。或以爲甘。煎熬燎炙。齊味萬方。其本一牛之體。伐楩柟豫樟而剖棃之。 剖判棃分也 或爲棺椁。或爲柱梁。披斷撥檖。 披解也撥析理也檖順也 所用萬方。然一木之樸也。故百家之言。指奏相反。其合道一體也。譬若絲竹金石之會樂同也。其曲家異。而不失於體。伯樂韓風秦牙管青。 四子皆古善相馬者 所相各異。其知馬一也。故三皇五帝。法籍殊方。其得民心均也。故湯入夏而用其法。武王入殷而行其禮。桀紂之所以亡。而湯武之所以爲治。故剞劂銷鋸陳。非良工不能以制木。鑪橐埵坊設。 鑪橐埵皆治具坊土刑也 非巧治不能以治金。屠牛吐一朝解九牛。而刀可以剃毛。 屠牛吐齊之大屠剝截髮也　逵吉按太平御覽吐作坦疑坦字之訛 庖丁用刀十九年。而刀如新剖硎。 庖丁齊屠伯也新剖始製也硎磨刀石 何則。游乎衆虛之閒。 衆虛之閒剖中理也 若夫規矩鉤繩者。此巧之具也。而非所以巧也。故瑟無弦。雖師文不能以成曲。 師文樂師 徒弦則不能悲。故弦悲之具也。而非所以爲悲也。若夫工匠之爲連鐖運開。陰閉眩錯。連鐖，鐖發也。運開，相通也。陰閉，獨閉也。眩，因而相錯也。 入於冥冥之眇。神調之極。游乎心手衆虛之閒。而莫與物爲際者。父不能以教子。瞽師之放意相物。寫神愈舞。而形乎弦者。兄不能以喻弟。今夫爲平者準也。爲直者繩也。若夫不在於繩準之中。可以平直者。此不共之術也。故叩宮而宮應。彈角而角動。此同音之相應也。其於五音無所比。而二十五弦皆應。此不傳之道也。故蕭條者。形之君。蕭條，深靜也。 而寂寞者。音之主也。微音生於寂寞。 天下是非無所定。世各是其所是。而非其所非。所謂是與非各異。皆自是而非人。由此觀之。事有合於己者。而未始有是也。有忤於心者。而未始有非也。故求是者。非求道理也。求合於己者也。去非者。非批邪施也。施，微曲也。 去忤於心者也。忤於我。未必不合於人也。合於我。未必不非於俗也。至是之是無非。至非之非無是。此真是非也。若夫是於此而非於彼。非於此而是於彼者。此之謂一是一非也。此一是非。隅曲也。夫一是非。宇宙也。今吾欲擇是而居之。擇非而去之。不知世之所謂是非者。不知孰是孰非。老子曰。治大國若烹小鮮。爲寬裕者曰勿數撓。裕，饒也。 爲刻削者曰致其鹹酸而已矣。晉平公出言而不當。師曠舉琴而撞之。跌衽宮壁。跌衽至平公衣衽中宮壁。 左右欲塗之。欲塗師曠所敗壁也。 平公曰。舍之。以此爲寡人失。孔子聞之曰。平公非不痛其體也。欲來諫者也。韓子聞之曰。韓子韓公子非 羣臣失禮而弗誅。是縱過也。有以也。夫平公之不霸也。故賓有見人於窓子者。窓子子賤也 賓出。窓子曰。子之賓獨有三過。望我而笑。是攓也。攓慢也 談語而不稱師。是返也。逵吉按太平御覽引語作論返作叛 交淺而言深。是亂也。賓曰。望君而笑。是公也。談語而不稱師。是通也。交淺而言深。是忠也。故賓之容。一體也。或以爲君子。或以爲小人。所自視之異也。逵吉按太平御覽引自作從 故趣舍合。卽言忠而益親。身疏。卽謀當而見疑。親母爲其子治扢禿。而血流至耳。見者以爲其愛之至也。使在於繼母。則過者以爲嫉也。事之情一也。所從觀者異也。從城上視牛如羊。視羊如豕。所居高也。窺面於盤水則員。於杯則隋。面形不變其故。有所員有所隋者。所自窺之異也。今吾雖欲正身而待物。庸遽知世之所自窺我者乎。若轉化而與世競走。譬猶逃雨也。無之而不濡。常欲在於虛。則有不能爲虛矣。爲者失之執者敗之 若夫不爲虛而自虛者。性自然也 此所慕而不能致也。故通於道者如車軸。不運於己。而與轂致千里。轉無窮之原也。不通於道者若迷惑。告以東西南北。所居聆聆。聆聆意曉解也 一曲而辟。辟小邪僻也 然忽不得復迷惑也。故終身隸於人。辟若俔之見風也。俔候風者也世所謂五兩　逵吉按文選注引俔作綄見作候許脊注云綄候風也楚人謂之五兩攷古完與見因字形相近本多譌別故論語莞爾之莞陸德明又作莧爾此字義當作綄爲是 無須臾之閒定矣。故聖人體道反性。不化以待化。則幾於免矣。無爲以待有爲近於免世難也 治世之體易守也。其事易爲也。其禮易行也。其責易償也。是以人不兼官。官不兼事。士農工商。鄉別州異。是故農與農言力。士與士言行。工與工言巧。商與商言數。是以士無遺行。農無廢功。工無苦事。商無折貨。各安其性。不得相干。故伊尹之興土功也。脩脛者使之跖钁。（長脛以蹋插者使入深）强脊者使之負土。（脊强者任負重）眇者使之準。（目不正因令睎）傴者使之塗。（傴人塗地因其俛也）各有所宜。而人性齊矣。胡人便於馬。越人便於舟。異形殊類。易事而悖。失處而賤。得勢而貴。聖人總而用之。其數一也。夫先知遠見。達視千里。人才之隆也。而治世不以責於民。（言民不以己求備于下也）博聞强志。口辯辭給。人智之美也。而明主不以求於下。敖世輕物。不汙於俗。士之伉行也。而治世不以爲民化。神機陰閉。剞劂無迹。人巧之妙也。而治世不以爲民業。故萇弘師曠。先知禍福。言無遺策。而不可與衆同職也。公孫龍折辯抗辭。別同異。離堅白。（公孫龍趙人好分析詭異之言以白馬不得合爲一物離而爲二也）不可與衆同道也。北人無擇非舜而自投清泠之淵。（北人無擇古隱士也非舜非其德之衰也）不可以爲世儀。魯般墨子以木爲鳶而飛之。三日不集。而不可使爲工也。故高不可及者。不可以爲人量。行不可逮者。不可以爲國俗。夫挈輕重不失銖兩。聖人弗用。而縣之乎銓衡。視高下不差尺寸。明主弗任。而求之乎浣準。（浣準水望之平）何則。人才不可專用。而度量可世傳也。故國治可與愚守也。而軍制可與權用也。夫待騕褭飛兔而駕之。則世莫乘車。騕褭良馬飛兔其子褭兔走蓋皆一日萬里也待西施毛嬙而爲配。則終身不家矣。西施毛嬙古好女也然非待古之英俊而人自足者。因所有而並用之。夫騏驥千里。一日而通。駑馬十舍。旬亦至之。旬十日也由是觀之。人材不足專恃。而道術可公行也。亂世之法。高爲量而罪不及。重爲任而罰不勝。危爲禁而誅不敢。民困於三責。則飾智而詐上。犯邪而干免。干求也故雖峭法嚴刑。不能禁其姦。何者。力不足也。故諺曰。鳥窮則噣。獸窮則觸。人窮則詐。此之謂也。道德之論。譬猶日月也。江南河北。不能易其指。馳騖千里。不能易其處。趨舍禮俗。猶室宅之居也。東家謂之西家。西家謂之東家。雖皐陶爲之理。不能定其處。故趨舍同。誹譽在俗。意行鈞。窮達在時。湯武之累行積善。可及也。其遭桀紂之世。天授也。今有湯武之意。而無桀紂之時。而欲成霸王之業。亦不幾矣。昔武王執戈秉鉞以伐紂勝殷。搢笏杖殳以臨朝。殳木杖也武王既沒。殷民叛之。周公踐東宮。履乘石。人君升車有乘石也攝天子之位。負扆而朝諸侯。戶牖之閒謂之扆放蔡叔。誅管叔。周公兄也克殷殘商。殘商誅紂子祿父祀文王于明堂。七年而致政成王。夫武王先武而後文。非意變也。以應時也。周公放兄誅弟。非不仁也。以匡亂也。故事周於世則功成。務合於時則名立。昔齊桓公合諸侯以乘車。退誅於國以斧鉞。晉文公合諸侯以革車。退行於國以禮義。桓公前柔而後剛。文公前剛而後柔。然而

令行乎天下。權制諸侯鈞者。審於勢之變也。顏闔魯君欲相之（顏闔魯隱士）而不
肯。使人以幣先焉。鑿培而遁之。（培屋後牆也）爲天下顯武。（楚人謂士爲武）使遇商鞅申不害。
刑及三族。又況身乎。世多稱古之人而高其行。竝世有與同者。而弗知貴
也。非才下也。時弗宜也。故六騏驥。四駃騠。（駃騠北翟之良馬也）以濟江河。不若窾木便
者。（窾空也）處世然也。是故立功之人。簡於行而謹於時。今世俗之人。以功成爲
賢。以勝患爲智。以遭難爲愚。以死節爲戇。吾以爲各致其所極而已。王子
比干。非不知箕子被髮佯狂以免其身也。然而樂直行盡忠以死節。故不
爲也。伯夷叔齊。非不能受祿任官。以致其功也。然而樂離世伉行以絕衆。
故不務也。許由善卷。非不能撫天下。寧海內。以德民也。然而羞以物滑和。
故弗受也。豫讓要離。（豫讓智伯臣要離吳王闔閭臣）非不知樂家室。安妻子。以偷生也。然而樂
推誠行。必以死主。故不留也。今從箕子視比干。則愚矣。從比干視箕子。則
卑矣。從管晏視伯夷。則戇矣。從伯夷視管晏。則貪矣。趨舍相非。嗜欲相反。
而各樂其務。將誰使正之。曾子曰。擊舟水中。鳥聞之而高翔。魚聞之而淵
藏。故所趨各異。而皆得所便。故惠子從車百乘。以過孟諸。（惠子名施仕爲梁相從車百乘志向未足孟諸
宋澤）莊子見之。弃其餘魚。（莊子名周蒙人隱而不仕見惠施之不足故弃餘魚）鵜胡飲水數斗而不足。（鵜胡汙澤鳥）鱓
鮪入口若露而死。（鱓鮪魚名）智伯有三晉而欲不澹。（三晉智伯兼范中行地澹足也）林類榮啓期。衣若

縣衰而意不慊。林類榮啓期皆隱士慊恨也 由此觀之則趣行各異何以相非也。夫重生者不以利害己。立節者見難不苟免。貪祿者見利不顧身。而好名者非義不苟得。此相爲論。譬猶冰炭鉤繩也。何時而合。若以聖人爲之中。則兼覆而幷之。未有可是非者也。夫飛鳥主巢。狐狸主穴。巢者巢成而得棲焉。穴者穴成而得宿焉。趨舍行義。亦人之所棲宿也。各樂其所安。致其所蹠。謂之成人。蹠至也 故以道論者。總而齊之。治國之道。上無苛令。官無煩治。士無僞行。工無淫巧。其事經而不擾。其器完而不飾。亂世則不然。爲行者相揭以高。揭舉 爲禮者相矜以僞。車輿極於雕琢。器用逐於刻鏤。求貨者爭難得以爲寶。詆文者處煩撓以爲慧。爭爲佹辯。久稽而不訣。無益于治。工爲奇器。歷歲而後成。不周於用。故神農之法曰。丈夫丁壯而不耕。天下有受其飢者。婦人當年而不織。天下有受其寒者。故身自耕。妻親織。以爲天下先。其導民也。不貴難得之貨。不器無用之物。是故其耕不強者。無以養生。其織不強者。無以揜形。有餘不足。各歸其身。衣食饒溢。姦邪不生。安樂無事。而天下均平。故孔丘曾參無所施其善。孟賁成荊無所行其威。成荊古勇士也 衰世之俗。以其知巧詐僞。飾衆無用。貴遠方之貨。珍難得之財。不積於養生之具。澆天下之淳。澆、薄也淳、厚也 析天下之樸。牿服馬牛以爲牢。滑亂萬民。以清爲濁。性命飛揚。皆亂以營。貞信漫瀾。人失其情性。於是乃有翡翠犀象黼黻文章。以亂其目。芻豢黍粱荆吳芬馨。以嚂其口。（荆吳國也芬珍味也嚂貪求也）鐘鼓管簫絲竹金石。以淫其耳。趨舍行義禮節謗議。以營其心。於是百姓糜沸豪亂。暮行逐利。煩挐澆淺。（淺薄也既薄向澆也）法與義相非。行與利相反。雖十管仲。弗能治也。且富人則車輿衣纂錦。（纂綸也）馬飾傅旄象。帷幕茵席。綺繡絛組。青黄相錯。不可爲象。貧人則夏被褐帶索。（逵吉按太平御覽引作夏則）含菽飲水以充腸。以支暑熱。（逵吉按太平御覽兩引一引支作止一引仍作支）冬則羊裘解札。（解札裘敗解也 逵吉按太平御覽兩引一引解札作蔽體一引仍作解札有注云解札爲裘如鎧甲之札言其破壞也當是異本故兩引兩異耳）短褐不掩形。而煬竈口。（煬炙也 逵吉按太平御覽引注作煬炙也向竈口自溫煬讀高向之向也解讀甚精當是今本脫之）故其爲編戶齊民無以異。然貧富之相去也。猶人君與僕虜。不足以論之。（逵吉按太平御覽引論作喻有注云喻猶方也）夫乘奇技僞邪施者。自足乎一世之閒。守正脩理。不苟得者。不免乎飢寒之患。而欲民之去末反本。是由發其原而壅其流也。夫雕琢刻鏤。傷農事者也。錦繡纂組。害女工者也。農事廢。女工傷。則飢之本而寒之原也。夫飢寒竝至。能不犯法干誅者。古今之未聞也。故仕鄙在時。不在行。利害在命。不在智。夫敗軍之卒。勇武遁逃。將不能止也。勝軍之陳。怯者死行。懼不能走也。故江河決沈一鄉。父子兄弟相遺而走。爭升陵阪。上高邱。輕足先升。不能相顧也。世樂志平。見鄰國之人溺。尚猶哀之。又況親戚乎。故身安則恩及鄰國。志爲之滅。身危則忘其親戚。而人不能解也。游者不能拯溺。手足有所急也。灼者不能救火。身體有所痛也。夫民有餘卽讓。不足則爭。讓則禮義生。爭則暴亂起。扣門求水。莫弗與者。所饒足也。林中不賣薪。湖上不鬻魚。所有餘也。故物豐則欲省。求澹則爭止。秦王之時。或人葅子。利不足也。（生子殺葅）劉氏持政。獨夫收孤。財有餘也。（劉氏謂漢也）故世治則小人守政。而利不能誘也。世亂則君子爲姦。而法弗能禁也。

淮南子卷十二

道應訓 道之所行物動而應考禍之福以知驗符也故曰道應

太清問於無窮曰。子知道乎。無窮曰。吾弗知也。太清元氣之清者也無窮無形也又問於無爲無爲有形而不爲也曰。子知道乎。無爲曰。吾知道。無爲有形故知道也子之知道。亦有數乎。無爲曰。吾知道有數。曰。其數奈何。無爲曰。吾知道之可以弱。可以強。可以柔。可以剛。可以陰。可以陽。可以窈。可以明。可以包裹天地。可以應待無方。此吾所以知道之數也。太清又問於無始無始未始有之氣也曰。鄉者吾問道於無窮。曰。吾弗知之。又問於無爲。無爲曰。吾知道。曰。子之知道。亦有數乎。無爲曰。吾知道有數。曰。其數奈何。無爲曰。吾知道之可以弱。可以強。可以柔。可以剛。可以陰。可以陽。可以窈。可以明。可以包裹天地。可以應待無方。吾所以知道之數也。若是。則無爲知與無窮之弗知。孰是孰非。無始曰。弗知之深。而知之淺。弗知內而知之外。弗知精而知之粗。太清仰而歎曰。然則不知乃知邪。知乃不知邪。孰知知之爲弗知。弗知之爲知邪。無始曰。道不可聞。聞而非也。道不可見。見而非也。道不可言。言而非也。孰知形之不形者乎。故老子曰。天下皆知善之爲善。斯不善也。故知者不言。言者不知也。白公問於孔子曰。人可以微言。白公楚平王之孫太子建之子勝也建見殺白公怨而欲復讎故問微言也 孔子不應。知白公有陰謀故不應也 白公曰。若以石投水中。何如。曰。吳越之善沒者能取之矣。曰。若以水投水。何如。孔子曰。菑澠之水合。易牙嘗而知之。菑澠齊二水名 白公曰。然則人固不可與微言乎。孔子曰。何謂不可。誰知言之謂者乎。夫知言之謂者。不以言言也。不以言心知之 爭魚者濡。逐獸者趨。非樂之也。故至言去言。至爲無爲。夫淺知之所爭者。末矣。白公不得也。故死於浴室。楚殺白公於浴室之地也 故老子曰。言有宗。事有君。夫唯無知。是以不吾知也。白公之謂也。惠子爲惠王爲國法。惠王梁惠王惠子惠施也 已成而示諸先生。先生皆善之。奏之惠王。惠王甚說之。以示翟煎。曰善。惠王曰。善可行乎。翟煎曰。不可。惠王曰。善而不可行。何也。翟煎對曰。今夫舉大木者。前呼邪許。後亦應之。此舉重勸力之歌也。豈無鄭衞激楚之音哉。然而不用者。不若此其宜也。治國有禮。不在文辯。故老子曰。法令滋彰。盜賊多有。此之謂也。田駢以道術說齊王。田駢齊臣 王應之曰。寡人所有齊國也。道術難以除患。願聞國之政。田駢對曰。臣之言。無政而可以爲政。譬之若林木。無材而可以爲材。願王察其所謂。而自取齊國之政焉已。雖無除其患害。天地之閒。六合之內。可陶冶而變化也。齊國之政。何足問哉。此老聃之所謂無狀之狀。無物之象者也。若王之所問者。齊也。田駢所稱者。材也。材不及林。林不及雨。

雨然後材乃得生也雨不及陰陽。陰陽不及和。和不及道。白公勝得荆國。不能以府庫分人。七日。白公篡得楚國貪其財而不分人也得積七日也石乙入曰。石乙白公之黨不義得之。又不能布施。患必至矣。不能予人。不若焚之。毋令人害我。白公弗聽也。九日。葉公入。葉公楚大夫子高自方城之外入殺白公乃發大府之貨以予衆。出高庫之兵以賦民。因而攻之。十有九日而禽白公。葉公殺白公也夫國非其有也。而欲有之。可謂至貪也。不能爲人。又無以自爲。可謂至愚矣。譬白公之嗇也。何以異於梟之愛其子也。梟子長食其母故老子曰。持而盈之。不如其已。揣而銳之。不可長保也。趙簡子以襄子爲後。董閼于曰。無卹賤。今以爲後。何也。董閼于趙氏臣無卹襄子之名簡子之庶子也簡子曰。是爲人也。能爲社稷忍羞。襄子能柔能忍恥也異日。知伯與襄子飲。而批襄子之首。大夫請殺之。襄子曰。先君之立我也。曰能爲社稷忍羞。豈曰能剌人哉。處十月。知伯圍襄子於晉陽。襄子疏隊而擊之。疏分也隊軍二百人爲一隊分斯隊卒擊之大敗知伯。破其首以爲飲器。飲溺器椑榼也逵吉按左傳行人執榼承飲造于子重褚少孫補大宛傳曰飲器韋昭說飲器椑榼也皆爲酒器非溺器也疑此酒字譌溺故老子曰。知其雄。守其雌。其爲天下谿。齧缺問道於被衣。齧缺被衣皆堯時老人也被衣曰。正女形。壹女視。天和將至。攝女知。正女度。神將來舍。德將來附。若美而道將爲女居。惷乎若新生之犢。而無求其故。言未卒。齧缺繼以讎夷。讎夷熟視不言貌被衣行歌而去。曰。形若槁骸。心如死灰。直實不知。以故自持。墨墨恢恢。無心可與謀。彼何人哉。故老子曰。明白四達。能無以知乎。趙襄子攻翟而勝之。取尤人終人。 尤人終人翟之二邑 使者來謁之。襄子方將食而有憂色。左右曰。一朝而兩城下。此人之所喜也。今君有憂色。何也。襄子曰。江河之大也。不過三日。 三日而減也 飄風暴雨。日中不須臾。 言其不終日也 今趙氏之德行無所積。今一朝兩城下。亡其及我乎。孔子聞之曰。趙氏其昌乎。夫憂所以爲昌也。而喜所以爲亡也。勝非其難也。持之者其難也。賢主以此持勝。故其福及後世。齊楚吳越皆嘗勝矣。然而卒取亡焉。不通乎持勝也。唯有道之主能持勝。孔子勁杓國門之關。 杓引也古者縣門下從上杓引之者難也 而不肯以力聞。墨子爲守攻。公輸般服而不肯以兵知。善持勝者。以強爲弱。故老子曰。道沖而用之。又弗盈也。惠孟見宋康王。蹀足謦欬疾言曰。寡人所說者。勇有功也。不說爲仁義者也。客將何以教寡人。惠孟對曰。臣有道於此。人雖勇。刺之不入。雖巧有力。擊之不中。大王獨無意邪。宋王曰。善。此寡人之所欲聞也。惠孟曰。夫刺之而不入。擊之而不中。此猶辱也。臣有道於此。使人雖有勇弗敢刺。雖有力不敢擊。夫不敢刺。不敢擊。非無其意也。臣有道於此。使人本無其意也。夫無其意。未有愛利之心也。臣有道於此。使天下丈夫女子。莫不歡然皆欲愛利之心。此其賢於勇有力也。四累之上也。大王獨無意邪。 此上凡四事皆累于世而男女莫不歡然爲上也 宋王曰。此寡人所欲得也。惠孟對曰。孔墨是已。孔丘墨翟。無地而爲君。無官而爲長。（無地爲君以道富也無官爲長以德尊也）天下丈夫女子。莫不延頸舉踵。而願安利之者。今大王萬乘之主也。誠有其志。則四境之內。皆得其利矣。此賢於孔墨也遠矣。宋王無以應。惠孟出。宋王謂左右曰。辯矣客之以說勝寡人也。故老子曰。勇於不敢則活。由此觀之。大勇反爲不勇耳。昔堯之佐九人。（禹皋陶稷契伯夷倕益夔龍也）舜之佐七人。（皆與堯同臣其七人也）武王之佐五人。（謂周公召公太公畢公毛公也）堯舜武王於九七五者。不能一事焉。然而垂拱受成功者。善乘人之資也。故人與驥逐走。則不勝驥。託於車上。則驥不能勝人。北方有獸。其名曰蹷。鼠前而兔後。（鼠前足短兔後足長故謂之蹷）趨則頓。走則顛。常爲蛩蛩駏驉取甘草以與之。（蛩蛩駏驉前足長後足短故能乘虛而走不能上也）蹷有患害。蛩蛩駏驉必負而走。（逵吉按爾雅曰西方有比肩獸焉與邛邛岠虛比爲邛邛岠虛齧甘草即有難邛邛岠虛負而走其名謂之蹷孜此獸唯爾雅作西方呂不韋書及說苑皆云北方說文解字與爾雅同郭璞注之曰今雁門廣武縣夏屋山中有獸形如兔而大相負共行土俗名之爲蹷鼠錢別駕云周書王會篇稱獨鹿邛邛岠虛獨鹿即豕鹿史記五帝本紀注徐廣曰一作濁鹿古字獨濁豕相通故借用之廣武豕鹿地居西北相近故一稱北方一稱西方也解字蹷作蟨從虫駏驉作巨虛邛作蛩字爲正然則作邛者省作岠者借作蹷及駏驉者別也）此以其能託其所不能。故老子曰。夫代大匠斲者。希不傷其手。

薄疑說衞嗣君以王術。（嗣君衞國君也）嗣君應之曰。予所有者千乘也。願以受教。薄疑對曰。烏獲舉千鈞。又況一斤乎。杜赫以安天下說周昭文君。（昭文君周衰分爲西東各自立其君也）文君謂杜赫曰。願學所以安周。赫對曰。臣之所言不可。則不能安周。臣之所言可。則周自安矣。此所謂弗安而安者也。故老子曰。大制無割。故致數臾。無臾也。魯國之法。魯人為人妾於諸侯。有能贖之者。取金於府。子贛贖魯人於諸侯。來而辭不受金。孔子曰。賜失之矣。夫聖人之舉事也。可以移風易俗。而受教順。可施後世。非獨以適身之行也。今國之富者寡而貧者衆。贖而受金。則為不廉。不受金。則不復贖人。自今以來。魯人不復贖人於諸侯矣。孔子亦可謂知禮矣。故老子曰。見小曰明。魏武侯問於李克曰。（李克武侯之相）吳之所以亡者何也。李克對曰。數戰而數勝。武侯曰。數戰數勝。國之福。其獨以亡。何故也。對曰。數戰則民罷。數勝則主憍。以憍主使罷民。而國不亡者。天下鮮矣。憍則恣。恣則極物。罷則怨。怨則極慮。上下俱極。吳之亡猶晚矣。夫差之所以自剄於干遂也。（越伐吳夫差所以自殺也）故老子曰。功成名遂身退。天之道也。甯越欲干齊桓公。困窮無以自達。於是為商旅將任車。（任載也詩曰我任我輦）以商於齊。暮宿於郭門之外。桓公郊迎客。夜開門。辟任車。爝火甚盛。（爝炬火也）從者甚衆。甯越飯牛車下。望見桓公而悲。擊牛角而疾商歌。（逵吉按疾太平御覽一引作習一引作疾）桓公聞之。撫其僕之手曰。異哉。歌者非常人也。命後車載之。桓公及至。從者以請。桓公贛之衣冠而見。說以為天下。桓公大說。將任之。羣臣爭之曰。客。衛人也。衛之去齊不遠。君不若使人問之。問之而故賢者也。用之未晚。桓公曰。不然。問之。患其有小惡也。以人之小惡。而忘人之大美。此人主之所以失天下之士也。凡聽必有驗。一聽而弗復問。合其所以也。（合己聽知之意所以用之）且人固難合也。權而用其長者而已矣。當是舉也。桓公得之矣。故老子曰。天大地大道大王亦大。域中有四大。而王處其一焉。以言其能包裹之也。大王亶父居邠。翟人攻之。事之以皮帛珠玉而弗受。曰翟人之所求者地。無以財物爲也。大王亶父曰。與人之兄居而殺其弟。與人之父處而殺其子。吾弗爲。皆勉處矣。爲吾臣與翟人奚以異。且吾聞之也。不以其所養害其養。杖策而去。民相連而從之。遂成國於岐山之下。（岐山今之美陽北山也其下有周地因是以爲天下號也）大王亶父可謂能保生矣。雖富貴。不以養傷身。雖貧賤。不以利累形。今受其先人之爵祿。則必重失之。所自來者久矣。而輕失之。豈不惑哉。故老子曰。貴以身爲天下。焉可以託天下。愛以身爲天下。焉可以寄天下矣。中山公子牟（中山鮮虞之國）謂詹子曰。身處江海之上。心在魏闕之下。爲之柰何。（江海之上言志在于己身心之魏闕也言內守）詹子曰。重生。重生則輕利。（重生己之性也）中山公子牟曰。雖知之。猶不能自勝。詹子曰。不能自勝則從之。從之。神無怨乎。（言不勝己之情欲則當縱心意則己神無怨也）不能自勝而強弗從者。此之謂重傷。重傷之人。無壽類矣。故老子曰。知和曰常。知常曰明。益生曰祥。心使氣曰強。是故用其光。復歸其明也。楚莊王問詹何曰。治國柰何。對曰。何明於治身。而不明於治國。楚王曰。寡人得立宗廟社稷。願學所以守之。

詹何對曰。臣未嘗聞身治而國亂者也。未嘗聞身亂而國治者也。故本任於身。不敢對以末。楚王曰。善。故老子曰。脩之身。其德乃眞也。桓公讀書於堂。（桓公齊君）輪扁斲輪於堂下。釋其椎鑿而問桓公曰。君之所讀者何書也。桓公曰。聖人之書。輪扁曰。其人焉在。（輪扁人名問作書之人何在也）桓公曰。已死矣。輪扁曰。是直聖人之糟粕耳。（糟酒滓也粕已漉之精也）桓公悖然作色而怒曰。寡人讀書。工人焉得而譏之哉。有說則可。無說則死。輪扁曰。然。有說。臣試以臣之斲輪語之。大疾則苦而不入。（苦急意也）大徐則甘而不固。（甘緩意也）不甘不苦。應於手。厭於心。而可以至妙者。臣不能以教臣之子。而臣之子亦不能得之於臣。是以行年七十。老而爲輪。今聖人之所言者。亦以懷其實。窮而死。獨其糟粕在耳。故老子曰。道可道。非常道。名可名。非常名。昔者司城子罕相宋。謂宋君曰。夫國家之安危。百姓之治亂。在君行賞罰。夫爵賞賜予。民之所好也。君自行之。殺戮刑罰。民之所怨也。臣請當之。宋君曰。善。寡人當其美。子受其怨。寡人自知不爲諸侯笑矣。國人皆知殺戮之專制在子罕也。大臣親之。百姓畏之。居不至期年。子罕遂卻宋君而專其政。故老子曰。魚不可脫于淵。國之利器。不可以示人。王壽負書而行。見徐馮於周。（王壽古好書之人徐馮周之隱者也）徐馮曰。事者應變而動。變生於時。故知時者無常行。書者言之所出也。言出於知者。知者藏書。

於是王壽乃焚書而舞之。自喜焚其書故舞之也故老子曰。多言數窮。不如守中。令尹子佩請飲莊王。子佩楚莊王之相請飲置酒也莊王許諾。逵吉按太平御覽引下有子佩期之于京臺莊王不往明日共十三字當是脫文京臺即強臺下並同子佩疏揖。北面立於殿下。疏徒跣也揖舉手也曰。昔者君王許之。今不果往。果誠也意者臣有罪乎。莊王曰。吾聞子具於強臺。強臺者。南望料山。以臨方皇。料山山名方皇水名一曰山名逵吉按料山太平御覽引作獵山左江而右淮。其樂忘死。若吾薄德之人。不可以當此樂也。恐留而不能反。故老子曰。不見可欲。使心不亂。晉公子重耳出亡。過曹。無禮焉。曹共公聞重耳駢脅使袒而捕魚設薄以觀之釐負羈之妻謂釐負羈曰。君無禮於晉公子。吾觀其從者。皆賢人也。從者狐偃趙衰之屬也若以相夫子反晉國。必伐曹。子何不先加德焉。釐負羈遺之壺餕而加璧焉。重耳受其餕而反其璧。及其反國。起師伐曹。尅之。令三軍無入釐負羈之里。故老子曰。曲則全。枉則正。越王句踐與吳戰而不勝。國破身亡。困於會稽。忿心張膽。氣如涌泉。選練甲卒。赴火若滅。然而請身爲臣。妻爲妾。親執戈爲吳兵先馬走。果禽之於干遂。先馬走先馬前而走也故老子曰。柔之勝剛也。弱之勝強也。天下莫不知。而莫之能行。越王親之。故霸中國。趙簡子死。未葬。中牟入齊。中牟自入臣於齊也已葬五日。襄子起兵攻圍之。未合而城自壞者十丈。襄子擊金而退之。軍法鼓以進衆鉦以退之軍吏諫曰。君誅中牟之罪而城自壞。是天助我。何故去之。襄子曰。吾聞之叔向曰。君子不乘人於利。不迫人於險。使之治城。城治而後攻之。中牟聞其義。乃請降。故老子曰。夫唯不爭。故天下莫能與之爭。秦穆公謂伯樂曰。子之年長矣。子姓有可使求馬者乎。子姓謂伯樂子對曰。良馬者。可以形容筋骨相也。相天下之馬者。若滅若失。若亡若滅其相不可見也若失作入作出也若亡髣髴不及也其一。若此馬者。絕塵弭轍。絕塵不及也弭轍引迹疾也臣之子皆下材也。可告以良馬。而不可告以天下之馬。臣有所與供儋纆采薪者九方堙。纆索也九方堙人姓名此其於馬。非臣之下也。請見之。穆公見之。使之求馬。三月而反報曰。已得馬矣。在於沙邱。穆公曰。何馬也。對曰。牡而黃。使人往取之。牝而驪。穆公不說。召伯樂而問之曰。敗矣。子之所使求者。毛物牝牡弗能知。又何馬之能知。伯樂喟然大息曰。一至此乎。是乃其所以千萬臣而無數者也。若堙之所觀者。天機也。得其精而忘其粗。在內而忘其外。見其所見。而不見其所不見。視其所視。而遺其所不視。若彼之所相者。乃有貴乎馬者。馬至而果千里之馬。故老子曰。大直若屈。大巧若拙。吳起爲楚令尹。適魏。問屈宜若曰。屈宜若楚大夫亡在魏者也王不知起之不肖。而以爲令尹。先生試觀起之爲人也。屈子曰。將柰何。吳起曰。將衰楚國之爵。而平其制祿。損其有餘。而綏其不足。砥礪甲兵。時爭利於天下。屈子曰。宜若聞之。昔善治國家者。不變其故。不易其常。今子將衰楚國之爵。而平其制祿。損其有餘。而綏其不足。是變其故。易其常也。行之者不利。宜若聞之曰。怒者逆德也。兵者凶器也。爭者人之所本也。今子陰謀逆德。好用凶器。始人之所本。逆之至也。（本者謂兵爭也）且子用魯兵。不宜得志於齊。而得志焉。（起爲魯將伐齊敗之）子用魏兵。不宜得志於秦。而得志焉。（起爲魏西河守秦兵不敢東下也）宜若聞之。非禍人不能成禍。吾固惑吾王之數逆天道。戾人理。至今無禍。差須夫子也。（差須猶意須也）吳起惕然曰。尚可更乎。屈子曰。成形之徒。不可更也。（成形之徒形禍已成于衆）子不若敦愛而篤行之。老子曰。挫其銳。解其紛。和其光。同其塵。晉伐楚。三舍不止。大夫請擊之。莊王曰。先君之時。晉不伐楚。及孤之身。而晉伐楚。是孤之過也。若何其辱。羣大夫曰。先臣之時。晉不伐楚。今臣之身。而晉伐楚。此臣之罪也。請三擊之。（逵吉按太平御覽無三字）王俛而泣涕沾襟。起而拜羣大夫。晉人聞之曰。君臣爭以過爲在已。且輕下其臣。不可伐也。夜還師而歸。老子曰。能受國之垢。是謂社稷主。宋景公之時。熒惑在心。公懼。召子韋而問焉。（子韋司星者也）曰。熒惑在心。何也。子韋曰。熒惑。天罰也。心。宋分野。（宋之分野上屬房心之星）禍且當君。雖然。可移於宰相。公曰。宰相所使治國家也。而移死焉。不祥，子韋曰。可移於民。公曰。民死。寡人誰爲君乎。寧獨死耳。子韋曰。可移於歲。公曰。歲。民之命。歲饑。民必死矣。爲人君而欲殺其民以自活也。其誰以我爲君者乎。是寡人之命。固已盡矣。子韋無復言矣。子韋還走。北面再拜曰。敢賀君。天之處高而聽卑。君有君人之言三。天必有三賞君。今夕星必徙三舍。君延年二十一歲。公曰。子奚以知之。對曰。君有君人之言三。故有三賞。星必三徙舍。舍行七里。三七二十一。故君移年二十一歲。臣請伏於陛下以伺之。星不徙。臣請死之。公曰。可。是夕也。星果三徙舍。故老子曰。能受國之不祥。是謂天下王。昔者公孫龍在趙之時。謂弟子曰。人而無能者。龍不能與游。有客衣褐帶索而見曰。臣能呼。公孫龍顧謂弟子曰。門下故有能呼者乎。對曰。無有。公孫龍曰。與之弟子之籍。後數日。往說燕王。至於河上。而航在一汜。汜水厓也使善呼者呼之。一呼而航來。故曰。聖人之處世。不逆有伎能之士。故老子曰。人無棄人。物無棄物。是謂襲明。子發攻蔡。踰之。子發楚宣王之將踰越勝之也宣王郊迎。列田百頃。而封之執圭。楚爵功臣賜以圭謂之執圭比附庸之君子發辭不受。曰。治國立政。諸侯入賓。此君之德也。發號施令。師未合而敵遁。此將軍之威也。兵陳戰而勝敵者。此庶民之力也。夫乘民之功勞。而取其爵祿者。非仁義之道也。故辭而弗受。故老子曰。功成而不居。夫惟不居。是以不去。晉文公伐原。原周邑襄王以原賜文公原叛伐之與大夫期三日。三日而原不降。文公令去之。軍吏曰。原不過一二日將降矣。君曰。吾不知原三日而不可得下也。以與大夫期。盡而不罷。失信得原。吾弗爲也。原人聞之曰。有君若此。可弗降也。遂降。溫人聞。亦請降。時周人亦以溫予文公溫相連皆叛 故老子曰。窈兮冥兮。其中有精。其精甚眞。其中有信。故美言可以市尊。美行可以加人。公儀休相魯。公儀休故魯博士也 而嗜魚。一國獻魚。公儀子弗受。其弟子諫曰。夫子嗜魚。弗受何也。答曰。夫唯嗜魚。故弗受。夫受魚而免於相。雖嗜魚。不能自給魚。毋受魚而不免於相。則能長自給魚。此明於爲人爲己者也。故老子曰。後其身而身先。外其身而身存。非以其無私邪。故能成其私。一曰。知足不辱。狐丘丈人謂孫叔敖曰。丈人老而杖于人者 人有三怨。子知之乎。孫叔敖曰。何謂也。對曰。爵高者士妒之。官大者主惡之。祿厚者怨處之。孫叔敖曰。吾爵益高。吾志益下。吾官益大。吾心益小。吾祿益厚。吾施益博。是以免三怨。可乎。故老子曰。貴必以賤爲本。高必以下爲基。大司馬捶鉤者。年八十矣。而不失鉤芒。捶鍛鍜擊也鉤釣鉤也 大司馬曰。子巧邪。有道邪。曰。臣有守也。臣年二十好捶鉤。於物無視也。非鉤無察也。是以用之者。必假於弗用也。而以長得其用。而況持無不用者乎。物孰不濟焉。故老子曰。從事於道者同於道。文王砥德修政。三年而天下二垂歸之。砥厲也文王三分天下有其二 紂聞而患之曰。余夙興夜寐。與之競行。則苦心勞形。縱而置之。恐伐余一人。崇侯虎曰。周伯昌行仁義而善謀。太子發勇敢而不疑。中子旦恭儉而知時。若與之從。則不堪其殃。縱而赦之。身必危亡。冠雖弊。必加於頭。及未成。請圖之屈商乃拘文王於羑里。屈商紂臣也羑里地名在河內湯陰於是散宜生乃以千金求天下之珍怪得騶虞雞斯之乘。騶虞白虎黑文而仁食自死之獸日行千里雞斯神馬也玄玉百工。三玉爲一工也大貝百朋。五貝爲一朋也玄豹黃羆青犴犴胡地野犬白虎文皮千合。以獻於紂。因費仲而通。費仲紂佞臣也紂見而說之。乃免其身。殺牛而賜之。文王歸乃爲玉門。築靈臺。相女童。擊鐘鼓。玉門以玉飾門爲柱楹也相女童相視之一日相匠也以待紂之失也。紂聞之曰。周伯昌改道易行。吾無憂矣。乃爲炮烙。剖比干。剔孕婦。殺諫者。文王乃遂其謀。故老子曰。知其榮。守其辱。爲天下谷。成王問政於尹佚曰。尹佚史佚也吾何德之行。而民親其上。對曰。使之時而敬順之。王曰。其度安在。曰。如臨深淵。如履薄冰。王曰。懼哉王人乎。尹佚曰。天地之閒。四海之內。善之則吾畜也。不善則吾讎也。昔夏商之臣。反讎桀紂而臣湯武。宿沙之民。皆自攻其君而歸神農。伏羲神農之閒有共工宿沙霸天下者也此世之所明知也。如何其無懼也。故老子曰。人之所畏。不可不畏也。跖之徒問跖曰。盜亦有道乎。跖曰。奚適其無道也。夫意而中藏者。聖也。入先者。勇也。出後者。義也。分均者。仁也。知可否者。智也。五者不備。而能成大盜者。天下無之。由此觀之。盜賊之心。必託聖人之道。而後可行。故老子曰。絕聖棄智。民利百倍。楚將子發好求技道之士。逵吉按太平御覽此下有注云士有術者無不養楚有善爲偷者。往見曰。聞君求技道之士。臣偷也。逵吉按太平御覽作臣楚市偷也願以技齎一卒。齎備卒足也逵吉按太平御覽作技該一卒注該備也卒一人子發聞之。衣不給帶。冠不暇正。出見而禮之。左右諫曰。偷者天下之盜也。何爲之禮。君曰。此非左右之所得與。後無幾何。齊興兵伐楚。子發將師以當之。兵三卻。楚賢良大夫。皆盡其計而悉其誠。齊師愈強。於是市偷進請曰。臣有薄技。願爲君行之。子發曰。諾。不問其辭而遣之。偷則夜解齊將軍之幬帳而獻之。逵吉按太平御覽作偷則夜出子發因使人歸之。曰。卒有出薪者。得將軍之帷。使歸之於執事。明又復往。取其枕。逵吉按太平御覽作明夕無又字下明日今日皆作夕子發又使人歸之。明日。又復往取其簪。子發又使歸之。齊師聞之。逵吉按太平御覽作於是齊師聞之大駭。將軍與軍吏謀曰。今日不去。楚君恐取吾頭。乃還師而去。故曰。無細而能薄。逵吉按太平御覽作故技無細薄在人君用之耳。故老子曰。不善人。善人之資也。顏回謂仲尼曰。回益矣。仲尼曰。何謂也。曰。回忘禮樂矣。回忘禮樂絕聖弃智入于無爲也仲尼曰。可矣。猶未也。異日復見。曰。回益矣。仲尼曰。何謂也。曰。回忘仁義矣。仲尼曰。可矣。猶未也。異日復見。曰。回坐忘矣。言坐自忘其身以至道也仲尼遽然曰。何謂坐忘。顏回曰。隳支體。黜聰明。離形去知。洞於化通。是謂坐忘。仲尼曰。洞則無善也。化則無常矣。而夫子薦賢。薦先也回入賢丘請從之後。故老子曰。載營魄抱一。能無離乎。專氣至柔。能如嬰兒乎。秦穆公興師。將以襲鄭。蹇叔曰。不可。臣聞襲國者。以車不過百里。以人不過三十里。爲其謀未及發泄也。甲兵未及銳弊也。糧食未及乏絶也。人民未及罷病也。皆以其氣之高。與其力之盛。至是以犯敵能威。今行數千里。又數絶諸侯之地。以襲國。臣不知其可也。君重圖之。穆公不聽。蹇叔送師。衰絰而哭之。師遂行。過周而東。鄭賈人弦高矯鄭伯之命。以十二牛勞秦師而賓之。三帥乃懼而謀曰。吾行數千里以襲人。未至而人已知之。其備必先成。不可襲也。還師而去。當此之時。晉文公適薨。未葬。先軫言於襄公曰。（先軫晉大夫也襄公晉文公子）昔吾先君與穆公交。天下莫不聞。諸侯莫不知。今吾君薨未葬。而不弔吾喪。而不假道。是死吾君而弱吾孤也。請擊之。襄公許諾。先軫舉兵而與秦師遇於殽。大破之。禽其三帥以歸。穆公聞之。素服廟臨。以說於衆。（說解也）故老子曰。知而不知。尙矣。不知而知。病也。齊王后死。王欲置后而未定。使羣臣議。薛公欲中王之意。（薛公田嬰也）因獻十珥而美其一。旦日因問美珥之所在。因勸立以爲王后。齊王大說。遂尊重薛公。故人主之意欲見於外。則爲人臣之所制。故老子曰。塞其兌。閉其門。終身不勤。盧敖游乎北海。（盧敖燕人秦始皇召以爲博士使求神仙亡而不反也）經乎太陰。入乎玄闕。（太陰北方也玄闕北方之山也）至於蒙穀之上。（蒙穀山名）見一士焉。深目而玄鬢。淚注而鳶肩。（淚水）豐上而殺下。軒軒然方迎風而舞。顧見盧敖。慢然下其臂。遯逃乎碑。（慢然止舞也匿於碑陰）盧敖就而視之。方倦龜殼而食蛤梨。（楚人謂倨爲倦龜殼龜甲也蛤梨海蚌也）盧敖與之語曰。唯敖爲背羣離黨。窮觀於六合之外者。非敖而已乎。敖幼而好游。至長不渝。（逵吉按太平御覽此下有注云渝解也）周行四極。唯北陰之未闚。今卒睹夫子於是。子殆可與敖爲友乎。若士者齤然而笑曰。嘻。子中州之民。寍肎而遠至此。此猶光乎日月而載列星。（言太陰之地向見日月也）陰陽之所行。四時之所生。其比夫不名之地。猶突奧也。（言我所游不可字名之地以盧敖所行比之則如突奧中也）若我南游乎罔㝗之野。北息乎沈墨之鄉。西窮窅冥之黨。（逵吉按黨所也方言云）東開鴻濛之先。此其下無地而上無天。聽焉無聞。視焉無矚。此其外猶有汰沃之氾。（汰沃四海與天之際水流聲也氾涯也）其餘一舉而千萬里。（千萬里汰氾之外也）吾猶未能之在。（吾尙未至此地）今子游始於此。乃語窮觀。豈不亦遠哉。然子處矣。吾與汗漫期于九垓之外。（汗漫不可知之也九垓九天之外）吾不可以久駐。若士舉臂而竦身。遂入雲中。盧敖仰而視之。弗見。乃止駕（止其所駕之車）柸治。（楚人謂恨不得爲柸治也）悖若有喪也。曰。吾比夫子。猶黃鵠與壤蟲也（壤蟲蟲之幼也）終日行不離咫尺。（八寸爲咫十寸爲尺）而自以爲遠。豈不悲哉。故莊子曰。小年不及大年。小知不及大知。朝菌不知晦朔。（朝菌朝生暮死之蟲也生水上狀似蠶蛾一名孳母海南謂之蟲邪）蟪蛄不知春秋。（蟪蛄蛁蟟也）此言明之有所不見也。季子治亶父三年。（季子子賤也）而巫馬期絻衣短褐。（巫馬期孔子弟子也）易容貌。往觀化焉。（易服而往微以視之）見得魚釋之。巫馬期問焉。曰。凡子所爲魚者。欲得也。今得而釋之。何也。漁者對曰。季子不欲人取小魚也。（古者魚不盈尺不上俎也）所得者小魚。是以釋之。巫馬期歸。以報孔子曰。季子之德至矣。使人闇行若有嚴刑在其側者。季子何以至於此。孔子曰。丘嘗問之以治言。曰。誠於此者刑於彼。季子必行此術也。故老子曰。去彼取此。罔兩問於景（罔兩水之精物也景日月水光晷也）曰。昭昭者神明也。（罔兩恍惚之物見景光明以爲神也）景曰。非也。罔兩曰。子何以知之。景曰。扶桑受謝。日照宇宙。（扶桑日所出之木也受謝扶桑受日且繹出之也）昭昭之光。輝燭四海。闔戶塞牖。則無由入矣。若神明。四通竝流。無所不極。上際於天。下蟠於地。化育萬物。而不可爲象。俛仰之閒。而撫四海之外。昭昭何足以明之。故老子曰。天下之至柔。馳騁天下之至堅。光耀問於無有（光耀可見而無有至虛者）曰。子果有乎。其果無有乎。（有形生于無形何以能生物故問果有乎其無有也）無有弗應也。光耀不得問。而就視其狀貌。冥然忽然。視之不見其形。聽之不聞其聲。搏之不可得。望之不可極也。光耀曰。貴矣哉。孰能至于此乎。予能有無矣。未能無無也。（言我能使形不可得未能殊無形也）及其爲無無。又何從至於此哉。故老子曰。無有入于無閒。吾是以知無爲之有益也。白公勝慮亂。（白公將爲父復讎起兵亂因思慮之也）罷朝而立。倒杖策。錣上貫頤。（策馬捶端有針以刺馬謂之錣倒杖策故錣貫頤也）血流至地而弗知也。鄭人聞之曰。頤之忘。將何不忘哉。（白公之父死鄭人預之故懼之）此言精神之越於外。智慮之蕩於內。則不能漏理其形也。（漏補空也）是故神之所用者遠。則所遺者近也。（近謂身也）故老子曰。不出戶以知天下。不窺牖以見天道。其出彌遠。其知彌少。此之謂也。秦皇帝得天下。恐不能守。發邊戍。築長城。修關梁。設障塞。

具傳車。置邊吏。然劉氏奪之。若轉閉錘。閉錘格也上之錘所以編薄席反覆之易昔武王伐紂。破之牧野。乃封比干之墓。表商容之閭。柴箕子之門。紂死箕子亡之朝鮮舊居空故柴護之也柴即逵吉按柴護之者設軍士護之也俗寨字朝成湯之廟。發鉅橋之粟。散鹿臺之錢。破鼓折枹。弛弓絕絃。去舍露宿。以示平易。解劍帶笏。以示無仇。於此天下歌謠而樂之。諸侯執幣相朝。三十四世不奪。故老子曰。善閉者無關鍵而不可開也。善結者無繩約而不可解也。尹需學御。三年而無得焉。私自苦痛。常寢想之。寢堅思之中夜夢受秋駕於師。秋駕善御之術明日往朝。師望之謂之曰。吾非愛道於子也。恐子不可予也。今日教子以秋駕。尹需反走。北面再拜曰。臣有天幸。今夕固夢受之。故老子曰。致虛極。守靜篤。萬物並作。吾以觀其復也。昔孫叔敖三得令尹。無喜志。三去令尹。無憂色。延陵季子。吳人願一以爲王而不肯。許由讓天下而弗受。晏子與崔杼盟。臨死地不變其儀。此皆有所遠通也。精神通於死生。則物孰能惑之。荊有佽非。得寶劍於干隊。干國在今臨淮出寶劍蓋爲莫邪洞鄂之形也還反度江。至於中流。陽侯之波。兩蛟俠繞其船。蛟龍屬也魚滿二千五百斤蛟來爲之主也佽非謂枻船者曰。枻櫂也嘗有如此而得活者乎。對曰。未嘗見也。於是佽非瞋目。勃然攘臂拔劍曰。武士可以仁義之禮說也。不可刼而奪也。此江中之腐肉朽骨。棄劍而已。余有奚愛焉。赴江刺蛟。遂斷其頭。船中人盡活。風波畢除。荊爵爲執圭。孔子聞之曰。夫善載腐肉朽骨棄劍者。佽非之謂乎。故老子曰。夫唯無以生爲者。是賢於貴生焉。齊人淳于髡以從説魏王。魏王辯之。約車十乘。將使荆。辭而行。人以爲從未足也。復以衡説。其辭若然。從説說諸侯之計當相從也衡說從之非是當橫更計也魏王乃止其行而疏其身。失從心志。而又不能成衡之事。是其所以困也。夫言有宗。事有本。失其宗本。技能雖多。不若其寡也。故周鼎著倕而使齕其指。先王以見大巧之不可也。故愼子曰。匠人知爲門。能以門。所以不知門也。故必杜。然後能門。愼子名到齊人不知門不知門之要也門之要在門外墨者有田鳩者。出鳩學墨子之術也欲見秦惠王。約車申轅。申束也留於秦周年不得見。客有言之楚王者。往見楚王。楚王甚悅之。予以節。使於秦。至。因見。予之將軍之節。惠王見而說之。出舍。喟然而歎。告從者曰。吾留秦三年不得見。不識道之可以從楚也。物故有近之而遠。遠之而近者。故大人之行。不掩以繩。掩猶揮也至所極而已矣。此所謂筦子梟飛而維繩者。言爲士者上下無常進退無恆不可繩也以喻飛梟從下繩維之而欲羿羿則不可也灃水之深千仞。而不受塵垢。投金鐵鍼焉。則形見於外。非不深且清也。魚鼈龍蛇莫之肯歸也。是故石上不生五穀。禿山不游麋鹿。無所陰蔽隱也。昔趙文子問於叔向曰。晉六將軍。六將軍韓趙魏苑中行智伯也其孰先亡乎。對曰。中行知氏。文子曰。何乎。對曰。其爲政也。以苛爲察。以切爲明。以刻下爲忠。以計多爲功。譬之猶廓革者也。廓之。大則大矣。裂之道也。故老子曰。其政悶悶。其民純純。其政察察。其民缺缺。景公謂太卜曰。
子之道何能。對曰。能動地。動震也晏子往見公。公曰。寡人問太卜曰。子之道何
能。對曰。能動地。地可動乎。晏子默然不對。出見太卜曰。昔吾見句星在房
心之閒。地其動乎。句星客星也房駟句星守房心則地動也太卜曰。然。晏子出。太卜走往見公曰。臣非
能動地。地固將動也。田子陽聞之。田子陽齊臣也曰。晏子默然不對者。不欲太卜之
死。往見太卜者。恐公之欺也。晏子可謂忠於上而惠於下矣。故老子曰。方
而不割。廉而不劌。魏文侯觴諸大夫於曲陽。飲酒酣。文侯喟然歎曰。吾獨
無豫讓以爲臣乎。豫讓事知伯而死其難故文侯思以爲臣蹇重舉白而進之。蹇重文侯臣舉白進酒也曰。請浮君。浮罰也以
酒罰君君曰。何也。對曰。臣聞之。有命之父母。不知孝子。有道之君。不知忠臣。夫
豫讓之君。亦何如哉。豫讓相其君而君見殺亦何如不足貴也文侯受觴而飲。釂不獻。釂盡也曰。無管仲
鮑叔以爲臣。故有豫讓之功。故老子曰。國家昏亂。有忠臣。孔子觀桓公之
廟。桓公魯君有器焉。謂之宥卮。宥在坐右孔子曰。善哉。予得見此器。顧曰。弟子取水。水
至。灌之。其中則正。中水半卮也其盈則覆。孔子造然革容曰。善哉持盈者乎。子貢
在側曰。請問持盈。曰。益而損之。曰。何謂益而損之。曰。夫物盛而衰。樂極則
悲。日中而移。月盈而虧。是故聰明睿智。守之以愚。多聞博辯。守之以陋。代
力毅勇。守之以畏。富貴廣大。守之以儉。德施天下。守之以讓。此五者。先王

所以守天下而弗失也。反此五者，未嘗不危也。故老子曰：服此道者不欲盈。夫唯不盈，故能弊而不新成。武王問太公曰：寡人伐紂天下，是臣殺其主而下伐其上也。吾恐後世之用兵不休，鬬爭不已，爲之柰何？太公曰：甚善，王之問也。夫未得獸者，唯恐其創之小也。（獵禽恐不能殺，故恐其創小也。）已得之，唯恐傷肉之多也。王若欲久持之，則塞民於兌，（兌，耳目鼻口也。老子曰塞其兌是也。）道全爲無用之事，煩擾之教。彼皆樂其業，供其情，昭昭而道冥冥，於是乃去其督而載之木，（督，被髮也。木，鷸鳥冠也。知天文者冠鷸。）解其劍而帶之笏。爲三年之喪，令類不蕃。高辭卑讓，使民不爭。酒肉以通之，竽瑟以娛之，鬼神以畏之，繁文滋禮以弇其質，厚葬久喪以亶其家，含珠鱗施綸組，以貧其財，深鑿高壟，以盡其力，家貧族少，慮患者貧。以此移風，可以持天下弗失。故老子曰：化而欲作，吾將鎮之以無名之樸也。

淮南子卷十三

氾論訓 博說世間古今得失以道爲化大歸於一故曰氾論因以題篇

古者有鍪而綣領。以王天下者矣。古者蓋三皇以前也鍪頭著兜鍪帽言未知制冠也綣領皮衣屈而紩之如今胡家韋襲反褶以爲領也一說鍪放髮也綣繞頸而已皆無飾其德生而不辱。刑措不用也予而不奪。予予民財也不奪無所徵求於民也天下不非其服。同懷其德。非猶譏呵也懷歸也當此之時。陰陽和平。風雨時節。萬物蕃息。政不虐生無夭折也烏鵲之巢。可俯而探也。禽獸可羈而從也。從猶牽也豈必褒衣博帶。句襟委章甫哉。褒衣謂方與之衣如今吏人之左衣也博帶大帶詩云垂帶若厲句襟今之曲領襃衣也委委貌冠章甫亦冠之名也古者民澤處復穴。處居也復穴重窟也一說穴毀隄防崖岸之中以爲窟室　逵吉按復穴之復應作覆冬日則不勝霜雪霧露。逵吉按太平御覽作寒露似非夏日則不勝暑蟄蟁蝱。蝱讀詩云言采其蝱之蝱也聖人乃作爲之作起也築土構木。以爲宮室。構架也謂材木相乘架也上棟下宇。以蔽風雨。棟屋檼也宇屋之垂以避寒暑。而百姓安之。安樂也伯余之初作衣也。伯余黃帝臣世本曰伯余制衣裳一曰伯余黃帝緂麻索縷。手經指挂。其成猶網羅。緂銳索功也緂讀恬然不動之恬後世爲之機杼勝複。以便其用。而民得以揜形御寒。揜蔽御止古者剡耜而耕。摩蜃而耨。剡利也耜臿屬蜃大蛤摩令利用之耨耨除苗穢也木鉤而樵。抱甀而汲。鉤鎌也鉤讀濟陰句陽之句樵薪蒸甀武今兖州曰小武爲甀幽州曰瓦民勞而利薄。後世爲之耒耜耰鉏。斧柯而樵。桔皋而汲。耰讀曰優椓塊椎也三輔謂之儓所以覆種也民逸而利多焉。古者大川名谷。衝絕道路。不通往來也。乃爲窬木方版。以爲舟航。窬空也方竝也舟相連爲航也故地勢有無得相委輪。運所有輪所無乃爲靼蹻而超千里。肩荷負儋之勤也。靼蹻靼轂也勤勞也而作爲之楺輪建輿。駕馬服牛。民以致遠而不勞。代負儋故不勞也爲鷙禽猛獸之害傷人。而無以禁御也。而作爲之鑄金鍛鐵以爲兵刃。猛獸不能爲害。以兵刃備之故不得爲人害也故民迫其難。則求其便。困其患。則造其備。人各以其所知。去其所害。就其所利。常故不可循。器械不可因也。循隨也當時之可改則改之故曰不可也則先王之法度有移易者矣。古之制婚禮。不稱主人。當婚者之身不稱其名也稱諸父兄師友舜不告而娶。非禮也。堯知舜賢以二女妻舜不告父父頑常欲殺舜舜知告則不得娶也不孝莫大于無後故孟子曰舜不告猶告爾立子以長。文王舍伯邑考而用武王。非制也。伯邑考武王之兄廢長立聖以庶代嫡聖人之權爾禮三十而娶。文王十五而生武王。非法也。三十而娶者陰陽未分時俱生於子男從子數左行三十年立於巳女從子數右行二十年亦立於巳合夫婦故聖人因是制禮使男三十而娶女二十而嫁其男子自巳數左行十得寅故人十月而生於寅故男子數從寅起女自巳數右行得申亦十月而生於申故女子數從申起歲星十二歲而周天天道十二而備故國君十二歲而冠冠而娶十五生子重國嗣也不從故制也　逵吉按甲寅庚申也甲者陽正寅亦陽正也庚者陰正申亦陰正也義竝詳王逸楚詞注說文解字中又難經曰男立于寅寅爲木陽女立于申申爲金陰亦是夏后氏殯於阼階之上。禮斂于牖下小斂于戶內大斂于阼階在牀曰尸在棺曰柩殯于賓位祖于庭葬于墓也于阼階猶在主位未忍以賓道遠之殷人殯於兩楹之閒。楹柱也記曰殷殯之于堂上兩柱之間賓主共周人殯於西階之上。蓋以賓道遠之此禮之不同者也。有虞氏用瓦棺。有虞氏舜世也瓦棺陶瓦夏后氏堲周。夏后氏禹世無棺槨以瓦廣二尺長四尺側身累之以蔽土曰堲周殷人用槨。用柏爲槨厚之宜以棺爲制也周人牆置翣。此葬之不同者也。周人兼用棺槨故牆設翣狀如今要扇畫文插置棺車箱以爲飾多少之差各從其爵命之數也夏后氏祭於闇。於室中中夜祭之也殷人祭於陽。於堂上日平旦祭也周人祭於日出以朝。於日出時祭於庭中朝者庭也此祭之不同者也。堯大章。堯樂也舜九韶。舜樂也書曰簫韶九成是也禹大夏。禹樂也湯大濩。

湯樂也 周武象。武王樂也 此樂之不同者也。故五帝異道。而德覆天下。三王殊事。而名施後世。此皆因時變而制禮樂者。譬猶師曠之施瑟柱也。所推移上下者。無寸尺之度。而靡不中音。故通於禮樂之情者能作。音有本主於中。而以知榘矱之所周者也。榘方也矱度法也 魯昭公有慈母而愛之。死爲之練冠。故有慈母之服。慈母者父所命養己者也此大夫之妾士之妻爲之女母禮爲緦麻三月昭公獨練言其記禮之所由興也 陽侯殺蓼侯而竊其夫人。故大饗廢夫人之禮。陽侯陽陵國侯也蓼侯皋陶之後偃姓之國侯也今在廬江古者大饗飲酒君執爵夫人執豆陽侯見蓼侯夫人美艷因殺蓼侯而娶夫人由是廢夫人之禮記所由廢也 先王之制。不宜則廢之。末世之事。善則著之。是故禮樂未始有常也。故聖人制禮樂。而不制於禮樂。聖人能作禮樂不爲禮樂所制 治國有常。而利民爲本。本要 政教有經。而令行爲上。經常也上最也 苟利於民。不必法古。苟周於事。不必循舊。舊常也傳曰舊不必良舊或作咎也 夫夏商之衰也。不變法而亡。亡謂桀紂 三代之起也。不相襲而王。三代禹湯武也襲因也 故聖人法與時變。禮與俗化。化易 衣服器械。各便其用。法度制令。各因其宜。故變古未可非。而循俗未足多也。循隨也俗常也 百川異源。而皆歸於海。以海爲宗 百家殊業。而皆務於治。業事也以治爲要也 王道缺而詩作。詩所以刺王道 周室廢。禮義壞。而春秋作。春秋所以絕不由禮義也 詩春秋。學之美者也。皆衰世之造也。儒者循之。以教導於世。豈若三代之盛哉。以詩春秋爲古之道而貴之。又有未作詩春秋之時。夫道其缺也。不若道其全也。誦先王之詩書。不若聞得其言。聞得其言。不若得其所以言。聞聖人之言不如得其未言時之本意 得其所以言者。言弗能言也。聖人所言微妙凡人雖得之口不耐以言 故道可道者。非常道也。常道言深隱幽冥不可道也猶聖人之言微妙不可言 周公事文王也。行無專制。專獨制斷也 事無由已。請而後行 身若不勝衣。言若不出口。有奉持於文王。洞洞屬屬而將不能。恐失之。洞洞屬屬婉順貌也而將不能勝之恐失之慎之至也洞讀挺挏之挏屬讀犁𤗈之𤗈也 可謂能子矣。武王崩。成王幼少。周公繼文王之業。履天子之籍。聽天下之政。籍圖也政治也籍或作阼 平夷狄之亂。夷狄猾夏平除之也 誅管蔡之罪。管叔周公兄也蔡叔周公弟也二叔監殷而導紂子祿父爲流言欲以亂周周公誅之爲國故也傳曰大義滅親也 負扆而朝諸侯。負背也扆戶牖之間言南面也 誅賞制斷。無所顧問。決之于心 威動天地。聲懾四海。懾服也服四海之內 可謂能武矣。成王既壯。周公屬籍致政。北面委質而臣事之。以圖籍付屬成王致猶歸也北面委玉帛之質執臣之禮也 請而後爲。復而後行。每事必請復白 無擅恣之志。無伐矜之色。不自伐其功勞也不自矜大其善也 可謂能臣矣。故一人之身而三變者。所以應時矣。何況乎君數易世。國數易君。人以其位達其好憎。人人以其寵位行其所好憎其所憎也 以其威勢供嗜欲。而欲以一行之禮。一定之法。應時偶變。其不能中權亦明矣。一行之禮非隨時禮也一定之法非隨時法也故曰不能中權權則因時制宜不失中道也 故聖人所由曰道。所爲曰事。道猶金石。一調不更。事猶琴瑟。每絃改調。金石鐘磬也故曰調而不更琴瑟絃有數急柱有前卻故調事亦如之也 故法制禮義者。治人之具也。而非所以爲治也。言法制禮義可以爲治之基耳非所以爲治治在其人之德猶弓矢射之具也非耐必中也中在其人之功 故仁以爲經。義以爲紀。此萬世不更者也。若乃人考其才。而時省其用。雖日變可也。言人能考度其才時省其行擇其善者而崇用之不必循常故曰雖日變可也唯仁義不可改耳故萬世不更 天下豈有常法哉。

閱其時于其宜當於世事。得於人理。順於天地。祥於鬼神。則可以正治矣。當合也祥順也古者人醇工龐。商樸女重。醕厚不虛華也工龐器堅緻也商樸不爲詐也女重貞正無邪也是以政教易化。風俗易移也。今世德益衰。民俗益薄。欲以樸重之法。治既弊之民。是猶無鏑銜橜策錣而御馯馬也。鏑銜口中央鐵大如雞子中黃所制馬口也錣揣頭箴也馯馬突馬也　逵吉按殷敬順列子釋文引許慎注云錣馬策端有利鋒所以刺不前也與此義解同昔者神農無制令而民從。無制令結繩以治也唐虞有制令而無刑罰。有制令煥乎其有文章也其政當仁義民無犯法干誅故曰無刑也夏后氏不負言。言而信也殷人誓。以言語要誓亦不違周人盟。有事而會不協而盟盟者殺牲歃血以爲信也逮至當今之世。忍訽而輕辱。貪得而寡羞。欲以神農之道治之。則其亂必矣。訽讀夏后之后也謂淮南王作此書時　逵吉按說文解字詬或作訽此用或字故讀如后伯成子高辭爲諸侯而耕。天下高之。伯成子高蓋堯時人也今之時人。辭官而隱處。爲鄉邑之下。豈可同哉。古之兵。弓劍而已矣。槽矛無擊。脩戟無刺。槽柔木矛也無擊無鐵刃也刺鋒也槽讀領如蟦蠐之蠐也晚世之兵。隆衝以攻。渠幨以守。隆高也衝所以臨敵城衝突壞之渠壍也一曰甲名國語曰奉文渠之甲是也幨幰所以禦矢也連弩以射。銷車以鬭。連車弩通一弦以牛挽之以刃著左右爲機開發之日銷車銷讀組綃之綃也古之伐國。不殺黃口。不獲二毛。黃口幼也二毛有白髮者　逵吉按太平御覽引作幼小也於古爲義。於今爲笑。古之所以爲榮者。伯成子高今之所以爲辱也。爲鄉邑之下古之所以爲治者。今之所以爲亂也。夫神農伏羲。不施賞罰而民不爲非。然而立政者不能廢法而治民。不能及神農伏犧舜執干戚而服有苗。舜時有苗叛舜執干戚而舞于兩階之間有苗服從然而征伐者不能釋甲兵而制彊暴。不耐及舜由此觀之。法度者。所以論民俗而節緩急也。器械者。因時變而制宜適也。夫聖人作法。而萬物制焉。（制猶從也）賢者立禮。而不肖者拘焉。（拘猶檢也）制法之民。不可與遠舉。拘禮之人。不可使應變。耳不知清濁之分者。不可令調音。心不知治亂之源者。不可令制法。必有獨聞之耳。獨見之明。然後能擅道而行矣。夫殷變夏。周變殷。春秋變周。（變改也）三代之禮不同。何古之從。大人作而弟子循。（循遵也）知法治所由生。則應時而變。不知法治之源。雖循古。終亂。今世之法籍與時變。禮義與俗易。爲學者循先襲業。據籍守舊教。以爲非此不治。是猶持方枘而周員鑿也。欲得宜適致固焉。則難矣。今儒墨者稱三代文武而弗行。是言其所不行也。（不耐行但言之而已）非今時之世而弗改。是行其所非也。稱其所是。行其所非。是以盡日極慮而無益於治。勞形竭智而無補於主也。今夫圖工好畫鬼魅。而憎圖狗馬者。何也。鬼魅不世出。而狗馬可日見也。夫存危治亂。非智不能。道而先稱古。雖愚有餘。故不用之法。聖王弗行。不驗之言。聖王弗聽。（聽受）天地之氣。莫大於和。（和故能生萬物）和者陰陽調。日夜分而生物。春分而生。秋分而成。生之與成。必得和之精。（精氣）故聖人之道。寬而栗。嚴而溫。柔而直。猛而仁。（言剛柔寬猛相濟也）太剛則折。太柔則卷。聖人正在剛柔之間。乃得道之本。（本原也）積陰則沈。積陽則飛。陰陽相接。乃能成和。夫繩之爲度也。可卷而伸也。引而伸之。可直而睎。（睎望也）故聖人以身體之。（體行）夫脩而不橫。短而不窮。直而不剛。久而不忘者。其唯繩乎。故恩推則懦。懦則不威。推猶移也嚴推則猛。猛則不和。愛推則縱。縱則不令。縱放也刑推則虐。虐則無親。虐害也言害人人無親之昔者齊簡公釋其國家之柄。而專任其大臣。簡公悼公陽生之子在也一往不解日簡大臣陳成子將相攝威擅勢。私門成黨。而公道不行。黨羣故使陳成田常鴟夷子皮得成其難。難殺簡公之難使呂氏絕祀而陳氏有國者。太公姓呂簡公其後也絕祀陳氏代之也此柔懦所生也。鄭子陽剛毅而好罰。子陽鄭君也一曰鄭相其於罰也。執而無赦。舍人有折弓者。畏罪而恐誅。則因猘狗之驚。以殺子陽。舍人家臣也國人逐猘狗以亂擾舍人因之以殺子陽畏其嚴也此剛猛之所致也。今不知道者。見柔懦者侵。則矜爲剛毅。見剛毅者亡。則矜爲柔懦。此本無主於中。而見聞舛馳於外者也。故終身而無所定趨。舛乖也定安趨歸也譬猶不知音者之歌也。濁之則鬱而無轉。鬱歷也轉讀傳譯之傳也清之則燋而不謳。燋悴也謳和也及至韓娥秦青薛談之謳。三人皆善謳者侯同曼聲之歌。二人善歌一曰曼長憤於志。積於內。盈而發音。則莫不比於律。而和於人心。何則。中有本主。以定清濁。不受於外。而自爲儀表也。今夫盲者行於道。人謂之左則左。謂之右則右。遇君子則易道。遇小人則陷溝壑。何則。目無以接物也。接見也故魏兩用樓翟吳起而亡西河。魏文侯任樓翟吳起不用他賢秦伐喪其西河之地湣王專用淖齒。而死于東廟。湣讀汶水之汶湣王田常之後代呂氏爲齊侯春秋之後僭號稱王淖齒楚將奔齊爲臣湣王無道淖齒殺之擢其筋懸廟門之梁三日而死見戰國策無術以御之也。文王兩用呂望召公奭而王。呂望太公呂尙也善用兵謀奭召康公用理民物有甘棠之歌也楚

莊王專任孫叔敖而霸。孫叔敖楚大夫蔿賈伯盈子或曰童子也任其賢故致于伯也有術以御之也。夫弦歌鼓舞
以爲樂。盤旋揖讓以脩禮。厚葬久喪以送死。孔子之所立也。而墨子非之。兼三老五更是以兼愛選士大夫射是以上賢宗祀嚴父是以
非猶譏也兼愛尚賢。右鬼非命。墨子之所立也。而楊子非之。右鬼右猶尊也順四時而行是以非命皆楊子所不貴故非也
全性保眞。不以物累形。楊子之所立也。而孟子非之。全性保眞謂不拔骭毛以利天下弗爲不以物累已身形也孟子受業于子思之門成唐虞三代之德敍詩書孔子之意塞楊墨淫詞故非之也
趨捨人異。各有曉心。故
是非有處。得其處則無非。失其處則無是。丹穴太蒙反踵空同大夏北戶
奇肱脩股之民。是非各異。習俗相反。丹穴南方當日下之地太蒙西方日所入處也反踵國名其人南行武迹北向空同戴勝極下之地大夏在西
方北戶在南方奇肱脩股之民在西南方凡此八者皆九州之外八寅之域者也君臣上下。夫婦父子。有以相使也。此之是。非
彼之是也。此之非。非彼之非也。此近論諸華也彼遠論八寅也於諸夏之所是八寅之所非而廢也于諸華所非八寅所是而行也譬若斤
斧椎鑿之各有所施也。施宜也禹之時。以五音聽治。禹顓頊後五世鯀之子也名文命受禪成功曰禹五音宮商角徵羽也
懸鐘鼓磬鐸置鞀。以待四方之士。爲號曰。教寡人以道者擊鼓。道和陰陽鼓一聲以調五音故
擊之諭寡人以義者擊鐘。鐘金也義者斷割故擊之告寡人以事者振鐸。鐸鈴金口木舌合爲音聲事者非一品故振之語寡
人以憂者擊磬。磬石也聲急憂亦急務故擊之有獄訟者搖鞀。獄亦訟訟一辯於事故取小鞀搖也當此之時。一饋而
十起。一沐而三捉髮。饋者食也以勞天下之民。勞猶憂也勞讀勞勑之勞此而不能達善效忠者。
則才不足也。當此之時不耐達其善效致其忠是爲無有其材也秦之時。高爲臺榭。大爲苑囿。遠爲馳道。鑄
金人。秦皇帝二十六年初兼天下有長人見於臨洮其高五丈足迹六尺放寫其形鑄金人以象之翁仲君何是也發適戍。入芻稾。戍守長城也入芻稾之稅以供國用也頭

會箕賦。輸於少府。頭會隨民口數人責其稅箕賦似箕然斂民財多取意也少府官名如今司農丁壯丈夫。西至臨洮狄道。臨洮隴西之縣洮水出北狄道漢陽之縣東至會稽浮石。會稽山名浮石隨水高下言不沒皆在遼西界一說會稽山在太山下封於太山禪於會稽是也會稽或作滄海南至豫章桂林。豫章豫章郡桂林鬱林郡北至飛狐陽原。飛狐蓋在代郡南飛狐山也陽原蓋在太原或曰代郡廣昌東五阮關是也道路死人以溝量。言滿溝也當此之時。忠諫者謂之不祥。而道仁義者謂之狂。逮至高皇帝存亡繼絕。漢高祖劉季也舉天下之大義。身自奮袂執銳。以爲百姓請命于皇天。執利兵伐無道以救百姓之命祈之于皇天也當此之時。天下雄儁豪英。暴露于野澤。才過千人爲儁百人爲豪萬人爲英前蒙矢石。而後墮谿壑。出百死而紿一生。以爭天下之權。墮入也紿至也紿讀仍代之代也奮武厲誠。逵吉按太平御覽引誠作威以決一旦之命。當此之時。豐衣博帶而道儒墨者。以爲不肖。言向武也逮至暴亂已勝。勝暴亂也海內大定。繼文之業。立武之功。繼文王受命之業武王誅無道之功履天子之圖籍。造劉氏之貌冠。高祖于新豐所作竹皮冠也一日委貌冠　逵吉按錢別駕云竹皮冠應劭以爲卽鵲尾冠以始生竹皮爲之卽劉氏冠也總鄒魯之儒墨。通先聖之遺教。戴天子之旗。乘大路。建九斿。撞大鐘。擊鳴鼓。奏咸池。揚干戚。周禮天子五路大路上路也王者功成作樂故撞鐘擊鼓咸池黃帝樂干楯戚斧也春夏舞者所執當此之時。有立武者見疑。疑怪也一世之間。而文武代爲雌雄。有時而用也。今世之爲武者。則非文也。爲文者。則非武也。文武更相非。而不知時世之用也。此見隅曲之一指。而不知八極之廣大也。隅曲室中之區隅言狹小八極八方之極言廣大也故東面而望。不見西牆。南面而視。不覩北方。唯無所嚮者。則無所不通。無所向則可以見四方故曰無所不通國之所以存者。道德也。道德施行民悅其化故國存也家之所以亡者。理塞也。（理道也）堯無百戶之郭。舜無置錐之地。（達吉按太平御覽引置作植蓋古字通用）以有天下。禹無十人之衆。湯無七里之分。以王諸侯。文王處岐周之閒也。地方不過百里。而立爲天子者。有王道也。（堯舜禹湯文王皆王有天下孟子曰以德行仁者王王不待大是也）夏桀殷紂之盛也。人跡所至。舟車所通。莫不爲郡縣。然而身死人手。而爲天下笑者。有亡形也。（孟子曰惡死亡樂不仁不仁必死亡故曰有亡形也）故聖人見化以觀其徵。（徵成也）德有盛衰。風先萌焉。（風氣也萌見也有盛德者謂文王也伯夷太公先見之有衰德者謂桀紂也太史令終古及向藝先去之也）故得王道者。雖小必大。（湯武是也）有亡形者。雖成必敗。（桀紂是也）夫夏之將亡。太史令終古先奔於商。三年而桀乃亡。（湯滅之也）殷之將敗也。太史令向藝先歸文王。朞年而紂乃亡。（武王滅之終古向藝二賢人名）故聖人之見存亡之迹。成敗之際也。非待鳴條之野。甲子之日也。（湯伐桀禽於鳴條武王誅紂以甲子尅之）今謂彊者勝。則度地計衆。富者利。則量粟稱金。若此。則千乘之君無不霸王者。而萬乘之國無不破亡者矣。存亡之迹。若此其易知也。愚夫惷婦。皆能論之。（惷亦愚無知之貌也）趙襄子以晉陽之城霸。智伯以三晉之地禽。（襄子無恤也智伯智瑤三晉智氏兼有范中行氏智伯帥韓魏之君圍趙襄子于晉陽趙襄子使張孟談與韓魏通謀韓魏反而擊之大破智伯之軍獲其首以爲飲器故曰以三晉之地禽也）湣王以大齊亡。（爲淖齒所殺也）田單以卽墨有功。（燕伐齊而滅之得七十城唯卽墨未下田單以市吏率卽墨市民以擊燕師破之故曰有功也）故國之亡也。雖大不足恃。（大猶亡智伯是）道之行也。雖小不可輕。（湯以七十里文王以百里皆有天下故雖小不可輕）由此觀之。存在得道。而不在於大也。（得道之君雖小爲善而耐王天下故曰不在於大也）亡在失道。而不在於小也。（無道之君以爲惡無傷而弗革積必亡故曰不在於小也）詩云。乃眷西顧。此惟與宅。言去殷而遷于周也。紂治朝歌在東文王國于岐周在西天乃眷然顧西上此唯居周言我宅也故曰去殷而遷于周也 故亂國之君。務廣其地而不務仁義。務高其位而不務道德。是釋其所以存。而造其所以亡也。故桀囚於焦門。而不能自非其所行。不自非行之惡 而悔不殺湯於夏臺。悔恨也臺或作宮 紂居於宣室。而不反其過。反悔 而悔不誅文王於羑里。羑里今河內湯陰是也羑古牖字 二君處彊大勢位。脩仁義之道。湯武救罪之不給。何謀之敢當。二君桀紂也當其君也彊大之勢不能自知所行之非也假令能脩仁義之道則湯武不敢生誅之謀也 若上亂三光之明。下失萬民之心。三光日月星辰也失萬民心施民所惡也　逵吉按文選注引作三光日月星也無辰字以爲許慎注 雖微湯武。孰弗能奪也。言遭人能奪之不必湯武也 今不審其在已者。而反備之于人。言不慎行己之德而乃反備天下之人來誅也 天下非一湯武也。殺一人則必有繼之者也。且湯武之所以處小弱而能以王者。以其有道也。桀紂之所以處彊大而見奪者。以其無道也。今不行人之所以王者。而反益已之所以奪。是趨亡之道也。武王克殷。欲築宮於五行之山。五行山今太行山也在河內野王縣北上黨關也 周公曰。不可。夫五行之山。固塞險阻之地也。使我德能覆之。則天下納其貢職者迴也。迴迂難也迴或作固固必也 使我有暴亂之行。則天下之伐我難矣。周公言我有暴亂之行則天下當來伐我無爲于五行之山使天下來伐我者難也言其依德不恃險也 此所以三十六世而不奪也。周公可謂能持滿矣。滿而不溢也 昔者周書有言曰。上言者。下用也。下言者。上用也。用可否相濟也 上言者常也。爲君常也 下言者權也。權謀也謀度事宜不失其道也 此存亡之術也。唯聖人爲能知權。言而必信。期而必當。

天下之高行也。直躬其父攘羊而子證之。直躬楚葉縣人也葉公子高謂孔子曰吾黨有直躬者其父攘羊而子證之孔子曰吾黨之直者異於是父爲子隱子爲父隱直在其中矣凡六畜自來而取之曰攘也 尾生與婦人期而死之。尾生魯人與婦人期于梁下水至溺死也 直而證父。信而溺死。雖有直信。孰能貴之。夫三軍矯命。過之大者也。秦穆公興兵襲鄭。過周而東。以兵伐國不鼙鼓密聲曰襲周者王城也公羊傳曰王城者何西周也 鄭賈人弦高將西販牛。道遇秦師於周鄭之閒。乃矯鄭伯之命。犒以十二牛。賓秦師而卻之。以存鄭國。非君命也而稱君命曰矯酒肉曰享牛羊曰犒共其枯槁也秦師日行千里而襲之遠主有備而師無繼不如還遂還師而去也故曰卻之 故事有所至。信反爲過。誕反爲功。信爲過者尾生是誕爲功者弦高是 何謂失禮而有大功。昔楚恭王戰於陰陵。恭王與晉厲戰於陰陵呂錡射恭王中目因而禽之過而能改故曰恭也 逵吉按古聲陰鄢同故以鄢陵爲陰陵非九江之陰陵也 潘尫、養由基、黃衰微、公孫丙、相與篡之。四子楚大夫篡晉取恭王衰讀繩之維微讀扱滅之扱也 恭王懼而失體。威儀不如常坐不能起也 黃衰微舉足蹴其體。恭王乃覺。怒其失禮。奮體而起。四大夫載而行。昔蒼吾繞娶妻而美以讓兄。此所謂忠愛而不可行者也。蒼吾繞孔子時人以妻美好推與其兄兄則愛矣而違親迎曲顧之誼故曰不可行也 是故聖人論事之局曲直。與之屈伸偃仰。無常儀表。時屈時伸。卑弱柔如蒲葦。非攝奪也。剛強猛毅。志厲青雲。非本矜也。以乘時應變也。夫君臣之接。屈膝卑拜。以相尊禮也。至其迫於患也。則舉足蹴其體。天下莫能非也。是故忠之所在。禮不足以難之也。孝子之事親。和顏卑體。奉帶運履。運正廻也 至其溺也。則捽其髮而拯。拯升也出溺曰拯 逵吉按太平御覽引作捽其髮而拯之 非敢驕侮。以救其死也。故溺則捽父。祝則名君。孟子曰嫂溺而不拯是豺狼也而況父兄乎故溺則捽之祝則名君周人以諱事神敬之至也勢不得不然也。此權之所設也。故孔子曰：可以共學矣，而未可以適道也。適之也道仁義之善道可與適道，未可以立也。立德立功立言可以立，未可與權。權者，聖人之所獨見也。故忤而後合者，謂之知權。忤逆不合也權因事制宜權量輕重無常形勢能令醜反善合于宜適故聖人獨見之也合而後舛者，謂之不知權。不知權者，善反醜矣。故禮者，實之華而僞之文也，方於卒迫窮遽之中也，則無所用矣。無所用于禮也是故聖人以文交於世，而以實從事於宜，不結於一迹之塗，凝滯而不化。是故敗事少而成事多。號令行于天下，而莫之能非矣。結猶衆也猩猩知往而不知來，猩猩北方獸名人面獸身黃色禮記曰猩猩能言不離走獸見人狂走則知人姓字此知往也又嗜酒人以酒搏之飲而不耐息不知當醉以禽其身故曰不知來也乾鵠知來而不知往。乾鵠鵲也人將有來事憂喜之徵則鳴此知來也知歲多風多巢于木枝人皆探其卵故曰不知往也乾讀乾燥之乾鵠讀告退之告此脩短之分也。昔者萇宏，周室之執數者也。萇宏周宣王之大夫數曆術也天地之氣，日月之行，風雨之變，律曆之數，無所不通，然而不能自知車裂而死。晉范中行氏之難以叛其君也周劉氏與晉范氏世爲婚姻萇宏事劉文公故周人助范氏至敬王二十八年晉人讓周周爲殺萇宏以釋之故曰不能自知車裂而死也蘇秦，匹夫徒步之人也，鞀蹻羸蓋，經營萬乘之主，服諾諸侯，然不自免於車裂之患。蘇秦洛陽人也羸籯囊也蓋步蓋也蘇秦相趙趙封之爲武安君初帶羸囊擔步蓋歷說萬乘之君合東山之從利病之勢無所不下使諸侯服從無有不服諾者故曰服諾諸侯不自免於車裂之患說在詮言之篇徐偃王被服慈惠，身行仁義，陸地之朝者三十二國，然而身死國亡，子孫無類。偃王于衰亂之世脩行仁義不設武備楚王滅之故身死國亡也七諫篇曰荆文誤而徐亡是也大夫種輔翼越王句踐，而爲之報怨雪恥，禽夫差之身，開地數千里，然而身伏屬鏤而死。種佐句踐報怨于吳王夫差擬千里之地而越王終已疑之賜屬鏤以死屬鏤利劍也一曰長劍劚施鹿盧鋒曳地屬鏤而行之也 此皆達於治亂之機。機要也 而未知全性之具者。故萇宏知天道而不知人事。蘇秦知權謀而不知禍福。徐偃王知仁義而不知時。大夫種知忠而不知謀。不知爲身謀也 聖人則不然。論世而爲之事。權事而爲之謀。是以舒之天下而不窕。內之尋常而不塞。不窕在大能大也八尺曰尋倍尋曰常在小能小不塞急也 使天下荒亂。禮義絕。綱紀廢。彊弱相乘。力征相攘。臣主無差。貴賤無序。甲冑生蟣蝨。乘加也攘平除生蟣蝨不離體也 燕雀處帷幄。而兵不休息。幄幕也處猶巢也 而乃始服屬臾之貌。謹也 恭儉之禮。則必滅抑而不能與矣。天下安寧。政教和平。百姓肅睦。上下相親。而乃始立氣矜。矜自大也 奮勇力。則必不免於有司之法矣。是故聖人者。能陰能陽。能弱能彊。隨時而動靜。因資而立功。物動而知其反。事萌而察其變。化則爲之象。運則爲之應。是以終身行而無所困。故事有可行而不可言者。有可言而不可行者。有易爲而難成者。有難成而易敗者。所謂可行而不可言者。趨舍也。可言而不可行者。僞詐也。易爲而難成者。事也。難成而易敗者。名也。此四策者。聖人之所獨見而留意也。誳寸而伸尺。聖人爲之。寸小尺大 小枉而大直。君子行之。枉曲也直直其道也 周公有殺弟之累。誅管蔡也 齊桓有爭國之名。自莒先入殺子糾也 然而周公以義補缺。謂襲成王以致太平七年歸政北面爲臣故曰以義補缺也 桓公以功滅醜。立九合一匡之功以滅爭國之惡也 而皆爲賢。今以人之小過。揜其大美。則天下無聖王賢相矣。故目中有疵。不害於視。不可灼也。疵贅灼爛也 喉中有病。無害於息。不可鑿也。鑿穿也 河上之邱冢。不可勝數。猶之爲易也。言河上本非邱壟之處有易之地猶多以大言之也以諭萬事多覆于少 水激興波。高下相臨。差以尋常。猶之爲平。雖有激波猶以爲平平者多也猶橘柚冬生人曰冬死死者衆也薺麥夏死人曰夏生生者多也 昔者曹子爲魯將兵。三戰不勝。亡地千里。使曹子計不顧後。足不旋踵。刎頸於陳中。則終身爲破軍禽將矣。然而曹子不羞其敗。恥死而無功。柯之盟。揄三尺之刃。造桓公之胸。三戰所亡。一朝而反之。勇聞于天下。功立於魯國。復汶陽之田也 管仲輔公子糾而不能遂。遂成也 不可謂智。遁逃奔走。不死其難。不死子糾之難也 不可謂勇。束縛桎梏。不諱其恥。不可謂貞。當此三行者。布衣弗友。人君弗臣。布衣之士不可以爲益友也人君不可以爲義臣也 然而管仲免於累紲之中。立齊國之政。九合諸侯。一匡天下。使管仲出死捐軀。不顧後圖。豈有此霸功哉。今人君論其臣也。不計其大功。總其略行。而求其小善。則失賢之數也。略大也小善忠也數術也 故人有厚德。無問其小節。而有大譽。無疵其小故。夫牛蹏之涔。不能生鱣鮪。涔雨水也滿牛蹏跡中言其小也故不能生鱣鮪也鱣大魚長丈餘細鱗黃首白身短頭口在腹下鮪大魚亦長丈餘仲春二月從西河上得過龍門便爲龍先師說云也 而蜂房不容鵠卵。房巢也 小形不足以包大體也。夫人之情。莫不有所短。誠其大略是也。雖有小過。不足以爲累。誠其實略其行 若其大略非也。雖有閭里之行。未足大舉。舉用 夫顏喙聚。梁父之大盜也。梁父齊邑今屬太山 而爲齊忠臣。段干木。晉國之大駔也。而爲文侯師。駔驕怚一曰駔市儈

（也言魏國之大儈也）孟卯妻其嫂。有五子焉。然而相魏。寧其危。解其患。（孟卯齊人也及爲魏臣能安其危解其患也戰國策曰芒卯也　達吉按古孟芒同聲故通用）景陽淫酒。被髮而御於婦人。威服諸侯。（景陽楚將）此四人者。皆有所短。然而功名不滅者。其略得也。（略猶道也）季襄陳仲子。立節抗行。不入洿君之朝。不食亂世之食。遂餓而死。（季襄魯人孔子弟子陳仲子齊人孟子弟子居於陵）不能存亡接絕者何。小節伸而大略屈。（伸用屈廢也）故小謹者無成功。訾行者不容於衆。（好揜人之善揚人之短訾毀人行自獨卑藏衆人所疾而不容之也一曰訾毀也行有毀缺者不爲衆人所容）體大者節疏。蹠距者舉遠。（疏長蹠足距大也）自古及今。五帝三王。未有能全其行者也。故易曰。小過亨利貞。言人莫不有過。而不欲其大也。夫堯舜湯武。世主之隆也。（隆盛）齊桓晉文。五霸之豪英也。然堯有不慈之名。（謂天下不以予子丹朱也）舜有卑父之謗。（謂瞽瞍降在庶人也）湯武有放弒之事。（殷湯放桀南巢周武弒紂宣室）五伯有暴亂之謀。（齊桓晉文宋襄楚莊秦穆德未能純皆有爭奪之驗故曰有暴亂之謀也）是故君子不責備於一人。方正而不以割。廉直而不以切。博通而不以訾。文武而不以責。（文武備具而不責備於人也）求於一人則任以人力。（任其力所能任也）自脩則以道德。責人以人力。易償也。自脩以道德。難爲也。難爲則行高矣。易償則求澹矣。夫夏后氏之璜。不能無考。（半璧曰璜夏后氏之珍玉也考瑕釁也）明月之珠。不能無纇。（夜光之珠有似月光故曰明月纇磬若絲之結纇也）然而天下寶之者何也。其小惡不足妨大美也。今志人之所短。而忘人之所脩。而求得其賢於天下。則難矣。夫百里奚之飯牛。伊尹之負鼎。（伊尹負鼎俎調五味以干湯卒爲賢相）太公之鼓刀。（太公河內汲人有屠釣之困卒爲文王佐翼武王伐紂也）甯戚之商歌。〔甯戚衞人也商旅于齊宿郭門外疾世商歌以干桓公桓公夜出迎客聞之舉以爲大由事在道應訓也〕其美有存焉者矣。衆人見其位之卑賤。事之洿辱。而不知其大略。以爲不肖。及其爲天子三公。而立爲諸侯賢相。乃始信於異衆也。〔信知也〕夫發于鼎俎之閒。〔伊尹〕出于屠酤之肆。〔肆列也謂太公呂尙也〕解于累紲之中。〔累紲所以束縛人謂管仲也〕興于牛頷之下。〔興起也謂伯里奚也頷讀合索之合〕洗之以湯沐。祓之以爝火。立之于本朝之上。倚之于三公之位。〔爝火取火於日之官也周禮司爝掌行火之政令火所以祓除不祥也立置也本朝國朝也〕內不慙於國家。外不愧於諸侯。符勢有以內合。〔內合于君〕故未有功而知其賢者。堯之知舜。功成事立而知其賢者。市人之知舜也。爲是釋度數而求之於朝肆草莽之中。其失人也必多矣。〔爲上自任耳目聽明以得賢人之故不復用度量之術取人而亟求賢于朝肆之列莫莽之中失賢人必多矣何可求賢也〕何則。能效其求。而不知其所以取人也。夫物之相類者。世主之所亂惑也。嫌疑肖象者。衆人之所眩耀。〔肖象似也嫌疑謂白骨之肖象牙也碧盧似玉蛇牀似蘪蕪也〕故狠者類知而非知。〔狠者自用像有知非眞知〕愚者類仁而非仁。〔愚者不能斷割有似於仁非眞仁也〕戇者類勇而非勇。〔戇者不知畏危難有似於勇非眞勇〕使人之相去也。若玉之與石。美之與惡。則論人易矣。夫亂人者。芎藭之與藁本也。蛇牀之與蘪蕪也。此皆相似者。〔言其相類但其芳臭不同猶小人類君子但其仁與不仁異也〕故劍工惑劍之似莫邪者。唯歐冶能名其種。〔歐冶良工也〕玉工眩玉之似碧盧者。唯猗頓不失其情。〔碧盧或云碔砆猗頓魯之富人能知玉理不失其情也〕闇主亂于姦臣。小人之疑君子者。唯聖人能見微以知明。故蛇舉首尺。而脩短可知也。象見其牙。而大小可論也。薛燭庸子見若狐甲於劍。而利鈍識矣。薛齊邑也燭庸氏子聶利劍 臾兒易牙。淄澠之水合者。嘗一哈水而甘苦知矣。臾兒易牙皆齊之知味者哈口也 故聖人之論賢也。見其一行而賢不肖分矣。孔子辭廩丘。終不盜刀鉤。廩丘齊邑今屬濟陰齊景公養孔子以言未見從道未得行不欲虛祿辭而不受故不復利人刀鉤也 許由讓天子。終不利封侯。許由隱者陽城人堯欲以天下與之洗耳而不就故曰不利于封侯也 故未嘗灼而不敢握火者。見其有所燒也。未嘗傷而不敢握刃者。見其有所害也。由此觀之。見者可以論未發也。而觀小節可以知大體矣。故論人之道。貴則觀其所舉。富則觀其所施。窮則觀其所不受。賤則觀其所不爲。貧則觀其所不取。視其更難。以知其勇。動以喜樂。以觀其守。委以財貨。以論其仁。振以恐懼。以知其節。則人情備矣。古之善賞者。費少而勸衆。趙襄子行之是 善罰者。刑省而姦禁。齊威王行之是也 善予者。用約而爲德。秦繆公行之是 善取者。入多而無怨。齊桓公行之也 趙襄子圍於晉陽。罷圍而賞有功者五人。高赫爲賞首。左右曰。晉陽之難。赫無大功。今爲賞首何也。智伯求地于持襄子不與智伯率韓魏以圍之三月不克趙氏之臣張孟談潛與韓魏通謀反智伯而殺之張孟談之力也故曰高赫無大功也 襄子曰。晉陽之圍。寡人社稷危。國家殆。羣臣無不有驕侮之心。唯赫不失君臣之禮。故賞一人而天下爲忠之臣者。莫不願忠於其君。此賞少而勸善者衆也。齊威王設大鼎於庭中。而數無鹽令曰。子之譽日聞吾耳。察子之事。田野蕪。倉廩虛。囹圄實。子以姦事我者也。乃烹之。齊以此三十二歲道路不拾遺。此刑省姦禁者也。秦穆公出遊而車敗。右服失馬。（服中失馬）野人得之。穆公追而及之岐山之陽。野人方屠而食之。穆公曰。夫食駿馬之肉。而不還飲酒者。傷人。吾恐其傷汝等。徧飲而去之。處一年。與晉惠公爲韓之戰。（處一年者謂飲食肉人酒之明年也晉惠公夷吾背秦納己之賂秦興兵伐晉戰於晉地韓原也）晉師圍穆公之車。梁由靡扣穆公之驂。獲之。（梁由靡晉大夫扣猶牽也將獲穆公）食馬肉者三百餘人。皆出死爲穆公戰於車下。遂克晉。虜惠公以歸。此用約而爲德者也。齊桓公將欲征伐。甲兵不足。令有重罪者。出犀甲一戟。（犀甲取其堅也戟車戟也長丈六尺犀或作三直出三甲也）有輕罪者。贖以金分。（輕小也以金分出金隨罪輕重有分兩也）訟而不勝者。出一束箭。（不勝猶不直也箭十二爲束也）百姓皆說。乃矯箭爲矢。（治箭之笄好者也逵吉按太平御覽引笄作竿是）鑄金而爲刃。（刃五刃也刀劍矛戟矢也）以伐不義而征無道。遂霸天下。此入多而無怨者也。故聖人因民之所喜而勸善。因民之所惡而禁姦。故賞一人而天下譽之。罰一人而天下畏之。故至賞不費。（賞當賞不虛費）至刑不濫。（刑當刑不傷善濫讀收斂之斂）孔子誅少正卯。而魯國之邪塞。（少正官卯其名也魯之諂人孔子相魯七日誅之於東觀之下刑不濫也）子產誅鄧析。而鄭國之姦禁。（鄧析詭辯姦人之雄也子產誅之故姦禁也傳曰鄭駟歂殺鄧析而用其竹刑鄧析制刑書之于竹鄭國用之不以人廢言也）以近喻遠。以小知大也。故聖人守約而治廣者。此之謂也。天下莫易於爲善。而莫難於爲不善也。（爲善靜身無欲信仁而已順其天性故易爲不善貪欲無厭毀人自成戾其天性故難也）所謂爲善者。靜而無爲也。所謂爲不善者。躁而多欲也。適情辭餘。無所誘惑。循性保眞。無變於已。故曰爲善易。越城郭。踰險塞。姦符節。盜管金。篡弑矯誣。非人之性也。故曰爲不善難。姦私亦盜也符節成信也而盜取之管莊篇也金印封亦所以爲信也囹閉藏也篡弒下謀上也矯善作君命誣以惡覆人也皆非人本所受天之善性也今人所以犯囹圄之罪。而陷於刑戮之患者。由嗜慾無厭。不循度量之故也。何以知其然。天下縣官法曰。發墓者誅。竊盜者刑。此執政之所司也。夫法令者。網其姦邪。勒率隨其蹤跡。勒主問吏率大任也無愚夫惷婦皆知爲姦之無脫也。犯禁之不得免也。然而不材子不勝其欲。蒙死亡之罪。而被刑戮之羞。蒙冒然而立秋之後。司寇之徒。繼踵於門。而死市之人。血流於路。何則。惑於財利之得。而蔽於死亡之患也。夫今陳卒設兵。兩軍相當。將施令曰。斬首拜爵。而屈撓者要斬。然而隊階之卒。皆不能前遂斬首之功。遂成也而後被要斬之罪。是去恐死而就必死也。故利害之反。禍福之接。不可不審也。事或欲之。適足以失之。或避之。適足以就之。楚人有乘船而遇大風者。波至而自投於水。達吉按太平御覽引作波至而恐自投於水非不貪生而畏死也。惑於恐死而反忘生也。故人之嗜慾。亦猶此也。齊人有盜金者。當市繁之時。至掇而走。勒問其故曰。而盜金於市中何也。繁衆也勒主問吏故猶意也而汝也對曰。吾不見人。徒見金耳。志所欲。則忘其爲矣。是故聖人審動靜之變。而適受與之度。理好憎之情。和喜怒之節。夫動靜得。則患弗過也。受與適。則罪弗累也。好憎理。則憂弗近也。喜怒節。則怨弗犯也。故達道之人。不苟得。不讓福。其有弗棄。非其有弗索。常滿而不溢。恆虛而易足。虛無欲也今夫霤水足以溢壺榼。而江河不能實漏巵。故人心猶是也。自當以道術度量。食充虛。衣禦寒。則足以養七尺之形矣。若無道術度量而以自儉約。則萬乘之勢不足以爲尊。天下之富不足以爲樂矣。論若桀與紂無道術度量不得爲匹夫何尊樂之有乎孫叔敖三去令尹而無憂色。爵祿不能累也。不以爵祿累其身也荊佽非兩蛟夾繞其船而志不動。怪物不能驚也。勇而不惑聖人心平志易。精神內守。物莫足以惑之。夫醉者俛入城門。以爲七尺之閨也。超江淮。以爲尋常之溝也。酒濁其神也。怯者夜見立表。以爲鬼也。見寢石。以爲虎也。懼揜其氣也。揜奪也又況無天地之怪物乎。夫雌雄相接。陰陽相薄。羽者爲雛鷇。毛者爲駒犢。柔者爲皮肉。堅者爲齒角。人弗怪也。水生蠬蜃。山生金玉。人弗怪也。老槐生火。久血爲燐。人弗怪也。血精在地暴露百日則爲燐遙望炯炯若燃火也山出梟陽。梟陽山精也人形長大面黑色身有毛足反踵見人而笑逵吉按梟陽見爾雅程敦云說文解字作梟羊陽與羊古字通也嚴忌哀時命又作梟楊山海經謂之贛巨人水生罔象。水之精也國語曰龍罔象也木生畢方。木之精也狀如烏青色赤腳一足不食五穀井生墳羊。土之精也魯季子穿井獲土缶其中有羊是也人怪之。聞見鮮而識物淺也。天下之怪物。聖人之所獨見。利害之反覆。知者之所獨明達也。同異嫌疑者。世俗之所眩惑也。夫見不可布於海內。聞不可明於百姓。是故因鬼神禨祥。而爲之立禁。禨祥吉凶也禁戒也總形推類。而爲之變象。何以知其然也。世俗言曰。饗大高者。而彘爲上牲。大高祖也一曰上帝葬死人者。裘不可以藏。相戲以刃者。太祖軵其肘。（軵擠也讀近茸急察言之）枕戶橉而臥者。鬼神蹠其首。此皆不著於法令。而聖人之所不口傳也。夫饗大高而彘爲上牲者。非彘能賢於野獸麋鹿也。而神明獨饗之。何也。以爲彘者家人所常畜。而易得之物也。故因其便以尊之。裘不可以藏者。非能具綈綿曼帛。溫煖於身也。世以爲裘者難得貴賈之物也。（曼帛細帛也裘狐之屬也故曰貴賈之物）而不可傳於後世。無益於死者。而足以養生。故因其資以讋之。（資用也讋忌也）相戲以刃。太祖軵其肘者。夫以刃相戲。必爲過失。過失相傷。其患必大。無涉血之仇爭忿鬬。而以小事自內於刑戮。愚者所不知忌也。故因太祖以累其心。（累恐也）枕戶橉而臥。鬼神履其首者。使鬼神能玄化。則不待戶牖之行。（逵吉按太平御覽引作不待戶牖而行是）若循虛而出入。則亦無能履也。（虛孔竅也逵吉按太平御覽引作無履也無能字）夫戶牖者。風氣之所從往來。而風氣者。陰陽相捔者也。離者必病。（辯譴也）故託鬼神以伸誡之也。凡此之屬。皆不可勝著於書策竹帛。而藏於官府者也。故以禨祥明之。爲愚者之不知其害。乃借鬼神之威以聲其教。所由來者遠矣。而愚者以爲禨祥。而狠者以爲非。唯有道者能通其志。今世之祭井竈門戶箕箒臼杵者。非以其神爲能饗之也。恃賴其德。煩苦之無已也。是故以時見其德。所以不忘其功也。觸石而出。膚寸而合。不崇朝而雨天下者。唯太山。（崇終也日旦至食時爲終朝）赤地三年而不絕。流澤及百里而潤草木者。

唯江河也。是以天子秩而祭之。故馬免人於難者。其死也葬之。牛其死也。葬以大車爲薦。牛馬有功。猶不可忘。又況人乎。此聖人所以重仁襲恩。襲亦重累故炎帝於火而死爲竈。炎帝神農以火德王天下死託祀于竈神禹勞天下而死爲社。勞天下謂治水之功也託祀于后土之神后稷作稼穡而死爲稷。稷周棄也羿除天下之害而死爲宗布。此鬼神之所以立。羿古之諸侯河伯溺殺人羿射其左目風伯壞人屋室羿射中其膝又誅九嬰窫窳之屬有功於天下故死託祀於宗布祭田爲宗布謂出也一曰今人室中所祀之宗布是也或曰司命傍布也此堯時羿非有窮后羿

北楚有任俠者。其子孫數諫而止之。不聽也。縣有賊。大搜其廬。事果發覺。夜驚而走。追道及之。其所施德者皆爲之戰。得免而遂反。語其子曰。汝數止吾爲俠。今有難。果賴而免身。而諫我不可用也。知所以免於難。而不知所以無難。論事如此。豈不惑哉。宋人有嫁子者。告其子曰。嫁未必成也。有如出。不可不私藏。私藏而富。其於以復嫁易。其子聽父之計。竊而藏之。若公知其盜也。逐而去之。其父不自非也。而反得其計。知爲出藏財。而不知藏財所以出也。爲論如此。豈不勃哉。今夫僦載者。救一車之任。極一牛之力。爲軸之折也。有如轅軸其上以爲造。不知軸轅之趣軸折也。楚王之佩玦而逐菟。爲走而破其玦也。因珮兩玦以爲之豫。兩玦相觸。破乃逾疾。亂國之治。有似於此。夫鴟目大而眎不若鼠。蚈足衆而走不若蛇。物固有大不若小。衆不若少者。及至夫彊之弱。弱之彊。危之安。存之亡也。非聖人孰

能觀之。大小尊卑。未足以論也。唯道之在者爲貴。何以明之。天子處於郊亭。則九卿趨。大夫走。坐者伏。倚者齊。當此之時。明堂太廟。懸冠解劍。緩帶而寢。非郊亭大而廟堂狹小也。至尊居之也。天道之貴也。非特天子之爲尊也。所在而衆仰之。夫蟄蟲鵲巢。皆嚮天一者。至和在焉爾。帝者誠能包稟道。合至和。則禽獸草木。莫不被其澤矣。而況兆民乎。

淮南子卷十四

詮言訓 詮就也就萬物之指以言其徵事之所謂道之所依也故曰詮言

洞同天地。渾沌爲樸。未造而成物。謂之太一 太一元神總萬物者 同出於一。所爲各異。有鳥有魚有獸。謂之分物。方以類別。物以羣分。性命不同。皆形於有。隔而不通。分而爲萬物。莫能及宗。謂及已之性宗同于洞同 故動而謂之生。死而謂之窮。皆爲物矣。非不物而物物者也。物物者。亡乎萬物之中。不物之物恍惚虛無物物者造萬物者也此不在萬物之中也 稽古太初。人生於無。逵吉按太平御覽此下有注云當太初天地之始人生於無形無形生有形也 形於有。有形而制於物。逵吉按太平御覽此下有注云爲物所制 能反其所生。若未有形。謂之眞人。眞人者。未始分於太一者也。聖人不爲名尸。尸主也 不爲謀府。不爲事任。不爲智主。藏無形。行無迹。游無朕。朕兆也 不爲福先。不爲禍始。保於虛無。動於不得已。欲福者或爲禍。欲利者或離害。故無爲而寧者。失其所以寧則危。無事而治者。失其所以治則亂。星列於天而明。故人指之。義列於德而見。故人視之。人之所指。動則有章。人之所視。行則有迹。動有章則詞。行有迹則議。故聖人揜明於不形。藏迹於無爲。王子慶忌死於劍。王子慶忌者吳王僚之弟子闔閭弒僚慶忌勇健亡在鄭闔閭畏之使要離刺慶忌 羿死於桃棓。棓大杖以桃木爲之以擊殺羿由是以來鬼畏桃也 子路葅於衞。蘇秦死於口。蘇秦好說爲齊所殺 人莫不貴其所有。而賤其所短然而皆溺其所貴。而極其所賤。所貴者有形。所賤者無朕也。故虎豹之彊來射。蝯狖之捷來措。人能貴其所賤。賤其所貴。可與言至論矣。自信者。不可以誹譽遷也。知足者。不可以勢利誘也。故通性之情者。不務性之所無以爲。人性之無以爲者不務也通命之情者。不憂命之所無柰何。通於道者。物莫不足滑其調。詹何曰。未嘗聞身治而國亂者也。未嘗聞身亂而國治者也。矩不正。不可以爲方。規不正。不可以爲員。身者事之規矩也。未聞枉已而能正人者也。原天命。治心術。理好憎。適情性。則治道通矣。原天命。則不惑禍福。治心術。則不妄喜怒。理好憎。則不貪無用。適情性。則欲不過節。不惑禍福。則動靜循理。不妄喜怒。則賞罰不阿。不貪無用。則不以欲用害性。欲不過節。則養性知足。凡此四者。弗求於外。弗假於人。反已而得矣。天下不可以智爲也。不可以慧識也。不可以事治也。不可以仁附也。不可以強勝也。五者皆人才也。德不盛。不能成一焉。德立則五無殆。五見則德無位矣。五事皆見而德無所立位故得道則愚者有餘。失道則智者不足。渡水而無游數。雖強必沈。有游數雖羸必遂。又況託於舟航之上乎。爲治之本。務在於安民。安民之本。在於足用。足用之本。在於勿奪時。勿奪時之本。在於省事。省事之本。在於節欲。節欲之本。在於反性。反性之本。在於去載。去浮華載於亡者也去載則虛。虛則平。平者道之素也。虛者道之舍也。能有天下者。必不失其國。能有其國者。必不喪其家。能治其家者。必不遺其身。能脩其身者。必不忘其心。能原其心者。必不虧其性。能全其性者。必不惑於道。故廣成子曰。愼守而內。周閉而外。（廣成子黃帝時人也）多知爲敗。毋視毋聽。抱神以靜。形將自正。不得之已而能知彼者。未之有也。故易曰。括囊無咎無譽。能成霸王者。必得勝者也。能勝敵者。必強者也。能強者。必用人力者也。能用人力者。必得人心者也。能得人心者。必自得者也。能自得者。必柔弱也。強勝不若已者。至於與同則格。（言人力能與已力同也已以強加之則戰格也）柔勝出於已者。其力不可度。故能以衆不勝成大勝者。唯聖人能之。善游者不學刺舟而便用之。勁筋者不學騎馬而便居之。輕天下者身不累於物。故能處之。泰王亶父處邠。狄人攻之。事之以皮幣珠玉而不聽。乃謝耆老而徙岐周。百姓攜幼扶老而從之。遂成國焉。推此意。四世而有天下。不亦宜乎。（四世大王王季文王武王）無以天下爲者。必能治天下者。霜雪雨露。生殺萬物。天無爲焉。猶之貴天也。厭文搔法。（厭持也搔勞也）治官理民者。有司也。君無事焉。猶尊君也。辟地墾草者。后稷也。決河濬江者。禹也。聽獄制中者。皐陶也。有聖名者。堯也。故得道以御者。身雖無能。必使能者爲已用。不得其道。伎藝雖多。未有益也。方船濟乎江。有虛船從一方來。觸而覆之。雖有忮心。必無怨色。有一人在其中。一謂張之。一謂歙之。(持舟檝者謂近岸爲歙遠岸爲張也)再三呼而不應。必以醜聲隨其後。向不怒而今怒。向虛而今實也。人能虛己以遊於世。孰能訾之。釋道而任智者。必危。棄數而用才者。必困。有以欲多而亡者。未有以無欲而危者也。有以欲治而亂者。未有以守常而失者也。故智不足免患。愚不足以至於失。寧守其分。循其理。失之不憂。得之不喜。故成者非所爲也。得者非所求也。入者有受而無取。出者有授而無予。因春而生。因秋而殺。所生者弗得。所殺者非怨。則幾於道也。聖人不爲可非之行。不憎人之非己也。脩足譽之德。不求人之譽己也。不能使禍不至。信己之不迎也。不能使福必來。信己之不攘也。(攘卻也)禍之至也。非其求所生。故窮而不憂。福之至也。非其求所成。故通而弗矜。(矜自伐其功也)知禍福之制不在於己也。故閒居而樂。無爲而治。聖人守其所以有。不求其所未得。求其所無。則所有者亡矣。脩其所有。則所欲者至。故用兵者。先爲不可勝。以待敵之可勝也。治國者。先爲不可奪。以待敵之可奪也。舜脩之歷山。而海內從化。文王脩之岐周。而天下移風。使舜趨天下之利。而忘脩己之道。身猶弗能保。何尺地之有。故治未固於不亂。(治不亂之道尚未牢固也)而事爲治者必危。行未固於無非。而急求名者必剉也。福莫大無禍。利莫美不喪。動之爲物。不損則益。(動有爲也)不成則毀。不利則病。皆險也。險言危難不可行 道之者危。故秦勝乎戎而敗乎殽。秦穆公勝西戎爲晉所敗於殽 楚勝乎諸夏。而敗乎柏莒。楚昭王服諸夏而吳敗之柏莒逵吉按柏莒卽柏舉古字通用也 故道不可以勸而就利者。而可以寧避害者。故常無禍。不常有福。常無罪。不常有功。聖人無思慮。無設儲。來者弗迎。去者弗將。將送也 人雖東西南北。獨立中央。故處衆枉之中。不失其直。天下皆流。獨不離其壇域。故不爲善。不避醜。遵天之道。不爲始。不專己。循天之理。不豫謀。不棄時。與天爲期。不求得。不辭福。從天之則。不求所無。不失所得。內無旁禍。外無旁福。禍福不生。安有人賊。爲善則觀。衆人之所觀也 爲不善則議。觀則生貴。議則生患。故道術不可以進而求名。不可以退而脩身。不可以得利。而可以離害。故聖人不以行求名。不以智見譽。法脩自然。已無所與。慮不勝數。行不勝德。事不勝道。爲者有不成。求者有不得。人有窮而道無不通。與道爭則凶。故詩曰。弗識弗知。順帝之則。有智而無爲。與無智者同道。有能而無事。與無能者同德。其智也。告之者至。然後覺其動也。使之者至。然後覺其爲也。有智若無智。有能若無能。道理爲正也。故功蓋天下。不施其美。澤及後世。不有其名。道理通而人僞滅也。名與道不兩明。人受名則道不用。道勝人則名息矣。道與人競長。章人者。息道者也。章明也息止也 人章道息。則危不遠矣。故世有盛名。則衰之日至矣。欲尸名者。必爲善。欲爲善者。

必生事。事生則釋公而就私。背數而任己。欲見譽於爲善。而立名於爲質。則治不脩故。而事不須時。治不脩故。則多責。事不須時。則無功。責多功鮮。無以塞之。則妄發而邀當。妄爲而要中。功之成也。不足以更責。 更償也 事之敗也。不足以敝身。故重爲善若重爲非。而幾於道矣。天下非無信士也。臨貨分財。必探籌而定分。 探籌捉籌也 以爲有心者之於平。不若無心者也。天下非無廉士也。然而守重寶者。必關戶而全封。以爲有欲者之於廉。不若無欲者也。人舉其疵則怨人。 舉說己之疵則怨之 鑑見其醜則善鑑。 鑑鏡也鏡見人之好醜以爲美鏡也 人能接物而不與己焉。則免於累矣。 而不與己若鏡人形而不有好憎也 公孫龍粲於辭而貿名。 公孫龍以白馬非馬冰不寒炭不熱爲論故曰貿也 鄧析巧辯而亂法。 鄧析教鄭人以訟訟不俱回子產誅之也 蘇秦善說而亡。 蘇秦死于齊也 國由其道則善無章。脩其理則巧無名。故以巧鬭力者。始於陽。常卒於陰。 言智巧之所施始之於陽善終於陰惡也 以慧治國者。始於治。常卒於亂。使水流下。孰弗能治。激而上之。非巧不能。故文勝則質揜。邪巧則正塞之也。德可以自脩。而不可以使人暴。道可以自治。而不可以使人亂。雖有聖賢之寶。不遇暴亂之世。可以全身。而未可以霸王也。湯武之王也。遇桀紂之暴也。桀紂非以湯武之賢暴也。湯武遭桀紂之暴而王也。故雖賢王。必待遇。遇者。能遭於時而得之也。非智能所求而成也。君子脩行而使善無名。布施而使仁無章。故士行善而不知善之所由來。民澹利而不知利之所由出。故無爲而自治。善有章則士爭名。利有本則民爭功。二爭者生。雖有賢者弗能治。故聖人掩迹於爲善。而息名於爲仁也。外交而爲援。事大而爲安。不若內治而待時。凡事人者。非以寶幣。必以卑辭。事以玉帛。則貨殫而欲不饜。卑體婉辭。則諭說而交不結。約束誓盟。則約定而反無日。反背叛也 雖割國之錙錘以事人。六兩曰錙倍錙曰錘 而無自恃之道。不足以爲全。若誠外釋交之策。而愼脩其境內之事。盡其地力。以多其積。厲其民死。以牢其城。上下一心。君臣同志。與之守社稷。戰死而民弗離。則爲名者不伐無罪。而爲利者不攻難勝。此必全之道也。民有道所同道。有法所同守。民凡所道行者同道而法度有所共守也 爲義之不能相固。威之不能相必也。故立君以一民。君執一則治。無常則亂。君道者。非所以爲也。所以無爲也。何謂無爲。智者不以位爲事。勇者不以位爲暴。仁者不以位爲患。可謂無爲矣。夫無爲則得於一也。一也者。萬物之本也。無敵之道也。凡人之性。少則猖狂。壯則暴強。老則好利。一人之身既數變矣。又況君數易法。國數易君。人以其位通其好憎。下之徑衢不可勝理。故君失一則亂。甚於無君之時。故詩曰。不愆不忘。率由舊章。此之謂也。君好智則倍時而任己。棄數而用慮。天下之物博而智淺。以淺澹博。未有能者也。獨任其智。失必多矣。故好智。窮術也。好勇則輕敵而簡備。自偩而辭助。自偩自恃也辭助不受偩人之助也 一人之力以禦強敵。不杖衆多而專用身才。必不堪也。故好勇危術也。好與則無定分。上之分不定。則下之望無止。若多賦斂實府庫。則與民爲讎。少取多與。數未之有也。故好與來怨之道也。仁智勇力。人之美才也。而莫足以治天下。由此觀之。賢能之不足任也。而道術之可脩明矣。聖人勝心。心者欲之所主也聖人止欲故勝其心而以百姓爲心也 衆人勝欲。心欲之而耐勝止也 君子行正氣。小人行邪氣。內便於性。外合於義。循理而動。不繫於物者。正氣也。重於滋味。淫於聲色。發於喜怒。不顧後患者。邪氣也。邪與正相傷。欲與性相害。不可兩立。一置一廢。故聖人損欲而從事於性。目好色。耳好聲。口好味。接而說之。不知利害。嗜欲也。食之不寧於體。聽之不合於道。視之不便於性。三官交爭。三官三關謂食視聽也 以義爲制者。心也。割痤疽。非不痛也。飲毒藥。非不苦也。然而爲之者。便於身也。渴而飲水。非不快也。饑而大飧。非不澹也。然而弗爲者。害於性也。此四者。耳目鼻口不知所取去。心爲之制。各得其所。由是觀之。欲之不可勝明矣。凡治身養性。節寢處。適飲食。和喜怒。便動靜。使在已者得。而邪氣因而不生。豈若憂瘕疵之與痤疽之發。而豫備之哉。夫函牛之鼎沸。而蠅蚋弗敢入。函牛受一牛之鼎也 昆山之玉瑱。昆山昆侖也瑱式也 而塵垢弗能污也。聖人無去之心。而心無醜。無取之美。而美不失。

故祭祀思親不求福。饗賓脩敬不思德。唯弗求者能有之。言不求而所求至也 處尊位者。以有公道而無私說。故稱尊焉。不稱賢也。有大地者。以有常術而無鈐謀。故稱平焉。不稱智也。內無暴事以離怨於百姓。外無賢行以見忌於諸侯。上下之禮。襲而不離。而爲論者莫然不見所觀焉。此所謂藏無形者。非藏無形。孰能形。形形而言之莁見也 三代之所道者。因也。故禹決江河。因水也。后稷播種樹穀。因地也。湯武平暴亂。因時也。故天下可得而不可取也。不可強取 霸王可受而不可求也。在智則人與之訟。在力則人與之爭。未有使人無智者。言已不能使敵國遇而無智也 有使人不能用其智於已者也。使人之智不能於已 未有使人無力者。有使人不能施其力於已者也。言已不能使人無智力但能使人不以智力加於已 此兩者常在久見。故君賢不見。諸侯不備。不肖不見。則百姓不怨。百姓不怨。則民用可得。諸侯弗備。則天下之時可承。若湯武承桀紂而起 事所與衆同也。功所與時成也。聖人無焉。故老子曰。虎無所措其爪。兕無所措其角。蓋謂此也。鼓不滅於聲。故能有聲。鏡不沒於形。故能有形。金石有聲。弗叩弗鳴。管簫有音。弗吹無聲。聖人內藏。不爲物先倡。事來而制。物至而應。飾其外者傷其內。扶其情者害其神。見其文者蔽其質。無須臾忘爲質者。必困於性。常思爲質不脩自然則性困也 百步之中。不忘其容者。必累其形。故羽翼美者傷骨骸。鴻鷹一舉千里則形如塵芳以其翻美也 枝葉美者害根莖。能兩美者。

天下無之也。天有明。不憂民之晦也。百姓穿戶鑿牖。自取照焉。地有財。不憂民之貧也。百姓伐木芟草。自取富焉。至德道者若邱山。嵬然不動。行者以爲期也。　行道之人指以爲期　直已而足物。　已已山也言山特自生萬物以足百姓不爲百姓故生之也　不爲人贛。用之者亦不受其德。故寧而能久。天地無予也。故無奪也。日月無德也。故無怨也。喜德者必多怨。喜予者必善奪。唯滅迹於無爲。而隨天地自然者。唯能勝理　理事理情欲也勝理去之　而爲受名。名與則道行。道行則人無位矣。故譽生則毁隨之。善見則怨從之。利則爲害始。福則爲禍先。唯不求利者爲無害。唯不求福者爲無禍。侯而求霸者。必失其侯。霸而求王者。必喪其霸。故國以全爲常。霸王其寄也。身以生爲常。富貴其寄也。能不以天下傷其國。而不以國害其身者。爲可以託天下也。　言不貪天下之利故可以天下託也　不知道者。釋其所已有。而求其所未得也。苦心愁慮以行曲。故福至則喜。禍至則怖。神勞於謀。智遽於事。禍福萌生。終身不悔。已之所生。乃反愁人。　禍福皆生於已非旁人也　不喜則憂。中未嘗平。持無所監。謂之狂生。　持無所監所監者非元德故爲狂生　人主好仁。則無功者賞。有罪者釋。好刑。則有功者廢。無罪者誅。及無好者。誅而無怨。施而不德。放準循繩。身無與事。若天若地。何不覆載。故合而舍之者君也。制而誅之者法也。民已受誅。怨無所滅。謂之道。道勝則人無事矣。聖人無屈奇之服。　屈短奇長也服之不衷身之災也　無瑰異之行。服不視。其所服衆不觀視也 行不觀。言不議。通而不華。窮而不懾。榮而不顯。隱而不窮。異而不見怪。容而與衆同。無以名之。此之謂大通。升降揖讓。趨翔周遊。不得已而爲也。非性所有於身。情無符檢。情無符檢非所樂也 行所不得已之事。揖讓者不得已而爲 而不解構耳。豈加故爲哉。豈故者遭時宜而制禮非故爲也 故不得已而歌者。不事爲悲。不得已而舞者。不矜爲麗。歌舞而不事爲悲麗者。皆無有根心者。中無根心强爲悲麗 善博者不欲牟。博其棋不傷爲謀也 不恐不勝。平心定意。捉得其齊。齊得其適也 行由其理。雖不必勝。得籌必多。何則。勝在於數。不在於欲。欲勝也 馳者不貪最先。馳競驅也 逵吉按馳卽驅字省文孫編修星文學皆說如是 不恐獨後。緩急調乎手。御心調乎馬。雖不能必先。載馬力必盡矣。何則。先在於數。而不在於欲也。是故滅欲則數勝。棄智則道立矣。賈多端則貧。工多技則窮。心不一也。故木之大者害其條。水之大者害其深。有智而無術。雖鑽之不通。雖有智慧鑽之猶牢無術不能達也 有百技而無一道。雖得之弗能守。故詩曰。淑人君子。其儀一也。其儀一也。心如結也。君子其結於一乎。舜彈五絃之琴。而歌南風之詩。以治天下。古琴五絃至周有七律增爲七絃也南風愷樂之風 周公殽臑不收於前。臑前肩之美也 逵吉按史記龜策傳曰取前足臑骨徐廣曰臑臂說文解字云臑臂羊矢也吳人沈彤云解字誤豕爲矢令人難解蓋謂羊豕之臂耳 鐘鼓不解於縣。以輔成王而海內平。匹夫百晦一守。百晦之田一夫一婦守也 不遑啓處。無所移之也。遑暇也啓開也 以一人兼聽天下。日有餘而治不足。使人爲之也。處尊位者如尸。守官者如祝宰。尸雖能剝狗燒彘。弗爲也。弗能無虧。（尸不能治狗事不虧也）俎豆之列次。黍稷之先後。雖知弗教也。弗能害也。不能祝者。不可以爲祝。無害於爲尸。（無害者可以爲尸也）不能御者。不可以爲僕。無害於爲佐。（佐君位也）故位愈尊而身愈佚。身愈大而事愈少。譬如張琴。小絃雖急。大絃必緩。無爲者。道之體也。執後者。道之容也。無爲制有爲。術也。執後之制先。數也。放於術則强。審於數則寧。今與人卞氏之璧。未受者先也。求而致之。雖怨不逆者。後也。三人同舍。二人相爭。爭者各自以爲直。不能相聽。一人雖愚。必從旁而決之。非以智。不爭也。（逵吉按吳處士江聲云應作非以智也以不爭也參之下文當是孜明中立四子本本作非以智也以不爭也知傳刻原有異同但藏本如是故不遽改）兩人相鬭。一羸在側。（羸劣人也）助一人則勝。救一人則免。鬭者雖强。必制一羸。非以勇也。以不鬭也。由此觀之。後之制先。靜之勝躁。數也。倍道棄數。以求苟遇。變常易故。以知要遮。過則自非。中則以爲候。闇行繆改。終身不寤。此之謂狂。有禍則詘。有福則贏。有過則悔。有功則矜。遂不知反。此謂狂人。員之中規。方之中矩。行成獸。（有謂古禮執羔麑鹿取其跪乳羣而不黨）止成文。（文謂威儀文采）可以將少。而不可以將衆。蓼菜成行。（蓼菜小皆有行列也）甂甌有堤。（堤甂甌下安也）量粟而舂。數米而炊。可以治家。而不可以治國。滌杯而食。洗爵而飲。浣而後饋。（饋進食也）可以養家老。而不可以饗三軍。非易不可以治大。非簡不可以合衆。大樂必易。大禮必簡。易故能天。簡故能地。大樂無怨。大禮不責。四海之内。莫不纍統。故能帝也。心有憂者。筐牀衽席弗能安也。（衽柔弱也）菰飯犓牛。弗能甘也。（菰蔣胡也）琴瑟鳴竽。弗能樂也。患解憂除。然後食甘寢寧居安游樂。由是觀之。生有以樂也。死有以哀也。今務益性之所不能樂。而以害性之所以樂。故雖富有天下。貴爲天子。而不免爲哀之人。凡人之性。樂恬而憎憫。（憫憂有所在也）樂佚而憎勞。心常無欲。可謂恬矣。形常無事。可謂佚矣。遊心於恬。舍形於佚。以俟天命。自樂於內。無急於外。雖天下之大。不足以易其一槩。日月廋而無溉於志。（廋隱也溉灌也已自隱藏以不他欲灌其志也）故雖賤如貴。雖貧如富。大道無形。大仁無親。大辯無聲。大廉不嗛。大勇不矜。五者無棄。而幾鄉方矣。（方道也庶幾向于道也）軍多令則亂。酒多約則辯。亂則降北。辯則相賊。故始於都者。常大於鄙。始於樂者。常大於悲。其作始簡者。其終本必調。今有美酒嘉肴以相饗。卑體婉辭以接之。欲以合歡。爭盈爵之間。反生鬭。（爵所以飲爭滿不滿之間）鬭而相傷。三族結怨。反其所憎。此酒之敗也。詩之失僻。（詩者衰世之風也故邪而以之正小人失其正則入于邪）樂之失刺。（鄉飲酒之樂歌鹿鳴鹿鳴之作君有酒肴不召其臣臣怨而刺）（上者非也）禮之失責。（禮無往不復有施于人則責之）徵音非無羽聲也。羽音非無徵聲也。五音莫不有聲。而以徵羽定名者。以勝者也。（徵音之中有羽聲而以徵音名之者羽音徵以著言者也）故仁義智勇。聖人之所備有也。然而皆立一名者。（立一名謂仁義智勇兼以聖人之言）言其大者也。陽氣起於東北。盡於西南。陰氣起於西南。盡於東北。陰陽之始。皆調適相似。日長其類。以侵相遠。言陽氣自大寒日月長溫以至大熱與大寒相遠也 或熱焦沙，或寒凝水，故聖人謹慎其所積。水出於山而入於海，稼生於野而藏於廩，見所始則知終矣。席之先雚蕈，席之先所從生出于雚與蕈葦也 樽之上玄樽，樽酒器以尊者玄水 俎之先生魚，祭俎上肴以生魚也 豆之先泰羹，木豆謂之豆所盛泰羹不調五味也 此皆不快於耳目，不適於口腹，而先王貴之，貴之所祭宗廟也 先本而後末。聖人之接物，千變萬軫，必有不化而應化者。夫寒之與煖相反，大寒地坼水凝，火弗爲衰其暑；大熱爍石流金，火弗爲益其烈。寒暑之變，無損益於己，質有之也。言人實不可變于火 聖人常後而不先，常應而不唱；不進而求，不退而讓；隨時三年，時去我先，去時三年，時在我後；無去無就，中立其所。天道無親，唯德是與。有道者不失時與人，失時失其時非失其時以與人 無道者失於時而取人。直己而待命，時之至不可迎而反也，要遮而求合，時之去不可追而援也。故不曰我無以爲而天下遠，不曰我不欲而天下不至。古之存己者，樂德而忘賤，故名不動志；不以名移志也 樂道而忘貧，故利不動心。名利充天下，不足以概志，故廉而能樂，靜而能澹，故其身治者，可與言道矣。自身以上，至於荒芒爾遠矣。身以上從已生以前至於荒芒荒芒上古時也故遠矣 自死而天下無窮爾滔矣。從已身死之後至天地無窮滔曼長也 以數雜之壽，雜帀也從子至亥爲一帀　逵吉按太平御覽引作以數帀之壽有注云帀猶至也或作卒卒盡也言垂盡之年不足以憂天下之亂猶泣不能使水多也與此本既不同注義又異 憂天下之亂，猶憂河水之少，泣而益之也。龜三千歲，龜吐故納新故壽三千歲 浮游不過三日，浮游渠略也生三日死 以浮游而爲龜憂養生之具。人必笑之矣。故不憂天下之亂。而樂其身之治者。可與言道矣。君子爲善。不能使福必來。不爲非。而不能使禍無至。福之至也。非其所求。故不伐其功。禍之來也。非其所生。故不悔其行。內脩極（極中）而橫禍至者。皆天也。非人也。故中心常恬漠。累積其德。狗吠而不驚。自信其情。故知道者不惑。知命者不憂。萬乘之主。卒葬其骸於廣野之中。祀其鬼神於明堂之上。（廟之中謂之明堂也）神貴於形也。（以人神在堂而形骸在野）故神制則形從。（神制謂情也情欲使不作也而形體從心以合）形勝則神窮。（形勝謂人體躁動勝其精神神窮而去也）聰明雖用。必反諸神。（聰明雖用于內以守明神安而身全）謂之太冲。（冲調也）

淮南子卷十五

兵略訓（兵防也防亂之萌皆在略謀解諭至論用師之意也故曰兵略）

古之用兵者。非利土壤之廣。而貪金玉之略。（略獲得也）將以存亡繼絕。平天下之亂。而除萬民之害也。凡有血氣之蟲。含牙帶角。前爪後距。有角者觸。有齒者噬。有毒者螫。有蹏者趹。喜而相戲。怒而相害。天之性也。人有衣食之情。而物弗能足也。故羣居雜處。分不均。求不澹。則爭。爭則強脅弱。而勇侵怯。人無筋骨之強。爪牙之利。故割革而爲甲。鑠鐵而爲刃。貪昧饕餮之人。殘賊天下。萬人搔動。莫寧其所。有聖人勃然而起。乃討強暴。平亂世。夷險除穢。以濁爲淸。以危爲寧。故不得不中絕。（中絕謂若殷王中相絕滅）兵之所由來者遠矣。黃帝嘗與炎帝戰矣。（炎帝神農之末世也與黃帝戰於阪泉黃帝滅之）顓頊嘗與共工爭矣。（共工與顓頊爭爲帝觸不周山　達吉按太平御覽引下有天柱折也四字）故黃帝戰於涿鹿之野。（黃帝與蚩尤戰於涿鹿涿鹿在上谷）堯戰於丹水之浦。（堯以楚伯受命滅不義於丹水丹水在南陽）舜伐有苗。（有苗三苗也）啓攻有扈。（禹之子啓伐有扈于甘甘在右扶風郡）自五帝而弗能偃也。又況衰世乎。夫兵者所以禁暴討亂也。炎帝爲火災。故黃帝禽之。共工爲水害。故顓頊誅之。教之以道。導之以德而不聽。則臨之以威武。臨之威武而不從。則制之以兵革。故聖人之用兵也。若櫛髮耨苗。所去者少。而所利者多。殺無罪之民。而養無義之君。害莫大焉。殫天下之財。而澹一人之欲。禍莫深焉。使夏桀殷紂。有害於民而立被其患。不至於爲炮烙。晉厲宋康。行一不義而身死國亡。不至於侵奪爲暴。此四君者。皆有小過而莫之討也。故至於攘天下。攘亂 害百姓。肆一人之邪。而長海內之禍。此大倫之所不取也。所爲立君者。以禁暴討亂也。今乘萬民之力。而反爲殘賊。是爲虎傅翼。曷爲弗除。夫畜池魚者必去猵獺。猵獺之類食魚者也 養禽獸者必去豺狼。又况治人乎。故霸王之兵。以論慮之。以策圖之。以義扶之。非以亡存也。將以存亡也。故聞敵國之君。有加虐於民者。則舉兵而臨其境。責之以不義。刺之以過行。兵至其郊。乃令軍師曰。毋伐樹木。毋抉墳墓。毋爇五穀。爇燒也 毋焚積聚。毋捕民虜。毋收六畜。逵吉按太平御覽此下有注云無聚所征國民爲採取無收其六畜以自饒利 乃發號施令曰。其國之君。逵吉按太平御覽引其作某 傲天侮鬼。決獄不辜。殺戮無罪。此天之所以誅也。民之所以仇也。兵之來也。以廢不義而復有德也。有逆天之道。帥民之賊者。逵吉按太平御覽引帥作爲 身死族滅。以家聽者祿以家。以里聽者賞以里。以鄉聽者封以鄉。以縣聽者侯以縣。尅國不及其民。廢其君而易其政。尊其秀士而顯其賢良。振其孤寡。恤其貧窮。出其囹圄。賞其有功。百姓開門而待之。淅米而儲之。淅漬也 唯恐其不來也。此湯武之所以致王。而齊桓之所以成霸也。故君爲無道。民之思兵也。若旱而望雨。渴而求飲。夫有誰與交兵接刃乎。故義兵之至也。至於不戰而止。逵吉按太平御覽作至於不戰而心服 晚世之兵。君雖無道。莫不設渠塹傅堞而守。傅守也堞城上女牆 攻者非以禁暴除害也。欲以侵地廣壤也。是故至於伏尸流血。相支以日。而霸王之功不世出者。自爲之故也。夫爲地戰者。不能成其王。爲身戰者。不能立其功。舉事以爲人者。衆助之。舉事以自爲者。衆去之。衆之所助。雖弱必強。衆之所去。雖大必亡。兵失道而弱。得道而強。將失道而拙。得道而工。國得道而存。失道而亡。所謂道者。體圓而法方。逵吉按太平御覽作取圓而法方 背陰而抱陽。左柔而右剛。履幽而戴明。逵吉按太平御覽引明作陽 變化無常。得一之原。以應無方。是謂神明。夫圓者天也。方者地也。天圓而無端。故不可得而觀。地方而無垠。故莫能窺其門。天化育而無形象。地生長而無計量。渾渾沈沈。孰知其藏。凡物有朕。唯道無朕。言萬物可朕也而道不可朕也 所以無朕者。以其無常形勢也。輪轉而無窮。象日月之運行。若春秋有代謝。若日月有晝夜。終而復始。明而復晦。莫能得其紀。制刑而無刑。故功可成。物物而不物。逵吉按太平御覽引作象物而不物 故勝而不屈。刑兵之極也。至於無刑。可謂極之矣。逵吉按太平御覽引無之字 是故大兵無創。與鬼神通。五兵不厲。天下莫之敢當。建鼓不出庫。諸侯莫不慴㥘沮膽其處。故廟戰者帝。神化者王。所謂廟戰者。法天道也。神化者。法四時也。脩政於境內。而遠方慕其德。制勝於未戰。而諸侯服其威。內政治也。古得道者。靜而法天地。動而順日月。喜怒而合四時。叫呼而比雷霆。音氣不戾八風。詘伸不獲五度。（獲誤也五度五行也）下至介鱗。上及毛羽。條脩葉貫。萬物百族。由本至末。莫不有序。是故入小而不偪。（偪迫也）處大而不窕。浸乎金石。潤乎草木。宇中六合。振豪之末。（或曰宇中四宇也六合六合內）莫不順比。道之浸洽。滒淖纖微。無所不在。是以勝權多也。夫射儀度不得。則格的不中。（格射之椹質也的射準也）驥一節不用。而千里不至。夫戰而不勝者。非鼓之日也。（鼓之日謂陳兵擊鼓鬭之日也）素行無刑久矣。故得道之兵。車不發軔。（軔車下支）騎不被鞍。鼓不振塵。旗不解卷。（卷束也）甲不離矢。刃不嘗血。朝不易位。賈不去肆。農不離野。招義而責之。大國必朝。小城必下。因民之欲。乘民之力。而爲之去殘除賊也。故同利相死。同情相成。同欲相助。順道而動。天下爲嚮。因民而慮。天下爲鬭。獵者逐禽。車馳人趍。各盡其力。無刑罰之威。而相爲斥闉要遮者。（斥候也闉塞也）同所利也。同舟而濟於江。卒遇風波。百族之子。捷捽招杼船。（捷疾取也）若左右手。不以相德。其憂同也。故明王之用兵也。爲天下除害。而與萬民共享其利。民之爲用。猶子之爲父。弟之爲兄。威之所加。若崩山決塘。敵孰敢當。故善用兵者。用其自爲用也。不能用兵者。用其爲已用也。用其自爲用。則天下莫不可用也。用其爲已用。所得者鮮矣。兵有三詆。（詆要事也）

治國家。理境內。行仁義。布德惠。立正法。塞邪隧。羣臣親附。百姓和輯。上下一心。君臣同力。諸侯服其威。而四方懷其德。脩政廟堂之上。而折衝千里之外。拱揖指撝。而天下響應。此用兵之上也。地廣民衆。主賢將忠。國富兵強。約束信。號令明。兩軍相當。鼓錞相望。錞錞于大鐘也 未至兵交接刃。而敵人奔亡。此用兵之次也。知土地之宜。習險隘之利。明奇正之變。察行陳解贖之數。維枹綰而鼓之。綰貫枹係於臂以擊鼓也 白刃合。流矢接。涉血屬腸。輿死扶傷。流血千里。暴骸盈場。乃以決勝。此用兵之下也。今夫天下皆知事治其末。而莫知務脩其本。釋其根而樹其枝也。夫兵之所以佐勝者衆。而所以必勝者寡。甲堅兵利。車固馬良。畜積給足。士卒殷軫。殷衆也軫乘輪多盛貌 此軍之大資也。而勝亡焉。明於星辰日月之運。刑德奇賌之數。奇賌陰陽奇祕之要 逵吉按說文解字云該軍中約也又漢書有五音奇賅史記倉公傳作奇咳古字賌賅咳皆應作該五音奇賅兵家書也故許愼以爲軍中約 背鄉左右之便。此戰之助也。而全亡焉。良將之所以必勝者。恒有不原之智。不道之道。難以衆同也。夫論除謹。論除論賢除吏謹愼也 動靜時。吏卒辨。兵甲治。正行伍。連什伯。明鼓旗。此尉之官也。軍尉所以尉鎮衆也 前後知險易。見敵知難易。發斥不忘遺。發有所見斥斥度候視也 此候之官也。軍候候望者也 隧路亟。隧道也亟言治軍隧道疾也 行輜治。行輜道路輜重也 賦文均。賦治軍壘尺文均平也 處軍輯。井竈通。此司空之官也。軍司空補空脩繕者 收藏於後。遷舍不離。無淫輿。無遺輜。此輿之官也。輿衆也候領輿衆在軍之後者 凡此五官之於將也。

猶身之有股肱手足也。必擇其人技能其才。使官勝其任。人能其事。告之以政。申之以令。使之若虎豹之有爪牙。飛鳥之有六翮。莫不爲用。然皆佐勝之具也。非所以必勝也。兵之勝敗本在於政。政勝其民。下附其上。則兵強矣。民勝其政。下畔其上。則兵弱矣。故德義足以懷天下之民。事業足以當天下之急。選舉足以得賢士之心。謀慮足以知強弱之勢。此必勝之本也。地廣人衆。不足以爲強。堅甲利兵。不足以爲勝。高城深池。不足以爲固。嚴令繁刑。不足以爲威。爲存政者。雖小必存。爲亡政者。雖大必亡。昔者楚人地。南卷沅湘。卷屈取也沅湘二水名　北繞潁泗。潁泗二水名也　西包巴蜀。東裹郯邳。巴蜀郯邳地名　潁汝以爲洫。洫溝也　江漢以爲池。垣之以鄧林。鄧林沔水上險　緜之以方城。緜落也方城楚北塞也在南陽葉　山高尋雲。谿肆無景。肆極也極谿之深不見景也　地利形便。卒民勇敢。蛟革犀兕。以爲甲胄。脩鎩短鏦。鏦小矛也　齊爲前行。積弩陪後。積弩連弩也　錯車衛旁。疾如錐矢。錐金鏃翦羽之矢也　合如雷電。解如風雨。然而兵殆於垂沙。垂沙地名　衆破於柏舉。楚國之強。大地計衆。中分天下。然懷王北畏孟嘗君。嘗于齊也　背社稷之守。而委身強秦。懷王入秦秦留之藍田也　兵挫地削。身死不還。二世皇帝。二世秦始皇少子胡亥也　勢爲天子。富有天下。人迹所至。舟檝所通。莫不爲郡縣。然縱耳目之欲。窮侈靡之變。不顧百姓之飢寒窮匱也。興萬乘之駕。而作阿房之宮。阿房地名秦所築也　發閭左之戍。秦皆發閭左民未及發而秦亡也　收太半之賦。貰民之三

而稅二 百姓之隨逮肆刑。挽輅首路死者。隨逮應召也肆刑極刑輅輓輦橫木也 一日不知千萬之數。天下敖然若焦熱。傾然若苦烈。上下不相寧。吏民不相憀。憀賴 戍卒陳勝。與於大澤。攘臂袒右。陳勝字涉汝陰人也大澤沛蘄縣袒右脫右臂衣也 稱爲大楚。而天下響應。當此之時。非有牢甲利兵。勁弩強衝也。伐棘棗而爲矜。棘棗酸棗也矜矛柄 周錐鑿而爲刃。周內也撚矜以內鐏鑿也 剡摲筡。奮儋钁。摲剡銳也钁斫也 以當脩戟強弩。攻城略地。莫不降下。天下爲之麋沸蟻動。雲徹席卷。方數千里。勢位至賤。而器械甚不利。然一人唱而天下應之者。積怨在於民也。武王伐紂。東面而迎歲。大歲在寅 至氾而水。氾地名水有大雨水也 至共頭而墜。共頭山名在河曲共山墜隕也 彗星出而授殷人其柄。時有彗星柄在東方可以埽西人也 當戰之時。十日亂於上。風雨擊於中。然而前無蹈難之賞。而後無遁北之刑。白刃不畢拔。而天下得矣。是故善守者無與御。而善戰者無與鬭。明於禁舍開塞之道。乘時勢。因民欲。而取天下。故善爲政者積其德。善用兵者畜其怒。德積而民可用。怒畜而威可立也。故文之所以加者淺。則勢之所勝者小。德之所施者博。而威之所制者廣。威之所制者廣。則我強而敵弱矣。故善用兵者。先弱敵而後戰者也。故費不半而功自倍也。湯之地方七十里而王者。脩德也。智伯有千里之地而亡者。窮武也。故千乘之國。行文德者王。萬乘之國。好用兵者亡。故全兵先勝而後戰。德先勝之而後乃戰湯武是也 敗兵先戰而後求勝。德均則衆者勝寡。力敵則智者勝愚。智侔則有數者禽無數。侔等也 凡用兵者。必先自廟戰。主孰賢。將孰能。民孰附。國孰治。蓄積孰多。士卒孰精。甲兵孰利。器備孰便。故運籌於廟堂之上。而決勝乎千里之外矣。夫有形埒者。天下訟公也 見之。有篇籍者。世人傳學之。此皆以形相勝者也。善形者弗法也。所貴道者。貴其無形也。無形則不可制迫也。不可度量也。不可巧詐也。不可規慮也。智見者。人爲之謀。形見者。人爲之功。衆見者。人爲之伏。器見者。人爲之備。動作周還。倨句詘伸。可巧詐者。皆非善者也。善者之動也。神出而鬼行。星燿而玄逐。進退詘伸。不見朕埜。鸞舉麟振。鳳飛龍騰。發如秋風。疾如駭龍。龍魚也飛之疾者也 當以生擊死。以盛乘衰。以疾掩遲。以飽制飢。若以水滅火。若以湯沃雪。何往而不遂。何之而不用。達在中虛。神在外漠。志運於無形。出於不意。與飄飄往。與忽忽來。莫知其所之。與條出。與閒入。莫知其所集。卒如雷霆。疾如風雨。若從地出。若從天下。獨出獨入。莫能應圉。疾如鏃矢。何可勝偶。一晦一明。孰知其端緒。未見其發。固已至矣。故善用兵者。見敵之虛。乘而勿假也。追而勿舍也。迫而勿去也。擊其猶猶。陵其與與。疾雷不及塞耳。用疾雷之擊不暇復塞耳也 疾霆不暇掩目。善用兵若聲之與響。若鏜之與鞈。鞈鼓聲 眯不給撫。呼不給吸。當此之時。仰不見天。俯不見地。手不麾戈。兵不盡拔。擊之若雷。薄之若風。炎之若火。淩之若波。敵之靜不知其所守。動不知其所爲。故鼓鳴旗麾。當者莫不廢滯崩阤。天下孰敢厲威抗節而當其前者。故淩人者勝。待人者敗。爲人杓者死。杓所擊也兵靜則固。專一則威。分決則勇。心疑則北。力分則弱。故能分人之兵。疑人之心。則錙銖有餘。不能分人之兵。疑人之心。則數倍不足。故紂之卒。百萬之心。武王之卒。三千人皆專而一。故千人同心。則得千人力。萬人異心。則無一人之用。將卒吏民。動靜如身。乃可以應敵合戰。故計定而發。分決而動。將無疑謀。卒無二心。動無墮容。口無虛言。事無嘗試。應敵必敏。發動必亟。故將以民爲體。而民以將爲心。心誠則支體親刃。心疑則支體撓北。心不專一。則體不節動。將不誠心。則卒不勇敢。故良將之卒。若虎之牙。若兕之角。若鳥之羽。若蚈之足。蚈馬蠸也可以行。可以舉。可以噬。可以觸。強而不相敗。衆而不相害。一心以使之也。故民誠從其令。雖少無畏。民不從令。雖衆爲寡。故下不親上。其心不用。卒不畏將。其形不戰。守有必固。而攻有必勝。不待交兵接刃。而存亡之機固以形矣。

兵有三勢。有二權。逵吉按太平御覽引權作鈐下知權事權同程文學云鈴當作鈐爲是有氣勢。有地勢。有因勢。將充勇而輕敵。卒果敢而樂戰。三軍之衆。百萬之師。志厲青雲。氣如飄風。聲如雷霆。誠積踰而威加敵人。此謂氣勢。硤路津關。逵吉按太平御覽引硤作狹大山名塞。龍蛇蟠。

（蟠窾屈也）卻笠居。（逵吉按太平御覽此下有注云卻偃覆也笠簦也）羊腸道。（逵吉按太平御覽此下有注云羊腸一屈一伸此二注別本亦或有之）發笱門。（發笱竹笱所以捕魚其門可入而不得出）一人守隘。而千人弗敢過也。此謂地勢。因其勞倦怠亂飢渴凍暍。推其擔擔。擠其揭揭。（擠排也擔擔欲仆也揭揭欲拔也）此謂因勢。善用間諜。（言軍之反間也）審錯規慮。設蔚施伏。（草木蓄盛曰蔚）隱匿其形。（逵吉按太平御覽作隱遁其形）出於不意。（逵吉按太平御覽意作慮）敵人之兵無所適備。此謂知權。陳卒正。前行選。進退俱。什伍摶。前後不相撚。（撚蹍蹈也逵吉按太平御覽撚作蹍注云蹍蹀踏也）左右不相干。受刃者少。傷敵者衆。此謂事權。權勢必形。吏卒專精。選良用才。官得其人。計定謀決。明於死生。舉錯得失。莫不振驚。故攻不待衝隆雲梯而城拔。（雲梯可依雲而立所以瞰敵之城中）戰不至交兵接刃而敵破。明於必勝之攻也。（逵吉按太平御覽攻作數）故兵不必勝。不苟接刃。攻不必取。不爲苟發。故勝定而後戰。鈐縣而後動。故衆聚而不虛散。兵出而不徒歸。唯無一動。動則凌天振地。抗泰山。蕩四海。鬼神移徙。鳥獸驚駭。如此。則野無校兵。（敵家之兵不來相交復也）國無守城矣。靜以合躁。治以持亂。無形而制有形。無爲而應變。雖未能得勝於敵。敵不可得勝之道也。敵先我動。則是見其形也。彼躁我靜。則是罷其力也。形見則勝可制也。力罷則威可立也。視其所爲。因與之化。觀其邪正。以制其命。餌之以所欲。以罷其足。彼若有間。急塡其隙。極其變而束之。盡其節而仆之。敵若反靜。爲之出奇。彼不吾應。獨盡其調。（言我之盡調以待敵也）若動而應。有見所爲。彼持後節。（彼謂敵持後節敵在後使先己）與之推移。彼有所積。必有所虧。精若轉左。陷其右陂。（右陂西也）敵潰而走。後必可移。敵迫而不動。名之曰奄遲。擊之如雷霆。斬之若草木。燿之若火電。欲疾以遬。人不及步鋗。車不及轉轂。兵如植木。弩如羊角。人雖衆多。勢莫敢格。諸有象者。莫不可勝也。諸有形者。莫不可應也。是以聖人藏形於無而遊心於虛。風雨可障蔽。而寒暑不可開閉。以其無形故也。夫能滑淖精微。貫金石。窮至遠。放乎九天之上。（放寄）蟠乎黃盧之下。唯無形者也。善用兵者。當擊其亂。不攻其治。是不襲堂堂之寇。不擊填填之旗。（填填旗立牢端貌）容未可見。以數相持。彼有死形。因而制之。敵人執數。動則就陰。以虛應實。必爲之禽。虎豹不動。不入陷阱。麋鹿不動。不離罝罘。飛鳥不動。不絓網羅。魚鼈不動。不擐脣喙。物未有不以動而制者也。是故聖人貴靜。靜則能應躁。後則能應先。數則能勝疏。博則能禽缺。故良將之用卒也。同其心。一其力。勇者不得獨進。怯者不得獨退。止如邱山。發如風雨。所淩必破。靡不毀沮。動如一體。莫之應圉。是故傷敵者衆。而手戰者寡矣。夫五指之更彈。不若捲手之一挃。（挃擣也）萬人之更進。（更代也）不如百人之俱至也。今夫虎豹便捷。熊羆多力。然而人食其肉而席其革者。不能通其知而壹其力也。夫水勢勝火。章華之臺燒。（章華楚之高臺）以升勺沃而救之。雖涸井而竭池。無柰之何也。

舉壺榼盆盎而以灌之。其滅可立而待也。今人之與人。非有水火之勝也。而欲以少耦衆。不能成其功亦明矣。兵家或言曰。少可以耦衆。此言所將。非言所戰也。或將衆而用寡者。勢不齊也。（勢不齊士不同力也）將寡而用衆者。用力諧也。若乃人盡其才。悉用其力。以少勝衆者。自古及今。未嘗聞也。神莫貴於天。勢莫便於地。動莫急於時。用莫利於人。凡此四者。兵之幹植也。然必待道而後行。可一用也。夫地利勝天時。巧舉勝地利。勢勝人。故任天者可迷也。任地者可束也。任時者可迫也。任人者可惑也。夫仁勇信廉。人之美才也。然勇者可誘也。仁者可奪也。信者易欺也。廉者易謀也。將衆者有一見焉。則爲人禽矣。由此觀之。則兵以道理制勝。而不以人才之賢。亦自明矣。是故爲麋鹿者。則可以罝罘設也。（麋鹿有兵而不能以鬭無術之軍也）爲魚鼈者。則可以網罟取也。（魚鼈之兵散而不集）爲鴻鵠者。則可以矰繳加也。（鴻鵠之兵高而無被）唯無形者。無可奈也。是故聖人藏於無原。故其情不可得而觀。運於無形。故其陳不可得而經。無法無儀。來而爲之宜。無名無狀。變而爲之象。深哉睭睭。遠哉悠悠。且冬且夏。且春且秋。上窮至高之末。下測至深之底。變化消息。無所凝滯。建心乎窈冥之野。而藏志乎九旋之淵。（九旋九回之淵至深者也）雖有明目。孰能窺其情。兵之所隱議者。天道也。所圖畫者。地形也。所明言者。人事也。所以決勝者。鈐勢也。故上將之用兵也。上得天道。下得地利。中得人心。乃行之以機。發之以勢。是以無破軍敗兵。及至中將。上不知天道。下不知地利。專用人與勢。雖未必能萬全。勝鈐必多矣。下將之用兵也。博聞而自亂。多知而自疑。居則恐懼。發則猶豫。是以動爲人禽矣。今使兩人接刃。巧拙不異。而勇士必勝者何也。其行之誠也。夫以巨斧擊桐薪。不待利時良日而後破之。加巨斧於桐薪之上。而無人力之奉。雖順招搖。挾刑德。招搖斗杓也刑十二辰也德十日也 而弗能破者。以其無勢也。故水激則悍。矢激則遠。夫栝淇衞箘簵。栝箭栝也淇衞箘簵箭之所出也 逵吉按太平御覽引簵作簬御覽凡兩引此注一引與此同又一處引注云箘簬箭竹也出于淇地衞箭羽也程文學云釋名箭羽齊人日衞所以導衞矢也疑是許愼注 載以銀錫。載飾也飾箭以銀錫 雖有薄縞之幨。縞細繒也 腐荷之矰。荷蓬華也矰猶矢也 逵吉按太平御覽引矰作櫓注云櫓大盾也當是異本 然猶不能獨射也。逵吉按太平御覽引射作穿 假之筋角之力。弓弩之勢。則貫兕甲而徑於革盾矣。夫風之疾。至於飛屋折木。虛舉之下。大遲自上高邱。虛舉不驚也風疾飛之下大遲復上高邱也 人之有所推也。是故善用兵者。勢如決積水於千仞之隄。若轉員石於萬丈之谿。天下見吾兵之必用也。則孰敢與我戰者。故百人之必死也。賢於萬人之必北也。況以三軍之衆。赴水火而不還踵乎。雖誂合刃於天下。誰敢在於上者。誂卒也雖卒然合與天下爭人誰敢在其上者 所謂天數者。左青龍。右白虎。前朱雀。後玄武。角亢爲青龍參井爲白虎星張爲朱雀斗牛爲玄武用兵軍者右參井左角亢背斗牛向星張此順北斗之銓衡也 所謂地利者。後生而前死。左牡而右牝。高者爲生下者爲死邱陵爲牡谿谷爲牝 所謂人事者。慶賞信而刑罰必。動靜時。舉錯疾。此世傳之所以爲儀表者。固也。然而非所以生儀表者。因時而變化者也。是故處於堂上之陰。而知日月之次序。見瓶中之水。而知天下之寒暑。夫物之所以相形者微。唯聖人達其至。故鼓不與於五音。而爲五音主。水不與於五味。而爲五味調。將軍不與於五官之事。而爲五官督。故能調五音者。不與五音者也。能調五味者。不與五味者也。能治五官之事者。不可揆度者也。是故將軍之心。滔滔如春。曠曠如夏。湫漻如秋。典凝如冬。典常凝正也常正如冬也因形而與之化。隨時而與之移。夫景不爲曲物直。響不爲清音濁。觀彼之所以來。各以其勝應之。是故扶義而動。推理而行。掩節而斷割。掩覆也覆其節制斷割也因資而成功。使彼知吾所出。而不知吾所入。知吾所舉。而不知吾所集。始如狐狸。彼故輕來。合如兕虎。敵故奔走。夫飛鳥之摯也俛其首。猛獸之攫也匿其爪。虎豹不外其爪。而噬不見齒。故用兵之道。示之以柔。而迎之以剛。逵吉按太平御覽此下有注云迎逆敵家示之以弱。而乘之以強。爲之以歙。而應之以張。逵吉按太平御覽此下有注云歙弱張強也歙讀如脅將欲西而示之以東。先忤而後合。前冥而後明。若鬼之無迹。若水之無創。故所鄉非所之也。所見非所謀也。舉措動靜。莫能識也。若雷之擊。不可爲備。所用不復。故勝可百全。與玄明通。莫知其門。是謂至神。兵之所以強者民也。民之所以必死者義也。義之所以能行者威也。是故合之以文。齊之以武。是謂必取。威儀並行。是謂至強。夫人之所樂者生也。而所憎者死也。然而高城深池。矢石若雨。平原廣澤。白刃交接。而卒爭先合者。彼非輕死而樂傷也。爲其賞信而罰明也。是故上視下如子。則下視上如父。逵吉按太平御覽此視作事下視上如兄視上如父兩句同 上視下如弟。則下視上如兄。上視下如子。則必王四海。下視上如父。則必正天下。上親下如弟。逵吉按太平御覽親作視 則不難爲之死。下視上如兄。則不難爲之亡。是故父子兄弟之寇。不可與鬭者。積恩先施也。故四馬不調。造父不能以致遠。弓矢不調。羿不能以必中。君臣乖心。則孫子不能以應敵。孫子名武吳王闔閭之將也 是故內脩其政以積其德。外塞其醜。以服其威。察其勞佚。以知其飽飢。故戰日有期。視死若歸。故將必與卒同甘苦。俟飢寒。故其死可得而盡也。故古之善將者。必以其身先之。暑不張蓋。寒不被裘。所以程寒暑也。險隘不乘。上陵必下。所以齊勞佚也。軍食孰。然後敢食。軍井通。然後敢飲。所以同飢渴也。合戰必立矢射之所及。以共安危也。故良將之用兵也。常以積德擊積怨。以積愛擊積憎。何故而不勝。主之所求於民者二。求民爲之勞也。欲民爲之死也。民之所望於主者三。飢者能食之。勞者能息之。有功者能德之。民以償其二積。而上失其三望。國雖大。人雖衆。兵猶且弱也。若苦者必得其樂。勞者必得其利。斬首之功必全。死事之後必賞。死事以軍事死賞其後子孫也四者既信於民矣。主雖射雲中之鳥。而釣深淵之魚。彈琴瑟。聲鐘竽。敦六博。敦者致也投高壺。兵猶且強。令猶且行也。是故上足仰則下可用也。德足慕則威可立也。將者必有三隧四義五行十守。所謂三隧者。上知天道。下習地形。中察人情。凡此三事者人所從蹊隧所謂四義者。便國不負兵。負程也爲主不顧身。見難不畏死。決疑不辟罪。所謂五行者。柔而不可卷也。剛而不可折也。仁而不可犯也。信而不可欺也。勇而不可陵也。所謂十守者。神清而不可濁也。謀遠而不可慕也。操固而不可遷也。知明而不可蔽也。不貪於貨。不淫於物。不嚂於辯。逵吉按太平御覽引嚂作濫不推於方。不可喜也。不可怒也。是謂至於窈窈冥冥。孰知其情。發必中詮。言必合數。動必順時。解必中揍。揍理也通動靜之機。明開塞之節。審舉措之利害。若合符節。疾如彍弩。勢如發矢。一龍一蛇。動無常體。莫見其所中。莫知其所窮。攻則不可守。守則不可攻。蓋聞善用兵者。必先脩諸己。而後求諸人。先爲不可勝。而後求勝。脩己於人。求勝於敵。己未能治也而攻人之亂。是猶以火救火。以水應水也。何所能制。今使陶人化而爲埴。則不能成盆盎。陶人化爲埴陶人復變爲埴土不能化埴土也工女化而爲絲。則不能織文錦。同莫足以相治也。故以異爲奇。兩爵相與鬬。未有死者也。鸇鷹至則爲之解。以其異類也。故靜爲躁奇。有出於人治爲亂奇。飽爲飢奇。佚爲勞奇。奇正之相應。若水火金木之代爲雌雄也。善用兵者。持五殺以應。五殺五行故能全其勝。拙者處五死以貪。故動而爲人禽。兵貴謀之不測也。形之隱匿也。出於不意。不可以設備也。謀見則窮。形見則制。故善用兵者。上隱之天。下隱之地。中隱之人。隱之天者。無不制也。何謂隱之天。大寒甚暑。疾風暴雨。大霧冥晦。因此而爲變者也。何謂隱之地。山陵丘阜。林叢險阻。可以伏匿而不見形者也。何謂隱之人。蔽之於前。望之於後。出奇行陳之間。發如雷霆。疾如風雨。搴巨旗。搴卷取也止鳴鼓。而出入無形。莫知其端緒者也。故前後正齊。四方如繩。出入解續。不相越淩。翼輕邊利。邊利翼軍之邊而利或前或後。離合散聚。不失行伍。此善脩行陳者也。明於奇正賌陰陽刑德五行。望氣候星。龜策禨祥。此善爲天道者也。設規慮。施蔚伏。見用水火。出珍恠。鼓譟軍。所以營其耳也。曳梢肆柴。揚塵起堨。梢小柴也堨埃所以營其目者。此善爲詐佯者也。錞鉞牢重。固植而難恐。勢利不能誘。死亡不能動。此善爲充榦者也。充盈榦強也剽疾輕悍。勇敢輕敵。疾若滅沒。此善用輕出奇者也。相地形。處次舍。治壁壘。審煙斥。居高陵。舍出處。此善爲地形者也。因其飢渴凍暍。勞倦怠亂。恐懼窘步。乘之以選卒。擊之以宵夜。此善因時應變者也。易則用車。易平地也險則用騎。涉水多弓。水中不可引弩故以弓便隘則用弩。隘可以手弩以爲距晝則多旌。夜則多火。晦冥多鼓。此善爲設施者也。凡此八者。不可一無也。然而非兵之貴者也。夫將者必獨見獨知。獨見者見人所不見也。獨知者。知人所不知也。見人所不見謂之明。知人所不知謂之神。神明者。先勝者也。先勝者。守不可攻。戰不可勝。攻不可守。虛實是也。上下有隙。將吏不相得。所持不直。卒心積不服。言積怨不服之也 所謂虛也。主明將良。上下同心。氣意俱起。所謂實也。若以水投火。所當者陷。所薄者移。牢柔不相通。而勝相奇者。虛實之謂也。故善戰者不在少。善守者不在小。勝在得威。敗在失氣。夫實則鬬。虛則走。盛則強。衰則北。吳王夫差。地方二千里。帶甲七十萬。南與越戰。棲之會稽。北與齊戰。破之艾陵。西遇晉公。禽之黃池。晉公謂平侯也禽之服晉也 此用民氣之實也。其後驕溢縱欲。拒諫喜諛。憢悍遂過。憢勇急也 不可正喻。大臣怨懟。百姓不附。越王選卒三千人。禽之干隧。因制其虛也。夫氣之有虛實也。若明之必晦也。故勝兵者非常實也。敗兵者非常虛也。善者能實其民氣。以待人之虛也。不能者虛其民氣。以待人之實也。故虛實之氣。兵之貴者也。凡國有難。君自宮召將。詔之曰。社稷之命在將軍。卽今國有難。願請子將而應之。將軍受命。乃令祝史太卜齋宿三日。之太廟。鑽靈龜。卜吉日。以受鼓旗。君入廟門。西面而立。將入廟門。趍至堂下。北面而立。主親操鉞持頭。授將軍其柄曰。從此上至天者。將軍制之。復操斧持頭授將軍其柄曰。從此下至淵者。將軍制之。將已受斧鉞。答曰。國不可從外治也。軍不可從中御也。二心不可以事君。疑志不可以應敵。臣既以受制於前矣。鼓旗斧鉞之威。臣無還請。願君亦以垂一言之命於臣也。君若不許。臣不敢將。君若許之。臣辭而行。乃爪鬋。鬋爪送終之禮去手足爪設明衣也。明衣喪衣也在於闇冥故言明鑿凶門而出。凶門北出門也將軍之出以喪禮處之以其必死也乘將軍車。載旌旗斧鉞。累若不勝。其臨敵決戰。不顧必死。無有二心。是故無天於上。無地於下。無敵於前。無主於後。進不求名。退不避罪。唯民是保。利合於主。國之寶也。上將之道也。如此。則智者為之慮。勇者為之鬬。氣厲青雲。疾如馳騖。是故兵未交接。而敵人恐懼。若戰勝敵奔。畢受功賞。吏遷官。益爵祿。割地而為調。決於封外。卒論斷于軍中。言有罪而誅顧反於國。放旗以入斧鉞。報畢於君曰。軍無後治。乃縞素辟舍。請罪於君。君曰赦之。退齋服。大勝三年反舍。大勝敵者還三年乃反故舍也中勝二年。下勝期年。兵之所加者。必無道國也。故能戰勝而不報。取地而不反。民不疾疫。將不夭死。五穀豐昌。風雨時節。戰勝於外。福生於內。是故名必成而後無餘害矣。

淮南子卷十六

說山訓山爲道本仁者所處說道之旨委積若山故曰說山因以題篇

魄問於魂曰。道何以爲體。魄人陰神也魂人陽神也陰道祖于陽故魄問魂道以何等形體也　逵吉按太平御覽引作魂問於魄下魂魄竝互異 曰。以無有爲體。道無形以無有爲體也 魄曰。無有有形乎。魂曰。無有何得而聞也。言無有形狀何以可得而知也 魂曰。吾直有所遇之耳。言遇遭遇知之也 視之無形。聽之無聲。謂之幽冥。幽冥者。所以喻道。而非道也。似道而非道也 魄曰。吾聞得之矣。得猶知也 乃內視而自反也。魂曰。凡得道者。形不可得而見。名不可得而揚。揚猶稱也揚或作象 今汝已有形名矣。何道之所能乎。魄曰。言者獨何爲者。魄詰魂曰子侖無形何故有言 吾將反吾宗矣。宗本也魂將反于無形 魄反顧魂。忽然不見。不見魂也 反而自存。亦以淪於無形矣。魄反而自存亦以入於無形之中矣形或作有

人不小學。不大迷。小學不博不能通道故大迷也 不小慧。不大愚。小慧不能通物故大愚也 人莫鑑於沬雨。而鑑於澄水者。以其休止不蕩也。沬雨雨潦上覆瓮也澄止水也蕩動也沬雨或作流潦 詹公之釣。千歲之鯉不能避。詹公詹何也古得道善釣者有精術故能得千歲之鯉也 曾子攀柩車。引輴者爲之止也。曾子至孝送親喪悲哀攀援柩車而挽者感之爲之止輴棺下輪也輴讀若牛行輴輴之輴也 老母行歌而動申喜。精之至也。申喜楚人也少亡二母聞乞人行歌聲感而出視之則其母也故曰精之至 瓠巴鼓瑟。而淫魚出聽。瓠巴楚人也善鼓瑟淫魚喜音出頭於水而聽之淫魚長頭身相半長丈餘鼻正白身正黑口在頷下似鬲獄魚而身無鱗出江中 伯牙鼓琴。駟馬仰秣。仰秣仰頭吹吐謂馬笑也 介子歌龍蛇。而文君垂泣。介子介推也從晉文公重耳出奔翟遭難絕糧介子推割肌啗之公子復國賞從亡者子推獨不及故歌

日有龍矯矯而失其所有蛇從之而啖其口龍既升雲蛇獨泥處龍以喻文公蛇以自喻也于是文公覺悟求介子推不得而號泣之 故玉在山而草木潤。玉陽中之陰也故能潤澤草木 淵生珠而岸不枯。珠陰中之陽也有光明故岸不枯 螾無筋骨之強。爪牙之利。螾一名蜷蠕也 上食晞堁。下飲黃泉。用心一也。晞乾也堁土塵也楚人謂之堁一精專也 清之爲明。杯水見眸子。濁之爲闇。河水不見太山。視日者眩。聽雷者聾。人無爲則治。有爲則傷。道貴無爲故治也有爲則傷道不貴有爲也傷猶病也 無爲而治者載無也。言無爲而能致治者常載行其無爲 爲者不能有也。爲者有爲也有謂好憎情欲不能恬澹靜漠故曰不能無爲也 不能無爲者。不能有爲也。不能行清靜無爲者不能大有所致致其治立其功也故曰不能有爲也 人無言而神。無言者道不言也道能化故神 有言者則傷。道貴不言故言有傷 無言而神者載無。道貴無言能致于神載行也常行其無言也 有言則傷其神之神者。道賤有言而多反有言故曰傷其神 鼻之所以息。耳之所以聽。終以其無用者爲用矣。無用者謂鼻耳中空處也 物莫不因其所有。而用其所無。以其所無用爲用也 以爲不信。視籟與竽。籟三孔籥也以其管孔空處以成音也故曰視籟與竽也 念慮者不得臥。詩曰耿耿不寐如有殷憂又曰展轉伏枕寤寐詠嘆 止念慮。則有爲其所止矣。止猶去也強自抑去念慮非眞無念慮則與物所止矣 兩者俱忘則至德純矣。兩者念慮與不念慮也忘二者則神內守故至德純一也 聖人終身言治。所用者非其言也。用所以言也。非其言非其所常言也用所以言者用當所治之言 歌者有詩。然使人善之者。非其詩也。善之者善其音之清和也不善其詩故曰非其詩也 鸚鵡能言。而不可使長。鸚鵡鳥名出于蜀郡赤喙者是其色縹綠能效人言長主也 是何則。得其所言。而不得其所以言。得其言者知效人言也不知所以長言教令之言也故曰不得其所以言 故循迹者。非能生迹者也。循隨也隨人故迹不能創基造制自爲新迹如鸚鵡知效人言不能自爲長主之言也 神蛇能斷而復續。而不能使人勿斷也。神龜能見夢元王。而不能自出漁者之籠。宋元王夜夢見得神龜而未獲也漁者豫且捕魚得龜以歐元王元王劍以下故曰能見夢元王而不能自出漁者之籠也四方皆道之門戶牖嚮也。在所從闚之。故鈎可以教騎。騎可以教御。御可以教刺舟。此四術者皆謹敬加順其道故可以相敎越人學遠射。參天而發。適在五步之內。不易儀也。越人習水便舟而不知射射遠反直仰向天而發矢勢盡而還故近在五步之內參猶望也儀射法言不曉射故不知易去參天之法也逵吉按太平御覽適作敵古字通世已變矣。而守其故。譬猶越人之射也。言其守故不知變也月望。日奪其光。陰不可以乘陽也。月十五日與日相望東西中繩則月食故奪月光也差則虧至晦則盡故曰陰不可以乘陽也日出星不見。不能與之爭光也。星陰也不能奪日之光也故末不可以強於本。指不可以大於臂。下輕上重。其覆必易。一淵不兩鮫。鮫魚之長其皮有珠今世以爲刀劍之口是也一說魚二千斤爲鮫水定則清正。動則失平。故惟不動。則所以無不動也。江河所以能長百谷者。能下之也。夫惟能下之。是以能上之。上大也天下莫相憎於膠漆。膠漆相持不解故曰相憎一說膠入漆中則敗漆入膠亦敗以多少推之故曰相憎而莫相愛於冰炭。冰得炭則解歸水復其性炭得冰則保其炭故曰相愛膠漆相賊。冰炭相息也。牆之壞。愈其立也。壞反本還爲土冰之泮。愈其凝也。以其反宗。泮釋反水也宗本也泰山之容。巍巍然高。去之千里。不見埵堁。遠之故也。埵堁猶席翳也埵讀似望作江淮間人言能得之也秋豪之末。淪於不測。是故小不可以爲內者。大不可以爲外矣。小不可爲內復小于秋豪之末謂無有也無有無形者至大不可爲外也蘭生幽谷。不爲莫服而不芳。性香舟在江海。不爲莫乘而不浮。性浮君子行義。不爲莫知而止休。性仁義也夫玉潤澤而有光。其聲舒揚。舒緩也揚和也渙乎其有似也。似君子也渙讀人謂貴家爲腰主之腰也無內無外。不匿瑕穢。無內無外表裏通也匿藏也近之而濡。望之而隧。夫照鏡見眸子。微察秋豪。明照晦冥。故和氏之璧。隨侯之珠。出於山淵之精。君子服之。順祥以安寧。服佩也君子佩而象之無有情欲能順善以安其身侯王寶之。爲天下正。寶重也侯王重其天性若凡民之重珠玉故以爲天下正無所阿私也陳成子恒之劫子淵捷也。陳成子將弒齊簡公勇士十六人脅其大夫子淵捷欲與分國捷不從故曰劫之子罕之辭其所不欲。不欲玉之寶也而得其所欲。所欲不貪爲寶孔子之見黏蟬者。白公勝之倒杖策也。倒杖策傷其頤血流及屨而不覺言精有所在也衞姬之請罪於桓公。衞姬衞女齊桓公夫人也桓公有伐衞之志衞姬望見桓公色而知之故請公殺贖衞之罪子見子夏曰。何肥也。道勝無情欲故肥也魏文侯見之反被裘而負芻也。知其皮盡則毛無所傅也兒說之爲宋王解閉結也。此皆微眇可以觀論者。微眇爲見始知終也人有嫁其子而教之曰。爾行矣。慎無爲善。曰。不爲善。將爲不善邪。應之曰。善且由弗爲。況不善乎。此全其天器者。器猶性也孟子曰人性善故曰全其天性拘囹圄者。以日爲脩。當死市者。以日爲短。日之脩短有度也。有所在而短。有所在而脩也。則中不平也。中心也故以不平爲平者。其平不平也。嫁女於病消者。夫死則後難復處也。以女爲妨夫後人不敢娶故難復嫁處也一說女以天下人皆消不育復嫁之也　逵吉按太平御覽引作夫死後則難可復處也故沮舍之下。不可以坐。沮舍壞也倚牆之傍。不可以立。爲踣壓也執獄牢者無病。執主也厲鬼畏之故不病罪當死者肥澤。計決之心無外思一說治當死者罪已定無憂故肥澤也刑者多壽。心無累也。刑者宮人也心無情欲之累精神不耗故多壽也良醫者常治無病之病。故無病。治正性神內守故無病也聖人者常治無患之患。故無患也。夫至巧不用劍。巧在心手故不用劍也善閉者不用關楗。善閉其心故不關楗也湻于髡之告失火者。此其類。湻于髡齊人也告其鄰突將失火使曲突徙薪鄰人不從後竟失火言者不爲功救火者焦頭爛額爲上客刺不備豫喻凡人不知豫閉其情欲而思得人救其禍以清入濁。必困辱以濁、入清必覆傾。君子之於善也，猶采薪者見一芥掇之，見青葱則拔之。言無所舍也君子行善亦如之 天二氣則成虹，地二氣則泄藏，陰陽相干二氣也 人二氣則成病。邪氣干正氣故成病 陰陽不能且冬且夏。陰不能陽陽不能陰冬自爲冬夏自爲夏也 月不知晝，日不知夜。言不能相兼也 善射者發不失的，善於射矣，而不善所射。所射者死故曰不善 善釣者無所失，善於釣矣，而不善所釣。所釣者魚也於魚不善也 故有所善則不善矣。鍾之與磬也，近之則鍾音充，充大也達吉按太平御覽引充作亮 遠之則磬音章。磬石也音清明遠聞而章著也 物固有近不若遠，遠不若近者。今曰稻生於水，而不能生於湍瀨之流；湍急水也 紫芝生於山，而不能生於盤石之上。根無所植也 慈石能引鐵，及其於銅，則不行也。行猶使也不能使隨也 水廣者魚大，山高者木脩。廣其地而薄其德，譬猶陶人爲器也，揲挻其土而不益厚，破乃愈疾。愈益也疾速也揲讀揲脈之揲 聖人不先風吹，不先雷毀，不得已而動，故無累。月盛衰於上，則蠃蛖應於下，同氣相動，動感 不可以爲遠。月盛則蠃蛖內減故曰蠃蛖應於下月陰精也蠃蛖亦陰也故曰同氣也精能相感故曰不可爲遠 執彈而招鳥，揮棁而呼狗，欲致之，顧反走。故魚不可以無餌釣也，獸不可以虛氣召也。召猶致也 剝牛皮，鞟以爲鼓，正三軍之衆，然爲牛計者，不若服於軛也。狐白之裘，天子被之而坐廟堂，然爲狐計者，不若走於澤。言物貴於生也 亡羊而得牛，則莫不利失也；斷指而免頭，則莫不利爲也。故人之情，於利之中則爭取大焉，於害之中則爭取小焉。將軍不敢騎白馬。爲見識者一說白凶服故不敢騎也傳曰晉襄公與姜戎子墨衰敗秦師於殽言其變凶服也故不敢騎白馬也亡者不敢夜揭炬。爲人見之保者不敢畜噬狗。保城郭居也保饒人也不敢畜噬人狗也雞知將旦。鶴知夜半。而不免於鼎俎。鶴夜半而鳴也以無智謀不能免於鼎俎以喻將軍當兼五材不可以無權譎山有猛獸。林木爲之不斬。園有螫蟲。藜藿爲之不采。言人畏也　逵吉按太平御覽一引作螫毒一引作螫蟲兩異爲儒而踞里閭。儒尙禮義踞里閭非也爲墨而朝吹竽。墨道尙儉不好樂縣名朝歌墨子不入吹竽非也欲滅迹而走雪中。拯溺者而欲無濡。是非所行而行所非。今夫闇飲者。非嘗不遺飲也。使之自以平。則雖愚無失矣。是故不同于和。而可以成事者。天下無之矣。和猶適也求美則不得美。不求美則美矣。心自求美名則不得美名也而自損則有美名矣故老子曰致數輿無輿也求醜則不得醜。求不醜則有醜矣。不求美又不求醜。則無美無醜矣。是謂玄同。玄天也天無所求也人能無所求故以之同也申徒狄負石自沈於淵。而溺者不可以爲抗。申徒狄殷末人也不忍見紂亂故自沈於淵抗高也弦高誕而存鄭。誕者不可以爲常。弦高矯鄭伯之命以十二牛犒秦師而卻之故曰誕而存鄭誕非正也故曰不可以爲常也事有一應而不可循行。人有多言者。猶百舌之聲。百舌鳥名能易其舌效百鳥之聲故曰百舌以喻人雖事多言無益於事人有少言者。猶不脂之戶也。言其不鳴故不脂之喻無聲也一說不脂之戶難開閉亦喻人少言語也六畜生多耳目者不詳。讖書著之。詳善也多耳目人以爲妖災也喻人有多言而少誠實比之于不詳也百人抗浮。不若一人挈而趨。抗舉也浮瓠也百人共舉不如一人持之走便也物固有衆而不若少者。引車者二六而後之。轅三人兩轅六人故謂二六一說十二人事固有相待而成者。兩人俱溺。不能相拯。一人處陸則可矣。故同不可相治。必待異而後成。同謂君所謂可臣亦曰可君所謂否臣亦曰否猶以水濟水誰能食之是謂同故不可以相治異謂濟君之可替君之否引之當道是謂異也故可以成事也千年之松。下有茯苓。上有兔絲。茯苓千歲松脂也兔絲生其上而無根一名女蘿也上有叢蓍。下有伏龜。聖人從外知內。以見知隱也。喜武非俠也。俠輕也喜文非儒也。好方非醫也。好馬非騶也。知音非瞽也。知味非庖也。此有一槩而未得主名也。此六術者皆善之而未純無所適名故曰一槩而未得主名被甲者非爲十步之內也。百步之外。則爭深淺。深則達五藏。淺則至膚而止矣。死生相去。不可爲道里。言相遠也楚王亡其猨。而林木爲之殘。楚王莊王旅也猨捷躁依木而處故殘林以求之宋君亡其珠。池中魚爲之殫。殫盡也故澤失火而林憂。逵吉按太平御覽引作林木憂上求材。臣殘木。上求魚。臣乾谷。上求楫而下致船。上言若絲。下言若綸。綸大緩也上有一善。下有二譽。上有三衰。下有九殺。衰殺皆喻踰也傳曰上之所好下尤甚焉故有九殺也大夫種知所以強越。而不知所以存身。自爲越所殺也萇弘知周之所存。而不知身所以亡。亡爲周所殺也知遠而不知近。遠謂強越存周也近謂其身也畏馬之辟也。不敢騎。辟旁也懼車之覆也。不敢乘。是以虛禍距公利也。虛空也不孝弟者。或詈父母。生子者。所不能任其必孝也。然猶養而長之。任保也范氏之敗。有竊其鐘負而走者。范氏范吉射范會之元孫范鞅獻子之子昭子也敗者趙簡子伐之故人竊其鐘也一曰知伯滅范氏也鎗然有聲。懼人聞之。遽掩其耳。憎人聞之可也。自掩其耳悖矣。悖惑也升之不能大於石也。升在石之中。夜之不能脩其歲也。夜在歲之中。仁義之不能大於道德也。仁義在道德之包。仁義小道德大也在道德包裹猶升在斛之中夜在歲之內也先針而後縷。可以成帷。先縷而後針。不可以成衣。針成幕。蔂成城。事之成敗。必由小生。言有漸也。幕帷也上曰幕旁曰帷縷非針無以通故宜先也蔂土籠也始一匳以上於城故曰事之成敗必由小生 染者先青而後黑則可。先黑而後青則不可。工人下漆而上丹則可。下丹而上漆則不可。萬事由此。所先後上下。不可不審。審知也 水濁而魚噞。魚短氣黃噞出口于水上 形勞則神亂。形亂神不治也 故國有賢君。折衝萬里。衝兵車也所以衝突敵城也言賢君德不可伐故能折遠敵之衝車于千里之外使敵不敢至也魏文侯禮下段干木而秦兵不敢至此之謂也 因媒而嫁。而不因媒而成。媒人以禮成爲室家也 因人而交。不因人而親。以德親也 行合趨同。千里相從。雖遠必至 行不合。趨不同。對門不通。詩所謂室邇人遠故曰對門不通也 海水雖大。不受胔芥。日月不應非其氣。陽燧取火方諸取水氣相應也非此不得故曰不應非其氣也 君子不容非其類也。人不愛倕之手。而愛己之指。倕讀詩惴惴其栗之惴也倕堯之巧工也雖倕巧人不能以倕巧故愛其手也謂倕手無益於己故自愛其指也 不愛江漢之珠。而愛己之鉤。江漢雖有美珠不爲己用故不愛也鉤釣鉤也可以得魚故愛之 以束薪爲鬼。以火煙爲氣。以束薪爲鬼。堨而走。夜行見束薪以爲鬼故去而走 以火煙爲氣。殺豚烹狗。以火煙爲吉凶之氣殺牲以禳之惑也 先事如此。不如其後。此先事之人也如此不如徐徐出其後者也 巧者善度。知者善豫。豫備也 羿死桃部。不給射。慶忌死劍鋒。不給搏。桃部地名羿夏之諸侯有窮君也爲弟子逢蒙所殺不及攝己而射也搏捷也慶忌吳王僚之子也要離爲闔閭刺之故死劍不及設其捷疾之力 逹吉 按桃部即桃棓詮言訓注云桃棓大杖以桃木爲之注義異 滅非者戶告之曰。我實不與我諛亂。謗乃愈起。止言以言。止事以事。譬猶揚堁而弭塵。抱薪而救火。止言當以默止事當以下今以言止言以事止事猶揚堁止塵塵愈起抱薪救火火愈熾也 流言雪汙。譬猶以涅拭素也。流放也雪除也涅黑也素白也 矢之於十步貫兕甲。於三百步不能入魯縞。騏驥一日千里。其出致釋駕而僵。釋稅僵仆也猶矢于三百步不能穿魯縞言力竭勢盡也 大家攻小家則爲暴。大國并小國則爲賢。憂世不能上德苟任勞力而以辟土斥境并兼人國

爲賢也

小馬非大馬之類也。小知非大知之類也。小馬不可以進道致千里故不得與大馬同類小知不可以治世長民故不得與大知同類 被羊裘而賃固其事也。貂裘而負籠甚可怪也。籠土籠也 以潔白爲汙辱。譬猶沐浴而抒溷。薰燧而負彘。燒薰自香也楚人謂之薰燧 治疽不擇善惡醜肉而并割之。農夫不察苗莠而并耘之。豈不虛哉。壞塘以取龜。發屋而求狸。掘室而求鼠。割脣而治齲。桀跖之徒君子不與。舉事所徼如是者則盜跖之徒也君子不與也 殺戎馬而求狐狸。援兩鼈而失靈龜。斷右臂而爭一毛。折鏌邪而爭錐刀。用智如此。豈足高乎。高猶貴也 寧百刺以針。無一刺以刀。寧一引重。無久持輕。寧一月饑。無一旬餓。饑食不足餓困乏也 萬人之蹪。愈於一人之隧。楚人謂躓爲蹪愈勝也隧陷也 有譽人之力儉者。舂至旦不中員呈。猶謫之。察之乃其母也。謫責怒也稱譽人力儉呈作不中科員而責怒也君子視之乃自呈作其母以爲力挾以此譽人孰如毀之故諺曰間誰毀之小人譽之此之謂也 故小人之譽人。反爲損。損毀也 東家母死。其子哭之不哀。西家子見之。歸謂其母曰。社何愛速死。吾必悲哭社。江淮謂母爲社社讀雖家謂公爲阿社之社也 夫欲其母之死者。雖死亦不能悲哭矣。謂學不暇者。雖暇亦不能學矣。言有事務不暇學如此曹之人雖閑暇無務亦不能學也 見窾木浮而知爲舟。見飛蓬轉而知爲車。見鳥迹而知著書。以類取之。窾穴讀曰科也 以非義爲義。以非禮爲禮。譬猶倮走而追狂人。盜財而予乞者。竊簡而寫法律。蹲踞而誦詩書。割而舍之。鏌邪不斷肉。執而不釋。馬氂截玉。氂馬尾也 聖人無止。無以歲賢昔。日愈昨也。賢愈猶勝也言今歲勝於昔歲今日勝於昨日喻聖人自脩進也 馬之似鹿者千金。天下無千金之鹿。玉待礛諸而成器。礛諸攻玉之石言物有待賤而貴者也礛䃺或直言藍也 有千金之璧。而無錙錘之礛諸。六銖曰錙八銖曰錘言其賤也 受光於隙照一隅。受光於牖照北壁。受光於戶。照室中無遺物。況受光於宇宙乎。天下莫不藉明於其前矣。四方上下曰宇往古來今曰宙謂四極之內天地之閒故天下莫不借明于日月之前 由此觀之。所受者小。則所見者淺。所受者大。則所照者博。江出岷山。河出昆侖。濟出王屋。潁出少室。漢出嶓冢。已說在地形也 分流舛馳。注於東海。所行則異。所歸則一。一同也 通於學者若車軸轉轂之中。不運於己。與之致千里。終而復始。轉無窮之源。不通於學者若迷惑。告之以東西南北。所居聆聆。聆聆猶了了言迷解也 背而不得。不知凡要。背而不得更復惑故曰不知凡要也 寒不能生寒。熱不能生熱。不寒不熱。能生寒熱。故有形出於無形。未有天地能生天地者也。至深微廣大矣。未有天地生天地故無形生有形也 雨之集無能霑。待其止而能有濡。集下也此其至未能有所霑止者所止故能有濡也 矢之發無能貫。待其止而能有穿。唯止能止眾止。止喻矢止乃能穿物一曰止已情欲乃能止歸衆物令不得已乎 因高而爲臺。就下而爲池。各就其勢。不敢更爲。聖人用物。若用朱絲約芻狗。若爲土龍以求雨。芻狗待之而求福。求猶得也待芻狗之靈而得福也 土龍待之而得食。土龍致雨雨而成穀故得待土龍之神而得穀食一說土龍待請雨之祈得食酒肉者也 魯人身善制冠。妻善織履。往徙於越而大困窮。以其所脩而遊不用之鄉。譬若樹荷山上。荷水菜夫渠也其莖曰茄其本曰蔤其根曰藕其花曰夫容其秀曰菡萏其實曰蓮蓮之茂者花花之中心曰薏幽州總謂之光荷讀如燕人強秦言胡同也 而畜火井中。操鉤上山。揭斧入淵。欲得所求。難也。方車而蹠越。

乘桴而入胡。方出踰至桴筏一曰弦言非其所宜也 欲無窮。不可得也。無求之處也 楚王有白蝯。王自射之。則搏矢而熙。熙戲也 使養由基射之。始調弓矯矢。未發而蝯擁柱號矣。由基楚王之臣養姓調張矯直擁抱號呼盦蝨賦曰養流睇而發號是也 有先中中者也。有先未中必中之徵精相動也 咼氏之璧。夏后之璜。揖讓而進之以合歡。夜以投人則為怨。時與不時。不時謂夜也咼古和字 畫西施之面。美而不可說。規孟賁之目。大而不可畏。君形者亡焉。生氣者人形之君規畫人形無有生氣故曰君形亡 人有昆弟相分者無量。多不可計 而衆稱義焉。夫惟無量。故不可得而量也。登高使人欲望。臨深使人欲闚。處使然也。射者使人端。釣者使人恭。事使然也。端然後中恭然後得故曰事使然也 曰。殺罷牛可以贖良馬之死。莫之為也。殺牛。必亡之數。牛者所以植穀者民之命是以王法禁殺牛民犯禁殺之者誅故曰必亡之數 以必亡贖不必死。未能行之者矣。季孫氏劫公家。魯大夫季桓子斯一曰康子肥脅定公而專其政傳曰祿之去公室 孔子說之。先順其所為而後與之入政。曰。舉枉與直。如何而不得。舉直與枉。勿與遂往。直順其謀而從勿遂大與同小 此所謂同污而異塗者。衆曲不容直。衆枉不容正。故人衆則食狼。狼衆則食人。欲為邪者。必相明正。欲為曲者。必相違直。公道不立。私欲得容者。自古及今。未嘗聞也。此以善託其醜。託寄也若麗姬欲殺太子申生先稱之于獻公然後得行其害此其類也 衆議成林。無翼而飛。衆人皆識平地生林無翼之禽能飛凡人信之以為實然 三人成市虎。三人從市中來皆言市中有虎市非虎處而人信以為有虎故曰三人成市虎 一里能撓椎。撓弱一里之人皆言能屈椎者人則信之也 夫游沒者不求沐浴。已自足其中矣。故食草之獸。不疾易藪。疾患也 水居之蟲。不疾易水。行小變而不失常。小變易水易草也草食故食草水居故水中故曰不疾失其常也 信有非禮而失禮。尾生死其梁柱之下。此信之非也。尾生妷人與婦人私期橋梁之下故會其奮水至不去溺依而死故曰信之非也 孔氏不喪出母。此禮之失者。禮庶子喪出母期孔氏子上名白仲尼之會孫孔伋之子也子上之母被出卒于外記曰子上之母死不喪門人問諸子思曰子先君其喪出母乎曰然子不使白何也曰昔我先君無所失道道隆從而隆道汚從而汚伋則安能及乎是不爲伋也妻不爲白也母孔氏之不喪出母自子思始故曰孔氏之失也 曾子立孝。不過勝母之閭。墨子非樂。不入朝歌之邑。曾子立廉。不飲盜泉。所謂養志者也。紂爲象箸而箕子唏。見象箸知當復作玉杯有玉杯必有熊蹯豹胎以極廣侈故箕子爲之鬻號啼也 魯以偶人葬而孔子嘆。惡其象人而用之知後世必用殉故孔子爲之長嘆也 故聖人見霜而知冰。見微霜降大寒至必堅冰 有鳥將來。張羅而待之。得鳥者。羅之一目也。今爲一目之羅。則無時得鳥矣。今被甲者。以備矢之至。若使人必知所集。則懸一札而已矣。事或不可前規。物或不可慮卒。然不戒而至。故聖人畜道以待時。道能均化無不稟受故聖人畜養以待時時至而應若武王伐紂也 髡屯犂牛。既犐以犧。決鼻而羈。髡屯醜牛貌犂牛不純色犐無角犧無尾決鼻羈頭而牽 生子而犧。尸祝齊戒。以沈諸河。犧者牲也尸祭神之主祝祈福祥之辭祀河曰沈 河伯豈羞其所從出。辭而不享哉。詩曰采葑采菲無以下體論語曰犂牛之子騂且角雖欲勿用山川其舍諸 得萬人之兵。不如聞一言之當。當謂明天時地利知人之言可以不戰屈人之兵也 得隋侯之珠。不若得事之所由。得咼氏之璧。不若得事之所適。由用適宜適也 撰良馬者。非以逐狐狸。將以射麋鹿。砥利劍者。非以斬縞衣。將以斷兕犀。故高山仰止。景行行止。鄉者其人。言有高山我仰而止之人有大行我則而行之故曰鄉者其人也 見彈而求鴞炙。彈可以彈鴞鳥而我因其求炙也 見卵而求晨夜。雞知將旦鶴知夜半見其卵因望其夜鳴故曰求晨夜 見黂而求成布。雖其理哉。亦不病暮。癱麻之有實者可以爲布因求其成故曰雖其理哉亦不病暮言其早也癱讀傳曰有蜚不爲災之蜚象解其牙。不憎人之利之也。利猶取也死而棄其招簣。不怨人取之。招簣稱死著浴牀上之楄也怨亦憎變文爾簣讀功績之績也人能以所不利利人則可。所不利若子罕不利玉人之寶利于玉人自得玉以爲寶故曰可也狂者東走。逐者亦東走。東走則同。所以東走則異。溺者入水。拯之者亦入水。入水則同。所以入水者則異。異以不休故聖人同死生。愚人亦同死生。聖人之同死生通於分理。愚人之同死生。不知利害所在。徐偃王以仁義亡國。國亡者非必仁義。徐國今下邳徐僮是偃謚居衰亂之世脩行仁義爲楚文王所滅滅者多以不義故曰亡國不必仁義比干以忠靡其體。被誅者非必忠也。比干以忠諫紂而誅世之見誅者多以不忠故曰被誅者非必忠故寒顫。懼者亦顫。此同名而異實。同名於顫異者寒與懼顫讀天寒凍顫之顫字亦如此明月之珠。出於蛖蜃。周之簡圭。生於垢石。珠有夜光明月生於蛖中簡圭大圭美玉出於石中故曰生垢石大蔡神龜。出於溝壑。大蔡元龜之所出地名因名其龜爲大蔡讖文仲所居蔡是也萬乘之主。冠錙錘之冠。履百金之車。六銖曰錙八銖曰錘言賈值小物有賤而在上有貴而在下車或作履也牛皮爲賤。正三軍之衆。鼓鞞氣故可以齊三軍之衆也欲學歌謳者。必先徵羽樂風。徵南方火羽北方水五音正樂正夫理情性動天地感鬼神莫近于詩樂風者上以風化下下以風刺上故曰風也欲美和者。必先始於陽阿采菱。陽阿采菱樂曲之和聲有陽阿古之名俳善和也此皆學其所不學。而欲至其所欲學者。燿蟬者務在明其火。釣魚者務在芳其餌。明其火者。所以燿而致之也。芳其餌者。所以誘而利之也。燿明芳香也明火香餌則蟬魚至以言治國明其德美其政天下之人如蟬魚之歸明火香餌也欲致魚者先通水。欲致鳥者先樹木。水積而魚聚。木茂而鳥集。好弋者先具繳與矰。繳大綸矰短矢繳所以繫者繳射之注飛鳥詩云弋鳧與雁好魚者先具罟與罛。罟細网傳曰數罟不入汙池罛大网詩曰施罛濊濊鱣鮪發發是也 未有無其具而得其利。言未見君無道而能得民心也 遺人馬而解其羈。遺人車而稅其轙。轙所以縛衡也 所愛者少。而所亡者多。故里人諺曰。烹牛而不鹽。敗所爲也。烹羹不與鹽不成羹故曰敗所爲禮記曰客絮羹主人辭不能烹知烹爲羹也 桀有得事。謂若作瓦以蓋屋遺後世也 堯有遺道。遺失謂不能放四凶用十六相是也一說不傳丹朱而傳舜天下有不慈之名故曰有遺道也 嫫母有所美。嫫母古之醜女而行貞正故曰有所美嫫讀模範之模 西施有所醜。西施古之好女雖容儀光豔未必貞正故曰有所醜也 故亡國之法。有可隨者。治國之俗。有可非者。有可隨猶嫫母有所美有可非猶西施有所醜 琬琰之玉。在洿泥之中。雖廉者弗釋。琬琰美玉釋舍也 弊箄甑瓾。在袇茵之上。雖貪者不搏。甀甑帶搏取也甀讀鼃黽之鼃也 美之所在。雖污辱。世不能賤。惡之所在。雖高隆。世不能貴。世不能賤者喻賢者在下位卑汙之處世不能貴者喻小人在上位高顯之處 春貸秋賦。民皆欣。春饑而予秋豐而收故民欣也 春賦秋貸。衆皆怨。得失同。喜怒爲別。其時異也。爲魚德者。非挈而入淵。爲蝯賜者。非負而緣木。縱之其所而已。喻爲政官方定物能文者居文官能武者居武官故曰縱之其所而已 逵吉按太平御覽作縱其所之而已 貂裘而雜。不若狐裘而粹。雜猶駁粹純也 故人莫惡於無常行。無常行猶論語人而無恆不可作爲巫醫故曰惡也 有相馬而失馬者。失猶不知也 然良馬猶在相之中。良馬有夭壽骨法非能相不知故曰在相之中 今人放燒。或操火往益之。或接水往救之。兩者皆未有功。而怨德相去亦遠矣。郢人有買屋棟者。求大三圍之木。郢楚都在今江陵北郢是也棟欒木材 而人予車轂。跪而度之。巨雖可而脩不足。巨大也脩不足言其短 逵吉按脩各本作長依太平御覽改又巨字作大 蘧伯玉以德化。伯玉衛大夫蘧瑗趙簡子將伐衛使史黯往視之曰蘧伯玉爲政未可以加兵故曰以德化 公孫鞅以刑罪。所極一也。公孫鞅衛公子叔痤之子自魏奔秦相孝公制相坐法故曰以刑罪秦封爲商君因曰商鞅商在京兆東南瑗以德化鞅以刑罪故

（日所極一也）病者寢席。醫之用針石。巫之用糈藉。所救鈞也。（醫師在男曰覡在女曰巫石針所抵殫人雍痤出其惡血糈米所以享神藉菅茅皆所以療病求福祚故曰救鈞）狸頭愈鼠。雞頭已瘻。（鼠齧人瘡狸愈之瘻頸腫疾雞頭水中芡幽州謂之雁頭亦愈之也）蝱散積血。斲木愈齲。此類之推者也。（推行也）膏之殺鼈。鵲矢中蝟。（中亦殺也）爛灰生蠅。（爛腐）漆見蟹而不乾。（乾燥）此類之不推者也。推與不推。若非而是。若是而非。孰能通其微。天下無粹白狐。而有粹白之裘。掇之衆白也。善學者。若齊王之食雞。必食其蹠。數十而後足。（蹠雞足踵也喻學取道衆多然後優）刀便剃毛。至伐大木。非斧不尅。（尅截）物固有以尅適成不逮者。視方寸於牛。不知其大於羊。總視其體。乃知其大相去之遠。（遠猶多也）孕婦見兔而子缺脣。見麋而子四目。小馬大目。不可謂大馬。大馬之目眇。可謂之眇馬。物固有似然而似不然者。故決指而身死。（決傷也）或斷臂而顧活。（顧反）類不可必推。厲利劍者必以柔砥。（柔濡）擊鐘磬者必以濡木。轂強必以弱輻。兩堅不能相和。兩強不能相服。故梧桐斷角。馬氂截玉。（言柔勝剛也）媒但者非學謾也。但成而生不信。（但猶詐也）立慬者非學鬭爭也。慬立而生不讓。故君子不入獄。爲其傷恩也。不入市。爲其侳廉也。（侳辱也）積不可不慎者也。走不以手。縛手走不能疾。飛不以尾。屈尾飛不能遠。物之用者。必待不用者。故使之見者。乃不見者也。使鼓鳴者。乃不鳴者也。（不鳴乃無聲也）嘗一臠肉。知一鑊之味。（有足曰鼎無足曰鑊）懸羽與炭。而知燥溼之氣。（燥故炭輕溼故炭重）以小明大。見一葉落。而知歲之將暮。睹瓶中之冰。而知天下之寒。以近論遠。論知也逵吉按論太平御覽作諭 三人比肩。不能外出戶。戶不容故也 一人相隨。可以通天下。言不竝也 足蹍地而爲迹。暴行而爲影。此易而難。蹍履也履地迹自成行日中影自生是其易使迹正影直是其難也 莊王誅里史。孫叔敖制冠浣衣。里史佞臣惡人死叔敖自知當見用故制冠浣衣 文公棄荏席後黴黑。咎犯辭歸。晉文棄其臥席之下黴黑者咎犯感其捐舊物因曰臣從君周旋臣之罪多矣臣猶自知之況君乎請從此亡故曰辭歸 故桑葉落而長年悲也。桑葉時將茹落長年懼命盡故感而悲也 鼎錯日用而不足貴。鼎錯小鼎雖日見用不能和五味故不足貴 周鼎不爨而不可賤。周家大鼎不日炊火以供味而能和味故曰不可賤 物固有以不用而爲有用者。不用謂鼎不爨也爲用謂調五味也 地平則水不流。重鈞則衡不傾。流行傾邪也 物之尤。必有所感。尤過也輕重則衡低卬故曰必有所感感動也 物固有以不用爲大用者。衡行物物所不用乃用之乃知物之輕重故曰以不用爲大用也 先倮而浴則可。以浴而倮則不可。先祭而後饗則可。禮食必祭示有所先饗猶食也 先饗而後祭則不可。爲不敬故曰不可也 物之先後。各有所宜也。祭之日而言狗生。取婦夕而言衰麻。置酒之日而言上冢。皆所不宜 渡江河而言陽侯之波。陽陵國侯溺死其神能爲大波爲人作害因號陽侯之波舟人所不欲言 或曰知其且赦也。而多殺人。不仁 或曰知其且赦也。而多活人。乃仁人也 其望赦同。所利害異。故或吹火而然。或吹火而滅。所以吹者異也。亨牛以饗其里。而罵其東家母。德不報而身見殆。殆危害也 文王汙膺。鮑申傴背。以成楚國之治。文王楚武王之子汙膺陷胷也鮑申楚相傴背僂戚治言賢也 裨諶出郭而知。以成子產之事。裨諶鄭大夫謀於野則獲謀於國則否鄭國有難子產載知野與謀四國之事故曰成子產之事論語曰裨諶草創之世叔討論之東里子產潤色之 朱儒問徑天高於脩人。逵吉按太平御覽引無徑字 脩人曰。不知。曰子雖不知。猶近之於我。故凡問事必於近者。脩人長人也 寇難至。躄者告盲者。盲者負而走。兩人皆活。得其所能也。故使盲者語。使躄者走。失其所也。郢人有鬻其母。爲請於買者曰。此母老矣。幸善食之而勿苦。郢楚都鬻買也食養也逵吉按太平御覽引作而無多苦也 此行大不義而欲爲小義者。介蟲之動以固。介蟲魚鼈屬動行也 貞蟲之動以毒螫。貞蟲細要蜂蠮螉之屬無牝牡之合曰貞而有毒故能螫螫讀解釋之釋也 熊羆之動以攫搏。攫搏也熊羆多力故能搬攫有所搏也 兕牛之動以觝觸。兕獸名有角牛犎牛也 物莫措其所脩。而用其短也。措置也 治國者若鎒田。去害苗者而已。今沐者墮髮。而猶爲之不止。以所去者少。所利者多。砥石不利。而可以利金。金刀劍之屬 擻不正。而可以正弓。擻弓之掩牀讀曰檠 物固有不正而可以正。不利而可以利。不正者擻正者弓也不利者砥利者金也 力貴齊。知貴捷。得之同。遬爲上。齊讀蠶之蠶齊捷皆疾 勝之同。遲爲下。所以貴鏌邪者。以其應物而斷割也。劙靡勿釋。牛車絕轔。劙切楚人謂門切爲轔車行其上則斷之孟子曰城門之軌非兩馬之力轔讀近藺急舌言之乃得也 爲孔子之窮於陳蔡而廢六藝。則惑。六藝禮樂射御書數 爲醫之不能自治其病。病而不就藥。則勃矣。不擇于事曰勃也

淮南子卷十七

說林訓 木叢生曰林說萬物承阜若林之聚矣故曰說林因以題篇

以一世之度制治天下。譬猶客之乘舟。中流遺其劍。遽契其舟桅。契刻也桅船弦板也墮劍於中流刻於船弦言識其於此下失劍也桅讀如左傳襄王出居鄭地氾之氾也暮薄而求之。其不知物類亦甚矣。日暮薄岸而求劍於其所刻桅下故曰不知物類也夫隨一隅之迹。而不知因天地以游。惑莫大焉。隨一隅之迹刻桅之類惑無有大于此也雖時有所合。然而不足貴也。譬若旱歲之土龍。疾疫之芻狗。是時爲帝者也。土龍以求雨芻狗以求福時見貴也曹氏之裂布。蛷者貴之。然非夏后氏之璜。楚人名布爲曹今俗間以始織布繫著其旁謂之曹布繞以傳蜡蛷瘡則愈故蛷者貴之半壁曰璜璜以發衆國家之寶故曰然非夏后氏之璜也無古無今。無始無終。未有天地而生天地。至深微廣大矣。言其深微廣大故能生天地也足以蹍者淺矣。然待所不蹍而後行。蹍履也待所履而行者則不得行故曰待所不履而後行智所知者褊矣。然待所不知而後明。褊狹知所知所不知以成明矣游者以足蹶。以手抐。不得其數。愈蹙愈敗。愈益也敗猶沒也及其能游者。非手足者矣。不用手足而自游也鳥飛反鄉。兔走歸窟。狐死首丘。寒將翔水。各哀其所生。寒將水鳥哀猶愛也毋貽盲者鏡。毋予躄者履。毋賞越人章甫。非其用也。賞遺也章甫冠越人斷髮無用冠爲椎固有柄。不能自椓。目見百步之外。不能自見其眦。喻人能有所爲而不能自爲也狗彘不擇甂甌而食。偷肥其體。而顧近其死。偷取也顧反也肥則烹之故近其死也鳳皇高翔千仞之上。故莫之能致。七尺曰仞非聖德君不致故曰莫之能致也月照天下。

蝕於詹諸。騰蛇游霧。而殆於蝍蛆。詹諸月中蝦蟇食月故曰食於詹諸殆猶畏也蝍蛆蟋蟀爾疋謂之蜻蛚之大腹也上蛇蛇不敢動故曰殆於蝍蛆也逵吉按殆太平御覽作困烏力勝日。而服於鵻禮。能有脩短也。烏在日中而見故曰勝日服猶畏也鵻禮爾疋謂裨苙秦人謂之祀祝間鸐時晨鳴人舍者鴻鳥皆畏之故曰能有脩短也莫壽於殤子。而彭祖爲夭矣。生寄死歸殤子去所寄歸所安故曰以爲壽彭祖蓋楚先壽八百歲不早歸故以爲夭論語曰竊比于我老彭蓋謂是也一說彭祖蓋黃帝時學仙者言不如殤子早歸神明矣短綆不可以汲深。器小不可以盛大。非其任也。任讀甚任之任怒出於不怒。爲出於不爲。不怒乃是怒不爲乃是爲也視於無形。則得其所見矣。聽於無聲。則得其所聞矣。言皆易恤無聲故得有聞至味不慊。至言不文。至樂不笑。至音不叫。慊快叫謼呼也不斲不自斲削豆籩簋籩豆之器大勇人聞自畏之不復鬭也大匠不斲。大豆不具。大勇不鬭。得道而德從之矣。譬若黃鐘之比宮。太蔟之比商。無更調焉。更改也以瓦鈺者全。以金鈺者跋。以玉鈺者發。鈺讀象金之銅柱餘之柱鈺者提馬雛家謂之投翩金者金步徐跋者剌跋走發者疾迅發讀射百發之發是故所重者在外。則內爲之掘。所重謂金與玉掘律氣不安祥也逐獸者目不見太山。見獸而已嗜慾在外。則明所蔽矣。見者蔽利之物不見其害聽有音之音者聾。聽無音之音者聰。不聾不聰。與神明通。卜者操龜。筮者端策。以問於數。安所問之哉。策四十九策可以占遠可以問于數數可卜筮者也舞者舉節。坐者不期而拚皆如一。所極同也。日出暘谷。入于虞淵。莫知其動。須臾之間。俛人之頸。俛猶戾也人莫欲學御龍。而皆欲學御馬。莫欲學治鬼。而皆欲學治人。急所用也。御龍治鬼不益世用故以御馬治人爲急務矣解門以爲薪。塞井以爲臼。人之從事。或時相似。或有也相似似其愚水火相憎。鏏在其間。五味以和。鏏小鼎又曰鼎無耳爲鏏鏏讀曰彗鏏受水而火炊之故曰在其間骨肉相愛。讒賊間

之。而父子相危。（楚平王晉獻公是也）夫所以養而害所養。譬猶削足而適履。殺頭而便
冠。（所以養喻爵號害所養喻骨肉殺亦削也頭大冠小不相宜削殺其頭以便冠也）昌羊去蚤蝨而來蚙窮。（昌羊昌蒲蚙窮蚰蜒入耳之蟲也）除小害
而致大賊。欲小快而害大利。牆之壞也。不若無也。然逾屋之覆。（不若其無爲牆屋之覆爲敗屋
牆之壞更爲土歸於本故曰逾屋之覆也）璧瑗成器。礛諸之功。（礛諸治玉之石詩云他山之石可以爲錯礛讀一曰廉氏之廉）鏌邪斷割。砥礪之
力。（力亦功互文也）狡兔得而獵犬烹。高鳥盡而強弩藏。（烹猶殺藏猶殘喻不復用也）虻與驥致千里而
不飛。無糗糧之資而不飢。失火而遇雨。失火則不幸。遇雨則幸也。故禍中
有福也。鬻棺者。欲民之疾病也。畜粟者。欲歲之荒饑也。（荒大饑粟不熟）水靜則平。平
則清。清則見物之形。弗能匿也。故可以爲正。（匿猶逃也）川竭而谷虛。（虛無水也）邱夷而
淵塞。（夷平塞滿也）脣竭而齒寒。河水之深。其壤在山。（言非一朝一夕）鈞之縞也。一端以爲冠。
一端以爲絲。冠則戴致之。絲則屣履之。知己者不可誘以物。（物不能惑）明於死生
者。不可御以危。（危無能懼之）故善游者不可懼以涉。（涉不能溺）親莫親於骨肉。節族之
屬連也。（骨肉謂一人之身故曰節族之連也）心失其制。乃反自害。（言心失制度則自害身也）況疏遠乎。（疏遠喻他人也）聖人
之於道。猶葵之與日也。雖不能與終始哉。其鄉之誠也。（鄉仰誠實）宮池涔則溢。旱
則涸。（涔多水也）江水之原。淵泉不能竭。（竭盡也）蓋非橑不能蔽日。輪非輻不能追疾。
然而橑輻未足恃也。金勝木者。非以一刃殘林也。土勝水者。非以一墣塞
江也。（達吉按太平御覽此下有許愼注云墣塊也）躄者見虎而不走。非勇。勢不便也。傾者易覆也。倚者

易軵也。幾易助也。溼易雨也。軵讀軵濟之軵幾近也設鼠者機動。釣魚者笓杭。任動者車鳴也。動發也發則得鼠笓釣浮杭動動則得魚任者輦也詩云我任我輦𦍑狗能立而不能行。蛇牀似麋蕪而不能芳。蛇牀臭麋蕪香謂許由無德。烏獲無力。莫不醜於色。醜猶怒也一曰愧也人莫不奮于其所不足。奮厲也以兔之走使犬如馬。則逮日歸風。言其疾也及其爲馬。則又不能走矣。冬有雷電。夏有霜雪。然而寒暑之勢不易。小變不足以妨大節。黃帝生陰陽。黃帝古天神也始造人之時化生陰陽上駢生耳目。桑林生臂手。上駢桑林皆神名此女媧所以七十化也。女媧王天下者也七十變造化此言造化治世非一人之功也終日之言。必有聖之事。百發之中。必有羿逢蒙之巧。然而世不與也。其守節非也。非者非其眞也牛蹏彘顱亦骨也。而世弗灼。必問吉凶於龜者。以其歷歲久矣。近敖倉者。不爲之多飯。臨江河者。不爲之多飲。期滿腹而已。敖倉古常滿倉在滎陽北蘭芝以芳。未嘗見霜。芳香鼓造辟兵。壽盡五月之望。鼓造蓋謂梟一曰蝦蟇今世人五月望作梟羹亦作蝦蟇羹言物不當爲用　達吉按造卽戚字故戚然改容亦作造然毛詩戚施說文解字作鼁䵷云詹諸也詹諸卽蝦蟇矣舌之與齒。孰先礱也。礱磨盡也鐏之與刃。孰先弊也。鐏矜下銅鐏也鐏不休而刃先弊鐏讀頓首之頓繩之與矢。孰先直也。矢箭今鱓之與蛇。蠶之與蠋。狀相類而愛憎異。人愛鱓與蠶畏蛇與蠋晉以垂棘之璧得虞虢。驪戎以美女亡晉國。說在齊俗篇美女驪姬也亡猶亂聾者不謌。無以自樂。盲者不觀。無以接物。接猶見也觀射者遺其埶。埶事觀書者忘其愛。意有所在。則忘其所守。古之所爲不可更。則推車至今無蟬匷。蟬匷車類匷讀如孔子射于矍相之矍　達吉按說文解字竹部有篗字云收絲者也方言篗榬也郭璞注所以絡絲也然則蟬匷卽篗字矣依義推車之推使但吹竽。使工厭竅。雖中節而不可聽。但古不知吹人但讀燕言鉏同也字亦當爲罐無其君形者也。與死者同病。難爲良醫。與亡國同道。難與爲謀。謀或作豫也君官主也爲客治飯而自藜藿。名尊於實也。尊重享仁義之名重於治飯之實也乳狗之噬虎也。伏雞之搏狸也。恩之所加。不量其力。使景曲者形也。形曲則景曲也使響濁者聲也。聲濁則響濁也情泄者中易測。不閉其情欲發泄于外故其中心易測度知也華不時者不可食也。華實若今八九月食晚瓜令人病瘧此之類故不可食喻人多言不時適不可聽用也蹠越者或以舟。或以車。雖異路。所極一也。蹠至也極亦至互文耳一同也佳人不同體。美人不同面。而皆說於目。佳美棃橘棗栗不同味。而皆調於口。調適人有盜而富者。富者未必盜。有廉而貧者。貧者未必廉。蔐苗類絮。而不可爲絮。蔐苗荻秀楚人謂之蔐蔐讀敵戰之敵幽冀謂之荻茗也黂不類布。而可以爲布。黂麻之有實者黂讀左傳有蜚不爲災之蜚也出林者不得直道。行險者不得履繩。繩亦直也羿之所以射遠中微者。非弓矢也。造父之所以追速致遠者。非轡銜也。海內其所出。故能大。雷用出于海復隨溝還入故曰內其所出輪復其所過。故能遠。其所過轉不止也羊肉不慕蟻。蟻慕於羊肉。羊肉羶也。醯酸不慕蚋。蚋慕於醯酸。嘗一臠肉而知一鑊之味。懸羽與炭而知燥溼之氣。以小見大。以近喻遠。十頃之陂可以灌四十頃。而一頃之陂。畜水曰陂可以灌四頃。大小之衰然。衰差也明月之光可以遠望。而不可以細書。甚霧之朝可以細書。而不可以遠望尋常之外。逵吉按太平御覽作不可以望尋常之外無遠字爲是畫者謹毛而失貌。謹悉微毛留意於小則失其大貌射者儀小而遺大。儀望小處而射之故耐中事各有宜治鼠穴而壞里閭。潰小皰而發痤疽。（皰，面氣也。痤疽，癰也。）若珠之有纇。玉之有瑕。置之而全。去之而虧。（置其纇瑕也）榛巢者處林茂。安也。窟穴者託埵防。便也。（埵防，高處隄防也）王子慶忌足躡麋鹿。手搏兕虎。置之冥室之中。不能搏龜鼈。勢不便也。（慶忌，吳王僚之子也）湯放其主而有榮名。（湯，契後十三世主癸之子履。放其主，謂伐桀爲民除害，故有榮名也）崔杼弑其君而被大謗。（崔杼，齊大夫崔野之子，弑君齊莊公也）所爲之則同。其所以爲之則異。（所以爲則異：湯殺君以利與民，杼以利與身，故曰異）呂望使老者奮。（呂望鼓刀釣魚，年七十始學讀書，九十爲文王作師，佐武王伐紂，成王封之於齊，故老者慕之而自奮勵）項託使嬰兒矜以類相慕。（項託年七歲窮難孔子而爲之作師，放使小兒之疇自矜大也）使葉落者風搖之。使水濁者魚撓之。虎豹之文來射。（虎豹以有文，轉來使人射取之）蝯狖之捷來乍。（蝯狖屬，仰鼻而長尾。乍，暫疾。以其操捷來使疾擊而取之）行一棊。不足以見智。彈一弦。不足以見悲。三寸之管而無當。（當猶底也）天下弗能滿。十石而有塞。百斗而足矣。以篙測江。篙終而以水爲測。惑矣。（篙，擿船以篙渡江，篙盡因以江水爲盡，故曰惑也）漁者走淵。（漁讀論語之語也）木者走山。所急者存也。朝之市則走。夕過市則步。所求者亡也。（走讀奏記之奏）豹裘而襍。不若狐裘之粹。（粹，純）白璧有考。（考，釁汚也）不得爲寶。言至純之難也。戰兵死之鬼憎神巫。（兵死之鬼善行病人，巫能祝劾殺之，憎畏也）盜賊之輩醜吠狗。（醜猶惡也）無鄉之社易爲黍肉。無國之稷易爲求福。（無祀不禋于神而卒祀之，故易爲黍肉，易爲求福也）鼈無耳而目不可以瞥。精于明也。（不可以瞥，瞥之則見也）瞽無目而（目無所見）耳不可以察。精于聰也。（不可以察，察之則聞）遺腹子不思其父。無貌于心也。（不知父貌）不夢見像。無形于目也。（目初不見父像，故曰無形于目也）蝮蛇不可爲足。虎豹不可使緣木。（蝮蛇有毒螫人，不爲足，爲足益甚虎猛獸不可使能緣木 馬不食脂。桑扈不啄粟。非廉也。桑扈青雀一名竊脂 秦通崤塞而魏築城也。魏徙都于大梁聞秦通治崤關知欲來東兼之故築城設守備也 飢馬在廄。寂然無聲。投芻其旁。爭心乃生。引弓而射。非弦不能發矢。引張弓也發遣也 弦之爲射。百分之一也。道德可常。權不可常。故遁關不可復。亡犴不可再。遁逃犴獄常以權變出關塞獄犴亡逃不可復由其入故曰權不可常也 環可以喻員。不可以輪。條可以爲繶。不必以紃。紃亦繶婉轉數也 日月不並出。狐不二雄。神龍不匹。猛獸不羣。鷙鳥不雙。循繩而斲則不過。懸衡而量則不差。衡稱也 植表而望則不惑。損年則嫌于弟。益年則疑于兄。不如循其理。若其當。理道當猶實也 人不見龍之飛舉而能高者。風雨奉之。奉助也 蠹衆則木折。隙大則牆壞。懸垂之類。有時而隧。隧墮也 枝格之屬。有時而弛。弛落也 逵吉按說文解字有挌字云枝挌也從丰各聲釋名胑枝也似木之枝格也此言人之四胑如枝格又戟格也旁有格解字言戟有枝兵也此言戈戟如枝格史記始皇本紀或走或格之者輒死魯連傳曹子以一劍之任枝桓公之心枝格殆假義歟漢書梁孝王傳義格如淳注格者枝閣不得下枝閣亦即枝格二字高無注義因爲推廣之 當凍而不死者。不失其適。死乃爲適適又死故曰不失其適也 當暑而不暍者。不亡其適。亡亦失之 未嘗適。亡其適。亡無也言不凍亦暍何適之有 湯沐具而蟣蝨相弔。大廈成而燕雀相賀。廈屋也 憂樂別也。柳下惠見飴曰。可以養老。盜跖見飴曰。可以黏牡。見物同而用之異。柳下惠魯大夫展無駭之子名獲字禽家有大柳樹惠德因號柳下惠一曰柳下邑牡門戶籥牡也 逵吉按柳下惠義藝文類聚以爲許脊注 蠶食而不飲。二十二日而化。蟬飲而不食。三十日而脫。蜉蝣不食不飲。三日而死。人食礜石而死。蠶食之而不飢。礜石出陰山一日能殺鼠 魚食巴菽而死。鼠食之而肥。菽豆總名 類不可必推。推猶知也 瓦以火成。不

可以得火。竹以水生。不可以得水。瓦得火則破竹得水浸則死 揚堁而欲弭塵。被裘而以翣
翼。豈若適衣而已哉。堁土塵也楚人謂之堁翣扇也楚人謂之翣也 槁竹有火。弗鑽不爇。土中有水。弗掘
無泉。掘猶窮也 蚌象之病。人之寶也。蚌大蛤中有珠象牙還以自疾故人得以爲寶 人之病。將有誰寶之者乎。
人之利欲爲病無人寶之故曰將有誰寶也 爲酒人之利而不酤則竭。爲車人之利而不僦則不達。握
火投人。反先之熱。皆一介之人物思自守者不欲使酒人車人得利不酤僦而先自竭先不達猶以火投人先自熱爛也 鄰之母死。往哭之。妻
死而不泣。有所劫以然也。嫌於情色故曰有所劫迫之然如是也 西方之倮國。鳥獸弗辟。與爲一也。
一同也倮國在西南方 一膊炭熯。一膊一挻也 掇之則爛指。萬石俱熯。去之十步而不死。百廿觔爲石 同
氣異積也。大勇小勇。有似於此。今有六尺之席。臥而越之。下材弗難。植而
踰之。上材弗易。勢施異也。百梅足以爲百人酸。一梅不足以爲一人和。喻衆能濟
少少不能有所成也 有以飯死者。而禁天下之食。有以車爲敗者。而禁天下之乘。則悖
矣。申生雉經晉不絕繩子胥自沈吳不斷水 釣者靜之。罧者扣舟。罩者抑之。罣者舉之。爲之異。得魚一
也。罧者以柴積水中以取魚扣擊也魚聞擊舟聲藏柴下壅而取之罧讀沙糝今兖州人積柴水中捕魚爲罧幽州名之爲涔也 逵吉按罧據爾雅說文解字當作罧今爾雅作槮謂之涔槮亦卽糝字 見象
牙乃知其大於牛。見虎尾乃知其大於狸。一節見而百節知也。吳伐越至會稽獨獲骨節專車
見一節大餘節不得小故曰百節知 小國不鬭於大國之閒。畏見嫌也 兩鹿不鬭於伏兕之旁。畏見食也 佐祭
者得嘗。救鬭者得傷。蔭不祥之木。爲雷電所撲。蔭木見撲擊也 逵吉按太平御覽作雷霆所撲 或謂冢。
或謂隴。或謂笠。或謂簦。頭蝨與空木之瑟。名同實異也。頭中蝨空木瑟其音同其實則異也 日月

欲明。而浮雲蓋之。蓋猶蔽也 蘭芝欲脩。而秋風敗之。脩長 虎有子不能搏攫者。輒殺之。爲墮武也。墮廢也武威之也 龜紐之璽。賢者以爲佩。龜紐之璽衣印也紐係佩服也 土壤布在田。能者以爲富。能勤者播植嘉穀以爲饒富也 予拯溺者金玉。不若尋常之纆索。金玉雖寶非拯溺之具故曰不如尋常之纆索 視書上有酒者。下必有肉。上有年者。下必有月。以類而取之。類猶事也 蒙塵而眯。固其理也。爲其不出戶而堁之也。爲不出戶而塵堁眯之非其道 屠者羹藿。爲車者步行。陶者用缺盆。匠人處狹廬。爲者不必用。用者弗肯爲。爲者不得用以利動也用者不肯爲以富寵也 轂立三十輻。各盡其力。不得相害。使一輻獨入。衆輻皆棄。豈能致千里哉。夜行者掩目而前其手。涉水者解其馬載之舟。事有所宜。而有所不施。橘柚有鄉。雚葦有叢。獸同足者相從游。鳥同翼者相從翔。以類聚也 田中之潦。流入於海。附耳之言。聞於千里也。附近也近耳之言謂竊語聞於千里知之語曰欲人不知莫如不爲 蘇秦步曰何故。步徐行也人問何故 趨曰何趨馳。有爲則譏。多事固苛。蘇秦爲多事之人故見譏見苛也 皮將弗覩。毛將何顧。畏首畏尾。身凡有幾、畏始畏終中身不畏凡有幾何言常畏也 欲觀九州之土。足無千里之行。心無政教之原。而欲爲萬民之上則難。無其術故曰難 的的者獲。提提者射。的的明也爲衆所見故獲提提安也若鳥不飛獸不走提提安時故爲人所射 故大白若辱。大德若不足。若辱自同於衆人若不足者實若虛之貌 逵吉按鄭康成儀禮注曰以白造緇曰辱辱者汙辱也故與白對注家皆未得其義 未嘗稼穡。粟滿倉。未嘗桑蠶。絲滿囊。得之不以道。用之必橫。海不受流胔。太山不上小人。骨有肉曰胔有不義之骸流入海海神蕩而出之故曰不受太山東岳也王者所封禪處不令凶亂小人得上其上也 旁光不升俎。旁光胞也俎豆之實唯肩髀而臑肋不得升也驟駭不入牲。犧牲以純色也 中夏用箑快之。至冬而不知去。褰衣涉水。至陵而不知下。未可以應變。有山無林。有谷無風。有石無金。林生於山山未必皆有林風出於谷谷未必皆有風金生於石石未必皆有金喩聖人出衆人衆人未必皆聖賢也 滿堂之坐。視鉤各異。滿堂坐人視其鉤各異形 於環帶一也。鉤與環帶一法也類雖異所用者同 獻公之賢。欺於驪姬。殺申生也 叔孫之智。欺於豎牛。三日不食而餓死也 故鄭詹入魯。春秋曰。佞人來。佞人來。鄭詹鄭文公大夫以齊桓公卒不使鄭伯朝齊而使朝於楚齊人執之自齊逃至魯魯謂之佞人以方驪姬豎牛故曰佞人來佞人來 君子有酒。鄙人鼓缶。雖不見好。亦不見醜。醜惡也 人性便絲衣帛。或射之則被鎧甲。爲其不便以得所便。便利也 輻之入轂。各値其鑿。不得相通。猶人臣各守其職。不得相干。干亂也 嘗被甲而免射者。被而入水。嘗抱壺而度水者。抱而蒙火。可謂不知類矣。君子之居民上。若以腐索御奔馬。雍容恐失民之意 若履薄冰。蛟在其下。蛟魚屬皮有珠能害人故曰蛟在其下 若入林而遇乳虎。言常驚懼恐也化不洽於民民不附 善用人者。若蚈之足。衆而不相害。蚈馬蚈幽州謂之秦渠蚈讀蹊徑之蹊也 若脣之與齒。堅柔相摩而不相敗。摩近敗毀也 淸醠之美。始於耒耜。醠淸酒周禮醠齊是醠讀瓮盎之瓮也 黼黻之美。在於杼軸。白與黑爲黼青與赤爲黻皆文衣也 布之新。不如紵。紵之弊。不如布。或善爲新。或惡爲故。善猶宜也 靨輔在頰則好。在顙則醜。靨輔箸頰上窐也窐者在顙似瘢故醜 繡以爲裳則宜。以爲冠則譏。詩曰衮衣繡裳故曰宜譏人譏非之也 馬齒非牛蹏。檀根非椅枝。故見其一本而萬物知。知猶別也 石生而堅。蘭生而芳。少自其質。長而愈明。質性也明猶盛也 扶之與提。謝之與讓。故之與先。諾之與已也。之與矣。相去千里。汙準而粉其顙。腐鼠在壇。（楚人謂中庭爲壇）燒薰於宮。入水而憎濡。懷臭而求芳。雖善者弗能爲工。（善或作巧）再生者不穫。華大旱者不胥時落。（不胥時落不待秋時而零落也）毋曰不幸。甑終不墮井。抽簪招燐。有何爲驚。（燐血精似野火招之應聲而至血灑汙人以簪招則不至故曰何驚也）使人無度河可。中河使無度不可。（不可言不能也）見虎一文。不知其武。見驥一毛。不知善走。水蠆爲蟌。孑孑爲䖟。（水蠆化爲蟌蜓）兔齧爲螚。（兔尽齧草蠱在其心中化爲螚螚讀能而心之惡一說兔齧蟲名）物之所爲。出於不意。弗知者驚。知者不怪。（怪惑也）銅英青。金英黃。玉英白。黂燭捔。膏燭澤也。（燭光捔澤喻光明有明昧也）以微知明。以外知內。象肉之味。不知於口。鬼神之貌。不著於目。捕景之說。不形於心。（皆所不嘗見之）冬冰可折。夏木可結。時難得而易失。木方茂盛。終日采而不知。秋風下霜。一夕而殫。（殫盡也）病熱而強之餐。救暍而飲之寒。救經而引其索。拯溺而授之石。欲救之。反爲惡。（惡猶害也）雖欲謹亡馬。不發戶轔。（言馬亡不可發戶限而求轔戶限也楚人謂之轔轔讀似隣急氣言乃得之也）雖欲豫就酒。不懷蓐。孟賁探鼠穴。鼠無時死。必噬其指。失其勢也。（孟賁勇士探鼠於穴故曰失其勢）山雲蒸。柱礎潤。（礎柱下石礩也）伏苓掘。兔絲死。（所生者亡故死）一家失熛。百家皆燒。讒夫陰謀。百姓暴骸。（論語曰惡利口之覆邦家故曰百姓暴骸）粟得水溼而熱。甑得火而液。水中有火。火中有水。疾雷破石。陰陽相薄。（自然之勢）湯沐之於河。有益不多。流潦注海。雖不能益。猶愈於已。（已止也）一目之羅。不可以得鳥。無餌之鉤。不可以得魚。遇士無禮。不可以得賢。兔絲無根而生。蛇無足而行。魚無耳而聽。蟬無口而鳴。有然之者也。然如是也鶴壽千歲。以極其游。蜉蝣朝生而暮死。而盡其樂。脩短各得其志紂醢梅伯。文王與諸侯構之。構謀也桀辜諫者。湯使人哭之。哭猶弔也狂馬不觸木。猘狗不自投於河。雖聾蟲而不自陷。又况人乎。聾無知也愛熊而食之鹽。愛獺而飲之酒。雖欲養之。非其道。熊食鹽而死獺飲酒而敗故曰非其道也心所說。毀舟爲杕。心所欲。毀鐘爲鐸。鐸大鈴也金口木舌爲木鐸金舌爲金鐸杕舟尾讀詩有杕之杜也管子以小辱成大榮。管子相子糾不能死爲魯所囚是其辱卒相桓公以至霸是其大榮也蘇秦以百誕成一誠。誠信也質的張而弓矢集。林木茂而斧斤入。非或召之。形勢所致者也。待利而後拯溺人。亦必以利溺人矣。利溺人者利人之溺得其利也舟能沈能浮。愚者不加足。舟船能載浮物愚者不敢加足畏其沈詩曰汎汎楊舟載沈載浮是也騏驥驅之不進。引之不止。人君不以取道里。刺我行者。欲與我交。訾我貨者。欲與我市。刺猶非訾毀也以水和水不可食。一絃之瑟不可聽。以其失和故不可聽刺專用也駿馬以抑死。直士以正窮。賢者擯於朝。美女擯於宮。擯棄也行者思於道。而居者夢於牀。慈母吟於巷。適子懷於荆。精相往來也赤肉懸則烏鵲集。鷹隼鷙則衆鳥散。物之散聚。交感以然。食其食者不毀其器。食其實者不折其枝。塞其源者竭。背其本者枯。交畫不暢。連環不解。其解之不以解。暢達不得達至也交止也解連環言不可解則得解也臨河而羡魚。不如歸家織網。羡願明月之珠。蚘之病而我之利。虎爪象牙。禽獸之利而我之害。我猶人也易道良馬。使人欲馳。飲酒而樂。使人欲謳。是而行之。故謂之斷。非而行之。必謂之亂。斷猶治也矢疾不過二里也。步之遲百舍不休。千里可致。聖人處於陰。衆人處於陽。聖人行於水。衆人行於霜。水有形而不可毀故聖人行之無迹霜雪履有迹故衆人行之也 異音者不可聽以一律。異形者不可合於一體。合同也 農夫勞而君子養焉。君子國君養焉以化澤懊休之 愚者言而智者擇焉。擇可用者而用之也 舍茂林而集於枯。不弋鵠而弋烏。難與有圖。圖謀也言其愚也 寅邱無壑。泉原不溥。言汙小潦水名寅寅之邱無大壑故泉流不得溥 尋常之壑。灌千頃之澤。言有原也 見之明白。處之如玉石。見之闇晦。必留其謀。玉之與石言可別也闇晦不明留猶思謀也 以天下之大。託於一人之才。譬若懸千鈞之重於木之一枝。言不能任 負子而登牆。謂之不祥。爲其一人隕而兩人傷。負抱也隕墜也 善舉事者若乘舟而悲謌。一人唱而千人和。言能得衆人之心也 不能耕而欲黍粱。不能織而喜采裳。無事而求其功。難矣。有榮華者。必有憔悴。有羅紈者。必有麻蒯。言有盛必有衰 鳥有沸波者。河伯爲之不潮。畏其誠也。鳥大鵬也翱翔水上扇魚令出沸波擾而食之故河伯深藏於淵畏其精誠爲不見 故一夫出死。千乘不輕。主術篇曰兵莫憯于志莫邪爲下言匹夫志意出死必戰雖大國兵車千乘不輕之也 蝮蛇螫人。傅以和堇則愈。和堇野葛毒藥 物故有重而害反爲利者。聖人之處亂世。若夏暴而待暮。夏日中甚熱暮涼時言聖人居亂世忍以待涼 桑榆之間。逾易忍也。言亂世將盡如日在西方桑榆間將夕故曰易忍 水雖平。必有波。衡雖正。必有差。尺寸雖齊。必有詭。詭不同也 非規矩不能定方圓。非準繩不能正曲直。用規矩準繩者。亦有規矩準繩焉。準平繩直之人能平直爾故曰亦有規矩準繩 舟覆乃見善游。馬奔乃見良御。善游故覆舟不溺良御馬奔車不敗故見之 嚼而無味者。弗能內於喉。視而無形者。不能思於心。（形象無形於目不能思之於心）兕虎在於後。隨侯之珠在於前。弗及掇者。先避患而後就利。（隨國在漢東姬姓之後出游於野見大蛇斷在地隨侯令醫以續傅斷蛇得愈去後銜大珠報之蓋明月之珠因號隨侯之珠世以爲寶也）逐鹿者不顧兔。決千金之貨者。不爭銖兩之價。（言在大不顧小）弓先調而後求勁。馬先馴而後求良。（勁強馴擾也）人先信而後求能。（人非信不立也）陶人棄索。車人掇之。屠者棄銷。而鍛者拾之。所緩急異也。百星之明。不如一月之光。十牖之開。不如一戶之明。矢之於十步。貫兕甲。及其極。不能入魯縞。（言勢有極）太山之高。背而弗見。秋豪之末。視之可察。（察別言用明矣）山生金。反自刻。木生蠹。反自食。人生事。反自賊。（賊敗也害也物自然也）巧冶不能鑄木。巧工不能斲金者。形性然也。白玉不琢。美珠不文。質有餘也。（性自然不復飾）故跬步不休。跛鱉千里。（跬猶咫尺也）累積不輟。可成丘阜。（輟止）城成於土。木直於下。非有事焉。所緣使然。凡用人之道。若以燧取火。疏之則弗得。（疏猶遲也）數之則弗中。（數猶疾也）正在疏數之間。（得其節火乃生）從朝視夕者移。從枉準直者虧。（枉邪）聖人之偶物也。若以鏡視形。曲得其情。（偶猶周也）楊子見逵路而哭之。爲其可以南。可以北。（道九達曰逵閔其別也　逵吉按太平御覽作楊朱見岐路而哭之）墨子見練絲而泣之。爲其可以黃。可以黑。（練白也閔其化也）趍舍之相合。猶金石之一調。相去千歲。合一音也。（金曰鐘石曰磬雖久不變故曰相去千歲合一音也）鳥不干防者。雖近弗射。（鳥燕之屬是也）其當道。雖遠弗釋。（當道爲作防害者故曰不釋也）酤酒而酸。買肉而臭。然酤酒買肉。不離屠沽之家。故求物必於近之者。以詐應詐。以譎應譎。若披蓑而救火。毀瀆而止水。乃愈益多。西施毛嬙。狀貌不可同。世稱其好美鈞也。堯舜禹湯。法籍殊類。得民心一也。（俱一于人）聖人者。隨時而舉事。因資而立功。涔則具擢對。旱則脩土龍。（擢對貯水器也土龍致雨物也）臨淄之女。織紈而思。行者爲之悖戾。（臨淄齊都悖盭惡也）室有美貌。繒爲之纂繹。（不密緻志有感故纂讀曰綾繹纂之纂）徵羽之操。不入鄙人之耳。（徵羽正音小人不知不入其耳）抮和切適。舉坐而善。（抮轉也轉其和更作急調激楚之音非正樂故舉坐而善之）過府而負手者。希不有盜心。（府藏貨所主也）故侮人之鬼者。過社而搖其枝。（侮猶病也）晉陽處父伐楚以救江。故解捽者不在於捌格。在於批伉。（批擊也伉推擊其要也）木大者根攫。山高者基扶。（其下䟫也蹠）巨者志遠。體大者節疏。狂者傷人。莫之怨也。嬰兒詈老。莫之疾也。賊心𢧵。（賊害也）尾生之信。不如隨牛之誕。（尾生效信於婦人信之失隨牛弦高矯君命爲誕以存國故不如隨牛誕也）而又況一不信者乎。（一猶常也況常不爲信不爲誕乎一或作一一猶待也）憂父之疾者子。治之者醫。（論語曰父母唯其疾之憂故曰憂之者子）進獻者祝。治祭者庖。（庖宰也）

淮南子卷十八

人閒訓（人閒之事吉凶之中徵得失之端反存亡之幾也故曰人閒）

清淨恬愉。人之性也。儀表規矩。事之制也。知人之性。其自養不勃。知事之制。其舉錯不惑。發一端。散無竟。周八極。總一筦。謂之心。見本而知末。觀指而睹歸。執一而應萬。握要而治詳。謂之術。居知所爲。行知所之。事知所秉。動知所由。謂之道。道者。置之前而不輊。錯之後而不軒。內之尋常而不塞。布之天下而不窕。是故使人高賢稱譽己者。心之力也。使人卑下誹謗己者。心之罪也。夫言出於口者。不可止於人。行發於邇者。不可禁於遠。事者難成而易敗也。名者難立而易廢也。千里之隄。以螻螘之穴漏。百尋之屋。以突隙之煙焚。（突竈突也　逵吉按突隙當作㷔隙㷔音式鍼切與犬出穴中之突字異）堯戒曰。戰戰慄慄。日愼一日。人莫蹪於山。而蹪於蛭。（蹪躓也蛭螘也　逵吉按各本皆作垤唯藏本作蛭依義作垤爲是）是故人皆輕小害。易微事。以多悔。患至而後憂之。是猶病者已惓而索良醫也。（惓劇也）雖有扁鵲俞跗之巧。猶不能生也。（俞跗黃帝時醫）夫禍之來也。人自生之。福之來也。人自成之。禍與福同門。利與害爲鄰。非神聖人。莫之能分。凡人之舉事。莫不先以其知規慮揣度。（揣商量高下也）而後敢以定謀。其或利或害。此愚智之所以異也。曉自然以爲智。知存亡之樞機。禍福之門戶。舉而用之。陷溺於難者。不可勝計也。使知所爲是者。事必可行。則天下無不達之塗矣。是故知慮者。禍福之門戶也。動靜者。利害之樞機也。百事之變化。國家之治亂。待而後成。是故不溺於難者成。是故不可不愼也。天下有三危。少德而多寵。一危也。才下而位高。二危也。身無大功而受厚祿。三危也。故物或損之而益。或益之而損。何以知其然也。昔者楚莊王既勝晉於河雍之閒。莊王敗晉荀林父之師於邲邲河雍地也 歸而封孫叔敖。辭而不受。病疽將死。謂其子曰。吾則死矣。王必封女。女必讓肥饒之地。而受沙石之閒。有寢丘者。其地确石而名醜。寢丘今汝南固始地前有垢谷後有莊丘名醜 荊人鬼。好事鬼也 越人禨。禨祥也 人莫之利也。孫叔敖死。王果封其子以肥饒之地。其子辭而不受。請有寢之丘。楚國之俗。功臣二世而爵祿。惟孫叔敖獨存。此所謂損之而益也。

何謂益之而損。昔晉厲公南伐楚。東伐齊。西伐秦。北伐燕。兵橫行天下而無所綣。綣屈也 威服四方而無所詘。遂合諸侯於嘉陵。氣充志驕。淫侈無度。暴虐萬民。內無輔拂之臣。外無諸侯之助。戮殺大臣。親近導諛。明年出遊匠驪氏。欒書中行偃劫而幽之。欒書中行偃皆大夫 諸侯莫之救。百姓莫之哀。三月而死。夫戰勝攻取。地廣而名尊。此天下之所願也。然而終於身死國亡。此所謂益之而損者也。夫孫叔敖之請有寢之丘。沙石之地。所以累世不奪也。晉厲公之合諸侯於嘉陵，所以身死於匠驪氏也。衆人皆知利利而病病也，唯聖人知病之爲利，知利之爲病也。夫再實之木根必傷，掘藏之家必有殃。（掘藏謂發冢得伏藏無功受財）以言大利而反爲害也。張武教智伯奪韓魏之地而禽於晉陽。（張武智伯臣也禽於晉陽爲趙襄子所殺）申叔時教莊王封陳氏之後而霸天下。（申叔時楚大夫莊王滅陳已乃復之）孔子讀易至損益，未嘗不憤然而嘆曰：益損者，其王者之事與！事或欲以利之，適足以害之；或欲害之，乃反以利之。利害之反，禍福之門戶，不可不察也。陽虎爲亂於魯，（陽虎季氏之臣也陽虎季氏專魯國也）魯君令人閉城門而捕之，得者有重賞，失者有重罪。（逵吉按太平御覽引作得者有賞失者夷族）圍三币，而陽虎將舉劍而伯頤。（伯迫也　逵吉按太平御覽引作圍三币矣陽虎將舉劍而自刎頸）門者止之曰：天下探之不窮，（不窮言深遠）我將出子。陽虎因赴圍而逐，揚劍提戈而走。（逵吉按太平御覽引作左持劍右提戈赴圍而走）門者出之，顧反取其出之者，以戈推之，攘祛薄腋。（祛袂也）出之者怨之曰：我非故與子反也，爲之蒙死被罪，而乃反傷我，宜矣其有此難也。魯君聞陽虎失，大怒，問所出之門，使有司拘之，以爲傷者受大賞，而不傷者被重罪。（逵吉按太平御覽作以爲傷者戰鬬者也不傷者爲鑽之傷者受厚賞而不傷者被重罪）此所謂害之而反利者也。（逵吉按太平御覽作而反利之者也）何謂欲利之而反害之？楚恭王與晉人戰於鄢陵，戰酣，（晉人晉厲公也）恭王傷而休。（晉人射恭王中目）司馬子反渴而求飲，豎陽穀奉酒而進之。（豎小使也陽穀其名）子反之爲人也，嗜酒而甘之，不能絕於口，遂醉而臥。恭王欲復戰，使人召司馬子反。辭以心痛。王駕而往視之。入幄中而聞酒臭。恭王大怒曰。今日之戰。不穀親傷。（不穀不祿也人君謙以自稱也）所恃者司馬也。而司馬又若此。是亡楚國之社稷。而不率吾衆也。不穀無與復戰矣。於是罷師而去之。斬司馬子反爲僇。故豎陽穀之進酒也。非欲禍子反也。誠愛而欲快之也。而適足以殺之。此所謂欲利之而反害之者也。夫病溼而強之食。病暍而飲之寒。此衆人之所以爲養也。而良醫之所以爲病也。悅於目。悅於心。愚者之所利也。然而有道者之所辟也。故聖人先忤而後合。衆人先合而後忤。有功者。人臣之所務也。有罪者。人臣之所辟也。或有功而見疑。或有罪而益信。何也。則有功者離恩義。有罪者不敢失仁心也。魏將樂羊攻中山。（樂羊文侯之將）其子執在城中。城中縣其子以示樂羊。樂羊曰。君臣之義。不得以子爲私。攻之愈急。中山因烹其子而遺之鼎羹與其首。樂羊循而泣之曰。是吾子。已爲使者跪而啜三杯。使者歸報中山曰。是伏約死節者也。不可忍也。遂降之。爲魏文侯大開地有功。自此之後。日以不信。此所謂有功而見疑者也。何謂有罪而益信。孟孫獵而得麑。（孟孫魯大夫）使秦西巴持歸烹之。麑母隨之而啼。秦西巴弗忍。縱而予之。孟孫歸。求麑安在。秦西巴對曰。其母隨而啼。臣誠弗忍。竊縱而予之。孟孫怒。逐秦西巴。居一年。取以爲子傅。左右曰。秦西巴有罪於君。今以爲子傅何也。孟孫曰。夫一麑而不忍。又何况於人乎。此謂有罪而益信者也。故趨舍不可不審也。此公孫鞅之所以抵罪於秦。而不得入魏也。（公孫鞅商君也爲秦伐魏欺魏公子卬而殺之後有罪走魏魏人不入也）功非不大也。然而累足無所踐者。不義之故也。事或奪之而反與之。或與之而反取之。智伯求地於魏宣子。宣子弗欲與之。任登曰。智伯之強。威行於天下。求地而弗與。是爲諸侯先受禍也。不若與之。宣子曰。求地不已。爲之柰何。任登曰。與之使喜。必將復求地於諸侯。諸侯必植耳。（植耳竦耳而聽也）與天下同心而圖之。一心所得者。非直吾所亡也。魏宣子裂地而授之。又求地於韓康子。韓康子不敢不予。諸侯皆恐。又求地於趙襄子。襄子弗與。於是智伯乃從韓魏圍襄子於晉陽。三國通謀。禽智伯而三分其國。此所謂奪人而反爲人所奪者也。何謂與之而反取之。晉獻公欲假道於虞以伐虢。遺虞垂棘之璧與屈產之乘。虞公惑於璧與馬而欲與之道。宮之奇諫（宮之奇虞臣也）曰。不可。夫虞之與虢。若車之有輪。輪依於車。車亦依輪。虞之與虢。相恃而勢也。若假之道。虢朝亡而虞夕從之矣。虞公弗聽。遂假之道。荀息伐虢。遂克之。（荀息晉大夫）還反伐虞。又拔之。此所謂與之而反取者也。聖王布德施惠。非求其報於百姓也。郊望禘嘗。（郊祭天望祭日月星辰山川也禘嘗祭宗廟也）非求福於鬼神也。山致其高而雲起焉。水致其深而蛟龍生焉。君子致其道而福祿歸焉。夫有陰德者。必有陽報。有陰行者。必有昭名。古者溝防不脩。水爲民害。禹鑿龍門。辟伊闕。平治水土。使民得陸處。百姓不親。五品不慎。（逵吉按太平御覽慎作順）契教以君臣之義。父子之親。夫妻之辨。（逵吉按太平御覽辨作別）長幼之序。田野不脩。民食不足。后稷乃教之辟地墾草。糞土種穀。令百姓家給人足。故三后之後。（謂夏殷周）無不王者。有陰德也。周室衰。禮義廢。孔子以三代之道教導於世。其後繼嗣至今不絕者。有隱行也。秦王趙政兼吞天下而亡。（趙政始皇生於趙故名趙政）智伯侵地而滅。商鞅支解。李斯車裂。（李斯上蔡人也爲秦相趙高譖之二世車裂之于雲陽）三代種德而王。齊桓繼絕而霸。故樹黍者不獲稷。樹怨者無報德。昔者宋人好善者。三世不解。家無故而黑牛生白犢。以問先生。先生曰。此吉祥。以饗鬼神。（先生凡先人生者也以享鬼神白犢純色可以爲犧牲也）居一年。其父無故而盲。牛又復生白犢。其父又復使其子以問先生。其子曰。前聽先生言而失明。今又復問之。奈何。其父曰。聖人之言。先忤而後合。其事未究。固試往復問之。其子又復問先生。先生曰。此吉祥也。復以饗鬼神。歸致命其父。其父曰。行先生之言也。居一年。其子又無故而盲。其後楚攻宋。圍其城。（楚莊王時圍宋八月）當此之時。易子而食。析骸而炊。丁壯者死。老病童兒皆上城。牢守而不下。楚王大怒。城已破。諸城守者皆屠之。此獨以父子盲之故。得無乘城。軍罷圍解。則父子俱視。（視復明也）夫禍福之轉而相生。其變難見也。近塞上之人。有善術者。逵吉按太平御覽作北塞之人有善道者馬無故亡而入胡。逵吉按太平御覽作其馬無故亡入胡中人皆弔之。其父曰。此何遽不爲福乎。逵吉按太平御覽作此何知乃不爲福下爲禍爲福二句同居數月。其馬將胡駿馬而歸。人皆賀之。其父曰。此何遽不能爲禍乎。家富良馬。其子好騎。墮而折其髀。人皆弔之。其父曰。此何遽不爲福乎。居一年。胡人大入塞。逵吉按太平御覽作胡夷大出塞丁壯者引弦而戰。逵吉按太平御覽作控弦近塞之人。逵吉按太平御覽作塞上之人死者十九。此獨以跛之故。父子相保。故福之爲禍。禍之爲福。化不可極。深不可測也。或直於辭而不害於事者。或虧於耳以忤於心而合於實者。高陽魋或曰高陽魋宋大夫將爲室。問匠人。匠人對曰。未可也。木尚生。加塗其上必將撓。以生材任重塗。今雖成。後必敗。逵吉按太平御覽作後必將敗高陽魋曰。不然。夫木枯則益勁。塗乾則益輕。以勁材任輕塗。今雖惡。後必善。匠人窮於辭。無以對。受令而爲室。其始成。竘然善也。竘高壯貌而後果敗。此所謂直於辭而不可用者也。何謂虧於耳忤於心而合於實。靖郭君將城薛。靖郭君齊威王之子也封於薛賓客多止之。弗聽。靖郭君謂謁者曰。無爲賓通言。齊人有請見者。曰。臣請道三言而已。過三言。請烹。靖郭君聞而見之。賓趨而進。再拜而興。因稱曰。海大魚。則反走。靖郭君止之曰。願聞其說。賓曰。臣不敢以死爲熙。熙戲也靖郭君曰。先生不遠道而至此。爲寡人稱之。賓曰。海大魚。網弗能止也。鈎弗能牽也。蕩而失水。則螻螘皆得志焉。今夫齊。君之淵也。君失齊。則薛能自存乎。靖郭君曰。善。乃止不城薛。此所謂虧於耳忤於心而得事實者也。夫以無城薛止城薛。其於以行說。乃不若海大魚。故物或遠之而近。或近之而遠。或說聽計當而身疏。或言不用計不行而益親。何以明之。三國伐齊。圍平陸。[三國韓魏趙也] 括子以報於牛子[括子牛子齊臣]曰。三國之地。不接於我。踰鄰國而圍平陸。利不足貪也。然則求名於我也。請以齊侯往。牛子以爲善。括子出。無害子入。[無害子亦齊臣] 牛子以括子言告無害子。無害子曰。異乎臣之所聞。牛子曰。國危而不安。患結而不解。何謂貴智。無害子曰。臣聞之。有裂壤土以安社稷者。聞殺身破家以存其國者。不聞出其君以爲封疆者。牛子不聽無害子之言。而用括子之計。三國之兵罷。而平陸之地存。自此之後。括子日以疏。無害子日以進。故謀患而患解。圖國而國存。括子之智得矣。無害子之慮無中於策。謀無益於國。然而心調於君。有義行也。今人待冠而飾首。待履而行地。冠履之於人也。寒不能煖。[煖溫] 風不能障。暴不能蔽也。然而冠冠履履者。其所自託者然也。夫咎犯戰勝城濮。而雍季無尺寸之功。然而雍季先賞而咎犯後存者。其言有貴者也。故義者。天下之所賞也。百言百當。不如擇趨而審行也。或無功而先舉。或有功而後賞。何以明之。昔晉文公將與楚戰城濮。問於咎犯曰。爲柰何。逵吉按太平御覽作爲之柰何咎犯曰。仁義之事。君子不厭忠信。逵吉按太平御覽作仁義之軍不厭忠信無君子二字戰陳之事。不厭詐僞。君其詐之而已矣。辭咎犯。問雍季。雍季對曰。焚林而獵。愈多得獸。後必無獸。以詐僞遇人。雖愈利。後無復。逵吉按太平御覽此下亦有利字君其正之而已矣。於是不聽雍季之計。而用咎犯之謀。與楚人戰。大破之。還歸賞有功者。先雍季而後咎犯。左右曰。城濮之戰。咎犯之謀也。君行賞先雍季何也。文公曰。咎犯之言。一時之權也。雍季之言。萬世之利也。吾豈可以先一時之權。而後萬世之利也哉。智伯率韓魏二國伐趙。圍晉陽。決晉水而灌之城下。緣木而處。逵吉按太平御覽作城中緣木而處縣釜而炊。襄子謂張孟談曰。城中力已盡。糧食匱乏。大夫病。爲之柰何。張孟談曰。亡不能存。危不能安。無爲貴智士。臣請試潛行。潛行伏行也見韓魏之君而約之。乃見韓魏之君。說之曰。臣聞之。脣亡而齒寒。今智伯率二君而伐趙。趙將亡矣。趙亡則君爲之次矣。及今而不圖之。禍將及二君。二君曰。智伯之爲人也。粗中而少親。我謀而泄。事必敗。爲之柰何。張孟談曰。言出君之口。入臣之耳。人孰知之者乎。且同情相成。同利相死。君其圖之。二君乃與張孟談陰謀。與之期。張孟談乃報襄子。至其日之夜。趙氏殺其守隄之吏。決水灌智伯。智伯軍救水而亂。韓魏翼而擊之。襄子將卒犯其前。大敗智伯軍。殺其身而三分其國。襄子乃賞有功者。而高赫爲賞首。羣臣請曰。晉陽之存。張孟談之功也。而赫爲賞首。何也。襄子曰。晉陽之圍也。寡人國家危。社稷殆。羣臣無不有驕侮之心者。唯赫不失君臣之禮。吾是以先之。由此觀之。義者人之大本也。雖有戰勝存亡之功。不如行義之隆。故君子曰。美言可以市尊。美行可以加人。或有罪而可賞也。或有功而可罪也。西門豹治鄴。西門豹文侯臣廩無積粟。府無儲錢。庫無甲兵。官無計會。人數言其過於文侯。文侯身行其縣。果若人言。文侯曰。翟璜任子治鄴而大亂。子能道則可。逵吉按太平御覽作子能變道則可不能將加誅於子。西門豹曰。臣聞王主富民。霸主富武。亡國富庫。今王欲爲霸王者也。臣故稸積於民。君以爲不然。臣請升城鼓之。甲兵粟米可立具也。於是乃升城而鼓之。一鼓民被甲括矢。甲鎧也括箭也操兵弩而出。再鼓負輦粟而至。服駕牛也輦擔也文侯曰。罷之。西門豹曰。與民約信。非一日之積也。一舉而欺之。後不可復用也。燕常侵魏八城。臣請北擊之。以復侵地。遂舉兵擊燕。復地而後反。此有罪而可賞者也。解扁爲東封。解扁魏臣治東封者上計而入三倍。有司請賞之。文侯曰。吾土地非益廣也。人民非益衆也。入何以三倍。對曰。以冬伐木而積之。於春浮之河而鬻之。文侯曰。民春以力耕。逵吉按太平御覽作寒以力耕暑以強耘。秋以收斂。冬閒無事。以伐林而積之。逵吉按太平御覽作又伐林而積之負輗而浮之河。是用民不得休息也。

民以儆矣。雖有三倍之入。將焉用之。此有功而可罪者也。賢主不苟得。忠臣不苟利。何以明之。中行穆伯攻鼓。弗能下。（中行穆伯晉大夫鼓北翟）餽聞倫曰。鼓之嗇夫。聞倫知之。（餽聞倫晉人也）請無罷武大夫。而鼓可得也。穆伯弗應。左右曰。不折一戟。不傷一卒。而鼓可得也。君奚爲弗使。穆伯曰。聞倫爲人。佞而不仁。若使聞倫下之。吾可以勿賞乎。若賞之。是賞佞人。佞人得志。是使晉國之武。舍仁而後佞。雖得鼓。將何所用之。攻城者。欲以廣地也。得地不取者。見其本而知其末也。秦穆公使孟盟舉兵襲鄭。（孟盟伯里奚之子也）過周以東。鄭之賈人弦高蹇他。（蹇他弦高之黨）相與謀曰。師行數千里。數絕諸侯之地。（逵吉按太平御覽作又數過諸侯之地）其勢必襲鄭。凡襲國者。以爲無備也。今示以知其情。必不敢進。乃矯鄭伯之命。以十二牛勞之。三率相與謀（三率白乙孟明西乞）曰。凡襲人者。以爲弗知。今已知之矣。守備必固。進必無功。乃還師而反。晉先軫舉兵擊之。（先軫晉大夫也）大破之殽。鄭伯乃以存國之功賞弦高。（逵吉按太平御覽功作賞）弦高辭之曰。誕而得賞。則鄭國之信廢矣。爲國而無信。是俗敗也。賞一人而敗國俗。仁者弗爲也。以不信得厚賞。義者弗爲也。遂以其屬徙東夷。終身不反。故仁者不以欲傷生。知者不以利害義。聖人之思脩。愚人之思叕。（叕短也）忠臣者務崇君之德。諂臣者務廣君之地。何以明之。陳夏徵舒弑其君。楚莊王伐之。陳人聽令。莊王以討有罪。遣卒戍陳。（戍守也守欲有陳也）大夫畢賀。申叔時使於齊。反還而不賀。莊王曰。陳爲無道。寡人起九軍以討之。（逵吉按太平御覽九軍作六軍）征暴亂。誅罪人。羣臣皆賀。而子獨不賀。（逵吉按太平御覽無獨字）何也。申叔時曰。牽牛蹊人之田。田主殺其人而奪之牛。罪則有之。罰亦重矣。今君王以陳爲無道。興兵而攻。因以誅罪人。遣人戍陳。（逵吉按太平御覽作興兵而征之因誅罪人遣卒戍陳）諸侯聞之。以王爲非誅罪人也。貪陳國也。蓋聞君子不棄義以取利。王曰。善。乃罷陳之戍。立陳之後。諸侯聞之。皆朝於楚。此務崇君之德者也。張武爲智伯謀曰。（張武晉人）晉六將軍。中行文子最弱。而上下離心。可伐以廣地。於是伐范中行。滅之矣。又教智伯求地於韓魏趙。韓魏裂地而授之。趙氏不與。乃率韓魏而伐趙。圍晉陽三年。三國陰謀同計。以擊智氏。遂滅之。此務爲君廣地者也。夫爲君崇德者霸。爲君廣地者滅。故千乘之國。行文德者王。（逵吉按太平御覽作脩德行者王）湯武是也。萬乘之國。好廣地者亡。智伯是也。非其事者勿仞也。非其名者勿就也。無故有顯名者勿處也。無功而富貴者勿居也。夫就人之名者廢。仞人之事者敗。無功而大利者後將爲害。譬猶緣高木而望四方也。雖愉樂哉。然而疾風至。未嘗不恐也。患及身。然後憂之。六驥追之。弗能及也。是故忠臣事君也。計功而受賞。不爲苟得。積力而受官。不貪爵祿。其所能者。受之勿辭也。其所不能者。與之勿喜也。辭所能則匿。欲所不能則惑。辭所不能而受所能則得。無損墮之勢。而無不勝之任矣。昔者智伯驕。伐范中行而克之。又劫韓魏之君而割其地。尙以爲未足。遂興兵伐趙。韓魏反之。軍敗晉陽之下。身死高梁之東。頭爲飲器。國分爲三。爲天下笑。此不知足之禍也。老子曰。知足不辱。知止不殆。可以脩久。此之謂也。或譽人而適足以敗之。或毀人而乃反以成之。何以知其然也。費無忌復於荊平王曰。 費無忌楚臣復白也 晉之所以霸者。近諸夏也。 近諸夏國在諸夏也 而荊之所以不能與之爭者。以其僻遠也。楚王若欲從諸侯。不若大城城父。而令太子建守焉。以來北方。王自收其南。是得天下也。楚王悅之。因命太子建守城父。命伍子奢傅之。居一年。伍子奢遊人於王側。 伍子奢遣說於王之左側 言太子甚仁且勇。能得民心。王以告費無忌。無忌曰。臣固聞之。太子內撫百姓。外約諸侯。齊晉又輔之。將以害楚。其事已構矣。王曰。爲我太子。又尙何求。曰。以秦女之事怨王。王因殺太子建而誅伍子奢。此所謂見譽而爲禍者也。何謂毀人而反利之。唐子短陳駢子於齊威王。 唐子齊大夫 威王欲殺之。陳駢子與其屬出亡奔薛。孟嘗君聞之。 孟嘗君封于薛 使人以車迎之。至而養以芻豢黍粱。五味之膳日三至。冬日被裘罽。夏日服絺紵。出則乘牢車。駕良馬。孟嘗君問之曰。夫子生於齊。長於齊。夫子亦何思於齊。對曰。臣思夫唐子者。孟嘗君曰。唐子者非短子者耶。曰。是也。孟嘗君曰。子何爲思之。對曰。臣之處於齊也。糲粢之飯。藜藿之羹。冬日則寒凍。夏日則暑傷。自唐子之短臣也。以身歸君。食芻豢。飯黍粱。服輕煖。乘牢良。臣故思之。此謂毀人而反利之者也。是故毀譽之言。不可不審也。或貪生而反死。或輕死而得生。或徐行而反疾。何以知其然也。魯人有爲父報讎於齊者。刳其腹而見其心。坐而正冠。逵吉按太平御覽正作拭起而更衣。徐行而出門。上車而步馬。顏色不變。其御欲驅。撫而止之曰。今日爲父報讎以出死。非爲生也。今事已成矣。又何去之。追者曰。此有節行之人。不可殺也。解圍而去之。使被衣不暇帶。冠不及正。蒲伏而走。上車而馳。必不能自免於千步之中矣。今坐而正冠。起而更衣。徐行而出門。上車而步馬。顏色不變。此衆人所以爲死也。而乃反以得活。此所謂徐而馳。遲於步也。夫走者。人之所以爲疾也。步者。人之所以爲遲也。今反乃以人之所爲遲者反爲疾。明於分也。有知徐之爲疾。遲之爲速者。則幾於道矣。故黃帝亡其玄珠。使離朱捷剟索之。離朱明目捷剟疾利搏審拾于物二人皆黃帝臣也而弗能得之也。於是使忽怳。而後能得之。忽怳黃帝臣也忽怳審忘之人聖人敬小愼微。動不失時。百射重戒。射象也禍乃不滋。計福勿及。慮禍過之。同日被霜。蔽者不傷。愚者有備。與知者同功。夫爝火在縹煙之中也。一指所能息也。唐漏若鼷穴。一墣之所能塞也。及至

火之燔孟諸而炎雲臺。孟諸宋大澤雲臺高至雲也 水決九江而漸荆州。雖起三軍之衆。弗
能救也。夫積愛成福。積怨成禍。若癰疽之必潰也。所浼者多矣。浼汚也 諸御鞅
復於簡公 諸御鞅齊臣簡公齊君 曰。陳成常宰予二子者甚相憎也。宰予孔子弟子仕於齊 臣恐其構
難而危國也。君不如去一人。簡公不聽。居無幾何。陳成常果攻宰予於庭
中。而弑簡公於朝。此不知敬小之所生也。魯季氏與郈氏鬭雞。季氏郈氏皆魯大夫 郈
氏介其雞。介以芥菜塗其雞翅也 而季氏爲之金距。金距施金芒於距也 季氏之雞不勝。季平子怒。因
侵郈氏之宮而築之。郈昭伯怒。傷之魯昭公曰。傷毀譖也 禱于襄公之廟。舞者二
人而已。時魯禱先君襄公八佾之舞庭者凡二人也 其餘盡舞於季氏。季氏之無道無上久矣。弗誅必
危社稷。公以告子家駒。子家駒魯大夫 子家駒曰。季氏之得衆。三家爲一。三家孟氏叔孫季氏 其
德厚。其威強。君胡得之。昭公弗聽。使郈昭伯將卒以攻之。仲孫氏叔孫氏
相與謀曰。無季氏。死亡無日矣。遂與兵以救之。郈昭伯不勝而死。魯昭公
出奔齊。故禍之所從生者。始於雞定。逵吉按本或作雞足或作雞距唯藏本作定定題也疑藏本是 及其大也。至於
亡社稷。故蔡女蕩舟。齊師大侵楚。齊桓公與蔡姬乘舟姬蕩舟公懼止之公怒歸之蔡蔡人嫁之公伐楚至召陵而勝之也 兩人搆怨。
廷殺宰予。簡公遇殺。身死無後。陳氏代之。齊乃無呂。兩家鬭雞。季氏金距。
郈公作難。魯昭公出走。故師之所處。生以棘楚。楚大荆也 禍生而不蚤滅。若火之
得燥。水之得溼。浸而益大。癰疽發於指。其痛遍於體。故蠹啄剖梁柱。蟁䖟

走牛羊此之謂也。人皆務於救患之備。而莫能知使患無生。夫使患無生。易於救患而莫能加務焉。則未可與言術也。晉公子重耳過曹。曹君欲見其駢脅。使之袒而捕魚。釐負羈止之曰。公子非常也。從者三人。皆霸王之佐也。（三人謂狐偃趙衰胥臣）遇之無禮。必爲國憂。君弗聽。重耳反國。起師而伐曹。遂滅之。身死人手。社稷爲墟。禍生於袒而捕魚。齊楚欲救曹。不能存也。聽釐負羈之言。則無亡患矣。今不務使患無生。患生而救之。雖有聖知。弗能爲謀耳。患禍之所由來者。萬端無方。是故聖人深居以避辱。靜安以待時。小人不知禍福之門戶。妄動而絓羅網。雖曲爲之備。何足以全其身。譬猶失火而鑿池。被裘而用箑也。且唐有萬穴。（唐隄也言隄之有萬穴也）塞其一。魚何遽無由出。室有百戶。閉其一。盜何遽無從入。夫牆之壞也於隙。劍之折必有齧。（齧缺也）聖人見之密。故萬物莫能傷也。太宰子朱侍飯於令尹子國。（子朱子國皆楚大夫）令尹子國啜羹而熱。投卮漿而沃之。明日。太宰子朱辭官而歸。其僕曰。楚太宰未易得也。辭官去之何也。子朱曰。令尹輕行而簡禮。其辱人不難。明年。伏郎尹而笞之三百。（郎尹主郎官之尹也）夫仕者先避之。見終始微矣。夫鴻鵠之未孚於卵也。一指篾之。則靡而無形矣。及至其筋骨之已就。而羽翮之既成也。則奮翼揮䎉。（䎉六翮之末也）凌乎浮雲。背負青天。膺摩赤霄。（赤霄飛雲也）翱翔乎忽荒之上。析惕乎虹蜺之閒。（逵吉按各本皆作徜徉藏本作析惕）雖有勁弩利矰微繳。蒲且子之巧。亦弗能加也。江水之始出於岷山也。可攓衣而越也。及至乎下洞庭。騖石城。（洞庭在長沙石城在丹陽）經丹徒。（丹徒在會稽）起波濤。（波者涌起還者爲濤）舟杭一日不能濟也。是故聖人者。常從事於無形之外。而不留思盡慮於成事之內。是故患禍弗能傷也。人或問孔子曰。顏回何如人也。曰。仁人也。丘弗如也。子貢何如人也。曰。辯人也。丘弗如也。子路何如人也。曰。勇人也。丘弗如也。賓曰。三人皆賢夫子。而爲夫子役。何也。夫子曰。丘能仁且忍。辯且訥。勇且怯。以三子之能易丘一道。丘弗爲也。孔子知所施之也。秦牛缺徑於山中（牛缺隱士）而遇盜。奪之車馬。解其橐笥。拖其衣被。（拖奪也）盜還反顧之。無懼色憂志。驩然有以自得也。盜遂問之曰。吾奪子財貨。劫子以刀。而志不動。何也。秦牛缺曰。車馬所以載身也。衣服所以揜形也。聖人不以所養害其養。盜相視而笑曰。夫不以欲傷生。不以利累形者。世之聖人也。以此而見王者。必且以我爲事也。還反殺之。此能以知知矣。而未能以知不知也。能勇於敢。而未能勇於不敢也。凡有道者。應卒而不乏。遭難而能免。故天下貴之。今知所以自行也。而未知所以爲人行也。其所論未之究者也。人能由昭昭於冥冥。則幾於道矣。詩曰。人亦有言。無哲不愚。此之謂也。事或爲之。適足以敗之。或備之。適足以致之。何以知其然也。

秦皇挾錄圖。（挾銷也秦博士盧生使入海還奏圖錄書于始皇帝）見其傳曰。亡秦者胡也。因發卒五十萬。使蒙公楊翁子。（蒙公蒙恬也楊翁子秦將）將。築脩城。西屬流沙。（起隴西臨洮縣）北擊遼水。（遼水遼東）東結朝鮮。（朝鮮樂浪）中國內郡輓車而餉之。又利越之犀角象齒翡翠珠璣。（翡赤雀翠青雀圓者爲珠顗者爲璣）乃使尉屠睢（尉屠睢秦將）發卒五十萬爲五軍。一軍塞鐔城之領。（鐔城在武陵西南接鬱林）一軍守九疑之塞。（九疑在零陵）一軍處番禺之都。（番禺南海）一軍守南野之界。（南野在豫章）一軍結餘干之水。（餘干在豫章）三年不解甲馳弩。使監祿無以轉餉。又以卒鑿渠而通糧道。（監祿秦將鑿通湘水離水之渠）以與越人戰。殺西嘔君譯吁宋。（西嘔越人譯吁宋西嘔君名也）而越人皆入叢薄中。與禽獸處。莫肯爲秦虜。相置桀駿以爲將。而夜攻秦人。大破之。殺尉屠睢。伏尸流血數十萬。乃發適戍以備之。當此之時。男子不得脩農畝。婦人不得剡麻考縷。（考成也）羸弱服格於道。大夫箕會於衢。（箕會以箕於衢會斂）病者不得養。死者不得葬。於是陳勝起於大澤。奮臂大呼。天下席卷而至於戲。（戲地名在新豐）劉項興義。兵隨而定。若折槁振落。遂失天下。禍在備胡而利越也。欲知築脩城以備亡。不知築脩城之所以亡也。發適戍以備越。而不知難之從中發也。夫鵲先識歲之多風也。（逵吉按太平御覽作烏鵲識歲之多風）去高木而巢扶枝。（扶旁也）大人過之則探鷇。嬰兒過之則挑其卵。知備遠難而忘近患。故秦之設備也。烏鵲之智也。或爭利而反強之。或聽從而反止之。何以知其然也。魯哀公欲西益宅。

史爭之。以爲西益宅不祥。西益宅築舊居之西更以爲田宅 哀公作色而怒。左右數諫不聽。乃以問其傅宰折睢。宰折睢傅名姓 逵吉按太平御覽作曼折矔 曰。吾欲益宅而史以爲不祥。子以爲何如。宰折睢曰。天下有三不祥。西益宅不與焉。哀公大悅而喜。頃復問曰。何謂三不祥。對曰。不行禮義。一不祥也。嗜慾無止。二不祥也。不聽強諫。三不祥也。哀公默然深念。憤然自反。遂不西益宅。夫史以爭爲可以止之。而不知不爭而反取之也。智者離路而得道。愚者守道而失路。夫兒說之巧。於閉結無不解。兒說宋大夫 非能閉結而盡解之也。不解不可解也。至乎以弗解解之者。可與及言論矣。或明禮義推道體而不行。或解搆妄言而反當。何以明之。孔子行遊馬失。食農夫之稼。野人怒。取馬而繫之。子貢往說之。卑辭而不能得也。孔子曰。夫以人之所不能聽說人。譬以大牢享野獸。太牢三牲 以九韶樂飛鳥也。予之罪也。非彼人之過也。乃使馬圉往說之。圉養馬者 至見野人曰。子耕於東海。至於西海。吾馬之失。安得不食子之苗。野人大喜。解馬而與之。說若此其無方也。而反行。事有所至。而巧不若拙。故聖人量鑿而正枘。夫歌采菱。發陽阿。鄙人聽之。不若此延路陽局。延路陽局鄙歌曲也 逵吉按太平御覽作延路陵陽 非歌者拙也。聽者異也。故交畫不暢。暢中也 連環不解。物之不通者。聖人不爭也。仁者百姓之所慕也。義者衆庶之所高也。爲人之所慕。行人之所高。此嚴父之所以教子。而忠臣之所以事君也。然世或用之而身死國亡者。不同於時也。昔徐偃王好行仁義。陸地之朝者三十二國。王孫厲謂楚莊王（王孫厲楚臣也）曰。王不伐徐。必反朝徐。王曰。偃王有道之君也。好行仁義。不可伐。王孫厲曰。臣聞之。大之與小。強之與弱也。猶石之投卵。虎之啗豚。又何疑焉。且夫爲文而不能達其德。爲武而不能任其力。亂莫大焉。楚王曰。善。乃舉兵而伐徐。遂滅之。知仁義而不知世變者也。申菽杜茝（申菽杜茝皆香草也）美人之所懷服也。及漸之於滫（滫臭汁也）。則不能保其芳矣。古者五帝貴德。三王用義。五霸任力。今取帝王之道。而施之五霸之世。是由乘驥逐人於榛薄。而蓑笠盤旋也。今霜降而樹穀。冰泮而求穫。欲其食則難矣。故易曰。潛龍勿用者。言時之不可以行也。故君子終日乾乾。夕惕若厲。無咎。終日乾乾。以陽動也。夕惕若厲。以陰息也。因日以動。因夜以息。唯有道者能行之。夫徐偃王爲義而滅。燕子噲行仁而亡。（子噲燕王也蘇代說子噲讓國遂專政齊伐燕大敗之噲死也）哀公好儒而削。（哀公魯君）代君爲墨而殘。（代君趙之別國）滅亡削殘。暴亂之所致也。而四君獨以仁義儒墨而亡者。遭時之務異也。非仁義儒墨不行。非其世而用之。則爲之禽矣。夫戟者所以攻城也。鏡者所以照形也。宮人得戟。則以刈葵。（宮人宦侍也）盲者得鏡。則以蓋巵。不知所施之也。故善鄙不同。誹譽在俗。趨舍不同。逆順在君。狂譎不受祿而誅。

（狂譎東海之上人也。耕田而食。讓不受祿。太公以爲飾虛亂民而誅）段干木辭相而顯。所行同也。而利害異者。時使然也。故聖人雖有其志。不遇其世。僅足以容身。何功名之可致也。知天之所爲。知人之所行。則有以任於世矣。知天而不知人。則無以與俗交。知人而不知天。則無以與道遊。單豹倍世離俗。（單豹隱士）巖居谷飲。不衣絲麻。不食五穀。行年七十。猶有童子之顏色。卒而遇飢虎。殺而食之。張毅好恭。（張毅好禮之人）過宮室廊廟必趨。見門閭聚衆必下。廝徒馬圉。皆與伉禮。然不終其壽。內熱而死。豹養其內而虎食其外。毅脩其外而疾攻其內。故直意適情。則堅強賊之。以身役物。則陰陽食之。此皆載務而戲乎其調者也。得道之士。外化而內不化。外化所以入人也。內不化所以全其身也。故內有一定之操。而外能詘伸。贏縮卷舒。與物推移。故萬舉而不陷。所以貴聖人者。以其能龍變也。今捲捲然守一節。推一行。雖以毀碎滅沉。猶且弗易者。此察於小好而塞於大道也。趙宣孟活飢人於委桑之下。而天下稱仁焉。荊佽非犯河中之難。不失其守。而天下稱勇焉。是故見小行則可以論大體矣。田子方見老馬於道。（田子方魏人）喟然有志焉。以問其御曰。此何馬也。其御曰。此故公家畜也。老罷而不爲用。出而鬻之。田子方曰。少而貪其力。老而棄其身。仁者弗爲也。束帛以贖之。罷武聞之。知所歸心矣。齊莊公出獵。有一蟲舉足將搏其輪。問其御曰。此何蟲也。對曰。此所謂螳螂者也。其爲蟲也。知進而不知卻。不量力而輕敵。莊公曰。此爲人而必爲天下勇武矣。迴車而避之。勇武聞之。知所盡死矣。故田子方隱一老馬而魏國載之。齊莊公避一螳螂而勇武歸之。湯教祝網者而四十國朝。昔湯出田見四面張網者湯教去其三面祝曰欲上者上欲下者下無入吾網 文王葬死人之骸而九夷歸之。文王治靈臺得死人之骨夜夢人呼而請葬于且文王反葬以五大夫之禮 武王蔭暍人於樾下。武王哀暍者之熱故蔭之於樾下樾下衆樹之虛也 左擁而右扇之。而天下懷其德。越王句踐一決獄不辜。援龍淵而切其股。血流至足。以自罰也。而戰武士必其死。故聖人行之於小。則可以覆大矣。審之於近。則可以懷遠矣。孫叔敖決期思之水。逵吉按太平御覽決作作水作陂 而灌雩婁之野。雩婁今盧江是 莊王知其可以爲令尹也。子發辯擊劇而勞佚齊。辯次第也擊劇次第罷勞之賞各有齊等也或曰子發辯擊之勞佚齊子發築設勞逸之節是以楚知可爲兵齊同也 楚國知其可以爲兵主也。此皆形於小微而通於大理者也。聖人之舉事。不加憂焉。察其所以而已矣。今萬人調鐘。不能比之律。誠得知者。一人而足矣。說者之論。亦猶此也。誠得其數。則無所用多矣。夫車之所以能轉千里者。以其要在三寸之轄。夫勸人而弗能使也。禁人而弗能止也。其所由者非理也。昔者衞君朝於吳。吳王囚之。衞君衞侯輒也吳王夫差 欲流之於海。說者冠蓋相望而弗能止。魯君聞之。魯君哀公 撤鐘鼓之縣。縞素而朝。仲尼入見。曰。君胡爲有憂色。魯君曰。諸侯無親。以諸侯爲親。大夫無黨。以大夫爲黨。今衞君朝於吳王。吳王囚之。而欲流之於海。孰意衞君之仁義而遭此難也。吾欲免之而不能。爲奈何。仲尼曰。若欲免之。則請子貢行。魯君召子貢。授之將軍之印。子貢辭曰。貴無益於解患。在所由之道。斂躬而行。至於吳。見太宰嚭。太宰嚭甚悅之。欲薦之於王。子貢曰。子不能行說於王。奈何吾因子也。太宰嚭曰。子焉知嚭之不能也。子貢曰。衞君之來也。衞國之半曰。不若朝於晉。其半曰。不若朝於吳。然衞君以爲吳可以歸骸骨也。故束身以受命。今子受衞君而囚之。又欲流之於海。是賞言朝於晉者。而罰言朝於吳也。且衞君之來也。諸侯皆以爲蓍龜兆。（以爲蓍龜以卜朝吳之吉凶也）今朝於吳而不利。則皆移心於晉矣。子之欲成霸王之業。不亦難乎。太宰嚭入復之於王。王報出令於百官曰。比十日而衞君之禮不具者。死。子貢可謂知所以說矣。魯哀公爲室而大。公宣子諫（公宣子魯大夫）曰。室大。衆與人處則譁。少與人處則悲。願公之適。公曰。寡人聞命矣。築室不輟。公宣子復見曰。國小而室大。百姓聞之。必怨吾君。諸侯聞之。必輕吾國。魯君曰。聞命矣。築室不輟。公宣子復見曰。左昭而右穆。（昭穆先君之宗朝）爲大室以臨二先君之廟。得無害於子乎。公乃令罷役除版而去之。魯君之欲爲室誠矣。公宣子止之必矣。然三說而一聽者。其二者非其道也。夫臨河而鈞。日入而不能得一鯈魚者。非江河魚不食也。所以餌之者非其欲也。及至良工。執竿投而擐脣吻者。能以其所欲而釣者也。夫物無不可柰何。有人無柰何。[言物皆可術而治也事有人材所不及無柰之何也]鉛之與丹異類殊色。而可以爲丹者得其數也。故繁稱文辭。無益於說。審其所由而已矣。物類之相摩近而異門戶者。衆而難識也。故或類之而非。或不類之而是。或若然而不然者。或不若然而然者。諺曰。鳶墮腐鼠。而虞氏以亡。何謂也。曰。虞氏。梁之大富人也。[梁今之陳留浚儀也]家充盈殷富。金錢無量。財貨無貲。升高樓。臨大路。設樂陳酒。積博其上。[逵吉按列子釋文作擊博其上是也太平御覽又作捕博似非]游俠相隨而行。樓下博上者。[逵吉按列子釋文作樓上博者]射朋張中反兩[射朋張上棋中之以一反兩也逵吉按太平御覽反兩下有稽字云音揭諸本皆無之]而笑。飛鳶適墮其腐鼠而中游俠。游俠相與言曰。虞氏富樂之日久矣。而常有輕易人之志。吾不敢侵犯。而乃辱我以腐鼠。如此不報。無以立務於天下。[務勢也]請與公僇力一志。悉率徒屬。而必以滅其家。此所謂類之而非者也。何謂非類而是。屈建告石乞[屈建楚大夫也石乞白公之黨]曰。白公勝將爲亂。石乞曰。不然。白公勝卑身下士。不敢驕賢。其家無筦籥之信。關楗之固。大斗斛以出。輕斤兩以內。而乃論之以不宜也。屈建曰。此乃所以反也。居三年。白公勝果爲亂。殺令尹子椒司馬子期。[子椒子期皆白公之季父]此所謂弗類而是者也。何謂若然而不然。子發爲上蔡令。民有罪當刑。獄斷論定。決於令尹前。子發喟然有悽愴之心。罪人已刑而不忘其恩。此其後子發盤罪威王而出奔。（盤辟也發得罪辟於威王）刑者遂襲恩者。恩者逃之於城下之廬。追者至。踹足而怒（踹足躍足也）曰。子發視決吾罪而被吾刑。怨之憯於骨髓。（憯痛也）使我得其肉而食之。其知厭乎。追者以爲然而不索其內。果活子發。此所謂若然而不然者。何謂不然而若然者。昔越王句踐。卑下吳王夫差。請身爲臣。妻爲妾。奉四時之祭祀。而入春秋之貢職。委社稷。效民力。隱居爲蔽。而戰爲鋒行。禮甚卑。辭甚服。其離叛之心遠矣。然而甲卒三千人。以禽夫差於姑胥。（姑胥地名）此四策者。不可不審也。夫事之所以難知者。以其竄端匿迹。立私於公。倚邪於正。而以勝惑人之心者也。若使人之所懷於內者。與所見於外者若合符節。則天下無亡國敗家矣。夫狐之捕雉也。（逵吉按太平御覽捕作搏）必先卑體彌耳以待其來也。雉見而信之。故可得而禽也。使狐瞋目植睹。（植睹在尾也）見必殺之勢。雉亦知驚憚遠飛。以避其怒矣。夫人僞之相欺也。（逵吉按太平御覽作夫人僞詐以相欺）非直禽獸之詐計也。物類相似若然而不可從外論者。衆而難識矣。是故不可不察也。

淮南子卷十九

脩務訓 脩勉務趨聖人趨時冠戧弗顧履遺不取必用仁義之道以濟萬民故曰脩務因以題篇

或曰。無爲者寂然無聲。漠然不動。引之不來。推之不往。如此者。乃得道之像。或人以爲先爲術如此乃可謂得道之法也 吾以爲不然。嘗試問之矣。以爲不如或人之言嘗問之于聖人矣 若夫神農堯舜禹湯。可謂聖人乎。有論者必不能廢。言五人可謂聖人耶有論者何能廢其道也 以五聖觀之。則莫得無爲明矣。言不得無爲也 古者民茹草飲水。采樹木之實。食蠃蠬之肉。逵吉按太平御覽蠬引作蚌 時多疾病毒傷之害。害患也 逵吉按太平御覽引疾作疹 於是神農乃始教民播種五穀。菽麥黍稷稻也 相土地。宜燥溼肥墝高下。相視也燥乾也墝埆高陵也下隰也 逵吉按太平御覽作相土地之宜 嘗百草之滋味。水泉之甘苦。令民知所辟就。當此之時。一日而遇七十毒。此神農之爲也 堯立孝慈仁愛。使民如子弟。言雖役使其民必加仁愛遇之如己之子弟也 西教沃民。東至黑齒。北撫幽都。南道交趾。沃民西方之國黑齒東方之國陰氣所聚故曰幽都今雁門以北是交趾南方之國四者遠裔不覩聖人之化故親往行教導撫之以仁義也 放讙兜於崇山。竄三苗於三危。放棄也讙兜堯佞臣也崇山南極之山三苗蓋謂帝鴻氏之裔子渾敦少昊氏之裔子窮奇縉雲氏之裔子饕餮三族之苗裔故謂之三苗三危西極之山名一曰放三苗國民於三危也 流共工於幽州。殛鯀於羽山。堯時有共工官鯀禹父爲治水績用不成堯殛之羽山東極之山是則堯之爲鴻範曰鯀則殛死然則渾敦窮奇饕餮生至四裔可知也 舜作室。築牆茨屋。辟地樹穀。令民皆知去巖穴。各有家室。南征三苗。道死蒼梧。三苗之國在彭蠡舜時不服故往征之書曰舜陟方乃死時舜死蒼梧葬于九疑之山在蒼梧馮乘縣東北零陵之南千里也 禹沐浴霪雨。櫛扶風。禹勞力天下不避風雨以久雨爲沐浴扶風疾

風以疾風爲梳欃也　逵吉按中立府四子本作沐浴霪雨梳櫛扶風太平御覽引無浴梳二字　決江疏河。決巫山令江水得東過故言決疏道東注于海故言疏　鑿龍門。闢伊闕。龍門本有水門鮪魚遊其中上行得上過者便爲龍故曰龍門禹闢而大之故言鑿伊闕山名禹開截山體令伊水得北過入洛水故曰闢也　逵吉按鮪一本作䲔字　脩彭蠡之防。脩治也彭蠡澤名在豫章彭澤縣西防隄也四載山行用蔂水行用舟陸行用車澤行用蕝　乘四載。隨山栞木。平治水土。定千八百國。脩也栞石栞識之四海之內凡萬國禹定千八百國是禹之所爲也　湯夙興夜寐。以致聰明。輕賦薄斂。以寬民氓。早起夜寐以思萬事能得其精故曰以致聰明寬猶富也野民曰氓　布德施惠。以振困窮。弔死問疾。以養孤孀。幼無父曰孤孀寡婦也雒家謂寡婦曰孀婦　百姓親附。政令流行。乃整兵鳴條。困夏南巢。譙以其過。放之歷山。鳴條地名南巢今廬江居巢是譙責也讓夏桀之罪過也歷山蓋歷陽之山是湯爲之也　此五聖者。天下之盛主。勞形盡慮。爲民興利除害而不懈。懈惰也　奉一爵酒。不知於色。言其輕也　逵吉按太平御覽色作邑　挈一石之尊。則白汗交流。言其重也　又况贏天下之憂而海內之事者乎。逵吉按太平御覽作任海內之事　其重於尊亦遠也。遠猶多也　且夫聖人者。不恥身之賤。而愧道之不行。不憂命之短。而憂百姓之窮。是故禹之爲水。逵吉按太平御覽無之字下作湯爲旱多一爲字　以身解於陽盱之河。爲治水解禱以身爲質解讀解除之解陽盱河蓋在秦地　湯旱。以身禱於桑山之林。桑山之林能興雲致雨故禱之　逵吉按太平御覽引作桑林之下　聖人憂民如此其明也。而稱以無爲。豈不悖哉。悖繆也　且古之立帝王者。非以奉養其欲也。聖人踐位者。非以逸樂其身也。逸安也　爲天下強掩弱。衆暴寡。詐欺愚。勇侵怯。懷知而不以相教。積財而不以相分。故立天子以齊一之。齊等也　逵吉按藏本無一字葉本有太平御覽引亦有　爲一人聰明而不足以徧照海內。故立三公九卿以輔翼之。輔正也翼佐也　絕國殊俗僻遠幽閒之處。不能被德承澤。故立諸侯以教誨之。絕遠殊異能猶及也立置以爲遠國君 是以地無不任。時無不應。官無隱事。國無遺利。言官無隱病失職之事以利民故無所遺亡也 所以衣寒食飢。養老弱而息勞倦也。若以布衣徒步之人觀之。則伊尹負鼎而干湯。伊尹處于有莘之野執鼎俎和五味以干湯欲調陰陽行其道詩曰實唯阿衡實左右商王是也 呂望鼓刀而入周。呂望姜姓四岳之後四岳佐禹治水有功賜姓曰姜氏呂望其後居殷乃屠于朝歌故曰鼓刀入周自殷而往爲文王太師佐武王伐紂成王封之于齊也 百里奚轉鬻。百里奚虞臣自知虞公不可諫而去轉行自賣於秦爲穆公相而秦與也 管仲束縛。管仲傅相齊公子糾不死子糾之難而奔魯束縛以歸齊相公用之而伯也 孔子無黔突。墨子無煖席。黔言其突竈不至於黑坐席不至於溫歷行諸國汲汲於行道也 逵吉按突音傑俗本作突字誤 是以聖人不高山。不廣河。蒙恥辱以干世主。非以貪祿慕位。欲事起天下利。而除萬民之害。聖人蓋謂禹稷不以山爲高不以河爲廣言必踰度之事治也 逵吉按太平御覽引作欲事天下之利除萬民之害也 蓋聞傳書曰。神農憔悴。堯瘦臞。舜黴黑。禹胼胝。由此觀之。則聖人之憂勞百姓甚矣。甚重也 故自天子以下至於庶人。四胑不動。思慮不用。事治求澹者。未之聞也。夫地勢水東流。人必事焉。然後水潦得谷行。水勢雖東流人必事而通之使得循谷而行也 禾稼春生。人必加功焉。故五穀得遂長。加功謂是藨是蔉耘耔之也遂成也 聽其自流。待其自生。則鯀禹之功不立。而后稷之智不用。若吾所謂無爲者。私志不得入公道。嗜欲不得枉正術。循理而舉事。因資而立權。自然之勢。而曲故不得容者。曲故巧詐也 事成而身弗伐。伐自矜大其善 功立而名弗有。不名有其功也 非謂其感而不應。攻而不動者。若夫以火熯井。以淮灌山。此用己而背自然。故謂之有爲。火不可以熯井淮不可以灌山而以用之非其道故謂之有爲也 若夫水之用舟。沙之用鳩。泥之用輴。山之用蔂。夏瀆而冬陂。因高爲田。因下爲池。此非吾所謂爲之。此皆因其宜用之故曰非吾所謂爲言無爲 聖人之從事也。殊體而合于理。殊異也體行也理道也 其所由異路而同歸。其存危定傾若一。志不忘於欲利人也。何以明之。昔者楚欲攻宋。墨子聞而悼之。墨子名翟悼傷也 自魯趍而十日十夜。足重繭而不休息。裂衣裳裹足。至於郢。見楚王。自從趍走郢楚都今南郡江陵北里郢是也 曰。臣聞大王舉兵將攻宋。計必得宋而後攻之乎。亡其苦衆勞民。頓兵挫銳。負天下以不義之名。而不得咫尺之地。猶且攻之乎。頓罷挫辱折銳精攻無罪之實故負天下以不義之名猶且必攻也 王曰。必不得宋。又且爲不義。曷爲攻之。墨子曰。臣見大王之必傷義而不得宋。王曰。公輸。天下之巧士。作雲梯之械。設以攻宋。曷爲弗取。公輸魯般號時在楚雲梯攻城具高長上與雲齊故曰雲梯械器設施也 墨子曰。令公輸設攻。臣請守之。於是公輸般設攻宋之械。墨子設守宋之備。九攻而墨子九卻之。弗能入。入猶下也 於是乃偃兵。輟不攻宋。輟止也 段干木辭祿而處家。魏文侯過其閭而軾之。閭里周禮二十五家爲閭軾伏軾敬有德曲禮曰軾視馬尾又曰兵車不軾尙威武也 其僕曰。君何爲軾。文侯曰。段干木在。是以軾。其僕曰。段干木布衣之士。君軾其閭。不已甚乎。文侯曰。段干木不趍勢利。懷君子之道。隱處窮巷。聲施千里。聲名也施行也 寡人敢勿軾乎。勿無也 段干木光於德。寡人光於勢。段干木富於義。寡人富於財。勢不若德尊。財不若義高。干木雖以已易寡人不爲。使干木之已賢易寡人之尊不肯爲之也 吾日悠悠慙于影。影形影也子何以輕之哉。其後秦將起兵伐魏。司馬庾諫曰。段干木賢者。庾秦大夫也或作唐其君禮之。天下莫不知。諸侯莫不聞。舉兵伐之。無乃妨於義乎。於是秦乃偃兵。輟不攻魏。夫墨子跌蹏而趍千里。以存楚宋。跌疾行也蹏趍走也段干木闔門不出以安秦魏。夫行與止也。其勢相反。而皆可以存國。此所謂異路而同歸者也。異路謂行與止也同歸謂歸于存國也今夫救火者。汲水而趍之。或以甕瓴。或以盆盂。其方員銳橢不同。盛水各異。其於滅火鈞也。故秦楚燕魏之歌也。異轉而皆樂。轉音聲也九夷八狄之哭也。殊聲而皆悲。一也。東方之夷九種北方之狄八類夫歌者樂之徵也。哭者悲之效也。徵應也效驗也憤於中則應於外。憤發也故在所以感。感發也夫聖人之心。日夜不忘於欲利人。其澤之所及者。效亦大矣。效功也世俗廢衰。而非學者多。非者不善之辭故曰非人性各有所脩短。若魚之躍。若鵲之駮。此自然者。不可損益。推此援之故不欲學吾以爲不然。夫魚者躍。鵲者駮也。猶人馬之爲人馬。筋骨形體。所受於天不可變。以此論之。則不類矣。言人自爲人馬自爲馬不相類也夫馬之爲草駒之時。跳躍揚蹏。翹尾而走。人不能制。馬五尺以下爲駒放在草中故曰草駒翹舉也制禁也齕咋足以嚙肌碎骨。蹶蹏足以破盧陷匈。咋齧也嚙穿也及至圉人擾之。良御教之。圉養馬官擾順也掩以衡扼。連以轡銜。則雖歷險超壍弗敢辭。逵吉按太平御覽一引作弗敢辭也一引作弗敢違戾故其形之爲馬。馬不可化。其可駕御。教之所爲也。馬聾蟲也。無知也而可以通氣志。猶待教而成。又況人乎。且夫身正性善。發憤而成仁。帽憑而爲義。（帽憑盈滿積思之貌）性命可說。不待學問而合於道者。堯舜文王也。（言有善性命可教說者聖人不學而知之者堯舜文王詩云不識不知順帝之則是也）沈湎耽荒。不可教以道。不可喻以德。嚴父弗能正。賢師不能化者。丹朱商均也。（丹朱堯子商均舜子弗能化詩云誨爾諄諄聽我藐藐是其類也）曼頰皓齒。形夸骨佳。不待脂粉芳澤而性可說者。西施陽文也。（曼頰細理也夸弱也佳好也性猶姿也西施陽文古之好女　達吉按文選注引許昚注云陽文楚之好人也與此略異）啳睽哆噅。籧蒢戚施。雖粉白黛黑。弗能爲美者。嫫母仳倠也。（啳讀權衡之權急氣言之睽讀夔哆讀大口之哆噅讀楚蔿氏之蔿籧蒢偃也戚施僂也皆醜貌嫫讀如模範之模仳讀人得風病之靡倠讀近虺仳倠一說讀曰莊維也）夫上不及堯舜。下不及商均。美不及西施。惡不若嫫母。此教訓之所諭也。（諭導也）而芳澤之所施。且子有弒父者。然而天下莫疏其子。何也。愛父者衆也。儒有邪辟者。而先王之道不廢。何也。其行之者多也。今以爲學者之有過而非學者。則是以一飽之故。絕穀不食。以一蹪之難。輟足不行。惑也。（蹪躓楚人謂躓也言以飽而不食蹪而不行喻丹朱商均不可教化而非學故謂之惑也）今有良馬。不待策錣而行。駑馬雖兩錣之不能進。爲此不用策錣而御。則愚矣。（爲良馬能自走不復用箠得駑馬無以行之故曰愚也）夫怯夫操利劍。擊則不能斷。刺則不能入。及至勇武。攘捲一擣。則摺脅傷幹。（武士也楚人謂士爲武摺折也）爲此棄干將鏌邪而以手戰。則悖矣。所謂言者。齊於衆而同於俗。今不稱九天之頂。則言黃泉之底。（九天八方中央故曰九頂極高底極卑也）是兩末之端議。何可以公論乎。（公平也）夫橘柚冬生。而人曰冬死。死者衆。薺麥夏死。人曰夏生。生者衆。（衆多）江河之回曲。亦時有南北者。而人謂江河東流。攝提鎮星日月東行。而人謂星辰日月西移者。以大氐爲本。歲星在寅曰攝提鎮星中央土星鎮四方故曰鎮氐猶更言其餘星辰皆西行故曰大氐爲本也胡人有知利者。而人謂之駤。駤忿戾惡理不通達胡人性皆然亦舉多駤讀似質緻氣言之者在舌頭乃得越人有重遲者。而人謂之訬。訬輕利急亦以多者言訬讀燕人言趮操善趍者謂之訬同也以多者名之。若夫堯眉八彩。九竅通洞。而公正無私。堯母慶都蓋天帝之女寄伊長孺家年二十無夫出觀于河有赤龍負圖而至曰赤龍受天下之圖有人赤衣光面八彩鬚髯長赤帝起成元寶奄然陰雲赤龍與慶都合而生堯視如圖故眉有八彩之色洞達聖道也無私無所愛憎也一言而萬民齊。一言仁言也齊無偕舜二瞳子。是謂重明。言能知人舉十六相作事成法。出言成章。作事爲後世所法論語舜有天下煥乎其有文章巍巍乎此之謂也禹耳參漏。是謂大通。參三也漏穴也大通天下擢下滯之物興利除害。疏河決江。傳曰劉子觀于洛汭曰微禹吾其魚乎故曰興利除害也文王四乳。是謂大仁。乳所以養人故曰大仁也天下所歸。百姓所親。文王爲西伯遭紂之虐三分天下而有二受命而王故曰百姓所親也皋陶馬喙。是謂至信。喙若馬口出言皆不虛故曰至信決獄明白。察於人情。察猶知也禹生於石。禹母脩己感石而生禹折胸而出契生於卵。契母有娀氏之女簡翟也吞燕卵而生契愊背而出詩云天命玄鳥降而生商是也史皇產而能書。史皇蒼頡生而見鳥跡知著書故曰史皇或曰頡皇羿左臂脩而善射。羿有窮之君也　逵吉按吳處士玒聲曰羿有窮君不得云賢者高注非是此乃堯時之羿耳若此九賢者。千歲而一出。猶繼踵而生。以千歲爲近明聖賢之難今無五聖之天奉。堯舜禹湯周文王也奉助也四俊之才難。才千人爲俊謂皋陶稷契史皇欲棄學而循性。是謂猶釋船而欲蹷水也。蹷履也夫純鈎魚腸之始下型。擊則不能斷。刺則不能入。純鈎利劍名魚腸文理屈辟若魚腸者良劍也型或作盧及加之砥礪。摩其鋒鍔。則水斷龍舟。龍舟大舟也陸剸犀甲。言利也明鏡之始下型。曚然未見形容。及其粉以玄錫。摩以白旃。鬢眉微豪可得而察。旃摩微細察見逵吉按太平御覽作砥礪夫學亦人之砥錫也。而謂學無益者。所以論之過。以用也過非也知者之所短。不若愚者之所脩。短缺脩長也明有所不足謂愚有所不昧也賢者之所不足。不若衆人之有餘。衆凡也何以知其然。夫宋畫吳冶刻刑鏤法。亂脩曲出。宋人之畫吳人之冶刻鏤刑法亂理之文脩飾之巧曲出於不意也其爲微妙。堯舜之聖不能及。及猶如也蔡之幼女。衞之稚質。蔡國今南陽河曲衞故在河內後徙頓邱今東陽郡稚質亦少女也梱纂組。雜奇彩。抑墨質。揚赤文。梱叩椓纂織組邪文如今之短段黑耳亦言其巧也逵吉按太平御覽作如今之緵也段黑見赤言其巧也禹湯之智不能逮。言不能及二國之女巧也夫天之所覆。地之所載。包於六合之內。託於宇宙之間。陰陽之所生。血氣之精。含牙戴角。前爪後距。奮翼攫肆。蚑行蟯動之蟲。喜而合。怒而鬬。攫搏也肆極也蚑讀車跂之跂蟯讀饒多之饒見利而就。避害而去。其情一也。雖所好惡。其與人無以異。一同人亦避害就利有不相如故言雖也然其爪牙雖利。筋骨雖彊。不免制於人者。知不能相通。才力不能相一也。各有其自然之勢。勢力也無稟受於外。無有學問受謀慮於外以益其思也故力竭功沮。竭盡也沮敗也夫鴈順風以愛氣力。銜蘆而翔。以備矰弋。未秀曰蘆已秀曰葦矰矢弋繳銜蘆所以令繳不得截其翼也螘知爲垤。貛貉爲曲穴。虎豹有茂草。野彘有艽莦槎櫛。堀虛連比。以像宮室。陰以防雨。防衛也景以蔽日。蔽擁也此亦鳥獸之所以知求合於其所利。今使人生於辟陋之國。辟遠陋鄙小也長於窮櫚漏室之下。長無兄弟。少無父母。目未嘗見禮節。耳未嘗聞先古。先古謂聖賢之道也獨守專室而不出門。專室小室也使其性雖不愚。然其知者必寡矣。昔者蒼頡作書。容成造曆。容成黃帝臣造作曆知日月星辰之行度胡曹爲衣。易曰黃帝垂衣裳胡曹亦黃帝臣也后稷耕稼。儀狄作酒。見世本奚仲爲車。傳曰奚仲爲夏車正封于薛此六人者皆有神明之道。聖智之迹。故人作一事而遺後世。非能一人而獨兼有之。各悉其知。貴其所欲達。達通也遂爲天下備。備猶用也今使六子者易事。而明弗能見者何。見猶知也言人各有所不遍萬物至衆。而知不足以奄之。奄蓋之也周室以後。無六子之賢。賢才也而皆脩其業。當世之人無一人之才。而知其六賢之道者何。敎順施續。而知能流通。施設續猶傳也由此觀之學不可已明矣。已止也今夫盲者目不能別晝夜。分白黑。然而搏琴撫弦。參彈復徽。攫援摽拂。手若蔑蒙。不失一弦。參彈弁弦復徽上下手也攫援攫也摽拂敺也蔑蒙言其疾也徽讀紲車之紲攫讀屈直木令句欲句此木之句摽讀刀摽之摽使未嘗鼓瑟者。雖有離朱之明。攫掇之捷。猶不能屈伸其指。離朱黃帝時人明目能見百步之外秋豪之末攫掇亦黃帝時捷疾者也何則。服習積貫之所致。故弓待檠而後能調。劍待砥而後能利。檠矯弓之材讀曰敬砥厲石也玉堅無敵。鏤以爲獸。首尾成形。𥕢諸之功。𥕢諸治玉之石詩云他山之石可以爲厝是𥕢讀廉氏之廉一曰濫也木直中繩。揉以爲輪。其曲中規。規員之也隱括之力。唐碧堅忍之類。猶可刻鏤。揉以成器用。唐碧石似玉皆堅鑽之物又況心意乎。且夫精神滑淖纖微。倏忽變化。與物推移。推移猶轉易也雲蒸風行。在所設施。施用君子有能精搖摩監。砥礪其才。自試神明。覽物之博。通物之壅。觀始卒之端。見無外之境。所觀以遠以逍遙仿佯於塵埃之外。塵埃猶穿冥也超然獨立。卓然離世。不羣于俗此聖人之所以游心若此。而不能閒居靜思。鼓琴讀書。追觀上古及賢大夫學問講辯日以自娛。（講論辯別然否自娛樂）蘇援世事。分白黑利害。（蘇猶索援別分別白黑知利害之所在也）籌策得失以觀禍福。（籌策日視非常日觀）設儀立度可以爲法則。窮道本末究事之情。（窮盡也究極也）立是廢非明示後人。（是善也非惡也）死有遺業生有榮名。（遺餘功業榮寵也）如此者人才之所能逮。（逮及也）然而莫能至焉者偷慢懈惰多不暇日之故。（偷薄慢易之人懈惰于庶幾多言已不暇日而不學惟此故也）夫瘠地之民多有心者勞也。（心向義之心也）沃地之民多不才者饒也。（饒逸也）由此觀之知人無務不若愚而好學自人君公卿至於庶人不自彊而功成者天下未之有也。詩云日就月將學有緝熙于光明。此之謂也。（詩頌敬之篇言爲善者日有所成就月有所奉行當學之是明此勉學之謂也）名可務立功可彊成。（務事也彊勉也）故君子積志委正以趣明師。（師所以取法則）勵節亢高以絕世俗。（不羣於衆也）何以明之昔者南榮疇恥聖道之獨亡於己身淬霜露敕蹻趹跋涉山川冒蒙荊棘。（淬浴敕盡答也蹻履趹趣也不從蹊遂曰趹涉故獨犯荊棘南姓榮疇字蓋魯人也）百舍重趼不敢休息。（百里一舍趼足胝生）南見老聃受教一言。（老聃老子字伯陽楚苦縣賴鄉曲里人今陳國東賴鄉有祠存據在魯南故曰南見老子聃一言猶合也）精神曉泠鈍聞條達。（曉明泠猶了也鈍聞猶鈍惛也）欣然七日不食。（丈夫七日不食則斃故以七日爲極）如饗太牢。（三牲具曰太牢）是以明照四海名施後世。（施延也）達略天地。（達猶通也略猶數也）察分秋豪。（察明）稱譽葉語至今不休。（葉世也言榮疇見稱譽世傳相語至今不止）此所謂名可彊立者。吳與楚戰。（吳王闔閭與楚昭王戰于柏舉）莫囂大心撫其御之手曰今日距彊敵犯白刃蒙矢石。（莫大也囂衆也主大衆之官楚卿大夫大心楚成得臣子玉之孫彊敵謂吳蒙冒石矢弩也一日發石也　逵吉按錢別駕曰莫囂即莫敖能矢石者漢時謂之蹶張士蹶發石張揆弓也春秋傳曰旝動而鼓發石是也）戰而身死。卒勝民治。全我社稷。可以庶幾乎。庶幾得安 遂入不返。決腹斷頭。不旋踵運軌而死。言入吳不旋踵回軌而死勇然不如申包胥之功也 申包胥竭筋力以赴嚴敵。伏尸流血。不過一卒之才。在軍曰士步曰卒如此者一人之功也 不如約身卑辭。求救於諸侯。申包胥楚大夫與伍子胥友者子胥之亡謂申包胥曰我必覆楚國申包胥曰子能覆之我必興之及昭王敗於柏舉奔隨申包胥如秦乞師故曰不如求救於諸侯 於是乃贏糧跣走。跋涉谷行。贏裹也一曰囊跣走不及著履也不蹊逕曰跋涉 上峭山。赴深谿。游川水。峭山高山深谿大壑游渡自楚至秦所經由也 犯津關。躐蒙籠。蹷沙石。蹠達膝。曾繭重胝。七日七夜。至於秦庭。犯獵獵律關則踐躐蒙籠之山一曰葛藟所蒙籠言非人所由蹷僵蹠足達穿也繭通賦日申重繭以存荊是也 鶴跱而不食。晝吟宵哭。面若死灰。顏色黴黑。鶴跱跱立貌言不動不食黴黑其面色故速得秦救也 涕液交集。以見秦王。秦王秦哀公也 曰。吳爲封豨脩蛇。蠶食上國。虐始於楚。封脩皆大也豨蛇喻貪也蠶食盡無餘上國中國虐害始先也言將以次至秦也 寡君失社稷。越在草茅。寡君昭王越遠在于隨矣 百姓離散。夫婦男女。不遑啓處。遑暇啓跪處安也 使下臣告急。秦王乃發車千乘。步卒七萬。屬之子虎。秦大夫子車鍼虎傳曰率車五百乘以救楚凡三萬七千五百人此云千乘步卒七萬不合也 踰塞而東。塞函谷一曰武關塞也 擊吳濁水之上。果大破之。以存楚國。濁水蓋江水傳曰敗吳于公壻之谿公壻之谿楚地 烈藏廟堂。著於憲法。此功之可彊成者也。烈功憲法也 夫七尺之形。心知憂愁勞苦。膚知疾痛寒暑。人情一也。一同也 聖人知時之難得。務可趣也。苦身勞形。焦心怖肝。不避煩難。不違危殆。怖肝猶戒懼 蓋聞子發之戰。子發楚威王將 進如激矢。合如雷電。解如風雨。員之中規。方之中矩。破敵陷陳。莫能壅御。澤戰必克。克勝也 攻城必下。彼非輕身而樂死。務在於前。遺利於後。故名立而不墮。名武中寧國之名墮廢也 此自強而成功者也。成猶立也 是故田者不強。囷倉不盈。強力也 官御不厲。心意不精。精專也 將相不強。功烈不成。烈業也 侯王懈惰。後世無名。世猶身也建吉按京房易有世應郭璞洞林以爲身是世身也之證 詩云。我馬唯騏。六轡如絲。詩云小疋皇皇者華之篇六轡四馬如絲言調勻也 載馳載驅。周爰諮謨。以言人之有所務也。諸難也詩言當驅馳以忠信往謨難事之不自專己脊之至乃聖人之務也 通於物者。不可驚以怪。猵達也言怪物不能驚之也 喻於道者。不可動以奇。喻明也非常曰奇 察於辭者。不可燿以名。燿眩也名虛實之名 審於形者。不可遯以狀。遯欺也狀貌也 世俗之人。多尊古而賤今。故爲道者必託之於神農黃帝而後能入說。說言也言爲二聖所作乃能入其說于人人乃用之 亂世闇主。高遠其所從來。因而貴之。爲學者蔽於論而尊其所聞。相與危坐而稱之。正領而誦之。此見是非之分不明。誦之諭若影之隨形響之應聲效言之不知其理故曰不明也 夫無規矩。雖奚仲不能以定方圓。無準繩。雖魯般不能以定曲直。是故鍾子期死而伯牙絕絃破琴。知世莫賞也。鍾官氏子猵稱期名也達於音律伯牙楚人覩世無有知音若子期者故絕絃破其琴也 惠施死而莊子寢說言。見世莫可爲語者也。惠施宋人仕于梁爲惠王相莊子名周宋蒙縣人作書廿三篇爲道家之言 夫項託七歲爲孔子師。孔子有以聽其言也。以年之少。爲閭丈人說。救敲不給。何道之能明也。閭里也敲橫也丈人長老之稱年少爲之說專老人敲其頭自救不暇何能明道也 昔者謝子見於秦惠王。惠王說之。以問唐姑梁。唐姑梁曰。謝子山東辯士。固權說以取少主。謝姓也子猵稱唐姑梁秦大夫言謝子辯士也常發其巧說以取少主之權少主謂子之君一曰謂惠王惠王秦孝公之子也 惠王因藏怒而待之。後日復見。逆而弗聽也。聽猶說是也 非其說異也。所以聽者易。易革也 夫以徵爲羽。非絃之罪。罪在變也以甘爲苦。非味之過。過在嘗也楚人有烹猴而召其鄰人。以爲狗羹也而甘之。召猶請也後聞其猴也。據地而吐之。盡寫其食。此未始知味者也。喻以惠王初說謝子唐姑梁聞之因藏怒也邯鄲師有出新曲者。託之李奇。師樂師瞽也出猶作也新曲非古樂也李奇古之名倡也逵吉據太平御覽引許注云李奇趙之善樂者也諸人皆爭學之。諸衆也後知其非也。而皆棄其曲。此未始知音者也。知非李奇所作而皆棄之故未始知音也鄙人有得玉璞者。喜其狀。以爲寶而藏之。鄙人小人以示人。人以爲石也。因而棄之。此未始知玉者也。故有符於中。則貴是而同今古。符驗驗者有明也是實也言中心能明實是者則貴之古今一也故曰同也無以聽其說。則所從來者遠而貴之耳。言無中心明驗無以聽人說之是否但見其言遠古之事便珍貴之耳近世之事有可貴者亦有不貴之也此和氏之所以泣血於荊山之下。荊人和氏得美玉之璞于荊山之下獻楚武王武王以爲石刖其右足及文王即位復獻之如是乃泣血證之爲寶文王曰先王輕于刖足而重剖石遂爲剖之果知和言因號爲和氏之璧也今劍或絕側羸文。齧缺卷鋌。而稱以頃襄之劍。則貴人爭帶之。絕無側羸無文齧齒卷鋌鈍弊無刃託之爲楚頃襄王所服劍故貴人慕而爭帶之一說頃襄王善爲劍人名鋌讀豐年之稔琴或撥刺枉橈。闊解漏越。而稱以楚莊之琴。側室爭鼓之。撥刺不正枉橈曲弱闊解壞漏越音聲散託之爲楚莊王琴則側室之寵人爭鼓之也側室或作廟堂也苗山之鋌。羊頭之銷。雖水斷龍舟。陸剸兕甲。莫之服帶。苗山楚山利金所出羊頭之銷白羊子刀雖有利用無所稱託故無人服帶也山桐之琴。澗梓之腹。雖鳴廉脩營。唐牙莫之鼓也。伐山桐以爲琴溪澗之梓以爲腹鳴聲有廉隅脩營音清涼聲和調唐猶堂營讀營正急之營也通人則不然。通人通于事類不然不如衆人貴遠慕聲服劍者期於銛利。而不期於墨陽莫邪。墨陽莫邪美劍名乘馬者期於千里。而不期於驊騮綠耳。鼓琴者期於鳴廉脩營。而不期於濫脇號鐘。濫脇音不和號鐘高聲非耳所及也誦詩書者期於通道略物。而不期於洪範商頌。略達物事也頌或作容 逵吉按周禮和容杜子春讀作和頌玫古容貌字作頌容納字作容賓兩分今則通用之也 聖人見是非。若白墨之於目辨。辨別也 清濁之於耳聽。淸商也濁宮也 衆人則不然。然如是也 中無主以受之。譬若遺腹子之上隴。以禮哭泣之。而無所歸心。目不識父之顏心不哀也 故夫孿子之相似者。唯其母能知之。知猶別也 玉石之相類者。唯良工能識之。卞和是也 書傳之微者。惟聖人能論之。微妙論敍也 今取新聖人書。名之孔墨。則弟子句指而受者必衆矣。眩于孔墨之名而或不知其實非孔墨所作也 故美人者。非必西施之種。通士者。不必孔墨之類。曉然意有所通於物。故作書以喻意。以爲知者也。喻明也作書者以明古今傳代之事以爲知者施也 誠得淸明之士。執玄鑑於心。照物明白。不爲古今易意。玄水也鑑鏡也皆以自見能自易故能見物言反易也 攄書明指以示之。雖闔棺亦不恨矣。攄抒也指書也朝聞道夕死可矣何恨之有乎 昔晉平公令官爲鐘。鐘成而示師曠。師曠曰。鐘音不調。平公晉悼公之子彪師曠識音故知其不調 平公曰。寡人以示工。工皆以爲調。而以爲不調何也。而汝也 師曠曰。使後世無知音者則已。若有知音者。必知鐘之不調。故師曠之欲善調鐘也。以爲後之有知音者也。論上句作書爲知音施也 三代與我同行。五伯與我齊智。我謂作書者 彼獨有聖智之實。我曾無有閭里之聞。窮巷之知者何。曾則也我則無聲名宣聞于閭里窮巷之人無有知我之賢何故也 彼并身而立節。我誕謾而悠忽。彼謂三代五伯并身同行而五伯也立節我謂誕謾倨傲悠忽遊蕩輕物也 今夫毛嬙西施。天下之美人。若使之銜腐鼠。蒙蝟皮。衣豹裘。帶死蛇。則布衣韋帶之人過者。莫不左右睥睨而掩鼻。（言雖有美姿人惡聞其臭故睥睨掩其鼻孟子曰西子蒙不潔則人皆掩其鼻而過之是也）嘗試使之施芳澤，正娥眉，設笄珥，衣阿錫，曳齊紈，（笄婦人首飾珥瑱也阿細縠錫細布紈素齊所出）粉白黛黑，佩玉環揄步，（體搖動撓足行）雜芝若，籠蒙目視，（雜佩芝若香草籠蒙猶眇目視也）冶由笑，目流眺，（冶由笑巧笑詩曰巧笑倩兮是也流眺睛眄也詩曰美目盼兮是也）口曾撓，奇牙出，靨酺搖，（曾則也撓弱也口則弱撓冒若將笑故好齒出詩云齒如瓠犀是也靨酺頰邊文婦人之媚也）則雖王公大人有嚴志頡頏之行者，無不憚悇癢心而悅其色矣。（憚悇貪欲也癢心煩悶也憚悇讀慘探之探也　逵吉按錢別駕云憚讀探必非憚字據楚辭及馮衍賦應作憛悇爲是形之譌耳）今以中人之才，蒙愚惑之智，被汙辱之行，無本業所脩，方術所務，焉得無有睥面掩鼻之容哉。今鼓舞者，（鼓舞或作鄭舞鄭者鄭袖楚懷王之幸姬善謌攻舞因名鄭舞一說鄭重攻舞也）繞身若環，（車輪倒也）曾撓摩地，扶旋猗那，動容轉曲，便媚擬神，（曾撓摩地鼓車平解扶轉周旋更曲意更爲之擬象也　逵吉按太平御覽引曲作回高注云轉更也回意更回也）身若秋葯被風，（葯白芷香草也被風言其弱也）髮若結旌，（屈而復舒也）騁馳若騖。（騁馳言其疾也　逵吉按太平御覽騖作鶩）木熙者，舉梧檟，據句枉，（熙戲也舉援也梧桐檟梓皆大木也句枉曲枝也枉或作掘也）蝯自縱，好茂葉，（言舞者若蝯不復踐地好上茂木之枝葉）龍夭矯，燕枝拘，（言蟠蘿若蟠龍燕枝拘言其著樹如燕附枝也）援豐條，舞扶疏，（援持也持大條以木舞扶疏槃跚貌）龍從鳥集，搏援攫肆，蔑蒙踊躍。（言其舞體如龍附雲如鳥集山持捷大極其巧蔑蒙踊躍言其疾也）且夫觀者莫不爲之損心酸足，（觀者見其微妙危險皆爲之損動中心酸酢其足也）彼乃始徐行微笑，被衣脩擢。（彼舞者更復徐行小笑披倡衣脩擢舞爲後曲也）夫鼓舞者非柔縱，（言非其人生自柔弱屈句委縱也）而木熙者非眇勁，（眇絕也言其非能自有絕眇之強力也）淹浸漬漸靡使然也。（淹久也浸漬漸于教久使之柔縱眇勁靡教化使之然也）是故生木之長，莫見其益，有時而脩。（長者令長之長）砥礪𥗼堅，莫見其損，有時而薄。（有時積時言非一日教化亦然也）藜藿之生，蝡蝡然日加數寸，不可以爲櫨棟。加猶益也櫨屋也　楩柟豫章之生也。七年而後知。故可以爲棺舟。知猶覺覺其大　夫事有易成者名小。難成者功大。君子脩美。雖未有利。福將在後至。美善也　故詩云。日就月將。學有緝熙於光明。此之謂也。以說在上章也

淮南子卷二十

泰族訓（泰言古今之道萬物之指族於一理明其所謂也故曰泰族）

天設日月。列星辰。調陰陽。張四時。日以暴之。夜以息之。風以乾之。雨露以濡之。其生物也。莫見其所養而物長。其殺物也。莫見其所喪而物亡。此之謂神明。聖人象之。故其起福也。不見其所由而福起。其除禍也。不見其所以而禍除。遠之則邇。延之則疏。稽之弗得。察之不虛。日計無算。歲計有餘。夫溼之至也。莫見其形而炭已重矣。風之至也。莫見其象而木已動矣。日之行也。不見其移。騏驥倍日而馳。草木爲之靡。縣燧未轉。（縣燧邊候見虜舉燧轉相受行道里最疾者也）而日在其前。故天之且風。草木未動而鳥已翔矣。（鳥巢居知風也）其且雨也。陰曀未集而魚已噞矣。（魚潛居知雨也）以陰陽之氣相動也。故寒暑燥溼。以類相從。聲響疾徐。以音相應也。故易曰。鳴鶴在陰。其子和之。高宗諒闇。三年不言。四海之內寂然無聲。一言聲然。大動天下。是以天心呿唫者也。故一動其本而百枝皆應。若春雨之灌萬物也。渾然而流。沛然而施。無地而不澍。無物而不生。故聖人者。懷天心。聲然能動化天下者也。故精誠感於內。形氣動於天。則景星見。黃龍下。祥鳳至。醴泉出。嘉穀生。河不滿溢。海不溶波。故詩云。懷柔百神。及河嶠嶽。逆天暴物。則日月薄蝕。五星失行。四時干乖。晝冥宵光。山崩川涸。冬雷夏霜。詩曰。正月繁霜。我心憂傷。天之與人。有以相通也。故國危亡而天文變。世惑亂而虹蜺見。萬物有以相連。精祲有以相蕩也。（精祲氣之侵人者也）故神明之事。不可以智巧爲也。不可以筋力致也。天地所包。陰陽所嘔。雨露所濡。化生萬物。瑤碧玉珠。翡翠玳瑁。文彩明朗。潤澤若濡。摩而不玩。久而不渝。奚仲不能旅。（旅部旅也）魯般不能造。此之謂大巧。宋人有以象爲其君爲楮葉者。（象象牙也）三年而成。莖柯豪芒。鋒殺顏澤。亂之楮葉之中而不可知也。列子曰。使天地三年而成一葉。則萬物之有葉者寡矣。夫天地之施化也。嘔之而生。吹之而落。豈此契契哉。故凡可度者小也。可數者少也。至大非度之所能及也。至衆非數之所能領也。故九州不可頃畝也。八極不可道里也。太山不可丈尺也。江海不可斗斛也。故大人者。與天地合德。日月合明。鬼神合靈。與四時合信。故聖人懷天氣。抱天心。執中含和。不下廟堂而衍四海。變習易俗。民化而遷善。若性諸己。能以神化也。詩云。神之聽之。終和且平。夫鬼神視之無形。聽之無聲。然而郊天望山川。禱祠而求福。雩兌而請雨。卜筮而決事。詩云。神之格思。不可度思。矧可射思。此之謂也。天致其高。地致其厚。月照其夜。日照其晝。陰陽化。列星朗。非其道而物自然。故陰陽四時。非生萬物也。雨露時降。非養草木也。神明接。陰陽和。而萬物生矣。故高山深林。非爲虎豹也。大木茂枝。非爲飛鳥也。流源千里。淵深百仞。非爲蛟龍也。致其高崇。成其廣大。山居木棲。巢枝穴藏。水潛陸行。各得其所寧焉。夫大生小。多生少。天之道也。故邱阜不能生雲雨。滎水不能生魚鼈者。小也。牛馬之氣蒸。生蟣蝨。蟣蝨之氣蒸。不能生牛馬。故化生於外。非生於內也。夫蛟龍伏寢於淵。而卵剖於陵。蛟龍鼈屬也乳於陵而伏於淵其卵自孚螣蛇雄鳴於上風。雌鳴於下風而化成形。精之至也。故聖人養心莫善於誠。至誠而能動化矣。今夫道者。藏精於內。棲神於心。靜莫恬淡。訟繆胸中。訟容也繆靜也邪氣無所留滯。四枝節族。毛蒸理泄。則機樞調利。百脈九竅。莫不順比。其所居神者得其位也。豈節拊而毛脩之哉。聖主在上。廓然無形。寂然無聲。官府若無事。朝廷若無人。無隱士。無軼民。無勞役。無冤刑。四海之內。莫不仰上之德。象主之指。夷狄之國。重譯而至。非戶辯而家說之也。推其誠心。施之天下而已矣。詩曰。惠此中國。以綏四方。內順而外寧矣。太王亶父處邠。狄人攻之。杖策而去。百姓攜幼扶老。負釜甑。踰梁山而國乎岐周。非令之所能召也。秦穆公爲野人食駿馬肉之傷也。飲之美酒。韓之戰。以其死力報。非劵之所責也。劵契也密子治亶父。巫馬期往觀化焉。見夜漁者得小卽釋之。非刑之所能禁也。孔子爲魯司寇。道不拾遺。市買不豫賈。田漁皆讓長。讓長分別長者得多而斑白不戴負。斑白頭有白髮非法之所能致也。夫矢之所以射遠貫牢者。弩力也。其所以中的剖微者。正心也。賞善罰暴者。政令也。其所以能行者。精誠也。故弩雖強。不能獨中。令雖明。不能獨行。必自精氣所以與之施道。故攄道以被民。而民弗從者。誠心弗施也。天地四時。非生萬物也。神明接。陰陽和。而萬物生之。聖人之治天下。非易民性也。拊循其所有。而滌蕩之。故因則大。化則細矣。能循則必大也化而欲作則小矣禹鑿龍門。闢伊闕。決江濬河。東注之海。因水之流也。后稷墾草發菑。糞土樹穀。使五種各得其宜。因地之勢也。湯武革車三百乘。甲卒三千人。討暴亂。制夏商。因民之欲也。故能因則無敵於天下矣。夫物有以自然。而後人事有治也。故良匠不能斲金。巧冶不能鑠木。金之勢不可斲。而木之性不可鑠也。埏埴而爲器。窬木而爲舟。鑠鐵而爲刃。鑄金而爲鐘。因其可也。駕馬服牛。令雞司夜。令狗守門。因其然也。民有好色之性。故有大婚之禮。有飲食之性。故有大饗之誼。有喜樂之性。故有鐘鼓筦絃之音。有悲哀之性。故有衰絰哭踊之節。故先王之制法也。因民之所好而爲之節文者也。因其好色而制婚姻之禮。故男女有別。因其喜音而正雅頌之聲。故風俗不流。因其寧家室樂妻子。教之以順。故父子有親。因其喜朋友而教之以悌。故長幼有序。然後脩朝聘以明貴賤。饗飲習射以明長幼。時搜振旅以習用兵也。搜簡車馬出曰治兵入曰振旅 入學庠序以脩人倫。此皆人之所有於性。而聖人之所匠成也。故無其性。不可教訓。有其性無其養。不能遵道。繭之性爲絲。然非得工女煮以熱湯而抽其統紀。則不能成絲。卵之化爲雛。非慈雌嘔煖覆伏累日積久。則不能爲雛。人之性有仁義之資。非聖人爲之法度而教導之。則不可使鄉方。故先王之教也。因其所喜以勸善。因其所惡以禁姦。故刑罰不用。而威行如流。政令約省。而化燿如神。故因其性則天下聽從。拂其性則法縣而不用。昔者五帝三王之蒞政施教。必用參五。何謂參五。仰取象於天。俯取度於地。中取法於人。乃立明堂之朝。行明堂之令。明堂布令之宮有十二月之政令 以調陰陽之氣。以和四時之節。以辟疾病之菑。俯視地理。以制度量。察陵陸水澤肥墽高下之宜。立事生財。以除飢寒之患。中考乎人德。以制禮樂。行仁義之道。以治人倫而除暴亂之禍。乃澄列金木水火土之性。澄清也 故立父子之親而成家。別清濁五音六律相生之數。以立君臣之義而成國。察四時季孟之序。以立長幼之禮而成官。此之謂參。制君臣之義。父子之親。夫婦之辨。長幼之序。朋友之際。此之謂五。乃裂地而州之。分職而治之。築城而居之。割宅而異之。分財而衣食之。立大學而教誨之。夙與夜寐而勞力之。此治之綱紀也。然得其人則舉。失其人則廢。堯治天下。政教平。德潤洽。在位七十載。乃求所屬天下之統。令四岳揚側陋。四岳舉舜而薦之堯。堯乃妻以二女以觀其內。〔二女娥皇女英〕任以百官以觀其外。既入大麓。烈風雷雨而不迷。〔林屬於山曰麓堯使舜入林麓之中遭大風雨不迷也〕乃屬以九子。〔堯有九男〕贈以昭華之玉而傳天下焉。〔昭華玉名〕以爲雖有法度而絑弗能統也。〔絑堯子也〕夫物未嘗有張而不弛。成而不毀者也。惟聖人能盛而不衰。盈而不虧。神農之初作琴也。以歸神。及其淫也。反其天心。夔之初作樂也。〔夔堯典樂官也〕皆合六律而調五音。以通八風。及其衰也。以沈湎淫康。不顧政治。至於滅亡。蒼頡之初作書。以辯治百官。領理萬事。愚者得以不忘。智者得以志遠。至其衰也。爲姦刻僞書。以解有罪。以殺不辜。湯之初作囿也。以奉宗廟鮮犞之具。〔生肉爲鮮乾肉爲犞〕簡士卒。習射御。以戒不虞。及至其衰也。馳騁獵射。以奪民時。罷民之力。堯之舉禹契后稷皋陶。政教平。姦宄息。獄訟止而衣食足。賢者勸善而不肖者懷其德。及至其末。朋黨比周。各推其與。廢公趨私。內外相推舉。姦人在朝。而賢者隱處。故易之失也卦。書之失也敷。樂之失也淫。詩之失也辟。禮之失也責。春秋之失也刺。天地之道。極則反。盈則損。五色雖朗。有時而渝。茂木豐草。有時而落。物有隆殺。不得自若。故聖人事窮而更爲。法弊而改制。非樂變古易常也。將以救敗扶衰。黜淫濟非。以調天地之氣。順萬物之宜也。聖人天覆地載。日月照。陰陽調。四時化。萬物不同。無故無新。無疏無親。故能法天。天不一時。地不一利。人不一事。是以緒業不得不多端。趨行不得不殊方。五行異氣而皆適調。逵吉按太平御覽作而皆和無適調字 六藝異科而皆同道。逵吉按太平御覽無同字 溫惠柔良者。詩之風也。淳龐敦厚者。書之教也。清明條達者。易之義也。恭儉尊讓者。逵吉按太平御覽尊作撙 禮之為也。寬裕簡易者。逵吉按太平御覽裕作和 樂之化也。刺幾辯義者。逵吉按太平御覽幾作譏 春秋之靡也。故易之失鬼。易以氣定吉凶故鬼 樂之失淫。樂變至於鄭聲淫也 詩之失愚。詩人怨怒近愚 逵吉按怒疑當作怨 書之失拘。書有典謨之制拘以法也 禮之失忮。禮尊尊卑卑尊不下卑故忮也 逵吉按太平御覽忮作亂 春秋之失訾。春秋貶絕不避王人書人之過相訾也 六者聖人兼用而財制之。失本則亂。得本則治。其美在調。其失在權。水火金木土穀。異物而皆任。規矩權衡準繩。異形而皆施。丹青膠漆。不同而皆用。各有所適。物各有宜。輪圓輿方。轅從衡橫。勢施便也。驂欲馳。服欲步。驂騑服車中央馬也 帶不厭新。鉤不厭故。處地宜也。關雎興於鳥。而君子美之。為其雌雄之不乖居也。鹿鳴興於獸。君子大之。取其見食而相呼也。泓之戰。軍敗君獲。宋襄公與楚戰於泓楚人敗之獲襄公 而春秋大之。取其不鼓不成列也。宋伯姬坐燒而死。伯姬宋共公夫人夜失火待傅母不至不下堂而及火死之也 春秋大之。取其不踰禮而行也。成功立事。豈足多哉。方指所言而取一槩焉爾。王喬赤松。去塵埃之間。離羣慝之紛。慝惡也吸陰陽之和。食天地之精。呼而出故。吸而入新。踈虛輕舉。乘雲游霧。可謂養性矣。而未可謂孝子也。周公誅管叔蔡叔。以平國弭亂。可謂忠臣也。而未可謂弟也。湯放桀。武王伐紂。以爲天下去殘除賊。可謂惠君。而未可謂忠臣矣。樂羊攻中山未能下。中山烹其子。而食之以示威。可謂良將。而未可謂慈父也。故可乎可。而不可乎不可。不可乎不可。而可乎可。舜許由異行而皆聖。伊尹伯夷異道而皆仁。箕子比干異趨而皆賢。故用兵者。或輕或重。或貪或廉。此四者相反而不可一無也。輕者欲發。重者欲止。貪者欲取。廉者不利非其有。故勇者可令進鬭。而不可令持牢。重者可令埴固。而不可令凌敵。貪者可令進取。而不可令守職。廉者可令守分。而不可令進取。信者可令持約。而不可令應變。五者相反。聖人兼用而財使之。夫天地不包一物。陰陽不生一類。海不讓水潦以成其大。山不讓土石以成其高。夫守一隅而遺萬方。取一物而棄其餘。則所得者鮮。而所治者淺矣。治大者道不可以小。地廣者制不可以狹。位高者事不可以煩。民衆者教不可以苛。夫事碎難治也。法煩難行也。求多難澹也。寸而度之。至丈必差。銖而稱之。至石必過。石秤丈量。徑而寡失。簡絲數米。煩而不察。言事當因大法如簡閱絲數米則煩而無功也故大較易爲智。曲辯難爲慧。故無益於治。而有益於煩者。聖人不爲。無益於用。而有益於費者。智者弗行也。故功不厭約。事不厭省。求不厭寡。功約易成也。事省易治也。求寡易澹也。衆易之。於以任人。易矣。孔子曰。小辯破言。小利破義。小藝破道。小見不達。必簡。河以逶蛇。故能遠。山以陵遲。故能高。陰陽無爲。故能和。道以優游。故能化。夫徹於一事。察於一辭。審於一技。可以曲說而未可廣應也。蓼菜成行。甂甌有甚。稱薪而爨。數米而炊。可以治小而未可以治大也。員中規。方中矩。動成獸。止成文。可以愉舞而不可以陳軍。滌盃而食。洗爵而飲。盥而後饋。可以養少而不可以饗衆。今夫祭者。屠割烹殺。剝狗燒豕。調平五味者。庖也。陳簠簋。（器方中者爲簠圓中者爲簋也）列樽俎。設籩豆者。祝也。齊明盛服。淵默而不言。神之所依者。尸也。宰祝雖不能。尸不越樽俎而代之。故張瑟者。小絃急而大絃緩。立事者。賤者勞而貴者逸。舜爲天子。彈五絃之琴。歌南風之詩。而天下治。周公肴臑不收於前。鐘鼓不解於懸。而四夷服。趙政晝決獄而夜理書。（趙政秦始皇帝）御史冠蓋接於郡縣。覆稽趨留。戍五嶺以備越。築脩城以守胡。然姦邪萌生。盜賊羣居。事愈煩而亂愈生。故法者。治之具也。而非所以爲治也。而猶弓矢中之具。而非所以中也。黃帝曰。芒芒昧昧。因天之威。與元同氣。故同氣者帝。同義者王。同力者霸。無一焉者亡。故人主有伐國之志。邑犬羣嗥。（伐國逆天之行則時必有大禍）雄雞夜鳴。庫兵動而戎馬驚。戎馬兵馬也雞夜鳴而兵馬起氣之感動也今日解怨偃兵。家老甘臥。巷無聚人。妖菑不生。非法之應也。精氣之動也。故不言而信。不施而仁。不怒而威。是以天心動化者也。施而仁。言而信。怒而威。是以精誠感之者也。施而不仁。言而不信。怒而不威。是以外貌爲之者也。故有道以統之。法雖少。足以化矣。無道以行之。法雖衆。足以亂矣。治身。太上養神。其次養形。治國。太上養化。其次正法。神清志平。百節皆寧。養性之本也。肥肌膚。充腸腹。供嗜慾。養生之末也。民交讓爭處卑。委利爭受寡。力事爭就勞。日化上遷善而不知其所以然。此治之上也。利賞而勸善。畏刑而不爲非。法令正於上而百姓服於下。此治之末也。上世養本。而下世事末。此太平之所以不起也。夫欲治之主不世出。而可與興治之臣不萬一。以萬一求不世出。此所以千歲不一會也。水之性淖以清。窮谷之汙。生以青苔。青苔水垢也不治其性也。掘其所流而深之。逵吉按太平御覽掘上有若字茨其所決而高之。茨積土塡滿之也使得循勢而行。乘衰而流。衰下也雖有腐髊流漸。弗能汙也。腐髊骨也漸水也　逵吉按太平御覽漸作澌澌字爲是其性非異也。通之與不通也。風俗猶此也。誠決其善志。防其邪心。啓其善道。塞其姦路。與同出一道。則民性可善。而風俗可美也。逵吉按太平御覽作風俗可遷矣所以貴扁鵲者。非貴其隨病而調藥。貴其擪息脈血。知病之所從生也。言人之喘息脈之病可知所以貴聖人者。非貴隨罪而鑒刑也。貴其知亂之所由起也。若不脩其風俗而縱之淫辟，乃隨之以刑，繩之以法，法雖殘賊，天下弗能禁也。禹以夏王，桀以夏亡，湯以殷王，紂以殷亡，非法度不存也，紀綱不張，風俗壞也。三代之法不亡而世不治者，無三代之智也。六律具存而莫能聽者，無師曠之耳也。故法雖在，必待聖而後治，律雖具，必待耳而後聽。故國之所以存者，非以有法也，以有賢人也，其所以亡者，非以無法也，以無賢人也。晉獻公欲伐虞，宮之奇存焉，爲之寢不安席，食不甘味，而不敢加兵焉。賂以寶玉駿馬，宮之奇諫而不聽，言而不用，越疆而去，荀息伐之，兵不血刃，抱寶牽馬而去。故守不待渠壍而固，攻不待衝降而拔，得賢之與失賢也。故臧武仲以其智存魯，而天下莫能亡也，璩伯玉以其仁寧衞，而天下莫能危也。易曰：豐其屋，蔀其家，窺其戶，闃其無人。無人者，非無衆庶也，言無聖人以統理之也。民無廉恥，不可治也，非脩禮義，廉恥不立。民不知禮義，法弗能正也。非崇善廢醜，不向禮義。無法不可以爲治也，不知禮義不可以行法。法能殺不孝者，而不能使人爲孔、曾之行，法能刑竊盜者，而不能使人爲伯夷之廉。孔子弟子七十，養徒三千人，皆入孝出悌，言爲文章，行爲儀表，教之所成也。墨子服役者百八十人，皆可使赴火蹈刃，死不還踵，化之所致也。夫刻肌膚，鑱皮革。被創流血。至難也。然越爲之。以求榮也。越人以箴刺皮爲龍文所以爲尊榮之也聖王在上。明好惡以示之。經誹譽以導之。親賢而進之。賤不肖而退之。無被創流血之苦。而有高世尊顯之名。民孰不從。古者法設而不犯。刑錯而不用。非可刑而不刑也。百工維時。庶績咸熙。禮義脩而任賢得也。故舉天下之高。以爲三公。一國之高。以爲九卿。一縣之高。以爲二十七大夫。一鄉之高。以爲八十一元士。故智過萬人者謂之英。千人者謂之俊。百人者謂之豪。十人者謂之傑。明於天道。察於地理。通於人情。大足以容衆。德足以懷遠。信足以一異。知足以知變者。人之英也。德足以教化。行足以隱義。仁足以得衆。明足以照下者。人之俊也。行足以爲儀表。知足以決嫌疑。廉足以分財。信可使守約。作事可法。出言可道者。人之豪也。守職而不廢。處義而不比。見難不苟免。見利不苟得者。人之傑也。英俊豪傑。各以小大之材。處其位。得其宜。由本流末。以重制輕。上唱而民和。上動而下隨。四海之內。一心同歸。背貪鄙而向義理。其於化民也。若風之搖草木。無之而不靡。今使愚教知。使不肖臨賢。雖嚴刑罰。民弗從也。小不能制大。弱不能使強也。故聖主者舉賢以立功。不肖主舉其所與同。文王舉太公望召公奭而王。桓公任管仲隰朋而霸。此舉賢以立功也。夫差用太宰嚭而滅。秦任李斯趙高而亡。此舉所與同。故觀其所舉。而治亂可見也。察其黨與。而賢不肖可論也。夫聖人之屈者。以求伸也。枉者以求直也。故雖出邪辟之道。行幽昧之塗。將欲以直大道。成大功。猶出林之中。不得直道。拯溺之人。不得不濡足也。伊尹憂天下之不治。調和五味。負鼎俎而行。（伊尹七十說湯而不用于是負鼎俎調五味僅然後得用）五就桀。五就湯。將欲以濁為清。以危為寧也。周公股肱周室。輔翼成王。管叔蔡叔奉公子祿父而欲為亂。周公誅之以定天下。緣不得已也。管子憂周室之卑。諸侯之力征。夷狄伐中國。民不得寧處。故蒙恥辱而不死。將欲以憂夷狄之患。平夷狄之亂也。孔子欲行王道。東西南北七十說而無所偶。故因衛夫人彌子瑕而欲通其道。（衛夫人衛靈公夫人南子也彌子瑕衛之嬖臣）此皆欲平險除穢。由冥冥至炤炤。動於權而統於善者也。夫觀逐者於其反也。而觀行者於其終也。故舜放弟。周公殺兄。猶之為仁也。文公樹米。（文公晉文公也樹米而欲生之也）曾子架羊。（架連架所以備知也）猶之為知也。當今之世。醜必託善以自為解。邪必蒙正以自為辟。遊不論國。仕不擇官。行不辟汙。曰伊尹之道也。分別爭財。親戚兄弟搆怨。骨肉相賊。曰周公之義也。行無廉恥。辱而不死。曰管子之趨也。行貨賂。趣勢門。立私廢公。比周而取容。曰孔子之術也。此使君子小人。紛然淆亂。莫知其是非者也。故百川並流。不注海者不為川谷。趨行蹐馳。不歸善者不為君子。故善言歸乎可行。舍行歸乎仁義。田子方段干木輕爵祿而重其身。不以欲傷生。不以利累形。李克竭股肱之力。領理百官。輯穆萬民。使其君生無廢事。死無遺憂。此異行而歸於善者。田子方段干木李克皆魏文侯臣故皆歸于善張儀蘇秦。家無常居。身無定君。約從衡之事。爲傾覆之謀。濁亂天下。撓滑諸侯。使百姓不遑啓居。或從或橫。或合衆弱。或輔富強。此異行而歸於醜者也。故君子之過也。猶日月之蝕。何害於明。小人之可也。猶狗之晝吠。鴟之夜見。何益於善。夫知者不妄發。擇善而爲之。計義而行之。故事成而功足賴也。身死而名足稱也。雖有知能。必以仁義爲之本。然後可立也。知能蹐馳。百事並行。聖人一以仁義爲之準繩。中之者謂之君子。弗中者謂之小人。君子雖死亡。其名不滅。小人雖得勢。其罪不除。使人左據天下之圖而右刎喉。愚者不爲也。身貴於天下也。死君親之難。視死若歸。義重於身也。天下大利也。比之身則小。身之重也。比之義則輕。義所全也。詩曰。愷悌君子。求福不回。言以信義爲準繩也。欲成霸王之業者。必得勝者也。能得勝者。必強者也。能強者。必用人力者也。能用人力者。必得人心者也。能得人心者。必自得者也。故心者身之本也。身者國之本也。未有得已而失人者也。未有失已而得人者也。故爲治之本。務在寧民。寧民之本。在於足用。足用之本。在於勿奪時。勿奪時之本在於省事。省事之本在於節用。節用之本在於反性。未有能搖其本而靜其末。濁其源而清其流者也。故知性之情者。不務性之所無以爲。知命之情者。不憂命之所無柰何。故不高宮室者。非愛木也。不大鐘鼎者。非愛金也。直行性命之情。而制度可以爲萬民儀。今目悅五色。口嚼滋味。耳淫五聲。七竅交爭以害其性。日引邪欲而澆其身。夫調身弗能治。柰天下何。故自養得其節。則養民得其心矣。所謂有天下者。非謂其履勢位受傳籍。稱尊號也。言運天下之力而得天下之心。紂之地。左東海。右流沙。前交趾。後幽都。師起容關。 逵吉按太平御覽關作闕 至浦水。士億有餘萬。 逵吉按太平御覽無士字 然皆倒矢而射。傍戟而戰。武王左操黃鉞。右執白旄以麾之。 逵吉按太平御覽以作而 則瓦解而走。遂土崩而下。 逵吉按太平御覽下作匕 紂有南面之名。而無一人之德。 逵吉按太平御覽德作譽 此失天下也。故桀紂不爲王。湯武不爲放。周處酆鎬之地。方不過百里。而誓紂牧之野。入據殷國。朝成湯之廟。表商容之閭。封比干之墓。解箕子之囚。乃折枹毀鼓。偃五兵。縱牛馬。搢笏而朝天下。百姓歌謳而樂之。諸侯執禽而朝之。得民心也。闔閭伐楚。五戰入郢。燒高府之粟。破九龍之鐘。 楚爲九龍之簴以縣鐘也 逵吉按太平御覽引此下許愼注云刻簴爲九龍縣鐘也賈子云毀十龍之鐘也 鞭荊平王之墓。 荊平王殺子胥之父故鞭其墓以復讎 舍昭王之宮。 吳之入楚君舍乎君室大夫舍大夫舍也 昭王奔隨。百姓父兄。攜幼扶老而隨之。乃相率而爲致勇之寇。皆方命奮臂而爲之闕。當此之時。無將卒以行列之。各致其死。卻吳兵。復楚地。靈王作章華之臺。靈王楚君 發乾谿之役。靈王伐齊以恐吳次於乾谿也 外內搔動。百姓罷敝。弃疾乘民之怨而立公子比。弃疾公子比靈王之兄弟 百姓放臂而去之。餓於乾谿。食莽飲水。莽草也 枕塊而死。楚國山川不變。土地不易。民性不殊。昭王則相率而殉之。靈王則倍畔而去之。得民之與失民也。故天子得道。守在四夷。天子失道。守在諸侯。諸侯得道。守在四鄰。諸侯失道。守在四境。故湯處亳七十里。文王處酆百里。皆令行禁止於天下。周之衰也。戎伐凡伯于楚丘以歸。凡伯周大夫使于魯而戎伐之楚邱 故得道則以百里之地令於諸侯。失道則以天下之大畏於冀州。故曰。無恃其不吾奪也。恃吾不可奪。行可奪之道。而非篡弒之行。無益於持天下矣。凡人之所以生者。衣與食也。今囚之冥室之中。雖養之以芻豢。衣之以綺繡。不能樂也。以目之無見。耳之無聞。穿隙穴。見雨零。則快然而嘆之。況開戶發牖。從冥冥見炤炤乎。從冥冥見炤炤。猶尚肆然而喜。又況出室坐堂。見日月光乎。見日月光。曠然而樂。又況登泰山。履石封。以望八荒。視天都若蓋。江河若帶。又況萬物在其間者乎。其爲樂豈不大哉。且聾者耳形具而無能聞也。盲者目形存而無能見也。夫言者所以通己於人也。聞者所以通人於己也。瘖者不言。聾者不聞。既瘖且聾。人道不通。故有瘖聾之病者。雖破家求醫。不顧其費。豈獨形骸有痻聾哉。心志亦有之。夫指之拘也。莫不事申也。心之塞也。莫知務通也。不明於類也。夫觀六藝之廣崇。窮道德之淵深。達乎無上。至乎無下。運乎無極。翔乎無形。廣於四海。崇於太山。富於江河。曠然而通。昭然而明。天地之閒。無所繫戾。其所以監觀。豈不大哉。人之所知者淺。而物變無窮。曩不知而今知之。非知益多也。問學之所加也。夫物常見則識之。嘗爲則能之。故因其患則造其備。犯其難則得其便。夫以一世之壽。而觀千歲之知。今古之論。雖未嘗更也。其道理素具。可不謂有術乎。人欲知高下而不能。教之用管準則說。欲知輕重而無以。予之以權衡則喜。欲知遠近而不能。教之以金目則快射。金目深目所以望遠近射準也又況知應無方而不窮哉。犯大難而不懾。見煩繆而不惑。晏然自得。其爲樂也。豈直一說之快哉。夫道。有形者皆生焉。其爲親亦戚矣。享穀食氣者皆受焉。其爲君亦惠矣。諸有智者皆學焉。其爲師亦博矣。射者數發不中。人教之以儀則喜矣。又況生儀者乎。人莫不知學之有益於己也。然而不能者。嬉戲害人也。達吉按太平御覽人作之人皆多以無用害有用。故智不博而日不足。以鑿觀池之力耕。則田野必辟矣。以積土山之高脩隄防。則水用必足矣。以食狗馬鴻雁之費養士。則名譽必榮矣。以弋獵博弈之日誦詩讀書。聞識必博矣。

故不學之與學也。猶瘖聾之比於人也。凡學者能明於天人之分。通于治亂之本。澄心清意以存之。見其終始。可謂知略矣。天之所爲。禽獸草木。人之所爲。禮節制度。構而爲宮室。制而爲舟輿是也。治之所以爲本者。仁義也。所以爲末者。法度也。凡人之所以事生者。本也。其所以事死者。末也。本末一體也。其兩愛之一性也。先本後末。謂之君子。以末害本。謂之小人。君子與小人之性非異也。所在先後而已矣。草木洪者爲本。而殺者爲末。禽獸之性。大者爲首。而小者爲尾。末大於本則折。尾大於要則不掉矣。故食其口而百節肥。灌其本而枝葉美。天地之性也。天地之生物也有本末。其養物也有先後。人之於治也。豈得無終始哉。故仁義者。治之本也。今不知事脩其本。而務治其末。是釋其根而灌其枝也。且法之生也。以輔仁義。今重法而棄義。是貴其冠履而忘其頭足也。故仁義者。爲厚基者也。不益其厚而張其廣者毀。不廣其基而增其高者覆。趙政不增其德而累其高。故滅。智伯不行仁義而務廣地。故亡其國。語曰。不大其棟。不能任重。重莫若國。棟莫若德。國主之有民也。猶城之有基。木之有根。根深則本固。基美則上寧。五帝三王之道。天下之綱紀。治之儀表也。今商鞅之啓塞。啓之以利塞之以禁商鞅之術申子之三符。申不害治韓有三符驗之術韓非之孤憤。韓非說孤生之憤志張儀蘇秦之從衡。蘇秦合大國爲從張儀說爲衡也皆掇取之權。一切之術也。非治之大本事之恆常可博聞而世傳者也。子囊北而全楚。北不可以爲庸。（子囊楚大夫北逐走庸常也）弦高誕而存鄭。誕不可以爲常。今夫雅頌之聲。皆發於詞。本於情。故君臣以睦。父子以親。故韶夏之樂也。聲浸乎金石。潤乎草木。今取怨思之聲。施之於絃管。聞其音者。不淫則悲。淫則亂男女之辨。悲則感怨思之氣。豈所謂樂哉。趙王遷流於房陵。（秦滅趙王遷之漢中房陵）思故鄉。作爲山水之謳。（山水之嘔歌曲）聞者莫不殞涕。荆軻西刺秦王。高漸離宋意爲擊筑而歌於易水之上。（荆軻燕人太子丹之客丹怨秦王故遣軻刺之高漸離宋意皆太子丹之客筑曲二十一弦易水燕之南水也）聞者莫不瞋目裂眦。髮植穿冠。因以此聲爲樂而入宗廟。豈古之所謂樂哉。故弁冕輅輿。可服而不可好也。（弁冕冠也）太羹之和。可食而不可嗜也。（太羹不和五味）朱弦漏越。（朱弦縑絲漏穿越琴瑟兩頭也）一唱而三嘆。可聽而不可快也。故無聲者。正其可聽者也。其無味者。正其足味者也。吠聲清於耳。兼味快於口。非其貴也。故事不本於道德者。不可以爲儀。言不合乎先王者。不可以爲道。音不調乎雅頌者。不可以爲樂。故五子之言。（五子謂商鞅申子韓非蘇秦張儀也）所以便說掇取也。非天下之通義也。聖王之設政施教也。必察其終始。其縣法立儀。必原其本末。不苟以一事備一物而已矣。見其造而思其功。觀其源而知其流。故博施而不竭。彌久而不垢。夫水出於山而入于海。稼生于田而藏於倉。聖人見其所生。則知其

所歸矣。故舜深藏黃金於嶄巖之山。所以塞貪鄙之心也。儀狄爲酒。禹飲
而甘之。遂疏儀狄而絕旨酒。所以遏流湎之行也。師涓爲平公鼓朝歌北
鄙之音。衛靈公宿於濮水之上聞琴音召師涓而寫之蓋師延所爲紂作朝歌北鄙之音也 師曠曰。此亡國之樂也。靈公進新聲平公平公以問師曠師曠曰紂以師延作靡靡之樂紂亡師延東走自投濮水而死得此音必於濮上也 太息而撫之。所以防淫辟之風也。故民知書而
德衰。知數而厚衰。知券契而信衰。知械機而實衰也。實質也 巧詐藏于胸中。則
純白不備。而神德不全矣。琴不鳴而二十五絃各以其聲應。軸不連而三
十輻各以其力旋。絃有緩急小大。然後成曲。車有勞逸動靜。而後能致遠。
使有聲者。乃無聲者也。能致千里者。乃不動者也。故上下異道則治。同道
則亂。位高而道大者從。事大而道小者凶。故小快害義。小慧害道。小辯害
治。苛削傷德。大政不險。故民易道。至治寬裕。故下不相賊。至忠復素。故民
無匿情。商鞅爲秦立相坐之法。而百姓怨矣。相坐之法一家有罪三家坐之 吳起爲楚減爵祿
之令。而功臣畔矣。減爵者收減羣臣之爵祿 商鞅之立法也。吳起之用兵也。天下之善者也。
然商鞅之法亡秦。察於刀筆之跡。而不知治亂之本也。吳起以兵弱楚。習
於行陳之事。而不知廟戰之權也。晉獻公之伐驪。得其女。非不善也。然而
史蘇嘆之。晉獻公得驪姬使史蘇占之史蘇曰佽以銜骨齒牙爲禍也 見其四世之被禍也。吳王夫差破齊艾陵。
勝晉黃池。非不捷也。軍之所獲爲捷 而子胥憂之。見其必禽於越也。小白奔莒。小白齊桓公

重耳奔曹。非不困也。而鮑叔咎犯隨而輔之。知其可與至於霸也。句踐棲於會稽。脩政不殆。謨慮不休。知禍之爲福也。襄子再勝而有憂色。（趙襄子再勝謂伐狄勝二邑）畏福之爲禍也。故齊桓公亡汶陽之田而霸。（魯莊公使曹子劫桓公取汶陽之田桓公不背信諸侯朝之也）智伯兼三晉之地而亡。聖人見禍福於重閉之內。而慮患於九拂之外者也。（九拂九曲是折投拂不見處也）原蠶一歲再收。（原再也）非不利也。然而王法禁之者。爲其殘桑也。離先稻熟。而農夫耨之。（稻米隨而生者爲離與稻相似耨之爲其少實）不以小利傷大穫也。家老異飯而食。殊器而享。子婦跣而上堂。跪而斟羹。非不費也。然而不可省者。爲其害義也。待媒而結言。聘納而取婦。紱絻而親迎。非不煩也。然而不可易者。所以防淫也。使民居處相司。有罪相覺。於以舉姦。非不掇也。然而傷和睦之心。而構仇讎之怨。故事有鑿一孔而生百隙。樹一物而生萬葉者。所鑿不足以爲便。而所開足以爲敗。所樹不足以爲利。而所生足以爲濊。愚者惑於小利而忘其大害。昌羊去蚤蝨而人弗庠者。爲其來蛉窮也。貍執鼠而不可脫於庭者。爲搏雞也。故事有利於小而害於大。得於此而亡於彼者。故行棊者或食兩而路窮。（行棊謂大博也）或予踦而取勝。（予踦予對家奇一棊也）偷利不可以爲行。而智術不可以爲法。故仁知。人材之美者也。所謂仁者。愛人也。所謂知者。知人也。愛人則無虐刑矣。知人則無亂政矣。治由文理。則無悖謬之事矣。刑不侵濫。則無暴虐之行矣。上無煩亂之治。下無怨望之心。則百殘除而中和作矣。此三代之所昌。故書曰。能哲且惠。黎民懷之。何憂讙兜。何遷有苗。智伯有五過人之材。智伯美髯長大一材也射御足力二材也材藝畢給三材也攻文辯慧四材也強毅果敢五材也而不免於身死人手者。不愛人也。齊王建有三過人之巧。力能引強走先馳馬超能越高而身虜於秦者。不知賢也。在用后勝之計不用淳于越之言也故仁莫大於愛人。知莫大於知人。二者不立。雖察慧捷巧。劬祿疾力。不免於亂也。

淮南子卷二十一

要略　作鴻烈之書二十篇略數其要明其所指序其微妙論其大體故曰要略

夫作爲書論者，所以紀綱道德，經緯人事，上考之天，下揆之地，中通諸理。雖未能抽引玄妙之中才，繁然足以觀終始矣。總要舉凡，而語不剖判純樸，靡散大宗，純樸太素也大宗事本也懼爲人之惽惽然弗能知也，故多爲之辭，博爲之說，又恐人之離本就末也，故言道而不言事，則無以與世浮沈；言事而不言道，則無以與化游息。故著二十篇，有原道，有俶眞，有天文，有墬形，有時則，有覽冥，有精神，有本經，有主術，有繆稱，有齊俗，有道應，有氾論，有詮言，有兵略，有說山，有說林，有人間，有脩務，有泰族也。原道者，盧牟六合，盧牟猶規模也混沌萬物，象太一之容，太一之容北極之氣合爲一體也測窈冥之深，以翔虛無之軫，軫道畛也託小以苞大，守約以治廣，使人知先後之禍福，動靜之利害，誠通其志，浩然可以大觀矣。欲一言而寤，寤覺則尊天而保眞；欲再言而通，則賤物而貴身；欲參言而究，則外物而反情。執其大指，以內洽五藏，洽潤瀸濇肌膚，被服法則，而與之終身，所以應待萬方，覽耦百變也，耦近也若轉丸掌中，足以自樂也。俶眞者，窮逐終始之化，嬴垀有無之精，嬴繞匝也垀靡煩也逵吉按垀一本作埒離別萬物之變，合同死生之形。使人遺物反已。審仁義之間。通同異之理。觀至德之統。知變化之紀。說符玄妙之中。通迴造化之母也。造化之母元氣太一之神天文者。所以和陰陽之氣。理日月之光。節開塞之時。列星辰之行。知逆順之變。避忌諱之殃。順時運之應。法五神之常。使人有以仰天承順。而不亂其常者也。地形者。所以窮南北之脩。極東西之廣。經山陵之形。區川谷之居。明萬物之主。知生類之衆。列山淵之數。規遠近之路。使人通迴周備。不可動以物。不可驚以怪者也。時則者。所以上因天時。下盡地力。據度行當。合諸人則。形十二節。一月爲一節以爲法式。終而復始。歲終十二月從正月始也轉於無極。因循倣依。以知禍福。操舍開塞。各有龍忌。中國以鬼神之事日忌北胡南越皆謂之請龍發號施令。以時教期。使君人者知所以從事。覽冥者。所以言至精之通九天也。至微之淪無形也。純粹之入至清也。昭昭之通冥冥也。乃始攬物引類。覽取撟掇。撟取也掇拾也浸想宵類。宵微視也宵物似也類衆也物之可以喻意象形者。乃以穿通窘滯。決瀆壅塞。引人之意。繫之無極。乃以明物類之感。同氣之應。陰陽之合。形埒之朕。所以令人遠觀博見者也。精神者。所以原本人之所由生。而曉寤其形骸九竅。取象與天。合同其血氣。與雷霆風雨。比類其喜怒。與晝宵寒暑竝明。宵夜審死生之分。別同異之跡。節動靜之機。以反其性命之宗。所以使人愛養其精神。撫靜其魂魄。不以物易已。而堅守虛無之宅者也。本經者，所以明大聖之德，通維初之道，埒略衰世古今之變，以褒先世之隆盛，而貶末世之曲政也。所以使人黜耳目之聰明，精神之感動，樽流遁之觀，（樽止也，流遁披散也。）節養性之和，分帝王之操，列小大之差者也。主術者，君人之事也。所以因作任督責，使羣臣各盡其能也。明攝權操柄，以制羣下，提名責實，（提挈也。）考之參伍，所以使人主秉數持要，不妄喜怒也。其數直施而正邪，外私而立公，使百官條通而輻輳，各務其業，人致其功，此主術之明也。繆稱者，破碎道德之論，差次仁義之分，略雜人間之事，總同乎神明之德，假象取耦，以相譬喻，斷短為節，以應小具，所以曲說攻論，應感而不匱者也。（匱乏之。）齊俗者，所以一羣生之短脩，同九夷之風氣，通古今之論，貫萬物之理，財制禮義之宜，擘畫人事之終始者也。（擘分也。）道應者，攬掇遂事之蹤，追觀往古之跡，察禍福利害之反，考驗乎老莊之術，而以合得失之勢者也。氾論者，所以箴縷縩綴之閒，（縩綃煞也。）攕揳唲齵之郄也，（攕薾也，揳塞也，唲齵錯梧也。）接徑直施，（施衰。）以推本樸，而兆見得失之變，利病之反，所以使人不妄沒於勢利，不誘惑於事態，有符曮晲，兼稽時勢之變，而與化推移者也。詮言者，所以譬類人事之指，解喻治亂之體也，差擇微言之眇，詮以至理之文，而補縫過失之闕者也。兵略者，所以明戰勝攻取之數，形機之勢，詐譎之變體因循之道。操持後之論也[持後者不敢爲主而爲客也]所以知戰陣分爭之非道不行也。知攻取堅守之非德不強也。誠明其意。進退左右無所失。擊危乘勢以爲資。清靜以爲常。避實就虛。若驅羣羊。此所以言兵也。說山說林者。所以竅窕穿鑿百事之壅遏。而通行貫局萬物之窒塞者也。假譬取象。異類殊形。以領理人之意。解墮結細。說捍摶囷。[摶圜也囷𦨢也]而以明事埒事者也。[埒兆朕也]人間者。所以觀禍福之變。察利害之反。鑽脈得失之跡。標舉終始之壇也。[標末也壇場也]分別百事之微。敷陳存亡之機。使人知禍之爲福。亡之爲得。成之爲敗。利之爲害也。誠喻至意。則有以傾側偃仰世俗之閒。而無傷乎讒賊螫毒者也。脩務者。所以爲人之於道未淹。味論未深。見其文辭。反之以清靜爲常。恬淡爲本。則懈墮分學。縱欲適情。欲以偷自佚。而塞於大道也。今夫狂者無憂。聖人亦無憂。聖人無憂。和以德也。狂者無憂。不知禍福也。故通而無爲也。與塞而無爲也同。其無爲則同。其所以無爲則異。故爲之浮稱流說其所以能聽。所以使學者孳孳以自幾也。[幾庶幾也]泰族者。横八極。致高崇。上明三光。下和水土。經古今之道。治倫理之序。總萬方之指。而歸之一本。以經緯治道。紀綱王事。乃原心術。理性情。以館清平之靈。[館舍]澄徹神明之精。[澄清也徹澄別清濁也]以與天和相嬰薄。[嬰繞抱也]所以覽五帝三王。懷天氣。抱天心。執中含和。德形於內。以著凝天地。發起陰陽。序四時。正流方。綏之斯寧。推之斯行。乃以陶冶萬物。遊化羣生。唱而和。動而隨。四海之內。一心同歸。故景星見。景星在月之旁則助月之明也祥風至。風不鳴條也黃龍下。鳳巢列樹。麟止郊野。德不內形。而行其法藉。專用制度。神祇弗應。福祥不歸。四海不賓。兆民弗化。故德形於內。治之大本。此鴻烈之泰族也。鴻大也烈功也凡二十篇總謂之鴻烈凡屬書者。所以窺道開塞。庶後世使知舉錯取舍之宜適。外與物接而不眩。內有以處神養氣。宴煬至和。而已自樂所受乎天地者也。故言道而不明終始。則不知所倣依。言終始而不明天地四時。則不知所避諱。言天地四時而不引譬援類。則不知精微。言至精而不原人之神氣。則不知養生之機。原人情而不言大聖之德。則不知五行之差。言帝道而不言君事。則不知小大之衰。言君事而不爲稱喩。則不知動靜之宜。言稱喩而不言俗變。則不知合同大指已。言俗變而不言往事。則不知道德之應。知道德而不知世曲。則無以耦萬方。知氾論而不知詮言。則無以從容。通書文而不知兵指。則無以應卒已。知大略而不知譬喩。則無以推明事。知公道而不知人閒。則無以應禍福。知人閒而不知脩務。則無以使學者勸力。欲強省其辭。覽總其要。弗曲行區入。則不足以窮道德之意。故著書二十篇。則天地之理究矣。人閒之事接矣。帝王之道備矣。其言有小有巨。有微有粗。指奏卷異。各有爲語。今專言道。則無不在焉。然而能得本知末者。其唯聖人也。今學者無聖人之才。而不爲詳說。則終身顛頓乎混溟之中。而不知覺寤乎昭明之術矣。今易之乾坤。足以窮道通意也。八卦可以識吉凶知禍福矣。然而伏羲爲之六十四變。八八變爲六十四卦伏羲示其象周室增以六爻。周室謂文王也所以原測淑清之道。而攟逐萬物之祖也。夫五音之數。不過宮商角徵羽。然而五弦之琴不可鼓也。必有細大駕和。而後可以成曲。今畫龍首。觀者不知其何獸也。具其形則不疑矣。今謂之道則多。謂之物則少。謂之術則博。謂之事則淺。推之以論則無可言者。所以爲學者。固欲致之不言而已也。夫道論至深。故多爲之辭。以抒其情。萬物至衆。故博爲之說。以通其意。辭雖壇卷連漫。絞紛遠緩。所以洮汰滌蕩至意。洮汰潤也使之無凝竭底滯。捲握而不散也。夫江河之腐胔不可勝數。然祭者汲焉。大也。一盃酒。白蠅漬其中。匹夫弗嘗者。小也。誠通乎二十篇之論。睹凡得要。以通九野。九野八方中央也徑十門。八方上下也外天地。捭山川。捭屛去也其於逍遙一世之間。宰匠萬物之形。亦優游矣。若然者。挾日月而不姚。挾至也姚光也潤萬物而不耗。曼兮洮兮。足以覽矣。藐兮浩兮曠曠兮。可以游矣。文王之時。紂爲天子。賦斂無度。殺戮無止。康梁沈湎。宮中成市。康梁耽樂也沈湎淫酒也成市言集者多也作爲炮烙之刑。刳諫者。刳孕婦。天下同心而苦之。文王四世纍善。（太王王季文王武王凡四世也）脩德行義。處岐周之閒。地方不過百里。天下二垂歸之。（逵吉按太平御覽垂作分）文王欲以卑弱制強暴。以爲天下去殘除賊而成王道。故太公之謀生焉。（太公爲周陳陰符兵謀也）文王業之而不卒。武王繼文王之業。用太公之謀。悉索薄賦。（薄少也賦兵也）躬擐甲冑。（擐貫著也）以伐無道而討不義。誓師牧野。以踐天子之位。天下未定。海内未輯。武王欲昭文王之令德。使夷狄各以其賄來貢。遼遠未能至。故治三年之喪。殯文王於兩楹之閒。（殯大斂也兩楹堂柱之間賓主夾之）以俟遠方。武王立三年而崩。成王在褓襁之中。未能用事。蔡叔管叔。輔公子祿父（祿父紂之兄子周封之以爲殷後使管蔡監之）而欲爲亂。周公繼文王之業。持天子之政。以股肱周室。輔翼成王。懼爭道之不塞。臣下之危上也。故縱馬華山。放牛桃林。敗鼓折枹。搢笏而朝。以寧靜王室。鎭撫諸侯。成王既壯。能從政事。周公受封於魯。以此移風易俗。孔子脩成康之道。述周公之訓。以教七十子。使服其衣冠。脩其篇籍。故儒者之學生焉。墨子學儒者之業。受孔子之術。以爲其禮煩擾而不說。（說易也）厚葬靡財而貧民。服傷生而害事。故背周道而用夏政。禹之時。天下大水。禹身執虆垂。以爲民先。（逵吉按太平御覽虆垂作畚插爲是此誤也）剔河而道九岐。（剔瀉去也九岐河水播岐爲九以入海也逵吉按太平御覽作疏河而道九支）鑿江而通九路。（江水通別爲九）辟五湖（使水辟人而相從也）而定東海。當此之時。燒不暇撌。（撌排去也）濡不給扢。（扢拭也）死陵者葬陵。死澤者葬澤。故節財薄葬閑服生焉。齊桓公之時。天子卑弱。諸侯力征。南夷北狄。交伐中國。中國之不絕如綫。綫細絲也齊國之地。東負海而北障河。地狹田少。而民多智巧。桓公憂中國之患。苦夷狄之亂。欲以存亡繼絕。崇天子之位。廣文武之業。故管子之書生焉。齊景公內好聲色。外好狗馬。獵射亡歸。好色無辨。辨別也作爲路寢之臺。族鑄大鐘。族聚也　逵吉按太平御覽作許昚注撞之庭下。郊雉皆呴。大鐘聲似雷震雉應而呴鳴也　逵吉按太平御覽呴作雊有許昚注云鐘聲如雷震雉皆應之與此略同一朝用三千鐘贛。鐘十斛也贛賜也一朝賜羣臣之費三萬斛也梁丘據子家噲導於左右。二人景公臣也導諫也故晏子之諫生焉。晚世之時。六國諸侯。谿異谷別。水絕山隔。各自治其境內。守其分地。握其權柄。擅其政令。下無方伯。上無天子。力征爭權。勝者爲右。恃連與國。恃連與之國約重致。剖信符。結遠援。以守其國家。持其社稷。故縱橫脩短生焉。申子者。韓昭釐之佐。韓。晉別國也。地墽民險。而介於大國之間。晉國之故禮未滅。韓國之新法重出。先君之令未收。後君之令又下。新故相反。前後相繆。百官背亂。不知所用。故刑名之書生焉。秦國之俗。貪狠狠荒也強力。寡義而趨利。可威以刑。而不可化以善。可勸以賞。而不可厲以名。被險而帶河。四塞以爲固。地利形便。畜積殷富。孝公欲以虎狼之勢而吞諸侯。故商鞅之法生焉。若劉氏之書。淮南王自謂也觀天地之象。通古今之事。權事而立制。度形而施宜。原道之心。合三王之風。

以儲與扈冶。儲與猶攝業也扈冶廣大也玄眇之中。精搖靡覽。楚人謂精進爲精搖靡小皆覽之棄其畛挈。楚人謂澤濁爲畛挈斟其淑靜。以統天下。理萬物。應變化。通殊類。非循一迹之路。守一隅之指。拘繫牽連之物。而不與世推移也。故置之尋常而不塞。布之天下而不窕。窕緩也布之天下雖大不窕也

鹽　鐵　論

桓　寬著

鹽鐵論序

鹽鐵論十卷。凡六十篇。漢廬江太守丞汝南桓寬次公撰。按鹽鐵之議。起昭帝之始元中。詔問賢良文學。皆對願罷郡國鹽鐵。與御史大夫桑弘羊相詰難。而鹽鐵卒不果罷。至宣帝時。寬推衍增廣成一家言。其書在宋嘗有板刻。歷歲既久。寖以失傳。人亦少有知者。新淦涂君知江陰之明年。令行禁止。百廢俱興。新民之暇。手校是書。仍捐俸刻之。使學者獲見古人文字之全。而其究治亂。抑貨利以裨國家之政者。蓋不但可行之當時。而又可施之後世。此則涂君刻書之意也。涂君名禎。字賓賢。予同年進士。吳郡都穆。

禎游學宮時。得漢廬江太守丞汝南桓寬次公所著鹽鐵論讀之。愛其辭博。其論覈。可以施之天下國家。非空言也。惜所鈔紙墨。歲久漫漶。或不能句。有遺恨焉。迺者。江陰始得宋嘉泰壬戌刻本於薦紳家。如獲拱璧。因命工刻梓。嘉與四方大夫士共之。弘治辛酉十月朔日新淦涂禎識。

目錄

鹽鐵論

本議第一

漢　桓寬　撰

惟始元六年。有詔書使丞相御史。與所舉賢良文學語問民間所疾苦。文學對曰。竊聞治人之道。防淫佚之原。廣道德之端。抑末利而開仁義。毋示以利。然後教化可興而風俗可移也。今郡國有鹽鐵酒榷均輸與民爭利。散敦厚之樸。成貪鄙之化。是以百姓就本者寡。趨末者衆。夫文繁則質衰。末盛則本虧。末修則民淫。本修則民愨。民愨則財用足。民侈則飢寒生。願罷鹽鐵酒榷均輸。所以進本退末。廣利農業便也。大夫曰。匈奴背叛不臣。數爲寇暴於邊鄙。備之則勞中國之士。不備則侵盜不止。先帝哀邊人之久患苦爲虜所係獲也。故修障塞。飭烽燧。屯戍以備之。邊用度不足。故興鹽鐵。設酒榷。置均輸。蕃貨長財。以佐助邊費。今議者欲罷之。內空府庫之藏。外乏執備之用。使備塞乘城之士。飢寒於邊。將何以贍之。罷之不便也。文學曰。孔子曰。有國有家者。不患寡而患不均。不患貧而患不安。故天子不言多少。諸侯不言利害。大夫不言得喪。畜仁義以風之。廣德行以懷之。是以近者親附而遠者悅服。故善克者不戰。善戰者不師。善師者不陣。修之於廟堂。而折衝還師。王者行仁政。無敵於天下。惡用費哉。大夫曰。匈奴桀黠。擅恣入塞。犯厲中國。殺伐郡縣朔方都尉。甚悖逆不軌。宜誅討之日久矣。陛下垂大惠。哀元元之未贍。不忍暴士大夫於原野。縱然被堅執銳。有北面復匈奴之志。又欲罷鹽鐵均輸。憂邊用。損武略。無憂邊之心。於其義未便也。文學曰。古者貴以德而賤用兵。孔子曰。遠人不服。則修文德以來之。旣來之。則安之。今廢道德而任兵革。興師而伐之。屯戍而備之。暴兵露師。以支久長。轉輸糧食無已。使邊境之士。飢寒於外。百姓勞苦於內。立鹽鐵。始張利官以給之。非長策也。故以罷之爲便也。大夫曰。古之立國家者。開本末之途。通有無之用。市朝以一。其求致士民。聚萬貨。農商工師。各得所欲。交易而退。易曰。通其變。使民不倦。故工不出則農用乖。商不出則寶貨絕。農用乏則穀不殖。寶貨絕則財用匱。故鹽鐵均輸。所以通委財而調緩急。罷之不便也。文學曰。夫導民以德。則民歸厚。示民以利。則民俗薄。俗薄則背義而趨利。趨利則百姓交於道而接於市。老子曰。貧國若有餘。非多財也。嗜慾衆而民躁也。是以王者。崇本退末。以禮義防民。欲實菽粟貨財。市。商不通無用之物。工不作無用之器。故商所以通鬱滯。工所以備器械。非治國之本務也。大夫曰。管子云。國有沃野之饒而民不足於食者。器械不備也。有山海之貨而民不足於財者。商工不備也。隴蜀之丹漆旄羽。荆揚之皮革骨象。江南之柟梓竹箭。燕齊之魚鹽旃裘。兗豫之漆絲絺紵。養生送終之具也。待商而通。待工而成。故聖人作爲舟楫之用。以通川谷。服牛駕馬。以達陵陸。致遠窮深。所以交庶物而便百姓。是以先帝建鐵官以贍農用。開均輸以足民財。鹽鐵均輸。萬民所戴仰而取給者。罷之不便也。文學曰。國有沃野之饒而民不足於食者。工商盛而本業荒也。有山海之貨而民不足於財者。不務民用而淫巧衆也。故川源不能實漏巵。山海不能贍溪壑。是以盤庚萃居。舜藏黃金。高帝禁商賈不得仕宦。所以遏貪鄙之俗。而醇至誠之風也。排困市井。防塞利門。而民猶爲非也。况上之爲利乎。傳曰。諸侯好利則大夫鄙。大夫鄙則士貪。士貪則庶人盜。是開利孔爲民罪梯也。大夫曰。往者郡國諸侯。各以其物貢輸。往來煩雜。物多苦惡。或不償其費。故郡置輸官以相給運。而便遠方之貢。故曰均輸。開委府于京。以籠貨物。賤即買。貴則賣。是以縣官不失實。商賈無所貿利。故曰平準。平準則民不失職。均輸則民齊勞逸。故平準均輸。所以平萬物而便百姓。非開利孔爲民罪梯者也。文學曰。古者之賦稅於民也。因其所工。不求所拙。農人納其獲。女工效其功。今釋其所有。責其所無。百姓賤賣貨物。以便上求。間者。郡國或令民作布絮。吏恣留難。與之爲市。吏之所入。非獨齊陶之縑。蜀漢之布也。亦民間之所爲耳。行姦賣平。農民重苦。女工再稅。未見輸之均也。縣官猥發。闔門擅市。則萬物並收。萬物並收。則物騰躍。騰躍則商賈侔利自市。則吏容姦豪。而富商積貨儲物以待其急。輕賈姦吏收賤以取貴。未見準之平也。蓋古之均輸。所以齊勞逸而便貢輸。非以爲利而賈萬物也。

力耕第二

大夫曰。王者塞天財。禁關市。執準守時。以輕重御民。豐年歲登。則儲積以備乏絕。凶年惡歲。則行幣物。流有餘而調不足也。昔禹水湯旱。百姓匱乏。或相假以接衣食。禹以歷山之金。湯以嚴山之銅。鑄幣以贈其民。而天下稱仁。往者財用不足。戰士或不得祿。而山東被災。齊趙大饑。賴均輸之畜。倉廩之積。戰士以奉。饑民以賑。故均輸之物。

府庫之財。非所以賈萬民而專奉兵師之用。亦所以賑困乏而備水旱之災也。文學曰。古者十一而稅。澤梁以時。入而無禁。黎民咸被南畝而不失其務。故三年耕而餘一年之蓄。九年耕有三年之蓄。此禹湯所以備水旱而安百姓也。草萊不闢。田疇不治。雖擅山海之財。通百味之利。猶不能贍也。是以古者尙力務本而種樹繁。躬耕趣時而衣食足。雖累凶年而人不病也。故衣食者民之本。稼穡者民之務也。二者修則國富而民安也。詩云。百室盈止。婦子寧止也。大夫曰。賢聖治家非一室。富國非一道。昔管仲以權譎霸。而范氏以强大亡。使治家養生必於農。則舜不甄陶而伊尹不爲庖。故善爲國者。天下之下我高。天下之輕我重。以末易其本。以虛蕩其實。今山澤之財。均輸之藏。所以御輕重而役諸侯也。汝漢之金。纖微之貢。所以誘外國而釣胡羌之寶也。夫中國一端之縵。得匈奴累金之物。而損敵國之用。是以驘驢馲駞。銜尾入塞。驒騱騵馬。盡爲我畜。鼲鼦狐貉。采旃文罽。充於內府。而璧玉珊瑚瑠璃。咸爲國之寶。是則外國之物內流。而利不外泄也。異物內流則國用饒。利不外泄則民用給矣。詩曰。百室盈止。婦子寧止。文學曰。古者商通物而不豫。工致牢而不僞。故君子耕稼田魚。其實一也。商則長詐。工則飾罵。內懷闚闔而心不怍。是以薄夫欺而敦夫薄。昔桀女樂充宮室。文繡衣裳。故伊尹高逝遊薄。而女樂終廢其國。今驘驢之用。不中牛馬之功。鼲鼦旃罽。不益錦綈之寶。美玉珊瑚。出於昆山。珠璣犀象出於桂林。此距漢萬有餘里。計耕桑之功。資財之費。是一物而售百倍。其價一也。一揖而中萬鍾之粟也。夫上好珍怪則淫服下流。貴遠方之物則貨財外充。是以王者不珍無用以節其民。不愛其貨以富其國。故理民之道。在於節用尙本。分土井田而已。大夫曰。自京師東西南北。歷山川。經郡國。諸殷富大都。無非街衢五通。商賈之所臻。萬物之所殖者。故聖人因天時。智者因地財。上士取諸人。中士勞其形。長沮桀溺無百金之積。蹠蹻之徒無猗頓之富。宛周齊魯商徧天下。故乃萬賈之富。或累萬金。追利乘羨之所致也。富國何必用本農。足民何必井田也。文學曰。洪水滔天而有禹之績。河水泛濫而有宣房之功。商紂暴虐而有孟津之謀。天下煩擾而有乘羨之富。夫上古至治。民樸而貴本。安愉而寡求。當此之時。道路罕行。市朝生草。故耕不强者無以充虛。織不强者無以掩形。雖有湊會之要。陶室之術。無所施其巧。自古及今。不施而得報。不勞而有功者。未之有也。

通有第三

大夫曰。燕之涿薊。趙之邯鄲。魏之溫軹。韓之滎陽。齊之臨淄。楚之宛丘。鄭之陽翟。三川之二周。富冠海內。皆爲天下名都。非有助之耕其野而田其地者也。居五諸侯之衢。跨街衝之路也。故物豐者民衍。宅近市者家富。富在術數。不在勞身。利在勢居。不在力耕也。文學曰。荊陽南有桂林之饒。內有江湖之利。左陵陽之金。右蜀漢之材。伐木而樹穀。燔萊而播粟。火耕而水耨。地廣而饒財。然後呰窳偷生。好衣甘食。雖白屋草廬。歌謳鼓琴。日給月單。朝歌暮戚。趙中山帶大河。纂四通。神衢當天下之蹊。商賈錯於路。諸侯交於道。然民淫好末。侈靡而不務本。田疇不脩。男女矜飾。家無斗筲。鳴琴在室。是以楚趙之民。均貧而寡富。宋衞韓梁。好本稼穡。編戶齊民。無不家衍人給。故利在自惜。不在勢居街衢。富在儉力趣時。不在歲司羽鳩也。大夫曰。五行。東方木而丹章。有金銅之山。南方火而交趾。有大海之川。西方金而蜀隴。有名材之林。北方水而幽都。有積沙之地。此天地所以均有無而通萬物也。今吳越之竹。隋唐之材。不可勝用。而曹衞梁宋。采棺轉尸。江湖之魚。萊黃之鮐。不可勝食。而鄒魯周韓。藜藿蔬食。天地之利無不贍。而山海之貨無不富也。然百姓匱乏。財用不足。多寡不調。而天下財不散也。文學曰。古者采椽不斲。茅屋不翦。衣布褐。飯土硎。鑄金爲鉏。埏埴爲器。工不造奇巧。世不寶不可衣食之物。各安其居。樂其俗。甘其食。便其器。是以遠方之物不交。而昆山之玉不至。今世俗壞而競於淫靡。女極纖微。工極技巧。雕素樸而尙珍怪。鑽山石而求金銀。沒深淵求珠璣。設機陷求犀象。張網羅求翡翠。求蠻貉之物以眩中國。徙邛筰之貨。致之東海。交萬里之財。曠日費功。無益於用。是以褐夫匹婦。勞罷力屈。而衣食不足也。故王者禁溢利。節漏費。溢利禁則反本。漏費節則民用給。是以生無乏資。死無轉尸也。大夫曰。古者宮室有度。輿服以庸。采椽茅茨。非先王之制也。君子節奢刺儉。儉則固。昔孫叔敖相楚。妻不衣帛。馬不秣粟。孔子曰。不可大儉極下。此蟋蟀所爲作也。管子曰。不飾宮室。則材木不可勝用。不充庖廚。則禽獸不損其壽。無味利則本業所出。無黼黻則女工不施。故工商梓匠。邦國之用。器械之備也。自古有之。非獨於此。弦高飯牛於周。五羖賃車入秦。公輸子以規矩。歐冶以鎔鑄。語曰。百工居肆。以致其事。農商交易。以利本末。山居澤處。蓬蒿墝埆。財物流通。有以均之。是以多者不獨衍。少者不獨饉。若各居其處。食其食。則是橘柚不鬻。朐鹵之鹽不出。旃罽不市。而吳唐之材不用也。文學曰。孟子云。不違農時。穀不可勝食。蠶麻以時。布帛不可勝衣也。斧斤以時。材木不可勝用。田漁以時。魚肉不可勝食。若則飾宮室。增臺榭。梓匠斲巨爲小。以圓爲方。上成雲氣。下成山林。則材木不足用也。男子去本爲末。雖雕文刻鏤。以象禽獸。窮物究變。則穀不足食也。婦女飾微治細。以成文章。極伎盡巧。則絲布不足衣也。庖宰烹殺胎卵。煎炙齊和。窮極五味。則魚肉不足食也。當今世非患禽獸不損。材木不勝。患僭侈之無窮也。非患無旃罽橘柚。患無狹廬糠糟也。

錯幣第四

大夫曰。交幣通施。民事不及。物有所幷也。計本量委。民有飢者。穀有所藏也。智者有百人之功。愚者不更本之事。人君不調。民有相妨之富也。此其所以或儲百年之餘。或不厭糟糠也。民大富則不可以祿使也。大彊則不可以威罰也。非散聚均利者不齊。故人主積其食。守其用。制其有餘。調其不足。禁溢羨。厄利塗。然後百姓可家給人足也。文學曰。古者貴德而賤利。重義而輕財。三王之時。迭盛迭衰。衰則扶之。傾則定之。是以夏忠殷敬周文。庠序之教。恭讓之禮。粲然可得而觀也。及其後禮義弛崩。風俗滅息。故自食祿之君子。違於義而競於財。大小相吞。激轉相傾。此所以或儲百年之餘。或無以充虛蔽形也。古之仕者不穡。田者不漁。抱關擊柝。皆有常秩。不得兼利盡物。如此則愚智同功。不相傾也。詩云。彼有遺秉。此有滯穗。伊寡婦之利。言不盡物也。大夫曰。湯文繼衰。漢興乘弊。一質一文。非苟易常也。俗弊家法。非務變古也。亦所以救失扶衰也。故教與俗改。弊與世易。夏后以玄貝。周人以紫石。後世或金錢刀布。物極而衰。終始之運也。故山澤無征。則君臣同利。刀幣無禁。則姦貞並行。夫臣富相侈下專利。則相傾也。文學曰。古者市朝而無刀幣。各以其所有易無。抱布貿絲而已。後世即有龜貝金錢。交施之也。幣數變而民滋僞。夫救僞以質。防失以禮。湯文繼衰。革法易化。而殷周道興。漢初乘弊而不改易。畜利變幣。欲以反本。是猶以煎止燔。以火止沸也。上好禮則民闇飾。上好貨則下死利也。大夫曰。文帝之時。縱民得鑄錢冶鐵煮鹽。吳王擅鄣海澤。鄧通專西山。山東姦猾。咸聚吳國。秦雍漢蜀因鄧氏。吳鄧錢布天下。故有鑄錢之禁。禁禦之法立而姦僞息。姦僞息則民不期於妄得而各務其職。不反本何爲。故統一則民不二也。幣由上則下不疑也。文學曰。往古幣衆財通而民樂。其後稍去舊幣。更行白金龜龍。民多巧新幣。幣數易而民益疑。於是廢天下諸錢。而專命水衡三官作。吏近侵利。或不中式。故有薄厚輕重。農人不習。物類比之。信故疑新。不知姦眞。商賈以美貿惡。以半易倍。買則失實。賣則失理。其疑或滋益甚。夫鑄僞金錢以有法。而錢之善惡。無增損於政。擇錢則物稽滯。而用人尤被其苦。春秋曰。算不及蠻夷則不行。故王者外不鄣海澤以便民用。内不禁刀幣以通民施。

禁耕第五

大夫曰。家人有寶器。尚函匣而藏之。況人主之山海乎。夫權利之處。必在深山窮澤之中。非豪民不能通其利。異時鹽鐵未籠。布衣有朐邴。人君有吳王。皆鹽鐵初議也。吳王專山澤之饒。薄賦其民。賑贍窮小。以成私威。私威積而逆節之心作。夫不蚤絕其源而憂其末。若決呂梁。沛然。其所傷必多矣。太公曰。一家害百家。百家害諸侯。諸侯害天下。王法禁之。今放民於權利。罷鹽鐵以資暴彊。遂其貪心。衆邪羣聚。私門成黨。則彊禦日以不制。而并兼之徒姦形成也。文學曰。民人藏於家。諸侯藏於國。天子藏於海內。故民人以垣牆爲藏閉。天子以四海爲匣匱。天子適諸侯。升自阼階。諸侯納管鍵。執策而聽命。示莫爲主也。是以王者不畜聚。下藏於民。遠浮利。務民之義。義禮立。則民化上。若是。雖湯武生存於世。無所容其慮。工商之事。歐冶之任。何姦之能成。三桓專魯。六卿分晉。不以鹽鐵。故權利深者。不在山海。在朝廷。一家害百家。在蕭牆。而不在朐邴也。大夫曰。山海有禁而民不傾。貴賤有平而民不疑。縣官設衡立準。人從所欲。雖使五尺童子適市。莫之能欺。今罷去之。則豪民擅其用而專其利。決市閭巷。高下在口吻。貴賤無常。端坐而民豪。是以養彊抑弱。而藏於跖也。彊養弱抑。則齊民消。若衆穢之盛而害五穀。一家害百家。不在朐邴。如何也。文學曰。山海者。財用之寶也。鐵器者。農夫之死生也。死生用則仇讎滅。仇讎滅。則田野闢。田野闢而五穀熟。寶路開。則百姓贍而民用給。民用給則國富。國富而教之以禮。則行道有讓。而工商不相豫。人懷敦樸以自相接。而莫相利。夫秦楚燕齊。土力不同。剛柔異勢。巨小之用。居局之宜。黨殊俗易。各有所便。縣官籠而一之。則鐵器失其宜。而農民失其便。器用不便。則農夫罷於野。而草萊不辟。草萊不辟。則民困乏。故鹽冶之處。大傲皆依山川。近鐵炭。其勢咸遠而作劇。郡中卒踐更者。多不勘。責取庸代。縣邑或以戶口賦鐵。而賤平其準。良家以道次發僦運鹽鐵。煩費。邑或以戶。百姓病苦之。愚竊見一官之傷千里。未覩其在朐邴也。

復古第六

大夫曰。故扇水都尉彭祖寧歸言鹽鐵令品。令品甚明。卒徒衣食縣官。作鑄鐵器。給用甚衆。無妨於民。而吏或不良。禁令不行。故民煩苦之。今意總一鹽鐵。非獨爲利入也。將以建本抑末。離朋黨。禁淫侈。絶并兼之路也。古者。名山大澤不以封。爲下之專利也。山海之利。廣澤之畜。天下之藏也。皆宜屬少府。陛下不私。以屬大司農。以佐助百姓。浮食奇民。好欲擅山海之貨。以致富業。役利細民。故沮事議者衆。鐵器兵刃。天下之大用也。非衆庶所宜事也。往者。豪強大家得管山海之利。采鐵石鼓鑄煮鹽。一家聚衆。或至千餘人。大抵盡收放流人民也。遠去鄉里。棄墳墓。依倚大家。聚深山窮澤之中。成姦僞之業。遂朋黨之權。其輕爲非亦大矣。今自廣進賢之途。練擇守尉。不待去鹽鐵而安民也。文學曰。扇水都尉所言。當時之利權一切之術也。不可以久行而傳世。此非明王所以君國子民之道也。詩云。哀哉爲猶。匪先民是程。匪大猶是經。維邇言是聽。此詩人刺不通於王道。而善爲權利者。孝武皇帝攘九夷。平百越。師旅數起。糧食不足。故立田官。置錢。入穀射官。救急贍不給。今陛下繼大功之勤。養勞倦之民。此用麋鬻之時。公卿宜思所以安集百姓。致利除害。輔明主以仁義。修潤洪業之道。明主卽位以來。六年于茲。公卿無請減除不急之官。省罷機利之人。人權縣太久。民良望於上。陛下宣聖德。昭明光。令郡國賢良文學之士。乘傳詣公車。議五帝三王之道。六藝之風。冊陳安危利害之分。指意粲然。今公卿辯議。未有所定。此所謂守小節而遺大體。抱小利而忘大利者也。大夫曰。宇宙之內。鷰雀不知天地之高也。坎井之鼃。不知江海之大。窮夫否婦。不知國家之慮。負荷之商。不知猗頓之富。先帝計外國之利。料胡越之兵。兵敵弱而易制。用力少而功大。故因勢變以主四夷。地濱山海。以屬長城。北略河外。開路匈奴之鄉。功未卒。蓋文王受命伐崇。作邑于豐。武王繼之。載尸以行。破商擒紂。遂成王業。曹沫棄三北之恥。而復侵地。管仲負當世之累。而立霸功。故志大者遺小。用權者離俗。有司思師望之計。遂先帝之業。志在絶胡貉。擒單于。故未遑扣扃之義。而録拘儒之論。文學曰。鷰雀離巢宇而有鷹隼之憂。坎井之鼃離其居而有蛇鼠之患。況翱翔千仞而游四海乎。其禍必大矣。此李斯之所以折翼。而趙高沒淵也。聞文武受命。伐不義以安諸侯。大夫未聞弊諸夏以役夷狄也。昔秦常舉天下之力以事胡越。竭天下之財以奉其用。然衆不能畢。而以百萬之師。爲一夫之任。此天下共聞也。且數戰則民勞。久師則兵弊。此百姓所疾苦。而拘儒之所憂也。

非鞅第七

大夫曰。昔商君相秦也。內立法度。嚴刑罰。飭政教。姦僞無所容。外設百倍之利。收山澤之稅。國富民強。器械完飾。蓄積有餘。是以征敵伐國。攘地斥境。不賦百姓而師以贍。故用不竭而民不知。地盡西河而民不苦。鹽鐵之利。所以佐百姓之急。足軍旅之費。務蓄積以備乏絕。所給甚衆。有益於國。無害於人。百姓何苦爾。而文學何憂也。文學曰。蓋文帝之時。無鹽鐵之利而民富。今有之而百姓困乏。未見利之所利也。而見其害也。且利不從天來。不從地出。一取之民間。謂之百倍。此計之失者也。無異於愚人反裘而負薪。愛其毛。不知其皮盡也。夫李梅實多者。來年爲之衰。新穀熟者。舊穀爲之虧。自天地不能兩盈。而況於人事乎。故利於彼者。必耗於此。猶陰陽之不並曜。晝夜之有長短也。商鞅峭法長利。秦人不聊生。相與哭孝公。吳起長兵攻取。楚人搔動。相與泣悼王。其後楚日以危。秦日以弱。故利蓄而怨積。地廣而禍構。惡在利用不竭而民不知。地盡西河而人不苦也。今商鞅之冊任於內。吳起之兵用於外。行者勤於路。居者匱於室。老母號泣。怨女歎息。文學雖欲無憂。其可得也。大夫曰。秦任商君。國以富強。其後卒并六國而成帝業。及二世之時。邪臣擅斷。公道不行。諸侯叛弛。宗廟隳亡。春秋曰。末言介祭仲亡也。夫善歌者使人續其聲。善作者使人紹其功。推車之蟬攫。負子之教也。周道之成。周公之力也。雖有裨諶之草創。無子產之潤色。有文武之規矩。而無周呂之鑿枘。則功業不成。今以趙高之亡秦而非商鞅。猶以崇虎亂殷而非伊尹也。文學曰。善鑿者建周而不疲。善基者致高而不蹙。伊尹以堯舜之道爲殷國基。子孫紹位。百代不絕。商鞅以重刑峭法爲秦國基。故二世而奪。刑既嚴峻矣。又作爲相坐之法。造誹謗。增肉刑。百姓齋栗。不知所措手足也。賦斂既煩數矣。又外禁山澤之原。內設百倍之利。民無所開說容言。崇利而簡義。高力而尚功。非不廣壤進地也。然猶人之病水。益水而疾深。知其爲秦開帝業。不知其爲秦致亡道也。狐剌之鑿。雖公輸子不能善其枘。畚土之基。雖良匠不能成其高。譬若秋蓬被霜。遭風則零落。雖有十子產如之何。故扁鵲不能肉白骨。微箕不能存亡國也。大夫曰。言之非難。行之爲難。故賢者處實而效功。亦非徒陳空文而已。昔商君明於開塞之術。假當世之權。爲秦致利成業。是以戰勝攻取。并近滅遠。乘燕趙。陵齊楚。諸侯斂衽。西面而向風。其後蒙恬征胡。斥地千里。踰之河北。

若壞朽折腐。何者。商君之遺謀。備飾素循也。故舉而有利。動而有功。夫蓄積籌策。國家之所以強也。故弛廢而歸之。民未覩巨計而涉大道也。文學曰。商鞅之開塞。非不行也。蒙恬却胡千里。非無功也。威震天下。非不強也。諸侯隨風西面。非不從也。然而皆秦之所以亡也。商鞅以權數危秦國。蒙恬以得千里亡秦社稷。此二子者。知利而不知害。知進而不知退。故果身死而衆敗。此則謂戀朐之智。而愚人之計也。夫何大道之有。故曰。小人先合而後忤。初雖乘馬。卒必泣血。此之謂也。大夫曰。淑好之人。戚施之所妬也。賢知之士。闒茸之所惡也。是以上官大夫短屈原於頃襄。公伯寮愬子路於季孫。夫商君起布衣。自魏入秦。期年而相之。革法明敎而秦人大治。故兵動而割地。兵休而國富。孝公大說。封之於商安之地方五百里。功如丘山。名傳後世。世人不能為。是以相與嫉其能而疵其功也。文學曰。君子進必以道。退不失義。高而勿矜。勞而不伐。位尊而行恭。功大而理順。故俗不疾其能。而世不妬其業。今商鞅棄道而用權。廢德而任力。峭法盛刑。以虐戾為俗。欺舊交以為功。刑公族以立威。無恩於百姓。無信於諸侯。人與之為怨。家與之為讎。雖以獲功見封。猶食毒肉。愉飽而罹其咎也。蘇秦合縱連橫。統理六國。業非不大也。桀紂與堯舜並稱。至今不亡。名非不長也。然非者不足貴。故事不苟多。名不苟傳也。大夫曰。縞素不能自分於緇墨。賢聖不能自理於亂世。是以箕子執囚。比干被刑。伍員相闔閭以霸。夫差不道。流而殺之。樂毅信功於燕昭。而見疑於惠王。人臣盡節以徇名。遭世主之不用。大夫種輔翼越王。為之深謀。卒擒強吳。據有東夷。終賜屬鏤而死。驕主背恩德。聽流說。不計其功故也。豈身之罪哉。文學曰。比干剖心。子胥鴟夷。非輕犯君以危身。強諫以干名也。憯怛之忠誠心動於內。忘患之禍發於外。志在匡君救民。故身死而不怨。君子能行是不能禦非。雖在刑戮之中。非其罪也。是以比干死而殷人怨。子胥死而吳人恨。今秦怨毒商鞅之法。甚於私仇。故孝公卒之日。舉國而攻之。東西南北。莫可奔走。仰天而歎曰。嗟乎。為政之弊。至於斯極也。卒車裂族夷。為天下笑。斯人自殺。非人殺之也。

晁錯第八

大夫曰。春秋之法。君親無將。將而必誅。故臣罪莫重於弒君。子罪莫重於弒父。日者。淮南衡山修文學。招四方遊士。山東儒墨。咸聚於江淮之間。講議集論著書數十篇。然卒於背義不臣。謀叛逆。誅及宗族。使鼂錯變法易常。不用制度。迫蹙宗族。侵削諸侯。蕃臣不附。骨肉不親。吳楚積怨。斬錯東市。以慰三軍之士而謝諸侯。斯亦誰殺之乎。文學曰。孔子不飲盜泉之流。曾子不入勝母之閭。名且惡之。而況爲不臣不子乎。是以孔子沐浴而朝。告之哀公。陳文子有馬十乘。棄而違之。傳曰。君子可貴可賤。可刑可殺。而不可使爲亂。若夫外飾其貌而內無其實。口誦其文而行不由其道。是盜固與盜。而不容於君子之域。春秋不以寡犯衆。誅絕之義有所止。不兼怨惡也。故舜之誅誅鯀。其舉禹。夫以璵璠之玼而棄其璞。以一人之罪而兼其衆。則天下無美寶信士也。鼂生言諸侯之地大。富則驕奢。急即合從。故因吳之過而削之會稽。因楚之罪而奪之東海。所以均輕重。分其權而爲萬世慮也。弦高誕於秦而信於鄭。鼂生忠於漢而讎於諸侯。人臣各死其主。爲其國用。此解楊之所以厚於晉而薄於荊也。

刺權第九

大夫曰。今夫越之具區。楚之雲夢。宋之鉅野。齊之孟諸。有國之富而霸王之資也。人君統而守之則強。不禁則亡。齊以其腸胃予人家。強而不制。枝大而折榦。以專巨海之富。而擅魚鹽之利也。勢足以使衆。恩足以卹下。是以齊國內倍而外附。權移於臣。政墜於家。公室卑而田宗強。轉轂游海者。蓋三千乘。失之於本而末不可救。今山川海澤之原。非獨雲夢孟諸也。鼓金煮鹽。其勢必深居幽谷。而人民所罕至。姦猾交通山海之際。恐生大姦。乘利驕溢。敦樸滋僞。則人之貴本者寡。大農鹽鐵丞咸陽孔僅等上請願募民自給費。因縣官器煮鹽予用。以杜浮僞之路。由此觀之。令意所禁微。有司之慮亦遠矣。文學曰。有司之慮遠。而權家之利近。令意所禁微。有僭奢之道著。自利害之設。三業之起。貴人之家。雲行於塗。轂擊於道。攘公法。申私利。跨山澤。擅官市。非特巨海魚鹽也。執國家之柄以行海內。非特田常之勢。陪臣之權也。威重於六卿。富累於陶衛。輿服僭於王公。宮室溢於制度。并兼列宅。隔絕閭巷。閣道錯連。足以游觀。鑿池曲道。足以騁騖。臨淵釣魚。放犬走兔。隆豺鼎力。蹋鞠鬬雞。中山素女。撫流徵於堂上。鳴鼓巴俞。作於堂下。婦女被羅紈。婢妾曳絺紵。子孫連車列騎。田獵出入。畢弋捷健。是以耕者釋耒而不勤。百姓冰釋而懈怠。何者。已爲之而彼取之。僭侈相效。上升而不息。此百姓所以滋僞而罕歸本也。大夫曰。官尊者祿厚。本美者枝茂。故文王德而子孫封。周公相而伯禽富。水廣者魚大。父尊者子貴。傳曰。河海潤千里。盛德及四海。況之妻子乎。故夫貴於朝。妻貴於室。富曰苟美。古之道也。孟子曰。王者與人同。而如彼者。居使然也。居編戶之列。而望卿相之子孫。是以跛夫之欲及樓季也。無錢而欲千金之寶。不亦虛望哉。文學曰。禹稷自布衣。思天下有不得其所者。若己推而納之溝中。故起而佐堯。平治水土。教民稼穡。其自任天下如此其重也。豈云食祿以養妻子而已乎。夫食萬人之力者。蒙其憂。任其勞。一人失職。一官不治。皆公卿之累也。故君子之仕。行其義。非樂其勢也。受祿以潤賢。非私其利。見賢不隱。食祿不專。此公叔之所以爲文。魏成子所以爲賢也。故周德成而後封子孫。不以爲黨。周公功成而後受封。天下不以爲貪。今則不然。親戚相推。朋黨相舉。父尊於位。子溢於內。夫貴於朝。妻謁行於外。無周公之德而有其富。無管仲之功而有其侈。故編戶跛夫而望疾步也。

刺復第十

大夫曰。爲色矜而心不懌曰。但居者不知負載之勞。從旁議者。與當局者異憂。方今爲天下腹居郡。諸侯並臻。中外未然。心憧憧若涉大川。遭風而未薄。是以夙夜思念國家之用。寢而忘寐。飢而忘食。計數不離於前。萬事簡閱於心。丞史器小。不足與謀。獨鬱大道。思覩文學。若俟周邵而望子高。御史案事郡國。察廉舉賢才。歲不乏也。今賢良文學臻者六十餘人。懷六藝之術。騁意極論。宜若開光發蒙。信往而乖於今。道古而不合於世。務意者。不足以知士也。將多飾文誣能以亂實邪。何賢士之難覩也。自千乘倪寬以治尙書。位冠九卿。及所聞覩選舉之士。擢升贊憲甚顯。然未見絕倫比。而爲縣官興滯立功也。文學曰。輸子之制材木也。正其規矩而鑿枘調。師曠之諧五音也。正其六律而宮商調。當世之工匠。不能調其鑿枘。則改規矩。不能協聲音。則變舊律。是以鑿枘刺戾而不合。聲音泛越而不和。夫舉規矩而知宜。吹律而知變。上也。因循而不作。以俟其人。次也。是以曹丞相日飲醇酒。倪大夫閉口不言。故治大者。不可以煩。煩則亂。治小者不可怠。怠則廢。春秋曰。其政恢卓。恢卓可以爲卿相。其政察察。察察可以爲匹夫。夫維綱不張。禮義不行。公卿之憂也。案上之文。期會之事。丞史之任也。尙書曰。俊乂在官。百僚師師。百工惟時。庶尹允諧。言官得其人。人任其事。故官治而不亂。事起而不廢。士守其職。大夫理其位。公卿總要執凡而已。故任能者。責成而不勞。任己者。事廢而無功。桓公之於管仲。耳而目之。故君子勞於求賢。逸於用之。豈云殆哉。昔周公之相也。謙卑而不鄰。以勞天下之士。是以俊乂滿朝。賢智充門。孔子無爵位。以布衣從才士七十有餘人。皆諸侯相卿之人也。况處三公之尊以養天下之士哉。今以公卿之上位。爵祿之美。而不能致士。則未有進賢之道。堯之舉舜也。賓而妻之。桓公舉管仲也。賓而師之。以天子而妻匹夫。可謂親賢矣。以諸侯之師匹夫。可謂敬賓矣。是以賢者。從之若流。歸之不疑。今當世在位者。既無燕昭之下士。鹿鳴之樂賢。而行臧文子叔之意。蔽賢妬能。自高其智。訾人之才。足己而不問。卑士而不友。以位尚賢。以祿驕士。而求士之用。亦難矣。大夫繆然不言。蓋賢良長歎息焉。御史進曰。太公相文武以王天下。管仲相桓公以霸諸侯。故賢者得位。猶龍得水。騰蛇游霧也。公孫丞相以春秋說先帝。遽卽三公。處周邵之列。據萬里之勢。爲天下準繩。衣不重彩。食不兼味。以先天下。而無益於治。博士褚泰。徐偃等。承明詔。建節馳傳。巡省郡國。舉孝廉。勸元元。而流俗不改。招舉賢良方正文學之士。超遷官爵。或至卿大夫。非燕昭之薦士。文王之廣賢也。然而未覩功業所成。殆非龍蛇之才。而鹿鳴之所樂賢也。文學曰。冰炭不同器。日月不並明。當公孫弘之時。人主方設謀垂意於四夷。故權譎之謀進。荆楚之士用。將帥或至封侯食邑。而勉獲者。咸蒙厚賞。是以奮擊之士由此興。其後干戈不休。軍旅相望。甲士糜弊。縣官用不足。故設險興利之臣起。磻溪熊羆之士隱。涇淮造渠。以通漕運。東郭偃孔僅建鹽鐵。策諸利。富者買爵販官。免刑除罪。公用彌多。而爲者徇私。上下無求。百姓不堪。抗弊而從法。故憯急之臣進。而見知廢格之法起。杜周咸宣之屬。以峻文決理貴。而王溫舒之徒。以鷹隼擊殺顯。其欲據仁義以道事君者寡。偷合取容者衆。獨以一公孫弘。如之何。

論儒第十一

御史曰。文學祖述仲尼。稱誦其德。以爲自古及今。未之有也。然孔子脩道魯衛之間。教化洙泗之上。弟子不爲變。當世不爲治。魯國之削滋甚。齊宣王褒儒尊學。孟軻淳于髡之徒。受上大夫之祿。不任職而論國事。蓋齊稷下先生。千有餘人。當此之時。非一公孫弘也。弱燕攻齊。長驅至臨淄。湣王遁逃。死於莒而不能救。王建禽於秦。與之俱虜而不能存。若此。儒者之安國尊君。未始有効也。文學曰。無鞭策。雖造父不能調駟馬。無世位。雖舜禹不能治萬民孔子曰鳳鳥不至、河不出圖、吾已矣夫、故軺車良馬、無以馳之。聖德仁義。無所施之。齊宣之時。不顯賢進士。國家富強。威行敵國。及湣王奮二世之餘烈。南舉楚淮。北并巨宋。苞十二國。西摧三晉。卻彊秦。五國賓從。鄒魯之君。泗上諸侯皆入臣。矜功不休。百姓不堪。諸儒諫不從。各分散。慎到。捷子亡去。田駢如薛。而孫卿適楚。內無良臣。故諸侯合謀而伐之。王建聽流說。信反閒。用后勝之計。不與諸侯從親。以亡國。爲秦所禽。不亦宜乎。御史曰。伊尹以割烹事湯。百里以飯牛要穆公。始爲苟合。信然與之。霸王如此。何言不從。何道不行。故商君以王道說孝公。不用。即以彊國之道。卒以就功。鄒子以儒術干世主。不用。即以變化始終之論。卒以顯名。故馬效千里。不必胡代。士貴成功。不必文辭。孟軻守舊術。不知世務。故困於梁宋。孔子能方不能圓。故飢于黎丘。今晚世之儒。勤德時有乏匱。言以爲非。困此不行。自周室以來。千有餘歲。獨有文武成康。如言必參一焉。取所不能及而稱之。猶躄者能言遠。不能行也。聖人異塗同歸。或行或止。其趣一也。商君雖革法改教。志存於彊國利民。鄒子之作變化之術。亦歸於仁義。祭仲自貶損以行權。時也。故小枉大直。君子爲之。今硜硜然守一道。引尾生之意。即晉文之譎諸侯。以尊周室不足道。而管仲蒙恥辱以存亡。不足稱也。文學曰。伊尹之干湯。知聖主也。百里之歸秦。知明君也。二君之能知霸王。其冊素形於己。非暗而以冥冥決事也。孔子曰。名不正則言不順。言不順則事不成。如何其苟合而以成霸王也。君子執德秉義而行。故造次必於是。顛沛必於是。孟子曰。居今之朝。不易其俗。而成千乘之勢。不能一朝居也。寧窮飢居於陋巷。安能變己而從俗化。闔廬殺僚。公子札去而之延陵。終身不入吳國。魯公殺子赤。叔眄退而隱處。不食其祿。虧義得尊。枉道取容。效死不爲也。聞正道不行。釋事而退。未聞枉道以求容也。御史曰。論語。親於其身爲不善者。君子不入也。有是言而行。不足從也。季氏爲無道。逐其君。奪其政。而冉求仲由臣焉。禮。男女不授。不交爵。孔子適衞。因嬖臣彌子瑕以見衞夫人。子路不說。子瑕。佞臣也。夫子因之。非正也。男女不交。孔子見南子。非禮也。禮義由孔氏。且貶道以求容。惡在其釋事而退也。文學曰。天下不平。庶國不寧。明王之憂也。上無天子。下無方伯。天下煩亂。賢聖之憂也。是以堯憂洪水。伊尹憂民。管仲束縛。孔子周流。憂百姓之禍而欲安其危也。是以負鼎俎囚拘匍匐以救之。故追亡者趨。拯溺者濡。今民陷溝壑。雖欲無濡。豈得已哉。御史默不對。

憂邊第十二

大夫曰。文學言天下不平。庶國不寧。明王之憂也。故王者之於天下。猶一室之中也。有一人不得其所。則謂之不樂。故民流沉溺而弗救。非惠君也。國家有難而不憂。非忠臣也。夫守節死難者。人臣之職也。衣食飢寒者。慈父之道也。今子弟遠於勞外。人主為之夙夜不寧。羣臣盡力畢議。冊滋國用。故少府丞令請建酒榷。以贍邊給戰士。拯救民於難也。為人父兄者。豈可以已乎。內省衣食。以卹在外者。猶未足。今又欲罷諸用。減奉邊之費。未可為慈父賢兄也。文學曰。周之季末。天子微弱。諸侯力政。故國君不安。謀臣奔馳。何者。敵國衆而社稷危也。今九州同域。天下一統。陛下優遊巖廊。覽羣臣極言。至內論雅頌。外鳴和鑾。純德粲然。並於唐虞。功烈流於子孫。夫蠻貊之人。不食之地。何足以煩慮。而有戰國之憂哉。若陛下不棄。加之以德。施之以惠。北夷必內向。款塞自至。然後以為胡制於外臣。即匈奴沒齒不食其所用矣。大夫曰。聖主思念中國之未寧。北邊之未安。故使廷尉評等。問人間所疾苦。拯卹貧賤。周贍不足。君臣所宜。明王之德。安宇內者。未得其紀。故問諸生。諸生議不干天則入淵。乃欲以閭里之治。而況國家之大事。亦不幾矣。發於畎畝。出於窮巷。不知冰水之寒。若醉而新寤。殊不足與言也。文學曰。夫欲安民富國之道。在於反本。本立而道生。順天之理。因地之利。即不勞而功成。夫不修其源而事其流。無本以統之。雖竭精神。盡思慮。無益於治。欲安之。適足以危之。欲救之。適足以敗之。夫治亂之端。在於本末而已。不至勞其心而道可得也。孔子曰。不通於論者。難於言治。道不同者。不相與謀。今公卿意有所倚。故文學之言。不可用也。大夫曰。吾聞為人臣者。盡忠以順職。為人子者。致孝以承業。君有非。則臣覆蓋之。父有非。則子匿逃之。故君薨。臣不變君之政。父沒。則子不改父之道也。春秋譏毀泉臺。為其隳先祖之所為。而揚君父之惡也。今鹽鐵均輸。所從來久矣。而欲罷之。得無害先帝之功。而妨聖主之德乎。有司倚於忠孝之路。是道殊而不同於文學之謀也。文學曰。明者因時而變。知者隨世而制。孔子曰。麻冕。禮也。今也純。儉。吾從衆。故聖人上賢不離古。順俗而不偏宜。魯定公序昭穆。順祖禰。昭公廢卿士。以省事節用。不可謂變祖之所為。而改父之道也。二世充大阿房以崇緒。趙高增累秦法以廣威。而未可謂忠臣孝子也。

園池第十三

大夫曰。諸侯以國爲家。其憂在內。天子以八極爲境。其慮在外。故宇小者用菲。功巨者用大。是以縣官開園池。總山海。致利以助貢賦。脩溝渠。立諸農。廣田收。盛苑囿。太僕水衡少府大農。歲課諸入田收之利。池籞之假。及北邊置任。任田官以贍諸用。而猶未足。今欲罷之。絕其原。杜其流。上下俱殫。困乏之應也。雖好省事節用。如之何其可也。文學曰。古者制地足以養民。民足以承其上。千乘之國。百里之地。公侯伯子男。各充其求。贍其欲。秦兼萬國之地。有四海之富。而意不贍。非宇小而用菲。嗜欲多而下不堪其求也。語曰。廚有腐肉。國有飢民。廄有肥馬。路有餧人。今狗馬之養。蟲獸之食。豈特腐肉肥馬之費哉。無用之官。不急之作。服淫侈之變。無功而衣食縣官者衆。是以上不足而下困乏也。今不減除其本而欲贍其末。設機利。造田畜。與百姓爭薦草。與商賈爭市利。非所以明主德而相國家也。夫男耕女績。天下之大業也。故古者。分地而處之。利田畝而事之。是以業無不食之地。國無乏作之民。今縣官之多張苑囿公田池澤。公家有鄣假之名。而利歸權家。三輔迫近於山河。地狹人衆。四方並臻。粟米薪菜。不能相贍。公田轉假。桑榆菜果不殖。地力不盡。愚以爲非先帝之開苑囿池籞。可賦歸之於民。縣官租稅而已。假稅殊名。其實一也。夫如是。匹夫之力。盡於南畝。匹婦之力。盡於麻枲。田野闢。麻枲治。則上下俱衍。何困乏之有矣。大夫默然。視其丞相御史。

輕重第十四

御史進曰。昔太公封於營丘。辟草萊而居焉。地薄人少。於是通利末之道。極女工之巧。是以鄰國交於齊。財畜貨殖。世爲彊國。管仲相桓公。襲先君之業。行輕重之變。南服彊楚而霸諸侯。今大夫各修太公桓管之術。總一鹽鐵。通山川之利而萬物殖。是以縣官用饒足。民不困乏。本末並利。上下俱足。此籌計之所致。非獨耕桑農業也。文學曰。禮義者。國之基也。而權利者。政之殘也。孔子曰。能以禮讓爲國乎。何有。伊尹太公以百里興其君。管仲專於桓公。以千乘之齊。而不能至於王。其所務非也。故功名隳壞而道不濟。當此之時。諸侯莫能以德。而爭於公私。故以權相傾。今天下合爲一家。利末惡欲行。淫巧惡欲施。大夫君以心計策國用。構諸侯。參以酒榷。咸陽孔僅增以鹽鐵。江充耕谷之等。各以鋒銳。言利末之事析秋毫。可爲無間矣。非特管仲設九府。徼山海也。然而國家衰耗。城郭空虛。故非崇仁義。無以化民。非力本農。無以富邦也。御史曰。水有猵獺而池魚勞。國有强禦而齊民消。故茂林之下無豐草。大塊之間無美苗。夫理國之道。除穢鋤豪。然後百姓均平。各安其宇。張廷尉論定律令。明法以繩天下。誅姦猾。絕幷兼之徒。而强不凌弱。衆不暴寡。大夫各運籌策。建國用。籠天下鹽鐵諸利。以排富商大賈。買官贖罪。損有餘。補不足。以齊黎民。是以兵革東西征伐。賦斂不增而用足。夫損益之事。賢者所覩。非衆人之所知也。文學曰。扁鵲撫息脈而知疾所由生。陽氣盛則損之而調陰。寒氣盛則損之而調陽。是以氣脈調和。而邪氣無所留矣。夫拙醫不知脈理之腠。血氣之分。妄刺而無益於疾。傷肌膚而已矣。今欲損有餘。補不足。富者愈富。貧者愈貧矣。嚴法任刑。欲以禁暴止姦。而姦猶不止。意者非扁鵲之用鍼石。故衆人未得其職也。御史曰。周之建國也。蓋千八百諸侯。其後彊吞弱。大兼小。并爲六國。六國連兵結難數百年。內拒敵國。外攘四夷。由此觀之。兵甲不休。戰伐不乏。軍旅外奉。倉庫內實。今以天下之富。海內之財。百郡之貢。非特齊楚之畜。趙魏之庫也。計委量入。雖急用之。宜無乏絕之時。顧大農等以術體躬稼。則后稷之烈。軍四出而用不繼。非天之財少也。用鍼石調均有無。補不足。亦非也。上大夫君與治粟都尉管領大農事。灸刺稽滯。開利百脈。是以萬物流通。而縣官富實。當此之時。四方征暴亂。車甲之費。克獲之賞。以億萬計。皆贍大司農。此皆扁鵲之力。而鹽鐵之福也。文學曰。邊郡山居谷處。陰陽不和。寒凍裂地。衝風飄鹵。沙石凝積。地勢無所宜。中國天地之中。陰陽之際也。日月經其南。斗極出其北。含衆和之氣。產育庶物。今去而侵邊。多斥不毛寒苦之地。是猶棄江皋河濱。而田於嶺坂菹澤也。轉倉廩之委。飛府庫之財。以給邊民。中國困於繇賦。邊民苦於戍禦。力耕不便種糴。無桑麻之利。仰中國絲絮而後衣之。皮裘蒙毛。曾不足蓋形。夏不失複。冬不離窟。父子夫婦內藏於專室土圜之中。中外空虛。扁鵲何力。而鹽鐵何福也。

未通第十五

御史曰。內郡人衆。水泉薦草。不能相贍。地勢溫濕。不宜牛馬。民蹠耒而耕。負檐而行。勞罷而寡功。是以百姓貧苦。而衣食不足。老弱負輅於路。而列卿大夫。或乘牛車。孝武皇帝平百越以爲園圃。却羌胡以爲苑囿。是以珍怪異物。充於後宮。騊駼駃騠。實於外廄。匹夫莫不乘堅良。而民間厭橘柚。由此觀之。邊郡之利亦饒矣。而曰何福之有。

未通於計也。文學曰。禹平水土。定九州。四方各以土地所生。貢獻足以充宮室。供人生之欲。膺壤萬里。山川之利。足以富百姓。不待蠻貊之地。遠方之物而用足。聞往者未伐胡越之時。繇賦省而民富足。溫衣飽食。藏新食陳。布帛充用。牛馬成羣。農夫以馬耕載。而民莫不騎乘。當此之時。却走馬以糞。其後師旅數發。戎馬不足。牸牝入陣。故駒犢生於戰地。六畜不育於家。五穀不殖於野。民不足於糟糠。何橘柚之所厭。傳曰。大軍之後。累世不復。方今郡國。田野有隴而不墾。城郭有宇而不實。邊郡何饒之有乎。御史曰。古者制田百步爲畝。民井田而耕。什而藉一。義先公而後己。民臣之職也。先帝哀憐百姓之愁苦。衣食不足。制田二百四十步而一畝。率三十而稅一。墮民不務田作。飢寒及己。固其理也。其不耕而欲播。不種而欲獲。鹽鐵又何過乎。文學曰。什一而藉。民之力也。豐耗美惡。與民共之。民勤。己不獨衍。民衍。己不獨勤。故曰。什一者。天下之中正也。田雖三十。而以頃畝出稅。樂歲粒米粱糲。而寡取之。凶年飢饉。而必求足。加之以口賦更繇之役。率一人之作。中分其功。農夫悉其所得。或假貸而益之。是以百姓疾耕力作。而飢寒遂及己也。築城者。先厚其基而求其高。畜民者。先厚其業而後求其贍。論語曰。百姓足。君孰與不足乎。御史曰。古者。諸侯爭強。戰國並起。甲兵不休。民曠於田疇。什一而藉。不違其職。今賴陛下神靈。甲兵不動久矣。然則民不齊出於南畝。以口率被墾田而不足。空倉廩而賑貧乏。侵益日甚。是以愈惰而仰利縣官也。爲斯君者亦病矣。反以身勞民。民猶背恩棄義而遠流亡。避匿上公之事。民相倣效。田地日無。租賦不入。抵扞縣官。君雖欲足。誰與之足乎。文學曰。樹木數徙則殘。蟲獸徙居則壞。故代馬依北風。飛鳥翔故巢。莫不哀其生。由此觀之。民非利避上公之事而樂流亡也。往者。軍陣數起。用度不足。以訾徵賦。常取給見民。田家又被其勞。故不齊出於南畝也。大抵逋流。皆在大家。吏正畏憚。不敢篤責。刻急細民。細民不堪。流亡遠去。中家爲之色出。後亡者爲先亡者服事。錄民數創於惡吏。故相倣效。去尤甚而就少愈多。傳曰。政寬者。民死之。政急者。父子離。是以田地日荒。城郭空虛。夫牧民之道。除其所疾。適其所安。安而不擾。使而不勞。是以百姓勸業而樂公賦。若此。則君無賑於民。民無利於上。上下交讓而頌聲作。故取而民不厭。役而民不苦。靈臺之詩。非或使之。民自爲之。若斯。則君何不足之有乎。御史曰。古者。十五入大學。與小役。二十冠而成人。與戎事。五十以上。血脈溢剛。曰艾壯。詩曰。方叔元老。克壯其猶。故商師若烏。周師若荼。今陛下哀憐百姓。寬力役之政。二十三始賦。五十六而免。所以輔耆壯而息老艾也。丁者治其田里。老者修其唐園。儉力趣時。無飢寒之患。不治其家而訟縣官亦悖矣。文學曰。十九年已下爲殤。未成人也。二十而冠。三十而娶。可以從戎事。五十已上曰艾老。杖於家。不從力役。所以扶不足而息高年也。鄉飲酒之禮。耆老異饌。所以優耆耄而明養老也。故老者非肉不飽。非帛不暖。非杖不行。今五十已上至六十。與子孫服輓輸。並給繇役。非養老之意也。古有大喪者。君三年不呼其門。通其孝道。遂其哀戚之心也。君子之所重而自盡者。其惟親之喪乎。今或僵尸。棄衰絰而從戎事。非所以子百姓。順孝悌之心也。周公抱成王聽天下。恩塞海內。澤被四表。矧惟南面。含仁保德。靡不得其所。詩云。夙夜基命宥密。陛下富於春秋。委任大臣。公卿輔政。政敎未均。故庶人議也。御史默不答也。

地廣第十六

大夫曰。王者包含幷覆。普愛無私。不爲近重施。不爲遠遺恩。今俱是民也。俱是臣也。安危勞佚不齊。獨不當調邪。不念彼而獨計此。斯亦好議矣。緣邊之民。處寒苦之地。距強胡之難。烽燧一動。有沒身之累。故邊民百戰。而中國恬臥者。以邊郡爲蔽扞也。詩云。莫非王事。而我獨勞。刺不均也。是以聖王懷四方。獨苦興師。推卻胡越遠寇。國安災散。中國肥饒之餘。以調邊境。邊境強則中國安。中國安則晏然無事。何求而不默也。文學曰。古者。天子之立於天下之中。縣內方不過千里。諸侯列國。不及不食之地。禹貢至于五千里。民各供其君。諸侯各保其國。是以百姓均調。而繇役不勞也。今推胡越數千里。道路迴避。士卒勞罷。故邊民有刎頸之禍。而中國有死亡之患。此百姓所以囂囂而不默也。夫治國之道。由中及外。自近者始。近者親附。然後來遠。百姓內足。然後卹外。故羣臣論或欲田輪臺。明主不許。以爲先救近務。及時本業也。故下詔曰。當今之務。在於禁苛暴。止擅賦。力本農。公卿宜承意。請減除不任。以佐百姓之急。今中國弊落。不憂務在邊境。意者地廣而不耕。多種而不耨。費力而無功。詩云。無田甫田。維莠驕驕。其斯之謂歟。大夫曰。湯武之伐。非好用兵也。周宣王辟國千里。非貪侵也。所以除寇賊而安百姓也。故無功之師。君子不行。無用之地。聖王不貪。先帝舉湯武之師。定三垂之難。一面而制敵。匈奴遁逃。因河山以爲防。故去沙石鹹鹵不食之地。故割斗辟之縣。棄造陽之地以與胡。省曲塞。據河險。守要害。以寬繇役。保士民。由此觀之。

聖主用心非務廣地以勞衆而已矣文學曰秦之用兵、可謂極矣蒙恬斥境、可謂遠矣。今踰蒙恬之塞、立郡縣寇虜之地。地彌遠而民滋勞。朔方以西、長安以北、新郡之功、外城之費、不可勝計。非徒是也。司馬、唐蒙鑿西南夷之塗。巴蜀弊於邛筰。橫海征南夷、樓船戍東越。荆楚罷於甌駱。左將伐朝鮮。開臨洮。燕齊困於穢貉。張騫通殊遠。納無用府庫之藏、流於外國。非特斗辟之費、造陽之役也。由此觀之、非人主用心、好事之臣、爲縣官計過也。大夫曰。挾管仲之智者、非爲厮役之使也。懷陶朱之慮者、不居貧困之處。文學能言而不能行、居下而訕上、處貧而非富、大言而不從、高厲而行卑、誹譽訾議、以要名采善於當世。夫祿不過秉握者、不足以言治、家不滿檐石者、不足以計事。儒皆貧羸、衣冠不完、安知國家之政、縣官之事乎。何斗辟造陽也。文學曰。夫賤不害智、貧不妨行。顔淵屢空、不爲不賢。孔子不容、不爲不聖。必將以貌舉人、以才進士、則太公終身鼓刀、甯戚不離飯牛矣。古之君子、守道以立名、修身以俟時、不爲窮變節、不爲賤易志、惟仁之處、惟義之行。臨財苟得、見利反義、不義而富、無名而貴、仁者不爲也。故曾參、閔子不以其仁易晉、楚之富。伯夷不以其行易諸侯之位。是以齊景公有馬千駟、而不能與之爭名。孔子曰。賢哉回也。一簞食、一瓢飲、在於陋巷、人不堪其憂、回也不改其樂。故惟仁者能處約樂貧。小人富斯暴、貧斯濫矣。楊子曰。爲仁不富、爲富不仁。苟先利而後義、取奪不厭。公卿積億萬、大夫積千金、士積百金、利已并財以聚、百姓寒苦、流離於路、儒獨何以完其衣冠也。

貧富第十七

大夫曰。余結髮束脩、年十三、幸得宿衞、給事輦轂之下、以至卿大夫之位、獲祿受賜、六十有餘年矣。車馬衣服之用、妻子僕養之費、量入爲出、儉節以居之、奉祿賞賜、一二籌策之積、浸以致富成業。故分土若一、賢者能守之、分財若一、智者能籌之。夫白圭之廢著、子貢之三至千金、豈必賴之民哉。運之六寸、轉之息耗、取之貴賤之間耳。文學曰。古者事業不二、利祿不兼、然後諸業不相遠、而貧富不相懸也。夫乘爵祿以謙讓者、名不可勝舉也。因權勢以求利者、入不可勝數也。食湖池、管山海、芻蕘者不能與之爭澤、商賈不能與之爭利。子貢以布衣致之、而孔子非之。況以勢位求之者乎。故古者大夫思其仁義以充其位、不爲權利以充其私也。大夫曰。山岳有饒、然後百姓贍焉。河海有潤。然後民取足焉。夫尋常之污。不能溉陂澤。丘阜之木。不能成宮室。小不能苞大。少不能贍多。未有不能自足而能足人者也。未有不能自治而能治人者也。故善爲人者。能自爲者也。善治人者。能自治者也。文學不能治內。安能理外乎。文學曰。行遠者假於車。濟江海者因於舟。故賢士之立功成名。因資而假物者也。公輸子能因人主之材木。以構宮室臺榭。而不能自爲專屋狹廬。材不足也。歐冶能因國君銅鐵以爲金鑪大鍾。而不能自爲一鼎盤。材無其用也。君子因人主之正朝。以和百姓潤衆庶。而不能自饒其家。勢不便也。故舜耕於歷山。恩不及州里。太公屠牛於朝歌。利不及妻子。及其見用。恩流八荒。德溢四海。故舜假之堯。太公因之周。君子能修身以假道者。不能枉道而假財也。大夫曰。道懸於天。物布於地。智者以衍。愚者以困。子貢以著積顯於諸侯。陶朱公以貨殖尊於當世。富者交焉。貧者贍焉。故上自人君。下及布衣之士。莫不戴其德。稱其仁。原憲孔伋。當世被飢寒之患。顏回屢空於窮巷。當此之時。迫於窟穴。拘於縕袍。雖欲假財信姦佞。亦不能也。文學曰。孔子云。富而可求。雖執鞭之事。吾亦爲之。如不可求。從吾所好。君子求義。非苟富也。故刺子貢不受命而貨殖焉。君子遭時。則富且貴。不遇。退而樂道。不以利累己。故不違義而妄取。隱居修節。不欲妨行。故不毀名而趨勢。雖付之以韓魏之家。非其志則不居也。富貴不能榮。謗毀不能傷也。故原憲之縕袍。賢於季孫之狐貉。趙宣孟之魚食。甘於智伯之芻豢。子思之銀珮。美於虞公之垂棘。魏文侯軾段干木之閭。非以其有勢也。晉文公見韓慶下車而趨。非其多財。以其富於仁充於德也。故貴何必財。亦仁義而已矣。

毀學第十八

大夫曰。夫懷枉而言正。自託於無欲。而實不從。非此士之情也。昔李斯與包丘子俱事荀卿。既而李斯入秦。遂取三公。據萬乘之權以制海內。功侔伊望。名巨太山。而包丘子不免於甕牖蒿廬。如潦歲之鼃。口非不衆也。然卒死於溝壑而已。今內無以養。外無以稱。貧賤而好義。雖言仁義。亦不足貴者也。文學曰。方李斯之相秦也。始皇任之。人臣無二。然而荀卿謂之不食。覩其罹不測之禍也。包丘子飯麻蓬藜。修道白屋之下。樂其志。安之於廣廈芻豢。無赫赫之勢。亦無戚戚之憂。夫晉獻垂棘。非不美也。宮之奇見之而歎。知荀息之圖之也。智伯富有三晉。非不盛也。然不知襄子之謀之也。季孫之狐貉。非不麗也。而不知魯君之患之也。故晉獻以寶馬釣虞虢。襄子以城壞誘智伯。故智伯身禽於趙。而虞虢卒并於晉。以其務得不顧其後。貪土地而利寶馬也。孔子曰。人無遠慮。必有近憂。今之在位者見利不虞害。貪得不顧恥。以利易身。以財易死。無仁義之德而有富貴之祿。若蹈坎穽食於懸門之下。此李斯之所以伏五刑也。南方有鳥名鵷鶵。非竹實不食。非醴泉不飲。飛過太山。太山之鴟俛啄腐鼠。仰見鵷鶵而嚇。今公卿以其富貴笑儒者。爲之常行。得無若太山鴟嚇鵷鶵乎。大夫曰。學者所以防固辭禮者。所以文鄙行也。故學以輔德。禮以文質。言思可道。行思可樂。惡言不出於口。邪行不及於己。動作應禮。從容中道。故禮以行之。孫以出之。是以終日言無口過。終身行無冤尤。今人主張官立朝以治民。疏爵分祿以褒賢。而曰懸門腐鼠。何辭之鄙背而悖於所聞也。文學曰。聖主設官以授任。能者處之。分祿以任賢。能者受之。義貴無高。義取無多。故舜受堯之天下。太公不避周之三公。苟非其人。簞食豆羹猶爲賴民也。故德薄而位高。力少而任重。鮮不及矣。夫泰山鴟啄腐鼠於窮澤幽谷之中。非有害於人也。今之有司。盜主財而食之於刑法之旁。不知機之是發。又以嚇人。其患惡得若泰山之鴟乎。大夫曰。司馬子言。天下穰穰。皆爲利往。趙女不擇醜好。鄭嫗不擇遠近。商人不媿恥辱。戎士不愛死力。士不在親。事君不避其難。皆爲利祿也。儒墨內貪外矜。往來游說。棲棲然。亦未爲得也。故尊榮者士之願也。富貴者。士之期也。方李斯在荀卿之門。闒茸與之齊軫。及其奮翼高舉。龍昇驥騖。過九軼二。翱翔萬仞。鴻鵠華騮且同侶。況跛牂燕雀之屬乎。席天下之權。御宇內之衆。後車百乘。食祿萬鍾。而拘儒布褐不完。糟糠不飽。非甘菽藿而卑廣廈。亦不能得已。雖欲嚇人。其何已乎。文學曰。君子懷德。小人懷土。賢士徇名。貪夫死利。李斯貪其所欲。致其所惡。孫叔敖早見於未萌。三去相而不悔。非樂卑賤而惡重祿也。慮遠而避害謹也。夫郊祭之牛。養食朞年。衣之文繡。以入廟堂。太宰執其鸞刀。以啓其毛。方此之時。願任重而止峻坂。不可得也。商鞅困於彭池。吳起之伏王尸。願被布褐而處窮鄙之蒿廬。李斯相秦。席天下之勢。志小萬乘。及其囚於囹圄。車制於雲陽之市。亦願負薪入鴻門。行上蔡曲街徑。不可得也。蘇秦吳起以權勢自殺。商鞅李斯以尊重自滅。皆貪祿慕榮以沒其身。從車百乘。曾不足以載其禍也。

褒賢第十九

大夫曰。伯夷以廉飢。尾生以信死。由小器而虧大體。匹夫匹婦之爲諒也。經於溝瀆而莫之知也。何功名之有。蘇秦張儀。智足以强國。勇足以威敵。一怒而諸侯懼。安居而天下息。萬乘之主。莫不屈體卑辭幣請交。此所謂天下名士也。夫智不足與謀。而權不能舉當世。民斯爲下也。今舉亡而爲有。虛而爲盈。布衣穿履。深念徐行。若有遺亡。非立功成名之士。而亦未免於世俗也。文學曰。蘇秦以從顯於趙。張儀以橫任於秦。方此之時。非不尊貴也。然智士隨而憂之。知夫不以道進。必不以道退。不以義得者。必不以義亡。季孟之權。三桓之富。不可及也。孔子爲之曰。微爲人臣。權均於君。富侔於國者亡。故其位彌高而罪彌重。祿滋厚而罪滋多。夫行者先全己而後求名。仕者先辟害而後求祿。故香餌非不美也。龜龍聞而深藏。鸞鳳見而高逝者。知其害身也。夫爲烏鵲魚鱉。食香餌而後狂飛奔走。遜頭屈遰。無益於死。今有司盜秉國法。進不顧罪。卒然有急。然後車馳人趨。無益於死。所盜不足償於臧獲。妻子奔亡無處。所身在深牢。莫知恤視。方此之時。何暇得以笑乎。大夫曰。文學節高行。矯然若不可卷。盛節絜言。皦然若不可涅。然戍卒陳勝。釋輓輅首爲叛逆。自立張楚。素非有回由處士之行。宰相列臣之位也。奮於大澤。不過旬月。而齊魯儒墨縉紳之徒。肆其長衣。長衣。官之也。負孔氏之禮器詩書。委質爲臣。孔甲爲涉博士。卒俱死陳。爲天下大笑。深藏高逝者。固若是也。文學曰。周室衰。禮義壞。不能統理天下。諸侯交爭相滅亡。并爲大國。兵革不休。民不得寧息。秦以虎狼之心。蠶食諸侯。并吞戰國以爲郡縣。伐能矜功。自以爲過堯舜而羞與之同。棄仁義而尙刑罰。以爲今時。不師於文而決於武。趙高治獄於內。蒙恬用兵於外。百姓愁苦。同心而患秦。陳王赫然奮爪牙爲天下首事。道雖凶而儒墨或干之者。以爲無王久矣。道擁遏不得行。自孔子以至于茲。而秦復重禁之。故發憤於陳王也。孔子曰。如有用我者。吾其爲東周乎。庶幾成湯文武之功。爲百姓除殘去賊。豈貪祿樂位哉。大夫曰。文學言行。雖有伯夷之廉。不及柳下惠之貞。不過高瞻下視。絜言汚行。觴酒豆肉。遷延相讓。辭小取大。雞廉狼吞。趙綰王臧之等。以儒術擢爲上卿。而有姦利殘忍之心。主父偃以口舌取大官。竊權重欺紿宗室。受諸侯之賂。卒皆誅死。東方朔自稱辯略。消堅釋石。當世無雙。然省其私行。狂夫不忍爲。況無東方朔之口。其餘無可觀者也。文學曰。志善者忘惡。謹小者致大。俎豆之間。足以觀禮。閨門之內。足以論行。夫服古之服。誦古之道。舍而爲非者鮮矣。故君子時然後言。義然後取。不以道得之。不居也。滿而不溢。泰而不驕。故袁盎親於景帝。秣馬不過一駟。公孫弘即三公之位家不過十乘東方先生說聽言行於武帝而不驕溢主父見困厄之日久此疾在位者不好道而富且貴。莫知卹士也。於是取饒衍之餘。以周窮士之急。非爲私家之業也。當世囂囂。非患儒之雞廉。患在位者之虎飽鴟咽。於求覽無所孑遺耳。

相刺第二十

大夫曰。古者經井田。制廛里。丈夫治其田疇。女子治其麻枲。無曠地。無遊人。故非商工不得食於利末。非良農不得食於收穫。非執政不得食於官爵。今儒者釋耒耜而學不驗之語。曠日彌久而無益於理。往來浮游。不耕而食。不蠶而衣。巧偽良民。以奪農妨政。此亦當世之所患也。文學曰。禹戚洪水。身親其勞。澤行路宿。過門不入。當此之時。簪墮不掇。冠挂不顧。而暇耕乎。孔子曰。詩人疾之不能默。丘疾之不能伏。是以東西南北。七十說而不用。然後退而修王道。作春秋。垂之萬載之後。天下折中焉。豈與匹夫匹婦耕織同哉。傳曰。君子當時不動。而民無觀也。故非君子莫治小人。非小人無以養君子。當不耕織爲匹夫匹婦也。君子耕而不學。則亂之道也。大夫曰。文學言治尚於唐虞。言義高於秋天。有華言矣。未見其實也。昔魯穆公之時。公儀爲相。子思子原爲之卿。然北削於齊。以泗爲境。南畏楚人。西賓秦國。孟軻居梁。兵折於齊。上將軍死而太子虜。西敗於秦。地奪壤削。亡河內河外。夫仲尼之門。七十子之徒。去父母。捐室家。負荷而隨孔子。不耕而學。亂乃愈滋。故玉屑滿篋。不爲有寶。誦詩書負笈。不爲有道。要在安國家。利人民。不苟文繁衆辭而已。文學曰。虞不用百里奚之謀而滅。秦穆用之以至霸焉。夫不用賢則亡。而不削。何可得乎。孟子適梁。惠王問利。答以仁義。趣舍不合。是以不用而去。夫懷寶而無語。故有粟不食。無益於飢。覩賢不用。無益於削。紂之時。內有微箕二子。外有膠鬲棘子。故其不能存。夫言而不用。諫而不聽。雖賢惡得有益於治也。大夫曰。橘柚生於江南。而民皆甘之於口。味同也。好音生於鄭衛。而人皆樂之於耳。聲同也。越人夷吾。戎人由余。待譯而後通。而並顯齊秦。人之心於善惡同也。故曾子倚山而吟。山鳥下翔。師曠鼓琴。百獸率舞。未有善而不合。誠而不應者也。意未誠與。何故言而不見從。行而不合也。文學曰。扁鵲不能治不受鍼藥之疾。賢聖不能正不食諫諍之君。故桀有關龍逄而亡。夏殷有三人而商滅。不患無由余夷吾之倫。患無桓穆之聽耳。是以孔子東西無所適遇。屈原放逐於楚國。故曰直道而事人。焉往而不三黜。枉道而事人。終非以此言而不見從。行而不合者也。大夫曰。歌者不期於利聲而貴在中節。論者不期於麗辭而務在事實。善聲而不知轉。未可爲能歌也。善言而不知變。未可謂能說也。持規而非矩。執準而非繩。通一孔。曉一理。而不知權衡。以所不覩不信人。若蟬之不知雪堅。據古文以應當世。猶辰參之錯。膠柱而調瑟。固而難合矣。孔子所以不用於世。而孟軻見賤於諸侯也。文學曰。日月之光。而盲者不能見。雷電之聲。而聾人不能聞。夫爲不知音者言。若語於瘖聾。何特蟬之不知重雪耶。夫以伊尹之智。太公之賢。而不能開辭於桀紂。非說也非。聽者過也。是以荆和抱璞而泣血。曰。安得良工而剖之。屈原行吟澤畔。曰。安得臯陶而察之。夫人君莫不欲求賢以自輔。任能以治國。然牽於流說。惑於道諛。是以賢聖蔽掩。則讒佞用事。以此亡國破家。而賢士飢於巖穴也。昔趙高無過人之志。而居萬人之位。是以傾覆秦國。而禍殃其宗。盡失其瑟。何膠柱之調也。大夫曰。所謂文學高第者。智略能明先王之術。而姿質足以履行其道。故居則爲人師。用則爲世法。今文學言治則稱堯舜。道行則言孔墨。授之政則不達。懷古道而不能行。言直而行之枉。道是而情非。衣冠有以殊於鄉曲。而實無以異於凡人。諸生所謂中直者。遭時蒙幸。備數適然耳。殆非明舉。所謂固未可與論治也。文學曰。天設三光以照記。天子立公卿以明治。故曰公卿者。四海之表儀。神化之丹青也。上有輔明主之任。下有遂聖化之事。和陰陽。調四時。安衆庶。育群生。使百姓輯睦。無怨思之色。四夷順德。無叛逆之憂。此公卿之職。而賢者之所務也。若伊尹周召三公之才。太顛閎夭九卿之人。文學不中聖主之明舉。今之執政。亦未能稱盛德也。大夫不說。作色不應也。文學曰。朝無忠臣者政闇。大夫無直士者位危。任座正言君之過。文侯改言行。稱爲賢君。袁盎面刺絳侯之驕矜。卒得其慶。故觸死亡以干主之過者。忠臣也。犯嚴顏以匡公卿之失者。直士也。鄙人不能巷言面違。方今人主穀之。教令張而不施。食祿多非其人。以妨農商工市井之利。未歸於民。民望不塞也。且夫帝王之道。多墮壞而不脩。詩云。濟濟多士。意者誠任用其計。苟非陳虛言而已。

殊路第二十一

大夫曰。七十子躬受聖人之術。有名列於孔子之門。皆諸侯卿相之才。可南面者數人。云政事者。冉有季路。言語宰我子貢。宰我秉事。有寵於齊。田常作難。道不行。身死庭中。簡公殺於檀臺。子路仕衛。孔悝作亂。不能救君出亡。身菹於衛。子貢子皐遁逃。不能死其難。食人之重祿不能更處人尊官不能存。何其厚於己而薄於君哉。同門共業。自以爲知古今之義。明君臣之禮。或死或亡。二三子殊路。何道之悖也。文學曰。宋襄公知孔父之賢而不早任。故身死。魯莊知季有之賢。授之政晚而國亂。衛君近佞遠賢。子路居蒲。孔悝爲政。簡公不聽宰我而漏其謀。是以二君身被放殺。而禍及忠臣。二子者。有事而不與其謀。故可以死。可以生。去止。其義一也。晏嬰不死崔慶之難。不可謂不義。微子去殷之亂。可謂不仁乎。大夫曰。至美素璞。物莫能飾也。至賢保眞。僞文莫能增也。故金玉不琢。美珠不畫。今仲由冉求。無檀柘之材。隋和之璞。而强文之。譬若彫朽木而礪鉛刀。飾嫫母畫土人也。被以五色。斐然成章。及遭行潦流波則沮矣。夫重懷古道。枕籍詩書。危不能安。亂不能治。郵里逐雞。雞亦無黨也。文學曰。非學無以治身。非禮無以輔德。和氏之璞。天下之美寶也。待鑑識之工而後明。毛嬙。天下之姣人也。待香澤脂粉而後容。周公。天下之至聖人也。待賢師學問而後通。今齊世庸士之人。不好學問。專以己之愚而荷負巨任。若無檝舳濟江海而遭大風。漂没於百仞之淵。東流無崖之川。安得沮而止乎。大夫曰。性有剛柔。形有好惡。聖人能因而不能改。孔子外變二三子之服。而不能革其心。故子路解長劍。去危冠。屈節於夫子之門。然攝齊師友。行行爾鄙心猶存。宰予晝寢。欲損三年之喪。孔子曰。糞土之牆。不可杇也。若由不得其死然。故內無其質而外學其文。雖有賢師良友。若畫脂鏤冰。費日損功。故良師不能飾戚施。香澤不能化嫫母也。文學蒙以不潔。鄙夫掩鼻。惡人盛飾。可以宗祀上帝。使二人不涉聖人之門。不免爲窮夫。安得卿大夫之名。故砥所以致於刃。學所以盡其才也。孔子曰。觚不觚。觚哉觚哉。故事人加則爲宗廟器。否則斯養之疊才。干越之鋌不厲。匹夫賤之。工人施巧。人主服而朝也。夫醜者自以爲姣。故飾。愚者自以爲知。故不學。觀笑在己而不自知。不好用人。自是之過也。

訟賢第二十二

大夫曰。剛者折。柔者卷。故季由以强梁死。宰我以柔弱殺。使二子不學。未必不得其死。何者。矜己而伐能。小知而巨牧。欲人之從己。不能以己之從人。莫視而自見。莫賈而自貴。此其所以身殺死而終菹醢也。未見其爲宗廟器。

觀其爲世戮也。當此之時。東流亦安之乎。文學曰。騏驎之輓鹽車。垂頭於太行。屠者持刀而睨之。太公之窮困。負販於朝歌也。蓬頭相聚而笑之。當此之時。非無遠筋駿才也。非文王伯樂。莫知之賈也。子路宰我。生不逢伯樂之舉而遇狂屠。故君子傷之。若由不得其死然。天其祝予矣。孔父累華督之難。不可謂不義。仇牧涉宋萬之禍。不可謂不賢也。大夫曰。今之學者。無太公之能。騏驎之才。有以蜂蠆介毒而自害也。東海成顒。河東胡建是也。二子者以術蒙舉。起卒伍。爲縣令。獨非自是。無與合同。引之不來。推之不往。狂狷不遜。忮害不恭。刻轢公主。侵陵大臣。知其不可而强行之。欲以干名。所由不軌。果沒其身。未覩功業所至而見東觀之殃。身得重罪。不得以壽終。狡而以爲知。訐而以爲直。不遜以爲勇。其遭難故亦宜也。文學曰。二公懷精白之心。行忠正之道。直己以事上。竭力以徇公。奉法推理。不避强禦。不阿所親。不貴妻子之養。不顧私家之業。然卒不能免於嫉妬之人。爲衆枉所排也。其所以累不測之刑。而功不遂也。夫公族不正。則法令不行。股肱不正。則姦邪興起。趙奢行之平原。范睢行之穰侯。二國治而兩家全。故君過而臣正。上非而下譏。大臣正。縣令何肯不反諸己。而行非於人。執政之大失也。夫屈原之沉淵。遭子椒之譖也。管子得行其道。鮑叔之力也。今不覩鮑叔之力而見汨羅之禍。雖欲以壽終。無其能得乎。

遵道第二十三

大夫曰。御史。御史未應。謂丞相史曰。文學結髮學語。服膺不舍。辭若循環。轉若陶鈞。文繁於春華。無効於抱風。飾虛言以亂實。道古以害今。從之。則縣官用廢。虛言不可實而行之。不從。文學以爲非也。衆口囂囂。不可勝聽。諸卿都大府日久矣。通先古。明當世。今將何從而可矣。丞相史進曰。晉文公譎而不正。齊桓公正而不譎。所由不同。俱歸於霸。而必隨古不革。襲故不改。是文質不變。而椎車尙在也。故或作之。或述之。然後法令調於民。而器械便於用也。孔對三君殊意。晏子相三君異道。非苟相反。所務之時異也。公卿既定大業之路。建不竭之本。願無顧細故之語。牽儒墨論也。文學曰。師曠之調五音。不失宮商。聖王之治世。不離仁義。故有改制之名。無變道之實。上自黃帝。下及三王。莫不明德教。謹庠序。崇仁義。立教化。此百世不易之道也。殷周因修而昌。秦王變法而亡。詩云。雖無老成人。尙有典刑。言法教故沒而存之。舉而貫之。貫而行之。何更爲哉。丞相史曰。說西施之美。無益於容。道堯舜之德。無益於治。今文學不言所爲治。而言以治之無功。猶不言耕田之方。美富人之囷倉也。夫欲粟者務時。欲治者因世。故商君昭然獨見存亡。不可與世俗同者。爲其沮功而多近也。庸人安其故。而愚者果所聞。故舟車之治。使民三年而後安之。商君之法立。然後民信之。孔子曰。可與共學。未可與權。文學可令扶繩循刻。非所與論道術之外也。文學曰。君子多聞闕疑。述而不作。聖達而謀。小人叡智而事寡。是以功成而不隳。名立而不頓。小人智淺而謀大。贏弱而任重。故中道而廢。蘇秦商鞅是也。無先王之法。非聖人之道。而因於己。故亡。易曰。小人處盛位。雖高必崩。不盈其道。不恒其德。而能以善終身。未之有也。是以初登于天。後入于地。禹之治水也。民知其利。莫不勸其功。商鞅之立法。民知其害。莫不畏其刑。故夏后功立而王。商鞅法行而亡。商鞅有獨智之慮。世不獨見之證。文學不足與權當世。亦無累負之殃也。

論誹第二十四

丞相史曰。晏子有言。儒者華於言而寡於實。繁於樂而舒於民。久喪以害生。厚葬以傷業。禮煩而難行。道迂而難遵。稱往古而言訾當世。賤所見而貴所聞。此人本枉以己爲拭。此顏異所以誅黜。而狄山死於匈奴也。處其位而非其朝。生乎世而訕其上。終以被戮而喪其軀。此獨誰爲負其累而蒙其殃乎。文學曰。禮所以防淫。樂所以移風。禮興樂正則刑罰中。故隄防成而民無水菑。禮義立。民無亂患。故禮義壞。隄防決。所以治者。未之有也。孔子曰。禮。與其奢也寧儉。喪。與其易也寧戚。故禮之所爲作。非以害生傷業也。威儀節文。非以亂化傷俗也。治國謹其禮。危國謹其法。昔秦以武力吞天下。而斯高以妖孽累其禍。廢古術。隳舊禮。專任刑法。而儒墨既喪焉。塞士之塗。壅人之口。道諛日進。而上不聞其過。此秦所以失天下而殞社稷也。故聖人爲政。必先誅之僞巧言。以輔非而傾覆國家也。今子安取亡國之語而來乎。夫公卿處其位。不正其道。而以意阿色順風。疾小人淺淺面從。以成人之過也。故知言之死。不忍從苟合之徒。是以不免於縲紲。悲夫。丞相史曰。檀柘而有鄉。萑葦而有藂。言物類之相從也。孔子曰。德不孤。必有鄰。故湯興而伊尹至。不仁者遠矣。未有明君在上而亂臣在下也。今先帝躬行仁聖之道。以臨海內。招舉俊才賢良之士。唯仁是用。誅逐亂臣。不避所親。務以求賢而簡退不肖。猶堯之舉舜禹之族。殛鯀放驩兜也。而曰苟合之徒是則主非而臣阿是也。文學曰。皐陶對舜在知人。惟帝其難之。洪水之災。堯獨愁悴而不能治。得舜禹而九州寧。故雖有堯明之君。而無舜禹之佐。則純德不流。春秋刺有君而無臣。先帝之時。良臣未備。故邪臣得間。堯得舜禹而殛鯀驩兜。誅。趙簡子得叔向而盛青肩詘。語曰。未見君子。不知僞臣。詩云。未見君子。憂心忡忡。既見君子。我心則降。此之謂也。丞相史曰。堯任鯀驩兜。得舜禹而放殛之。以其罪而天下咸服。誅不仁也。人君用之齊民。而顏異濟南亭長也。先帝舉而加之高位。官至上卿。狄山起布衣。爲漢議臣。處舜禹之位。執天下之中。不能以治而反坐訕上。故驩兜之誅加而刑戮至焉。賢者受賞而不肖者被刑。固其然也。文學何怪焉。文學曰。論者相扶以義。相喻以道。從善不求勝。服義不恥窮。若相迷以僞。相亂以辭。相矜於後息。期於苟勝。非其貴者也。夫蘇秦張儀。熒惑諸侯。傾覆萬乘。使人主失其所持。非不辯然。亂之道也。君子疾鄙夫之不可與事君。患其聽從而無所不至也。今子不聽正義以輔卿相。又從而順之。好須臾之說。不計其後。若子之爲人吏。宜受上戮。子姑默矣。丞相史曰。蓋聞士之居世也。衣服足以勝身。食飲足以供親。內足以相卹。外不求於人。故身修。然後可以理家。家治。然後可以治官。故飯蔬糲者。不可以言孝。妻子飢寒者。不可以言慈。緒業不備者。不可以言理。居斯世。行斯身。而有此三累者。斯亦足以默矣。

孝養第二十五

文學曰。善養者。不必芻豢也。善供服者。不必錦繡也。以己之所有。盡事其親。孝之至也。故匹夫勤勞。猶足以順禮。歠菽飲水。足以致其敬。孔子曰。今之孝者。是爲能養。不敬。何以別乎。故上孝養志。其次養色。其次養體。貴禮不貪其養。禮順心和。養雖不備。可也。易曰。東鄰殺牛。不如西鄰之禴祭也。故富貴而無禮。不如貧賤之孝悌。閨門之內盡孝焉。閨門之外盡悌焉。朋友之道盡信焉。三者。孝之至也。居家理者。非謂積財也。事親孝者。非謂鮮肴也。亦和顏色承意。盡禮義而已矣。丞相史曰。八十曰耋。七十曰耄。耄食非肉不飽。衣非帛不暖。故孝子曰。甘毳以養口。輕暖以養體。曾子養曾晳。必有酒肉。無端絻。雖公西赤不能以養爲容。無肴膳。雖閔曾不能以養卒禮。無虛加。故必有其實。然後爲之。父子。與其禮有餘而養不足。寧養有餘而禮不足。夫洗爵以盛水。升降而進糲。禮雖備。然非其貴者也文學曰。周襄王之母。非無酒肉也。衣食。非不如曾晳也。然而被不孝之名。以其不能事其父母也。君子重其禮。小人貪其養。夫嗟來而招之。投而與之。乞者由不取也。君子苟無其禮。雖美不食焉。故禮。主人不親饋。則客不祭。是饋輕而禮重也。丞相史曰。孝莫大以天下一國養。次祿養。下以力。故王公人君。上也。卿大夫。次也。夫以家人言之。有賢子者。當路於世者。高堂邃宇。安車大馬。衣輕暖。食甘毳無厭者。褐衣皮冠。窮居陋巷。有旦無暮。食蓤糲者。葷茹賸臘而後見肉。害老親之腹非。唐園唯菜是盛。夫蓤糲。乞者所不取。而子以養親。雖欲以禮。非其貴也。文學曰。無其能而竊其位。無其功而有其祿。雖有富貴。由蹠蹻之養也。高臺極望。食案方丈而不可謂孝。老親之腹。非盜囊也。何故。常盛不道之物。夫取非有非職。財入而患從之。身且死禍殃。安得賸臘而食肉。曾參閔子。無卿相之養。而有孝子之名。周襄王富有天下。而有不能事父母之累。故禮菲而養豐。非孝也。掠囷而以養。非孝也。丞相曰。上孝養色。其次安親。其次全身。往者陳餘背漢。斬於泜水。五被邪逆而夷三族。近世主父偃行不軌而誅滅。呂步舒弄口而見戮。行身不謹。誅及無罪之親。由此觀之。虛禮無益於己也。文實配行。禮養俱施。然後可以言孝。孝在於質實。不在於飾貌。全身在於謹慎。不在於馳語也。文學曰。言而不誠。期而不信。臨難不勇。事君不忠。不孝之大者也。孟子曰。今之士。今之大夫。皆罪人也。皆違其意以順其惡。今子不忠不信。巧言以亂政。導諛以求合。若此者。不容於世。春秋曰。士守一不移。循理不外援。共其職而已。故卑位而言高者。罪也。言不及而言者。傲也。有詔公卿與斯議而空戰口也。

刺議第二十六

丞相史曰。山林不讓椒桂以成其崇。君子不辭負薪之言以廣其名。故多見者博。多聞者知。距諫者塞。專己者孤。故謀及下者無失策。舉及衆者無頓功。詩云。詢于芻蕘。故布衣皆得風議。何況公卿之史乎。春秋。士不載文而書咺者。以爲宰士也。孔子曰。雖不吾以。吾其與聞諸侯。僕雖不敏。亦當傾耳下風。攝齊句指。受業徑於君子之塗矣。使文學言之而是。僕之言有何害。使文學言之而非。雖微丞相史。孰不非也。文學曰。以正輔人謂之忠。以邪導人謂之佞。夫怫過納善者。君之忠臣。大夫之直士也。孔子曰。大夫有爭臣三人。雖無道不失其家。今子處宰士之列。

無忠正之心。枉不能正。邪不能匡。順流以容身。從風以說上。上所言則苟聽。上所行則曲從。若影之隨形。響之於聲。終無所是非。衣儒衣。冠儒冠。而不能行其道。非其儒也。譬若土龍文章首目具而非龍也。葶歷似菜而味殊。玉石相似而異類。子非孔氏執經守道之儒。乃公卿面從之儒。非吾徒也。冉有爲季氏宰而附益之。孔子曰。小子鳴鼓而攻之可也。故輔桀者不爲智。爲桀斂者不爲仁。丞相史默然不對。

利議第二十七

大夫曰。作世明主。憂勞萬人。思念北邊之未安。故使使者舉賢良文學高弟。詳延有道之士。將欲觀殊議異策。虛心傾耳以聽。庶幾云得。諸生無能出奇計。遠圖匈奴。安邊境之策。抱枯竹。守空言。不知趨舍之宜。時世之變。議論無所依。如膝癢而搔背。辯訟公門之下。訩訩不可勝聽。如品即口以成事。此豈明主所欲聞哉。文學曰。諸生對冊。殊路同歸。指在於崇禮義。退財利。復往古之道。匡當世之失。莫不云太平。雖未盡。可亶用。宜略有可行者焉。執事闇於明禮。而喻於利末。沮事隋議。計慮籌策。以故至今未決。非儒無成事。公卿欲成也。大夫曰。色厲而內荏。亂眞者也。文表而柔裏。亂實也。文學裒衣博帶。竊周公之服。鞠躬踧踖。竊仲尼之容。議論稱誦。竊商賜之辭。刺譏言治。過管晏之才。心卑卿相。志小萬乘。及授之政。昏亂不治。故以言舉人。若以毛相馬。此其所以多不稱舉。詔策曰。朕嘉宇內之士。故詳延四方豪俊文學博習之士。超遷官祿。言者不必有德。何者。言之易而行之難。有舍其車而識其牛。貴其不言而多成事也。吳鐸以其舌自破。主父偃以其舌自殺。鶡鴠夜鳴。無益於明。主父鳴鴠。無益於死。非有司欲成利。文學桎梏於舊術。牽於間言者也。文學曰。能言之。能行之者。湯武也。能言不能行者。有司也。文學竊周公之服。有司竊周公之位。文學桎梏於舊術。有司桎梏於財利。主父偃以舌自殺。有司以利自困。夫驥之才千里。非造父不能使。禹之知萬人。非舜爲相不能用。故季桓子聽政。柳下惠忽然不見。孔子爲司寇。然後悖熾。驥舉之在伯樂。其功在造父。造父攝轡。馬無駑良。皆可取道。周公之時。士無賢不肖。皆可與言至治。故御之良者善調馬。相之賢者善使士。今舉異才而使臧驪御之。是猶枙驥鹽車而使責之疾。此賢良文學多不稱舉也。大夫曰。嘻。諸生闒茸無行。多言而不用。情貌不相副。若穿踰之盜。自古而患之。是孔丘斥逐於魯君。曾不用於世也。何者。以其首攝多端。迂時而不要也。故秦王燔去其術而不行。坑之渭中而不用。乃安得鼓口舌。申顏眉。預前論議。是非國家之事也。

國病第二十八

文學曰。國有賢士而不用。非士之過。有國者之恥。孔子。大聖也。諸侯莫能用。當小位於魯。三月。不令而行。不禁而止。沛若時雨之灌萬物。莫不興起也。况乎位天下之本朝。而施聖主之德音教澤乎。今公卿處尊位。執天下之要。十有餘年。功德不施於天下。而勤勞於百姓。百姓貧陋困窮。而私家累萬金。此君子所恥。而伐檀所刺也。昔者商鞅相秦。後禮讓。先貪鄙。尚首功。務進取。無德序於民。而嚴刑罰於國。俗日壞而民滋怨。故惠王烹菹其身。以謝天下。當此之時。亦不能論事矣。今執政患儒貧賤而多言。亦憂執事富貴而多患也。大夫視文學。悒悒而不言也。丞相史曰。夫辯國家之政事。論執政之得失。何不徐徐道理相喻。何至切切如此乎。大夫難罷鹽鐵者。非有利也。憂國家之用。邊境之費也。諸生闇闇爭鹽鐵。亦非爲己也。欲反之於古。而輔成仁義也。二者各有所宗。時世異務。又安可堅任古術而非今之理也。且夫小雅非人。必有以易之。諸生莫有能安集國中。懷臧之來遠方。使邊境無寇虜之災。租稅盡爲諸生除之。何况鹽鐵均輸乎。所以貴術儒者。貴其處謙推讓。以道盡人。今辯訟愕愕然。無赤賜之辭。而見鄙倍之色。非所聞也。大夫言過。而諸生亦如之。諸生不直謝大夫耳。賢良文學皆離席曰。鄙人固陋。希涉大庭。狂言多不稱。以逆執事。夫藥酒苦於口而利於病。忠言逆於耳而利於行。故愕愕者。福也。諓諓者。賊也。林中多疾風。富貴多諛言。萬里之朝。日聞唯唯。而後聞諸生之愕愕。此乃公卿之良藥鍼石。大夫色少寬。面文學而蘇也。賢良曰。窮巷多曲辯而寡見者難喻。文學守死溟涬之語。而終不移。夫往古之事。昔有之語。已可覩矣。今以近世觀之。自以目有所見。耳有所聞。世殊而事異。文景之際。建元之始。民朴而歸本。吏廉而自重。殷殷屯屯。人衍而家富。今政非改而教非易也。何世之彌薄而俗之滋衰也。吏即少廉。民即寡恥。刑非誅惡。而姦猶不止。世人有言。鄙儒不如都士。文學皆出山東。希涉大論。子大夫論京師之日久。願分明政治得失之事。故所以然者也。賢良曰。夫山東。天下之腹心。賢士之戰場也。高皇帝龍飛鳳舉於宋楚之間。山東子弟蕭曹樊酈滕灌之屬爲輔。雖即異世。

亦既閼天太顛而已。禹出西羌。文王生北夷。然聖德高世。有萬人之才。負迭羣之任。出入都市。一旦不知返數。然後終於厮役而已。僕雖不生長京師。才駑下愚不足以大議。竊所以聞閭里長老之言。往者常民。衣服溫暖而不靡。器質朴牢而致用。衣足以蔽體。器足以便事。馬足以易步。車足以自載。酒足以合歡而不湛。樂足以理心而不淫。入無宴樂之闋。出無佚游之觀。行即負羸。止作鋤耘。用約而財饒。本修而民富。送死哀而不華。養生適而不奢。大臣正而無欲。執政寬而不苛。故黎民寧其性。百吏保其官。建元始。崇文修德。天下乂安。其後邪臣各以伎藝。虧亂至治。外障山海。內興諸利。楊可告緡。江充禁服。張大夫革令。杜周治獄。罰贖科適。微細並行。不可勝載。夏蘭之屬妄搏。王溫舒之徒妄殺。殘吏萌起。擾亂良民。當此之時。百姓不保其首領。豪富莫必其族姓。聖主覺焉。乃刑戮充等。誅滅殘賊。以殺死罪之怨。塞天下之責。然居民肆然復安。然其禍累世不復。瘡痍至今未息。故百官尚有殘賊之政。而強宰尚有強奪之心。大臣擅權而斷擊。豪猾多黨而侵陵。富貴奢侈。貧賤篡殺。女工難成而易弊。車器難就而易敗。車不累朞。器不終歲。一車千石。一衣十鍾。常民文杯畫案。机席緝蹹。婢妾衣紈履絲。匹庶粺飯肉食。里有俗。黨有場。康莊馳逐。窮巷蹹鞠。秉耒抱插。躬耕身織者寡。娶要斂從容。傅白黛青者衆。無而爲有。貧而強夸。文表無裏。紈袴枲裝。生不養。死厚送。葬死殫家。遣女滿車。富者欲過。貧者欲及。富者空減。貧者稱貸。是以民年急而歲促。貧即寡恥。乏即少廉。此所以刑非誅惡。而姦猶不止也。故國有嚴不急之徵。即生前不足疾矣。

散不足第二十九

大夫曰。吾以賢良爲少愈。乃反其幽明。若胡車相隨而鳴。諸生獨不見季夏之蝝乎。音聲入耳。秋風至而聲無者。生無易由言不顧其患。患至而後默。晚矣。賢良曰。孔子讀史記。喟然而歎。傷正德之廢。君臣之危也。夫賢人君子。以天下爲任者也。任大者思遠。思遠者忘近。誠心閔悼。惻隱加爾。故忠心獨而無累。此詩人所以傷而作。比干子胥遺身忘禍也。其惡勞人。若斯之急。安能默乎。詩云。憂心如惔。不敢戲談。孔子栖栖。疾固也。墨子遑遑。閔世也。大夫默然。丞相曰。願聞散不足。賢良曰。宮室輿馬。衣服器械。喪祭食飲。聲色玩好。人情之所不能已也。故聖人爲之制度以防之。間者。士大夫務於權利。怠於禮義。故百姓倣傚。頗踰制度。今故陳之。曰。古者穀物菜果。不時不食。鳥獸魚鼈不中殺不食。故繳罔不入於澤。雜毛不取。今富者逐驅殲罔罝。掩捕麑鷇。耽湎沈猶。鋪百川鮮。羔䍧幾胎。扁皮黄口。春鵝秋鶵。冬葵温韭。浚茈蓼蘇。豐奕耳菜。毛果蟲貉。古者采椽茅茨。陶桴複穴。足禦寒暑。蔽風雨而已。及其後世。采椽不斲。茅茨不翦。無斲削之事。磨礱之功。大夫達棱楹。士穎首。庶人斧。成木構而已。今富者井幹增梁。雕文檻楯。堊𡎺壁飾。古者衣服不中制。器械不中用。不粥於市。今民間雕琢不中之物。刻畫無用之器。玩好玄黄雜青。五色繡衣。戲弄蒲人雜婦。百獸馬戲鬬虎。唐銻追人。奇蟲胡妲。古者諸侯不秣馬。天子有命。以車就牧。庶人之乘者。馬足以代其勞而已。故行則服桅。止則就犁。今富者連車列騎。驂貳輜軿。中者微輿短轂。煩尾掌蹄。夫一馬伏櫪。當中家六口之食。亡丁男一人之事。古者庶人耋老而後衣絲。其餘則麻枲而已。故命曰布衣。及其後。則絲裏枲表。直領無褘。袍合不緣。夫羅紈文繡者。人君后妃之服也。繭紬縑練者。婚姻之嘉飾也。是以文繒薄織。不粥於市。今富者縟繡羅紈。中者素綈錦冰。常民而被后妃之服。褻人而居婚姻之飾。夫紈素之賈倍縑。縑之用倍紈也。古者。椎車無柔。棧輿無檀。及其後。木軨不衣。長轂數幅。蒲薦苙蓋。蓋無染絲之飾。大夫士則單複木具。盤韋柔革。常民染輿。大軨蜀輪。今庶人富者。銀黄華左搔。結綏韜杠。中者錯鑣塗采。珥靳飛軨。古者鹿裘皮冒。蹄足不去。及其後。大夫士狐貉縫腋。羔麑豹祛。庶人則毛絝衳彤。樸䩸皮傳。今富者鼲鼯狐白鳧翥。中者罽衣金縷。燕鼦代黄。古者庶人賤騎繩控。革鞮皮廌而已。及其後。革鞍氂成。鐵鑣不飾。今富者鞼耳銀鑷韀。黄金琅勒。罽繡弇汗。垂珥胡鮮。中者染韋紹系。采畫暴乾。古者汙尊坏飲。蓋無爵觴樽俎。及其後。庶人器用。即竹柳陶匏而已。唯瑚璉觴豆。而後彫文彤漆。今富者銀口黄耳。金罍玉鍾。中者舒玉紵器。金錯蜀杯。夫一文杯得銅杯十。賈賤而用不殊。箕子之譏。始在天子。今在匹夫。古者燔黍食稗。而熚豚以相饗。其後鄉人飲酒。老者重豆。少者立食。一醬一肉。旅飲而已。及其後。賓婚相召。則豆羹白飯。綦膾熟肉。今民間酒食。殽旅重疊。燔炙滿案。臑鼈膾腥。麑卵鶉鷃橙枸。鮐鱧醢醯。衆物雜味。古者庶人。春夏耕耘。秋冬收藏。昏晨力作。夜以繼日。詩云。晝爾于茅。宵爾索綯。亟其乘屋。其始播百穀。非膢臘不休息。非祭祀無酒肉。今賓昏酒食。接連相因。折醒什半。棄事相隨。慮無乏日。古者庶人。糲食藜藿。非鄉飲酒膢臘祭祀無酒肉。故諸侯無故不殺牛羊。大夫士無故不殺犬豕。今閭巷縣佰。阡伯屠沽。無故烹殺。相聚野外。負粟而往。挈肉而歸。夫一豕之肉。得中年之收。十五斗粟。當丁男半月之食。古者庶人魚菽之祭。春秋脩其祖祠。士一廟。大夫三。以時有事于五祀。蓋無出門之祭。今富者祈名嶽。望山川。椎牛擊鼓。戲倡儛像。中者南居當路。水上雲臺。屠羊殺狗。鼓瑟吹笙。貧者雞豕五芳。衞保散臘。傾蓋社場。古者德行求福。故祭祀而寬。仁義求吉。故卜筮而希。今世俗寬於行而求於鬼。怠於禮而篤於祭。嫚親而貴勢。至妄而信日。聽訑言而幸得。出實物而享虛福。古者君子夙夜孳孳思其德。小人晨昏孜孜思其力。故君子不素飡。小人不空食。世俗飾僞行詐。爲民巫祝。以取釐謝。堅頟健舌。或以成業致富。故憚事之人。釋本相學。是以街巷有巫。閭里有祝。古者。無杠樠之寢。牀栘之案。及其後世。庶人即采木之杠。葉華之樠。士不斤成。大夫葦莞而已。今富者。黼繡帷幄。塗屏錯跗。中者錦綈高張。采畫丹漆。古者皮毛草蓐。無茵席之加。旃蒻之美。及其後。大夫士復薦草緣。蒲平單莞。庶人即草蓐索經單藺籧蒢而已。今富者繡茵翟柔。蒲子露林。中者獏皮代旃。闒坐平莞。古者不粥飪。不市食。及其後。則有屠沽。沽酒市脯魚鹽而已。今熟食徧列。殽施成市。作業墮怠。食必趣時。楊豚韭卵。狗䐹馬朘。煎魚切肝。羊淹雞寒。蜩馬駱日䴈。捕胹脯胹羔豆賜。鷇膹鴈羹。自鮑甘瓠。熱粱和炙。古者土鼓凷枹。擊木拊石。以盡其歡。及後卿大夫有管磬。士有琴瑟。往者民間酒會。各以黨俗。彈箏鼓缶而已。無要妙之音。變羽之轉。今富者鍾鼓五樂。歌兒數曹。中者鳴竽調瑟。鄭儛趙謳。古者瓦棺容尸。木板堲周。足以收形骸。藏髮齒而已。及其後。桐棺不衣。采槨不斲。今富者繡牆題湊。中者梓棺楩槨。貧者畫荒衣袍。繒囊緹橐。古者明器有形無實。示民不用也。及其後。則有醯醢之藏。桐馬偶人。彌祭其物不備。今厚資多藏。器用如生人。郡國繇吏素桑楺。偶車櫓輪。匹夫無貌領。桐人衣紈綈。古者不封不樹。反虞祭於寢。無壇宇之居。廟堂之位。及其後則封之。庶人之墳半仞。其高可隱。今富者積土成山。列樹成林。臺榭連閣。集觀增樓。中者祠堂屏閤。垣闕罘罳。古者鄰有喪。舂不相杵。巷不歌謠。孔子食於有喪者之側。未嘗飽也。子於是日哭。則不歌。今俗因人之喪以求酒肉。幸與小坐而責辨。歌舞俳優。連笑伎戲。古者男女之際尙矣。嫁娶之服。未之以記。及虞夏之後。蓋表布內絲。骨笄象珥。封君夫人。加錦尙褧而已。今富者皮衣朱貉。繁路環佩。中者長裾交褘。璧瑞簪珥。古者事生盡愛。送死盡哀。故聖人爲制節。非虛加之。今生不能致其愛敬。死以奢侈相高。雖無哀戚之心。而厚葬重幣者。則稱以爲孝。顯名立於世。光榮著於俗。故黎民相慕效。至於發屋賣業。古者夫婦之好。一男一女而成家室之道。及後士一妾。大夫二。諸侯有姪娣九女而已。今諸侯百數。卿大夫十數。中者侍御。富者盈室是以女或曠怨失時男或放死無匹古者凶年不備豐年補敗。仍舊貫而不改作今工異變而吏殊心壞敗成功。以匿厥意。意極乎功業。務存乎面目。積功以市譽。不恤民之急。田野不辟而飾亭落。邑居丘墟而高其郭。古者不以人力徇於禽獸。不奪民財以養狗馬。是以財衍而力有餘。今猛獸奇蟲。不可以耕耘。而令當耕耘者養食之。百姓或短褐不完。而犬馬衣文繡。黎民或糠糟不接。而禽獸食肉。古者人君敬事愛下。使民以時。天子以天下爲家。臣妾各以其時供公職。今古之通義也。今縣官多畜奴婢。坐稟衣食。私作產業。爲姦利。力作不盡。縣官失實。百姓或無斗筲之儲。官奴累百金。黎民昏晨不釋事。奴婢垂拱遨遊也。古者親近而疏遠。貴所同而賤非類。不賞無功。不養無用。今蠻貊無功。縣官居肆。廣屋大第。坐稟衣食。百姓或旦暮不贍。蠻夷或厭酒肉。黎民泮汗力作。今蠻夷交脛肆踞。古者庶人鹿菲。草芰縮絲。尙韋而已。及其後。則綦下不借。鞔鞮革舄。今富者革中名工。輕靡使容。紈裏紃下。越端縱緣。中者鄧里閒作。蒯苴秦堅。婢妾韋沓絲履。走者茸芰狗官。古聖人勞躬養神。節欲適情。尊天敬地。履德行仁。是以上天歆焉。永其世而豐其年。故堯秀眉高彩。享國百載。及秦始皇覽怪迂。信禨祥。使盧生求羨門高。徐市等入海求不死之藥。當此之時。燕齊之士。釋鋤耒。爭言神仙。方士於是趣咸陽者以千數。言仙人食金飲珠。然後壽與天地相保。於是數巡狩五嶽濱海之館。以求神仙蓬萊之屬。數幸之郡縣。富人以貲佐。貧者築道旁。其後小者亡逃。大者藏匿。吏捕索掣頓。不以道理。名宮之旁。廬舍丘落。無生苗立樹。百姓離心。怨思者十有半。書曰。享多儀。儀不及物。曰不享。故聖人非仁義不載於己。非正道不御於前。是以先帝誅文成五利等。宣帝建學官。親近忠良。欲以絕怪惡之端。而昭至德之塗也。宮室奢侈。林木之蠹也。器械雕琢。財用之蠹也。衣服靡麗。布帛之蠹也。狗馬食人之食。五穀之蠹也。口腹從恣。魚肉之蠹也。用費不節。府庫之蠹也。漏積不禁。田野之蠹也。喪祭無度。傷生之蠹也。墮成變故。傷功工商。上通傷農。故一杯棬用百人之力。一屏風就萬人之功。其爲害亦多矣。目修於五色。耳營於五音。體極輕薄。口極甘脆。功積於無用。財盡於不急。口腹不可爲多。故國病聚不足。即政怠人病。聚不足則身危。丞相曰。治聚不足奈何。

救匱第三十

賢良曰。蓋橈枉者過直。救文者以質。昔者晏子相齊。一狐裘三十載。故民奢示之以儉。民儉示之以禮。方今公卿大夫子孫。誠能節車輿。適衣服。躬親節儉。率以敦朴。罷園池。損田宅。內無事乎市列。外無事乎山澤。農夫有所施其功。女工有所粥其業。如是。則氣脈和平。無聚不足之病矣。大夫曰。孤子語孝。躄者語杖。貧者語仁。賤者語治。議不在己者易稱。從旁議者易是。其當局則亂。故公孫弘布被。倪寬練袍。衣若僕妾。食若庸夫。淮南逆於內。蠻夷暴於外。盜賊不爲禁。奢侈不爲節。若疫歲之巫。徒能鼓口耳。何散不足之能治乎。賢良曰。高皇帝之時。蕭曹爲公。滕灌之屬爲卿。濟濟然斯則賢矣。文景之際。建元之始。大臣尙有爭引守正之義。自此之後。多承意從欲。少敢直言。面議而正刺。因公而徇私。故武安丞相訟園田。爭曲直人主之前。夫九層之臺一傾。公輸子不能正。本朝一邪。伊望不能復。故公孫丞相倪大夫側身行道。分祿以養賢。卑己以下士。功業顯立。日力不足。無行人子產之繼。而葛繹彭侯之等。隳壞其緒。紕亂其紀。毀其客館議堂。以爲馬廐婦舍。無養士之禮。而尙驕矜之色。廉恥陵遲而爭於利矣。故良田廣宅。民無所之。不恥爲利者滿朝市。列田畜者彌郡國。橫暴掣頓。大第巨舍之旁。道路且不通。此固難醫而不可爲工。大夫勃然作色。默而不應。

鹽鐵箴石第三十一

丞相曰。吾聞諸鄭長孫曰。君子正顏色則遠暴嫚。出辭氣則遠鄙倍矣。故言可述。行可則。此有司夙昔所願覩也。若夫劍客論。博奕辯。盛色而相蘇。秦立權以不相假。使有司不能取賢良之議。而賢良文學被不遜之名。竊爲諸生不取也。公孫龍有言曰。論之爲道辯。故不可以不屬意。屬意相寬。相寬其歸爭。爭而不讓。則入於鄙。今有司以不仁。又蒙素飡。無以更責雪恥矣。縣官所招舉賢良文學。而及親民偉仕。亦未見其能用箴石而醫百姓之疾也。賢良曰。賈生有言曰。懇言則辭淺而不入。深言則逆耳而失指。故曰談何容易。談且不易。而況行之乎。此胡建所以不得其死。而吳得幾不免於患也。語曰。五盜執一良人。枉木惡直繩。今欲下箴石。通關鬲。則恐有盛胡之累。懷箴橐艾。則被不工之名。狼跋其胡。載躓其尾。君子之路。行止之道固狹耳。此子石所以歎息也。

除狹第三十二

大夫曰。賢者處大林。遭風雷而不迷。愚者雖處平敞大路。猶暗惑焉。今守相親剖符贊拜。莅一郡之衆。古方伯之位也。受命專制。宰割千里。不御於內。善惡在於己。己不能故耳。道何狹之有哉。賢良曰。古之進士也。鄉擇而里選。論其才能。然後官之。勝職任。然後爵而祿之。故士修之鄉曲。升諸朝廷。行之幽隱。明足顯著。疏遠無失士。小大無遺功。是以賢者進用。不肖者簡黜。今吏道壅而不選。富者以財賈官。勇者以死射功。戲車鼎躍。咸出補吏。累功積日。或至卿相。垂青繩。擐銀龜。擅殺生之柄。專萬民之命。弱者。猶使羊將狼也。其亂必矣。强者。則是予狂夫利劍也。必妄殺生也。是以往者。郡國黎民相乘而不能理。或至鋸頸殺不辜而不能正。執綱紀非其道。蓋博亂愈甚。古者封賢祿能。不過百里。百里之中而爲都。疆垂不過五十。猶以爲一人之身。明不能照。聰不得達。故立卿大夫士以佐之。而政治乃備。今守相或無古諸侯之賢。而涖千里之政。主一郡之衆。施聖主之德。擅生殺之法。至重也。非仁人不能任。非其人不能行。一人之身。治亂在己。千里與之轉化。不可不熟擇也。故人主有私人以財。不私人以官。懸賞以待功。序爵以俟賢。舉善若不足。黜惡若仇讎。固爲其非功而殘百姓也。夫傳主德開臣途。在於選賢而器使之。擇練守相。然後任之。

疾貪第三十三

大夫曰。然。爲醫以拙矣。又多求謝。爲吏既多不良矣。又侵漁百姓。長吏厲諸小吏。小吏厲諸百姓。故不患擇之不熟。而患求之與得異也。不患其不足也。患其貪而無厭也。賢良曰。古之制爵祿也。卿大夫足以潤賢厚。士足以優身及黨。庶人爲官者。足以代其耕而食其祿。今小吏祿薄。郡國繇役。遠至三輔。粟米貴不足相贍。常居則匱於衣食。有故則賣畜粥業。非徒是也。繇使相遣。官庭攝追。小計權吏行施。乞貸長吏侵漁。上府下求之縣。縣求之鄉。鄉安取之哉。語曰。貨賂下流。猶水之赴下。不竭不止。今大川江河飲巨海。巨海受之。而欲谿谷之讓流潦。百官之廉。不可得也。夫欲影正者端其表。欲下廉者先之身。故貪鄙在率不在下。教訓在政不在民也。大夫曰。賢不肖有質而貪鄙有性。君子內潔己而不能純教於彼。故周公非不正管蔡之邪。子產非不正鄧晳之僞也。夫內不從父兄之教。外不畏刑法之罪。周公子產不能化必也。今一二則責之有司。有司豈能縛其手足而使之無爲非哉。賢良曰。駟馬不馴。御者之過也。百姓不治。有司之罪也。春秋刺譏不及庶人。責其率也。故古者大夫將臨刑。聲色不御。刑以當矣。猶三巡而嗟歎之。其耻不能以化而傷其不全也。政教闇而不著。百姓顛蹶而不扶。猶赤子臨井焉。聽其入也。若此。則何以為民父母。故君子急於教。緩於刑。刑一而正百。殺一而愼萬。是以周公誅管蔡而子產誅鄧晳也。刑誅一施。民遵禮義矣。夫上之化下。若風之靡草。無不從教。何一一而縛之也。

後刑第三十四

大夫曰。古之君子。善善而惡惡。人君不畜惡民。農夫不畜無用之苗。無用之苗。苗之害也。無用之民。民之賊也。鉏一害而衆苗成。刑一惡而萬民悅。雖周公孔子。不能釋刑而用惡。家之有鉏。子器皿不居。况鉏民乎。民者教於愛而聽刑。故刑所以正民。鉏所以別苗也。賢良曰。古者篤教以導民。明辟以正刑。刑之於治。猶策之於御也。良工不能無策而御。有策而勿用。聖人假法以成教。教成而刑不施。故威厲而不殺。刑設而不犯。今廢其紀綱而不能張。壞其禮義而不能防。民陷於罔。從而獵之以刑。是猶開其闌牢。發以毒矢也。不盡不止。曾子曰。上失其道。民散久矣。如得其情。卽哀矜而勿喜。夫不傷民之不治。而伐己之能得姦。猶弋者覩鳥獸挂罻羅而喜也。今天下之被誅者。不必有管蔡之邪。鄧晳之僞。恐苗盡而不別。民欺而不治也。孔子曰。人而不仁。疾之已甚。亂也。故民亂反之政。政亂反之身。身正而天下定。是以君子嘉善而矜不能。恩及刑人。德潤窮夫。施惠悅爾。行刑不樂也。

授時第三十五

大夫曰。共其地居是世也。非有災害疾疫。獨以貧窮。非惰則奢也。無奇業旁入而猶以富給。非儉則力也。今日施惠悅爾。行刑不樂。則是閔無行之人。而養惰奢之民也。故妄予不為惠。惠惡者不為仁。賢良曰。三代之盛無亂萌。教也。夏商之季世。無順民。俗也。是以王者設庠序。明教化。以防道其民。及政教之洽。性仁而喻善。故禮義立。則耕者讓於野。禮義壞。則君子爭於朝。人爭則亂。亂則天下不均。故或貧或富。富則仁生。贍則民爭止。昏暮叩人門戶求水火。貪夫不恡。何則所饒也。夫為政而使菽粟如水火。民安有不仁者乎。大夫曰。博戲馳逐之徒。皆富人子弟。

非不足者也。故民饒則僭侈。富則驕奢。坐而委蛇。起而為非。未見其仁也。夫居事不力。用財不節。雖有財如水火。窮乏可立而待也。有民不畜。有司雖助之耕織。其能足之乎。賢良曰。周公之相成王也。百姓饒樂。國無窮乏。人非代之耕織也。易其田疇。薄其稅斂。則民富矣。上以奉君親。下無飢寒之憂。則教可成也。語曰。既富矣。又何加焉。曰教之。以德。齊之以禮。則民從義而從善。莫不入孝出悌。夫何奢侈暴慢之有。管子曰。倉廩實而知禮節。百姓足而知榮辱。故民易與適禮。難與適道。大夫曰。縣官之於百姓。若慈父之於子也。忠焉能勿誨乎。愛之而勿勞乎。故春親耕以勸農。賑貸以贍不足。通滀水。出輕繫。使民務時也。蒙恩被澤。而至今猶以貧困。其難與適道若是夫。賢良曰。古者春省耕以補不足。秋省斂以助不給。民勤於財則貢賦省。民勤於力則功業牢。為民愛力。不奪須臾。故召伯聽斷於甘棠之下。為妨農業之務也。今時雨澍澤。種懸而不得播。秋稼零落乎野而不得收。田疇赤地。而停落成市。發春而後。懸青幡而策土牛。殆非明主勸耕稼之意。而春令之所謂也。

水旱第三十六

大夫曰。禹湯聖主。后稷伊尹賢相也。而有水旱之災。水旱天之所為。饑穰陰陽之運也。非人力。故太歲之數在陽為旱。在陰為水。六歲一饑。十二歲一荒。天道然。殆非獨有司之罪也。賢良曰。古者政有德。則陰陽調。星辰理。風雨時。故循行於內。聲聞於外。為善於下。福應於天。周公載紀而天下太平。國無夭傷。歲無荒年。當此之時。雨不破塊。風不鳴條。旬而一雨。雨必以夜。無丘陵高下皆熟。詩曰。有渰萋萋。興雨祁祁。今不省其所以然。而曰陰陽之運也。非所聞也。孟子曰。野有餓殍。不知收也。狗豕食人食。不知檢也。為民父母。民饑而死。則曰非我也。歲也。何異乎以刃殺之。則曰非我也。兵也。方今之務。在除饑寒之患。罷鹽鐵。退權利。分土地。趣本業。養桑麻。盡地力也。寡功節用。則民自富。如是。則水旱不能憂。凶年不能累也。大夫曰。議者貴其辭約而指明。可於眾人之聽。不至繁文稠辭。多言害有司化俗之計。而家人語。陶朱為生。本末異徑。一家數事。而治生之道乃備。今縣官鑄農器。使民務本。不營於末。則無饑寒之累。鹽鐵何害而罷。賢良曰。農。天下之大業也。鐵器。民之大用也。器用便利。則用力少而得作多。農夫樂事勸功。用不具。則田疇荒。穀不殖。用力鮮。功自半。器便與不便。其功相什而倍也。縣官鼓鑄鐵器。大抵多為大器。務應員程。不給民用。民用鈍弊。割草不痛。是以農夫作劇。得獲者少。百姓苦之矣。大夫曰。卒徒工匠。以縣官日作公事。財用饒。器用備。家人合會。褊於日而勤於用。鐵力不銷鍊。堅柔不和。故有司請總鹽鐵。一其用。平其賈。以便百姓公私。雖虞夏之爲治。不易於此。吏明其教。工致其事。則剛柔和。器用便。此則百姓何苦。而農夫何疾。賢良曰。卒徒工匠。故民得占租鼓鑄煮鹽之時。鹽與五穀同賈。器和利而中用。今縣官作鐵器。多苦惡。用費不省。卒徒煩而力作不盡。家人相一。父子戮力。各務爲善器。器不善者不集。農事急。輓運衍之阡陌之閒。民相與市買。得以財貨五穀新弊易貨。或時貰民。不棄作業。置田器。各得所欲。更繇省約。縣官以徒復作。繕治道橋。諸發民便之。今總其原。壹其賈。器多堅䃉。善惡無所擇。吏數不在。器難得。家人不能多儲。多儲則鎮生。棄膏腴之日。遠市田器則後良時。鹽鐵賈貴。百姓不便。貧民或木耕手耨。土耰淡食。鐵官賣器不售。或頗賦與民。卒徒作不中呈。時命助之。發徵無限。更繇以均劇。故百姓疾苦之。古者千室之邑。百乘之家。陶冶工商。四民之求。足以相更。故農民不離畦畝而足乎田器。工人不斬伐而足乎陶冶。不耕田而足乎粟米。百姓各得其便。而上無事焉。是以王者務本不作末。去炫燿。除雕琢。湛民以禮。示民以樸。是以百姓務本而不營於末。

崇禮第三十七

大夫曰。飾几杖。脩樽俎。爲賓。非爲主也。炫燿奇怪。所以陳四夷。非爲民也。夫家人有客。尙有倡優奇變之樂。而況縣官乎。故列羽旄。陳戎馬。以示威武。奇蟲珍怪。所以示懷廣遠。明德遠國。莫不至也。賢良曰。王者崇禮施德。上仁義而賤怪力。故聖人絕而不言。孔子曰。言忠信。行篤敬。雖蠻貊之邦。不可棄也。今萬方絕國之君。奉贄獻者。懷天子之盛德。而欲觀中國之禮儀。故設明堂辟雍以示之。揚干戚。昭雅頌以風之。今乃玩好不用之器。奇蟲不畜之獸。角抵諸戲炫燿之物陳夸之。殆與周公之待遠方殊。昔周公處謙以卑士。執禮以治下。天下辭越裳之贄。見恭讓之禮。既與入文王之廟。是見大孝之禮也。目覩威儀干戚之容。耳聽清歌雅頌之聲。心充至德。欣然以歸。此四夷所以慕義內附。非重譯狄鞮來觀猛獸熊羆也。夫犀象兕虎。南夷之所多也。騾驢馲駞。北狄之常畜也。中國所鮮。外國賤之。南越以孔雀珥門戶。崐山之旁。以玉璞抵烏鵲。今貴人之所賤。珍人之所饒。非所以厚中國。明盛德也。隋和之名寶也。而不能安危存亡。故喻德示威。惟賢臣良相。不在犬馬珍怪。是以聖王以賢爲寶。不以珠玉爲寶。昔晏子脩之罇俎之閒。而折衝乎千里。不能者雖隋和滿篋。無益於存亡。大夫曰。晏子相齊三君。崔慶無道。刼其君。亂其國。靈公國圍。莊公弒死。景公之時。晉人來攻。取垂都。舉臨菑。邊邑削。城郭焚。宮室隳。寶器盡。何衝之所能折乎。由此觀之。賢良所言。賢人爲寶。則損益無輕重也。賢良曰。管仲去魯入齊。齊霸魯削。非恃其衆而歸齊也。伍子胥挾弓干闔閭。破楚入郢。非負其兵而適吳也。故賢者所在國重。所去國輕。楚有子玉得臣。文公側席。虞有宮之奇。晉獻不寐。夫臣所在。辟除開塞者亦遠矣。故春秋曰。山有虎豹。葵藿爲之不採。國有賢士。邊境爲之不害也。

備胡第三十八

大夫曰。鄙語曰。賢者容不辱。以世俗言之。鄉曲有桀。人尙辟之。今明天子在上。匈奴公爲寇。侵擾邊境。是仁義犯而藜藿不採。昔狄人侵太王。匡人畏孔子。故不仁者。仁之賊也。是以縣官厲武以討不義。設機械以備不仁。賢良曰。匈奴處沙漠之中。生不食之地。天所賤而棄之。無壇宇之居。男女之別。以廣野爲閭里。以穹廬爲家室。衣皮蒙毛。食肉飲血。會市行。牧豎居。如中國之麋鹿耳。好事之臣。求其義。責之禮。使中國干戈至今未息。萬里設備。此兔罝之所刺。故小人非公侯腹心干城也。大夫曰。天子者。天下之父母也。四方之衆。其義莫不願爲臣妾。然猶脩城郭。設關梁。厲武士。備衞於宮室。所以遠折難而備萬方者也。今匈奴未臣。雖無事。欲釋備。如之何。賢良曰。吳王所以見禽於越者。以其越近而陵遠也。秦所以亡者。以外備胡越而內亡其政也。夫用軍於外。政敗於內。備爲所患。增主所憂。故人主得其道。則遐邇潛行而歸之。文王是也。不得其道。則臣妾爲寇。秦王是也。夫文衰則武勝。德盛則備寡。大夫曰。往者四夷俱强。並爲寇虐。朝鮮踰徼。刼燕之東地。東越東海。略浙江之南。南越內侵。滑服令氐僰人冉駹嶲唐昆明之屬。擾隴西巴蜀。今三垂已平。唯北邊未定。夫一舉則匈奴中外震懼。釋備而何寡也。賢良曰。古者君子立仁脩義。以綏其民。故邇者習善。遠者順之。是以孔子仕於魯。前仕三月及齊平。後仕三月及鄭平。務以德安近而綏遠。當此之時。魯無敵國之難。鄰境之患。强臣變節而忠順。故季桓隳其都城。大國畏義而合好。齊人來歸鄣讙龜陰之田。故爲政而以德。非獨辟害折衝也。所欲不求而自得。今百姓所以囂囂。中外不寧者。咎在匈奴。內無室宇之守。外無田疇之積。隨美草甘水而驅牧。匈奴不變業。而中國以騷動矣。風合而雲解。就之則亡。擊之則散。未可一世而舉也。大夫曰。古者明王討暴衞弱。定傾扶危。則小國之君悅。討暴定傾。則無罪之人附。今不征伐。則暴害不息。不備。則是以黎民委敵也。春秋貶諸侯之後。刺不卒戍。行役戍備。自古有之。非獨今也。賢良曰。匈奴之地廣大。而戎馬之足輕利。其勢易騷動也。利則虎曳。病則鳥折。辟鋒銳而牧罷極。少發則不足以更適。多發則民不堪其役。役煩則力罷。用多則財乏。二者不息。則民遺怨。此秦之所失民心隕社稷也。古者。天子封畿千里。繇役五百里。勝聲相聞。疾病相恤。無過時之師。無踰時之役。內節於民心。而事適其力。是以行者勸務。而止者安業。今山東之戎馬甲士戍邊郡者。絕殊遼遠。身在胡越。心懷老母。老母垂泣。室婦悲恨。推其飢渴。念其寒苦。詩云。昔我往矣。楊柳依依。我今來思。雨雪霏霏。行道遲遲。載渴載飢。我心傷悲。莫之我哀。故聖人憐其如此。閔其久去父母妻子。暴露中野。居寒苦之地。故春使使者勞賜。舉失職者。所以哀遠民而慰撫老母也。德惠甚厚。而吏未稱奉職承詔以存恤。或侵侮士卒。與之爲市。并力兼作。使之不以理。故士卒失職。而老母妻子感恨也。宋伯姬愁思而宋國火。魯妾不得意而魯寢災。今天下不得其意者。非獨西宮之女。宋之老母也。春秋動衆則書。重民也。宋人圍長葛。譏久役也。君子之用心必若是。大夫默然不對。

執務第三十九

丞相曰。先王之道。軼人而難復。賢良文學之言。深遠而難行。夫稱上聖之高行。道至德之美言。非當世之所能及也。願聞方今之急務。可復行於政。使百姓咸足於衣食。無乏困之憂。風雨時。五穀熟。螟螣不生。天下安樂。盜賊不起。流人還歸。各反其田里。吏皆廉正。故以奉職。元元各得其理也。賢良曰。孟子曰。堯舜之道。非遠。人也而人不思之耳。詩云。求之不得。寤寐思服。有求如關雎。好德如河廣。何不濟不得之有。故高山仰止。景行行止。雖不能及。離道不遠也。顏淵曰。舜獨何人也。回何人也。夫思賢慕能。從善不休。則成康之俗可致。而唐虞之道可及。公卿未思也。先王之道。何遠之有。齊桓公以諸侯思王政。憂周室。匡諸夏之難。平夷狄之亂。存亡接絕。信義大行。著于天下。

邵陵之會。予之爲主。傳曰。予。積也。故土積而成山阜。水積而成江海。行積而成君子。孔子曰。吾於河廣。知德之至也。而欲得之。各反其本。復諸古而已。古者。行役不踰時。春行秋反。秋行春來。寒暑未變。衣服不易。固已還矣。夫婦不失時。人安和如適。獄訟平。刑罰得。則陰陽調。風雨時。上不苛擾。下不煩勞。各脩其業。安其性。則螟螣不生。而水旱不起。賦斂省而農不失時。則百姓足而流人歸其田里。上淸靜而不欲。則下廉而不貪。若今則繇役極遠。盡寒苦之地。危難之處。涉胡越之域。今茲往而來歲旋。父母延頸而西望。男女怨曠而相思。身在東楚。志在西河。故一人行而鄉曲恨。一人死而萬人悲。詩云。王事靡盬。不能藝稷黍。父母何怙。念彼恭人。涕零如雨。豈不懷歸。畏此罪罟。吏不奉法以存撫。倍公任私。各以其權。充其嗜欲。人愁苦而怨思。上不恤理。則惡政行而邪氣作。邪氣作則蟲螟生而水旱起。若此。雖禱祀雩祝。用事百神無時。豈能調陰陽而息盜賊矣。

能言第四十

大夫曰。盲者口能言白黑。而無目以別之。儒者口能言治亂。無能以行之。夫坐言不行。則牧童兼烏獲之力。逢須苞堯舜之德。故使言而近。則儒者何患於治亂。而盲人何患於白黑哉。言之不出。恥躬之不逮。故卑而言高。能言而不能行者。君子恥之矣。賢良曰。能言而不能行者。國之寶也。能行而不能言者。國之用也。兼此二者。君子也。無一者。烏獲逢須也。言滿天下。德覆四海。周公是也。口言之。躬行之。豈若默然載施其行而已。則執事亦何患何耻之有。今道不舉而務小利。慕於不急以亂羣意。君子雖貧。勿爲可也。藥酒。病之利也。正言。治之藥也。公卿誠能自強自忍。食文學之至言。去權詭。罷利官。一歸之於民。親以周公之道。則天下治而頌聲作。儒者安得治亂而患之乎。

鹽鐵取下第四十一

大夫曰。不軌之民。困撓公利。而欲擅山澤。從文學賢良之意。則利歸於下。而縣官無可爲者。上之所行則非之。上之所言則譏之。專欲損上徇下。虧主而適臣。尙安得上下之義。君臣之禮。而何頌聲能作也。賢良曰。古者。上取有量。自養有度。樂歲不盜。年饑則肆。用民之力。不過歲三日。籍斂不過十一。君篤愛。臣盡力。上下交讓天下平。浚發爾私。上讓下也。遂及我私。先公職也。孟子曰。未有仁而遺其親。義而後其君也。君君臣臣。何爲其無禮義乎。及周之末塗。德惠塞而嗜欲衆。君奢侈而上求多。民困於下。怠於公平。是以有履畝之稅。碩鼠之詩作也。衛靈公當隆冬興衆穿池。海春諫曰。天寒百姓凍餧。願公之罷役也。公曰。天寒哉。我何不寒哉。人之言曰。安者不能恤危。飽者不能食饑。故餘粱肉者。難爲言隱約。處佚樂者。難爲言勤苦。夫高堂邃宇。廣廈洞房者。不知專屋狹廬。上漏下濕者之瘤也。繫馬百駟。貨財充內。儲陳納新者。不知有旦無暮。稱貸者之急。廣第唐園。良田連比者。不知無運踵之業。竄頭宅者之役也。原馬被山。牛羊滿谷者。不知無孤豚瘠犢者之窶也。高枕談臥。無叫號者。不知憂私責與吏正戚者之愁也。被紈躡韋。搏粱齧肥者。不知短褐之寒。糠粝之苦也。從容房闈之閒。垂拱持案食者。不知蹠耒躬耕者之勤也。乘堅驅良。列騎成行者。不知負擔步行者之難也。同牀旃席。侍御滿側者。不知負輅輓船。登高絕流者之難也。衣輕暖。被英裘。處溫室。載安車者。不知乘邊城。飄胡代。鄉清風者之危寒也。妻子好合。子孫保之。不知老母之顦顇。匹婦之悲恨也。耳聽五音。目視弄優者。不知蒙流矢。距敵方外之死者也。東嚮伏几。振筆如文調者。不知求索之急。箠楚之痛者也。坐旃茵之上。安圖籍之言。若易然。亦不知步涉者之難也。昔商鞅之任秦也。刑人若刈菅芳。用師若彈丸。從軍旅者。暴骨長城。戍漕者。輦車相望。生而往。死而旋。彼獨非人子耶。故君子仁以恕。義以度。所好惡與天下共之。所不施不仁者。公劉好貨。居者有積。行者有囊。大王好色。內無怨女。外無曠夫。文王作刑。國無怨獄。武王行師。士樂爲之死。民樂爲之用。若斯。則民何苦而怨。何求而譏。公卿愀然。寂若無人。於是遂罷議止詞。奏曰。賢良文學不明縣官事。猥以鹽鐵而爲不便。請且罷郡國榷沽。關內鐵官。奏可。

擊之第四十二

賢良曰。文學既拜。咸取列大夫。辭丞相御史。大夫曰。前議公事。賢良文學稱引往古。頗乖世務。論者不必相反。期於可行。往者縣官未事胡越之時。邊城四面受敵。北邊尤被其苦。先帝絕三方之難。撫從方國以爲蕃蔽。窮極郡國以討匈奴。匈奴壤界獸圈。孤弱無與。此困亡之時也。遼遠不遂。使得復喘息。休養士馬。負紿西域。西域迫近胡寇。沮心內解。必爲巨患。是以主上欲掃除煩倉廩之費也。終日逐禽。罷而釋之。則非計也。蓋舜紹緒。禹成功。今欲以小擧擊之何如。文學曰。異時縣官修輕賦。公用饒。人富給。其後保胡越。通四夷。費用不足。於是興利害。算車舡以訾助邊。贖罪告緡。與人以患矣。甲士死於軍旅。中士罷於轉漕。仍之以科適。吏徵發極矣。夫勞而息之。極而反本。古之道也。雖舜禹興。不能易也。大夫曰。昔夏后底洪水之災。百姓孔勤。罷於籠臿。及至其後。咸享其功。先帝之時。郡國頗煩於戎事。然亦寬三陲之役。語曰。見機不遂者隕功。一日違敵。累世爲患。休勞用供。因弊乘時。帝王之道。聖賢之所不能失也。功業有緒。惡勞而不卒。猶耕者勧休而困止也。夫事輟者無功。耕怠者無獲也。文學曰。地廣而不得者國危。兵強而淩敵者身亡。虎兕相據而螻蟻得志。兩敵相機而匹夫乘閒。是以聖王見利慮害。見遠存近。方今爲縣官計者。莫若偃兵休士。厚幣結和親。修文德而已。若不恤人之急。不計其難弊。持以窮無用之地。亡十獲一。非文學之所知也。

結和第四十三

大夫曰。漢興以來。修好結和親。所聘遺單于者甚厚。然不紀重質厚賂之故。改節而暴害滋甚。先帝覩其可以武折而不可以德懷。故廣將帥。招奮擊。以誅厥罪。功勳粲然。著於海內。藏於記府。何命亡十獲一乎。夫偷安者後危。慮近者憂邇。賢者離俗。智士權行。君子所慮。衆庶疑焉。故民可與觀成。不可與圖始。此有司所獨見。而文學所不覩。文學曰。往者匈奴結和親。諸夷納貢。即君臣外內相信。無胡越之患。當此之時。上求寡而易贍。民安樂而無事。耕田而食。桑麻而衣。家有數年之稸。縣官餘貨財。閭里耆老。或及其澤。自是之後。退文任武。苦師勞衆。以略無用之地。立郡沙石之間。民不能自守。發屯乘城。輓輦而贍之。愚竊見其亡。不覩其成。大夫曰。匈奴以虛名市於漢。而實不從。數爲蠻貊所紿。不痛之何故也。高皇帝仗劍定九州。今以九州而不行於匈奴。閭里常民。尚有梟散。況萬里之主。與小國之匈奴乎。夫以天下之力勤何不摧。以天下之士民何不服。今有帝名。而威不信長城。反賂遺而尚踞敖。此五帝所不忍。三王所畢怒也。文學曰。湯事夏而卒服之。周事殷而卒滅之。故以大御小者王。以強淩弱者亡。聖人不困其衆以兼國。良御不困其馬以兼道。故造父之御不失和。聖人之治不倍德。秦攝利銜以御宇內。

執脩篚以答八極。驂服以罷而鞭策愈加。故有傾衡遺箠之變。士民非不衆。力勤非不多也。皆內倍外附而莫爲用。此高皇帝所以仗劍而取天下也。夫兩主好合。內外交通。天下安寧。世世無患。士民何事。三王何怒焉。大夫曰。伯翳之始封秦。地爲七十里。穆公開霸。孝公廣業。自卑至上。自小至大。故先祖基之。子孫成之。軒轅戰涿鹿。殺兩皞。蚩尤而爲帝。湯武伐夏商。誅桀紂而爲王。黃帝以戰成功。湯武以伐成孝。故手足之勤。腹腸之養也。當世之務。後世之利也。今四夷內侵。不攘。萬世必有此長患。先帝興義兵以誅暴強。東滅朝鮮。西定冉駹。南擒百越。北挫強胡。李牧追匈奴以廣北州。湯武之舉。蚩尤之兵也。故聖主斥地。非私其利。用兵非徒奮怒也。所以匡難辟害。以爲黎民遠慮。文學曰。秦南禽勁越。北卻強胡。竭中國以役四夷。人罷極而主不恤。國內潰而上不知。是以一夫倡而天下和。兵破陳涉。地奪諸侯。何嗣之所利。詩云。雍雍鳴鳱。旭日始旦。登得前利。不念後咎。故吳王知伐齊之便。而不知干遂之患。秦知進取之利。而不知鴻門之難。是以知一而不知十也。周謹小而得大。秦欲大而亡小。語曰。前車覆。後車戒。殷監不遠。在夏后之世矣。

誅秦第四十四

大夫曰。秦楚燕齊。周之封國也。三晉之君。齊之田氏。諸侯家臣也。內守其國。外伐不義。地廣壤進。故立號萬乘而爲諸侯。宗周室脩禮長文。然國翦弱。不能自存。東攝六國。西畏於秦。身以放遷。宗廟絕祀。賴先帝大惠。紹興其後。封嘉潁川。號周子男君。秦既并天下。東絕沛水。并滅朝鮮。南取陸梁。北卻胡狄。西略氐羌。立帝號。朝四夷。舟車所通。足迹所及。靡不畢至。非服其德。畏其威也。力多則人朝。力寡則朝於人矣。文學曰。禹舜。堯之佐也。湯文。夏商之臣也。其所以從八極而朝海內者。非以陸梁之地。兵革之威也。秦楚三晉號萬乘。不務積德而務相侵。搆兵爭強而卒俱亡。雖以進壤廣地。如食前之充腸也。欲其安存。何可得也。夫禮讓爲國者。若江海流。彌久不竭。其本美也。苟爲無本。若蒿火暴怒而無繼。其亡可立而待。戰國是也。周德衰。然後列於諸侯。至今不絕。秦力盡而滅其族。安得朝人也。大夫曰。中國與邊境。猶支體與腹心也。夫肌膚寒於外。腹腸疾於內。內外之相勞。非相爲助也。脣亡則齒寒。支體傷而心憯怛。故無手足則支體廢。無邊境則內國害。昔者戎狄攻太王於邠。踰岐梁而與秦界於涇渭。

東至晉之陸渾。侵暴中國。中國疾之。今匈奴蠶食內侵。遠者不離其苦。獨邊境蒙其敗。詩云。憂心慘慘。念國之爲虐。不征備則暴害不息。故先帝興義兵以征厥罪。遂破祁連天山。散其聚黨。北略至龍城。大圍匈奴。單于失魂。僅以身免。乘奔逐北。斬首捕虜十餘萬。控弦之民。旃裘之長。莫不沮膽。挫折遠遁。遂乃振旅渾耶。率其衆以降。置五屬國以距胡。則長城之內。河山之外。罕被寇菑。於是下詔令減戍漕。寬徭役。初雖勞苦。卒獲其慶。文學曰。周累世積德。天下莫不願以爲君。故不勞而王。恩施由近及遠。而蠻貊自至。秦任戰勝以并天下。小海內而貪胡越之地。使蒙恬擊胡。取河南以爲新秦。而亡其故秦。築長城以守胡。而亡其所守。往者兵革亟動。師旅數起。長城之北。旋車遺鏃相望。及李廣利等輕計還馬足。莫不寒心。雖得渾耶。不能更所亡。此非社稷之至計也。

伐功第四十五

大夫曰。齊桓公越燕伐山戎。破孤竹。殘令支。趙武靈王踰句注。過代谷。略滅林胡樓煩。燕襲走東胡。辟地千里。度遼東而攻朝鮮。蒙公爲秦擊走匈奴。若鷙鳥之追羣雀。匈奴勢慴。不敢南面而望十餘年。及其後蒙公死而諸侯叛秦。中國擾亂。匈奴紛紛乃敢復爲邊寇。夫以小國燕趙。尚猶卻寇虜以廣地。今以漢國之大。士民之力。非特齊桓之衆。燕趙之師也。然匈奴久未服者。羣臣不并力。上下未諧故也。文學曰。古者用師。非貪壤土之利。救民之患也。民思之若旱之望雨。簞食壺漿以逆王師。故憂人之患者。民一心而歸之。湯武是也。不愛民之死。力盡而潰叛者。秦王是也。孟子曰。君不鄉道。不由仁義。而爲之強戰。雖克必亡。此中國所以擾亂。非蒙恬死而諸侯叛秦。昔周室盛也。越裳氏來獻。百蠻致貢。其後周衰。諸侯力征。蠻貊分散。各有聚黨。莫能相一。是以燕趙能得意焉。其後匈奴稍強。蠶食諸侯。故破走月支氏。因兵威徙小國。引弓之民。并爲一家。一意同力。故難制也。前君爲先帝畫匈奴之策。兵據西域。奪之便勢之地以候其變。以漢之強。攻於匈奴之衆。若以強弩潰癰疽。越之禽吳。豈足道哉。上以爲然。用君之義。聽君之計。雖越王之任種蠡不過。以搜粟都尉爲御史大夫。持政十有餘年。未見種蠡之功。而見靡弊之効。匈奴不爲加俛。而百姓黎民以敝矣。是君之策不能弱匈奴而反衰中國也。善爲計者。固若此乎。

西域第四十六

大夫曰。往者匈奴據河山之險。擅田牧之利。民富兵強。行入爲寇。則句注之內驚動。而上郡以南咸城。文帝時。虜入蕭關。烽火通甘泉。群臣懼。不知所出。乃請屯京師以備胡。胡西役大宛康居之屬。南與群羌通。先帝推讓斥奪廣饒之地。建張掖以西。隔絕羌胡。瓜分其援。是以西域之國。皆內拒匈奴。斷其右臂。曳劍而走。故募人田畜以廣用。長城以南。濱塞之郡。馬牛放縱。蓄積布野。未覩其計之所過也。夫以弱越而遂意強吳。才地計衆非鈞也。主思臣謀。其往必矣。文學曰。吳越迫於江海。三川循環之處。於五湖之閒。地相迫。壤相次。其勢易以相禽也。金鼓未聞。旌旗未舒。行陣未定。兵以接矣。師無輜重之費。士無乏絕之勞。此所謂食於廚倉而戰於門郊者也。今匈奴牧於無窮之澤。東西南北。不可窮極。雖輕車利馬。不能得也。況負重羸兵以求之乎。其勢不相及也。茫茫乎若行九皐未知所止。皓皓乎若無網羅而漁江海。雖及之。三軍罷弊。適遺之餌也。故明王知其所無利。以爲役不可數行。而權不可久張也。故詔公卿大夫賢良文學。所以復枉興微之路。公卿宜思百姓之急。匈奴之害。緣聖主之心。定安平之業。今乃留心於末計。雖本議不順上意。未爲盡於忠也。大夫曰。初。貳師不克宛而還也。議者欲使人主不遂忿。則西域皆瓦解而附於胡。胡得衆國而益強。先帝絕奇聽。行武威。還襲宛。宛舉國以降。効其器物。致其寶馬。烏孫之屬駭膽。請爲臣妾。匈奴失魄。奔走遁逃。雖未盡服。遠處寒苦墝埆之地。壯者死於祁連天山。其孤未復。故群臣議以爲匈奴困於漢兵。折翅傷翼。可遂擊服。會先帝棄群臣。以故匈奴不革。譬如爲山。未成一簣而止。度功業而無斷成之理。是棄與胡而資強敵也。輟幾沮成。爲主計若斯。亦未可謂盡忠也。文學曰。有司言外國之事。議者皆激一時之權。不慮其後。張騫言大宛之天馬汗血。安息之真玉大鳥。縣官既聞。如甘水爲。乃大興師伐宛。歷數期而後克之。夫萬里而攻人之國。兵未戰而物故過半。雖破宛得寶馬。非計也。當此之時。將卒方赤面而事四夷。師旅相望。郡國並發。黎人困苦。姦僞萌生。盜賊並起。守尉不能禁。城邑不能止。然後遣上大夫衣繡衣以興擊之。當此時。百姓元元。莫必其命。故山東豪傑。頗有異心。賴先帝聖靈。斐然其咎。皆在於欲畢匈奴而遠幾也。爲主計若此。可謂忠乎。

世務第四十七

大夫曰。諸生妄言議者。令可詳用。無徒守椎車之語。滑稽而不可修。夫漢之有匈奴。譬若木之有蠹。如人有疾。不治則寖以深。故謀臣以爲擊奪以困極之。諸生言以德懷之。此有其語而不可行也。諸生上無以似三王。下無以似近秦。令有司可舉而行當世。安蒸庶而寧邊境者乎。文學曰。昔齊桓公內附百姓。外綏諸侯。存亡接絕而天下從風。其後德虧行衰。葵丘之會。振而矜之。叛者九國。春秋刺其不崇德而崇力也。故任德則强楚告服。遠國不召而自至。任力則近者不親。小國不附。此其效也。誠上觀三王之所以昌。下論秦之所以亡。中述齊桓所以興。去武行文。廢力尙德。罷關梁。除障塞。以仁義導之。則北垂無寇虜之憂。中國無干戈之事矣。大夫曰。事不豫辨。不可以應卒。內無備。不可以禦敵。詩云。誥爾民人。謹爾侯度。用戒不虞。故有文事必有武備。昔宋襄公倍楚而不備。以取大辱焉。身執囚而國幾亡。故雖有誠信之心。不知權變。危亡之道也。春秋不與夷狄中國爲禮。爲其無信也。匈奴貪狠。因時而動。乘可而發。飈舉電至。而欲以誠信之心。金帛之寶。而信無義之詐。是猶親蹠蹻而扶猛虎也。文學曰。春秋。王者無敵。言其仁厚。其德美。天下賓服。莫敢受交也。德行延及方外。舟車所臻。足迹所及。莫不被澤。蠻貊異國。重譯自至。方此之時。天下和同。君臣一德。外內相信。上下輯睦。兵設而不試。干戈閉藏而不用。老子曰。兕無所用其角。螫蟲無所輸其毒。故君仁莫不仁。君義莫不義。世安得蹠蹻而親之乎。大夫曰。布心腹。質情素。信誠內感。義形乎色。宋華元楚司馬子反之相覩也。符契內合。誠有以相信也。今匈奴挾不信之心。懷不測之詐。見利如前。乘便而起。潛進市側。以襲無備。是猶措重寶於道路而莫之守也。求其不亡。何可得乎。文學曰。誠信著乎天下。醇德流乎四海。則近者哥謳而樂之。遠者執禽而朝之。故正近者不以威。來遠者不以武。德義修而任賢良也。故民之於事。辭佚而就勞。於財也。辭多而就寡。上下交讓。道路鴈行。方此之時。賤貨而貴德。重義而輕利。賞之不竊。何寶之守也。

和親第四十八

大夫曰。昔徐偃行王義而滅。好儒而削。知文而不知武。知一而不知二。故君子篤仁以行。然必築城以自守。設械以自備。爲不仁者之害己也。是以古者蒐獮振旅而數軍實焉。恐民之愉佚而亡戒難。故兵革者國之用。城壘者國之固也。而欲罷之。是去表見裏。示匈奴心腹也。匈奴輕舉潛進以襲空虛。是猶不介而當矢石之蹊。禍必不振。此邊境之所懼。而有司之所憂也。文學曰。往者通關梁交有無。自單于以下。皆親漢內附。往來長城之下。其後王恢誤謀馬邑。匈奴絕和親。故當路結禍。紛拏而不解。兵連而不息。邊民不解甲弛弩。行數十年。介胄而耕耘。鉏耰而候望燧燔烽舉。丁壯弧弦而出鬭。老者超越而入葆。言之足以流涕寒心。則仁者不忍也。詩云。投我以桃。報之以李。未聞善往而有惡來者。故君子敬而無失。與人恭而有禮。四海之內。皆為兄弟也。故內省不疚。夫何憂何懼。

大夫曰。自春秋諸夏之君。會聚相結。三會之後。乖離相疑。伐戰不止。六國從親冠帶相接。然未嘗有堅約。況禽獸之國乎。春秋存君在楚詰鼬之會書公。紿夷狄也。匈奴數和親而常先犯約。貪侵盜驅。長詐謀之國也。反復無信。百約百叛。若朱象之不移。商均之不化。而欲信其用兵之備。親之以德。亦難矣。文學曰。王者中立而聽乎天下。德施方外。絕國殊俗。臻於闕庭。鳳皇在列樹。麒麟在郊藪。群生庶物。莫不被澤。非足行而仁辦之也。推其仁恩而皇之誠也。范蠡出於越。由余長於胡。皆為霸王賢佐。故政有不從之教。而世無不可化之民。詩云。酌彼行潦。挹彼注茲。故公劉處戎狄。戎狄化之。大王去豳。豳民隨之。周公修德而越裳氏來。其從善如影響。為政務以德親近。何憂於彼之不改。

繇役第四十九

大夫曰。屠者解分中理。可橫以手而離也。至其抽筋鑿骨。非行金斧不能決。聖主循性而化。有不從者。亦將舉兵而征之。是以湯誅葛伯。文王誅犬夷。及後戎狄猾夏。中國不寧。周宣王仲山甫式遏寇虐。詩云。薄伐獫狁。至于太原。出車彭彭。城彼朔方。自古明王。不能無征伐而服不義。不能無城壘而禦強暴也。文學曰。舜執干戚而有苗服。文王底德而懷四夷。詩云。鎬京辟雍。自西自東。自南自北。無思不服。普天之下。惟人面之倫。莫不引領而歸其義。故畫地為境。人莫之犯。子曰。白刃可冒。中庸不可入。至德之謂也。故善攻不待堅甲而克。善守不待渠梁而固。武王之伐殷也。執黃鉞。誓牧之野。天下之士。莫不願為之用。既而偃兵。搢笏而朝。天下之民。莫不願為之臣。既以義取之。以德守之。秦以力取之。以法守之。本末不得故亡。夫文猶可長用。而武難久行也。大夫曰。詩云。獫狁孔熾。我是用戒武夫濊濊。經營四方。故守禦征伐。所由來久矣。春秋譏戎翟未至。豫禦之故。四支強而躬體固。華葉茂而本根據。故飭四境。所以安中國也。發戍漕。所以審勞佚也。主憂者臣勞。上危者下死。先帝憂百姓不贍。出禁錢。解乘輿驂。貶樂損膳。以賑窮備邊費。未見報施之義。而見沮成之理。非所聞也。文學曰。周道衰。王迹熄。諸侯爭強。大小相凌。是以強國務侵。弱國設備。甲士勞戰陣。役於兵革。故君勞而民困苦也。今中國爲一統。而方內不安。徭役遠而外內煩也。古者無過年之繇。無踰時之役。今近者數千里。遠者過萬里。歷二期。長子不還。父母愁憂。妻子詠歎。憤懣之恨發動於心。慕思之積痛於骨髓。此杕杜采薇之所爲作也。

險固第五十

大夫曰。虎兕所以能執熊羆服羣獸者。爪牙利而攫便也。秦所以超諸侯。吞天下。并敵國者。險阻固而勢居然也。故龜猖有介。狐貉不能禽。蝮蛇有螫。人忌而不輕。故有備則制人。無備則制於人。故仲山甫補袞職之闕。蒙公築長城之固。所以備寇難而折衝萬里之外也。今不固其外。欲安其內。猶家人不堅垣牆。狗吠夜驚。而闇昧妄行也。文學曰。秦左殽函。右隴阺。前蜀漢。後山河。四塞以爲固。金城千里。良將勇士。設利器而守陘隧。墨子守雲梯之械也。以爲雖湯武復生。蚩尤復起。不輕攻也。然戍卒陳勝無將帥之任。師旅之衆。奮空拳而破百萬之師。無牆籬之難。故在德不在固。誠以行義爲阻。道德爲塞。賢人爲兵。聖人爲守。則莫能入。如此則中國無狗吠之警。而邊境無鹿駭狼顧之憂矣。夫何妄行而之乎。大夫曰。古者爲國必察土地山陵阻險天時地利。然後可以王霸。故制地城郭。飭溝壘。以禦寇固國。春秋曰。冬浚洙。脩地利也。三軍順天時。以實擊虛。然固於阻險。敵於金城。楚莊之圍宋。秦師敗崤嶔崟是也。故曰天時地利。羌胡固近於邊。今不敢取。必爲四境長患。此季孫之所以憂顓臾。有句踐之變。而爲強吳之所悔也。文學曰。地利不如人和。武力不如文德。周之致遠。不以地利。以人和也。百世不奪。非以險。以德也。吳有三江五湖之難。而兼於越。楚有汝淵滿堂之固。而滅於秦。秦有隴阺崤塞。而亡於諸侯。晉有河華九河。而奪於六卿。齊有泰山巨海。而負於田常。桀紂有天下。兼於滈亳。秦王以六合困於陳涉。非地利不固。無術以守之也。釋邇憂遠。猶吳不內定其國。而西絕淮山。與齊晉爭強也。越因其罷。擊其虛。使吳王用申胥修德。無恃極其衆。則句踐不免爲藩臣海崖。何謀之敢慮也。大夫曰。楚自巫山起方城。屬巫黔。中設扞關以拒秦。秦包商洛崤函以禦諸侯。韓阻宜陽伊闕。要成皐太行以安周鄭。魏濱洛築城。阻山帶河以保晉國。趙結飛狐句注孟門以存荆代。燕塞碣石。絶邪谷。繞援遼。齊撫阿甄。關榮歷。倚太山。負海河。梁關者。邦國之固。而山川社稷之寶也。徐人滅舒。春秋謂之取。惡其無備。得物之易也。故恤來兵。仁傷刑。君子爲國。必有不可犯之難。易曰。重門擊柝。以待暴客。言備之素脩也。文學曰。阻險不如阻義。昔湯以七十里爲政於天下。舒以百里亡於敵國。此其所以見惡也。使關梁足恃。六國不兼於秦。河山足保。秦不亡於楚漢。由此觀之。衝隆不足爲強。高城不足爲固。行善則昌。行惡則亡。王者博愛遠施。外內合同。四海各以其職來祭。何擊柝而待。傳曰。諸侯之有關梁。庶人之有爵祿。非升平之興。蓋自戰國始也。

論勇第五十一

大夫曰。荆軻懷數年之謀而事不就者。三尺匕首不足恃也。秦王憚於不意。列斷賁育。介七尺之利也。使專諸空拳。不免於爲禽。要離無水。不能遂其功。世言強楚勁鄭。有犀兕之甲。棠谿之鋌也。內據金城。外任利兵。是以威行諸夏。強服敵國。故孟賁奮臂。衆人輕之。怯夫有備。其氣自倍。況以吳楚之士。舞利劍。蹶強弩。以與貉虜騁於中原。一人當百。不足道也。夫如此。則胡無守。谷貉無交。兵力不支漢。其勢必降。此商君之走魏。而孫臏之破梁也。文學曰。楚鄭之棠谿墨陽。非不利也。犀軸兕甲。非不堅也。然而不能存者。利不足恃也。秦兼六國之師。據崤函而御宇內。金石之固。莫耶之利也。然陳勝無士民之資。甲兵之用。鉏耰棘橿。以破衝隆。武昭不擊。烏號不發。所謂金城者。非謂築壞而高土。鑿地而深池也。所謂利兵者。非謂吳越之鋌。干將之劍也。言以道德爲城。以仁義爲郭。莫之敢攻。莫之敢入。文王是也。以道德爲軸。以仁義爲劍。莫之敢當。莫之敢御。湯武是也。今不建不可攻之城。不可當之兵。而欲任匹夫之役。而行三尺之刃。亦細矣。大夫曰。荆軻提匕首入不測之強秦。秦王惶恐失守。備衛者皆懼。專諸手劍。歷萬乘。刺吳王。尸孽立。正鎬冠千里。聶政自衛由韓廷刺其主。功成求得。退自刑於朝。暴尸於市。今誠得勇士。乘強漢之威。淩無義之匈奴。制其死命。責以其過。若曹劌之負齊桓公。遂其求。推鋒拊鋭。穹廬擾亂。上下相道。因以輕銳隨其後。匈奴必交臂。不敢格也。文學曰。湯得伊尹。以區區之亳。兼臣海內。文王得太公。廓酆鄗以為天下。齊桓公得管仲以霸諸侯。秦穆公得由余。西戎八國服。聞得賢聖而蠻貊來享。未聞劫殺人主以懷遠也。詩云。惠此中國。以綏四方。故自彼氐羌。莫敢不來王。非畏其威。畏其德也。故義之服無義。疾於原馬良弓。以之召遠。疾於馳傳重譯。

論功第五十二

大夫曰。匈奴無城廓之守。溝池之固。脩戟強弩之用。倉廩府庫之積。上無義法。下無文理。君臣嫚易。上下無禮。織柳為室。旃廗為蓋。素弧骨鏃。馬不粟食。內則備不足畏。外則禮不足稱。夫中國天下腹心。賢士之所總。禮義之所集。財用之所殖也。夫以智謀愚。以義伐不義。若因秋霜而振落葉。春秋曰。桓公之與戎狄。驅之爾。況以天下之力乎。文學曰。匈奴車器。無銀黃絲漆之飾。素成而務堅。絲無文采裙褘曲襟之制。都成而務完。男無刻鏤奇巧之事。宮室城郭之功。女無綺繡淫巧之貢。纖綺羅紈之作。事省而致用。易成而難弊。雖無脩戟強弩。戎馬良弓。家有其備。人有其用。一旦有急。貫弓上馬而已。資糧不見案首而支數十日之食。因山谷為城郭。因水草為倉廩。法約而易辨。求寡而易供。是以刑省而不犯。指麾而令從。嫚於禮而篤於信。略於文而敏於事。故雖無禮義之書。刻骨卷衣。百官有以相記。而君臣上下有以相使。群臣為縣官計者。皆言其易而實難。是以秦欲驅之而反更亡也。故兵者凶器。不可輕用也。其以強為弱。以存為亡。一朝爾也。大夫曰。魯連有言。秦權使其士。虜使其民。故政急而不長。高皇帝受命平暴亂。功德巍巍。惟天同大焉。而文景承緒潤色之。及先帝征不義。攘無德。以昭仁聖之路。純至德之基。聖王累年仁義之積也。今文學引亡國失政之治。而況之於今。其謂匈奴難圖宜矣。文學曰。有虞氏之時。三苗不服。禹欲伐之。舜曰。是吾德未喻也。退而脩政。而三苗服。不牧之地。不羈之民。聖王不加兵。不事力焉。以為不足煩百姓而勞中國也。今明主脩聖緒。宣德化。而朝有權使之謀。尚首功之事。臣固怪之。夫人臣席天下之勢。奮國家之用。身享其利而不顧其主。此尉佗章邯所以成王。秦失其政也。孫子曰。今夫國家之事。一日更百變。然而不亡者。可得而革也。逮出兵乎平原廣牧。鼓鳴矢流。雖有堯舜之知。不能更也。戰而勝之。退脩禮義。繼三代之跡。

仁義附矣。戰勝而不休。身死國亡者。吳王是也。大夫曰。順風而呼者易爲氣。因時而行者易爲力。文武懷餘力。不爲後嗣計。故三世而德衰。昭王南征。死而不還。凡伯囚執而使不通。晉取郊沛。王師敗於茅戎。今西南諸夷。楚莊之後。朝鮮之王。燕之亡民也。南越尉佗起中國。自立爲王。德至薄。然皆亡天下之大。各自以爲一州。倔強倨敖。自稱老夫。先帝爲萬世度。恐有冀州之累。南荆之患。於是遣左將軍樓船平之。兵不血刃。咸爲縣官也。七國之時。皆據萬乘。南面稱王。提珩爲敵國累世。然終不免首係虜於秦。今匈奴不當漢家之巨郡。非有六國之用。賢士之謀。由此觀難易。察然可見也。文學曰。秦滅六國。虜七王。沛然有餘力。自以爲蚩尤不能害。黄帝不能斥。及二世弑死望夷。子嬰係頸降楚。曾不得七王之俛首。使六國並存。秦尚爲戰國。固未亡也。何以明之。自孝公以至于始皇。世世爲諸侯雄。百有餘年。及兼天下。十四歲而亡。何則。外無敵國之憂。而内自縱恣也。自非聖人。得志而不驕佚者。未之有也。

論鄒第五十三

大夫曰。鄒子疾晚世之儒墨。不知天地之弘。昭曠之道。將一曲而欲道九折。守一隅而欲知萬方。猶無準平而欲知高下。無規矩而欲知方圓也。於是推大聖終始之運。以喻王公列士。中國名山通谷以至海外。所謂中國者。天下八十分之一。名曰赤縣神州。而分爲九州。絶陵陸不通。乃爲一州。有大瀛海圜其外。此所謂八極而天下際焉。禹貢亦著山川高下原隰。而不知大道之逕。故秦欲達九州而方瀛海。牧胡而朝萬國。諸生守畦畝之慮。閭巷之固。未知天下之義也。文學曰。堯使禹爲司空。平水土。隨山刊木。定高下而序九州。鄒衍非聖人。作怪誤。惑六國之君以納其說。此春秋所謂匹夫熒惑諸侯者也。孔子曰。未能事人。焉能事鬼神。近者不達。焉能知瀛海。故無補於用者。君子不爲。無益於治者。君子不由。三王信經道。而德光於四海。戰國信嘉言。破亡而泥山。昔秦始皇已吞天下。欲并萬國。亡其三十六郡。欲達瀛海而失其州縣。知大義如斯。不如守小計也。

論菑第五十四

大夫曰。巫祝不可與並祀。諸生不可與逐語。信往疑今。非人自是。夫道古者稽之今。言遠者合之近。日月在天。其徵在人。菑異之變。夭壽之期。陰陽之化。四時之敍。水火金木妖祥之應。鬼神之靈。祭祀之福。日月之行。星辰之紀。曲言之故。何所本始。不知則默。無苟亂耳。文學曰。始江都相董生。推言陰陽四時相繼。父生之。子養之。母成之。子藏之。故春生仁。夏長德。秋成義。冬藏禮。此四時之序。聖人之所則也。刑不可任以成化。故廣德教。言遠必考之邇。故內恕以行。是以刑罰若加於己。勤勞若施於身。又安能忍殺其赤子以事無用。罷弊所恃而達瀛海乎。蓋越人美嬴蚌而簡太牢。鄙夫樂咋唶而怪韶濩。故不知味者。以芬香爲臭。不知道者。以美言爲亂耳。人無夭壽。各以其好惡爲命。羿敖以功力不得其死。智伯以貪狠亡其身。天菑之證。禎祥之應。猶施與之望報。各以其類及。故好行善者。天助以福。符瑞是也。易曰。自天祐之。吉無不利。好行惡者。天報以禍。妖菑是也。春秋曰。應是而有天菑。周文武尊賢受諫。敬戒不殆。純德上休。神祇相況。詩云。降福穰穰。降福簡簡。日者陽。陽道明。月者陰。陰道冥。君尊臣卑之義。故陽先盛於上。衆陰之類消於下。月望於天。蚌蛤盛於淵。故臣不臣。則陰陽不調。日月有變。政教不均。則水旱不時。螟螣生。此災異之應也。四時代敍。而人則其功。星列於天。而人象其行。常星猶公卿也。衆星猶萬民也。列星正。則衆星齊。常星亂。則衆星墜矣。大夫曰。文學言剛柔之類。五勝相代生。易明於陰陽。書長於五行。春生夏長。故火生於寅。木陽類也。秋生冬死。故水生於申。金陰物也。四時五行。迭廢迭興。陰陽異類。水火不同器。金得土而成。得火而死。金生於巳。何說何言然乎。文學曰。兵者凶器也。甲堅兵利。爲天下殃。以母制子。故能久長。聖人法之。厭而不陽。詩云。載戢干戈。載櫜弓矢。我求懿德。肆于時夏。衰世不然。逆天道以快暴心。僵尸血流。以爭壤土。牢人之君。滅人之祀。殺人之子。若絕草木。刑者肩靡於道。以己之所惡而施於人。是以國家破滅。身受其殃。秦王是也。

大夫曰。金生於巳。刑罰小加。故薺麥夏死。易曰。履霜堅冰至。秋始降霜。草木隕零。合冬行誅。萬物畢藏。春夏生長。利以行仁。秋冬殺藏。利以施刑。故非其時而樹。雖生不成。秋冬行德。是謂逆天道。月令涼風至。殺氣動。蜻蛚鳴。衣裘成。天子行微刑。始貙蔞以順天令。文學曰。同四時。合陰陽。尙德而除刑。如此。則鷹隼不鷙。猛獸不攫。秋不蒐獮。冬不田狩者也。文學曰。天道好生惡殺。好賞惡罰。故使陽居於實而宣德施。陰藏於虛而爲陽佐。輔陽剛陰柔。季不能加孟。此天賤冬而貴春。申陽屈陰。故王者南面而聽天下。背陰向陽。前德而後刑也。霜雪晚至。五穀猶成。雹霜夏隕。萬物皆傷。由此觀之。嚴刑以治國。猶任秋冬以成穀也。故法令者。治惡之具也。而非至治之風也。是以古者。明王茂其德教而緩其刑罰也。網漏吞舟之魚。而刑審於繩墨之外。反臻其末而民莫犯禁也。

刑德第五十五

大夫曰。令者。所以教民也。法者。所以督姦也。令嚴而民慎。法設而姦禁。罔疏則獸失。法疏則罪漏。罪漏則民放佚而輕犯禁。故禁不必法。夫徼倖誅誠。蹠蹻不犯。是以古者作五刑。刻肌膚而民不踰矩。文學曰。道德。衆人不知所由。法令衆民不知所辟。故王者之制法。昭乎如日月。故民不迷。曠乎若大路。故民不惑。幽隱遠方。折手知足。室女童婦。咸知所避。是以法令不犯而獄犴不用也。昔秦法繁於秋荼。而網密於凝脂。然而上下相遁。姦僞萌生。有司法之。若救爛撲焦。不能禁非。網疏而罪漏。禮義廢而刑罰任也。方今律令百有餘篇。文章繁。罪名重。郡國用之疑惑。或淺或深。自吏明習者。不知所處。而況愚民乎。律令塵蠹於棧閣。吏不能徧覩。而況於愚民乎。此斷獄所以滋衆。而民犯禁也。宜犴宜獄。握粟出卜。自何能穀。刺刑法繁也。親服之屬甚衆。上附下附。而服不過五。五刑之屬三千。上殺下殺而罪不過五。故治民之道。務篤其教而已。大夫曰。文學言王者立法。曠若大路。今馳道不小也。而民公犯之。以其罰罪之輕也。千仞之高。人不輕凌。千鈞之重。人不輕舉。商君刑棄灰於道。而秦民治。故盜馬者死。盜牛者加。所以重本而絕輕疾之資也。武兵名食。所以佐邊而重武備也。盜傷與殺同罪。所以累其心而責其意也。猶魯以楚師伐齊。而春秋惡之。故輕之爲重。淺之爲深。有緣而然。法之微者。固非衆人之所知也。文學曰。詩云。周道如砥。其直如矢。言其易也。君子所履。小人所視。言其明也。故德明而易從。法約而易行。今馳道經營陵陸。紆周天下。是以萬里爲民穽也。罻羅張而縣其谷。辟陷設而當其蹊。矯弋飾而加其上。能勿離乎。聚其所欲。開其所利。仁義陵遲。能勿踰乎。故其末途。至於攻城入邑。損府庫之金。盜宗廟之器。豈特千仞之高。千鈞之重哉。管子曰。四維不張。雖皋陶不能爲士。故德教廢而詐僞行。禮義壞而姦邪興。言無仁義也。仁者。愛之効也。義者。事之宜也。故君子愛仁以及物。治近以及遠。傳曰。凡生之物。莫貴於人。人主之所貴。莫重於人。故天之生萬物以奉人也。主愛人以順天也。聞以六畜禽獸養人。未聞以所養害人者也。魯廄焚。孔子罷朝。問人不問馬。賤畜而重人也。今盜馬者罪死。盜牛者加乘騎車馬馳行道中。吏舉苛而不止。以爲盜馬而罪亦死。今傷人持其刀劍而亡。亦可謂盜武庫兵而殺之乎。人主立法而民犯之。亦可以爲逆而輕主約乎。深之可以死。輕之可以免。非法禁之意也。法者。緣人情而制。非設罪以陷人也。故春秋之治獄。論心定罪。志善而違於法者免。志惡而合於法者誅。今傷民未有所害。志不甚惡而合於法者。謂盜而傷人者耶。將執法者過耶。何於人心不厭也。古者。傷人有創者刑。盜有臧者罰。殺人者死。今取人兵刃以傷人。罪與殺人同。得無非其至意與。大夫俛仰未應。對御史大夫曰。執法者國之轡銜。刑罰者。國之維楫也。故轡銜不飭。雖王良不能以致遠。維楫不設。雖良工不能以絕水。韓子曰。疾有固者。不能明其法勢。御其臣下。富國強兵。以制敵禦難。惑於愚儒之文詞。以疑賢士之謀。舉浮淫之蠹。加之功實之上。而欲國之治。猶釋階而欲登高。無銜橛而禦捍馬也。今刑法設備而民猶犯之。況無法乎。其亂必也。文學曰。轡銜者。御之具也。得良工而調。法勢者。治之具也。得賢人而化。執轡非其人。則馬奔馳。執軸非其人。則舩覆傷。昔吳使宰嚭之軸而破其舩。秦使趙高執轡而覆其車。今廢仁義之術而任刑名之徒。則復吳秦之事也。夫爲君者法三王。爲相者法周公。爲術者法孔子。此百世不易之道也。韓非非先王而不遵。舍正令而不從。舉陷陷穽。身幽囚。客死於秦。秦夫不通大道而小辯。斯足以害其身而已。

申韓第五十六

御史曰。待周公而爲相。則世無列國。待孔子而後學。則世無儒墨。夫衣小缺。襟裂可以補。而必待全匹而易之。政小缺。法令可以防。而必待雍頡乃治之。是猶舍鄰之醫。而求俞跗而後治病。廢汙池之水。待江海而後救火也。迂而不徑。闕而無務。是以教令不從而治煩亂。夫善爲政者。弊則補之。決則塞之。故吳子以法治楚魏。申商以法彊秦韓也。文學曰。有國者選衆而任賢。學者博覽而就善。何必是周公孔子。故曰法之而已。今商鞅吳起。反聖人之道。變亂秦俗。其後政耗亂而不能理。流失而不可復。愚人縱火於沛澤。不能復振。蜂蠆螫人放死。不能息其毒也。煩而止之。躁而靜之。上下勞擾而亂益滋。故聖人教化。上與日月俱照。下與天地同流。豈曰小補之哉。御史曰。衣缺不補。則日以甚。防漏不塞。則日以滋。大河之始決於瓠子也。涓涓爾。及其卒氾濫爲中國害。菑梁楚。破曹衞。城郭壞沮。稸積漂流。百姓木棲。千里無廬。令孤寡無所依。老弱無所歸。故先帝閔悼其菑。親省河堤。舉禹之功。河流以復。曹衞以寧。百姓戴其功。詠其德。歌宣房塞。萬福來。焉亦猶是也。如何勿小補哉。文學曰。河決若甕口。而破千里。況禮決乎。其所害亦多矣。今斷獄歲以萬計。犯法茲多。其爲菑豈特曹衞哉。夫知塞宣房而福來。不知塞亂原而天下治也。周國用之。刑錯不用。黎民若四時。各終其序。而天下不孤。頌曰。綏我眉壽。介以繁祉。此天爲福。亦不小矣。誠信禮義如宣房。功業已立。垂拱無爲。有司何補。法令何塞也。御史曰。犀銚利鉏。五穀之利。而間草之害也。明理正法。姦邪之所惡。而良民之福也。故曲木惡直繩。姦邪惡正法。是以聖人審於是非。察於治亂。故設明法。陳嚴刑。防非矯邪。若隱括輔檠之正弧刺也。故水者火之備。法者止姦之禁也。無法勢。雖賢人不能以爲治。無甲兵。雖孫吳不能以制敵。是以孔子倡以仁義而民從風。伯夷遁首陽而民不可化。文學曰。法能刑人而不能使人廉。能殺人而不能使人仁。所貴良醫者。貴其審消息而退邪氣也。非貴其下鍼石而鑽肌膚也。所貴良吏者。貴其絕惡於未萌。使之不爲非。非貴其拘之囹圄而刑殺之也。今之所謂良吏者。文察則以禍其民。強力則以厲其下。不本法之所由生。而專己之殘心。文誅假法。以陷不辜。累無罪。以子及父。以弟及兄。一人有罪。州里驚駭。十家奔亡。若癰疽之相濘。色淫之相連。一節動而百枝搖。詩云。舍彼有罪。既伏其辜。若此無罪。淪胥以鋪。痛傷無罪而累也。非患銚耨之不利。患其舍草而去苗也。非患無準平。患其舍枉而繩直也。故親近爲過不必誅。是鋤不用也。疏遠有功不必賞。是苗不養也。故世不患無法。而患無必行之法也。

周秦第五十七

御史曰。春秋罪人無名號。謂之云盜。所以賤刑人而絕之人倫也。故君不臣。士不友。於閭里無所容。故民始犯之。命不軌之民犯公法。以相寵舉棄其親。不能伏節死理。遁逃相連。自陷於罪。其被刑戮。不亦宜乎。一室之中。父兄之際。若身體相屬。一節動而知於心。故今自關內侯以下。比地於伍。居家相察。出入相司。父不教子。兄不正弟。舍是誰責乎。文學曰。古者。周其禮而明其教。禮周教明。不從者。然後等之以刑。刑罰中。民不怨。故舜施四罪而天下咸服。誅不仁也。輕重各服其誅。刑必加而無赦。赦惟疑者。若此。則世安得不軌之人而罪之。今殺人者生。剽攻竊盜者富。故良民內解怠。輟耕而隕心。古者。君子不近刑人。刑人非人也。身放殛而辱後世。故無賢不肖。莫不恥也。今無行之人。貪利以陷其身。蒙戮辱而捐禮義。恒於苟生。何者。一日下蠶室。創未瘳。宿衛人主。出入宮殿。得由受奉祿食。太官享賜。身以尊榮。妻子獲其饒。故或載卿相之列。就刀鋸而不見閔。況衆庶乎。夫何恥之有。廢其德教而責之以禮義。是虐民也。春秋曰。子有罪。執其父。臣有罪。執其君。聽失之大者也。今以子誅父。以弟誅兄。親戚小坐。什伍相連。若引根本之及華葉。傷小指之累四體也。如此。則以有罪及誅無罪。無罪者寡矣。臧文仲治魯。勝其盜而自矜。子貢曰。民將欺而況民盜乎。故吏不以多斷爲良。醫不以多刺爲工。子產刑二人。殺一人。道不拾遺而民無誣心。故爲民父母。以養疾子。長恩厚而已。自首匿相坐之法立。骨肉之恩廢而刑罪多。聞父母之於子。雖有罪猶匿之。豈不欲服罪爾。子爲父隱。父爲子隱。未聞父子之相坐也。聞兄弟緩追以免賊。未聞兄弟之相坐也。聞惡。惡止其人。疾始而誅首惡。未聞什伍之相坐。老子曰。上無欲而民樸。上無事而民自富。君君臣臣。父父子子。比地何伍。而執政何責也。御史曰。夫負千鈞之重。以登無極之高。垂峻崖之峭谷。下臨不測之淵。雖有慶忌之健。賁育之勇。莫不震慴悼慄者。知墜則身首肝腦塗山石也。故未嘗灼而不敢握火者。見其有灼也。未嘗傷而不敢握刃者。見其有傷也。彼以知爲非。罪之必加而戮及父兄。必懼而爲善。故立法制辟。若臨百仞之壑。握火蹈刃。則民畏忌而無敢犯禁矣。慈母有敗子。小不忍也。嚴家無悍虜。篤責急也。今不立嚴家之所以制下。而修慈母之所以敗子。則惑矣。文學曰。紂爲炮烙之刑。而秦有收帑之法。趙高以峻文決罪於內。百官以峭法斷割於外。死者相枕席。刑者相望。百姓側目重足。不寒而慄。詩云。謂天蓋高。不敢不局。謂地蓋厚。不敢不蹐。哀今之人。胡爲虺蜥。方此之時。豈特冒火蹈刃哉。然父子相背。兄弟相慢。至於骨肉相殘。上下相殺。非刑輕而罰不必。令大嚴而仁恩不施。故政寬則下親上。政嚴則民謀主。晉厲以幽。二世見殺。惡在峻法之不犯。嚴家之無悍虜也。聖人知之。是以務知而不務威。故高皇帝約秦苛法。慰怨毒之民。而長和睦之心。唯恐刑之重而德之薄也。是以施恩無窮。澤流後世。商鞅吳起。以秦楚之法爲輕而累之。上危其主。下沒其身。或非特慈母乎。

詔聖第五十八

御史曰。夏后氏不信言。殷誓。周盟。德信彌衰。無文武之人。欲修其法。此殷周之所以失勢。而見奪於諸侯也。故衣弊而革才。法弊而更制。高皇帝時。天下初定。發德音。行一卒之令。權也。非撥亂反正之常也。其後法稍犯。不正於理。故姦萌而甫刑作。王道衰而詩刺彰。諸侯暴而春秋譏。夫少目之罔。不可以得魚。三章之法。不可以爲治。故令不得不加。法不得不多。唐虞畫衣冠非阿。湯武刻肌膚非故。時世不同。輕重之務異也。文學曰。民之仰法。猶魚之仰水。水清則靜。濁則擾。擾則不安其居。靜則樂其業。樂其業則富。富則仁生。贍則爭止。是以成康之世。賞無所施。法無所加。非可刑而不刑。民莫犯禁也。非可賞而不賞。民莫不仁也。若斯。則吏何事而理。今之治民者。若拙御馬。行則頓之。止則擊之。身創於箠。吻傷於銜。求其無失。何可得乎。乾谿之役土崩。梁氏內潰。不能禁峻法不止。故罷馬不畏鞭箠。罷民不畏刑法。雖曾而累之。其亡益乎。御史曰。嚴牆三刃。樓季難之。山高干雲。牧豎登之。故峻則樓季三刃。陵夷則牧豎易山巔。夫鑠金在鑪。莊蹻不顧。錢刀在路。匹婦掇之。非匹婦貪而莊蹻廉也。輕重之制異。而利害之分明也。故法令可仰而不可踰。可臨而不可入。詩云。不可暴虎。不敢馮河。爲其無益也。魯好禮而有季孟之難。燕噲好讓而有子之之亂。禮讓不足禁邪。而刑法可以止暴。明君據法。故能長制羣下而久守其國也。文學曰。古者。明其仁義之誓。使民不踰上乎。刑之不教而殺。是以虐也。與其刑不可踰。不若義之不可踰也。聞禮義行而刑罰中。未聞刑罰行而孝悌興也。高牆狹基。不可立矣。嚴法峻刑。不可久也。二世信趙高之計。渫篤責而任誅斷。刑者半道。死者日積。殺民多者爲忠。厲民悉者爲能。百姓不勝其求。黔首不勝其刑。海內同憂而俱不聊生。故過往之事父。不得於子。無已之求。君不得於臣。死不再生。窮鼠齧貍。匹夫奔萬乘。舍人折弓。陳勝吳廣是也。當此之時。天下期俱起方面而攻秦。聞不一期而社稷爲墟。惡在其能制羣下而久守其國也。御史默然不對。大夫曰。瞽師不知白黑而善聞言。儒者不知治世而善訾議。夫善言天者合之人。善言古者考之今。令何爲施。法何爲加。湯武全肌骨而殷周治。秦國用之。法弊而犯。二尺四寸之律。古今一也。或以治。或以亂。春秋原罪。甫刑制獄。今願聞治亂之本。周秦所以然乎。文學曰。春夏生長。聖人象而爲令。秋冬殺藏。聖人則而爲法。故令者。教也。所以導民人。法者。刑罰也。所以禁強暴也。二者。治亂之具。存亡之効也。在上所任。湯武經禮義。明好惡以道其民。刑罪未有所加而民自行義。殷周所以治也。上無德教。下無法則。任刑必誅。劓鼻盈蔂。斷足盈車。舉河以西。不足以受天下之徒。慫而以亡者秦王也。非二尺四寸之律異。所行反古而悖民心也。

大論第五十九

大夫曰。呻吟槁簡。誦死人之語。則有司不以文學。文學知獄之在廷後而不知其事。聞其事而不知其務。夫治民者。若大匠之斵斧斤而行之。中繩則止。杜大夫王中尉之等。繩之以法。斷之以刑。然後寇止姦禁。故射者因勢。治者因法。虞夏以文。殷周以武。異時各有所施。今欲以敦朴之時。治抏弊之民。是猶遷延而拯溺。揖讓而救火也。文學曰。文王興而民好善。幽厲興而民好暴。非性之殊。風俗使然也。故商周之所以昌。桀紂之所以亡也。湯武非得伯夷之民以治。桀紂非得蹠蹻之民以亂也。故治亂不在於民。孔子曰。聽訟。吾猶人也。必也使無訟乎。訟者難。訟而聽之易。夫不治其本而事其末。古之所謂愚。今之所謂智。以箠楚正亂。以刀筆正文。古之所謂賊。今之所謂賢也。大夫曰。俗非唐虞之時。而世非許由之民。而欲廢法以治。是猶不用隱括斧斤。欲撓曲直枉也。故為治者。不待自善之民。為輪者。不待自曲之木。往者。應少伯正之屬潰梁楚。昆盧徐穀之徒亂齊趙。山東關內暴徒。保人阻險。當此之時。不任斤斧。折之以武。而乃始設禮修文。有似窮醫。欲以短鍼而攻疽。孔丘以禮說跖也。文學曰。殘材木以成室屋者。非良匠也。殘賊民人而欲治者。非良吏也。故公輸子因木之宜。聖人不費民之性。是以斧斤簡用。刑罰不任。政立而化成。扁鵲攻於湊理。絕邪氣。故癰疽不得成形。聖人從事於未然。故亂原無由生。是以砭石藏而不施。法令設而不用。斷已然。鑿已發者。凡人也。治未形。覩未萌者。君子也。大夫曰。文學所稱聖知者。孔子也。治魯不遂。見逐於齊。不用於衛。遇圍於匡。困於陳蔡。夫知時不用猶說。強也。知困而不能已。貪也。不知見欺而往。愚也。困辱不能死。恥也。若此四者。庸民之所不為也。何況君子乎。商君以景監見。應侯以王稽進。故士因士。女因媒。至其親顯。非媒士之力。孔子曰。進見而不以能往者。非賢士才女也。文學曰。孔子生於亂世。思堯舜之道。東西南北。灼頭濡足。庶幾世主之悟。悠悠者皆是。君闇大夫妬。孰合有媒。是以嫫母飾姿而夸矜。西子彷徨而無家。非不知窮厄而不見用。悼痛天下之禍。猶慈母之伏死子也。知其不可如何然惡已。故適齊。景公欺之。適衛。靈公圍。陽虎謗之。桓魋害之。夫欺害聖人者。愚惑也。傷毀聖人者。狂狡也。惑之人。非人也。夫何恥之有。孟子曰。觀近臣者。以所爲主。觀遠臣者。以其所主。使聖人僞容苟合。不論行擇友。則何以爲孔子也。大夫憮然內慙。四據而不言。當此之時。順風承意之士。如編口張而不歙。舉舌而不下。闇然而懷。重負而見責。大夫曰。諾。膠車倏逢雨。請與諸生解。

雜論第六十

客曰。余覩鹽鐵之義。觀乎公卿文學賢良之論。意指殊路。各有所出。或上仁義。或務權利。異哉吾所聞。周秦粲然。皆有天下而南面焉。然安危長久殊世。始汝南朱子伯爲予言。當此之時。豪俊並進。四方輻湊。賢良茂陵唐生。文學魯萬生之倫。六十餘人。咸聚闕庭。舒六藝之風。論太平之原。智者贊其慮。仁者明其施。勇者見其斷。辯者陳其詞。誾誾焉。侃侃焉。雖未能詳備。斯可略觀矣。然蔽於雲霧。終廢而不行。悲夫。公卿知任武可以辟地。而不知德廣可以附遠。知權利可以廣用。而不知稼穡可以富國也。近者親附。遠者說德。則何爲而不成。何求而不得。不出於斯路。而務畜利長威。豈不謬哉。中山劉子雍言王道。矯當世。復諸正。務在乎反本。直而不徼。切而不熛。斌斌然斯可謂弘博君子矣。九江祝生奮由路之意。推史魚之節。發憤懣。刺譏公卿。介然直而不撓。可謂不畏強禦矣。桑大夫據當世。合時變。推道術。尚權利。辟略小辯。雖非正法。然巨儒宿學惡然大能自解。可謂博物通士矣。然攝卿相之位。不引準繩。以道化下。放於利末。不師始古。易曰。焚如棄如。處非其位。行非其道。果隕其性。以及厥宗。車丞相即周魯之列。當軸處中。括囊不言。容身而去。彼哉彼哉。若夫羣丞相御史。不能正議以輔宰相。成同類。長同行。阿意苟合。以說其上。斗筲之人。道諛之徒。何足筭哉。

鹽鐵論考證

鹽鐵論自明嘉靖中。爲張之象所亂。卷第割裂。字句踳謬。盧學士羣書拾補。已嘗言之。予向恨不見善本。近因顧千里得宏治十四年江陰令新淦涂禎依嘉泰壬戌本所刻。及其後錫山華氏活字所印。細爲校讀。知張之象之不可據。在盧所云外者甚多。而盧又時出己見。頗有違失。亦未可全據也。爰取涂本重刻於江寧。撰考證一卷附後。審正其文。粗涉義例。以貽留意此書者。陽城張敦仁。

本議故工不出則農用乖華本乖改乏拾補云永樂大典中所載作乏按通典十一引亦然（凡華本有脫誤此不載）○是以盤庚萃居按即盤庚下篇鞠人謀人之保居也以又學語意推之與上經脫不肩好貨下經無總于貨寶正相吻合但未詳此萃當彼經何字幷其說若何耳此書所稱當是今文而倘書最多駮異類如是矣（經字頗有或多或少者）拾補云大典萃乃萃之譌也○則萬物並收萬物並收按通典十一引上物作人下句無萬物二字凡杜所引多互異或其本不同或杜有增損當分別觀之今不詳著○則物騰躍華本躍改踴下同按通典十一引作踊（拾補有）○力耕王者塞天財按通典十一引天作人譌字也管子山國軌云軌守其時有官天財此語出於彼（下文云執準守時）拾補改天爲人非○而范氏以強大亡按范當作紀大當作本管子輕重乙載其事（其文云桓公曰強本節用可以爲存乎管子對曰可以爲益愈而未足以爲存也昔紀氏之國強本節用者其五穀豐滿而不能理也四流而歸於天下是則紀氏其強本節用適足以使其民穀盡而不能理爲天下虜是以其國亡而身無所處）此語出於彼紀氏亡者即春秋紀侯大去其國者也強本謂務農故大夫以之難文學今本所譌絕不可通（下文云故善爲國者天下之下我高天下之輕我重其語亦出於彼）○以虛蕩其實華本蕩改易按通典十一引亦然（拾補有）○詩曰百室盈止婦子寧止拾補云十字因上衍按非也此正因文學引而還以難之○不愛其貨華本其改奇○蹠蹻之徒按蹻字譌也謂務農之徒與盜跖莊蹻無涉後未通篇云民蹠耒而耕取下篇云不知蹠耒躬耕者之勤也此必本作蹠耒○通有是以揭夫匹婦華本揭改褐○昔孫叔敖相楚張之象本孫叔敖改季文子楚改魯按所改最謬漢世諸書說一事而人名各異者多矣下文云大儉極下韓非子外儲說左下亦言孫叔敖相楚大儉偪下決非季文子可知○錯幣弊與世易華本弊改幣○禁耕布衣有朐邴朐邴人吳王皆鹽鐵初議也君有吳王按人當在君上錯出耳於文中加自釋一句者如項

羽本紀加亞父者范增也一句於中之比先釋吳王而後銳之者欲下就私處積而逆節之心作順其行文之便也通典十引無胸邪與王皆鹽鐵初議也十字乃杜節之張之象本移改全失其意今不更出（凡張之象本脫誤此亦不盡載至於其注尤多荒謬全無足論也）〇山海者財用之寶也按通典十引寶下有路字此脫當依之補下文云寶路開則百姓贍云云與此相承接也張之象本添而寶路開於寶路開之上拾補又添五穀熟於其上云三字脫當有盧意以爲五穀熟而寶路開方始成文不知寶路開自蒙此句開者謂不管山海與五穀熟迥不相蒙也（拾補誤於張之象本又失校通典此句故其所說全非）〇農夫之死生也死生用按通典十引二生字皆作士此誤當依之改（拾補生改士不云通典亦非）〇居局之宜按局當作句此考工記車人爲耒之倨句也居倨同字通典十引作倨蓋杜改之以合於周禮字耳管子弟子職云居句如矩可爲此作居之證（拾補從通典句是而倨非）〇復古今意總一鹽錢（拾補鐵）按今當作令後刺權篇令意所禁微兩見〇天下之藏也按下當作地見史記平準書漢書食貨志〇浮食豪民豪當作奇見平準書食貨志奇民者奇衺之民也小司馬索隱云包愷音羈謂侯也非農工之儔故言奇其義似誤矣〇其輕爲非亦大矣華本大改殆拾補云大與殆〇省罷機利之人人華本删重人字按下人當作者此句與上句連讀〇（已上第一卷張之象本所改之卷最謬今不更論）

非鞅春秋日未言介祭仲亡也按未當作末（拾補有）介當作尒今公羊桓十五年傳作爾尒爾同字（拾補即據傳改作爾）也作矣凡此書之春秋皆公羊（具見各篇）文有異者（如矣也不同是也其末尒之類乃傳寫譌不在此限）蓋次公所稱與何劭公所注非一本（故後執務篇稱傳曰予積也而說之以行積而成君子何劭公注僖四年傳則作序積也而云序次也積功也判然有異於此可挾但如備胡篇之歸鄭鄭何作遲和親篇之語鼬何作猶汕論功篇之茅戎茅何作貿疑後人有以左傳字亂之者蓋次公不必盡同於何休又不得竟合於左氏也今亦未敢輒定）其不在經傳者則公羊家之說〇推車之蟬攫按推當作椎後遵道篇而椎車尙在也世務篇無徒守椎車之語不誤散不足篇古者椎車無柔亦不誤椎車者但斲一木使外圓以爲車輪不用三材也蟬攫即柔柔即三材之牙也（廣雅釋器蟬攫輮輞也淮南子說林訓作蟬匷蟬韓同字攫匷亦同字散不足又云郡國繇吏素桑楺說文作輮柔楺輮皆同字即三材之牙者據周禮注鄭司農云）韓非子八說云古者寡事而備簡樸陋而不盡故有珧銚而椎車者又云故智者不乘椎車聖人不行椎政此語出於彼（今

本韓非淮南亦誤榷爲推皆當訂正）〇建周而不疲按疲當作拔與下句隸字爲韻老子曰善建不拔（此書多韻語如大論篇云是以嫫母飾妾而矜夸西子彷徨而無家夸家爲韻倒作夸矜者誤拾補正之矣）〇狐剌之鑿按狐當作弧後申韓篇作弧此蓋本與彼同拾補以爲皆佤之訛未是尹公所用不必同於鄭周禮注之字也（說文亦不載佤字）〇晁錯謀叛逆誅及宗族使按使當在謀上錯出耳謂遊士使淮南衡山謀叛逆也〇追壁宗族按族當作室涉上文誅及宗族而誤華本改爲臣非〇此解揚之所以厚於晉華本楊改揚〇剌權今夫越之具區按夫當作臾此爾雅釋地有其文也具區不得舉言越之甚明〇剌復大夫曰爲色矜按曰字當衍此書篇首多云大夫曰故相涉而誤張之象本改曰爲乃似是實非後舉之篇首賢良曰文學既拜曰字亦當衍（拾補有）涉救匱篇首賢良曰而誤也〇而行臧文子叔之意張之象本叔改椒按後訟賢篇云遭子椒之譖也所改蓋是（凡張之象本而是者絕少大抵載此矣）〇非燕昭之薦士張之象本非下添特字似是實非此句與下句文王之廣賢也連讀也邪同字前後多有之（褒賢篇固若是也尤顯然可證）〇東郭偃孔僅按云東郭偃者誤也前剌權篇云大農鹽鐵丞咸陽孔僅等後輕重篇云咸陽孔僅增以鹽鐵平準書食貨志皆云於是以東郭咸陽孔僅爲大農丞領鹽鐵事此或本作東郭咸陽或本作咸陽後人記東郭於旁以致錯入而又改去咸陽字〇上下無求按無當作兼公爲上私爲下兼者兼此二者也〇論儒齊宣之時不顯賢進士按宣上當有威字顯上當無不字下文云及湣王奮二世之餘烈二世者威也宣也餘烈者顯賢進士也今本脫衍絕不可通（凡傳鈔之誤有上脫下衍者又或有上衍下脫者）〇愼到捷子亡去拾補改子爲予按漢書古今人表中中捷子藝文志道家捷子二篇齊人史記孟荀列傳接子齊人索隱云接子古著書人之稱號（捷接同字）皆作子唯田敬仲世家作予乃譌字而盧誤據之也〇叔晒退而隱處華本晒改肸〇發邊覽羣臣極言至內論雅頌按內論當倒論字上屬句絕內下脫一字未詳內（厶）雅頌四字爲一句與下文外鳴和鑾相對〇君臣所宣明王之德華本君改羣〇（已上第二卷）

國池者欲多而下不堪其求也按者當作著〇粟米薪菜按菜當作采薪采語出於公羊傳（亦見毛詩板三章傳）薪采與粟米相對下文菜果別見〇輕重今大夫各修太公桓管之術按本篇又云大夫君以心計策國用又云大夫各運籌策又云上（此字誤未詳）大夫君與（此字誤見下）治粟都尉凡二各字二君字皆當作名名者桑大夫之名也即云今大夫宏羊耳蓋始元鹽文本如此而尹公論之者一譌而爲各再譌而爲君〇是以縣

宮用饒足按足字當衍華本脫懸字非〇江充耕谷之等按耕谷未詳拾補云耕谷之三字衍雲谷雜記引無非也蓋煬可二字之誤煬可告緡江充禁服後國病篇連言之雲谷雜記不足據〇與治粟都尉按與當作爲平準書食貨志皆云而桑宏羊爲治粟都尉領大農（元封元年）可證〇未通平百越以爲園圃按園當作圜涉下句而誤〇不種而欲穫華本穫改穫〇民勤己不獨衍民衍己不獨勤張之象本二勤字皆改作鐽按所改最謬勤僅同字僅少也衍多也故以勤對衍言之非謂蔬不熟曰鐽前通有篇云富者不獨衍貧者不獨鐽鐽蓋勤之誤（集韻二十二稕有僅勸堇三文堇字見史記貨殖列傳又或作廑字見漢書賈誼傳通有篇即使岐異亦必非鐽字岐異之例詳於下）拾補云勤非又云鐽有歛意誤於張之象本而爲此說仍迂曲無所當也〇去尤甚而就少愈多按多字當衍愈句絕後散不足篇云吾以賢良爲少愈〇上下交義按議當作讓後取下篇世務篇皆不誤〇矧惟南面按南字誤也此必本作人後繇役篇惟人面之倫莫不引領而歸其義不誤墨子明鬼（引商書）矧佳（此字當作佳省惟爲佳也近江氏聲尚書注說之如此）人面胡敢異心此語出於彼後漢書章帝紀迄惟人面靡不率俾和帝紀戒惟人面無思不服亦可證也〇（已上第三卷）

地廣遠寇國安災按國字當衍〇國安則晏然無事按圖上當脫中字張之象本補〇挾管仲之智者華本仲改晏按所改未是而拾補亦改仲作晏蓋誤矣〇貧富夫白圭之屬著子貢之三至千金張之象本白圭改子貢子貢改陶朱公按所改未是拾補云涂誤者非也（涂但依嘉泰本殊無以意見更易者即如未通篇故商師若烏周師若荼與困學紀聞引同討王伯厚所見即嘉泰本亦其一證閻百詩乃云今本商荼周烏其所見僅張之象以後本耳）漢世諸書頗多異說此當別有所出（史記仲尼弟子列傳言子貢家累千金）與下文子貢以著積顯於諸侯陶朱公以貨殖尊於當世不必相涉〇以爲金鑪大鐘而不能自爲一鼎盤材按金當作全材當作杅全鑪者滿其鑪也後詔聖篇云鑠金在鑪〇雖付之以韓魏之家張之象本付改附按所改似是實非此文出孟子而此書所稱孟子多不與今同付附同字必次公自用付也（隸釋石經殘碑高宗肜日云天既付史記殷本紀作附梓材釋文云付如字馬本作附皆可證也）〇子思之銀佩按銀當作珉對下文垂棘言之垂棘玉也珉石也禮記所謂貴玉而賤碈碈珉同字〇毀學貧賤而好義按義當作識〇然而荀卿謂之不食華本荀改孫按上文仍作荀所改未是也謂張之象本改爲（謂爲多相亂）〇終身行無寃尤華本寃尤改怨惡〇天下穰穰按拾補云當作壤壤盧據今貨殖列傳云爾其實非也漢書張敞傳云長安中浩穰師古音穰人掌反然則次公

詩史記亦本作穢矣（大凡歧異之文苟非必誤宜各仍其舊如史記又不得因此文而改爲穢也）○鄭嫿不擿遠近按嫿當作姬（嫿字不可通）史記云今夫趙女鄭姬此盡下皆爲利祿也皆司馬子言大夫取貨殖列傳槩栝之（後孝養篇引孟子亦槩栝之引古而槩栝者準諸此）○車制於雲陽之市華本制改裂○褒賢孔子爲之曰微按爲當作謂此引論語故夫三桓之子孫微矣也○肆其長衣長衣官之也按拾補云長衣官之也五字衍非也此亦自釋一句據禮記目錄長衣卽深衣而必自釋之者欲見其爲法服也官之二字乃容衣二字形近之譌後孝養篇云雖公西赤不能以（此下衍養字）爲容卽史記儒林列傳所謂善爲容者也華本此處尤多脫○（已上第四卷）

相刺外有繆爵棘子拾補云棘子當卽箕子大誤上句已言內有微箕二子矣此言外有決非箕子可知當別有所出華本棘改諸因其不可解而爲之非有本也○越人夷吾按此句有誤史記列傳云管仲夷吾者潁上人也又按鄒陽列傳是以秦用戎人由余而霸中國齊用越人蒙而彊威宣索隱云越人蒙未見所出漢書作子臧又張晏云子臧或是越人蒙字也此下句連言戎人由余似卽取彼語夷吾或子臧之誤也下文又云不患無由余夷吾（依上則亦當作子臧）之倫患無桓穆（依上則當作穆威）之聽耳亦有誤（此類疑而未能決定者亦不悉出）○非說也非華本也非改之罪也張之象本也改者○殊路宋襄公知孔父之賢按襄當作殤（拾補有）下句魯莊知季有之賢有當作子此皆見於公羊桓二年傳何休注而次公稱之者必舊說也公羊季子（閔元年）季友（僖十六年）一人而異稱故此必云季子不知者改子爲友因譌成有字（拾補作友非）○故金玉不琢按金當作全全玉者考工記玉人所謂天子用全者也禮器郊特牲皆云大圭不琢鄭注皆云琢當爲篆鄭意以爲卽與瑑圭璋璧琮之瑑篆瑑同字也或當次公時禮家有如字說之者拾補云當作瑑未是○待鑑諸之工而後明按鑑諸當作礛諸淮南子說山訓玉待礛諸而成器說林訓璧瑗成器礛諸之功此語出於彼說文作厱云厱諸治玉石也讀若藍廣雅釋器云礛𥖁礪也礛厱諸𥖁皆同字○文學蒙以不然張之象本學下補曰字○故事人加按事人當倒○訟賢（目錄訟作頌）東流亦安之乎按拾補云東疑乘云云大誤文學言東流無崖之川故大夫云爾亦者亦前篇也戰國趙策蘇秦說李兌章東流至海氾濫無所止文學之語出於彼○狡而以爲知華本狡改絞張之象本改徼按論語釋文云徼古堯反鄭本作絞古卯反此蓋亦作絞而在鄭前也後雜論篇云直而不徼今論語皆作絞然則絞徼同字故歧異與○遵道飾廬言以亂實按言字當衍○聖達而謀

小人按人字當衍○論誹以己爲拭華本拭改式按拾補云大典拭從木○疾小人淺淺面從按後國病篇云諓諓者殘也與此歧異公羊文十二年傳云惟諓諓善竫言（卽秦誓截截善諞言也後漢書李尋傳王逸楚辭章句皆作諓諓國語亦有諓諓字說文引尙書又作戔戔見戈部）與彼篇合潛夫論救邊云淺淺靖言與此篇合淺諓同字（竫靖亦同字）當兩存之力耕篇云故伊尹高逝遊薄險固篇云兼於濟亳薄亳同字而歧異訟賢篇云東海成顒河東胡建箴石篇云則恐有盛胡之累成盛同字而歧異散不足篇云棧車無柔又云郡國繇吏素柔楺柔楺同字而歧異箴石篇云亦未見其能用箴石餘篇屢見皆云鍼獨此歧異箴鍼亦同字詔聖篇云澹則學止餘篇屢見皆云贍獨此歧異澹贍亦同字皆其例也餘準此求之○趙簡子得叔向按拾補云叔向當是周舍未是此必漢世諸書有其語難用時代相及求之如後利議篇云故季桓子聽政柳下惠忽然不見孔子爲司寇然後悖爇（悖勃同字也）周秦篇臧文仲治魯勝其盜而自矜子貢曰民將欺（韓詩外傳三季孫之治魯也卽此事）柳下與季桓孔子臧文與子貢皆不相及也劉向所序各篇往往如此（劉知幾史通嘗論之）卽其語之尙存於今者此書稱引廣博兼取雜說當時之學與都水正不甚相遠○孝養雖公西赤不能以養爲容張之象本删養字下句不能以養卒改卒養按此亦改而是者○以其不能事其父母也按其父母三字當衍與上文周襄王之母相承接而言之下文云而有不能事父母之累父字亦當衍其上文不見母故須言母也公羊僖二十四年傳不能乎母也此語出於彼不當違言父甚明○無厭者按厭字不當有下文食葬糲者韋茹者字不可通蓋者字本是厭字錯出於上而又誤加者於厭處也（此等傳鈔傳刻之誤自宋以來多有之）○丞相曰張之象本相下補史字按自前遵道篇丞相史進曰以下皆丞相史爲大夫詰難文學盡後丞相史默然不對所補是矣○刺議山林不讓椒桂按林字桂字皆誤也林當作陵桂當作跬椒跬者山顚之半步也故下文云以成其崇○利議公卿欲成也張之象本成下補利字按下文云非有司欲成利所補是矣○國病（目錄病作疾）無德序於民按序當作厚○面文學而蘇也賢良曰按賢上當脫謂字下文云子大夫論京師之日久子大夫者賢良也後篇吾以賢良爲少愈與此相承接（前遵道篇云謂丞相史曰）面卽項羽本紀馬童面之之面（張晏注漢書曰背之如淳曰面不正視也）面文學而謂賢良與面項王而指王翳無以異也張之象本不得其解但卿以下非賢良語因妄改爲丞相史曰而於此提行別起幾使讀者莫悟其謬實則上下隔截乖剌全不可通也○出入都市按此句上有脫文今無以補之（凡知其誤而不復能正者準諸此）○行卽負贏華本贏改嬴○

暢可勝告辭按勝字當衍（拾補有）涉下文不可勝載而誤○娶要斂從容傳白黛青者衆按娶當作聚從字當衍聚其要（要腰同字）斂其容傳以白黛以青（說文曰黱畫眉也黱黛同字釋名云黛代也滅眉毛去之以此畫代其處也可見畫眉曰黛故卽名其所以畫者爲黛與此互證而義乃明）凡四事與上句云秉耒抱插躬耕身織者寡亦凡四事對文也此二句其意與遙有窳田嘖不脩男女矜飾相類張之象本不得其解輒附會之云斂古本作臉絕謬○絝跨梟裝華本跨改袴○（已上第五卷）

散不足者生無易由言按者當作諸○丞相曰顧聞散不足張之象本相下添史字下文丞相曰治聚不足奈何亦添史字按所添皆誤也此書有文學曰賢良曰丞相曰（卽此篇是也）丞相史曰（丞相屬官見漢表）大夫曰（御史大夫也）御史曰（御史大夫屬官見漢表）卽本議篇所謂使丞相御史與所舉賢良文學語者也而丞相曰僅有二語又聊爲問辭獨無可否（與餘人全異）言猶不言耳卽雜論篇所謂括囊容身也凡後人起代前人詰難則必爲更端之辭（具見各篇不更出）此兩丞相曰在大夫曰之閒上有大夫默然是更端下不見丞相之所以更端者以其非詰難也唯前孝養篇後箴石篇執務篇三丞相史曰爲脫去史字（說具於彼）張之象本一概添之讀者莫辨矣今訂正○㯝胎扁按㯝當作㡬（字書未見㯝字）扁當作肩此句與上句云鮮羔䍩下句云皮黃口文意同羔䍩者羊之小者也胎肩者豕之小者也黃口者鳥之小者也㡬封也（周禮故書作㡬見肆師又見於犬人而鄭注讀爲刉亦必故書也皆謂封牲爲㡬故卽名其禮爲㡬說文作䥬㡬䥬同字周禮又作刏見士師鄭小子注以刏爲正字然則㡬卽刏而訓爲封也）皮剝也（見廣雅釋言）鮮者月令天子乃鮮羔鄭注改鮮作獻當時禮家或如字說之也列子湯問其長子生則鮮而食之義略相近（墨子節葬鮮作解蓋誤）張之象本於鮮字胎字斷句全不可通（凡張失讀甚多皆此類）○雕文檻脩按脩當作楯（楯誤爲脩猶循脩相亂水旱篇故循行於內脩之誤也世務篇滑稽而不可脩循之誤也脩修又相亂）應劭漢書注云楯闌橫也（李善注文選魏都賦景福殿賦皆引此）○繭紬縑練者華本紬改細按拾補云大典細○銀黃華左搔按左字當衍搔當作璅華璅東京賦謂之葩璅○珥靳飛鈴按鈴當作軨尚書大傳云未命爲士車不得有飛軨鄭曰如今窻車也（文選劇秦美新注引）○革鞮皮薦而已華本薦改韉按所改是也（拾補有）薦韉同字○箕子之譏按譏當作嘰嘰唏也紂爲象箸而箕子嘰見集韻八微嘰字下潛夫論浮侈云箕子所唏（今本誤爲晞）今在僕妾其語意略倣亥公也（韓非子云悕淮南子云唏悕晞同字唏嘰同義也今本韓非誤

稀爲怖不可通）橙枸按此當作橙枸史記西南夷列傳云蜀枸醬（徐廣曰枸一作蒟音窶）常璩巴志言果實之珍有辛蒟給客橙○今閭巷縣佰按此有誤也佰當作宿縣懸同字謂懸以賣（晏子春秋內篇雜下云猶懸牛首於門而賣馬肉於內也屠家縣肉格見鄭周禮牛人注若如字不當在閭巷下）懸有宿肉言閭巷賣肉者之多下句阡伯屠沽屠謂殺沽謂賣言就阡伯之閒屠而賣之（此段專言食肉下有明文）語意相儷○獏皮代旃華本獏改漢（字書未見獏字）○闒坐平莞按坐當作登釋名釋牀榻有榻登（其文云榻登施大牀之前小榻之上所以登牀也然則不當言坐明矣）次之於裘溲縚席之閒即此也闒榻同字○古者不粥紝按紝當作飪（下有明文）○殺施成市按施當作旅上文已有殺旅重疊之云矣而此再見者彼言其食之所陳此言其賣之所陳以每段別爲義也○匹夫無貌領按貌當作繞繞領帬也（見廣雅釋器）方言作繞衿（郭注江東通言下裳）領衿同字無繞領猶言無帬耳拾補改作完非○庶人鹿菲草芰按鹿當作麤（俗作麄麁見集韻十一模）鹿乃麁之譌也說文蔍艸履也麤蔍同字）芰屐同字○十有牛按牛當作六（見史記淮南王列傳漢書伍被傳同華本改九更誤）○宣帝建學官按宣當作皇張之象本改宣帝作陛下非○目修於五色按修當作脩（集韻六豪類篇目部皆云目不明）○口極甘脆華本極改窮按拾補云大典窮○救匱而葛繹彭侯之等張之象本彭改䣆按漢書王子侯表䣆侯屈釐劉屈氂傳注服虔曰䣆音彭諸先生補史記云封彭城（此字衍）侯（將相名臣表征和二年）彭䣆同字（如釐氂同字）不得竟改也○復古篇云窮夫否婦否鄙同字刺復篇云豈云殆哉論菑篇云儆戒不殆殆怠同字憂邊篇云故使廷尉評等評平同字地廣篇云道路迴避避僻同字毀學篇云猶爲頼民也頼厲同字相刺篇云西賓秦國賓擯同字授時篇云三代之盛無亂萌萌氓同字誅秦篇云號周子男君男南同字險固篇云重門擊拓拓檮同字刑德篇云吏舉苛而不止苛呵同字大論篇云聖人不費民之性費拂同字皆其例也餘以此求之○鹽鐵箴石（此及後鹽鐵取下以餘篇例之蓋皆衍鹽鐵二字目錄亦然）丞相曰張之象本相下補史字按此即雜論篇所謂不能正議云云者也所補是矣○吾聞諸鄭長孫曰按孫字誤也當作者漢書藝文志道家鄭長者一篇六國時先韓子韓子稱之（謂外儲說右上稱鄭長者閔之及鄭長者有言曰也）下文全在論語中不稱曾子者當時之學尚黃老而桑大夫尤輕儒故也○除狹垂青繩按繩當作純謂綬文采純爲圭也續漢書輿服志作淳漢官儀作純（北堂書鈔引）純淳同字拾補改緄爲綬非此句言青純不言綬猶下句言銀龜不言印○疾貪卿大夫足以潤賢厚士足以優身及黨按士字當重

上士句絕下士屬下○後刑民者斁於愛而纖刑按斁當作敹敹者纖之反也○授時今日施惠悅爾張之象木日改日按所改是矣(日日多相亂)○贍則民爭止按民字當衍後語聖篇不謬○日斁之以德按之下以上當有脫文拾補補道之二字或不止二字未詳也下文則民從義而從善有謬亦未詳○水旱與雨祁祁按雨毛詩作雲顏之推改爲雨(家訓書證)有疑此亦當爲雲者今詳上文語意似本作雨故下不更引雨我公田之云也凡此書所稱詩皆三家(具見各篇)與毛詩異者不少又未可必謂後人以今詩改此處豈三家有作雨者與(後漢書左雄傳所引亦作雨)○漸弊易貨按貨當作貿○多饑則蟣生按蟣當作蛓蛓生者蟣衣生也(廣韻十五青蛓蟣蛓集韻類篇皆有蛓蝏二文云蟣衣)○嘆食按嘆當作啖(此與上文皆雜鹽鐵而論之但鹽略鐵詳耳)○工人不斷伐而足乎按此下有脫文○(已上第六卷)

崇禮靈公同圍按同當作圍(此卽齊世家之靈公二十九年晉兵遂圍臨菑也非左傳凡此書不見左氏)○非特其衆而歸齊也華本特改持○邊境爲之不害也華本害改割按拾補云大典割○備胡是仁義犯而蓁韡不採按不字當衍賢良引春秋爲之不採故大夫云爾正是以採雞不採也○南越內侵滑服令按滑服令三字未詳其謬(下文氐僰云云別爲句張之象本以令字下屬非也僰字各本皆作鰊人拾補云謬分爲二)○辟鋒鏑而牧罷極按牧當作收○執務丞相曰張之象本相下補史字(說見上)○軼人而難復華本人改久○能言豈若默然載施其行而已按施當作尸卽板詩之載尸也(李善注文選引韓詩曰尸祿者頗有所知善惡不言默然不語苟欲得祿而已譬若尸矣蓋韓板詩之傳也以彼訂此行當是錄之誤)○鹽鐵取下(鹽鐵當衍說見上)急於公乎按公乎當作上公前未遍篇上公之事兩見蓋三家詩七月云上入執公功(三家者但三家之一也漢書田千秋傳贊不見次公治何家故無可分析言之)而出於彼也(毛詩正義曰經當云執於宮公本或公在宮上誤耳今定本云執宮功不爲公字然則作正義時毛詩之本頗有涉三家而舛錯者毛作宮功故箋云宮中之事三家作公功則爲公家之事上公者上至公家也非毛傳入爲上之義)張之象本乎改事非○上徧下濕者之瘤也按瘤當作病(以下文例之可知)○稱貸者之急按急下當脫也字(亦以下文例之)○穢惙之苦也按惙當作栝說文秳穭也栝秳同字(栝之爲秳猶栝之爲檜)秳或從米作粭(見集韻類篇)豈秳亦或從米與字書未見也凡昏旁之字隸變相承作舌又有作居者故譌而爲后○刑人若刈菅芳按芳字當衍華本菅芳改草菅非○繫之賢良曰文學(日字衍見上)張之象本改此至辭丞相御史入上篇

末按所改最謬全不可通〇窮極郡國按郡當作羣字或作辟故譌也此謂通烏孫大夏等詳見於史記漢書矣
〇一日違敵按違當作遺〇（已上第七卷）
結和或及其得按拾補云或疑咸非也或有也文學自言倘有及其得者存於時耳〇不痛之何故也按拾補衍
何字非也大夫謂數見紿爲可痛而以文學不然故作怪問之辭〇殺兩嗥蚩尤而爲帝按兩嗥未詳蓋用師形
近之譌也山海經大荒北經有其事（其文云蚩尤請風伯雨師從大風雨黃帝乃下天女曰魃雨止遂殺蚩尤
此句接軒轅戰涿鹿之下其爲一時殺之甚明或百家言黃帝者又謂并殺雨師也殺雨師者猶淮南子本經訓
之言堯使羿繳大風高誘注一日以繳繫矢射殺之是也許愼注大風風伯也風伯雨師者能作風作雨之人非
周禮所謂風師雨師鄭注大宗伯云風師箕也雨師畢也可知其不相涉）〇誅秦夫禮讓爲國者若江海華本
海改河（拾補作湖又云大典湖似誤河爲湖也）〇及李廣利等輕計還馬足按上當云輕計下當云計還馬
足中或倘有脫文因誤上計字爲下計字而佚去也輕計輕爲計也計還馬足史記大宛列傳漢書李廣利傳詳
之矣〇伐功故破走月支氏按支字衍也本作月氏有記支字於旁者（以支音氏也）後因錯入耳（拾補云
涂無或盧肇誤或所據非涂之元刻也凡拾補言涂而不合者準諸此）〇西域先帝推讓按讓當作攘〇況負
重羸兵以求之乎按羸當作贏方言云擔儋也莊子釋文贏廣雅云負也（今在釋言作擴陸不分析言之耳又
釋詁二云擴擔也卽本方言儋擔同字）贏擴贏皆同字〇雖本議按雖當作摧〇議者故使人主不遂忿按故
當作欲〇皆激一時之權按激當作徼史記匈奴列傳贊云患其徼一時權此語出於彼（索隱曰徼工堯反）
〇縣官既聞如甘水焉史記大宛列傳云天子既好宛馬聞之甘心此語出於彼（亦見漢書李廣利傳）如而
同字前後多有之〇世務春秋不與夷狄中國爲禮按狄下當脫之執二字爲禮二字當衍（此因上脫而下衍）
公羊僖二十一年之傳也上文昔宋襄公倍楚而不備倍當作信下文爲其無信也首尾一事言宋信而楚無信
（張之象本刪夷狄二字拾補添作夷狄與三字皆全失其意）〇莫敢受交也按此有誤也交校同字受卽交
之複衍者（今公羊成元年傳云莫敢當也蓋次公之本有異複衍例詳於下）〇濳進市側按市當作司（司
伺同字也）〇則近者哥謳而樂之華本哥改歌〇和親往者通關梁按梁當作市史記匈奴列傳云孝景帝復
與匈奴和親通關市又云武帝卽位明和親約束厚遇通（此字漢書無）關市饒給之又云倘樂關市嗜漢財
物漢亦倘關市不絕以中之漢書同可證也關市者交關爲市〇（已上第八卷）

繇役我是用戒按拾補云戒當作悈大誤次公所稱作戒必三家詩如此毛詩作急爾雅悈急也爾雅與此以戒悈同字而駮異猶毛詩之以戒急同義而駮異也不得改而一之○春秋讖戎羈未至預禦之按拾補改讖爲大未是此當羈下未上有脫文而大字在未上也餘無以補之莊十八年夏公追戎於濟西公羊傳大其未至而豫禦之也讖戎羈非彼傳文(依拾補則當并衍羈字)○險固秦所以超諸侯按超當作招過秦論云招八州(文選注引鄧展曰招猶舉也蘇林曰招音翹)○故龜猖有介按龜猖當作龖猬風俗通十反云俯伏甚於龖蝟(蝟猬同字)龖猬物之至卑下者言猬有介者猬之有毛如被介也下句狐貉不能禽狐貉二字必有誤未詳○然固於阻險按固當作困下文秦師敗崤嶽承此言之(敵於金城楚莊之圍宋二句相承言之文之互也)○秦師敗崤嶽崟按公羊云嶽巖穀梁云巖唫釋文唫本作崟崟卽嶽不得複見當是初時寫作崟後改之作嶽傳寫乃複見而衍也(張之象本崟改巖未是巖不當誤爲崟也)下文今不敢取敢者取之複衍(拾補有)與此正同又遁有篇雖離文刻鏤雖卽離之複衍(拾補有)論誹篇稱往古而言訾當世言卽訾之複衍孝養篇臟臟而後見肉害害卽肉之複衍(屬下者非)刺譏篇侯僕雖不敏侯卽僕之複衍(屬上者非拾補有)皆其例也餘以此求之刑德篇御史大夫曰亦改大夫爲御史而複衍者(拾補有)○故曰天時地利按時下當脫不如二字故曰者猶言故孟子曰(上文天時地利亦有誤當是衍天時二字以語意推之自可見)下文文學曰地利不如人和與此相承接○晉有河華九河按河當作門史記趙世家言武靈王出九門爲野臺以望齊中山之境卽此(徐廣曰在常山)九河非晉有甚明○論勇若曹劌之負齊桓公按負當作質(謂劫之以爲質公羊僖廿一年何休注劫質諸侯拾補疑質未是)○秦穆公得由余西戎八國服張之象本得下添百里奚三字按史記匈奴列傳云秦穆公得由余西戎八國服於秦故自隴以西有緜諸(一也)緄戎(二也)翟(三也)豲(四也)之戎岐梁山涇漆之北有義渠(五也)大荔(六也)烏也(七也)朐衍(八也)之戎漢書亦云然全與百里奚不涉也張之象本妄加之又於上句管仲之下添甯戚二字使其相配可謂巨謬矣○論功旃罽爲蓋華本罽改席按拾補云大典席此張守節所云席下爲帶者○刻骨卷衣華本衣改木按拾補云大典木○晉取郯郇按郇字誤也當作柳侵柳在宣元年圍郯在昭二十三年郯柳連言又郯在柳上者何休注公羊隱七年戎伐凡伯傳云與郯柳異必舊說也故次公稱之○然皆亡天下之大華本亡改忘○提珩爲敵國累世按珩當作衡(臣瓚注漢書提衡云衡平也是其義也)○論鄒列士中國名山通谷按列上脫先字下衍

士字（此篇所言與史記鄒衍列傳大略相同今本多誤故張之象本皆失其讀此以彼義訂之下同）○天下八十分之一按十下脫一字○而分爲九川按川當作州○絕陵陸不通按陵字當衍（說見上）史記所謂於是有裨海環之人民禽獸莫能相通者也○而天下際焉按下當作地（以困學紀聞所引證之多已誤然則涂依嘉泰本而其本即王伯厚所見無疑矣）○作怪誤按誤當作迂史記所謂作怪迂之變者也○論菑蓋越人美蠃蚌張之象本蠃改蠃○羿敖以功力按功當作巧謂羿巧而敖力也○始獵蔓張之象本蔓改膢按所改非也次公稱月令必其明堂月令字如此也言立秋始殺而不及於嘗新不得以他書之膢字改之（謂漢書注及風俗通古今注之類續漢書禮儀志又作劉）又前孝養篇散不足篇皆云膢臘韓子五蠹云膢臘而相遺以水爲其語之所自出膢者說文云楚俗以二月祭飲食者也（此士庶人之禮也膢在二月臘在冬至後三戌言膢臘者舉終始之辭兩事也或誤認風俗通之言膢臘者爲一事乃改其引楚俗以二月爲十二月非仲遠本然也玉篇廣韻皆云膢冀州八月楚俗二月此必出字林等書然殊失許氏之意許意以楚俗證韓子故膢與臘接出膢二月對臘冬至後三戌也否則舍冀州八月專取楚俗二月乃何理乎又漢書武帝紀太初二年春三月令天下膢五日即此膢耳而注家皆以貙膢說之未爲當也）尤與此絕不相涉彼曰膢此在他書亦必曰貙膢（二字連言）說文一曰始殺食新曰貙膢（今本始殺作祈穀貙作䝙者誤）凡云一日者必異義此固許例之可知者（此天子之禮也後漢明帝永平元年六月丁卯初令百官貙膢見古今注言初可知武帝紀注之非其八月之膢殆又民閒放效食新而轉更後時正因不得言貙膢故亦曰膢以致牽溷也雖不詳何始但叔重之時未嘗有是則明矣）膢與貙膢久莫之辨故附詳於此（風俗通全引說文亦以又曰爲異義仲遠自未必謂貙膢即膢矣然則其誤在晉以來也）○文學曰同四時華本刪曰字○（已上第九卷）

刑德誅誠蹠蹻不犯按誠當作誡誅誡與上文法不必相對○上附下附而服不過五按此當云上殺下殺而服不過五下文當云上附下附而刑不過五今本誤互易之也上殺下殺者五服降殺自己之上己之下也上附下附者附比也所謂上下比罪者也不知者移殺以連刑耳○馳行道中按馳行當作行馳上文馳道兩見如淳注漢書江充傳曰令乙乘騎（二字今本倒）車馬行馳道中已論者沒入車馬被具即其事也車馬當沒入則非其車馬故以舉苛而不止爲盜馬下文所言謂吏舞令乙文○韓子曰疾有固（張之象本改國）者按曰字當衍○身幽囚客死於秦秦按身下脫一字未詳秦字不當重（此因上脫而下衍）身（厶）幽囚四字爲一句

張之象本改下秦爲本屬下非○申韓而民從風按從上當脫不字風字當衍下句而民不可化可字亦當衍○周秦雖有慶忌之犍按犍當作揵(司馬相如諫獵亦云揵言慶忌)詔聖(目錄詔作諸)行一卒之令張之象本一卒改三章○則樓季三刃張之象本季下補難字○故過往之事張之象本往改任○而釜聞言華本聞改閒○湯武全肌骨而殷周治按此句當有誤上文云湯武刻肌膚蓋本與彼同也○大論訟者難張之象本訟上補無字○應少伯正之屬按應少未詳史記酷吏列傳楚有殷中杜少(徐廣曰殷一作假漢書作段)未詳此應當彼何字此云伯正下文云昆盧徐轂亦皆與史記白政(漢書作百政)堅盧(漢書同)徐勃(漢書同武帝紀字作敦)轂蓋穀形近之譌也)駁異今無以訂之張之象本乃取漢書注於下名之曰古本幾使讀者誤謂其會見鹽鐵論古本此處與漢書正同不亦厚誣乎(凡張之象本所言古本盡皆出於懸揣實非世閒眞有此本勿爲所惑可也)○故癰疽不得成形華本癰改壅○孔子曰進見而不以能往者非賢士才女也華本不以改以不按拾補云大典以不此有誤也當作孔子以因進見(呂氏春秋貴因有其語)而不以能往非賢才也今本所誤不可通(此與申韓篇孔子倡以仁義而民不從誤不從作從風者同皆傳鈔時未悉誣聖之意而失之也)○孰合有媒華本合改令○適衞靈公國按國字誤也未詳(此四句齊景衞靈陽虎桓魋皆稱其國諡姓名爲一例未必如張之象本所添有匡人圍之在其閒也上文大夫言魯齊衞匡陳蔡亦自爲一例文學不言魯匡陳蔡大夫不言陽虎桓魋皆順其文之便)下脫之字張之象本於此處多以意添之全誤○或之人非人也按或字當衍之人者此人也張之象本或上添狡字非○膠車倏逢雨按倏當作倐焦氏易林有膠車駕東與雨相逢五聲解墮之云(大過之蠱遯之益)蓋當時語故下文云請與諸生解(易林出東漢人手或即取於此)韓論異哉吾所聞按漢書載此(在田千秋之傳贊)哉作乎○雍言王道按漢書雍作推(拾補有)○切而不爍華本爍改慄漢書無此句○悶然華本悶改愬漢書無此二字○大能自解漢書大作不○若夫羣丞相御史按相下當脫史字此書言羣丞相史御史與漢書言丞相御史兩府之士文不必同此下不言兩府之士漢書上不言羣皆順其文之便(凡漢書與此不同蓋孟堅多所潤色矣)拾補以漢書補未是○何足算哉張之象本算改選按取漢書也算選同字未必非次公用算孟堅用選此類駮異皆當兩存之不得偏從也○(巳上第十卷)

鹽鐵論考證後序

漢書傳贊。謂始元鹽鐵。當時頗有其議文。至宣帝時。次公推衍增廣條目。著數萬言。成一家之法。今讀其書。所以相詰難者。大抵本羣經諸子而爲語。歷世差久。觀者茫昧。不得其解。如毀學篇。昔李斯與包邱子俱事荀卿。包邱子者。浮邱伯也。漢書楚元王交傳。俱受詩於浮邱伯。伯者。孫卿門人也。注。服虔曰。浮邱伯。秦時儒生。是其證。散不足篇。庶人卽草蓐索經。索經者。以索爲經。鄭注。公食大夫皆卷自末。云末經所終。韓詩外傳。說苑。雜言皆云。孔子困於陳蔡之閒。席三經之席。是其證。備胡篇。春秋貶諸侯之後。謂公羊春秋刺諸侯戍人而後至者。襄五年冬戍陳。十年戍鄭虎牢。傳皆云孰戍之。諸侯戍之。曷爲不言諸侯戍之。離至不可得而序。故言我也。何休五年注云。離至離別。前後至也。又云。乃解怠前後至。故不序。以刺中國之無信。是其證。取下篇。是以有履畝之稅。碩鼠之詩作也。履畝碩鼠爲一事。當出三家詩之序。公羊宣十五年傳云。稅畝者何。履畝而稅也。又云。什一行而頌聲作矣。正爲碩鼠詩而言。三家詩公羊皆今文。宜其說之相近。潛夫論班祿云。履畝稅而碩鼠作。是其證。又潛夫論下云。賦斂重而譚告通。班祿頗而傾父刺。行人乏而縣蠻諷。皆上見序下見詩。今本譌舛。致不可讀。結和篇。閭里常民。尙有梟散。梟散者。貴賤也。韓非子外儲說左下。博貴梟。勝者必殺梟。殺梟者。是殺所貴也。儒者以爲害義。戰國楚策。唐且見春申君章。夫梟棊之所以能爲者。以散棊佐之也。夫一梟之不勝五散亦明矣。今君何不爲天下梟。而令臣等爲散乎。是其證。鄭注考工記。有博立梟棊也。詔聖篇。春秋原罪。甫刑制獄。制獄者。哀矜折獄也。乃今文尙書說。大傳曰。聽訟雖得其指。必哀矜之。死者不可復生。絕者不可復續也。書曰。哀矜折獄。故次公與春秋原罪並言。論語片言可以折獄者。釋文云。魯讀折爲制。漢書刑法志曰。書云。伯夷降典。折民惟刑。言制禮以止刑。其說亦本諸大傳。是其證。伏生。次公。及班孟堅。皆讀折爲制者。今本大傳作悊。漢書作悊。非也。此類皆徵驗明白。然知之者或寡矣。古餘先生雅好是書。用功甚深。既刻涂禎本而附之考證。所以正其踳理其紛者。皆精心獨詣。刊落常聞。批郤導窾。不假穿鑿。眞有如兒說之解蔽結也。閱與廣圻往復講論。援引載籍。旁推交通。多得要領。因非涉字句譌錯者。例不兼著。故敢撮取一二。附書於末。具如右條。俾學子合而觀之。尙能循緒探索。曉其詞以識其意。則西京儒家之言。將昭然復顯。尤先生所亟亟想望者也。嘉慶丁卯六月元和顧廣圻。

揚 子 法 言

揚 雄著

重刻治平監本揚子法言并音義序

揚子法言十三卷。自侯芭宋衷之注既亡。而存者莫先於晉李軌宏範注。宋景祐。嘉祐。治平三降詔。更監學館閣兩制校定板行。最爲精詳。有音義一卷。不題撰人名氏。其中多引天復本。天復者。唐昭宗紀元。而王建在蜀稱之。然則謂蜀本也。撰人當出五代宋初間矣。司馬溫公言宋庠家所有。逮陳振孫書錄解題所載。皆即其本。當時固盛行也。外此有唐柳宗元。宋宋咸吳祕注。建寧人合李注爲四注本。書錄解題云。與此不同。厥後書坊復有新纂門目五臣音注本。則又增入溫公集注。而卷依宋咸爲十。諸家元文。悉經删節。全失其舊。明之世德堂據以重刻。通行迄今。於是世人罕知諸家或十三卷或十卷。各有單行之本。而李注乃若存若亡焉。戊寅首春。購得宋槧。稍有修板。終不失治平之真。適元和顧君千里行篋中。有臨何義門所校。出以對勘。大致符合。深以爲善。勸予刊行。爰以明年影摹開雕。凡遇修板。仍而不改。并所譌誤舉摘如干條綴諸末。以俟論定者。唯惜陳振孫又云。錢佃曾得舊監本刻之。今未見。不獲互相證明也。至於宏範所學。右道左儒。每違子雲本指。其讀文句。亦不能無失。溫公時下己意。多所訂正。而集注十三卷本。竟杳難再覯。然則此本宋槧之僅存。而予與顧君得以流傳之。可不謂厚幸也哉。嘉慶廿有四年歲在己卯十有二月己丑朔江都秦恩復序。

學行卷第一　以其所以養行下以字

吾子卷第二　事事辭稱則經譔重事字　曰云姓孔而字仲尼曰當作自

問神卷第五　名震於京師震當作振音義可證此震字依溫公集注所改非其舊

問明卷第六　不亦寶乎寶當作珍音義可證此寶字蓋依漢書所改也　巢父洗耳洗當作灑注同音義及温
公集注皆可證

寡見卷第七　吾寡見人之好假者也假當作徦下同音義可證此假字依温公集注所改非其舊　春木之芚
兮注春木芒然而生温公集注云李本芚作芒按音義不出芚字是其本作芒也其實芚是芒非音義本傳寫譌
耳此正文與注歧異乃初皆作芒後改未畫一　又從而繡其其鞶帨誤重其字

五百卷第八　由羣謀之故也謀當作婢

先知卷第九　識其教化識當作謹

重黎卷第十　請問蓋注天云云當作請問蓋天正文天字誤入注中　始六之詔六下當有世字音義及温公
集注皆可證此修板去世字非其舊

淵騫卷第十一　巽以揚之當衍巽字温公集注可證　擧遼水按擧當作縶縶屬也史記云屬之遼東不作擧
可知但各本皆誤或治平初刻已如此　竇蛛蝥之劘也劘當作靡　曰非夷下衍齊而是柳下惠戒其子以十字尙容下衍首陽爲拙柱下
爲工飽食安坐以仕易農十六字依隱玩世下衍詭時不逢四字其滑稽之雄乎按李本如此温公集注可證此本衍字皆温公取漢書所
增而修板依之攙入非治平之舊也

君子卷第十二　人言仙者有諸乎吁乎當作曰

孝至卷第十三　石䧢石建衍下石字

序　然後誕章然當作終

音義卷第四則渾一條請問禮莫知一條當在或曰事雖曲而通諸聖條之下卷第八渾渾一條簡易一條當在焉得條之下卷第十置守一條當在屏營條之下同上抵蠘上都禮切下許罽切當分爲二條云抵都禮切蠘許罽切

目次

揚子法言

李軌注

學行卷第一 夫學者所以仁其性命之本本立而道生是故冠乎衆篇之首也

學。行之上也。言之。次也。教人。又其次也。咸無焉。爲衆人。此三者教之大倫也皆無此三者民斯爲下矣 或曰。人羨久生。將以學也。可謂好學已乎。曰。未之好也。學不羨。仲尼志道朝聞夕死揚子好學不羨久生 天之道。不在仲尼乎。不在在也言在仲尼也 仲尼駕說者也。不在茲儒乎。駕傳也茲此也 如將復駕其所說。則莫若使諸儒金口而木舌。金寶其口木質其舌傳言如此則是仲尼常在矣 或曰。學無益也。如質何。曰。未之思矣。夫有刀者礲諸。有玉者錯諸。不礲不錯。焉攸用。礲錯治之名 礲而錯諸。質在其中矣。否則輟。否不也輟止也此章各盡其性分而已 螟蛉之子。殪而逢蜾蠃。祝之曰。類我類我。久則肖之矣。速哉七十子之肖仲尼也。肖類也螟蛉遇蜾蠃而受化久乃變成蜂爾七十子之類仲尼又速於是 學以治之。思以精之。朋友以磨之。切磋琢磨 名譽以崇之。不倦以終之。可謂好學也已矣。上士聞此五者勤而行之不可謂不好也 孔子習周公者也。顏淵習孔子者也。羿逄蒙分其弓。良捨其策。般投其斧而習諸。孰曰非也。或曰。此名也。彼名也。處一焉而已矣。曰。川有瀆。山有嶽。高而且大者。衆人所不能踰也。言諸賢之有妙藝猶百川之有四瀆衆山之有五嶽而川可度嶽可登高而且大者惟聖人之道如天不可升也 或問世言鑄金。金可鑄與。方術之家言能鎔五石化爲黃金故有此問 曰。吾聞覿君子者問鑄人。不問鑄金。或曰。人可鑄與。曰。孔子鑄顏淵矣。鑄之令殆庶幾 或人踧爾曰。旨哉問鑄金。得鑄人。睎爾鶩貌旨美也耆於鬪財而得爲人富莫大焉利莫重焉 學者。所以修性也。視聽言貌思。性所有也。學則正。否則邪。師哉師哉。桐子之命也。桐洞也桐子洞然未有所知之時制命於師也再言之者歎爲人師制人善惡之命不可不明愼也 務學不如務求師。求師者就有道而正焉 師者。人之模範也。模不模。範不範。爲不少矣。傷夫欲爲而不得其道者多矣 一鬨之市。不勝異意焉。賣者欲貴買者欲賤非異如何 一卷之書。不勝異說焉。一鬨之市。必立之平。一卷之書。必立之師。市無平必失貴賤之正書無師必謬典謨之旨 習乎習。歎所玩也 以習非之勝是。況習是之勝非乎。於戲。學者審其是而已矣。或曰。焉知是而習之。曰。視日月而知衆星之蔑也。仰聖人而知衆說之小也。大小之相形高下之相傾 學之爲王者事。其已久矣。堯舜禹湯文武汲汲。仲尼皇皇。其已久矣。

或問進。曰。水。或曰。爲其不舍晝夜與。曰。有是哉。滿而後漸者。其水乎。水滿坎而後進人學博而後仕

或問鴻漸。曰。非其往不往。非其居不居。漸猶水乎。鴻之不失寒暑亦猶水之因地制行 請問木漸。曰。止於下而漸於上者。其木也哉。亦猶水而已矣。止於下者根本也漸於上者枝條也士人操道義爲根本業貴無斷進禮學如枝條德貴日新 吾未見好斧藻其德。若斧藻其楶者也。斧藻猶刻桷丹楹之飾楶櫨也 鳥獸觸其情者也。衆人則異乎。人由禮義閑其邪情故異於鳥獸也 賢人則異衆人矣。奉宣訓誨 聖人則異賢人矣。制立禮教 禮義之作。有以矣夫。言訓物者其豈徒哉 人而不學。雖無憂。如禽何。是以聖人作爲禮以教人使人以有禮知自別於禽獸 學者。所以求爲君子也。求而不得者有矣夫。未有不求而得之者也。有其具猶或不能成

其事無其志必不能立其業睎驥之馬。亦驥之乘也。睎顏之人。亦顏之徒也。或曰。顏徒易乎、曰。睎之則是。曰。昔顏嘗睎夫子矣。正考甫嘗睎尹吉甫矣。正考甫宋襄公之臣也尹吉甫周宣王之臣也吉甫作周頌正考甫慕之而作商頌公子奚斯常睎正考甫矣。奚斯魯僖公之臣也慕正考甫作魯頌不欲睎則已矣。如欲睎。孰禦焉。

或曰。書與經同。而世不尚治之可乎。曰。可。或人啞爾笑曰。須以發策決科。射以決科經以策試今徒治同經之書而不見策用故笑之曰。大人之學也為道。小人之學也為利。子為道乎。為利乎。

或曰。耕不穫。獵不饗。耕獵乎。曰。耕道而得道。獵德而得德。是穫饗已。耕獵如此利其大爲吾不覩參辰之相比也。是以君子貴遷善。遷善者。聖人之徒與。去惡遷善兼總仁義也徒猶弟子也百川學海而至于海。行之不息歸之不已丘陵學山不至于山。是故惡夫畫也。畫止頻之黨。甚於鸒斯。亦賊夫糧食而已矣。鸒斯羣行啄穀喻人黨比游宴賊害糧食有損無益也朋而不心。面朋也。友而不心。面友也。匿怨仲尼之所恥面朋揚子之所譏或謂子之治產不如丹圭之富。曰。吾聞先生相與言。則以仁與義。市井相與言。則以財與利。如其富。如其富。或曰。先生生無以養也。死無以葬也。如之何。曰。以其所以養。養之至也。以其所葬。葬之至也。養不必豐葬不必厚各順其宜惟義所在或曰。猗頓之富以為孝。不亦至乎。顏其餒矣。曰。彼以其粗。顏以其精。彼以其回。顏以其貞。回邪也貞正也顏其劣乎。顏其劣乎。至足者外物不能累其內或曰。使我紆朱懷金。其樂不可量已。曰。紆朱懷金者之樂。不如顏氏子之樂。顏氏子之樂也內。至樂內足不待於外紆朱懷金者之樂也外。內樂不足是故假於金朱外物爾乃說樂也或曰。請問屢空之內。欲以此義嘲揚子曰。顏不孔。雖得天下。不足以爲樂。然亦有苦乎。曰。顏苦孔之卓之至也。或人瞿然曰。茲苦也。祗其所以爲樂也與。曰。有教立道。無心仲尼。有學術業。無心顏淵。或曰。立道。仲尼不可爲思矣。術業。顏淵不可爲力矣。曰。未之思也。孰禦焉。孔子習周公顏回習孔子無止之者

吾子卷第二崇本在乎抑末學大道絕乎小辯也

或問吾子少而好賦。曰。然。童子彫蟲篆刻。少年之事俄而曰。壯夫不爲也。悔作之世或曰。賦可以諷乎。曰。諷乎。驗歎之聲也諷則已。不已。吾恐不免於勸也。相如作大人賦武帝覽之乃飄飄然有陵雲之志或曰。霧縠之組麗。言可好也曰。女工之蠹矣。霧縠雖麗蠹害女工辭賦雖巧惑亂聖典劍客論曰。劍可以愛身。言擊劍可以衛護愛身辭賦可以諷諭勸人也曰。狴犴使人多禮乎。言狴犴使人多禮辭賦使人放蕩惑亂也或問景差唐勒宋玉枚乘之賦也益乎。曰。必也淫。言無益於正也淫則柰何。曰。詩人之賦麗以則。陳威儀布法則辭人之賦麗以淫。奢侈相勝靡麗相越不歸於正也如孔氏之門用賦也。則賈誼升堂。相如入室矣。如其不用何。或問蒼蠅紅紫。蒼蠅間于白黑紅紫似朱而非朱也曰。明視問鄭衞之似。曰。聰聽。或曰。朱曠不世。如之何。曰。亦精之而已矣。或問交五聲十二律也。或雅或鄭。何也。交猶和也五聲宮商角徵羽也十二律者十二月之律呂也曰。中正則雅。多哇則鄭。中正者宮商溫雅也多哇者淫聲繁越也請問

本曰黃鍾以生之中正以平之。確乎鄭衛不能入也。（聲平和則鄭衛不能入也學業常正則雜說不能傾也事得本則邪佞不能謬也）或曰。女有色。書亦有色乎。曰。有。女惡華丹之亂窈窕也。書惡淫辭之淈法度也。或問屈原智乎。曰。如玉如瑩。爰變丹青。如其智。如其智。（夫智者達天命審行廢如玉如瑩磨而不磷今屈原放逐感激爰變雖有文彩丹青之倫爾）或問君子尚辭乎。曰。君子事之爲尚。（貴事實賤虛辭）事勝辭則伉。辭勝事則賦。事辭稱則經。（夫事功多而辭美少則聽聲者伉其動也事功省而辭美多則賦頌者虛過也事辭相稱乃合經典）足言足容。德之藻矣。（足言夸毗之辭足容戚施之面言皆藻飾之僞非篤實之眞）或問公孫龍詭辭數萬以爲法。法與。曰。斷木爲棊。梡革爲鞠。亦皆有法焉。不合乎先王之法者。君子不法也。（大匠之誨人也必以規矩君子之訓物也必以仁義）觀書者。譬諸觀山及水。升東岳而知衆山之峛崺也。況介丘乎。浮滄海而知江河之惡沱也。況枯澤乎。舍舟航而濟乎瀆者末矣。舍五經而濟乎道者末矣。（末無）弃常珍而嗜乎異饌者。惡覩其識味也。委大聖而好乎諸子者。惡覩其識道也。山峌之蹊。不可勝由矣。向牆之戶。不可勝入矣。曰。惡由入。曰。孔氏。孔氏者。戶也。曰。子戶乎。曰。戶哉戶哉。吾獨有不戶者矣。（惡夫不由聖人之道者也）或欲學蒼頡史篇。（多知奇難之字故欲學之）曰。史乎史乎。愈於妄闕也。（再言史乎者畜之也言勝於不學而妄名不知而闕廢）或曰。有人焉。曰云姓孔而字仲尼。入其門。升其堂。伏其几。襲其裳。則可謂仲尼乎。曰。其文是也。其質非也。敢問質。曰。羊質而虎皮。見草而說。見豺而戰。（戰悸）忘其皮之虎矣。（羊假虎皮見豺則戰人假僞名考實則窮）聖人虎別。其文炳也。（如虎之別）

百獸炳然殊異 君子豹別其文蔚也。蔚然有文章而炙虎也 辯人貍別其文萃也。萃然有文采異於貓貉 貍變則豹。豹變則虎。好書而不要諸仲尼，書肆也。賣書市肆不能釋義 好說而不要諸仲尼說鈴也。鈴以喻小聲猶小說不合大雅 君子言也無擇。非法不言何所擇乎 聽也無淫。非正不聽何所淫乎 擇則亂。淫則辟。言有可擇則穢亂聽有淫侈則邪辟 述正道而稍邪哆者有矣。未有述邪哆而稍正也。習實生常 孔子之道其較且易也。言較然易知 或曰。童而習之。白紛如也。言皓首而亂 何其較且易。曰。謂其不姦姦。不詐詐也。不姦姦者以虛受人也不詐詐者以正教人也 如姦姦而詐詐。雖有耳目。焉得而正諸。姦姦者以姦欺姦詐詐者以詐欺詐 多聞則守之以約。所守簡要 多見則守之以卓。所覩廣遠 寡聞則無約也。寡見則無卓也。少聞無要約之守少見無卓絕之照 綠衣三百。色如之何矣。紵絮三千。寒如之何矣。綠衣雖有三百領色雜不可入宗廟紵絮雖有三千紙單薄不可以禦冬寒文賦雜子不可以經聖典 君子之道有四易。簡而易用也。要而易守也。炳而易見也。法而易言也。震風陵雨。陵暴 然後知夏屋之爲帡幪也。帡幪蓋覆 虐政虐世。然後知聖人之爲郛郭也。郛郭限內外禦姦宄聖人崇仁義正違 古者楊墨塞路。孟子辭而闢之。廓如也。後之塞路者有矣。竊自比於孟子。或曰。人各是其所是而非其所非。將誰使正之。曰。萬物紛錯則懸諸天。衆言淆亂則折諸聖。或曰。惡覩乎聖而折諸。曰。在則人。亡則書。其統一也。

修身卷第三 求己以返本守母以存子此其大要

修身以爲弓。矯思以爲矢。立義以爲的。奠而後發。發必中矣。無敵於天下也 人之性也善惡混。（混雜也荀子以爲人性惡孟子以爲人性善而揚子以爲人性雜三子取譬雖異然大同儒教立言尋統厥義兼通耳惟聖罔念作狂惟狂克念作聖揚子之言備極兩家反覆之喻於是俱暢）修其善則爲善人。修其惡則爲惡人。（所謂混也）氣也者。所以適善惡之馬也與。（御氣爲人若御馬涉道由通衢則迅利適惡路則駑蹇）或曰。孔子之事多矣。不用。則亦勤且憂乎。曰。聖人樂天知命。樂天則不勤。知命則不憂。或問銘。曰。銘哉銘哉。有意於慎也。（歎美戒慎之至）聖人之辭可爲也。使人信之所不可爲也。是以君子彊學而力行。（貴令信敬素著）珍其貨而後市。（貨珍價必貴）修其身而後交。（身修交必固）善其謀而後動成道也。（無所不通）君子之所慎。言。禮。書。（慎言無口過慎禮無失儀言禮是慎兼之於書）上交不諂。下交不驕。則可以有爲矣。或曰。君子自守。奚其交。曰。天地交。萬物生。人道交。功勳成。奚其守。（天地之交以道人道之交以理俱當順天人之道理而無所迕逆也）好大而不爲。大不大矣。好高而不爲。高不高矣。仰天庭而知天下之居卑也哉。（觀聖道然後知諸子之淺小）公儀子。董仲舒之才之邵也。（公儀子爲魯相婦織於室遣去之園有葵拔弃之不與民爭利也董仲舒爲江都相下帷三年不闚園此二子才德高美）使見善不明。用心不剛。儔克爾。（儔誰）或問仁義禮智信之用。曰。仁宅也。義路也。禮服也。知燭也。信符也。（仁如居宅可以安身義如道路可以安行禮如衣服可以表儀智如燈燭可以照察信如符契可以致誠）處宅。由路。正服。明燭。執符。君子不動。動斯得矣。有意哉。孟子曰。夫有意而不至者有矣。未有無意而至者也。或問治己。曰。治己以仲尼。或曰。治己以仲尼。仲尼奚寡也。曰。率馬以驥。不亦可乎。

或曰。田圃田者莠喬喬。思遠人者心忉忉。（雖有喬喬之莠其穀不可得雖懷忉忉之思遠人不可見言仲尼之道深遠不可以治學）曰。

日有光。月有明。三年不目日。視必盲。三年不目月。精必矇。不見日月而盲矇以喻不學爲闇人熒魂曠枯。糟莩曠沈。莩熟也擿埴索塗。冥行而已矣。埴土也盲人以杖擿地而求道雖用白日無異夜行夜行之義面牆之諭也或問何如斯謂之人。曰。取四重。去四輕。則可謂之人。曰。何謂四重。曰。重言。重行。重貌。重好。言重則有法。行重則有德。貌重則有威。好重則有觀。可觀望也敢問四輕。曰。言輕則招憂。行輕則招辜。貌輕則招辱。好輕則招淫。禮多儀。美其多威儀也或曰。日昃不食肉。肉必乾。日昃不飲酒。酒必酸。賓主百拜而酒三行。不已華乎。曰。實無華則野。華無實則賈。華實副則禮。華實相副然後合禮文質彬彬然後君子山雌之肥。其意得乎。或曰。回之簞瓢。臞如之何。曰。明明在上。百官牛羊亦山雌也。闇闇在上。簞瓢捽茹。亦山雌也。何其臞。千鈞之輕。烏獲力也。簞瓢之樂。顏氏德也。千鈞之重烏獲舉之而輕多力耳簞食瓢飲顏氏處之而樂德盛也或問犂牛之鞹與玄騂之鞹。有以異乎。曰。同。然則何以不犂也。曰。將致孝乎鬼神。不敢以其犂也。宗廟貴純色君子貴純德如刲羊刺豕。罷賓犒師。惡在犂不犂也。刲羊義見易有德者好問聖人。或曰。魯人鮮德。奚其好問仲尼也。言魯定哀公孟仲季孫皆問仲尼曰。魯未能好問仲尼故也。如好問仲尼。則魯作東周矣。或問人有倚孔子之牆。弦鄭衛之聲。誦韓莊之書。則引諸門乎。曰。在夷貉則引之。倚門牆則麾之。莊周與韓非同貫不亦甚乎惑者甚衆敢問何謂也曰莊雖借喻以爲通妙而世多不解韓誠觸情以言治而險薄傷化然則周之益也其利任綴非之損也其害交急仁既失中兩不與耳亦不以齊其優劣比量多少也統斯以往何嫌乎哉又問曰自此以下凡論諸子莫不連言乎莊生者何也荅曰妙指非見形而不及道者之言所能統故每遺其妙寄而去其麤竝一以貫之應近而已惜乎衣未成而轉爲裳也。衣上也裳下也聖典本也諸子末也轉上爲下捨本而逐末者是可惜聖人耳不順乎非。惟正之聽口不肆乎善。性與天道發言成章不肆習賢者耳擇口擇。耳擇所聽口擇所言衆人無擇焉。觸情任意或問衆人。曰。富貴生。苟貪富貴不義而生賢者曰義。行義以達其道聖人曰神。神德行也觀乎賢人。則見衆人。觀乎聖人。則見賢人。觀乎天地。則見聖人。天下有三好。衆人好己從。賢人好己正。聖人好己師。天下有三檢。衆人用家檢。家人自以爲法賢人用國檢。聖人用天下檢。天下有三門。由於情欲。入自禽門。所謂觸情由於禮義。入自人門。由於獨智。入自聖門。或問士何如斯可以禔身。禔安曰。其爲中也弘深。中者心志也弘深猶敦重也其爲外也肅括。則可以禔身矣。外者威儀也肅敬也括法也君子微愼厥德。悔吝不至。何元憞之有。微纖也悔吝小疵也元憞大惡上士之耳訓乎德。訓順下士之耳順乎己。苟欲令人順己言不慙。行不恥者。孔子憚焉。言不違理故形不慙行不邪僻故心不恥言行能如此仲尼所敬憚難也

問道卷第四夫道者弘乎至化通乎至理也

或問道。曰。道也者。通也。無不通也。萬物由之以通或曰。可以適它與。言道既可以通中國而適夷狄學亦可以統正典而兼諸子也曰。適堯舜文王者爲正道。非堯舜文王者爲它道。君子正而不它。或問道。曰。道若塗若川。車航混混。不捨晝夜。車之由塗航之由川混混往來交通或曰。焉得直道而由諸。塗川皆形曲也此亦因形以取譬以喻經學通於聖道曰。塗雖曲而通諸夏。則由諸。川雖曲而通諸海。則由諸。或曰。事雖曲而通諸聖。則由諸乎。大解曲通歸正之義道德仁義禮。譬諸身乎。不可

無之於一夫道以導之。德以得之。仁以人之。義以宜之。禮以體之。天也。五者人之天性合則渾。離則散。一人而兼統四體者。其身全乎。四體合則渾成人五義備則混爲聖一人兼統者德備如身全或問德表曰。莫知作上作下。作爲也莫知爲上之樂爲下之苦請問禮莫知。言己有禮制則有尊卑曰。行禮於彼而民得於此。奚其知。君自行禮於上而民承化於下或曰。孰若無禮而德。曰。禮。體也。人而無禮。焉以爲德。禮如體無體何得爲人無禮何能立德或問天。曰。吾於天與。見無爲之爲矣。或問彫刻衆形者匪天與。曰。以其不彫刻也。如物刻而彫之。焉得力而給諸。老子之言道德。吾有取焉耳。可以止奔競訓蠶冒之人及搥提仁義。絕滅禮學。吾無取焉耳。老子之絕學蓋言至理之極以明無爲之本斯乃聖人所同子雲豈其異哉夫能統遠旨然後可與論道悠悠之徒既非所逮方崇經世之訓是故無取焉耳無取焉何者不得以之爲教也吾焉開明哉。惟聖人爲可以開明。它則苓。爲安也開發也大哉聖人。言之至也。開之廓然見四海。日月齊明視其文者不下堂知四方閉之。閈然不覩牆之裏。不開聖眷論無所見聖人之言。似於水火。或問水火。曰。水測之而益深。窮之而益遠。火用之而彌明。宿之而彌壯。允治天下。不待禮文與五教。則吾以黃帝堯舜爲疣贅。允信或曰。太上無法而治。法非所以爲治也。曰。鴻荒之世。聖人惡之。是以法始乎伏犧而成乎堯。伏犧畫八卦以敘上下至於堯舜君臣大成也匪伏匪堯。禮義哨哨。聖人不取也。

或問八荒之禮。禮也。樂也。孰是。曰。殷之以中國。殷正或曰。孰爲中國。正直北辰爲天之齊今俱偏僻未知誰爲居中國曰。五政之所加。七賦之所養。中於天地者爲中國。五政五常之政也七賦五穀桑麻也中於天地者土圭測景晷度均也過此而往者人也哉。營八荒之於中國知彼諸子之於聖人如是聖人之治天下也。礙諸以禮樂。礙限無則禽。異則貉。吾見諸子之小禮樂也。不見聖人之小禮樂也。孰有書不由筆。言不由舌。吾見天常爲帝王之筆舌也。天常五常也帝王之所制奉也譬諸書言之於筆舌爲人之由禮樂也智也者。知也。夫智用不用。益不益。則不贅虧矣。深知器械舟車宮室之爲。則禮由己。或問大聲。曰。非雷非霆。隱隱耾耾。久而愈盈。尸諸聖。尸主也雷霆之聲聞當時聖人之言傳無窮或問道。有因無因乎。曰。可則因。否則革。革之與因雖異隨變而通理也故先王之事世相反而其道一也或問無爲。曰。奚爲哉。應化而已在昔虞夏襲堯之爵。行堯之道。法度彰。禮樂著。垂拱而視天下民之阜也。無爲矣。紹桀之後。纂紂之餘。法度廢。禮樂虧。安坐而視天下民之死。無爲乎。紹桀者成湯也纂紂者周武也當此之時湯武不可得安坐視天下民之死而欲無爲也所謂可則因否則革矣應變順時故迹不同致理而言皆非爲也或問太古塗民耳目。惟其見也聞也。見則難蔽。聞則難塞。人以爲太古不如絕禮樂以塗塞人之耳目令不見不聞使之純一曰。天之肇降生民。使其目見耳聞。是以視之禮。聽之樂。因其耳目而節之如視不禮。聽不樂。雖有民。焉得而塗諸。

或問新敝。曰。新則襲之。敝則益損之。值其日新則襲而因之值其敝亂得損益隨時或問太古德懷不禮懷。嬰兒慕駒犢從焉。以禮。曰。嬰犢乎。歎無禮也嬰犢母懷不父懷。母懷愛也。父懷敬也。獨母而不父。未若父母之懿也。兼乎愛敬然後盛其美善狙詐之家。曰。狙詐之計。不戰而屈人兵。堯舜也。曰。不戰而屈人兵。堯舜也。沾項漸襟。堯舜乎。衒玉而賈石者其狙詐乎。或問狙詐與亡孰愈。（亡無）曰。亡愈。或曰。子將六師則誰使。曰。御得其道。則天下狙詐咸作使。御失其道。則天下狙詐咸作敵。（失其御則反閒背叛）故有天下者。審其御而已矣。或問威震諸侯須於征與狙詐之力也。如其亡。曰。威震諸侯須於狙詐可也。（未足多也）未若威震諸侯而不須狙詐也。或曰。無狙詐。將何以征乎。曰。縱不得不征。不有司馬法乎。何必狙詐乎。申韓之術。不仁之至矣。若何牛羊之用人也。（峻刑戰之術制民如牛羊臨之以刀俎故曰不仁之至也）若牛羊用人。則狐狸螻螾不膢臘也與。（膢八月旦也今河東俗奉之以爲大節祭祀先人也臘褚也見禮記）或曰。刀不利。筆不銛。而獨加諸砥。不亦可乎。（刀鈍礪之砥筆禿挺削以刀申韓行法欲以救亂如加刀砥亦所以利也）曰。人砥則秦尚矣。（嚴刑裁民亦猶刀之割肉以人爲砥酷之甚也秦之嚴刑難復尙矣）或曰。刑名非道邪。何自然也。曰。何必刑名。圍棊擊劍反目眩形亦皆自然也。由其大者作正道。由其小者作姦道。（大者聖人之言小者諸子之言）或曰。申韓之法非法與。曰。法者。謂唐虞成周之法也。如申韓。如申韓。莊周申韓不乖寡聖人而漸諸篇。則顏氏之子。閔氏之孫。其如台。（言此數子之才苟不乖少聖人之術漸染其心於篇籍之中以訓學徒則顏閔不能勝之）或曰。莊周有取乎。曰。少欲。（有節貴之益焉）鄒衍有取乎。曰。自持。（有凝時之風焉）至周罔君臣之義。衍無知於天地之閒。雖隣不覿也。

問神卷第五（測于天地之情者潛之乎心也心能測乎天地之情則入乎神矣）

或問神。曰。心。請問之。曰。潛天而天。潛地而地。（惟其所潛）天地。神明而不測者也。心之潛也。猶將測之。況於人乎。況於事倫乎。敢問潛心于聖。曰。昔乎仲尼潛心於文王矣。達之。達通顏淵亦潛心於仲尼矣。未達一閒耳。其殆庶幾神在所潛而已矣。神道不遠潛心則是天神天明。照知四方。天以神明光燭幽明照曜四方人以潛心鉤深致遠探賾索隱天精天粹。萬物作類。天以精粹覆萬物各成其類人以潛心考校同異披揚精義人心其神矣乎。操則存。舍則亡。人心如神變化無方操而持之則義存舍而廢之則道亡操而不舍則道義光大能常操而存者。其惟聖人乎。聖人存神索至。存其精神探幽索至成天下之大順。致天下之大利。順事而無逆利物而無害和同天人之際。使之無閒也。至化混然歸於一也龍蟠于泥。蚖其肆矣。惟聖知聖惟龍知龍愚不知聖蚖不知龍聖道未彰羣愚玩矣龍蟠未升蚖其肆矣蚖哉蚖哉。惡覩龍之志也與。歎之甚也或曰。龍必欲飛天乎。曰。時飛則飛。時潛則潛。時可而升未可而潛既飛且潛。義兼出處食其不妄。形其不可得而制也與。飲食則不妄有形而不可制也曰。聖人不制。則何爲乎羑里。曰。龍以不制爲龍。聖人以不手爲聖人。手者桎梏之屬或曰。經可損益歟。曰。易始八卦。而文王六十四。其益可知也。詩書禮春秋。或因或作。而成於仲尼。其益可知也。或因者引而伸之或作者又加春秋故夫道非天然。應時而造者。損益可知也。或曰。易損其一也。雖惷知闕焉。至書之不備過半矣。而習者不知。本百篇今五十九故曰過半惜乎書序之不如易也。歎恨書序雖存獨不如易之可推尋曰。彼數也。可數焉故也。如書序雖孔子亦末如之何矣。數存則雖愚有所不失數亡則雖聖有所不得昔之說書者序以百。敘以百篇而酒誥之篇俄空焉。今亡夫。秦焚書漢興求集之酒誥又亡一簡中者先師說俄而空之今斷亡虞夏之書渾渾爾。深大商書灝灝爾。夷曠周書噩噩爾。不阿借也下周者。

其書譙乎。下周者秦言酷烈也 或問聖人之經不可使易知與。嫌五經之難解也 曰。不可。天俄而可度。則其覆物也淺矣。地俄而可測。則其載物也薄矣。大哉。天地之爲萬物郭。五經之爲衆說郛。莫有不存其內而能出乎其外者也 或問聖人之作事。不能昭若日月乎。何後世之訔訔也。曰。瞽曠能默。瞽曠不能齊不齊之耳。狄牙能喊。狄牙不能齊不齊之口。君子之言。幽必有驗乎明。遠必有驗乎近。大必有驗乎小。微必有驗乎著。無驗而言之謂妄。君子妄乎。不妄。言必有中 言不能達其心。書不能達其言。難矣哉。惟聖人得言之解。得書之體。白日以照之。江河以滌之。灝灝乎其莫之禦也。有所發明如白日所照有所蕩除如江河所滌灝灝洪盛無能當之者 面相之辭。相適捈中心之所欲。通諸人之嚍嚍者。莫如言。嚍嚍猶憤憤也 彌綸天下之事。記久明遠。著古昔之㫚㫚。傳千里之忞忞者。莫如書。㫚㫚目所不見忞忞心所不了 故言。心聲也。書。心畫也。聲發成言畫紙成書書有文質言有史野二者之來皆由於心 聲畫形。君子小人見矣。察言觀書斷可識也 聲畫者。君子小人之所以動情乎。聖人之辭。渾渾若川。渾渾洪流也 順則便。逆則否者。其惟川乎。或曰。仲尼聖者與。何不能居世也。曾范蔡之不若。曰。聖人者范蔡乎。若范蔡。其如聖何。或曰。淮南太史公者。其多知與。曷其雜也。曰。雜乎雜。歎不純也 人病以多知爲雜。惟聖人爲不雜。書不經。非書也。言不經。非言也。言書不經。多多贅矣。動而愈僞 或曰。述而不作。玄何以作。曰。其事則述。其書則作。育而不苗者。吾家之童烏乎。童烏子雲之子也仲尼悼顏淵苗而不秀子雲傷童烏育而不苗 九齡而與我玄文。顏淵弱冠而與仲尼言易童烏九齡而與揚子論玄 或曰。玄何爲。曰。爲仁義。曰。孰不爲仁。孰不爲義。曰。勿雜也而已矣。純則巧僞息雜則姦邪生

或問經之艱易。曰。存亡。或人不諭。曰。其人存則易。亡則艱。

延陵季子之於樂也。其庶矣乎。如樂弛。雖札。末如之何矣。

如周之禮樂。庶事之備也。每可以爲不難矣。如秦之禮樂。庶事之不備也。每可以爲難矣。衣而不裳。未知其可也。有上無下猶有君而無臣 裳而不衣。未知其可也。衣裳其順矣乎。三桓專魯陳恒滅齊王莽簒漢三姦之興皆是物也 或問文。曰。訓。訓順 問武。曰。克。克能 未達。不諭 曰。事得其序之謂訓。順其理也 勝己之私之謂克。惟公亮也 爲之而行。動之而光者。其德乎。或曰。知德者鮮。何其光。曰。我知爲之。不我知亦爲之。厥光大矣。所謂大人用之不爲善惡改常日月用之不爲賢愚易光 必我知而爲之。光亦小矣。或曰。君子病沒世而無名。盍勢諸名卿。可幾也。盍何不也勢親也名卿親執政者也言何不與之合勢以近名也此義適王孫賈勸仲尼媚於竈也 曰。君子德名爲幾。積德然後近名 梁齊趙楚之君。非不富且貴也。惡乎成名。四國漢時諸侯王 谷口鄭子眞不屈其志而耕乎巖石之下。名震于京師。豈其卿。豈其卿。審乎自得而已矣慨夫逐物以喪眞而不能求己以絕僞 或問人。曰。艱知也。艱難也人之難知久矣堯舜之聖而難任人莊周亦云厚貌深情 曰。焉難。未諭其難所以又問 曰。太山之與蟻垤。江河之與行潦。非難也。形彰於外視之易見 大聖之與大佞。難也。物形外顯人神內藏外顯易察內藏難知 烏呼。能別似者爲無難。

或問鄒莊有取乎。曰。德則取。愆則否。愆過也否不也 何謂德愆。曰。言天地人經。德也。

否。迻也。論天地人經是德也不爲過迻可采取也迻。欲問其義語君子不出諸口。

問明卷第六防姦必有其統揆物必以其度察見至微之理探射幽隱之情

或問明。曰。微。或曰。微何如其明也。曰。微而見之。明其誶乎。聰明其至矣乎。在於至妙之人不聰。實無耳也。不明。實無目也。敢問大聰明。曰。眩眩乎惟天爲聰。惟天爲明。夫能高其目而下其耳者。匪天也夫。目高則無所不照耳下則無所不聞言人高其目則覩德義之經聖人之道下其耳則聞芻蕘之言負薪之語

或問小每知之。可謂師乎。曰。是何師與。是何師與。天下小事爲不少矣。巧歷所不能筭每知之。是謂師乎。師之貴也。知大知也。大知者聖道小知之師亦賤矣。致遠恐泥是以君子不爲故不貴也

孟子疾過我門而不入我室。或曰。亦有疾乎。曰。摭我華而不食我實。華者美麗之賦實者法言太玄

或謂仲尼事彌其年。蓋天勞諸。病矣夫。曰。天非獨勞仲尼。亦自勞也。天病乎哉。天樂天。聖樂聖。或問鳥有鳳。獸有麟。鳥獸皆可鳳麟乎。言凡鳥獸之不可得及鳳麟亦猶凡人不可強猶聖人之道曰。羣鳥之於鳳也。羣獸之於麟也。形性。豈羣人之於聖乎。鳥獸大小形性各異人之於聖腑藏並同

或曰。甚矣。聖道無益於庸也。聖讀而庸行。盍去諸。曰。甚矣。子之不達也。聖讀而庸行。猶有聞焉。去之抏也。抏秦者非斯乎。投諸火。斯李斯

或問人何尙。曰。尙智。曰。多以智殺身者何其尙。曰。昔乎皋陶以其智爲帝謨。殺身者遠矣。箕子以其智爲武王陳洪範。殺身者遠矣。

仲尼聖人也。或者劣諸子貢。子貢辭而精之。然後廓如也。精明於戲。觀書者

違。子貢雖多。亦何以爲盛哉。成湯丕承也。文王淵懿也。或問丕承。曰。由小致大。不亦丕乎。革夏以天。不亦承乎。淵懿。曰。重易六爻。不亦淵乎。浸以光大。不亦懿乎。或問命。曰。命者。天之命也。非人爲也。人爲不爲命。請問人爲。曰。可以存亡。可以死生。非命也。(是人爲者)命不可避也。(大理然者也)或曰。顏氏之子。冉氏之孫。曰。以其無避也。若立巖牆之下。動而徵病。行而招死。命乎命乎。(自詒伊慼)吉人凶其吉。(居安思危存不忘亡)凶人吉其凶。(以小惡爲無傷而不去也惡積而罪彰滅身之凶至也)辰乎辰。(歎時逝也)曷來之遲。去之速也。君子競諸。(進德修業欲及時也)諄言敗俗。諄好敗則。(則法)姑息敗德。君子謹於言。慎於好。亟於時。(亟急)吾不見震風之能動聾瞶也。(雷風非不猛不能動聾瞶聖教非不明不能化頑嚚之人)或問君子。在治。曰。若鳳。在亂。曰。若鳳。或人不諭。曰。未之思矣。曰。治則見。亂則隱。(隨時之義美之)

(大者治見亂隱鳳之德也)鴻飛冥冥。弋人何篡焉。(君子潛神重玄之域世網不能制禦之)鷦明遴集。食其絜者矣。(遴集者類聚羣遊得其所也鷦明非竹實之絜不食君子非道德之祿不居)鳳鳥蹌蹌。匪堯之庭。(蹌蹌者步趾之威儀也言其降步於堯之庭非堯之庭則不降步也)亨龍潛升。其貞利乎。(貞正也利者義之和美龍潛升得正之利)或曰。龍何如可以貞利而亨。曰。時未可而潛。不亦貞乎。(得潛之正)時可而升。不亦利乎。(得義之和)潛升在己。用之以時。不亦亨乎。(行止不失其所得嘉之會)或問活身。曰。明哲。(既明且哲以保其身)或曰。童蒙則活。何乃明哲乎。曰。君子所貴。亦越用明。保慎其身也。(越於)如庸行翳路。衝衝而活。君子不貴也。楚兩龔之絜。其清矣乎。(楚人龔君賓龔長倩也當成哀之世並爲諫大夫俱著令聞號曰兩龔王莽簒位之後崇顯名賢復欲用之稱疾遂終身不仕絜清其志者也)蜀莊沈冥。(蜀人姓莊名遵字君平沈

（冥猶玄寂泯然無迹之貌是故成哀不得而利之王莽不得而害也）蜀莊之才之珍也。不作苟見。不治苟得。（所謂沈冥也）久幽而不改其操。雖隨和何以加諸。（久幽謂賣卜於成都）舉茲以旃。不亦寶乎。吾珍莊也。居難爲也。（人所不能非難如何）不慕由卽夷矣。何毚欲之有。（許由伯夷無欲之至既不可害亦不可利）或問。堯將讓天下於許由。由恥。有諸。曰。好大者爲之也。顧由無求於世而已矣。允喆堯儃舜之重。則不輕於由矣。（允信也喆知也）好大累克。巢父洗耳。不亦宜乎。（累積克勝也積大言以相勝也巢父洗耳河瀆河主逐之皆非通理之談）靈場之威。宜夜矣乎。（靈場鬼神之壇祠也靈壇所以爲威可冥夜不可經白日偏謬之談可獨說不可校諸實）朱鳥翾翾。歸其肆矣。（朱鳥燕別名也肆海肆也）或曰。奚取於朱鳥哉。曰。時來則來。時往則往。（取其春來秋往隨時宜也）能來能往者。朱鳥之謂與。（不愆寒暑之宜能知去就之分）或問。韓非作說難之書。而卒死乎說難。敢問何反也。（韓非作書言說難是也而西入關干秦王伏劍死雲陽故曰何反）曰。說難。蓋其所以死乎。曰。何也。曰。君子以禮動。以義止。合則進。否則退。確乎不憂其不合也。夫說人而憂其不合。則亦無所不至矣。或曰。說之不合。非憂邪。曰。說不由道。憂也。由道而不合。非憂也。（譏其本自挾詭情以說秦）或問哲。曰。旁明厥思。問行。曰。旁通厥德。（動靜不能由一塗由一塗不可以應萬變應萬變而不失其正者惟旁通乎）

寡見卷第七

（大道甚夷而民好徑此其所以發揚德音）

吾寡見人之好假者也。邇文之視。邇言之聽。假則偭焉。（歎人皆好視聽諸子近言近說至於聖人遠言遠義則偭然而不視聽）或曰。曷若茲之甚也。先王之道滿門。（言此談過也學先王之道者亦滿門耳）曰。不得已也。得已則已矣。不得已者官有策試者也得已而不已者。寡哉。夫以策試而後學者爲官也得不策試而好學者爲己也爲己之學也內爲官之學也外外之與內猶南之與北相去甚遠是以僟其少也 好盡其心於聖人之道者。君子也。人亦有好盡其心矣。未必聖人之道也。多聞見而識乎正道者。至識也。多聞見而識乎邪道者。迷識也。君子多聞見而心愈眞也小人多聞見而情愈僞也 如賢人謀之。美也。詘人而從道。如小人謀之。不美也。詘道而從人。

或問五經有辯乎。曰。惟五經爲辯。說天者莫辯乎易。惟變所適應四時之宜 說事者莫辯乎書。尚書論政事也 說體者莫辯乎禮。正百事之體也 說志者莫辯乎詩。在心爲志發言爲詩 說理者莫辯乎春秋。屬辭比事之義 捨斯。辯亦小矣。春木之芚兮。援我手之鶉兮。春木芒然而生譬若孔氏啓導人心有似援手而進言其純美也 去之五百歲。其人若存兮。或曰。譊譊者天下皆說也。奚其存。曰。曼是爲也。天下之亡聖也久矣。其義雖存言天下無復能尊用聖道者久故也 呱呱之子。各識其親。譊譊之學。各習其師。精而精之。是在其中矣。

或曰。良玉不彫。美言不文。何謂也。曰。玉不彫。璵璠不作器。言不文。典謨不作經。或問司馬子長有言曰。五經不如老子之約也。當年不能極其變。終身不能究其業。言其要妙 曰。若是。則周公惑。孔子賊。古者之學耕且養。三年通一。無訓解故 今之學也。非獨爲之華藻也。又從而繡其鞶帨。惡在老不老也。鞶大帶也帨佩中也衣有華藻文繡書有經傳訓解也文繡之衣分明易察訓解之書灼然易曉 或曰。學者之說可約邪。疾夫說學繁多故欲約省之也 曰。可約。解科。言自可令約省爾但當使得其義旨不失其科條 或曰。君子聽聲乎。曰。君子惟正之聽。亦聽耳但不邪 荒乎淫。拂乎正。沈而樂者。君子弗聽也。或問侍君子以博乎。曰。侍坐則聽言。有酒則觀禮。焉事博乎。或曰。不有博奕者乎。曰。爲之。猶賢於已耳。今之所論自謂侍於君子也 侍君子者。賢於已乎。君子不可得而侍也。人師難遭也 侍君子。晦斯光。窒斯通。亡斯有。辱斯榮。敗斯成。如之何賢於已也。窒塞 鷦明沖天。不在六翮乎。拔而傅尸鳩。其累矣夫。拔鷦明之翼以傅尸鳩不能沖天適足爲累耳諭授小人以大位而不能成大功也又言學小說不能成大儒 雷震乎天。風薄乎山。雲徂乎方。雨流乎淵。徂往也方四方 其事矣乎。言此皆天之事矣人不得無事也天事雷風雲雨人事詩書禮樂也 魏武侯與吳起浮於西河。寶河山之固。起曰。在德不在固。辭在史記 曰。美哉言乎。使起之固兵每如斯。則太公何以加諸。或問周寶九鼎。寶乎。曰。器寶也。器寶待人而後寶。道存則器不亡道亡則器不存 齊桓晉文以下至於秦。兼其無觀已。或曰。秦無觀。奚其兼。曰。所謂觀。觀德也。如觀兵。開闢以來。未有秦也。秦以兵兼而不以德莽以詐簒而不以道言秦兵之無可觀則莽之簒不言可知 或問魯用儒而削。何也。揚子貴儒學而賤兵強魯國嘗爲齊楚所侵所以譏問 曰。魯不用儒也。昔在姬公。用於周而四海皇皇。奠枕於京。皇皇歸美安枕而臥以聽於京師 孔子用於魯。齊人章章。歸其侵疆。章章悚懼也一時暫用猶至於是況能終之乎 魯不用眞儒故也。如用眞儒。無敵於天下。安得削。萬物將自賓 灝灝之海濟。樓航之力也。濟度也言度大海在舟船與大治在禮樂 航人無楫。如航何。雖有舟航而無楫櫂不能濟難雖有民人而無禮樂不能熙化 或曰。奔壘之車。沈流之航。可乎。言治國及修身者如車奔舟覆故欲救之 曰。否。否不也 或曰。焉用智。

夫智者貴能解患救難也今有患難不能解救故曰焉用智

曰。用智於未奔沈。言奔沈吾猶人也必也使無奔沈 大寒而後索衣裘。不亦晚乎。禦災在於未發思患在乎預防 乘國者。其如乘航乎。航安則人斯安矣。航傾則人危法亂則國亡 惠以厚下。民忘其死。忠以衞上。君念其賞。自後者。人先之。自下者。人高之。欲上必以其言下之欲先必以其身後之處上而民不重在前而民不害 誠哉是言也。誠信也 或曰。弘羊榷利而國用足。盍榷諸。盍何不也 曰。譬諸父子。爲其父而榷其子。縱利。如子何。有若譏十二之稅揚子貶榷利之權 卜式之云。不亦匡乎。匡正也桑弘羊榷利之時天下大旱卜式曰獨烹弘羊天乃雨式之所言大臣正矣 或曰。因秦之法。淸而行之。亦可以致平乎。曰。譬諸琴瑟。鄭衞調。俾夔因之。亦不可以致簫韶矣。俾使也譬諸琴瑟調正則合雅鄭衞則爲淫秦法酷暴雖欲使聖人因之不可以致康哉鄭衞本淫雖使夔拊之而不能致簫韶 或問處秦之世。抱周之書。益乎。曰。舉世寒。貂狐不亦燠乎。貂狐之裘於體溫燠 或曰。炎之以火。沃之以湯。燠亦燠矣。言秦燒書坑儒於湯火之中但甚太熱耳此謂或人戲嘲揚子之辭 曰。燠哉燠哉。時亦有寒者矣。數秦之無道也時亦有寒者謂四皓隱居尸子避地斯皆淸涼其身不燠秦之湯火 非其時而望之。非其道而行之。亦不可以至矣。天由其時人由其道非時之有望之不可得見非道而行之不可得至 秦之有司。負秦之法度。秦之法度。負聖人之法度。秦法已酷吏又毒之 秦弘違天地之道。而天地違秦亦弘矣。失德之報何其驗哉

五百卷第八

夫言者所以通理也五百歲一聖非經通之言故辨其惑罔之迷也

或問五百歲而聖人出。有諸。孟軻史遷皆有此言 曰。堯舜禹。君臣也而竝。文武周公。父子也而處。湯孔子數百歲而生。因往以推來。雖千一不可知也。千歲一人一歲千人不可知也

聖人有以擬天地而參諸身乎。稟天地精靈合德齊明是以首擬天腹擬地四肢合四時五藏合五行動如風雷言成文章也

或問聖人有詘乎。曰有。曰。焉詘乎。曰。仲尼於南子所不欲見也。陽虎所不欲敬也。見所不見。敬所不敬。不詘如何。曰。衞靈公問陳。則何以不詘。曰。詘身。將以信道也。如詘道而信身。雖天下不爲也。仲尼之敬陽虎揚子之臣王莽所詘者形也於神何時撓哉諸如此例學者宜識其旨

聖人重其道而輕其祿。衆人重其祿而輕其道。聖人曰。於道行與。衆人曰。於祿殖與。聖人以行道爲務凡人以祿食爲先

昔者。齊魯有大臣。史失其名。以道事君不可則止爲大臣也史失其名者不書其名也 曰。何如其大也。曰。叔孫通欲制君臣之儀。徵先生於齊魯。所不能致者二人。高帝時叔孫通爲奉常欲制君臣之禮乘亂之餘權時之制不合聖典雖盡其美未盡其善故不能致之 曰。若是。則仲尼之開迹諸侯也。非邪。曰。仲尼開迹。將以自用也。欲行其道制素法也 如委己而從人。雖有規矩準繩。焉得而用之。

或問孔子之時。諸侯有知其聖者與。曰。知之。知之則曷爲不用。曰。不能。曰。知聖而不能用也。可得聞乎。曰。用之則宜從之。從之則棄其所習。逆其所順。彊其所劣。捐其所能。衝衝如也。非天下之至。孰能用之。捐棄

或問孔子。知其道之不用也。則載而惡乎之。欲知載送道術何所之詣 曰。之後世君子。許來哲 曰。賈如是。不亦鈍乎。言畜貨以遺後畜道俟將來是遲鈍 曰。衆人愈利而後鈍。聖人愈鈍而後利。關百聖而不慙。蔽天地而不恥。能言之類。莫能加也。貴無敵。富無倫。倫匹 利孰大焉。

或曰。孔子之道。不可小與。嫌孔子大其道故當其時不能見用 曰。小則敗聖。如何。曰。若是則何爲

去乎。曰：愛日。曰：愛日而去，何也？曰：由羣謀之故也。不聽正諫而不用，噫者，吾於觀庸邪？無爲飽食安坐而厭觀也。齊人歸女樂，季桓子受之，三日不聽朝，正諫而不用，於是遂行。由此觀之，夫子之日亦愛矣。惜寸陰。或曰：君子愛日乎？曰：君子仕則欲行其義，居則欲彰其道。事不厭，教不倦，焉得日？日不暇給。或問：其有繼周者，雖百世可知也。秦已繼周矣，不待夏禮而治者，其不驗乎？曰：聖人之言，天也，天妄乎？繼周者未欲太平也。如欲太平也，捨之而用他道，亦無由至矣。暴秦之繼周，王莽之篡漢，滅獲猶將悼之，賢者能無慨歎乎？赫赫乎日之光，羣目之用也；渾渾乎聖人之道，羣心之用也。或問：天地簡易，而聖人法之，何五經之支離？嫌難了。曰：支離蓋其所以爲簡易也。支離分別之而後明，然事得簡易。已簡已易，焉支焉離。既簡既易，乃是混茫之初，焉支焉離，言不可了也。或曰：聖人無益於庸也。曰：世人之益者，倉廩也，取之如單。有時而盡。仲尼，神明也，小以成小，大以成大，雖山川、丘陵、草木、鳥獸，裕如也。學其道者，大小各隨其本量而取足。如不用也，神明亦末如之何矣。神明有所不及，聖人有所不訓。或問：聖人占天乎？曰：占天地。言皆占之。若此，則史也何異？曰：史以天占人，聖人以人占天。聖人以人占天者，先乎天也；史以天占人者，後乎天也。大聖先天而天不違，後天而奉天時，知其所先後，則天人之情得矣，夫善觀天文者也。或問：星有甘、石，何如？甘公、石申。曰：在德不在星。德隆則晷星，星隆則晷德也。或問大人。曰：無事於小爲大人。賢者志大之謂。請問小。曰：事非禮義爲小。尚志在乎禮義，大人之事備矣。聖人之言遠如天，天懸象著明而人不能察，聖人設教施令而人不能究。賢人之言近如地。山川澤田之形可得而鑿。瓏瓏其聲者，其質玉乎？玉之瓏瓏，其聲亦猶

君子滑洽其德音　聖人矢口而成言。肆筆而成書。矢正也肆操也　言可聞而不可殫。書可觀而不可盡。性與天道　周之人多行。貴尚德義人人得行其道　秦之人多病。道屈沈也　行有之也。行有之者　病曼之也。周有德也病曼之者秦無道也　周之士也貴。道泰業隆故尊貴　秦之士也賤。道否人卑故窮賤　周之士也肆。肆放任意而道義行　秦之士也拘。拘制曲從不肆王道　月未望則載魄於西。載始也魄光也載魄於西者光始出於西面以漸東滿　既望則終魄於東。光稍虧於西面以漸東盡　其翻於日乎。翻迎也言爲人臣終始盛衰向迎其君如月迎日天理然也　彤弓盧矢。不爲有矣。以喻有君而無臣

聆聽前世。清視在下。鑑莫近於斯矣。執古以御今御今以古則殷鑒不遠　或問何如動而見畏。曰。畏人。何如動而見侮。曰。侮人。禍福無門惟人所召　夫見畏與見侮。無不由己。我欲仁斯仁至

或問禮難以彊世。言禮事至難難可以彊世使行　曰。難故彊世。如夷俟倨肆羈角之哺果而啗之。奚其彊。或性或彊。及其名一也。性者天然生知也彊者習學以至也雖爲小異功業既成其名一也　見弓之張兮。弛而不失其良兮。弛舍　或曰。何謂也。曰。檄之而已矣。弓良在檄格人良在禮樂　川有防。器有範。見禮教之至也。川防禁溢器範檢形以喻禮教人之防範也以舊防爲無所用而壞之者必有水敗以舊禮爲無所用而去之者必有亂患也　經營。然後知幹楨之克立也。幹楨築牆版之屬也言經營宮室立城郭然後知幹楨之能有所立也建宗廟立社稷然後知禮樂之能有所成也　莊楊蕩而不法。墨晏儉而廢禮。申韓險而無化。險克所以無德化　鄒衍迂而不信。迂迴不可承信　聖人之材。天地也。覆載與天地合其德　次山陵川泉也。次聖者大賢也高顯如山陵通潤如川泉　次鳥獸草木也。區別各有所長

先知卷第九

圖難於其易求大於其細爲之乎其未有治之乎其未亂如斯而已矣

先知其幾於神乎。幾近也神以知來探未兆也逆識先知近於神也　敢問先知。曰。不知。答以不知者神悟則先知非問之所及也　知其

道者其如視（舉目便見）忽眇縣作昞。（眇縣遠視）先甲一日易。後甲一日難。（甲者一旬之始已有之初也先之一日未兆也後之一日已形也夫求福於未兆之前易救禍於已形之後難）或問何以治國。曰立政。曰何以立政。曰政之本身也。身立則政立矣。（子帥以正孰敢不正）或問爲政有幾。（幾要也欲知爲政善惡之要）曰思斁。（斁猒）或問思斁。曰昔在周公。征於東方。四國是王。（王正）召伯述職。蔽芾甘棠。其思矣夫。齊桓欲徑陳。陳不果內。執轅濤塗。其斁矣夫。（伐楚雖美而御師不整故不欲令徑）於戲。從政者。審其思斁而已矣。或問何思何斁。曰老人老。孤人孤。病者養。死者葬。男子畝。婦人桑之謂思。（爲政如此民所思也）若汙人老。（汙慢）屈人孤。（屈窮）病者獨。死者逋。田畝荒。杼軸空之謂斁。（民猒苦也）爲政日新。或人敢問日新。曰使之利其仁。樂其義。厲之以名。引之以美。使之陶陶然之謂日新。或問民所勤。（勤苦）曰民有三勤。曰何哉所謂三勤。曰政善而吏惡。一勤也。吏善而政惡。二勤也。政吏駢惡。三勤也。（政君也駢竝也）禽獸食人之食。土木衣人之帛。穀人不足於晝。絲人不足於夜之謂惡政。（人君苑囿禽獸故穀人竭力於晝也土木衣綈錦故絲人竭力於夜也晝夜竭力而猶不足是故爲惡政）聖人文質者也。（因人才質刻而畫之文而藻之）車服以彰之。（車服等差辨彰貴賤）藻色以明之。（藻色輕重顯明尊卑）聲音以揚之。（歌於管絃詠其德美）詩書以光之。（載其功德光照後世）籩豆不陳。玉帛不分。琴瑟不鏗。鍾鼓不抎。則吾無以見聖人矣。（言此諸禮存故得覩聖人）或曰。以往聖人之法。治將來。譬猶膠柱而調瑟。有諸。曰有之。曰聖君少而庸君多。如獨守仲尼之道。是漆也。（漆甚於膠）曰。聖人之法。未嘗不關盛衰焉。昔者。堯有天下。舉大綱。命舜禹。夏殷周屬其子。不膠者卓矣。卓遠 唐虞象刑惟明。法度彰也 夏后肉辟三千。不膠者卓矣。二帝三王期於存公不恤私也 堯親九族。協和萬國。湯武桓桓。征伐四克。由是言之。不膠者卓矣。人君之迹雖異隨時順宜其道一也 禮樂征伐。自天子所出。春秋之時。齊晉實予。不膠者卓矣。禮樂征伐當由天子所出而春秋之時天子微弱齊桓晉文專命征討然而所爲皆尊王室故春秋公羊傳文雖不予而實予之存於公正也 或曰。人君不可不學律令。曰。君子爲國。張其綱紀。議其教化。綱之有綱紀猶君之有股肱也綱紀張則綱目正股肱良則庶事康 導之以仁。則下不相賊。莅之以廉。則下不相盜。臨之以正。則下不相詐。修之以禮義。則下多德讓。此君子所當學也。如有犯法。則司獄在。執契而已 或苦亂。苦患 曰。綱紀。綱紀然後綱目正 曰。惡在於綱紀。曰。大作綱。小作紀。綱賴綱紀君任輔佐 如綱不綱。紀不紀。謂失綱紀之任 雖有羅網。惡得一目而正諸。綱無綱紀目不正君無股肱國不治 或曰。齊得夷吾而霸。仲尼曰小器。請問大器。曰。大器其猶規矩準繩乎。先自治而後治人之謂大器。夫以規矩準繩而能使上下無猜者大器也大器者必籠沓羣疑之表莫得與之爭量也管子相桓公不能以之自固三歸反坫然後獲安 或曰。正國何先。曰。躬工人績。躬身也工官也言先正身以臨百官次乃覽察其人考其勳績也 或曰。爲政先殺後教。曰。於乎。於乎者歎之聲 天先秋而後春乎。將先春而後秋乎。天道先春後秋以成歲爲政先令後誅以成治 吾見玄駒之步。玄駒蚍蜉子也 雉之晨雊也。雉鳴 化其可以已矣哉。感陽應節自然之化化之所感有自來矣 民可使覿德。是以堯舜之民可比屋而封 不可使覿刑。是以桀紂之民可比屋而誅 覿德則純。覿刑則亂。象龍之致雨也。難矣哉。象似也言畫繢刻木以爲龍而求致雨則不可得也 曰。龍乎龍乎。歎非眞龍眞龍而後能致雲雨明君而後道化行也 或問政核。曰。眞僞。用眞人遠佞僞 眞僞則政核。審審明則眞人顯惡惡著則佞僞息眞僞審則政事核也 如眞不眞。僞不僞。則政不核。北面之禍南面之賊也 鼓舞萬物者雷風乎。鼓舞萬民者號令乎。天以雷風鼓舞萬物君以號令制御萬民 雷不一。三令五申 風不再。制無二也 聖人樂陶成天下之化。使人有士君子之器者也。故不遁於世。不離於羣。遁離者。是聖人乎。言遁離者非聖人也 雌之不才。其卵毈矣。毈敗 君之不才。其民野矣。民之陶化猶泥之在鈞 或問曰。載使子草律。載設也草刱也 曰。吾不如弘恭。草奏。曰。吾不如陳湯。曰。何爲。曰。必也律不犯。奏不剡。論語云聽訟吾猶人也必也使無訟乎此亦言當以純德化之使不犯律不剡奏也 甄陶天下者。其在和乎。剛則甈。柔則坏。甈爆也坏濕也言失和也夫陶者失剛柔之和則不成器爲政失寬猛之中則不成治 龍之潛亢。不獲其中矣。初九潛龍勿用上九亢龍有悔 是以過中則惕。九三居下卦之上過其中則夕惕也 不及中則躍。九四居上卦之下不及中故躍淵 其近於中乎。二五得中故有利見之吉 聖人之道。譬猶日之中矣。光被四表 不及則未。不及中未盛明 過則昃。日昃明盡言昬昧也 什一。天下之正也。什一稅民天下之中賦正法也 多則桀。寡則貉。公羊傳曰多乎十一大桀小桀寡乎十一大貉小貉 井田之田田也。謂古八家是治田也 肉刑之刑刑也。三千之屬是正法也 田也者。與衆田之。刑也者。與衆弃之。法無限。則庶人田侯田。處侯宅。食侯食。服侯服。法制無限則與奢侈長僭亂 人亦多不足矣。僭亂既與民多匱竭 爲國不迪其法。迪蹈 而望其效。效功 譬諸算乎。夫算者不運籌筴不能定其數治國者不蹈法度不能致其治

重黎卷第十

眞僞美惡成敗存亡人君之所以御乎其下人臣之所以專乎其上不可以不察也明此以南面堯之爲君也明此以北面舜之爲臣也

或問南正重司天。北正黎司地。今何僚也。司主也僚官也少皡氏衰九黎亂德帝顓頊命重黎主天地也 曰。近羲近和。堯有羲和之官王莽時亦復立焉聖王之立重黎羲和考其所以重黎羲和耳非莽所立也 孰重孰黎。曰。羲近重。和近黎。羲主陽和主陰故云耳 或

問黃帝終始。世有黃帝之書論終始之運當孝文之時三千五百歲天地一周也 曰。託也。假黃帝也 昔者姒氏治水土。而巫步多禹。姒氏禹也治水土涉山川病足故行跛也禹自聖人是以鬼神猛獸蜂蠆蛇虺莫之螫耳而俗巫多效禹步 扁鵲。盧人也。而醫多盧。太山盧人 夫欲讎僞者必假眞。讎類 禹乎盧乎終始乎。言皆非也於是捨書而歎曰深矣揚子之談也王莽置羲和之官故上章寄微言以發重黎之問而此句明言眞僞之分也

或問渾天。曰落下閎營之。鮮于妄人度之。耿中丞象之。幾乎幾乎。莫之能違也。幾近也落下閎爲武帝經營之鮮于妄人又爲武帝算度之耿中丞名壽昌爲宣帝考象之言近近其理矣談天者無能違遠也 請問蓋天。欲知蓋天圖也 曰蓋哉蓋哉。應難未幾也。再言蓋哉者應難以事未有近其理者

或問趙世多神。何也。如節子之事非一故問之 曰神怪茫茫。若存若亡。聖人曼云。子不語怪力亂神

或問子胥種蠡孰賢。曰胥也。俾吳作亂。破楚入郢。郢楚都也 鞭尸。掘平王墓而鞭其尸 藉館。君舍君之室大夫舍大夫之室 皆不由德。報父兄之恥於斯則無禮 謀越諫齊不式。式用 不能去。三諫不從於禮可去 卒眼之。夫差伐越越棲會稽請委國爲臣子胥諫曰吳不取越越必取吳又曰有吳無越有越無吳不改是矣吳將伐齊又諫曰兵疲於外越必襲吳不聽遂伐齊反役夫差殺之將死曰吳其亡矣乎以吾眼置吳東門以觀越之滅吳 種蠡不彊諫而山棲。俾其君詘社稷之靈而童僕。又終弊吳。賢皆不足邵也。邵美 至蠡策種而遁。肥矣哉。美蠡功成身退於此一舉最爲善

或問陳勝吳廣。曰亂。此暴亂之人也 曰不若是則秦不亡。曰亡秦乎。恐秦未亡而先亡矣。夫有干越之劍者匣而藏之不敢用是寶之之至也況乃輕用其身而要乎非命之運不足爲福先適足以爲禍始

或問六國竝。其已久矣。一病一瘳。迄始皇三載而咸。皆屬秦也 時激地保人事乎。曰具。請問事。曰孝公以下。彊兵力農。以蠶食六國。事也。是人事也 保。問保何等 曰東溝大河。南阻高山。西采雍梁。北鹵涇垠。便則申。否則蟠。保也。采食稅也涇涇水也 激。問激者何 曰始皇方斧。將相方刀。六國方木。將

相方肉。激也。方比 或問秦伯列爲侯衛。在外候望邏衛天子 卒吞天下而赧曾無以制乎。曰。天子制公侯伯子男也。庸節。庸用也節節度也 節莫差於僭。僭莫重於祭。祭莫重於地。地莫重於天。既盜土地又盜祭天 則襄文宣靈其兆也。始於四公以來者言周之衰非一朝一夕矣 昔者。襄公始僭西畤以祭白帝。文宣靈宗。與鄜密上下。用事四帝。而天王不匡。反致文武胙。宗尊也文公起鄜畤宣公起密畤靈公起上下畤 是以四疆之內。各以其力來侵。攘肌及骨。而赧獨何以制秦乎。人之迷也其日固已久矣數世之壞非一人之所支也 或問嬴政二十六載。天下擅秦。嬴秦姓政始皇名 秦十五載而楚。楚項羽 楚五載而漢。五十載之際。而天下三擅。天邪人邪。曰。具。備有之也 周建子弟。列名城。班五爵。流之十二。當時雖欲漢。得乎。六國蚩蚩。爲嬴弱姬。卒之屛營。嬴擅其政。故天下擅秦。卒終也之至也 秦失其猷。罷侯置守。守失其微。天下孤睽。睽猶乖離也 項氏暴彊。改宰侯王。故天下擅楚。擅楚之月。有漢創業山南。發迹三秦。追項山東。故天下擅漢。天也。山南漢中也三秦雍翟塞也 人。問人事者何也 曰。兼才尚權。右計左數。動謹於時。人也。天不人不因。人不天不成。天人合應功業乃隆 或問楚敗垓下方死。曰。天也。項羽爲高祖所敗於垓下臨死歎曰非我用兵之罪乃天亡我 諒乎。信如羽之言否邪 曰。漢屈羣策。羣策屈羣力。屈盡 楚憞羣策而自屈其力。憞惡 屈人者克。克勝 自屈者負。負敗 天曷故焉。言無私親惟應善人 或問秦楚既爲天典命矣。秦縊靈上。楚分江西。興廢何速乎。典主 曰。天胙光德而隕明忒。天之所福光顯有德而今隕之者明乎秦楚忒惡之所致 昔在有熊。高陽。高辛。唐。虞。三代。咸有顯懿。

故天胙之爲神明主。且著在天庭。是生民之願也。厥饗國久長。神明主主郊祀 若秦楚彊閱震撲。胎藉三正。播其虐於黎苗。子弟且欲喪之。況於民乎。況於鬼神乎。廢未速也。不道早亡 或問仲尼大聖。則天曷不胙。胙主 曰。無土。言無土地可因 然則舜禹有土乎。曰。舜以堯作土。禹以舜作土。道貴順理動無常因也因土以行化湯文也因聖以登禪舜禹也上無舜禹之時下無湯文之士故不胙耳若秦楚之胙非所以爲胙也 或問聖人表裏。表裏內外 曰。威儀文辭。表也。德行忠信。裏也。明乎得一而已 或問義帝初矯。矯立 劉龕南陽。劉高祖龕取也 項救河北。項羽 二方分崩。一離一合。設秦得人。如何。設假 曰。人無爲秦也。喪其靈久矣。非一朝一夕也 韓信黥布。皆劍立南面稱孤。卒窮時戮。無乃勿乎。窮極 或曰。勿則無名。如何。曰。名者。謂令名也。忠不終而躬逆。焉攸令。或問淳于越。曰。伎曲。請問。曰。始皇方虎挒而梟磔。噬士猶腊肉也。越與亢眉。終無橈辭。可謂伎矣。有才伎也 仕無妄之國。易有无妄卦此亦依義取譬 食無妄之粟。分無妄之橈。自令之閒而不違。可謂曲矣。橈橈時策也自令與始皇併心爲無道 或問茅焦歷井幹之死。使始皇奉虛左之乘。始皇以嫪毒事幽母咸陽宮諫者輒殺於井幹闕下茅焦歷井幹之死而諫始皇卽駕輿執轡虛左親迎其母 蔡生欲安項咸陽。不能移。又亨之。其者未辯與。項羽欲東還下邳蔡生說使都咸陽旣不能移又爲所亨案漢書云韓生揚子云蔡生未詳韓蔡孰爲是 曰。生捨其木侯而謂人木侯。亨不亦宜乎。語在漢書 焦逆訐而順守之。雖辯。劘虎牙矣。逆意而諫順義而守可謂辯說矣然劘近虎牙言其殆也 或問甘羅之悟呂不韋。張辟強之覺平勃。皆以十二齡。戊良乎。甘羅戊之孫也以張唐之相燕割趙事發悟呂不韋也辟強張良之子也以孝惠崩呂太后哭不哀事覺悟陳平周勃也言此之時各年十二欲知自出其意爲復戊良敎之乎 曰。才也。氐艮不必父祖。（天才自然發其神心無假其父祖也）或問酈食其說陳留下敖倉說齊罷歷下軍。何辯也。韓信襲齊。以身脂鼎。何訥也。曰。夫辯也者。自辯也。如辯人。幾矣。（幾危也小有才未聞君子之大道也斯足以殺其軀而已非長生久視之道）或問蒯通抵韓信不能下。又狂之。（蒯通說韓信令左漢右楚鼎足而立不能下之佯狂棄走）曰。方遭信閉。如其抵。（信盡忠高祖若門戶之閉無有巇隙也）曰。巇可抵乎。曰。賢者司禮。小人司巇。況拊鍵乎。或問李斯盡忠。胡亥極刑。忠乎。曰。斯以留客。（秦嘗欲逐諸侯之客斯上書以爲不可秦聽之是一事忠也）至作相。用狂人之言。從浮大海。立趙高之邪說。廢沙丘之正。阿意督責。焉用忠。（始皇信妖言東浮滄海斯爲宰相不能諫止而從行及始皇崩於沙丘斯納趙高之計矯廢扶蘇而立胡亥胡亥既立縱暴斯諫之而見怒恐誅作督責之書以阿二世之意此諸事皆非忠直也）霍。（漢大將軍霍光）曰。始六之詔。擁少帝之微。摧燕上官之鋒。處廢興之分。堂堂乎忠。難矣哉。至顯不終矣。（顯光之夫人名也毒殺許皇后後光心知之而不討賊）或問馮唐面文帝得廉頗李牧不能用也。諒乎。曰。彼將有激也。親屈帝尊。信亞夫之軍。至頗牧。曷不用哉。（馮唐所知魏尚者爲雲中守擊匈奴有坐欲諫之故激文帝耳非平談也）德。（用士則聞之矣於德又何如）曰。罪不孥。（止罪其身不收入妻孥）宮不女。（出宮人嫁之令無怨曠）館不新。（仍舊制也）陵不墳。（葬於霸陽因山不起墳）或問交。曰。仁。問餘耳。（陳餘張耳）曰。光初。（有始無終）竇灌。曰。凶終。（竇嬰灌夫甚相親友不勝相助犯觸田蚡並皆罹禍）或問信。曰。不食其言。（食僞）請人。曰。晉荀息。趙程嬰。公孫杵臼。秦大夫鑿穆公之側。（此章全論不食言之德）問義。（既聞諸賢之信又問於義誰得）曰。事得其宜之謂義。（義者得死生之宜也不得死生之宜者非義也若程嬰杵臼兼乎信義也秦晉大夫可謂重食言之信蹈義則未也）或問季布忍焉可爲也。（季布爲項羽將嘗困高祖高祖既立購之千金困迫乃爲奴賣與魯朱家）曰。能者爲之。明哲不爲也。（言能忍辱貪生者乃爲之）或曰。當布之急。雖明哲如之何。

曰。明哲不終項仕。如終項仕。焉攸避。苟患失之無所不至 或問賢。曰。爲人所不能。請人。曰。顏淵。黔婁。四皓。韋玄。顏淵簞瓢不改其操黔婁守正不邪死而益彰四皓白首高尙其事韋玄漢丞相賢之少子也賢薨玄當襲封被髮佯狂欲以讓兄或曰擬人必於其倫顏子至賢其殆庶幾黔婁四皓旣非其儔況以韋玄不亦甚哉釋曰顏淵之賢備體之賢韋玄之賢一至之賢王莽簒天下而韋玄讓一家於是乎賢耳亦猶論德行稱顏淵閔子騫冉伯牛仲弓凡此數子豈必皆與顏淵俱盡至賢之道哉 問長者。曰。藺相如申秦而屈廉頗。欒布之不塗。朱家之不德。直不疑之不校。韓安國之通使。相如申理於秦王屈意於廉頗義在史記欒布爲梁大夫奉使行高祖誅梁王彭越布使還報命首下哭而祠斂之也朱家以季布有阨見滕公得解其急也而不使布知又終身不復見布直不疑常爲郎三人同室一人有金一人急歸誤持金去主意不疑不疑買金償之其後歸者持金還乃明之又人謗其盜嫂而乃無兄亦不自明也韓安國梁孝王內史時景帝疑梁王梁王大懼安國稱病去官陰往長安因長公主以解王事 或問臣自得。曰。石太僕之對。金將軍之謹。張衞將軍之愼。丙大夫之不伐善。丞相石慶嘗爲太僕時御上問輿中馬幾匹太僕以策數之畢對曰六匹金將軍名日磾爲人謹愼目不忤視數十年張衞將軍名安世爲人周密重愼丞相丙吉宣帝少時以巫蠱事嘗在獄中吉常救護又養視有恩紀而終不言官至御史大夫乳母述之然後乃知封博陽侯 請問臣自失。曰。李貳師之執貳。田祁連之濫帥。韓馮翊之愬蕭。趙京兆之犯魏。貳師將軍李廣利說劉屈氂立昌邑王爲太子二心不端武帝疑之遂降匈奴祁連將軍田廣明爲宣帝擊匈奴不到質姪婦人也韓馮翊名延壽愬御史大夫蕭望之與廩犧爲姦而焚其廩也趙京兆名廣漢疑魏丞相夫人殺傅婢園捕之而皆無實反獲其罪也 或問持滿。曰。扼。扼欹器在魯桓公廟者欲人推心當如此器戒之 揚王孫倮葬以矯世。悼厚葬也事見漢書 曰。矯世以禮倮乎。如矯世。則葛溝尙矣。古者未知葬送之禮死則裹之以葛投諸溝壑若王孫之矯世此事復尙爲之矣言不可行也孝子仁人必有道以掩其親賢人君子必率禮以正其俗也 或問周官。曰。立事。左氏。曰。品藻。太史遷。曰。實録。不虛美不隱惡

淵騫卷第十一

或問淵騫之徒惡乎在。曰。寢。或曰。淵騫曷不寢。曰。攀龍鱗。附鳳翼。巽以揚

之。勃勃乎其不可及也。如其寢。如其寢。七十子之於仲尼也。日聞所不聞。見所不見。文章亦不足爲矣。君子絕德。小人絕力。或問絕德。曰。舜以孝。禹以功。皋陶以謨。非絕德邪。是皆德之殊絕力。絕力者何秦悼武。烏獲。任鄙。扛鼎抃牛。非絕力邪。此等皆以多力舉重崩中而死所謂不得其死然

或問勇。曰。軻也。曰。何軻也。曰。軻也者。謂孟軻也。若荊軻。君子盜諸。請問孟軻之勇。曰。勇於義而果於德。不以貧富貴賤死生動其心。於勇也其庶乎。或人之問勇猶衞靈公之問陳也仲尼答以俎豆子雲應之以德義

魯仲連傷而不制。高談以救時難功成而不受祿賞藺相如制而不傷。好義崇理屈身伸節輔佐本國繫時之務也

或問鄒陽。曰。未信而分疑。忼辭免罿。幾矣哉。鳥罟謂之罿猶人之縲紲幾危也獄中出慷慨之辭得以自免亦已危矣

或問信陵。平原。孟嘗。春申。益乎。曰。上失其政。姦臣竊國命。何其益乎。當此四君之時實皆有益於其國而揚子譏之者蓋論上失其政故辯明之

樗里子之智也。使知國如葬。則吾以疾爲蓍龜。疾者樗里子之名死葬豫言後當有兩天子宮夾我果如其言使其策算國事如之則吾以疾爲蓍龜者有爲有行動而問焉

周之順赧。以成周而西傾。秦之惠文昭襄。以西山而東并。孰愈。曰。周也羊。秦也狼。然則狼愈歟。曰。羊狼一也。過猶不及兩不與也

或問蒙恬。忠而被誅。忠奚可爲也。曰。塹山堙谷。起臨洮。擊遼水。力不足而死有餘。忠不足相也。相助也雖盡一身之節而殘百姓之命非所以務民之義

或問呂不韋。其智矣乎。以人易貨。呂不韋陽翟賈人也出千金以助子楚子楚既立不韋相之曰。誰謂不韋智者與。以國易宗。雖開列封先笑後愁身既鴆死宗族竄流呂不韋之盜。穿窬之雄乎。不以其道非盜何如穿窬也者。吾見擔石矣。未見雒陽也。雒陽不韋所國地也揭雒陽而行天

下豈徒撸石乎秦將白起不仁。奚用爲也。長平之戰。四十萬人死。蚩尤之亂。不過於此矣。原野猒人之肉。川谷流人之血。將不仁。奚用爲。奚何翦。問王翦何將也曰。始皇方獵六國而翦牙欸。咀嚙用牙言其酷也欸者絕語歎聲

或問要離非義者與。不以家辭國。曰。離也。火妻灰子以求反於慶忌。實蛛蝥之靡也。焉可謂之義也。義者臣子死節乎君親之難也離山平人而焚燒妻子詐爲吳讎求信於慶忌反而刺之若蜘蛛之虫小巧耳政。問聶政爲嚴氏犯韓。刺相俠累。曼面爲姊。實壯士之靡也。焉可謂之義也。俠累韓相名也軻。問荆軻爲丹奉於期之首。燕督亢之圖。入不測之秦。實刺客之靡也。焉可謂之義也。三士所死皆非君親之難也非義之義君子不爲也

或問儀秦學乎鬼谷術。而習乎縱橫言。安中國者。各十餘年。是夫。曰。詐人也。聖人惡諸。曰。孔子讀而儀秦行。何如也。欲讀仲尼之書而行蘇張之辯曰。甚矣。鳳鳴而鷙翰也。然則子貢不爲歟。言子貢亦行游說抑齊破吳以救魯曰。亂而不解。子貢恥諸。說而不富貴。儀秦恥諸。恥國亂而不解於義高恥游說而不富貴其情下

或曰。儀秦其才矣乎。迹不蹈已。儀不迹秦曰。昔在任人。帝曰難之。亦才矣。任佞才乎才。非吾徒之才也。美行。園公。綺里季。夏黃公。用里先生。避秦之亂隱居商山不朝高祖而從太子帝客禮之言辭。婁敬。陸賈。婁敬說高祖都關中陸賈說尉佗爲漢臣又作新語高祖善之執正。王陵。申屠嘉。呂后欲王諸呂陵執意不從免陵乃得封文帝佞幸鄧通至使慢禮嘉收通鼂錯犯憲奏誅錯折節。周昌。汲黯。折節謂直諫守儒。轅固。申公。轅固守正以得舉於竇太后后使入圈擊彘申公守正以事楚王卒爲所烹此二人終不屈其道菑異。董相。夏侯勝。京房。董仲舒夏侯勝京房皆善推陰陽知菑異

或問蕭曹。曰。蕭也規。曹也隨。蕭何規摹於前曹參奉隨於後如一不失 滕。灌。樊。酈。曰。俠介。四人前後輔夾高帝 叔孫通。曰。槧人也。見事敏疾 爰盎。曰。忠不足而談有餘。挾私斬錯 晁錯。曰。愚。觸諸侯以危身 酷吏。曰。虎哉虎哉。角而翼者也。郅都甯成張湯杜周之徒 貨殖。曰。蚊。曰。血國三千。使捋疏飲水褐博沒齒無愁也。

或問循吏。曰。吏也。鄭子產公儀休孫叔敖之徒 游俠。曰。竊國靈也。靈命也朱家田仲郭解劇孟原涉之徒 佞幸。曰。不料而已。籍孺鄧通周仁韓王孫李延年之徒 或問近世社稷之臣。曰。若張子房之智。用行舍藏功成身退 陳平之無悟。內明奇畫外無違悟 絳侯勃之果。誅諸呂立文帝 霍將軍之勇。處廢與無所懼 終之以禮樂。則可謂社稷之臣矣。此數公遭漢初定倉卒之制權應當時苟以救世不能與稷契伊周同風未終先王禮樂 或問公孫弘董仲舒孰邇。欲知此二人用心誰近聖人之道 曰。仲舒欲爲而不可得者也。弘容而已矣。利在安身 或問近世名卿。曰。若張廷尉之平。張釋之惟存公平不阿於意 雋京兆之見。雋不疑當昭帝時有人自稱亡衞太子百官莫知其所不疑後至取而治之乃明巫成方遂也 尹扶風之絜。尹翁歸淸廉有節不被滋垢 王子貢之介。王子貢名尊成帝時人治在公正誅鋤豪彊不避貴戚 斯近世名卿矣。將。旣聞名卿次問名將 曰。若條侯之守長乎。冠軍之征伐。博陸之持重。可謂近世名將矣。請問古。欲知古之良將 曰。鼓之以道德。征之以仁義。輿尸血刃。皆所不爲也。

張騫蘇武之奉使也。執節沒身。不屈王命。雖古之膚使其猶劣諸。膚美 世稱東方生之盛也。言不純師。行不純表。其流風遺書。蔑如也。或曰。隱者也。曰。昔之隱者。吾聞其語矣。又聞其行矣。昔之隱者文王拘於羑里而重易六爻箕子隱於殷朝而爲周陳洪範接輿之在楚而歌鳳兮 或曰。

隱道多端。曰固也。聖言聖行。不逢其時。聖人隱也。賢言賢行。不逢其時。賢者隱也。談言談行。不逢其時。談者隱也。昔者箕子之漆其身也。狂接輿之被其髮也。欲去而恐罹害者也。箕子之洪範。接輿之歌鳳也哉。或問東方生名過實者何也。曰應諧不窮。正諫穢德。由此四事得名 應諧似優。似倡優 不窮似哲。正諫似直。穢德似隱。請問名。曰詼達惡比。欲知誰比 曰非夷齊而是柳下惠。戒其子以尙容。首陽爲拙。柱下爲工。飽食安坐。以仕易農。依隱玩世。詭時不逢。其滑稽之雄乎。非夷齊是柳下惠戒其子以尙同依隱玩世飽食安坐以仕易農此滑稽之雄者也 或問柳下惠非朝隱者歟。此問發於東方朔也 曰君子謂之不恭。古者高餓顯。下祿隱。孟子曰伯夷隘柳下惠不恭隘與不恭君子不由也然則餓顯不獨高祿隱未爲下今發高下之談蓋有厲乎素飡也 妄譽。仁之賊也。妄毀。義之賊也。賊仁近鄉原。賊義近鄉訕。同乎流俗合乎汙世衆皆說之以爲是而不可與入堯舜之道者德之賊也孔子惡似而非者孟軻論之備矣

或問子蜀人也。請人。曰有李仲元者。人也。蜀有嚴君平豈伊仲元君平已顯仲元未聞 其爲人也奈何。曰不屈其意。不累其身。曰是夷惠之徒與。曰不夷不惠。可否之閒也。隨時之義治亂若鳳 如是則奚名之不彰也。曰無仲尼則西山之餓夫。與東國之絀臣。惡乎聞。餓夫夷齊絀臣柳下惠也 曰王陽貢禹遇仲尼乎。曰明星皓皓。華藻之力也與。星雖皓皓有華藻然非能自顯耀也要須著天而後天下見之 曰若是則奚爲不自高。曰皓皓者己也。引而高之者天也。星著天而後天下見王陽貢禹時主所揚而後名顯也仲元雖有賢德而時不高之故不彰 子欲自高邪。君子行德俟命而已 仲元世之師也。見其貌者。

肅如也。聞其言者。愀如也。觀其行者。穆如也。鄭聞以德詘人矣。未聞以德詘於人也。仲元。畏人也。言可畏敬 或曰。育、賁。言夏育孟賁亦使人畏也 曰。育、賁也。人畏其力而侮其德。請條。問其目也 曰。非正不視。非正不聽。非正不言。非正不行。夫能正其視聽言行者。昔吾先師之所畏也。所畏謂言不慚行不恥孔子憚焉 如視不視。聽不聽。言不言。行不行。雖有育、賁。其猶侮諸。

君子卷第十二

夫君子之所以爲美布護蔓延在乎衆篇豈惟於此而表其篇目者絕筆在乎孝至無以加之而已

或問君子言則成文。動則成德。何以也。曰。以其弸中而彪外也。弸滿也彪文也積行內滿文辭外發 般之揮斤。羿之激矢。君子不言。言必有中也。不行。行必有稱也。或問君子之柔剛。曰。君子於仁也柔。於義也剛。仁愛大德故柔屈其心節義大業故剛厲其志 或問航不漿。衝不薺。有諸。櫓航不挹漿衝車不載薺 曰。有之。或曰。大器固不周於小乎。曰。斯械也。君子不械。械器也航衝之器充大則不能小矣君子不器無所不施 或問孟子。知言之要。知德之奧。曰。非苟知之。亦允蹈之。允信也蹈履也 或曰。子小諸子。孟子非諸子乎。曰。諸子者。以其知異於孔子者也。孟子異乎不異。道同於仲尼也 或曰。孫卿非數家之書。侻也。彈駁數家侻合於教 至於子思、孟軻。詭哉。譏此則謬 曰。吾於孫卿與。見同門而異戶也。同出一門而戶異同述一聖而乖詭 惟聖人爲不異。前聖後聖法則玄合大同仁義 牛玄騂白。睟而角。其升諸廟乎。是以君子全其德。純色曰睟 或問君子似玉。曰。純淪溫潤。柔而堅。玩而廉。隊乎其不可形也。君子於玉比德焉禮記論之備矣 或曰。仲尼之術。周而不泰。大而不小。用之。猶牛鼠也。[使牛捕鼠雖大無施] 曰。仲尼之道。猶四瀆也。經營中國。終入大海。它人之道者。西北之流也。綱紀夷貉。或入於沱。或淪於漢。淮南說之用。不如太史公之用也。太史公。聖人將有取焉。[實錄不隱故可採擇] 淮南鮮取焉爾。[浮辯虛妄不可承信] 必也儒乎。乍出乍入。淮南也。[或出經或入經] 文麗用寡。長卿也。多愛不忍。子長也。[史記敘事但美其長不貶其短故曰多愛] 仲尼多愛。愛義也。子長多愛。愛奇也。或曰。甚矣。傳書之不果也。曰。不果則不果矣。[苟非所能自可爾] 人以巫鼓。[巫鼓猶妄說也妄說傷義甚於不言一曰巫鼓之儔奚徒不果而已乃復寄詼誕以自大假不學爲高通故揚子既吐錮情之談又發巫鼓之義] 或問聖人之言。炳若丹青。有諸。曰。吁。是何言與。[吁者駭歎之聲] 丹青初則炳。久則渝。渝乎哉。[丹青初則炳然久則渝變聖人之書久而益明] 或曰。聖人之道若天。天則有常矣。奚聖人之多變也。曰。聖人固多變。[天縱之也] 子游子夏得其書矣。未得其所以書也。宰我子貢得其言矣。未得其所以言也。顏淵閔子騫得其行矣。未得其所以行也。[聖人以妙外往諸賢以方中來] 聖人之書言行。天也。天其少變乎。[所以應無方也]

或曰。聖人自恣與。何言之多端也。曰。子未覩禹之行水與。一東一北。行之無礙也。君子之行。獨無礙乎。如何直往也。水避礙則通于海。君子避礙則通于理。君子好人之好。[嘉其善也] 而忘己之好。[若不足也] 小人好己之惡。[我惡而不自知] 而忘人之好。[物好而不識彼] 或曰。子於天下則誰與。曰。與夫進者乎。或曰。貪夫位也。慕夫祿也。何其與。曰。此貪也。非進也。夫進也者。進於道。慕於德。殷之以仁義。進而進退而退。曰孳孳而不自知勸者也。或曰進進則聞命矣。請問退進。曰昔乎顏淵以退爲進。後名而名先也天下鮮儷焉。言少雙也或曰若此則何少於必退也。曰必進易儷也。必退易儷也。必苟也苟進則貪祿利苟退則慕僞名也進以禮退以義難儷也。進退不失其正者君子也或曰人有齊死生同貧富等貴賤何如。齊死生者莊生所謂齊物者非好死惡生之謂也而或者不論故問曰作此者其有懼乎。懼者畏義也此章有似歐莊子莊子之言遠有其旨不統其遠旨者遂往而不反所以辨之也各統其所言之旨而兩忘其言則得其意也信死生齊貧富同貴賤等則吾以聖人爲嚚嚚。通天地人曰儒。道術深奧通天地而不通人曰伎。伎藝偏能人必先作然後人名之先求然後人與之。人理云云萬物動靜無不由我以名彼者人必其自愛也然後人愛諸。人必其自敬也然後人敬諸。自愛仁之至也。自敬禮之至也。未有不自愛敬而人愛敬之者也。或問龍龜鴻鵠不亦壽乎。曰壽。曰人可壽乎。曰物以其性人以其仁。物性之壽其質生存延年長也仁者之壽死而不亡名無窮也或問人言仙者有諸乎。吁吾聞伏羲神農歿黃帝堯舜殂落而死文王畢孔子魯城之北獨子愛其死乎。非人之所及也。仙亦無益子之彙矣。彙類或曰聖人不師仙厥術異也。聖人之於天下恥一物之不知仙人之於天下恥一日之不生。曰生乎生乎名生而實死也。

或曰世無仙則焉得斯語。曰語乎者非嚚嚚也與惟嚚嚚能使無爲有。或問仙之實。曰無以爲也。有與無非問也問也者忠孝之問也。言惟問忠與孝之事耳忠臣孝子。偟乎不偟。（偟暇）或問壽可益乎。曰德。曰回牛之行德矣。曷壽之不益也。曰德故爾。如回之殘。牛之賊也。焉德爾。（言復甚也）曰。殘賊或壽。曰。彼妄也。君子不妄。（論語曰人之生也直罔之生也幸而免揚子之談亦猶此義）有生者必有死。有始者必有終。自然之道也。（因論神仙之事遂至原始要終以盡死生之說也）君子忠人。況己乎。小人欺己。況人乎。（夫至人其猶先存諸己而後存諸人者言乎有其眞然後可以訓物況乃其身之不論又安能論諸人哉）

孝至卷第十三（始於學行而終於孝至始終之義人倫之事畢矣）

孝至矣乎。（將欲言其美所以歎其至）一言而該。聖人不加焉。（一言而孝兼該百行聖人無以加之是至德也）父母。子之天地與。（天懸象地載形父受氣母化成）無天何生。無地何形。天地裕於萬物乎。萬物裕於天地乎。（裕足也言萬物取足於天地天地不取足於萬物也）裕父母之裕。不裕矣。（養父母自以爲足者乃不足也）事父母自知不足者。其舜乎。（自知不足則是舜）不可得而久者。事親之謂也。孝子愛日。（無須臾懈於心）孝子有祭乎。有齊乎。（祭嚴齊敬孝子之事）夫能存亡形。屬荒絕者。惟齊也。（亡形復存荒絕復屬者謂祭如在）故孝子之於齊。見父母之存也。是以祭不賓。（夫齊者交神明之至故致齊三日乃見其所爲齊者禮記之論齊備矣而發斯談者有慨乎時人）人而不祭。豺獺乎。（九月豺祭獸正月獺祭魚豺獺猶有所先人而不祭豺獺之不若也）或問子。曰。死生盡禮。可謂能子乎。（生事愛敬死事哀感）曰。石奮石建。父子之美也。無是父。無是子。無是子。無是父。或曰。必也兩乎。曰。與堯無子。舜無父。不如堯父舜子也。（必不得雙於斯二者當如堯之爲父舜之爲子）子有含菽縕絮而致滋美其親。將以求孝也。人曰。僞。如之何。（含食也菽豆也）曰。假儒衣書服而讀之。三月不歸。孰曰非儒也。或曰。何以處僞。曰。有人則作。無人則輟之謂僞。觀人者。審其作輟而已矣。視其所以觀其所由人焉廋哉不爲名之名。其至矣乎。太上以德自然之美非至如何爲名之名。其次也。力行近仁斯亦次矣或問忠言嘉謨。曰。言合稷契謂之忠。謨合皋陶謂之嘉。或曰。邵如之何。曰。亦勖之而已。勖勉庳則秦儀鞅斯亦忠嘉矣。庳下也此所以微言貶乎漢臣而爲王莽之將相者堯舜之道皇兮。皇美夏殷商之道將兮。將大而以延其光兮。二帝三王光延至今或曰。何謂也。曰。堯舜以其讓。夏以其功。平水土也殷周以其伐。聖德同而禪伐異者隨時之義一也此又寄言以明其旨焉五君應乎天順乎人王莽違乎人逆乎天或曰。食如螘。言精細也衣如華。服文彩也朱輪駟馬。金朱煌煌。無已泰乎。曰。由其德。舜禹受天下不爲泰。言當理也不由其德。五兩之綸。半通之銅。亦泰矣。綸如青絲繩也五兩之綸半通之銅皆有秩嗇夫之印綬印綬之微者也言不由其德而佩此亦泰況可諂天乎天下通道五。所以行之一。五謂仁義禮智信也曰勉。勉勖或曰。力有扛洪鼎。揭華旗。智德亦有之乎。曰。百人矣。此力百人便能敵之德諧頑嚚。諧和也頑嚚舜父母讓萬國。以禪禹也知情天地。與天地合其德知鬼神之情狀形不測。百人乎。人見其形而不能測其量非百人之倫也或問君。曰。明光。問臣。曰。若禔。若順禔安也敢問何謂也。曰。君子在上。則明而光其下。在下。則順而安其上。明而光其下堯所以爲君也順而安其上舜所以爲臣也王莽之事漢則傾覆其上篡位居攝則暴亂其下也或曰。聖人事異乎。曰。聖人德之爲事。異亞之。故常修德者本也。見異而修德者末也。本末不修而存者。未之有也。惑此之甚者必亡而已矣天地之得斯民也。得養育之本故能資生斯民也斯民之得一人也。得資生之業是故係之一人也一人之得心矣。一人之得統御天下者以百姓之心爲心吾聞諸傳。老則戒之在得。年彌高而德彌邵者。是孔子之徒與。王莽少則得師力行老則詐僞篡奪故揚子寄微言而歎慨焉 或問德。有始而無終。與有終而無始也。孰寧。曰。寧先病而後瘳乎。寧先瘳而後病乎。病篡之疾故有先瘳之愈 或問大。曰。小。問遠。曰。邇。未達。曰。天下爲大。治之在道。不亦小乎。道至微妙故曰小也 四海爲遠。治之在心。不亦邇乎。或問俊哲洪秀。曰。知哲聖人之謂俊。傑識聖義是俊傑也 秀穎德行之謂洪。禾之秀其穎猶人之洪其道也禾秀穎則實結人崇道則德聞洪大 君子動則擬諸事。事則擬諸禮。事不來則不動動非禮則不擬 或問羣言之長。羣行之宗。曰。羣言之長。德言也。羣行之宗。德行也。或問泰和。曰。其在唐虞成周乎。觀書及詩。溫溫乎其和可知也。發號出令而民說之 周康之時。頌聲作乎下。關雎作乎上。習治也。齊桓之時縕。而春秋美邵陵。習亂也。縕亦亂也 故習治則傷始亂也。傷悼 習亂則好始治也。好樂 漢德其可謂允懷矣。允信懷至 黃支之南。大夏之西。東鞮北女。來貢其珍。漢德其可謂允懷矣。世鮮焉。明此奕世之所致而莽一旦行詐以取之 荒荒聖德。遠人咸慕。上也。荒荒大也 武義璜璜。兵征四方。次也。宗夷猾夏。蠢迪王人。屈國喪師。無次也。宗夷者四方羣夷也 麟之儀儀。鳳之師師。其至矣乎。螭虎桓桓。仁少威多 鷹隼䎖䎖。攖攖急疾 未至也。未合至德 或曰。訩訩北夷。被我純繢。純縉繢畫 帶我金犀。金金印犀劍飾 珍膳寧餬。寧餬餬其口也 不亦享乎。嫌禮胡如此大盛也 曰。昔在高。文。武。實爲兵主。今稽首來臣。稱爲北蕃。是爲宗廟之神。社稷之靈也。可不享。言如此不可不以盛禮待之也 龍堆以西。白龍堆也 大漠以北。鳥夷獸夷。鳥夷獸夷者衣鳥獸皮毛 郡勞王師。漢家不爲也。皆在荒服之外不爲郡屬者也若使勞王師而郡縣之漢家不爲此也朱崖之絕。捐之之力也。(朱崖南海水中郡元帝時背叛不臣議者欲往征之賈捐之以爲無異禽獸也棄之不足惜不擊不損威元帝從之事在漢書) 否則介鱗。易我衣裳。(否不也言不然則介鱗之類易我衣裳之民也) 君人者。務在殷民阜財。(殷富阜盛) 明道信義。致帝者之用。成天地之化。使粒食之民粲也晏也。(粲文采晏和柔) 享于鬼神。不亦饗乎。(實受其福) 天道勞功。或問勞功。曰。日一日勞。考載曰功。(日一日猶日日也考成也載歲也周而復始以成其歲故曰功) 或曰。君逸臣勞。何天之勞。(言於人事則君逸臣勞也天爲君四時行百物生以喻無勞也) 曰。於事則逸。於道則勞。(於事則逸無功可名於道則勞運轉機衡) 周公以來。未有漢公之懿也。勤勞則過於阿衡。(漢公王莽也或以此爲媚莽之言或以爲言遜之謂也吾乃以爲箴規之深切者也稱其漢公以前之美耳然則居攝之後不貶而惡可知揚子所以玄妙也發至言於當時垂忠教於後世言蔽天地而無慙教關百代而不恥何遜媚之有乎) 漢興二百一十載而中天。其庶矣乎。(言人民衆多富盛也) 辟廱以本之。校學以教之。禮樂以容之。輿服以表之。復其井刑。勉人役。唐矣夫。(言若盡此諸美以濟勉人者無羨唐虞之世也)

法言序(子雲歷自序其篇中之大略耳)

天降生民倥侗顓蒙(倥侗無知也顓蒙頑愚也) 恣乎情性(縱意而行) 聰明不開(閉塞之謂) 訓諸理(訓導) 譔學行

降周迄孔成于王道(禮樂備也) 然後誕章(諸子應時而作詭世之言) 乖離諸子圖微(費此聖人坦蕩之夷路蹊彼百家雜穢之邪徑) 譔吾子

事有本真陳施於意動不克咸(克能咸皆) 本諸身(自求之義) 譔修身

芒芒天道(洪荒混芒之初) 昔在聖考(聖人作而萬物覩謂宓羲畫八卦六位成章) 過則失中不及則不至(二五得中然後利見)

不可姦罔譔問道

神心忽恍經緯萬方事繫諸道德仁義禮譔問神

明哲煌煌旁燭無疆遜于不虞以保天命譔問明

遐言周于天地（遐遠周徧）贊于神明幽弘橫廣絕于邇言譔寡見

聖人聰明淵懿繼天測靈冠乎羣倫經諸範（範模）譔五百

立政鼓衆動化天下莫尙於中和中和之發在於哲民情（哲智）譔先知

仲尼以來國君將相卿士名臣參差不齊（患世論之不實褒貶之失中）一槩諸聖（一以聖人之道槩平之）譔重黎

仲尼之後訖于漢道德行顏閔股肱蕭曹爰及名將尊卑之條稱述品藻（定其差品及文質也）譔淵騫

君子純終領聞（純善也領令也聞名也言善於終而有令名也）蠢迪檢押（蠢動也迪道也檢押猶隱括也言君子舉動則當蹈規矩）旁開聖則（開徧也則法也）譔君子

孝莫大於寧親寧親莫大於寧神寧神莫大於四表之歡心（言尊祖考安神靈故四方驩心）譔孝至

揚子法言音義

學行卷第一

李軌注軌字弘範東晉尚書郎都亭侯撰周易音尚書音春秋公羊音小爾雅音各一卷泰始泰寧咸和起居注共六十七卷又撰齊都賦一卷集八卷見隋書經籍志　好學呼報切下同
復駕又技切　諸儒金口而木舌柳宗元曰金口木舌鐸也使諸儒駕孔子之說如木鐸也　礱諸盧紅切　焉攸於虔切下焉知同　螟蛉上音
冥下音靈　殪於計切　蜾蠃上音果下郎果切　祝之之又切　羿五計切　逢蒙薄紅切　般音班　不能踰也俗本脫不字諸本皆有　鑄與
音余下同　五石俗本作玉石誤　䠞爾子大切　桐子音同與侗同亦音同未成人也漢書曰毋桐好逸　一鬨下降切　不勝音升　之平皮命切鄭司農云質
劑月平價也　於戲上音烏下音呼又虛宜切　為其于僞切下為道為利同　楶音節　之乘繩證切　易乎以豉切　啞爾於革切　相比毗志切
徒與音余下皆同疑者別出　鸒斯羊茹切鸒雅烏　如其富俗本下句作如其義非　猗頓於離切　其粗千胡切　紆朱邕俱切　其樂音洛
下同　瞿然音句　祇其音支適也　有教立道無心仲尼有學術業無心顏淵天復本並作無止

吾子卷第二

少而詩照切　好賦呼報切　組麗音祖　狴犴狴邊令切犴音岸獄也太玄曰蹄于狴獄家語曰獄犴不治　景差初佳切舊本作景瑳　枚乘繩證切　多
哇烏瓜切　確乎苦角反俗本作㩁非　惡烏路切　淈古忽切　屈原九勿切　如瑩烏定切又音縈石次玉者一曰玉色逸論語曰如玉之瑩　伉口浪切健也何休曰
有辯護伉正者為里正陸德明一音苦杏切　稱則尺證切　足言將住切又如字下同　詭辭九委切　斷木都管切　梡革音緩又音款斷木也　為鞠居六
切　峛崺上力紙切下移爾切　惡沱上哀都切下徒何切　舍書也切下同　惡覩音烏下同　好乎呼報切下好書好說同　山坙戶經切又口耕切孟子曰山徑之蹊
蒼頡胡結切　羊質而虎皮見草而說音悅天復本作見羊而悅　虎別彼列切下同　不要一遙切　則辟芳辟反　述正

道而稍邪哆者有矣未有述邪哆而稍正 哆昌者切又尺氏切天復本作稍正道 其較 音角 且易 以豉切下並同

㟌幪 李善曰㟌莫經切幪莫公切覆也㟌又音幷又音萍

修身卷第三

矯思 斯恣切 必中 丁仲切 樂天 音洛 聖人之辭可爲也使人信之所不可爲也 天復本作不可爲也使人敬之 可以有爲 俗本作可以爲友非是 好大 呼報切 卑也 如字又音婢 田圃田 上田音佃下田如字圃音甫 莠 羊久切 喬喬 音驕詩作驕 必矇 音蒙瞽也 熒魂 戶扃切 糟莩 李軌讀糟如字莩音浮熟也柳宗元曰熒明也熒魂司見之用者也糟當爲精莩如葭莩之莩目精之表也言魂之熒明曠久則枯精之輕浮曠久則洸不面日月則目之用廢矣以至於索塗冥行而已舊本亦作精莩 擿埴 他歷切下宮職切 索塗 山責切 重行 下孟切下行重行輕同 重好 呼報切下好重好輕好問並同 有觀 古玩切 則賈 音古俗本作史後人改之爾舊本皆作賈謂賈人衒鬻過實下篇云衒玉賈石是也 瞿如 其俱切瘠也 捽茹 上音在忽切下音人恕切禁也 之

樂 音洛 鞹 苦郭切 辟 息營切 封羊 苦圭切 罷賓 音疲勞也 犒 考告切 惡在 音烏 鮮德 息淺切 引諸門乎 門本或作問 夷

貉 莫白切 肆乎 羊至切 二好 呼報切下並同 人門 俗本人作仁誤 禔身 是支切又音支又音題 元憞 徒對切

問道卷第四

則渾 戶昆切 請問禮莫知 天復本作請問莫知 或曰焉得直道而由諸 天復本無或曰二字焉於虔切下以意求之 或曰

事雖曲而通諸聖 天復本無或曰二字 天與 音余 搥提 搥都回切舊本皆從手擲也提徒計切亦擲也漢書云以博局提吳太子 則苓 音聆 閛然 匹庚切閉門也俗本作閈然誤諸本皆作閧 疣贅 羽求切下之瑞切 而治 直吏切下爲治同 哨哨 音消又七笑切 則貉 莫白切 則禮由己 一本作由也 耾耾 戶萌切俗本作肱誤宋玉風賦曰耾耾雷聲埤蒼曰耾聲皃 狙詐 千預切又七余切 不戰而屈人兵堯舜也 天復本無堯舜也三字

漸襟 子廉切 衒 音縣 賈石 音古 子將 子亮切 螻螾 上落侯切下餘忍切 膢臘 上音力朱切又落侯切 銛 息廉切本或作鈷誤 砥 音紙 反目

眩形一本作反自眩刑眩音縣 漸諸子廉切 如台音貽

問神卷第五

請問之天復本作請聞之 舍則書也切 索至山責切 無閒閒廁之閒 蚖音元 惡覩音烏 食其不安俗本作不忘字之誤也非義不安食故不可得而制楚辭曰鳳亦不貪餧而安食 爰里羊九切 不手不制於人之手 惷書容切又丑江切又丑用切 餓空苦貢切缺也 渾渾戶昆切又胡本切

灝灝胡老切 噩五各切 譙乎俗本作誰舊本皆作譙詩傳云譙殺也殺所戒切故注云醮烈 易知以豉切下艱易同 覆物敷又切 誾誾語巾切爭訟也

喊呼覽切又呼嫌下斬切 之解胡買切曉也 面相息亮切 捈他胡切又同盧切引也 嚍嚍音卽刃切俗本作嚧嚧誤 㖧㖧呼昆切 忞忞武巾切

見矣賢遍切 與我音預 者鮮悉淺切 君子病沒世而無名盍勢諸名卿可幾也漢書曰或問君子疾沒世而名不稱盍勢諸名卿可幾師古注曰以身而無名爲病孟康曰盍何不也云何不因名卿之埶以求名幾音譏下同 君子德名爲幾韋昭曰言有勢之名卿庶幾可不朽揚子以爲不然唯有德者可以有名師古曰或人以專有權力之卿用自表顯則其名可庶幾而立揚雄以爲自蓄其德則有名也 梁齊趙楚之君非不富且貴也惡乎成名漢書曰梁齊楚趙之君非不富且貴也惡虖成其名師古曰謂當時諸侯王也惡於何也音烏 谷口鄭子眞不屈其志而耕乎巖石之下名振于京師豈其卿豈其卿漢書曰谷口鄭子眞不詘其志耕於巖石之下名震于京師與今文不同 螘垤上魚綺切下徒結切

能別似者彼列切俗本作能參以似非是

問明卷第六

誖布內切 眩眩胡涓切幽遠皃 大知如字 孟子疾過我門而不入我室過古禾切不入室者孟子疾之不食實者揚子疾之近入注法言誤以孟子疾爲句絕 撫我音隻 樂天音洛下同 庸行下孟切下庸行同 去諸丘莒切 抏也五官切漢書云海內抏獘下抏秦同舊本皆作抗 皐陶音遙 譻上安耕切譻謣天復本作謣謣音于又音紆妄言也 敗俗必邁切下同又如字 譖好呼報切下於好好文同 亟於紀力切 聵五怪切 在治直吏切下同

則見賢遍切弋人何慕後漢書逸民傳序引揚子作弋者何篡宋衷注云篡取也鴻高飛冥冥薄天雖有弋人執矰繳何所施巧而取焉喻賢者深居亦不罹暴亂之害今篡或爲慕誤也

鷦明上音焦說文曰東方發明南方焦明西方鷫鷞北方幽昌中央鳳皇又司馬相如傳云鷦鵬已翔乎寥廓之宇又樂緯曰鷦鵬狀如鳳皇遴集鄰振切蹌七羊切翳路烏計切

蜀莊沈冥蜀莊之才之珍也不作苟見不治苟得久幽而不改其操雖隨和何以加諸舉茲以旃不亦珍乎漢書孟康注曰湛深淵默無欲也師古曰湛讀曰沈不爲苟顯之行不事苟得之業隨隨侯珠也和和氏璧也諸之也旃亦之也言舉此人而用之不亦國之寶乎三輔決錄曰子眞名樸君平名尊

饞欲士銜切貪也俗本作利欲儃舜蟬戰切累克俗本誤作刻灑耳音洗翾翾許緣切飛皃

歸其肆矣注非也朱鳥往來以時不累其身放肆自逸說難劉伯莊史記音義曰說難上式拙切下如字司馬正史記索隱曰說音稅難音如干切言遊說之道爲難故說難書其辭甚高故特載之然此篇亦與韓子微異煩省少不同劉伯莊亦申其意粗釋其微文幽旨故有劉說確苦角切閎行下孟切

寡見卷第七

好假音遐本或作遐下同偭焉彌兗切好盡呼報切援我音袁鶉兮音純譊譊女交切皆說一本說作訟曼是莫半切曼衍無極也

呱音孤璵璠上以諸切下附袁切鞶帨上音盤下音稅惡在音烏拂乎符勿切而樂音絡焉事於虔切窒珍栗切六翮下草切

其累力僞切奠枕章衽切樓航或作斻亦作杭榷利音角貂音彫

五百卷第八

參諸七南切有詘與屈同焉詘於虔切閎陳直刃切信道音伸下同強其其兩切損與專切非天下之至天復本作天下之至德

賈如音古小則敗聖如何天復本無如何二字厭觀一鹽切不厭於豔切渾渾戶昆切又胡本切簡易以豉切下同

焉得於虔切下焉支焉離同瓏𤫟上音龍下音靈多行如字曼之莫半切無也又母伴切遡音素聆聽俗本作聆德非彊世其兩切

羈角男角女羈哺薄故切啗徒濫切檠之居影切檠所以正弓

先知卷第九

其幾音機下有幾同 作昞音炳 日易以豉切 思斁音亦 召伯寔照切 蔽芾上必袂切下非貴切 果内音納 汙人哀都切 杼軸直呂切 樂其音洛下樂陶同 衣人於旣切 不扴于粉切天復本作聆音雲耳中聲也 屬其音燭 肉辟婢亦切 賓亏音與 惡在音烏下惡得同 於乎上音烏 政核下華切 不離力智切下同 毈徒玩切卵壞 不剡以冉切 甄陶居延切 甈五計切破瓦也 坏芳盃切未燒瓦也俗本作坯字之誤也注甈燥也俗本誤作躁坏濕也誤作坯燿也 衆田音佃 田侯田上田同上音下如字

重黎卷第十

南正重直龍切 姒音似 扁鵲薄弦切 渾天胡昆切又胡本切 度之徒洛切 幾乎音機下同俗本作幾幾乎尚書舜典正義引揚子云幾乎幾乎 籍館慈夜切 策種絕句種章勇切 高山本或作商山 西采注云食稅倉代切或如字 雍梁於用切 鹵音魯 赧奴板切 西畤音止 鄜芳無切 天王不臣俗本作天下誤 爲嬴工僞切下無爲同 置守手又切 屛營上音幷 守失其微本或作徽 垓下古哀切 楚懟徒對切 彊鬩許激切 震撲上如字又音眞下音普卜切 胎籍胎當作跆徒來切跆蹋也藉慈夜切 德行下孟切 龕音堪與戡同 焉攸於虔切下焉用同 虎挒音列 梟磔陟格切 越與音預俗本作與字誤 橈辭女敎切下同 井榦胡安切 之乘繩證切 蔡生史記作蔡生漢書作韓生 亨之普庚切下同 其者未辯者衍字 木侯漢書作沐猴 逆訐居竭切 劘音摩 辟疆必益切 酈音歷 食其異基二音 說陳失贅切下說齊同 幾矣音機 蒯通苦怪切 抵巇上都禮切下許羈切 揣鍵上音撫下其輦切 作相息亮切 從浮才用切 始六世之詔天復本作始元之初 廉頗滂禾切 信亞音伸 鑿穆顏師古漢書注曰鑿謂所穿冢藏音在到切或如字 焉可於虔切下同 黔婁其廉切又音琴 韋玄天復本作四晧韋玄成 欒布之不塗天復本作不倍 通使色吏切 扼音厄歃器 倮葬郎果切

淵騫卷第十一

惡乎音烏日寢俗本作日在寢在衍字扛鼎音江魯仲連傷而不制藺相如制而不傷傷與蕩同忼辭苦雨切免罝音衡幾矣音機之知音智下知國如字周之順赧諸本皆作順赧順靚王及赧王也俗本作周之傾字之誤也史記作愼靚王索隱作順靚王或是愼轉爲順赧奴板切東弃音併塹山七豔切臨洮音叨相也息亮切窬音踰儋石都濫切又都甘切秦將子亮切下同牙欶烏開切又許介切要離一遙切求反俗本脫求字蛛蝥俗本作蛛蟊誤賈誼新書曰蛛蝥作網蝥音矛焉可於虔切下皆同爲嚴于僞切下爲姊爲丹同刺相息亮切下董相同曼面謨官切塗面督亢音剛惡諸烏路切秦行下孟切下美行同鷙翰胡安切又侯旰切說而失爇切任人音任難之乃旦切園公史記留侯世家作東園公用里上音鹿漢書作角里執正俗本作政誤折節之設切菑異菑與災同樊酈音歷槧人七豔切盎烏浪切鼂錯曰愚天復本作由忠捋疏上音郎括切俗本作將誤沒齒無愁也俗本誤作沒齒然也雋京徂兗切將子亮切下同冠軍古亂切奉使色吏切下虜使同行不下孟切下其行聖行賢行談行並同詼達上音恢舊本皆作詼達漢書曰朔詼達多端不名一行本或作詼達又作名字達皆誤惡比音烏滑稽音骨朝隱直遙切妄譽音餘不累良爲切絀臣與黜同愀如親小切舊本皆作俶如昌六切動色皃鄲聞鄲音丹猶但也或古鄲但通用亦音但本或作但育賁音奔

君子卷第十二

淜中蒲萌切又普耕切般音班有中丁仲切其知音智侻也他括切可也牛玄騂白俗本作玄牛騂白誤騂息營切睟而睟與粹同隊乎直類切鮮取悉踐切下鮮儷同人以巫鼓天復本作又以巫鼓其行下孟切下以行言行同好人呼報切下同勸與倦同儷音麗囂囂五刀切虙音伏偟音皇

孝至卷第十三

有齊側皆切下同屬荒音燭含菽本亦作唅音同爲名于僞切庳音婢下也螘與蟻同之綸古頑切又音倫扛音江揭渠列切若

禔是支切又音支又音題諸傳直戀切與有終而無始與如字孰寧天復本作孰愈知哲上音智之長丁丈切羣行下孟切德行同東鞮都奚切世紲息列切芒芒謨郎切下同璜璜音黃螭丑知切戔戔財千切又側板切訩訩許容切又詡拱切捐之與專切周公以來未有漢公之懿也勤勞則過於阿衡柳宗元曰阿衡之事不可過也過則反矣漢與二百一十載而中天其庶矣乎柳宗元曰揚子極陰陽之數此言知漢祚之方半耳

法言序

倥侗顓蒙漢書揚雄傳鄭氏注曰童蒙無知也師古曰倥音空侗音同顓與專同侗又音通說文大貌詩神罔時侗一曰侗未成器之人訓諸理師古曰訓告也迄孔許訖切師古曰周周公旦也迄至也孔孔子也言自周公以降至於孔子設教垂法皆帝王之道終後誕章乖離諸子圖微韓書揚雄傳作諸子圖微師古曰言其後澆末虛誕益章乖於七十子所謀微妙之言事有本眞陳施于意漢書揚雄傳作陳施於億李奇曰布陳於億萬事也動不克咸李奇曰不能皆善也芒芒天道昔在聖考李奇曰聖人能成天道過則失中不及則不至不可姦罔蘇林曰罔誣也言不可作姦誣於聖道明哲煌煌旁燭無疆漢書揚雄傳作旁燭亡疆師古曰煌煌盛貌也燭照也無疆猶無極也遜于不虞以保天命李奇曰常行遜順備不虞遐言周于天地漢書揚雄傳作假言周于天地師古曰假至也幽弘橫廣絕于邇言李奇曰理過近世人之言也經諸範漢書揚雄傳作經諸范師古曰經常也范法也立政鼓衆動化天下莫尙於中和漢書揚雄傳尙作上鄧展曰鼓亦動也參差不齊師古曰言志業不同也參初林切一槩諸聖師古曰一以聖人大道槩平槩工代切譔淵騫柳宗元曰按漢書淵騫自有序文語俗近不類蓋後人增之或班固所作君子純終領聞音問李奇曰領理所聞也師古曰純善領令也聞名也言君子之道能善其終而不失令名蠢迪檢押師古曰蠢動也迪道也由也檢押猶隱括也言動由檢押也音押寧親莫大於寧神師古曰寧安也言大孝之在於尊嚴祖考安其神靈所以得然者以得四方之外驩心

論　　衡

王　充著

論衡目錄

論衡

漢　會稽王充撰

逢遇篇

操行有常賢，仕宦無常遇。賢不賢，才也；遇不遇，時也。才高行潔，不可保以必尊貴；能薄操濁，不可保以必卑賤。或高才潔行，不遇，退在下流；薄能濁操，〔而〕遇，〔進〕在衆上。世各自有以取士，士亦各自得以進。〔退〕進在遇，退在不遇。處尊居顯，未必賢，遇也；位卑在下，未必愚，不遇也。故遇，或抱洿行，尊於桀之朝；不遇，或持潔節，卑於堯之廷。所以遇不遇非一也：或時賢而輔惡；或以大才從於小才；或俱大才，道有清濁；或無道德，而以技合；或無技能，而以色幸。伍員、帛喜（宜讀作伯嚭字）俱事夫差，帛喜尊重，伍員誅死，此異操而同主也。或操同而主異，亦有遇不遇，伊尹、箕子是也。伊尹、箕子才俱也，伊尹為相，箕子為奴；伊尹遇成湯，箕子遇商紂也。夫以賢事賢君，君欲為治，臣以賢才輔之，趨舍偶合，其遇固宜；以賢事惡君，君不欲為治，臣以忠行佐之，操志乖忤，不遇固宜。或以賢聖之臣，遭欲為治之君，而終有不遇，孔子、孟軻是也。孔子絕糧陳、蔡，孟軻困於齊、梁，非時君主不用善也，才下知淺，不能用大才也。夫能御驥騄者，必王良也；能臣禹、稷、皋陶者，必堯、舜也。御百里之手，而以調千里之足，必有摧衡折軛之患；有接具臣之才，而以御大臣之知，必有閉心塞意之變。故至言棄捐，聖賢距逆，非憎聖賢，不甘至言也；聖賢務高，至言難行也。

夫以大才干小才，小才不能受，不遇固宜；以大才之臣，遇大才之主，乃有遇不遇，虞舜、許由、太公、伯夷是也。虞舜、許由俱聖人也，並生唐世，俱面於堯；虞舜紹帝統，許由入山林。太公、伯夷俱賢也，並出周國，皆見武王；太公受封，伯夷餓死。夫賢聖道同，志合趨齊，虞舜、太公行耦，許由、伯夷操違者，生非其世，出非其時也。道雖同，同中有異；志雖合，合中有離。何則？道有精麤，志有清濁也。許由，皇者之輔也，生於帝者之時；伯夷，帝者之佐也，出於王者之世；並由道德，俱發仁義。主行道德，不清不留；主為仁義，不高不止：此其所以不遇也。堯溷舜濁，武王誅殘，太公討暴，同濁皆麤，舉措鈞齊，此其所以爲遇者也。故舜王天下，皐陶佐政，北人無擇深隱不見；禹王天下，伯益輔治，伯成子高委位而耕。非皐陶才愈無擇，伯益能出子高也。然而皐陶、伯益進用，無擇、子高退隱，進用行耦，退隱操違也。退隱勢異，身雖屈，不願進；人主不須其言，廢之意亦不恨，是兩不相慕也。

商鞅三說秦孝公，前二說不聽，後一說用者，前二，帝王之論，後一，霸者之議也。夫持帝王之論，說霸者之主，雖精見拒；更調霸說，雖麤見受。何則？精遇孝公所不得，麤遇孝公所欲行也。故說者不在善，在所說者善之；才不待賢，在所事者賢之。馬圄之說無方，而野人說之；子貢之說有義，野人不聽。吹籟工爲善聲，因越王不喜，更爲野聲，越王大說。故爲善於不欲得善之主，雖善不見愛；爲不善於欲得不善之主，雖不善不見憎。此以曲伎合；合則遇，不合則不遇。或無伎妄以姦巧合上志，亦有以遇者，竊簪之臣，雞鳴之客是〔也〕。竊簪之臣親於子反，雞鳴之客，幸於孟嘗。子反好偷臣，孟嘗愛僞客也。以有補於人君，人君賴之，其遇固宜；或無補益，爲上所好，籍孺、鄧通是也。籍孺幸於孝惠，鄧通愛於孝文，無細簡之才，微薄之能，偶以形佳骨嫺，皮媚色稱。夫好容，人所好也，其遇固宜。或以醜面惡色，稱媚於上，嫫母、無鹽是也。嫫母進於黃帝，無鹽納於齊王。故賢不肖可豫知，遇難先圖。何則？人主好惡無常，人臣所進無豫，偶合爲是，適可爲上；進者未必賢，退者未必愚；合幸得進，不幸失之。

世俗之議曰：賢人可遇，不遇，亦自其咎也。生不希世准主，觀鑒治內，調能定說，審詞際會，能進有補贍主，何不遇之有？今則不然，作無益之能，納無補之說，以夏進鑪，以冬奏扇，爲所不欲得之事，獻所不欲聞之語，其不遇禍幸矣！何福祐之有乎？進能有益，納說有補，人之所知也。或以不補而得祐，或以有益而獲罪。且夏時鑪以炙濕，冬時扇以翣火。世可希，主不可准也；說可轉，能不可易也。世主好文，己爲文則遇；主好武，己則不遇。主好辯，有口則遇；主不好辯，己則不遇。文王不好武，武王不好文；辯主不好行，行主不好辯。文與言尚可暴習，行與能不可卒成。學不宿習，無以明名；名不素著，無以遇主。倉猝之業，須臾之名，日力不足，不預閑，何以准主而納其說，進身而託其能哉？

昔周人有仕數不遇，年老白首，泣涕於塗者。人或問之：『何爲泣乎？』對曰：『吾仕數不遇，自傷年老失時，是以泣也。』人曰：『仕奈何不一遇也？』對曰：『吾年少之時學爲文，文德成就，始欲仕宦，人君好用老。用老主亡，後主又用武，吾更爲武，武節始就，武主又亡。少主始立，好用少年，吾年又老，是以未嘗一遇。』仕宦有時，不可求也。夫希世准主，尙不可爲，況節志高妙，不爲利動，性定質成，不爲主顧者乎？且夫遇也，能不預設，說不宿具，邂逅逢喜，遭觸上意，故謂之遇。如准推主調說，以取尊貴，是名爲揣，不名曰遇。春種穀生，秋刈穀收，求物得物，作事事成，不名爲遇；不求自至，不作自成，是名爲遇。猶拾遺於途，摭棄於野，若天授地生，鬼助神輔，禽息之精陰慶，鮑叔之魂默舉，若是者乃遇耳。今俗人既不能定遇不遇之論，又就遇而譽之，因不遇而毀之，是據見效案成事，不能量操審才能也。

累害篇

凡人仕宦有稽留不進，行節有毀傷不全，罪過有累積不除，聲名有暗昧不明，才非下，行非悖也；又知非昏，策非昧也；逢遭外禍，累害之也。非唯人行，凡物皆然，生動之類，咸被累害。累害自外，不由其內。夫不本累害所從生起，而徒歸責於被累害者，智不明，闇塞於理者也。物以春生，人保之；以秋成，人必不能保之。卒然牛馬踐根，刀鐮割莖，生者不育，至秋不成。不成之類，遇害不遂，不得生也。夫鼠涉飯中，捐而不食，捐飯之味，與彼不汚者鈞，以鼠爲害，棄而不御。君子之累害，與彼不育之物、不御之飯，同一實也，俱由外來，故爲累害。

修身正行，不能來福；戰栗戒愼，不能避禍。禍福之至，幸不幸也。故曰：『得非己力，故謂之福；來不由我，故謂之禍。』不由我者，謂之何由？由鄉里與朝廷也。夫鄉里有三累，朝廷有三害。累生於鄉里，害發於朝廷，古今才洪行淑之人，遇此多矣。何謂三累三害？凡人操行，不能愼擇友，友同心恩篤，異心踈薄，踈薄怨恨，毀傷其行，一累也。人才高下，不能鈞同，同時並進，高者得榮，下者慚恚，毀傷其行，二累也。人之交遊，不能常歡，歡則相親，忿則踈遠，踈遠怨恨，毀傷其行，三累也。位少人衆，仕者爭進；進者爭位，見將相毀，增加傅致；將昧不明，然納其言，一害也。將吏異好，清濁殊操；清吏增郁郁之白，舉涓涓之言；濁吏懷恚恨，徐求其過，因纖微之謗，被以罪罰，二害也。將或幸佐吏之身，納信其言；佐吏非清節，必拔人越次，迕失其意，毀之過度；清正之仕，抗行伸志，遂爲所憎，毀傷於將，三害也。夫未進也，身被三累；已用也，身蒙三害；雖孔丘、墨翟不能自免；顏回、曾參不能全身也。

動百行，作萬事，嫉妒之人，隨而雲起，枳棘鉤掛容體，蜂蠆之黨，啄螫懷操，豈徒六哉？六者章章，世曾不見。夫不原士之操行有三累，仕宦有三害，身完全者謂之潔，被毀謗者謂之辱，官升進者謂之善，位廢退者謂之惡；完全升進，幸也，而稱之；毀謗廢退，不遇也，而訾之；用心若此，必爲三累三害也。論者既不知累害者，行賢潔也。以塗搏泥，以黑點繒，孰有知之？清受塵，白取垢；青蠅所汙，常在練素。處顛者危，勢豐者虧，頹墜之類，常在懸垂。屈平潔白，邑犬羣吠；吠所怪也。非俊疑傑，固庸能也。偉士坐以俊傑之才，（坐讀爲生）招致羣吠之聲，夫如是，豈宜更勉奴下循不肖哉？不肖奴下，非所勉也，豈宜更偶俗全身以弭謗哉？偶俗全身，則鄉原也；鄉原之人，行全無闕，非之無舉，刺之無刺也，此又孔子之所罪，孟軻之所愆也，

古賢美極，無以衞身，故循性行以俟累害者，果賢潔之人也。極累害之謗，而賢潔之實見焉。立賢潔之跡，毀謗之塵，安得不生？絃者思折伯牙之指，御者願摧王良之手。何則？欲專良善之名，惡彼之勝己也。是故魏女色艷，鄭袖劓之。朝吳忠貞，無忌逐之，戚施彌妒，蘧除多佞，是故湮堂不灑塵，卑屋不蔽風，風衝之物不得育，水湍之岸不得峭，如是，牖里陳蔡可得知，而沈江蹈河也，以軼才取容媚於俗，求全功名於將，不遭鄧析之禍，取子胥之誅，幸矣。孟賁之尸，人不刃者，氣絕也；死灰百斛，人不沃者，光滅也。動身章智，顯光氣於世；奮志敖黨，立卓異於俗，固常通人所讒嫉也。以方心偶俗之累，求益反損；蓋孔子所以憂心，孟軻所以惆悵也。德鴻者招謗，爲士者多口；以休熾之聲，彌口舌之患，求無危傾之害，遠矣！臧倉之毀，未嘗絕也；公伯寮之愬，未嘗滅也。垤成丘山，汙爲江河，毫髮之善，小人不得有也。以玷汙言之，清受塵而白取垢；以毀謗言之，貞良見妬，高奇見噪；以遇罪言之，忠言招患，高

行招恥；以不純言之，玉有瑕而珠有毀。焦陳留君兄，名稱兗州，行完跡潔，無纖芥之毀；及其當爲從事，刺史焦康絀而不用。夫未進也被三累，已用也蒙三害，雖孔丘、墨翟不能自免，顏回、曾參不能全身也。何則？衆好純譽之人，非真賢也。公侯已下，玉石雜糅；賢士之行，善惡相苞。夫采玉者破石拔玉，選士者棄惡取善。夫如是，累害之人負世以行，指擊之者從何往哉？

命祿篇

凡人遇偶及遭累害，皆由命也。有死生壽夭之命，亦有貴賤貧富之命。自王公逮庶人，聖賢及下愚，凡有首目之類，含血之屬，莫不有命。命當貧賤，雖富貴之，猶涉禍患矣；命當富貴，雖貧賤之，猶逢福善矣。故命貴從賤地自達，命賤從富位自危。故夫富貴若有神助，貧賤若有鬼禍。命貴之人，俱學獨達，並仕獨遷；命富之人，俱求獨得，並爲獨成。貧賤反此：難達，難遷，難成；獲過受罪，疾病亡遺，失其富貴，貧賤矣。是故才高行厚，未必保其必富貴；智寡德薄，未可信其必貧賤。或時才高行厚，命惡，廢而不進；知寡德薄，命善，興而超踰。故夫臨事知愚，操行清濁，性與才也；仕宦貴賤，治產貧富，命與時也。命則不可勉，時則不可力，知者歸之於天，故坦蕩恬忽。雖其貧賤，使富貴若鑿溝伐薪，加勉力之趨，致強健之勢，鑿不休則溝深，斧不止則薪多，無命之人，皆得所願，安得貧賤凶危之患哉？然則或時溝未通而遇湛，薪未多而遇虎。仕宦不貴，治產不富，鑿溝遇湛，伐薪逢虎之類也。有才不得施，有智不得行；或施而功不立，或行而事不成，雖才智如孔子，猶無成立之功。

世俗見人節行高，則曰：『賢哲如此，何不貴？』見人謀慮深，則曰：『辯慧如此，何不富？』富貴有命，福祿不在賢哲與辯慧。故曰：富不可以籌筴得，貴不可以才能成。智慮深而無財，才能高而無官。懷銀紆紫，未必稷契之才；積金累玉，未必陶朱之智。或時下愚而千金，頑魯而典城。故官御同才，其貴殊命；治生鈞知，其富異祿。祿命有貧富，知不能豐殺；性命有貴賤，才不能進退。成王之才，不如周公；桓公之智，不若管仲。然成、桓受尊命，而周、管稟卑秩也。案古人君希有不學於人臣，知博希有不爲父師；然而人君猶以無能處主位，人臣猶以鴻才爲厮役。故貴賤在命，不在智愚；貧富在祿，不在頑慧。世之論事者，以才高當爲將相，能下者宜爲農商；見智能之士官位不至，怪而訾之曰：『是必毀於行操。』行操之士亦怪毀之曰：『是必乏於才知。』殊不知才知行操雖高，官位富祿有命。才智之人，以吉盛時舉事而福至，人謂才智明審；凶衰禍來，謂愚闇不知吉凶之命，盛衰之祿也。白圭、子貢，轉貨致富，積累金玉，人謂術善學明。主父偃辱賤於齊，排擯不用，赴闕舉疏，遂用於漢，官至齊相。趙人徐樂亦上書與偃章會，上善其言，徵拜爲郎。人謂偃之才，樂之慧，非也。儒者明說一經，習之京師，明如匡稚圭，深如趙子都，初階甲乙之科，遷轉至郎博士，人謂經明才高所得，非也。而說若范雎之於秦昭，封爲應侯；蔡澤之說范雎，拜爲客卿；人謂雎、澤美善所致，非也，皆命祿貴富善至之時也。孔子曰：『死生有命，富貴在天。』魯平公欲見孟子，嬖人臧倉毀孟子而止。孟子曰：『天也！』孔子聖人，孟子賢者，誨人安道，不失是非，稱言命者，有命審也。淮南書曰：『仁鄙在時不在行，利害在命不在智。』賈生曰：『天不可與期，道不可與謀，遲速有命，焉識其時？』高祖擊黥布，爲流矢所中，疾甚。呂后迎良醫，醫曰：『可治。』高祖罵之曰：『吾以布衣，提三尺劍取天下，此非天命乎？命乃在天，雖扁鵲何益？』韓信與帝論兵，謂高祖曰：『陛下所謂天授，非智力所得。』揚子雲曰：『遇不遇，命也。』太史公曰：『富貴不違貧賤，貧賤不違富貴。』是謂從富貴爲貧賤，從貧賤爲富貴也。夫富貴不欲爲貧賤，貧賤自至；貧賤不求爲富貴，富貴自得也。

春夏囚死，秋冬旺相，非能爲之也；日朝出而暮入，非求之也；天道自然。代王自代入爲文帝，周亞夫以庶子爲條侯，此時代王非太子，亞夫非適嗣，逢時遇會，卓然卒至。命貧以力勤致富，富至而死；命賤以才能取貴，貴至而免。才力而致富貴，命祿不能奉持，猶器之盈量，手之持重也。器受一升，一升則平；受之如過一升，則滿溢也。手舉一鈞，以一鈞則平；舉之過一鈞，則躓仆矣。前世明是非，歸之於命也；命審然也。信命者，則可幽居俟時，不須勞神苦形求索之也，猶珠玉之在山澤。天命難知，人不耐審，雖有厚命，猶不自信，故必求之也。如自知，雖逃富避貴，終不得離。故曰力勝貧，慎勝禍，勉力勤事以致富，砥才明操以取貴；廢時失務，欲望富貴，不可得也。雖云有命，當須索之。如信命不求，謂當自至，可不假而自得，不作而自成，不行而自至。夫命富之人，筋力自强；命貴之人，才智自高。若千里之馬，頭目蹄足自相副也。有求而不得者矣，未必不求而得之者也。精學不求貴，貴自至矣；力作不求富，富自到矣。富貴之福，不可求致；貧賤之禍，不可苟除也。由此言之，有富貴之命，不求自得。信命者曰：「自知吉，不待求也；天命吉厚，不求自得；天命凶厚，求之無益。」夫物不求而自生，則人亦有不求貴而貴者矣。人情有不教而自善者，有教而終不善者矣。天性，猶命也。越王翳逃山中，至誠不願自冀得代。越人燻其穴，遂不得免，彊立爲君。而天命當然，雖逃避之，終不得離。故夫不求自得之貴歟！

氣壽篇

凡人稟命有二品：一曰所當觸值之命，二曰强弱壽夭之命。所當觸值，謂兵燒壓溺也；强壽弱夭，謂稟氣渥薄也。兵燒壓溺，遭以所稟爲命，未必有審期也。若夫强弱夭壽，以百爲數；不至百者，氣自不足也。夫稟氣渥則其體强，體强則其命長；氣薄則其體弱，體弱則命短，命短則多病，壽短。始生而死，未産而傷，稟之薄弱也。渥强之人，不卒其壽。若夫無所遭遇，虚居困劣，短氣而死：此稟之薄，用之竭也；此與始生而死，未産而傷，一命也，皆由稟氣不足，不自致於百也。人之稟氣，或充實而堅强，或虚劣而軟弱。充實堅强，其年壽；虚劣軟弱，失棄其身。天地生物，物有不遂；父母生子，子有不就。物有爲實，枯死而墮；人有爲兒，夭命而傷。使實不枯，亦至滿歲；使兒不傷，亦至百年。

然爲實兒而死枯者，稟氣薄，則雖形體完，其虚劣氣少，不能充也。兒生號啼之聲，鴻朗高暢者壽，嘶喝濕下者夭。何則？稟壽夭之命，以氣多少爲主性也。婦人疏字者子活，數乳者子死。何則？疏而氣渥，子堅强；數而氣薄，子軟弱也。懷子而前已産子死，則謂所懷不活，名之曰懷。其意以爲已産之子死，故感傷之，子失其性矣。所産子死，所懷子凶者,字乳亟數,氣薄不能成也。雖成人形體,則易感傷,獨先疾病,病獨不治。百歲之命,是其正也;不能滿百者,雖非正,猶爲命也。譬猶人形一丈,正形也,名男子爲丈夫,尊公嫗爲丈人。不滿丈者,失其正也,雖失其正,猶乃爲形也。夫形不可以不滿丈之故,謂之非形,猶命不可以不滿百之故,謂之非命也。非天有長短之命,而人各有稟受也。由此言之,人受氣命於天,卒與不卒同也。語曰:『圖王不成,其弊可以霸。』霸者,王之弊也。霸本當至於王,猶壽當至於百也。不能成王,退而爲霸;不能至百,消而爲夭。王霸同一業,優劣異名;壽夭或一氣,長短殊數。何以知不滿百爲夭者百歲之命也?以其形體小大長短同一等也。百歲之身,五十之體,無以異也。身體不異,血氣不殊。鳥獸與人異形,故其年壽與人殊數。

何以明人年以百爲壽也?世間有矣。儒者說曰:『太平之時,人民侗長,百歲左右。』氣和之所生也。堯典曰:『朕在位七十載,求禪得舜。』舜徵三十歲在位,堯退而老,八歲而終,至殂落九十八歲。未在位之時,必已成人,今計數百有餘年矣。又曰:『舜生三十徵庸,三十在位,五十載陟方乃死。』適百歲矣。文王謂武王曰:『我百爾九十,吾與爾三焉。』文王九十七而薨,武王九十三而崩。周公,武王之弟也,兄弟相差不過十年。武王崩,周公居攝七年,復政退老,出入百歲矣。邵公,周公之兄也,至康王之時,尚爲太保,出入百有餘歲矣。聖人稟和氣,故年命得正數。氣和爲治平,故太平之世多長壽人。百歲之壽,蓋人年之正數也,猶物至秋而死,物命之正期也。物先秋後秋,則亦如人死,或增百歲,或減百也。先秋後秋爲期,增百減百爲數。物或出地而死,猶人始生而夭也。物或踰秋不死,亦如人年多度百至於三百也。傳稱老子二百餘歲,邵公百八十;高宗享國百年,周穆王享國百年,并未享國之時,皆出百三十四十歲矣。

幸偶篇

凡人操行,有賢有愚,及遭禍福,有幸有不幸;舉事有是有非,及觸賞罰,有偶有不偶。並時遭兵,隱者不中;同日被霜，蔽者不傷。中傷未必惡，隱蔽未必善；隱蔽幸，中傷不幸。俱欲納忠，或賞或罰；並欲有益，或信或疑。賞而信者未必真，罰而疑者未必僞；賞信者偶，罰疑不偶也。

孔子門徒七十有餘，顏回蚤夭。孔子曰：『不幸短命死矣！』短命稱不幸，則知長命者幸也；短命者不幸也。服聖賢之道，講仁義之業，宜蒙福祐。伯牛有疾，亦復顏回之類，俱不幸也。螻蟻行於地，人舉足而涉之。足所履，螻蟻笮死；足所不蹈，全活不傷。火燔野草，車轢所致，火所不燔，俗或喜之，名曰幸草。夫足所不蹈，火所不及，未必善也，舉火行有適然也。由是以論，癰疽之發，亦一實也。氣結閼積，聚爲癰，潰爲疽，創流血出膿。豈癰疽所發，身之善穴哉？營衞之行，遇不通也。蜘蛛結網，蜚蟲過之，或脫或獲；獵者張羅，百獸羣擾，或得或失；漁者罾江湖之魚，或存或亡。或奸盜大辟而不知，或罰贖小罪而發覺。災氣加人，亦此類也。不幸遭觸而死，幸者免脫而生。不幸者，不徼幸也。孔子曰：『人之生也直，罔之生也幸。』則夫順道而觸者爲不幸矣。立巖牆之下，爲壞所壓；蹈坼岸之上，爲崩所墜；輕遇無端，故爲不幸。魯城門久朽欲頓，孔子過之，趨而疾行。左右曰：『久矣！』孔子曰：『惡其久也。』孔子戒慎已甚，如過遭壞，可謂不幸也。故孔子曰：『君子有不幸而無有幸，小人有幸而無不幸。』又曰：『君子處易以俟命，小人行險以徼倖。』佞幸之徒，閎籍孺之輩，無德薄才，以色稱媚，不宜愛而受寵，不當親而得附，非道理之宜。故太史公爲之作傳。邪人反道而受恩寵，與此同科，故合其名謂之佞幸。無德受恩，無過遇禍，同一實也。俱稟元氣，或獨爲人，或爲禽獸。並爲人，或貴或賤，或貧或富。富或累金，貧或乞食；貴至封侯，賤至奴僕。非天稟施有左右也，人物受性有厚薄也。俱行道德，禍福不均；並爲仁義，利害不同。晉文修文德，徐偃行仁義，文公以賞賜，偃王以破滅。魯人爲父報仇，安行不走，追者捨之；牛缺爲盜所奪，和意不恐，盜還殺之。文德與仁義同，不走與不恐等，然文公、魯人得福，偃王、牛缺得禍者，文公、魯人幸，而偃王、牛缺不幸也。

韓昭侯醉臥而寒，典冠加之以衣，覺而問之，知典冠愛己也，以越職之故，加之以罪。衞之驂乘者，見御者之過，從後呼車，有救危之義，不被其罪。夫驂乘之呼車，典冠之加衣，同一意也。加衣恐主之寒，呼車恐君之危，仁惠之情，俱發於心。然而於韓有罪，於衛爲忠；驂乘偶，典冠不偶也。非唯人行，物亦有之。長數仞之竹，大連抱之木，工技之人裁而用之，或成器而見舉持，或遺材而遭廢棄，非工技之人有愛憎也，刀斧如有偶然也。蒸穀爲飯，釀飯爲酒。酒之成也，甘苦異味；飯之熟也，剛柔殊和，非庖廚酒人有意異也，手指之調有偶適也。調飯也殊筐而居。甘酒也異器而處。蟲墮一器，酒棄不飲；鼠涉一筐，飯捐不食。夫百草之類，皆有補益，遭醫人采掇，成爲良藥；或遺枯澤，爲火所爍。

等之金也，或爲劍戟，或爲鋒銛；同之木也，或梁於宮，或柱於橋；俱之火也，或爍脂燭，或燔枯草；均之土也，或基殿堂，或塗軒戶；皆之水也，或溉鼎釜，或澡腐臭。物善惡同，遭爲人用，其不幸偶，猶可傷痛，況含精氣之徒乎？虞舜，聖人也，在世宜蒙全安之福；父頑母嚚，弟象敖狂，無過見憎，不惡而得罪，不幸甚矣！孔子，舜之次也，生無尺土，周流應聘，削迹絕糧。俱以聖才，並不幸偶；舜尚遭堯受禪，孔子已死於闕里。以聖人之才，猶不幸偶，庸人之中，被不幸偶，禍必衆多矣！

命義篇

墨家之論，以爲人死無命；儒家之議，以爲人死有命。言有命者，見子夏言死生有命，富貴在天。言無命者，聞歷陽之都，一宿沈而爲湖；秦將白起，坑趙降卒於長平之下，四十萬衆同時皆死；春秋之時，敗績之軍，死者蔽草，尸且萬數；饑饉之歲，餓者滿道；瘟氣疫癘，千戶滅門，如必有命，何其秦齊同也？言有命者曰：「夫天下之大，人民之衆，一歷陽之都，一長平之坑，同命俱死，未可怪也。命當溺死，故相聚於歷陽；命當壓死，故相積於長平。猶高祖初起，相工入豐沛之邦，多封侯之人矣，未必老少男女俱貴而有相也，卓礫時見，往往皆然。而歷陽之都，男女俱沒；長平之坑，老少並陷，萬數之中，必有長命未當死之人，遭時衰微，兵革並起，不得終其壽。人命有長短，時有盛衰，衰則疾病，被災蒙禍之驗也。宋衛陳鄭同日並災，四國之民，必有祿盛未當衰之人；然而俱災，國禍陵之也。故國命勝人命，壽命勝祿命。人有壽夭之相，亦有貧富貴賤之法，俱見於體。故壽命脩短，皆稟於天；骨法善惡，皆見於體。命當夭折，雖稟異行，終不得長；祿當貧賤，雖有善性，終不得遂。項羽且死，顧謂其徒曰：『吾敗乃命，非用兵之過。』此言實也。實者項羽用兵過於高祖，高祖之起，有天命焉。國命繫於衆星。列宿吉凶，國有禍福；衆星推移，人有盛衰。

人之有吉凶，猶歲之有豐耗，命有衰盛，物有貴賤。一歲之中，一貴一賤；一壽之間，一衰一盛。物之貴賤，不在豐耗；人之盛衰，不在賢愚。子夏曰：『死生有命，富貴在天。』而不曰『死生在天，富貴有命』者，何則？死生者，無象在天，以性爲主。稟得堅強之性，則氣渥厚而體堅強，堅強則壽命長，壽命長則不夭死。稟性軟弱者，氣少泊而性羸窳，羸窳則壽命短，短則蚤死。故言有命，命則性也。至於富貴所稟，猶性。所稟之氣，得衆星之精。衆星在天，天有其象。得富貴象則富貴，得貧賤象則貧賤，故曰：『在天。』在天如何？天有百官，有衆星。天施氣而衆星布精，天所施氣，衆星之氣在其中矣。人稟氣而生，含氣而長，得貴則貴，得賤則賤；貴或秩有高下，富或貲有多少，皆星位尊卑小大之所授也。故天有百官，天有衆星，地有萬民、五帝、三王之精。天有王梁、造父，人亦有之，稟受其氣，故巧於御。

傳曰：『說命有三：一曰正命，二曰隨命，三曰遭命。』正命謂本稟之自得吉也。性然骨善，故不假操行以求福，而吉自至，故曰正命。隨命者，戮力操行而吉福至，縱情施欲而凶禍到，故曰隨命。遭命者，行善得惡，非所冀望，逢遭於外而得凶禍，故曰遭命。凡人受命，在父母施氣之時，已得吉凶矣。夫性與命異，或性善而命凶，或性惡而命吉。操行善惡者，性也；禍福吉凶者，命也。或行善而得禍，是性善而命凶；或行惡而得福，是性惡而命吉也。性自有善惡，命自有吉凶。使命吉之人，雖不行善，未必無福；命凶之人，雖勉操行，未必無禍。孟子曰：『求之有道，得之有命。』性善乃能求之，命善乃能得之。性善命凶，求之不能得也。行惡者，禍隨而至，而盜跖、莊蹻橫行天下，聚黨數千，攻奪人物，斷斬人身，無道甚矣！宜遇其禍，乃以壽終。夫如是，隨命之說，安所驗乎？遭命者，行善於內，遭凶於外也；若顏淵伯牛之徒，如何遭凶？顏淵伯牛行善者也，當得隨命；福祐隨至，何故遭凶？顏淵困於學，以才自殺；伯牛空居而遭惡疾。及屈平伍員之徒，盡忠輔上，竭王臣之節，而楚放其身，吳烹其尸。行善當得隨命之福，乃觸遭命之禍，何哉？言隨命則無遭命，言遭命則無隨命；儒者三命之說，竟何所定？且命在初生，骨表著見。今言隨操行而至，此命在末不在本也。則富貴貧賤皆在初稟之時，不在長大之後，隨操行而至也。正命者至百而死，隨命者五十而死，遭命者初稟氣時遭凶惡也；謂姙娠之時遭得惡也。故遭雷雨之變，長大夭死。

此謂三命，亦有三性：有正，有隨，有遭。正者，稟五常之性也；隨者，隨父母之性；遭者，遭得惡物象之故也。故姙婦食兔子生缺脣。月令曰：「是月也，雷將發聲。」有不戒其容者，生子不備，必有大凶，瘖聾跛盲，氣遭胎傷，故受性狂悖。羊舌食我初生之時，聲似豺狼，長大性惡，被禍而死。在母身時，遭受此性，丹朱商均之類是也。性命在本，故禮有胎教之法：子在身時，席不正不坐，割不正不食，非正色目不視，非正聲耳不聽。及長，置以賢師良傅，教君臣父子之道，賢不肖在此時矣。受氣時，母不謹慎，心妄慮邪，則子長大，狂悖不善，形體醜惡。素女對黃帝陳五女之法，非徒傷父母之身，乃又賊男女之性。人有命有祿，有遭遇，有幸偶。命者，貧富貴賤也；祿者，盛衰興廢也。以命當富貴，遭當盛之祿，常安不危；以命當貧賤，遇當衰之祿，則禍殃乃至，常苦不樂。遭者，遭逢非常之變，若成湯囚夏臺，文王厄羑里矣。以聖明之德，而有囚厄之變，可謂遭矣。變雖甚大，命善祿盛，變不為害，故稱遭逢之禍。晏子所遭，可謂大矣。直兵指胸，白刃加頸，蹈死亡之地，當劍戟之鋒，執死得生還，命善祿盛，遭逢之禍，不能害也。歷陽之都，長平之坑，其中必有命善祿盛之人，一宿同填而死，遭逢之禍大，命善祿盛，不能却也。譬猶水火相更也，水盛勝火，火盛勝水，遇其主而用也。雖有善命盛祿，不遇知己之主，不得效驗。幸者，謂所遭觸，得善惡也。獲罪得脫，幸也；無罪見拘，不幸也；執拘未久，蒙令得出，命善祿盛，天災之禍，不能傷也。偶也，謂事君也。以道事君，君善其言，遂用其身，偶也；行與主乖，退而遠，不偶也；退遠未久，上官錄召，命善祿盛，不偶之害，不能留也。故夫遭遇幸偶，或與命祿并，或與命離。遭遇幸偶，遂以成完；遭遇不幸偶，遂以敗傷，是與命并者也。中不遂成，善轉為惡，若是與命祿離者也。故人之在世，有吉凶之性命，有盛衰之禍福，重以遭遇幸偶之逢，獲從生死而卒其善惡之行，得其胸中之志，希矣。

無形篇

人稟元氣於天，各受壽夭之命，以立長短之形，猶陶者用土爲簋廉，冶者用銅爲柈杅矣。器形已成，不可小大；人體已定，不可減增。用氣爲性，性成命定。體氣與形骸相抱，生死與期節相須。形不可變化，命不可減加。以陶冶言之，人命短長，可得論也。或難曰：『陶者用埴爲簋廉，簋廉一成，遂至毀敗，不可復變。若夫冶者用銅爲柈杅，柈杅雖已成器，猶可復鑠。柈可得爲尊，尊不可爲簋。人稟氣於天，雖各受壽夭之命，立以形體；如得善道神藥，形可變化，命可加增。』曰：冶者變更成器，須先以火燔灼，乃可大小短長。人冀延年，欲比於銅器，宜有若鑪炭之化乃易形，形易壽亦可增。人何由變易其形，便如火鑠銅器乎？禮曰：『水潦降，不獻魚鱉。』何則？雨水暴下，蟲蛇變化，化爲魚鱉。離本真暫變之蟲，臣子謹慎，故不敢獻。人願身之變，冀若蟲蛇之化乎？夫蟲蛇未化者，不若不化者。蟲蛇未化，人不食也；化爲魚鱉，人則食之。食則壽命乃短，非所冀也。歲月推移，氣變物類，蝦蟆爲鶉，雀爲蜃蛤。人願身之變，冀若鶉與蜃蛤魚鱉之類也。人設捕蜃蛤，得者食之。雖身之不化，壽命不得長，非所冀也。魯公牛哀寢疾，七日變而成虎；鯀殛羽山，化爲黃能（能音奴來反）。願身變者，冀牛哀之爲虎，鯀之爲能乎？則夫虎能之壽，不能過人。天地之性，人最爲貴，變人之形，更爲禽獸，非所冀也。凡可冀者，以老翁變爲嬰兒，其次白髮復黑，齒落復生，身氣丁強，超乘不衰，乃可貴也。徒變其形，壽命不延，其何益哉？

且物之變隨氣。若應政治，有所象爲非天所欲壽長之故，變易其形也；又非得神草珍藥食之而變化也。人恆服藥固壽，能增加本性，益其身年也。遭時變化，非天之正氣，人所受之真性也。天地不變，日月不易，星辰不沒，正也。人受正氣，故體不變。時或男化爲女，女化爲男，由高岸爲谷，深谷爲陵也。應政爲變，爲政變，非常性也。漢興，老父授張良書，已化爲石：是以石之精爲漢興之瑞也，猶河精爲人持璧與秦使者，秦亡之徵也。蠶食桑老，績而爲繭，繭又化而爲蛾；蛾有兩翼，變去蠶形。蠐螬化爲復育，復育轉而爲蟬；蟬生兩翼，不類蠐螬。凡諸命蠕蜚之類，多變其形，易其體。至人獨不變者，稟得正也。生爲嬰兒，長爲丈夫，老爲父翁，從生至死，未嘗變更者，天性然也。天性不變者，不可令復變；變者，不可不變。若夫變者之壽，不若不變者。人欲變其形，輒增益其年，可也。如徒變其形而年不增，則蟬之類也，何謂人願之？龍之爲蟲，一存一亡，一短一長；龍之爲性也，變化斯須，輒復非常。由此言之，人，物也，受不變之形，形不可變更，年不可增減。傳稱高宗有桑穀之異，悔過反政，享福百年，是虛也。傳言宋景公出三善言，熒惑却三舍，延年二十一載，是又虛也。又言秦繆公有明德，上帝賜之十九年，是又虛也。稱赤松、王喬好道爲仙，度世不死，是又虛也。假令人生立形謂之甲，終老至死，常守甲形；如好道爲仙，未有使甲變爲乙者也。夫形不可變更，年不可減增。何則？形、氣、天性也。形爲春，氣爲夏。人以氣爲壽，形隨氣而動。氣性不均，則於體不同。牛壽半馬，馬壽半人，然則牛馬之形與人異矣。稟牛馬之形，當自得牛馬之壽；牛馬之不變爲人，則年壽亦短於人。世稱高宗之徒，不言其身形變異，而徒言其增延年壽，故有信矣。

形之〔包〕血氣也，猶囊之貯粟米也。一石囊之高大，亦適一石。如損益粟米，囊亦增減。人以氣爲壽，氣猶粟米，形猶囊也。增減其壽，亦當增減其身，形安得如故？如以人形與囊異，氣與粟米殊，更以苞瓜喻之：苞瓜之汁，猶人之血也；其肌，猶肉也。試令人損益苞瓜之汁，令其形如故，耐爲之乎？人不耐損益苞瓜之汁，天安耐增減人之年？人年不可增減，高宗之徒，誰益之者，而云增加？如言高宗之徒，形體變易，其年亦增，乃可信也。今言年增，不言其體變，未可信也。何則？人稟氣於天，氣成而形立，則命相須以至終死。形不可變化，年亦不可增加。以何驗之？人生能行，死則僵仆，死則氣減，形消而壞。稟生人形，不可得變，其年安可增？人生至老，身變者，髮與膚也。人少則髮黑，老則髮白，白久則黃。髮之變形，非變也。人少則膚白，老則膚黑，黑久則黯，若有垢矣。髮黃而膚爲垢，故禮曰：「黃耇無疆。」髮變異，故人老壽遲死。骨肉不可變更，壽極則死矣。五行之物，可變改者，唯土也。埏以爲馬，變以爲人，是謂未入陶竈更火者也。如使成器，入竈更火，牢堅不可復變，今人以爲天地所陶冶矣。形已成定，何可復更也？圖仙人之形，體生毛，臂變爲翼，行於雲，則年增矣，千歲不死。此虛圖也。世有虛語，亦有虛圖，假使之然，蟬蛾之類，非眞正人也。海外三十五國，有毛民羽民，羽則翼矣。毛羽之民，土形所出，非言爲道，身生毛羽也。禹、益見西王母，不言有毛羽。不死之民，亦在外國，不言有毛羽。毛羽之民，不言不死；不死之民，不言毛羽。毛羽未可以效不死，仙人之有翼，安足以驗長壽乎？

率性篇

論人之性，定有善有惡。其善者，固自善矣；其惡者，故可教告率勉，使之爲善。凡人君父，審觀臣子之性，善則養育勸率，無令近惡；近惡則輔保禁防，令漸於善。善漸於惡，惡化於善，成爲性行。召公戒成王曰：『今王初服厥命，於戲！若生子，罔不在厥初生。』生子謂十五子，初生意於善，終以善；初生意於惡，終以惡。詩曰：『彼姝者子，何以與之？』傳言譬猶練絲，染之藍則青，染之丹則赤。十五之子其猶絲也，其有所漸化爲善惡，猶藍丹之染練絲，使之爲青赤也。青赤一成，眞色無異。是故楊子哭岐道，墨子哭練絲也，蓋傷離本，不可復變也。人之性，善可變爲惡，惡可變爲善，猶此類也。蓬生麻間，不扶自直；白紗入緇，不練自黑。彼蓬之性不直，紗之質不黑，麻扶緇染，使之直黑。夫人之性猶蓬紗也，在所漸染而善惡變矣。王良、造父稱爲善御，不能使不良爲良也。如徒能御良，其不良者不能馴服，此則駔工庸師服馴技能，何奇而世稱之？故曰：『王良登車，馬不罷駑；堯、舜爲政，民無狂愚。』傳曰：堯、舜之民，可比屋而封；桀、紂之民，可比屋而誅。斯民也，三代所以直道而行也。聖主之民如彼，惡主之民如此，竟在化，不在性也。聞伯夷之風者，貪夫廉而懦夫有立志；聞柳下惠之風者，薄夫敦而鄙夫寬。徒聞風名，猶或變節，況親接形面相敎告乎？孔門弟子七十之徒，皆任卿相之用，被服聖敎，文才雕琢，知能十倍，敎訓之功而漸漬之力也。未入孔子之門時，閭巷常庸無奇，其尤甚不率者，唯子路也。世稱子路無恆之庸人，未入孔門時，戴雞佩豚，勇猛無禮;聞誦讀之聲,搖雞奮豚,揚脣吻之音,聒賢聖之耳,惡至甚矣。孔子引而教之,漸漬磨礪,闓導牖進,猛氣消損,驕節屈折,卒能政事,序在四科。斯蓋變性使惡爲善之明效也。

夫肥沃墝埆,土地之本性也。肥而沃者性美,樹稼豐茂。墝而埆者性惡,深耕細鋤,厚加糞壤,勉致人功,以助地力,其樹稼與彼肥沃者相似類也。地之高下亦如此焉,以钁鍤鑿地,以埤增下,則其下與高者齊。如復增钁鍤,則夫下者不徒齊者也,反更爲高,而其高者反爲下。使人之性有善有惡,〔使〕彼地有高有下,勉致其教令之善,則將善者同之矣。善以化渥,釀其教令,變更爲善,善則且更宜反過於往善,猶下地增加钁鍤,更崇於高地也。『賜不受命而貨殖焉。』賜本不受天之富命,所加貨財積聚,爲世富人者,得貨殖之術也。夫得其術,雖不受命,猶自益饒富。性惡之人,亦不稟天善性,得聖人之教,志行變化。世稱利劍有千金之價,棠谿、魚腸之屬,龍泉、太阿之輩,其本鋌山中之恒鐵也;冶工鍛鍊,成爲銛利。豈利劍之鍛與鍊,乃異質哉?工良師巧,鍊一數至也。試取東下直一金之劍,更熟鍛鍊,足其火,齊其銛,猶千金之劍也。夫鐵石天然,尚爲鍛鍊者變易故質,況人含五常之性,賢聖未之熟鍛鍊耳,奚患性之不善哉?古貴良醫者,能知篤劇之病所從生起,而以針藥治而已之。如徒知病之名而坐觀之,何以爲奇?夫人有不善,則乃性命之疾也;無其教治而欲令變更,豈不難哉?

天道有眞僞,眞者固自與天相應,僞者人加知巧,亦與眞者無以異也。何以驗之?禹貢曰『璆琳琅玕』者,此則土地所生眞玉珠也。然而道人消爍五石,作五色之玉,比之眞玉,光不殊別;兼魚蚌之珠,與禹貢璆琳,皆眞玉珠也。然而隨侯以藥作珠,精耀如眞,道士之教至,知巧之意加也。陽遂取火於天,五月丙午日中之時,消鍊五石,鑄以爲器,磨礪生光,仰以嚮日,則火來至,此眞取火之道也。今妄以刀劍之鉤月,摩拭朗白,仰以嚮日,亦得火焉。夫鉤月,非陽遂也,所以耐取火者,摩拭之所致也。今夫性惡之人,使與性善者同類乎,可率勉之,令其爲善;使之異類乎,亦可令與道人之所鑄玉,隨侯之所作珠,人之所摩刀劍鉤月焉,教導以學,漸漬以德,亦將日有仁義之操。

黃帝與炎帝爭爲天子，教熊羆貔虎以戰於阪泉之野，三戰得志，炎帝敗績。堯以天下讓舜，鯀爲諸侯，欲得三公，而堯不聽，怒其猛獸，欲以爲亂，比獸之角，可以爲城，舉尾以爲旌，奮心盛氣，阻戰爲强。夫禽獸與人殊形，猶可命戰，況人同類乎？推此以論，百獸率舞，潭魚出聽，六馬仰秣，不復疑矣。異類以殊爲同，同類以鈞爲異，所由不在於物，在於人也。凡含血氣者，教之所以異化也。三苗之民，或賢或不肖；堯舜齊之，恩教加也。楚越之人，處莊嶽之間，經歷歲月，變爲舒緩，風俗移也。故曰：『齊舒緩，秦慢易，楚促急，燕戇投。』以莊嶽言之，四國之民，更相出入，久居單處，性必變易。夫性惡者，心比木石，木石猶爲人用，況非木石？在君子之迹，庶幾可見。

有癡狂之疾，歌啼於路，不曉東西，不睹燥溼，不覺疾病，不知饑飽，性已毀傷，不可如何；前無所觀，却無所畏也。是故王法不廢學校之官，不除獄理之吏，欲令凡眾見禮義之教。學校勉其前，法禁防其後，使丹朱之志，亦將可勉。何以驗之？三軍之士，非能制也，勇將率勉，視死如歸。且闔廬嘗試其士於五湖之側，皆加刃於肩，血流至地。勾踐亦試其士於寢宮之庭，赴火死者，不可勝數。夫刃火非人性之所貪也，二主激率，念不顧生。是故軍之法輕刺血。孟賁勇也，聞軍令懼。是故叔孫通制定禮儀，拔劍爭功之臣，奉禮拜伏，初驕倨而後遜順，聖教威德，變易性也。不患性惡，患其不服聖教，自遇而以生禍也。豆麥之種，與稻粱殊，然食能去饑。小人君子，稟性異類乎？譬諸五穀皆爲用，實不異而效殊者，稟氣有厚泊，故性有善惡也。殘則受仁之氣泊，而怒則稟勇渥也。仁泊則戾而少慈，勇渥則猛而無義，而又和氣不足，喜怒失時，計慮輕愚，妄行之人，罪故爲惡。

人受五常，含五臟，皆具於身。稟之泊少，故其操行不及善人，猶或厚或泊也。非厚與泊殊其釀也，麴蘖多少使之然也。是故酒之泊厚，同一麴蘖；人之善惡，共一元氣。氣有少多，故性有賢愚。西門豹急，佩韋以自緩；董安于緩，帶弦以自促。急之與緩，俱失中和，然而韋弦附身，成爲完具之人。能納韋弦之教，補接不足，則豹、安于之名可得參也。貧劣宅屋，不具牆壁宇達，人指訾之。如財貨富愈，起屋築牆，以自蔽障，爲之具宅，人弗復非。魏之行田百畝，鄴獨二百，西門豹灌以漳水，成爲膏腴，則畝收一鍾。夫人之質猶鄴田，道教猶漳水也。患不能化，不患人性之難率也。雒陽城中之道無水，水工激上雒中之水，日夜馳流，水工之功也。由此言之，迫近君子，而仁義之道數加於身。孟母之徙宅，蓋得其驗。人間之水汚濁，在野外者清潔，俱爲一水，源從天涯，或濁或清，所在之勢使之然也。南越王趙佗本漢賢人也，化南夷之俗，背畔王制，椎髻箕坐，好之若性。陸賈說以漢德，懼以聖威，蹶然起坐，心覺改悔，奉制稱藩。其於椎髻箕坐也，惡之若性，前則若彼，後則若此。由此言之，亦在於教，不獨在性也。

吉驗篇

凡人禀貴命於天，必有吉驗見於地；見於地，故有天命也。驗見非一，或以人物，或以禎祥，或以光氣。傳言黃帝妊二十月而生；生而神靈，弱而能言，長大率諸侯，諸侯歸之；教熊羆戰，以伐炎帝，炎帝敗績。性與人異，故在母之身留多十月；命當爲帝，故能教物，物爲之使。堯體就之如日，望之若雲。洪水滔天，蛇龍爲害，堯使禹治水，驅蛇龍；水治東流，蛇龍潛處。有殊奇之骨，故有詭異之驗；有神靈之命，故有驗物之效。天命當貴，故從唐侯入嗣帝后之位。舜未逢堯，鰥在側陋。瞽瞍與象謀欲殺之，使之完廩，火燔其下；令之浚井，土掩其上。舜得下廩，不被火災；穿井旁出，不觸土害。（一有〔故〕字）堯聞徵用，試之於職，官治職修，事無廢亂；使入大麓之野，虎狼不搏，蝮蛇不噬，逢烈風疾雨，行不迷惑。夫人欲殺之，不能害之；毒螫之野，禽蟲不能傷，卒受帝命，踐天子祚。后稷之時，履大人跡，或言衣帝嚳之服，坐息帝嚳之處，妊身，怪而棄之隘巷，牛馬不敢踐之；寘之冰上，鳥以翼覆之，慶集其身。母知其神怪，乃收養之。長大佐堯，位至司馬。烏孫王號昆莫，匈奴攻殺其父，而昆莫生，棄於野，烏啣肉往食之。單于怪之，以爲神，而收長。及壯，使兵數有功，單于乃復以其父之民予昆莫，命令長守於西城。夫后稷不當棄，故牛馬不踐，鳥以羽翼覆愛其身；昆莫不當死，故烏啣肉就而食之。

北夷橐離國王侍婢有娠，王欲殺之。婢對曰：『有氣大如雞子，從天而下，我故有娠。』後產子，捐於豬溷中，豬以口氣噓之，不死；復徙置馬欄中，欲使馬藉殺之，馬復以口氣噓之，不死。王疑以爲天子，令其母收取奴畜之，名東明，令牧牛馬。東明善射，王恐奪其國也，欲殺之；東明走，南至掩淲水，以弓擊水，魚鼈浮為橋。東明得渡，魚鼈解散，追兵不得渡，因都王夫餘，故北夷有夫餘國焉。東明之母初妊時，見氣從天下，及生，棄之，猪馬以氣噓之而生之；長大，王欲殺之，以弓擊水，魚鼈為橋。天命不當死，故有猪馬之救；命當都王夫餘，故有魚鼈為橋之助也。伊尹且生之時，其母夢人謂己曰：『臼出水，疾東走，毋顧！』明旦，視臼出水，即東走十里，顧其鄉，皆為水矣。伊尹命不當沒，故其母感夢而走。推此以論，歷陽之都，其策命若伊尹之類，必有先時感動在他地之效。齊襄公之難，桓公為公子，與子糾爭立。管仲輔子糾，鮑叔佐桓公。管仲與桓公爭，引弓射之，中其帶鉤。夫人身長七尺，帶約其要，鉤挂於帶，在身所掩，不過一寸之內，既微小難中，又滑澤銛靡，鋒刃中鉤者，莫不蹉跌。管仲射之，正中其鉤中，矢觸因落，不跌中旁肉。命當富貴，有神靈之助，故有射鉤不中之驗。

楚共王有五子：子招、子圍、子干、子皙、棄疾。五人皆有寵，共王無適立，乃望祭山川，請神決之。乃與巴姬埋璧於太室之庭，令五子齊而入拜。康王跨之，子圍肘加焉，子干、子皙皆遠之。棄疾弱，抱而入，再拜皆壓紐。故共王死，招為康王，至子失之；圍為靈王，及身而弒；子干為王十有餘日；子皙不立，又懼誅死，皆絕無後；棄疾後立，竟續楚祀，如其神符。其王日之長短，與拜去璧遠近相應也。夫璧在地中，五子不知，相隨入拜，遠近不同，壓紐若神將教跽之矣。晉屠岸賈作難，誅趙盾之子。朔死，其妻有遺腹子。及岸賈聞之，索於宮。母置兒於袴中，祝曰：『趙氏宗滅乎？若當啼；即不滅，若無聲。』及索之，而終不啼，遂脫得活。程嬰負之，匿於山中。至景公時，韓厥言於景公，景公乃與韓厥共立趙孤，續趙氏祀，是為文子。當趙孤之無聲，若有掩其口者矣。由此言之，趙文子立，命也。

高皇帝母曰劉媼，嘗息大澤之陂，夢與神遇。是時雷電晦冥，蛟龍在上。及生而有美（一有（質）字）性，好用酒，嘗從王媼、武負貰酒，飲醉止臥。媼、負見其身常有神怪，每留飲酒，酒售數倍。後行澤中，手斬大蛇，一嫗當道而哭，云：『赤帝子殺吾子。』此驗既著聞矣。秦始皇帝常曰：『東南有天子氣。』於是東游以厭當之。——高祖之氣也。與呂后隱於芒、碭山澤間，呂后與人求之，見其上常有氣直起，往求輒得其處。後與項羽約，先入秦關，王之。高祖先至，項羽怨恨。范增曰：『吾令人望其氣，氣皆爲龍，成五采，此皆天子之氣也，急擊之。』高祖往謝項羽。羽與亞父謀殺高祖，使項莊拔劍起舞。項伯知之，因與項莊俱起，每劍加高祖之上，項伯輒以身翼高祖之身，劍遂不得下，殺勢不得成。會有張良、樊噲之救，卒得免脫，遂王天下。初妊身有蛟龍之神；既生，酒舍見雲起之怪；夜行斬蛇，蛇嫗悲哭；始皇、呂后望見光氣；項羽謀殺，項伯爲蔽，謀遂不成，遭得良、噲。蓋富貴之驗，氣見而物應，人助輔援也。

竇太后弟名曰廣國，年四五歲，家貧，爲人所掠賣，其家不知其所在。傳賣十餘家，至宜陽，爲其主人入山作炭，暮寒臥炭下，百餘人炭崩盡壓死，廣國獨得脫。自卜數日當爲侯，從其家之長安，聞竇皇后新立，家在清河觀津，乃上書自陳。竇太后言於景帝，召見問其故，果是，乃厚賜之。文帝立，拜廣國爲章武侯。夫積炭崩，百餘人皆死，廣國獨脫，命當富貴，非徒得活，又封爲侯。虞子大，陳留東莞人也，其生時以夜，適免母身，母見其上若一疋練狀，經上天，明以問人，人皆曰：『吉！』貴氣與天通，長大仕宦，位至司徒公。廣文伯，河東蒲坂人也，其生亦以夜半時，適生，有人從門呼其父名，父出應之，不見人，有一木杖植其門側，好善異於衆。其父持杖入門以示人，人占曰：『吉！』文伯長大學宦，位至廣漢太守。文伯當富貴，故父得賜杖，其占者若曰：『杖當子力矣。』

光武帝建平元年十二月甲子生於濟陽宮後殿第二內中，皇考爲濟陽令，時夜無火，室內自明，皇考怪之，即召功曹吏充蘭使出問卜工。蘭與馬下卒蘇永俱之卜王長孫所。長孫卜，謂永、蘭曰：『此吉事也，毋多言。』是歲有禾生景天備火中，三本一莖九穗，長於禾一二尺，蓋嘉禾也。元帝之初，有鳳凰下濟陽宮，故今濟陽宮有鳳凰廬。始與李父等俱起，到柴界中，遇賊兵，惶惑走濟陽舊廬。比到，見光若火，正赤，在舊廬道南，光耀憧憧上屬天，有頃不見。王莽時，謁者蘇伯阿能望氣，使過舂陵，城郭鬱鬱葱葱。及光武到河北，與伯阿見，問曰：『卿前過舂陵，何用知其氣佳也？』伯阿對曰：『見其鬱鬱葱葱耳。』蓋天命當興，聖王當出，前後氣驗，照察明著。繼體守文，因據前基，稟天光氣，驗不足言。創業龍興，由微賤起於顛沛，若高祖、光武者，曷嘗無天人神怪光顯之驗乎！

偶會篇

命，吉凶之主也，自然之道，適偶之數；非有他氣旁物，厭勝感動，使之然也。世謂子胥伏劍，屈原自沈，子蘭宰嚭誣讒，吳楚之君冤殺之也。偶二子命當絕，子蘭宰嚭適爲讒，而懷王夫差適信姦也。君適不明，臣適爲讒，二子之命，偶自不長。二偶三合，似若有之，其實自然，非他爲也。夏殷之朝適窮，桀紂之惡適稔；商周之數適起，湯武之德適豐。關龍逢殺，箕子比干囚死，當桀紂惡盛之時，亦二子命訖之期也。任伊尹之言，納呂望之議，湯武且興之會，亦二臣當用之際也。人臣命有吉凶，賢不肖之主與之相逢。文王時當昌，呂望命當貴；高宗治當平，傅說德當遂。非文王高宗爲二臣生，呂望傅說爲兩君出也。君明臣賢，光耀相察；上修下治，度數相得。

顏淵死，子曰：『天喪予！』子路死，子曰：『天祝予！』孔子自傷之辭，非實然之道也。孔子命不王，二子壽不長也。不王不長，所稟不同，度數並放，適相應也。二龍之祆當效，周厲適闓櫝；褒姒當喪周國，幽王稟性偶惡。非二龍使厲王發孽，褒姒令幽王愚惑也。遭逢會遇，自相得也。僮謠之語當驗，鬭雞之變適生；鸜鵒之占當應，魯昭之惡適成。非僮謠致鬬競，鸜鵒招君惡也，期數自至，人行偶合也。堯命當禪舜，丹朱爲無道；虞統當傳夏，商均行不軌。非舜禹當得天下，能使二子惡也；美惡是非，適相逢也。

火星與昴星出入，昴星低時火星出，昴星見時火星伏，非火之性厭服昴也；時偶不並，度轉乖也。正月建寅，斗魁破申，非寅建使申破也；轉運之衡，偶自應也。父歿而子嗣，姑死而婦代，非子婦繼代，使父姑終歿也；老少年次，自相承也。世謂秋氣擊殺穀草，穀草不任凋傷而死。此言失實。夫物以春生夏長，秋而熟老，適自枯死，陰氣適盛，與之會遇。何以驗之？物有秋不死者，生性未極也。人生百歲而終，物生一歲而死。死謂陰氣殺之，人終觸何氣而亡？論者猶或謂鬼喪之。夫人終鬼來，物死寒至，皆適遭也。人終見鬼，或見鬼而不死；物死觸寒，或觸寒而不枯。壞屋所壓，崩崖所墜，非屋精崖氣殺此人也。屋老墮沮，命凶之人，遭居適履。月毀於天，螺消於淵。風從虎，雲從龍。同類通氣性相感動。若夫物事相遭吉凶，同時偶適相遇，非氣感也。殺人者罪至大辟，殺者罪當重，死者命當盡也。故害氣下降，囚命先中；聖王德施，厚祿先逢。是故德令降於殿堂，命長之囚，出於牢中。天非爲囚未當死，使聖王出德令也；聖王適下赦，拘囚適當免死。猶人以夜臥晝起矣：夜月光盡，不可以作，人力亦倦，欲壹休息；晝日光明，人臥亦覺，力亦復足。非天以日作之，以夜息之也；作與日相應，息與夜相得也。

鴈鵠集於會稽，去避碣石之寒，來遭民田之畢，蹈履民田，啄食草糧。糧盡食索，春雨適作，避熱北去，復之碣石。象耕靈陵，亦如此焉。傳曰：「舜葬蒼梧，象爲之耕；禹葬會稽，鳥爲之佃。」失事之實，虛妄之言也。丈夫有短壽之相，娶必得早寡之妻；早寡之妻，嫁亦遇夭折之夫也。世曰：「男女早死者，夫賊妻，妻害夫。」非相賊害，命自然也。使火燃，以水沃之，可謂水賊火；火適自滅，水適自覆。兩名各自敗，不爲相賊。今男女之早夭，非水沃火之比，適自滅覆之類也。賊父之子，妨兄之弟，與此同召。同宅而處，氣相加凌，羸瘠消單，至於死亡，何謂相賊？或客死千里之外，兵燒厭溺，氣不相犯，相賊如何？王莽姑姊正君，許嫁二夫，二夫死，當適趙而王薨。氣未相加，遙賊三家，何其痛也！黃公取鄰巫之女，卜謂女相貴，故次公位至丞相。其實不然，次公當貴，行與女會；女亦自尊，故入次公門，偶適然自相遭遇，時也。

無祿之人，商而無盈，農而無播，非其性賊貨而命妨穀也；命貧，居無利之貨，祿惡，殖不滋之穀也。世謂宅有吉凶，徙有歲月；實事則不然。天道難知，假令有命凶之人，當衰之家，治宅遭得不吉之地，移徙適觸歲月之忌。一家犯忌，口以十數，坐而死者，必祿衰命泊之人也。推此以論，仕宦進退遷徙，可復見也。時適當退，君用讒口；時適當起，賢人薦己。故仕且得官也，君子輔善；且失位也，小人毀奇。公伯寮愬子路於季孫，孔子稱命；魯人臧倉讒孟子於平公，孟子言天。道未當行，與讒相遇；天未與己，惡人用口。故孔子稱命，不怨公伯寮；孟子言天，不尤臧倉，誠知時命當自然也。推此以論，人君治道功化，可復言也。命當貴，時適平；期當亂，祿遭衰。治亂成敗之時，與人興衰吉凶，適相遭遇，因此論聖賢迭起，猶此類也。

聖主龍興於倉卒，良輔超拔於際會。世謂韓信、張良，輔助漢王，故秦滅漢興，高祖得王。夫高祖命當自王，信、良之輩，時當自興，兩相遭遇，若故相求。是故高祖起於豐沛，豐沛子弟，相多富貴，非天以子弟助高祖也，命相小大，適相應也。趙簡子廢太子伯魯，立庶子無恤，無恤遭賢，命亦當君趙也。世謂伯魯不肖，不如無恤，伯魯命當賤，知慮多泯亂也。韓生仕至太傅，世謂賴倪寬，實謂不然，太傅當貴，遭與倪寬遇也。趙武藏於袴中，終日不啼，非或掩其口，闕其聲也，命時當生，睡臥遭出也。故軍功之侯，必斬兵死之頭；富家之商，必奪貧室之財。削土免侯，罷退令相，罪法明白，祿秩適極。故厲氣所中，必加命短之人；凶歲所著，必饑虛耗之家矣。

骨相篇

人曰命難知。命甚易知。知之何用？用之骨體。人命稟於天，則有表候於體。察表候以知命，猶察斗斛以知容矣。表候者，骨法之謂也。傳言黃帝龍顏，顓頊戴午，帝嚳駢齒，堯眉八采，舜目重瞳，禹耳三漏，湯臂再肘，文王四乳，武王望陽，周公背僂，皋陶馬口，孔子反羽。斯十二聖者，皆在帝王之位，或輔主憂世，世所共聞，儒所共說，在經傳者，較著可信。若夫短書俗記、竹帛胤文，非儒者所見，衆多非一。蒼頡四目，為黃帝史；晉公子重耳仳脅，為諸侯霸；蘇秦骨鼻，為六國相；張儀仳脅，亦相秦、魏；項羽重瞳，云虞舜之後，與高祖分王天下；陳平貧而飲食不足，貌體佼好而衆人怪之，曰：『平何食而肥？』及韓信為滕公所鑒，免於鈇質，亦以面狀有異——面狀肥佼，亦一相也。高祖隆準龍顏，美鬚，左股有七十二黑子。單父呂公善相，見高祖狀貌，奇之，因以其女妻高祖——呂后是也——卒生孝惠王、魯元公主。高祖為泗上亭長，當去歸之田，與呂后及兩子居田，有一老公過，請飲，因相呂后曰：『夫人，天下貴人也。』令相兩子，見孝惠曰：『夫人所以貴者，乃此男也。』相魯元，曰：『皆貴。』老公去，高祖從外來，呂后言於高祖。高祖追及老公，止使自相。老公曰：『鄉者夫人嬰兒相皆似君，君相貴不可言也。』後高祖得天下，如老公言。推此以况，一室之人，皆有富貴之相矣。

類同氣鈞，性體法相，固自相似；異氣殊類，亦兩相遇。富貴之男娶得富貴之妻，女亦得富貴之男。夫二相不鈞而相遇，則有立死；若未相適，有豫亡之禍也。王莽姑正君許嫁，至期當行時，夫輒死；如此者再，乃獻之趙王，趙王未取又薨。清河南宮大有與正君父穉君善者，遇相君曰：『貴爲天下母。』是時宣帝世，元帝爲太子，穉君乃因魏郡都尉納之太子，太子幸之，生子君上。宣帝崩，太子立，正君爲皇后，君上爲太子。元帝崩，太子立，是爲成帝，正君爲皇太后，竟爲天下母。夫正君之相當爲天下母，而前所許二家及趙王，爲無天下父之相，故未行而二夫死，趙王薨。是則二夫趙王無帝王大命，而正君不當與三家相遇之驗也。丞相黃次公，故爲陽夏游徼，與善相者同車俱行，見一婦人年十七八，相者指之曰：『此婦人當大富貴，爲封侯者夫人。』次公止車審視之。相者曰：『今此婦人不富貴，卜書不用也。』次公問之，乃其旁里人巫家子也，即娶以爲妻。其後次公果大富貴，位至丞相，封爲列侯。夫次公富貴，婦人當配之，故果相遇，遂俱富貴。使次公命賤，不得婦人爲偶，不宜爲夫婦之時，則有二夫趙王之禍。夫舉家皆富貴之命，然後乃任富貴之事。骨法形體有不應者，則必別離死亡，不得久享介福。故富貴之家，役使奴僮，育養牛馬，必有與衆不同者矣。僮奴則有不死亡之相，牛馬則有數字乳之性，田則有種孳速熟之穀，商則有居善疾售之貨。是故知命之人，見富貴於貧賤，睹貧賤於富貴。案骨節之法，察皮膚之理，以審人之性命，無不應者。

趙簡子使姑布子卿相諸子，莫吉，至翟婢之子無恤而以爲貴。無恤最賢，又有貴相。簡子後廢太子而立無恤，卒爲諸侯，襄子是矣。相工相[illegible]布當先刑而乃王，後竟被刑乃封王。衛青父鄭季與楊信公主家僮衛媼通，生青。在建章宮時，鉗徒相之曰：『貴至封侯。』青曰：『人奴之道，得不笞罵足矣，安敢望封侯？』其後青爲軍吏，戰數有功，超封增官，遂爲大將軍，封爲萬戶侯。周亞夫未封侯之時，許負相之曰：『君後三歲而入將相，持（一有「重」字）國秉貴重矣，於人臣無兩；其後九歲而君餓死。』亞夫笑曰：『臣之兄已代侯矣，有如父卒，子當代，亞夫何說侯乎？然既已貴，如負言，又何說餓死？指示我！』許負指其口，有縱理入口，曰：『此餓死法也。』居三歲，其兄絳侯勝有罪，文帝擇絳侯子賢者，推亞夫，迺封條侯，續絳侯後。文帝之後六年，匈奴入邊，乃以亞夫爲將軍。至景帝之時，亞夫爲丞相，後以疾免。其子爲亞夫買工官尚方甲盾五百被，可以爲葬者。取庸苦之，不與錢。庸知其盜買官器，怨而上告其子。景帝下吏責問，因不食五日，嘔血而死。當鄧通之幸文帝也，貴在公卿之上，賞賜億萬，與上齊體。相工相之曰：「當貧賤餓死。」文帝崩，景帝立，通有盜鑄錢之罪，景帝考驗，通亡，寄死人家，不名一錢。韓太傅爲諸生時，借相工五十錢，與之俱入璧雍之中，相璧雍弟子誰當貴者。相工指倪寬曰：「彼生當貴，秩至三公。」韓生謝遣相工，通刺倪寬，結膠漆之交，盡筋力之敬，徙舍從寬，深自附納之。寬嘗甚病，韓生養視如僕狀，恩深踰於骨肉，後名聞於天下。倪寬位至御史大夫，州郡承旨召請，擢用舉在本朝，遂至太傅。

夫鉗徒許負及相鄧通、倪寬之工，可謂知命之工矣。故知命之工，察骨體之證，睹富貴貧賤，猶人見盤盂之器，知所設用也。善器必用貴人，惡器必施賤者；尊鼎不在陪廁之側，匏瓜不在堂殿之上，明矣。富貴之骨，不遇貧賤之苦；貧賤之相，不遭富貴之樂，亦猶此也。器之盛物，有斗石之量，猶人爵有高下之差也。器過其量，物溢棄遺；爵過其差，死亡不存。論命者如比之於器，以察骨體之法，則命在於身形定矣。非徒富貴貧賤有骨體也，而操行清濁亦有法理。貴賤貧富，命也；操行清濁，性也。

非徒命有骨法，性亦有骨法。惟知命有明相，莫知性有骨法，此見命之表證，不見性之符驗也。范蠡去越，自齊遺大夫種書曰：「飛鳥盡，良弓藏；狡兔死，走犬烹。越王爲人，長頸鳥喙，可與共患難，不可與共榮樂。子何不去？」大夫種不能去，稱病不朝，賜劍而死。大梁人尉繚，說秦始皇以併天下之計，始皇從其冊，與之亢禮，衣服飲食，與之齊同。繚曰：「秦王爲人，隆準長目，鷙膺豺聲，少恩，虎視狼心，居約易以下人，得志亦輕視人。我布衣也，然見我常身自下我。誠使秦王須得志，天下皆爲虜矣。不可與交游。」乃亡去。故范蠡、尉繚見性行之證，而以定處來事之實。實有其效，如其法相。由此言之，性命繫於形體明矣。以尺書所載，世所共見，況古今不聞者，必衆多非一，皆有其實。稟氣於天，立形於地，察在地之形，以知在天之命，莫不得其實也。

有傳孔子相澹臺子羽，唐舉占蔡澤不驗之文，此失之不審，何隱匿微妙之表也？相或在內，或在外，或在形體，或在聲氣。察外者遺其內，在形體者亡其聲氣。孔子適鄭，與弟子相失，孔子獨立鄭東門。鄭人或問子貢曰：『東門有人，其頭似堯，其項若皋陶，肩類子產，然自腰以下，不及禹三寸，傫傫若喪家之狗。』子貢以告孔子，孔子欣然笑曰：『形狀，末也。如喪家狗，然哉！然哉！』夫孔子之相，鄭人失其實。鄭人不明，法術淺也。孔子之失子羽，唐舉惑於蔡澤，猶鄭人相孔子，不能具見形狀之實也。以貌取人，失於子羽；以言取人，失於宰予也。

初稟篇

人生性命當富貴者，初稟自然之氣，養育長大，富貴之命效矣。文王得赤雀，武王得白魚赤烏，儒者論之，以為雀則文王受命，魚烏則武王受命。文武受命於天，天用雀與魚烏命授之也。天用赤雀命文王，文王不受，天復用魚烏命武王也。若此者，謂本無命於天，修己行善，善行聞天，天乃授以帝王之命也。故雀與魚烏，天使為王之命也，王所奉以行誅者也。如實論之，非命也。命，謂初所稟得而生也。人生受性，則受命矣。性命俱稟，同時並得，非先稟性，後乃受命也。何以明之？棄事堯為司馬，居稷官，故為后稷。曾孫公劉居邰，後徙居邠。後孫古公亶甫三子：太伯、仲雍、季歷。季歷生文王昌。昌在襁褓之中，聖瑞見矣。故古公曰：『我世當有興者，其在昌乎？』於是太伯知之，乃辭之吳，文身斷髮，以讓王季。文王受命，謂此時也。天命在人本矣，太王古公見之早也。此猶為未，文王在母身之中，已受命也。王者一受命，內以為性，外以為體。體者，面輔骨法，生而稟之。吏秩百石以上，王侯以下，郎將大夫以至元士，外及刺史太守，居祿秩之吏，稟富貴之命，生而有表見於面，故許負、姑布子卿輒見其驗。仕者隨秩遷轉，遷轉之人，或至公卿，命祿尊貴，位望高大。王者尊貴之率，高大之最也。生有高大之命，其時身有尊貴之奇，古公知之，見四乳之怪也。夫四乳，聖人證也，在母身中，稟天聖命，豈長大之後，修行道德，四乳乃生？以四乳論望，羊亦知為胎之時已受之矣。劉媼息於大澤，夢與神遇，遂生高祖，此時已受命也。光武生於濟陽宮，夜半無火，內中光明。軍下卒蘇永謂公曹史充蘭曰：『此吉事也，毋多言！』此時已受命；獨謂文王武王得赤雀魚烏乃受命，非也。上天壹命，王者乃興，不復更命也。

得富貴大命，自起王矣。何以驗之？富家之翁，貲累千金，生有富骨，治生積貨，至於年老，成爲富翁矣。夫王者，天下之翁也。稟命定於身中，猶鳥之別雌雄於卵殼之中也。卵殼孕而雌雄生，日月至而骨節强，强則雄自率將雌；雄非生長之後，或教使爲雄，然後乃敢將雌：此氣性剛强，自爲之矣。夫王者，天下之雄也，其命當王。王命定於懷妊，猶富貴骨生，鳥雄卵成也。非唯人鳥也，萬物皆然。草木生於實核，出土爲栽蘗，稍生莖葉，成爲長短巨細，皆由實核。王者長巨之最也。朱草之莖如鍼，紫芝之栽如豆，成爲瑞矣。王者稟氣而生，亦猶此也。

或曰：『王者生，稟天命。及其將王，天復命之，猶公卿以下，詔書封拜，乃敢卽位。赤雀魚烏，上天封拜之命也。』天道人事，有相命使之義。自然無爲，天之道也。命文以赤雀，武以白魚，是有爲也。管仲與鮑叔分財取多，鮑叔不與，管仲不求。內有以相知，視彼猶我，取之不疑。聖人取王，猶管之取財也。朋友彼我，無有授與之義，上天自然，有命使之驗，是則天道有爲，朋友自然也。當漢祖斬大蛇之時，誰使斬者？豈有天道先至，而乃敢斬之哉？勇氣奮發，性自然也。

夫斬大蛇，誅秦殺項，同一實也；周之文武受命代殷，亦一義也。高祖不受命使之將，獨謂文武受雀魚之命，誤矣！難曰：『康叔之誥曰：「冒聞於上帝，帝休，天乃大命文王。」』如無命，史經何爲言天乃大命文王？所謂大命者，非天乃命文王也。聖人動作，天命之意也，與天合同，若天使之矣。書方激勸康叔，勉使爲善，故言文王行道，上聞於天，天乃大命之也。詩曰：『乃眷西顧，此惟予度。』與此同義。天無頭面，眷顧如何？人有顧睨，以人效天，事易見，故曰眷顧。天乃大命文王，眷顧之義，實天不命也。何以驗之？夫大人與天地合其德，與日月合其明，與四時合其序，與鬼神合其吉凶。先天而天不違，後天而奉天時。如必須天有命，乃以從事，安得先天而後天乎？以其不待天命，直以心發，故有先天後天之勤；言合天時，故有不違奉天之文。

論語曰：『大哉堯之爲君，唯天爲大，唯堯則之。』王者則天不違，奉天之義也。推自然之性，與天合同，是則所謂大命文王也。自文王意文王自爲，非天驅赤雀使告文王云當爲王，乃敢起也。然則文王赤雀及武王白魚非天之命，昌熾祐也。吉人舉事，無不利者。人徒不召而至，瑞物不招而來，黯然諧合，若或使之。出門聞告，顧睨見善，自然道也。文王當興，赤雀適來；魚躍鳥飛，武王偶見；非天使雀至白魚來也，吉物動飛而聖遇也。白魚入于王舟，王陽曰：『偶適也。』光祿大夫劉琨前爲弘農太守，虎渡河，光武皇帝曰：『偶適自然，非或使之也。』故夫王陽之言適，光武之曰偶，可謂合於自然也。

本性篇

情性者，人治之本，禮樂所由生也。故原情性之極，禮爲之防，樂爲之節。性有卑謙辭讓，故制禮以適其宜；情有好惡喜怒哀樂，故作樂以通其敬。禮所以制，樂所爲作者，情與性也。昔儒舊生，著作篇章，莫不論說，莫能實定。周人世碩以爲人性有善有惡，舉人之善性，養而致之則善長；性惡，養而致之則惡長。如此，則（一有「情」字）性各有陰陽，善惡在所養焉。故世子作養書一篇。宓子賤、漆雕開、公孫尼子之徒，亦論情性，與世子相出入，皆言性有善有惡。孟子作性善之篇，以爲人性皆善，及其不善，物亂之也。謂人生於天地，皆稟善性，長大與物交接者，放縱悖亂，不善日以生矣。

若孟子之言，人幼小之時，無有不善也。微子曰：『我舊云孩子，王子不出。』紂爲孩子之時，微子睹其不善之性，性惡不出衆庶，長大爲亂不變，故云也。羊舌食我初生之時，叔姬視之，及堂，聞其啼聲而還，曰：『其聲豺狼之聲。野心無親，非是莫滅羊舌氏。』遂不肯見。及長，祁勝爲亂，食我與焉，國人殺食我，羊舌氏由是滅矣。紂之惡在孩子之時；食我之亂，見始生之聲。孩子始生，未與物接，誰令悖者？丹朱生於唐宮，商均生於虞室。唐虞之時，可比屋而封，所與接者，必多善矣；二帝之旁，必多賢矣。然而丹朱傲，商均虐，並失帝統，歷世爲戒。且孟子相人以眸子爲；心清而眸子瞭，心濁而眸子眊。人生目輒眊瞭，眊瞭稟之於天，不同氣也；非幼小之時瞭，長大與人接乃更眊也。性本自然，善惡有質。孟子之言情性，未爲實也。

然而性善之論，亦有所緣：或仁或義，性術乖也；動作趨翔，性識詭也。面色或白或黑，身形或長或短，至老極死，不可變易，天性然也。皆知水土器物形性不同，而莫知善惡稟之異也。（一有（「告子曰」）字）「一歲嬰兒，無爭奪之心，長大之後，或漸利色，狂心悖行，由此生也。」告子與孟子同時，其論性無善惡之分，譬之湍水，決之東則東，決之西則西。夫水無分於東西，猶人無分於善惡也。夫告子之言，謂人之性與水同也。使性若水，可以水喻性，猶金之爲金，木之爲木也。人善因善，惡亦因惡。初稟天然之姿，受純一之質，故生而兆見，善惡可察。無分於善惡，可推移者，謂中人也；不善不惡，須教成者也。故孔子曰：「中人以上，可以語上也；中人以下，不可以語上也。」告子之以決水喻者，徒謂中人，不指極善極惡也。孔子曰：「性相近也，習相遠也。」夫中人之性，在所習焉。習善而爲善，習惡而爲惡也。至於極善極惡，非復在習，故孔子曰：「惟上智與下愚不移。」性有善不善，聖化賢教，不能複移易也。孔子道德之祖，諸子之中最卓者也，而曰：「上智下愚不移。」故知告子之言未得實也。

夫告子之言，亦有緣也。詩曰：「彼姝者子，何以與之。」其傳曰：「譬猶練絲，染之藍則青，染之朱則赤。」夫決水使之東西，猶染絲令之青赤也。丹朱、商均已染於唐、虞之化矣，然而丹朱傲而商均虐者，至惡之質，不受藍朱變也。孫（即荀）卿有反孟子，作性惡之篇，以爲人性惡，其善者僞也。性惡者，以爲人生皆得惡性也；僞者，長大之後勉使爲善也。若孫卿之言，人幼小無有善也。稷爲兒，以種樹爲戲；孔子能行，以俎豆爲弄。石生而堅，蘭生而香。稟善氣，長大就成，故種樹之戲，爲唐司馬；俎豆之弄，爲周聖師。稟蘭石之性，故有堅香之驗。

夫孫卿之言，未爲得實。然而性惡之言，有緣也。一歲嬰兒，無推讓之心，見食，號欲食之；睹好，啼欲玩之。長大之後，禁情割欲，勉勵爲善矣。劉子政非之曰：「如此，則天無氣也。陰陽善惡不相當，則人之爲善安從生？」陸賈曰：「天地生人也，以禮義之性，人能察己所以受命則順，順之謂道。」夫陸賈知人禮義爲性，人亦能察己所以受命性善者不待察而自善；性惡者雖能察之，猶背禮畔義，義挹於善，不能爲也。故貪者能言廉，亂者能言治，盜跖非人之竊也，莊蹻刺人之濫也，明能察已，口能論賢，性惡不爲，何益於善？陸賈之言，未能得實。

董仲舒覽孫孟之書，作情性之說曰：「天之大經，一陰一陽；人之大經，一情一性。性生於陽，情生於陰。陰氣鄙，陽氣仁。曰性善者，是見其陽也；謂惡者，是見其陰者也。」若仲舒之言，謂孟子見其陽，孫卿見其陰也。處二家各有見可也；不處人情性，情性有善有惡，未也。夫人情性，同生於陰陽，其生於陰陽，有渥有泊。玉生於石，有純有駮。情性於陰陽，安能純善？仲舒之言，未能得實。劉子政曰：「性生而然者也，在於身而不發；情接於物而然者也，出形於外。形外則謂之陽，不發者則謂之陰。」夫子政之言，謂性在身而不發，情接於物，形出於外，故謂之陽；性不發，不與物接，故謂之陰。夫如子政言之，乃謂情爲陽，性爲陰也。不據本所生起，苟以形出與不發見定陰陽也。必以形出爲陽，性亦與物接，造次必於是，顛沛必於是。惻隱不忍，不忍，仁之氣也；卑謙辭讓，性之發也。有與接會，故惻隱卑謙，形出於外。謂性在內，不與物接，恐非其實。不論性之善惡，徒議外內陰陽，理難以知。且從子政之言，以性爲陰，情爲陽，夫人稟情，竟有善惡不也？

自孟子以下，至劉子政，鴻儒博生，聞見多矣。然而論情性竟無定是。唯世碩儒公孫尼子之徒，頗得其正。由此言之，事易知，道難論也。酆文茂記，繁如榮華；詼諧劇談，甘如飴蜜，未必得實。實者，人性有善有惡，猶人才有高有下也。高不可下，下不可高。謂性無善惡，是謂人才無高下也。稟性受命，同一實也。命有貴賤，性有善惡。謂性無善惡，是謂人命無貴賤也。九州田土之性，善惡不均，故有黃赤黑之別，上中下之差；水潦不同，故有清濁之流，東西南北之趨。人稟天地之性，懷五常之氣，或仁或義，性術乖也；動作趨翔，或重或輕，性識詭也。面色或白或黑，身形或長或短，至老極死，不可變易，天性然也。余固以孟軻言人性善者，中人以上者也；孫卿言人性惡者，中人以下者也；揚雄言人性善惡混者，中人也。若反經合道，則可以爲教；盡性之理，則未也。

物勢篇

儒者論曰：『天地故生人。』此言妄也。夫天地合氣，人偶自生也；猶夫婦合氣，子則自生也。夫婦合氣，非當時欲得生子，情欲動而合，合而生子矣。且夫婦不故生子，以知天地不故生人也。然則人生於天地也，猶魚之於淵，蟣虱之於人也。因氣而生，種類相產。萬物生天地之間，皆一實也。傳曰：『天地不故生人，人偶自生。』若此論事者，何故云天地爲鑪，萬物爲銅，陰陽爲火，造化爲工乎？案陶冶者之用火，爍銅燔器，故爲之也。而云天地不故生人，人偶自生耳，可謂陶冶者不故爲器而器偶自成乎？夫比不應事，未可謂喻；文不稱實，未可謂是也。曰：是喻人稟氣不能純一，若爍銅之下形，燔器之得火也，非謂天地生人，與陶冶同也。與喻人皆引人事，人事有體，不可斷絕。以目視頭，頭不得不動；以手相足，足不得不摇。目與頭同形，手與足同體。今夫陶冶者，初埏埴作器，必模範爲形，故作之也；燃炭生火，必調和鑪竈，故爲之也。及銅爍不能皆成器，燔不能盡善，不能故生也。夫天不能故生人，則其生萬物，亦不能故也。天地合氣，物偶自生矣。

夫耕耘播種，故爲之也；及其成與不熟，偶自然也。何以驗之？如天故生萬物，當令其相親愛，不當令之相賊害也。或曰：『五行之氣，天生萬物。以萬物含五行之氣，五行之氣更相賊害。』曰：天自當以一行之氣生萬物，令之相親愛，不當令五行之氣反使相賊害也。或曰：『欲爲之用，故令相賊害；賊害相成也。故天用五行之氣生萬物，人用萬物作萬事。不能相制，不能相使；不相賊害，不成爲用。金不賊木，木不成用；火不爍金，金不成器。故諸物相賊相利。含血之蟲，相勝服，相嚙噬，相啖食者，皆五行氣使之然也。』曰：天生萬物，欲令相爲用，不得不相賊害也，則生虎狼蝮蛇及蜂蠆之蟲，皆賊害人，天又欲使人爲之用邪？且一人之身，含五行之氣；故一人之行，有五常之操；五常，五行之道也。五藏在內，五行氣俱。如論者之言，含血之蟲懷五行之氣，輒相賊害；一人之身，胸懷五藏，自相賊也；一人之操，行義之心，自相害也。

且五行之氣相賊害，含血之蟲相勝服，其驗何在？曰：寅木也，其禽虎也；戌土也，其禽犬也；丑未亦土也，丑禽牛，未禽羊也。木勝土，故犬與牛羊爲虎所服也。亥水也，其禽豕也；巳火也，其禽蛇也；子亦水也，其禽鼠也；午亦火也，其禽馬也。水勝火，故豕食蛇；火爲水所害，故馬食鼠屎而腹脹。曰：審如論者之言，含血之蟲，亦有不相勝之效。午馬也，子鼠也，酉雞也，卯兎也。水勝火，鼠何不逐馬？金勝木，雞何不啄兎？亥豕也，未羊也，丑牛也。土勝水，牛羊何不殺豕？巳蛇也，申猴也。火勝金，蛇何不食獼猴？獼猴者，畏鼠也；齧獼猴者，犬也。鼠水，獼猴金也；水不勝金，獼猴何故畏鼠也？戌土也，申猴也；土不勝金，猴何故畏犬？

東方木也，其星蒼龍也。西方金也，其星白虎也。南方火也，其星朱鳥也。北方水也，其星玄武也。天有四星之精，降生四獸之體。含血之蟲，以四獸爲長，四獸含五行之氣最較著。案龍虎交不相賊，鳥龜會不相害。以四獸驗之，以十二辰之禽效之，五行之蟲以氣性相刻，則尤不相應。凡萬物相刻賊，含血之蟲則相服，至於相啖食者，自以齒牙頓利，觔力優劣，動作巧便，氣勢勇桀。若人之在世，勢不與適，力不均等，自相勝服。以力相服，則以刃相賊矣。夫人以刃相賊，猶物以齒角爪牙相觸刺也。力強角利，勢烈牙長，則能勝；氣微爪短，誅膽小距頓，則服畏也。人有勇怯，故戰有勝負，勝者未必受金氣，負者未必得木精也。孔子畏陽虎，卻行流汗，陽虎未必色白，孔子未必面青也。鷹之擊鳩雀，鴞之啄鵠鴈，未必鷹鴞生於南方而鳩雀鵠鴈產於西方也，自是觔力勇怯相勝服也。

一堂之上，必有論者；一鄉之中，必有訟者。訟必有曲直，論必有是非，非而曲者爲負，是而直者爲勝。亦或辯口利舌，辭喻橫出爲勝；或詘弱綴跲，蹥蹇不比者爲負。以舌論訟，猶以劍戟鬭也。利劍長戟，手足健疾者勝；頓刀短矛，手足緩留者負。夫物之相勝，或以觔力，或以氣勢，或以巧便。小有氣勢，口足有便，則能以小而制大；大無骨力，角翼不勁，則以大而服小。鵲食蝟皮，博勞食蛇，蝟蛇不便也。蚊虻之力，不如牛馬，牛馬困於蚊虻，蚊虻乃有勢也。鹿之角足以觸犬，獼猴之手足以搏鼠，然而鹿制於犬，獼猴服於鼠，角爪不利也。故十年之牛，爲牧豎所驅；長仞之象，爲越僮所鉤，無便故也。故夫得其便也，則以小能勝大；無其便也，則以強服於羸也。

奇怪篇

儒者稱聖人之生，不因人氣，更稟精於天。禹母吞薏苡而生禹，故夏姓曰姒；卨母吞燕卵而生卨，故殷姓曰子；后稷母履大人跡而生后稷，故周姓曰姬。詩曰：『不坼不副，是生后稷。』說者又曰：『禹卨逆生，闓母背而出；后稷順生，不坼不副。』不感動母體，故曰不坼不副。逆生者，子孫逆死；順生者，子孫順亡。故桀紂誅死，赧王奪邑。言之有頭足，故人信其說；明事以驗證，故人然其文。讖書又言，堯母慶都野出，赤龍感己，遂生堯。高祖本紀言，劉媼嘗息大澤之陂，夢與神遇，——是時雷電晦冥，太公往視，見蛟龍於上，——已而有身，遂生高祖。其言神驗，文又明著；世儒學者，莫謂不然。如實論之，虛妄言也。

彼詩言不坼不副，言其不感動母體，可也；言其闓母背而出，妄也。夫蟬之生復育也，闓背而出。天之生聖子，與復育同道乎？兔吮毫而懷子；及其子生，從口而出。案禹母吞薏苡，卨母嚥燕卵，與兔吮毫同實也。禹卨之母生，宜皆從口，不當闓背。夫如是，闓背之說，竟虛妄也。世間血刃死者多，未必其先祖初為人者，生時逆也。秦失天下，閻樂斬胡亥，項羽誅子嬰。秦之先祖伯翳，豈逆生乎？如是，為順逆之說，以驗三家之祖，誤矣。且夫薏苡，草也；燕卵，鳥也；大人跡，土也：三者皆形，非氣也，安能生人？說聖者以為稟天精微之氣，故其為有殊絕之知。今三家之生，以草，以鳥以土，可謂精微乎？天地之性，唯人為貴，則物賤矣。今貴人之氣，更稟賤物之精，安能精微乎？夫令鳩雀施氣於雁鵠，終不成子者，何也？鳩雀之身小，雁鵠之形大也。今燕之身不過五寸，薏苡之莖不過數尺，二女吞其卵實，安能成七尺之形乎？爍一鼎之銅，以灌一錢之形，不能成一鼎，明矣。今謂大人天神，故其跡巨，巨跡之人，一鼎之爍銅也；姜原之身，一錢之形也。使大人施氣於姜原，姜原之身小，安能盡得其精？不能盡得其精，則后稷不能成人。堯高祖審龍之子；子性類父，龍能乘雲，堯與高祖，亦宜能焉。萬物生於土，各似本種。不類土者，生不出於土，土徒養育之也。母之懷子，猶土之育物也。堯高祖之母，受龍之施，猶土受物之播也。物生自類本種，夫二帝宜似龍也。且夫含血之類，相與為牝牡。牝牡之會，皆見同類之物，精感欲動，乃能授施。若夫牡馬見雌牛，雄雀見牝雞，不相與合者，異類故也。今龍與人異類，何能感於人而施氣？或曰：『夏之衰，二龍鬭於庭，吐漦於地。龍亡漦在，櫝而藏之。至周幽王，發出龍漦，化爲玄黿，入於後宮，與處女交，遂生褒姒。』玄黿與人異類，何以感於處女而施氣乎？夫玄黿所交非正，故褒姒爲禍，周國以亡。以非類妄交，則有非道妄亂之子。今堯高祖之母，不以道接會，何故二帝聖賢，與褒姒異乎？或曰：趙簡子病，五日不知人，覺言：我之帝所，有熊來，帝命我射之，中熊，死；有羆來，我又射之，中羆，羆死。後問當道之鬼。鬼曰：『熊羆，晉二卿之先祖也。』熊羆，物也，與人異類，何以施類於人，而爲二卿祖？夫簡子所射熊羆，二卿祖當亡，簡子當昌之秋也。簡子見之，若寢夢矣。空虛之氣，不必有實；假令有之，或時熊羆先化爲人，乃生二卿。魯公牛哀病，化爲虎。人化爲獸，亦如獸爲人。玄黿入後宮，殆先化爲人。天地之間，異類之物，相與交接，未之有也。

天人同道，好惡均心。人不好異類，則天亦不與通。人雖生於天，猶蟣虱生於人也。人不好蟣虱，天無故欲生於人？何則？異類殊性，情欲不相得也。天地，夫婦也，天施氣於地以生物。人轉相生，精微爲聖，皆因父氣，不更稟取。如更稟者爲聖，禹卨后稷不聖：如聖人皆當更稟，十二聖不皆然也。黃帝帝嚳帝顓頊帝舜之母，何所受氣？文王武王周公孔子之母，何所感吞？此或時見三家之姓，曰姒氏子氏姬氏，則因依放，空生怪說，猶見鼎湖之地，而著黃帝升天之說矣。

失道之意，還反其字。蒼頡作書，與事相連。姜原履大人跡，跡者，基也，姓當爲其下土。乃其女旁臣，非基跡之字，不合本事，疑非實也。以周姬況夏殷，亦知子之與姒，非燕子薏苡也。或時禹卨后稷之母，適欲懷妊，遭吞薏苡燕卵履大人跡也。世好奇怪，古今同情。不見奇怪，謂德不異，故因以爲姓。世間誠信，因以爲然；聖人重疑，因不復定；世士淺論，因不復辨；儒生是古，因生其說。彼詩言不坼不副者，言后稷之生，不感動母身也。儒生穿鑿，因造禹卨逆生之說。感於龍，夢與神遇，猶此率也。堯高祖之母，適欲懷妊，遭逢雷龍，載雲雨而行。人見其形，遂謂之然。夢與神遇，得聖子之象也。夢見鬼合之，非夢與神遇乎？安得其實？野出感龍，及蛟龍居上，或堯高祖受富貴之命，龍爲吉物，遭加其上；吉祥之瑞，受命之證也。光武皇帝產於濟陽宮，鳳凰集於池，嘉禾生於屋。聖人之生，奇鳥吉物之爲瑞應。必以奇吉之物見而子生，謂之物之子，是則光武皇帝嘉禾之精，鳳凰之氣歟？案帝繫之篇，及三代世表，禹，鯀之子也；卨、稷皆帝嚳之子，其母皆帝嚳之妃也；及堯，亦嚳之子。帝王之妃，何爲適草野？古時雖質，禮已設制，帝王之妃，何爲浴於水？夫如是，言聖人更稟氣於天，母有感吞者，虛妄之言也。實者，聖人自有種世族，仁如文武各有類。孔子吹律，自知殷後；項羽重瞳，自知虞舜苗裔也。五帝三王皆祖黃帝，黃帝聖人，本稟貴命，故其子孫皆爲帝王。帝王之生，必有怪奇，不見於物，則效於夢矣。

書虛篇

世信虛妄之書，以爲載於竹帛上者，皆賢聖所傳，無不然之事，故信而是之，諷而讀之；睹真是之傳，與虛妄之書相違，則并謂短書不可信用。夫幽冥之實尚可知，沈隱之情尚可定，顯文露書，是非易見，籠總并傳非實事，用精不專，無思於事也。夫世間傳書諸子之語，多欲立奇造異，作驚目之論，以駭世俗之人；爲譎詭之書，以著殊異之名。傳言：延陵季子出游，見路有遺金，當夏五月，有披裘而薪者，季子呼薪者曰：『取彼地金來！』薪者投鐮於地，瞋目拂手而言曰：『何子居之高，視之下，儀貌之壯，語言之野也？吾當夏五月，披裘而薪，豈取金者哉？』季子謝之，請問姓字。薪者曰：『子皮相之士也，何足語姓字？』遂去不顧。世以爲然，殆虛言也。夫季子恥吳之亂，吳欲共立以爲主，終不肯受，去之延陵，終身不還，廉讓之行，終始若一。許由讓天下，不嫌貪封侯；伯夷委國饑死，不嫌貪刀鉤。廉讓之行，大可以況小，小難以況大。季子能讓吳位，何嫌貪地遺金？季子使於上國，道過徐，徐君好其寶劍，未之即予；還而徐君死，解劍帶冢樹而去，廉讓之心，恥負其前志也。季子不負死者，棄其寶劍，何嫌一叱生人，取金於地？季子未去吳乎？公子也；已去吳乎？延陵君也。公子與君，出有前後，車有附從，不能空行於涂，明矣。既不恥取金，何難使左右，而煩披裘者？世稱柳下惠之行，言其能以幽冥自修潔也。賢者同操，故千歲交志。置季子於冥昧之中，尚不取金，況以白日前後備具，取金於路，非季子之操也。或時季子實見遺金，憐披裘薪者，欲以益之，或時言取彼地金，欲以予薪者，不自取也。世俗傳言，則言季子取遺金也。

傳書或言『顏淵與孔子俱上魯太山。孔子東南望，吳閶門外，有繫白馬，引顏淵指以示之，曰：「若見吳閶門乎？」顏淵曰：「見之。」孔子曰：「門外何有？」曰：「有如繫練之狀。」孔子撫其目而正之，因與俱下。下而顏淵髮白齒落，遂以病死。蓋以精神不能若孔子，強力自極，精華竭盡，故早夭死。』世俗聞之，皆以爲然。如實論之，殆虛言也。案論語之文，不見此言；考六經之傳，亦無此語。夫顏淵能見千里之外，與聖人同，孔子諸子，何諱不言？蓋人目之所見，不過十里；過此不見，非所明察，遠也。傳曰：『太山之高巍然，去之百里，不見蛵螺，』遠也。案魯去吳千有餘里，使離朱望之，終不能見，況使顏淵，何能審之？如才庶幾者，明目異於人，則世宜稱亞聖，不宜言離朱。人目之視也，物大者易察，小者難審。使顏淵處閶門之外，望太山之形，終不能見，況從太山之上，察白馬之色？色不能見，明矣！非顏淵不能見，孔子亦不能見也。何以驗之？耳目之用均也。目不能見百里，則耳亦不能聞也。陸賈曰：『離婁之明，不能察帷薄之內；師曠之聰，不能聞百里之外。』閶門之與太山，非直帷薄之內，百里之外也。秦武王與孟說舉鼎不任，絕脈而死。舉鼎用力，力由筋脈；筋脈不堪，絕傷而死，道理宜也。今顏淵用目望遠，望遠目睛不任，宜盲眇；髮白齒落，非其致也。髮白齒落，用精於學，勤力不休，氣力竭盡，故至於死。伯奇放流，首髮早白。詩云：『惟憂用老。』伯奇用憂，而顏淵用睛，暫望倉卒，安能致此？

儒書言『舜葬於蒼梧，禹葬於會稽者，巡狩年老，道死邊土。聖人以天下爲家，不別遠近，不殊內外，故遂止葬』。夫言舜、禹，實也；言其巡狩，虛也。舜之與禹，俱帝者也，共五千里之境，同四海之內；二帝之道，相因不殊。堯典之篇，舜巡狩東至岱宗，南至霍山，西至太華，北至恆山。以爲四嶽者，四方之中，諸侯之來，並會嶽下，幽深遠近，無不見者。聖人舉事，求其宜適也。禹王如舜，事無所改，巡狩所至，以復如舜。舜至蒼梧，禹到會稽，非其實也。實禹、舜之時，鴻水未治，堯傳於舜，舜受爲帝，與禹分部，行治鴻水。堯崩之後，舜老，亦以傳於禹。舜南治水，死於蒼梧；禹東治水，死於會稽。賢聖家天下，故因葬焉。

吳君高說：「會稽本山名。夏禹巡狩，會計於此山，因以名郡，故曰會稽。」夫言因山名郡，可也；言禹巡狩，會計於此山，虛也。巡狩本不至會稽，安得會計於此山？宜聽君高之說，誠會稽爲會計，禹到南方何所會計？如禹始東死於會稽，舜亦巡狩，至於蒼梧，安所會計？百王治定則出巡，巡則輒會計，是則四方之山皆會計也。百王太平，升封太山。太山之上，封可見者七十有二；紛綸湮滅者，不可勝數。如審帝王巡狩，則輒會計，會計之地，如太山封者，四方宜多。夫郡國成名，猶萬物之名，不可說也。獨爲會稽立歟？周時舊名吳越也，爲吳越立名，從何往哉？六國立名，狀當如何？天下郡國且百餘，縣邑出萬，鄉亭聚里，皆有號名，賢聖之才，莫能說。君高能說會稽，不能辯定方名；會計之說，未可從也。巡狩考正法度。禹時，吳爲裸國，斷髮文身，考之無用，會計如何？

傳書言：「舜葬於蒼梧，象爲之耕；禹葬會稽，鳥爲之田。」蓋以聖德所致，天使鳥獸報祐之也。世莫不然。考實之，殆虛言也。夫舜、禹之德，不能過堯。堯葬於冀州，或言葬於崇山。冀州鳥獸不耕，而鳥獸獨爲舜、禹耕，何天恩之偏駁也？或曰：「舜、禹治水，不得寧處，故舜死於蒼梧，禹死於會稽。勤苦有功，故天報之；遠離中國，故天痛之。」夫天報舜、禹，使鳥田象耕，何益舜、禹？天欲報舜、禹，宜使蒼梧、會稽常祭祀之。使鳥獸田耕，不能使人祭。祭加舜、禹之墓，田施人民之家，天之報祐聖人，何其拙也，且無益哉！由此言之，鳥田象耕，報祐舜、禹，非其實也。實者，蒼梧多象之地，會稽衆鳥所居。禹貢曰：「彭蠡既瀦，陽鳥攸居。」天地之情，鳥獸之行也。象自蹈土，鳥自食苹，土蹶草盡，若耕田狀，壤靡泥易，人隨種之，世俗則謂爲舜、禹田。海陵麋田，若象耕狀，何嘗帝王葬海陵者耶？

傳書言：「吳王夫差殺伍子胥，煮之於鑊，乃以鴟夷橐投之於江。子胥恚恨，驅水爲濤，以溺殺人。」今時會稽丹徒、大江、錢唐、浙江，皆立子胥之廟，蓋欲慰其恨心，止其猛濤也。夫言吳王殺子胥，投之於江，實也；言其恨恚驅水爲濤者，虛也。屈原懷恨，自投湘江，湘江不爲濤；申徒狄蹈河而死，河水不爲濤。世人必曰：「屈原、申徒狄不能勇猛，力怒不如子胥。」夫衞葅子路，而漢烹彭越，子胥勇猛，不過子路、彭越。然二士不能發怒於鼎鑊之中，以烹湯葅汁瀋漎旁人。子胥亦自先入鑊，乃入江。在鑊中之時，其神安居？豈怯於鑊湯，勇於江水哉？何其怒氣前後不相錯也！且投於江中，何江也？有丹徒大江，有錢唐浙江，有吳通陵江。或言投於丹徒大江，無濤，欲言投於錢唐浙江。浙江、山陰江、上虞江皆有濤。三江有濤，豈分橐中之體，散置三江中乎？人若恨恚也，仇讎未死，子孫遺在，可也。今吳國已滅，夫差無類，吳爲會稽，立置太守，子胥之神復何怨苦，爲濤不止？欲何求索？吳越在時，分會稽郡，越治山陰，吳都今吳，餘暨以南屬越，錢唐以北屬吳。錢唐之江，兩國界也。山陰、上虞在越界中，子胥入吳之江爲濤，當自上吳界中，何爲入越之地？怨恚吳王，發怒越江，違失道理，無神之驗也。且夫水難驅而人易從也。生任筋力，死用精魂。子胥之生，不能從生人營衞其身，自令身死，筋力消絕，精魂飛散，安能爲濤？使子胥之類數百千人，乘船渡江，不能越水。一子胥之身，煑湯鑊之中，骨肉糜爛，成爲羹葅，何能有害也？周宣王殺其臣杜伯，趙簡子殺其臣莊子義。其後杜伯射宣王，莊子義害簡子，事理似然，猶爲虛言。今子胥不能完體，爲杜伯、子義之事以報吳王，而驅水往來，豈報讎之義，有知之驗哉？俗語不實，成爲丹青；丹青之文，賢聖惑焉。夫地之有百川也，猶人之有血脈也。血脈流行，汎揚動靜，自有節度。百川亦然，其朝夕往來，猶人之呼吸氣出入也。天地之性，上古有之。經曰：「江漢朝宗于海。」唐、虞之前也，其發海中之時，漾馳而已；入三江之中，殆小淺狹，水激沸起，故騰爲濤。廣陵曲江有濤，文人賦之。大江浩洋，曲江有濤，竟以隘狹也。吳殺其身，爲濤廣陵，子胥之神，竟無知也。溪谷之深，流者安洋；淺多沙石，激揚爲瀨。夫濤、瀨一也，謂子胥爲濤，誰居溪谷爲瀨者乎？案濤入三江，岸沸踊，中央無聲。必以子胥爲濤，子胥之身聚岸漼也？濤之起也，隨月盛衰，小大滿損不齊同。如子胥爲濤，子胥之怒，以月爲節也？三江時風，揚疾之波，亦溺殺人，子胥之神，復爲風也？秦始皇渡湘水，遭風，問湘山何祠。左右對曰：「堯之女，舜之妻也。」始皇大怒，使刑徒三千人斬湘山之樹而履之。夫謂子胥之神爲濤，猶謂二女之精爲風也。

傳書言：「孔子當泗水之葬，泗水爲之却流。」此言孔子之德，能使水却，不湍其墓也。世人信之。故儒者稱論，皆言：孔子之後當封，以泗水却流爲證。如原省之，殆虛言也。夫孔子死，孰與其生？生能操行，慎道應天；死操行絕，天祐至德。故五帝三王招致瑞應，皆以生存，不以死亡。孔子生時，推排不容，故歎曰：「鳳鳥不至，河不出圖，吾已矣夫!」生時無祐,死反有報乎?孔子之死,五帝三王之死也,五帝三王無祐,孔子之死,獨有天報,是孔子之魂聖,五帝之精不能神也。泗水無知,爲孔子卻流,天神使之;然則孔子生時,天神不使人尊敬。如泗水卻流,天欲封孔子之後,孔子生時,功德應天,天不封其身,乃欲封其後乎?是蓋水偶自卻流。江河之流,有回復之處;百川之行,或易道更路,與卻流無以異。則泗水卻流,不爲神怪也。

傳書稱:「魏公子之德,仁惠下士,兼及鳥獸。方與客飲,有鸇擊鳩,鳩走巡於公子案下。鸇追擊,殺於公子之前。公子恥之,即使人多設羅,得鸇數十枚,責讓以擊鳩之罪。擊鳩之鸇,低頭不敢仰視,公子乃殺之。」世稱之曰:「魏公子爲鳩報仇。」此虛言也。夫鸇,物也,情心不同,音語不通。聖人不能使鳥獸爲義理之行;公子何人,能使鸇低頭自責?鳥爲鸇者以千萬數,向擊鳩蜚去,安可復得?能低頭自責,是聖鳥也;曉公子之言,則知公子之行矣;知公子之行,則不擊鳩於其前。人猶不能改過,鳥與人異,謂之能悔,世俗之語,失物類之實也。或時公子實捕鸇,鸇得,人持其頭,變折其頸,疾痛低垂,不能仰視,緣公子惠義之人,則因褒稱言鸇服過。蓋言語之次,空生虛妄之美;功名之下,常有非實之加。

傳書言:「齊桓公妻姑姊妹七人。」此言虛也。夫亂骨肉,犯親戚,無上下之序者,禽獸之性,則亂不知倫理。案桓公九合諸侯,一正天下,道之以德,將之以威,以故諸侯服從,莫敢不率;非內亂懷鳥獸之性者,所能爲也。夫率諸侯朝事王室,恥上無勢而下無禮也。外恥禮之不存,內何犯禮而自壞?外內不相副,則功無成而威不立矣。世稱桀紂之惡,不言淫於親戚。實論者謂夫桀紂惡微於亡秦,亡秦過泊於王莽,無淫亂之言。桓公妻姑姊七人,惡浮於桀紂,而過重於秦莽也。春秋采毫毛之美,貶纖芥之惡。桓公惡大,不貶何哉?魯文姜,齊襄公之妹也,襄公通焉。春秋經曰:「莊二年冬,夫人姜氏會齊侯於郜。」春秋何尤於襄公,而書其奸?何宥於桓公,隱而不譏?如經失之,傳家左邱明、公羊、穀梁何諱不言?案桓公之過,多內寵,內嬖如夫人者六,有五公子爭立,齊亂,公薨,三月乃訃。世聞內嬖六人,嫡庶無別,則言亂於姑姊妹七人矣。傳書言:「齊桓公負婦人而朝諸侯。」此言桓公之淫亂無禮甚也。夫桓公大朝之時，負婦人於背，其游宴之時，何以加此？方修士禮，崇厲肅敬，負婦人於背，何以能率諸侯，朝事王室？葵丘之會，桓公驕矜，當時諸侯畔者九國。睚眦不得，九國畔去，況負婦人淫亂之行，何以肯留？或曰：『管仲告諸侯「吾君背有疽創，不得婦人，瘡不衰愈。」諸侯信管仲，故無畔者。』夫十室之邑，必有忠信若孔子。當時諸侯，千人以上，必知方術，治疽不用婦人，管仲為君諱也，諸侯知仲為君諱而欺己，必恚怒而畔去，何以能久統會諸侯，成功於霸？或曰：『桓公實無道，任賢相管仲，故能霸天下。』夫無道之人，與狂無異，信讒遠賢，反害仁義，安能任管仲，能養人令之成事？桀殺關龍逢，紂殺王子比干，無道之君，莫能用賢。使管仲賢，桓公不能用，用管仲，故知桓公無亂行也。有賢明之君，故有貞良之臣。臣賢君明之驗，奈何謂之有亂？難曰：『衞靈公無道之君，時知賢臣。管仲為輔，何明桓公不為亂也？』夫靈公無道，任用三臣，僅以不喪，非有功行也。桓公尊九九之人，拔甯戚於車下；責包茅不貢，運兵攻楚；九合諸侯，一匡天下：千世一出之主也。而云負婦人於背，虛矣！

說尚書者曰：『周公居攝，帶天子之綬，戴天子之冠，負扆南面而朝諸侯。』戶牖之間曰扆，南面之坐位也。負扆南面鄉坐，扆在後也。桓公朝諸侯之時，或南面坐，婦人立於後也。世俗傳云，則曰負婦人於背矣。此則夔一足，宋丁公鑿井得一人之語也。唐虞時，夔為大夫，性知音樂，調聲悲善。當時人曰：『調樂如夔，一足矣！』世俗傳言夔一足。案秩宗官缺，帝舜博求，衆稱伯夷，伯夷稽首，讓于夔龍。秩宗卿官，漢之宗正也。斷足，足非其理也。且一足之人，何用行也？夏后孔甲田于東蓂（一作莫）山，天雨晦冥，入于民家，主人方乳。或曰：『後來之子必貴。』或曰：『不勝之子必賤。』孔甲曰：『為余子，孰能賤之？』遂載以歸，析橑，斧斬其足，卒為守者。孔甲之欲貴之子，有餘力矣。斷足無宜，故為守者。今夔一足，無因趨步，坐調音樂，可也。秩宗之官，不宜一足，猶守者斷足，不可貴也。孔甲不得貴之子，伯夷不得讓於夔也。宋丁公者，宋人也，未鑿井時，常有寄汲，計之，日去一人作。自鑿井後，不復寄汲，計之，日得一人之作，故曰：『宋丁公鑿井得一人。』俗傳言曰：『丁公鑿井得一人於井中。』夫人生於人，非生於土也。穿土鑿井，無為得人；推此以論，負婦人之語，猶此類也。負婦人而坐，則云婦人在背；知婦人在背非道，則生管仲以婦人治疽之言矣。使桓公用婦人徹胤服，婦人於背，女氣瘡可去，以婦人治疽，方朝諸侯，桓公重衣，婦人襲裳，女氣分隔，負之何益？桓公思士，作庭燎而夜坐，以思致士，反以白日負婦人見諸侯乎？

傳書言：「聶政爲嚴翁仲刺殺韓王。」此虛也。夫聶政之時，韓列侯也。列侯之三年，聶政刺韓相俠累。十二年列侯卒，與聶政殺俠累相去十七年，而言聶政刺殺韓王，短書小傳，竟虛不可信也。

傳書又言：「燕太子丹使刺客荊軻刺秦王，不得，誅死。後高漸麗復以擊筑見秦王，秦王說之，知燕太子之客，乃冒其眼，使之擊筑。漸麗乃置鉛於筑中以爲重，當擊筑，秦王膝進，不能自禁。漸麗以筑擊秦王顙，秦王病傷，三月而死。」夫言高漸麗以筑擊秦王，實也；言中秦王病傷三月而死，虛也。夫秦王者，秦始皇帝也。始皇二十年，燕太子丹使荊軻刺始皇，始皇殺軻，明矣。二十一年，使將軍王翦攻燕，得太子首；二十五年，遂伐燕而虜燕王嘉。後不審何年，高漸麗以筑擊始皇，不中，誅漸麗。當二十七年，遊天下，到會稽，至琅琊，北至勞盛山，並海，西至平原津而病，到沙丘平臺，始皇崩。夫讖書言始皇還到沙丘而亡，傳書又言病筑瘡三月而死於秦。一始皇之身，世或言死於沙丘，或言死於秦，其死言恆病瘡。傳書之言，多失其實，世俗之人，不能定也。

變虛篇

傳書曰：「宋景公之時，熒惑守心。公懼，召子韋而問之曰：「熒惑在心，何也？」子韋曰：「熒惑，天罰也；心，宋分野也。禍當君。雖然，可移於宰相。」公曰：「宰相，所使治國家也，而移死焉，不祥。」子韋曰：「可移於民。」公曰：「民死，寡人將誰爲也？寧獨死耳！」子韋曰：「可移於歲。」公曰：「民饑，必死。爲人君而欲殺其民以自活也，其誰以我爲君者乎？是寡人命固盡也，子毋復言！」子韋退走，北面再拜，曰：「臣敢賀君。天之處高而聽卑，君有君人之言三，天必三賞君。今夕星必徙三舍，君延命二十一年。」公曰：「奚知之？」對曰：「君有三善，故有三賞，星必三徙，三徙行七星，星當一年，三七二十一，故君命延二十一歲。臣請伏於殿下以伺之。星必不徙，臣請死耳。」是夕也，火星果徙三舍，如子韋之言，則延年審得二十一歲矣。星徙審則延命；延命明，則景公爲善，天祐之也，則夫世間人能爲景公之行者，則必得景公祐矣。』此言虛也。何則？皇天遷怒，使熒惑本景公身有惡而守心，則雖聽子韋言，猶無益也。使其不爲景公，則雖不聽子韋之言，亦無損也。

齊景公時有彗星，使人禳之。晏子曰：『無益也，祇取誣焉。天道不闇，不貳其命，若之何禳之也？且天之有彗，以除穢也。君無穢德，又何禳焉？若德之穢，禳之何益？詩曰：「惟此文王，小心翼翼，昭事上帝，聿懷多福，厥德不回，以受方國。」君無回德，方國將至，何患於彗？詩曰：「我無所監，夏后及商。用亂之故，民卒流亡。」若德回亂，民將流亡，祝史之爲，無能補也。』公說，乃止。齊君欲禳彗星之凶，猶子韋欲移熒惑之禍也；宋君不聽，猶晏子不肯從也。則齊君爲子韋，晏子爲宋君也。同變共禍，一事二人，天猶賢宋君，使熒惑徙三舍，延二十一年，獨不多（一作爲）晏子使彗消而增其壽，何天祐善偏駁不齊一也？人君有善行，善行動於心，善言出於意，同由共本，一氣不異。宋景公出三善言，則其先三善言之前，必有善行也。有善行必有善政，政善則嘉瑞臻，福祥至，熒惑之星無爲守心也。使景公有失誤之行，以致惡政，惡政發則妖異見，熒之守心，桑穀之生朝。高宗消桑穀之變，以政不以言；景公卻熒惑之異，亦宜以行。景公有惡行，故熒惑守心。不改政修行，坐出三善言，安能動天？天安肯應？何以效之？使景公出三惡言，能使熒惑守心乎？夫三惡言不能使熒惑守心，三善言安能使熒惑退徙三舍？以三善言獲二十一年，如有百善言，得千歲之壽乎？非天祐善之意，應誠爲福之實也。

子韋之言，天處高而聽卑，君有君人之言三，天必三賞君。夫天，體也，與地無異。諸有體者，耳咸附於首。體與耳殊，未之有也。天之去人，高數萬里，使耳附天，聽數萬里之語，弗能聞也。人坐樓臺之上，察地之蟻螻，尚不見其體，安能聞其聲？何則？螻蟻之體細，不若人形大，聲音孔氣，不能達也。今天之崇高非直樓臺，人體比於天，非若螻蟻於人也。謂天非若螻蟻於人也，謂天聞人言，隨善惡爲吉凶，誤矣。四夷入諸夏，因譯而通。同形均氣，語不相曉，雖五帝三王，不能去譯，獨曉四夷；況天與人異體，音與人殊乎？人不曉天所爲，天安能知人所行？使天體乎，耳高不能聞人言；使天氣平，氣若雲煙，安能聽人辭？說災變之家曰：『人在天地之間，猶魚在水中矣。其能以行動天地，猶魚鼓而振水也，魚動而水蕩氣變。』此非實事也。假使真然，不能至天。魚長一尺，動於水中，振旁側之水，不過數尺。大若不過與人同，所振蕩者，不過百步，而一里之外，澹然澄靜，離之遠也。今人操行變氣，遠近宜與魚等，氣應而變，宜與水均。以七尺之細形，形中之微氣，不過與一鼎之蒸火同，從下地上變皇天，何其高也！

且景公賢者也。賢者操行，上不及聖，下不過惡人。世間聖人莫不堯、舜，惡人莫不桀、紂。堯、舜操行多善，無移熒惑之效。桀、紂之政多惡，有反景公脫禍之驗。景公出三善言，延年二十一歲，是則堯、舜宜獲千歲，桀、紂宜為殤子。今則不然，各隨年壽，堯、舜、桀、紂，皆近百載。是竟子韋之言妄，延年之語虛也。且子韋之言曰：『熒惑，天使也；心，宋分野也。禍當君。』若是者，天使熒惑加禍于景公也，如何可移于將相若歲與國民乎？天之有熒惑也，猶王者之有方伯也。諸侯有當死之罪，使方伯圍守其國，國君問罪於臣，臣明罪在君，雖然，可移于臣子與人民；設國君計其言，令其臣歸罪於國，方伯聞之，肯聽其言，釋國君之罪，更移以付國人乎？方伯不聽者，自國君之罪，非國人之辜也。方伯不聽自國君之罪，熒惑安肯移禍於國人？若此，子韋之言妄矣。曰：景公聽乎言，庸何能動天？使諸侯不聽其臣言，引過自予，方伯聞其言，釋其罪，委之去乎？方伯不釋諸侯之罪，熒惑安肯徙去三舍？

夫聽與不聽，皆無福善，星徙之實，未可信用。天人同道，好惡不殊，人道不然，則知天無驗矣！宋、衛、陳、鄭之俱災也，氣變見天，梓慎知之，請于子產，有以除之，子產不聽，天道當然，人事不能卻也。使子產聽梓慎，四國能無災乎？堯遭鴻水時，臣必有梓慎、子韋之知矣，然而不卻除者，堯與子產同心也。按子韋之言曰：『熒惑，天使也；心，宋分野也。禍當君。』審如此言，禍不可除，星不可卻也。若夫寒溫失和，風雨不時，政事之家，謂之失誤所致，可以善政賢行變而復也。若熒惑守心，若必死猶亡，禍安可除？修政改行，安能卻之？善政賢行，尚不能卻，出虛華之三言，謂星卻而禍除，增壽延年，享長久之福，誤矣。觀子韋之言景公言熒惑之禍，非寒暑風雨之類，身死命終之祥也。國且亡，身且死，妖氣見於天，容色見於面。面有容色，雖善操行，不能滅，死徵已見也。在體之色，不可以言行滅；在天之妖，安可以治除乎？人病且死，色見於面，人或謂之曰：『此必死之徵也。雖然，可移于五鄰，若移於奴役。』當死之人正言不可，容色肯爲善言之故滅，而當死之命肯爲之長乎？氣不可滅，命不可長。然則熒惑安可卻？景公之年安可增乎？由此言之，熒惑守心，未知所爲，故景公不死也。

且言星徙三舍者，何謂也？星三徙於一舍乎？一徙歷于三舍也？案子韋之言曰：『君有君人之言三，天必三賞君。今夕星必徙三舍。』若此，星竟徙三舍也。夫景公一坐有三善言，星徙三舍；如有十善言，星徙十舍乎？熒惑守心，爲善言卻。如景公復出三惡言，熒惑食心乎？爲善言卻，爲惡言進；無惡無善，熒惑安居不行動乎？或時熒惑守心爲旱災，不爲君麗。子韋不知，以爲死禍，信俗至誠之感。熒惑之處，星必偶自當去，景公自不死，世則謂子韋之言審，景公之誠感天矣。亦或時子韋知星行度適自去，自以著己之知，明君臣推讓之所致；見星之數七，因言星七舍，復得二十一年，因以星舍計年之數。是與齊太卜無以異也。齊景公問太卜曰：『子之道何能？』對曰：『能動地。』晏子往見公。公曰：『寡人問太卜曰：「子道何能？」對曰：「能動地。」地固可動乎？』晏子嘿然不對，出見太卜曰：『昔吾見鉤星在房心之間，地其動乎？』太卜曰：『然。』晏子出，太卜走見公：『臣非能動地，地固將自動。』夫子韋言星徙，猶太卜言地動也。地固且自動，太卜言己能動之；星固將自徙，子韋言君能徙之。使晏子不言鉤星在房心，則太卜之姦對不覺；宋無晏子之知臣，故子韋之一言，遂爲其是。案子韋書錄序秦亦言：子韋曰：『君出三善言，熒惑宜有動。』於是候之，果徙舍，不言三。或時星當自去，子韋以爲驗，實動離舍，世增言三。既空增三舍之數，又虛生二十一年之壽也。

異虛篇

殷高宗之時，桑穀俱生於朝，七日而大拱。高宗召其相而問之。相曰：『吾雖知之，弗能言也。』問祖己。祖己曰：『夫桑穀者，野草也，而生於朝，意朝亡乎？』高宗恐駭，側身而行道，思索先王之政，明養老之義，興滅國，繼絕世，舉佚民。桑穀亡。三年之後，諸侯以譯來朝者六國，遂享百年之福。高宗，賢君也，而感桑穀生而問祖己，行祖己之言，修政改行，桑穀之妖亡，諸侯朝而年長久。修善之義篤，故瑞應之福渥，此虚言也。祖己之言「朝當亡哉！」夫朝之當亡，猶人當死；人欲死，怪出；國欲亡，期盡。人死命終，死不復生，亡不復存。祖己之言政，何益於不亡？高宗之修行，何益於除禍？夫家人見凶修善，不能得吉；高宗見妖改政，安能除禍？除禍且不能，況能招致六國，延期至百年乎？故人之死生，在於命之夭壽，不在行之善惡；國之存亡，在期之長短，不在於政之得失。案祖己之占，桑穀爲亡之妖，亡象已見，雖修孝行，其何益哉？何以效之？魯昭公之時，鸜鵒來巢。師己採文成之世，童謡之語，有鸜鵒之言，見今有來巢之驗，則占謂之凶。其後昭公爲季氏所逐，出於齊，國果空虚，都有虚驗，故野鳥來巢，師己處之，禍竟如占。使昭公聞師己之言，修行改政爲善，居高宗之操，終不能消。何則？鸜鵒之謡已兆，出奔之禍已成也。

鸜鵒之兆，已出於文成之世矣。根生，葉安得不茂？源發，流安得不廣？此尚爲近，未足以言之。夏將衰也，二龍戰於庭，吐漦而去，夏王櫝而藏之。夏亡，傳於殷；殷亡，傳於周，皆莫之發。至幽王之時，發而視之，漦流于庭，化爲玄黿，走入後宫，與婦人交，遂生褒姒。褒姒歸周，厲王惑亂，國遂滅亡。幽、厲王之去夏世，以爲千數歲，二龍戰時，幽、厲、褒姒等未爲人也。周亡之妖，已出久矣，妖出，禍安得不就？瑞見，福安得不至？若二龍戰時言曰：「余褒之二君也。」是則褒姒當生之驗也。龍稱褒，褒姒不得不生；生則厲王不得不惡；惡則國不得不亡。徵已見，雖五聖十賢相與卻之，終不能消。善惡同實：善祥出，國必興；惡祥見，朝必亡。謂惡異可以善行除，是謂善瑞可以惡政滅也。河源出於崑崙，其流播於九河。使堯、禹卻以善政，終不能還者，水勢當然，人事不能禁也。河源不可禁，二龍不可除，則桑穀不可卻也。王命之當興也，猶春氣之當爲夏也；其當亡也，猶秋氣之當爲冬也。見春之微葉，知夏有莖葉；覩秋之零實，知冬之枯萃。桑穀之生，其猶春葉秋實也，必然猶驗之。今詳修政改行，何能除之？夫以周亡之祥，見於夏時，又何以知桑穀之生，不爲紂亡出乎？或時祖己言之，信野草之占，失遠近之實。高宗問祖己之後，側身行道，六國諸侯，偶朝而至，高宗之命，自長未終，則謂起桑穀之問，改政修行，享百年之福矣。夫桑穀之生，殆爲紂出，亦或時吉而不凶，故殷朝不亡，高宗壽長；祖己信野草之占，謂之當亡之徵。

漢孝武皇帝之時，獲白麟，戴兩角而共牴，使謁者終軍議之。軍曰：『夫野獸而共一角，象天下合同爲一也。』麒麟野獸也，桑穀野草也，俱爲野物，獸草何別？終軍謂獸爲吉，祖己謂野草爲凶。高宗祭成湯之廟，有蜚雉升鼎而雊，祖己以爲遠人將有來者。說尚書家謂雉凶，議駁不同；且從祖己之言，雉來吉也。雉伏於野草之中，草覆野爲之形，若民人處草廬之中，可謂其人吉而廬凶乎？民人入都，不謂之凶；野草生朝，何故不吉？介葛盧來朝，是凶也，如以草木者爲凶，朱草蓂莢出，是不吉也。朱草蓂莢皆草也，宜生於野，而生於朝，是爲不吉，何故謂之瑞？一野之物來至，或出吉凶異議。朱草蓂莢善草，故爲吉，則是以善惡爲吉凶，不以都野爲好醜也。

周時天下太平，越嘗獻雉於周公。高宗得之而吉。雉亦草野之物，何以爲吉？如以雉所分有似於士，則麐亦仍有似君子。公孫術得白鹿，占何以凶？然則雉之吉凶未可知，則夫桑穀之善惡未可驗也。桑穀或善物，象遠方之士，將皆立於高宗之廟，故高宗獲吉福，享長久也。說災異之家，以爲天有災異者，所以譴告王者，信也。夫王者有過，異見於國；不改，災見草木；不改，災見於五穀；不改，災至身。左氏春秋傳曰：『國之將亡，鮮不五稔。』災見於五穀，五穀安得熟？不熟，將亡之徵。災亦有且亡五穀不熟之應。天不熟，或爲災，或爲福，禍福之實未可知，桑穀之言安可審？論說之家，著於書記者，皆云：『天雨穀者凶。』書傳曰：『蒼頡作書，天雨穀，鬼夜哭。』此方凶惡之應。和者，天何用成穀之道？從天降而和，且猶謂之善，況所成之穀從雨下乎？極論訂之，何以爲凶？夫陰陽和則穀稼成，不則被災害。陰陽和者，穀之道也，何以謂之凶？絲成帛，縷成衣，賜人絲縷，猶爲重厚，況遺人以成帛與織布乎？夫絲縷猶陰陽，帛布猶成穀也。賜人帛，不謂之惡，天與之穀，何故謂之凶？夫雨穀吉凶未可定，桑穀之吉未可知也。

使暢草生於周之時，天下太平，人來獻暢草。暢草亦草野之物也，與彼桑穀何異？如以夷狄獻之則爲吉，使暢草生於周家，肯謂之善乎？夫暢草可以熾釀，芬香暢達者，將祭灌暢降神。設自生於周朝，與嘉禾朱草蓂莢之類不殊矣。然則桑亦食蠶，蠶爲絲，絲爲帛，帛爲衣，衣以入宗廟爲朝服，與暢無異，何以謂之凶？衛獻公子太子至靈臺，蚍蠭左輪，御者曰：「太子下拜。吾聞國君之子，蚍蠭車輪左者速得國。」太子遂不下，反乎舍。御人見太子，太子曰：「吾聞爲人子者，盡和順於君，不行私欲；共嚴承令，不逆君安。今吾得國，是君失安也。見國之利而忘君安，非子道也。得國而拜，其非君欲。廢子道者不孝，逆君欲則不忠，而欲我行之，殆吾欲國之危明也。」投殿將死。其御止之，不能禁，遂伏劍而死。夫蚍蠭左輪，審爲太子速得國，太子宜不死，獻公宜疾薨。今獻公不死，太子伏劍，御者之占，俗之虛言也。或時蚍爲太子將死之妖，御者信俗之占，故失吉凶之實。夫桑穀之生，與蚍蠭左輪相似類也。蚍至實凶，御者以爲吉；桑穀實吉，祖己以爲凶。

禹南濟於江，有黃龍負舟，舟中之人五色無主。禹乃嘻笑而稱曰：「我受命於天，竭力以勞萬民。生，寄也；死，歸也。死，歸也，何足以滑和，視龍猶蝘蜓也。」龍去而亡。案古今龍至皆爲吉，而禹獨謂黃龍凶者，見其負舟，舟中之人恐也。夫以桑穀比於龍，吉凶雖反，蓋相似。野草生於朝，尚爲不吉，殆有若黃龍負舟之異，故爲吉而殷朝不亡。晉文公將與楚成王戰於城濮，彗星出楚，楚操其柄，以問咎犯。咎犯對曰：「以彗鬭，倒之者勝。」文公夢與成王搏，成王在上，盬其腦。問咎犯，咎犯曰：「君得天而成王伏其罪，戰必大勝。」文公從之，大破楚師。嚮令文公問庸臣，必曰不勝。何則？彗星無吉，搏在上無凶也。夫桑穀之占，占爲凶，猶晉當彗末搏在下爲不吉也。然而吉者，殆有若對彗見天之詭，故高宗長久，殷朝不亡。使文公不問咎犯，咎犯不明其吉，戰以大勝，世人將曰：「文公以至賢之德，破楚之無道，天雖見妖，臥有凶夢，猶滅妖消凶以獲福。」殷無咎犯之異知，而有祖己信常之占，故桑穀之文，傳世不絕，轉禍爲福之言，到今不實。」

感虛篇

儒者傳書言：「堯之時，十日並出，萬物燋枯。堯上射十日，九日去，一日常出。」此言虛也。夫人之射也，不過百步，矢力盡矣。日之行也，行天星度，天之去人，以萬里數，堯上射之，安能得日？使堯之時，天地相近，不過百步，則堯射日。矢能及之；過百步，不能得也。假使堯時天地相近，堯射得之，猶不能傷日，傷日何肯去？何則？日，火也，使在地之火，附一把炬，人從旁射之，雖中，安能滅之？地火不爲見射而滅，天火何爲見射而去？此欲言堯以精誠射之，精誠所加，金石爲虧，蓋誠無堅則亦無遠矣。夫水與火各一性也，能射火而滅之，則當射水而除之。洪水之時，氾濫中國，爲民大害。堯何不推精誠，射而除之？堯能射日，使火不爲害，不能射河，使水不爲害。夫射水不能卻水，則知射日之語，虛非實也。或曰：『日，氣也，射雖不及，精誠滅之。』夫天亦遠，使其爲氣，則與日月同；使其爲體，則與金石等。以堯之精誠，滅日虧金石，上射日則能穿天乎？世稱桀、紂之惡，射天而毆地；譽高宗之德，政消桑穀。今堯不能以德滅十日，而必射之，是德不若高宗，惡與桀、紂同也，安能以精誠獲天之應也？

傳書言：『武王伐紂，渡孟津，陽侯之波，逆流而擊，疾風晦冥，人馬不見。於是武王左操黃鉞，右執白旄，瞋目而麾之曰「余在天下，誰敢害吾意者」，於是風霽波罷。』此言虛也。武王渡孟津時，士衆喜樂，前歌後舞，天人同應。人喜天怒，非實宜也。前歌後舞，未必其實。麾風而止之，迹近爲虛。夫風者，氣也，論者以爲天地之號令也。武王誅紂是乎，天當安靜以祐之；如誅紂非乎，而天風者怒也。武王不奉天令，求索已過，瞋目言曰：『余在天下，誰敢害吾者？』重天怒，增己之惡也，風何肯止？父母怒，子不改過，瞋目大言，父母肯貰之乎？如風，天所爲，禍氣自然，是亦無知，不爲瞋目麾之故止。夫風猶雨也，使武王瞋目，以旄麾雨而止之乎？武王不能止雨，則亦不能止風。或時武王適麾之，風偶自止，世褒武王之德，則謂武王能止風矣。

傳書言：『魯襄公與韓戰，戰酣日暮，公援戈而麾之，日爲之反三舍。』此言虛也。凡人能以精誠感動天，專心一意，委務積神，精通于天，天爲變動，然尚未可謂然。襄公志在戰，爲日暮一麾，安能令日反？使聖人麾日，日終不反，襄公何人，而使日反乎？鴻範曰：『星有好風，星有好雨。日月之行，則有冬有夏；月之從星，則有風雨。』夫星與日月同精，日月不從星，星輒復變。明日月行有常度，不得從星之好惡也，安得從襄公之所欲？星之在天也，爲日月舍，猶地有郵亭，爲長吏廨也。二十八舍有分度，一舍十度，或增或減。言日反三舍，乃三十度也。日日行一度，一麾之間，反三十日，時所在度也。如謂舍爲度，三度亦三日行也；一麾之間，令日卻三日也。宋景公推誠出三善言，熒惑徙三舍，實論者猶謂之虛。襄公爭鬭，惡日之暮，以此一戈麾，無誠心善言，日爲之反，殆非其意哉！且日，火也，聖人麾火，終不能卻；襄公麾日，安能使反？或時戰時日正卯，戰迷，謂日之暮，麾之，轉左曲道，日若卻。世好神怪，因謂之反，不道所謂也。

傳書言：『荊軻爲燕太子謀刺秦王，白虹貫日。衛先生爲秦畫長平之事，太白蝕昴。』此言精感天，天爲變動也。夫言白虹貫日，太白蝕昴，實也；言荊軻之謀，衛先生之畫，感動皇天，故白虹貫日，太白蝕昴者，虛也。夫以筋撞鐘，以筭擊鼓，不能鳴者，所用撞擊之者小也。今人之形，不過七尺，以七尺形中精神，欲有所爲，雖積銳意，猶筋撞鐘，筭擊鼓也，安能動天？精非不誠，所用動者小也。且所欲害者人也，人不動，天反動乎？問曰：『人之害氣能相動乎？』曰：『不能。』『豫讓欲害趙襄子，襄子心動；貫高欲篡高祖，高祖亦心動。二子懷精，故兩主振感。』曰，稱變且至，身自有怪，非適人所能動也。何以驗之？時或遭狂人於途，以刃加己，狂人未必念害己身也，然而己身先時已有妖怪矣。由此言之，妖怪之至，稱變自凶之象，非欲害己者之所爲也。且凶之人卜得惡兆，筮得凶卦，出門見不吉，占危睹禍氣。禍氣見於面，猶白虹太白見於天也。變見於天，妖出於人，上下適然，自相應也。

傳書言：『燕太子丹朝於秦，不得去，從秦王求歸。秦王執留之，與之誓曰：「使日再中，天雨粟，令烏白頭，馬生角，廚門木象生肉足，乃得歸。」當此之時，天地祐之，日爲再中，天雨粟，烏白頭，馬生角，廚門木象生肉足。秦王以爲聖，乃歸之。』此言虛也。燕太子丹何人，而能動天？聖人之拘，不能動天；太子丹賢者也，何能致此？夫天能祐太子，生諸瑞以免其身，則能和秦王之意以解其難。見拘一事而易，生瑞五事而難。舍一事之易，爲五事之難，何天之不憚勞也？湯困夏臺，文王拘羑里，孔子厄陳、蔡。三聖之困，天不能祐，使拘之者睹祐知聖，出而尊厚之。或曰：『拘三聖者，不與三誓，三聖心不願，故祐聖之瑞無因而至。天之祐人，猶借人以物器矣，人不求索，則弗與也。』曰，太子願天下瑞之時，豈有言語乎？心願而已。然湯閉於夏臺，文王拘於羑里時，心亦願出；孔子厄陳、蔡，心願食。天何不令夏臺羑里關鑰毀敗，湯文涉出；雨粟陳蔡，孔子食飽乎？太史公曰：『世稱太子丹之令天雨粟馬生角，大抵皆虛言也。』太史公書漢世實事之人，而云虛言，近非實也。

傳書言：『杞梁氏之妻嚮城而哭，城爲之崩。』此言杞梁從軍不還，其妻痛之，嚮城而哭，至誠悲痛，精氣動城，故城爲之崩也。夫言嚮城而哭者，實也；城爲之崩者，虛也。夫人哭悲，莫過雍門子。雍門子哭對孟嘗君，孟嘗君爲之於邑。蓋哭之精誠，故對嚮之者悽愴感慟也。夫雍門子能動孟嘗之心，不能感孟嘗衣者，衣不知恻怛，不以人心相關通也。今城，土也。土猶衣也，無心腹之藏，安能爲悲哭感慟而崩？使至誠之聲能動城土，則其對林木哭，能折草破木乎？嚮水火而泣，能涌水滅火乎？夫草木水火，與土無異。然杞梁之妻不能崩城，明矣。或時城適自崩，杞梁之妻適哭下。世好虛，不原其實，故崩城之名，至今不滅。

傳書言：『鄒衍無罪，見拘於燕，當夏五月，仰天而歎，天爲隕霜。』此與杞梁之妻哭而崩城，無以異也。言其無罪見拘，當夏仰天而歎，實也；言天爲之雨霜，虛也。夫萬人舉口並解吁嗟，猶未能感天，鄒衍一人冤而壹歎，安能下霜？鄒衍之冤，不過曾子、伯奇。曾子見疑而吟，伯奇被逐而歌。疑與拘同，吟歌與歎等。曾子、伯奇不能致寒，鄒衍何人，獨能雨霜？被逐之冤，尚未足言。申生伏劍，子胥刎頸，實孝而賜死，誠忠而被誅。且臨死時，皆有聲辭。聲辭出口，與仰天歎無異。天不爲二子感動，獨爲鄒衍動，豈天痛見拘，不悲流血哉？伯奇冤痛相似，而感動不同也。夫熯一炬火，爨一鑊水，終日不能熱也；倚一尺冰，置庖廚中，終夜不能寒也。何則？微小之感，不能動大巨也。今鄒衍之歎，不過如一炬尺冰，而皇天巨大，不徒鑊水庖廚之醜類也。一仰天歎，天爲隕霜，何天之易感，霜之易降也？夫哀與樂同，喜與怒均。衍興怨痛，使天下霜，使衍蒙非望之賞，仰天而笑，能以冬時使天熱乎？變復之家曰：『人君秋賞則溫，夏罰則寒。寒不累時，則霜不降；溫不兼日，則冰不釋。』一夫冤而一歎，天輒下霜，何氣之易變，時之易轉也？寒溫自有時，不合變復之家。且從變復之說，或時燕王好用刑，寒氣應至；而衍囚拘而歎，歎時霜適自下。世見適歎而霜下，則謂鄒衍歎之致也。

傳書言：『師曠奏白雪之曲，而神物下降，風雨暴至，平公因之癃病，晉國赤地。』或言：『師曠清角之曲，一奏之，有雲從西北起；再奏之，大風至，大雨隨之，裂帷幕，破俎豆，墮廊瓦，坐者散走，平公恐懼，伏乎廊室，晉國大旱，赤地三年，平公癃病。』夫白雪與清角，或同曲而異名，其禍敗同一實也。傳書之家，載以爲是；世俗觀見，信以爲然。原省其實，殆虛言也。夫清角何音之聲而致此？清角，木音也，故致風而如木爲風，雨與風俱，三尺之木，數絃之聲，感動天地，何其神也！此復一哭崩城、一歎下霜之類也。師曠能鼓清角，必有所受，非能質性生出之也。其初受學之時，宿昔習弄，非直一再奏也。審如傳書之言，師曠學清角時，風雨當至也。

傳書言：『瓠芭鼓瑟，淵魚出聽；師曠鼓琴，六馬仰秣。』或言：『師曠鼓清角，一奏之，有玄鶴二八，自南方來，集於廊門之危；再奏之而列；三奏之，延頸而鳴，舒翼而舞，音中宮商之聲，聲吁于天。平公大悅，坐者皆喜。』尚書曰：『擊石拊石，百獸率舞。』此雖奇怪，然尚可信。何則？鳥獸好悲聲，耳與人耳同也。禽獸見人欲食，亦欲食之；聞人之樂，何爲不樂？然而魚聽、仰秣、玄鶴延頸、百獸率舞，蓋且其實。風雨之至，晉國大旱，赤地三年，平公癃病，殆虛言也。或時奏清角時，天偶風雨，風雨之後，晉國適旱；平公好樂，喜笑過度，偶發癃病。傳書之家，信以爲然，世人觀見，遂以爲實。實者樂聲不能致此。何以驗之？風雨暴至，是陰陽亂也。樂能亂陰陽，則亦能調陰陽也。王者何須修身正行，擴施善政？使鼓調陰陽之曲，和氣自至，太平自立矣。

傳書言：『湯遭七年旱，以身禱於桑林，自責以六過，天乃雨。』或言：『五年。禱辭曰：「余一人有罪，無及萬夫；萬夫有罪，在余一人。天以一人之不敏，使上帝鬼神傷民之命。」於是翦其髮，麗其手，自以爲牲，用祈福於上帝。上帝甚說，時雨乃至。』言湯以身禱於桑林，自責若言，剪髮麗手，自以爲牲，用祈福於帝者，實也。言雨至爲湯自責以身禱之故，殆虛言也。孔子疾病，子路請禱。孔子曰：『有諸？』子路曰：『有之。誄曰：「禱爾于上下神祇。」』孔子曰：『丘之禱久矣。』聖人修身正行，素禱之日久，天地鬼神知其無罪，故曰：『禱久矣。』易曰：『大人與天地合其德，與日月合其明，與四時合其敍，與鬼神合其吉凶。』此言聖人與天地鬼神同德行也。即須禱以得福，是不同也。湯與孔子俱聖人也，皆素禱日久。孔子不使子路禱以治病，湯何能以禱得雨？孔子素禱，身猶疾病；湯亦素禱，歲猶大旱。然則天地之有水旱，猶人之有疾病也。疾病不可以自責除，水旱不可以禱謝去，明矣。湯之致旱以過乎，是不與天地同德也。今不以過致旱乎，自責禱謝，亦無益也。人形長七尺，形中有五常，有癉（一作「癉」）熱之病，深自剋責，猶不能愈；況以廣大之天，自有水旱之變。湯用七尺之形，形中之誠，自責禱謝，安能得雨邪？人在層臺之上，人從層臺下叩頭，求請臺上之物。臺上之人聞其言，則憐而與之；如不聞其言，雖至誠區區，終無得也。夫天去人，非徒層臺之高也，變雖自責，天安能聞知而與之雨乎？夫旱，火變也；湛，水異也。堯遭洪水，可謂湛矣。堯不自責，以身禱祈，必舜禹治之，知水變必須治也。除湛不以禱祈，除旱亦宜如之。由此言之，湯之禱祈，不能得雨。或時旱久，時當自雨；湯以旱久，亦適自責。世人見雨之下，隨湯自責而至，則謂湯以禱祈得雨矣。

傳書言：「倉頡作書，天雨粟，鬼夜哭。」此言文章興而亂漸見，故其妖變，致天雨粟，鬼夜哭也。夫言天雨粟，鬼夜哭，實也；言其應倉頡作書，虛也。夫河出圖，洛出書，聖帝明王之瑞應也。圖書文章，與倉頡所作字畫何以異？天地爲圖書，倉頡作文字，業與天地同，指與鬼神合，何非何惡而致雨粟神哭之怪？使天地鬼神惡人有書，則其出圖書非也。天不惡人有書，作書何非，而致此怪？或時倉頡適作書，天適雨粟，鬼偶夜哭，而雨粟鬼神哭，自有所爲。世見應書而至，則謂作書生亂敗之象，應事而動也。天雨穀，論者謂之從天而下，變而生。如以雲雨論之，雨穀之變，不足怪也。何以驗之？夫雲雨出於丘山，降散則爲雨矣。人見其從上而墜，則謂之天雨水也。夏日則雨水，冬日天寒，則雨凝而爲雪，皆由雲氣發於丘山，不從天上，降集於地明矣。夫穀之雨，猶復雲布之，亦從地起，因與疾風俱飄，參於天，集於地。人見其從天落也，則謂之天雨穀。建武三十一年中，陳留雨穀，穀下蔽地。案視穀形，若茨而黑，有似於稗實也。此或時夷狄之地，生出此穀。夷狄不粒食，此穀生於草野之中，成熟垂委於地，遭疾風暴起，吹揚與之俱飛，風衰穀集，墜於中國。中國見之，謂之雨穀。何以效之？野火燔山澤，山澤之中，草木皆燒，其葉爲灰，疾風暴起，吹揚之，參天而飛，風衰葉下，集於道路。夫天雨穀者，草木葉燒飛而集之類也；而世以爲雨穀，作傳書者以變怪。天主施氣，地主產物，有葉實可啄食者，皆地所生，非天所爲也。今穀非氣所生，須土以成，雖云怪變，怪變因類。生地之物，更從天集，生天之物，可從地出乎？地之有萬物，猶天之有列星也。星不更生於地，穀何獨生於天乎？

傳書又言：『伯益作井，龍登玄雲，神棲崑崙。』言龍井有害，故龍神爲變也。夫言龍登玄雲，實也，言神棲崑崙，又言爲作井之故，龍登神去，虛也。夫作井而飲，耕田而食，同一實也。伯益作井，致有變動；始爲耕耘者，何故無變。神農之揉木爲耒，教民耕耨，民始食穀，穀始播種。耕土以爲田，鑿地以爲井。井出水以救渴，田出穀以拯饑，天地鬼神所欲爲也，龍何故登玄雲？神何故棲崑崙？夫龍之登玄雲，古今有之，非始益作井而乃登也。方今盛夏，雷雨時至，龍多登雲。雲龍相應，龍乘雲雨而行。物類相致，非有爲也。堯時五十之民，擊壤於塗。觀者曰：『大哉！堯之德也！』擊壤者曰：『吾日出而作，日入而息，鑿井而飲，耕田而食，堯何等力？』堯時已有井矣。唐虞之時，豢龍御龍，龍常在朝；夏末政衰，龍乃隱伏，非益鑿井龍登雲也。所謂神者，何神也？百神皆是。百神何故惡人爲井？使神與人同，則亦宜有飲之欲。有飲之欲，憎井而去，非其實也。夫益始不鑿井，龍不爲鑿井登雲，神不棲於崑崙，傳書意妄造生之也。

傳書言：『梁山崩，壅河三日不流，晉君憂之。晉伯宗以輦者之言，令景公素縞而哭之，河水爲之流通。』此虛言也。夫山崩壅河，猶人之有癰腫，血脈不流也。治癰腫者，可復以素服哭泣之聲治乎？堯之時，洪水滔天，懷山襄陵。帝堯吁嗟，博求賢者。水變甚於河壅，堯憂深於景公，不聞以素縞哭泣之聲能厭勝之。堯無賢人若輦者之術乎，將洪水變大，不可以聲服除也；如素縞而哭，悔過自責也。堯禹之治水，以力役不自責。梁山，堯時山也；所壅之河，堯時河也。山崩河壅，天雨水踊，二者之變，無以殊也。堯禹治洪水以力役，輦者治壅河用自責。變同而治異，人鈞而應殊，殆非賢聖變復之實也。凡變復之道，所以能相感動者，以物類也。有寒則復之以溫，溫復解之以寒。故以龍致雨，以刑逐暑，皆緣五行之氣，用相感勝之。山崩壅河，素縞哭之，於道何意乎？此或時河壅之時，山初崩，土積聚，水未盛。三日之後，水盛土散，稍壞沮矣。壞沮水流，竟注東去，遭伯宗得輦者之言，因素縞而哭，哭之因流。時謂之河變起此而復。其實非也。何以驗之？使山恆自崩乎，素縞哭無益也。使其天變應之，宜改政治，素縞而哭，何政所改，而天變復乎？

傳書言：「曾子之孝，與母同氣。曾子出薪於野，有客至而欲去。曾母曰：『願留，參方到。』蓋以右手搤其左臂。曾子左臂立痛，即馳至問母：『臂何故痛？』母曰：『今者客來欲去，吾搤臂以呼汝耳。』蓋以至孝與父母同氣，體有疾病，精神輒感。」曰，此虛也。夫孝悌之至，通於神明，乃謂德化至天地。俗人緣此而說言，孝悌之至，精氣相動，如曾母臂痛，曾子臂亦輒痛。曾母病，曾子亦病乎？曾母死，曾子輒死乎？考事，曾母先死，曾子不死矣。此精氣能小相動，不能大相感也。世稱申喜夜聞其母歌，心動開關，問歌者爲誰，果其母。蓋聞母聲，聲音相感，心悲意動，開關而問，蓋其實也。今曾母在家，曾子在野，不聞號呼之聲，母小搤臂，安能動子？疑世人頌成，聞曾子之孝，天下少雙，則爲空生母搤臂之說也。

世稱：「南陽卓公爲緱氏令，蝗不入界。」蓋以賢明至誠，災蟲不入其縣也。此又虛也。夫賢明至誠之化，通於同類，能相知心，然後慕服。蝗蟲，閩虻之類也，何知何見而能知卓公之化？使賢者處深野之中，閩虻能不入其舍乎？閩虻不能避賢者之舍，蝗蟲何能不入卓公之縣？如謂蝗蟲變與閩虻異，夫寒溫亦災變也。使一郡皆寒，賢者長一縣，一縣之界能獨溫乎？夫寒溫不能避賢者之縣，蝗蟲何能不入卓公之界？夫如是，蝗蟲適不入界，卓公賢名稱於世；世則謂之能卻蝗蟲矣。何以驗之？夫蝗之集於野，非能普博盡蔽地也，往往積聚多少有處。非所積之地，則盜跖所居；所少之野，則伯夷所處也。集過有多少，不能盡蔽覆也。夫集地有多少，則其過縣有留去矣。多少不可以驗善惡，有無安可以明賢不肖也？蓋時蝗自過，不謂賢人界不入，明矣。

福虛篇

世論行善者福至，爲惡者禍來。福禍之應，皆天也。人爲之，天應之。陽恩，人君賞其行；陰惠，天地報其德。無貴賤賢愚，莫謂不然。徒見行事有其文傳，又見善人時遇福，故遂信之，謂之實然。斯言或時賢聖欲勸人爲善，著必然之語，以明德報；或福時適遇者，以爲然。如實論之，安得福祐乎？楚惠王食寒葅而得蛭，因遂吞之，腹有疾而不能食。令尹問：『王安得此疾也？』王曰：『我食寒葅而得蛭，念譴之而不行其罪乎，是廢法而威不立也，非所以使國人聞之也。譴而行誅乎，則庖廚監食者法皆當死，心又不忍也。吾恐左右見之也，因遂吞之。』令尹避席再拜而賀曰：『臣聞天道無親，唯德是輔。王有仁德，天之所奉也，病不爲傷。』是夕也，惠王之後而蛭出，及久患心腹之積皆愈。故天之親德也，可謂不察乎？曰：此虛言也。案惠王之吞蛭，不肖之主也。有不肖之行，天不祐也。何則？惠王不忍譴蛭，恐庖廚監食法皆誅也。一國之君，專擅賞罰；而赦，人君所爲也。惠王通譴葅中何故有蛭，庖廚監食皆當伏法。然能終不以飲食行誅於人，赦而不罪，惠莫大焉。庖廚罪覺而不誅，自新而改後。惠王赦細而活微，身安不病。今則不然，彊食害己之物，使監食之臣不聞其過，失御下之威，無禦非之心，不肖一也。使庖廚監食失甘苦之和，若塵土落於葅中，大如蟣虱，非意所能覽，非目所能見，原心定罪，不明其過，可謂惠矣。今蛭廣有分數，長有寸度，在寒葅中，眇目之人猶將見之，臣不畏敬，擇濯不謹，罪過至重。惠王不譴，不肖二也。葅中不當有蛭，不食投地，如恐左右之見，懷屏隱匿之處，足以使蛭不見，何必食之？如不可食之物，誤在葅中，可復隱匿而彊食之，不肖三也。有不肖之行，而天祐之，是天報祐不肖人也。不忍譴蛭，世謂之賢。賢者操行多若吞蛭之類，吞蛭天除其病，是則賢者常無病也。賢者德薄，未足以言；聖人純道操行少非，爲推不忍之行，以容人之過，必衆多矣。然而武王不豫，孔子疾病，天之祐人何不實也？或時惠王吞蛭，蛭偶自出，食生物者無有不死，腹中熱也。初吞蛭時未死，而腹中熱，蛭動作，故腹中痛。須臾蛭死，腹中痛亦止。蛭之性食血，惠王心腹之積，殆積血也，故食血之蟲死，而積血之病愈。猶狸之性食鼠，人有鼠病，吞狸自愈。物類相勝，方藥相使也。食蛭蟲而病愈，安得怪乎？食生物無不死，死無不出，之後蛭出，安得祐乎？令尹見惠王有不忍之德，知蛭入腹中必當死出，臣因再拜賀病不爲傷，著己知來之德，以喜惠王之心，是與子韋之言星徙，太卜之言地動，無以異也。

宋人有好善行者，三世不改，家無故黑牛生白犢，以問孔子。孔子曰：『此吉祥也，以享鬼神，即以犢祭。』一年，其父無故而盲，牛又生白犢，其父又使其子問孔子。孔子曰：『吉祥也，以享鬼神，復以犢祭。』一年其子無故而盲。其後楚攻宋，圍其城。當此之時，易子而食之，析骸而炊之。此獨以父子俱盲之故，得毋乘城。軍罷圍解，父子俱視。此修善積行，神報之效也。曰，此虛言也。夫宋人父子修善如此，神報之，何必使之先盲後視哉？不盲常視，不能護乎？此神不能護不盲之人，則亦不能以盲護人矣。使宋楚之君合戰頓兵，流血僵尸，戰夫禽獲，死亡不還，以盲之故，得脫不行，可謂神報之矣。今宋楚相攻，兩軍未合，華元子反結言而退，二軍之衆並全而歸，兵矢之刃無頓，用者雖有乘城之役，無死亡之患。爲善人報者，爲乘城之間乎？使時不盲，亦猶不死。盲與不盲，俱得脫免，神使之盲，何益於善？當宋國乏糧之時也，盲人之家，豈獨富哉？俱與乘城之家易子析骸，反以窮厄，獨盲無見，則神報祐人，失善惡之實也。宋人父子，前偶自以風寒發盲，圍解之後，盲偶自愈。世見父子修善，又用二白犢祭；宋楚相攻，獨不乘城；圍解之後，父子皆視，則謂修善之報，獲鬼神之祐矣。

楚相孫叔敖爲兒之時，見兩頭蛇，殺而埋之，歸，對其母泣。母問其故，對曰：『我聞見兩頭蛇死！向者出見兩頭蛇，恐去母死，是以泣也。』其母曰：『今蛇何在？』對曰：『我恐後人見之，即殺而埋之。』其母曰：『吾聞有陰德者，天必報之，汝必不死，天必報汝。』叔敖竟不死，遂爲楚相。埋一蛇，獲二祐，天報善明矣。曰，此虛言也。夫見兩頭蛇輒死者，俗言也，有陰德天報之福者，俗議也。叔敖信俗言而埋蛇，其母信俗議而必報，是謂死生無命，在一蛇之死。齊孟嘗君田文以五月五日生，其父田嬰讓其母曰：『何故舉之？』曰：『君所以不舉五月子，何也？』嬰曰：『五月子長與戶同，殺其父母。』曰：『人命在天乎？在戶乎？如在天，君何憂也？如在戶，則宜高其戶耳，誰而及之者？』後文長與一戶同，而嬰不死。是則五月舉子之忌，無效驗也。夫惡見兩頭蛇，猶五月舉子也。五月舉子，其父不死，則知見兩頭蛇者，無殃禍也。由此言之，見兩頭蛇自不死，非埋之故也。埋一蛇獲二福，如埋十蛇得幾祐乎？

埋虵惡人復見叔敖賢也；賢者之行，豈徒埋虵一事哉？前埋虵之時，多所行矣。稟天善性，動有賢行；賢行之人，宜見吉物，無爲乃見殺人之虵，豈叔敖未見虵之時有惡，天欲殺之；見其埋虵，除其過，天活之哉？石生而堅，蘭生而香，如謂叔敖之賢在埋虵之時，非生而稟之也。儒家之徒董無心，墨家之徒纏子，相見講道。纏子稱墨家佑鬼神，是引秦穆公有明德，上帝賜之九十年。纏子難以堯舜不賜年，桀紂不夭死。堯舜桀紂猶爲尙遠，且近難以秦穆公晉文公。夫謚者，行之迹也；迹生時行，以爲死謚。穆者誤亂之名，文者德惠之表。有誤亂之行，天賜之年；有德惠之操，天奪其命乎？案穆公之霸，不過晉文；晉文之謚，美於穆公。天不加晉文以命，獨賜穆公以年，是天報誤亂，與穆公同也。天下善人寡，惡人衆；善人順道，惡人違天。然夫惡人之命不短，善人之年不長；天不命善人常享一百載之壽，惡人爲殤子惡死，何哉？

禍虛篇

世謂受福祐者，旣以爲行善所致，又謂被禍害者，爲惡所得。以爲有沈惡伏過，天地罰之，鬼神報之。天地所罰，小大猶發；鬼神所報，遠近猶至。傳曰：『子夏喪其子而喪其明，曾子弔之哭。子夏曰：「天乎！予之無罪也！」曾子怒曰：「商，汝何無罪也？吾與汝事夫子於洙泗之間，退而老於西河之上，使西河之民疑汝於夫子，爾罪一也。喪爾親，使民無有異聞，爾罪二也。喪爾子，喪爾明，爾罪三也。而曰汝何無罪歟？」子夏投其杖而拜，曰：「吾過矣！吾過矣！吾離羣而索居，亦以久矣！」』夫子夏喪其明，曾子責以罪，子夏投杖拜曾子之言，蓋以天實罰過，故目失其明，己實有之，故拜受其過。始聞暫見，皆以爲然，熟考論之，虛妄言也。夫失明猶失聽也；失明則盲，失聽則聾。病聾不謂之有過，失明謂之有罪，惑也。蓋耳目之病，猶心腹之有病也。耳目失明聽，謂之有罪；心腹有病，可謂有過乎？伯牛有疾，孔子自牖執其手，曰：『亡之，命矣夫！斯人也而有斯疾也！』原孔子言，謂伯牛不幸，故傷之也。如伯牛以過致疾，天報以惡，與子夏同，孔子宜陳其過。若曾子謂子夏之狀，今乃言命，命非過也。且天之罰人，猶人君罪下也。所罰服罪人，君赦之。子夏服過，拜以自悔。天德至明，宜愈其盲。如非天罪，子夏失明，亦無三罪，且喪明之病，孰與被厲之病？喪明有三罪，被厲有十過乎？顏淵早死，子路菹醢。早死菹醢，極禍也，以喪明言之，顏淵、子路有百罪也。由此言之，曾子之言誤矣。然子夏之喪明，喪其子也。子者，人情所通；親者，人所力報也。喪親民無聞，喪子失其明，此恩損於親而愛增於子也。增則哭泣無數，數哭中風，目失明矣。曾子因俗之議，以著子夏三罪。子夏亦緣俗議，因以失明，故拜受其過。曾子、子夏未離於俗，故孔子門敍行，未在上第也。

秦襄王賜白起劍，白起伏劍將自刎，曰：「我有何罪於天乎？」良久，曰：「我固當死。長平之戰，趙卒降者數十萬，我詐而盡坑之，是足以死。」遂自殺。白起知己前罪，服更後罰也。夫白起知己所以罪，不知趙卒所以坑。如天審罰有過之人，趙降卒何辜於天？如用兵妄傷殺，則四十萬衆必有不亡。不亡之人，何故以其善行無罪而竟坑之？卒不得以善蒙天之祐，白起何故獨以其罪伏天之誅？由此言之，白起之言過矣。秦二世使使者詔殺蒙恬，蒙恬喟然嘆曰：「我何過於天？無罪而死。」良久，徐曰：「恬罪故當死矣。夫起臨洮屬之遼東，城徑萬里，此其中不能毋絕地脈，此乃恬之罪也。」即呑藥自殺。太史公非之曰：「夫秦初滅諸侯，天下心未定，夷傷未瘳，而恬爲名將，不以此時彊諫，救百姓之急、養老矜孤，修衆庶之和，阿意興功，此其子弟過誅，不亦宜乎？何與乃罪地脈也？」夫蒙恬之言既非，而太史公非之亦未是。何則？蒙恬絕脈，罪至當死。地養萬物，何過於人？而蒙恬絕其脈。知己有絕地脈之罪，不知地脈所以絕之過，自非如此，與不自非何以異？太史公爲非恬之爲名將，不能以彊諫，故致此禍。夫當諫不諫，故致受死亡之戮。身任李陵，坐下蠶室。如太史公之言，所任非其人，故殘身之戮，天命而至也。非蒙恬以不彊諫，故致此禍；則己下蠶室，有非者矣。己無非，則其非蒙恬，非也。作伯夷之傳，則善惡之行，云：「七十子之徒，仲尼獨薦顏淵好學，然回也屢空，糟糠不厭，卒夭死。天之報施善人如何哉？盜跖日殺不辜，肝人之肉，暴戾恣睢，聚黨數千，橫行天下，竟以壽終，是獨遵何哉？」若此言之，顏淵不當早夭，盜跖不當全活也。不怪顏淵不當夭，而獨謂蒙恬當死，過矣。

漢將李廣與望氣王朔燕語曰：『自漢擊匈奴，而廣未嘗不在其中，而諸校尉以下，才能不及中，然以胡軍攻取侯者數十人。而廣不爲侯後人，然終無尺土之功，以得見封邑者，何也？豈吾相不當侯，且固命也。』朔曰：『將軍自念，豈常有恨者乎？』廣曰：『吾爲隴西太守，羌常反，吾誘而降之八百餘人，吾詐而同日殺之，至今恨之，獨此矣！』朔曰：『禍莫大於殺已降，此乃將軍所以不得侯者也。』李廣然之，聞者信之。夫不侯猶不王者也，不侯何恨？不王何負乎？孔子不王，論者不謂之有負；李廣不侯，王朔謂之有恨。然則王朔之言，失論之實矣。論者以爲人之封侯，自有天命。天命之符，見於骨體。大將軍衞青在建章宮時，鉗徒相之曰：『貴至封侯。』後竟以功封萬戶侯。衞青未有功，而鉗徒見其當封之證。由此言之，封侯有命，非人操行所能得也。鉗徒之言實而有效，王朔之言虛而無驗也。多橫恣而不罹禍，順道而違福，王朔之說，白起自非、蒙恬自咎之類也。倉卒之世，以財利相刧殺者衆，同車共船，千里爲商，至闊迥之地，殺其人而并取其財，尸捐不收，骨暴不葬，在水爲魚鼈之食，在土爲螻蟻之糧。惰窳之人，不力農勉商，以積穀貨，遭歲饑饉，腹餓不飽，椎人若畜，割而食之，無君子小人，並爲魚肉，人所不能知，吏所不能覺，千人以上，萬人以下，計一聚之中，生者百一，死者十九，可謂無道至痛甚矣。皆得陽達，富厚安樂。天不責其無仁義之心，道相并殺，非其無力作，而倉卒以人爲食，加以渥禍，使之夭命，章其陰罪，明示世人，使知不可爲非之驗，何哉？王朔之言未必審。

然傳書李斯妬同才，幽殺韓非於秦，後被車裂之罪；商鞅欺舊交，擒魏公子卬，後受誅死之禍。彼欲言其賊賢欺交，故受患禍之報也。夫韓非何故而爲李斯所幽？公子卬何罪而爲商鞅所擒？車裂誅死，賊賢欺交，幽死見擒，何以致之？如韓非公子卬有惡，天使李斯商鞅報之，則李斯商鞅爲天奉誅，宜蒙其賞，不當受其禍。如韓非公子卬無惡，非天所罰，李斯商鞅不得幽擒。論者說曰：『韓非公子卬有陰惡伏罪，人不聞見，天獨知之，故受戮殃。』夫諸有罪之人，非賊賢則逆道。如賊賢，則被所賊者何負？如逆道，則被所逆之道何非？凡人窮達禍福之至，大之則命，小之則時。太公窮賤，遭周文而得封；甯戚隱阨，逢齊桓而見官。非窮賤隱阨有非，而得封見官有是也。窮達有時，遭遇有命也。太公甯戚，賢者也，尚可謂有非。聖人純道者也，虞舜為父弟所害，幾死再三，有遇唐堯，堯禪舜立為帝。嘗見害，未有非；立為帝，未有是。前時未到，後則命時至也。案古人君臣困窮，後得達通，未必初有惡天禍其前，卒有善神祐其後也。一身之行，一行之操，結髮終死，前後無異。然一成一敗，一進一退，一窮一通，一全一壞，遭遇適然，命時當也。

龍虛篇

盛夏之時，雷電擊折破樹木，發壞室屋，俗謂天取龍。謂龍藏於樹木之中，匿於屋室之間也。雷電擊折樹木，發壞屋室，則龍見於外，龍見，雷取以升天。世無愚智賢不肖，皆謂之然。如實考之，虛妄言也。夫天之取龍，何意邪？如以龍神為天使，猶賢臣為君使也，反報有時，無為取也。如以龍遁逃不還，非神之行，天亦無用為也。如龍之性當在天，在天上者固當生子，無為復在地。如龍有升降，降龍生子於地，子長大，天取之，則世名雷電為天怒，取龍之子無為怒也。且龍之所居，常在水澤之中，不在木中屋間。何以知之？叔向之母曰：『深山大澤，實生龍蛇。』傳曰：『山致其高，雲雨起焉；水致其深，蛟龍生焉。』傳又言：『禹渡於江，黃龍負船。』荊次非渡淮，兩龍繞舟。東海之上，有菑（或作魯）邱訢，勇而有力，出過神淵，使御者飲馬，馬飲因沒。訢怒，拔劍入淵追馬，見兩蛟方食其馬，手劍擊殺兩蛟。』由是言之，蛟與龍常在淵水之中，不在木中屋間，明矣。在淵水之中，則魚鼈之類。魚鼈之類，何為上天？天之取龍，何用為哉？如以天神乘龍而行，神恍惚無形，出入無間，無為乘龍也。如仙人騎龍，天為仙者取龍，則仙人含天精氣，形輕飛騰，若鴻鵠之狀，無為騎龍也。世稱黃帝騎龍升天，此言蓋虛，猶今謂天取龍也。且世謂龍升天者，必謂神龍。不神不升天，升天，神之效也。天地之性，人為貴，則龍賤矣。貴者不神，賤者反神乎？如龍之性，有神與不神，神者升天，不神者不能；龜蛇亦有神與不神，神龜神蛇，復升天乎？且龍稟何氣而獨神？天有蒼龍、白虎、朱鳥、玄武之象也，地亦有龍、虎、鳥、龜之物。四星之精，降生四獸。虎鳥與龜不神，龍何故獨神也？人為倮蟲之長，龍為鱗蟲之長，俱爲物長，謂龍升天，人復升天乎？龍與人同，獨謂能升天者，謂龍神也。世或謂聖人神而先知，猶謂神龍能升天也，因謂聖人先知之明，論龍之才，謂龍升天，故其宜也。

天地之間，恍惚無形，寒暑風雨之氣乃爲神。今龍有形，有形則行，行則食，食則物之性也。天地之性，有形體之類，能行食之物，不得爲神。何以言之？龍有體也。傳言：『鱗蟲三百，龍爲之長。』龍爲鱗蟲之長，安得無體？何以言之？孔子曰：『龍食於清，游於清；龜食於清，游於濁；魚食於濁，游於濁。丘上不及龍，下不爲魚，中止其龜與？』山海經言：『四海之外，有乘龍蛇之人。』世俗畫龍之象，馬首蛇尾。由此言之，馬、蛇之類也。慎子曰：『蜚龍乘雲，騰蛇遊霧，雲罷雨霽，與螾蟻同矣。』韓子曰：『龍之爲蟲也，鳴可狎而騎也。然喉下有逆鱗尺餘，人或嬰之，必殺人矣。』比之爲螾蟻，又言蟲可狎而騎，蛇馬之類明矣。傳曰：『紂作象箸而箕子泣，泣之者，痛其極也。』夫有象箸，必有玉杯。玉杯所盈，象箸所挾，則必龍肝豹胎。夫龍肝可食，其龍難得，難得則愁下，愁下則禍生，故從而痛之。如神龍，其身不可得殺，其肝何可得食？禽獸肝胎非一，稱龍肝豹胎者，人得食而知其味美也。

春秋之時，龍見于絳郊。魏獻子問於蔡墨曰：『吾聞之，蟲莫智於龍，以其不生得也，謂之智，信乎？』對曰：『人實不知，非龍實智。古者畜龍，故國有豢龍氏，有御龍氏。』獻子曰：『是二者，吾亦聞之，而不知其故，是何謂也？』對曰：『昔者飂叔宋有裔子曰董父，實甚好龍，能求其嗜欲以飲食之，龍多歸之。乃擾畜龍，以服事舜，而錫之姓曰董，氏曰豢龍，封諸鬷川，鬷夷氏是其後也。故帝舜氏世有畜龍。及有夏孔甲，擾於帝，帝賜之乘龍，河、漢各二，各有雌雄。孔甲不能食也，而未獲豢龍氏。有陶唐氏既衰，其後有劉累，學擾龍于豢龍氏，以事孔甲，能飲食龍。夏后嘉之，賜氏曰御龍，以更豕韋之後。龍一雌死，潛醢以食夏后。夏后烹之，既而使求。懼而不得，遷于魯縣，范氏其後也。』獻子曰：『今何故無之？』對曰：『夫物有其官，官修其方，朝夕思之。一日失職，則死及之。失官不食，官宿其業，其物乃至。若泯棄之，物乃低伏，鬱湮不育。』由此言之，龍可畜又可食也。可食之物，不能神矣。世無其官，又無董父、后劉之人，故潛藏伏匿，出見希疏；出又乘雲與人殊路，人謂之神。如存其官而有其人，則龍，牛之類也，何神之有，以山海經言之，以慎子韓子證之，以俗世之書驗之，以箕子之泣訂之，以蔡墨之對論之，知龍不能神，不能升天。天不以雷電取龍明矣。世俗言龍神而升天者，妄矣。

世俗之言，亦有緣也。短書言：『龍無尺木，無以升天。』又曰：『升天。』又言：『尺木。』謂龍從木中升天也。彼短書之家，世俗之人也。見雷電發時，龍隨而起，當雷電樹木擊之時，龍適與雷電俱在樹木之側，雷電去，龍隨而上，故謂從樹木之中升天也。實者，雷龍同類，感氣相致，故易曰：『雲從龍，風從虎。』又言：『虎嘯谷風至，龍興景雲起。』龍與雲相招，虎與風相致，故董仲舒雩祭之法，設土龍以為感也。夫盛夏太陽用事，雲雨干之。太陽，火也；雲雨，水也。火激薄則鳴而為雷。龍聞雷聲則起，起而雲至，雲至而龍乘之。雲雨感龍，龍亦起雲而升天。天極雷高，雲消復降。人見其乘雲，則謂升天；見天為雷電，則為天取龍。世儒讀易文，見傳言，皆知龍者雲之類，拘俗人之議，不能通其說。又見短書為證，故遂謂天取龍。天不取龍，龍不升天。當菑邱訢之殺兩蛟也，手把其尾，拽而出之至淵之外，雷電擊之。蛟則龍之類也。蛟龍見而雲雨至，雲雨至則雷電擊。如以天實取龍，龍為天用，何以死蛟為取之？且魚在水中，亦隨雲雨，蜚而乘雲雨，則升天也。龍，魚之類也，其乘雷電，猶魚之飛也。魚隨雲雨，不謂之神；龍乘雷電，獨謂之神，世俗之言，失其實也。物在世間，各有所乘。水蛇乘霧，龍乘雲，鳶乘風。見龍乘雲，獨謂之神，失龍之實，誣龍之能也。然則龍之所以為神者，以能屈伸其體，存亡其形。屈伸其體，存亡其形，未足以為神也。豫讓吞炭，漆身為厲，人不識其形；子貢滅鬚為婦人，人不知其狀；龍變體自匿，人亦不能覺，變化藏匿者，巧也。物性亦有自然。狌狌知往，乾鵲知來，鸚鵡能言，三怪比龍，性變化也。如以巧為神，豫讓、子貢神也。孔子曰：『游者可為網，飛者可為矰。至於龍也，吾不知其乘風雲上升。今日見老子，其猶龍乎。』夫龍乘雲而上，雲消而下。物類可察，上下可知，而云孔子不知。以孔子之聖，尚不知龍，況俗人智淺，好奇之性，無實可之心，謂之龍神而升天，不足怪也。

雷虛篇

盛夏之時，雷電迅疾，擊折樹木，壞敗室屋，時犯殺人。世俗以爲擊折樹木、壞敗室屋者，天取龍；其犯殺人也，謂之陰過，飲食人以不潔淨，天怒，擊而殺之。隆隆之聲，天怒之音，若人之呴吁矣。世無愚智，莫謂不然。推人道以論之，虛妄之言也。夫雷之發動，一氣一聲也，折木壞屋，亦犯殺人；犯殺人時，亦折木壞屋。獨謂折木壞屋者天取龍，犯殺人罰陰過，與取龍吉凶不同，並時共聲，非道也。論者以爲隆隆者，天怒呴吁之聲也，此便於罰過，不宜於取龍。罰過，天怒可也；取龍，龍何過而怒之？如龍神，天取之，不宜怒；如龍有過，與人同罪，殺龍而已，何爲取也？殺人，怒可也，取龍，龍何過而怒之？殺人不取，殺龍取之，人龍之罪何別？而其殺之何異？然則取龍之說既不可聽，罰過之言，復不可從。何以效之？案雷之聲，迅疾之時，人仆死於地，隆隆之聲，臨人首上，故得殺人。審隆隆者，天怒乎？怒用口之怒氣殺人也。口之怒氣，安能殺人？人爲雷所殺，詢其身體，若燔灼之狀也。如天用口怒，口怒生火乎？且口着乎體，口之動與體俱。當擊折之時，聲着于地；其衰也，聲着于天。夫如是，聲着地之時，口至地，體亦宜然。當雷迅疾之時，仰視天，不見天之下。不見天之下，則夫隆隆之聲者，非天怒也。天之怒與人無異。人怒身近人則聲疾，遠人則聲微。今天聲近，其體遠，非怒之實也。且雷聲迅疾之時，聲東西或南北，如天怒體動，口東西南北，仰視天，亦宜東西南北。

或曰：『天已東西南北矣，雲雨冥晦，人不能見耳。』夫千里不同風，百里不共雷。易曰：『震驚百里。』雷電之地，雷雨冥晦，百里之外，無雨之處，宜見天之東西南北也。口着於天，天宜隨口，口一移，普天皆移，非獨雷雨之地，天隨口動也。且所謂怒者，誰也？天神邪？蒼蒼之天也？如謂天神，神怒無聲；如謂蒼蒼之天，天者體，不怒，怒用口。且天地相與，夫婦也，其卽民父母也。子有過，父怒笞之致死，而母不哭乎？今天怒殺人，地宜哭之；獨聞天之怒，不聞地之哭？如地不能哭，則天亦不能怒。且有怒則有喜。人有陰過，亦有陰善。有陰過，天怒殺之；如有陰善，天亦宜以善賞之。隆隆之聲，謂天之怒；如天之喜，亦哂然而笑。人有喜怒，故謂天喜怒。推人以知天，知天本於人。如人不怒，則亦無緣謂天怒也。緣人以知天，宜盡人之性。人性怒則呴吁，喜則歌笑。比聞天之怒，希聞天之喜；比見天之罰，希見天之賞。豈天怒不喜，貪於罰，希於賞哉？何怒罰有效，喜賞無驗也？

且雷之擊也，折木壞屋，時犯殺人，以爲天怒。時或徒雷，無所折敗，亦不殺人，天空怒乎？人君不空喜怒，喜怒必有賞罰。無所罰而空怒，是天妄也。妄則失威，非天行也。政事之家，以寒溫之氣，爲喜怒之候，人君喜即天溫，怒則天寒。雷電之日，天必寒也。高祖之先，劉媼曾息大澤之陂，夢與神遇，此時雷電晦冥。天方施氣，宜喜之時也，何怒而雷？如用擊折者爲怒，不擊折者爲喜，則夫隆隆之聲，不宜同音。人怒喜異聲，天怒喜同音，與人乖異，則人何緣謂之天怒？且飲食人以不潔淨，小過也。以至尊之身，親罰小過，非尊者之宜也。尊不親罰過，故王不親誅罪。天尊於王，親罰小過，是天德劣於王也。且天之用心，猶人之用意。人君罪惡，初聞之時，怒以非之；及其誅之，哀以憐之。故論語曰：「如得其情，則哀矜而勿喜。」紂至惡也，武王將誅，哀而憐之。故尚書曰：「予惟率夷憐爾。」人君誅惡，憐而殺之；天之罰過，怒而擊之。是天少恩而人多惠也。

說雨者以爲天施氣。天施氣，氣渥爲雨，故雨潤萬物，名曰澍。人不喜不施恩，天不說不降雨。謂雷，天怒；雨者，天喜也。雷起常與雨俱，如論之言，天怒且喜也。人君賞罰不同日，天之怒喜不殊時，天人相違，賞罰乖也。且怒喜具形，亂也。惡人爲亂，怒罰其過；罰之以亂，非天行也。冬雷，人謂之陽氣泄；春雷，謂之陽氣發。夏雷，不謂陽氣盛，謂之天怒，竟虛言也。人在天地之間，物也；物，亦物也。物之飲食，天不能知；人之飲食，天獨知之。萬物於天，皆子也。父母於子，恩德一也，豈爲貴賢加意，賤愚不察乎？何其察人之明，省物之闇也！犬豕食人腐臭，食之，天不殺也。如以人貴而獨禁之，則鼠洿人飲食，人不知誤而食之，天不殺也。如天能原鼠，則亦能原人。人誤以不潔淨飲食人，人不知而食之耳，豈故舉腐臭以予之哉？如故予之，人亦不肯食。

呂后斷戚夫人手，去其眼，置於廁中，以爲人豕。呼人示之，人皆傷心。惠帝見之，病臥不起。呂后故爲，天不罰也。人誤不知，天輒殺之，不能原誤失而責故，天治悖也。夫人食不淨之物，口不知有其洿也；如食已知之，名曰腸洿。戚夫人入廁，身體辱之，與洿何以別？腸之與體何以異？爲腸不爲體，傷洿不病辱，非天意也。且人聞人食不清之物，心平如故。觀戚夫人者，莫不傷心；人傷，天意悲矣！夫悲戚夫人則怨呂后。案呂后之崩，未必遇雷也。道士劉春熒惑楚王英使食不清。春死未必遇雷也。建初四年夏六月，雷擊殺會稽靳專日食羊五頭皆死。夫羊何陰過而雷殺之？舟人洿溪下流，人飲上流，舟人不雷死。天神之處天，猶王者之居也。王者居重關之內，則天之神宜在隱匿之中。王者居宮室之內，則天亦有太微、紫宮、軒轅、文昌之坐。王者與人相遠，不知人之陰惡；天神在四宮之內，何能見人闇過？王者聞人過以人知，天知人惡，亦宜因鬼。使天問過於鬼神，則其誅之，宜使鬼神；如使鬼神，則天怒鬼神也，非天也。且王斷刑以秋，天之殺用夏，此王者用刑違天時。奉天而行其誅殺也，宜法象上天。天殺用夏，王誅以秋，天人相違，非奉天之義也。

或論曰：『飲食不潔淨，天之大惡也。殺大惡不須時。』王者大惡，謀反大逆無道也；天之大惡，飲食人不潔清。天之所惡，小大不均等也。如小大同，王者宜法天，制飲食人不潔清之法，爲死刑也。聖王有天下，制刑不備此法，聖王闕略有遺失也？或論曰：『鬼神治陰，王者治陽。陰過闇昧，人不能覺，故使鬼神主之。』陰過非一也，何不盡殺？案一過，非治陰之義也。天怒不旋日，人怒不旋踵。人有陰過，或時有用冬，未必專用夏也。以冬過誤，不輒擊殺，遠至於夏，非不旋日之意也。

圖畫之工，圖雷之狀，纍纍如連鼓之形。又圖一人，若力士之容，謂之雷公，使之左手引連鼓，右手推椎，若擊之狀。其意以爲雷聲隆隆者，連鼓相扣擊之意也；其魄然若敝裂者，椎所擊之聲也；其殺人也，引連鼓相椎并擊之矣。世又信之，莫謂不然。如復原之，虛妄之象也。夫雷，非聲則氣也。聲與氣，安可推引而爲連鼓之形乎？如審可推引，則是物也。相扣而音鳴者，非鼓即鐘也。夫隆隆之聲，鼓與鐘邪？如審是也，鐘鼓而不空懸，須有簨簴，然後能安，然後能鳴。今鐘鼓無所懸著，雷公之足無所蹈履，安得而爲雷？或曰：『如此固爲神。如必有所懸著，足有所履，然後而爲雷，是與人等也，何以爲神？』曰：神者，恍惚無形，出入無門，上下無根，故謂之神。今雷公有形，雷聲有器，安得爲神？如無形，不得爲之圖象；如有形，不得謂之神。謂之神龍升天，實事者謂之不然，以人時或見龍之形也。以其形見，故圖畫升龍之形也；以其可畫，故有不神之實。難曰：『人亦見鬼之形，鬼復神乎？』曰，人時見鬼，有見雷公者乎？鬼名曰神，其行蹈地，與人相似；雷公頭不懸於天，足不蹈於地，安能爲雷公？飛者皆有翼，物無翼而飛謂仙人。畫仙人之形，爲之作翼。如雷公與仙人同，宜復着翼，使雷公不飛，圖雷家言其飛，非也；使實飛，不爲着翼，又非也。夫如是，圖雷之家，畫雷之狀，皆虛妄也。且說雷之家，謂雷天怒呴吁也；圖雷之家，謂之雷公怒引連鼓也。審如說雷之家，則圖雷之家非；審如圖雷之家，則說雷之家誤，二家相違也。并而是之，無是非之分。無是非之分，故無是非之實，無以定疑論，故虛妄之論勝也。禮曰：『刻尊爲雷之形，一出一入，一屈一伸，爲相校軫則鳴。』校軫之狀，（校軫或作佼較）鬱律嵔壘之類也，此象類之矣。氣相校軫分裂，則隆隆之聲，校軫之音也；魄然若襒裂者，氣射之聲也。氣射中人，人則死矣。

實說雷者，太陽之激氣也。何以明之？正月陽動，故正月始雷；五月陽盛，故五月雷迅；秋冬陽衰，故秋冬雷潛。盛夏之時，太陽用事，陰氣乘之。陰陽分事，則相校軫，校軫則激射，激射爲毒：中人輒死，中木木折，中屋屋壞。人在木下屋間，偶中而死矣。何以驗之？試以一斗水灌冶鑄之火，氣激㷑裂，若雷之音矣。或近之，必灼人體。天地爲鑪，大矣；陽氣爲火，猛矣；雲雨爲水，多矣；分爭激射，安得不迅？中傷人身，安得不死？當冶工之消鐵也，以土爲形，燥則鐵下；不則躍溢而射。射中人身，則皮膚灼剝。陽氣之熱，非直消鐵之烈也；陰氣激之，非直泥土之溼也；陽氣中人，非直灼剝之痛也。

夫雷，火也。氣剡人，人不得無迹。如炙處狀似文字，人見之，謂天記，書其過以示百姓，是復虛妄也。使人盡有過，天用雷殺人。殺人當彰其惡，以懲其後，明著其文字，不當闇昧。圖出於河，書出於洛。河圖洛書，天地所爲，人讀知之。今雷死之書，亦天所爲也，何故難知？如以一人皮不可書，魯惠公夫人仲子，宋武公女也，生而有文在掌，曰「爲魯夫人」，文明可知，故仲子歸魯。雷書不著，故難以懲後。夫如是，火剡之迹，非天所刻畫也；或頗有而增其語，或無有而空生其言。虛妄之俗，好造怪奇。何以驗之？雷者，火也，以人中雷而死，即詢其身，中頭則鬚髮燒燋，中身則皮膚灼燌，臨其尸上聞火氣，一驗也。道術之家，以爲雷燒石色赤，投於井中，石燋井寒，激聲大鳴，若雷之狀，二驗也。人傷於寒，寒氣入腹，腹中素溫，溫寒分爭，激氣雷鳴，三驗也。當雷之時，電光時見，大若火之耀，四驗也。當雷之擊時，或燔人室屋及地草木，五驗也。

夫論雷之爲火有五驗，言雷爲天怒無一效。然則雷爲天怒，虛妄之言。雖曰：論語云：『迅雷風烈必變。』禮記曰：『有疾風迅雷甚雨則必變，雖夜必興，衣服冠而坐。』懼天怒，畏罰及己也。如雷不爲天怒，其擊不爲罰過，則君子何爲爲雷變動，朝服而正坐？子曰：『天之與人猶父子，有父爲之變，子安能忽？故天變，己亦宜變，順天時，示己不違也。人聞犬聲於外，莫不驚駭，竦身側耳，以審聽之。況聞天變異常之聲，軒䡧迅疾之音乎？論語所指，禮記所謂，皆君子也。君子重慎，自知無過，如日月之蝕，無陰闇食人以不潔淨之事，內省不懼，何畏於雷？審如不畏雷，則其變動不足以效天怒。何則？不爲己也。如審畏雷，亦不足以效罰陰過。何則？雷之所擊，多無過之人。君子恐偶遇之，故恐懼變動。夫如是，君子變動，不能明雷爲天怒，而反著雷之妄擊也。妄擊不罰過，故人畏之。如審罰有過，小人乃當懼耳，君子之人無爲恐也。宋王問唐鞅曰：『寡人所殺戮者衆矣，而羣臣愈不畏，其故何也？』唐鞅曰：『王之所罪，盡不善者也。罰不善，善者胡爲畏？王欲羣臣之畏也，不若毋辯其善與不善而時罪之，斯羣臣畏矣。』宋王行其言，羣臣畏懼，宋王大怒。夫宋王妄刑，故宋國大恐；懼雷電妄擊，故君子變動。君子變動，宋國大恐之類也。

道虛篇

儒書言：『黃帝採首山銅，鑄鼎於荊山下。鼎既成，有龍垂胡髯，下迎黃帝。黃帝上騎龍，羣臣後宮從上七十餘人。龍乃上去，餘小臣不得上，乃悉持龍髯。龍髯拔，墮黃帝之弓。百姓仰望，黃帝既上天，乃抱其弓與龍胡髯吁號。故後世因其處曰鼎湖，其弓曰烏號。』太史公記誄五帝，亦云：『黃帝封禪已，仙去，羣臣朝其衣冠，因葬埋之。』

曰，此虛言也。實黃帝者，何等也！號乎諡也。如諡，臣子所誄列也。誄生時所行爲之諡。黃帝好道，遂以升天；臣子誄之，宜以仙升，不當以黃諡。諡法曰：靜民則法曰黃，黃者安民之諡，非得道之稱也。百王之諡，文則曰文，武則曰武，文武不失實，所以勸操行也。如黃帝之時（質）未有諡乎，名之爲黃帝，何世之人也？使黃帝之臣子，知君使後世之人跡其行。黃帝之世，號諡有無，雖疑未定，黃非升仙之稱明矣。龍不升天，黃帝騎之，乃明黃帝不升天也。龍起雲雨，因乘而行；雲散雨止，降復入淵。如實黃帝騎龍，隨溺於淵也。案黃帝葬於橋山，猶曰羣臣葬其衣冠。審騎龍而升天，衣不離形；如封禪已，仙去，衣冠亦不宜遺。黃帝實仙不死而升天，臣子百姓所親見也。見其升天，知其不死，必也。葬不死之衣冠，與實死者無以異，非臣子實事之心，別生於死之意也。載太山之上者七十有二君，皆勞情苦思，憂念王事，然後功成事立，致治太平。太平則天下和安，乃升太山而封禪焉。夫修道求仙，與憂職勤事不同。心思道則忘事，憂事則害性。世稱堯若腊，舜若腒，心愁憂苦，形體羸癯。使黃帝致太平乎，則其形體宜如堯舜。堯舜不得道，黃帝升天，非其實也。使黃帝廢事修道，則心意調和，形體肥勁，是與堯舜異也；異則功不同矣。功不同，天下未太平而升封，又非實也。五帝三王，皆有聖德之優者，黃帝不在上焉。如聖人皆仙，仙者非獨黃帝；如聖人不仙，黃帝何爲獨仙？世見黃帝好方術，方術仙者之業，則謂帝仙矣。又見鼎湖之名，則言黃帝採首山銅鑄鼎，而龍垂胡髯迎黃帝矣。是與說會稽之山無以異也。夫山名曰會稽，即云夏禹巡狩，會計於此山上，故曰會稽。夫禹至會稽，治水不巡狩，猶黃帝好方伎不升天也。無會計之事，猶無鑄鼎龍垂胡髯之實也。里名勝母，可謂實有子勝其母乎？邑名朝歌，可謂民朝起者歌乎？

儒書言：『淮南王學道，招會天下有道之人，傾一國之尊，下道術之士，是以道術之士，並會淮南，奇方異術，莫不爭出。王遂得道，舉家升天，畜產皆仙，犬吠於天上，雞鳴於雲中。』此言仙藥有餘，犬雞食之，皆隨王而升天也。好道學仙之人，皆謂之然。此虛言也。夫人，物也，雖貴爲王侯，性不異於物。物無不死，人安能仙？鳥有毛羽，能飛，不能升天。人無毛羽，何用飛升？使有毛羽，不過與鳥同，況其無有，升天如何？案能飛升之物，生有毛羽之兆；能馳走之物，生有蹄足之形。馳走不能飛升，飛升不能馳走：稟性受氣，形體殊別也。今人稟馳走之性，故生無毛羽之兆，長大至老，終無奇怪。好道學仙，中生毛羽，終以飛升，使物性可變，金木水火可革更也。蝦蟆化爲鶉，雀入水爲蜃蛤，稟自然之性，非學道所能爲也。好道之人，恐其或若等之類，故謂人能生毛羽，毛羽備具，能升天也。且夫物之生長，無卒成暴起，皆有浸漸。爲道學仙之人，能先生數寸之毛羽，從地自奮，升樓臺之陛，乃可謂升天。今無小升之兆，卒有大飛之驗，何方術之學成無浸漸也？毛羽大效，難以觀實。且以人髯髮物色少老驗之：物生也色青，其熟也色黄；人之少也髮黑，其老也髮白。黄爲物熟驗，白爲人老效。物黄，人雖灌溉壅養，終不能青；髮白，雖吞藥養性，終不能黑。黑青不可復還，老衰安可復卻？黄之與白，猶肉腥炙之燋，魚鮮煑之熟也。燋不可復令腥，熟不可復令鮮。鮮腥猶少壯，燋熟猶衰老也。天養物，能使物暢至秋，不得延之至春；吞藥養性，能令人無病，不能壽之爲仙。爲仙體輕氣彊，猶未能升天。今見輕彊之驗，亦無毛羽之效，何用升天？天之與地皆體也。地無下，則天無上矣。天無上，升之路何如？穿天之體，人力不能入。如天之門在西北，升天之人，宜從崑崙上。淮南之國，在地東南，如審升天，宜舉家先從崑崙，乃得其階。如鼓翼邪飛，趨西北之隅，是則淮南王有羽翼也。今不言其從之崑崙，亦不言其身生羽翼，空言升天，竟虛非實也。案淮南王劉安，孝武皇帝之時也。父長，以罪遷蜀嚴道，至雍道死。安嗣爲王，恨父徙死，懷反逆之心，招會術人，欲爲大事。伍被之屬，充滿殿堂，作道術之書，發怪奇之文，合景亂首。（一本作齊首）八公之傳欲示神奇，若得道之狀。道終不成，效驗不立，乃與伍被謀爲反事，事覺自殺。或言誅死。誅死、自殺，同一實也。世見其書深冥奇怪，又觀八公之傳似若有效，則傳稱淮南王仙而升天，失其實也。

儒書言：『盧敖游乎北海，經乎太陰，入乎玄關，至於蒙轂之上，見一士焉，深目玄準，鴈頸而戴肩，浮上而殺下，軒軒然方迎風而舞。顧見盧敖樊然下其臂，遯逃乎碑下。敖乃視之，方卷然龜背而食合梨。（一本作蛤蜊）盧敖仍與之語曰：「吾子唯以敖爲倍俗，去羣離黨，窮觀於六合之外者，非敖而已。敖幼而游，至長不倫解，周行四極，唯北陰之未闚。今卒睹夫子於是，殆可與敖爲友乎？」若士者悖然而笑曰：「嘻！子中州之民也，不宜遠至此。此猶光日月而戴列星，四時之所行，陰陽之所生也。此其比夫不名之地，猶峽阬也。若我南游乎罔浪之野，北息乎沈薶之鄉，西窮乎杳冥之黨，而東貫澒濛之先。此其下無地，上無天，聽焉無聞，而視焉則營。此其外猶有狀，有狀之餘，一舉而能千萬里，吾猶未能之在。今子游始至於此，乃語窮觀，豈不亦遠哉？然子處矣。吾與汗漫期於九垓之上，吾不可久。」若士者舉臂而縱身，遂入雲中。盧敖目仰而視之，不見乃止，喜心不怠，悵若有喪，曰：「吾比夫子也，猶黃鵠之與壤蟲也。終日行而不離咫尺，而自以為遠，豈不悲哉！」』若盧敖者，唯龍無翼者，升則乘雲。盧敖言若士者有翼，言乃可信。今不言有翼，何以升雲？且凡能輕舉入雲中者，飲食與人殊之故也。龍食與蛇異，故其舉措與蛇不同。聞為道者服金玉之精，食紫芝之英，食精身輕，故能神仙。若士者食合蜊之肉，與庸民同食，無精輕之驗，安能縱體而升天？聞食氣者不食物，食物者不食氣。若士者食物，如不食氣，則不能輕舉矣。或時盧敖學道求仙，游乎北海，離衆遠去，無得道之效，慚於鄉里，負於論議，自知以必然之事，見責於世，則作誇誕之語，云見一士，其意以為有求仙之未得，期數未至也。淮南王劉安坐反而死，天下並聞，當時並見，儒書尚有言其得道仙去，雞犬升天者，況盧敖一人之身，獨行絕迹之地，空造幽冥之語乎？是與河東蒲坂項曼都之語，無以異也。曼都好道學仙，委家亡去，三年而返。家問其狀，曼都曰：『去時不能自知，忽見若臥形，有仙人數人，將我上天，離月數里而止。見月上下幽冥，幽冥不知東西。居月之旁，其寒悽愴。口饑欲食，仙人輒飲我以流霞一杯。每飲一杯，數月不饑。不知去幾何年月，不知以何為過，忽然若臥，復下至此。』河東號之曰斥仙。實論者聞之，乃知不然。夫曼都能上天矣，何為不仙？已三年矣，何故復還？夫人去民間，升皇天之上，精氣形體，有變於故者矣。萬物變化，無復還者。復育化為蟬，羽翼既成，不能復化為復育。能升之物，皆有羽翼，升而復降，羽翼如故。見曼都之身有羽翼乎，言乃可信；身無羽翼，言虛妄也。虛則與盧敖同一實也。或時聞曼都好道，默委家去，周章遠方，終無所得，力勸望極，默復歸家，慚愧無言，則言上天。其意欲言道可學得，審有仙人，己殆有過，故成而復斥，升而復降。

儒書言：『齊王疾痟，使人之宋迎文摯。文摯至，視王之疾，謂太子曰：「王之疾必可已也。雖然，王之疾已，則必殺摯也。」太子曰：「何故？」文摯對曰：「非怒王，疾不可治也。王怒則摯必死。」太子頓首強請曰：「苟已王之疾，臣與臣之母以死爭之於王，必幸臣之母。願先生之勿患也。」文摯曰：「諾！請以死爲王。」與太子期，將往不至者三，齊王固已怒矣。文摯至，不解屨登牀，履衣問王之疾。王怒而不與言。文摯因出辭以重王怒。王叱而起，疾乃遂已。王大怒不悅，將生烹文摯。太子與王后急爭之而不能得，果以鼎生烹文摯。爨之三日三夜，顏色不變。文摯曰：「誠欲殺我，則胡不覆之，以絕陰陽之氣？」王使覆之，文摯乃死。』夫文摯，道人也，入水不濡，入火不燋，故在鼎三日三夜，顏色不變。此虛言也。夫文摯而烹三日三夜，顏色不變，爲一覆之故，絕氣而死，非得道之驗也。諸生息之物，氣絕則死。死之物，烹之輒爛。致生息之物密器之中，覆蓋其口，漆塗其隙，中外氣隔，息不得洩，有頃死也。如置湯鑊之中，亦輒爛矣。何則？體同氣均，稟性於天，其一類也。文摯不息乎，與金石同，入湯不爛，是也。今文摯息乎，烹之不死，非也。今文摯言，言則以聲，聲以呼吸。呼吸之動，因血氣之發。血氣之發，附於骨肉。骨肉之物，烹之輒死。今言烹之不死，一虛也。既能烹煑不死，此真人也，與金石同。金石雖覆蓋，與不覆蓋者無以異也。今言文摯覆之則死，二虛也。置人寒水之中，無湯火之熱，鼻中口內不通於外，斯須之頃，氣絕而死矣。寒水沉人，尚不得生，況在沸湯之中，有猛火之烈乎？言其入湯不死，三虛也。人沒水中，口不見於外，言音不揚。烹文摯之時，身必沒於鼎中；沒則口不見，口不見則言不揚。文摯之言，四虛也。烹輒死之人，三日三夜，顏色不變，癡愚之人，尚知怪之。使齊王無知，太子羣臣宜見其奇。奇怪文摯，則請出尊寵敬事，從之問道。今言三日三夜，無臣子請出之言，五虛也。此或時聞文摯實烹而輒死，世見文摯爲道人也，則爲虛生不死之語矣。猶黃帝實死也，傳言升天；淮南坐反，書言度世。世好傳虛，故文摯之語，傳至於今。世無得道之效，而有有壽之人。世見長壽之人，學道爲仙，踰百不死，共謂之仙矣。何以明之？如武帝之時，有李少君，以祠竈辟穀卻老方見上，上尊重之。少君匿其年及所生長，常自謂七十，而能使物卻老。其遊以方偏諸侯，無妻。人聞其能使物及不老，更饋遺之，常餘錢金衣食。人皆以爲不治產業饒給，又不知其何許人，愈爭事之。少君資好方，善爲巧發奇中。嘗從武安侯飲，座中有年九十餘者，少君乃言其王父游射處。老人爲兒時，從父識其處，一座盡驚。少君見上。上有古銅器，問少君。少君曰：『此器齊桓公十五年陳於柏寢。』已而案其刻，果齊桓公器，一宮盡驚，以爲少君數百歲人也。久之，少君病死。今世所謂得道之人，李少君之類也。少君死于人中，人見其尸，故知少君性壽之人也。如少君處山林之中，入絕跡之野，獨病死於巖石之間，尸爲虎狼狐狸之食，則世復以爲真仙去矣。世學道之人無少君之壽，年未至百，與衆俱死，愚夫無知之人尚謂之尸解而去，其實不死。所謂尸解者，何等也？謂身死精神去乎？謂身不死得免去皮膚也？如謂身死精神去乎，是與死無異，人亦仙人也。如謂不死免去皮膚乎，諸學道死者骨肉具在，與恆死之尸無以異也。夫蟬之去復育，龜之解甲，蛇之脫皮，鹿之墮角，殼皮之物解殼皮，持骨肉去，可謂尸解矣。今學道而死者，尸與復育相似，尚未可謂尸解。何則？案蟬之去復育，無以神於復育，況不相似復育，謂之尸解，蓋復虛妄失其實矣。太史公與李少君同世並時，少君之死，臨尸者雖非太史公，足以見其實矣。如實不死，尸解而去，太史公宜紀其狀，不宜言死。其處座中年九十老父爲兒時者，少君老壽之效也。或少君年十四五，老父爲兒，隨其王父。少君年二百歲而死，何爲不識？武帝去桓公鑄銅器，且非少君所及見也，或時聞宮殿之內有舊銅器，或案其刻以告之者，故見而知之。今時好事之人，見舊劍古鉤，多能名之，可復謂目見其鑄作之時乎？

世或言：『東方朔亦道人也，姓金氏，字曼倩，變姓易名，游宦漢朝，外有仕宦之名，內乃度世之人。』此又虛也。夫朔與少君並在武帝之時，太史公所及見也。少君有教道祠竈卻老之方，又名齊桓公所鑄鼎，知九十老人王父所游射之驗，然尚無得道之實，而徒性壽遲死之人也。況朔無少君之方術效驗，世人何見謂之得道？案武帝之時，道人文成、五利之輩，入海求仙人，索不死之藥，有道術之驗，故爲上所信。朔無入海之使，無奇怪之效也。如使有奇，不過少君之類，及文成、五利之輩耳，況謂之有道？此或時偶復若少君矣，自匿所生之處，當時在朝之人，不知其故，朔盛稱其年長，人見其面狀少，性又恬淡，不好仕宦，善達占卜射覆，爲怪奇之戲，世人則謂之得道之人矣。

世或以老子之道，爲可以度世，恬淡無欲，養精愛氣。夫人以精神爲壽命，精神不傷，則壽命長而不死。成事：老子行之，踰百度世，爲眞人矣。夫恬淡少欲，孰與鳥獸？鳥獸亦老而死。鳥獸含情欲，有與人相類者矣，未足以言。草木之生何情欲，而春生秋死乎？夫草木無欲，壽不踰歲；人多情欲，壽至於百：此無情欲者反夭，有情欲者反壽。夫如是，老子之術，以恬淡無欲，延壽度世者，復虛也。或時老子李少君之類也，行恬淡之道，偶其性命，亦自壽長。世見其命壽，又聞其恬淡，謂老子以術度世矣。世或以辟穀不食爲道術之人，謂王子喬之輩，以不食穀，與恆人殊食，故與恆人殊壽，踰百度世，遂爲仙人。此又虛也。夫人之生也，稟食飲之性，故形上有口齒，形下有孔竅。口齒以嚼食，孔竅以注瀉。順此性者，爲得天正道；逆此性者，爲違所稟受。失本氣於天，何能得久壽？使子喬生無齒口孔竅，是稟性與人殊。稟性與人殊，尚未可謂壽，況形體均同，而以所行者異，言其得度世，非性之實也。夫人之不食也，猶身之不衣也。衣以溫膚，食以充腹。膚溫腹飽，精神明盛。如饑而不飽，寒而不溫，則有凍餓之害矣。凍餓之人，安能久壽？且人之生也，以食爲氣，猶草木生以土爲氣矣。拔草木之根，使之離土，則枯而蚤死。閉人之口，使之不食，則餓而不壽矣。

道家相誇曰：『眞人食氣。以氣而爲食，』故傳曰：『食氣者壽而不死。雖不穀飽，亦以氣盈。』此又虛也。夫氣謂何氣也？如謂陰陽之氣，陰陽之氣，不能飽人。人或嚥氣，氣滿腹脹，不能饜飽。如謂百藥之氣，人或服藥，食一合屑，吞數十丸，藥力烈盛，胸中憒毒，不能飽人。食氣者，必謂吹呴呼吸，吐故納新也，昔有彭祖嘗行之矣，不能久壽，病而死矣。

道家或以導氣養性，度世而不死，以爲血脈在形體之中，不動搖屈伸，則閉塞不通；不通積聚，則爲病而死。此又虛也。夫人之形，猶草木之體也。草木在高山之巔，當疾風之衝，晝夜動搖者，能復勝彼隱在山谷閒，鄣於疾風者乎？案草木之生，動搖者傷而不暢，人之導引，動搖形體者，何故壽而不死？夫血脈之藏於身也，猶江河之流地。江河之流，濁而不清；血脈之動，亦擾不安。不安則猶人勤苦無聊也，安能得久生乎？道家或以服食藥物，輕身益氣，延年度世；此又虛也。夫服食藥物，輕身益氣，頗有其驗。若夫延年度世，世無其效。百藥愈病，病愈而氣復，氣復而身輕矣。凡人稟性，身本自輕，氣本自長。中於風溼，百病傷之，故身重氣劣也。服食良藥，身氣復故；非本氣少身重，得藥而乃氣長身更輕也。稟受之時，本自有之矣。故夫服食藥物除百病，令身輕氣長，復其本性，安能延年，至於度世？有血脈之類，無有不生，生無不死；以其生，故知其死也。天地不生，故不死；陰陽不生，故不死。死者生之效，生者死之驗也。夫有始者必有終，有終者必有始。唯無終始者，乃長生不死。人之生，其猶水也。水凝而爲冰，氣積而爲人。冰極一冬而釋，人竟百歲而死。人可令不死，冰可令不釋乎？諸學仙術，爲不死之方，其必不成，猶不能使冰終不釋也。

語增篇

傳語曰：『聖人憂世，深思事勤，愁擾精神，感動形體，故稱堯若腊，舜若腒；桀紂之君，垂腴尺餘。』夫言聖人憂世念人，身體羸惡，不能身體肥澤，可也；言堯舜若腊與腒，桀紂垂腴尺餘，增之也。齊桓公云：『寡人未得仲父極難，既得仲父甚易。』桓公不及堯舜，仲父不及禹契，桓公猶易，堯舜反難乎？以桓公得管仲易，知堯舜得禹契不難。夫易則少憂，少憂則不愁，不愁則身體不臞。舜承堯太平，堯舜襲德，功假荒服，堯尚有憂，舜安能無事？故經曰：『上帝引逸』，謂虞舜也。舜承安繼治，任賢使能，恭己無爲而天下治。故孔子曰：『巍巍乎舜禹之有天下，而不與焉！』夫不與尚謂之臞若腒。如德劣承衰，若孔子栖栖，周流應聘，身不得容，道不得行，可骨立跛附，僂仆道路乎？紂爲長夜之飲，糟丘酒池，沉湎於酒，不舍晝夜，是必以病；病則不甘飲食，不甘飲食，則肥腴不得至尺。經曰：『惟湛樂是從，時亦罔有克壽。』魏公子無忌爲長夜之飲，困毒而死。紂雖未死，宜羸臞矣。然桀紂同行，則宜同病。言其腴垂過尺餘，非徒增之，又失其實矣。

傳語又稱『紂力能索鐵伸鉤，撫梁易柱。』言其多力也。『蜚廉惡來之徒，並幸受寵。』言好伎力之主，致伎力之士也。或言武王伐紂，兵不血刃。夫以索鐵伸鉤之力，輔以蜚廉惡來之徒，與周軍相當，武王德雖盛，不能奪紂素所厚之心；紂雖惡，亦不失所與同行之意。雖爲武王所擒時，亦宜殺傷十百人。今言不血刃，非紂多力之效，蜚廉惡來助紂之驗也。案武王之符瑞，不過高祖。武王有白魚赤烏之祐，高祖有斷大蛇老嫗哭於道之瑞。武王有八百諸侯之助，高祖有天下義兵之佐。武王之相，望羊而已；高祖之相，龍顏隆準，項紫美鬚髯，身有七十二黑子。高祖又逃呂后於澤中，呂后輒見上有雲氣之驗，武王不聞有此。夫相多於望羊，瑞明於魚烏，天下義兵，並來會漢，助彊於諸侯。武王承紂，高祖襲秦。二世之惡，隆盛於紂，天下畔秦，宜多於殷。案高祖伐秦，還破項羽，戰場流血，暴尸萬數，失軍亡衆，幾死一再，然後得天下：用兵苦，誅亂劇。獨云周兵不血刃，非其實也。言其易，可也；言不血刃，增之也。案周取殷之時，太公陰謀之書，食小兒丹，教云亡殷；兵到牧野，晨舉脂燭。察武成之篇，牧野之戰，血流浮杵，赤地千里。由此言之，周之取殷，與漢、秦一實也。而云取殷易，兵不血刃，美武王之德，增益其實也。凡天下之事，不可增損，考察前後，效驗自列。自列，則是非之實，有所定矣。世稱紂力能索鐵伸鉤，又稱武王伐之，兵不血刃。夫以索鐵伸鉤之力當人，則是孟賁、夏育之匹也；以不血刃之德取人，是則三皇五帝之屬也。以索鐵之力，不宜受服；以不血刃之德，不宜頓兵。今稱紂力，則武王德貶；譽武王，則紂力少。索鐵、不血刃，不得兩立；殷、周之稱，不得二全。不得二全，則必一非。孔子曰：『紂之不善，不若是之甚也。是以君子惡居下流，天下之惡皆歸焉。』孟子曰：『吾於武成，取二三策耳。以至仁伐不仁，如何其血之浮杵也？』若孔子言，殆沮浮杵；若孟子之言，近不血刃。浮杵過其實，不血刃亦失其正。一聖一賢，共論一紂，輕重殊稱，多少異實。紂之惡不若王莽，紂殺比干，莽鴆平帝；紂以嗣立，莽盜漢位。殺主隆於誅臣，嗣立順於盜位，士衆所畔，宜甚於紂。漢誅王莽，兵頓昆陽，死者萬數，軍至漸臺，血流沒趾。而獨謂周取天下，兵不血刃，非其實也。

傳語曰：『文王飲酒千鍾，孔子百觚。』欲言聖人德盛，能以德將酒也。如一坐千鍾百觚，此酒徒，非聖人也。飲酒有法，胸腹小大，與人均等。飲酒用千鍾，用肴宜盡百牛，百觚則宜用十羊。夫以千鍾百牛，百觚十羊言之，文王之身，如防風之君，孔子之體，如長狄之人，乃能堪之。案文王孔子之體，不能及防風長狄，以短小之身，飲食衆多，是缺文王之廣，貶孔子之崇也。案酒誥之篇，『朝夕曰祀茲酒』，此言文王戒慎酒也。朝夕戒慎，則民化之。外出戒慎之教，內飲酒盡千鍾，導民率下，何以致化？承紂疾惡，何以自別？且千鍾之效，百觚之驗，何時用哉？使文王孔子因祭用酒乎？則受福胙不能厭飽。因饗射之用酒乎？饗射飲酒，自有禮法。如私燕賞賜飲酒乎？則賞賜飲酒，宜與下齊，賜尊者之前，三觴而退，過於三觴，醉酗生亂。文王孔子，率禮之人也，賞賚左右，至於醉酗亂身，自用酒千鍾百觚，大之則爲桀紂，小之則爲酒徒，用何以立德成化，表名垂譽乎？世聞德將毋醉之言，見聖人有多德之效，則虛增文王以爲千鍾，空益孔子以百觚矣！

傳語曰：『紂沈湎於酒，以糟爲邱，以酒爲池，牛飲者三千人，爲長夜之飲，亡其甲子。』夫紂雖嗜酒，亦欲以爲樂。令酒池在中庭乎？則不當言爲長夜之飲。坐在深室之中，閉窗舉燭，故曰長夜。令坐於室乎？每當飲者，起之中庭，乃復還坐，則是煩苦相踖藉，不能甚樂。令池在深室之中，則三千人宜臨池坐，前俛飲池酒，仰食肴膳，倡樂在前，乃爲樂耳。如審臨池而坐，則前飲害於肴膳，倡樂之作不得在前。夫飲食既不以禮，臨池牛飲，則其啖肴不復用杯，亦宜就魚肉而虎食。則知夫酒池牛飲，非其實也。

傳又言：『紂懸肉以爲林，令男女倮而相逐其間。』是爲醉樂，淫戲無節度也。夫肉當內於口，口之所食，宜潔不辱。今言男女倮相逐其間，何等潔者？如以醉而不計潔辱，則當共浴於酒中，而倮相逐於肉間，何爲不肯浴於酒中？以不言浴於酒，知不倮相逐於肉間。傳者之說，或言『車行酒，騎行炙，百二十日爲一夜。』夫言用酒爲池，則言其車行酒，非也；言其懸肉爲林，卽言騎行炙，非也。或時紂沈湎覆酒，滂沲於地，卽言以酒爲池。釀酒糟積聚，則言糟爲邱。懸肉似林，則言肉爲林。林中幽冥，人時走戲其中，則言倮相逐。或時載酒用鹿車，則言車行酒，騎行炙；或時十數夜，則言其百二十；或時醉不知問日數，則言其亡甲子。周公封康叔，告以紂用酒，期於悉極，欲以戒之也，而不言糟邱酒池，懸肉爲林，長夜之飲，亡其甲子。聖人不言，殆非實也。

傳言曰：『紂非時與三千人牛飲於酒池。』夫夏官百，殷二百，周三百，紂之所與相樂，非民必臣也，非小臣必大官，其數不能滿三千人。傳書家欲惡紂，故言三千人，增其實也。

傳語曰：『周公執贄下白屋之士，』謂候之也。夫三公鼎足之臣，王者之楨幹也；白屋之士，閭巷之微賤者也。三公傾鼎足之尊，執贄候白屋之士，非其實也。時或待士卑恭？不驕白屋，人則言其往候白屋。或時起白屋之士，以璧（一本作圭）迎禮之，人則言其執贄以候其家也。

傳語曰：『堯舜之儉，茅茨不翦，采椽不斲。』夫言茅茨采椽，可也；言不翦不斲，增之也。經曰：『弼成五服。』五服，五采服也。服五采之服，又茅茨采椽，何宮室衣服之不相稱也？服五采，畫日月星辰，茅茨采椽，非其實也。

傳語曰：『秦始皇帝燔燒詩書，坑殺儒士。』言燔燒詩書，滅去五經文書也；坑殺儒士者，言其皆挾經傳文書之人也。燒其書，坑其人，詩書絕矣。』言燔燒詩書，坑殺儒士，實也；言其欲滅詩書，故坑殺其人，非其誠，又增之也。秦始皇帝三十四年，置酒咸陽臺，儒士七十人前為壽。僕射周青臣進頌始皇之德，齊淳于越進諫，始皇不封子弟功臣，自為夾輔，刺周青臣以為面諛。始皇下其議於丞相李斯。李斯非淳于越曰：『諸生不師今而學古，以非當世，惑亂黔首。臣請勑史官，非秦記皆燒之；非博士官所職，天下有敢藏詩書百家語諸刑書者，悉詣守尉集燒之；有敢偶語詩書，棄市；以古非今者，族滅；吏見知弗舉，與同罪。』始皇許之。明年三十五年，諸生在咸陽者，多為妖言。始皇使御史案問諸生，諸生傳相告引者，自除犯禁者四百六十七人，皆坑之。燒詩書，起淳于越之諫；坑儒士，起自諸生為妖言，見坑者四百六十七人。傳增言坑殺儒士，欲絕詩書，又言盡坑之，此非其實而又增之。

傳語曰：『町町若荊軻之閭。』言荊軻為燕太子丹刺秦王，後誅軻九族，其後恚恨不已，復夷軻之一里，一里皆滅，故曰町町。此言增之也。夫秦雖無道，無為盡誅荊軻之里。始皇幸梁山之宮，從山上望見丞相李斯車騎甚盛，恚，出言非之。其後左右以告李斯，李斯立損車騎。始皇知左右洩其言，莫知為誰，盡捕諸在旁者，皆殺之。其後隕星下東郡，至地為石。民或刻其石曰：『始皇帝死，地分。』皇帝聞之，令御史逐問，莫服，盡取石旁人誅之。夫誅從行於梁山宮，及誅石旁人，欲得洩言刻石者，不能審知，故盡誅之。荆軻之閭，何罪於秦而盡誅之？如刺秦王在閭中，不知為誰，盡誅之可也。荆軻已死，刺者有人，一里之民，何為坐之？始皇二十年，燕使荆軻刺秦王，秦王覺之，體解軻以徇，不言盡誅其閭。彼或時誅軻九族，九族衆多，同里而處，誅其九族，一里且盡。好增事者，則言町町也。

儒增篇

儒書稱：「堯舜之德，至優至大，天下太平，一人不刑。」又言：「文武之隆，遺在成康，刑錯不用四十餘年。」是欲稱堯舜，褒文武也。夫為言不益，則美不足稱；為文不渥，則事不足褒。堯舜雖優，不能使一人不刑；文武雖盛，不能使刑不用。言其犯刑者少，用刑希疏，可也；言其一人不刑，刑錯不用，增之也。夫能使一人不刑，則能使一國不伐；能使刑錯不用，則能使兵寢不施。案堯伐丹水，舜征有苗，四子服罪，刑兵設用。成王之時，四國篡畔，淮夷徐戎，並為患害。夫刑人用刀，伐人用兵，罪人用法，誅人用武。武法不殊，兵刀不異，巧論之人，不能別也。夫德劣故用兵，犯法故施刑。刑與兵，猶足與翼也。走用足，飛用翼，形體雖異，其行身同。刑之與兵，全衆禁邪，其實一也。稱兵之不用，言刑之不施，是猶人耳缺目完，以目完稱人體全，不可從也。人桀於刺虎，怯於擊人，而以刺虎稱謂之勇，不可聽也。身無敗缺，勇無不進，乃為全耳。今稱一人不刑，不言一兵不用；褒刑錯不用，不言一人不畔；未得為優，未可謂盛也。

儒書稱『楚養由基善射，射一楊葉，百發能百中之。』是稱其巧於射也。夫言其時射一楊葉中之，可也；言其百發而百中，增之也。夫一楊葉，射而中之，中之一再行，敗穿不可復射矣。如就葉懸於樹而射之，雖不欲射葉，楊葉繁茂，自中之矣；是必使上取楊葉，一一更置地而射之也。射之數十行，足以見巧，觀其射之者，亦皆知射工，亦必不至於百，明矣。言事者好增巧美，數十中之，則言其百中矣。百與千，數之大者也。實欲言十則言百，百則言千矣。是與書言『協和萬邦，』詩曰『子孫千億，』同一意也。

儒書言:『衞有忠臣弘演,爲衞哀公使未還,狄人攻哀公而殺之,盡食其肉,獨捨其肝。弘演使還,致命於肝,痛哀公之死,身肉盡肝無所附,引刀自刳其腹,盡出其腹實,乃內哀公之肝而死。』言此者,欲稱其忠矣。言其自刳內哀公之肝而死,可也;言盡出其腹實,乃內哀公之肝,增之也。人以刃相刺,中五臟輒死。何則?五臟,氣之主也,猶頭脉之湊也。頭一斷,手不能取他人之頭,著之於頸;奈何獨能先出其腹實,乃內哀公之肝?腹實出輒死,則手不能復把矣。如先內哀公之肝,乃出其腹實,則文當言內哀公之肝,出其腹實。今先言盡出其腹實,內哀公之肝;又言盡,增其實也。

儒書言:『楚熊渠子出,見寢石,以爲伏虎,將弓射之,矢沒其衞。』或言:『養由基見寢石,以爲兕也,射之,矢飲羽。』或言李廣。便是熊渠、養由基、李廣主名不審,無實也。或以爲虎,或以爲兕,兕、虎俱猛,一實也。或言沒衞,或言飲羽。羽則衞,言不同耳。要取以寢石似虎兕,畏懼加精,射之入深也。夫言以寢石爲虎,射之矢入,可也;言其沒衞,增之也。夫見似虎者,意以爲是,張弓射之,盛精加意,則其見真虎,與是無異。射似虎之石,矢入沒衞;若射真虎之身,矢洞度乎?石之質難射,肉易射也。以射難沒衞言之,則其射易者,洞不疑矣。善射者,能射遠中微,不失毫釐,安能使弓弩更多力乎?養由基從軍,射晉侯,中其目。夫以匹夫射萬乘之主,其加精倍力,必與射寢石等。當中晉侯之目也,可復洞達於項乎?如洞達於項,晉侯宜死。車張十石之弩,恐不能入一寸,矢摧爲三,況以一人之力,引微弱之弓,雖加精誠,安能沒衞?人之精乃氣也,氣乃力也。有水火之難,惶惑恐懼,舉徙器物,精誠至矣,素舉一石者,倍舉二石。然則見伏石射之,精誠倍故,不過入一寸,如何謂之沒衞乎?如有好用劍者,見寢石,懼而斫之,可復謂能斷石乎?以勇夫空拳而暴虎者,卒然見寢石,以手椎之,能令石有跡乎?巧人之精,與拙人等;古人之誠,與今人同。使當今射工射禽獸於野,其欲得之,不餘精力乎?及其中獸,不過數寸;跌誤中石,不能內鋒,箭摧折矣。夫如是,儒書之言楚熊渠子、養由基、李廣射寢石,矢沒衞飲羽者,皆增之也。

儒書稱:『魯般、墨子之巧,刻木爲鳶,飛之三日而不集。』夫言其以木爲鳶飛之,可也;言其三日不集,增之也。

夫刻木爲鳶，以象鳶形，安能飛而不集乎？既能飛翔，安能至於三日？如審有機關，一飛遂翔，不可復下，則當言遂飛，不當言三日。猶世傳言曰：『魯般巧，亡其母也。』言巧工爲母作木車馬，木人御者，機關備具，載母其上，一驅不還，遂失其母。如木鳶機關備具，與木車馬等，則遂飛不集。機關爲須臾間，不能遠過三日，則木車等亦宜三日止於道路，無爲徑去以失其母。二者必失實者矣。

書說：『孔子不能容於世，周流游說七十餘國，未嘗得安。』夫言周流不遇，可也；言干七十國，增之也。案論語之篇，諸子之書，孔子自衞反魯，在陳絕糧，削迹於衞，忘味於齊，伐樹於宋，并費與頓牟，至不能十國。傳言七十國，非其實也。或時干十數國也，七十之說，文書傳之，因言干七十國矣。論語曰：『孔子問公叔文子於公明賈曰：「信乎，夫子不言不笑不取乎？」公明賈對曰：「以告者過也。夫子時然後言，人不厭其言也；樂然後笑，人不厭其笑也；義然後取，人不厭其取也。」子曰：「豈其然乎？豈其然乎？」』夫公叔文子實時言、樂笑、義取，人傳說稱之，言其不言不笑不取也，俗言竟增之也。

書言：『秦繆公伐鄭，過晉不假途，晉襄公率羌戎要擊於崤塞之下，疋馬隻輪無反者。』時秦遣三大夫孟明視、西乞術、白乙丙，皆得復還。夫三大夫復還，車馬必有歸者，文言疋馬隻輪無反者，增其實也。

書稱：『齊之孟嘗、魏之信陵、趙之平原、楚之春申君，待士下客，招會四方，各三千人。』欲言下士之至，趣之者衆也。夫言士多，可也；言其三千，增之也。四君雖好士，士至雖衆，不過各千餘人，書則言三千矣。夫言衆必言千數，言少則言無一，世俗之情，言事之失也。

傳記言：『高子羔之喪親，泣血三年，未嘗見齒，君子以爲難。』難爲故也。夫不以爲非實而以爲難，君子之言誤矣。高子泣血，殆必有之。何則？荆和獻寶於楚，楚刖其足，痛寶不進，己情不達，泣涕，涕盡因續以血。今高子痛親，哀極涕竭，血隨而出，實也；而云三年未嘗見齒，是增之也。言未嘗見齒，欲言其不言不笑也。孝子喪親不笑，可也，安得不言？言安得不見齒？孔子曰：『言不文，或時不言。』傳則言其不見齒。或時傳則言其不見齒三年矣。高宗諒陰，三年不言，尊爲天子，不言而其文言。不言猶疑於增，況高子位賤，而曰未嘗見齒，是必增益之也。

儒書言：「禽息薦百里奚，繆公未聽，禽息出當門，仆頭碎首而死。繆公痛之，乃用百里奚。」此言賢者薦善，不愛其死，仆頭碎首而死，以達其友也。世士相激，文書傳稱之，莫謂不然。夫仆頭以薦善，古今有之，禽息仆頭，蓋其實也；言碎首而死，是增之也。夫人之扣頭，痛者血流，雖忿恨惶恐，無碎首者；非首不可碎，人力不能自碎也。執刃刎頸，樹鋒刺胸，鋒刃之助，故手足得成勢也。言禽息舉椎自擊，首碎，不足怪也；仆頭碎首，力不能自將也。有扣頭而死者，未有使頭破首碎者也。此時或扣頭薦百里奚，世空言其死；若或扣頭而死，世空言其首碎也。

儒書言：「荆軻爲燕太子刺秦王，操匕首之劍，刺之不得。秦王拔劍擊之。軻以匕首擿秦王，不中，中銅柱，入尺。」欲言匕首之利，荆軻勢盛，投銳利之刃，陷堅彊之柱，稱荆軻之勇，故增益其事也。夫言入銅柱，實也；言其入尺，增之也。夫銅雖不若匕首堅剛，入之不過數寸，殆不能入尺。以入尺言之，設中秦王，匕首洞過乎？車張十石之弩，射垣木之表，尚不能入尺。以荆軻之手力，投輕小之匕首，身被龍淵之劍刃，入堅剛之銅柱，是荆軻之力，勁於十石之弩，銅柱之堅，不若木表之剛也。世稱荆軻之勇，不言其多力，多力之人，莫若孟賁。使孟賁擿銅柱，能（一有過字）淵出一尺乎？此亦或時匕首利，若干將、莫邪，所刺無前，所擊無下，故有入尺之效。夫稱干將、莫邪，亦過其實。刺擊無前下，亦入銅柱尺之類也。

儒書言：「董仲舒讀春秋，專精一思，志不在他，三年不窺園菜。」夫言不窺園菜，實也；言三年，增之也。仲舒雖精，亦時解休；解休之間，猶宜游於門庭之側。則能至門庭，何嫌不窺園菜？聞用精者，察物不見，存道以亡身；不聞不至門庭，坐思三年，不及窺園也。尚書毋佚曰：「君子所其毋逸，先知稼穡之艱難，乃佚。」者也。人之筋骨，非木非石，不能不解。故張而不弛，文王不爲；弛而不張，文王不行；一弛一張，文王以爲常。聖人材優，尚有弛張之時。仲舒材力劣於聖，安能用精三年不休？

儒書言：「夏之方盛也，遠方圖物，貢金九牧，鑄鼎象物，而爲之備，故入山澤，不逢惡物，用辟神姦，故能叶於上下，以承天休。』夫金之性，物也。用遠方貢之為美，鑄以為鼎，用象百物之奇，安能入山澤不逢惡物，辟除神姦乎？周時天下太平，越裳獻白雉，倭人貢鬯草。食白雉，服鬯草，不能除凶；金鼎之器，安能辟姦？且九鼎之來，德盛之瑞也。服瑞應之物，不能致福。男子服玉，女子服珠，珠玉於人，無能辟除。寶奇之物，使為蘭服，作牙身，或言有益者，九鼎之語也。夫九鼎無能辟除，傳言能辟神姦，是則書增其文也。世俗傳言：周鼎不爨自沸，不投物物自出。此則世俗增其言也，儒書增其文也，是使九鼎以無怪空為神也。且夫謂周之鼎神者，何用審之？周鼎之金，遠方所貢，禹得鑄以為鼎也。其為鼎也，有百物之象。如為遠方貢之為神乎？遠方之物安能神？如以為禹鑄之為神乎？禹聖不能神，聖人身不能神，鑄器安能神？如以金之物為神乎？則夫金者石之類也；石不能神，金安能神？以有百物之象為神乎？夫百物之象，猶雷罇也；雷罇刻畫雲雷之形，雲雷在天，神於百物，雲雷之象不能神，百物之象安能神也？

傳言『秦滅周，周之九鼎入於秦。』案本事，周赧王之時，秦昭王使將軍摎攻王赧，王赧惶懼奔秦，頓首受罪，盡獻其邑三十六，口三萬。秦受其獻，還王赧。王赧卒，秦王取九鼎寶器矣。若此者，九鼎在秦也。『始皇二十八年，北遊至琅邪，還過彭城，齊戒禱祠，欲出周鼎，使千人沒泗水之中，求弗能得。』案時昭王之後，三世得始皇帝。秦無危亂之禍，鼎宜不亡；亡時殆在周。傳言王赧奔秦，秦取九鼎，或時誤也。傳又言：宋太丘社亡，鼎沒水中彭城下。其後二十九年，秦并天下。若此者，鼎未入秦也。其亡，從周去矣，未為神也。春秋之時，五石隕於宋。五石者，星也。星之去天，猶鼎之亡於地也。星去天不為神，鼎亡於地何能神？春秋之時，三山亡，猶太丘社之去，宋五星之去天。三山亡，五石隕，太丘社去，皆自有為。然鼎亡，亡亦有應也，未可以亡之故，乃謂之神。如鼎與秦三山同乎，亡不能神。如有知，欲辟危亂之禍乎，則更桀紂之時矣。衰亂無道，莫過桀紂。桀紂之時，鼎不亡去。周之衰亂，未若桀紂，留無道之桀紂，去衰末之周，非止去之宜，神有知之驗也。或時周亡之時，將軍摎人衆見鼎，盜取，姦人鑄爍以為他器，始皇求不得也。後因言有神名，則空生沒於泗水之語矣。孝文皇帝之時，趙人新垣平上言：『周鼎亡在泗水中。今河溢，通於泗水，臣望東北汾陰直有金氣，意周鼎出乎？兆見弗迎則不至。』於是文帝使使治廟汾陰南，臨河，欲覩出周鼎，人有上書告新垣平所言神器事，皆詐也。於是下平事於吏，吏治誅新垣平。夫言鼎在泗水中，猶新垣平詐言鼎有神氣見也。

藝增篇

世俗所患，患言事增其實；著文垂辭，辭出溢其真，稱美過其善，進惡沒其罪。何則？俗人好奇，不奇，言不用也。故譽人不增其美，則聞者不快其意；毀人不益其惡，則聽者不愜於心。聞一增以爲十，見百益以爲千，使夫純樸之事，十剖百判；審然之語，千反萬畔。墨子哭於練絲，楊子哭於岐道，蓋傷失本，悲離其實也。蜚流之言，百傳之語，出小人之口，馳閭巷之間，其猶是也。諸子之文，筆墨之疏，人賢所著，妙思所集，宜如其實，猶或增之。儻經藝之言，如其實乎？言審莫過聖人，經藝萬世不易，猶或出溢，增過其實。增過其實，皆有事爲，不妄亂誤以少爲多也。然而必論之者，方言經藝之增與傳語異也。經增非一，略舉較著，令怳惑之人，觀覽采擇，得以開心通意，曉解覺悟。

尚書『協和萬國』，是美堯德致太平之化，化諸夏并及夷狄也。言協和方外，可也；言萬國，增之也。夫唐之與周，俱治五千里內。周時諸侯千七百九十三國，荒服、戎服、要服，及四海之外，不粒食之民，若穿胸、儋耳、焦僥、跂踵之輩，並合其數，不能三千。天之所覆，地之所載，盡於三千之中矣。而尚書云萬國，褒增過實，以美堯也。欲言堯之德大，所化者衆，諸夏夷狄，莫不雍和，故曰萬國。猶詩言『子孫千億』矣，美周宣王之德，能愼（一作順）天地，天地祚之，子孫衆多，至於千億。言子孫衆多，可也；言千億，增之也。夫子孫雖衆，不能千億，詩人頌美，增益其實。案后稷始受邰封，訖於宣王，宣王以至外族內屬，血脈所連，不能千億。夫千與萬，數之大名也。萬言衆多，故尚書言萬國，詩言千億。

詩云：『鶴鳴于九皋，聲聞于天。』言鶴鳴九折之澤，聲猶聞於天，以喻君子修德窮僻，名猶達朝廷也。其聞高遠，可矣；言其聞於天，增之也。彼言聲聞於天，見鶴鳴於雲中，從地聽之，度其聲鳴於地，當復聞於天也。夫鶴鳴雲中，人聞聲仰而視之，目見其形。耳目同力，耳聞其聲，則目見其形矣。然則耳目所聞見，不過十里；使參天之鳴，人不能聞也。何則？天之去人，以萬數遠，則目不能見，耳不能聞。今鶴鳴從下聞之，鶴鳴近也。以從下聞其聲，則謂其鳴於地，當復聞於天，失其實矣。其鶴鳴於雲中，人從下聞之，如鳴於九皐，人無在天上者，何以知其聞於天上也？無以知，意從准況之也。詩人或時不知，至誠以爲然；或時知而欲以喻事，故增而甚之。

詩曰：『維周黎民，靡有孑遺。』是謂周宣王之時，遭大旱之災也。詩人傷旱之甚，民被其害，言無有孑遺一人不愁痛者。夫旱甚則有之矣；言無孑遺一人，增之也。夫周之民，猶今之民也。使今之民也，遭大旱之災，貧羸無蓄積，扣心思雨；若其富人，穀食饒足者，廩囷不空，口腹不飢，何愁之有？天之旱也，山林之間不枯，猶地之水，丘陵之上不湛也。山林之間，富貴之人，必有遺脫者矣；而言靡有孑遺，增益其文，欲言旱甚也。

易曰：『豐其屋，蔀其家，窺其戶，閴其無人也。』非其無人也，無賢人也。尚書曰：『毋曠庶官。』曠，空；庶，衆也。毋空衆官，寘非其人，與空無異，故言空也。夫不肖者，皆懷五常，才劣不逮，不成純賢，非狂妄頑嚚，身中無一知也。德有大小，材有高下，居官治職，皆欲勉效在官。尚書之官，易之戶中，猶能有益，如何謂之空而無人？詩曰：『濟濟多士，文王以寧。』此言文王得賢者多，而不肖者少也。今易宜言閴其少人，尚書宜言無少衆官。以少言之，可也；言空而無人，亦尤甚焉。五穀之於人也，食之皆飽；稻粱之味，甘而多腴；豆麥雖糲，亦能愈飢。食豆麥者，皆謂糲而不甘，莫謂腹空無所食。竹木之杖，皆能扶病。竹杖之力，弱劣不及木；或操竹杖，皆謂不勁，莫謂手空無把持。夫不肖之臣，豆麥竹杖之類也。易持其具臣在戶，言無人者，惡之甚也。尚書衆官，亦容小材，而云無空者，刺之甚也。

論語曰：『大哉！堯之爲君也，蕩蕩乎民無能名焉。』傳曰：『有年五十擊壤於路者，觀者曰：「大哉！堯德乎！」擊壤者曰：「吾日出而作，日入而息，鑿井而飲，耕田而食，堯何等力？」』此言蕩蕩無能名之效也。言蕩蕩，可也；乃欲言民無能名，增之也。四海之大，萬民之衆，無能名堯之德者，殆不實也。夫擊壤者曰：『堯何等力？』欲言民無能名也。觀者曰：『大哉，堯之德乎！』此何等民者，猶能知之。實有知之者，云無，竟增之。儒書又言：『堯舜之民，可比屋而封。』言其家有君子之行，可皆官也。夫言可封，可也；言比屋，增之也。人年五十爲人父，爲人父而不知君，何以示子？太平之世，家爲君子，人有禮義，父不失禮，子不廢行。夫有行者有知，知君莫如臣，臣賢能知君，能知其君，故能治其民。今不能知堯，何可封官？年五十擊壤於路，與豎子未成人者爲伍，何等賢者？子路使子羔爲郈宰，孔子以爲不可，未學，無所知也。擊壤者無知，官之如何？稱堯之蕩蕩，不能述其可比屋而封，言賢者可比屋而封，不能議讓其愚而無知之。夫擊壤者難以言比屋，比屋難以言蕩蕩，二者皆增之所由起，美堯之德也。

尚書曰：『祖伊諫紂曰：今我民罔不欲喪。』罔，無也；我天下民無不欲王亡者。夫言欲王之亡，可也；言無不，增之也。紂雖惡，民臣蒙恩者非一，而祖伊增語，欲以懼紂也。故曰：語不益，心不惕；心不惕，行不易。增其語，欲以懼之，冀其警悟也。蘇秦說齊王曰：『臨菑之中，車轂擊，人肩摩，舉袖成幕，連衽成帷，揮汗成雨。』齊雖熾盛，不能如此。蘇秦增語，激齊王也。祖伊之諫紂，猶蘇秦之說齊王也。賢聖增文，外有所爲，內未必然。何以明之？夫武成之篇，言『武王伐紂，血流浮杵，』助戰者多，故至血流如此。皆欲紂之亡也，士崩瓦解，安肯戰乎？然祖伊之言『民無不欲，』如蘇秦增語。武成言『血流浮杵，』亦太過焉。死者血流，安能浮杵？案武王伐紂於牧之野，河北地高，壤靡不乾燥，兵頓血流，輒燥入土，安得杵浮？且周殷士卒，皆賫盛糧，（或作乾糧，）無杵臼之事，安得杵而浮之？言血流杵，欲言誅紂，惟兵頓士傷，故至浮杵。

春秋莊公七年夏四月辛卯，夜中恆星不見，星霣如雨。公羊傳曰：『如雨者何？非雨也。非雨，則曷爲謂之如雨？不修春秋曰：「如雨星不及地尺而復。」君子修之曰：「星霣如雨。」』不修春秋者，未修春秋時，魯史記曰：『雨星不及地尺如復。』君子者，謂孔子也。孔子修之，星霣如雨。如雨者，如雨狀也。山氣爲雲，上不及天，下而爲雨；星隕不及地，上復在天，故曰如雨。孔子正言也。夫星霣或時至地，或時不能，尺丈之數難審也。史記言尺，亦似太甚矣。夫地有樓臺山陵，安得言尺？孔子言如雨，得其實矣。孔子作春秋，故正言如雨。如孔子不作，不及地尺之文，遂傳至今。

光武皇帝之時，郎中汝南賁光上書言：『孝文皇帝時，居明光宮，天下斷獄三人。』頌美文帝，陳其效實。光武皇帝曰：『孝文時不居明光宮，斷獄不三人。』積善修德，美名流之，是以君子惡居下流。夫賁光上書於漢；漢爲今世，增益功美，猶過其實；况上古帝王久遠，賢人從後褒述，失實離本，獨已多矣。不遭光武論千世之後，孝文之事，載在經藝之上，人不知其增，居明光宮，斷獄三人，而遂爲實事也。

問孔篇

世儒學者，好信師而是古，以爲賢聖所言，皆無非；專精講習，不知難問。夫賢聖下筆造文，用意詳審，尚未可謂盡得實；况倉卒吐言，安能皆是？不能皆是，時人不知難；或是，而意沈難見，時人不知問。案賢聖之言，上下多相違；其文，前後多相伐者，世之學者不能知也。論者皆云：『孔門之徒，七十子之才，勝今之儒。』此言妄也。彼見孔子爲師，聖人傳道，必授異才，故謂之殊。夫古人之才，今人之才也。今謂之英傑，古以爲聖神，故謂七十子歷世希有。使當今有孔子之師，則斯世學者，皆顏、閔之徒也；使無孔子，則七十子之徒，今之儒生也。何以驗之？以學於孔子，不能極問也。聖人之言，不能盡解；說道陳義，不能輒形。不能輒形，宜問以發之；不能盡解，宜難以極之。皐陶陳道帝舜之前，淺略未極；禹問難之，淺言復深，略指復分。蓋起問難此說，激而深切，觸而著明也。孔子笑子游之絃歌，子游引前言以距孔子。自今案論語之文，孔子之言，多若笑絃歌之聲。弟子寡若子游之難，故孔子之言，遂結不解。以七十子不能難，世之儒生，不能實道是非也。凡學問之法，不爲無才，難於距師，核道實義，證定是非也。問難之道，非必對聖人及生時也。世之解說說人者，非必須聖人教告，乃敢言也。苟有不曉解之問，造難孔子，何傷於義？誠有傳聖業之知，伐孔子之說，何逆於理？謂問孔子之言，難其不解之文，世間弘才大知生，能荅問解難之人，必將賢吾世間難問之言是非。

孟懿子問孝，子曰：『毋違。』樊遲御，子告之曰：『孟孫問孝於我，我對曰：「毋違！」』樊遲曰：『何謂也？』子曰：『生，事之以禮；死，葬之以禮，祭之以禮。』問曰：孔子之言毋違，毋違者，禮也。孝子亦當先意承志，不當違親之欲。孔子言毋違，不言違禮。懿子聽孔子之言，獨不為嫌於毋違志乎？樊遲問何謂，孔子乃言生，事之以禮；死，葬之以禮，祭之以禮。使樊遲不問，毋違之說遂不可知也。懿子之才不過樊遲，故論語篇中不見言行。樊遲不曉，懿子必能曉哉？孟武伯問孝，子曰：『父母唯其疾之憂。』武伯善憂父母，故曰唯其疾之憂。武伯憂親，懿子違禮，攻其短，答武伯云：『父母唯其疾之憂。』對懿子亦宜言：『唯水火之變乃違禮。』周公告小材勑，大材略。子游之大材也，孔子告之勑；懿子小材也，告之反略。違周公之志，攻懿子之短，失道理之宜。弟子不難，何哉？如以懿子權尊，不敢極言，則其對武伯，亦宜但言毋憂而已。俱孟氏子也，權尊鈞同，勑武伯而略懿子，未曉其故也。使孔子對懿子極言毋違禮，何害之有？專魯莫過季氏，譏八佾之舞庭，刺太山之旅祭，不懼季氏增邑不隱諱之害，獨畏答懿子極言之罪，何哉？且問孝者非一，皆有御者，對懿子言，不但心服臆肯，故告樊遲。

孔子曰：『富與貴，是人之所欲也，不以其道得之，不居也；貧與賤，是人之所惡也，不以其道得之，不去也。』此言人當由道義得，不當苟取也；當守節安貧，不當妄去也。夫言不以其道得富貴，不居，可也；不以其道得貧賤，如何？富貴顧可去，去貧賤何之？去貧賤得富貴也。不得富貴，不去貧賤。如謂得富貴不以其道，則不去貧賤邪？則所得富貴，不得貧賤也。貧賤何故當言得之？顧當言貧與賤是人之所惡也，不以其道去之，則不去也。當言去，不當言得。得者，施於得之也。今去之，安得言得乎？獨富貴當言得耳！何者？得富貴，乃去貧賤也。是則以道去貧賤，如何？修身行道，仕得爵祿富貴，得爵祿富貴，則去貧賤矣。不以其道去貧賤，如何？毒苦貧賤，起為奸盜，積聚貨財，擅相官秩，是為不以其道。七十子既不問，世之學者亦不知難。使此言意結，不解而文不分，是謂孔子不能吐辭也；使此言意結，文又不解，是孔子相示未形悉也。弟子不問，世俗不難，何哉？

孔子曰：『公冶長可妻也，雖在縲絏之中，非其罪也。』以其子妻之。問曰：孔子妻公冶長者，何據見哉？據年三十可妻耶？見其行賢可妻也？如據其年三十，不宜稱在縲絏；如見其行賢，亦不宜稱在縲絏。何則？諸入孔子門者，皆有善行，故稱備徒役。徒役之中無妻，則妻之耳，不須稱也。如徒役之中多無妻，公冶長尤賢，故獨妻之，則其稱之，宜列其行，不宜言其在縲紲也。何則？世間彊受非辜者多，未必盡賢人也。恆人見枉，衆多非一，必以非辜爲孔子所妻，則是孔子不妻賢，妻冤也。案孔子之稱公冶長，有非辜之言，無行能之文。實不賢，孔子妻之，非也；實賢，孔子稱之不具，亦非也。誠似妻南容云：『國有道不廢，國無道免於刑戮。』具稱之矣。

子謂子貢曰：『汝與回也孰愈？』曰：『賜也何敢望回？回也聞一以知十，賜也聞一以知二。』子曰：『弗如也，吾與汝俱不如也。』是賢顏淵，試以問子貢也。問曰：『孔子所以教者，禮讓也。子路爲國以禮，其言不讓，孔子非之。使子貢實愈顏淵，孔子問之，猶曰不如，使實不及，亦曰不如，非失對欺師，禮讓之言宜謙卑也。今孔子出言，欲何趣哉？使孔子知顏淵愈子貢，則不須問子貢。使孔子實不知，以問子貢，子貢謙讓，亦不能知。使孔子徒欲表善顏淵，稱顏淵賢，門人莫及，於名多矣，何須問於子貢？』子曰：『賢哉回也！』又曰：『吾與回言終日，不違如愚。』又曰：『回也其心三月不違仁。』三章皆直稱，不以他人激；至是一章，獨以子貢激之，何哉？或曰：『欲抑子貢也。當此之時，子貢之名凌顏淵之上，孔子恐子貢志驕意溢，故抑之也。』夫名在顏淵之上，當時所爲，非子貢求勝之也，實子貢之知何如哉？使顏淵才在己上，己自服之，不須抑也；使子貢不能自知，孔子雖言，將謂孔子徒欲抑己。由此言之，問與不問，無能抑揚。

宰我晝寢，子曰：『朽木不可彫也，糞土之牆不可杇也。於予，予何誅。』是惡宰予之晝寢。問曰，晝寢之惡也，小惡也；朽木糞土，敗毀不可復成之物，大惡也。責小過以大惡，安能服人？使宰我性不善，如朽木糞土，不宜得入孔子之門，序在四科之列；使性善，孔子惡之，惡之太甚，過也。人之不仁，疾之已甚，亂也。孔子疾宰予，可謂甚矣。使下愚之人涉耐罪之獄，吏令以大辟之罪，必冤而怨邪？將服而自咎也？使宰我愚，則與涉耐罪之人同志；使宰我賢，知孔子責人，幾微自改矣。明文以識之，流言以過之，以其言示端而已自改。自改不在言之輕重，在宰予能更與否。春秋之義，采毫毛之善，貶纖介之惡。褒毫毛以巨大，以巨大貶纖介，觀春秋之義，肯是之乎？不是，則宰我不受；不受，則孔子之言棄矣。聖人之言與文相副。言出於口，文立於策，俱發於心，其實一也。孔子作春秋，不貶小以大；其非宰予也，以大惡細，文語相違，服人如何？子曰：『始吾於人也，聽其言而信其行；今吾於人也，聽其言而觀其行。於予與改是。』蓋起宰予晝寢，更知人之術也。問曰：人之晝寢，安足以毀行？毀行之人，晝夜不臥，安足以成善？以晝寢而觀人善惡，能得其實乎？案宰予在孔子之門，序於四科，列在賜上。如性情怠，不可彫琢，何以致此？使宰我以晝寢自致此才，復過人遠矣。如未成就，自謂已足，不能自知，知不明耳，非行惡也。曉勑而已，無爲改術也。如自知未足，倦極晝寢，是精神索也。精神索至於死亡，豈徒寢哉？且論人之法，取其行則棄其言，取其言則棄其行。今宰予雖無力行，有言語。用言令行缺，有一概矣。今孔子起宰予晝寢，聽其言觀其行，言行相應，則謂之賢，是孔子備取人也。毋求備於一人之義何所施？

子張問：『令尹子文三仕爲令尹，無喜色；三已之，無慍色；舊令尹之政，必以告新令尹。何如？』子曰：『忠矣。』曰：『仁矣乎？』曰：『未知，焉得仁？』子文曾舉楚子玉代己位而伐宋，以百乘敗而喪其衆，不知如此，安得爲仁？問曰：子文舉子玉，不知人也。智與仁，不相干也。有不知之性，何妨爲仁之行？五常之道，仁義禮智信也。五者各別，不相須而成。故有智人，有仁人者；有禮人，有義人者。人有信者未必智，智者未必仁，仁者未必禮，禮者未必義。子文智蔽於子玉，其仁何毀？謂仁焉得不可？且忠者，厚也；厚人，仁矣。孔子曰：『觀過，斯知仁矣。』子文有仁之實矣，孔子謂忠非仁，是謂父母非二親，配匹非夫婦也。

哀公問：『弟子孰爲好學？』孔子對曰：『有顏回者，不遷怒，不貳過，不幸短命死矣！今也則亡！未聞好學者也！』夫顏淵所以死者，審何用哉？今自以短命，猶伯牛之有疾也。人生受命，皆全當潔，今有惡疾，故曰無命。人生皆當受天長命，今得短命，亦宜曰無命。如天有長短，則亦有善惡矣。言顏淵短命，則宜言伯牛惡命；言伯牛無命，則宜言顏淵無命。一死一病，皆痛云命，所稟不異，文語不同，未曉其故也。

哀公問孔子：『孰爲好學？』孔子對曰：『有顏回者好學，今也則亡。不遷怒，不貳過。』何也？曰：『并攻哀公之性，遷怒貳過故也。因其問則并以對之，兼以攻上之短，不犯其罰。』問曰：康子亦問好學，孔子亦對之以顏淵。康子亦有短，何不幷對以攻康子？康子非聖人也，操行猶有所失。成事，康子患盜，孔子對曰：『苟子之不欲，雖賞之不竊。』由此言之，康子以欲為短也，不攻何哉！

孔子見南子，子路不悅。子曰：『予所鄙（一作否）者，天厭之！天厭之！』南子，衛靈公夫人也，聘孔子，子路不說，謂孔子淫亂也。孔子解之曰：『我所為鄙陋者，天厭殺我。』至誠自誓，不負子路也。問曰：孔子自解，安能解乎？使世人有鄙陋之行，天曾厭殺之，可引以誓，子路聞之，可信以解。今未曾有為天所厭者也，曰『天厭之』，子路肯信之乎？行事，雷擊殺人，水火燒溺人，牆屋壓填人。如曰『雷擊殺我，水火燒溺我，牆屋壓填我』，子路頗信之。今引未曾有之禍，以自誓於子路，子路安肯曉解而信之？行事適有臥厭不悟者，謂此為天所厭邪？案諸臥厭不寤，未皆為鄙陋也。子路入道雖淺，猶知事之實。事非實，孔子以誓，子路必不解矣。孔子稱曰：『死生有命，富貴在天。』若此者，人之死生，自有長短，不在操行善惡也。成事，顏淵蚤死，孔子謂之短命。由此知短命夭死之人，必有邪行也。子路入道雖淺，聞孔子之言，知生死之實。孔子誓以予所鄙者天厭之，獨不為子路言『夫子惟命未當死，天安得厭殺之乎？』若此誓子路以天厭之，終不見信，不見信，則孔子自解，終不解也。尚書曰：『毋若丹朱敖，惟慢游是好。』謂帝舜勑禹毋子不肖子也。重天命，恐禹私其子，故引丹朱以勑戒之。禹曰：『予娶若時，辛壬癸甲，開呱呱而泣，予弗子。』陳已行事，以往推來，以見卜隱，效已不敢私不肖子也。不曰天厭之者，知俗人誓，好引天也。孔子為子路行所疑，不引行事效已不鄙，而云天厭之，是與俗人解嫌，引天祝詛，何以異乎？

孔子曰：『鳳鳥不至，河不出圖，吾已矣夫！』夫子自傷不王也。已王致太平，太平則鳳鳥至，河出圖矣。今不得王，故瑞應不至，悲心自傷，故曰『吾已矣夫！』問曰：鳳鳥、河圖，審何據始起？始起之時，鳥圖未至。如據太平，太平之帝，未必常至鳳鳥與河圖也。五帝、三王皆致太平，案其瑞應，不皆鳳凰為必然之瑞。於太平，鳳凰為未必然之應。孔子，聖人也，思未必然以自傷，終不應矣。或曰：『孔子不自傷，不得王也，傷時無明王，故已不用也。鳳鳥、河圖，明王之瑞也。瑞應不至，時無明王；明王不存，已遂不用矣。』夫致瑞應何以致之？任賢使能，治定功成；治定功成，則瑞應至矣。瑞應至後，亦不須孔子。孔子所望，何其末也！不思其本而望其末也，不相其王而名其物，治有未定，物有不至，以至而效明王，必失之矣。孝文皇帝可謂明矣，案其本紀，不見鳳鳥與河圖。使孔子在孝文之世，猶曰：「吾已矣夫！」

子欲居九夷，或曰：「陋，如之何？」子曰：「君子居之，何陋之有？」孔子疾道不行於中國，志恨失意，故欲之九夷也。或人難之曰：「夷狄之鄙陋無禮義，如之何？」孔子曰：「君子居之，何陋之有？」言以君子之道，居而教之，何爲陋乎？問之曰：孔子欲之九夷者何起乎？起道不行於中國，故欲之九夷。夫中國且不行，安能行於夷狄？「夷狄之有君，不若諸夏之亡。」言夷狄之難，諸夏之易也。不能行於易，能行於難乎？且孔子云：「以君子居之者！何謂陋邪！」謂修君子之道自容乎？謂以君子之道教之也？如修君子之道苟自容，中國亦可，何必之夷狄？如以君子之道教之，夷狄安可教乎？禹入裸國，裸入衣出，衣服之制，不通於夷狄也。禹不能教裸國衣服，孔子何能使九夷爲君子？或孔子實不欲往，患道不行，動發此言。或人難之，孔子知其陋，然而猶曰「何陋之有」者，欲遂已然，距或人之諫也。實不欲往，志動發言，是僞言也。君子於言，無所苟矣。如知其陋，苟欲自遂，此子路對孔子以子羔也。子路使子羔爲費宰，子曰：「賊夫人之子。」子路曰：「有社稷焉，有民人焉，何必讀書，然後爲學？」子曰：「是故惡夫佞者。」子路知其不可，苟欲自遂，孔子惡之，比夫佞者。孔子亦知其不可，苟應或人，孔子、子路皆以佞也。

孔子曰：「賜不受命而貨殖焉，億則屢中。」何謂不受命乎？說曰：「受當富之命，自以術知，數億中時也。」夫人富貴在天命乎？在人知也？如在天命，知術求之不能得；如在人，孔子何爲言「死生有命，富貴在天」？夫謂富不受命，而自知術得之，貴亦可不受命，而自以努力求之。世無不受貴命而自得貴，亦知無不受富命而自得富者。成事，孔子不得富貴矣，周流應聘，行說諸侯，智窮策困，還定詩書，望絕無冀，稱「已矣夫！」自知無貴命，周流無補益也。孔子知己不受貴命，周流求之不能得，而謂賜不受富命，而以術知得富，言行相違，未曉其故。或曰：「欲攻子貢之短也。子貢不好道德而徒好貨殖，故攻其短，欲令窮服而更其行節。』夫攻子貢之短，可言賜不好道德而貨殖焉，何必言不受命，與前言富貴在天相違反也。

顏淵死，子曰：『噫！天喪予！』此言人將起，天與之輔；人將廢，天奪其祐。孔子有四友，欲因而起，顏淵早夭，故曰：『天喪予。』問曰：顏淵之死，孔子不王，天奪之邪？不幸短命，自爲死也？如短命不幸，不得不死，孔子雖王，猶不得生。輔之於人，猶杖之扶疾也。人有病，須杖而行，如斬杖本得短，可謂天使病人不得行乎？如能起行，杖短能使之長乎？夫顏淵之短命，猶杖之短度也。且孔子言天喪予者，以顏淵賢也。案賢者在世，未必爲輔也。夫賢者未必爲輔，猶聖人未必受命也。爲帝有不聖，爲輔有不賢。何則？祿命骨法，與才異也。由此言之，顏淵生，未必爲輔，其死未必有喪。孔子云天喪予，何據見哉？且天不使孔子王者，本意如何？本稟性命之時，不使之王邪？將使之王，復中悔之也？如本不使之王，顏淵死何喪？如本使之王，復中悔之，此王無骨法，便宜自在天也。且本何善所見，而使之王？後何惡所聞，中悔不命？天神論議，誤不諦也。

孔子之衞，遇舊館人之喪，入而哭之，出，使子貢脫驂而賻之。子貢曰：『於門人之喪，未有所脫驂；脫驂於舊館，毋乃已重乎？』孔子曰：『予鄉者入而哭之，遇於一哀而出涕，予惡夫涕之無從也。小子行之。』孔子脫驂以賻舊館者，惡情不副禮也。副情而行禮，情起而恩動，禮情相應，君子行之。顏淵死，子哭之慟。門人曰：『子慟矣！』『吾非斯人之慟而誰爲？』夫慟，哀之至也。哭顏淵慟者，殊之衆徒，哀痛之甚也。死有棺無椁，顏路請車以爲之椁，孔子不予，爲大夫不可以徒行也。弔舊館脫驂以賻，惡涕無從；哭顏淵慟，請車不與，使慟無副，豈涕與慟殊，馬與車異邪？於彼則禮情相副，於此則恩義不稱，未曉孔子爲禮之意。孔子曰：『鯉也死，有棺無椁，吾不徒行以爲之椁。』鯉之恩深於顏淵，鯉死無椁，大夫之儀，不可徒行也。鯉，子也，顏淵，他姓也。子死且不禮，況其禮他姓之人乎？曰：是蓋孔子實恩之效也。副情於舊館，不稱恩於子，豈以前爲士，後爲大夫哉？如前爲士，士乘二馬；如爲大夫，大夫乘三馬。大夫不可去車徒行，何不截賣兩馬以爲椁，乘其一乎？爲士時乘二馬，截一以賻舊館；今亦何不截其二，以副恩，乘一以解不徒行乎？不脫馬以賻舊館，未必亂制。葬子有棺無槨，廢禮傷法。孔子重賻舊人之恩，輕廢葬子之禮，此禮得於他人，制失親子也。然則孔子不鬻車以爲鯉槨，何以解於貪官好仕恐無車而自云？君子殺身以成仁，何難退位以成禮。

子貢問政，子曰：『足食足兵，民信之矣。』曰：『必不得已而去，於斯三者何先？』曰：『去兵。』曰：『必不得已而去，於斯二者何先？』曰：『去食。自古皆有死，民無信不立。』信最重也。問使治國無食，民餓，棄禮義；禮義棄，信安所立？傳曰：『倉廩實知禮節，衣食足知榮辱。』讓生於有餘，爭生於不足。今言去食，信安得成？春秋之時，戰國饑餓，易子而食，析骸而炊，口饑不食，不暇顧恩義也。夫父子之恩，信矣；饑餓棄信，以子爲食。孔子教子貢去食存信，如何？夫去信存食，雖不欲信，信自生矣。去食存信，雖欲爲信，信不立矣。子適衛，冉子僕，子曰：『庶矣哉！』曰：『既庶矣，又何加焉？』曰：『富之。』曰：『既富矣，又何加焉？』曰：『教之。』語冉子先富而後教之，教子貢去食而存信。食與富何別？信與教何異？二子殊教，所尚不同，孔子爲國，意何定哉？

蘧伯玉使人於孔子，孔子曰：『夫子何爲乎？』對曰：『夫子欲寡其過而未能也。』使者出，孔子曰：『使乎！使乎！』非之也。說論語者曰，非之者，非其代人謙也。夫孔子之問使者曰：『夫子何爲？』問所治爲，非問操行也。如孔子之問也，使者宜對曰：『夫子爲某事，治某政。』今反言『欲寡其過而未能也』，何以知其對不失指，孔子非之也？且實孔子何以非使者？非其代人謙之乎？其非乎，對失指也，所非猶有一實。不明其過，而徒云使乎使乎。後世疑惑，不知使者所以爲過。韓子曰：『書約則弟子辨。』孔子之言使乎，何其約也！或曰：『春秋之義也，爲賢者諱。蘧伯玉賢，故諱其使者。』夫欲知其子視其友，欲知其君視其所使。伯玉不賢，故所使過也。春秋之義，爲賢者諱，亦貶纖介之惡。今不非而諱，貶纖介安所施哉？使孔子爲伯玉諱，宜默而已；揚言曰：『使乎！使乎！』時人皆知孔子之非也。出言如此，何益於諱？

佛肸召，子欲往。子路不說，曰：『昔者由也，聞諸夫子曰：「親於其身爲不善者，君子不入也。」佛肸以中牟畔，子之往也，如之何？』子曰：『有是也。不曰「堅乎，磨而不磷？」不曰「白乎，涅而不淄？」吾豈匏瓜也哉，焉能繫而不食也？』子路引孔子往時所言以非孔子也。往前孔子出此言，欲令弟子法而行之，子路引之以諫。孔子曉之，不曰前言戲，若非而不可行，而曰有是言者，審有當行之也。不曰堅乎磨而不磷，不曰白乎涅而不淄，孔子言此言者，能解子路難乎？親於其身爲不善者，君子不入也，解之宜佛肸未爲不善，尚猶可入，而曰堅磨而不磷，白涅而不淄。如孔子之言，有堅白之行者可以入之，君子之行軟而易汙邪？何以獨不入也？孔子不飲盜泉之水，曾子不入勝母之閭，避惡去汙，不以義恥辱名也。盜泉勝母有空名，而孔曾恥之；佛肸有惡實，而子欲往。不飲盜泉是，則欲對佛肸非矣。不義而富且貴，於我如浮雲。枉道食篡畔之祿，所謂浮雲者非也。或權時欲行道也。即權時行道，子路難之，當云『行道不言食，有權時以行道，無權時以求食。吾豈匏瓜也哉，焉能繫而不食？』自比以匏瓜者，言『人當仕而食祿，我非匏瓜繫而不食。』非子路也。孔子之言，不解子路之難。子路難孔子，豈孔子不當仕也哉？當擇善國而入之也。孔子自比匏瓜，孔子欲安食也。且孔子之言，何其鄙也！何彼仕爲食哉？君子不宜言也。匏瓜繫而不食，亦繫而不仕等也。距子路可云『吾豈匏瓜也哉？繫而不仕也。今吾繫而不食。』孔子之仕，不爲行道，徒求食也。人之仕也，主貪祿也；禮義之言，爲行道也。猶人之娶也，主爲欲也；禮義之言，爲供親也。仕而直言食，娶可直言欲乎？孔子之言，解情而無依違之意，不假義理之名，是則俗人，非君子也。儒者說孔子周流應聘不濟，閔道不行，失孔子情矣。

公山弗擾以費畔，召，子欲往。子路曰：『末之也已，何必公山氏之之也？』子曰：『夫召我者，而豈徒哉？如用我，吾其爲東周乎？』爲東周，欲行道也。公山佛肸俱畔者，行道於公山，求食於佛肸，孔子之言，無定趨也。言無定趨，則行無常務矣。周流不用，豈獨有以乎？陽貨欲見之，不見；呼之仕，不仕，何其清也！公山佛肸召之，欲往，何其濁也！公山弗擾與陽虎俱畔，執季桓子，二人同惡，呼召禮等，獨對公山，不見陽虎，豈公山尚可，陽虎不可乎？子路難公山之召，孔子宜解以尚及佛肸未甚惡之狀也。

非韓篇

韓子之術，明法尚功，賢無益於國，不加賞；不肖無害於治，不施罰。責功重賞，任刑用誅，故其論儒也，謂之不耕而食，比之於一蠹；論有益與無益也，比之於鹿馬。馬之似鹿者千金，天下有千金之馬，無千金之鹿；鹿無益，馬有用也。儒者猶鹿，有用之吏猶馬也。夫韓子知以鹿馬喻，不知以冠履譬。使韓子不冠，徒履而朝，吾將聽其言也。加冠於首而立於朝，受無益之服，增無益之仕，言與服相違，行與術相反，吾是以非其言而不用其法也。煩勞人體，無益於人身，莫過跪拜。使韓子逢人不拜，見君父不謁，未必有賊於身體也。然須拜謁以尊親者，禮義至重，不可失也。故禮義在身，身未必肥；而禮義去身，身未必瘠而化衰。以謂有益，禮義不如飲食。使韓子賜食君父之前，不拜而用，肯爲之乎？夫拜謁，禮義之效，非益身之實也，然而韓子終不失者，不廢禮義以苟益也。夫儒生，禮義也；耕戰，飲食也。貴耕戰而賤儒生，是棄禮義，求飲食也。使禮義廢，綱紀敗，上下亂而陰陽繆，水旱失時，五穀不登，萬民饑死，農不得耕，士不得戰也。子貢去告朔之餼羊，孔子曰：『賜也，爾愛其羊，我愛其禮。』子貢惡費羊，孔子重廢禮也。故以舊防爲無益而去之，必有水災；以舊禮爲無補而去之，必有亂患。

儒者之在世，禮義之舊防也，有之無益，無之有損。庠序之設，自古有之，重本尊始，故立官置吏。官不可廢，道不可棄。儒生，道官之吏也，以爲無益而廢之，是棄道也。夫道無成效於人，成效者須道而成。然足蹈路而行，所蹈之路，須不蹈者；身須手足而動，待不動者。故事或無益而益者須之，無效而效者待之。儒生，耕戰所須待也，棄而不存，如何也？韓子非儒，謂之無益有損，蓋謂俗儒無行操，舉措不重禮，以儒名而俗行，以實學而僞說，貪官尊榮，故不足貴。夫志潔行顯，不循爵祿，去卿相之位若脫躧者，居位治職，功雖不立，此禮義爲業者也。國之所以存者，禮義也。民無禮義，傾國危主。今儒者之操，重禮愛義，率無禮之士，激無義之人，人民爲善，愛其主上，此亦有益也。聞伯夷風者，貪夫廉，懦夫有立志；聞柳下惠風者，薄夫敦，鄙夫寬。此上化也，非人所見。段干木闔門不出，魏文敬之，表式其閭;秦軍聞之,卒不攻魏。使魏無干木,秦兵入境,境土危亡。秦強國也,兵無不勝;兵加於魏,魏國必破,三軍兵頓,流血千里。今魏文式闔門之士,卻強秦之兵,全魏國之境,濟三軍之衆,功莫大焉,賞莫先焉。齊有高節之士,曰狂譎、華士。二人,昆弟也,義不降志,不仕非其主。太公封於齊,以此二子解沮齊衆,開不爲上用之路,同時誅之。韓子善之,以爲二子無益而有損也。夫狂譎、華士,段干木之類也,太公誅之,無所卻到;魏文侯式之,卻強秦而全魏,功孰大者?使韓子善干木闔門高節,魏文式之,是也;狂譎、華士之操,干木之節也,善太公誅之,非也。使韓子非干木之行,下魏文之式,則干木以此行而有益,魏文用式之道爲有功;是韓子不賞功尊有益也。

論者或曰:「魏文式段干木之閭,秦兵爲之不至,非法度之功;一功特然,不可常行,雖全國有益,非所貴也。」夫法度之功者,謂何等也?養三軍之士,明賞罰之命,嚴刑峻法,富國強兵,此法度也。案秦之強,肯爲此乎?六國之亡,皆滅於秦兵。六國之兵非不銳,士衆之力非不勁也,然而不勝,至於破亡者,強弱不敵,衆寡不同,雖明法度,其何益哉?使童子變孟賁之意,孟賁怒之,童子操刃,與孟賁戰,童子必不勝,力不如也。孟賁怒而童子修禮盡敬,孟賁不忍犯也。秦之與魏,孟賁之與童子也。魏有法度,秦必不畏,猶童子操刃,孟賁不避也。其尊士式賢者之閭,非徒童子修禮盡敬也。夫力少則修德,兵強則奮威。秦以兵強,威無不勝;卻軍還衆,不犯魏境者,賢干木之操,高魏文之禮也。夫敬賢,弱國之法度,力少之強助也。謂之非法度之功,如何?高皇帝議欲廢太子,呂后患之,即召張子房而畫策。子房教以敬迎四皓而厚禮之。高祖見之,心消意沮,太子遂安。使韓子爲呂后議,進不過強諫,退不過勁力;以此自安,取誅之道也,豈徒易哉?夫太子敬厚四皓,以消高帝之議,猶魏文式段干木之閭,卻強秦之兵也。

治國之道,所養有二:一曰養德,二曰養力。養德者,養名高之人,以示能敬賢;養力者,養有力之士,以明能用兵。此所謂文武張設,德力且足者也。事或可以德懷,或可以力摧。外以德自立,內以力自備。慕德者不戰而服,犯德者畏兵而卻。徐偃王修行仁義,陸地朝者三十二國;強楚聞之,舉兵而滅之。此有德守,無力備者也。夫德不可獨任以治國,力不可直任以御敵也。韓子之術不養德,偃王之操不任力,二者偏駮,各有不足。偃王有無力之禍,知韓子必有無德之患。凡人稟性也，清濁貪廉，各有操行，猶草木異質，不可復變易也。狂譎華士不仕於齊，猶段干木不仕於魏矣。性行清廉，不貪富貴，非時疾世，義不苟仕，雖不誅此人，此人行不可隨也。太公誅之，韓子是之，是謂人無性行，草木無質也。太公誅二子，使齊有二子之類，必不爲二子見誅之故，不清其身；使無二子之類，雖養之，終無其化。堯不誅許由，唐民不皆樔處；武王不誅伯夷，周民不皆隱餓；魏文侯式段干木之閭，魏國不皆闔門。由此言之，太公不誅二子，齊國亦不皆不仕。何則？清廉之行，人所不能爲也。夫人所不能爲，養使爲之，不能使勸；人所能爲，誅以禁之，不能使止。然則太公誅二子，無益於化，空殺無辜之民。賞無功，殺無辜，韓子所非也。太公殺無辜，韓子是之，以韓子之術殺無辜也。夫執不仕者，未必有正罪也，太公誅之；如出仕未有功，太公肯賞之乎？賞須功而加，罰待罪而施。使太公不賞出仕未有功之人，則其誅不仕未有罪之民，非也；而韓子是之，失誤之言也。且不仕之民，性廉寡欲；好仕之民，性貪多利。利欲不存於心，則視爵祿猶糞土矣。廉則約省無極，貪則奢泰不止。奢泰不止，則其所欲不避其主。案古篡畔之臣，希清白廉潔之人。貪，故能立功；憍，故能輕生。積功以取大賞，奢泰以貪主位。太公遺此法而去，故齊有陳氏劫殺之患。太公之術，致劫殺之法也。韓子善之，是韓子之術亦危亡也。周公聞太公誅二子，非而不是；然而身執贄以下白屋之士。白屋之士，二子之類也，周公禮之，太公誅之，二子之操，孰爲是者？

宋人有御馬者，不進，拔劍剄而棄之於溝中；又駕一馬，馬又不進，又剄而棄之於溝。若是者三。以此威馬，至矣。然非王良之法也。王良登車，馬無罷駑；堯舜治世，民無狂悖。王良馴馬之心，堯舜順民之意。人同性，馬殊類也。王良能調殊類之馬，太公不能率同性之士。然則周公之所下白屋，王良之馴馬也；太公之誅二子，宋人之剄馬也。舉王良之法，與宋人之操，使韓子平之，韓子必是王良而非宋人矣。王良全馬，宋人賊馬也。馬之賊，則不若其全；然則民之死，不若其生。使韓子非王良，自同於宋人，賊善人矣。如非宋人，宋人之術，與太公同；非宋人，是太公，韓子好惡無定矣。治國猶治身也。治一身，省恩德之行，多傷害之操，則交黨疎絕，恥辱至身。推治身以況治國，治國之道，當任德也。韓子任刑，獨以治世，是則治身之人，任傷害也。韓子豈不知任德之爲善哉？以爲世衰事變，民心靡薄，故作法術，專意於刑也。夫世不乏於德，猶歲不絕於春也。謂世衰難以德治，可謂歲亂不可以春生乎？人君治一國，猶天地生萬物。天地不爲亂歲去春，人君不以衰世屏德。孔子曰：『斯民也，三代所以直道而行也。』周穆王之世，可謂衰矣，任刑治政，亂而無功。甫侯諫之，穆王存德，享國久長，功傳於世。夫穆王之治，初亂終治，非知昏於前，才妙於後也；前任蚩尤之刑，後用甫侯之言也。夫治人不能捨恩，治國不能廢德，治物不能去春。韓子欲獨任刑用誅，如何？

魯繆公問於子思曰：『吾聞龐擱是子不孝，不孝其行奚如？』子思對曰：『君子尊賢以崇德，舉善以勸民。若夫過行，是細人之所識也，臣不知也。』子思出，子服厲伯見，君問龐擱是子，子服厲伯對以其過，皆君子所未曾聞。自是之後，君貴子思而賤子服厲伯。韓子聞之，以非繆公，以爲明君求姦而誅之，子思不以姦聞，而厲伯以姦對，厲伯宜貴，子思宜賤。今繆公貴子思，賤厲伯，失貴賤之宜，故非之也。夫韓子所尚者，法度也。人爲善，法度賞之，惡，法度罰之。雖不聞善惡於外，善惡有所制矣。夫聞惡不可以行罰，猶聞善不可以行賞也。非人不舉姦者，非韓子之術也。使韓子聞善，必將試之；試之有功，乃肯賞之。夫聞善不輒加賞，虛言未必可信也。若此，聞善與不聞，無以異也。夫聞善不輒賞，則聞惡不輒罰矣。聞善必試之，聞惡必考之；試有功乃加賞，考有驗乃加罰。虛聞空見，實試未立，賞罰未加。賞罰未加，善惡未定。未定之事，須術乃立，則欲耳聞之，非也。

鄭子產晨出，過東匠之宮，聞婦人之哭也，撫其僕之手而聽之。有閒，使吏執而問之，手殺其夫者也。翼日，其僕問曰：『夫子何以知之？』子產曰：『其聲不慟。凡人於其所親愛也，知病而憂，臨死而懼，已死而哀。今哭夫已死，不哀而懼，是以知其有姦也。』韓子聞而非之曰：『子產不亦多事乎？姦必待耳目之所及而後知之，則鄭國之得姦寡矣。不任典城之吏，察參伍之正，不明度量，待盡聰明，勞知慮，而以知姦，不亦無術乎？』韓子之非子產，是也；其非繆公，非也。夫婦人之不哀，猶龐擱之不孝也。非子產持耳目以知姦，獨欲繆公須問以定邪？子產不任典城之吏，而以耳定實；繆公亦不任吏，而以口問立誠。夫耳聞口問，一實也，俱不任吏，皆不參伍。厲伯之對，不可以立實，猶婦人之哭，不可以定誠矣。不可定誠，使吏執而問之；不可以立實，不使吏考，獨信厲伯口，以罪不考之姦，如何？韓子曰：「子思不以過聞，繆公貴之；子服厲伯以姦聞，繆公賤之。人情皆喜貴而惡賤，故季氏之亂成而不上聞，此魯君之所以劫也。」夫魯君所以劫者，以不明法度邪？以不早聞姦也？夫法度明，雖不聞姦，姦無由生；法度不明，雖日求姦，決其源，鄣之以掌也。御者無銜，見馬且犇，無以制也。使王良持轡，馬無欲犇之心，御之有數也。今不言魯君無術，而曰不聞姦；不言審法度，而曰不通下情，韓子之非繆公也，與術意而相違矣。

龐撊是子不孝，子思不言，繆公貴之。韓子非之，以為明君求善而賞之，求姦而誅之。夫不孝之人，下愚之才也；下愚無禮，順情從欲，與鳥獸同，謂之惡可也，謂姦非也。姦人外善內惡，色厲內荏，作為操止，像類賢行，以取升進，容媚於上，安肯作不孝，著身為惡，以取棄殉之咎乎？龐撊是子可謂不孝，不可謂姦。韓子謂之姦，失姦之實矣。韓子曰：「布帛尋常，庸人不擇；爍金百鎰，盜跖不搏。」以此言之，法明，民不敢犯也。設明法於邦，有盜賊之心，不敢犯矣；不測之者，不敢發矣。姦心藏於胸中，不敢以犯罪法，罪法恐之也。明法恐之，則不須考姦求邪於下矣。使法峻，民無姦者；使法不峻，民多為姦。而不言明王之嚴刑峻法，而云求姦而誅之。言求姦，是法不峻，民或犯之也。世不專意於明法，而專心求姦。韓子之言，與法相違。人之釋溝渠也，知者必溺身。不塞溝渠而繕船檝者，知水之性不可闕，其勢必溺人也。臣子之性欲姦，君父猶水之性溺人也。不教所以防姦，而非其不聞知，是猶不備水之具，而徒欲早知水之溺人也。溺於水，不責水而咎己者，己失防備也。然則人君劫於臣，己失法也。備溺不闕水源，防劫不求臣姦，韓子所宜用教己也。水之性勝火，如裹之以釜，水煎而不得勝，必矣。夫君猶火也，臣猶水也，法度釜也。火不求水之姦，君亦不宜求臣之罪也。

刺孟篇

孟子見梁惠王。王曰：『叟不遠千里而來，將何以利吾國乎？』孟子曰：『仁義而已，何必曰利？』夫利有二：有貨財之利，有安吉之利。惠王曰：『何以利吾國？』何以知不欲安吉之利，而孟子徑難以貨財之利也？易曰：『利見大人，利涉大川，乾元亨利貞。』尚書曰：『黎民亦尚有利哉！』皆安吉之利也。行仁義得安吉之利。孟子不且語問惠王：『何謂利吾國？』惠王言貨財之利，乃可答。若設令惠王之問未知何趣，孟子徑答以貨財之利。如惠王實問貨財，孟子無以驗效也。如問安吉之利，而孟子答以貨財之利，失對上之指，違道理之實也。齊王問時子：『我欲中國而授孟子室，養弟子以萬鍾，使諸大夫國人皆有所矜式。子盍為我言之？』時子因陳子而以告孟子。孟子曰：『夫時子惡知其不可也？如使予欲富，辭十萬而受萬，是為欲富乎？』夫孟子辭十萬，失謙讓之理也。夫富貴者，人之所欲也，不以其道得之，不居也。故君子之於爵祿也，有所辭，有所不辭。豈以己不貪富貴之故，而以距逆宜當受之賜乎？陳臻問曰：『於齊，王餽兼金一百鎰而不受；於宋，餽七十鎰而受；於薛，餽五十鎰而受。前日之不受是，則今日之受非也；今日之受是，則前日之不受非也。夫君子必居一於此矣。』孟子曰：『皆是也。當在宋也，予將有遠行，行者必以贐，辭曰餽贐，予何為不受？當在薛也，予有戒心，辭曰聞戒，故為兵戒餽之，予何為不受？若於齊，則未有處也。無處而餽之，是貨之也。焉有君子而可以貨取乎？』夫金餽或受或不受，皆有故，非受之時己貪，當不受之時己不貪也。金有受不受之義，而室亦宜有受不受之理。今不曰己無功，若己致仕，受室非理，而曰己不貪富，引前辭十萬以況後萬。前當受十萬之多，安得辭之？彭更問曰：『後車數十乘，從者數百人，以傳食於諸侯，不亦泰乎？』孟子曰：『非其道，則一簞食而不可受於人；如其道，則舜受堯之天下，不以為泰。』受堯天下，孰與十萬？舜不辭天下者，是其道也。今不曰受十萬非其道，而曰己不貪富貴，失謙讓也，安可以為戒乎？

沈同以其私問曰：『燕可伐與？』孟子曰：『可；子噲不得與人燕，子之不得受燕於子噲。有士於此，而子悅之，不告於王而私與之子之爵祿。夫士也，亦無王命而私受之於子，則可乎？何以異於是？』齊人伐燕，或問曰：『勸齊伐燕，有諸？』曰：『未也！沈同曰：「燕可伐與？」吾應之曰：「可！」彼然而伐之。如曰：「孰可以伐之？」則應之曰：「為天吏則可以伐之。」今有殺人者，或問之曰：「人可殺與？」則將應之曰：「可！」彼如曰：「孰可以殺之？」則應之曰：「為士師則可以殺之。」今以燕伐燕，何為勸之哉？』夫或問孟子勸王伐燕，不誠是乎？沈同問燕可伐與，此挾私意欲自伐之也。知其意慊於是，宜曰：「燕雖可伐，須為天吏乃可以伐之。」沈同意絕，則無伐燕之計矣。不知有此私意而徑應之，不省其語，是不知言也。公孫丑問曰：『敢問夫子惡乎長？』孟子曰：『我知言。』又問：『何謂知言？』曰：『詖辭知其所蔽，淫辭知其所陷，邪辭知其所離，遁辭知其所窮。生於其心，害於其政，發於其政，害於其事。雖聖人復起，必從吾言矣。』孟子，知言者也，又知言之所起之禍，其極所致之福。見彼之問，則知其措辭所欲之矣；知其所之，則知其極所當害矣。

孟子有云：『民舉安，王庶幾改諸！予日望之。』孟子所去之王，豈前所不朝之王哉？而是，何其前輕之疾，而後重之甚也？如非是前王，則不去而於後去之，是後王不肖甚於前，而去三日宿於晝，不甚不朝而宿於景丑氏。何孟子之操，前後不同？所以為王，終始不一也？且孟子在魯，魯平公欲見之，嬖人臧倉毀孟子，止平公，樂正子以告，曰：『行或使之，止或尼之。行止，非人所能也。予之不遇魯侯，天也。』前不遇於魯，後不遇於齊，無以異也。前歸之天，今則歸之於王，孟子論稱，竟何定哉？夫不行於齊，王不用，則若臧倉之徒毀讒之也，此亦止或尼之也，皆天命不遇，非人所能也。去，何以不徑行而留三宿乎？天命不當遇於齊，王不用其言，天豈為三日之間，易命使之遇乎？在魯則歸之於天，絕意無冀；在齊則歸之於王，庶幾有望。夫如是，不遇之議，一在人也。或曰：『初去，未可以定天命也。冀三日之間，王復追之，天命或時在三日之間，故可也。』夫言如是，齊王初使之去者，非天命乎？如使天命在三日之間，魯平公比三日亦時棄臧倉之議，更用樂正子之言，往見孟子。孟子歸之於天，何其早乎？如三日之間，公見孟子，孟子奈前言何乎？

孟子去齊，充虞塗問曰：『夫子若有不豫色然。前日虞聞諸夫子曰：「君子不怨天，不尤人。」』曰：『彼一時也，此一時也。五百年必有王者興，其間必有名世者矣。由周以來，七百有餘歲矣，以其數則過矣，以其時考之則可矣。夫天未欲平治天下也。如欲平治天下，當今之世，舍我其誰也？吾何爲不豫哉？』夫孟子言五百年有王者興，何以見乎？帝嚳王者，而堯又王天下。堯傳於舜，舜又王天下。舜傳於禹，禹又王天下。四聖之王天下也，繼踵而興。禹至湯且千歲，湯至周亦然，始於文王，而卒傳於武王。武王崩，成王、周公共治天下。由周至孟子之時，又七百歲而無王者。五百歲必有王者之驗，在何時乎？云五百歲必有王者，誰所言乎？論不實事考驗，信浮淫之語，不遇去齊，有不豫之色，非孟子之賢效與俗儒無殊之驗也。五百年者，以爲天出聖期也。又言以天未欲平治天下也，其意以爲天欲平治天下，當以五百年之間生聖王也。如孟子之言，是謂天故生聖人也。然則五百歲者，天生聖人之期乎？如是其期，天何不生聖？聖王非其期故不生，孟子猶信之，孟子不知天也。自周以來，七百餘歲矣，以其數則過矣，以其時考之則可矣。何謂數過？何謂可乎？數則時，時則數矣。數過，過五百年也。從周到今，七百餘歲，踰二百歲矣。設或王者生，失時矣，又言時可，何謂也？云五百年必有王者興，又言其間必有名世，與王者同乎？異也？如同，爲再言之；如異，名世者謂何等也？謂孔子之徒，孟子之輩，教授後生，覺悟頑愚乎？已有孔子，己又以生矣。如謂聖臣乎？當與聖同時，聖王出，聖臣見矣。言五百年而已，何爲言其間？如不謂五百年時，謂其中間乎？是謂二三百年之時也，聖不與五百年時聖王相得。夫如是，孟子言其間必有名世者，竟謂誰也？夫天未欲平治天下也。如欲治天下，舍予而誰也？言若此者，不自謂當爲王者，有王者，若爲王臣矣。爲王者臣，皆天也。己命不當平治天下，不浩然安之於齊，懷恨有不豫之色，失之矣。

彭更問曰：『士無事而食，可乎？』孟子曰：『不通功易事，以羨補不足，則農有餘粟，女有餘布。子如通之，則梓匠輪輿皆得食於子。於此有人焉，入則孝，出則悌，守先王之道，以待後世之學者，而不得食於子。子何尊梓匠輪輿而輕爲仁義者哉？』曰：『梓匠輪輿，其志將以求食也。君子之爲道也，其志亦將以求食與？』孟子曰：『子何以其志爲哉？其有功於子，可食而食之矣。且子食志乎？食功乎？』曰：『食志。』曰：『有人於此，毁瓦畫墁，其志將以求食也，則子食之乎？』曰：『否！』曰：『然則子非食志也，食功也。』夫孟子引毀瓦畫墁者，欲以詰彭更之言也。知毀瓦畫墁無功而有志，彭更必不食也。雖然，引毀瓦畫墁，非所以詰彭更也。何則？諸志欲求食者，毀瓦畫墁者不在其中，不在其中，則難以詰人矣。夫人無故毀瓦畫墁，此不癡狂則遨戲也；癡狂人之志不求食，遨戲之人亦不求食。求食者皆多人所不得利之事，以作此鬻賣於市，得賈以歸，乃得食焉。今毀瓦畫墁，無利於人，何志之有？有知之人，知其無利，固不爲也；無知之人，與癡狂比，固無其志。夫毀瓦畫墁，猶比童子擊壤於塗，何以異哉？擊壤於塗者，其志亦欲求食乎？此尚童子，未有志也。巨人博戲，亦畫墁之類也；博戲之人，其志復求食乎？博戲者，尚有相奪錢財，錢財衆多，己亦得食，或時有志。夫投石超距，亦畫墁之類也。投石超距之人，其志有求食者乎？然則孟子之詰彭更也，未爲盡之也。如彭更以孟子之言可謂禦人以口給矣。

匡章子曰：『陳仲子豈不誠廉士乎？居於於陵，三日不食，耳無聞，目無見也。井上有李，螬食實者過半，匍匐往將食之，三咽，然後耳有聞，目有見也。』孟子曰：『於齊國之士，吾必以仲子爲巨擘焉。雖然，仲子惡能廉？充仲子之操，則蚓而後可者也。夫蚓，上食槁壤，下飲黃泉。仲子所居之室，伯夷之所築與？抑亦盜跖之所築與？所食之粟，伯夷之所樹與？抑亦盜跖之所樹與？是未可知也。』曰：『是何傷哉？彼身織屨，妻辟纑，以易之也。』曰：『仲子，齊之世家也，兄戴，蓋祿萬鍾。以兄之祿爲不義之祿而不食也，以兄之室爲不義之室而弗居也，辟兄離母，處於於陵。他日歸，則有饋其兄生鵝者，己頻蹙曰：「惡用是鶃鶃者爲哉？」他日，其母殺是鵝也，與之食之。其兄自外至，曰：「是鶃鶃之肉也。」出而哇之。以母則不食，以妻則食之；以兄之室則不居，以於陵則居之。是尚爲能充其類也乎？若仲子者，蚓而後充其操者也。』夫孟子之非仲子也，不得仲子之短矣。仲子之怪鵝，如吐之者，豈爲在母不食乎？乃先譴鵝曰：『惡用鶃鶃者爲哉？』他日，其母殺以食之，其兄曰：『是鶃鶃之肉。』仲子恥負前言，即吐而出之。而兄不告，則不吐；不吐，則是食於母也。謂之在母則不食，失其意矣。使仲子執不食於母，鵝膳至，不當食也。今既食之，知其爲鵝，怪而吐之。故仲子之吐鵝也，恥食不合己志之物也，非負親親之恩，而欲勿母食也。又『仲子惡能廉？充仲子之性，則蚓而後可者也。夫蚓上食槁壤，下飲黃泉，』是謂蚓爲至廉也；仲子如蚓乃爲廉潔耳。今所居之宅，伯夷之所築；所食之粟，伯夷之所樹，仲子居而食之，於潔廉可也。或時食盜跖之所樹粟，居盜跖之所築室，汙廉潔之行矣。用此非仲子，亦復失之。室因人故，粟以屨纑易之，正使盜之所樹築，已不聞知。今兄之不義，有其操矣。操見於衆，昭晳議論，故避於陵，不處其宅；織屨辟纑，不食其祿也。而欲使仲子處於陵之地，避若兄之宅，吐若兄之祿，耳聞目見，昭晳不疑，仲子不處不食，明矣。今於陵之宅，不見築者爲誰，粟不知樹者爲誰，何得成室而居之？得成粟而食之？孟子非之，是爲太備矣。仲子所居，或時盜之所築，仲子不知而居之，謂之不充其操，唯蚓然後可者也。夫盜室之地中，亦有蚓焉，食盜宅中之槁壤，飲盜宅中之黃泉，蚓惡能爲可乎？在仲子之操，滿孟子之議，魚然後乃可。夫魚處江海之中，食江海之土。海非盜所鑿，土非盜所聚也。然仲子有大非，孟子非之不能得也。夫仲子之去母辟兄，與妻獨處於陵，以兄之宅爲不義之宅，以兄之祿爲不義之祿，故不處不食，廉潔之至也。然則其徙於陵歸候母也，宜自齎食而行。鶃膳之進也，必與飯俱；母之所爲飯者，兄之祿也，母不自有私粟，以食仲子明矣。仲子食兄祿也。伯夷不食周粟，餓死於首陽之下，豈一食周粟而以汙其潔行哉？仲子之操，近不若伯夷；而孟子謂之若蚓乃可，失仲子之操所當比矣。

孟子曰：『莫非命也，順受其正。是故知命者不立乎巖牆之下。盡其道而死者，爲正命也；桎梏而死者，非正命也。』夫孟子之言，是謂人無觸値之命也。順操行者得正命，妄行苟爲得非正，是天命於操行也。夫子不王，顏淵早夭，子夏失明，伯牛爲癘，四者行不順與？何以不受正命？比干剖，子胥烹，子路葅，天下極戮，非徒桎梏也。必以桎梏效非正命，則比干、子胥行不順也。人稟性命，或當壓溺兵燒，雖或慎操修行，其何益哉？竇廣國與百人俱臥積炭之下，炭崩，百人皆死，廣國獨濟，命當封侯也。積炭與巖牆何以異？命不壓，雖巖崩，有廣國之命者，猶將脫免。行或使之，止或尼之，命當壓，猶或使之立於牆下。孔甲所入主人子之夭，命當賤，雖載入宮，猶爲守者。不立巖牆之下，與孔甲載子入宮，同一實也。

談天篇

儒書言:『共工與顓頊爭爲天子,不勝,怒而觸不周之山,使天柱折,地維絕。女媧銷煉五色石以補蒼天,斷鼇足以立四極。天不足西北,故日月移焉;地不足東南,故百川注焉。』此久遠之文,世間是之言也。文雅之人,怪而無以非;若非而無以奪;又恐其實然,不敢正議。以天道人事論之,殆虛言也。與人爭爲天子不勝,怒觸不周之山,使天柱折,地維絕,有力如此,天下無敵。以此之力,與三軍戰,則士卒螻蟻也,兵革毫芒也,安得不勝之恨,怒觸不周之山乎?且堅重莫如山,以萬人之力共推小山,不能動也。如不周之山,大山也。使是天柱乎,折之固難;使非柱乎,觸不周山而使天柱折,是亦復難信。顓頊與之爭,舉天下之兵,悉海內之衆,不能當也,何不勝之有?且夫天者,氣邪?體也?如氣乎,雲煙無異,安得柱而折之?女媧以石補之,是體也。如審然,天乃玉石之類也。石之質重,千里一柱,不能勝也。如五嶽之巔,不能上極,天乃爲柱。如觸不周上極天乎?不周爲共工所折,當此之時,天毀壞也。如審毀壞,何用舉之?斷鼇之足,以立四極。說者曰:『鼇,古之大獸也,四足長大,故斷其足,以立四極。』夫不周,山也;鼇,獸也。夫天本以山爲柱,共工折之,代以獸足,骨有腐朽,何能立之久?且鼇足可以柱天,體必長大,不容於天地,女媧雖聖,何能殺之?如能殺之,殺之何用?足可以柱天,則皮革如鐵石,刀劍矛戟,不能刺之;強弩利矢,不能勝射也。

察當今天去地甚高,古天與今無異。當共工缺天之時,天非墜於地也。女媧,人也,人雖長,無及天者。夫其補天之時,何登緣階據而得治之?豈古之天,若屋廡之形,去人不遠?故共工得敗之,女媧得補之乎?如審然者,女媧多前齒爲人者。人皇最先。人皇之時,天如蓋乎?說易者曰:『元氣未分,渾沌爲一。』儒書又言:『溟涬濛澒,氣未分之類也。及其分離,淸者爲天,濁者爲地。』如說易之家,儒書之言,天地始分,形體尙小,相去近也。近則或枕於不周之山,共工得折之,女媧得補之也。含氣之類,無有不長。天地,含氣之自然也,從始立以來,年歲甚多,則天地相去,廣狹遠近不可復計。儒書之言,殆有所見。然其言觸不周山而折天柱,絕地維,銷煉五石補蒼天,斷鼇之足以立四極，猶爲虛也。何則？山雖動，共工之力不能折也。豈天地始分之時，山小而人反大乎？何以能觸而折之？以五色石補天，尚可謂五石若藥石治病之狀。至其斷鼇之足以立四極，難論言也。從女媧以來久矣，四極之立自若，鼇之足乎？

鄒衍之書言：『天下有九州。禹貢之上所謂九州也；禹貢九州，所謂一州也，若禹貢以上者九焉。禹貢九州，方今天下九州也，在東南隅，名曰赤縣神州。復更有八州，每一州者四海環之，名曰裨海。九州之外，更有瀛海。』此言詭異，聞者驚駭，然亦不能實然否，相隨觀讀諷述以談，故虛實之事，並傳世間，真僞不別也。世人惑焉，是以難論。案鄒子之知不過禹。禹之治洪水，以益爲佐。禹主治水，益之記物，極天之廣，窮地之長，辨四海之外，竟四山之表，三十五國之地，鳥獸草木，金石水土，莫不畢載，不言復有九州。淮南王劉安召術士伍被、左吳之輩，充滿宮殿，作道術之書，論天下之事。地形之篇，道異類之物，外國之怪，列三十五國之異，不言更有九州。鄒子行地不若禹、益，聞見不過被、吳，才非聖人，事非天授，安得此言？案禹之山經，淮南之地形，以察鄒子之書，虛妄之言也。太史公曰：『禹本紀言河出崑崙，其高三千五百餘里，日月所以辟隱爲光明也。其上有玉泉、華池。今自張騫使大夏之後，窮河源，惡睹本紀所謂崑崙者乎？故言九州山川，尚書近之矣。至禹本紀、山經所有怪物，余不敢言也。』夫弗敢言者，謂之虛也。崑崙之高，玉泉、華池，世所共聞，張騫親行無其實。案禹貢九州山川，怪奇之物，金玉之珍，莫不悉載，不言崑崙山上有玉泉、華池。案太史公之言，山經、禹紀，虛妄之言。凡事難知，是非難測。極爲天中，方今天下，在禹極之南，則天極北，必高多民。禹貢「東漸於海，西被於流沙」，此則天地之極際也。日刺徑千里，今從東海之上，會稽鄞、鄮，則察日之初出徑二尺，尚遠之驗也。遠則東方之地尚多。東方之地尚多，則天極之北，天地廣長，不復訾矣。夫如是，鄒衍之言未可非，禹紀、山海、淮南地形未可信也。

鄒衍曰：『方今天下，在地東南，名赤縣神州。』天極爲天中。如方今天下，在地東南，視極當在西北。今正在北方，今天下在極南也。以極言之，不在東南，鄒衍之言非也。如在東南，近日所出，日如出時，其光宜大。今從東海上察日，及從流沙之地視日，小大同也。相去萬里，小大不變，方今天下，得地之廣少矣。雒陽，九州之中也，從雒陽北顧，極正在北。東海之上，去雒陽三千里，視極亦在北。推此以度，從流沙之地視極，亦必復在北焉。東海、流沙，九州東西之際也，相去萬里，視極猶在北者，地小居狹，未能辟離極也。日南之郡，去雒且萬里，徙民還者，問之，言日中之時，所居之地未能在日南也。度之復南萬里，日在日之南，是則去雒陽二萬里，乃爲日南也。今從雒地察日之去遠近，非與極同也，極爲遠也。今欲北行三萬里，未能至極下也。假令之至，是則名爲距極下也。以至日南五萬里，極北亦五萬里也。極北亦五萬里，極東南亦皆五萬里焉。東西十萬，南北十萬，相承百萬里。鄒衍之言：「天地之間，有若天下者九。」案周時九州，東西五千里，南北亦五千里。五五二十五，一州者二萬五千里。天下若此九之，乘二萬五千里，二十二萬五千里。如鄒衍之書，若謂之多，計度驗實，反爲少焉。

儒者曰：「天，氣也，故其去人不遠。人有是非，陰爲德害，天輒知之，又輒應之，近人之效也。」如實論之，天體非氣也。人生於天，何嫌天無氣？猶有體在上，與人相遠。秘傳或言：天之離天下，六萬餘里。數家計之，三百六十五度一周。天下有周度，高有里數。如天審氣，氣如雲煙，安得里度？又以二十八宿效之，二十八宿爲日月舍，猶地有郵亭爲長吏廨矣。郵亭著地，亦如星舍著天也。案附書者，天有形體，所據不虛。由此考之，則無恍惚明矣。

說日篇

儒者曰：「日朝見，出陰中；暮不見，入陰中。陰氣晦冥，故沒不見。」如實論之，不出入陰中。何以效之？夫夜，陰也，氣亦晦冥。或夜舉火者，光不滅焉。夜之陰，北方之陰也；朝出日，入所舉之火也。火夜舉，光不滅；日暮入，獨不見，非氣驗也。夫觀冬日之出入，朝出東南，暮入西南。東南、西南非陰，何故謂之出入陰中？且夫星小猶見，日大反滅，世儒之論，竟虛妄也。儒者曰：「冬日短，夏日長，亦復以陰陽。夏時陽氣多，陰氣少，陽氣光明，與日同耀，故日出輒無障蔽。冬陰氣晦冥，掩日之光，日雖出，猶隱不見，故冬日日短，陰多陽少，與夏相反。」如實論之，日之長短，不以陰陽。何以驗之？復以北方之星，北方之陰，日之陰也。北方之陰，不蔽星光；冬日之陰，何故猶滅日明？由此言之，以陰陽說者，失其實矣。實者，夏時日在東井，冬時日在牽牛。牽牛去極遠，故日道短；東井近極，故日道長。夏北至東井，冬南至牽牛，故冬夏節極，皆謂之至；春秋未至，故謂之分。或曰：『夏時陽氣盛，陽氣在南方，故天舉而高；冬時陽氣衰，天抑而下。高則日道多，故日長；下則日道少，故日短也。』日陽氣盛，天南方舉而日道長，月亦當復長。案夏日長之時，日出東北，而月出東南；冬日短之時，日出東南，月出東北。如夏時天舉南方，日月當俱出東北；冬時天復下，日月亦當俱出東南。由此言之，夏時天不舉南方，冬時天不抑下也。然則夏日之長也，其所出之星在北方也；冬日之短也，其所出之星在南方也。問曰：當夏五月日長之時在東井，東井近極，故日道長。今案察五月之時，日出於寅，入於戌，日道長，去人遠，何以得見其出於寅，入於戌乎？日東井之時，去人極近。夫東井近極，若極旋轉，人常見之矣。使東井在極旁側，得無夜常爲晝乎？日晝行十六分，人常見之，不復出入焉。儒者或曰：『日月有九道，故曰：「日行有近遠，晝夜有長短也。」』夫復五月之時，晝十一分，夜五分；六月，晝十分，夜六分。從六月往至十一月，月減一分。此則日行月從一分道也，歲日行天十六道也，豈徒九道？

或曰：『天高南方，下北方。日出高，故見；入下，故不見。天之居若倚蓋矣，故極在人之北，是其效也。極其天下之中，今在人北，其若倚蓋明矣。日明既以倚蓋喻，當若蓋之形也。極星在上之北，若蓋之葆矣；其下之南，有若蓋之莖者，正何所乎？夫取蓋倚於地，不能運立，而樹之然後能轉。今天運轉，其北際不著地者，觸礙何以能行？由此言之，天不若倚蓋之狀，日之出入不隨天高下明矣。或曰：『天北際下地中，日隨天而入地，地密鄣隱，故人不見。』然天地夫婦也，合爲一體。天在地中，地與天合，天地并氣，故能生物。北方陰也，合體并氣，故居北方。天運行於地中乎？不則北方之地低下而不平也。如審運行地中，鑿地一丈，轉見水源，天行地中，出入水中乎？如北方低下不平，是則九川北注，不得盈滿也。實者天不在地中，日亦不隨天隱，天平正，與地無異。然而日出上，日入下者，隨天轉運，視天若覆盆之狀，故視日上下然，似若出入地中矣。然則日之出，近也；其入，遠，不復見，故謂之入。運見於東方近,故謂之出。何以驗之?繫明月之珠於車蓋之橑,轉而旋之,明月之珠旋邪。人望不過十里,天地合矣;遠,非合也。今視日入,非入也,亦遠也。當日入西方之時,其下民亦將謂之日中。從日入之下,東望今之天下,或時亦天地合。如是方天下在南方也,故日出於東方,入於北方之地,日出北方,入於南方。各於近者爲出,遠者爲入,實者不入,遠矣。臨大澤之濱,望四邊之際,與天屬;其實不屬,遠若屬矣。日以遠爲入,澤以遠爲屬,其實一也。澤際有陸,人望不見。陸在,察之若望;日亦在,視之若入,皆遠之故也。太山之高,參天入雲,去之百里,不見埵塊。夫去百里不見太山,況日去人以萬里數乎?太山之驗則既明矣。試使一人把大炬火,夜行於道,平易無險,去人不一里,火光滅矣;非滅也,遠也。今日西轉不復見者,非入也。

問曰:『天平正與地無異;今仰視天,觀日月之行,天高南方下北方,何也?』曰:方今天下,在東南之上,視天若高;日月道在人之南,今天下在日月道下,故觀日月之行,若高南下北也。何以驗之?即天高南方之星亦當高。今視南方之星低下,天復低南方乎?夫視天之居,近者則高,遠則下焉。極北方之民以爲高,南方爲下;極東極西,亦如此焉。皆以近者爲高,遠者爲下。從北塞下近仰視斗極,且在人上。匈奴之北,地之邊陲,北上視天,天(一有下字)復高北下南,日月之道,亦在其上。立太山之上,太山高;去下十里,太山下。夫天之高下,猶人之察太山也。平正四方,中央高下皆同。今望天之四邊若下者,非也,遠也;非徒下,若合矣。

儒者或以旦暮日出入爲近,日中爲遠;或以日中爲近,日出入爲遠。其以日出入爲近,日中爲遠者,見日出入時大,日中時小也。察物近則大,遠則小,故日出入爲近,日中爲遠也。其以日出入爲遠,日中時爲近者,見日中時溫,日出入時寒也。夫火光近人則溫,遠人則寒,故以日中爲近,日出入爲遠也。二論各有所見,故是非曲直未有所定。如實論之,日中近而日出入遠。何以驗之?以植竿於屋下。夫屋高三丈,竿於屋棟之下,正而樹之,上扣棟,下抵地,是以屋棟去地三丈。如旁邪倚之,則竿末旁跌,不得扣棟,是爲去地過三丈也。日中時,日正在天上,猶竿之正樹,去地三丈也。日出入,邪在人旁,猶竿之旁跌,去地過三丈也。夫如是,日中爲近,出入爲遠,可知明矣。試復以屋中堂而坐一人，一人行於屋上，其行中屋之時，正在坐人之上，是爲屋上之人與屋下坐人相去三丈矣。如屋上人在東危若西危上，其與屋下坐人，相去過三丈矣。日中時，猶人正在屋上矣。其始出與入，猶人在東危與西危也。日中去人近故溫，日出入遠故寒。然則日中時日小，其出入時大者，日中光明故小，其出入時光暗故大。猶晝日察火光小，夜察之火光大也。既以火爲效，又以星爲驗，晝日星不見者，光耀滅之也；夜無光耀，星乃見。夫日月，星之類也，平旦日入光銷，故視大也。儒者論日，旦出扶桑，暮入細柳。扶桑，東方地；細柳，西方野也。桑柳天地之際，日月常所出入之處。

問曰：「歲二月八月時，日出正東，日入正西，可謂日出於扶桑，入於細柳。今夏日長之時，日出於東北，入於西北；冬日短之時，日出東南，入於西南。冬與夏日之出入，在於四隅，扶桑細柳，正在何所乎？」所論之言，猶謂春秋，不謂冬與夏也。如實論之，日不出於扶桑，入於細柳。何以驗之？隨天而轉，近則見，遠則不見。當在扶桑細柳之時，從扶桑細柳之民，謂之日中之時。從扶桑細柳察之，或時爲日出入。若以其上者爲中，旁則爲旦夕，安得出於扶桑入細柳？儒者論曰：「天左旋，日月之行，不繫於天，各自旋轉。」難之曰：使日月自行，不繫於天，日行一度，月行十三度，當日月出時，當進而東旋，何還始西轉？繫於天，隨天四時轉行也。其喻若蟻行於磑上，日月行遲，天行疾，天持日月轉，故日月實東行而反西旋也。

或問：「日月天皆行，行度不同，三者舒疾，驗之人物，爲以何喻？」曰：天日行一周，日行一度二千里，日晝行千里，夜行千里。麒麟晝日亦行千里。然則日行舒疾，與麒麟之步，相似類也。月行十三度，十度二萬里，三度六千里，月一旦夜行二萬六千里，與晨鳧飛相類似也。天行三百六十五度，積凡七十三萬里也，其行甚疾，無以爲驗，當與陶鈞之運，弩矢之流，相類似乎？天行已疾，去人高遠，視之若遲，蓋望遠物者，動若不動，行若不行。何以驗之？乘船江海之中，順風而驅，近岸則行疾，遠岸則行遲，船行一實也，或疾或遲，遠近之視使之然也。仰視天之運，不若麒麟負日而馳，皆暮而日在其前。何則？麒麟近而日遠也。遠則若遲，近則若疾，六萬里之程，難以得運行之實也。

儒者說曰：「日行一度，天一日一夜行三百六十五度。天左行，日月右行，與天相迎。」問日月之行也，繫著於天也。日月附天而行，不直行也。何以言之？易曰：「日月星辰麗乎天，百穀草木麗於土。」麗者，附也。附天所行，若人附地而圓行，其取喻若蟻行於磑上焉。

問曰：「何知不離天直自行也？」如日能直自行，當自東行，無爲隨天而西轉也。月行與日同，行皆附天。何以驗之？驗之似雲。雲不附天，常止於所處。使不附天，亦當自止其處。由此言之，日行附天明矣。問曰：「日火也，火在地不行，日在天何以爲行？」曰：附天之氣行，附地之氣不行。火附地，地不行，故火不行。難曰：「附地之氣不行，水何以行？」曰：水之行也，東流入海也。西北方高，東南方下，水性歸下，猶火性趨高也。使地不高西方，則水亦不東流。難曰：「附地之氣不行，人附地何以行？」曰：人之行，求有爲也。人道有爲故行求。古者質朴，鄰國接境，雞犬之聲相聞，終身不相往來焉。難曰：「附天之氣行，列星亦何以不行？」曰：列星著天，天已行也；隨天而轉，是亦行也。難曰：「人道有爲故行，天道無爲何行？」曰：天之行也，施氣自然也。施氣則物自生，非故施氣以生物也。不動氣不施，氣不施物不生，與人行異。日月五星之行，皆施氣焉。

儒者曰：「日中有三足烏，月中有兔蟾蜍。」夫日者，天之火也，與地之火無以異也。地火之中無生物，天火之中，何故有烏？火中無生物，生物入火中，燋爛而死焉，烏安得立？夫月者，水也。水中有生物，非兔蟾蜍也。兔與蟾蜍，久在水中，無不死者。日月毀於天，螺蚌汨於淵，同氣審矣，所謂兔蟾蜍者，豈反螺與蚌耶？且問儒者，烏兔蟾蜍死乎生也？如死，久在日月，燋枯腐朽。如生，日蝕時既，月晦常盡，烏兔蟾蜍皆何在？夫烏兔蟾蜍，日月氣也。若人之腹臟，萬物之心膂也。月尚可察也；人之察日，無不眩，不能知日審何氣。通而見其中有物，名曰烏乎？審日不能見烏之形，通而能見其足有三乎？此已非實。且聽儒者之言，蟲物非一，日中何爲有烏？月中何爲有兔蟾蜍？儒者謂日蝕月蝕也。彼見日蝕常於晦朔，晦朔月與日合，故得蝕之。夫春秋之時，日蝕多矣。經曰：「某月朔，日有蝕之。」日有蝕之者，未必月也。知月蝕之，何諱不言月？說日蝕之變，陽弱陰強也。人物在世，氣力勁強，乃能乘凌。案月晦光，既朔則如盡，微弱甚矣，安得勝日？夫日之蝕，月蝕也；日蝕謂月蝕之。月誰蝕之者？無蝕月也，月自損也。以月論日，亦如日蝕，光自損也。大率四十一二月日一食，百八十日月一蝕。蝕之皆有時，非時爲變，及其爲變，氣自然也。日時晦朔，月復爲之乎？夫日當實滿，以虧爲變，必謂有蝕之者。山崩地動，蝕者誰也？或說日食者，月掩之也。日在上，月在下，障於日之形也。日月合相襲，月在上日在下者，不能掩日；日在上，月在日下，障於日，月光掩日光，故謂之食也。障於月也，若陰雲蔽日月不見矣。其端合者，相食是也；其合相當如襲辟者，日既是也。日月合於晦朔，天之常也。日食，月掩日光，非也。何以驗之？使日月合，月掩日光，其初食崖，當與旦復時易處。假令日在東，月在西，月之行疾，東及日，掩日崖，須臾過日而東，西崖初掩之處光當復，東崖未掩者當復食。今察日之食，西崖光缺；其復也，西崖光復，過掩東崖，復西崖，謂之合襲相掩障，如何？儒者謂日月之體皆至圓，彼從下望見其形，若斗筐之狀，狀如正圓，不如望遠光氣，氣不圓矣。夫日月不圓，視若圓者，人遠也。何以驗之？夫日者，火之精也；月者，水之精也。在地水火不圓，在天水火何故獨圓？日月在天猶五星，五星猶列星。列星不圓，光耀若圓，去人遠也。何以明之？春秋之時，星霣宋都，就而視之，石也，不圓。以星不圓，知日月五星亦不圓也。

儒者說日，及工伎之家，皆以日爲一。禹貢山海經言日有十，在海外東方有湯谷，上有扶桑。十日浴沐水中，有大木，九日居下枝，一日居上枝。淮南書又言燭十日，堯時十日並出，萬物焦枯，堯上射十日，以故不並一日見也。世俗又名甲乙爲日，甲至癸凡十日。日之有十，猶星之有五也。通人談士，歸於難知，不肯辨明，是以文二傳而不定，世兩言而無主。誠實論之，且無十焉。何以驗之？夫日猶月也，日而有十，月有十二乎？星有五，五行之精，金木水火土各異光色。如日有十，其氣必異。今觀日光，無有異者，察其大小，前後若一。如審氣異，光色宜殊；如誠同氣，宜合爲一，無爲十也。驗日陽遂，火從天來。日者，大火也，察火在地，一氣也。地無十火，天安得十日？然則所謂十日者，殆更自有他物，光質如日之狀，居湯谷中水，時緣據扶桑。禹益見之，則紀十日。數家度日之光，數日之質，刺徑千里。假令日出是扶桑木上之日，扶桑木宜覆萬里，乃能受之。何則？一日徑千里，十日宜萬里也。天之去人，萬里餘也。仰察之，日光眩耀，火光盛明，不能堪也。使日出是扶桑木上之日，禹益見之，不能知其爲日也。何則？仰察一日，目猶眩耀，況察十日乎？當禹益見之，若斗筐之狀，故名之爲日。夫火如斗筐，望六萬之形，非就見之，即察之體也。由此言之，禹益所見，意似日非日也。天地之間，物氣相類，其實非者多。海外西南有珠樹焉，察之是珠，然非魚中之珠也。夫十日之日，猶珠樹之珠也：珠樹似珠非真珠，十日似日非實日也。淮南見山海經，則虛言真人燭十日，妄紀堯時十日並出。且日，火也；湯谷，水也。水火相賊，則十日浴於湯谷，當滅敗焉。火燃木，扶桑木也，十日處其上，宜燋枯焉。今浴湯谷而光不滅，登扶桑而枝不燋不枯，與今日出同，不驗於五行，故知十日非真日也。且禹益見十日之時，終不以夜，猶以晝也。則一日出，九日宜留；安得俱出十日？如平旦日未出，且天行有度數，日隨天轉行，安得留扶桑枝間，浴湯谷之水乎？留則失行度，行度差跌，不相應矣。如行出之日與十日異，是意似日而非日也。

春秋『莊公七年夏四月辛卯，夜中恆星不見，星霣如雨』者，公羊傳曰：『如雨者何？非雨也。非雨則曷爲謂之如雨？不修春秋曰「雨星不及地尺而復。」君子修之曰「星霣如雨。」』不修春秋者，未修春秋時，魯史記曰：「星霣如雨，不及地尺而復。」君子者，孔子。孔子修之曰：「星霣如雨。」孔子之意，以爲地有山陵樓臺，云不及地尺，恐失其實；更正之曰如雨。如雨者，爲從地上而下，星亦從天霣而復，與同，故曰如。』夫孔子雖云不及地尺，但言如雨，其謂霣之者皆是星也。孔子雖定其位，著其文，謂霣爲星，與史同焉。從平地望泰山之巔，鶴如烏，烏如爵者，泰山高遠，物之小大失其實。天之去地六萬餘里，高遠非直泰山之巔也。星著於天，人察之，失星之實，非直望鶴烏之類也。數等星之質百里，體大光盛，故能垂耀。人望見之，若鳳卵之狀，（隧）遠失其實也。如星霣審者，天之星霣而至地，人不知其爲星也。何則？霣時小大不與在天同也。今見星霣如在天時，是時星也非星，則氣爲之也。人見鬼如死人之狀，其實氣象聚，非真死人。然則霣星之形，其實非星。孔子云正霣者非星，而徒正言如雨非雨之文，蓋俱失星之實矣。

春秋左氏傳四月辛卯，夜中恆星不見，夜明也；星霣如雨，與雨俱也。其言夜明故不見，與易之言『日中見斗』

相（依）類也。日中見斗，幽不明也。夜中星不見，夜光明也。事異義同，著其實也。其言與雨俱之集也。夫辛卯之夜明，故星不見，明則不雨之驗也。雨氣陰暗，安得明？明則無雨，安得與雨俱？夫如是，言與雨俱者非實，且言夜明不見，安得見星與雨俱？

又僖公十六年正月戊申，霣石于宋五。左氏傳曰：『星也。』夫謂霣石爲星，則謂霣爲石矣。辛卯之夜星霣，爲星則實爲石矣。辛卯之夜星霣如是石，地有樓臺，樓臺崩壞。孔子雖不合言及地尺，雖地必有實數。魯史目見，不空言者也。云與雨俱，雨集於地，石亦宜然。至地而樓臺不壞，非星明矣。且左丘明謂石爲星，何以審之？當時石霣輕，然何以其從天墜也。秦時三山亡；亡有不消散，有在，其集下時，必有聲音。或時夷狄之山，從集於宋，宋聞石霣，則謂之星也。左丘明省，則謂之星。夫星，萬物之精，與日月同。說五星者，謂五行之精之光也。五星衆星同光耀，獨謂列星爲石，恐失其實。實者，辛卯之夜，星霣若雨而非星也，與彼湯谷之十日，若日而非日也。儒者又曰：『雨從天下，謂正從天墜也。』如當論之，雨從地上，不從天下。見雨從上集，則謂從天下矣。其實地上也。然其出地起於山。何以明之？春秋傳曰：『觸石而出，膚寸而合，不崇朝而徧天下，惟太山也。』太山雨天下，小山雨一國，各以小大爲近遠差。雨之出山，或謂雲載而行，雲散水墜，名爲雨矣。夫雲則雨，雨則雲矣。初出爲雲，雲繁爲雨，猶甚而泥露濡汚衣服，若雨之狀，非雲與俱，雲載行雨也。或曰：『尚書曰：「月之從星，則以風雨。」詩曰：「月麗于畢，俾滂沱矣。」二經咸言，所謂爲之非天，如何？』夫雨從山發，月經星麗畢之時，麗畢之時當雨也。時不雨，月不麗，山不雲，天地上下自相應也。月麗於上，山蒸於下，氣體偶合，自然道也。雲霧，雨之徵也。夏則爲露，冬則爲霜，溫則爲雨，寒則爲雪。雨露凍凝者，皆由地發，不從天降也。

荅佞篇

或問曰：『賢者行道，得尊官厚祿矣；何必爲佞，以取富貴？』曰，佞人知行道可以得富貴，必以佞取爵祿者，不能禁欲也；知力耕可以得穀，勉貿可以得貨，然而必盜竊，情欲不能禁者也。以禮進退也，人莫不貴，然而違禮者衆，尊義者希，心情貪欲，志慮亂溺也。夫佞與賢者同材，佞以情自敗；偷盜與田商同知，偷盜以欲自劾也。

問曰：『佞與賢者同材，材行宜鈞，而佞人曷爲獨以情自敗？』曰，富貴皆人所欲也，雖有君子之行，猶有飢渴之情。君子則以禮防情，以義制欲，故得循道，循道則無禍；小人縱貪利之欲，踰禮犯義，故進得苟佞，苟佞則有罪。夫賢者，君子也；佞人，小人也。君子與小人，本殊操異行，取捨不同。

問曰：『佞與讒者同道乎？有以異乎？』曰，讒與佞，俱小人也，同道異材，俱以嫉妬爲性，而施行發動之異。讒以口害人，佞以事危人；讒人以直道不違，佞人依違匿端；讒人無詐慮，佞人有術數。故人君皆能遠讒親仁，莫能知賢別佞。難曰：『人君皆能遠讒親仁，而莫能知賢別佞；然則佞人意不可知乎？』曰，佞可知，人君不能知。庸庸之君不能知賢；不能知賢，不能知佞。唯聖賢之人，以九德檢其行，以事效考其言。行不合於九德，言不驗於事效，人非賢則佞矣。夫知佞以知賢，知賢以知佞；知佞則賢智自覺，知賢則奸佞自得。賢佞異行，考之一驗；情性不同，觀之一實。

問曰：『九德之法，張設久矣，觀讀之者，莫不曉見。斗斛之量多少，權衡之縣輕重也。然而居國有土之君，曷爲常有邪佞之臣，與常有欺惑之患？』無患斗斛過，所量非其穀；不患無銓衡，所銓非其物故也。在人君位者，皆知九德之可以檢行，事效可以知情，然而惑亂不能見者，則明不察之故也。人有不能行，行無不可檢；人有不能考，情無不可知。

問曰：『行不合於九德，效不驗於考功，進近非賢，非賢則佞。夫庸庸之材，無高之知，不能及賢；賢功不效，賢行不應，可謂佞乎？』曰，材有不相及，行有不相追，功有不相襲。若知無相襲，人材相什百，取舍宜同，賢佞殊行，是是非非，實名俱立，而效有成敗，是非之言俱當，功有正邪，言合行違，名盛行廢。

佞人問曰：『行合九德則賢，不合則佞。世人操行者，可盡謂佞乎？』曰，諸非皆惡；惡中之逆者，謂之無道；惡中之巧者，謂之佞人。聖王刑憲，佞在惡中；聖王賞勸，賢在善中。純潔之賢，善中殊高，賢中之聖也；善中大佞，惡中之雄也。故曰，觀賢由義，察佞由惡；善惡定成，賢佞形矣。

問曰：「聰明有蔽塞，推行有謬誤，今以是者爲賢，非者爲佞，殆不得賢之實乎？」曰，聰明蔽塞，推行謬誤，人之所歉也。故曰刑故無小，宥過無大。聖君原心省意，故誅故貰誤。故賊加增，過誤減損，一獄吏所能定也，賢者見之不疑矣。

問曰：「言行無功效，可謂佞乎？」蘇秦約六國爲從，強秦不敢窺兵於關外；張儀爲橫，六國不敢同攻於關內。六國約從，則秦畏而六國強；三秦稱橫，則秦強而天下弱。功著效明，載紀竹帛，雖賢何以加之。太史公敍言衆賢，儀、秦有篇，無嫉惡之文。功鈞名敵，不異於賢。夫功之不可以效賢，猶名之不可實也。儀、秦，排難之人也，處擾攘之世，行揣摩之術，當此之時，稷、契不能與之爭計，禹、臯陶不能與之比效。若夫陰陽調和，風雨時適，五穀豐熟，盜賊衰息，人舉廉讓，家行道德之功；命祿貴美，術數所致，非道德之所成也。太史公記功，故高來禩，記錄成則著效明驗。攬載高卓，以儀、秦功美，故列其狀。由此言之，佞人亦能以權說立功爲效。無效，未可爲佞也。難曰：「惡中立功者謂之佞；能爲功者，材高知明，思慮遠者，必傍義依仁，亂於大賢。」故覺佞之篇曰：「人主好辯，佞人言利；人生好文，佞人辭麗；心合意同，偶當人主，說而不見其非。何以知其僞而伺其奸乎？」曰，是謂庸庸之君也，材下知昏，蔽惑不見后。又賢之君，察之審明，若視俎上之脯，指掌中之理，數局上之棊，摘轅中之馬。魚鼈匿淵，捕魚者知其源；禽獸藏山，畋獵者見其脈。佞人異行於世，世不能見，庸庸之主，無高材之人也。難曰：「人君好辯，佞人言利；人生好文，佞人辭麗。言操合同，何以覺之？」曰，文王官人法曰，推其往行，以揆其來言；聽其來言，以省其往行；觀其陽以考其陰，察其內以揆其外。是故詐善設節者可知，飾僞無情者可辨，質誠居善者可得，含忠守節者可見也。人之舊性不辯，人君好辯，佞人學求合於上也；人之故能不文，人君好文，佞人意欲稱上。上奢己麗服，上儉己不飭。今操與古殊，朝行與家別，考鄉里之迹，證朝廷之行，察共親之節，明事君之操，外內不相稱，名實不相副，際會發見,姦僞覺露也。

問曰:『人操行無恆,權時制宜:信者欺人,直者曲撓;權變所設,前後異操;事有所應,左右異語。儒書所載,權變非一。今以素故考之,毋乃失實乎?』曰:賢者有權,佞者有權。賢者之有權,後有應;佞人之有權,亦反經,後有惡。故賢人之權,爲事爲國;佞人之權,爲身爲家。觀其所權,賢佞可論;察其發動,邪正可名。

問曰:『佞人好毁人,有諸?』曰:佞人不毁人。如毁人,是讒人也。何則?佞人求利,故不毁人。苟利於己,曷爲毁之?苟不利於己,毁之無益。以計求便,以數取利,利則便得。妬人共事,然後危人。其危人也,非毁之;而其害人也,非泊之。譽而危之,故人不知;厚而害之,故人不疑。是故佞人危而不怨;害人之敗而不仇,隱情匿意爲之功也。如毁人,人亦毁之;衆不親,士不附也,安能得容世取利於上?

問曰:『佞人不毁人於世間,毁人於將前乎?』曰:佞人以人欺將,不毁人於將。『然則佞人奈何?』曰:佞人毁人譽之;危人安之。毁危奈何?假令甲有高行奇知,名聲顯聞,將恐人君召問,扶而勝己,欲故廢不言,常騰譽之。薦之者衆,將議欲用,問人,人必不對。曰:甲賢而宜召也。何則?甲意不欲留縣,前聞其語矣,聲望欲入府,在郡則望欲入州。志高則操與人異,望遠則意不顧近,屈而用之,其心不滿,不則卧病。賤而命之則傷賢,不則損威。故人君所以失名損譽者,好臣所常臣也。自耐下之,用之可也;自度不能下之,用之不便。夫用之不兩相益,舍之不兩相損。人君畏其志,信佞人之言,遂置不用。

問曰:『佞人直以高才洪知,考上世人乎,將有師學檢也?』曰:人自有知以詐人,及其說人主,須術以動上,猶上人自有勇威人,及其戰鬭,須兵法以進衆。術則從横,師則鬼谷也。傳曰:蘇秦、張儀從横,習之鬼谷先生,掘地爲坑,曰:『下說令我泣出,則耐分人君之地。』蘇秦下說,鬼谷先生泣下沾襟。張儀不若蘇秦,相趙并相六國。張儀貧賤往歸,蘇秦座之堂下,食以僕妾之食,數讓激怒,欲令相秦。儀忿恨,遂西入秦。蘇秦使人厚送。其後覺知,曰:『此在其術中,吾不知也;此吾所不及蘇君者。』知深有術,權變鋒出,故身尊崇榮顯,爲世雄傑。深謀明術,深淺不能並行，明闇不能並知。

問曰：『佞人養名作高有諸？』曰，佞人食利專權，不養名作高：貪權據凡，則高名自立矣。稱於小人，不行於君子。何則？利義相伐，正邪相反；義動君子，利動小人。佞人貪利名之顯，君子不安下則身危。舉世爲佞者，皆以禍衆，不能養其身，安能養其名？上世列傳，棄宗養身，違利赴名，竹帛所載，伯成子高委國而耕，於陵子辭位灌園。近世蘭陵王仲子，東都昔廬君陽寢位久病，不應上徵，可謂養名矣。夫不以道進，必不以道出身；不以義止，必不以義立名。佞人懷貪利之心，輕禍重身，傾死爲僇矣，何名之養？義廢德壞，操行隨辱，何云作高？

問曰：『大佞易知乎？小佞易知也？』曰，大佞易知，小佞難知。何則？大佞材高，其迹易察；小佞知下，其效難省。何以明之？成事，小盜難覺，大盜易知也。攻城襲邑，剽劫虜掠，發則事覺，道路皆知盜也；穿鑿垣牆，狸步鼠竊，莫知謂誰？曰，大佞姦深惑亂，其人如大盜易知，人君何難？書曰：『知人則哲，惟帝難之。』虞舜大聖，驩兜大佞。大聖難知大佞，大佞不憂大聖。何易之有？是謂下知之，上知之。上知之，大難小易；下知之，大易小難。何則？佞人材高，論說麗美；因麗美之說，人主之威，人立心，並不能責，知或不能覺。小佞材下，對鄉失漏，際會不密，人君警悟，得知其故。大難小易也。屋漏在上，知者在下。漏大，下見之著；漏小，下見之微。或曰：『雍也仁而不佞。』孔子曰：「焉用佞？禦人以口給，屢憎於人。』誤設計數，煩擾農商，損下益上，愁民說主。損上益下，忠臣之說也；損下益上，佞人之義也。『季氏富於周公，而求也爲之聚斂而附益之，小子鳴鼓而攻之可也。』聚斂，季氏不知其惡，不知百姓所共非也。

程材篇

論者多謂儒生不及彼文吏；見文吏利便而儒生陸落，則詆訾儒生以爲淺短，稱譽文吏謂之深長。是不知儒生，亦不知文吏也。儒生文吏皆有材智，非文吏材高而儒生智下也；文吏更事，儒生不習也。謂文吏更事，儒生不習，可也；謂文吏深長，儒生淺短，知妄矣。世俗共短儒生，儒生之徒亦自相少。何則？並好仕學宦，用吏爲繩表也。儒生有闕，俗共短之。文吏有過，俗不敢訾，歸非於儒生，付是於文吏也。夫儒生材非下於文吏，文非所當爲也；然世俗共短之者，見將不好用也。將之不好用之者，事多已不能理，須文吏以領之也。夫論善謀材，施用累能，期於有益。文吏理煩，身役於職，職判功立，將尊其能。儒生栗栗，不能當劇；將有煩疑，不能效力，力無益於時，則官不及其身也。將以官課材，材以官爲驗，是故世俗常高文吏，賤下儒生。儒生之下，文吏之高，本由不能之將，世俗之論，緣將好惡。

今世之將，材高知深，通達衆凡，則舉綱持領，事無不定。其置文吏也，備數滿員，足以輔己志。志在修德，務在立化，則夫文吏瓦石，儒生珠玉也。夫文吏能破堅理煩，不能守身，身則亦不能輔將。儒生不習於職，長於匡救，將相傾側，諫難不懼。案世間能建蹇蹇之節，成三諫之識，令將檢身自勑，不敢邪曲者，率多儒生。阿意苟取容，幸將欲放失，低嘿不言者，率多文吏。文吏以事勝，以忠負；儒生以節優，以職劣。二者長短，各有所宜；世之將相，各有所取：取儒生者，必軌德立化者也；取文吏者，必優事理亂者也。材不自能則須助，須助則待勁。官之立佐，爲力不足也；吏之取能，爲材不及也。

日之照幽，不須燈燭；賁育當敵，不待輔佐。使將相知力，若日之照幽，賁育之難敵，則文吏之能，無所用也。病作而醫用，禍起而巫使。如自能案方和藥，入室求祟，則醫不售而巫不進矣。橋梁之設也，足不能越溝也；車馬之用也，走不能追遠也。足能越溝，走能追遠，則橋梁不設，車馬不用矣。天地事物，人所重敬，皆力劣知極，須仰以給足者也。

今世之將相，不責己之不能，而賤儒生之不習；不原文吏之所得用，而尊其材，謂之善吏。非文吏，憂不除；非文吏，患不救。是以選舉取常故，案吏取無害。儒生無閥閱，所能不能任劇，故陋於選舉，佚於朝廷。聰慧捷疾者，隨時變化，學知吏事，則踵文吏之後，未得良善之名。守古循志，案禮修義，輒爲將相所不任，文吏所毗戲。不見任，則執欲息退；見毗戲，則意不得。臨職不勸，察事不精，遂爲不能，斥落不習。有俗材而無雅度者，學知吏事，亂於文吏，觀將所知，適時所急，轉志易務，晝夜學問，無所羞恥，期於成能名文而已。

其高志妙操之人，恥降意損崇，以稱媚取進，深疾才能之儒，洎入文吏之科，堅守高志，不肯下學，亦時或精闇不及，意疏不密，臨事不識，對向謬誤，拜起不便，進退失度，奏記言事，蒙士解過，援引古義，割切將欲，直言一指，觸諱犯忌，封蒙約縛，簡繩檢署，事不如法，文辭卓詭，辟刺離實，曲不應義，故世俗輕之，文吏薄之，將相賤之。是以世俗學問者，不肯竟經明學，深知古今，急欲成一家章句，義理略具，同超學史書，讀律諷令，治作情奏，習對向，滑習跪拜，家成室就，召署輒能，徇今不顧古，趨讎不存志，競進不案禮，廢經不念學。是以古經廢而不修，舊學闇而不明，儒者寂於空室，文吏譁於朝堂。材能之士，隨世驅馳，節操之人，守隘屏竄，驅馳日以巧，屏竄日以拙，非材頓知不及也，希見闕爲，不狎習也。蓋足未嘗行，堯禹問曲折；目未嘗見，孔墨問形象。

齊都世刺繡，恆女無不能；襄邑俗織錦，鈍婦無不巧。日見之，日爲之，手狎也。使材士未嘗見，巧女未嘗爲，異事詭手，暫爲卒睹，顯露易爲者，猶憒憒焉。方今論事，不謂希更，而曰材不敏；不曰未嘗爲，而曰知不達，失其實也。儒生材無不能敏，業無不能達，志不有爲。今俗見不習，謂之不能，睹不爲，謂之不達。科用累能，故文吏在前，儒生在後，是從朝廷謂之也。如從儒堂訂之，則儒生在上，文吏在下矣。

從農論田，田夫勝；從商講賈，賈人賢；今從朝廷謂之，文吏朝廷之人也，幼爲幹吏，以朝廷爲田畝，以刀筆爲耒耜，以文書爲農業，猶家人子弟，生長宅中，其知曲折，愈於賓客也。賓客暫至，雖孔墨之材，不能分別。儒生猶賓客，文吏猶子弟也。以子弟論之，則文吏曉於儒生，儒生闇於文吏。今世之將相，知子弟以文吏爲慧，不能知文吏以狎爲能；知賓客以暫爲固，不知儒生以希爲拙。惑蔽闇昧，不知類也。一縣佐史之材，任郡掾史；一郡修行之能，堪州從事。然而郡不召佐史，州不取修行者，巧習無害，文少德高也。五曹自有條品，簿書自有故事，勤力玩弄，成爲巧吏，安足多矣。賢明之將，程吏取材，不求習論高，存志不顧文也。

稱良吏曰忠，忠之所以爲效，非簿書也。夫事可學而知，禮可習而善，忠節公行，不可立也。文吏儒生，皆有所志。

然而儒生務忠良，文吏趨理事。苟有忠良之業，疏拙於事，無損於高。論者以儒生不曉簿書，置於下第，法令比例，吏斷決也。文吏治事，必問法家。縣官事務，莫大法令；必以吏職程高，是則法令之家宜最為上。或曰：『固然，法令漢家之經，吏議決為事定於法，誠為明矣。』曰：夫五經亦漢家之所立，儒生善政，大義皆出其中。董仲舒表春秋之義，稽合於律，無乖異者。然則春秋，漢之經，孔子制作，垂遺於漢。論者徒尊法家，不高春秋，是闇蔽也。春秋五經，義相關穿。既是春秋，不大五經，是不通也。五經以道為務，事不如道，道行事立，無道不成。然則儒生所學者道也，文吏所學者事也。假使材同，當以道學。如比於文吏，洗洿泥者以水，燔腥生者用火，水火道也，用之者事也。事末於道，儒生治本，文吏理末，道本與事末比，定尊卑之高下，可得程矣。

堯以俊德致黎民雍，孔子曰：『孝悌之至，通於神明。』張釋之曰：『秦任刀筆小吏，陵遲至於二世，天下土崩。』張湯、趙禹，漢之惠吏，太史公序，累置於酷部，而致土崩；孰與通於神明令人填膺也？將相知經學至道，而不尊經學之生；彼見經學之生，能不及治事之吏也。

牛刀可以割雞，雞刀難以屠牛；刺繡之師能縫帷裳，納縷之工不能織錦。儒生能為文吏之事，文吏不能立儒生之學。文吏之能，誠劣不及；儒生之不習，實優而不為。禹決江河，不秉鑁鍤；周公築雒，不把築杖。夫筆墨簿書，鑁鍤築杖之類也，而欲合志大道者，躬親為之，是使將軍戰而大匠斲也。說一經之生，治一曹之事，旬月能之；典一曹之吏，學一經之業，一歲不能立也。何則？吏事易知，而經學難見也。儒生擿經，窮竟聖意；文吏搖筆，考跡民事。夫能知大聖之意，曉細民之情，孰者為難？以立難之材，含懷章句，十萬以上，行有餘力，博學覽古，今計胸中之穎，出溢十萬；文吏所知，不過辨解簿書。富累千金，孰與貲直百十也？京廩如丘，孰與委聚如坻也？世名材為名器，器大者盈物多。然則儒生所懷，可謂多矣。

蓬生麻間，不扶自直；白紗入緇，不染自黑。此言所習善惡，變易質性也。儒生之性，非能皆善也，被服聖教，日夜諷誦，得聖人之操矣。文吏幼則筆墨，手習而行，無篇章之誦，不聞仁義之語；長大成吏，舞文巧法，徇私為己，勉赴權利，考事則受賂，臨民則采漁，處右則弄權，幸上則賣將；一旦在位，鮮冠利劍，一歲典職，田宅并兼，性非皆惡，所習爲者，違聖教也。故習善儒路，歸化慕義，志操則勵，變從高明，將見之顯用儒生。東海相宗叔犀犀廣召幽隱，春秋會饗，設置三科，以第補吏；一府員吏，儒生什九。陳留太守陳子瑀開廣儒路，列曹掾史，皆能教授；簿書之吏，什置一二。兩將知道事之理，曉多少之量，故世稱褒其名，書記紀累其行也。

量知篇

程材所論，論材能行操，未言學知之殊奇也。夫儒生之所以過文吏者，學問日多，簡練其性，彫琢其材也。故夫學者所以反情治性，盡材成德也。材盡德成，其比於文吏，亦彫琢者，程量多矣。貧人與富人，俱賚錢百，並爲賻禮，死哀之家，知之者，知貧人劣能共百，以爲富人饒羨有奇餘也；不知之者，見錢俱百，以爲財貨貧富皆若一也。文吏儒生，皆有似於此；皆爲掾吏，並典一曹，將知之者，知文吏儒生筆同，而儒生胸中之藏，尚多奇餘；不知之者，以爲皆吏，深淺多少同一量，失實甚矣。地性生草，山性生木。如地種葵韭，山樹棗栗，名曰美園茂林，不復與一恆地庸山比矣。文吏儒生，有似於此；俱有材能，並用筆墨，而儒生奇有先王之道；先王之道，非徒葵韭棗栗之謂也。恆女之手，紡績織經；如或奇能，織錦刺繡，名曰卓殊，不復與恆女科矣。夫儒生與文吏程材，而儒生侈有經傳之學，猶女工織錦刺繡之奇也。

貧人好濫而富人守節者，貧人不足而富人饒侈。儒生不爲非，而文吏好爲姦者，文吏少道德而儒生多仁義也。貧人富人，並爲賓客，受賜於主人，富人不慚，而貧人常愧者，富人有以效，貧人無以復也。儒生文吏，俱以長吏爲主人者也。儒生受長吏之祿，報長吏以道；文吏空胸，無仁義之學，居住食祿，終無以效，所謂尸位素飡者也。素者，空也，空虛無德，飡人之祿，故曰素飡。無道藝之業，不曉政事，默坐朝廷，不能言事，與尸無異，故曰尸位。然則文吏所謂尸位素飡者也。居右食嘉，見將傾邪，豈能舉記陳言得失乎？一則不能見是非，二則畏罰不敢直言。

禮曰情欲巧。其能力言者，文醜不好者，有骨無肉，脂腴不足，犯干將相指，遂取間郤，為地戰者，不能立功名，貪爵祿者，不能諫於上。文吏貪爵祿，一日居位，輒欲圖利，以當資用，侵漁徇身，不為將貪官顯義，雖見太山之惡，安肯揚舉毛髮之言？事理如此，何用自解於尸位素飡乎？儒生學大義，以道事將，不可則止；有大臣之志，以經勉為公正之操，敢言者也。位又疏遠，遠而近諫，禮謂之諂。此則郡縣之府庭所以常廓無人者也。

或曰：『文吏筆札之能，而治定簿書，考理煩事，雖無道學，筋力材能盡於朝廷，此亦報上之效驗也。』曰：此有似於貧人負官重責，貧無以償，則身為官作，責乃畢竟。夫官之作，非屋廡則牆壁也。屋廡則用斧斤，牆壁則用築鍤。荷斤斧，把築鍤，與彼握刀持筆何以殊？苟謂治文書者報上之效驗，此則治屋廡牆壁之人亦報上也。俱為官作，刀筆斧斤，築鍤鈞也。抱布貿絲，交易有亡，各得所願。儒生抱道貿祿，文吏無所抱，何用貿易？農商殊業，所畜之貨，貨不可同。計其精麤，量其多少，其出溢者名曰富人。富人在世，鄉里願之。夫先王之道，非徒農商之貨也，其為長吏立功致化，非徒富多出溢之榮也。且儒生之業，豈徒出溢哉？其身簡練，知慮光明，見是非審，尤可奇也。

蒸所與眾山之材幹同也，代以為蒸，熿以火，煙熱究浹，光色澤潤，焫之於堂，其耀浩廣，火竈之效加也。繡之未刻，錦之未織，恆絲庸帛，何以異哉？加五綵之巧，施針縷之飾，文章炫耀，黼黻華蟲，山龍日月。學士有文章之學，猶絲帛之有五色之巧也。本質不能相過，學業積聚，超踰多矣。物實無中核者謂之郁，無刀斧之斷者謂之樸。文吏不學，世之教無核也，郁樸之人，孰與程哉？骨曰切，象曰瑳，玉曰琢，石曰磨，切瑳琢磨，乃成寶器。人之學問，知能成就，猶骨象玉石切瑳琢磨也。雖欲勿用，賢君其舍諸？孫武、闔廬，世之善用兵者也，知或學其法者，戰必勝。不曉什伯之陣，不知擊刺之術者，強使之軍，軍覆師敗，無其法也。

穀之始熟曰粟。舂之於臼，簸其粃糠，蒸之於甑，爨之以火，成熟為飯，乃甘可食。可食而食之，味生肌腴成也。粟未為米，米未成飯，氣腥未熟，食之傷人。夫人之不學，猶穀未成粟，米未為飯也。知心亂少，猶食腥穀，氣傷人也。學士簡練於學，成熟於師，身之有益，猶穀成飯，食之生肌腴也。銅錫未採，在眾石之間，工師鑿掘，鑪橐鑄鑠，乃成器；

未更鑄稾，名曰積石，積石與彼路畔之瓦，山間之礫，一實也。故夫穀未舂蒸曰粟，銅未鑄鑠曰積石，人未學問曰矇。矇者，竹木之類也。夫竹生於山，木長於林，未知所入；截竹爲筒，破以爲牒，加筆墨之跡，乃成文字，大者爲經，小者爲傳記；斷木爲槧，析之爲板，力加刮削，乃成奏牘。夫竹木麤苴之物也，彫琢刻削，乃成爲器用，況人含天地之性，最爲貴者乎！

不入師門，無經傳之教，以郁樸之實，不曉禮義，立之朝廷，植笮樹表之類也，其何益哉？山野草茂，鉤鎌斬刈，乃成道路也。士未入道門，邪惡未除，猶山野草木未斬刈，不成路也。染練布帛，名之曰采，貴吉之服也；無染練之治，名穀麤，穀麤不吉，喪人服之。人無道學，仕宦朝廷，其不能招致也，猶喪人服麤，不能招吉也。能斲削柱梁，謂之木匠；能穿鑿穴埳，謂之土匠；能彫琢文書，謂之史匠。夫文史之學，學治文書也，當與木土之匠同科，安得程於儒生哉？

御史之遇文書，不失分銖；有司之陳籩豆，不誤行伍。其巧習者，亦先學之，人不貴者也。小賤之能，非尊大之職也。無經藝之本，有筆墨之末，大道未足，而小伎過多，雖曰吾多學問，御史之知，有司之惠也。飯黍粱者饜，飱糟糠者飽，雖俱曰食，爲腴不同。儒生文吏，學俱稱習，其於朝廷，有益不鈞。鄭子皮使尹何爲政，子產比於未能操刀，使之割也。子路使子羔爲費宰，孔子曰：『賊夫人之子。』皆以未學，不見大道也。醫無方術，云：『吾能治病。』問之曰：『何用治病？』曰：『用心意。』病者必不信也。吏無經學，曰：『吾能治民。』問之曰：『何用治民？』曰：『以材能。』是醫無方術，以心意治病也，百姓安肯信嚮，而人君任用使之乎？手中無錢之市，使貨主問曰：『錢何在？』對曰：『無錢。』貨主必不與也。夫胸中不學，猶手中無錢也，欲人君任使之，百姓信嚮之，奈何也？

謝短篇

程材量知，言儒生文吏之材，不能相過，以儒生修大道，以文吏曉簿書，道勝於事，故謂儒生頗愈文吏也。此職業外相程相量也。其內各有所以爲短，未實謝也。夫儒生能說一經，自謂通大道，以驕文吏；文吏曉簿書，自謂文無害，以戲儒生。各持滿而自藏，非彼而是我，不知所爲短，不悟於已未足。論衡訓之，將使儻然各知所之。夫儒生所短，不徒以不曉簿書；文吏所劣，不徒以不通大道也。反以閉闇不覽古今，不能各自知其所業之事未具足也。二家各短，不能自知也。世之論者而亦不能訓之，如何？夫儒生之業五經也，南面爲師，旦夕講授章句，滑習義理，究備於五經可也。五經之後，秦漢之事，無不能知者，短也。夫知古不知今，謂之陸沉，然則儒生所謂陸沉者也。五經之前，至於天地始開，帝王初立者，主名爲誰，儒生又不知也。夫知今不知古，謂之盲瞽。五經比於上古，猶爲今也。徒能說經，不曉上古，然則儒生所謂盲瞽者也。

儒生猶曰：『上古久遠，其事闇昧，故經不載而師不說也。』夫三王之事雖近矣，經雖不載，義所連及，五經所當共知，儒生所當審說也。夏自禹嚮國，幾載而至於殷？殷自湯幾祀而至於周？周自文王幾年而至於秦？桀亡夏而紂棄殷，滅周者何王也？周猶爲遠，秦則漢之所伐也。夏始於禹，殷本於湯，周祖后稷，秦初爲人者誰？秦燔五經，坑殺儒士，五經之家所共闕也。秦何起而燔五經？何感而坑儒生？秦則前代也，漢國自儒生之家也，從高祖至今朝幾世？歷年迄今幾載？初受何命？復獲何瑞？得天下難易，孰與殷周？家人子弟學問歷幾歲，人問之曰：『居宅幾年？祖先何爲？』不能知者，愚子弟也。然則儒生不能知漢事，世之愚蔽人也。

溫故知新，可以爲師。古今不知，稱師如何？彼人問曰：二尺四寸，聖人文語，朝夕講習，義類所及，故可務知。漢事未載於經，名爲尺籍短書，比於小道，其能知，非儒者之貴也。儒不能都曉古今，欲各別說其經，經事義類，乃以不知爲貴也。事不曉，不以爲短。請復別問儒生，各以其經旦夕之所講說，先問易家：易本何所起？造作之者爲誰？彼將應曰：『伏羲作八卦，文王演爲六十四，孔子作彖、象、繫辭。三聖重業，易乃具足。』問之曰：『易有三家，一曰連山，二曰歸藏，三曰周易。伏羲所作，文王所造，連山乎？歸藏、周易也？秦燔五經，易何以得脫？漢興幾年而復立？宣帝之時，河內女子壞老屋，得易一篇，名爲何易？此時易具足未？』問尚書家曰：『今旦夕所授二十九篇，奇有百二篇，又有百篇；二十九篇何所起？百二篇何所造？秦焚諸書之時，尚書諸篇皆何在？漢興始錄尚書者，何帝？初受學者何人？」問禮家曰：「前孔子時，周已制禮，殷禮、夏禮，凡三王因時損益，篇有多少，文有增減，不知今禮周乎？殷夏也？」彼必以漢承周，將曰：「周禮。」夫周禮六典，又六轉，六六三十六，三百六十，是以周官三百六十也。案今禮不見六典，無三百六十官，又不見天子。天子禮廢何時？豈秦滅之哉！宣帝時，河內女子壞老屋，得佚禮一篇，六十篇中是何篇是者？高祖詔叔孫通制作儀品，十六篇何在？而復定儀禮，見在十六篇，秦火之餘也，更秦之時，篇凡有幾？

問詩家曰：「詩作何帝王時也？」彼將曰：「周衰而詩作。」蓋康王時也。康王德缺於房，大臣刺晏，故詩作。夫文武之隆，貴在成康，康王未衰，詩安得作？周非一王，何知其康王也？二王之末皆衰，夏殷衰時，詩何不作？尚書曰：「詩言志，歌詠言。」此時已有詩也。斷取周以來，而謂興於周。古者采詩，詩有文也。今詩無書，何知非秦燔五經，詩獨無餘禮也？問春秋家曰：「孔子作春秋，周何王時也？」自衛反魯，然後樂正，春秋作矣。自衛反魯，哀公時也；自衛何君也？俟孔子以何禮，而孔子反魯作春秋乎？孔子錄史記以作春秋，史記本名春秋乎？制作以為經，乃歸春秋也。

法律之家亦為儒生，問曰：「九章，誰所作也？」彼聞皋陶作獄，必將曰：「皋陶也。」詰曰：「皋陶，唐虞時，唐虞之刑五刑，案今律無五刑之文。」或曰：「蕭何也。」詰曰：「蕭何，高祖時也。孝文之時，齊太倉令淳于德有罪，徵詣長安。其女緹縈為父上書，言肉刑一施，不得改悔。文帝痛其言，乃改肉刑。案今九章象刑，非肉刑也。文帝在蕭何後，知時肉刑也；蕭何所造，反具肉刑也。而云：『九章蕭何所造乎？』古禮三百，威儀三千；刑亦正刑三百，科條三千，出於禮，入於刑，禮之所去，刑之所取，故其多少同一數也。今禮經十六，蕭何律有九章，不相應，又何？五經題篇，皆以事義別之，至禮與律獨經也，題之，禮言昏禮，律言盜律何？

夫總問儒生以古今之義，儒生不能知；別名以其經事問之，又不能曉。斯則坐守，何言師法，不頗博覽之咎也。

文吏自謂知官事，曉簿書，問之曰：『曉知其事，當能究達其義，通見其意否？』文吏必將惘然。問之曰：『古者封侯，各專國土。今置太守令長，何義？古人井田，民爲公家耕；今量租芻，何意？一業使民居更一月，何據？年二十三儒，十五賦，七歲頭錢二十三，何緣？有臘，何帝王時？門戶井竈，何立？社稷先農靈星，何祠？歲終逐疫，何驅？使立桃象人於門戶，何旨？挂蘆索於戶上，畫虎於門闌，何故？除牆壁書畫厭火丈夫，何見？步之六尺，冠之六寸，何應？有尉史令史，無承長史，何制？兩郡移書曰敢告卒人，兩縣不言，何解？郡言事二府曰敢言之，司空曰上，何狀？賜民爵八級，何法？名曰簪褭上造，何謂？吏上功曰伐閱，名籍墨將，何指？七十賜玉杖，何起？著鳩於杖末，不著爵，何杖？苟以鳩爲善，不賜鳩而賜鳩杖，而不爵，何說？日分六十，漏之盡，自鼓之致五，何故？吏衣黑衣，宮闕赤單，何慎？服革於腰，佩刀於右，舞劍於左，何人備？著鉤於履，冠在於首，何象？吏居城郭，出乘車馬，坐治文書，起城郭，何王？造車輿，何工？生馬，何地？作書，何人？』王造城郭，及馬所生，難知也，遠也；造車作書，易曉也，必將應曰：『倉頡作書，奚仲作車。』詰曰：『倉頡何感而作書？奚仲何起而作車？』又不知也。文吏所當知，然而不知，亦不博覽之過也。夫儒生不覽古今，何知一永？不過守信經文，滑習章句，解剝互錯，分明乖異；文吏不曉吏道，所能不過案獄考事，移書下記，對卿便給之准，无一閱備，皆淺略不及，偏駮不純，俱有闕道，何以相言？

效力篇

程材量知之篇，徒言知學，未言才力也。人有知學，則有力矣。文吏以理事爲力，而儒生以學問爲力。或問揚子雲曰：『力能扛洪鼎揭華旗，知德亦有之乎？』答曰：『百人矣。』夫知德百事者，與彼扛洪鼎揭華旗者，爲料敵也。夫壯士力多者，扛鼎揭旗；儒生力多者，博達疏通。故博達疏通，儒生之力也；舉重拔堅，壯士之力也。梓材曰：『強人有王開賢，厥率化民。』此言賢人亦壯強於禮義，故能開賢，其率化民。化民須禮義，禮義須文章，行有餘力，則以學文。能學文，有力之驗也。問曰：『說一經之儒，可謂有力者？』曰：『此有力者也。』陳留龐少都每薦諸生之吏，常曰：『王甲某子，才能百人。』太守非其能，不答。少都更曰：『言之尙少。王甲某子，才能百萬人。』太守怒曰：『親吏妄言。』少都曰：『文吏不通一經一文，不調師一言；諸生能說百萬章句，非才知百萬人乎？』太守無以應。夫少都之言實也，然猶未也。何則？諸生能傳百萬言，不能覽古今，守信師法，雖辭說多，終不爲博。殷、周以前，頗載六經，儒生所不能說也。秦、漢之事，儒生不見，力劣不能覽也。周監二代，漢監周、秦，周、秦以來，儒生不知；漢欲觀覽，儒生無力。使儒生博觀覽，則爲文儒。文儒者，力多於儒生，如少都之言，文儒才能千萬人矣。曾子曰：『士不可以不弘毅，任重而道遠。仁以爲己任，不亦重乎？死而後已，不亦遠乎？』由此言之，儒者所懷，獨已重矣，志所欲至，獨已遠矣。身載重任，至於終死，不倦不衰，力獨多矣。夫曾子載於仁，而儒生載於學，所載不同，輕重均也。

夫一石之重，一人挈之，十石以上，二人不能舉也。世多挈一石之任，寡有舉十石之力。儒生所載，非徒十石之重也。地力盛者，草木暢茂。一畝之收，當中田五畝之分。苗田，人知出穀多者地力盛，不知出文多者才知茂，失事理之實矣。夫文儒之力過於儒生，況文吏乎？能舉賢薦士，世謂之多力也。然能舉賢薦士，上書日記也。能上書日記者，文儒也。文儒非必諸生也，賢達用文則是矣。谷子雲、唐子高，章奏百上，筆有餘力，極言不諱，文不折乏，非夫才知之人不能爲也。孔子，周世多力之人也，作春秋，删五經，祕書微文，無所不定。山大者雲多，泰山不崇朝辦雨雨天下。夫然，則賢者有雲雨之知，故（一有「曰」字）其吐文萬牒以上，可謂多力矣。

世稱力者，常褒烏獲，然則董仲舒、揚子雲，文之烏獲也。秦武王與孟說舉鼎不任，絕脈而死。少文之人，與董仲舒等涌胸中之思，必將不任，有絕脈之變。王莽之時，省五經章句，皆爲二十萬，博士弟子郭路夜定舊說，死於燭下，精思不任，絕脈氣滅也。顏氏之子，已曾馳過孔子於塗矣，劣倦罷極，髮白齒落。夫以庶幾之材，猶有仆頓之禍，孔子力優，顏淵不任也。才力不相如，則其知思不相及也。勉自什伯，鬲中嘔血，失魂狂亂，遂至氣絕。書五行之牘，書十奏之記，其才劣者，筆墨之力尤難，況乃連句結章，篇至十百哉！力獨多矣。

江河之水，馳涌滑漏，席地長遠，無枯竭之流，本源盛矣。知江河之流遠，地中之源盛，不知萬牒之人，胸中之才茂（一有〔無〕字）迷惑者也。故望見驥足，不異於衆馬之蹄，躡平陸而馳騁，千里之迹，斯須可見。夫馬足人手，同一實也，稱驥之足，不薦文人之手，不知類也。夫能論筋力以見比類者，則能取文力之人，立之朝廷。故夫文力之人，助有力之將，乃能以力爲功；有力無助，以力爲禍。何以驗之？長巨之物，强力之人，乃能舉之；重任之車，强力之牛，乃能輓之。是任車上阪，强牛引前，力人推後，乃能升踰。如牛羸人罷，任車退卻，還墮坑谷，有破覆之敗矣。文儒懷先王之道，含百家之言，其難推引，非徒任車之重也。薦致之者，罷羸無力，遂卻退竄於巖穴矣。

河發崑崙，江起岷山，水力盛多，滂沛之流，浸下益盛，不得廣岸低地，不能通流入乎東海。如岸狹地仰，溝洫決洪，散在丘墟矣。文儒之知，有似於此。文章滂沛，不遭有力之將，援引薦舉，亦將棄遺於衡門之下，固安得升陟聖主之庭，論說政事之務乎？火之光也，不舉不明。有人於斯，其知如京，其德如山，力重不能自稱，須人乃舉，而莫之助，抱其盛高之力，竄於閭巷之深，何時得達？夏育，古之多力者，身能負荷千鈞，手能決角伸鉤，使之自舉，不能離地。智能滿胸之人，宜在王闕，須三寸之舌，一尺之筆，然後自動，不能自進，進之又不能自安，須人能動，待人能安。道重知大，位地難適也。

小石附於山，山力能得持之。在沙丘之間，小石輕微，亦能自安。至於大石，沙土不覆，山不能持，處危峭之際，則必崩墜於坑谷之間矣。大智之重，遭小才之將，無左右沙土之助，雖在顯位，將不能持，則有大石崩墜之難也。或伐薪於山，輕小之木，合能束之。至於大木，十圍以上，引之不能動，推之不能移，則委之於山林，收所束之小木而歸。由斯以論，知能之大者，其猶十圍以上木也，人力不能舉薦，其猶薪者不能推引大木也。孔子周流，無所留止，非聖才不明，道大難行，人不能用也。故夫孔子，山中巨木之類也。

桓公九合諸侯，一匡天下，管仲之力。管仲有力，桓公能舉之，可謂壯强矣。吳不能用子胥，楚不能用屈原，二子力重，兩主不能舉也。舉物不勝，委地而去可也。時或恚怒，斧斲破敗，此則子胥屈原所取害也。淵中之魚，遞相吞食，度口所能容，然後嚥之；口不能受，哽咽不能下。故夫商鞅三說孝公，後說者用，前二難用，後一易行也。觀管仲之明法，察商鞅之耕戰，固非弱劣之主所能用也。六國之時，賢才之臣，入楚楚重，出齊齊輕，爲趙趙完，畔魏魏傷。韓用申不害，行其三符，兵不侵境，蓋十五年。不能用之，又不察其書，兵挫軍破，國并於秦。殷周之世，亂跡相屬，亡禍比肩，豈其心不欲爲治乎？力弱智劣，不能納至言也。是故碓重，一人之跡，不能蹈也；磑大，一人之掌，不能推也。賢臣有勁強之優，愚主有不堪之劣，以此相求，禽魚相與遊也。干將之刃，人不推頓，苽瓠不能傷；篠簵之箭，機不能動發，魯縞不能穿。非無干將篠簵之才也，無推頓發動之主，苽瓠魯縞不穿傷，爲望斬旗穿革之功乎？故引弓之力，不能引強弩。弩力五石，引以三石，筋絕骨折，不能舉也。故力不任強引，則有變惡折脊之禍；知不能用賢，則有傷德毀名之敗。論事者不曰才大道重，上不能用，而曰不肖不能自達。自達者帶絕不抗，自衒者賈賤不讎。案諸爲人用之物，須人用之，功力乃立。鑿所以入木者，槌叩之也；鍤所以能撅地者，跖蹈之也。諸有鋒刃之器，所以能斷斬割削者，手能把持之也；力能推引之也。韓信去楚入漢，項羽不能安，高祖能持之也。能用其善，能安其身，則能量其力，能別其功矣。樊酈有攻城野戰之功，高祖行封，先及蕭何，則比蕭何於獵人，同樊酈於獵犬也。夫蕭何安坐，樊酈馳走，封不及馳走而先安坐者，蕭何以知爲功，而樊酈以力爲功也。蕭何所以能使樊酈者，以入秦收斂文書也。衆將拾金，何獨掇書，坐知秦之形勢，是以能圖其利害。衆將馳走者，何驅之也。故叔孫通定儀，而高祖以尊，蕭何造律，而漢室以寧。案儀律之功，重於野戰，斬首之力，不及尊主。故夫墾草殖穀，農夫之力也；勇猛攻戰，士卒之力也；構架斲削，工匠之力也；治書定簿，佐史之力也；論道議政，賢儒之力也。人生莫不有力，所以爲力者，或尊或卑。孔子能舉北門之關，不以力自章，知夫筋骨之力，不如仁義之力榮也。

別通篇

富人之宅，以一丈之地爲內，內中所有柙匱，所贏縑布絲帛也。貧人之宅，亦以一丈爲內；內中空虛，徒四壁立，故名曰貧。夫通人猶富人，不通者猶貧人也。俱以七尺爲形，通人胸中懷百家之言；不通者空腹，無一牒之誦。貧人之內，徒四所壁立也。慕料貧富不相如，則夫通與不通不相及也。世人慕富不榮通，羞貧不賤不賢，不推類以況之也。夫富人可慕者，貨財多則饒裕，故人慕之。夫富人不如儒生，儒生不如通人。通人積文，十篋以上，聖人之言，賢者之語，上自黃帝，下至秦漢，治國肥家之術，刺世譏俗之言，備矣。使人通明博見，其爲可榮，非徒縑布絲帛也。蕭何入秦，收拾文書，漢所以能制九州者，文書之力也。以文書御天下，天下之富，孰與家人之財？

人目不見青黃曰盲，耳不聞宮商曰聾，鼻不知香臭曰癰。癰聾與盲，不成人者也。人不博覽者，不聞古今，不見事類，不知然否，猶目盲耳聾鼻癰者也。儒生不覽，猶爲閉闇，況庸人無篇章之業，不知是非，其爲閉闇甚矣。此則土木之人，耳目俱足，無聞見也。涉淺水者見蝦，其頗深者察魚鱉，其尤甚者觀蛟龍。足行跡殊，故所見之物異也。入道淺深，其猶此也。淺者則見傳記諧文，深者入聖室觀祕書。故入道彌深，所見彌大。人之遊也，必欲入都，都多奇觀也；入都必欲見市，市多異貨也。百家之言，古今行事，其爲奇異，非徒都邑大市也。遊於都邑者心厭，觀於大市者意飽，況遊於道藝之際哉？

大川旱不枯者，多所疏也。潢汙兼日不雨，泥輒見者，無所通也。是故大川相間，小川相屬，東流歸海，故海大也。海不通於百川，安得巨大之名？夫人含百家之言，猶海懷百川之流也；不謂之大者，是謂海小於百川也。夫海大於百川也，人皆知之；通者明於不通，莫之能別也。潤下作鹹，水之滋味也。東海水鹹，流廣大也；西州鹹井，源泉深也。人或無井而食，或穿井不得泉，有鹽井之利乎？不與賢聖通業，望有高世之名，難哉！法令之家，不見行事，議罪不可審；章句之生，不覽古今，論事不實。或以說一經爲是，何須博覽？夫孔子之門，講習五經，五經皆習，庶幾之才也。

顏淵曰：「博我以文。」才智高者，能爲博矣。顏淵之曰博者，豈徒一經哉？我不能博五經，又不能博衆事，守信一學，不好廣觀，無溫故知新之明，而有守愚不覽之闇，其謂一經是者，其宜也。開戶內日之光，日光不能照幽，鑿牕啓牖，以助戶明也。夫一經之說，猶日明也；助以傳書，猶牕牖也。百家之言，令人曉明，非徒牕牖之開，日光之照也。是故日光照室內，道術明胸中。開戶內光，坐高堂之上，眇升樓臺，窺四鄰之廷，人之所願也。閉戶幽坐，向冥冥之內；穿壙穴臥，造黃泉之際，人之所惡也。夫閉戶塞意，不高瞻覽者，死人之徒也哉！

孝武皇帝時，燕王旦在明光宮，欲入所臥，戶三百盡閉，使侍者二十人開戶，戶不開。其後旦坐謀反自殺。夫戶閉，燕王旦死之狀也。死者，凶事也，故以閉塞爲占。齊慶封不通，六國大夫會而賦詩，慶封不曉，其後果有楚靈之禍也。夫不開通於學者，尸尚能行者也。亡國之社，屋其上，柴其下者，示絕於天地。春秋薄社，周以爲戒。夫經藝傳書，人當覽之，猶社當通氣於天地也。故人之不通覽者，薄社之類也。是故氣不通者，強壯之人死，榮華之物枯。

東海之中，可食之物，集糅非一，以其大也。夫水精氣渥盛，故其生物也衆多奇異。故夫大人之胸懷非一，才高知大，故其於道術，無所不包。學士同門，高業之生，衆共宗之。何則？知經指深，曉師言多也。夫古今之事，百家之言，其爲深多也，豈徒師門高業之生哉？甘酒醴不酤飴蜜，未爲能知味也。耕夫多殖嘉穀，謂之上農夫；其少者，謂之下農夫。學士之才，農夫之力，一也：能多種穀，謂之上農；能博學問，謂之上儒。是稱牛之服重，不譽馬速也。譽手毀足，孰謂之慧矣？

縣道不通於野，野路不達於邑，騎馬乘舟者，必不由也。故血脈不通，人以甚病。夫不通者，惡事也，故其禍變致不善。是故盜賊宿於穢草，邪心生於無道。無道者，無道術也。醫能治一病，謂之巧；能治百病，謂之良。是故良醫服百病之方，治百人之疾；大才懷百家之言，故能治百族之亂。扁鵲之衆方，孰若巧之一伎？子貢曰：「不得其門而入，不見宗廟之美，百官之富。」蓋以宗廟百官喻孔子道也。孔子道美，故譬以宗廟；衆多非一，故喻以百官。由此言之，道達廣博者，孔子之徒也。

殷周之地，極五千里，荒服要服，勤能牧之。漢氏廓土，牧萬里之外，要荒之地，褒衣博帶。夫德不優者，不能懷遠；才不大者，不能博見。故多聞博識，無頑鄙之訾；深知道術，無淺闇之毀也。人好觀圖畫者，圖上所畫，古之列人也。

見列人之面，孰與觀其言行？置之空壁，形容具存，人不激勸者，不見言行也。古賢之遺文，竹帛之所載粲然，豈徒牆壁之畫哉？空器在廚，金銀塗飾，其中無物益於饑，人不顧也；肴膳甘醢，土釜之盛，入者鄉之。古賢文之美善可甘，非徒器中之物也；讀觀有益，非徒膳食有補也。故器空無實，饑者不顧；胸虛無懷，朝廷不御也。

劍伎之家，鬭戰必勝者，得曲城越女之學也。兩敵相遭，一巧一拙，其必勝者，有術之家也。孔墨之業，賢聖之書，非徒曲城越女之功也；成人之操，益人之知，非徒戰鬭必勝之策也。故劍伎之術，有必勝之名；賢聖之書，有必尊之聲。縣邑之吏召諸治下，將相問以政化，曉慧之吏，陳所聞見，將相覺悟，得以改政右文。聖賢言行，竹帛所傳，練人之心，聰人之知，非徒縣邑之吏對向之語也。

禹益並治洪水，禹主治水，益主記異物，海外山表，無遠不至，以所聞見，作山海經。非禹益不能行遠，山海不造；然則山海之造，見物博也。董仲舒睹重常之鳥，劉子政曉貳負之尸，皆見山海經，故能立二事之說。使禹益行地不遠，不能作山海經；董劉不讀山海經，不能定二疑。實沈臺台，子產博物，故能言之；龍見絳郊，蔡墨曉占，故能禦之。父兄在千里之外，且死，遺教戒之書，子弟賢者，求索觀讀，服臆不舍，重先敬長，謹慎之（一有（力）字）也。不肖者輕慢佚忽，無原察之意。古聖先賢，遺後人文字，其重非徒父兄之書也，或觀讀采取，或棄捐不錄，二者之相高下也，行路之人，皆能論之，況辨照然否者，不能別之乎！

孔子病，商瞿卜期日中。孔子曰：「取書來，比至日中何事乎？」聖人之好學也，且死不休，念在經書，不以臨死之故，棄忘道藝。其爲百世之聖，師法祖修，蓋不虛矣！自孔子以下，至漢之際，有才能之稱者，非有飽食終日，無所用心也，不說五經，則讀書傳。書傳文大難以備之，卜卦占射凶吉，皆文武之道。昔有商瞿能占爻卦，末有東方朔翼少君能達占射覆，道雖小，亦聖人之術也。曾又不知人生稟五常之性，好道樂學，故辨於物。今則不然，飽食快飲，慮深求臥，腹爲飯坑，腸爲酒囊，是則物也。倮蟲三百，人爲之長。天地之性，人爲貴，貴其識知也。今閉暗脂塞，無所好欲，與三百倮蟲何以異，而謂之爲長而貴之乎！

諸夏之人，所以貴於夷狄者，以其通仁義之文，知古今之學也。如徒作其胸中之知，以取衣食，經歷年月，白首沒齒，終無曉知，夷狄之次也。觀夫蜘蛛之經絲，以罔飛蟲也，人之用作，安能過之？任胸中之知，舞權利之詐；以取富壽之樂，無古今之學，蜘蛛之類也。含血之蟲，無餓死之患，皆能以知求索飲食也，人不通者，亦能自供，仕宦為吏，亦得高官，將相長吏，猶吾大夫高子也，安能別之？隨時積功，以命得官，不曉古今，以位為賢，與文之異術，安得識別通人，俟以不次乎？將相長吏不得，若右扶風蔡伯偕，鬱林太守張孟嘗，東萊太守李季公之徒，心自通明，覽達古今，故其敬通人也，如見大賓。燕昭為鄒衍擁篲，彼獨受何性哉？東成令董仲綏知為儒梟，海內稱通，故其接人，能別奇律，是以鍾離產公以編戶之民，受圭璧之敬，知之明也。故夫能知之也，凡石生光氣；不知之也，金玉無潤色。

自武帝以至今朝，數舉賢良，令人射策甲乙之科，若董仲舒唐子高谷子雲卞伯玉，策既中實，文說美善，博覽膏腴之所生也。使四者經徒能摘，筆徒能記疏，不見古今之書，安能建美善於聖王之庭乎？孝明之時，讀蘇武傳，見武官名曰栘中監，以問百官，百官莫知。夫倉頡之章，小學之書，文字備具，至於無能對聖國之問者，是皆美命隨牒之人多在官也。木旁多文字，且不能知，其欲及若董仲舒之知重常，劉子政之知貳負，難哉！

或曰：『通人之官，蘭臺令史，職校書定字，比夫太史太祝，職在文書，無典民之用，不可施設。是以蘭臺之史，班固賈逵楊終傅毅之徒，名香文美，委積不紲，大用於世。』曰：此不繼。周世通覽之人，鄒衍之徒，孫卿之輩，受時王之寵，尊顯於世。董仲舒雖無鼎足之位，知在公卿之上。周監二代，漢監周秦，然則蘭臺之官，國所監得失也。以心如丸卵，為體內藏；眸子如豆，為身光明。令史雖微，典國道藏，通人所由進，猶博士之官，儒生所由興也。委積不紲，豈聖國微遇之哉！殆以書未定而職未畢也。

超奇篇

通書千篇以上，萬卷以下，弘暢雅言，審定文讀，而以教授爲人師者，通人也。杼其義旨，損益其文句，而以上書奏記，或與論立說，結連篇章者，文人鴻儒也。好學勤力，博聞強識，世間多有；著書表文，論說古今，萬不耐一。然則著書表文，博通所能用之者也。入山見木，長短無所不知；入野見草，大小無所不識。然而不能伐木以作室屋，採草以和方藥，此知草木所不能用也。夫通人覽見廣博，不能掇以論說，此爲匿生書主人，孔子所謂誦詩三百，授之以政不達者也，與彼草木不能伐採，一實也。孔子得史記以作春秋，及其立義創意，褒貶賞誅，不復因史記者，眇思自出於胸中也。凡貴通者，貴其能用之也；即徒誦讀，讀詩諷術，雖千篇以上，鸚鵡能言之類也。衍傳書之意，出膏腴之辭，非俶儻之才不能任也。夫通覽者世間比有，著文者歷世希然。近世劉子政父子、揚子雲、桓君山，其猶文武周公並出一時也；其餘直有往往而然，譬珠玉不可多得，以其珍也。故能說一經者爲儒生，博覽古今者爲通人，采掇傳書以上書奏記者爲文人，能精思著文連結篇章者爲鴻儒。故儒生過俗人，通人勝儒生，文人踰通人，鴻儒超文人。故夫鴻儒，所謂超而又超者也。以超之奇，退與儒生相料，文軒之比於敝車，錦繡之方於縕袍也，其相過遠矣。如與俗人相料，太山之巔墆，長狄之項跖，不足以喻。故夫丘山以土石爲體，其有銅鐵，山之奇也。銅鐵既奇，或出金玉。然鴻儒，世之金玉也，奇而又奇矣。奇而又奇，才相超乘，皆有品差。

儒生說名於儒門，過俗人遠也。或不能說一經，教誨後生；或帶徒聚衆，說論洞溢，稱爲經明；或不能成牘治一說；或不能陳得失，奏便宜，言應經傳，文如星月。其高第若谷子雲、唐子高者，說書於牘奏之上，不能連結篇章；或抽列古今，紀著行事，若司馬子長、劉子政之徒，累積篇第，文以萬數，其過子雲、子高遠矣，然而因成紀前，無胸中之造。若夫陸賈、董仲舒，論說世事，由意而出，不假取於外，然而淺露易見，觀讀之者猶曰傳記。陽成子長作樂經，揚子雲作太玄經，造於助思，極窅冥之深，非庶幾之才，不能成也。孔子作春秋，二子作兩經，所謂卓爾蹈孔子之跡，鴻茂參貳聖之才者也。

王公子問於桓君山以揚子雲。君山對曰：『漢興以來，未有此人。』君山差才，可謂得高下之實矣。采玉者心熒於玉，鑽龜者知神於龜。能差衆儒之才，累其高下，賢於所累；又作新論，論世間事，辨照然否，虛妄之言，僞飾之辭，莫不證定。彼子長、子雲說論之徒，君山爲甲。自君山以來，皆爲鴻眇之才，故有嘉令之文。筆能著文，則心能謀論。文由胸中而出，心以文爲表。觀見其文，奇偉俶儻，可謂得論也。由此言之，繁文之人，人之傑也。

有根株於下，有榮葉於上，有實核於內，有皮殼於外。文墨辭說，士之榮葉皮殼也。實誠在胸臆，文墨著竹帛，外內表裏，自相副稱，意奮而筆縱，故文見而實露也。人之有文也，猶禽之有毛也；毛有五色，皆生於體。苟有文無實，是則五色之禽毛妄生也。選士以射，心平體正，執弓矢審固，然後射中。論說之出，猶弓矢之發也；論之應理，猶矢之中的。夫射以矢中效巧，論以文墨驗奇；奇巧俱發於心，其實一也。文有深指巨略，君臣治術，身不得行，口不能紲，表著情心，以明己之必能爲之也。孔子作春秋以示王意。然則孔子之春秋，素王之業也；諸子之傳書，素相之事也。觀春秋以見王意，讀諸子以睹相指，故曰陳平割肉，丞相之端見；叔孫敖決期思，令尹之兆著。觀讀傳書之文，治道政務，非徒割肉決水之占也。足不強則跡不遠，鋒不銛則割不深。連結篇章，必大才智鴻懿之俊也。

或曰：『著書之人，博覽多聞，學問習熟，則能推類興文。文由外而興，未必實才，學文相副也。且淺意於華葉之言，無根核之深，不見大道體要，故立功者希，安危之際，文人不與。無能建功之驗，徒能筆論之效也。』曰，此不然，周世著書之人，皆權謀之臣；漢世直言之士，皆通覽之吏，豈謂文非華葉之生，根核推之也？心思爲謀，集札爲文，情見於辭，意驗於言。商鞅相秦，致功於霸，作耕戰之書；虞卿爲趙，決計定說，行退作春秋之思，起城中之議。耕戰之書，秦堂上之計也。陸賈消呂氏之謀，與新語同一意；桓君山易鼂錯之策，與新論共一思。觀谷永之陳說，唐林之宜言，劉向之切議，以知爲本，筆墨之文，將而送之；豈徒雕文飾辭，苟爲華葉之言哉？精誠由中，故其文語感動人深。是故魯連飛書，燕將自殺；鄒陽上疏，梁孝開牢。書疏文義，奪於肝心；非徒博覽者所能造，習熟者所能爲也。

夫鴻儒希有，而文人比然，將相長吏，安可不貴？豈徒用其才力，游文於牒牘哉！州郡有憂，能治章上奏，解理結煩，使州郡連事，有如唐子高、谷子雲之吏，出身盡思，竭筆牘之力，煩憂適有不解者哉！

古昔之遠，四方辟匿，文墨之士，難得記錄，且近自以會稽言之。周長生者，文士之雄也，在州，爲刺史任安舉奏；在郡，爲太守孟觀上書，事解憂除，州郡無事，二將以全。長生之身不尊顯，非其才知少，功力薄也，二將懷俗人之節，不能貴也。使遭前世燕昭，則長生已蒙鄒衍之寵矣。長生死後，州郡遭憂，無舉奏之吏，以故事結不解，徵詣相屬，文軌不尊，筆疏不續也。豈無憂上之吏哉？乃其中文筆不足類也。長生之才，非徒銳於牒牘也，作洞歷十篇，上自黃帝，下至漢朝，鋒芒毛髮之事，莫不紀載，與太史公表紀相似類也。上通下達，故曰洞歷。然則長生非徒文人，所謂鴻儒者也。前世有嚴夫子，後有吳君商，末有周長生。

白雉貢於越，暢草獻於宛，雍州出玉，荆、揚生金，珍物產於四遠，幽遼之地，未可言無奇人也。孔子曰：『文王既沒，文不在茲乎？』文王之文在孔子，孔子之文在仲舒，仲舒既死，豈在長生之徒與？何言之卓殊，文之美麗也？唐勒、宋玉，亦楚文人也，竹帛不紀者，屈原在其上也。會稽文才，豈獨周長生哉？所以未論列者，長生尤踰出也。九州多山，而華、岱爲嶽；四方多川，而江、河爲瀆者，華、岱高而江、河大也。長生，州郡高大者也。同姓之伯賢，舍而譽他族之孟，未爲得也。長生說文辭之伯，文人之所共宗，獨紀錄之，春秋紀元於魯之義也。

俗好高古而稱所聞，前人之業，菜果甘甜；後人新造，蜜酪辛苦。長生家在會稽，生在今世，文意雖奇，論者猶謂穉於前人。天稟元氣，人受元精，豈爲古今者差殺哉？優者爲高，明者爲上。實事之人，見然否之分者，睹非卻前，退置於後，見是推今，進置於古，心明知昭，不惑於俗也。班叔皮續太史公書百篇以上，記事詳悉，義淺理備，觀讀之者以爲甲，而太史公乙。子男孟堅爲尚書郎，文比叔皮，非徒五百里也，乃夫周、召、魯、衛之謂也。苟可高古，而班氏父子不足紀也。周有郁郁之文者，在百世之末也。漢在百世之後，文論辭說，安得不茂？喻大以小，推民家事，以睹王庭之義。廬宅始成，桑麻纔有，居之歷歲，子孫相續，桃李梅杏，菴丘蔽野。根莖衆多，則華葉繁茂。漢氏治定久矣，土廣民衆，義興事起，華葉之言，安得不繁？夫華與實俱成者也，無華生實，物希有之。山之禿也，孰其茂也？地之瀉也，孰其滋也？文章之人，滋茂漢朝者，乃夫漢家熾盛之瑞也。天晏，列宿煥炳；陰雨日月蔽匿。方今文人並出見者，乃夫漢朝明明之驗也。高祖讀陸賈之書，歎稱萬歲；徐樂、主父偃上疏，徵拜郎中：方今未聞。膽無苦酸之肴，口所不甘味，手不舉以啖人。詔書每下，文義經傳四科，詔書斐然，郁郁好文之明驗也。上書不實核，著書無義指，萬歲之聲，徵拜之恩，何從發哉？飾面者皆欲為好，而運目者希；文音者皆欲為悲，而驚耳者寡。陸賈之書未奏，徐樂、主父之策未聞，羣諸瞽言之徒，言事麤醜，文不美潤，不指所謂，文辭淫滑，不被濤沙之謫，幸矣！焉蒙徵拜為郎中之寵乎？

狀留篇

論賢儒之才，既超程矣，世人怪其仕宦不進，官爵卑細，以賢才退在俗吏之後，信不怪也。夫如是，而適足以見賢不肖之分，睹高下多少之實也。龜生三百歲，大如錢，游於蓮葉之上；三千歲青邊緣，巨尺二寸；蓍生七十歲生一莖，七百歲生十莖，神靈之物也，故生遲留，歷歲長久，故能明審。實賢儒之在世也，猶靈蓍神龜也，計學問之日，固已盡年之半矣。銳意於道，遂無貪進之心；及其仕也，純特方正，無員銳之操，故世人遲取進難也。針錐所穿，無不暢達；使針錐末方，穿物無一分之深矣。賢儒方節而行，無針錐之銳，固安能自穿，取暢達之功乎？

且驥一日行千里者，無所服也，使服任車輿，駑馬同音。驥曾以引鹽車矣，垂頭落汗，行不能進。伯樂顧之，王良御之，空身輕馳，故有千里之名。今賢儒懷古今之學，負荷禮義之重，內累於胸中之知，外劬於禮義之操，不敢妄進苟取，故有稽留之難；無伯樂之友，不遭王良之將，安得馳於清明之朝，立千里之迹乎？

且夫含血氣物之生也，行則背在上而腹在下，其病若死，則背在下而腹在上。何則？背肉厚而重，腹肉薄而輕也。賢儒、俗吏，並在當世，有似於此。將明道行，則俗吏載賢儒，賢儒乘俗吏；將闇道廢，則俗吏乘賢儒，賢儒處下位，猶物遇害，腹在上而背在下也。且背法天而腹法地，生行得其正，故腹背得其位；病死失其宜，故腹反而在背上。非唯腹也，凡物仆僵者，足又在上。賢儒不遇，仆廢於世；踝足之吏，皆在其上。東方朔曰：「目不在面而在於足，救昧不給，能何見乎？』汲黯謂武帝曰：『陛下用吏如積薪矣，後來者居上！』原汲黯之言，察東方朔之語，獨以非俗吏之得地，賢儒之失職哉？故夫仕宦，失地難以觀德，得地難以察不肖。名生於高官而毀起於卑位，卑位固常賢儒之所在也。遵禮蹈繩，修身守節，在下不汲汲，故有沈滯之留。沈滯在能自濟，故有不拔之扼，其積學於身也多，故用心也固。俗吏無以自修，身雖拔進，利心搖動，則有下道侵漁之操矣。

楓桐之樹，生而速長，故其皮肌不能堅剛。樹檀以五月生葉，後彼春榮之木，其材强勁，車以爲軸。殷之桑穀，七日大拱，長速大暴，故爲變怪。大器晚成，寶貨難售也。不崇一朝，輒成賈者，菜果之物也。是故湍瀨之流，沙石轉而大石不移，何者？大石重而沙石輕也。沙石轉積於大石之上，大石沒而不見。賢儒、俗吏，並在世俗，有似於此。遇闇長吏，轉移俗吏超在賢儒之上；賢儒處下，受馳走之使，至或巖居穴處，沒身不見，咎在長吏不能知賢，而賢者道大力劣，不能拔舉之故也。

夫手指之物，器也；度力不能舉，則不敢動。賢儒之道，非徒物器之重也，是故金鐵在地，猋風不能動；毛芥在其間，飛揚千里。夫賢儒所懷，其猶水中大石，在地金鐵也；其進不若俗吏速者，長吏力劣，不能用也。毛芥在鐵石間也，一口之氣，能吹毛芥，非必猋風。俗吏之易遷，猶毛芥之易吹也。故夫轉沙石者，湍瀨也；飛毛芥者，猋風也。活水洋風，毛芥不動。無道理之將，用心暴猥，察吏不詳，遭以好遷，妄授官爵，猛水之轉沙石，猋風之飛毛芥也。是故毛芥因異風而飛，沙石遭猛流而轉，俗吏遇悖將而遷。

且圓物投之於地，東西南北，無之不可，策杖叩動，纔微輒停。方物集地，壹投而止；及其移徙，須人動舉。賢儒，世之方物也。其難轉移者，其動須人也。鳥輕便於人，趨遠，人不如鳥，然而天地之性，人爲貴。蝗蟲之飛，能至萬里；麒麟須獻，乃達闕下。然而蝗蟲爲災，麒麟爲瑞。麟有四足，尚不能自致，人有兩足，安能自達？故曰：鶩飛輕於鳳皇，兔走疾於麒麟，鼃躍躁於靈龜，蛇騰便於神龍。呂望之徒，白首乃顯；百里奚之知，明於黃髮：深爲國謀，因爲王輔，皆夫沉重難進之人也。輕躁早成，禍害暴疾，故曰其進銳者退速。陽温陰寒，歷月乃至；災變之氣，一朝成怪。故夫河冰結合，非一日之寒；積土成山，非斯須之作。干將之劍，久在鑪炭，銛鋒利刃，百熟煉厲，久銷乃見作留成遲，故能劊斷。肉暴長者曰腫，泉暴出者曰涌，酒暴熟者易酸，醢暴酸者易臭。由此言之，賢儒遲留，皆有狀故。狀故云何？學多道重，爲身累也。

草木之生者濕，濕者重，死者枯，枯而輕者易舉，濕而重者難移也。然（一有〔能〕字）元氣所在，在生不在枯。是故車行於陸，船行於溝，其滿而重者行遲，空而輕者行疾。先王之道，載在胸腹之內，其重不徒船車之任也。任重，其取進疾速難矣。竊人之物，其得非不速疾也，然而非其有，得之非己之力也。世人早得高官，非不有光榮也，而尸祿素飡之謗，諠譁甚矣。且賢儒之不進，將相長吏不開通也；農夫載穀奔都，賈人齎貨赴遠，皆欲得其願也。如門郭閉而不通，津梁絕而不過，雖有勉力趨時之勢，奚由早至以得盈利哉！長吏妬賢，不能容善，不被鉗赭之刑，幸矣，焉敢望官位升舉，道理之早成也？

寒溫篇

說寒溫者曰：「人君喜則溫，怒則寒。」何則？喜怒發於胸中，然後行出於外，外成賞罰。賞罰，喜怒之效，故寒溫渥盛，凋物傷人。夫寒溫之代至也，在數日之間，人君未必有喜怒之氣發胸中，然後渥盛於外；見外寒溫，則知胸中之氣也。當人君喜怒之時，胸中之氣，未必更寒溫也。胸中之氣，何以異於境內之氣？胸中之氣，不爲喜怒變，境內寒溫，何所生起？六國之時，秦漢之際，諸侯相伐，兵革滿道，國有相攻之怒，將有相勝之志，夫有相殺之氣，當時天下未必常寒也。太平之世，唐虞之時，政得民安，人君常喜，絃歌鼓舞，比屋而有，當時天下未必常溫也。豈喜怒之氣，爲小發，不爲大動邪？何其不與行事相中得也？

夫近水則寒，近火則溫，遠之漸微。何則？氣之所加，遠近有差也。成事，火位在南，水位在北；北邊則寒，南極則熱。火之在鑪，水之在溝，氣之在軀，其實一也。當人君喜怒之時，寒溫之氣，閨門宜甚，境外宜微。今案寒溫，外內均等，殆非人君喜怒之所致;世儒說稱妄處之也。王者之變在天下,諸侯之變在境內,卿大夫之變在其位,庶人之變在其家。夫家人之能致變,則喜怒亦能致氣。父子相怒,夫妻相督,若當怒反喜,縱過飾非,一室之中宜有寒溫。由此言之,變非喜怒所生明矣。

或曰:『以類相招致也。喜者和溫,和溫賞賜,陽道施予;陽氣溫,故溫氣應之。怒者慍恚,慍恚誅殺,陰道肅殺;陰氣寒,故寒氣應之。虎嘯而谷風至,龍興而景雲起,同氣共類,動相招致。故曰以形逐影,以龍致雨。雨應龍而來,影應形而去,天地之性,自然之道也。秋冬斷刑,小獄微原,大辟盛寒,寒隨刑至,相招審矣。』夫比寒溫於風雲,齊喜怒於龍虎,同氣共類,動相招致,可矣;虎嘯之時,風從谷中起;龍興之時,雲起百里內。他谷異境,無有風雲。今寒溫之變,並時皆然,百里用刑,千里皆寒,殆非其驗。齊魯接境,賞罰同時,設齊賞魯罰,所致宜殊,當時可齊國溫魯地寒乎?

案前世用刑者,蚩尤亡秦甚矣。蚩尤之民,湎湎紛紛;亡秦之路,赤衣比肩:當時天下未必常寒也。帝都之市,屠殺牛羊,日以百數。刑人殺牲,皆有賊心,帝都之市,氣不能寒。或曰:『人貴於物,唯人動氣。』夫用刑者動氣乎?用受刑者為變也?如用刑者,刑人殺禽,同一心也;如用受刑者,人禽皆物也,俱為萬物,百賤不能當一貴乎?或曰:『唯人君動氣,衆庶不能。』夫氣感必須人君,世何稱於鄒衍?鄒衍匹夫,一人感氣,世又然之。刑一人而氣輒寒,生一人而氣輒溫乎?赦令四下,萬刑並除,當時歲月之氣不溫。往年萬戶失火,煙焱參天;河決千里,四望無垠。火與溫氣同,水與寒氣類。失火河決之時,不寒不溫。然則寒溫之至,殆非政所致。然而寒溫之至,遭與賞罰同時,變復之家,因緣名之矣。

春溫夏暑,秋涼冬寒,人君無事,四時自然。夫四時非政所為,而謂寒溫獨應政治?正月之始,正月之後,立春之際,百刑皆斷,囹圄空虛。然而一寒一溫,當其寒也,何刑所斷?當其溫也,何賞所施?由此言之,寒溫天地節氣,非人所為明矣。

俱火而皆金，安能相成？屈原疾楚之臭洿，故稱香潔之辭；漁父譏以不隨俗，故陳沐浴之言。凡相溷者，或教之薰隧，或令之負豕。二言之於除臭洿也，孰是孰非？非有不易，少有以益。夫用寒溫非刑賞也，能易之乎？西門豹急，佩韋以自寬；董安于緩，帶絃以自促。二賢知佩帶變色之物，而以攻身之短，夫至明矣。人君失政，不以他氣譴告變易，反隨其誤，就起其氣，此則皇天用意，不若二賢審也。

楚莊王好獵，樊姬為之不食鳥獸之肉；秦穆公好淫樂，華陽后為之不聽鄭衛之音。二姬非兩主，拂其欲而不順其行；皇天非賞罰，而順其操而渥其氣，此蓋皇天之德，不若婦人賢也。故諫之為言間也，持善間惡，必謂之一亂。周繆王任刑，甫刑篇曰：「報虐用威。」威虐，皆惡也。用惡報惡，亂莫甚焉。今刑失賞，寬惡也；天復為惡以應之，此則皇天之操，與繆王同也。故以善駮惡，以惡懼善，告人之理，勸厲為善之道也。舜戒禹曰：「毋若丹朱傲。」周公勅成王曰：「毋若殷王紂。」毋者，禁之也。丹朱、殷紂至惡，故曰「毋」以禁之。夫言毋若，孰與言必若哉？故毋必二辭，聖人審之。況肯譴非為非，順人之過，以增其惡哉？天人同道，大人與天合德，聖賢以善反惡，皇天以惡隨非，豈道同之效，合德之驗哉？

孝武皇帝好僊，司馬長卿獻大人賦，上乃僊僊（宜讀為「飄飄」字）有凌雲之氣。孝成皇帝好廣宮室，揚子雲上甘泉頌，妙稱神怪，若曰非人力所能為，鬼神力乃可成。皇帝不覺，為之不止。長卿之賦，如言仙無實效，子雲之頌，言奢有害；孝武豈有僊僊之氣者，孝成豈有不覺之惑哉？然則天之不為他氣以譴告人君，反順人心以非應之，猶二子為賦頌，令兩帝惑而不悟也。竇嬰、灌夫疾時為邪，相與日引繩以糾纆之。心疾之甚，安肯從其欲？太伯教吳冠帶，孰與隨從其俗，與之俱倮也？故吳之知禮義也，太伯改其俗也。蘇武入匈奴，終不左袵；趙他入南越，箕踞椎髻。漢朝稱蘇武而毀趙他之性，習越土氣，畔冠帶之制。陸賈說之，夏服雅禮，風告以義。趙他覺悟，運心嚮內。如陸賈復越服夷談，從其亂俗，安能令之覺悟，自變從漢制哉？

政教之相違，文質之相反，政失不相反襲也。譴告人君誤，不變其失而襲其非，欲行譴告之教，不從如何？管蔡纂畔，周公告教之至於再三。其所以告教之者，豈云當纂畔哉？人道善善惡惡，施善以賞，加惡以罪，天道宜然。刑賞失實，惡也。爲惡氣以應之，惡惡之義，安所施哉？漢正首匿之罪，制亡從之法，惡其隨非而與惡人爲羣黨也。如束罪人以詣吏，離惡人與異居，首匿亡從之法除矣。狄牙之調味也，酸則沃之以水，淡則加之以鹹，水火相變易，故膳無鹹淡之失也。今刑罰失實，不爲異氣以變其過，而又爲寒於寒，爲溫於溫，此猶憎酸而沃之以鹹，惡淡而灌之以水也。由斯言之，譴告之言，疑乎必信也。

今熯薪燃釜，火猛則湯熱，火微則湯冷。夫政猶火，寒溫猶熱冷也。顧可言人君爲政，賞罰失中也？逆亂陰陽，使氣不和；乃言天爲人君爲寒爲溫，以譴告之乎？儒者之說，又言人君失政，天爲異；不改，災其人民；不改，乃災其身也。先異後災，先教後誅之義也。曰，此復疑也。以夏樹物，物枯不生；以秋收穀，穀棄不藏。夫爲政教，猶樹物收穀也，顧可言政治失時，氣物爲災，乃言天爲異以譴告之，不改爲災以誅伐之乎？儒者之說，俗人言也。盛夏陽氣熾烈，陰氣干之，激射𣪠裂，中殺人物，謂天罰陰過。外一聞若是，內實不然。夫謂災異爲譴告誅伐，猶爲雷殺人罰陰過也，非謂之言，不然之說也。

或曰：『谷子雲上書，陳言變異，明天之譴告不改，後將復有，願貫械待時。後竟復然，即不爲譴告，何故復有？子雲之言，故後有以示改也。』曰，夫變異自有占候，陰陽物氣，自有終始。履霜以知堅冰必至，天之道也。子雲識微，知後復然，借變復之說，以效其言，故願貫械以待時也。猶齊晏子見鉤星在房心之間，則知地且動也。使子雲見鉤星，則將復曰：『天以鉤星譴告，政治不改，將有地動之變矣。』然則子雲之願貫械待時，猶子韋之願伏陛下以俟熒惑徙處，必然之驗，故譴告之言信也。予之譴告，何傷於義？損皇天之德，使自然無爲轉爲人事，故難聽之也。稱天之譴告，譽天之聰察也，反以聰察傷損於天德。何以知其聾也？以其聽之聰也；何以知其盲也？以其視之明也；何以知其狂也？以其言之當也。夫言當視聽聰明，而道家謂之狂而盲聾。今言天之譴告，是謂天狂而盲聾也。

易曰：『大人與天地合其德。』故太伯曰：『天不言，殖其道於賢者之心。』夫大人之德，則天德也；賢者之言，則天言也。大人刺而賢者諫，是則天譴告也，而反歸告於災異，故疑之也。六經之文，聖人之語，動言天者，欲化無道，懼愚者之言；非獨吾心，亦天意也。及其言天，猶以人心，非謂上天蒼蒼之體也。變復之家，見誣言天，災異時至，則生譴告之言矣。驗古以知今，天以人受終於文祖，不言受終於天。堯之心，知天之意也；堯授之天，亦授之，百官臣子皆鄉與舜，舜之授禹，禹之傳啓，皆以人心效天意。詩之眷顧，洪範之震怒，皆以人身效天之意。文武之卒，成王幼少，周道未成，周公居攝，當時豈有上天之教哉？周公推心合天志也。上天之心，在聖人之胸，及其譴告，在聖人之口。不信聖人之言，反然災異之氣，求索上天之意，何其遠哉？世無聖人，安能得聖人之言？賢人庶幾之才，亦聖人之次也。

變動篇

論災異者，已疑於天用災異譴告人矣。更說曰：『災異之至，殆人君以政動天，天動氣以應之。譬之以物擊鼓，以椎扣鍾，鼓猶天，椎猶政，鐘鼓聲猶天之應也。人主為於下，則天氣隨人而至矣。』曰：此又疑也。夫天能動物，物焉能動天？何則？人物繫於天，天為人物主也。故曰：王良策馬，車騎盈野；非車騎盈野，而乃王良策馬也。天氣變於上，人物應於下矣。故天且雨，商羊起舞，使天雨也。商羊者，知雨之物也，天且雨，屈其一足起舞矣。故天且雨，螻蟻徙，蚯蚓出，琴絃緩，固疾發，此物為天所動之驗也。故天且風，巢居之蟲動；且雨，穴處之物擾：風雨之氣感蟲物也。故人在天地之間，猶蚤虱之在衣裳之內，螻蟻之在穴隙之中。蚤虱螻蟻為逆順橫從，能令衣裳穴隙之間氣變動乎？蚤虱螻蟻不能，而獨謂人能，不達物氣之理也。

夫風至而樹枝動，樹枝不能致風。是故夏末蜻蛚鳴，寒螿啼，感陰氣也。雷動而雉驚，發蟄而蛇出，起氣也。夜及半而鶴唳，晨將旦而雞鳴，此雖非變，天氣動物，物應天氣之驗也。顧可言寒溫感動人君，人君起氣而以賞罰，乃言以賞罰感動皇天，天爲寒温以應政治乎？六情風家，言風至，爲盜賊者，感應之而起，非盜賊之人，精氣感天，使風至也。風至怪不軌之心，而盜賊之操發矣。何以驗之？盜賊之人，見物而取，睹敵而殺，皆在徙倚漏刻之間，未必宿日有其思也。而天風已以貪狼陰賊之日至矣。

以風占貴賤者，風從王相鄉來則貴，從囚死地來則賤。夫貴賤多少，斗斛故也。風至而糴穀之人貴賤其價，天氣動怪人物者也。故穀價低昂，一貴一賤矣。天官之書，以正月朝占四方之風，風從南方來者旱，從北方來者湛，東方來者爲疫，西方來者爲兵。太史公實道言以風占水旱兵疫者，人物吉凶統於天也。使物生者春也，物死者冬也。春生而冬殺也，天者如或欲春殺冬生，物終不死生，何也？物生統於陽，物死繫於陰也。故以口氣吹人，人不能寒；吁人，人不能温。使見吹吁之人，涉冬觸夏，將有凍暍之患矣。寒温之氣，繫於天地而統於陰陽，人事國政，安能動之？

且天本而人末也。登樹怪其枝，不能動其株；如伐株，萬莖枯矣。人事猶樹枝，能温猶根株也。生於天，含天之氣，以天爲主，猶耳目手足繫於心矣。心有所爲，耳目視聽，手足動作，謂天應人，是謂心爲耳目手足使乎？旌旗垂旒，旒綴於杆（杆宜讀爲韜杠之杠）杆東則旒隨而西。苟謂寒温隨刑罰而至，是以天氣爲綴旒也。鉤星在房心之間，地且動之占也。齊太卜知之，謂景公：「臣能動地。」景公信之。夫謂人君能致寒温，猶齊景公信太卜之能動地。夫人不能動地，而亦不能動天。

夫寒温，天氣也。天至高大，人至卑小。篙（或作〔筳〕）不能鳴鐘，而螢火不爨鼎者，何也？鐘長而篙短，鼎大而螢小也。以七尺之細形，感皇天之大氣，其無分銖之驗，必也。占大將且入國邑，氣寒則將且怒，温則將喜。夫喜怒起事而發，未入界，未見吏民，是非未察，喜怒未發，而寒温之氣已豫至矣。怒喜致寒温，怒喜之後，氣乃當至；是竟寒温之氣使人君怒喜也。

或曰：「未至誠也。行事至誠，若鄒衍之呼天而霜降，杞梁妻哭而城崩，何天氣之不能動乎？」夫至誠，猶以心意之好惡也。有果蓏之物，在人之前，去口一尺，心欲食之，口氣吸之，不能取也；手掇送口，然後得之。夫以果蓏之細，員圖易轉，去口不遠，至誠欲之，不能得也，況天去人高遠，其氣莽蒼無端末乎？盛夏之時，當風而立，隆冬之月，嚮日而坐，其夏欲得寒而冬欲得溫也，至誠極矣。欲之甚者，至或當風鼓箑，嚮日燃爐，而天終不爲冬夏易氣，寒暑有節，不爲人變改也。夫正欲得之而猶不能致，況自刑賞，意思不欲求寒溫乎！

萬人俱歎，未能動天，一鄒衍之口，安能降霜？鄒衍之狀，孰與屈原？見拘之冤，孰與沈江？離騷楚辭悽愴，孰與一歎？屈原死時，楚國無霜，此懷襄之世也。厲武之時，卞和獻玉，刖其足，奉玉泣出，涕盡續之以血。夫鄒衍之誠，孰與卞和？見拘之冤，孰與刖足？仰天而歎，孰與泣血？夫歎固不如泣，拘固不如刖，料計冤情，衍不如和，當時楚地不見霜。李斯、趙高讒殺太子扶蘇，并及蒙恬、蒙驁，其時皆吐痛苦之言，與歎聲同，又稱至死，非徒苟徙，而其死之地，寒氣不生。秦坑趙卒於長平之下，四十萬衆同時俱陷，當時啼號，非徒歎也，誠雖不及鄒衍，四十萬之冤，度當一賢臣之痛，入坑埳之啼，度過拘囚之呼，當時長平之下，不見隕霜。甫刑曰：『庶僇旁告，無辜于天帝。』此言蚩尤之民被冤，旁告無罪於上天也。以衆民之叫，不能致霜，鄒衍之言，殆虛妄也。

南方至熱，煎沙爛石，父子同水而浴；北方至寒，凝冰坼土，父子同穴而處。燕在北邊，鄒衍時周之五月，正歲三月也。中州內正月二月，霜雪時降；北邊至寒，三月下霜，未爲變也。此殆北邊三月尚寒，霜適自降，而衍適呼，與霜逢會。傳曰：『燕有寒谷，不生五穀。』鄒衍吹律，寒谷復溫，則能使氣溫，亦能使氣復寒。何知衍不令時人知己之冤，以天氣表己之誠，竊吹律於燕谷獄，令氣寒而因呼天乎？即不然者，霜何故降？范雎爲須賈所讒，魏齊僇之，折幹摺脅。張儀遊於楚，楚相掠之，被捶流血。二子冤屈，太史公列記其狀。鄒衍見拘，雎、儀之比也，且子長何諱不言？案衍列傳，不言見拘而使霜降。僞書遊言，猶太子丹使日再中、天雨粟也。由此言之，衍呼而降霜，虛矣；則杞梁之妻哭而崩城，妄也。

頓牟叛，趙襄子帥師攻之，軍到城下，頓牟之城崩者十餘丈，襄子擊金而退之。夫以杞梁妻哭而城崩，襄子之單有哭者乎？秦之將滅，都門內崩；霍光家且敗，第牆自壞。誰哭於秦宮，泣於霍光家者？然而門崩牆壞，秦霍敗亡之徵也。或時杞國且圮，而杞梁之妻適哭城下，猶燕國適寒而鄒衍偶呼也。事以類而時相因，聞見之者或而然之。又城老牆朽，猶有崩壞；一婦之哭，崩五丈之城，是城則一指摧三仞之楹也。春秋之時山多變，山城一類也，哭能崩城，復能壞山乎？女然素縞而哭河，河流通。信哭城崩，固其宜也。案杞梁從軍死，不歸，其婦迎之，魯君弔於途，妻不受弔，柩歸於家，魯君就弔；不言哭於城下。本從軍死，從軍死不在城中，妻向城哭，非其處也。然則杞梁之妻哭而崩城，復虛言也。

因類以及，荆軻刺秦王，白虹貫日；衛先生爲秦畫長平之計，太白食昴，復妄言也。夫豫子謀殺襄子，伏於橋下，襄子至橋心動；貫高欲殺高祖，藏人於壁中，高祖至柏人亦動心。二子欲刺兩主，兩主心動，實論之，尚謂非二子精神所能感也，而況荆軻欲刺秦王，秦王之心不動，而白虹貫日乎？然則白虹貫日，天變自成，非軻之精，爲虹而貫日也。鉤星在房心間，地且動之占也。地且動，鉤星應房心。夫太白食昴，猶鉤星在房心也。謂衛先生長平之議，令太白食昴，疑矣。歲星害鳥尾，周楚惡之；䋲然之氣見，宋衛陳鄭災。案時周楚未有非，而宋衛陳鄭未有惡也。然而歲星先守尾，災氣著垂於天，其後周楚有禍，宋衛陳鄭同時皆然。歲星之害周楚，天氣災四國也，何知白虹貫日，不致刺秦王，太白食昴，使長平計起也？

明雩篇

變復之家，以久雨爲湛，久暘爲旱。旱應亢陽，湛應沈溺。或難曰：『夫一歲之中，十日者一雨，五日者一風。雨頗留，湛之兆也；暘頗久，旱之漸也。湛之時，人君未必沈溺也；旱之時，未必亢陽也。人君爲政，前後若一，然而一湛一旱，時氣也。』范蠡計然曰：『太歲在子，水毀金穰，木饑火旱。』夫如是，水旱饑穰，有歲運也。歲直其運，氣當其世，變復之家，指而名之；人君用其言，求過自改。暘久自雨，雨久自暘。變復之家，遂名其功；人君然之，遂信其術。試使人君恬居安處，不求己過，天猶自雨，雨猶自暘；暘濟雨濟之時，人君無事，變復之家，猶名其術，是則陰陽之氣以人爲主，不說於天也。夫人不能以行感天，天亦不隨行而應人。

春秋魯大雩，旱求雨之祭也。旱久不雨，禱祭求福，若人之疾病，祭神解禍矣。此變復也。詩云：『月離于畢，比滂沲矣。』書曰：『月之從星，則以風雨。』然則風雨隨月所離從也。房星四表三道，日月之行，出入三道。出北則湛，出南則旱。或言出北則旱，南則湛。案月爲天下占，房爲九州候，月之南北，非獨爲魯也。孔子出，使子路齎雨具。有頃，天果大雨。子路問其故，孔子曰：『昨暮月離于畢。』後日，月復離畢。孔子出，子路請齎雨具，孔子不聽，出果無雨。子路問其故，孔子曰：『昔日月離其陰，故雨。昨暮月離其陽，故不雨。』夫如是，魯雨自以月離，豈以政哉？如審以政令月離于畢爲雨占，天下共之，魯雨，天下亦宜皆雨。六國之時，政治不同，人君所行，賞罰異時，必以雨爲應政令，月離六七畢星，然後足也。

魯繆公之時，歲旱。繆公問縣子：『天旱不雨，寡人欲暴巫，奚如？』縣子不聽。『欲徙市，奚如？』對曰：『天子崩，巷市七日；諸公薨，巷市五日。爲之徙市，不亦可乎？』案縣子之言，徙市得雨也。案詩書之文，月離星得雨。日月之行，有常節度，肯爲徙市故離畢之陰乎？夫月畢天下占，徙魯之市，安耐移月？月之行天，三十日而周，一月之中，一過畢星，離陽則暘，假令徙市之感，能令月離畢陽，其時徙市而得雨乎？夫如縣子言，未可用也。

董仲舒求雨，申春秋之義，設虛立祀。父不食於枝庶，天不食於下地。諸侯雩禮所祀，未知何神。如天神也，唯王者天乃歆，諸侯及今長吏，天不享也。神不歆享，安耐得神？如雲雨者氣也，雲雨之氣，何用歆享？觸石而出，膚寸而合，不崇朝而辨雨天下，泰山也。泰山雨天下，小山雨國邑。然則大雩所祭，豈祭山乎？假令審然，而不得也。何以效之？水異川而居，相高分寸，不決不流，不鑿不合。誠令人君禱祭水旁，能令高分寸之水流而合乎？夫見在之水，相差無幾，人君請之，終不耐行。況雨無形兆，深藏高山，人君雩祭，安耐得之？

夫雨水在天地之間也，猶涕泣在人形中也。或賫酒食，請於惠人之前，求出其泣，惠人終不爲之隕涕。夫泣不可請而出，雨安可求而得？雍門子悲哭，孟嘗君爲之流涕；蘇秦張儀悲說坑中，鬼谷先生泣下沾襟。或者儻可爲雍門之聲，出蘇張之說，以感天乎？天又耳目高遠，音氣不通。杞梁之妻，又已悲哭，天不雨而城反崩。夫如是，竟當何以致雨？雩祭之家，何用感天？案月出北道，離畢之陰，希有不雨。由此言之，北道，畢星之所在也；北道星肯爲雩祭之故，下其雨乎？孔子出，使子路齎雨具之時，魯未必雩祭也。不祭，沛然自雨；不求，曠然自暘。夫如是，天之暘雨，自有時也。一歲之中，暘雨連屬。當其雨也，誰求之者？當其暘也，誰止之者？人君聽請，以安民施恩，必非賢也。

天，至賢矣；時未當雨，僞請求之，故妄下其雨，人君聽請之類也。變復之家，不推類驗之，空張法術惑人君，或未當雨，而賢君求之而不得；或適當自雨，惡君求之遭遇其時，是使賢君受空責，而惡君蒙虛名也。世稱聖人純而賢者駁；純則行操無非，無非則政治無失；然而世之聖君，莫有如堯湯！堯遭洪水，湯遭大旱。如謂政治所致，堯湯惡君也；如非政治，是運氣也；運氣有時，安可請求？世之論者，猶謂堯湯水旱。水旱者，時也；其小旱湛，皆政也。假令審然，何用致湛？審以政致之，不修所以失之，而從請求，安耐復之？世審稱堯湯水旱，天之運氣，非政所致；夫天之運氣，時當自然，雖雩祭請求，終無補益。而世又稱湯以五過禱於桑林，時立得雨。夫言運氣，則桑林之說絀；稱桑林，則運氣之論消。世之說稱者，竟當何由？救水旱之術，審當何用？

夫災變大抵有二，有政治之災，有無妄之變。政治之災，須耐求之，求之雖不耐得，而惠愍惻隱之恩，不得已之意也。慈父之於子，孝子之於親，知病不祀神，疾痛不和藥，又知病之必不可治，治之無益，然終不肯安坐待絕，猶卜筮求祟，召醫和藥者，惻痛慇懃，冀有驗也。既死氣絕，不可如何，升屋之危，以衣招復，悲恨思慕，冀其悟也。雩祭者之用心，慈父孝子之用意也。無妄之災，百民不知，必歸於主。爲政治者、慰民之望，故亦必雩。

問政治之災，無妄之變，何以別之？曰，德酆政得，災猶至者，無妄也；德衰政失，變應來者，政治也。夫政治則外雩而內改，以復其虧；無妄則內守舊政，外修雩禮，以慰民心。故夫無妄之氣，歷世時至，當固自一，不宜改政。何以驗之？周公爲成王陳立政之言曰：『時則物有間之。自一話一言，我則末維成德之彥，以乂我受民。』周公立政，可謂得矣。知非常之物，不賑不至，故勅成王，自一話一言，政事無非，毋敢變易。然則非常之變，無妄之氣，間而至也。水氣間堯，旱氣間湯，周宣以賢，遭遇久旱；建初孟季，北州連旱，牛死民乏，放流就賤，聖主寬明於上，百官共職於下，太平之明時也。政無細非，旱猶有氣間之也。聖主知之，不改政行，轉穀賑贍，損酆濟耗，斯見之審明，所以救赴之者得宜也。魯文公間歲大旱，臧文仲曰：「修城郭，貶食省用，務嗇勸分。」文仲知非政，故徒修備，不改政治。變復之家，見變輒歸於政，不揆政之無非，見異懼惑，變易操行，以不宜改而變，祗取災焉。

何以言必當雩也？曰：春秋大雩，傳家在宣、公羊、穀梁無譏之文，當雩明矣。曾皙對孔子言其志曰：「暮春者，春服既成，冠者五六人，童子六七人，浴乎沂，風乎舞雩，詠而歸。」孔子曰：「吾與點也。」魯設雩祭於沂水之上。暮者晚也；春謂四月也。春服既成，謂四月之服成也；冠者童子，雩祭樂人也；浴乎沂，涉沂水也，象龍之從水中出也；風乎舞雩，風，歌也；詠而饋，詠歌饋祭也，歌詠而祭也。說論之家，以為浴者，浴沂水中也，風，乾身也。周之四月，正歲二月也，尚寒，安得浴而風乾身？由此言之，涉水不浴，雩祭審矣。

春秋左氏傳曰：「啓蟄而雩。」又曰：「龍見而雩。」啓蟄、龍見，皆二月也。春二月雩，秋八月亦雩；春祈穀雨，秋祈穀實。當今靈星，秋之雩也。春雩廢，秋雩在，故靈星之祀，歲雩祭也。孔子曰：「吾與點也。」善點之言，欲以雩祭調和陰陽，故與之也。使雩失正，點欲為之，孔子宜非，不當與也。樊遲從遊，感雩而問，刺魯不能崇德，而徒雩也。

夫雩古而有之，故禮曰：「雩祭，祭水旱也。」故有雩禮，故孔子不譏，而仲舒申之。夫如是，雩祭祀禮也。雩祭得禮，則大水鼓用牲于社，亦古禮也。得禮無非，當雩一也。禮祭也，社報生萬物之功，土地廣遠，難得辨祭，故立社為位，主心事之。為水旱者，陰陽之氣也，滿六合難得盡祀，故修壇設位，敬恭祈求，效事社之義，復災變之道也。推生事死，推人事鬼，陰陽精氣，倘如生人能飲食乎？故共馨香，奉進旨嘉，區區惓惓，冀見荅享。推祭社言之，當雩二也。歲氣調和，災害不生，尚猶而雩。今有靈星，古昔之禮也。況歲氣有變，水旱不時，人君之懼，必痛甚矣。雖有靈星之祀，猶復雩，恐前不備，彤繹之義也。冀復災變之虧，獲酆穰之報，三也。禮之心悃愊，樂之意歡忻。悃愊以玉帛效心，歡忻以鐘鼓驗意。雩祭請祈，人君精誠也。精誠在內，無以效外，故雩祀盡已惶懼，關納精心於雩祀之前，玉帛鐘鼓之義，四也。臣得罪於君，子獲過於父，比自改更，且當謝罪。惶懼於旱，如政治所致，臣子得罪獲過之類也。默改政治，潛易操行，不彰於外，天怒不釋，故必雩祭，惶懼之義，五也。漢立博士之官，師弟子相訶難，欲極道之深，形是非之理也。不出横難，不得從說，不發苦詰，不聞甘對。導才低仰，欲求裨也；砥石劘厲，欲求銛也。推春秋之義，求雩祭之說，實孔子之心，考仲舒之意。孔子既殁，仲舒已死，世之論者，孰當復問？唯若孔子之徒，仲舒之黨，爲能說之。

順鼓篇

春秋之義，大水，鼓用牲於社。說者曰：『鼓者，攻之也。』或曰：『脅之。』脅則攻矣。陽勝，攻社以救之。或難曰：『攻社謂得勝負之義，未可得順義之節也。』人君父事天，母事地。母之黨類爲害，可攻母以救之乎？以政令失道，陰陽繆盭者，人君也。不自攻以復之，反逆節以犯尊，天地安肯濟？使湛水害傷天，不以地害天，攻之可也。今湛水所傷，物也。萬物於地，卑也。害犯至尊之體，於道違逆，論春秋者，曾不知難。案雨出於山，流入於川，湛水之類，山川是矣。大水之災，不攻山川。社，土也。五行之性，水土不同。以水爲害而攻土，土勝水。攻社之義，毋乃如今世工匠之用椎鑿也？以椎擊鑿，令鑿穿木。今儻攻土，令厭水乎？

且夫攻社之義，以爲攻陰之類也。甲爲盜賊，傷害人民，甲在不亡，舍甲而攻乙之家，耐止甲乎？今雨者，水也；水在，不自攻水，而乃攻社。案天將雨，山先出雲，雲積爲雨，雨流爲水。然則山者父母，水者子弟也。重罪刑及族屬，罪父母子弟乎？罪其朋徒也？討山水與社，俱爲雨類也，孰爲親者？社，土也，五行異氣，相去遠。

殷太戊，桑穀俱生。或曰：『高宗恐駭，側身行道，思索先王之政，興滅國，繼絶世，舉逸民，明養老之義，桑穀消亡，享國長久。』此說者，春秋所共聞也。水災與桑穀之變何以異？殷王改政，春秋攻社，道相違反，行之何從？周成王之時，天下雷雨，偃禾拔木，爲害大矣。成王開金縢之書，求索行事，周公之功，執書以泣，遏雨止風，反禾，大木復起。

大雨久湛，其實一也。成王改過，春秋攻社，兩經二義，行之如何？月令之家，蟲食穀稼，取蟲所類象之吏，笞擊僇辱以滅其變。實論者謂之未必真是；然而爲之，厭合人意。今致雨者，政也吏也，不變其政，不罪其吏，而徒攻社，能何復塞？苟以爲當攻其類，衆陰之精月也，方諸鄉月，水自下來；月離于畢，出房北道，希有不雨。月中之獸，兔蟾蜍也；其類在地，螺與蚄也。月毀於天，螺蚄舀缺，同類明矣。雨久不霽，攻陰之類，宜捕斬兔蟾蜍，椎破螺蚄，爲得其實。蝗蟲時至，或飛或集，所集之地，穀草枯索。吏卒部民，塹道作埳，榜驅内於塹埳，杷蝗積聚以千斛數，正攻蝗之身，蝗猶不止；況徒攻陰之類，雨安肯霽？尚書大傳曰：『烟氛郊社不修，山川不祝，風雨不時，霜雪不降，責於天公。臣多弑主，孽多殺宗，五品不訓，責於人公。城郭不繕，溝池不修，水泉不隆，水爲民害，責於地公。王者三公，各有所主；諸侯卿大夫，各有分職。』大水不責卿大夫而擊鼓攻社，何知不然？魯國失禮，孔子作經，表以爲戒也。公羊高不能實，董仲舒不能定，故攻社之義，至今復行之。使高尚生，仲舒未死，將難之曰：『久雨湛水溢，誰致之者？使人君也，宜改政易行，以復塞之；如人臣也，宜罪其人，以過解天？如非君臣，陰陽之氣，偶時運也，擊鼓攻社，而何救止？』

春秋說曰：『人君亢陽致旱，沈溺致水。』夫如是，旱則爲沈溺之行，水則爲亢陽之操，何乃攻社？攻社不解，朱絲縈之，亦復未曉。說者以爲社陰。朱陽也，水陰也；以陽色縈之，助鼓爲救。夫大山失火，灌以壅水，衆知不能救之者，何也？火盛水少，熱不能勝也。今國湛水，猶大山失火也，以若繩之絲，縈社爲救，若以壅水灌大山也。

原天心以人意，狀天治以人事。人相攻擊，氣不相兼，兵不相負，不能取勝。今一國水，使真欲攻陽以絶其氣，悉發國人，操刀把杖以擊之；若歲終逐疫，然後爲可。楚漢之際，六國之時，兵革戰攻，力彊則勝，弱劣則負。攻社，一人擊鼓，無兵革之威，安能救雨？夫一暘一雨，猶一晝一夜也；其遭若堯湯之水旱，猶一冬一夏也。如或欲以人事祭祀，復塞其變。冬求爲夏，夜求爲晝也，何以效之？久雨不霽，試使人君高枕安臥，雨猶自止。止久至於大旱，試使人君高枕安臥，旱猶自雨。何則？暘極反陰，陰極反暘。故夫天地之有湛也，何以知不如人之有水病也？其有旱也，何以知不如人有瘴疾也，禱請求福，終不能愈；變操易行，終不能救。使醫食藥，冀可得愈；命盡期至，醫藥無效。堯遭洪水，春秋之大水也，聖君知之，不禱於神，不改乎政，使禹治之，百川東流。夫堯之使禹治水，猶病水者之使醫也。然則堯之洪水，天地之水病也；禹之治水，洪水之良醫也。說者何以易之？攻社之義，於事不得。雨不霽，祭女媧，於禮何見？伏羲、女媧，俱聖者也，舍伏羲而祭女媧，春秋不言。董仲舒之議，其故何哉？夫春秋經但言鼓，豈言攻哉？說者見有鼓文，則言攻矣。夫鼓未必爲攻，說者用意異也。

季氏富於周公，而求也爲之聚斂而附益之。孔子曰：『非吾徒也，小子鳴鼓攻之可也。』攻者責也，責讓之也。六國兵革相攻，不得難此，此又非也。以卑而責尊，爲逆矣！或據天責之也。王者母事地，母有過，子可據父以責之乎？下之於上，宜言諫。若事，臣子之禮也；責讓，上之禮也。乖違禮意，行之如何？夫禮以鼓助號呼，鳴聲響也。古者人君將出，撞鐘擊鼓，故警戒下也。必以伐鼓爲攻此社，此則鐘聲鼓鳴攻擊上也。

大水用鼓，或時再告社。陰之大盛，雨湛不霽，陰盛陽微，非道之宜。口祝不副，以鼓自助，與日食鼓用牲於社，同一義也。俱爲告急，彰陰盛也。事大而急者用鐘鼓，小而緩者用鈴篍，彰事告急，助口氣也。天道難知，大水久湛，假令政治所致，猶先告急，乃斯政行。盜賊之發，與此同操。盜賊亦政所致，比求闕失，猶先發告。鼓用牲于社，發覺之也。社者，衆陰之長，故伐鼓使社知之。說鼓者以爲攻之，故攻母逆義之難，緣此而至。今言告以陰盛陽微，攻尊之難，奚從來哉？且告宜於用牲，用牲不宜於攻。告事用牲，禮也；攻之用牲，於禮何見？

朱絲如繩，示在暘也。暘氣實微，故用物微也。投一寸之鍼，布一丸之艾，於血脈之蹊，篤病有瘳。朱絲如一寸之鍼，一丸之艾也。吳攻破楚，昭王亡走，申包胥間步赴秦，哭泣求救，卒得助兵，卻吳而存楚。擊鼓之人伐如何耳？使誠若申包胥，一人擊得，假令一人擊鼓，將耐令社與秦王同感，以土勝水之威，卻止雲雨。雲雨氣得與吳同，恐消散入山，百姓被害者得蒙霽晏，有楚國之安矣。迅雷風烈，君子必變，雖夜必興，衣冠而坐，懼威變異也。

夫水旱，猶雷風也，雖運氣無妄，欲令人君高枕幄臥（幄字一本作〔据〕）以俟其時，無惻怛憂民之心。堯不用牲，或時上世質也。倉頡作書，奚仲作車，可以前代之時，無書車之事，非後世爲之乎？時同作殊，事乃可難；異世易俗，相非如何？俗圖畫女媧之象，爲婦人之形，又其號曰女。仲舒之意，殆謂女媧古婦人帝王者也。男陽而女陰，陰氣爲害，故祭女媧求福祐也。傳又言共工與顓頊爭爲天子，不勝，怒而觸不周之山，使天柱折，地維絶。女媧銷煉五色石以補蒼天，斷鼇之足以立四極。仲舒之祭女媧，殆見此傳也。本有補蒼天立四極之神，天氣不和，陽道不勝，儻女媧以精神助聖王，止雨湛乎。

亂龍篇

董仲舒申春秋之雩，設土龍以招雨，其意以雲龍相致。易曰：「雲從龍，風從虎。」以類求之，故設土龍，陰陽從類，雲雨自至。儒者或問曰：夫易言雲從龍者，謂真龍也，豈謂土哉？楚葉公好龍，牆壁槃盂皆畫龍。必以象類爲若真，是則葉公之國常有雨也。易又曰：「風從虎。」謂虎嘯而谷風至也。風之與虎，亦同氣類。設爲土虎，置之谷中，風能至乎？夫土虎不能而致風，土龍安能而致雨？古者畜龍，乘車駕龍，故有豢龍氏、御龍氏。夏后之庭，二龍常在，季年夏衰，二龍低伏。真龍在地，猶無雲雨，況僞象乎？禮畫雷樽象雷之形，雷樽不聞能致雷，土龍安能而動雨？頓牟掇芥，磁石引針，皆以其真是，不假他類。他類肖似，不能掇取者，何也？氣性異殊，不能相感動也。

劉子駿掌雩祭，典土龍事，桓君山亦難以頓牟磁石不能真是，何能掇針取芥，子駿窮無以應。子駿漢朝智囊，筆墨淵海，窮無以應者，是事非議誤，不得道理實也。曰：夫以非真難，是也；不以象類說，非也。夫東風至，（一有「感」字）酒湛溢；鯨魚死，彗星出。天道自然，非人事也。事與彼雲龍相從，同一實也。

日，火也；月，水也。水火感動，常以真氣。今伎道之家，鑄陽燧取飛火於日，作方諸取水於月，非自然也，而天然之也。土龍亦非真，何爲不能感天？一也。

陽燧取火於天，五月丙午，日中之時，銷煉五石，鑄以爲器，乃能得火。今妄取刀劍偃月之鉤，摩以向日，亦能感天。夫土龍既不得比於陽燧，當與刀劍偃月鉤爲比，二也。

齊孟嘗君夜出秦關，關未開，客爲雞鳴，而眞雞鳴和之。夫雞可以姦聲感，則雨亦可以僞象致，三也。

李子長爲政，欲知囚情，以梧桐爲人，象囚之形，鑿地爲埳，以盧爲槨，臥木囚其中。囚罪正，則木囚不動；囚冤侵奪，木囚動出。不知囚之精神著木人乎？將精神之氣動木囚也？夫精神感動木囚，何爲獨不應從土龍？四也。

舜以聖德，入大麓之野，虎狼不犯，蟲蛇不害；禹鑄金鼎象百物，以入山林，亦辟凶殃。論者以爲非實，然而上古久遠，周鼎之神，不可無也。夫金與土，同五行也，使作土龍者如禹之德，則亦將有雲雨之驗，五也。

頓牟掇芥，磁石鉤象之石，非頓牟也，皆能掇芥。土龍亦非眞，當與磁石鉤象爲類，六也。

楚葉公好龍，牆壁盂樽皆畫龍象，眞龍聞而下之。夫龍與雲雨同氣，故能感動，以類相從。葉公以爲畫致眞龍，今獨何以不能致雲雨？七也。

神靈示人以象，不以實，故寢臥夢悟，見事之象。將吉，吉象來；將凶，凶象至。神靈之氣，雲雨之類，八也。

神靈以象見實，土龍何獨不能以僞致眞也？上古之人，有神荼、鬱壘者，昆弟二人，性能執鬼，居東海度朔山上，立桃樹下，簡閱百鬼。鬼無道理，妄爲人禍，荼與鬱壘縛以盧索，執以食虎。故今縣官斬桃爲人，立之戶側；畫虎之形，著之門闌。夫桃人非荼、鬱壘也，畫虎非食鬼之虎也，刻畫效象，冀以禦凶。今土龍亦非致雨之龍，獨信桃人畫虎，不知土龍，九也。

此尙因緣昔書，不見實驗。魯般、墨子刻木爲鳶，蜚之三日而不集，爲之巧也。使作土龍者若魯般、墨子，則亦將有木鳶蜚不集之類。夫蜚鳶之氣，雲雨之氣也。氣而蜚木鳶，何獨不能從土龍？十也。

夫雲雨之氣也，知於蜚鳶之氣，未可以言；釣者以木爲魚，丹漆其身，近之水流而擊之，起水動作，魚以爲眞，並來聚會。夫丹木非眞魚也，魚含血而有知，猶爲象至。雲雨之知，不能過魚，見土龍之象，何能疑之？十一也。

此尙魚也，知不如人。匈奴敬畏郅都之威，刻木象郅都之狀，交弓射之，莫能一中。不知郅都之精神在形象邪？亡也。

將匈奴敬鬼精神在木也。如都之精神在形象，天龍之神，亦在土龍；如匈奴精在於木人，則雩祭者之精，亦在土龍，十二也。

金翁叔，休屠王之太子也，與父俱來降漢。父道死，與母俱來，拜爲騎都尉。母死，武帝圖其母於甘泉殿上，署曰休屠王焉提。翁叔從上上甘泉，拜謁起立，向之泣涕沾襟，久乃去。夫圖畫非母之實身也，因見形象，泣涕輒下，思親氣感，不待實然也。夫土龍猶甘泉之圖畫也，雲雨見之，何爲不動？十三也。

此尙夷狄也。有若似孔子。孔子死，弟子思慕，共坐有若孔子之座。弟子知有若非孔子也，猶共坐而尊事之。雲雨之知，使若諸弟子之知，雖知土龍非眞，然猶感動，思類而至，十四也。

有若，孔子弟子，疑其體象，則謂相似。孝武皇帝幸李夫人，夫人死，思見其形，道士以術爲李夫人。夫人步入殿門，武帝望見，知其非也，然猶感動，喜樂近之。使雲雨之氣，如武帝之心，雖知土龍非眞，然猶愛好，感起而來，十五也。

旣效驗有十五，又亦有義四焉。立春東耕，爲土象人，男女各二人，秉耒把鋤，或立土牛，未必能耕也。順氣應時，示率下也。今設土龍，雖知不能致雨，亦當夏時，以類應變，與立土人土牛，同一義也。禮，宗廟之主，以木爲之，長尺二寸，以象先祖。孝子入廟，主心事之，雖知木主非親，亦當盡敬，有所主事。土龍與木主同，雖知非眞，示當感動，立意於象，二也。塗車芻靈，聖人知其無用，示象生存，不敢無也。夫設土龍，知其不能動雨也，示若塗車芻靈而有致，三也。天子射熊，諸侯射麋，卿大夫射虎豹，士射鹿豕，示服猛也。名布爲侯，示射無道諸侯也。夫畫布爲熊麋之象，名布爲侯，禮貴意象，示義取名也。土龍亦夫熊麋布侯之類，四也。

夫以象類有十五驗，以禮示意有四義。仲舒覽見深鴻，立事不妄，設土龍之象，果有狀也。龍暫出水，雲雨乃至。古者畜龍御龍常存無雲雨猶舊交相闊遠，卒然相見，歡欣歌笑，或至悲泣涕，偃伏少久，則示行各恍惚矣。易曰：「雲從龍，」非言龍從雲也；雲樽刻雷雲之象，龍安肯來？夫如是，傳之者何可解，則桓君山之難可說也，則劉子駁不能對，劣也。劣則董仲舒之龍說不終也，論衡終之，故曰亂龍；亂者終也。

遭虎篇

變復之家，謂虎食人者，功曹爲姦所致也。其意以爲功曹衆吏之率，虎亦諸禽之雄也。功曹爲姦，采漁於吏，故虎食人，以象其意？夫虎食人，人亦有殺虎。謂虎食人，功曹受取於吏，如人食虎，吏受於功曹也乎？案世清廉之士，百不能一，居功曹之官，皆有姦心，私舊故可以倖，苞苴賂遺，小大皆有。必謂虎應功曹，是野中之虎常害人也。夫虎出有時，猶龍見有期也。陰物以冬見，陽蟲以夏出。出應其氣，氣動其類。參伐以冬出，心尾以夏見。參伐則虎星，心尾則龍象。象出而物見，氣至而類動，天地之性也。動於林澤之中，遭虎搏噬之時，稟性狂勃，貪叨饑餓，觸自來之人，安能不食？人之筋力，羸弱不適，巧便不知，故遇輒死。使孟賁登山，馮婦入林，亦無此害也。

孔子行魯林中，婦人哭甚哀，使子貢問之：『何以哭之哀也？』曰：『去年虎食吾夫，今年食吾子，是以哭哀也。』子貢曰：『若此，何不去也？』對曰：『吾善其政之不苛，吏之不暴也。』子貢還報孔子。孔子曰：『弟子識諸，苛政暴吏，甚於虎也。』夫虎害人，古有之矣。政不苛，吏不暴，德化之足以卻虎。然而二歲比食二人，林中獸不應善也，爲廉不應，姦吏亦不應矣。

或曰：『虎應功曹之姦，所謂不苛政者，非功曹也，婦人，廉吏之部也，雖有善政，安耐化虎？』夫魯無功曹之官；功曹之官，相國是也。魯相者，殆非孔、墨，必三家也。爲相必無賢操，以不賢居權位，其惡必不廉也，必以相國爲姦。令虎食人，是則魯野之虎常食人也。

水中之毒，不及陵上；陵上之氣，不入水中：各以所近，罹殃取禍。是故漁者不死於山，獵者不溺於淵。好入山林，窮幽測深，涉虎窟寢，虎搏噬之，何以爲變？魯公牛哀病化爲虎，搏食其兄，同變化者，不以爲怪。入山林草澤，見害於虎，怪之，非也。蝮蛇悍猛，亦能害人。行止澤中，於蝮蛇應何官吏？蜂蠆害人，入毒氣害人，入水火害人。人爲蜂蠆所蟄，爲毒氣所中，爲火所燔，爲水所溺，又誰致之者？苟諸禽獸，乃應吏政；行山林中，麋鹿野豬，牛象熊羆，豺狼蜼蠼，皆復殺人。苟謂食人乃應爲變，蚤蝨蟁虻皆食人，人身彊大，故不至死。倉卒之世，穀食之貴，百姓饑餓，自相啖食，厥變甚於虎，變復之家，不處苛政。

且虎所食，非獨人也，含血之禽，有形之獸，虎皆食之，人謂應功曹之姦，食他禽獸，應何官吏？夫虎毛蟲，人倮蟲。毛蟲饑，食倮蟲，何變之有？四夷之外，大人食小人，虎之與蠻夷，氣性一也。平陸廣都，虎所不由也；山林草澤，虎所生出也。必以虎食人應功曹之姦，是則平陸廣都之縣，功曹常爲賢；山林草澤之邑，功曹常伏誅也。夫虎食人於野，應功曹之姦，虎時入邑，行於民間，功曹游於閭巷之中乎？實說虎害人於野不應政，其行都邑乃爲怪。

夫虎，山林之獸，不狎之物也，常在草野之中，不爲馴畜，猶人家之有鼠也，伏匿希出，非可常見也。命吉居安，鼠不擾亂；祿衰居危，鼠爲殃變。夫虎亦然也。邑縣吉安，長吏無患，虎匿不見；長吏且危，則虎入邑，行於民間。何則？長吏光氣已消，都邑之地，與野均也。推此以論，虎所食人，亦命時也；命訖時衰，光氣去身，視肉猶尸也，故虎食之。天道偶會，虎適食人，長吏遭惡，故謂爲變應上天矣。

古今凶驗，非唯虎也，野物皆然。楚王英宮樓未成，鹿走上階，其後果薨。魯昭公且出，鸜鴿來巢，其後季氏逐昭公，昭公奔齊，遂死不還。賈誼爲長沙王傅，鵩鳥集舍，發書占之，曰：「主人將去。」其後遷爲梁王傅。懷王好騎，墜馬而薨；賈誼傷之，亦病而死。昌邑王時，夷鵠鳥集宮殿下，王射殺之，以問郎中令龔遂。龔遂對曰：「夷鵠，野鳥，入宮，亡之應也。」其後昌邑王竟亡。盧奴令田光與公孫宏等謀反，其且覺時，狐鳴光舍屋上，光心惡之。其後事覺坐誅。會稽東部都尉禮文伯時，羊伏廳下，其後遷爲東萊太守。都尉王子鳳時，麕入府中，其後遷丹陽太守。夫吉凶同占，遷免一驗，俱象空亡，精氣消去也。故人且亡也，野鳥入宅；城且空也，草蟲入邑。等類衆多，行事比肩，略舉較著，以定實驗也。

商蟲篇

變復之家，謂蟲食穀者，部吏所致也，貪則侵漁，故蟲食穀。身黑頭赤，則謂武官，頭黑身赤，則謂文官。使加罰於蟲所象類之吏，則蟲滅息不復見矣。夫頭赤則謂武吏，頭黑則謂文吏所致也，時或頭赤身白，頭黑身黃，或頭身皆黃，或頭身皆靑，或皆白，若魚肉之蟲，應何官吏？時謂白布豪民猾吏被刑乞貸者，威勝於官，取多於吏，其蟲形象何如狀哉？蟲之滅也，皆因風雨。案蟲滅之時，則吏未必伏罰也。陸田之中時有鼠，水田之中時有魚、蝦蟹之類，皆爲穀害，或時希出而暫爲害，或常有而爲災，等類衆多，應何官吏？

魯宣公履畝而稅，應時而有蝝生者，或言若蝗。蝗時至蔽天如雨，集地食物，不擇穀草。察其頭身，象類何吏？變復之家，謂蝗何應。建武三十一年，蝗起太山郡，西南過陳留、河南，遂入夷狄，所集鄉縣，以千百數。當時鄉縣之吏，未皆履畝。蝗食穀草，連日老極，或蜚徙去，或止枯死。當時鄉縣之吏，未必皆伏罪也。夫蟲食穀，自有止期；猶蠶食桑，自有足時也。生出有日，死極有月，期盡變化，不常爲蟲。使人君不罪其吏，蟲猶自亡。夫蟲風氣所生，蒼頡知之，故凡蟲爲風之字，取氣於風，故八日而化。生春夏之物，或食五穀，或食衆草。食五穀，吏受錢穀也，其食他草，受人何物？

倮蟲三百，人爲之長。由此言之，人亦蟲也。人食蟲所食，蟲亦食人所食，俱爲蟲而相食，物何爲怪之？設蟲有知，亦將非人曰：「女食天之所生，吾亦食之，謂我爲變，不自謂爲災。」凡含氣之類，所甘嗜者，口腹不異。人甘五穀，惡蟲之食？自生天地之間，惡蟲之出。設蟲能言，以此非人，亦無以詰也。夫蟲之在物間也，知者不怪；其食萬物也，不謂之災。甘香渥味之物，蟲生常多，故穀之多蟲者，粢也。稻時有蟲，麥與豆無蟲。必以有蟲責主者吏，是其粢鄉部吏常伏罪也。

神農、后稷藏種之方，煑馬屎以汁漬種者，令禾不蟲。如或以馬屎漬種，其鄉部吏，鮑焦、陳仲子也：是故后稷、神農之術用，則其鄉吏可免爲姦。何則？蟲無從生，上無以察也。蟲食他草，平事不怪：食五穀葉，乃謂之災。桂有蠹，桑有蝎。桂中藥而桑給蠶，其用亦急，與穀無異。蠹蝎不爲怪，獨謂蟲爲災，不通物類之實，闇於災變之情也。穀蟲曰蟲，蟲若蛾矣；粟米饐熱生蟲。夫蟲食粟米，不謂之災；蟲食苗葉，歸之於政。如說蟲之家，謂粟輕苗重也。

蟲之種類，衆多非一。魚肉腐臭有蟲，醯醬不閉有蟲，飯溫溼有蟲，書卷不舒有蟲，衣襞不懸有蟲，蝸疽蝗螻蠍蝦有蟲，或白或黑，或長或短，大小鴻殺，不相似類，皆風氣所生，并連以死，生不擇日，若生日短促，見而輒滅，變復之家，見其希出，出又食物，則謂之災。災出當有所罪，則依所似類之吏，順而說之。人腹中有三蟲，下地之澤，其蟲曰蛭。蛭食人足，三蟲食腸，順說之家，將謂三蟲何似類乎？

凡天地之間，陰陽所生，蛟蟯之類，蜫蠕之屬，含氣而生，開口而食，食有甘不，同心等欲，彊大食細弱，知慧反頓愚。他物小大連相齧噬，不謂之災；獨謂蟲食穀物爲應政事，失道理之實，不達物氣之性也。然夫蟲之生也，必依溫溼。溫溼之氣，常在春夏。秋冬之氣，寒而乾燥，蟲未曾生。若以蟲生罪鄉部吏，是則鄉部吏貪於春夏，廉於秋冬。雖盜跖之吏，以秋冬署，蒙伯夷之舉矣。夫春夏非一，而蟲時生者，溫溼甚也，甚則陰陽不和。陰陽不和，政也，徒當歸於政治，而指謂部吏爲姦，失事實矣。

何知蟲以溫溼生也？以蠱蟲知之。穀乾燥者，蟲不生；溫溼饐餲，蟲生不禁。藏宿麥之種，烈日乾暴，投於燥器，則蟲不生；如不乾暴，閘喋之蟲，生如雲烟。以蟲閘喋，准況衆蟲，溫溼所生明矣。詩云：『營營青蠅，止於藩。愷悌君子，無信讒言。』讒言傷善，青蠅汙白，同一禍敗，詩以爲興。昌邑王夢西階下有積蠅矢，明旦召問郎中龔遂，遂對曰：『蠅者，讒人之象也。夫矢積於階下，王將用讒臣之言也。』由此言之，蠅之爲蟲，應人君用讒，何故不謂蠅爲災乎？如蠅可以爲災，夫蠅歲生，世間人君常用讒乎？

案蟲害人者，莫如蚊虻。蚊虻歲生，如以蚊虻應災，世間常有害人之吏乎？必以食物乃爲災，人則物之最貴者也；蚊虻食人，尤當爲災。必以暴生害物乃爲災，夫歲生而食人，與時出而害物，災孰爲甚？人之病疥，亦希非常，疥蟲何故不爲災？且天將雨，蟻出蚋蜚，爲與氣相應也。或時諸蟲之生，自與時氣相應，如何輒歸罪於部吏乎？天道自然，吉凶偶會，非常之蟲適生，貪吏遭署，人察貪吏之操，又見蟲災之生，則謂部吏之所爲致也。

講瑞篇

儒者之論，自說見鳳皇騏驎而知之。何則？案鳳皇騏驎之象，又春秋獲麟文曰：「有麞而角。」麞而角者，則是騏驎矣；見其鳥而象鳳皇者，則鳳皇矣。黃帝、堯、舜、周之盛時，皆致鳳皇。孝宣帝之時，鳳皇集於上林，後又於長樂之宮東門樹上，高五尺，文章五色。周獲麟，麟似麞而角；武帝之麟，亦如麞而角。如有大鳥，文章五色，獸狀如麞，首戴一角，考以圖象，驗之古今，則鳳皇騏驎可得審也。夫鳳皇，鳥之聖者也；騏驎，獸之聖者也；五帝、三王、皋陶、孔子，人之聖也。十二聖相各不同，而欲以麞戴角則謂之騏驎，相與鳳皇象合者謂之鳳皇，如何？夫聖鳥獸毛色不同，猶十二聖骨體不均也。

戴角之相，猶戴午也。顓頊戴午，堯、舜必未然。今魯所獲麟戴角，卽後所見麟未必戴角也。如用魯所獲麟，求知世間之麟，則必不能知也。何則？毛羽骨角不合同也。假令不同，或時似類，未必真是。虞舜重瞳，王莽亦重瞳；晉文駢脅，張儀亦駢脅。如以骨體毛色比，則王莽，虞舜；而張儀，晉文也。有若在魯，最似孔子。孔子死，弟子共坐有若，問以道事，有若不能對者，何也？體狀似類，實性非也。今五色之鳥，一角之獸，或時似類鳳皇騏驎，其實非真，而說者欲以骨體毛色定鳳皇騏驎，誤矣。是故顏淵庶幾，不似孔子；有若恆庸，反類聖人。由是言之，或時真鳳皇騏驎，骨體不似，恆庸鳥獸，毛色類真，知之如何？儒者自謂見鳳皇騏驎輒而知之，則是自謂見聖人輒而知之也。皋陶馬口，孔子反宇，設後輒有知而絕殊馬口反宇，尚未可謂聖。何則？十二聖相不同，前聖之相，難以照後聖也。骨法不同，姓名不等，身形殊狀，生出異土，雖復有聖，何如知之？

桓君山謂揚子雲曰：「如後世復有聖人，徒知其才能之勝己，多不能知其聖與非聖人也。」子雲曰：「誠然。」夫聖人難知，知能之美。若桓、揚者，尚復不能知；世儒懷庸庸之知，齎無異之議，見聖不能知，可保必也。夫不能知聖，則不能知鳳皇與騏驎。世人名鳳皇騏驎，何用自謂能之乎？夫上世之名鳳皇騏驎，聞其鳥獸之奇者耳。毛角有奇，又不妄翔苟遊，與鳥獸爭飽，則謂之鳳皇麒麟矣。世人之知聖，亦猶此也。聞聖人人之奇者，身有奇骨，知能博達，則謂之聖矣；及其知之，非卒見暫聞而輒名之爲聖也，與之偃伏，從文受學，然後知之。

何以明之？子貢事孔子，一年自謂過孔子，二年自謂與孔子同，三年自知不及孔子。當一年二年之時，未知孔子聖也，三年之後，然乃知之。以子貢知孔子，三年乃定。世儒無子貢之才，其見聖人，不從之學，任倉卒之視，無三年之接，自謂知聖，誤矣。少正卯在魯，與孔子並。孔子之門，三盈三虛，唯顏淵不去，顏淵獨知孔子聖也。夫門人去孔子歸少正卯，不徒不能知孔子之聖，又不能知少正卯，門人皆惑。子貢曰：『夫少正卯，魯之聞人也，子爲政，何以先之？』孔子曰：『賜退，非爾所及。』夫才能知佞，若子貢尚不能知聖，世儒見聖，自謂能知之，妄也。

夫以不能知聖言之，則亦知其不能知鳳皇與麒麟也。使鳳皇羽翮長廣，麒麟體高大，則見之者以爲大鳥巨獸耳。何以別之？如必巨大別之，則其知聖人亦宜以巨大。春秋之時，鳥有爰居，不可以爲鳳皇；長狄來至，不可以爲聖人。然則鳳皇麒麟與鳥獸等也，世人見之，何用知之？如以中國無有，從野外來而知之，則是鸜鵒同也。鸜鵒非中國之禽也，鳳皇麒麟，亦非中國之禽獸也。皆非中國之物，儒者何以謂鸜鵒惡，鳳皇麒麟善乎？

或曰：『孝宣之時，鳳皇集於上林，羣鳥從上以千萬數，以其衆鳥之長，聖神有異，故羣鳥附從。如見大鳥來集，羣鳥附之，則是鳳皇。鳳皇審，則定矣。夫鳳皇與麒麟同性，鳳皇見，羣鳥從；麒麟見，衆獸亦宜隨。』案春秋之麟，不言衆獸隨之。宣帝、武帝皆得麒麟，無衆獸附從之文。如以麒麟爲人所獲，附從者散，鳳皇人不獲，自來蜚翔，附從可見。書曰：『簫韶九成，鳳皇來儀。』大傳曰：『鳳皇在列樹。』不言羣鳥從也。豈宣帝所致者異哉？

或曰：『記事者失之。唐虞之君，鳳皇實有附從；上世久遠，記事遺失，經書之文，未足以實也。』夫實有而記事者失之，亦有實無而記事者生之。夫如是，儒書之文，難以實事。案附從以知鳳皇，未得實也。且人有佞猾而聚者，爲亦有佼黠而從羣者。當唐虞之時，鳳愨愿，宣帝之時佼黠乎？何其俱有聖人之德行，動作之操，不均同也？無爲附從，或時是鳳皇；羣鳥附從，或時非也。

君子在世，清節自守，不廣結從，出入動作，人不附從。豪猾之人，任使用氣，往來進退，士衆雲合。夫鳳皇，君子也；必以隨多者效鳳皇，是豪黠爲君子也。歌曲彌妙，和者彌寡；行操益清，交者益鮮。鳥獸亦然，必以附從效鳳皇，是用和多爲妙曲也。龍與鳳皇爲比類，宣帝之時，黄龍出於新豐，羣蛇不隨。神雀鸞鳥，皆衆鳥之長也，其仁聖雖不及鳳皇，然其從羣鳥亦宜數十。信陵孟嘗，食客三千，稱爲賢君；漢將軍衛青及將軍霍去病，門無一客，亦稱名將。太史公曰：『盜跖横行，聚黨數千人，伯夷叔齊隱處首陽山。』鳥獸之操，與人相似。人之得衆，不足以別賢，以鳥附從審鳳皇，如何？

或曰：『鳳皇麒麟，太平之瑞也，太平之際，見來至也。然亦有未太平而來至也。鳥獸奇骨異毛，卓絶非常，則是矣，何爲不可知？』鳳皇麒麟，通常以太平之時來至者，春秋之時，麒麟嘗嫌於王孔子而至。光武皇帝生於濟陽，鳳皇來集。夫光武始生之時，成哀之際也，時未太平而鳳皇至。如以自爲光武有聖德而來，是則爲聖王始生之瑞，不爲太平應也。嘉瑞或應太平，或爲始生，其實難知，獨以太平之際驗之，如何？

或曰：『鳳皇麒麟，生有種類，若龜龍有種類矣。龜故生龜，龍故生龍，形色小大，不異於前者也。見之父，察其子孫，何爲不可知？』夫恆物有種類，瑞物無種適生，故曰德應。龜龍然也，人見神龜靈龍，而別之乎？宋元王之時，漁者網得神龜焉，漁父不知其神也。方今世儒，漁父之類也，以漁父而不知神龜，則亦知夫世人而不知靈龍也。龍或時似蛇，蛇或時似龍。韓子曰：『馬之似鹿者千金。』良馬似鹿，神龍或時似蛇。如審有類，形色不異。王莽時，有大鳥如馬，五色龍文，與衆鳥數十，集於沛國蘄縣。宣帝時，鳳皇集於地，高五尺，與言如馬，身高同矣；文章五色，與言五色龍文，物色均矣；衆鳥數十，與言俱集附從等也。如以宣帝時鳳皇體色衆鳥附從，安知鳳皇則王莽所致爲鳳皇也？如審是王莽致之，是非瑞也。如非鳳皇，體色附從，何爲均等？

且瑞物皆起和氣而生，生於常類之中，而有詭異之性，則爲瑞矣。故夫鳳皇之至也，猶赤烏之集也。謂鳳皇有種，赤烏復有類乎？嘉禾醴泉甘露，嘉禾生於禾中，與禾中異穗，謂之嘉禾；醴泉甘露，出而甘美也，皆泉露生出，非天上有甘露之種，地下有醴泉之類。聖治公平，而乃沾下產出也。蓂莢朱草，亦生在地，集於衆草，無常本根，暫時產出，旬月枯折，故謂之瑞。

夫鳳皇麒麟，亦瑞也，何以有種類？案周太平，越常獻白雉。白雉，生短而白色耳，非有白雉之種也。魯人得戴角之麞，謂之麒麟，亦或時生於麞，非有麒麟之類。由此言之，鳳皇亦或時生於鵠鵲，毛奇羽殊，出異衆鳥，則謂之鳳皇耳，安得與衆鳥殊種類也？有若曰：「麒麟之於走獸，鳳皇之於飛鳥，太山之於丘垤，河海之於行潦，類也。」然則鳳皇麒麟都與鳥獸同一類，體色詭耳，安得異種？

同類而有奇，奇爲不世，不世難審，識之如何？堯生丹朱，舜生商均。商均、丹朱，堯舜之類也，骨性詭耳。鮌生禹，瞽瞍生舜，舜、禹，鮌、瞽瞍之種也，知德殊矣。試種嘉禾之實，不能得嘉禾。恆見粱粟之粟，莖穗怪奇。人見叔梁紇，不知孔子父也；見伯魚，不知孔子之子也。張湯之父五尺，湯長八尺，湯孫長六尺。孝宣鳳皇高五尺，所從生鳥，或時高二尺！後所生之鳥，或時高一尺，安得常種？

種類無常，故曾晳生參，氣性不世，顏路出回，古今卓絕。馬有千里，不必麒麟之駒；鳥有仁聖，不必鳳皇之鶵。山頂之溪，不通江湖，然而有魚，水精自爲之也。廢庭壞殿，基上草生，地氣自出之也。按溪水之魚，殿基上之草，無類而出，瑞應之自至，天地未必有種類也。

夫瑞應猶災變也。瑞以應善，災以應惡，善惡雖反，其應一也。災變無種，瑞應亦無類也。陰陽之氣，天地之氣也，遭善而爲和，遇惡而爲變，豈天地爲善惡之政，更生和變之氣乎？然則瑞應之出，殆無種類，因善而起，氣和而生。亦或時政平氣和，衆物變化，猶春則鷹變爲鳩，秋則鳩化爲鷹，蛇鼠之類，輒爲魚鼈，蝦蟆爲鶉，雀爲蜃蛤，物隨氣變，不可謂無。黃石爲老父，授張良書，去復爲石也，儒知之。或時太平氣和，麞爲騏驎，鵠爲鳳皇，是故氣性隨時變化，豈必有常類哉？褒姒玄黿之子，二龍漦也。晉之二卿，熊羆之裔也。吞燕子薏苡履大跡之語，世之人然之，獨謂瑞有常類哉？以物無種計之，以人無類議之，以體變化論之，鳳皇麒麟生無常類，則形色何爲當同？

案禮記瑞命篇云：「雄曰鳳，雌曰凰。雄鳴曰即即，雌鳴曰足足。」詩云：「梧桐生矣，於彼高岡；鳳凰鳴矣，於彼朝陽。菶菶萋萋，雝雝喈喈。」瑞命與詩，俱言鳳皇之鳴，瑞命之言「即即足足」，詩云「雝雝喈喈」，此聲異也。使聲審，則形不同也；使審同，詩與禮異，世傳鳳皇之鳴，故將疑焉。

案魯之獲麟，云「有麏而角」。言有麏者，色如麏也。麏色有常，若烏色有常矣。武王之時，火流爲烏，云其色赤。赤非烏之色，故言其色赤。如似麏而色異，亦當言其色白若黑。今成事色同，故言有麏。麏無角，有異於故，故言有角也。夫如是，魯之所得麟者，若麏之狀也。武帝之時，西巡狩，得白麟，一角而五趾。角或時同；言五趾者，足不同矣。魯所得麟，云有麏，不言色者，麏無異色也。武帝云得白麟，色白不類麏，故言有麏，正言白麟，色不同也。孝宣之時，九真貢獻麟，狀如麏而兩角者，孝武言一角，不同矣。春秋之麟如麏，宣帝之麟言如鹿。鹿與麏大小相倍，體不同也。

夫三王之時，麟毛色角趾，身體高大，不相似類。推此準後世，麟出必不與前同，明矣。夫麒麟鳳皇之類，麒麟前後體色不同，而欲以宣帝之時，所見鳳皇高五尺，文章五色，準前況後，當復出鳳皇，謂與之同，誤矣。後當復出見之鳳皇麒麟，必已不與前世見出者相似類，而世儒自謂見而輒知之，奈何？

案魯人得麟，不敢正名麟，曰「有麏而角者」，時誠無以知也。武帝使謁者終軍議之。終軍曰：「野禽并角，明天下同本也。」不正名麟而言野禽者，終軍亦疑無以審也。當今世儒之知，不能過魯人與終軍，其見鳳皇麒麟，必從而疑之非恆之鳥獸耳，何能審其鳳皇麒麟乎？以體色言之，未必等；以鳥獸隨從多者，未必善；以希見言之，有鸜鵒來；以相奇言之，聖人有奇骨體，賢者亦有奇骨；聖賢俱奇，人無以別。由賢聖言之，聖鳥聖獸，亦與恆鳥庸獸，俱有奇怪。聖人賢者，亦有知而絕殊，骨無異者；聖賢鳥獸，亦有仁善廉清，體無奇者。世或有富貴不聖，身有骨爲富貴表，不爲聖賢驗。然則鳥亦有五采，獸有角，而無仁聖者。夫如是，上世所見鳳皇麒麟，何知其非恆鳥獸？今之所見鵲鸒之屬，安知非鳳皇麒麟也？

方今聖世，堯舜之主，流布道化，仁聖之物，何爲不生？或時以有鳳皇麒麟，亂於鵠鵲麏鹿，世人不知。笑玉隱在石中，楚王令尹不能知，故有抱玉泣血之痛。今或時鳳皇麒麟以仁聖之性，隱於恆毛庸羽，無一角五色表之世，人不之知，猶玉在石中也。何用審之？爲此論草於永平之初，時來有瑞。其孝明宣惠，衆瑞並至。至元和章和之際，孝章耀德，天下和洽，嘉瑞奇物同時俱應，鳳皇麒麟連出重見，盛於五帝之時。此篇已成，故不得載。

或問曰：「講瑞謂鳳皇麒麟難知，世瑞不能別。今孝章之所致鳳皇麒麟，不可得知乎？」曰：五鳥之記，四方中央，皆有大鳥，其出衆鳥爲皆從，小大毛色類鳳皇，實難知也。故夫世瑞不能別，別之如何以政治。時王之德，不及唐虞之時，其鳳皇麒麟，目不親見。然而唐虞之瑞，必真是者，堯舜之德明也。孝宣比堯舜，天下太平，萬里慕化，仁道施行，鳥獸仁者，感動而來。瑞物大小毛色足翼，必不同類。以政治之得失，主之明闇，準況衆瑞，無非真者。事或難知而易曉，其此之謂也。又以甘露驗之，甘露和氣所生也。露無故而甘，和氣獨已至矣。和氣至，甘露降，德洽而衆瑞湊。案永平以來，訖於章和，甘露常降，故知衆瑞皆是，而鳳皇麒麟皆真也。

指瑞篇

儒者說鳳皇麒麟爲聖王來，以爲鳳皇麒麟，仁聖禽也，思慮深，避害遠，中國有道則來，無道則隱。稱鳳皇麒麟之仁知者，欲以褒聖人也；非聖人之德，不能致鳳皇麒麟。此言妄也。夫鳳皇麒麟聖，聖人亦聖。聖人栖栖憂世，鳳皇麒麟，亦宜率教；聖人遊於世間，鳳皇麒麟，亦宜與鳥獸會，何故遠去中國，處於邊外？豈聖人濁，鳳皇麒麟清哉？何其聖德俱而操不同也？如以聖人者當隱乎，十二聖宜隱；如以聖者當見，鳳驎亦宜見。如以仁聖之禽思慮深，避害遠，則文王拘於羑里，孔子厄於陳蔡，非也。文王孔子，仁聖之人，憂世憫民，不圖利害，故其有仁聖之知，遭拘厄之患。

凡人操行，能修身正節，不能禁人加非於己。案人操行，莫能過聖人，聖人不能自免於厄，而鳳驎獨能自全於世，是鳥獸之操，賢於聖人也。且鳥獸之知，不與人通，何以能知國有道與無道也？人同性類，好惡均等，尚不相知；

為獸與人異性，何能知之？人不能知為獸，為獸亦不能知人；兩不能相知，為獸為愚於人，何以反能知之？儒者咸稱鳳皇之德，欲以表明王之治，反令人有不及為獸，論事過情，使實不著。且鳳麟豈獨為聖王至哉？孝宣皇帝之時，鳳皇五至，騏驎一至，神雀、黃龍、甘露、醴泉，莫不畢見，故有五鳳、神雀、甘露、黃龍之紀。使鳳麟審為聖王見，則孝宣皇帝聖人也。如孝宣帝非聖，則鳳麟為賢來也。為賢來，則儒者稱鳳皇騏驎，失其實也。鳳皇騏驎為堯舜來，亦為宣帝來矣。夫如是，為聖且賢也。

儒者說聖太隆，則論鳳麟亦過其實。春秋曰：『西狩獲死麟，人以示孔子。孔子曰：「孰為來哉？孰為來哉？」反袂拭面，泣涕沾襟。』儒者說之，以為天以麟命孔子，孔子不王之聖也。夫麟為聖王來，孔子自以不王，而時王魯君，無感麟之德，怪其來而不知所為，故曰『孰為來哉？孰為來哉？』知其不為治平而至，為已道窮而來，望絕心感，故涕泣沾襟。以孔子言『孰為來哉？』知麟為聖王來也。曰，前孔子之時，世儒已傳此說，孔子聞此說，而希見其物也，見麟之至，怪所為來。實者麟至無所為來，常有之物也，行邁魯澤之中，而魯國見其物，遭獲之也。孔子見麟之獲，獲而又死，則自比於麟，自謂道絕不復行，將為小人所徼獲也。故孔子見麟而自泣者，據其見得而死也，非據其本所為來也。然則麟之至也，自與獸會聚也。其死，人殺之也。使麟有知，為聖王來，時無聖王，何為來乎？思慮深，避害遠，何故為魯所獲殺乎？夫以時無聖王而麟至，知不為聖王來也；為魯所獲殺，知其避害不能遠也。聖獸不能自免於難，聖人亦不能自免於禍。禍難之事，聖者所不能避，而云鳳麟思慮深避害遠，妄也。

且鳳麟非生外國也，中國有聖王乃來至也。生於中國，長於山林之間，性廉見希，人不得害也，則謂之思慮深避害遠矣。生與聖王同時，行與治平相遇，世間謂之聖王之瑞，為聖來矣。剝巢破卵，鳳皇為之不翔；焚林而畋，漉池而漁，龜龍為之不遊。鳳皇，龜龍之類也，皆生中國，與人相近。巢剝卵破，屏竄不翔；林焚池漉，伏匿不遊，無遠去之文，何以知其在外國也？龜龍鳳皇同一類也，希見不害，謂在外國；龜龍希見，亦在外國矣。

孝宣皇帝之時，鳳皇騏驎黃龍神雀皆至。其至同時，則其性行相似類，則其生出宜同處矣。龍不生於外國，外國亦有龍；鳳麟不生外國，外國亦有鳳麟。然則中國亦有，未必外國之鳳麟也。人見鳳麟希見，則曰在外國；見遇太平，則曰爲聖王來。夫鳳皇麒麟之至也，猶醴泉之出，朱草之生也。謂鳳皇在外國，聞有道而來，醴泉朱草何知，而生於太平之時？醴泉朱草，和氣所生。然則鳳皇麒麟，亦和氣所生也。和氣生聖人，聖人生於衰世。物生爲瑞，人生爲聖，同時俱然，時其長大，相逢遇矣。衰世亦有和氣，和氣時生聖人。聖人生於衰世，衰世亦時有鳳麟也。孔子生於周之末世，麒麟見於魯之西澤；光武皇帝生於成哀之際，鳳皇集於濟陽之地。聖人聖物，生於盛衰世。聖王遭（一有〔出聖物遭〕字）見聖物，猶吉命之人，逢吉祥之類也。其實相遇，非相爲出也。

夫鳳麟之來，與白魚赤烏之至，無以異也。魚遭自躍，王舟逢之；火偶爲烏，王仰見之。非魚聞武王之德而入其舟，烏知周家當起集於王屋也。謂鳳麟爲聖王來，是謂魚烏爲武王至也。王者受富貴之命，故其動出，見吉祥異物，見則謂之瑞。瑞有小大，各以所見，定德薄厚。若夫白魚赤烏，小物，小安之兆也；鳳皇麒麟，大物，太平之象也。故孔子曰：『鳳鳥不至，河不出圖，吾已矣夫！』不見太平之象，自知不遇太平之時矣！且鳳皇麒麟何以爲太平之象？鳳皇麒麟，仁聖之禽也，仁聖之物至，天下將爲仁聖之行矣！尚書大傳曰：『高宗祭成湯之廟，有雉升鼎耳而鳴。高宗問祖乙，祖乙曰：「遠方君子殆有至者。」』祖乙見雉，有似君子之行；今從外來，則曰遠方君子將有至者矣！

夫鳳皇麒麟猶雉也，其來之象，亦與雉同。孝武皇帝西巡狩，得白麟，一角而五趾，又有木枝出復合於本。武帝議問羣臣，謁者終軍曰：『野禽并角，明同本也；衆枝內附，示無外也。如此瑞者，外國宜有降者。是若應，殆且有解編髮，削左衽，襲冠帶而蒙化焉。』其後數月，越地有降者；匈奴名王，亦將數千人來降，竟如終軍之言。終軍之言，得瑞應之實矣。推此以況白魚赤烏，猶此類也。魚木精，白者殷之色也；烏者孝烏，赤者周之應氣也。先得白魚，後得赤烏，殷之統絕，色移在周矣。據魚烏之見，以占武王，則知周之必得天下也。

世見武王誅紂，出遇魚烏，則謂天用魚烏命使武王誅紂，事相似類，其實非也。春秋之時，鸜鵒來巢，占者以爲凶。夫野鳥來巢，魯國之都且爲丘墟，昭公之身且出奔也。後昭公爲季氏所攻，出奔於齊，死不歸魯。賈誼爲長沙太傅，鵩鳥集舍，發書占之云：『鵩鳥入室，主人當去。』其後賈誼竟去。野鳥雖殊，其占不異。夫鳳麟之來，與野鳥之巢、鵩鳥之集，無以異也。是鸛鵒之巢、鵩鳥之集，偶巢適集，占者因其野澤之物，巢集城宮之內，則見魯國且凶，傳舍人不吉之瑞矣。非鸛鵒、鵩鳥知二國禍將至，而故爲之巢集也。王者以天下爲家，家人將有吉凶之事，而吉凶之兆豫見於人，知者占之，則知吉凶將至。非吉凶之物有知，故爲吉凶之人來也。猶蓍龜之有兆數矣。龜兆蓍數，常有吉凶，吉人卜筮與吉相遇，凶人與凶相逢。非蓍龜神靈知人吉凶，出兆見數以告之也。虛居卜筮，前無過客，猶得吉凶。然則天地之間，常有吉凶，吉凶之物來至，自當與吉凶之人相逢遇矣。或言天使之所爲也。夫巨大之天，使細小之物，音語不通，情指不達，何能使物？物亦不爲天使，其來神怪，若天使之，則謂天使矣。

夏后孔甲畋于首山，天雨晦冥，入於民家，主人方乳。或曰：后來之子必大貴。或曰：不勝之子必有殃。夫孔甲之入民室也，遇遭雨而廕庇也，非知民家將生子，而其子必凶，爲之至也。既至，人占則有吉凶矣。夫吉凶之物見於王朝，若入民家，猶孔甲遭雨入民室也。孔甲不知其將生子爲之故到，謂鳳皇諸瑞有知，應吉而至，誤矣！

是應篇

儒者論太平瑞應，皆言氣物卓異，朱草、醴泉、翔鳳、甘露、景星、嘉禾、萐脯、蓂莢、屈軼之屬；又言山出車，澤出舟，男女異路，市無二價，耕者讓畔，行者讓路，頒白不提挈，關梁不閉，道無虜掠，風不鳴條，雨不破塊，五日一風，十日一雨；其盛茂者，致黃龍、騏驎、鳳皇。夫儒者之言，有溢美過實。瑞應之物，或有或無。夫言鳳皇、騏驎之屬，大瑞較然，不得增飾；其小瑞徵應，恐多非是。夫風氣雨露，本當和適，言其鳳翔甘露，風不鳴條，雨不破塊，可也；言其五日一風，十日一雨，褒之也。風雨雖適，不能五日十日正如其數。言男女不相干，市價不相欺，可也；言其異路，無二價，褒之也。太平之時，豈更爲男女各作道哉？不更作道，一路而行，安得異乎？太平之時，無商人則可，如有必求便利以爲業，買物安肯不求賤？賣貨安肯不求貴？有求貴賤之心，必有二價之語。此皆有其事，而褒增過其實也。若夫萐脯蓂莢屈軼之屬：殆無其物。何以驗之？說以實者，太平無有此物。

儒者言萐脯生於庖廚者，言廚中自生肉脯，薄如萐形，搖鼓生風，寒涼食物，使之不臭。夫太平之氣雖和，不能使廚生肉萐，以爲寒涼。若能如此，則能使五穀自生，不須人爲之也。能使廚自生肉萐，何不使飯自蒸於甑，火自燃於竈乎？凡生萐者，欲以風吹食物也。何不使食物自不臭。何必生萐以風之乎？廚中能自生萐，則冰室何事，而復伐冰以寒物乎？人夏月操萐，須手搖之，然後生風；從手握持，以當疾風，萐不鼓動。言萐脯自鼓，可也；須風乃鼓，不風不動。從手風來，自足以寒。廚中之物，何須萐脯？世言燕太子丹使日再中，天雨粟，烏白頭，馬生角，廚門象生肉足。論之既虛，則萐脯之語，五應之類，恐無其實。

儒者又言，古者蓂莢夾階而生，月朔日一莢生，至十五日而十五莢，於十六日日一莢落，至月晦莢盡，來月朔一莢復生。王者南面視莢生落，則知日數多少，不須煩擾案日曆以知之也。夫天既能生莢以爲日數，何不使莢有日名。王者視莢之字，則知今日名乎？徒知日數，不知日名，猶復案曆，然後知之，是則王者視日，則更煩擾，不省蓂莢之生，安能爲福？夫蓂草之實也，猶豆之有莢也；春夏未生，其生必於秋末。冬月隆寒，霜雪霣零，萬物皆枯，儒者敢謂蓂莢達冬，獨不死乎？如與萬物俱生俱死，莢成而以秋末，是則秋季得察莢，春夏冬三時不得案也。且月十五日生十五莢，於十六日莢落，二十一日六莢落。落莢棄殞，不可得數，猶當計未落莢以知日數，是勞心苦意，非善祐也。使莢生於堂上，人君坐戶牖間，望察莢生，以知日數，匪謂善矣。今云夾階而生，生於堂下也。王者之堂，墨子稱堯舜高三尺，儒家以爲卑下。假使之然，高三尺之堂，蓂莢生於階下，王者欲視其莢，不能從戶牖之間見也，須臨堂察之，乃知莢數。夫起視堂下之莢，孰與懸曆日於扆坐，旁顧輒見之也。天之生瑞，欲以娛王者；須起察乃知日數，是生煩物以累之也。且莢，草也，王者之堂，旦夕所坐，古者雖質，宮室之中，草生輒耘，安得生莢，而人得經月數之乎？且凡數日一二者，欲以紀識事也。古有史官，典曆主日，王者何事而自數莢？堯候四時之中，命羲和察四星，以占時氣；四星至重，猶不躬視，而自察莢以數日也。

儒者又言太平之時屈軼生於庭之末，若草之狀，主指佞人，佞人入朝，屈軼庭末以指之；聖王則知佞人所在。夫天能故生此物以指佞人，不使聖王性自知之，或佞人本不生出，必復更生一物以指明，何天之不憚煩也？聖王莫過堯舜，堯舜之治，最爲平矣。卽屈軼已自生於庭之末，佞人來輒指知之，則舜何難於知佞人，而使皋陶陳知人之術？經曰：『知人則哲，惟帝難之。』人含五常，音氣交通，且猶不能相知，屈軼草也，安能知佞？如儒者之言，是則太平之時，草木踰賢聖也。獄訟有是非，人情有曲直，何不并令屈軼指其非而不直者，必苦心聽（一有「獄」字）訟，三人斷獄乎？故夫屈軼之草，或時無有而空言生，或時實有而虛言能指。假令能指，或時草性見人而動，古者質朴，見草之動，則言能指，能指則言指佞人。司南之杓，投之於地，其柢指南；魚肉之蟲，集地北行，夫蟲之性然也。今草能指，亦天性也。聖人因草能指，宣言曰：『庭末有屈軼，能指佞人。』百官臣子懷姦心者，則各變性易操，爲忠正之行矣；猶今府廷畫皋陶、觟䚦也。

儒者說云：觟䚦者，一角之羊也，性知有罪。皋陶治獄，其罪疑者，令羊觸之，有罪則觸，無罪則不觸。斯蓋天生一角聖獸，助獄爲驗，故皋陶敬羊，起坐事之，此則神奇瑞應之類也。曰：夫觟䚦則復屈軼之語也。羊本二角，觟䚦一角，體損於羣，不及衆類，何以爲奇？鼈三足曰能，龜三足曰賁。案能與賁，不能神於四足之龜鼈；一角之羊，何能聖於兩角之禽？狌狌知往，乾鵲知來，鸚鵡能言，天性能一，不能爲二。或時觟䚦之性，徒能觸人，未必能知罪人。皋陶欲神事助政，惡受罪者之不厭服，因觟䚦觸人則罪之，欲人畏之不犯，受罪之家，沒齒無怨言也。夫物性各自有所知。如以觟䚦能觸謂之爲神，則狌狌之徒皆爲神也。巫知吉凶，占人禍福，無不然者；如以觟䚦謂之巫類，則巫何奇而以爲善？斯皆人欲神事立化也。師尚父爲周司馬，將師伐紂，到孟津之上，杖鉞把旄，號其衆曰倉光。倉光者，水中之獸也，善覆人船，因神以化，欲令急渡，不急渡，倉光害汝，則復觟䚦之類也。河中有此異物，時出浮揚，一身九頭，人畏惡之，未必覆人之舟也。尚父緣河有此異物，因以威衆。夫觟䚦之觸罪人，猶倉光之覆舟也，蓋有虛名無其實效也。人畏怪奇，故空褒增。

又言太平之時有景星。尚書中候曰：「堯時景星見於軫。」夫景星或時五星也；大者歲星太白也。彼或時歲星太白行於軫度，古質不能推步五星，不知歲星太白何如狀，見大星則謂景星矣。詩又言「東有啓明，西有長庚。」亦或時復歲星太白也；或時昏見於西，或時晨見於東，詩人不知，則名曰啓明長庚矣。然則長庚與景星同，皆五星也。太平之時日月精明，五星日月之類也。太平更有景星，可復更有日月乎？詩人，俗人也；中候之時，質世也。俱不知星。王莽之時，太白經天，精如半月，使不知星者見之，則亦復名之曰景星。爾雅釋四時章曰：「春爲發生，夏爲長贏，秋爲收成，冬爲安寧。四氣和爲景星。」夫如爾雅之言，景星乃四時和氣之名也，恐非著天之大星。爾雅之書，五經之訓，故儒者所共觀察也，而不信從，更謂大星爲景星，豈爾雅所言景星，與儒者之所說異哉？

爾雅又言：「甘露時降，萬物以嘉，謂之醴泉。」醴泉乃謂甘露也。今儒者說之，謂泉從地中出，其味甘若醴，故曰醴泉。二說相遠，實未可知。案爾雅釋水泉章，一見一否曰瀸。檻泉正出，正出，涌出也。沃泉懸出，懸出，下出也。是泉出之異，輒有異名。使太平之時，更有醴泉從地中出，當於此章中言之，何故反居釋四時章中，言甘露爲醴泉乎？若此，儒者之言，醴泉從地中出，又言甘露，其味甚甜，未可然也。儒曰：「道至大者，日月精明，星辰不失其行，翔風起，甘露降，雨濟而陰一者，謂之甘雨。」非謂雨水之味甘也。推此以論，甘露必謂其降下時，適潤養萬物，未必露味甘也。亦有露甘味如飴蜜者，俱太平之應，非養萬物之甘露也。何以明之？案甘露如飴蜜者，著於樹木，不著五穀。彼露味不甘者，其下時，土地滋潤，流溼萬物，洽沾濡溥。由此言之，爾雅且近得實。緣爾雅之言，驗之於物，案味甘之露下著樹木，察所著之樹，不能茂於所不著之木。然今之甘露，殆異於爾雅之所謂甘露。欲驗爾雅之甘露，以萬物豐熟，災害不生，此則甘露降下之驗也。甘露下，是則醴泉矣。

世謂古人君賢則道德施行，施行則功成治安；人君不肖則道德頓廢，頓廢則功敗治亂。古今論者，莫謂不然。何則？見堯舜聖賢致太平，桀紂無道致亂得誅。如實論之，命期自然，非德化也。吏百石以上，若升食以下，居位治民，爲政布教，教行與止，民治與亂，皆有命焉。或才高行潔，居位職廢；或智淺操洿，治民而立。上古之黜陟幽明，考功，據有功而加賞，案無功而施罰；是考命而長祿，非實才而厚能也。論者因考功之法，據效而定賢，則謂民治國安者，賢君之所致，民亂國危者，無道之所爲也。故危亂之變至，論者以責人君，歸罪於爲政不得其道。人君受以自責，愁神苦思，撼動形體，而危亂之變，終不減除，空憤人君之心，使明知之主，虛受之責，世論傳稱使之然也。

夫賢君能治當安之民，不能化當亂之世。良醫能行其針藥，使方術驗者，遇未死之人，得未死之病也。如命窮病困，則雖扁鵲末如之何。夫命窮病困之不可治，猶夫亂民之不可安也；藥氣之愈病，猶教導之安民也，皆有命時，不可令勉力也。公伯寮愬子路於季孫，子服景伯以告孔子，孔子曰：『道之將行也與，命也；道之將廢也與，命也。』由此言之，教之行廢，國之安危，皆在命時，非人力也。夫世亂民逆，國之危殆，災害繫於上天，賢君之德，不能消卻。詩道周宣王遭大旱矣，詩曰：『周餘黎民，靡有孑遺。』言無有可遺一人不被害者。宣王賢者，嫌於德微；仁惠盛者，莫過堯湯，堯遭洪水，湯遭大旱。水旱，災害之甚者也，而二聖逢之，豈二聖政之所致哉？天地歷數當然也。以堯湯之水旱，準百王之災害，非德所致；非德所致，則其福祐非德所爲也。

賢君之治國也，猶慈父之治家。慈父耐平教明令，耐使子孫皆爲孝善；子孫孝善，是家興也。百姓平安，是國昌也。昌必有衰，興必有廢；興昌非德所能成，然則衰廢非德所能敗也。昌衰興廢，皆天時也。此善惡之實，未言苦樂之效也。家安人樂，富饒財用足也。案富饒者命厚所致，非賢惠所獲也。人皆知富饒居安樂者命祿厚，而不知國安治化行者歷數吉也。故世治非賢聖之功，衰亂非無道之致。國當衰亂，賢聖不能盛；時當治，惡人不能亂。世之治亂，在時不在政；國之安危，在數不在教。賢不賢之君，明不明之政，無能損益。

世稱五帝之時，天下太平，家有十年之蓄，人有君子之行。或時不然，世增其美；亦或時政致。何以審之？夫世之所以爲亂者，不以賊盜衆多，兵革並起，民棄禮義，負畔其上乎？若此者，由穀食乏絕，不能忍饑寒。夫饑寒並至，而能無爲非者寡；然則溫飽並至，而能不爲善者希！傳曰：『倉廩實，民知禮節；衣食足，民知榮辱。』讓生於有餘，爭起於不足。穀足食多，禮義之心生；禮豐義重，平安之基立矣。故饑歲之春，不食親戚；穰歲之秋，召及四鄰。不食親戚，惡行也；召及四鄰，善義也。爲善惡之行，不在人質性，在於歲之饑穰。由此言之，禮義之行，在穀足也。案穀成敗，自有年歲。年歲水旱，五穀不成，非政所致，時數然也。必謂水旱政治所致；不能爲政者莫過桀、紂，桀、紂之時，宜常水旱。案桀、紂之時，無饑耗之災。災至自有數，或時返在聖君之世。實事者說堯之洪水，湯之大旱，皆有遭遇，非政惡之所致。說百王之害，獨謂爲惡之應，此見堯、湯德優，百王劣也。審一足以見百，明惡足以照善。堯、湯證百王，至百王遭變，非政所致。以變見而明禍福，五帝致太平，非德所就明矣。

人之瘟病而死也，先有凶色，見於面部；其病，遇邪氣也：其病不愈，至於身死，命壽訖也。國之亂亡，與此同驗。有變見於天地，猶人瘟病而死，色見於面部也。有水旱之災，猶人遇氣而病也。災禍不除，至於國亡；猶病不愈，至於身死也。論者謂變徵政治；賢人瘟病色凶，可謂操行所生乎？謂水旱者，無道所致；賢者遭病，可謂無狀所得乎？謂亡者爲惡極；賢者身死，可謂罪重乎？夫賢人有被病而早死，惡人有完彊而老壽。人之病死，不在操行爲惡也。然則國之亂亡，不在政之是非；惡人完彊而老壽，非政平安而常存。由此言之，禍變不足以明惡，福瑞不足以表善，明矣。

在天之變，日月薄蝕。四十二月日一食，五十六月月亦一食。食得常數，不在政治，百變千災，皆同一狀，未必人君政教所致。歲害鳥帑，周、楚有禍；綝然之氣見，宋、衛、陳、鄭皆災。當此之時，六國政教未必失誤也。歷陽之都，一夕沈而爲湖。當時歷陽長吏未必誑妄也。成敗繫於天，吉凶制於時，人事未爲，天氣已見，非時而何？五穀生地，一豐一耗，穀糴在市，一貴一賤；豐者未必賤，耗者未必貴。豐耗有歲，貴賤有時；時當貴，豐穀價增，時當賤，耗穀價減。夫穀之貴賤不在豐耗，猶國之治亂不在善惡。賢君之立，偶在當治之世，德自明於上，民自善於下，世平民安，瑞祐並至；世則謂之賢君所致。無道之君，偶生於當亂之時，世擾俗亂，災害不絕，遂以破國亡身滅嗣；世皆謂之爲惡所致。若此，明於善惡之外形，不見禍福之內實也。禍福不在善惡，善惡之證不在禍福。長吏到官，未有所行，政教因前，無所改更。然而盜賊或多或寡，災害或無或有，夫何故哉？長吏秩貴，當階平安以升遷；或命賤不任，當由危亂以貶詘也。以今之長吏，況古之國君，安危存亡，可得論也。

自然篇

天地合氣，萬物自生，猶夫婦合氣，子自生矣。萬物之生，含血之類，知饑知寒。見五穀可食，取而食之；見絲麻可衣，取而衣之。或說以爲天生五穀以食人，生絲麻以衣人，此謂天爲人作農夫桑女之徒也，不合自然，故其義疑，未可從也。試依道家論之：天者，普施氣萬物之中，穀愈饑而絲麻救寒，故人食穀衣絲麻也。夫天之不故生五穀絲麻以衣食人，由其有災變不欲以譴告人也。物自生而人衣食之，氣自變而人畏懼之。以若說論之，厭於人心矣。如天瑞爲故，自然焉在？無爲何居？何以天之自然也？以天無口目也。案有爲者，口目之類也。口欲食而目欲視，有嗜欲於內，發之於外，口目求之，得以爲利，欲之爲也。今無口目之欲，於物無所求索，夫何爲乎？何以知天無口目也？以地知之。地以土爲體，土本無口目。天地，夫婦也，地體無口目，亦知天無口目也。使天體乎，宜與地同；使天氣乎，氣若雲烟，雲烟之屬，安得口目？

或曰：「凡動行之類，皆本無有爲。有欲故動，動則有爲。今天動行與人相似，安得無爲？」曰：天之動行也，施氣也；體動氣乃出，物乃生矣。由人動氣也，體動氣乃出，子亦生也。夫人之施氣也，非欲以生子，氣施而子自生矣。天動不欲以生物而物自生，此則自然也。施氣不欲爲物而物自爲，此則無爲也。謂天自然無爲者何？氣也。恬憺無欲，無爲無事者也，老聃得以壽矣。老聃稟之於天，使天無此氣，老聃安所稟受此性？師無其說而弟子獨言者，未之有也。或復於桓公，公曰：「以告仲父。」左右曰：「一則仲父，二則仲父，爲君乃易乎？」桓公曰：「吾未得仲父，故難？已得仲父，何爲不易？』夫桓公得仲父，任之以事，委之以政，不復與知。皇天以至優之德，與王政而譴告人，則天德不若桓公，而霸君之操過上帝也。

或曰：『桓公知管仲賢，故委任之；如非管仲，亦將譴告之矣。使天遭堯、舜，必無譴告之變。』曰：天能譴告人君，則亦能故命聖君。擇才若堯、舜，受以王命，委以王事，勿復與知。今則不然，生庸庸之君，失道廢德，隨譴告之，何天不憚勞也？曹參爲漢相，縱酒歌樂，不聽政治，其子諫之，笞之二百。當時天下無擾亂之變。淮陽鑄僞錢，吏不能禁。汲黯爲太守，不壞一鑪，不刑一人，高枕安臥，而淮陽政清。夫曹參爲相，若不爲相；汲黯爲太守，若郡無人。然而漢朝無事，淮陽刑錯者，參德優而黯威重也。計天之威德，孰與曹參、汲黯？而謂天與王政，隨而譴告之，是謂天德不若曹參厚，而威不若汲黯重也。蘧伯玉治衛，子貢使人問之：『何以治衛？』對曰：『以不治治之。』夫不治之治，無爲之道也。

或曰：『太平之應，河出圖，洛出書。不畫不就，不爲不成。天地出之，有爲之驗也。張良遊泗水之上，遇黃石公，授太公書，蓋天佐漢誅秦，故命令神石爲鬼書授人，復爲有爲之效也。』曰：此皆自然也。夫天安得以筆墨而爲圖書乎？天道自然，故圖書自成。晉唐叔虞、魯成季友生，文在其手，故叔曰虞，季曰友。宋仲子生，有文在其手，曰『爲魯夫人』。三者在母之時，文字成矣，而謂天爲文字，在母之時，天使神持錐筆墨刻其身乎？自然之化，固疑難知，外若有爲，內實自然，是以太史公記黃石事，疑而不能實也。趙簡子夢上天，見一男子在帝之側，後出，見人當道，則前所夢見在帝側者也。論之以爲趙國且昌之狀也。黃石授書，亦漢且興之象也。妖氣爲鬼，鬼象人形，自然之道，非或爲之也。

草木之生，華葉青葱，皆有曲折，象類文章，謂天爲文字，復爲華葉乎？宋人或刻木爲楮葉者，三年乃成。孔子曰：『使地三年乃成一葉，則萬物之有葉者寡矣。』如孔子之言，萬物之葉，自爲生也。自爲生也，故能並成。如天爲之，其遲當若宋人刻楮葉矣。觀鳥獸之毛羽，毛羽之采色，通可爲乎？鳥獸未能盡實。春觀萬物之生，秋觀其成，天地爲之乎？物自然也。如謂天地爲之，爲之宜用手，天地安得萬萬千千手，並爲萬萬千千物乎？諸物在天地之間也，猶子在母腹中也。母懷子氣，十月而生，鼻口耳目，髮膚毛理，血脈脂腴，骨節爪齒，自然成腹中乎？母爲之也？偶人千萬，不名爲人者，何也？鼻口耳目非性自然也。

武帝幸王夫人，王夫人死，思見其形。道士以方術作夫人形，形成，出入宮門，武帝大驚，立而迎之，忽不復見。蓋非自然之眞，方士巧妄之僞，故一見恍惚，消散滅亡。有爲之化，其不可久行，猶王夫人形不可久見也。道家論自然，不知引物事以驗其言行，故自然之說未見信也。然雖自然，亦須有爲輔助。耒耜耕耘，因春播種者，人爲之也。及穀入地，日夜長大，人不能爲也。或爲之者，敗之道也。宋人有閔其苗之不長者，就而揠之，明日枯死。夫欲爲自然者，宋人之徒也。

問曰：『人生於天地，天地無爲，人稟天性者，亦當無爲，而有爲，何也？』曰，至德純渥之人，稟天氣多，故能則天，自然無爲。稟氣薄少，不遵道德，不似天地，故曰不肖。不肖者，不似也。不似天地，不類聖賢，故有爲也。天地爲鑪，造化爲工，稟氣不一，安能皆賢？賢之純者，黃、老是也。黃者，黃帝也；老者，老子也。黃、老之操，身中恬澹，其治無爲，正身共己而陰陽自和，無心於爲而物自化，無意於生而物自成。

易曰：『黃帝堯舜垂衣裳而天下治。』垂衣裳者，垂拱無爲也。孔子曰：『大哉堯之爲君也！惟天爲大，惟堯則之。』又曰：『巍巍乎舜禹之有天下也，而不與焉。』周公曰：『上帝引佚。』上帝謂舜禹也。舜禹承安繼治，任賢使能，恭己無爲而天下治。舜禹承堯之安，堯則天而行，不作功邀名，無爲之化自成，故曰『蕩蕩乎民無能名焉！』年五十者，擊壤於塗，不能知堯之德，蓋自然之化也。易曰：『大人與天地合其德。』黃帝堯舜，大人也，其德與天地合，故知無爲也。天道無爲，故春不爲生，而夏不爲長，秋不爲成，冬不爲藏。陽氣自出，物自生長；陰氣自起，物自成藏。汲井決陂，灌溉園田，物亦生長；霈然而雨，物之莖葉根垓，莫不洽濡。程量澍澤，孰與汲井決陂哉？故無爲之爲大矣。本不求功，故其功立；本不求名，故其名成。沛然之雨，功名大矣，而天地不爲也，氣和而雨自集。

儒家說夫婦之道，取法於天地；知夫婦法天地，不知推夫婦之道，以論天地之性，可謂惑矣。夫天覆於上，地偃於下；下氣蒸上，上氣降下，萬物自生其中間矣。當其生也，天不須復與也，由子在母懷中，父不能知也。物自生，子自成，天地父母，何與知哉？及其生也，人道有教訓之義。天道無爲，聽恣其性，故放魚於川，縱獸於山，從其性命之欲也。不驅魚令上陵，不逐獸令入淵者，何哉？拂詭其性，失其所宜也。夫百姓，魚獸之類也。上德治之，若烹小鮮，與天地同操也。商鞅變秦法，欲爲殊異之功，不聽趙良之議，以取車裂之患。德薄多欲，君臣相憎怨也。道家德厚，下當其上，上安其下，純蒙無爲，何復譴告？故曰，政之適也，君臣相忘於治，魚相忘於水，獸相忘於林，人相忘於世，故曰天也。

孔子謂顏淵曰：『吾服汝忘也；汝之服於我，亦忘也。』以孔子爲君，顏淵爲臣，尚不能譴告，況以老子爲君，文子爲臣乎？老子、文子，似天地者也。淳酒味甘，飲之者醉不相知；薄酒酸苦，賓主嚬蹙。夫相譴告，道薄之驗也。謂天譴告，曾謂天德不若淳酒乎？禮者，忠信之薄，亂之首也。相譏以禮，故相譴告。三皇之時，坐者于于，行者居居，乍自以爲馬，乍自以爲牛，純德行而民瞳矇，曉惠之心未形生也。當時亦無災異，如有災異，不名曰譴告。何則：時人愚惷，不知相繩責也。末世衰微，上下相非，災異時至，則造譴告之言矣。夫今之天，古之天也，非古之天厚而今之天薄也。譴告之言，生於今者，人以心准況之也。誥誓不及五帝，要盟不及三王，交質子不及五伯；德彌薄者信彌衰，心險而行詖，則犯約而負教；教約不行，則相譴告；譴告不改，舉兵相滅。由此言之，譴告之言，衰亂之語也，而謂之上天爲之，斯蓋所以疑也。

且凡言譴告者，以人道驗之也。人道，君譴告臣，上天譴告君也。謂災異爲譴告：夫人道臣亦有諫君，以災異爲譴告，而王者亦當時有諫上天之義，其效何在？苟謂天德優，人不能諫，優德亦宜玄默，不當譴告。萬石君子有過，不言，對案不食，至優之驗也。夫人之優者，猶能不言，皇天德大，而乃謂之譴告乎？夫天無爲，故不言，災變時至，氣自爲之。夫天地不能爲，亦不能知也。腹中有寒，腹中疾痛，人不使也，氣自爲之。夫天地之間，猶人背腹之中也。謂天爲災變；凡諸怪異之類，無小大薄厚，皆天所爲乎？牛生馬，桃生李，如論者之言，天神入牛腹中爲馬，把李實提桃間乎。

牢曰：「子云，吾不試故藝。」又曰：「吾少也賤，故多能鄙事。」人之賤不用於大者，類多伎能。天尊貴高大，安能撰爲災變以譴告人？且吉凶蜚色見於面，人不能爲色自發也。天地猶人身，氣變猶蜚色。人不能爲蜚色，天地安能爲氣變？然則氣變之見，殆自然也。變自見，色自發，占候之家，因以言也。夫寒溫、譴告、變動、招致，四疑皆已論矣。譴告於天道尤詭，故重論之，論之所以難別也。說合於人事，不入於道意，從道不隨事，雖違儒家之說，合黃老之義也。

感類篇

陰陽不和，災變發起；或時先世遺咎，或時氣自然。賢聖感類，慊懼自思，災變惡徵，何爲至乎？引過自責，恐有罪，畏慎恐懼之意，未必有其實事也。何以明之？以湯遭旱自責以五過也。聖人純完，行無缺失矣，何自責有五過？然如書曰：「湯自責，天應以雨。」湯本無過，以五過自責，天何故雨？以無過致旱，亦知自責不能得雨也。由此言之，旱不爲湯至，雨不應自責。然而前旱後雨者，自然之氣也。此言，書之語也。難之曰：「春秋大雩。」董仲舒設土龍，皆爲一時間也。一時不雨，恐懼雩祭，求陰請福，憂念百姓也。湯遭旱七年，以五過自責，謂何時也？夫遭旱一時，輒自責乎？旱至七年，乃自責也？謂一時輒自責，七年乃雨，天應之誠，何其留也？有謂七年乃自責，憂念百姓，何其遲也？不合雩祭之法，不厭憂民之義，書之言未可信也。

由此論之，周成王之雷風發，亦此類也。金縢曰：「秋大熟，未穫，天大雷電以風，禾盡偃，大木斯拔，邦人大恐。」當此之時，周公死，儒者說之，以爲成王狐疑於周公，欲以天子禮葬公，公人臣也，欲以人臣禮葬公，公有王功，狐疑於葬周公之間，天大雷雨，動怒示變，以彰聖功。古文家以武王崩，周公居攝，管蔡流言，王意狐疑周公，周公奔楚，故天雷雨以悟成王。夫一雷一雨之變，或以爲葬疑，或以爲信讒，二家未可審。且訂葬疑之說：秋夏之際，陽氣尚盛，未嘗無雷雨也。顧其拔木偃禾，頗爲狀耳。當雷雨時，成王感懼，開金縢之書，見周公之功，執書泣過，自責之深。自責適已，天偶反風。書家則謂天爲周公怒也。千秋萬夏，不絕雷雨；苟謂雷雨爲天怒乎？是則皇天歲歲怒也。正月陽氣發泄，雷聲始動，秋夏陽至極而雷折。苟謂秋夏之雷爲天大怒，正月之雷天小怒乎？雷爲天怒，雨爲恩施。使天爲周公怒，徒當雷不當雨，今雨俱至，天怒且喜乎？『子於是日也哭則不歌。』周禮『子卯稷食菜羹，哀樂不並行。』哀樂不並行，喜怒反並至乎？

秦始皇帝東封岱嶽，雷雨暴至。劉媼息大澤，雷雨晦冥。始皇無道，自同前聖，治亂自謂太平，天怒可也。劉媼息大澤，夢與神遇，是生高祖，何怒於生聖人而爲雷雨乎？堯時大風爲害，堯繳大風於青丘之野。舜入大麓，烈風雷雨。堯舜世之隆主，何過於天，天爲風雨也？大旱春秋雩祭。又董仲舒設土龍，以類招氣。如天應雩龍，必爲雷雨。何則？秋夏之雨，與雷俱也。必從春秋仲舒之術，則大雩龍求怒天乎？師曠奏白雪之曲，雷電下擊；鼓清角之音，風雨暴至。苟謂雷雨爲天怒，天何憎於白雪清角而怒師曠爲之乎？此雷雨之難也。

又問之曰：『成王不以天子禮葬周公，天爲雷風，偃禾拔木，成王覺悟，執書泣過，天乃反風，偃禾復起。何不爲疾反風以立大木，必須國人起築之乎？』應曰：『天不能。』曰：『然則天有所不能乎？』應曰：『然。』難曰：『孟賁推人人仆，接人而起，接人立。天能拔木，不能復起，是則天力不如孟賁也。秦時三山亡，猶謂天所徙也，夫木之輕重，孰與三山？能徙三山，不能起大木，非天用力宜也。如謂三山非天所亡，然則雷雨獨天所爲乎？』問曰：『天之欲令成王以天子之禮葬周公，以公有聖德，以公有王功。經曰：「王乃得周公死，自以爲功代武王之說。」今天動感以彰周公之德也。』

難之曰：『伊尹相湯伐夏，爲民興利除害，致天下太平；湯死，復相大甲。大甲佚豫，放之桐宮，攝政三年，乃退復位。周公曰：「伊尹格于皇天。」天所宜彰也。伊尹死時，天何以不爲雷雨？』應曰：『以百兩篇曰：「伊尹死，大霧三日。」』大霧三日亂氣矣，非天怒之變也。東漢張霸造百兩篇，其言雖未可信，且假以問天爲雷雨以悟成王，成王未開金匱雷止乎？已開金匱雷雨乃止也？應曰：『未開金匱雷止也。開匱得書，見公之功，覺悟泣過，決以天子禮葬公，出郊觀變，天止雨反風，禾盡起。』由此言之，成王未覺悟，雷雨止矣。難曰：『伊尹霧三日，天何不三日雷雨，須成王覺悟乃止乎？』太戊之時，桑穀生朝，七日大拱，太戊思政，桑穀消亡。宋景公時，熒守心，出三善言，熒惑徙舍。使太戊不思政，景公無三善言，桑穀不消，熒惑不徙。何則？災變所以譴告也。所譴告未覺，災變不除，天之至意也。今天怒爲雷雨以責成王，成王未覺，雷雨之息，何其早也？

又問曰：『禮，諸侯之子稱公子，諸侯之孫稱公孫，皆食采地，殊之庶衆。何則？公子公孫，親而又尊，得體公稱，又食采地，名實相副，猶文質相稱也。天彰周公之功，令成王以天子禮葬，何不令成王號周公以周王，副天子之禮乎？』應曰：『王者，名之尊號也，人臣不得名也。』難曰：『人臣猶得名王，禮乎？武王伐紂，下車追王太王、王季、文王。三人者諸侯，亦人臣也，以王號加之，何爲獨可於三王，不可於周公？天意欲彰周公，豈能明乎？豈以王迹起於三人哉？然而王功亦成於周公。江起岷山，流爲濤瀨。相濤瀨之流，孰與初起之源？秬鬯之所爲到，白雉之所爲來，三王乎？周公也？周公功德盛於三王，不加王號，豈天惡人妄稱之哉？周衰，六國稱王，齊、秦更爲帝，當時天無禁怒之變。周公不以天子禮葬，天爲雷雨以責成王，何天之好惡不純一乎？』

又問曰：『魯季孫賜曾子簀，曾子病而寢之。童子曰：「華而睆者，大夫之簀。」而有曾子感慚，命元易簀。蓋禮大夫之簀，士不得寢也。今周公人臣也，以天子禮葬，魂而有靈，將安之不也？』應曰：『成王所爲，天之所予，何爲不安？』難曰：『季孫所賜大夫之簀，豈曾子之所自制乎？何獨不安乎？子疾病，子路遣門人爲臣。病間，曰：「久矣哉，由之行詐也！無臣而爲有臣，吾誰欺？欺天乎？」孔子罪子路者也。己非人君，子路使門人爲臣，非天之心而妄爲之，是欺天也。周公亦非天子也，以孔子之心況周公，周公必不安也。季氏旅於泰山，孔子曰：「曾謂泰山不如林放乎！」以曾子之細，猶卻非禮；周公至聖，豈安天子之葬？曾謂周公不如曾子乎？由此原之，周公不安也。大人與天地合德，周公不安，天亦不安；何故爲雷雨以責成王乎？』

又問曰：『死生有命，富貴在天。武王之命，何可代乎？』應曰：『九齡之夢，天奪文王年以益武王。克殷二年之時，九齡之年未盡。武王不豫，則請之矣。人命不可請，獨武王可，非世常法，故藏於金縢；不可復爲，故掩而不見。』難曰：『九齡之夢，武王已得文王之年未？』應曰：『已得之矣。』難曰：『已得文王之年，命當自延。克殷二年，雖病猶將不死，周公何爲請而代之？』應曰：『人君爵人以官，議定未之即與，曹下案目，然後可諾。』天雖奪文王年以益武王，猶須周公請，乃能得之。命數精微，非一臥之夢所能得也。應曰：『九齡之夢能得也。』難曰：『九齡之夢，文王夢與武王九齡。武王夢帝予其九齡，其天已予之矣，武王已得之矣，何須復請？人且得官，先夢得爵；其後莫舉，猶自得官。何則？兆象先見，其驗必至也。古者謂年爲齡，已得九齡，猶人夢得爵也。周公因必效之夢，請之於天，功安能大乎？』

又問曰：『功無大小，德無多少，人須仰恃賴之者，則爲美矣。使周公不代武王，武王病死，周公與成王而致天下太平乎？』應曰：『成事，周公輔成王而天下不亂。使武王不見代，遂病至死，周公致太平何疑乎？』難曰：『若是，武王之生無益，其死無損，須周公功乃成也。周衰，諸侯背畔，管仲九合諸侯，一匡天下。孔子曰：「微管仲，吾其被髮左衽矣。」使無管仲，不合諸侯，夷狄交侵，中國絕滅。此無管仲有所傷也。程量有益，管仲之功偶於周公。管仲死，桓公不以諸侯禮葬，以周公況之，天亦宜怒；微雷薄雨不至，何哉？豈以周公聖而管仲不賢乎？夫管仲爲反坫，有三歸，孔子譏之，以爲不賢。反坫三歸，諸侯之禮；天子禮葬，王者之制；皆以人臣，俱不得爲。大人與天地合德，孔子大人也，譏管仲之僭禮；皇天欲周公之侵制，非合德之驗。書家之說，未可然也。』

以見鳥跡而知爲書，見蜚蓬而知爲車。天非以鳥跡命倉頡，以蜚蓬使奚仲也。奚仲感蜚蓬，而倉頡起鳥跡也。晉文反國，命徹麋墨，舅犯心感，辭位歸家。夫文公之徹麋墨，非欲去舅犯；舅犯感慚，自同於麋墨也。宋華臣弱其宗，使家賊六人以鈹殺華吳於宋命合左師之後。左師懼曰：『老夫無罪。』其後左師怨咎華臣，華臣備之。國人逐瘈狗，瘈狗入華臣之門。華臣以爲左師來攻己也，踰牆而走。夫華臣自殺華吳而左師懼，國人自逐瘈狗而華臣自走。成王之畏懼，猶此類也。心疑於不以天子禮葬公，卒遭雷雨之至，則懼而畏過矣。夫雷雨之至，天未必責成王也；雷雨至，成王懼以自責也。夫感則倉頡奚仲之心，懼則左師華臣之意也。懷嫌疑之計，遭暴至之氣，以類之驗見，則天怒之效成矣。見類驗於寂漠，猶感動而畏懼，況雷雨揚軒轄之聲，成王庶幾能不怵惕乎？

迅雷風烈，孔子必變。禮，君子聞雷，雖夜衣冠而坐，所以敬雷懼激氣也。聖人君子，於道無嫌，然猶順天變動；況成王有周公之疑，聞雷雨之變，安能不振懼乎？然則雷雨之至也，殆且自天氣；成王畏懼，殆且感物類也。夫天道無爲，如天以雷雨責怒人，則亦能以雷雨殺無道。古無道者多，可以雷雨誅殺其身，必命聖人興師動軍，頓兵傷士，難以一雷行誅，輕以三軍尅敵，何天之不憚煩也？

或曰：『紂父帝乙，射天毆地，游涇渭之間，雷電擊而殺之。斯天以雷電誅無道也。』帝乙之惡，孰與桀紂？鄒伯奇論桀紂惡不如亡秦，亡秦不如王莽。然而桀紂秦莽之地，不以雷電。孔子作春秋，采毫毛之善，貶纖介之惡，采善不踰其實，貶惡不溢其過。責小以大，夫人無之。成王小疑，天大雷雨。如定以臣葬公，其變何以過此？洪範稽疑，不悟災變者，人之才不能盡曉，天不以疑責備於人也。成王心疑未決，天以大雷雨責之，殆非皇天之意；書家之說，恐失其實也。

齊世篇

語稱上世之人，侗長佼好，堅彊老壽，百歲左右；下世之人，短小陋醜，夭折早死。何則？上世和氣純渥，婚姻以時；人民稟善氣而生，生又不傷，骨節堅定，故長大老壽，狀貌美好。下世反此，故短小夭折，形面醜惡。此言妄也。夫上世治者聖人也，下世治者亦聖人也。聖人之德，前後不殊，則其治世，古今不異。上世之天，下世之天也，天不變易，氣不改更。上世之民，下世之民也，俱稟元氣。元氣純和，古今不異，則稟以爲形體者，何故不同？夫稟氣等則懷性均，懷性均則形體同，形體同則醜好齊，醜好齊則夭壽適。一天一地，並生萬物。萬物之生，俱得一氣。氣之薄渥，萬世若一。帝王治世，百代同道。人民嫁娶，同時共禮。雖言男三十而娶，女二十而嫁，法制張設，未必奉行。何以效之？以今不奉行也。禮樂之制，存見於今，今之人民，肯行之乎？今人不肯行，古人亦不肯舉。以今之人民知古之人民也。

物，亦物也。人生一世，壽至一百歲。生爲十歲兒時，所見地上之物，生死改易者多。至於百歲，臨且死時，所見諸物，與年十歲時所見，無以異也。使上世下世，民人無有異，則百歲之間，足以卜筮。六畜長短，五穀大小，昆蟲草木，金石珠玉，蜎蜚蠕動，跂行喙息，無有異者，此形不異也。古之水火，今之水火也。今氣爲水火也，使氣有異，則古之水清火熱，而今水濁火寒乎？人生長六七尺，大三四圍，面有五色，壽至於百，萬世不異。如以上世人民，侗長佼好，堅彊老壽，下世反此，則天地初立，始爲人時，長可如防風之君，色如宋朝，壽如彭祖乎？從當今至千世之後，人可長如莢英，色如嫫母，壽如朝生乎？王莽之時，長人生長一丈，名曰霸出。建武年中，潁川張仲師長一丈二寸，張湯八尺有餘，其父不滿五尺。俱在今世，或長或短，儒者之言，竟非誤也。

語稱上世使民以宜，傴者抱關，侏儒俳優，如皆侗長佼好，安得傴侏之人乎？語稱上世之人，質朴易化，下世之人，文薄難治。故易曰：『上古之時，結繩以治，後世易之以書契。』先結繩，易化之故；後書契，難治之驗也。故夫宓犧之前，人民至質朴，臥者居居，坐者于于，羣居聚處，知其母不識其父。至宓犧時，人民頗文，知欲詐愚，勇欲恐怯，彊欲淩弱，衆欲暴寡，故宓犧作八卦以治之。至周之時，人民文薄，八卦難復因襲，故文王衍爲六十四首，極其變，使民不倦。至周之時，人民文薄，故孔子作春秋，采毫毛之善，貶纖介之惡，稱曰：『周監於二代，郁郁乎文哉！吾從周。』孔子知世浸弊，文薄難治，故加密致之罔，設纖微之禁，檢狎守持，備具悉極。此言妄也。上世之人，所懷五常也；下世之人，亦所懷五常也。俱懷五常之道，共稟一氣而生，上世何以質朴？下世何以文薄？彼見上世之民，飲血茹毛，無五穀之食，後世穿地爲井，耕土種穀，飲井食粟，有水火之調；又見上古巖居穴處，衣禽獸之皮，後世易以宮室，有布帛之飾；則謂上世質朴，下世文薄矣。

夫器業變易，性行不異，然而有質朴文薄之語者，世有盛衰，衰極久有弊也。譬猶衣食之於人也，初成鮮完，始熟香潔，少久穿敗，連日臭茹矣。文質之法，古今所共。一質一文，一衰一盛，古而有之，非獨今也。何以效之？傳曰：「夏后氏之王教以忠。上教以忠，君子忠，其失也，小人野。救野莫如敬。殷王之教以敬。上教用敬，君子敬，其失也，小人鬼。救鬼莫如文，故周之王教以文。上教以文，君子文，其失也，小人薄。救薄莫如忠。」承周而王者，當教以忠。夏所承唐虞之教薄，故教以忠。唐虞以文教，則其所承有鬼失矣。世人見當今之文薄也，狎侮非之，則謂上世朴質，下世文薄，猶家人子弟不謹，則謂他家子弟謹良矣。

語稱上世之人，重義輕身，遭忠義之事，得己所當赴死之分明也，則必赴湯趨鋒，死不顧恨。故弘演之節，陳不占之義，行事比類，書籍所載，亡命捐身，衆多非一。今世趨利苟生，棄義妄得，不相勉以義，不相激以行，義廢身不以爲累，行隳事不以相畏。此言妄也。夫上世之士，今世之士也，俱含仁義之性，則其遭事，並有奮身之節。古有無義之人，今有建節之士，善惡雜廁，何世無有？述事者好高古而下今，貴所聞而賤所見。辨士則談其久者，文人則著其遠者。近有奇而辨不稱，今有異而筆不記。若夫琅邪兒子明，歲敗之時，兄爲饑人所食，自縛叩頭，代兄爲食。餓人美其義，兩舍不食。兄死，收養其孤，愛不異於己之子。歲敗穀盡，不能兩活，餓殺其子，活兄之子。臨淮許君叔亦養兄孤子，歲倉卒之時，餓其親子，活兄之子，與子明同義。會稽孟章父英爲郡決曹掾，郡將撾殺非辜，事至覆考，英引罪自予，卒代將死。章後復爲郡功曹，從役攻賊，兵卒北敗，爲賊所射，以身代將，卒死不去。此弘演之節，陳不占之義，何以異？當今著文書者，肯引以爲比喻乎？比喻之證，上則求虞夏，下則索殷周。秦漢之際，功奇行殊，猶以爲後；又況當今在百代下，言事者目親見之乎？

畫工好畫上代之人，秦漢之士，功行譎奇，不肯圖。今世之士者，尊古卑今也。貴鵠賤雞，鵠遠而雞近也。使當今說道深於孔墨，名不得與之同；立行崇於曾顏，聲不得與之鈞。何則？世俗之性，賤所見，貴所聞也。有人於此，立義建節，實核其操，古無以過。爲文書者，肯載於篇籍，表以爲行事乎。作奇論，造新文，不損於前人，好事者肯舍久遠之書，而垂意觀讀之乎？揚子雲作太玄，造法言，張伯松不肯一觀；與之併肩，故賤其言。使子雲在伯松前，伯松以爲金匱矣。

語稱上世之時，聖人德優，而功治有奇，故孔子曰：『大哉堯之爲君也，唯天爲大，唯堯則之。蕩蕩乎民無能名焉！巍巍乎其有成功也！煥乎其有文章也！』舜承堯不墮洪業，禹襲舜不虧大功。其後至湯舉兵伐桀，武王把鉞討紂，無巍巍蕩蕩之文，而有動兵討伐之言。蓋其德劣而兵試，武用而化薄。化薄，不能相逮之明驗也。及至秦漢，兵革雲擾，戰力角勢，秦以得天下。既得天下，無嘉瑞之美，若『協和萬國，鳳凰來儀』之類，非德劣不及，功薄不若之徵乎？此言妄也。夫天地氣和，即生聖人；聖人之治，即立大功。和氣不獨在古先，則聖人何故獨優？世俗之性，好褒古而毁今，少所見而多所聞。又見經傳增賢聖之美，孔子尤大堯舜之功。聞堯舜禪而相讓，湯武伐而相奪，則謂古聖優於今，功化渥於後矣。夫經有褒增之文，世有空加之言，讀經覽書者所共見也。孔子曰：『紂之不善，不如是之甚也。是以君子惡居下流，天下之惡皆歸焉。』世常以桀紂與堯舜相反，稱美則說堯舜，言惡則舉紂桀。孔子曰：『紂之不善，不如是之甚也。』則知堯舜之德，不若是其盛也。

堯舜之禪，湯武之誅，皆有天命；非優劣所能爲，人事所能成也。使湯武在唐虞，亦禪而不伐；堯舜在殷周，亦誅而不讓。蓋有天命之實，而世空生優劣之語。經言協和萬國，時亦有丹朱；鳳凰來儀，時亦有有苗。兵皆動而並用，則知德亦何優劣而大小也。世論桀紂之惡，甚於亡秦；實事者謂亡秦惡甚於桀紂。秦漢善惡相反，猶堯舜桀紂相違也。亡秦與漢，皆在後世，亡秦惡甚於桀紂，則亦知大漢之德不劣於唐虞也。唐之萬國，固增而非實也。有虞之鳳皇，宣帝以五致之矣。孝明帝符瑞並至。夫德優故有瑞，瑞鈞則功不相下。宣帝孝明如劣，不及堯舜，何以能致堯舜之瑞？光武皇帝龍興鳳舉，取天下若拾遺，何以不及殷湯周武？世稱周之成康，不虧文王之隆，舜巍巍不虧堯之盛功也。方今聖明，承光武，襲孝明，有浸酆溢美之化，無細小毫髮之虧，上何以不逮舜禹，下何以不若成康，世見五帝三王，事在經傳之上，而漢之記故，尚爲文書，則謂古聖優而功大，後世劣而化薄矣。

宣漢篇

儒者稱五帝三王，致天下太平；漢興以來，未有太平。彼謂五帝三王致太平，漢未有太平者，見五帝三王，聖人也，聖人之德，能致太平；謂漢不太平者，漢無聖帝也，賢者之化，不能太平。又見孔子言：「鳳鳥不至，河不出圖，吾已矣夫。」方今無鳳鳥河圖，瑞頗未至悉具，故謂未太平。此言妄也。夫太平以治定爲效，百姓以安樂爲符。孔子曰：「修己以安百姓，堯舜其猶病諸！」百姓安者，太平之驗也。夫治人以人爲主；百姓安而陰陽和，陰陽和則萬物育，萬物育則奇瑞出。視今天下，安乎危乎？安則平矣，瑞則未具，無害於平。故夫王道，定事以驗，立實以效。效驗不彰，實誠不見；時或實然，證驗不具。是故王道，立事以實，不必具驗；聖主治世，期於平安，不須符瑞。

且夫太平之瑞，猶聖主之相也。聖主骨法未必同，太平之瑞何爲當等？彼聞堯舜之時，鳳凰景星皆見，河圖洛書皆出，以爲後王治天下，當復若等之物，乃爲太平。用心若此，猶謂堯當復比齒，舜當復八眉也。夫帝王聖相，前後不同，則得瑞古今不等。而今王無鳳鳥河圖，爲未太平，妄矣。孔子言鳳鳥河圖者，假前瑞以爲語也，未必謂世當復有鳳凰與河圖也。夫帝王之瑞，衆多非一：或以鳳鳥麒麟，或以河圖洛書，或以甘露醴泉，或以陰陽和調，或以百姓乂安。今瑞未必同於古，古應未必合於今。遭以所得，未必相襲，何以明之？以帝王興起，命祐不同也。周則烏魚，漢斬大蛇。推論唐虞，猶周漢也。初興始起，事效物氣，無相襲者。太平瑞應，何故當鈞？以已至之瑞，效方來之應，猶守株待兔之蹊，藏身破罝之路也。天下太平，瑞應各異，猶家人富殖，物不同也。或積米穀，或藏布帛，或畜牛馬，或長田宅。夫樂米穀不愛布帛，歡牛馬不美田宅，則謂米穀愈布帛，牛馬勝田宅矣。今百姓安矣，符瑞至矣，終謂古瑞河圖鳳凰不至，謂之未安，是猶食稻之人，入飯稷之鄉，不見稻米，謂稷爲非穀也。實者天下已太平矣，未有聖人，何以致之？未見鳳凰，何以效實？問世儒不知聖，何以知今無聖人也？世人見鳳凰，何以知之？既無以知之，何以知今無鳳凰也。委不能知有聖與無，又不能别鳳凰是鳳與非，則必不能定今太平與未平也。

孔子曰：「如有王者，必世然後仁，三十年而天下平。」漢興至文帝時，二十餘年，賈誼創議，以爲天下洽和，當改正朔、服色、制度，定官名，興禮樂。文帝初即位，謙讓未遑。夫如賈生之議，文帝時已太平矣。漢興二十餘年，應孔子之言「必世然後仁」也。漢一代之年數已滿，太平立矣，賈生知之。況至今且三百年，謂未太平，誤也。且孔子所謂一世，三十年也。漢家三百歲，十帝耀德，未平如何？夫文帝之時，固已平矣，歷世持平矣。至平帝時，前漢已滅，光武中興，復致太平。

問曰：「文帝有瑞，可名太平，光武無瑞，謂之太平，如何？」曰：夫帝王瑞應，前後不同。雖無物瑞，百姓寧集，風氣調和，是亦瑞也。何以明之？帝王治平，升封太山，告安也。秦始皇升封太山，遭雷雨之變，治未平，氣未和。光武皇帝升封，天晏然無雲，太平之應也，治平氣應。光武之時，氣和人安，物瑞等至，人氣已驗，論者猶疑。孝宣皇帝元康二年，鳳凰集於太山，後又集於新平。四年，神雀集於長樂宮，或集於上林，九真獻麟。神雀二年，鳳凰甘露降集京師。四年，鳳凰下杜陵及上林。五鳳三年，帝祭南郊，神光並見，或興于谷，燭耀齋宮，十有餘日。明年，祭后土，靈光復至，至如南郊之時。甘露神雀降集延壽萬歲宮。其年三月，鸞鳳集長樂宮東門中樹上。甘露元年，黄龍至，見于新豐，醴泉滂流。彼鳳凰雖五六至，或時一鳥而數來，或時異鳥而各至。麒麟、神雀、黄龍、鸞鳥、甘露、醴泉，祭后土天地之時，神光靈耀，可謂繁盛累積矣。孝明時雖無鳳凰，亦致麒麟、甘露、醴泉、神雀、白雉、紫芝、嘉禾，金出鼎見，離本復合。五帝、三王經傳所載瑞應，莫盛孝明。如以瑞應效太平，宣、明之年，倍五帝、三王也。夫如是，孝宣、孝明，可謂太平矣。

能致太平者，聖人也，世儒何以謂世未有聖人？天之稟氣，豈爲前世者渥，後世者泊哉？周有三聖，文王、武王、周公，並時猥出。漢亦一代也，何以當少於周？周之聖王，何以當多於漢？漢之高祖、光武，周之文、武也。文帝、武帝、宣帝、孝明、今上，過周之成、康、宣王。非以身生漢世，可褒增頌歎，以求媚稱也；核事理之情，定說者之實也。俗好褒遠稱古，講瑞上世爲美，論治則古王爲賢，睹奇於今，終不信。然使堯、舜更生，恐無聖名。獵者獲禽，觀者樂獵，不見漁者之心不顧也。是故觀於齊不虞魯，遊於楚不懽宋。唐虞夏殷，同載在二尺四寸，儒者推讀，朝夕講習，不見漢書，謂漢劣不若，亦觀獵不見漁，游齊楚不願宋魯也。使漢有宏文之人，經傳漢事，則尚書春秋也。儒者宗之，學者習之，將襲舊六爲七，今上上王至高祖，皆爲聖帝矣。觀杜撫班固等所上漢頌，頌功德符瑞，汪濊深廣，滂沛無量，踰唐虞，入皇城，三代隘辟，厥深洿沮也。殷監不遠，在夏后之世。且舍唐虞夏殷，近與周家斷量功德，實商優劣，周不如漢。

何以驗之？周之受命者，文武也；漢則高祖光武也。文武受命之降怪，不及高祖光武初起之祐；孝宣明之瑞，美於周之成康宣王。孝宣孝明符瑞，唐虞以來，可謂盛矣。今上即命，奉成持滿，四海混一，天下定寧，物瑞已極，人應訂隆。唐世黎民雍熙，今亦天下修仁，歲遭運氣，穀頗不登，迥路無絕道之憂，深幽無屯聚之姦。周家越常獻白雉，方今匈奴鄯善哀牢貢獻牛馬。周時僅治五千里內，漢氏廓土，收荒服之外。牛馬珍於白雉，近屬不若遠物，古之戎狄，今爲中國；古之躶人，今被朝服；古之露首，今冠章甫；古之跣跗，今履商舄。以盤石爲沃田，以桀暴爲良民，夷埳坷爲平均，化不賓爲齊民：非太平而何？夫實德化則周不能過漢，論符瑞則漢盛於周，度土境則周狹於漢，漢何以不如周？獨謂周多聖人，治致太平？儒者稱聖泰隆，使聖卓而無跡；稱治亦泰盛，使太平絕而無續也。

恢國篇

顏淵喟然歎曰：「仰之彌高，鑽之彌堅。」此言顏淵學於孔子，積累歲月，見道彌深也。宣漢之篇，高漢於周，擬漢過周，論者未極也。恢而極之，彌見漢奇。夫經熟講者，要妙乃見；國極論者，恢奇彌出。恢論漢國，在百代之上審矣。何以驗之？黃帝有涿鹿之戰，堯有丹水之師，舜時有苗不服，夏啓有扈叛逆，高宗伐鬼方，三年剋之，周成王管蔡悖亂，周公東征。前代皆然，漢不聞此。高祖之時，陳豨反，彭越叛，治始安也；孝景之時，吳楚興兵，怨鼂錯也。匈奴時擾，正朔不及；天荒之地，王功不加兵，今皆內附，貢獻牛馬。此則漢之威盛，莫敢犯也。

紂爲至惡，天下叛之。武王舉兵，皆願就戰；八百諸侯，不期俱至。項羽惡微號而用兵，與高祖俱起，威力輕重，未有所定，則項羽力勁。折鐵難於摧木。高祖誅項羽，折鐵；武王伐紂，摧木。然則漢力勝周多矣。凡克敵，一則易，二則難。湯、武伐桀、紂，一敵也；高祖誅秦，殺項，兼勝二家，力倍湯、武。武王爲殷西伯，臣事於紂，以臣伐君，夷、齊恥之，扣馬而諫，武王不聽，不食周粟，餓死首陽。高祖不爲秦臣，光武不仕王莽，誅惡伐無道，無伯夷之譏，可謂順於周矣。丘山易以起高，淵洿易以爲深。起於微賤，無所因階者難；襲爵乘位，尊祖統業者易。堯以唐侯入嗣帝位，舜以司徒因堯授禪，禹以司空緣功代舜，湯由七十里，文王百里，武王爲西伯，襲文王位。三郊五代之起，皆有因緣，力易爲也。高祖從亭長提三尺劍取天下，光武由白水奮威武，海內無尺土所因，一位所乘，直率天命，推自然。此則起高於淵洿，爲深於丘山也。比方五代，孰者爲優？

傳書或稱武王伐紂，太公陰謀，食小兒以丹，令身純赤，長大，教言殷亡。殷民見兒身赤，以爲天神，及言殷亡，皆謂商滅。兵至牧野，晨舉脂燭。姦謀惑民，權掩不備，周之所諱也，世謂之虛。漢取天下，無此虛言。武成之篇，言周伐紂，血流浮杵，以武成言之，食兒以丹，晨舉脂燭，殆且然矣。漢伐亡新，光武將五千人，王莽遣二公將三萬人，戰于昆陽，雷雨晦冥，前後不相見。漢兵出昆陽城，擊二公軍，一而當十，二公兵敗，天下以雷雨助漢威敵，孰與舉脂燭以人事譎取殷哉？

或云：「武王伐紂，紂赴火死，武王就斬以鉞，懸其首於大白之旌。」齊宣王憐釁鐘之牛，睹其色之觳觫也。楚莊王赦鄭伯之罪，見其肉袒而形暴也。君子惡不惡其身，紂屍赴於火中，所見悽愴，非徒色之觳觫，袒之暴形也；就斬以鉞，懸乎其首，何其忍哉？高祖入咸陽，閻樂誅二世，項羽殺子嬰，高祖雍容入秦，不戮二屍；光武入長安，劉聖公已誅王莽，乘兵即害，不刃王莽之死。夫斬赴火之首，與貰被刃者之身，德虐孰大也？豈以羑里之恨哉？以人君拘人臣，其逆孰與秦奪周國，莽酖平帝也？鄭伯奇論桀、紂之惡，不若亡秦，亡秦不若王莽。然則紂惡微而周誅之痛，秦莽罪重而漢伐之輕，寬狹誰也？

高祖母妊之時，蛟龍在上，夢與神遇；好酒貰飲，酒舍負讎；及醉留臥，其上常有神怪；夜行斬蛇，蛇嫗悲哭；與呂后俱之田廬，時自隱匿，光氣暢見，呂后輒知；始皇望見東南有天子氣；及起，五星聚於東井；楚望漢軍，雲氣五色。光武且生，鳳皇集於城，嘉禾滋於屋。皇妣之身，夜半無燭，空中光明。初者蘇伯阿望春陵氣，鬱鬱蔥蔥。光武起過舊廬，見氣憧憧上屬於天。五帝三王，初王始起，不聞此怪。堯母感於赤龍，及起不聞奇祐；禹母吞薏苡，將生得玄圭；契母咽鷰子。湯起白狼銜鉤，后稷母履大人之跡，文王起得赤雀，武王得魚烏，皆不及漢太平之瑞。黃帝堯舜鳳皇一至。凡諸衆瑞，重至者希。漢文帝黃龍玉棓；武帝黃龍麒麟連木；宣帝鳳皇五至，麒麟神雀，甘露醴泉，黃龍神光；平帝白雉黑雉；孝明麒麟神雀，甘露醴泉，白雉黑雉，芝草連木嘉禾，與宣帝同，奇有神鼎黃金之怪。一代之瑞，累仍不絕。此則漢德豐茂，故瑞祐多也。孝明天崩，今上嗣位，元二之間，嘉德布流，三年零陵生芝草五本，四年甘露降五縣，五年芝復生，六年黃龍見，大小凡八。前世龍見不雙，芝生無二，甘露一降，而今八龍並出，十一芝累生，甘露流五縣，德惠盛熾，故瑞繁夥也。自古帝王，孰能致斯？

儒者論曰：「王者推行道德，受命於天。」論衡初稟以爲王者生稟天命，性命難審，且兩論之。酒食之賜，一則爲薄，再則爲厚。如儒者之言，五代皆一受命，唯漢獨再，此則天命於漢厚也。如審論衡之言，生稟自然，此亦漢家所稟厚也。絕而復屬，死而復生。世有死而復生之人，人必謂之神。漢統絕而復屬，光武存亡，可謂優矣。武王伐紂，庸蜀之夷，佐戰牧野。成王之時，越常獻雉，倭人貢暢。幽厲衰微，戎狄攻周，平王東走，以避其難。至漢四夷朝貢。孝平元始元年，越常重譯，獻白雉一、黑雉二。夫以成王之賢，輔以周公，越常獻一，平帝得三。後至四年，金城塞外羌良橋橋種良願等，獻其魚鹽之地，願內屬漢，遂得西王母石室，因爲西海郡。周時戎狄攻王，至漢內屬，獻其寶地。西王母國在絕極之外，而漢屬之，德孰大，壤孰廣？

方今哀牢鄯善諾降附歸德；匈奴時擾，遣將攘討，獲虜生口千萬數。夏禹倮入吳國。太伯採藥，斷髮文身。唐虞國界，吳爲荒服，越在九夷，罽衣關頭，今皆夏服，褏衣履舄。巴蜀越嶲，鬱林日南，遼東樂浪，周時被髮椎髻，今戴皮弁，周時重譯，今吟詩書。春秋之義，君親無將，將而必誅。廣陵王荆迷於嬖巫，楚王英惑於俠客，事情列見。孝明三宥，二王吞藥。周誅管蔡，違斯遠矣。楚外家許氏，與楚王謀議。孝明曰：「許氏有屬於王。」欲王尊貴，人情也。聖心原之，不繩於法。隱彊侯傅懸書市里，誹謗聖政，今上悔思，犯奪爵土。惡其人者，憎其胥餘。立二王之子，安楚廣陵，彊弟員嗣祀陰氏。二王帝族也，位爲王侯，與管蔡同。管蔡滅嗣，二王立後，恩已褒矣。隱彊異姓也，尊重父祖，復存其祀，立武庚之義，繼祿父之恩，方斯羸矣。何則？並爲帝王，舉兵相征，貪天下之大，絕成湯之統，非聖王之義，失承天之意也。隱彊，臣子也，漢統自在，絕滅陰氏，無損於義，而猶存之，惠滂沛也。故夫雨露之施，內則注於骨肉，外則布於他族，唐之晏晏，舜之烝烝，豈能踰此？

驩兜之行，靖言庸回，共工私之，稱薦於堯。三苗巧佞之人，或言有罪之國。鯀不能治水，知力極盡，罪皆在身，不加於上，唐虞放流，流於不毛。怨惡謀上，懷挾叛逆，考事失實，誤國殺將，罪惡重於四子。孝明加恩，則論徙邊；今上寬惠，還歸州里。開闢以來，恩莫斯大？晏子曰：「鉤星在房心之間，地其動乎。」夫地動天時，非政所致。皇帝振畏，猶歸於治，廣徵賢良，訪求過闕，高宗之側身，周成之開匱，勵能逮此。穀登歲平，庸主因緣，以建德政；顛沛危殆，聖哲優者，乃立功化。是故微病，恆醫皆巧；篤劇，扁鵲乃良。建初孟年，無妄氣至，歲之疾疫也，比旱不雨，牛死民流，可謂劇矣。皇帝敦德，俊乂在官，第五司空，股肱國維，轉穀振贍，民不乏餓，天下慕德，雖危不亂。民饑於穀，飽於道德，身流在道，心回鄉內，以故道路無盜賊之跡，深幽迥絕，無劫奪之姦，以危爲寧，以困爲通，五帝三王，孰能堪斯哉？

驗符篇

永平十一年，廬江皖侯國民際有湖。皖民小男，曰陳爵、陳挺，年皆十歲以上，相與釣於湖涯。挺先釣，爵後往。爵問挺曰：「釣寧得乎？」挺曰：「得！」爵即歸取竿綸，去挺四十步所，見湖涯有酒鐏，色正黃，沒水中。爵以爲銅也，涉水取之，滑重不能舉。挺望見，號曰：「何取？」爵曰：「是有銅，不能舉也。」挺往助之，涉水未持，鐏頓衍更爲盟盤，動行入深淵中，復不見。挺、爵留顧，見如錢等，正黃，數百千枚，即共掇摭，各得滿手，走歸示其家。爵父國，故免吏，字君賢，驚曰：『安所得此？』爵言其狀。君賢曰：『此黃金也。』即馳與爵俱往，到金處，水中尚多，賢自涉水掇取。爵、挺鄰伍並聞，俱競採之，合得十餘斤。賢自言於相，相言太守，太守遣吏收取，遣門下掾程躬奉獻，具言得金狀。詔書曰：『如章則可，不如章，有正法。』躬奉詔書，歸示太守，太守以下，思省詔書，以爲疑隱，言之不實，苟飾美也，即復因卻上得黃金實狀如前章，事寢。十二年，賢等上書曰：『賢等得金湖水中，郡牧獻，訖今不得直。』詔書下廬江，上不畀賢等金直狀，郡上賢等所採金自官湖中，非賢等私瀆，故不與直。十二年，詔書曰：『視時金價畀賢等金直。』漢瑞非一，金出奇怪，故獨紀之。

金玉神寶，故出詭異。金物色先爲酒罇，後爲盟盤，動行入淵，豈不怪哉？夏之方盛，遠方圖物，貢金九牧，禹謂之瑞，鑄以爲鼎。周之九鼎，遠方之金也。人來貢之，自出於淵者，其實一也，皆起盛德，爲聖王瑞。金玉之世，故有金玉之應。文帝之時，玉棓見。金之與玉，瑞之最也。金聲玉色，人之奇也。永昌郡中亦有金焉，纖靡大如黍粟，在水涯沙中，民採得日重五銖之金，一色正黃。土生金，土色黃；漢，土德也，故金化出。金有三品，黃比見者，黃爲瑞也。圯橋老父，遺張良書，化爲黃石。黃石之精，出爲符也。夫石，金之類也，質異色鈞，皆土瑞也。

建初三年，零陵泉陵女子傅寧宅，土中忽生芝草五本，長者尺四五寸，短者七八寸，莖葉紫色，蓋紫芝也。太守沈酆，遣門下掾衍盛奉獻。皇帝悅懌，賜錢衣食，詔會公卿郡國上計吏民皆在，以芝告示天下。天下並聞，吏民歡喜，咸知漢德豐雍，瑞應出也。四年，甘露下泉陵、零陵、洮陽、始安、泠道五縣，榆柏梅李，葉皆洽薄，威委流漉，民嗽吮之，甘如飴蜜。五年，芝草復生泉陵男子周服宅上，六本，色狀如三年。——芝并前凡十一本。湘水去泉陵七里，水上聚石曰燕室丘，臨水有俠山，其下巖淦，水深不測，二黃龍見，長出十六丈，身大於馬，舉頭顧望，狀如圖中畫龍，燕室丘民皆觀見之。去龍可數十步，又見狀如駒馬，小大凡六，出水遨戲陵上——蓋二龍之子也。并二龍爲八，出移一時乃入。

宣帝時，鳳凰下彭城，彭城以聞。宣帝詔侍中宋翁一。翁一曰：「鳳凰當下京師，集於天子之郊，乃遠下彭城，不可收，與無下等。」宣帝曰：「方今天下合爲一家，下彭城與京師等耳，何令可與無下等乎？」令左右通經者語難翁一。翁一窮，免冠叩頭謝。宣帝之時，與今無異，鳳凰之集，黃龍之出，鈞也；彭城、零陵，遠近同也；帝宅長遠，四表爲界，零陵在內，猶爲近矣。魯人公孫臣，孝文時言漢土德，其符黃龍當見；其後黃龍見於成紀。成紀之遠，猶零陵也。孝武、孝宣時，黃龍皆出。黃龍比出，於茲爲四，漢竟土德也。

賈誼創議於文帝之朝云：「漢色當尚黃，數以五爲名。」賈誼智囊之臣，云色黃數五，土德審矣。芝生於土；土氣和，故芝生土。土爰稼穡，稼穡作甘，故甘露集。龍見往世不雙，唯夏盛時，二龍在庭。今龍雙出，應夏之數，治諧偶也。龍出往世，其子希出；今小龍六頭，並出遨戲，象乾坤六子，嗣後多也。唐虞之時，百獸率舞，今亦八龍遨戲良久。芝草延年，仙者所食，往世生出不過一二；今并前後，凡十一本，多獲壽考之徵，生育松喬之糧也。甘露之降，往世一所，今流五縣，應土之數，德布濩也。皇瑞比見，其出不空，必有象爲，隨德是應。孔子曰：「知者樂，仁者壽。」皇帝聖人，故芝草壽徵生。黃爲土色，位在中央，故軒轅德優，以黃爲號。皇帝寬惠，德侔黃帝，故龍色黃，示德不異。東方曰仁；龍，東方之獸也。皇帝聖人，故仁瑞見。仁者，養育之味也，皇帝仁惠，愛黎民，故甘露降。龍，潛藏之物也；陽見於外，皇帝聖明，招拔巖穴也。瑞出必由嘉士，祐至必依吉人也。天道自然，厥應偶合。聖主獲瑞，亦出羣賢。君明臣良，庶事以康。文武受命，力亦周邵也。

須頌篇

古之帝王建鴻德者，須鴻筆之臣，褒頌紀載，鴻德乃彰，萬世乃聞。問說書者「欽明文思以下，誰所言也？」曰，「篇家也。」「篇家誰也？」「孔子也。」然則孔子鴻筆之人也；自衛反魯，然後樂正，雅頌各得其所也。鴻筆之奮，蓋斯時也。或問尚書曰，「尚者上也，上所爲，下所書也。」「下者誰也？」曰「臣子也。」然則臣子書上所爲矣。

問儒者，『禮言制，樂言作，何也？』曰：『禮者上所制，故曰制；樂者下所作，故曰作。天下太平，頌聲作。』方今天下太平矣，頌詩樂聲可以作，未傳者不知也。故曰拘儒。衞孔悝之鼎銘，周臣勸行。孝宣皇帝稱潁川太守黃霸有治狀，賜金百斤。漢臣勉政。夫以人主頌稱臣子，臣子當褒君父，於義較矣。虞氏天下太平，夔歌舜德；宣王惠周，詩頌其行；召伯述職，周歌棠樹。是故周頌三十一，殷頌五，魯頌四，凡頌四十篇，詩人所以嘉上也。由此言之，臣子當頌明矣。

儒者謂漢無聖帝，治化未太平。宣漢之篇，論漢已有聖帝，治已太平；恢國之篇，極論漢德非常實然，乃在百代之上。表德頌功，宣褒主上，詩之頌言，右臣之典也。舍其家而觀他人之室，忽其父而稱異人之翁，未爲德也。漢，今天下之家也；先帝、今上，民臣之翁也。夫曉主德而頌其美，識國奇而恢其功，孰與疑暗不能也？

孔子稱『大哉，堯之爲君也！唯天爲大，唯堯則之。蕩蕩乎民無能名焉！』或年五十，擊壤於塗。或曰：『大哉，堯之德也！』擊壤者曰：『吾日出而作，日入而息，鑿井而飲，耕田而食，堯何等力！』孔子乃言大哉堯之德者，乃知堯者也。涉聖世不知聖主，是則盲者不能別青黃也；知聖主不能頌，是則瘖者不能言是非也。然則方今盲瘖之儒，與唐擊壤之民，同一才矣。夫孔子及唐人言大哉者，知堯德，蓋堯盛也；擊壤之民云『堯何等力？』是不知堯德也。

夜舉燈燭，光曜所及，可得度也；日照天下，遠近廣狹，難得量也。浮於淮、濟，皆知曲折；入東海者，不曉南北。故夫廣大從橫難數，極深揭厲難測。漢德酆廣，日光海外也。知者知之，不知者不知漢盛也。漢家著書，多上及殷、周，諸子並作，皆論他事，無褒頌之言，論衡有之。又詩頌國名周頌，與杜撫、班固所上漢頌，相依類也。

宣帝之時，畫圖漢列士，或不在於畫上者，子孫恥之。何則？父祖不賢，故不畫圖也。夫頌言非徒畫文也，如千世之後，讀經書不見漢美，後世怪之。故夫古之通經之臣，紀主令功，記於竹帛；頌上令德，刻於鼎銘。文人涉世，以此自勉。漢德不及六代，論者不德之故也。地有丘洿，故有高平，或以钁鍤平而夷之，爲平地矣。世見五帝、三王爲經書，漢事不載，則謂五三優於漢矣。或以論爲鑱鍤，損三五，少豐滿漢家之下，豈徒並爲平哉？漢將爲丘。五三轉爲洿矣。湖池非一，廣狹同也。樹竿測之，深淺可度。漢與百代，俱爲主也。實而論之，優劣可見。故不樹長竿，不知深淺之度。無論衡之論，不知優劣之實。漢在百代之末，上與百代料德，湖池相與比也。無鴻筆之論，不免庸庸之名。論好稱古而毁今，恐漢將在百代之下，豈徒同哉？

諡者，行之跡也。諡之美者，成宣也。惡者，靈厲也。成湯遭旱，周宣亦然。然而成湯加成，宣王言宣，無妄之災，不能虧政，臣子累諡，不失實也。由斯以論堯，堯亦美諡也。時亦有洪水，百姓不安，猶言堯者，得實考也。夫一字之諡，尚猶明主。况千言之論，萬文之頌哉！

船車載人，孰與其徒多也？素車朴船，孰與加漆采畫也？然則鴻筆之人，國之船車采畫也。農無彊夫，穀粟不登；國無彊文，德闇不彰。漢德不休，亂在百代之間，彊筆之儒不著載也。高祖以來，著書非不講論。漢司馬長卿爲封禪書，文約不具。司馬子長紀黄帝以至孝武。揚子雲錄宣帝以至哀平。陳平仲紀光武。班孟堅頌孝明。漢家功德，頗可觀見。今上即命，未有褒載，論衡之人，爲此畢精，故有齊世、宣漢、恢國、驗符。

龍無雲雨，不能參天；鴻筆之人，國之雲雨也。載國德於傳書之上，宣昭名於萬世之後，厥高，非徒參天也。城牆之土，平地之壤也，人加築蹈之力，樹立臨池。國之功德，崇於城牆；文人之筆，勁於築蹈。聖主德盛功立，莫不褒頌紀載，奚得傳馳流去無疆乎？人有高行，或譽得其實，或欲稱之不能言，或謂不善，不肯陳一。斷此三者，孰者爲賢？五三之際，於斯爲盛。孝明之時，衆瑞並至，百官臣子，不爲少矣，唯班固之徒，稱頌國德，可謂譽得其實矣。頌文譎以奇，彰漢德於百代，使帝明如日月，孰與不能言，言之不美善哉？

秦始皇東南遊，升會稽山，李斯刻石，紀頌帝德。至瑯琊亦然。秦無道之國，刻石文世，觀讀之者，見堯舜之美。由此言之，須頌明矣。當今非無李斯之才也，無從升會稽，歷瑯琊之階也。絃歌爲妙異之曲，坐者不曰善，弦歌之人，必怠不精。何則？妙異難爲，觀者不知善也。聖國揚妙異之政，衆臣不頌，將順其美，安得所施哉？今方板之書，在竹帛無主名，所從生出，見者忽然，不卸服也。如題曰甲甲某子之方，若言已驗嘗試，人爭刻寫，以爲珍秘，上書於國，記奏於郡，譽薦士吏，稱術行能，章下記出，士吏賢妙。何則？章表其行，記明其才也。國德溢熾，莫有宣褒，使聖國大漢，有庸庸之名，咎在俗儒不實論也。

古今聖王不絕，則其符瑞亦宜累屬。符瑞之出，不同於前，或時已有，無世以知，故有講論。俗儒好長古而短今，言瑞則渥前而薄後，是應變而定之。漢不爲少，漢有實事，儒者不稱；古有虛美，誠心然之。信久遠之僞，忽近今之實，斯蓋三增九虛所以成也，能聖實聖所以興也。儒者稱聖過實，稽合於漢，漢不能及，非不能及，儒者之說使難及也。實而論之，漢更難及。轂熟歲平，聖王因緣，以立功化，故治期之篇，爲漢激發。治有期，亂有時，能以亂爲治者優；優者有之。建初孟年，無妄氣至，聖世之期也。皇帝執德，救備其災，故順鼓明雩，爲漢應變。是故災變之至，或在聖世，時旱禍湛，爲漢論災。是故春秋爲漢制法，論衡爲漢平說。從門應庭，聽堂室之言，什而失九；如升堂闚室，百不失一。論衡之人，在古荒流之地，其遠非徒門庭也。

日刻徑重千里，人不謂之廣者，遠也。望夜甚雨，月光不暗，人不覩曜者，隱也。聖者垂日月之明，處在中州，隱於百里，遙聞傳授，不實形耀，不實難論。得詔書到，計吏至，乃聞聖政。是以褒功失丘山之積，頌德遺膏腴之美。使至臺閣之下，蹈班賈之跡，論功德之實，不失毫釐之微。武王封比干之墓，孔子顯三累之行。大漢之德，非直比干三累也。道立國表，路出其下，望國表者，昭然知路。漢德明著，莫立邦表之言，故浩廣之德，未光於世也。

佚文篇

孝武皇帝封弟爲魯恭王。恭王壞孔子宅以爲宮，得佚尚書百篇，禮三百，春秋三百篇，論語二十一篇，闓絃歌之聲，懼復封塗，上言武帝。武帝遣吏發取，古經論語，此時皆出。經傳也而有闓弦歌之聲，文當興於漢，喜樂得闓之祥也。當傳於漢，寖藏牆壁之中，恭王闓之，聖王感動弦歌之象。此則古文不當掩，漢佚以爲符也。孝成皇帝讀百篇尚書，博士郎吏莫能曉知，徵天下能爲尚書者，東海張霸通左氏春秋，案百篇序，以左氏訓詁，造作百二篇，具成奏上。成帝出祕尚書以校考之，無一字相應者。成帝下霸於吏，吏當器辜大不謹敬。成帝奇霸之才，赦其辜，亦不滅其經，故百二篇書傳在民間。孔子曰『才難。』能推精思，作經百篇，才高卓適，希有之人也。成帝赦之，多其文也。雖姦非實，次序篇句，依倚事類，有似真是，故不燒滅之。疏一櫝相遺以書，書十數札，奏記長吏，文成可觀，讀之滿意，百不能一；張霸推精思至於百篇，漢世實類，成帝赦之，不亦宜乎？楊子山爲郡上計吏，見三府爲哀牢傳不能成，歸郡作上。孝明奇之，徵在蘭臺。夫以三府掾吏，叢積成才，不能成一篇。子山成之，上覽其文。子山之傳，豈必審是？傳聞依爲之有狀，會三府之士，終不能爲；子山爲之，斯須不難。成帝赦張霸，豈不有以哉？

孝武之時，召百官對策，董仲舒策文最善。王莽時，使郎吏上奏，劉子駿章尤美。美善不空，才高知深之驗也。易曰：『聖人之情見於辭。』文辭美惡，足以觀才。永平中，神雀羣集，孝明詔上爵頌。百官頌上，文皆比瓦石，唯班固、賈逵、傅毅、楊終、侯諷五頌金玉，孝明覽焉。夫以百官之衆，郎吏非一，唯五人文善，非奇而何？孝武善子虛之賦，徵司馬長卿；孝成玩弄衆書之多，善揚子雲，出入遊獵，子雲乘從。使長卿、桓君山、子雲作吏，書所不能盈牘，文所不能成句，則武帝何貪！成帝何欲！故曰玩揚子雲之篇，樂於居千石之官；挾桓君山之書，富於積猗頓之財。

韓非之書，傳在秦庭，始皇歎曰：『獨不得與此人同時。』陸賈新語，每奏一篇，高祖左右稱曰萬歲。夫嘆思其人，與喜稱萬歲，豈可空爲哉！誠見其美，懽氣發於內也。候氣變者，於天不於地，天文明也。衣裳在身，文著於衣，不在於裳，衣法天也。察掌理者，左不觀右，左文明也。占在右，不觀左，右文明也。易曰：『大人虎變，其文炳；君子豹變，其文蔚。』又曰：『觀乎天文，觀乎人文。』此言天人以文爲觀，大人君子以文爲操也。高祖在母身之時，息於澤陂，蛟龍在上，龍觫炫耀。及起，楚望漢軍，氣成五采。將入咸陽，五星聚東井。星有五色，天或者憎秦，滅其文章，欲漢興之，故先受命以文爲瑞也。

惡人操意，前後乖違。始皇前嘆韓非之書，後惑李斯之議，燔五經之文，設挾書之律。五經之儒，抱經隱匿；伏生之徒竄藏土中。殄聖賢之文，厥辜深重，嗣不及孫。李斯創議，身伏五刑。漢興易亡秦之軌，削李斯之跡，高祖始令陸賈造書，未興五經。惠、景以至元、成，經書並修。漢朝郁郁，厥語所聞，孰與亡秦？王莽無道，漢軍雲起，臺閣廢頓，文書棄散。光武中興，修存未詳。孝明世好文人，並徵蘭臺之官，文雄會聚。今上即令，詔求亡失，購募以金，安得不有好文之聲？唐、虞既遠，所在書散；殷、周頗近，諸子存焉。漢興以來，傳文未遠，以所聞見，伍唐、虞而什殷、周。煥炳郁郁，莫盛於斯。天晏暘者，星辰曉爛；人性奇者，掌文藻炳。漢今為盛，故文繁湊也。

孔子曰：『文王既歿，文不在茲乎？』文王之文，傳在孔子，孔子為漢制文，傳在漢也。受天之文，文人宜遵五經大藝為文，諸子傳書為文，造論著說為文，上書奏記為文，文德之操為文。立五文在世，皆當賢也。造論著說之文，尤宜勞焉。何則？發胸中之思，論世俗之事，非徒諷古經續故文也。論發胸臆，文成手中，非說經藝之人所能為也。周、秦之際，諸子並作，皆論他事，不頌主上，無益於國，無補於化。造論之人，頌上恢國，國業傳在千載，主德參貳日月，非適諸子書傳所能並也。上書陳便宜，奏記薦吏士，一則為身，二則為人，繁文麗辭，無上書文德之操，治身完行，徇利為私，無為主者。夫如是，五文之中，論者之文多矣，則可尊明矣。

孔子稱周曰：『唐、虞之際，於斯為盛，周之德，其可謂至德已矣！』孔子，周之文人也，設生漢世：亦稱漢之至德矣。趙佗王南越，倍主滅使，不從漢制，箕踞椎髻，沈溺夷俗。陸賈說以漢德，懼以帝威，心覺醒悟，蹶然起坐。世儒之愚，有趙佗之惑；鴻文之人，陳陸賈之說，觀見之者，將有蹶然起坐。趙佗之悟，漢氏浩爛，不有殊卓之聲，文人之休，國之符也，

望豐屋知名家，睹喬木知舊都。鴻文在國，聖世之驗也。孟子相人以眸子焉，心清則眸子瞭，瞭者，目文瞭也。夫候國占人，同一實也。國君聖而文人聚，人心惠而目多采。蹂蹈文錦於泥塗之中，聞見之者，莫不痛心；知文錦之可惜，不知文人之當尊，不通類也。天文人文，文豈徒調墨弄筆，為美麗之觀哉？載人之行，傳人之名也。善人願載，思勉為善。邪人惡載，力自禁裁。然則文人之筆，勸善懲惡也。謚法所以章善，即以著惡也。加一字之謚，人猶勸懲。

闕知之者，莫不自勉。況極筆墨之力，定善惡之實，言行畢載，文以千數，流傳於世，成爲丹青，故可尊也。

揚子雲作法言，蜀富人賫錢千萬，願載於書。子雲不聽。夫富無仁義之行，圈中之鹿，欄中之牛也，安得妄載？班叔皮續太史公書，載鄉里人以爲惡戒。邪人枉道，繩墨所彈，安得避諱？是故子雲不爲財勸，叔皮不爲恩撓，文人之筆，獨已公矣。賢聖定意於筆，筆集成文，文具情顯，後人觀之，見以正僞，安宜妄記？足蹈於地，跡有好醜；文集於禮，志有善惡。故夫占跡以睹足，觀文以知情。詩三百，一言以蔽之，曰『思無邪』。論衡篇以十數，亦一言也，曰『疾虛妄』。

論死篇

世謂死人爲鬼，有知，能害人。試以物類驗之，死人不爲鬼，無知，不能害人。何以驗之？驗之以物。人，物也；物，亦物也。物死不爲鬼，人死何故獨能爲鬼？世能別人物不能爲鬼，則爲鬼不爲鬼尚難分明；如不能別，則亦無以知其能爲鬼也。人之所以生者，精氣也，死而精氣滅。能爲精氣者，血脈也。人死血脈竭，竭而精氣滅，滅而形體朽，朽而成灰土，何用爲鬼？人無耳目，則無所知，故聾盲之人，比於草木。夫精氣去人，豈徒與無耳目同哉？朽則消亡，荒忽不見，故謂之鬼神。人見鬼神之形，故非死人之精也。何則？鬼神，荒忽不見之名也。人死精神升天，骸骨歸土，故謂之鬼。鬼者，歸也；神者，荒忽無形者也。或說：鬼神，陰陽之名也。陰氣逆物而歸，故謂之鬼；陽氣導物而生，故謂之神。神者，伸也。申復無已，終而復始。人用神氣生，其死復歸神氣。陰陽稱鬼神，人死亦稱鬼神。氣之生人，猶水之爲冰也。水凝爲冰，氣凝爲人；冰釋爲水，人死復神。其名爲神也，猶冰釋更名水也。人見名異，則謂有知，能爲形而害人，無據以論之也。

人見鬼若生人之形。以其見若生人之形，故知非死人之精也。何以效之？以囊橐盈粟米。米在囊中，若粟在橐中，滿盈堅彊，立樹可見。人瞻望之，則知其爲粟米囊橐。何則？囊橐之形，若其容可察也。如囊穿米出，橐敗粟棄，則囊橐委辟，人瞻望之，弗復見矣。人之精神，藏於形體之內，猶粟米在囊橐之中也。死而形體朽，精氣散，猶囊橐穿敗，粟米棄出也。粟米棄出，囊橐無復有形，精氣散亡，何能復有體，而人得見之乎？禽獸之死也，其肉盡索，皮毛尚在，制以爲裘，人望見之，似禽獸之形；故世有衣狗裘爲狗盜者，人不覺知假狗之皮毛，故人不意疑也。今人死皮毛朽敗，雖精氣尚在，神安能復假此形而以行見乎？夫死人不能假生人之形以見，猶生人不能假死人之魂以亡矣。六畜能變化象人之形者，其形尚生，精氣尚在也。如死，其形腐朽，雖虎兕勇悍，不能復化。魯公牛哀病化爲虎，亦以未死也。世有以生形轉爲生類者矣，未有以死身化爲生象者也。

天地開闢，人皇以來，隨壽而死。若中年夭亡，以億萬數計。今人之數，不若死者多；如人死輒爲鬼，則道路之上，一步一鬼也。人且死見鬼，宜見數百千萬，滿堂盈庭，填塞巷路，不宜徒見一兩人也。人之兵死也，世言其血爲燐。血者，生時之精氣也。人夜行見燐，不象人形，渾沌積聚，若火光之狀。燐，死人之血也，其形不類生人之形也。其形不類生人之形，精氣去人，何故象人之體？人見鬼也，皆象死人之形，則可疑死人爲鬼，或反象生人之形。病者見鬼云甲來，甲時不死，氣象甲形。如死人爲鬼，病者何故見生人之體乎？

天地之性，能更生火，不能使滅火復燃；能更生人，不能令死人復見。能使滅灰更爲燃火，吾乃頗疑死人能復爲形。案火滅不能復燃以况之，死人不能復爲鬼明矣。夫爲鬼者，人謂死人之精神。如審鬼者，死人之精神，則人見之，宜徒見裸袒之形，無爲見衣帶被服也。何則？衣服無精神，人死與形體俱朽，何以得貫穿之乎？精神本以血氣爲主，血氣常附形體。形體雖朽，精神尚在，能爲鬼可也。今衣服，絲絮布帛也，生時血氣不附著，而亦自無血氣，敗朽遂已，與形體等，安能自若爲衣服之形？由此言之，見鬼衣服象之，則形體亦象之矣！象之，則知非死人之精神也。

夫死人不能爲鬼，則亦無所知矣。何以驗之？以未生之時無所知也。人未生，在元氣之中；既死，復歸元氣。元氣荒忽，人氣在其中。人未生無所知，其死歸無知之本，何能有知乎？人之所以聰明智慧者，以含五常之氣也。五常之氣，所以在人者，以五藏在形中也。五藏不傷，則人智慧；五藏有病，則人荒忽，荒忽則愚癡矣！人死，五藏腐朽，腐朽則五常無所託矣！所用藏智者已敗矣！所用爲智者已去矣！形須氣而成，氣須形而知。天下無獨燃之火，世間安得有無體獨知之精？人之死也，其猶夢也。夢者，殄之次也；殄者，死之比也。人殄不悟則死矣。案人殄復悟，死從來者，與夢相似。然則夢、殄、死，一實也。人夢不能知覺時所作，猶死不能識生時所爲矣。人言談有所作於臥人之旁，臥人不能知，猶對死人之棺爲善惡之事，死人不能復知也。夫臥，精氣尚在，形體尚全，猶無所知，況死人精神消亡，形體朽敗乎？

人爲人所毆傷，詣吏告苦以語人，有知之故也。或爲人所殺，則不知何人殺也，或家不知其尸所在。使死人有知，必恚人之殺己也，當能言於吏旁，告以賊主名；若能歸語其家，告以尸之所在。今則不能，無知之效也。世間死者，今生人殄而用其言，及巫叩元絃，下死人魂，因巫口談，皆誇誕之言也。如不誇誕，物之精神爲之象也。或曰：不能言也。夫不能言，則亦不能知矣。知用氣，言亦用氣焉。人之未死也，智慧精神定矣。病則惛亂，精神擾也。夫死，病之甚者也。病，死之微，猶惛亂，況其甚乎？精神擾，自無所知，況其散也？人之死，猶火之滅也。火滅而燿不照，人死而知不慧，二者宜同一實。論者猶謂死有知，惑也。人病且死，與火之且滅何以異？火滅光消而燭在，人死精亡而形存。謂人死有知，是謂火滅復有光也。隆冬之月，寒氣用事，水凝爲冰；踰春氣溫，冰釋爲水。人生於天地之間，其猶冰也。陰陽之氣，凝而爲人；年終壽盡，死還爲氣。夫春水不能復爲冰，死魂安能復爲形？妒夫媢妻，同室而處，淫亂失行，忿怒鬬訟。夫死，妻更嫁；妻死，夫更娶，以有知驗之，宜大忿怒。今夫妻死者，寂寞無聲，更嫁娶者，平忽無禍，無知之驗也。

孔子葬母於防，既而雨甚至，防墓崩。孔子聞之，泫然流涕曰：『古者不脩墓。』遂不復脩。使死有知，必恚人不脩也。孔子知之，宜輒脩墓，以喜魂神。然而不脩，聖人明審，曉其無知也。枯骨在野，時嗚呼有聲，若夜聞哭聲，謂之死人之音，非也。何以驗之？生人所以言語吁呼者，氣括口喉之中，動搖其舌，張歙其口，故能成言。譬猶吹簫笛，簫笙折破，氣越不括，手無所弄，則不成音。夫簫笙之管，猶人之口喉也；手弄其孔，猶人之動舌也。人死口喉腐敗，舌不復動，何能成言？然而枯骨時呻鳴者，人骨自有能呻鳴者焉，或以爲秋也，是與夜鬼哭無以異也。秋氣爲呻鳴之變，自有所爲依倚死骨之側，人則謂之骨尚有知，呻鳴於野。草澤暴體以千萬數，呻鳴之聲宜步屬焉。

夫有能使不言者言，未有言者死，能復使之言。言者亦不能復使之言，猶物生以青爲氣，或予之也。物死青者去，或奪之也。予之物青，奪之青去。去後不能復予之青，物亦不能復自青。聲色俱通，並稟於天。青青之色，猶梟梟之聲也。死物之色，不能復青；獨爲死人之聲，能復自言，惑也。人之所以能言語者，以有氣力也。氣力之盛，以能飲食也。飲食損減則氣力衰，衰則聲音嘶困。不能食，則口不能復言。夫死，困之甚，何能復言？或曰：『死人歆肴食氣，故能言。』夫死人之精，生人之精也。使生人不飲食，而徒以口歆肴食之氣，不過三日，則餓死矣。或曰：『死人之精，神於生人之精，故能歆氣爲音。』夫生人之精，在於身中，死則在於身外。死之與生何以殊？身中身外何以異？取水實於大盎中，盎破水流地，地水能異於盎中之水乎？地水不異於盎中之水，身外之精，何故殊於身中之精？

人死不爲鬼，無知，不能語言，則不能害人矣。何以驗之？夫人之怒也用氣，其害人用力，用力須筋骨而彊，彊則能害人。忿怒之人，呴呼於人之旁，口氣喘射人之面，雖勇如賁、育，氣不害人。使舒手而擊，舉足而蹶，則所擊蹶無不破折。夫死，骨朽筋力絕，手足不舉，雖精氣尚在，猶呴吁之時無嗣助也，何以能害人也？凡人與物所以能害人者，手臂把刃，爪牙堅利之故也。今人死，手臂朽敗，不能復持刃，爪牙隳落，不能復齧噬，安能害人？兒之始生也，手足具成，手不能搏，足不能蹶者，氣適凝成，未能堅彊也。由此言之，精氣不能堅彊審矣。氣爲形體，形體微弱，猶未能害人，況死氣去精神絕微；弱猶未能害人，寒骨謂能害人者邪？死人之氣不去邪，何能害人？

雞卵之未字也，澒溶於鷇中，潰而視之，若水之形。良雌偃伏，體方就成；就成之後，能啄蹶之。夫人之死，猶澒溶之時。澒溶之氣，安能害人？人之所以勇猛能害人者，以飲食也。飲食飽足則彊壯勇猛，彊壯勇猛則能害人矣。人病不能飲食，則身羸弱；羸弱困甚，故至於死。病困之時，仇在其旁，不能咄叱，人盜其物，不能禁奪，羸弱困劣之故也。夫死，羸弱困劣之甚者也，何能害人？有雞犬之畜，爲人所盜竊，雖怯無勢之人，莫不忿怒；忿怒之極，至相賊滅。敗亂之時，人相啖食者，使其神有知，宜能害人。身貴於雞犬，已死重於見盜，忿怒於雞犬，無怨於食己，不能害人之驗也。蟬之未蛻也，爲復育；已蛻也，去復育之體，更爲蟬之形。使死人精神去形體，若蟬之去復育乎？則夫爲蟬者，不能害爲復育者。夫蟬不能害復育，死人之精神，何能害生人之身？

夢者之義疑惑，言夢者精神自止身中，爲吉凶之象。或言精神行與人物相更。今其審止身中，死之精神，亦將復然。今其審行，人夢殺傷人，夢殺傷人，若爲人所復殺，明日視彼之身，察己之體，無兵刃創傷之驗。夫夢用精神；精神，死之精神也。夢之精神不能害人，死之精神安能爲害？火熾而釜沸，沸止而氣歇，以火爲主也。精神之怒也，乃能害人；不怒，不能害人。火猛竈中，釜涌氣蒸；精怒胸中，力盛身熱。今人之將死，身體清涼，涼益清甚，遂以死亡。當死之時，精神不怒，身亡之後，猶湯之離釜也，安能害人？

物與人通，人有癡狂之病，如知其物，然而理之，病則愈矣。夫物未死，精神依倚形體，故能變化，與人交通。已死，形體壞爛，精神散亡，無所復依，不能變化。夫人之精神，猶物之精神也。物生精神爲病，其死精神消亡。人與物同，死而精神亦滅，安能爲害禍？設謂人貴精神有異，成事物能變化，人則不能，是反人精神不若物，物精奇於人也。水火燒溺，凡能害人者，皆五行之物。金傷人，木毆人，土壓人，水溺人，火燒人。使人死，精神爲五行之物乎？害人不爲乎？不能害人，不爲物則爲氣矣。氣之害人者，太陽之氣爲毒者也。使人死，其氣爲毒乎？害人不爲乎？不能害人。夫論死不爲鬼，無知不能害人，則夫所見鬼者，非死人之精，其害人者，非其精所爲明矣。

死僞篇

傳曰：「周宣王殺其臣杜伯而不辜。宣王將田於圃，杜伯起於道左，執彤弓而射宣王。宣王伏韣而死。趙簡公殺其臣莊子義而不辜。簡公將入於桓門，莊子義起於道左，執彤杖而捶之，斃於車下。二者死，人爲鬼之驗。鬼之有知，能害人之效也。無之奈何？』曰，人生萬物之中，物死不能爲鬼，人死何故獨能爲鬼？如以人貴能爲鬼，則死者皆當爲鬼，杜伯莊子義何獨爲鬼也？如以被非辜者能爲鬼，世間臣子被非辜者多矣，比干子胥之輩不爲鬼。夫杜伯莊子義無道忿恨，報殺其君，罪莫大於弒君。則夫死爲鬼之尊者，當復誅之，非杜伯莊子義所敢爲也。凡人相傷，憎其生，惡見其身，故殺而亡之。見殺之家，詣吏訟其仇，仇人亦惡見之。生死異路，人鬼殊處。如杜伯莊子義怨宣王簡公，不宜殺也，當復爲鬼，與己合會。人君之威固嚴，人臣營衞卒使固多衆。兩臣殺二君，二君之死亦當報之。非有知之深計，憎惡之所爲也。如兩臣神，宜知二君死當報己；如不知也，則亦不神。不神，胡能害人？世多似是而非，虛僞類眞，故杜伯莊子義之語，往往而存。

晉惠公改葬太子申生。秋，其僕狐突適下國，遇太子。太子趨登僕車而告之曰：『夷吾無禮，余得請於帝矣，將以晉畀秦，秦將祀余。』狐突對曰：『臣聞之，神不歆非類，民不祀非族，君祀無乃殄乎？且民何罪？失刑乏祀。君其圖之！』太子曰：『諾，吾將復請。七日新城西偏，將有巫者而見我焉。』許之，遂不見。及期，狐突之新城西偏巫者之舍，復與申生相見。申生告之曰：『帝許罰有罪矣！斃之於韓。』其後四年，惠公與秦穆公戰於韓地，爲穆公所獲，竟如其言。非神而何？曰，此亦杜伯莊子義之類。何以明之？夫改葬，私怨也；上帝，公神也。以私怨爭於公神，何肯聽之？帝許以晉畀秦，狐突以爲不可，申生從狐突之言，是則上帝許申生非也。神爲上帝，不若狐突，必非上帝明矣。且臣不敢求私於君者，君尊臣卑，不敢以非干也。申生比於上帝，豈徒臣之與君哉？恨惠公之改葬，干上帝之尊命，非所得爲也。驪姬譖殺其身，惠公改葬其尸，改葬之惡，微於殺人；惠公之罪，輕於驪姬。請罰惠公，不請殺驪姬，是則申生憎改葬，不怨見殺也。秦始皇用李斯之議，燔燒詩書，後又坑儒。博士之怨，不下申生；坑儒之惡，痛於改葬。然則秦之死儒，不請於帝，見形爲鬼，諸生會告以始皇無道，李斯無狀。

周武王有疾不豫，周公請命，設三壇同一墠，植璧秉圭，乃告於太王王季文王。史乃策祝辭曰：『予仁若考，多才多藝，能事鬼神。乃元孫某，不若旦多才多藝，不能事鬼神。』鬼神者，謂三王也。即死人無知，不能爲鬼神。周公，聖人也。聖人之言審，則得幽冥之實。得幽冥之實，則三王爲鬼神明矣。曰，實人能神乎？不能神也。如神宜知三王之心，不宜徒審其爲鬼也。周公請命，史策告祝。祝畢辭已，不知三王所以與否，乃卜三龜。三龜皆吉，然後乃喜。能知三王有知爲鬼，不能知三王許己與否，須卜三龜，乃知其實，定其爲鬼，須有所問，然後知之。死人有知無知，與其許人不許人，一實也。能知三王之必許己，則其謂三王爲鬼可信也。如不能知，謂三王爲鬼，猶世俗之人也；與世俗同知，則死人之實，未可定也。且周公之請命，用何得之？以至誠得之乎？以辭正得之也？如以至誠，則其請之說，精誠致鬼，不顧辭之是非也。董仲舒請雨之法，設土龍以感氣；夫土龍非實，不能致雨。仲舒用之，致精誠不顧物之僞真也。然則周公之請命，猶仲舒之請雨也；三王之非鬼，猶聚土之非龍也。

晉荀偃伐齊，不卒事而還；癉疽生瘍於頭，及著雍之地，病目出，卒而視，不可唅。范宣子浣而撫之曰：『事吳敢不如事主。』猶視。宣子睹其不瞑，以爲恨其子吳也。人情所恨，莫不恨子，故言吳以撫之。猶視者，不得所恨也。欒懷子曰：『其爲未卒事於齊故也乎？』乃復撫之曰：『主苟死，所不嗣事於齊者，有如河！』乃瞑受唅。伐齊不卒，荀偃所恨也。懷子得之，故目瞑受唅。宣子失之，目張口噤，曰，荀偃之病卒苦目出，目出則口噤，口噤則不可唅。新死氣盛，本病苦目出。宣子撫之早，故目不瞑，口不闓。少久氣衰，懷子撫之，故目瞑口受唅。此自荀偃之病，非死精神見恨於口目也。凡人之死，皆有所恨，志士則恨義事未立，學士則恨問多不及，農夫則恨耕未畜穀，商人則恨貨財未殖，仕者則恨官位未極，勇者則恨材未優。天下各有所欲乎？然而各有所恨。必有目不瞑者，爲有所恨。夫天下之人，死皆不瞑也。且死者精魂消索，不復聞人之言。不能聞人之言，是謂死也。離形更自爲鬼，立於人傍；雖人之言，已與形絕；安能復入身中，瞑目闓口乎？能入身中，以尸示恨，則能不免與形相守。案世人論死，謂其精神有。若能更以精魂立形見面，使尸若生人者，誤矣。楚成王廢太子商臣，欲立王子職。商臣聞之，以宮甲圍王。王請食熊蹯而死，弗聽。王縊而死，謚之曰靈，不瞑；曰成，乃瞑。夫爲靈不瞑，爲成乃瞑，成王有知之效也。謚之曰靈，心恨故目不瞑，更謚曰成，心喜乃瞑。精神聞人之議，見人變易其謚，故喜目瞑。本不病目，人不撫慰，目自翕張，非神而何？曰，此復荀偃類也。雖不病目，亦不空張。成王於時縊死，氣尚盛，新絕目尚開，因謚曰靈。少久氣衰，目適欲瞑，連更曰成。目之不瞑，與謚之爲靈，偶應也。時人見其應成乃瞑，則謂成王之魂有所知，則宜終不瞑也。何則？太子殺己，大惡也；加謚爲靈，小過也。不爲大惡懷忿，反爲小過有恨，非有神之效，見示告人之驗也。夫惡謚非靈，則厲也。紀於竹帛，爲靈厲者多矣。其尸未斂之時，未皆不瞑也。豈世之死君不惡，而獨成王憎之哉？何其爲靈者衆，不瞑者寡也。

鄭伯有貪愎而多欲，子晳好在人上，二子不相得。子晳攻伯有，伯有出奔。駟帶率國人以伐之，伯有死。其後九年，鄭人相驚以伯有，曰：「伯有至矣！」則皆走不知所往。後歲，人或夢見伯有介而行，曰：「壬子，余將殺帶也。明年壬寅，余又將殺段也。」及壬子之日，駟帶卒，國人益懼。後至壬寅日，公孫段又卒，國人愈懼。子產爲之立後以撫之，乃止矣。伯有見夢曰：壬子余將殺帶，壬寅又將殺段；及至壬子日駟帶卒，至壬寅公孫段死。其後子產適晉，趙景子問曰：「伯有猶能爲鬼乎？」子產曰：「能！人生始化曰魄，既生魄，陽曰魂。用物精多則魂魄彊，是以有精爽至於神明。匹夫匹婦強死，其魂魄猶能憑依人以爲淫厲。況伯有，我先君穆公之冑，子良之孫，子耳之子，弊邑之卿，從政三世矣。鄭雖無腆，抑諺曰『蕞爾小國』，而三世執其政柄，其用物弘矣，取精多矣，其族又大，所憑厚矣，而彊死，能爲鬼，不亦宜乎？」伯有殺駟帶、公孫段，不失日期，神審之驗也。子產立其後而止，知鬼神之操也。知其操則知其實矣，實有不空，故對問不疑。子產智人也，知物審矣。如死者無知，何以能殺帶與段？如不能爲鬼，子產何以不疑？曰：與伯有爲怨者子晳。子晳攻之，伯有犇。駟帶乃率國人遂伐伯有。公孫段隨駟帶，不造本辯，其惡微小。殺駟帶不報子晳，公孫段惡微與帶俱死，是則伯有之魂無知，爲鬼報仇，輕重失宜也。且子產言曰：「彊死者能爲鬼。」何謂彊死？謂伯有命未當死而人殺之邪？將謂伯有無罪而人冤之也？如謂命未當死而人殺之，未當死而死者多。如謂無罪人冤之，被冤者亦非一。伯有彊死能爲鬼，比干子胥不爲鬼。春秋之時，弒君三十六，君爲所弒，可謂彊死矣。典長一國，用物之精可謂多矣；繼體有土，非直三世也；貴爲人君，非與卿位同也；始封之祖，必有穆公子良之類也。以至尊之國君，受亂臣之弑禍，其魂魄爲鬼，必明於伯有；報仇殺讎，禍繁於帶段。三十六君無爲鬼者，三十六臣無見報者。如以伯有無道，其神有知，世間無道莫如桀紂，桀紂誅死，魄不能爲鬼。然則子產之說，因成事者也。見伯有彊死，則謂彊死之人能爲鬼。如有不彊死爲鬼者，則將云不彊死之人能爲鬼。子晳在鄭，與伯有何異？死與伯有何殊？俱以無道爲國所殺。伯有能爲鬼，子晳不能。彊死之說通於伯有，塞於子晳。然則伯有之說，杜伯之語也。杜伯之語未可然，伯有亦未可是也。

秦桓公伐晉，次於輔氏。晉侯治兵於稷，以略翟土，立黎侯而還。及魏顆敗秦師於輔氏，獲杜回，杜回，秦之力人也。初，魏武子有嬖妾無子。武子疾，命顆曰：「必嫁是妾。」病困則更曰：「必以是爲殉。」及武子卒，顆不殉妾。人或難之，顆曰：「疾病則亂，吾從其治也。」及輔氏之役，魏顆見老人結草以亢杜回，杜回躓而顛，故獲之。夜夢見老父曰：「余是所嫁婦人之父也。爾用先人之治命，是以報汝。」夫嬖妾之父知魏顆之德，故見體爲鬼，結草助戰，神曉有知之效驗也。曰：夫婦人之父，能知魏顆之德，爲鬼見形以助其戰，必能報其生時所善，殺其生時所惡矣。凡人交遊，必有厚薄；厚薄當報，猶婦人之當謝也。今不能報其生時所厚，獨能報其死後所善，非有知之驗，能爲鬼之效也。張良行泗水上，老父授書。光武困厄，河北老人教誨，命貴時吉，當遇福喜之應驗也。魏顆當獲杜回，戰當有功，故老人妖象結草於路人者也。

王季葬於滑山之尾，欒水擊其墓，見棺之前和。文王曰：「嘻！先君必欲一見羣臣百姓也。」夫故使欒水見之。於是也而爲之張朝，而百姓皆見之，三日而後更葬。文王聖人也，知道事之實，見王季棺見，知其精神欲見百姓，故出而見之。曰：古今帝王死，葬諸地中，有以千萬數，無欲復出見百姓者，王季何爲獨然？河泗之濱，立冢非一；水湍崩壞，棺椁露見，不可勝數，皆欲復見百姓者乎？欒水擊滑山之尾，猶河泗之流湍濱坏也。文王見棺和露，惻然悲恨，「當先君欲復出乎？」慈孝者之心，幸冀之意，賢聖惻怛，不暇思論，推生況死，故復改葬。世俗信賢聖之言，則謂王季欲見百姓者也。

齊景公將伐宋，師過太山，公夢二丈人立而怒甚盛。公告晏子。晏子曰：「是宋之先湯與伊尹也。」公疑以爲太山神。晏子曰：「公疑之，則嬰請言湯伊尹之狀。湯皙以長頤以髯，銳上而豐下，据身而揚聲。」公曰：「然！是已！」「伊尹黑而短，蓬而髯豐上而銳下，僂身而下聲。」公曰：「然！是已！今奈何？」晏子曰：「夫湯、太甲、武丁、祖乙，天下之盛君也，不宜無後。今唯宋耳，而公伐之，故湯、伊尹怒，請散師和於宋。」公不用，終伐宋，軍果敗。夫湯、伊尹有知，惡景公之伐宋，故見夢盛怒以禁止之。景公不止，軍果不吉。曰：夫景公亦曾夢見彗星。其時彗星不出，果不吉。曰：夫然而夢見之者，見彗星其實非。夢見湯、伊尹實亦非也。或時景公軍敗不吉之象也。晏子信夢，明言湯、伊尹之形。景公順晏子之言，然而是之。秦并天下，絕伊尹之後，遂至於今。湯、伊尹不祀，何以不怒乎？

鄭子產聘於晉。晉侯有疾，韓宣子逆客，私焉，曰：「寡君寢疾，於今三月矣，並走羣望，有加而無瘳。今夢黃熊入於寢門，其何厲鬼也？」對曰：「以君之明，子爲大政，其何厲之有？」昔堯殛鯀于羽山，其神爲黃熊，以入于羽淵，實爲夏郊，三代祀之。晉爲盟主，其或者未之祀乎？」韓子祀夏郊，晉侯有間。黃熊，鯀之精神，晉侯不祀，故入寢門。晉知而祀之，故疾有間。非死人有知之驗乎？夫鯀殛于羽山，人知也。神爲黃熊，入于羽淵，人何以得知之？使若魯公牛哀病，化爲虎在，故可實也。今鯀遠殛於羽山，人不與之處，何能知之？且文曰，其神爲熊，是死也。死而魂神爲黃熊，非人所得知也。人死世謂鬼，鬼象生人之形，見之與人無異。然猶非死人之神，況熊非人之形，不與人相似乎？審鯀死，其神爲黃熊，則熊之死，其神亦或時爲人，人夢見之，何以知非死禽獸之神也？信黃熊謂之鯀神，又信所見之鬼以爲死人精也。此人物之精未可定，黃熊爲鯀之神未可審也。且夢，象也，吉凶且至，神明示象，熊羆之占，自有所爲。使鯀死，其神審爲黃熊，夢見黃熊，必鯀之神乎？諸侯祭山川，設晉侯夢見山川，何復不以祀山川，山川自見乎？人病多或夢見先祖死人來立其側，可復謂先祖死人求食，故來見形乎？人夢所見，更爲他占，未必以所見爲實也。何以驗之？夢見生人，明日所夢見之人不與己相見。夫所夢見之人不與己相見，則知鯀之黃熊不入寢門；不入則鯀不求食；不求食則晉侯之疾非廢夏郊之禍；非廢夏郊之禍，則晉侯有間，非祀夏郊之福。無福之實，則無有知之驗矣。亦猶淮南王劉安坐謀反而死，世傳以爲仙而升天。本傳之虛，子產聞之，亦不能實。偶晉侯之疾，適當自衰，子產遭言黃熊之占，則信黃熊鯀之神矣。

高皇帝以趙王如意爲似我而欲立之，呂后恚恨，後酖殺趙王。其後呂后出見蒼犬，噬其左腋，怪而卜之，趙王如意爲祟，遂病腋傷，不愈而死；蓋以如意精神爲蒼犬，見變以報其仇也。曰：勇士忿怒，交刃而戰，負者被創，仆地而死。目見彼之中己，死後其神尚不能報；呂后酖如意時，身不自往，使人飲之，不知其爲酖毒，憒不知殺己者爲誰，安能爲祟以報呂后？使死人有知，恨者莫過高祖。高祖愛如意而呂后殺之，高祖魂怒，宜如雷霆；呂后之死，宜不旋日。豈高祖之精，不若如意之神？將死後憎如意，啻呂后之殺也。

丞相武安侯田蚡與故大將軍灌夫杯酒之恨，事至上聞。灌夫繫獄，竇嬰救之，勢不能免，灌夫坐法，竇嬰亦死。其後田蚡病甚，號曰：『諾諾！』使人視之，見灌夫、竇嬰俱坐其側。蚡病不衰，遂至死。曰，相殺不一人也。殺者後病，不見所殺，田蚡見所殺；田蚡獨然者，心負憒恨，病亂妄見也。或時見他鬼，而占鬼之人，聞其往時與夫、嬰爭，欲見神審之名，見其狂諾諾，則言夫、嬰坐其側矣。

淮陽都尉尹齊爲吏酷虐；及死，怨家欲燒其尸，亡去歸葬。夫有知，故人且燒之也；神，故能亡去。曰：尹齊亡，神也，有所應。秦時三山亡，周末九鼎淪，必以亡者爲神，三山九鼎有知也。或時吏知怨家之謀，竊舉持亡，懼怨家怨己，云自去。凡人能亡，足能步行也。今死血脈斷絕，足不能復動，何用亡去？吳烹伍子胥，漢菹彭越，燒菹一僇也，胥、越一勇也。子胥、彭越不能避烹亡菹，獨謂尹齊能歸葬，失實之言，不驗之語也。

亡新改葬元帝傅后，發其棺，取玉柙印璽，送定陶，以民禮葬之。發棺時，臭憧於天，洛陽丞臨棺，聞臭而死。又改葬定陶共王丁后，火從藏中出，燒殺吏士數百人。夫改葬禮卑，又損奪珍物，二恨怨，故爲臭出火，以中傷人。曰：臭聞於天，多藏食物，腐朽猥發，人不能堪，毒憒而未爲怪也。火出於藏中者，怪也，非丁后之神也。何以驗之？改葬之恨，孰與掘墓盜財物也？歲凶之時，掘丘墓取衣物者，以千萬數，死人必有知，人奪其衣物，倮其尸骸，時不能禁，後亦不能報此。尙微賤，未足以言。秦始皇葬於驪山，二世末，天下盜賊掘其墓，不能出鼎爲火，以殺一人。貴爲天子，不能爲神，丁傳婦人，安能爲怪？變神非一，發起殊處，見火聞臭，則謂丁傳之神誤矣。

紀妖篇

衛靈公將之晉，至濮水之上，夜聞鼓新聲者，說之，使人問之。左右皆報弗聞。召師涓而告之曰：『有鼓新聲者，使人問左右，盡報弗聞，其狀似鬼，子爲我聽而寫之。』師涓曰：『諾！』因靜坐撫琴而寫之，明日報曰：『臣得之矣！然而未習，請更宿而習之。』靈公曰：『諾！』因復宿，明日已習，遂去之晉。晉平公觴之施夷之臺，酒酣，靈公起曰：『有新聲，願請奏以示公。』公曰：『善！』乃召師涓，令坐師曠之旁，援琴鼓之。未終，曠撫而止之曰：『此亡國之聲，不可遂也。』平公曰：『此何道出？』師曠曰：『此師延所作淫聲，與紂爲靡靡之樂也。武王誅紂，懸之白旄，師延東走，至濮水而自投，故聞此聲者，必於濮水之上。先聞此聲者其國削，不可遂也。』平公曰：『寡人好者音也，子其使遂之。』師涓鼓究之。平公曰：『此所謂何聲也？』師曠曰：『此所謂清商。』公曰：『清商固最悲乎？』師曠曰：『不如清徵。』公曰：『清徵可得聞乎？』師曠曰：『不可！古之得聽清徵者，皆有德義之君也。今吾君德薄，不足以聽之。』公曰：『寡人所好者音也，願試聽之。』師曠不得已，援琴鼓之。一奏，有玄鶴二八，從南方來，集於郭門之上危；再奏而列；三奏，延頸而鳴，舒翼而舞。音中宮商之聲，聲徹于天。平公大悅，坐者皆喜。平公提觴而起，爲師曠壽，反坐而問曰：『樂莫悲于清徵乎？』師曠曰：『不如清角。』平公曰：『清角可得聞乎？』師曠曰：『不可；昔者黃帝合鬼神於西大山之上，駕象輿六玄龍，畢方並轄，蚩尤居前，風伯進掃，雨師灑道，虎狼在前，鬼神在後，蟲蛇伏地，白雲覆上，大合鬼神，乃作爲清角。今主君德薄，不足以聽之，聽之將恐有敗。』平公曰：『寡人老矣；所好者音也，願遂聽之。』師曠不得已而鼓之。一奏之，有雲從西北起；再奏之，風至大雨隨之，裂帷幕，破俎豆，墮廊瓦，坐者散走。平公恐懼，伏於廊室。晉國大旱，赤地三年。平公之身遂癃病。何謂也？曰，是非衛靈公國且削，則晉平公且病，若國且旱亡妖也。師曠曰：『先聞此聲者國削。』二國先聞之矣：何知新聲非師延所鼓也？曰，師延自投濮水，形體腐於水中，精氣消於泥塗，安能復鼓琴？屈原自沉於江，屈原善著文，師延善鼓琴，如師延能鼓琴，則屈原能復書矣。揚子雲弔屈原，屈原何不報？屈原生時，文無不作，不能報子雲者，死爲泥塗，手既朽，無用書也。屈原手朽無用書，則師延指敗無用鼓琴矣。孔子當泗水而葬，泗水卻流，世謂孔子神而能卻泗水。孔子好教授，猶師延之好鼓琴也。師延能鼓琴於濮水之中，孔子何爲不能教授於泗水之側乎？

趙簡子病，五日不知人，大夫皆懼，於是召進扁鵲。扁鵲入視病，出，董安于問扁鵲，扁鵲曰：『血脈治也，而怪，昔秦繆公嘗如此矣，七日悟。悟之日，告公孫支與子輿曰：「我之帝所甚樂。吾所以久者，適有學也。帝告我：晉國且大亂，五世不安，其復將霸，未老而死，霸者之子，且令而國男女無別。」公孫支書而藏之於篋。於是晉獻公之亂，文公之霸，襄公敗秦師於崤而歸縱淫。此之所謂。今主君之病與之同，不出三日，病必間，間必有言也。』居二日半，簡子悟，告大夫曰：『我之帝所甚樂，與百神遊於鈞天，廣樂九奏萬舞，不類三代之樂，其聲動人心。有一熊欲援我，帝命我射之，中熊，熊死。有羆來，我又射之，中羆，羆死。帝甚喜，賜我一笥，皆有副。吾見兒在帝側，帝屬我一翟犬，曰：「及而子之長也，以賜之。」帝告我：晉國且衰，十世而亡。嬴姓將大敗周人於范魁之西，而亦不能有也。今余將思虞舜之勳，適余將以其胄女孟姚配而十世之孫。』董安于受言而書藏之。以扁鵲言告簡子，簡子賜扁鵲田四萬畝。他日，簡子出，有人當道，辟之不去，從者將拘之。當道者曰：『吾欲有謁於主君。』從者以聞，簡子召之曰：『嘻！吾有所見子游也。』當道者曰：『屏左右，願有謁。』簡子屏人，當道者曰：『日者主君之病，臣在帝側。』簡子曰：『然，有之。子見我，何爲？』當道者曰：『帝令主君射熊與羆，皆死。』簡子曰：『是何也？』當道者曰：『晉國且有大難，主君首之。帝令主君滅二卿，夫熊羆皆其祖也。』簡子曰：『帝賜我二笥，皆有副，何也？』當道者曰：『主君之子將剋二國於翟，皆子姓也。』簡子曰：『吾見兒在帝側，帝屬我一翟犬，曰：「及而子之長以賜之。」夫兒何說以賜翟犬？』當道者曰：『兒，主君之子也。翟犬，代之先也。主君之子，且必有代。及主君之後嗣，且有革政而胡服，并二國翟。』簡子問其姓而延之以官。當道者曰：『臣野人，致帝命。』遂不見，是何謂也？曰：是皆妖也。其占皆如當道者言，所見於帝前之事，所見當道之人，妖人也。其後晉二卿范氏、中行氏作亂，簡子攻之，中行昭子、范文子敗，出犇齊。

始簡子使姑布子卿相諸子，莫吉；至翟婦之子無恤，以爲貴。簡子與語，賢之。簡子募諸子曰：『吾藏寶符於常山之上，先得者賞。』諸子皆上山，無所得。無恤還曰：『已得符矣！』簡子問之。無恤曰：『從常山上臨代，代可取也。』簡子以爲賢，乃廢太子而立之。簡子死，無恤代，是爲襄子。襄子既立，誘殺代王而并其地，又并知氏之地，後取空同戎。自簡子後十世至武靈王，吳廣入其母姓嬴，子孟姚。其後武靈王遂取中山，并胡地。武靈王之十九年，更爲胡服，國人化之。皆如其言，無不然者。蓋妖祥見於兆，審矣，皆非實事，吉凶之漸，若天告之。何以知天不實告之也？以當道之人在帝側也。

夫在天帝之側，皆貴神也，致帝之命，是天使者也。人君之使，車馬備具，天帝之使，單身當道，非其狀也。天官百二十，與地之王者無以異也。地之王者，官屬備具，法象天官，稟取制度。天地之官同，則其使者亦宜鈞。官同人異者，未可然也。何以知簡子所見帝，非實帝也？以夢占知之。樓臺山陵，官位之象也。人夢上樓臺，升山陵，輒得官位；實樓臺山陵，非官位也。則知簡子所夢見帝者，非天帝也。人臣夢見人君，人君必不見，又必不賜。以人臣夢占之，知帝賜二笥、翟犬者，非天帝也。非天帝，則其言與百鬼遊於鈞天，非天也。魯叔孫穆子夢天壓己者，審然，是天下至地也。至地則有樓臺之抗，不得及己。及己，則樓臺宜壞。樓臺不壞，是天不至地；不至地，則不得壓己；不得壓己，則壓己者非天也，則天之象也。叔孫穆子所夢壓己之天非天，則知趙簡子所游之天非天也。

或曰：『人亦有直夢。見甲，明日則見甲矣；夢見君，明日則見君矣。』曰：然！人有直夢，直夢皆象也；其象直耳。何以明之？直夢者，夢見甲，夢見君，明日見甲與君，此直也。如問甲與君，甲與君則不見也。甲與君不見，所夢見甲與君者，象類之也。乃甲與君象類之，則知簡子所見帝者，象類帝也。且人之夢也，占者謂之魂行。夢見帝，是魂之上天也。上天猶上山也。夢上山，足登山，手引木，然後能升。升天無所緣，何能得上？天之去人以萬里數。人之行，日百里，魂與體形俱，尚不能疾；況魂獨行，安能速乎？使魂行與形體等，則簡子之上下天，宜數歲乃悟，七日輒覺，期何疾也？夫魂者精氣也，精氣之行，與雲煙等。案雲煙之行不能疾，使魂行若蜚鳥乎，行不能疾。人或夢蜚者，用魂蜚也，其蜚不能疾於鳥。天地之氣，尤疾速者，飄風也；飄風之發，不能終一日。使魂行若飄風乎，則其速不過一日之行，亦不能至天。人夢上天，一臥之頃也，其覺，或尚在天上，未終下也。若人夢行至雒陽，覺，因從雒陽悟矣。魂神蜚馳何疾也？疾則必非其狀；必非其狀，則其上天，非實事也。非實事，則爲妖祥矣。夫當道之人，簡子病見於帝側，後見當道象人而言，與相見帝側之時無以異也。由此言之，臥夢爲陰候，覺爲陽占，審矣。

趙襄子既立，知伯益驕，請地韓、魏，韓、魏予之；請地於趙，趙不予。知伯益怒，遂率韓、魏攻趙襄子。襄子懼，乃犇保晉陽。原過從後，至於託平驛，見三人，自帶以上可見，自帶以下不可見。予原過竹二節，莫通，曰：『爲我以是遺趙無恤。』既至，以告襄子。襄子齊三日，親自割竹，有赤書曰：『趙無恤，余霍大山陽侯天子。三月丙戌，余將使汝滅知氏。汝亦祀我百邑，余將賜汝林胡之地。』襄子再拜，受神之命。是何謂也？曰：是蓋襄子且勝之祥也。三國攻晉陽歲餘，引汾水灌其城，城不浸者三板。襄子懼，使相張孟談私於韓、魏，韓、魏與合謀，竟以三月丙戌之日，大滅知氏，共分其地。蓋妖祥之氣，象人之形，稱霍大山之神，猶夏庭之妖象龍，稱褒之二君，趙簡子之祥象人，稱帝之使也。何以知非霍大山之神也？曰：大山，地之體，猶人有骨節，骨節安得神？如大山有神，宜象大山之形。何則？人謂鬼者死人之精，其象如生人之形。今大山廣長，不與人同，而其精神不異於人。不異於人，則鬼之類人。鬼之類人，則妖祥之氣也。

秦始皇帝三十六年，熒惑守心，有星墜下，至地爲石。刻其石曰：『始皇死而地分。』始皇聞之，令御史逐問，莫服，盡取石旁家人誅之，因燔其石。妖使者從關東夜過華陰平野，或有人持璧遮使者曰：『爲我遺鎬池君。』因言曰：『今年祖龍死。』使者問之，因忽不見，置其璧去。使者奉璧，具以言聞。始皇帝默然良久，曰：『山鬼不過知一歲事，乃言曰「祖龍者，」人之先也。』使御府視璧，乃二十八年行渡江所沈璧也。明三十七年，夢與海神戰，如人狀。是何謂也？曰：皆始皇且死之妖也。始皇夢與海神戰，恚怒入海，候神射大魚，自琅邪至勞成山不見；至之罘山，還見巨魚，射殺一魚，遂旁海西，至平原津而病，到沙丘而崩。當星墜之時，熒惑為妖，故石旁家人刻書其石，若或為之，文曰『始皇死，』或教之也。猶世間童謠，非童所為，氣導之也。凡妖之發，或象人為鬼，或為人象鬼而使，其實一也。

晉公子重耳失國，乏食於道，從耕者乞飯。耕者奉塊土以賜公子。公子怒。咎犯曰：『此吉祥，天賜土地也。』其後公子得國復土，如咎犯之言。齊田單保卽墨之城，欲詐燕軍，云：『天神下助我。』有一人前曰：『我可以為神乎？』田單卻走再拜事之，竟以神下之言聞於燕軍。燕軍信其有神，又見牛若五采之文，遂信畏懼，軍破兵北，田單卒勝，復獲侵地。此人象鬼之妖也。使者過華陰，人持璧遮道，委璧而去，妖鬼象人之形也。夫沈璧於江，欲求福也。今還璧，示不受物，福不可得也。璧者，象前所沈之璧，其實非也。何以明之？以鬼象人而見，非實人也。人見鬼象生存之人，定問生存之人，不與己相見，妖氣象類人也。妖氣象人之形，則其所齎持之物，非真物也。祖龍死，謂始皇也。祖，人之本；龍，人君之象也。人物類，則其言禍亦放矣。

漢高皇以秦始皇崩之歲，為泗上亭長，送徒至驪山，徒多道亡，因縱所將徒，遂行不還；被酒，夜經澤中，令一人居前。前者還報曰：『前有大蛇當道，願還。』高祖醉，曰：『壯士行，何畏！』乃前拔劍擊斬蛇，蛇遂分兩，徑開。行數里，醉因臥。高祖從人至蛇所，有一老嫗夜哭之。人曰：『嫗何為哭？』嫗曰：『人殺吾子。』人曰：『爾子何為見殺？』嫗曰：『吾子白帝子，化為蛇，當徑，今者赤帝子斬之，故哭。』人以嫗為妖言，因欲笞之，嫗因忽不見。何謂也？曰：是高祖初起威勝之祥也。何以明之？以嫗忽然不見也。不見，非人；非人，則鬼妖矣。夫以嫗非人，則知所斬之蛇，非蛇也。云白帝子，何故為蛇？夜而當道，謂蛇白帝子，高祖赤帝子？白帝子為蛇，赤帝子為人。五帝皆天之神也，子或為蛇，或為人。人與蛇異物，而其為帝同神，非天道也。且蛇為白帝子，則嫗為白帝后乎？帝者之后，前後宜備；帝者之子，官屬宜盛。今一蛇死於徑，一嫗哭於道，云白帝子，非實明矣。夫非實則象，象則妖也。妖則所見之物，皆非物也；非物則氣也。高祖所殺之蛇，非蛇也，則夫鄭厲公將入鄭之時，邑中之蛇與邑外之蛇鬬者，非蛇也。厲公將入鄭，妖氣象蛇而鬬也。鄭國鬬蛇非蛇，則知夏庭二龍爲龍象，爲龍象，則知鄭子產之時龍戰非龍也。天道難知，使非，妖也；使是，亦妖也。

留侯張良椎秦始皇，誤中副車。始皇大怒，索求張良。張良變姓名，亡匿下邳。常閑，從容步遊下邳泗上。有一老父，衣褐至良所，直墮其履泗下，顧謂張良：「孺子下取履。」良愕然，欲毆之；以其老，爲彊忍，下取履，因跪進履。父以足受履，笑去。良大驚。父去里所，復還，曰：「孺子可教矣。後五日平明，與我期此。」良怪之，因跪曰：「諾！」五日平明，良往。父已先在，怒曰：「與老人期，後，何也？去！後五日早會。」五日雞鳴，復往。父又已先在，復怒曰：「後，何也？去！後五日復早來。」五日，良夜未半往。有頃，父來，喜曰：「當如是矣！」出一篇書，曰：「讀是則爲帝者師。後十三年，子見我濟北穀城山下，黃石，即我也。」遂去，無他言，弗復見。旦日視其書，乃太公兵法也。良因異之，習讀之。是何謂也？曰，是高祖將起，張良爲輔之祥也。良居下邳，任俠。十年，陳涉等起，沛公略地下邳，良從，遂爲師將，封爲留侯。後十三年，從高祖過濟北界，得穀城山下黃石，取而保祠之。及留侯死，并葬黃石。蓋吉凶之象神矣，天地之化巧矣。使老父象黃石，黃石象老父，何其神邪？問曰：「黃石審老父，老父審黃石邪？」曰，黃石不能爲老父，老父不能爲黃石，妖祥之氣見，故驗也。何以明之？晉平公之時，石言魏榆。平公問于師曠曰：「石何故言？」對曰：「石不能言，或憑依也。不然，民聽偏也。」夫石不能人言，則亦不能人形矣。石言與始皇時石墜東郡，民刻之，無異也。刻爲文言爲辭，辭之與文，一實也。民刻文，氣發言，民之與氣，一性也。夫石不能自刻，則亦不能言；不能言，則亦不能爲人矣。太公兵法，氣象之也。何以知非實者？以老父非人，知書亦非太公之書也。氣象生人之形，則亦能象太公之書。問曰：「氣無刀筆，何以爲文？」曰，魯惠公夫人仲子生而有文在其掌，曰「爲魯夫人。」晉唐叔虞文在其手曰「虞。」魯成季友文在其手曰「友。」三文之書，性自然；老父之書，氣自成也。性自然，氣自成，與夫童謠口自言，無以異也。當童之謠也，不知所受，口自言之；口自言，文自成，或爲之也。推此以省太公釣得巨魚，刳魚得書，云『呂尚封齊』；及武王得白魚，喉下文曰『以予發』！蓋不虛矣。因此復原河圖洛書言興衰存亡，帝王際會，審有其文矣，皆妖祥之氣，吉凶之端也。

訂鬼篇

凡天地之間有鬼，非人死精神爲之也，皆人思念存想之所致也。致之何由？由於疾病。人病則憂懼，憂懼見鬼出。凡人不病則不畏懼。故得病寢衽，畏懼鬼至；畏懼則存想，存想則目虛見。何以效之？傳曰：『伯樂學相馬，顧玩所見，無非馬者。宋之庖丁學解牛，三年不見生牛，所見皆死牛也。』二者用精至矣。思念存想，自見異物也。人病見鬼，猶伯樂之見馬，庖丁之見牛也。伯樂、庖丁所見非馬與牛，則亦知夫病者所見非鬼也。病者困劇身體痛，則謂鬼持箠杖毆擊之，若見鬼把椎鎖繩纆，立守其旁，病痛恐懼，妄見之也。初疾畏驚，見鬼之來；疾困恐死，見鬼之怒；身自疾痛，見鬼之擊；皆存想虛致，未必有其實也。夫精念存想，或泄於目，或泄於口，或泄於耳。泄於目，目見其形；泄於耳，耳聞其聲；泄於口，口言其事。晝日則鬼見，暮臥則夢聞。獨臥空室之中，若有所畏懼，則夢見夫人據案其身哭矣。覺見臥聞，俱用精神；畏懼存想，同一實也。

一曰：人之見鬼，目光與臥亂也。人之晝也，氣倦精盡，夜則欲臥。臥而目光反；反而精神見人物之象矣。人病亦氣倦精盡，目雖不臥，光已亂於臥也，故亦見人物象。病者之見也，若臥若否，與夢相似。當其見也，其人能自知覺與夢，故其見物不能知其鬼與人，精盡氣倦之效也。何以驗之？以狂者見鬼也。狂癡獨語，不與善人相得者，病困精亂也。夫病且死之時，亦與狂等；臥、病及狂，三者皆精衰倦，目光反照，故皆獨見人物之象焉。

一曰：鬼者，人所見得病之氣也。氣不和者中人，中人爲鬼，其氣象人形而見。故病篤者氣盛，氣盛則象人而至；至則病者見其象矣。假令得病山林之中，其見鬼則見山林之精。人或病越地者，病見越人坐其側。由此言之，灌夫寶嬰之徒，或時氣之形象也。凡天地之間，氣皆純於天；天文垂象於上，其氣降而生物，氣和者養生，不和者傷害。本有象於天，則其降下，有形於地矣。故鬼之見也，象氣爲之也。衆星之體爲人與鳥獸，故其病人，則見人與鳥獸之形。

一曰鬼者，老物之精也。物之老者，其精爲人。亦有未老，性能變化，象人之形。人之受氣，有與物同精者，則其物與之交；及病，精氣衰劣也，則來犯陵之矣。何以效之？成事，俗間與物交者，見鬼之來也。夫病者所見之鬼，與彼病物何以異？人病見鬼來，象其墓中死人來迎呼之者，宅中之六畜也。及見他鬼，非是所素知者，他家若草野之中物爲之也。

一曰鬼者本生於人。時不成人，變化而去。天地之性，本有此化，非道術之家，所能論辯。與人相觸犯者病；病人命當死，死者不離人。何以明之？禮曰，顓頊氏有三子，生而亡去爲疫鬼：一居江水，是爲虐鬼；一居若水，是爲魍魎鬼；一居人宮室區隅漚庫，善驚人小兒。前顓頊之世，生子必多，若顓頊之鬼神以百數也。諸鬼神有形體法，能立樹與人相見者，皆生於善人，得善人之氣，故能似類善人之形，能與善人相害。陰陽浮游之類，若雲煙之氣，不能爲也。

一曰鬼者甲乙之神也。甲乙者，天之別（一作剛）氣也，其形象人。人病且死，甲乙之神至矣。假令甲乙之日病，則死見庚辛之神矣。何則？甲乙鬼，庚辛報甲乙，故病人且死，殺鬼之至者，庚辛之神也。何以效之？以甲乙日病者，其死生之期，常在庚辛之日。此非論者所以爲實也。天道難知，鬼神闇昧，故具載列，令世察之也。

一曰鬼者物也，與人無異。天地之間，有鬼之物，常在四邊之外，時往來中國，與人雜，則凶惡之類也；故人病且死者乃見之。天地生物也，有人如鳥獸；及其生凶物，亦有似人象鳥獸者。故凶禍之家，或見蜚尸，或見走凶，或見人形。三者皆鬼也，或謂之鬼，或謂之凶，或謂之魅，或謂之魑，皆生存實有，非虛無象類之也。何以明之？成事，俗間家人且凶，見流光集其室，或見其形若鳥之狀，時流入堂室，察其不謂若鳥獸矣。夫物有形則能食，能食則便利，便利有驗，則形體有實矣。左氏春秋曰：『投之四裔，以禦魑魅。』山海經曰：『北方有鬼國，說螭者謂之龍物也。而魅與龍相連，魅則龍之類矣。』又言國人物之黨也。山海經又曰：『滄海之中，有度朔之山，上有大桃木，其屈蟠三千里，其枝間東北曰鬼門，萬鬼所出入也。上有二神人，一曰神荼，一曰鬱壘，主閱領萬鬼。惡害之鬼，執以葦索，而以食虎。於是黃帝乃作禮以時驅之，立大桃人，門戶畫神荼、鬱壘與虎，懸葦索以禦凶魅。有形，故執以食虎。』案可食之物，無空虛者。其物也性與人殊，時見時匿，與龍不常見，無以異也。

一曰：人且吉凶，妖祥先見。人之且死，見百怪。鬼在百怪之中。故妖怪之動，象人之形，或象人之聲爲應。故其妖動不離人形。天地之間，妖怪非一，言有妖，聲有妖，文有妖。或妖氣象人之形，或人含氣爲妖。象人之形，諸所見鬼是也。人含氣爲妖，巫之類是也。是以實巫之辭，無所因據。其吉凶自從口出，若童之謠矣。童謠口自言，巫辭意自出。口自言，意自出，則其爲人與聲氣自立，音聲自發，同一實也。

世稱紂之時，夜郊鬼哭，及蒼頡作書，鬼夜哭。氣能象人聲而哭，則亦能象人形而見，則人以爲鬼矣。鬼之見也，人之妖也。天地之間，禍福之至，皆有兆象，有漸不卒然，有象不猥來。天地之道，人將亡，凶亦出；國將亡，妖亦見。猶人且吉，吉祥至；國且昌，昌瑞到矣。故夫瑞應妖祥，其實一也。而世獨謂鬼者不在妖祥之中，謂鬼猶神而能害人；不通妖祥之道，不睹物氣之變也。國將亡，妖見，其亡非妖也；人將死，鬼來，其死非鬼也。亡國者，兵也；殺人者，病也。何以明之？齊襄公將爲賊所殺，遊于姑棼，遂田于貝丘，見大豕。從者曰：『公子彭生也。』公怒曰：『彭生敢見！』引弓射之，豕人立而啼。公懼，墜于車，傷足喪履，而爲賊殺之。夫殺襄公者，賊也。先見大豕於路，則襄公且死之妖也。人謂之彭生者，有似彭生之狀也。世人皆知殺襄公者非豕，而獨謂鬼能殺人，一惑也。

天地之氣爲妖者，太陽之氣也。妖與毒同，氣中傷人者謂之毒，氣變化者謂之妖。世謂童謠，熒惑使之，彼言有所見也。熒惑火星，火有毒熒，故當熒惑守宿，國有禍敗。火氣恍惚，故妖象存亡。龍陽物也，故時變化；鬼陽氣也，時藏時見。陽氣赤，故世人盡見鬼，其色純朱。蜚凶陽也，陽火也，故蜚凶之類爲火光，火熱焦物，故止集樹木，枝葉枯死。洪範五行，二曰火，五事，二曰言。言火同氣，故童謠詩歌爲妖言；言出文成，故世有文書之怪。世謂童子爲陽，故妖言出於小童。童巫含陽，故大雩之祭，舞童暴巫。雩祭之禮，倍陰合陽，故猶日食陰勝，攻社之陰也。日食陰勝，故攻陰之類；天旱陽勝，故愁陽之黨。巫爲陽黨，故魯僖遭旱，議欲焚巫。巫含陽氣，以故陽地之民多爲巫。巫黨於鬼，故巫者爲鬼巫。鬼巫比於童謠，故巫之審者，能處吉凶。吉凶能處吉凶之徒也。故申生之妖見於巫，巫含陽能見爲妖也。申生爲妖，則知杜伯、莊子義、厲鬼之徒皆妖也。杜伯之厲爲妖，則其弓矢投措皆妖毒也。妖象人之形，其毒象人之兵；鬼毒同色，故杜伯弓矢皆朱彤也。毒象人之兵，則其中人，人輒死也。中人微者即爲腓，病者不即時死。何則，腓者，毒氣所加也。妖或施其毒，不見其體；或見其形，不施其毒；或出其聲，不成其言；或明其言，不知其音。若夫申生，見其體，成其言者也；杜伯之屬，見其體，施其毒者也；詩妖、童謠、石言之屬，明其言者也；濮水琴聲，紂郊鬼哭，出其聲者也。

妖之見出也，或且凶而豫見，或凶至而因出。因出，則妖與毒俱行；豫見，妖出不能毒。申生之見，豫見之妖也；杜伯、莊子義、厲鬼至，因出之妖也。周宣王、燕簡公、宋夜姑時當死，故妖見毒因擊。晉惠公身當獲，命未死，故妖直見而毒不射。然則杜伯、莊子義、厲鬼之見，周宣王、燕簡、夜姑且死之妖也。申生之出，晉惠公且見獲之妖也。伯有之夢，駟帶、公孫段且卒之妖也。老父結草，魏顆且勝之祥，亦或時杜回見獲之妖也。蒼犬噬呂后，呂后且死，妖象犬形也。武安且卒，妖象竇嬰、灌夫之面也。故凡世間所謂妖祥，所謂鬼神者，皆太陽之氣爲之也。太陽之氣，天氣也。天能生人之體，故能象人之容。夫人所以生者，陰陽氣也。陰氣主爲骨肉，陽氣主爲精神。人之生也，陰陽氣具，故骨肉堅，精氣盛。精氣爲知，骨肉爲强；故精神言談，形體固守。骨肉精神，合錯相持，故能常見而不滅亡也。太陽之氣，盛而無陰，故徒能爲象，不能爲形。無骨肉，有精氣，故一見恍惚，輒復滅亡也。

言毒篇

或問曰：『天地之間，萬物之性，含血之蟲，有蝮蛇蜂蠆，咸懷毒螫，犯中人身，渭護疾痛；當時不救，流徧一身。草木之中，有巴豆野葛，食之湊懣，頗多殺人。不知此物，稟何氣於天？萬物之生，皆稟元氣，元氣之中，有毒螫乎？』曰：夫毒，太陽之熱氣也，中人人毒。人食湊懣者，其不堪任也。不堪任，則謂之毒矣。太陽火氣，常爲毒螫，氣熱也。太陽之地，人民促急，促急之人，口舌爲毒。故楚越之人，促急捷疾，與人談言，口唾射人，則人脤胎，腫而爲創。南郡極熱之地，其人祝樹樹枯，唾鳥鳥墜。巫咸能以祝延人之疾，愈人之禍者，生於江南，含烈氣也。夫毒，陽氣也，故其中人，若火灼人。或爲蝮所中，割肉置地焦沸，火氣之驗也。四方極皆爲維邊，唯東南隅有溫烈氣；溫烈氣發，常以春夏。春夏陽起，東南隅，陽位也。他物之氣，入人鼻目，不能疾痛。火煙入鼻鼻疾，入目目痛，火氣有烈也。物爲靡屑者多，唯一火最烈，火氣所燥也。食甘旨之食，無傷於人。食蜜少多，則令人毒。蜜爲蜂液，蜂則陽物也。人行無所觸犯，體無故痛，痛處若箠杖之跡。人腓，腓謂鬼毆之。鬼者，太陽之妖也。微者，疾謂之邊，其治用蜜與丹。蜜丹陽物，以類治之也。夫治風用風，治熱用熱，治邊用蜜丹，則知邊者陽氣所爲，流毒所加也。

天地之間，毒氣流行，人當其衝，則面腫疾，世人謂之火流所刺也。人見鬼者，言其色赤。太陽妖氣，自如其色也。鬼爲烈毒，犯人輒死，故杜伯射周宣，立崩。鬼所齎物，陽火之類，杜伯弓矢，其色皆赤。南道名毒曰短狐。杜伯之象，執弓而射，陽氣因而激，激而射，故其中人象弓矢之形。火困而氣熱，血毒盛，故食走馬之肝殺人，氣困爲熱也。盛夏暴行，暑暍而死，熱極爲毒也。人疾行汗出，對爐汗出，嚮日亦汗出，疾溫病者亦汗出：四者異事而皆汗出，困同熱等，火日之變也。天下萬物，含太陽氣而生者，皆有毒螫。毒螫渥者，在蟲則爲蝮蛇蜂蠆，在草則爲巴豆治（一作野）葛，在魚則爲鮭與鮗鰍。故人食鮭肝而死，爲鮗鰍螫有毒。魚與鳥同類，故鳥蜚魚亦蜚，鳥卵魚亦卵，蝮蛇蜂蠆皆卵，同性類也。其在人也爲小人，故小人之口，爲禍天下。小人皆懷毒氣；陽地小人，毒尤酷烈，故南越之人，祝誓輒效。

諺曰：『衆口鑠金。』口者火也。五行二曰火，五事二曰言。言與火直，故云鑠金。道口舌之鑠，不言拔木焰火，必云鑠金。金制於火，火口同類也。藥生非一地，太伯辟之吳；鑄多非一工，世稱楚棠溪。溫氣天下有，路畏入南海。鴆鳥生於南，人飲鴆死。辰爲龍，巳爲蛇，辰巳之位在東南。龍有毒，蛇有螫，故蝮有利牙，龍有逆鱗。木生火，火爲毒，故蒼龍之獸含火星。冶葛巴豆皆有毒螫，故冶在東南，巴在西南。土地有燥溼，故毒物有多少。生出有處地，故毒有烈不烈。蝮蛇與魚比，故生於草澤。蜂蠆與鳥同，故產於屋樹。江北地燥，故多蜂蠆；江南地溼，故多蝮蛇。生高燥比陽，陽物縣垂，故蜂蠆以尾刺；生下溼比陰，陰物柔伸，故蝮蛇以口齰。毒或藏於首尾，故螫齰有毒；或藏於體膚，故食之輒懣；或附於脣吻，故舌鼓爲禍。毒螫之生，皆同一氣，發動雖異，內爲一類。故人夢見火，占爲口舌；夢見蝮蛇，亦口舌。火爲口舌之象，口舌見於蝮蛇，同類共本，所稟一氣也。故火爲言，言爲小人，小人爲妖，由口舌。口舌之徵，由人感天，故五事二曰言。言之咎徵，僭恆暘若。僭者奢麗，故蝮蛇多文。文起於陽，故若致文。暘若則言從，故時有詩妖。妖氣生美好，故美好之人多邪惡。

叔虎之母美，叔向之母知之，不使視寢。叔向諫。其母曰：『深山大澤，實生龍蛇。彼美，吾懼其生龍蛇以禍汝。汝弊族也。國多大寵，不仁之人間之，不亦難乎？余何愛焉？』使往視寢，生叔虎。美有勇力，嬖於欒懷子。及范宣子逐懷子，殺叔虎，禍及叔向。夫深山大澤，龍蛇所生也，比之叔虎之母者，美色之人，懷毒螫也。生子叔虎，美有勇力。勇力所生，生於美色；禍難所發，由於勇力。火有光耀，木有容貌。龍蛇東方木，含火精，故美色貌麗；膽附於肝，故生勇力。火氣猛，故多勇；木剛強，故多力也。生妖怪者，常由好色；爲禍難者，常發勇力；爲毒害者，皆在好色。美酒爲毒，酒難多飲；蜂液爲蜜，蜜難益食；勇夫強國，勇夫難近；好女說心，好女難畜；辯士快意，辯士難信。故美味腐腹，好色惑心，勇夫招禍，辯口致殃。四者，世之毒也。辯口之毒，爲害尤酷。何以明之？孔子見陽虎，卻行，白汗交流。陽虎辯有口舌。口舌之毒，中人病也。人中諸毒，一身死之；中於口舌，一國潰亂。詩曰：『讒言罔極，交亂四國。』四國猶亂，況一人乎？故君子不畏虎，獨畏讒夫之口。讒夫之口，爲毒大矣。

薄葬篇

賢聖之業，皆以薄葬省用爲務；然而世尚厚葬，有奢泰之失者，儒家論不明，墨家議之非故也。墨家之議右鬼，以爲人死，輒爲神鬼而有知，能形而害人，故引杜伯之類以爲效驗。儒家不從，以爲死人無知，不能爲鬼，然而賻祭備物者，示不負死以觀生也。陸賈依儒家而說，故其立語，不肯明處。劉子政舉薄葬之奏，務欲省用，不能極論。是以世俗內持狐疑之議，外聞杜伯之類，又見病且終者，墓中死人來與相見，故遂信是，謂死如生。閔死獨葬，魂孤無副；丘墓閉藏，穀物乏匱，故作偶人以侍尸柩，多藏食物以歆精魂。積浸流至，或破家盡業，以充死棺；殺人以殉葬，以快生意。非知其內無益，而奢侈之心，外相慕也。以爲死人有知，與生人無以異，孔子非之，而亦無以定實。然而陸賈之論，兩無所處；劉子政奏，亦不能明。儒家無知之驗，墨家有知之故，事莫明於有效，論莫定於有證。空言虛語，雖得道心，人猶不信。是以世俗輕愚信禍福者，畏死不懼義，重死不顧生，竭財以事神，空家以送終。辯士文人有效驗，若墨家之以杜伯爲據，則死無知之實可明，薄葬省財之教可立也。

今墨家非儒，儒家非墨，各有所持，故乖不合。業難齊同，故二家爭論。世無祭祀復生之人，故死生之義未有所定。實者死人闇昧，與人殊途，其實荒忽，難得深知。有知無知之情不可定，爲鬼之實不可是。通人知士，雖博覽古今，窺涉百家，條入葉貫，不能審知。唯聖心賢意，方比物類，爲能實之。夫論不留精澄意，苟以外效立事是非，信聞見於外，不詮訂於內，是用耳目論，不以心意議也。夫以耳目論，則以虛象爲言；虛象效，則以實事爲非。是故是非者，不徒耳目，必開心意。墨議不以心而原物，苟信聞見，則雖效驗章明，猶爲失實。失實之議難以教，雖得愚民之欲，不合知者之心。喪物索用，無益於世，此蓋墨術所以不傳也。

魯人將以璵璠斂，孔子聞之，徑庭麗級而諫。夫徑庭麗級，非禮也，孔子爲救患也。患之所由，常由有所貪。璵璠，寶物也，魯人用斂，姦人僴之，欲心生矣。姦人欲生，不畏罪法；不畏罪法，則丘墓抽矣。孔子睹微見著，故徑庭麗級以救患直諫。夫不明死人無知之義，而著丘墓必抽之諫，雖盡比干之執，人人必不聽。何則？諸侯財多不憂貧，威彊不懼抽。死人之議，狐疑未定；孝子之計，從其重者。如明死人無知，厚葬無益，論定議立，較著可聞，則璵璠之禮不行，經庭之諫不發矣。今不明其說而彊其諫，此蓋孔子所以不能立其教。孔子非不明死生之實，其意不分別者，亦陸賈之語指也。夫言死無知，則臣子倍其君父。故曰：『喪祭禮廢，則臣子恩泊，臣子恩泊，則倍死亡先。倍死亡先，則不孝獄多。』聖人懼開不孝之源，故不明死無知之實。異道不相連，事生厚化自生。雖事死泊，何損於化？使死者有知，倍之非也。如無所知，倍之何損？明其無知，未必有倍死之害；不明無知，成事已有賊生之費。

孝子之養親病也，未死之時，求卜迎醫，冀禍消藥有益也；既死之後，雖審如巫咸，良如扁鵲，終不復生。何則？知死氣絕，終無補益，治死無益，厚葬何差乎？倍死恐傷化，絕卜拒醫，獨不傷義乎？親之生也，坐之高堂之上；其死也，葬之黃泉之下。黃泉之下，非人所居，然而葬之不疑者，以死絕異處，不可同也。如當亦如生存，恐人倍之，宜葬於宅，與生同也。不明無知，爲人倍其親；獨明葬黃泉，不爲離其先乎？親在獄中，罪疑未定，孝子馳走，以救其難；如罪定法立，終無門戶，雖曾子、子騫，坐泣而已。何則？計動無益，空爲煩也。今死親之魂，定無所知，與拘親之罪，決不可救，何以異？不明無知，恐人倍其先；獨明罪定，不爲忽其親乎？聖人立義，有益於化，雖小弗除；無補於政，雖大弗與。今厚死人，何益於恩？倍之弗事，何損於義？孔子又謂爲明器不成，示意有明；俑則偶人，象類生人，故魯用偶人葬，孔子嘆；睹用人殉之兆也，故嘆以痛之。即如生當備物，不示如生，意悉其教，用偶人葬，恐後用生殉；用明器，獨不爲後用善器葬乎？

絕用人之源，不防喪物之路，重人不愛用，痛人不憂國，傳議之所失也。救漏防者，悉塞其穴，則水泄絕；穴不悉塞，水有所漏，漏則水爲患害。論死不悉，則奢禮不絕；不絕，則喪物索用。用索物喪，民貧耗之至，危亡之道也。蘇秦爲燕使齊國之民高大丘冢，多藏財物，蘇秦身弗以勸勉之。財盡民貧，國空兵弱，燕軍卒至，無以自衛，國破城亡，主出民散。今不明死之無知，使民自竭以厚葬親，與蘇秦姦計同一敗。墨家之議，自違其術，其薄葬而又右鬼，右鬼引效，以杜伯爲驗。杜伯死人，如謂杜伯爲鬼，則夫死者審有知。如有知而薄葬之，是怒死人也。情欲厚而惡薄，以薄受死者之責，雖右鬼，其何益哉？如以鬼非死人，則其信杜伯非也；如以鬼是死人，則其薄葬非也。術用乖錯，首尾相違，故以爲非。非與是不明，皆不可行。夫如是，世俗之人，可一詳覽。詳覽如斯，可一薄葬矣。

四諱篇

俗有大諱四：一曰諱西益宅。西益宅謂之不祥，不祥必有死亡。相懼以此，故世莫敢西益宅。防禁所從來者遠矣。傳曰：『魯哀公欲西益宅，史爭以爲不祥。哀公作色而怒，左右數諫而弗聽，以問其傅宰質睢曰：「吾欲西益宅，史以爲不祥，何如？」宰質睢曰：「天下有三不祥，西益宅不與焉。」哀公大悅。有頃，復問曰：「何謂三不祥？」對曰：「不行禮義，一不祥也；嗜欲無止，二不祥也；不聽規諫，三不祥也。」哀公繆然深惟，慨然自反，遂不益宅。』令史與宰質睢止其益宅，徒爲煩擾，則西益宅祥與不祥，未可知也。令史質睢以爲西益宅審不祥，則史與質睢與今俗人等也。夫宅之四面皆地也，三面不謂之凶，益西面獨謂不祥，何哉？西益宅何傷於地體？何害於宅神？西益不祥，損之能善乎？西益不祥，東益能吉乎？夫不祥必有祥者，猶不吉必有吉矣。宅有形體，神有吉凶，動德致福，犯刑起禍。今言西益宅謂之不祥，何益而祥者？且惡人西益宅者誰也？如地惡之，益東家之西，損西家之東，何傷於地？如以宅神不欲西益，神猶人也，人之處宅，欲得廣大，何故惡之？而以宅神惡煩擾，則四面益宅，皆當不祥。諸工技之家，說吉凶之占，皆有事狀。宅家言治宅犯凶神，移徙言忌歲月，祭祀言觸血忌，喪葬言犯剛柔，皆有鬼神凶惡之禁，人不忌避，有病死之禍。至於西益宅何害而謂之不祥？不祥之禍，何以爲敗？實說其義，不祥者義理之禁，非吉凶之忌也。夫西方長老之地，尊者之位也。尊長在西，卑幼在東。尊長主也，卑幼助也。主少而助多，尊無二上，卑有百下也。西益主，益主不增助，二上不百下也，於義不善，故謂不祥。不祥者，不宜也。於義不宜，未有凶也。何以明之？夫墓，死人所藏；田，人所飲食；宅，人所居處。三者於人，吉凶宜等。西益宅不祥，西益墓與田，不言不祥。夫墓，死人所居，因忽不慎；田，非人所處，不設尊卑；宅者長幼所共，加慎致意者，何可不之諱？義詳於宅，略於墓與田也。

二曰諱被刑爲徒，不上丘墓。但知不可，不能知其不可之意。問其禁之者，不能知其諱；受禁行者，亦不要其忌。

連相放效，至或于被刑。父母死不送葬；若至墓側，不敢臨葬；甚失至於不行弔傷，見他人之柩。夫徒善人也，被刑謂之徒。丘墓之上二親也，死亡謂之先。宅與墓何別？親與先何異？如以徒被刑，先人責之，則不宜入宅，與親相見。如徒不得與死人相見，則親死在堂，不得哭柩；如以徒不得升丘墓，則徒不得上山陵。世俗禁之，執據何義？實說其意，徒不上丘墓有二義，義理之諱，非凶惡之忌也。徒用心以爲先祖全而生之，子孫亦當全而歸之。故曾子有疾，召門弟子曰：『開予足！開予手！而今而後，吾知免夫，小子！』曾子重慎，臨絕效全，喜免毀傷之禍也。孔子曰：『身體髮膚，受之父母，弗敢毀傷。』孝者怕入刑辟，刻畫身體，毀傷髮膚，少德泊行，不戒慎之所致也。愧負刑辱，深自刻責，故不升墓祀於先。古禮廟祭，今俗墓祀，故不升墓，慚負先人，一義也。墓者，鬼神所在，祭祀之處。祭祀之禮，齋戒潔清，重之至也。今已被刑，刑殘之人，不宜與祭，供侍先人，卑謙謹敬，退讓自賤之意也。緣先祖之意，見子孫被刑，惻怛憯傷，恐其臨祀，不忍歆享，故不上墓，二義也。昔太伯見王季有聖子文王，知太王意欲立之，入吳採藥，斷髮文身，以隨吳俗。太王薨，太伯還，王季辟主。太伯再讓，王季不聽。三讓，曰：『吾之吳越，吳越之俗，斷髮文身，吾刑餘之人，不可爲宗廟社稷之主。』王季知不可，權而受之。夫徒不上丘墓，太伯不爲主之義也。是謂祭祀不可，非謂柩當葬身不送也。葬死人，先祖痛；見刑人，先祖哀。權可哀之身，送可痛之屍，使先祖有知，痛屍哀形，何愧之有？如使無知，丘墓，田野也，何慚之有？慚愧先者，謂身體形殘，與人異也。古者用刑，形毀不全，乃不可耳。方今象刑，象刑重者，髡鉗之法也。若完城旦以下，施刑綵衣系躬，冠帶與俗人殊，何爲不可？世俗信而謂之皆凶，其失至於不弔鄉黨屍，不升他人之丘，惑也。

三曰：諱婦人乳子，以爲不吉。將舉吉事，入山林，遠行，度川澤者，皆不與之交通；乳子之家，亦忌惡之，丘墓廬道畔，踰月乃入，惡之甚也。暫卒見若爲不吉，極原其事，何以爲惡？夫婦人之乳子也，子含元氣而出；元氣，天地之精微也，何凶而惡之？人，物也；子，亦物也。子生與萬物之生，何以異？諱人之生謂之惡，萬物之生又惡之乎？生與胞俱出，如以胞爲不吉，人之有胞，猶木實之有扶也。包裹兒身，因與俱出，若鳥卵之有殼，何妨謂之惡？如惡以爲不吉，則諸生物有扶毅者，宜皆惡之。萬物廣多，難以驗事。人生何以異於六畜？皆含血氣懷子，子生與人無異，獨惡人而不憎畜，豈以人體大氣血盛乎？則夫牛馬體大於人。凡可惡之事，無與鈞等。獨有一物，不見比類，乃可疑也。今六畜與人無異，其乳皆同一狀。六畜與人無異，諱人不諱六畜，不曉其故也。世能別人之產與六畜之乳，吾將聽其諱。如不能別，則吾謂世俗所諱妄矣。

且凡人所惡，莫有腐臭；腐臭之氣，敗傷人心，故鼻聞臭，口食腐，心損口惡，霍亂嘔吐。夫更衣之室，可謂臭矣；鮑魚之肉，可謂腐矣；然而有甘之，更衣之室，不以爲忌，肴食腐魚之肉，不以爲諱，意不存以爲惡，故不計其可與不也。凡可憎惡者，若濺墨漆，附著人身，今目見鼻聞，一過則已，忽亡輒去，何故惡之？出見負豕於塗，腐澌於溝，不以爲凶者，洿辱自在彼人，不著己之身也。今婦人乳子，自在其身，齋戒之人，何故忌之？江北乳子，不出房室，知其無惡也。至於犬乳，置之宅外，此復惑也。江北諱犬不諱人，江南諱人不諱犬，謠俗防惡，各不同也。夫人與犬何以異？房室宅外何以殊？或惡或不惡，或諱或不諱，世俗防禁，竟無經也。月之晦也，日月合宿，紀爲一月，猶八日月中分謂之弦，十五日日月相望謂之望，三十日日月合宿謂之晦。晦與弦望一實也；非月晦日月光氣與月朔異也，何故踰月謂之吉乎？如實凶，踰月未可謂吉；如實吉，雖未踰月猶爲可也。實說諱忌產子乳犬者，欲使人常自潔清，不欲使人被汙辱也。夫自潔清則意精，意精則行清，行清而貞廉之節立矣。

四曰諱舉正月五月子，以爲正月五月子殺父與母；不得已舉之，父母禍死，則信而謂之真矣。夫正月五月子，何故殺父與母？人之含氣，在腹腸之內；其生十月而產，共一元氣也，正與二月何殊？五與六月何異？而謂之凶也，世傳此言久，拘數之人，莫敢犯之。弘識大材，實核事理，深睹吉凶之分者，然後見之。昔齊相田嬰賤妾有子，名之曰文。文以五月生，嬰告其母勿舉也。其母竊舉生之。及長，其母因兄弟而見其子文於嬰。嬰怒曰：『吾令汝去此子；而敢生之，何也？』文頓首，因曰：『君所以不舉五月子者，何故？』嬰曰：『五月子者長至戶，將不利其父母。』文曰：『人生受命於天乎？將受命於戶邪？』嬰嘿然。文曰：『必受命於天，君何憂焉？如受命於戶，卽高其戶，誰能至者？』嬰喜其言，曰：『子休矣！』其後使文主家待賓客，賓客日進，名聞諸侯。文長過戶而嬰不死。以田文之說言之，以田嬰不死效之，世俗所諱，虛妄之言也。夫田嬰俗父，而田文雅子也。嬰信忌不實義，文信命不避諱。雅俗異材，舉措殊操，故嬰名闇而不明，文聲賢而不滅。實說，世俗諱之，亦有緣也。夫正月歲始，五月盛陽，子以生精熾熱烈，厭勝父母，父母不堪，將受其患，傳相倣傚，莫謂不然。有空諱之言，無實凶之效，世俗惑之，誤非之甚也。夫忌諱非一，必託之神怪，若設以死亡，然後世人信用，畏避忌諱之語，四方不同，略舉通語，令世觀覽。若夫曲俗微小之諱，衆多非一；咸勸人爲善，使人重愼，無鬼神之害，凶醜之禍。世諱作豆醬惡聞雷，一人不食，欲使人急作，不欲積家踰至春也。諱厲刀井上，恐刀墮井中也；或說以爲刑之字，井與刀也；厲刀井上，井刀相見，恐被刑也。毋承屋檐而坐，恐瓦墮擊人首也。毋反懸冠，爲似死人服；或說惡其反而承塵溜也。毋偃寢，爲其象屍也；毋以箸相受，爲其不固也。毋相代掃，爲修冢之人，冀人來代己也。諸言毋者，教人重愼，勉人爲善。禮曰：『毋摶飯，毋流歠。』禮義之禁，未必吉凶之言也。

讕時篇

世俗起土興功，歲月有所食，所食之地，必有死者。假令太歲在子，歲食於酉，正月建寅，月食於巳；子寅地興功，則酉巳之家見食矣。見食之家，作起厭勝，以五行之物，懸金木水火。假令歲月食西家，西家懸金；歲月食東家，東家懸炭。設祭祀以除其凶，或空亡徙以辟其殃，連相倣效，皆謂之然。如考實之，虛妄迷也。何以明之？夫天地之神，用心等也，人民無狀，加罪行罰，非有二心兩意，前後相反也。移徙不避歲月，歲月惡其不避己之衛位，怒之也。今起功之家，亦動地體，無狀之過，與移徙等。起功之家，當爲歲所食，何故反令巳酉之地受其咎乎？豈歲月之神，怪移徙而咎起功哉？用心措意，何其不平也？鬼神罪過人，猶縣官謫罰民也。民犯刑罰多非一：小過宥罪，大惡犯辟，未有以無過受罪；無過而受罪，世謂之冤。今巳酉之家，無過於月歲，子家起宅，空爲見食，此則歲冤無罪也。且夫太歲在子，子宅直符；午宅爲破，不須興功起事，空居無爲，猶被其害。今歲月所食，待子宅有爲，巳酉乃凶。太歲，歲月之神；用罰爲害，動靜殊致，非天從歲月神意之道也。

審論歲月之神，歲則太歲也，在天邊際，立於子位。起室者在中國一州之內。假令揚州在東南，使如鄒衍之言，天下爲一州，又在東南，歲食於酉，食西羌之地，東南之地，安得凶禍？假令歲在人民之間，西宅爲酉地，則起功之家，宅中亦有酉地，何以不近食其宅中之酉地，而反食他家乎？且食之者審誰也？如審歲月，歲月，天之從神，飲食與天同；天食不食人，故郊祭不以爲牲。如非天神，亦不食人。天地之間，百神所食，聖人謂當與人等。推生事死，推人事鬼，故百神之祀，皆用衆物，無用人者。物食人者，虎與狼也。歲月之神，豈虎狼之精哉？倉卒之世，穀食乏匱，人民饑餓，自相啖食，豈其啖食死者，其精爲歲月之神哉？歲月有神，日亦有神，歲食月食，日何不食？積日爲月，積月爲時，積時爲歲，千五百三十九歲爲一統，四千六百一十七歲爲一元，增積相倍之數，分餘終竟之名耳，安得鬼神之怪、禍福之驗乎？如歲月終竟者宜有神，則四時有神，統元有神。月三日魄，八日弦，十五日望，與歲月終竟何異？歲月有神，魄與弦復有神也？一日之中，分爲十二時，平旦寅，日出卯也；十二月建寅卯，則十二月時所加寅卯也。日加十二辰不食，月建十二辰獨食，豈日加無神，月建獨有哉？何故月建獨食，日加不食乎？如日加無神，用時決事，非也；如加時有神，獨不食，非也。

神之口腹，與人等也。人饑則食，飽則止，不爲起功乃一食也。歲月之神，起功乃食，一歲之中，興功者希，歲月之神饑乎？倉卒之世，人民亡，室宅荒廢，興功者絕，歲月之神饑乎？且田與宅俱人所治，興功用力，勞逸鈞等。宅掘土而立木，田鑿溝而起堤，堤與木俱立，掘與鑿俱爲。起宅歲月食，治田獨不食，豈起宅時歲月饑，治田時飽乎？何事鈞作同，飲食不等也？說歲月食之家，必銓功之小大，立遠近之步數。假令起三尺之功，食一步之內；起十丈之役，食一里之外。功有小大，禍有近遠。蒙恬爲秦築長城，極天下之半，則其爲禍宜以萬數。案長城之造，秦民不多死。周公作雒，興功至大，當時歲月宜多食。聖人知其審食，宜徙所食地，置於吉祥之位。如不知避，人民多凶，經傳之文，賢聖宜有刺譏。今閭築雒之民，四方和會，功成事畢，不聞多死，說歲月之家，殆虛非實也。

且歲月審食，猶人口腹之饑必食也，且爲巳酉地有厭勝之故，畏一金刃，懼一死炭，豈閉口不敢食哉？如實畏懼，宜如其數。五行相勝，物氣鈞適。如泰山失火，沃以一杯之水；河決千里，塞以一掊之土，能勝之乎？非失五行之道，小大多少不能相當也。天地之性，人物之力，少不勝多，小不厭大。使三軍持木杖，匹夫持一刃，伸力角氣，匹夫必死。金性勝木，然而木勝金負者，木多而金寡也。積金如山，燃一炭火以燔爍之，金必不銷。非失五行之道，金多火少，少多小大不鈞也。五尺童子，與孟賁爭，童子不勝；非童子怯，力少之故也。狼衆食人，人衆食狼。敵力角氣，能以小勝大者希；爭彊量功，能以寡勝衆者鮮。天道人物，不能以小勝大者，少不能服多。以一刃之金，一炭之火，厭除凶咎，卻歲之殃，如何也？

譏日篇

世俗既信歲時，而又信日。舉事若病死災患，大則謂之犯觸歲月，小則謂之不避日禁。歲月之傳既用，日禁之書亦行。世俗之人，委心信之；辯論之士，亦不能定。是以世人舉事，不考於心而合於日，不參於義而致於時。時日之書，衆多非一，略舉較著，明其是非，使信天時之人，將一疑而倍之。夫禍福隨盛衰而至，代謝而然。舉事日凶，人畏凶有效；日吉，人冀吉有驗。禍福自至，則述前之吉凶，以相戒懼。此日禁所以累世不疑，惑者所以連年不悟也。

葬歷曰：『葬避九空地𦥑，及日之剛柔，月之奇耦。』日吉無害，剛柔相得，奇耦相應，乃爲吉良；不合此歷，轉爲凶惡。夫葬，藏棺也；斂，藏尸也。初死藏尸於棺，少久藏棺於墓。墓與棺何別？斂與葬何異？斂於棺不避凶，葬於墓獨求吉。如以墓爲重，夫墓，土也；棺，木也。五行之性，木土鈞也。治木以贏尸，穿土以埋棺，治與穿同事，尸與棺一實也。如以穿土賊地之體，鑿溝耕園，亦宜擇日。世人能異其事，吾將聽其禁；不能異其事，吾不從其諱。日之不害，又求日之剛柔；剛柔既合，又索月之奇耦。夫日之剛柔，月之奇耦，合於葬歷，驗之於吉，無不相得。何以明之？春秋之時，天

亦反此焉。世人言卜筮者多，得實誠者寡。論者或謂蓍龜可以參事，不可純用。夫鑽龜揲蓍，兆數輒見。見無常占，占者生意。吉兆而占謂之凶，凶數而占謂之吉。吉凶不效，則謂卜筮不可信。

周武王伐紂，卜筮之逆，占曰：「大凶。」太公推蓍蹈龜而曰：「枯骨死草，何知吉凶？」夫卜筮兆數，非吉凶誤也。占之不審吉凶，吉凶變亂；變亂，故太公黜之。夫蓍筮龜卜，猶聖王治世；卜筮兆數，猶王治瑞應。瑞應無常，兆數詭異。詭異則占者惑，無常則議者疑。疑則謂平未治，惑則謂吉不良。何以明之？夫吉兆數吉人可遭也；治遇符瑞，聖德之驗也。周王伐紂，遇魚烏之瑞，其永曷爲逢不吉之兆？使武王不當起，出不宜逢瑞；使武王命當興，卜不宜得凶。由此言之，武王之卜，不得凶占，謂之凶者，失其實也。魯將伐越，筮之，得「鼎折足」。子貢占之以爲凶。何則？鼎而折足，行用足，故謂之凶。孔子占之以爲吉，曰：「越人水居，行用舟，不用足，故謂之吉。」魯伐越，果克之。夫子貢占鼎折足以爲凶，猶周之占卜者謂之逆矣。逆中必有吉，猶折鼎足之占，宜以伐越矣。周多子貢直占之知，寡若孔子詭論之材，故覩非常之兆，不能審也。世因武王卜無非而得凶，故謂卜筮不可純用，略以助政，示有鬼神，明己不得專。

著書記者，採掇行事，若韓非飾邪之篇，明已效之驗，毁卜訾筮，非世信用。夫卜筮非不可用，卜筮之人，占之誤也。洪範稽疑，卜筮之變，必問天子卿士，或時審是。夫不能審占，兆數不驗，則謂卜筮不可信用。晉文公與楚子戰，夢與成王搏，成王在上而盬其腦。占曰「凶」。咎犯曰：「吉。君得天，楚伏其罪。盬君之腦者，柔之也。」以戰，果勝，如咎犯占。夫占夢與占龜同。晉占夢者不見象指，猶周占龜者不見兆者爲也。象無不然，兆無不審。人之知闇，論之失實也。傳或言：武王伐紂，卜之而龜熸。占者曰凶。太公曰：「龜熸，以祭則凶，以戰則勝。」武王從之，卒克紂焉。審若此傳，亦復孔子論卦，咎犯占夢之類也。蓋兆數無不然，而吉凶失實者，占不巧工也。

辯祟篇

世俗信禍祟，以爲人之疾病死亡，及更患被罪，戮辱懽笑，皆有所犯；起功移徙，祭祀喪葬，行作入官嫁娶，不擇吉日，不避歲月，觸鬼逢神，忌時相害。故發病生禍，絓法入罪，至於死亡，殫家滅門，皆不重慎，犯觸忌諱之所致也。如實論之，乃妄言也。凡人在世，不能不作事，作事之後，不能不有吉凶。見吉則指以爲前時擇日之福，見凶則刻以爲往者觸忌之禍。多或擇日而得禍，觸忌而獲福。工伎射事者欲遂其術，見禍忌而不言，聞福匿而不達，積禍以驚不慎，列福以勉畏時。故世人無愚智賢不肖，人君布衣，皆畏懼信向，不敢抵犯。歸之久遠，莫不分明，以爲天地之書，賢聖之術也。人君惜其官，人民愛其身，相隨信之，不復狐疑。故人君興事，工伎滿閣；人民有爲，觸傷問時。姦書僞文，由此滋生；巧惠生意，作知求利，驚惑愚暗，漁富偷貧，愈非古法度聖人之至意也。聖人舉事，先定於義。義已定立，決以卜筮，示不專己，明與鬼神同意共指，欲令衆下信用不疑。故書列七卜，易載八卦，從之未必有福，違之未必有禍。然而禍福之至，時也；死生之到，命也。人命懸於天，吉凶存於時。命窮，操行善，天不能續；命長，操行惡，天不能奪。天，百神主也。道德仁義，天之道也；戰栗恐懼，天之心也。廢道滅德，賊天之道；嶮隘恣睢，悖天之意。世間不行道德，莫過桀、紂；妄行不軌，莫過幽、厲。桀、紂不早死，幽、厲不夭折。由此言之，逢福獲喜，不在擇日避時；涉患麗禍，不在觸歲犯月，明矣。

孔子曰：「死生有命，富貴在天。」苟有時日，誠有禍祟，聖人何惜不言？何畏不說？案古圖籍，仕者安危，千君萬臣，其得失吉凶，官位高下，位祿降升，各有差品；家人治產，貧富息耗，壽命短長，各有遠近。非高大尊貴舉事以吉日，下小卑賤以凶時也。以此論之，則亦知禍福死生，不在遭逢吉祥，觸犯凶忌也。然則人之生也，精氣育也；人之死也，命窮絕也。人之生，未必得吉逢喜；其死，獨何爲謂之犯凶觸忌？以孔子證之，以死生論之，則亦知夫百禍千凶，非動作之所致也。孔子聖人，知府也；死生，大事也；大事，道效也。孔子云：「死生有命，富貴在天。」衆文微言不能奪，俗人愚夫不能易，明矣。人之於世，禍福有命；人之操行，亦自致之。其安居無爲，禍福自至，命也；其作事起功，吉凶至身，人也。人之疾病，希有不由風溼與飲食者；當風臥溼，握錢問祟；飽飯饜食，齋精解禍，而病不治，謂祟不得命自絕，謂筮不審，俗人之知也。

夫倮蟲三百六十，人爲之長。人，物也，萬物之中，有智慧者也。其受命於天，稟氣於元，與物無異。鳥有巢棲，獸有窟穴，蟲魚介鱗，各有區處，猶人之有室宅樓臺也。能行之物，死傷病困，小大相害。或人捕取，以給口腹，非作窠穿穴有所觸，東西行徙有所犯也。人有死生，物亦有終始；人有起居，物亦有動作。血脈首足，耳目鼻口，與人不別；惟好惡與人不同，故人不能曉其音，不見其指耳！及其游於黨類，接於同品，其知去就，與人無異。共天同地，並仰日月，而鬼神之禍，獨加於人，不加於物，未曉其故也。天地之性，人爲貴，豈天禍爲貴者作，不爲賤者設哉？何其性類同而禍患別也？

刑不上大夫，聖王於貴者闊也。聖王刑賤不罰貴，鬼神禍貴不殃賤，非易所謂大人與鬼神合其吉凶也。我有所犯，抵觸縣官，羅麗刑法，不曰過所致，而曰家有負；居處不慎，飲食過節，不曰失調和，而曰徙觸時。死者累屬，葬棺至十，不曰氣相汙，而曰葬日凶。有事歸之有犯，無爲歸之所居。居衰宅耗，蜚凶流尸，集人室居，又禱先祖，寢禍遺殃。疾病不請醫，更患不修行，動歸於禍，名曰犯觸。用知淺略，原事不實，俗人之材也。猶繫罪司空作徒，未必到吏日惡，繫役時凶也。使殺人者求吉日出詣吏，斷罪推善時入獄繫，寧能令事解赦令至哉？人不觸禍不被罪，不被罪不入獄。一旦令至，解械徑出，未必有解除其凶者也。天下千獄，獄中萬囚，其舉事未必觸忌諱也。居位食祿，專城長邑，以千萬數，其遷徙日未必逢吉時也。歷陽之都，一夕沈而爲湖，其民未必皆犯歲月也。高祖始起豐沛，俱復其民，未必皆慎時日也。項羽攻襄安，襄安無噍類，未必不禱賽也。趙軍爲秦所坑於長平之下，四十萬衆同時俱死，其出家時，未必不擇時也。辰日不哭，哭有重喪。戊己死者，復尸有隨，一家滅門，先死之日，未必辰與戊己也。血忌不殺牲，屠肆不多禍；上朔不會衆，沽舍不觸殃；塗上之暴尸，未必出以往亡；室中之殯柩，未必還以歸忌。由此言之，諸占射禍祟者，皆不可信用；信用之者，皆不可是。

夫使食口十人，居一宅之中，不動钁鍤，不更居處，祠祀嫁娶，皆擇吉日，從春至冬，不犯忌諱，則夫十人比至百年，能不死乎？占射事者，必將復曰：『宅有盛衰，若歲破直符，不知避也。』夫如是，令數問工技之家，宅盛即留，衰則避之，及歲破直符，輒舉家移，比至百年，能不死乎？占射事者必將復曰：『移徙觸時，往來不吉。』夫如是，復令輒問工伎之家，可徙則往，可還則來，比至百年，能不死乎？占射事者必將復曰：『殆命壽極。』夫如是，人之死生，竟自有命，非觸歲月之所致，無負凶忌之所爲也。

難歲篇

俗人險心，好信禁忌，知者亦疑，莫能實定。是以儒雅服從，工伎得勝。吉凶之書，伐經典之義；工伎之說，凌儒雅之論。今略實論，令親覽總核是非，使世一悟。移徙法曰：『徙抵太歲凶，負太歲亦凶。』抵太歲名曰歲下，負太歲名曰歲破，故皆凶也。假令太歲在甲子，天下之人皆不得南北徙，起宅嫁娶亦皆避之。其移東西，若徙四維，相之，如者皆吉。何者？不與太歲相觸，亦不抵太歲之衝也。實問：避太歲者何意也？令太歲惡人徙乎？則徙者皆有禍。令太歲不禁人徙，惡人抵觸之乎？則道上之人南北行者皆有殃。太歲之意，猶長吏之心也。長吏在塗，人行觸車馬，於其吏從，長吏怒之，豈獨抱器載物，去宅徙居，觸犯之者，而乃責之哉？昔文帝出過霸陵橋，有一人行逢車駕，逃於橋下，以爲文帝之車已過，疾走而出，驚乘輿馬。文帝怒，以屬廷尉張釋之。釋之當論，使太歲之神行若文帝出乎，則人犯之者，必有如橋下走出之人矣。方今行道路者，暴溺仆死，何以知非觸遇太歲之出也？爲移徙者又不能處。不能處，則犯與不犯未可知；未可知，則其行與不行未可審也。

且太歲之神審行乎，則宜有曲折，不宜直南北也。長吏出舍，行有曲折；如天神直道不曲折乎，則從東西四維徙者，猶干之也。若長吏之南北行，人從東如西，四維相之，如猶抵觸之；如不正南北，南北之徙又何犯？如太歲不動行乎，則宜有宮室營堡，不與人相見，人安得而觸之？如太歲無體，與長吏異，若煙雲虹蜺，直經天地，極子午南北陳乎，則東西徙，若四維徙者，亦干之。譬若今時人行，觸繁霧蜮氣，無從橫負鄉，皆中傷焉。如霧如氣，人當見之，雖不移徙，亦皆中傷。且太歲，天別神也，與青龍無異。龍之體不過數千丈。如令神者宜長大，饒之數萬丈，令體掩北方，當言太歲在北方，不當言在子。其東有丑，其西有亥，明不專掩北方，極東西之廣，明矣。今正言在子位，觸土之中，直子午者，不得南北徙耳！東邊直丑巳之地，西邊直亥未之民，何爲不得南北徙？丑與亥地之民，使太歲左右通，得南北徙及東西徙，可則丑在子東，亥在子西，丑亥之民東西徙，觸歲之位；巳未之民東西徙，忌歲所破。

儒者論天下九州，以爲東西南北，盡地廣長。九州之內五千里，竟三河土中。周公卜宅經曰：『王來紹上帝，自服於土中。』雒，則土之中也。鄒衍論之，以爲『九州之內五千里，竟合爲一州，在東。東位名曰赤縣州，自有九州者九焉。九九八十一，凡八十一州。』此言殆虛。地形難審。假令有之，亦一難也。使天下九州，如儒者之議，直雒邑以南，對三河以北，豫州荊州冀州之部有太歲耳；雍梁之間，青兗徐揚之地，安得有太歲？使如鄒衍之論，則天下九州在東南位，不直子午，安得有太歲？如太歲不在天地極分，散在民間，則一家之宅，輒有太歲；雖不南北徙，猶抵觸之。假令從東里徙西里，西里有太歲；從東宅徙西宅，西宅有太歲。或在人之東西，或在人之南北，猶行途上；東西南北，皆逢觸人。太歲位數千萬億，天下之民徙者皆凶，謂移徙者何以審之？如審立於天地之際，猶王者之位在土中也。東方之民，張弓西射，人不謂之射王者，以不能至王者之都，自止射其處也。今徙豈能北至太歲位哉？自止徙百步之內，何爲謂之傷太歲乎？且移徙之家，禁南北徙者，以爲歲在子位；子者破午；南北徙者，抵觸其衝，故謂之凶。夫破者須有以椎破之也。如審有所用，則不徙之民，皆被破害；如無所用，何能破之？

夫雷，天氣也，盛夏擊折，折木破山，時暴殺人：使太歲所破，若迅雷也，則聲音宜疾，死者宜暴；如不若雷，亦無能破。如謂衝抵爲破，衝抵安能相破？東西相與爲衝，而南北相與爲抵，如必以衝抵爲凶，則東西常凶，而南北常惡也。如以太歲神，其衝獨凶；神莫過於天地，天地相與爲衝，則天地之間無生人也。或上十二神，登明從魁之輩，——工伎家謂之皆天神也，——常立子丑之位，俱有衝抵之氣。神雖不若太歲，宜有徵敗。移徙者雖避太歲之凶，猶觸十二神之害。爲移徙時者，何以不禁？冬氣寒，水也，水位在北方；夏氣熱，火也，火位在南方。案秋冬寒，春夏熱者，天下普然，非獨南北之方水火衝也。今太歲位在子耳！天下皆爲太歲，非獨子午衝也。審以所立者爲主，則午可爲大夏，子可爲大冬。冬夏南北徙者可復凶乎？立春，艮王震相，巽胎離沒，坤死兌囚，乾廢坎休。王之衝死，相之衝囚。王相衝位，有死囚之氣。乾坤六子，天下正道。伏羲文王象以治世，文爲經所載，道爲聖所信，明審於太歲矣。人或以立春東北徙，抵艮之下，不被凶害。太歲立於子，彼東北徙，坤卦近於午，猶艮以坤徙，觸子位，何故獨凶？正月建於寅，破於申，從寅申徙，相之如者，無有凶害。太歲不指午，而空曰歲破，午實無凶禍，而虛禁南北，豈不妄哉？十二月爲一歲，四時節竟，陰陽氣終，竟復爲一歲，日月積聚之名耳！何故有神，而謂之立於子位乎？積分爲日，累日爲月，連月爲時，紀時爲歲。歲則日月時之類也。歲而有神，日月時亦復有神乎？千五百三十九歲爲一統，四千六百一十七歲爲一元。歲猶統元也。歲有神，統元復有神乎？論之以爲無，假令有之，何故害人？神莫過於天地，天地不害人；人謂百神，百神不害人。太歲之氣，天地之氣也；何憎於人，觸而爲害？且文曰：『甲子不徙。』言甲與子殊位，太歲立子不居甲，爲移徙者運之而復居甲。爲之而復居甲，爲移徙時者，亦宜復禁東西徙。甲與子鈞，其凶宜同。不禁甲而獨忌子，爲移徙時者，竟妄不可用也。人居不能不移徙，移徙不能不觸歲，不觸歲不能不得時死。工伎之人，見今人之死，則歸禍於往時之徙。俗心險危，死者不絕，故太歲之言，傳世不滅。

詰術篇

圖宅術曰：『宅有八術，以六甲之名，數而第之。第定名立，宮商殊別。宅有五音，姓有五聲。宅不宜其姓，姓與宅相賊，則疾病死亡，犯罪遇禍。』詰曰：夫人之在天地之間也，萬物之貴者耳。其有宅也，猶鳥之有巢，獸之有穴也。謂宅有甲乙，巢穴復有甲乙乎？甲乙之神，獨在民家，不在鳥獸何？夫人之有宅，猶有田也，以田飲食，以宅居處。人民所重，莫食最急，先田後宅，田重於宅也。田間阡陌，可以制八術，比土爲田，（一有〔不〕字）可以數甲乙。甲乙之術，獨施於宅，不設於田，何也？府廷之內，吏舍比屬，吏舍之形制，何殊於宅？吏之居處，何異於民？不以甲乙第舍，獨以甲乙數宅，何也？民間之宅，與鄉亭比屋相屬，接界相連，不幷數鄉亭，獨第民家，甲乙之神，何以獨立於民家也？數宅之術行市亭，數巷街以第甲乙。入市門曲折，亦有巷街。人晝夜居家，朝夕坐市，其實一也；市肆戶何以不第甲乙？州郡列居，縣邑雜處，與街巷民家何以異？州郡縣邑，何以不數甲乙也？

天地開闢有甲乙邪？後王乃有甲乙。如天地開闢本有甲乙，則上古之時，巢居穴處，無屋宅之居，街巷之制，甲乙之神皆何在？數宅既以甲乙，五行之家數日，亦當以甲乙。甲乙有支干，支干有加時，支干加時。專比者吉，相賊者凶。當其不舉也，未必加憂支辱也。事理有曲直，罪法有輕重。上官平心，原其獄狀。未有支干吉凶之驗，而有事理曲直之效，爲支干者，何以對此？武王以甲子日戰勝，紂以甲子日戰負，二家俱期，兩軍相當，旗幟相望，俱用一日，或存或亡。且甲與子專比，昧爽時加寅，寅與甲乙不相賊，武王終以破紂，何也？

日，火也；在天爲日，在地爲火。何以驗之？陽燧鄉日，火從天來，由此言之，火，日氣也。日有甲乙，火無甲乙，何日十而辰十二？日辰相配，故甲與子連。所謂日十者，何等也？端端之日有十邪，而將一有十名也？如端端之日有十，甲乙是其名，何以不徒言甲乙，必言子丑？何日廷圖甲乙有位，子丑亦有處，各有部署，列布五方，若王者營衞，常居不動。今端端之日中行，旦出東方，夕入西方，行而不已，與日廷異，何謂甲乙爲日之名乎？術家更說日甲乙者，自天地神也，日更用事，自用甲乙勝負爲吉凶，非端端之日名也。夫如是，於五行之象，徒當用甲乙決吉凶而已，何爲言加時乎？案加時者，端端之日加也。端端之日安得勝負？

五音之家，用口調姓名及字，用姓定其名，用名正其字。口有張歙，聲有外內，以定五音宮商之實。夫人之有姓者，用稟於天；天得五行之氣爲姓耶？以口張歙聲外內爲姓也？如以本所稟於天者爲姓，若五穀萬物稟氣矣，何故用張口歙聲內外定正之乎？古者因生以賜姓，因其所生賜之姓也。若夏吞薏苡而生，則姓苡氏；商吞燕子而生，則姓爲子氏；周履大人跡，則姬氏。其立名也，以信以義，以像以假，以類。以生名爲信，若魯公子友生，文在其手曰友也。以德名爲義，若文王爲昌，武王爲發也。以類名爲像，若孔子名丘也。取於物爲假，若宋公名杵臼也。取於父爲類，有似類於父也。其立字也，展名取同義，名賜字子貢，名予字子我。其立姓則以本所生，置名則以信義像假類，字則展名取同義，不用口張歙外內，調宮商之義爲五音，術何據見而用？古者有本姓，有氏姓。陶氏田氏，事之氏姓也；上官氏司馬氏，吏之氏姓也；孟氏仲氏，王父字之氏姓也。氏姓有三：事乎？吏乎？王父字乎？以本姓則用所生，以氏姓則用事吏王父字，用口張歙調姓之義何居？匈奴之俗，有名無姓字，無與相調諧，自以壽命終，禍福何在？禮買妾不知其姓則卜之，不知者，不知本姓也。夫妾必有父母家姓，然而必卜之者，父母姓轉易失實，禮重取同姓，故必卜之。姓徒用口調諧姓族，則禮買妾何故卜之？

圖宅術曰：「商家門不宜南向，徵家門不宜北向。」則商金，南方火也；徵火，北方水也。水勝火，火賊金，五行之氣不相得，故五姓之宅門有宜嚮。嚮得其宜，富貴吉昌；嚮失其宜，貧賤衰耗。夫門之與堂何以異？五姓之門，各有五姓之堂；所向無宜，何門之掩？地不如堂廡，朝夕所處，於堂不於門。圖吉凶者，宜皆以堂。如門人所出入，則戶亦宜然。孔子曰：「誰能出不由戶？」言戶不言門。五祀之祭，門與戶均，如當以門正所嚮，則戶何以不當與門相應乎？且今府廷之內，吏舍連屬，門嚮有南北；長吏舍傳，閭居有東西。長吏之姓，必有宮商；諸吏之舍，必有徵羽。安官遷徙，未必角姓門南嚮也；失位貶黜，未必商姓門北出也。或安官遷徙，或失位貶黜，何姓有五音；人之質性，亦有五行。五音之家，商家不宜南嚮門，則人稟金之性者，可復不宜南嚮坐，南行步乎？一曰，五音之門，有五行之人；假令商姓口食五人，五人中各有五色，木人青，火人赤，水人黑，金人白，土人黃，五色之人，俱出南嚮之門，或凶或吉，壽命或短或長。凶而短者，未必色白；吉而長者，未必色黃也。五行之家，何以爲決？南嚮之門，賊商姓家，其實如何？南方，火也。使火氣之禍，若火延燔，徑從南方來乎，則雖爲北嚮門，猶之凶也。火氣之禍，若夏日之熱，四方洽浹乎，則天地之間，皆得其氣，南嚮門家，何以獨凶？南方火者，火位南方。一曰，其氣布在四方，非必南方獨有火，四方無有也。猶水位在北方，四方猶有水也。火滿天下，水辨四方，火或在人之南，或在人之北，謂火常在南方，是則東方可無金，西方可無木乎？

解除篇

世信祭祀，謂祭祀必有福。又然解除，謂解除必去凶。解除初禮，先設祭祀。比夫祭祀，若生人相賓客矣。先爲賓客設膳，食已驅以刃杖。鬼神如有知，必恚止戰，不肯徑去；若懷恨，反而爲禍。如無所知，不能爲凶，解之無益，不解無損。且人謂鬼神何如狀哉？如謂鬼有形象，形象生人；生人懷恨，必將害人。如無形象，與烟雲同，驅逐雲烟，亦不能除。形旣不可知，心亦不可圖。鬼神集止人宅，欲何求乎？如勢欲殺人，當驅逐之時，避人隱匿；驅逐之止，則復還立故處。如不欲殺人，寄託人家，雖不驅逐，亦不爲害。貴人之出也，萬民並觀，塡街滿巷，爭進在前；士卒驅之，則走而卻，士卒還去，即復其處；士卒立守，終日不離，僅能禁止。何則？欲在於觀，不爲壹驅還也。使鬼神與生人同，有欲於宅中，猶萬民有欲於觀也；士卒驅逐，不久立守，則觀者不卻也。然則驅逐鬼者，不極一歲，鬼神不去。今驅逐之，終食之間，則舍之矣。舍之，鬼復還來，何以禁之？暴穀於庭，鷄雀啄之；主人驅彈則走，縱之則來，不終日立守，鷄雀不禁。使鬼神乎，不爲驅逐去止；使鬼不神乎，與鷄雀等，不常驅逐，不能禁也。虎狼入都，弓弩巡之，雖殺虎狼，不能除虎狼所爲來之患。盜賊攻城，官軍擊之，雖卻盜賊，不能滅盜賊所爲至之禍。虎狼之來，應政失也；盜賊之至，起世亂也。然則鬼神之集，爲命絕也。殺虎狼，卻盜賊，不能使政得世治；然則盛解除，驅鬼神，不能使凶去而命延。

病人困篤，見鬼之至，性猛剛者，挺劍操杖，與鬼戰鬭。戰鬭壹再，錯指受服，如不服，必不終也。夫解除所驅逐鬼，與病人所見鬼，無以殊也；其驅逐之，與戰鬭無以異也。病人戰鬭，鬼猶不去；宅主解除，鬼神必不離。由此言之，解除宅者，何益於事？信其凶去，不可用也。且夫所除，宅中客鬼也。宅中主神有十二焉，青龍白虎，列十二位。龍虎猛神，天之正鬼也，飛尸流凶，不敢妄集；猶主人猛勇，姦客不敢闚也。有十二神舍之，宅主驅逐，名爲去十二神之客，恨十二神之意，安能得吉？如無十二神，則亦無飛尸流凶。無神無凶，解除何補？驅逐何去？

解逐之法，緣古逐疫之禮也。昔顓頊氏有子三人，生而皆亡：一居江水爲虐鬼，一居若水爲魍魎，一居歐隅之間，主疫病人。故歲終事畢，驅逐疫鬼，因以送陳迎新內吉也；世相倣效，故有解除。夫逐疫之法，亦禮之失也。行堯舜之德，天下太平，百災消滅，雖不逐疫，疫鬼不往。行桀紂之行，海內擾亂，百禍並起，雖日逐疫，疫鬼猶來。衰世好信鬼，愚人好求福。周之季世，信鬼修祀，以求福助。愚主心惑，不顧自行，功猶不立，治猶不定。故在人不在鬼，在德不在祀。國期有遠近，人命有短長。如祭祀可以得福，解除可以去凶，則王者可竭天下之財，以興延期之祀；富家翁嫗，可求解除之福，以取踰世之壽。案天下人民，夭壽貴賤，皆有祿命；操行吉凶，皆有衰盛。祭祀不爲福，福不由祭祀。世信鬼神，故好祭祀。祭祀無鬼神，故通人不務焉。祭祀，厚事鬼神之道也，猶無吉福之驗；況盛力用威，驅逐神鬼，其何利哉？

祭祀之禮，解除之法，衆多非一，且以一事效其非也。夫小祀足以況大祭，一鬼足以卜百神。世間繕治宅舍，鑿地掘土，功成作畢，解謝土神，名曰解土；爲土偶人，以像鬼形，令巫祝延以解土。神已祭之後，心快意喜，謂鬼神解謝，殃禍除去。如討論之，乃虛妄也。何以驗之？夫土地猶人之體也，普天之下，皆爲一體，頭足相去，以萬里數。人民居土上，猶蚤蝨著人身也。蚤蝨食人，賊人肌膚，猶人鑿地，賊地之體也。蚤蝨內知，有欲解人之心，相與聚會，解謝於所食之肉旁，人能知之乎？夫人不能知蚤蝨之音，猶地不能曉人民之言也。胡越之人，耳口相類，心意相似，對口交耳而談，尚不相解；況人不與地相似，地之耳口與之相違乎？今所解者地乎，則地之耳遠不能聞也；所解一宅之土，則一宅之土猶人一分之肉也，安能曉之？如所解宅神乎，則此名曰解宅，不名曰解土。禮入宗廟，無所主意，斬尺二寸之木，名之曰主，主心事之，不爲人像。今解土之祭，爲土偶人，像鬼之形，何能解乎？神荒忽無形，出入無門，故謂之神。今作形像，與禮相違，失神之實，故知其非。象似布藉，不設鬼形。解土之禮，立土偶人，如祭山可爲石形，祭門戶可作木人乎？

晉中行寅將亡，召其太祝，欲加罪焉，曰：『子爲我祀，犧牲不肥澤也，且齋戒不敬也，使吾國亡，何也？』祝簡對曰：『昔日吾先君中行密子，有車十乘，不憂其薄也，憂德義之不足也。今主君有革車百乘，不憂義之薄也，惟患車之不足也。夫船車飾則賦斂厚，賦斂厚則民謗詛。君若以祀爲有益於國乎，詛亦將爲亡矣。一人祝之，一國詛之，一祝不勝萬詛，國亡，不亦宜乎？祝其何罪？』中行子乃慚。今世信祭祀，中行子之類也。不修其行而豐其祝，不敬其上而畏其鬼，身死禍至，歸之於祟，謂祟未得，得祟修祀，禍繁不止，歸之於祭，謂祭未敬。夫論解除，解除無益；論祭祀，祭祀無補；論巫祝，巫祝無力。竟在人不在鬼，在德不在祀，明矣哉！

祀義篇

世信祭祀，以爲祭祀者必有福，不祭祀者必有禍，是以病作卜祟，祟得修祀，祀畢意解，意解病已；執意以爲祭祀之助，勉奉不絕。謂死人有知，鬼神飲食，猶相賓客，賓客悅喜，報主人恩矣。其修祭祀，是也；信其事之，非也。實者祭祀之意，主人自盡恩懃而已，鬼神未必欲享之也。何以明之？今所祭者報功，則緣生人爲恩義耳，何歆享之有？今所祭死人，死人無知，不能飲食。何以審其不能歆享飲食也？夫天者，體也，與地同。天有列宿，地有宅舍，宅舍附地之體，列宿著天之形。形體具則有口乃能食。使天地有口能食，祭食宜食盡；如無口，則無體；無體則氣也，若雲霧耳，亦無能食。如天地之精神，若人之有精神矣，以人之精神，何宜飲食？中人之體七八尺，身大四五圍，食斗食，歠斗羹，乃能飽足，多者三四斗。天地之廣大，以萬里數。圜丘之上，一璽栗牛，粢飴大羹，不過數斛，以此食天地，天地安能飽？天地用心，猶人用意也。人食不飽足，則怨主人，不報以德矣。必謂天地審能飽食，則夫古之郊者負天地。山猶人之有骨節也，水猶人之有血脈也。故人食腸滿，則骨節與血脈因以盛矣。今祭天地，則山川隨天地而飽，今別祭山川，以爲異神，是人食已更食骨節與血脈也。

社稷報生穀物之功。萬民生於天地，猶毫毛生於體也。祭天地，則社稷設其中矣；人君重之，故復別祭；必以爲有神，是人之膚肉當復食也。五祀初本在地。門戶用木與土，土木生於地，井竈室中霤皆屬於地。祭地，五祀設其中矣。人君重之，故復別祭，必以爲有神，是食已當復食形體也。風伯雨師雷公，是羣神也。風猶人之有吹煦也，雨猶人之有精液也，雷猶人之有腹鳴也。三者附于天地；祭天地，三者在矣，人君重之故別祭；必以為有神，則人吹煦精液腹鳴，當復食也。日月猶人之有目，星辰猶人之有髮，三光附天；祭天，三光在矣，人君重之，故復別祭；必以為有神，則人之食已復食目與髮也。宗廟，己之先也，生存之時，謹敬供養，死不敢不信，故修祭祀，緣先事死，示不忘先。五帝三王，郊宗黃帝帝嚳之屬，報功堅力，不敢忘德，未必有鬼神審能歆享之也。夫不能歆享，則不能神；不能神，則不能為福，亦不能為禍。禍福之起，由於喜怒；喜怒之發，由於腹腸。有腹腸者，輒能飲食；不能飲食，則無腹腸。無腹腸，則無用喜怒；無用喜怒，則無用為禍福矣。

或曰：『歆氣，不能食也。』夫歆之與飲食，一實也。用口食之，用口歆之。無腹腸則無口，無口無用食，則亦無用歆矣。何以驗其不能歆也？以人祭祀有過，不能即時犯也。夫歆不用口，則用鼻矣。口鼻能歆之，則目能見之；目能見之，則手能擊之。今手不能擊，則知口鼻不能歆之也。或難曰：『宋公鮑之身有疾。祝曰：「夜姑，掌將事於厲者。」厲鬼杖楲而與之言曰：「何而粢盛之不膏也？何而芻犧之不肥碩也？何而珪璧之不中度量也？而罪歟？其鮑之罪歟？」夜姑順色而對曰：「鮑身尚幼，在襁褓，不預知焉。審是掌之。」厲鬼舉楲而掊之，斃於壇下。此非能言用手之驗乎？』曰：夫夜姑之死，未必厲鬼擊之也，時命當死也。妖象厲鬼，象鬼之形，則象鬼之言；象鬼之言，則象鬼而擊矣。何以明之？夫鬼者，神也；神則先知，先知則宜自見粢盛之不膏，珪璧之失度，犧牲之臞小，則因以責讓夜姑，以楲擊之而已，無為先問。先問，不知之效也；不知，不神之驗也。不知不神，則不能見體出言，以楲擊人也。夜姑，義臣也，引罪自予己，故鬼擊之。如無義而歸之鮑身，則厲鬼將復以楲掊鮑之身矣。且祭祀不備，神怒見體，以殺掌祀。如禮備神喜，肯見體以食賜主祭乎？人有喜怒，鬼亦有喜怒。人不為怒者身存，不為喜者身亡，厲鬼之怒，見體而罰。宋國之祀，必時中禮，夫神何不見體以賞之乎？夫怒喜不與人同，則其賞罰不與人等；賞罰不與人等，則其掊夜姑，不可信也。

且夫歆者，內氣也；言者，出氣也。能歆則能言，猶能吸則能呼矣。如鬼神能歆，則宜言於祭祀之上。今不能言，知不能歆，一也。凡能歆者，口鼻通也。使鼻齆不通，口鉗不開，則不能歆矣。人之死也，口鼻腐朽，安能復歆？二也。禮曰：『人死也，斯惡之矣。』與人異類，故惡之也。爲尸不動，朽敗滅亡，其身不與生人同，則知不與生人通矣。身不同，知不通，其飲食不與人鈞矣。胡越異類，飲食殊味。死之與生，非直胡之與越也。由此言之，死人不歆，三也。當人之臥也，置食物其旁，不能知也。覺乃知之，知乃能食之。夫死，長臥不覺者也，安能知食？不能歆之，四也。或難曰：『祭則鬼享之。』何謂也？曰：言其修具謹潔，粢牲肥香，人臨見之，意飲食之。推己意以況鬼神，鬼神有知，必享此祭，故曰，鬼享之祀。難曰，易曰：『東鄰殺牛，不如西鄰之禴祭。』夫言東鄰不若西鄰，言東鄰牲大福少，西鄰祭少福多也。今言鬼不享，何以知其福有多少也？曰，此亦謂修具謹潔與不謹潔也。

紂殺牛祭，不致其禮；文王禴祭，竭盡其敬。夫禮不至，則人非之；禮敬盡，則人是之。是之，則舉事多助；非之，則言行見畔。見畔，若祭不見享之禍；多助，若祭見歆之福；非鬼爲祭祀之故有喜怒也。何以明之？苟鬼神不當須人而食；須人而食，是不能神也。信鬼神歆祭祀，祭祀爲禍福，謂鬼神居處何如狀哉？自有儲偫耶，將以人食爲飢飽也？如自有儲偫，儲偫必與人異，不當食人之物。如無儲偫，則人朝夕祭乃可耳。壹祭壹否，則神壹飽壹飢；壹飢壹飽，則神壹怒壹喜矣。且病人見鬼，及臥夢與死人相見，如人之形，故其祭祀如人之食。緣有飲食，則宜有衣服，故復以繒製衣，以象生儀；其祭如生人之食，人欲食之，冀鬼饗之。其製衣也，廣縱不過一尺若五六寸，以所見長大之神，貫一尺之衣，其肯喜而加福於人乎？以所見之鬼爲審死人乎？則其製衣宜若生人之服；如以所製之衣審鬼衣之乎？則所見之鬼宜如偶人之狀。夫如是也，世所見鬼，非死人之神；或所衣之神，非所見之鬼也。鬼神未定，厚禮事之，安得福祐而堅信之乎？

祭意篇

禮，王者祭天地，諸侯祭山川，卿大夫祭五祀，士庶人祭其先；宗廟社稷之祀，自天子達於庶人。尚書曰：『肆類于上帝，禋于六宗，望于山川，徧于羣神。』禮曰：『有虞氏禘黃帝而郊嚳，祖顓頊而宗堯；夏后氏亦禘黃帝而郊鯀，祖顓頊而宗禹；殷人禘嚳而郊冥，祖契而宗湯；周人禘嚳而郊稷，祖文王而宗武王。燔柴於大壇，祭天也；瘞埋於大折，祭地也；用騂犢。埋少牢於大昭，祭時也；相近於坎壇，祭寒暑也；王宮，祭日也；夜明，祭月也；幽宗，祭星也；雩宗，祭水旱也；四坎壇，祭四方也。山林川谷邱陵，能出雲爲風雨，見怪物，皆曰神。有天下者祭百神。諸侯在其地則祭，亡其地則不祭。此皆法度之祀，禮之常制也。』王者父事天，母事地，推人事父母之事，故亦有祭天地之祀；山川以下，報功之義也。緣生人有功得賞，鬼神有功亦祀之。山出雲雨，潤萬物；六宗居六合之間，助天地變化，王者尊而祭之，故曰六宗。社稷報生萬物之功：社報萬物，稷報五穀。五祀報門、戶、井、竈、室中霤之功：門戶人所出入，井竈人所飲食，中霤人所託處，五者功鈞，故俱祀之。

周書曰：『少昊有四叔，曰重，曰該，曰修，曰熙，實能金、火、木，乃使重爲句芒，該爲蓐收，修及熙爲玄冥，世不失職，遂濟窮桑，此其三祀也。顓頊氏有子曰犁，爲祝融；共工氏有子曰句龍，爲后土，此其二祀也。后土爲社，稷，田正也。有烈山氏之子曰柱，爲稷，自夏以上祀之。周棄亦爲稷，自商以來祀之。』禮曰：『烈山氏之有天下也，其子曰柱，能殖百穀。夏之衰也，周棄繼之，故祀以爲稷。共工氏之霸九州也，其子曰后土，能平九土，故祀以爲社。』傳或曰：『炎帝作火，死而爲竈。禹勞力天下水，死而爲社。』禮曰：『王爲羣姓立七祀：曰司命，曰中霤，曰國門，曰國行，曰泰厲，曰戶，曰竈。諸侯爲國立五祀：曰司命，曰中霤，曰國門，曰國行，曰公厲。大夫立三祀：曰族厲，曰門，曰行。適士立二祀：曰門，曰行。庶人立一祀，或立戶，或立竈。』社稷五祀之祭，未有所定，皆爲思其德，不忘其功也。中心愛之，故飲食之；愛鬼神者祭祀之。自禹興修社稷，祀后稷，其後絕廢。

高皇帝四年，詔天下祭靈星。七年，使天下祭社稷。靈星之祭，祭水旱也，於禮舊名曰雩。雩之禮，爲民祈穀雨，祈穀實也。春求實，一歲再祀，蓋重穀也。——春以二月，秋以八月。故論語曰：『暮春者，春服既成，冠者五六人，童子六七人，浴乎沂，風乎舞雩，詠而歸。』暮春，四月也。周之四月，正歲二月也。二月之時，龍星始出，故傳曰：『龍見而雩。』龍星見時，歲已啓蟄而雩。春雩之禮廢，秋雩之禮存，故世常修靈星之祀，到今不絕；名變於舊，故世人不識；

禮廢不具，故儒者不知。世儒案禮，不知靈星何祀；其難曉而不識，說縣官名曰明星。緣明星之名，說曰歲星。歲星，東方也。東方主春，春主生物，故祭歲星，求春之福也。四時皆有力於物，獨求春者，重本尊始也。審如儒者之說，求春之福，及以秋祭，非求春也。月令祭戶以春，祭門以秋，各宜其時。如或祭門以秋，謂之祭戶，論者肯然之乎？不然，則明星非歲星也，乃龍星也。龍星二月見，則雩祈穀雨；龍星八月將入，則秋雩祈穀實。儒者或見其義，語不空生。春雩廢，秋雩興，故秋雩之名，自若為明星也。實曰靈星；靈星者，神也。神者，謂龍星也。羣神者，謂風伯雨師雷公之屬。風以搖之，雨以潤之，雷以動之，四時生成，寒暑變化。日月星辰，人所瞻仰；水旱，人所忌惡。四方氣所由來，山林川谷民所取材用。此鬼神之功也。

凡祭祀之義有二：一曰報功，二曰修先。報功以勉力，修先以崇恩。力勉恩崇，功立化通，聖王之務也。是故聖王制祭祀也，法施於民則祀之，以死勤事則祀之，以勞定國則祀之，能禦大災則祀之，能捍大患則祀之。帝嚳能序星辰以著衆，堯能賞均刑法以義終，舜勤民事而野死，鯀勤洪水而殛死，禹能修鯀之功，黃帝正名百物，以明民共財，顓頊能修之，契為司徒而民成，冥勤其官而水死，湯以寬治民而除其虐，文王以文治，武王以武功，去民之災。凡此功烈，施布於民，民賴其力，故祭報之。宗廟先祖，己之親也，生時有養親之道，死亡義不可背，故修祭祀，示如生存。推人事鬼神，緣生事死，人有賞功供養之道，故有報恩祀祖之義。

孔子之畜狗死，使子貢埋之，曰：『吾聞之也，弊帷不棄，為埋馬也；弊蓋不棄，為埋狗也。丘也貧，無蓋，於其封（一本注音窆）也，亦與之席，毋使其首陷焉。』延陵季子過徐，徐君好其劍，季子以當使於上國，未之許與。季子使還，徐君已死，季子解劍帶其冢樹。御者曰：『徐君已死，尚誰為乎？』季子曰：『前已心許之矣，可以徐君死，故負吾心乎？』遂帶劍於冢樹而去。祀為報功者，其用意猶孔子之埋畜狗也；祭為不背先者，其恩猶季子帶劍於冢樹也。聖人知其若此，祭猶齋戒畏敬，若有鬼神，修興弗絕，若有禍福，重恩尊功，慇懃厚恩，未必有鬼而享之者。何以明之？以飲食祭地也。人將飲食，謙退，示當有所先。孔子曰：『雖疏食菜羹瓜祭，必齋如也。』禮曰：『侍食於君，君使之祭然後飲食之。』祭，猶禮之諸祀也，飲食亦可毋祭；禮之諸神，亦可毋祀也。祭祀之實一也，用物之費同也。知祭地無神，猶謂諸祀有鬼，不知類也。經傳所載，賢者所紀，尚無鬼神，況不著篇籍，世間淫祀非鬼之祭，信其有神爲禍福矣。好道學仙者，絕穀不食，與人異食，欲爲清潔也。鬼神清潔於仙人，如何與人同食乎？論之以爲人死無知，其精不能爲鬼。假使有之，與人異食。異食則不肯食人之食；不肯食人之食，則無求於人；無求於人，則不能爲人禍福矣。凡人之有喜怒也，有求得與不得；得則喜，不得則怒；喜則施恩而爲福，怒則發怒而爲禍。鬼神無喜怒，則雖常祭而不絕，久廢而不修，其何禍福於人哉？

實知篇

儒者論聖人，以爲前知千歲，後知萬世，有獨見之明，獨聽之聰，事來則名，不學自知，不問自曉，故稱聖，則神矣；若蓍龜之知吉凶，蓍草稱神，龜稱靈矣。賢者才下不能及，智劣不能料，故謂之賢。夫名異則實殊，質同則稱鈞。以聖名論之，知聖人卓絕，與賢殊也。孔子將死，遺讖書曰：『不知何一男子，自謂秦始皇，上我之堂，踞我之牀，顛倒我衣裳，至沙邱而亡。』其後秦王兼吞天下，號始皇，巡狩至魯，觀孔子宅，乃至沙邱，道病而崩。又曰：『董仲舒亂我書。』其後江都相董仲舒，論思春秋，造著傳記。又書曰：『亡秦者胡也。』其後二世胡亥，竟亡天下。用三者論之，聖人後知萬世之效也。孔子生不知其父，若母匿之，吹律自知殷宋大夫子氏之世也。不案圖書，不聞人言，吹律精思，自知其世，聖人前知千歲之驗也。

曰，此皆虛也。案神怪之言，皆在讖記，所表皆效圖書。亡秦者胡，河圖之文也。孔子條暢增益，以表神怪；或後人詐記，以明效驗。高皇帝封吳王，送之，拊其背曰：『漢後五十年，東南有反者，豈汝耶？』到景帝時，濞與七國通謀反漢。建此言者，或時觀氣見象，處其有反，不知主名。高祖見濞之勇，則謂之是。原此以論，孔子見始皇、仲舒，或時但言將有觀我之宅、亂我之書者。後人見始皇入其宅，仲舒讀其書，則增益其辭，著其主名。如孔子神而空見始皇仲舒，則其自爲殷後子氏之世，亦當默而知之，無爲吹律以自定也。孔子不吹律，不能立其姓；及其見始皇，睹仲舒，亦復以吹律之類矣。案始皇本事，始皇不至魯，安得上孔子之堂，踞孔子之牀，顛倒孔子之衣裳乎？始皇三十七年十月癸丑，出游至雲夢，望祀虞舜於九嶷。浮江下，觀籍柯，度梅渚，過丹陽，至錢塘，臨浙江，濤惡，乃西百二十里，從陝中度，上會稽，祭大禹，立石刊頌，望于南海。還過從江乘，旁海上，北至琅邪；自琅邪北至勞成山，因至之罘，遂並海，西至平原津而病，崩於沙邱平臺。既不至魯，讖記何見而云始皇至魯？至魯未可知，其言孔子曰：『不知何一男子』之言，亦未可用。不知何一男子之言不可用，則言董仲舒亂我書亦復不可信也。行事文記譎常人言耳，非天地之書，則皆緣前因古，有所據狀。如無聞見，則無所狀。凡聖人見禍福也，亦揆端推類，原始見終，從閭巷論朝堂，由昭昭察冥冥。

讖書祕文，遠見未然，空虛闇昧，豫睹未有，達聞暫見，卓譎怪神，若非庸口所能言。放象事類以見禍，推原往驗以處來，賢者亦能，非獨聖也。周公治魯，太公知其後世當有削弱之患。太公治齊，周公睹其後世當有劫弒之禍。見法術之極，睹禍亂之前矣。紂作象箸而箕子譏，魯以偶人葬而孔子歎。緣象箸見龍干之患，偶人睹殉葬之禍也。太公、周公俱見未然；箕子、孔子並睹未有，所由見方來者，賢聖同也。魯侯老，太子弱，次室之女倚柱而嘯。由老弱之徵，見敗亂之兆也。婦人之知，尚能推類以見方來，況聖人君子，才高智明者乎？秦始皇十年，嚴襄王母夏太后薨，孝文王后曰華陽后，與文王葬壽陵，夏太后嚴襄王葬於范陵，故夏太后別葬杜陵，曰：『東望吾子，西望吾夫，後百年旁當有萬家邑。』其後皆如其言。必以推類見方來爲聖，次室、夏太后聖也。秦昭王十年，樗里子卒，葬於渭南章臺之東，曰：『後百年當有天子宮挾我墓。』至漢興，長樂宮在其東，未央宮在其西，武庫正值其墓，竟如其言。先知之效，見方來之驗也。如以此效聖，樗里子聖人也；非聖人，先知見方來不足以明聖。

然則樗里子見天子宮挾其墓也，亦猶辛有知伊川之當戎。昔辛有過伊川，見被髮而祭者，曰：『不及百年，此其戎乎！』其後百年，晉遷陸渾之戎於伊川焉。竟如辛有之知當戎，見被髮之兆也。樗里子之見天子挾其墓，亦見博平之墓也。韓信葬其母，亦行營高敞地，令其旁可置萬家，其後竟有萬家處其墓旁。故樗里子之見博平王有宮臺之兆，猶韓信之睹高敞萬家之臺也。先知之見，方來之事，無達視洞聽之聰明，皆案兆察跡，推原事類。春秋之時，卿大夫相與會遇，見動作之變，聽言談之詭，善則明吉祥之福，惡則處凶妖之禍。明福處禍，遠圖未然，無神怪之知，皆由兆類。以今論之，故夫可知之事者，思慮所能見也；不可知之事，不學不問不能知也。不學自知，不問自曉，古今行事，未之有也。夫可知之事，惟精思之，雖大無難；不可知之事，厲心學問，雖小無易。故智能之士，不學不成，不問不知。

難曰：『夫項託年七歲教孔子。案七歲未入小學，而教孔子，性自知也。孔子曰：「生而知之，上也；學而知之，其次也。」夫言生而知之，不言學問，謂若項託之類也。王莽之時，勃海尹方年二十一，無所師友，性智開敏，明達六藝。魏都牧淳于倉奏：「方不學，得文能讀誦，論義引五經文，文說議事，厭合人之心。」帝徵方，使射蜚蟲，筴射無非知者。天下謂之聖人。夫無所師友，明達六藝，本不學書，得文能讀，此聖人也。不學自能，無師自達，非神如何？』曰：雖無師友，亦已有所問受矣；不學書，已弄筆墨矣。兒始生產，耳目始開，雖有聖性，安能有知？項託七歲，其三四歲時，而受納人言矣。尹方年二十一，其十四五時，多聞見矣。性敏才茂，獨思無所據，不睹兆象，不見類驗，卻念百世之後，有馬生牛，牛生驢，桃生李，李生梅，聖人能知之乎？臣弒君，子弒父，仁如顏淵，孝如曾參，勇如賁育，辯如賜予，聖人能見之乎？孔子曰：『其或繼周者，雖百世可知也。』又曰：『後生可長，焉知來者之不如今也。』論損益言可知，稱後生言焉知，後生難處，損益易明也。此尚為遠，非所聽察也。使一人立於牆東，令之出聲，使聖人聽之牆西，能知其黑白短長，鄉里姓字所自從出乎？溝有流壍，澤有枯骨，髮首陋亡，肌肉腐絕，使人詢之，能知其農商老少，若所犯而坐死乎？非聖人無知，其知無以知也。知無以知，非問不能知也。不能知，則賢聖所共病也。

難曰：『詹何坐，弟子侍，有牛鳴於門外。弟子曰：「是黑牛也，而白蹄。」詹何曰：「然！是黑牛也，而白其蹄。」使人視之，果黑牛而以布裹其蹄。詹何，賢者也，尚能聽聲而知其色。以聖人之智，反不能知乎？』曰：能知黑牛白其蹄，能知此牛誰之牛乎？白其蹄者以何事乎？夫術數直見一端，不能盡其實。雖審一事，曲辯問之，輒不能盡知。何則？不目見口問，不能盡知也。魯僖公二十九年，介葛盧來朝，舍于昌衍之上，聞牛鳴，曰：「是牛生三犧，皆已用矣。」或問：「何以知之？」曰：「其音云。」人問牛主，竟如其言。此復用術數，非知所能見也。廣漢楊翁仲聽鳥獸之音，乘蹇馬之野，田間有放眇馬，相去鳴聲相聞。翁仲謂其御曰：「彼放馬知此馬而目眇。」其御曰：「何以知之？」曰：「罵此轅中馬蹇，此馬亦罵之眇。」其御不信，往視之，目竟眇焉。翁仲之知馬聲，猶詹何、介葛盧之聽牛鳴也。據術任數，相合其意不達；視聽遙見，流目以察之也。夫聽聲有術，則察色有數矣。推用術數，若先聞見，衆人不知，則謂神聖。若孔子之見獸，名之曰狌狌；太史公之見張良，似婦人之形矣。案孔子未嘗見狌狌，至輒能名之；太史公與張良異世，而目見其形，使衆人聞此言，則謂神而先知。然而孔子名狌狌，聞昭人之歌；太史公之見張良，觀宣室之畫也。陰見默識，用思深祕。衆人闊略，寡所意識，見賢聖之名物，則謂之神。推此以論，詹何見黑牛白蹄，猶此類也。彼不以術數，則先時聞見於外矣。方今占射事之工，據正術數，術數不中，集以人事。人事於術數而用之者，與神無異。詹何之徒，方今占射事者之類也。如以詹何之徒性能知之，不用術數，是則巢居者先知風，穴處者先知雨。智明早成，項託、尹方其是也。

難曰：「黃帝生而神靈，弱而能言；帝嚳生而自言其名。未有聞見於外，生輒能言稱其名，非神靈之效，生知之驗乎？」曰：「黃帝生而言，然而母懷之二十月生，計其月數，亦已二歲在母身中矣。帝嚳能自言其名，然不能言他人之名，雖有一能，未能徧通。所謂神而生知者，豈謂生而能言其名乎？乃謂不受而能知之，未得能見之也。黃帝、帝嚳，雖有神靈之驗，亦皆早成之才也。人才早成，亦有晚就，雖未就師，家問室學。人見其幼成早就，稱之過度。云項託七歲，是必十歲；云教孔子，是必孔子問之；云黃帝、帝嚳生而能言，是亦數月；云尹方年二十一，是亦且三十；云無所師友，有不學書，是亦遊學家習。世俗褎稱過實，毀敗踰惡。世俗傳顏淵年十八歲升太山，望見吳昌門外有繫白馬。定考實，顏淵年三十，不升太山，不望吳昌門。項託之稱，尹方之譽，顏淵之類也。

人才有高下，知物由學。學之乃知，不問不識。子貢曰：『夫子焉不學，而亦何常師之有？』孔子曰：『吾十有五而志乎學。』五帝三王皆有所師。曰，是欲爲人法也。曰，精思亦可爲人法，何必以學者？事難空知，賢聖之才能立也。所謂神者，不學而知；所謂聖者，須學以聖。以聖人學，知其非聖。天地之間，含血之類，無性知者。狌狌知往，鳱鵲知來，稟天之性，自然者也。如以聖人爲若狌狌乎，則夫狌狌之類鳥獸也。僮謠不學而知，可謂神而先知矣。如以聖人爲若僮謠乎，則夫僮謠者妖也。世間聖神，以爲巫與鬼神，用巫之口告人。如以聖人爲若巫乎，則夫爲巫者亦妖也。與妖同氣，則與聖異類矣。巫與聖異，則聖不能神矣。不能神則賢之黨也；同黨則所知者無以異也。及其有異，以入道也，聖人疾，賢者遲，賢者才多，聖人智多。所知同業，多少異量；所道一途，步騶相過。事有難知易曉，賢聖所共關思也。若夫文質之復，三教之重，正朔相緣，損益相因，賢聖所共知也。

古之水火，今之水火也；今之聲色，後世之聲色也。鳥獸草木，人民好惡，以今而見古，以此而知來，千歲之前，萬世之後，無以異也。追觀上古，探察來世，文質之類，水火之輩，賢聖共之；見兆聞象，圖畫禍福，賢聖共之；見怪名物，無所疑惑，賢聖共之。事可知者，賢聖所共知也；不可知者，聖人亦不能知也。何以明之？使聖空坐先知雨也，性能一事知遠道，孔竅不普，未足以論也。所論先知性達者，盡知萬物之性，畢睹千能之要也。如知一不通二，達左不見右，偏駮不純，踦校不具，非所謂聖也。如必謂之聖，是明聖人無以奇也。詹何之徒聖，孔子之黨亦稱聖，是聖無以異於賢，賢無以乏於聖也。賢聖皆能，何以稱聖奇於賢乎？如俱任用術數，賢何以不及聖？實者聖賢不能知性，須任耳目以定情實。其任耳目也，可知之事，思之輒決；不可知之事，待問乃解。天下之事，世間之物，可思而愚夫能開；精不可思而知，上聖不能省。孔子曰：『吾嘗終日不食，終夜不寢，以思，無益，不如學也。』天下事有不可知，猶結有不可解也。見說善解結，結無有不可解。結有不可解，見說不能解也。非見說不能解也，結有不可解，及其解之用不能也。聖人知事，事無不可知，事有不可知，聖人不能知，非聖人不能知，事有不可知，及其知之用不知也。故夫難知之事，學問所能及也；不可知之事，問之學之，不能曉也。

見，後黃龍見成紀。然則公孫臣知黃龍將出，案律歷以處之也。

賢聖之知事宜驗矣。賢聖之才，皆能先知。其先知也，任術用數，或善商而巧意，非聖人空知神怪，與聖賢殊道異路也。聖賢知不踰，故用思相出入；遭事無神怪，故名號相貿易。故夫賢聖者，道德智能之號；神者，眇茫恍惚無形之實。實異，質不得同；實鈞，效不得殊。聖神號不等，故謂聖者不神，神者不聖。東郭牙善意，以知國情；子貢善意，以得貨利。聖人之先知，子貢、東郭牙之徒也。與子貢、東郭同，則子貢、東郭之徒亦聖也。夫如是，聖賢之實同而名號殊，未必才相懸絕，智相兼倍也。

太宰問於子貢曰：『夫子聖者歟？何其多能也？』子貢曰：『故天縱之將聖，又多能也。』將者，且也。不言已聖言且聖者，以爲孔子聖未就也。夫聖若爲賢矣，治行厲操，操行未立，則謂且賢；今言且聖，聖可爲之故也。孔子曰：『吾十有五而志於學，三十而立，四十而不惑，五十而知天命，六十而耳順。』從知天命至耳順，學就知明，成聖之驗也。未五十六十之時，未能知天命至耳順也，則謂之且矣。當子貢答太宰時，殆三十四十之時也。

魏昭王問於田詘曰：『寡人在東宮之時，聞先生之議曰：「爲聖易。」有之乎？』田詘對曰：『臣之所學也。』昭王曰：『然則先生聖乎？』田詘曰：『未有功而知其聖者，堯之知舜也；待其有功而後知其聖者，市人之知舜也。今詘未有功，而王問詘曰：「若聖乎？」敢問王亦其堯乎？』夫聖可學爲，故田詘謂之易。如卓與人殊，稟天性而自然，焉可學而爲之？安能成？田詘之言爲易，聖未必能成；田詘之言爲易，未必能是。言臣之所學，蓋其實也。賢可學爲，勞佚殊，故賢聖之號，仁智共之。

子貢問於孔子：『夫子聖矣乎？』孔子曰：『聖則吾不能，我學不厭而教不倦。』子貢曰：『學不厭者，智也；教不倦者，仁也。仁且智，夫子既聖矣。』由此言之，仁智之人，可謂聖矣。孟子曰：『子夏、子游、子張得聖人之一體；冉牛、閔子、顏淵具體而微。』六子在其世，皆有聖人之才，或頗有而不具，或備有而不明，然皆稱聖人，聖人可勉成也。孟子又曰：『非其君不事，非其民不使，治則進，亂則退，伯夷也。何事非君？何使非民？治亦進，亂亦進，伊尹也。

可以仕則仕，可以已則已，可以久則久，可以速則速，孔子也。皆古之聖人也。』又曰：『聖人，百世之師也，伯夷柳下惠是也。故聞伯夷之風者，頑夫廉，懦夫有立志；聞柳下惠之風者，薄夫敦，鄙夫寬。奮乎百世之上，百世之下，聞之者莫不興起，非聖而若是乎？而況親炙之乎？』夫伊尹伯夷柳下惠不及孔子，而孟子皆曰聖人者，賢聖同類，可以共一稱也。宰予曰：『以予觀夫子，賢於堯舜遠矣！』孔子聖，宜言聖於堯舜，而言賢者，聖賢相出入，故其名稱相貿易也。

定賢篇

聖人難知，賢者比於聖人爲易知。世人且不能知賢，安能知聖乎？世人雖言知賢，此言妄也。知賢何用？知之如何？以仕宦得高官身富貴爲賢乎？則富貴者天命也。命富貴不爲賢，命貧賤不爲不肖。必以富貴效賢不肖，是則仕宦以才不以命也。以事君調合寡過爲賢乎？夫順阿之臣，佞倖之徒是也。准主而說，適時而行，無廷逆之郄，則無斥退之患。或骨體嫺麗，面色稱媚，上不憎而善生，恩澤洋溢過度，未可謂賢。以朝廷選舉皆歸善爲賢乎？則夫著見而人所知者舉多，幽隱人所不識者薦少，虞舜是也。堯求則咨於鯀共工，則嶽已不得，由此言之，選舉多少，未可以知實。或德高而舉之少，或才下而薦之多。明君求善察惡於多少之間，時得善惡之實矣。且廣交多徒，求索衆心者，人愛而稱之；清直不容鄉黨，志潔不交非徒，失衆心者，人憎而毀之。故名多生於知謝，毀多失於衆意。齊威王以毀封卽墨大夫，以譽烹阿大夫。卽墨有功而無譽，阿無效而有名也。子貢問曰：『鄉人皆好之，何如？』孔子曰：『未可也。』『鄉人皆惡之，何如？』曰：『未可也。不若鄉人之善者好之，其不善者惡之。』夫如是，稱譽多而大小皆言善者，非賢也。善人稱之，惡人毀之，毀譽者半，乃可有賢。以善人所稱，惡人所毀，可以知賢乎？夫如是，孔子之言可以知賢，不知譽此人者賢也？毀此人者惡也？或時稱者惡而毀者善也？人眩惑無別也。

以人衆所歸附、賓客雲合者爲賢乎？則夫人衆所附歸者，或亦廣交多徒之人也，衆愛而稱之，則蟻附而歸之矣。或尊貴而爲利，或好士下客，折節俟賢。信陵、孟嘗、平原、春申，食客數千，稱爲賢君。大將軍衛青及霍去病，門無一客，稱爲名將。故賓客之會，在好下之君；利害之賢，或不好士。不能爲輕重，則衆不歸而士不附也。以君位治人，得民心歌詠之爲賢乎？則夫得民心者，與彼得士意者，無以異也。爲虛恩拊循其民，民之欲得，卽喜樂矣。何以效之？齊田成子、越王句踐是也。成子欲專齊政，以大斗貸，小斗收，而民悅。句踐欲雪會稽之恥，拊循其民，弔死問病而民喜。二者皆自有所欲爲於他，而僞誘屬其民，誠心不加，而民亦說。孟嘗君夜出秦關，雞未鳴而關不闓。下坐賤客，鼓臂爲雞鳴，而雞皆和之，關卽闓，而孟嘗得出。又雞可以姦聲感，則人亦可以僞恩動也。人可以僞恩動，則天亦可巧詐應也。動致天氣，宜以精神，而人用陽燧取火於天，銷鍊五石，五月盛夏，鑄以爲器，乃能得火。今又但取刀劍恆銅鉤之屬，切磨以嚮日，亦得火焉。夫陽燧刀劍鉤能取火於日，恆非賢聖亦能動氣於天。若董仲舒信土龍之能致雲雨，蓋亦有以也。夫如是，應天之治，尚未可謂賢，況徒得人心卽謂之賢，如何？

以居職有成功見效爲賢乎？夫居職何以爲功效？以人民附之，則人民可以僞恩說也。陰陽和，百姓安者，時也。時和，不肖遭其安；不和，雖聖逢其危。如以陰陽和而效賢不肖，則堯以洪水得黜，湯以大旱爲殿下矣。如功效謂事也，身爲之者，功著可見。以道爲計者，效沒不章。鼓無當於五音，五音非鼓不和；師無當於五服，五服非師不親；水無當於五采，五采非水不章。道爲功本，功爲道效，據功謂之賢，是則道人之不肖也。高祖得天下，賞羣臣之功，蕭何爲賞首。何則？高祖論功，比獵者之縱狗也。狗身獲禽，功歸於人。羣臣手戰，其猶狗也；蕭何持重，其猶人也。必據成功謂之賢，是則蕭何無功。功賞不可以效賢，一也。

夫聖賢之治世也有術，得其術則功成，失其術則事廢。譬猶醫之治病也，有方，篤劇猶治；無方，毚微不愈。夫方猶術，病猶亂，醫猶吏，藥猶教也。方施而藥行，術設而教從，教從而亂止，藥行而病愈。治病之藥，未必惠於不爲醫者。然而治國之吏，未必賢於不能治國者，偶得其方，遭曉其術也。治國須術以立功，亦有時當自亂，雖用術，功終不立者；亦有時當自安，雖無術，功猶成者。故夫治國之人，或得時而功成，或失時而無效。術人能因時以立功，不能逆時以致安，良醫能治未當死之人命；如命窮壽盡，方用無驗矣。故時當亂也，堯、舜用術，不能立功；命當死矣，扁鵲行方不能愈病。射御巧技，百工之人，皆以法術，然後功成事立，效驗可見。觀治國，百工之類也；功立，猶事成也。謂有功者賢，是謂百工皆賢人也。趙人吾邱壽王，武帝時待詔，上使從董仲舒受春秋，高才通明於事，後爲東郡都尉。上以壽王之賢，不置太守。時軍發，民騷動，歲惡，盜賊不息。上賜壽王書曰：『子在朕前時，輻湊並至，以爲天下少雙，海內寡二。至連十餘城之勢，任四千石之重，而盜賊浮船行攻取於庫兵，甚不稱在前時，何也？』壽王謝言難禁。復召爲光祿大夫，常居左右，論事說議，無不是者，才高智深，通明多見。然其爲東郡都尉，歲惡，賊盜不息，人民騷動，不能禁止。不知壽王不得治東郡之術邪？亡將東郡適當復亂，而壽王之治偶逢其時也？夫以壽王之賢，治東郡不能立功，必以功觀賢，則壽王棄而不選也。恐必世多如壽王之類，而論者以無功不察其賢。燕有谷，氣寒，不生五穀。鄒衍吹律致氣，既寒更爲溫，燕以種黍，黍生豐熟，到今名之曰黍谷。夫和陰陽，當以道德至誠；然而鄒衍吹律，寒谷更溫，黍穀育生。推此以況諸有成功之類，有若鄒衍吹律之法。故得其術也，不肖無不能；失其數也，賢聖有不治。此功不可以效賢，二也。

人之舉事，或意至而功不成，事不立而勢貫山，荊軻、醫夏無且是矣。荊軻入秦之計，本欲劫秦王，生致於燕；邂逅不偶，爲秦所擒。當荊軻之逐秦王，秦王環柱而走，醫夏無且以藥囊提荊軻。既而天下名軻爲烈士，秦王賜無且金二百鎰。夫爲秦所擒，生致之功不立，藥囊提刺客，益於救主，然猶稱賞者，意至勢盛也。天下之士，不以荊軻功不成，不稱其義；秦王不以無且無見效，不賞其志。志善不效成功，義至不謀就事。義有餘，效不足，志巨大而功細小，智者賞之，愚者罰之。必謀功不察志，論陽效不存陰計，是則豫讓拔劍斬襄子之衣，不足識也；伍子胥鞭笞平王尸，不足載也；張良椎始皇，誤中副車，不足記也。三者道地不便，計畫不得，有其勢而無其功，懷其計而不得爲其事，是功不可以效賢，三也。

以孝於父，弟於兄，爲賢乎？則夫孝弟之人，有父兄者也。父兄不慈，孝弟乃章。舜有瞽瞍，參有曾皙，孝立名成，衆人稱之。如無父兄，父兄慈良，無章顯之效，孝弟之名無所見矣。忠於君者，亦與此同。龍逢、比干忠著，夏殷桀紂惡也。稷、契、臯陶忠闇，唐虞堯舜賢也。故螢火之明，掩於日月之光；忠臣之聲，蔽於賢君之名。死君之難，出命捐身，與此同。臣遭其時，死其難，故立其義而獲其名。大賢之涉世也，翔而後集，色斯而舉；亂君之忠，不累其身；危國之禍，不及其家，安得逢其禍而死其患乎？齊詹問於晏子曰：『忠臣之事其君也若何？』對曰：『有難不死，出亡不送。』詹曰：『列地而予之，疏爵而貴之，君有難不死，出亡不送，可謂忠乎？』對曰：『言而見用，臣奚死焉？諫而見從，終身不亡，臣奚送焉？若言不見用，有難而死，是妄死也；諫而不見從，出亡而送，是詐僞也。故忠臣者能盡善於君，不能與陷於難。』案晏子之對，以求賢於世，死君之難，立忠節者，不應科矣。是故大賢寡可名之節，小賢多可稱之行；可得箸者小，而可得量者少也。惡至大，箠弗能數；至多，升斛弗能有。小少易名之行，又發於衰亂易見之世，故節行顯而名聲聞也。浮於海者，迷於東西，大也；行於溝，咸識舟檝之跡，小也。小而易見，衰亂亦易察。故世不危亂，奇行不見；主不悖惑，忠節不立。鴻卓之義，發於顛沛之朝；清高之行，顯於衰亂之世。

以全身免害，不被刑戮，若南容懼白圭者爲賢乎？則夫免於害者幸，而命祿吉也，非才智所能禁，推行所能卻也。神蚑能斷而復屬，不能使人弗斷；聖賢能困而復通，不能使人弗害。南容能自免於刑戮，公冶以非罪在縲絏，伯玉可懷於無道之國，文王拘羑里，孔子厄陳蔡，非行所致之難，掩己而至，則有不得自免之患，累己而滯矣。夫不能自免於患者，猶不能延命於世也。命窮，賢不能自續；時厄，聖不能自免。

以委國去位，棄富貴就貧賤爲賢乎？則夫委國者有所迫也。若伯夷之徒，昆弟相讓以國，恥有分爭之名。及太王亶甫重戰，故其民皆委國及去位者，道不行而志不得也。如道行志得，亦不去位。故委國去位，皆有以也。謂之爲賢，無以者可謂不肖乎？且有國位者，故得委而去之；無國位者，何委？夫割財用及讓下受分，與此同實。無財何割？口饑何讓？倉廩實，民知禮節；衣食足，民知榮辱。讓生於有餘，爭生於不足。人或割財助用，袁將軍再與兄子分家，財多有以爲恩義。昆山之下，以玉爲石；彭蠡之濱，以魚食犬豕。使推讓之人，財若昆山之玉、彭蠡之魚，家財再分，不足爲也。韓信寄食於南昌亭長，何財之割？顏淵簞食瓢飲，何財之讓？管仲分財取多，無廉讓之節；貧乏不足，志義廢也。

以避世離俗，清身潔行爲賢乎，是則委國去位之類也。富貴人情所貪，高官大位人之所欲，樂去之而隱，生不遭遇，志氣不得也。長沮、桀溺避世隱居，伯夷、於陵去貴取賤，非其志也。恬憺無欲，志不在於仕，苟欲全身養性爲賢乎，是則老聃之徒也。道人與賢殊科者，憂世濟民於難。是以孔子棲棲，墨子遑遑。不進與孔墨合務，而還與黃老同操，非賢也。

以舉義千里，師將朋友無廢禮爲賢乎，則夫家富財饒，筋力勁彊者能堪之。匱乏無以舉禮，羸弱不能奔遠，不能任也。是故百金之家，境外無絕交；千乘之國，同盟無廢贈，財多故也。使穀食如水火，雖貪恡之人，越境而布施矣。故財少則正禮不能舉一，有餘則妄施能於千家。貧無斗筲之儲者，難責以交施矣。舉擔千里之人，材筊越彊之士，手足胼胝，面目驪黑，無傷感不任之疾，筋力皮革必有與人異者矣。推此以況爲君要證之吏，身被疾痛而口無一辭者，亦肌肉骨節堅彊之故也。堅彊則能隱事而立義，軟弱則誣時而毀節。豫讓自賊，妻不能識；貫高被箠，身無完肉，實體有不與人同者，則其節行有不與人鈞者矣。

以經明帶徒聚衆爲賢乎，則夫經明儒者是也。儒者，學之所爲也。儒者學，學儒矣。傳先師之業，習口說以教，無胸中之造，思定然否之論。郵人之過書，門者之傳教也，封完書不遺，教審令不遺誤者，則爲善矣。傳者傳學，不妄一言，先師古語，到今具存，雖帶徒百人以上，位博士文學，郵人門者之類也。

以通覽古今，祕隱傳記無所不記爲賢乎，是則傳者之次也。才高好事，勤學不舍，若專成之苗裔，有世祖遺文，得成其篇業，觀覽諷誦。若太史公及劉子政之徒，有主領書記之職，則有博覽通達之名矣。

以權詐卓譎，能將兵御衆爲賢乎，是韓信之徒也。戰國獲其功，稱爲名將；世平能無所施，還入禍門矣。高鳥死，良弓藏；狡兔得，良犬烹。權詐之臣，高鳥之弓，狡兔之犬也。安平身無宜，則弓藏而犬烹。安平之主，非棄臣而賤士，世所用助上者，非其宜也。向令韓信用權變之才，爲若叔孫通之事，安得謀反誅死之禍哉？有功彊之權，無守平之智；曉將兵之計，不見已定之義；居平安之時，爲反逆之謀：此其所以功滅國絶，不得名爲賢也。

以辯於口，言甘辭巧爲賢乎？則夫子貢之徒是也。子貢之辯勝顏淵，孔子序置於下。實才不能高，口辯機利，人決能稱之。夫自文帝尚多虎圈嗇夫，少上林尉，張釋之稱周勃張相如，文帝乃悟。夫辯於口，虎圈嗇夫之徒也，難以觀賢。以敏於筆，文墨兩集爲賢乎？夫筆之與口，一實也。口出以爲言，筆書以爲文。口辯才未必高，然則筆敏知未必多也。且筆用何爲敏？以敏於官曹事。事之難者，莫過於獄。獄疑則有請讞。蓋世優者莫過張湯，張湯文深，在漢之朝，不稱爲賢。太史公序累，以湯爲酷；酷非賢者之行。魯林中哭婦，虎食其夫，又食其子，不能去者，善政不苛，吏不暴也。夫酷苛暴之黨也，難以爲賢。以敏於賦頌，爲弘麗之文爲賢乎？則夫司馬長卿、揚子雲是也。文麗而務巨，言眇而趨深，然而不能處定是非，辯然否之實。雖文如錦繡，深如河漢，民不覺知是非之分，無益於彌爲崇實之化。

以清節自守，不降志辱身爲賢乎？是則避世離俗，長沮、桀溺之類也。雖不離俗，節與離世者鈞，清其身而不輔其主，守其節而不勞其民。大賢之在世也，時行則行，時止則止，銓可否之宜，以制清濁之行。子貢讓而止善，子路受而觀德。夫讓廉也，受則貪也。貪有益，廉有損，推行之節，不得常清眇也。伯夷無可，孔子謂之非，操違於聖，難以爲賢矣。或問於孔子曰：『顏淵何人也？』曰：『仁人也，丘不如也。』『子貢何人也？』曰：『辯人也，丘弗如也。』『子路何人也？』曰：『勇人也，丘弗如也。』客曰：『三子者皆賢於夫子，而爲夫子服役，何也？』孔子曰：『丘能仁且忍，辯且詘，勇且怯。以三子之能，易丘之道，弗爲也。』孔子知所設施之矣。有高才潔行，無知明以設施之，則與愚而無操者同一實也。夫如是，皆有非也。無一非者，可以爲賢乎？是則鄉原之人也。孟子曰：『非之無舉也，刺之無刺也，同乎流俗，合乎汚世，居之似忠信，行之似廉潔，衆皆悅之，自以爲是，而不可與入堯舜之道，故孔子曰：「鄉原，德之賊也。」』似之而非者，孔子惡之。夫如是，何以知實賢？知賢竟何用？世人之檢，苟見才高能茂，有成功見效，則謂之賢。若此甚易知賢何難？書曰：「知人則哲，惟帝難之。」據才高卓異者，則謂之賢耳，何難之有？然而難之，獨有難者之故也。

夫虞舜不易知人，而世人自謂能知賢，誤也。然則賢者，竟不可知乎？曰：易知也；而稱難者，不見所以知之則難。聖人不易知也，及見所以知之，中才而察之，譬猶工匠之作器也。曉之則無難，不曉則無易。賢者易知於作器；世無別，故真賢集於俗士之間。俗士以辯惠之能，據官爵之尊，望顯盛之寵，遂專爲賢之名。賢者還在閭巷之間，貧賤終老，被無驗之謗。若此，何時可知乎？然而必欲知之，觀善心也。夫賢者，才能未必高也而心明，智力未必多而舉是。何以觀心？必以言。有善心，則有善言。以言而察行，有善言則有善行矣。言行無非，治家親戚有倫，治國則尊卑有序。無善心者，白黑不分，善惡同倫，政治錯亂，法度失平。故心善，無不善也；心不善，無能善。心善則能辯然否。然否之義定，心善之效明，雖貧賤困窮，功不成而效不立，猶爲賢矣。故治不謀功，要所用者是；行不責效，期所爲者正。正是審明，則言不須繁，事不須多。故曰：言不務多，務審所謂；行不務遠，務審所由。言得道理之心，口雖訥不辯，辯在胸臆之內矣。故人欲心辯，不欲口辯。心辯則言醜而不違，口辯則辭好而無成。

孔子稱少正卯之惡曰：「言非而博，順非而澤；內非而外以才能飾之，衆不能見，則以爲賢。」夫內非外飾，是世以爲賢，則夫內是外無以自表者，衆亦以爲不肖矣。是非亂而不治，聖人獨知之。人言行多若少正卯之類，賢者獨識之。世有是非錯謬之言，亦有審誤紛亂之事。決錯謬之言，定紛亂之事，惟賢聖之人爲能任之。聖心明而不闇，賢心理而不亂。用明察非，非無不見；用理銓疑，疑無不定。與世殊指，雖言正是，衆不曉見。何則？沈溺俗言之日久，不能自還以從實也。是故正是之言，爲衆所非；離俗之禮，爲世所譏。管子曰：「君子言堂滿堂，言室滿室。」怪此之言何以得滿？如正是之言出，堂之人皆有正是之知，然後乃滿。如非正是，人之乖刺異，安得爲滿？夫歌曲妙者，和者則寡；言得實者，然者則鮮。和歌與聽言，同一實也。曲妙人不能盡和，言是人不能皆信。魯文公逆祀，去者三人；定公順祀，畔者五人。貫於俗者，則謂禮爲非。曉禮者寡，則知是者希。君子言之，堂室安能滿？夫人不謂之滿，世則不得見。口談之實語，筆墨之餘跡，陳在簡筴之上，乃可得知。故孔子不王，作春秋以明意。案春秋虛文業以知孔子能王之德，孔子聖人也；有若孔子之業者，雖非孔子之才，斯亦賢者之實驗也。夫賢與聖同軌而殊名，賢可得定，則聖可得論也。問：周道不弊，孔子不作春秋。春秋之作，起周道弊也。如周道不弊，孔子不作者，未必無孔子之才，無所起也。夫如是，孔子之作春秋，未可以觀聖；有若孔子之業者，未可知賢也。曰：周道弊，孔子起而作之，文義褒貶是非，得道理之實，無非僻之誤，以故見孔子之賢，實也。夫無言則察之以文，無文則察之以言。設孔子不作，猶有遺言，言必有起，猶文之必有爲也。觀文之是非，不顧作之所起，世間爲文者衆矣，是非不分，然否不定，桓君山論之，可謂得實矣。論文以察實，則君山漢之賢人也。陳平未仕，割肉閭里，分均若一，能爲丞相之驗也。夫割肉與割文，同一實也。如君山得執漢平，用心與爲論不殊指矣。孔子不王，素王之業在於春秋。然則桓君山，素丞相之跡，存於新論者也。

正說篇

儒者說五經，多失其實。前儒不見本末，空生虛說；後儒信前師之言，隨舊述故，滑習辭語；苟名一師之學，趨爲師教授，及時蚤仕，汲汲競進，不暇留精用心，考實根核，故虛說傳而不絕，實事沒而不見，五經並失其實。尚書、春秋事較易，略正題目麤粗之說，以照篇中微妙之文。

說尚書者，或以爲本百兩篇，後遭秦燔詩書，遺在者二十九篇。夫言秦燔詩書是也，言本百兩篇者妄也。蓋尚書本百篇，孔子以授也。遭秦用李斯之議，燔燒五經，濟南伏生抱百篇藏於山中。孝景皇帝時，始存尚書。伏生已出山中，景帝遣鼂錯往從受尚書二十餘篇。伏生老死，書殘不竟。鼂錯傳於倪寬。至孝宣皇帝之時，河內女子發老屋，得逸易、禮、尚書各一篇，奏之。宣帝下示博士，然後易、禮、尚書各益一篇，而尚書二十九篇始定矣。至孝景帝時，魯共王壞孔子教授堂以爲殿，得百篇尚書於牆壁中。武帝使使者取視，莫能讀者，遂祕於中，外不得見。至孝成皇帝時，徵爲古文尚書學。東海張霸案百篇之序，空造百兩之篇，獻之成帝。帝出祕百篇以校之，皆不相應，於是下霸於吏。吏白霸罪當至死，成帝高其才而不誅，亦惜其文而不滅。故百兩之篇傳在世間者，傳見之人，則謂尚書本有百兩篇矣。

或言秦燔詩書者，燔詩經之書也，其經不燔焉。夫詩經獨燔，其詩書五經之總名也。傳曰：『男子不讀經，則有博戲之心。』子路使子羔爲費宰，孔子曰：『賊夫人之子！』子路曰：『有民人焉，有社稷焉，何必讀書，然後爲學？』五經總名爲書。傳者不知秦燔書所起，故不審燔書之實。秦始皇三十四年，置酒咸陽宮，博士七十人前爲壽。僕射周青臣進頌秦始皇。齊人淳于越進諫，以爲始皇不封子弟，卒有田常、六卿之難，無以救也。譏青臣之頌，謂之爲諛。秦始皇下其議丞相府，丞相斯以爲越言不可用，因此謂諸生之言惑亂黔首，乃令吏官盡燒五經；有敢藏諸書百家語者刑，唯博士官乃得有之。五經皆燔，非獨諸家之書也。傳者信之，見言詩書，則獨謂經謂之書矣。

傳者或知尚書爲秦所燔，而謂二十九篇其遺脫不燒者也。審若此言，尚書二十九篇，火之餘也。七十一篇爲灰炭，二十九篇獨遺耶？夫伏生年老，鼂錯從之學時，適得二十餘篇。伏生死矣，故二十九篇獨見，七十一篇遺脫。遺脫者七十一篇，反謂二十九篇遺脫矣。

或說尚書二十九篇者，法北斗七宿也。四七二十八篇，其一曰斗矣，故二十九。夫尚書滅絕於秦，其見在者二十九篇，安得法乎？宣帝之時，得佚尚書及易、禮各一篇，禮、易篇數亦始足，焉得有法？案百篇之序，闕遺者七十一篇，獨謂二十九篇立法，如何？或說曰：孔子更選二十九篇；二十九篇獨有法也。蓋俗儒之說也，未必傳記之明也。二十九篇殘而不足，有傳之者，因不足之數，立取法之說，失聖人之意，違古今之實。夫經之有篇也，猶有章句也。有章句，猶有文字也。文字有意以立句，句有數以連章，章有體以成篇，篇則章句之大者也。謂篇有所法，是謂章句復有所法也。詩經舊時亦數千篇，孔子刪去復重，正而存三百篇，猶二十九篇也。謂二十九篇有法，是謂三百五篇復有法也。

或說春秋十二月也；春秋十二公，猶尚書之百篇。百篇無所法，十二公安得法？說春秋者曰：『二百四十二年，人道浹，王道備，善善惡惡，撥亂世反諸正，莫近於春秋。』若此者，人道、王道適具足也。三軍六師萬二千人，足以陵敵伐寇，橫行天下，令行禁止，未必有所法也。孔子作春秋，紀魯十二公，猶三軍之有六師也；士衆萬二千，猶年有二百四十二也。六師萬二千人，足以成軍；十二公二百四十二年，足以立義。說事者好神道恢義，不肖以遭禍，是故經傳篇數，皆有所法。考實根本，論其文義，與彼賢者作書詩，無以異也。故聖人作經，賢者作書，義窮理竟，文辭備足，則為篇矣。其立篇也，種類相從，科條相附，殊種異類，論說不同，更別為篇。意異則文殊，事改則篇更，據事意作，安得法象之義乎？

或說春秋二百四十二年者，上壽九十，中壽八十，下壽七十；孔子據中壽三世而作，三八二十四，故二百四十年也。又說為赤制之中數也。又說二百四十二年，人道浹，王道備，夫據三世，則浹備之說非；言浹備之說為是，則據三世之論誤。二者相伐，而立其義，聖人之意何定哉？凡紀事言年月日者，詳悉重之也。洪範五紀，歲月日星，紀事之文，非法象之言也。紀十二公享國之年，凡有二百四十二，凡此以立三世之說矣。實孔子紀十二公者，以為十二公事適足以見王義耶？據三世，三世之數適得十二公而足也。如據十二公，則二百四十二年，不為三世見也。如據三世，取三八之數，二百四十年而已，何必取二？說者又曰：『欲合隱公之元也，不取二年。隱公元年，不載於經。』夫春秋自據三世之數而作，何用隱公元年之事為始？須隱公元年之事為始，是竟以備足為義，據三世之說不復用矣。設隱公享國五十年，將盡紀元年以來耶？中斷以備三八之數也？如盡紀元年以來，三八之數則中斷。如中斷以備三世之數，則隱公之元不合，何如？且年與月日，小大異耳，其所紀載，同一實也。二百四十二年謂之據三世，二百四十二年中之日月，必有數矣。年據三世，月日多少何據哉？夫春秋之有年也，猶尚書之有章。章以首義，年以紀事。謂春秋之年有據，是謂尚書之章亦有據也。

說易者皆謂伏羲作八卦，文王演為六十四。夫聖王起，河出圖，洛出書。伏羲王，河圖從河水中出，易卦是也。禹之時得洛書，書從洛水中出，洪範九章是也。故伏羲以卦治天下，禹按洪範以治洪水。古者烈山氏之王得河圖，夏后因之曰連山；烈山氏之王得河圖，殷人因之曰歸藏；伏羲氏之王得河圖，周人曰周易。其經卦皆六十四，文王、周公因象十八章究六爻。世之傳說易者，言伏羲作八卦，不實其本，則謂伏羲真作八卦也。伏羲得八卦，非作之；文王得成六十四，非演之也。演作之言，生於俗傳。苟信一文，使夫真是幾滅不存。既不知易之爲河圖，又不知存於俗何家易也，或時連山、歸藏，或時周易。案禮夏、殷、周三家相損益之制，較著不同。如以周家在後論，今爲周易，則禮亦宜爲周禮。六典不與今禮相應，今禮未必爲周，則亦疑今易未必爲周也。案左丘明之傳，引周家以卦與今易相應，殆周易也。

說禮者，皆知禮也，禮爲何家禮也？孔子曰：『殷因於夏禮，所損益可知也；周因於殷禮，所損益可知也。』由此言之，夏、殷、周各自有禮。方今周禮邪？夏、殷也？謂之周禮，周禮六典，案今禮經不見六典，或時殷禮未絕，而六典之禮不傳，世因謂此爲周禮也。案周官之法，不與今禮相應，然則周禮六典是也。其不傳，猶古文尚書、春秋左氏不興矣。

說論語者，皆知說文解語而已，不知論語本幾何篇；但周以八寸爲尺，不知論語所獨一尺之意。夫論語者，弟子共紀孔子之言行，敕記之時甚多，數十百篇，以八寸爲尺，紀之約省，懷持之便也。以其遺非經傳文，紀識恐忘，故但以八寸尺，不二尺四寸也。漢興失亡，至武帝發取孔子壁中古文，得二十一篇，齊、魯二，河間九篇，——三十篇。至昭帝女讀二十一篇。宣帝下太常博士，時尚稱書難曉，名之曰傳；後更隸寫以傳誦。初，孔子孫孔安國以教魯人扶卿，官至荊州刺史，始曰論語。今時稱論語二十篇，又失齊、魯、河間九篇。本三十篇，分布亡失，或二十一篇目或多或少，文讚或是或誤。說論語者，但知以剝解之問，以纖微之難，不知存問本根，篇數章目，溫故知新，可以爲師，今不知古，稱師如何？

孟子曰：『王者之迹熄而詩亡，詩亡然後春秋作。晉之乘，楚之檮杌，魯之春秋，一也。』若孟子之言，春秋者，魯史記之名，乘檮杌同。孔子因舊故之名，以號春秋之經，未必有奇說異意，深美之據也。今俗儒說之：春者歲之始，秋者其終也。春秋之經，可以奉始養終，故號爲春秋。春秋之經，何以異尚書？尚書者，以爲上古帝王之書，或以爲上所爲下所書。授事相實而爲名，不依違作意以見奇。說尚書者得經之實，說春秋者失聖之意矣。春秋左氏傳：桓公十有七年冬十月朔，日有食之。不書日，官失之也。謂官失之言，蓋其實也。史官記事，若今時縣官之書矣，其年月尚大難失，日者微小易忘也。蓋紀以善惡爲實，不以日月爲意。若夫公羊、穀梁之傳，日月不具，輒爲意使。失平常之事，有怪異之說；徑直之文，有曲折之義，非孔子之心。夫春秋實及言夏不言者，亦與不書日月同一實也。

唐、虞、夏、殷、周者，土地之名。堯以唐侯嗣位，舜從虞地得達，禹由夏而起，湯因殷而興，武王階周而伐，皆本所興昌之地，重本不忘始，故以爲號，若人之有姓矣。說尚書謂之有天下之代號，唐、虞、夏、殷、周者，功德之名，盛隆之意也。故唐之爲言蕩蕩也，虞者樂也，夏者大也，殷者中也，周者至也。堯則蕩蕩民無能名，舜則天下虞樂，禹承二帝之業，使道尚蕩蕩，民無能名；殷則道得中，周武則功德無不至：其立義美也；其褒五家大矣！然而違其正實，失其初意。唐、虞、夏、殷、周，猶秦之爲秦，漢之爲漢。秦起於秦，漢興於漢中，故曰猶秦、漢；猶王莽從新都侯起，故曰亡新。使秦、漢在經傳之上，說者將復爲秦、漢作道德之說矣。

堯老求禪，四嶽舉舜。堯曰：「我其試哉！」說尚書曰：「試者用也；我其用之爲天子也。」文爲天子也。文又曰：「女于時，觀厥刑于二女。」觀者，觀爾虞舜於天下，不謂堯自觀之也。若此者，高大堯、舜，以爲聖人相見已審，不須觀試，精耀相炤，曠然相信。又曰：「四門穆穆，入於大麓，烈風雷雨不迷。」言大麓，三公之位也，居一公之位，大總錄二公之事，衆多並吉，若疾風大雨。夫聖人才高，未必相知也。聖成事，舜難知佞，使皋陶陳知人之法。佞難知，聖亦難別。堯之才，猶舜之知也。舜知佞，堯知聖。堯聞舜賢，四嶽舉之，心知其奇，而未必知其能，故言「我其試哉！」試之於職，妻以二女，觀其夫婦之法，職治修而不廢，夫道正而不僻，復令人庶之野而觀其聖，逢烈風疾雨，終不迷惑，堯乃知其聖，授以天下。夫文言觀試，觀試其才也。說家以爲譬喻增飾，使事失正是，誠而不存，曲折失意，使儒說傳而不絕。造說之傳，失之久矣。後生精者，苟欲明經，不原實。而原之者亦校古隨舊，重是之文，以爲說證，經之傳不可從，五經皆多失實之說。尙書、春秋，行事成文，較著可見，故頗獨論。

書解篇

或曰：「士之論高，何必以文？」答曰：夫人有文質乃成，物有華而不實，有實而不華者。易曰：「聖人之情見乎辭。」出口爲言，集札爲文，文辭施設，實情敷烈。夫文德，世服也。空書爲文，實行爲德，著之於衣爲服。故曰：德彌盛者文彌縟，德彌彰者人彌明。大人德擴其文炳，小人德熾其文斑。官尊而文繁，德高而文積。華而睆者，大夫之簀；曾子寢疾，命元起易。由此言之，衣服以品賢，賢以文爲差。愚傑不別，須文以立折。非唯於人，物亦咸然。龍鱗有文，以蛇爲神；鳳羽五色，於鳥爲君；虎猛，毛蚡蜦；龜知，背負文。四者體不質，於物爲聖賢。且夫山無林則爲土山，地無毛則爲瀉土，人無文則爲樸人。土山無麋鹿，瀉土無五穀，人無文德，不爲聖賢。上天多文，而后土多理。二氣協和，聖賢稟受，法象本類，故多文彩。瑞應符命，莫非文者。晉唐叔虞、魯成季友、惠公夫人，號曰仲子，生而怪奇，文在其手。張良當貴，出與神會，老父授書，卒封留侯。河神故出圖，洛靈故出書。竹帛所記怪奇之物，不出潢洿。物以文爲表，人以文爲基。棘子成欲彌文，子貢譏之，謂文不足奇者，子成之徒也。

著作者爲文儒，說經者爲世儒。二儒在世，未知何者爲優？或曰：「文儒不若世儒。世儒說聖人之經，解賢者之傳，義理廣博，無不實見，故在官常位，位最尊者爲博士，門徒聚衆，招會千里，身雖死亡，學傳於後。文儒爲華淫之說，於世無補，故無常官，弟子門徒，不見一人，身死之後，莫有紹傳。此其所以不如世儒者也。」答曰，不然！夫世儒說聖情，共起並驗，俱追聖人。事殊而務同，言異而義鈞。何以謂之文儒之說無補於世？世儒業易爲，故世人學之多；非事可析第，故官廷設其位。文儒之業，卓絕不循，人寡其書，業雖不講，門雖無人，書文奇偉，世人亦傳。彼虛說，此實篇。折累二者，孰者爲賢？案古俊乂，著作辭說，自用其業，自明於世。世儒當時雖尊，不遭文儒之書，其跡不傳。

周公制禮樂，名垂而不滅。孔子作春秋，聞傳而不絕。周公孔子，難以論言，漢世文章之徒，陸賈司馬遷劉子政楊子雲，其材能若奇，其稱不由人。世傳詩家魯申公書家千乘歐陽公孫不遭太史公，世人不聞。夫以業自顯，孰與須人乃顯？夫能紀百人，孰與廑能顯其名？

或曰：『著作者思慮間也，未必材知出異人也，居不幽，思不至，使著作之人，總衆事之凡，典國境之職，汲汲忙忙，或暇著作。試使庸人積閑暇之思，亦能成篇八十數。文王日昃不暇食，周公一沐三握髮，何暇優游爲美麗之文於筆札？孔子作春秋，不用於周也；司馬長卿不預公卿之事，故能作子虛之賦；揚子雲存中郎之官，故能成太玄經，就法言。使孔子得王，春秋不作；長卿子雲爲相，賦玄不工。』籍答曰，文王日昃不暇食，此謂演易而益卦。周公一沐三握髮，爲周改法制而周道不弊。孔子不作，休思慮間也，周法闊疏，不可因也。夫稟天地之文，發於胸臆，豈爲間作不暇日哉？感僞起妄，源流氣蒸。管仲相桓公，致於九合；商鞅相孝公，爲秦開帝業。然而二子之書篇章數十。長卿子雲，二子之倫也。俱感，故才並，才同，故業鈞；皆士而各著，不以思慮間也。問事彌多而見彌博，官彌劇而識彌泥；居不幽則思不至，思不至則筆不利，嚚頑之人，有幽室之思，雖無憂不能著一字。蓋人材有能，無有不暇。有無材而不能思；無有知而不能著。有鴻材欲作而無起，細知以問而能記。蓋奇有無所因，無有不能言；兩有無所睹，無不暇造作。

或曰：『凡作者精思已極，居位不能領職。蓋人思有所倚着，則精有所盡索。著作之人，書言通奇，其材已極，其知已罷。案古作書者多位，布散槃解，輔傾寗危，非著作之人所能爲也。夫有所偏，有所泥，則有所自，篇章數百。呂不韋作春秋，舉家徙蜀；淮南王作道書，禍至滅族；韓非著治術，身下秦獄，身且不全，安能輔國？夫有長於彼，安能不短於此？深於作文，安能不淺於政治？』答曰，人有所優，固有所劣；人有所工，固有所拙。非劣也，志意不爲也；非拙也，精誠不加也。志有所存，顧不見泰山；思有所至，有身不暇徇也。稱干將之利，刺則不能擊，擊則不能刺，非刃不利，不能一旦二也。蚜彈雀則失鷾，射鵲則失鴈，方員畫不俱成，左右視不並見，人材有兩爲，不能成一。使干將寡刺而更擊，蛢捨鵲而射鷹，則下射無失矣。人委其篇章，專爲政治，則子產子賤之跡，不足侔也。古作書者，多立功不用也。管仲晏嬰，功書並作；商鞅虞卿，篇治俱爲。高祖既得天下，馬上之計未敗，陸賈造新語，高祖粗納采。呂氏橫逆，劉氏將傾，非陸賈之策，帝室不寧。蓋材知無不能，在所遭遇：遇亂則知立功，有起則以其材著書者也。出口爲言，著文爲篇。古以言爲功者多，以文爲敗者希。呂不韋淮南王，以他爲過，不以書有非。使客作書，不身自爲；如不作書，猶蒙此章章之禍。夫古今違屬，未必皆著作材知極也。鄒陽舉疏，免罪於梁；徐樂上書，身拜郎中，材能以其文爲功於人，何嫌不能營衞其身？韓蚤信公子非，國不傾危，及非之死。李斯如奇非以著作材，極不能復有爲也。春物之傷，或死之也，殘物不傷，秋亦大長。假令非不死，秦未可知。故才人能令其行可尊，不能使人必法已；能令其言可行，不能使人必采取之矣。

或曰：『古今作書者非一，各穿鑿失經之實，傳違聖人質，故謂之蕞殘，比之玉屑。故曰蕞殘滿車，不成爲道；玉屑滿篋，不成爲寶。前人近聖，猶爲蕞殘；況遠聖從後復重爲者乎？其作必爲妄，其言必不明，安可采用而施行？』答曰，聖人作其經，賢者造其傳，述作者之意，採聖人之志，故經須傳也。俱賢所爲，何以獨謂經傳是，他書記非？彼見經傳，傳經之文，經須而解，故謂之是。他書與書相違，更造端緒，故謂之非。若此者，韙是於五經。使言非五經，雖是不見聽。使五經從孔門出，到今常令人不缺滅，謂之純一，信之可也。今五經遭亡秦之奢後，觸李斯之橫議，燔燒禁防，伏生之徒，抱經深藏。漢興收五經，經書缺滅而不明，篇章棄散而不具。鼂錯之輩，各以私意分拆文字，師徒相因相授，不知何者爲是。亡秦無道，敗亂之也。秦雖無道，不燔諸子；諸子尺書，文篇具在。可觀讀以正說，可采掇以示後人。後人復作，猶前人之造也。夫俱鴻而知，皆傳記所稱。文義與經相薄，何以獨謂文書失經之實？由此言之，經缺而不完；書無佚本，經有遺篇。折累二者，孰與蕞殘？易據事象，詩采民以爲篇，樂須不驩，禮待民平。四經有據，篇章乃成。尚書春秋，采掇史記。史記與無異書。以民事一意，六經之作皆有據。由此言之，書亦爲本，經亦爲末，末失事實，本得道質。折累二者，孰爲玉屑？知屋滿者在宇下，知失政者在草野，知經誤者在諸子。諸子尺書，文明實是說章句者，終不求解扣明師，師相傳初爲章句者，非通覽之人也。

案書篇

儒家之宗孔子也，墨家之祖墨翟也，且案儒道傳而墨法廢者，儒之道義可爲，而墨之法議難從也。何以驗之？墨家薄葬右鬼，道乖相反，違其實，宜以難從也。乖違如何？使鬼非死人之精也，右之未可知。今墨家謂鬼審人之精也，厚其精而薄其屍，此於其神厚而於其體薄也。薄厚不相勝，華實不相副，則怒而降禍，雖有其鬼，終以死恨。人情欲厚惡薄，神心猶然。用墨子之法，事鬼求福，福罕至而禍常來也。以一況百，而墨家爲法，皆若此類也。廢而不傳，蓋有以也。

春秋左氏傳者，蓋出孔子壁中。孝武皇帝時，魯共王壞孔子教授堂以爲宮，得佚春秋三十篇，左氏傳也。公羊高、穀梁寘、胡母氏皆傳春秋，各門異戶，獨左氏傳爲近得實。何以驗之？禮記造於孔子之堂，太史公漢之通人也，左氏之言與二書合，公羊高、穀梁寘、胡母氏不相合。又諸家去孔子遠，遠不如近，聞不如見。劉子政玩弄左氏，童僕妻子，皆呻吟之。光武皇帝之時，陳元、范叔上書連屬，條事是非，左氏遂立。范叔尋因罪罷。元、叔天下極才，講論是非，有餘力矣。陳元言訥，范叔章詘，左氏得實明矣。言多怪，頗與孔子不語怪力相違反也。呂氏春秋亦如此焉。國語，左氏之外傳也。左氏傳經，辭語尚略，故復選錄國語之辭以實。然則左氏國語，世儒之實書也。

公孫龍著堅白之論，析言剖辭，務折曲之言，無道理之較，無益於治。齊有三鄒衍之書，瀇洋無涯，其文少驗，多驚耳之言。案大才之人，率多侈縱，無實是之驗；華虛誇誕，無審察之實。商鞅相秦，作耕戰之術；管仲相齊，造輕重之篇。富民豐國，彊主弱敵，公賞罰，與鄒衍之書並言，而太史公兩紀，世人疑惑，不知所從。案張儀與蘇秦同時，蘇秦之死，儀固知之。儀知各審，宜從儀言，以定其實，而說不明，兩傳其文。東海張商亦作列傳，豈蘇秦商之所爲邪？何文相違甚也？三代世表言五帝三王皆黃帝子孫，自黃帝轉相生，不更稟氣於天。作殷本紀言契母簡狄浴於川，遇玄鳥墜卵吞之，遂生契焉。及周本紀言后稷之母姜嫄野出見大人跡，履之則妊身，生后稷焉。夫觀世表，則契與后稷，黃帝之子孫也。讀殷周本紀，則玄鳥大人之精氣也。二者不可兩傳，而太史公兼紀不別。案帝王之妃，不宜野出浴於川水。今言浴於川，吞玄鳥之卵；出於野，履大人之跡，違尊貴之節，誤是非之言也。

新語陸賈所造，蓋董仲舒相被服焉，皆言君臣政治得失，言可采行，事美足觀，鴻知所言，參貳經傳，雖古聖之言，不能過增。陸賈之言，未見遺闕；而仲舒之言雩祭可以應天，土龍可以致雨，頗難曉也。夫致旱者以雩祭，不夏郊之祀，豈晉侯之過邪？以政失道，陰陽不和也。晉廢夏郊之祀，晉侯寢疾，用鄭子產之言，祀夏郊而疾愈。如審雩不修，龍不治，與晉同禍，爲之再也。以政致旱，宜復以政。政虧而復修雩治龍，其何益哉？春秋公羊氏之說，亢陽之節，足以復政。陰陽相混，旱湛相報，天道然也，何乃修雩設龍乎？雩祀神喜哉？或雨至，亢陽不改，旱禍不除，變復之義，安所施哉？且夫寒溫與旱湛同，俱政所致，其咎在人。獨爲亢旱求福，不爲寒溫求祐，未曉其故。如當復報寒溫，宜爲雩龍之事，鴻材巨識，第兩疑焉。

董仲舒著書不稱子者，意殆自謂過諸子也。漢作書者多，司馬子長、揚子雲，河漢也；其餘，涇渭也。然而子長少臆中之說，子雲無世俗之論。仲舒說道術奇矣，北方三家尚矣。讖書云：『董仲舒亂我書。』蓋孔子言也。讀之者或爲亂我書者，煩亂孔子之書也；或以爲亂者，理也，理孔子之書也。共一亂字，理之與亂，相去甚遠。然而讀者用心不同，不省本實，故說誤也。夫言煩亂孔子之書，才高之語也；其言理孔子之書，亦知奇之言也。出入聖人之門，亂理孔子之書，子長、子雲無此言焉。世俗用心不實，省事失情，二語不定，轉側不安。案仲舒之書，不違儒家，不及孔子，其言煩亂孔子之書者，非也；孔子之書不亂，其言理孔子之書者，亦非也。孔子曰：『師摯之始，關雎之亂，洋洋乎盈耳哉！』亂者，於孔子言也。孔子生周，始其本；仲舒在漢，終其末。班叔皮續太史公書，蓋其義也。賦頌篇下其有亂曰章，蓋其類也。孔子終論，定於仲舒之言，其修雩始龍，必將有義，未可怪也。

顏淵曰：『舜何人也？予何人也？』五帝三王，顏淵獨慕舜者，知己步驟有同也。知德所慕，默識所追，同一實也。

仲舒之言，道德政治，可嘉美也。質定世事，論說世疑，桓君山莫上也。故仲舒之文可及，而君山之論難追也。驥與衆馬絕迹，或蹈驥哉？有馬於此，足行千里，終不名驥者，與驥毛色異也。有人於此，文偶仲舒，論次君山，終不同於二子者，姓名殊也。故馬效千里，不必驥騄；人期賢知，不必孔墨。何以驗之？君山之論難追也。兩刃相割，利鈍乃知；二論相訂，是非乃見。是故韓非之四難，桓寬之鹽鐵，君山新論之類也。世人或疑，言非是僞。論者實之，故難爲也。卿決疑訟，獄定嫌罪，是非不決，曲直不立。世人必謂卿獄之吏才不任職。至於論不務全疑，兩傳并紀，不宜明處；孰與剖破渾沌，解決亂絲？言無不可知，文無不可曉哉？案孔子作春秋，采毫毛之善，貶纖芥之惡，可褒則義以明其行善，可貶則明其惡以譏其操。新論之義，與春秋會一也。

夫俗好珍古不貴今，謂今之文不如古書。夫古今一也，才有高下，言有是非，不論善惡而徒貴古，是謂古人賢今人也。案東番鄒伯奇、臨淮袁太伯、袁文術、會稽吳君高、周長生之輩，位雖不至公卿，誠能知之囊橐，文雅之英雄也。觀伯奇之元思，太伯之易章句，文術之咸銘，君高之越紐錄，長生之洞歷，劉子政、楊子雲不能過也。善才有淺深，無有古今；文有眞僞，無有故新。廣陵陳子迴、顏方，今尚書郎班固，蘭臺令楊終、傅毅之徒，雖無篇章，賦頌記奏，文辭斐炳，賦象屈原、賈生，奏象唐林、谷永，並比以觀好，其美一也。當今未顯，使在百世之後，則子政、子雲之黨也。韓非著書，李斯采以言事；楊子雲作太玄，侯鋪子隨而宣之。非私同門，雲鋪共朝，覩奇見益，不爲古今變心易意；實事貪善，不遠爲術，併肩以迹相輕，好奇無已，故奇名無窮。楊子雲反離騷之經，非能盡反一篇，文往往見非，反而奪之。六略之錄，萬三千篇，雖不盡見，指趣可知。略借不合義者，案而論之。

對作篇

或問曰：『賢聖不空生，必有以用其心。上自孔、墨之黨，下至荀、孟之徒，教訓必作垂文，何也？』對曰：聖人作經，賢者傳記，匡濟薄俗，驅民使之歸實誠也。案六略之書，萬三千篇，增善消惡，割截橫拓，驅役遊慢，期便道善，歸正道焉。孔子作春秋，周民弊也。故采求毫毛之善，貶纖介之惡，撥亂世反諸正，人道浹，王道備，所以檢押靡薄之俗者，悉具密致。夫防決不備，有水溢之害；網解不結，有獸失之患。是故周道不弊，則民不文薄；民不文薄，春秋不作。楊墨之學不亂傳義，則孟子之傳不造；韓國不小弱，法度不壞廢，則韓非之書不爲；高祖不辦得天下，馬上之計未轉，則陸賈之語不奏；衆事不失實，凡論不壞亂，則桓譚之論不起。故夫賢聖之興文也，起事不空爲，因因不妄作；作有益於化，化有補於正。故漢立蘭臺之官，校審其書，以考其言。董仲舒作道術之書，頗言災異政治所失，書成文具，表在漢室。主父偃嫉之，誣奏其書。天子下仲舒於吏，當謂之下愚。仲舒當死，天子赦之。夫仲舒言災異之事，孝武猶不罪而尊其身，況所論無觸忌之言，核道實之事，收故實之語乎？故夫賢人之在世也，進則盡忠宣化，以明朝廷；退則稱論貶說，以覺失俗。俗也不知還，則立道輕爲非；論者不追救，則迷亂不覺悟。

是故論衡之造也，起衆書並失實，虛妄之言勝真美也。故虛妄之語不黜，則華文不見息；華文放流，則實事不見用。故論衡者，所以銓輕重之言，立真僞之平，非苟調文飾辭，爲奇偉之觀也。其本皆起人間有非，故盡思極心以譏世俗。世俗之性，好奇怪之語，說虛妄之文。何則？實事不能快意，而華虛驚耳動心也。是故才能之士，好談論者，增益實事，爲美盛之語；用筆墨者，造生空文，爲虛妄之傳。聽者以爲真然，說而不舍；覽者以爲實事，傳而不絕。不絕，則文載竹帛之上；不舍，則誤入賢者之耳。至或南面稱師，賦姦僞之說；典城佩紫，讀虛妄之書。明辨然否，疾心傷之，安能不論？孟子傷楊墨之議大奪儒家之論，引平直之說，褒是抑非，世人以爲好辯。孟子曰：『予豈好辯哉？予不得已！』今吾不得已也。虛妄顯於真，實誠亂於僞，世人不悟，是非不定，紫朱雜廁，瓦玉集糅，以情言之，豈吾心所能忍哉？衛驂乘者越職而呼車，惻怛發心，恐上之危也。夫論說者閔世憂俗，與衛驂乘者同一心矣。愁精神而幽魂魄，動胸中之靜氣，賊年損壽，無益於性，禍重於顏回，違負黃老之教，非人所貪，不得已，故爲論衡。文露而旨直，辭姦而情實。其政務言治民之道。論衡諸篇，實俗間凡人所能見，與彼作者無以異也。若夫九虛三增，論死訂鬼，世俗所久惑，人所不能覺也。人君遭弊，改教於上；人臣愚惑，作論於下。實得則上教從矣。冀悟迷惑之心，使知虛實之分；實虛之分定，而華僞之文滅；華僞之文滅，則純誠之化日以孳矣。

或曰：「聖人作，賢者述。以賢而作者，非也。論衡、政務，可謂作者。」非曰作也，亦非述也，論也。論者述之次也。五經之興，可謂作矣。太史公書、劉子政序、班叔皮傳，可謂述矣。桓君山新論、鄒伯奇檢論，可謂論矣。今觀論衡、政務，桓、鄒之二論也，非所謂作也。造端更爲，前始未有，若倉頡作書，奚仲作車是也。易言伏羲作八卦，前是未有八卦，伏羲造之，故曰作也。文王圖八，自演爲六十四，故曰衍。謂論衡之成，猶六十四卦，而又非也。六十四卦以狀衍增益，其卦溢，其數多。今論衡就世俗之書，訂其眞僞，辯其實虛，非造始更爲，無本於前也。儒生就先師之說，詰而難之；文吏就獄卿之事，覆而考之。謂論衡爲作，儒生、文吏謂作乎？

上書奏記，陳列便宜，皆欲輔政。今作書者，猶上書奏記，說發胸臆，文成手中，其實一也。夫上書謂之奏，奏記轉易，其名謂之書。建初孟年，中州頗歉，潁川、汝南民流四散，聖主憂懷，詔書數至。論衡之人，奏記郡守，宜禁奢侈，以備困乏。言不納用，退題記草，名曰備乏。酒縻五穀，生起盜賊，沈湎飲酒，盜賊不絕，奏記郡守，禁民酒。退題記草，名曰禁酒。由此言之，夫作書者，上書奏記之文也。記謂之造作，上書上書奏記是作也。晉之乘，而楚之檮杌，魯之春秋，人事各不同也。易之乾坤，春秋之元，楊氏之玄，卜氣號不均也。由此言之，唐林之奏，谷永之章，論衡、政務，同一趨也。

漢家極筆墨之林，書論之造，漢家尤多。陽成子張作樂，揚子雲造玄，二經發於臺下，讀於闕掖，卓絕驚耳，不述而作，材疑聖人，而漢朝不譏。況論衡細說微論，解釋世俗之疑，辯照是非之理，使後進曉見然否之分，恐其廢失，著之簡牘，祖經章句之說，先師奇說之類也。其言伸繩，彈割俗傳。俗傳蔽惑，僞書放流，賢通之人，疾之無已。孔子曰：「詩人疾之不能默，丘疾之不能伏，是以論也。」玉亂於石，人不能別；或若楚之王尹以玉爲石，卒使卞和受刖足之誅。是反爲非，虛轉爲實，安能不言？俗傳既過，俗書又僞。若夫鄒衍謂今天下爲一州，四海之外，有若天下者九州。淮南書言共工與顓頊爭爲天子，不勝，怒而觸不周之山，使天柱折，地維絕。堯時十日並出，堯上射九日。

魯陽戰而日暮，援戈麾日，日爲卻還。世間書傳，多若等類，浮妄虛僞，沒奪正是。心濆涌，筆手擾，安能不論？論則考之以心，效之以事；虛浮之事，輒立證驗。若太史公之書，據許由不隱，燕太子丹不使日再中，讀見之者，莫不稱善。政務爲郡國守相、縣邑令長陳通政事，所當尙務，欲令全民立化，奉稱國恩。論衡九虛三增，所以使俗務實誠也。論死訂鬼，所以使俗薄喪葬也。孔子徑庭麗級，被棺斂者不省；劉子政上薄葬，奉送藏者不約；光武皇帝草車茅馬，爲明器者不姦。何世書俗言不載？信死之語汶濁之也。今著論死及死僞之篇，明死無知，不能爲鬼，冀觀覽者，將一曉解約葬，更爲節儉。斯蓋論衡有益之驗也。言苟有益，雖作何害？倉頡之書，世以紀事；奚仲之車，世以自載；伯余之衣，以辟寒暑；桀之瓦屋，以辟風雨。夫不論其利害，而徒譏其造作，是則倉頡之徒有非，世本十五家皆受責也。故夫有益也，雖作無害也。雖無害何補；古有命使采爵，欲觀風俗，知下情也。詩作民間，聖王可云『汝民也何發作？』囚罪其身，沒滅其詩乎？今已不然，故詩傳亞今。論衡、政務，其猶詩也。冀望見采，而云有過，斯蓋論衡之書，所以與也。且凡造作之過，意其言妄而謗誹也。論衡實事疾妄，齊世、宣漢、恢國、驗符、盛褒、須頌之言，無誹謗之辭。造作如此，可以免於罪矣。

自紀篇

王充者，會稽上虞人也，字仲任。其先本魏郡元城一姓，孫一幾世嘗從軍有功，封會稽陽亭。一歲倉卒國絕，因家焉，以農桑爲業。世祖勇任氣，卒咸不揆於人。歲凶，橫道傷殺，怨讎衆多。會世擾亂，恐爲怨讎所擒，祖父汎舉家檐載，就安會稽，留錢唐縣，以賈販爲事。生子二人，長曰蒙，少曰誦，誦卽充父。祖世任氣，至蒙、誦滋甚，故蒙、誦在錢唐，勇勢凌人；末復與豪家丁伯等結怨，舉家徙處上虞。建武三年，充生。爲小兒，與儕倫遨戲，不好狎侮。儕倫好掩雀、捕蟬、戲錢、林熙，充獨不肯。誦奇之。六歲教書，恭愿仁順，禮敬具備，矜莊寂寥，有巨人之志。父未嘗笞，母未嘗非，閭里未嘗讓。八歲出於書館，書館小僮百人以上，皆以過失袒謫，或以書醜得鞭。充書日進，又無過失。手書既成，辭師受論語尚書，日諷千字。經明德就，謝師而專門，援筆而衆奇。所讀文書，亦日博多。才高而不尙苟作；口辯而不好談對，非其人終日不言。其論說始若詭於衆；極聽其終，衆乃是之。以筆著文，亦如此爲。操行事上，亦如此爲。在縣位至掾功曹，在都尉府位亦掾功曹，在太守爲列掾五官功曹行事，入州爲從事。不好徼名於世，不爲利害見將。常言人長，希言人短。專薦未達，解已進者過。及所不善，亦弗譽；有過不解，亦弗復陷。能釋人之大過，亦悲夫人之細非。好自周，不肯自彰；勉以行操爲基，恥以材能爲名。衆會平坐，不問不言；賜見君將，不及不對。在鄉里慕蘧伯玉之節，在朝廷貪史子魚之行，見汙傷不肯自明，位不進亦不懷恨。貧無一畝庇身，志佚於王公，賤無斗石之秩，意若食萬鍾。得官不欣，失位不恨；處逸樂而欲不放，居貧苦而志不倦。淫讀古文，甘聞異言。世書俗說，多所不安；幽處獨居，考論實虛。

充爲人清重，遊必擇友，不好苟交。所友位雖微卑，年雖幼稚，行苟離俗，必與之友。好傑友雅徒，不泛結俗材。俗材因其微過，蜚條陷之，然終不自明，亦不非怨其人。或曰：『有良材奇文，無罪見陷，胡不自陳？羊勝之徒，摩口膏舌；鄒陽自明，入獄復出。苟有完全之行，不宜爲人所缺；既耐勉自伸，不宜爲人所屈。』答曰，不清不見塵，不高不見危，不廣不見削，不盈不見虧。士茲多口，爲人所陷，蓋亦其宜。好進故自明，憎退故自陳。吾無好憎，故默無言。羊勝爲讒，或使之也；鄒陽得免，或拔之也。孔子稱命，孟子言天。吉凶安危，不在於人。昔人見之，故歸之於命，委之於時，浩然恬忽，無所怨尤。福至不謂己所得，禍到不謂己所爲。故時進意不爲豐，時退志不爲虧。不嫌虧以求盈，不違險以趨平，不鬻智以干祿，不辭爵以弔名，不貪進以自明，不惡退以怨人。同安危而齊死生，鈞吉凶而一敗成，遭十羊勝，謂之無傷。動歸於天，故不自明。

充性恬澹，不貪富貴，爲上所知，拔擢越次，不慕高官，不爲上所知，貶黜抑屈，不恚下位。比爲縣吏，無所擇避。或曰：『心難而行易，好友同志；仕不擇地，濁操傷行，世何效放？』答曰，可效放者，莫過孔子。孔子之仕，無所避矣：爲乘田委吏，無於邑之心；爲司空相國，無說豫之色。舜耕歷山，若終不免；及受堯禪，若卒自得。憂德之不豐，不患爵之不辱；恥名之不白，不惡位之不遷。垂棘與瓦同櫝，明月與礫同囊，苟有二寶之質，不害爲世所同。世能知善，雖賤猶顯；不能別白，雖尊猶辱。處卑與尊齊操，位賤與貴比德，斯可矣。

俗性貪進忽退，收成棄敗。充升擢在位之時，衆人蟻附；廢退窮居，舊故叛去。志俗人之寡恩，故閑居作譏俗節義十二篇。冀俗人觀書而自覺，故直露其文，集以俗言。或譴謂之淺。答曰：以聖典而示小雅，以雅言而說丘野，不得所曉，無不逆者。故蘇秦精說於趙，而李兌不說；商鞅以王說秦，而孝公不用。夫不得心意所欲，雖盡堯舜之言，猶飲牛以酒，啖馬以脯也。故鴻麗深懿之言，關於大而不通於小。不得已而強聽，入胸者少。孔子失馬於野，野人閉不與，子貢妙稱而怒，馬圉諧說而懿。俗曉露之言，勉以深鴻之文，猶和神仙之藥以治鼽欬，制貂狐之裘以取薪菜也。且禮有所不待，事有所不須。斷決知辜，不必皋陶；調和葵韭，不俟狄牙；閭巷之樂，不用韶武；里母之祀，不待太牢：既有不須，而又不宜。牛刀割雞，舒戟采葵，鈇鉞裁箸，盆盎酌卮，大小失宜，善之者希。何以爲辯？喻深以淺。何以爲智？喻難以易。賢聖銓材之所宜，故文能爲淺深之差。

充既疾俗情，作譏俗之書，又閔人君之政，徒欲治人，不得其宜，不曉其務，愁精苦思，不睹所趨，故作政務之書。又傷僞書俗文，多不實誠，故爲論衡之書。夫賢聖歿而大義分，蹉跎殊趨，各自開門，通人觀覽，不能釘銓，遙聞傳授，筆寫耳取，在百歲之前，歷日彌久，以爲昔古之事，所言近是，信之入骨，不可自解，故作實論。其文盛，其辯爭，浮華虛僞之語，莫不澄定；沒華虛之文，存敦厖之朴，撥流失之風，反宓戲之俗。

充書形露易觀。或曰：口辯者其言深，筆敏者其文沈。案經藝之文，賢聖之言，鴻重優雅，難卒曉睹。世讀之者，訓古乃下。蓋賢聖之材鴻，故其文語與俗不通。玉隱石間，珠匿魚腹，非玉工珠師，莫能采得。寶物以隱閉不見，實語亦宜深沈難測。譏俗之書，欲悟俗人，故形露其指，爲分別之文。論衡之書，何爲復然？豈材有淺極，不能爲覆？何文之察，與彼經藝殊軌轍也？答曰：玉隱石間，珠匿魚腹，故爲深覆。及玉色剖於石心，珠光出於魚腹，其隱乎？猶吾文未集於簡札之上，藏於胸臆之中，猶玉隱珠匿也。及出荴露，猶玉剖珠出乎！爛若天文之照，順若地理之曉，嫌疑隱微，盡可名處。且名白事自定也。論衡者，論之平也。口則務在明言，筆則務在露文。高士之文雅，言無不可曉，指無不可睹。觀讀之者，曉然若盲之開目，聆然若聾之通耳。三年盲子，卒見父母，不察察相識，安肯說喜？道畔巨樹，塹邊長溝，所居昭察，人莫不知。使樹不巨而隱，溝不長而匿，以斯示人，堯舜猶惑。人面色部七十有餘，頰肌明潔，五色分別，隱微憂喜，皆可得察，占射之者，十不失一。使面黝而黑醜，垢重襲而覆部，占射之者，十而失九。夫文由語也，或淺露分別，或深迂優雅，孰為辯者？故口言以明志。言恐滅遺，故著之文字。文字與言同趨，何為猶當隱閉指意？獄當嫌辜，卿決疑事，渾沌難曉，與彼分明可知，孰為良吏？夫口論以分明為公，筆辯以荴露為通，吏文以昭察為良。深覆典雅，指意難睹，唯賦頌耳。經傳之文，賢聖之語，古今言殊，四方談異也。當言事時，非務難知，使指閉隱也。後人不曉，世相離遠，此名曰語異，不名曰材鴻。淺文讀之難曉，名曰不巧，不名曰知明。秦始皇讀韓非之書，歎曰：『朕獨不得此人同時。』其文可曉，故其事可思。如深鴻優雅，須師乃學，投之於地，何歎之有？夫筆著者，欲其易曉而難為，不貴難知而易造；口論務解分而可聽，不務深迂而難睹。孟子相賢，以眸子明瞭者；察文以義可曉。

充書違詭於俗。或難曰：『文貴夫順合衆心，不違人意，百人讀之莫譴，千人聞之莫怪。故管子曰：「言室滿室，言堂滿堂。」今殆說不與世同，故文刺於俗，不合於衆。』答曰，論貴是而不務華，事尚然而不高合。論說辯然否，安得不譎常心？逆俗耳，衆心非而不從，故喪黜其偽，而存定其真。如當從衆順人心者，循舊守雅，諷習而已，何辯之有？孔子侍坐於魯哀公，公賜桃與黍。孔子先食黍而啖桃，可謂得食序矣；然左右皆掩口而笑，貫俗之日久也。今吾實猶孔子之序食也，俗人違之，猶左右之掩口也。善雅歌，於鄭為人悲；禮舞，於趙為不好。堯舜之典，伍伯不肯觀；孔墨之籍，季孟不肯讀。寧危之計，黜於閭巷；撥世之言，訾於品俗。有美味於斯，俗人不嗜，狄牙甘食。有寶玉於是，俗人投之，卞和佩服。孰是孰非，可信者誰？禮俗相背，何世不然。魯文逆祀，畔者五人。蓋猶是之語，高士不舍，俗夫不好；惑衆之書，賢者欣頌，愚者逃頓。

充書不能純美。或曰：『口無擇言，筆無擇文。文必麗以好，言必辯以巧。言瞭於耳，則事味於心；文察於目，則篇留於手。故辯言無不聽，麗文無不寫。今新書既在論譬，說俗為戾，又不美好，於觀不快。蓋師曠調音，曲無不悲；狄牙和膳，肴無澹味。然則通人造書，文無瑕穢。呂氏、淮南，懸於市門，觀讀之者，無訾一言。今無二書之美，文雖衆盛，猶多譴毀。』答曰，夫養實者不育華，調行者不飾辭；豐草多華英，茂林多枯枝。為文欲顯白其為，安能令文而無譴毀？救火拯溺，義不得好；辯論是非，言不得巧。入澤隨龜，不暇調足；深淵捕蛟，不暇定手。言姦辭簡，指趨妙遠；語甘文峭，意務淺小。稻穀千鍾，糠皮太半，閱錢滿億，穿決出萬。太羹必有澹味，至寶必有瑕穢，大簡必有大好，良工必有不巧。然則辯言必有所屈，通文猶有所黜。言金由貴家起，文糞自賤室出。淮南、呂氏之無累害，所由出者，家富官貴也。夫貴故得懸於市，富故有千金副。觀讀之者，惶恐畏忌，雖見乖不合，焉敢譴一字？

充書既成，或稽合於古，不類前人。或曰：『謂之飾文偶辭，或徑或迂，或屈或舒。謂之論道，實事委璅，文給甘酸。諧於經不驗，集於傳不合。稽之子長不當，內之子雲不入。文不與前相似，安得名佳好，稱工巧？』答曰，飾貌以彊類者失形，調辭以務似者失情。百夫之子，不同父母，殊類而生，不必相似；各以所稟，自為佳好。文必有與合，然後稱善，是則代匠斲不傷手，然后稱工巧也。文士之務，各有所從，或調辭以巧文，或辯偽以實事。必謀慮有合，文辭相襲，是則五帝不異事，三王不殊業也。美色不同面，皆佳於目；悲音不共聲，皆快於耳。酒醴異氣，飲之皆醉；百穀殊味，食之皆飽。謂文當與前合，是謂舜眉當復八采，禹目當復重瞳。

充書文重。或曰：『文貴約而指通，言尚省而趨明；辯士之言要而達，文人之辭寡而章。今所作新書出萬言，繁不省，則讀者不能盡；篇非一，則傳者不能領。被躁人之名，以多為不善。語約易言，文重難得。玉少石多，多者不為珍；龍少魚衆，少者固為神。』答曰，有是言也。蓋寡言無多，而華文無寡。為世用者，百篇無害；不為用者，一章無補。如皆為用，則多者為上，少者為下。累積千金，比於一百，孰為富者？蓋文多勝寡，財寡愈貧。世無一卷，吾有百篇；人無一字，吾有萬言，孰者為賢？今不曰所言非，而云泰多；不曰世不好善，而云不能領，斯蓋吾書所以不得省也。夫宅舍多土地不得小；戶口衆，簿籍不得少。今失實之事多，華虛之語衆，指實定宜，辯爭之言，安得約徑？韓非之書，一條無異，篇以十第，文以萬數。夫形大，衣不得褊；事衆，文不得褊。事衆文饒，水大魚多；帝都穀多，王市肩磨。書雖文重，所論百種。按古太公望、近董仲舒，傳作書篇百有餘，吾書亦纔出百，而云泰多，蓋謂所以出者微，觀讀之者不能不譴呵也。河水沛沛，比夫衆川，孰者爲大？蟲繭重厚，稱其出絲，孰者爲多？

充仕數不偶，而徒著書自紀。或戲曰：『所貴鴻材者，仕宦偶合，身容說納，事得功立，故爲高也。今吾子涉世落魄，仕數黜斥，材未練於事，力未盡於職，故徒幽思屬文，著記美言，何補於身？衆多欲以何趨乎？』答曰，材鴻莫過於孔子。孔子才不容，斥逐，伐樹，接淅，見圍，削迹，困餓陳、蔡，門徒菜色。今吾材不逮孔子，不偶之厄，未與之等，偏可輕乎？且達者未必知，窮者未必愚。遇者則得，不遇失之。故夫命厚祿善，庸人尊顯；命薄祿惡，奇俊落魄。必以偶合稱材量德，則夫專城食土者，材賢孔、墨。身貴而名賤，則居潔而行墨，食千鍾之祿，無一長之德，乃可戲也。若夫德高而名白，宮卑而祿泊，非才能之過，未足以爲累也。士願與憲共廬，不慕與賜同衡；樂與夷俱旅，不貪與蹠比迹。高士所貴，不與俗均，故其名稱不與世同。身與草木俱朽，聲與日月並彰，行與孔子比窮，文與揚雄爲雙，吾榮之。身通而知困，官大而德細，於彼爲榮，於我爲累。偶合容說，身尊體佚，百載之後，與物俱歿。名不流於一嗣，文不遺於一札，官雖傾倉，文德不豐，非吾所臧。德汪濊而淵懿，知滂沛而盈溢，筆瀧漉而雨集，言溶瀹而泉出。富材羨知，貴行尊志，體列於一世，名傳於千載，乃吾所謂異也。

充細族孤門。或啁之曰：『宗祖無淑懿之基，文墨無篇籍之遺，雖著鴻麗之論，無所稟階，終不爲高。夫氣無漸而卒至曰變，物無類而妄生曰異，不常有而忽見曰妖，詭於衆而突出曰怪。吾子何祖？其先不載。況未嘗履墨涂，出儒門，吐論數千萬言，宜爲妖變，安得寶斯文而多賢？』答曰，鳥無世鳳皇，獸無種麒麟，人無祖聖賢，物無常嘉珍。才高見屈，遭時而然。士貴故孤興，物貴故獨產。文孰常在，有以放賢。是則澧泉有故源，而嘉禾有舊根也。屈奇之士見，倜儻之辭生，度不與俗協，庸角不能程。是故罕發之迹，記於牒籍，希出之物，勒於鼎銘。五帝不一世而起，

校記

按卷一累害篇汙爲江河下脫去三百九十九字，清歸安陸心源從元至元紹興路總管宋文瓚覆宋十五卷本補錄，茲特刊附於此。

矣。夫如是，市虎之訛，投杼之誤，不足怪，則玉變爲石，珠化爲礫，不足詭也。何則？昧心冥冥之知使之然也。文王所以爲糞土，而惡來所以爲金玉也，非紂憎聖而好惡也，心知惑蔽。蔽惑不能審，則微子十去，比干五剖，未足痛也。故三監讒聖人，周公奔楚，後母毀孝子，伯奇放流。當時周世孰有不惑乎？後鴟鴞作，而黍離興，諷詠之者，乃悲傷之。故無雷風之變，周公之惡不滅；當夏不隕霜，鄒衍之罪不除。德不能感天，誠不能動變，君子篤信審己也，安能遏累害於人。聖賢不治名，害至不免辟，形章墨短，掩匿白長，不理身寃，不弭流言，受垢取毀，不求潔完，故惡見而善不彰，行缺而跡不顯。邪僞之人，治身以巧俗，脩詐以偶衆，猶漆盤盂之工，穿牆不見；弄丸劍之倡，手指不知也。世不見短，故共稱之；將不聞惡，故顯用之。夫如是，世俗之所謂賢潔者，未必非惡；所謂邪汙者，未必非善也。或曰，言有招患，行有召恥，所在常由小人。夫小人性患恥者也，含邪而生，懷僞而遊，沐浴累害之中，何招召之有？故夫火生者不傷濕，水居者無溺患，火不苦熱，水不痛寒，氣性自然，焉招之？君子也。以忠言招患，以高行招恥，何世不然。然而太山之惡，君子不得名。